华北电力大学年鉴

2013

华北电力大学档案馆　编

中国轻工业出版社

图书在版编目(CIP)数据

华北电力大学年鉴.2013/华北电力大学档案馆编.—北京:中国轻工业出版社,2014.12

ISBN 978-7-5019-9941-5

Ⅰ.①华… Ⅱ.①华… Ⅲ.①华北电力大学—2013—年鉴 Ⅳ.①TM—40

中国版本图书馆CIP数据核字(2014)第227221号

内容提要

本书内容包括:华北电力大学在2013年度发表的专文、机构与干部、党群工作与行政管理、学科与学位建设、教育教学、科学研究与产业开发、合作交流与对外联络、院系部情况、教科研设施与服务保障、规章制度建设、重要文件等。

责任编辑:张文佳
责任终审:劳国强　　责任校对:燕　杰
责任监印:张　可　　封面设计:锋尚设计

出版发行:中国轻工业出版社(北京东长安街6号,邮编:100740)
印　　刷:三河市万龙印装有限公司
经　　销:各地新华书店
版　　次:2014年12月第1版第1次印刷
开　　本:880×1230　1/16　　印张:44.5
字　　数:1700千字　　插页:4
书　　号:ISBN 978-7-5019-9941-5　　定价:298.00元
邮购电话:010-65241695　传真:65128352
发行电话:010-85119835　85119793　传真:85113293
网　　址:http://www.chlip.com.cn
Email:club@chlip.com.cn
如发现图书残缺请直接与我社邮购联系调换
140932Z2X101HBW

《华北电力大学年鉴2013》
编撰人员名单

审　　定:刘吉臻

主　　编:孙忠权

副 主 编:陈　军　张德安

执行主编:王振华　黄义国

特约编审:(按姓氏笔画排列)

丁常富　丁相宝　马永光　马小勇　牛东晓　尹忠东　王佃启　王秀梅　王迎新
王保义　王聚芹　仇必鳌　刘永前　刘　斐　刘　石　刘宗歧　刘晓峰　刘志远
刘观起　任金锁　毕天姝　曲　涛　汪庆华　张天兴　张新娟　张瑞雅　张粒子
张树芳　张建军　张栾英　张晓宏　张　莉　张文建　陈　志　陈兆江　陈　军
陈　武　李庚银　李金全　李　旸　李　东　李秋夫　李春祥　李迎春　陆道纲
沈　岚　沈剑飞　沈长月　吴克河　吴乐为　范　立　范寒松　柳长安　杨万华
杨晓忠　林长强　林　红　苑英科　杨实俊　姜　波　范孝良　房游光　周　泽
武彦军　赵秀国　赵冬梅　赵冬鸣　赵书强　赵玉闪　赵　毅　姚凯文　律方成
胡三高　秦卓贤　徐进良　顾煜炯　顾雪平　夏延秋　郭炜煜　高会生　高　强
黄元生　黄国和　董长青　韩中合　谢　红　靳占兴　潘　洁　戴松元　檀勤良等

特约编辑:(按姓氏笔画排列)

丁立新　马　焕　马同军　马惠茹　马　瑛　孔凌楠　尹　莎　王庆华　王志红
王彦权　王洪斌　王振华　王　艳　王　莉　王集令　王　燕　付　萍　冯满春
包跃民　包文奇　史雪霏　田　里　田明霞　石　峥　石世平　石兵营　任政治
刘　让　刘长青　刘春磊　刘贵臣　刘跃群　孙志凌　孙培燕　孙翠亭　朱周斌
汤石雨　邢　燕　阮艳花　齐　心　何天枢　吴良器　吴学辉　吴　浩　吴隆礼
张　杨　张　清　张力晖　张思凡　张　科　张隽贤　张湘武　张德安　李　非
李红梅　李　君　李佳莲　李　博　李晶晶　李睦邻　李福顺　沈玉龙　杜　欢
杜红琴　陈晓蕾　陈海燕　单田雨　林　林　林建华　罗格非　范建明　范　嵬
郑如秉　郑志平　郑　凯　金海燕　侯步蟾　胡健强　胡舒敏　荆振宇　赵友君
赵天怡　赵冬鸣　赵丽香　赵海鹏　赵颖涛　倪世清　唐　成　徐大圣　贾　宸
梁婷婷　郭程程　郭新勃　高慧颖　高　燕　常青云　彭　伟　彭跃辉　葛　超
董宏伟　董　剑　谢海洋　窦学欣　蒙玉平　赖其军　蹇文馨　魏　娜

华北电力大学党委书记吴志功在学校党的群众路线教育实践活动动员大会上讲话

华北电力大学校长刘吉臻当选第十二届全国政协委员并出席全国政协十二届一次会议

华北电力大学西肯塔基大学孔子学院在第八届全球孔子学院大会上荣评 2013 年全球先进孔子学院。图为国务院副总理刘延东为西肯塔基大学孔子学院颁奖

华北电力大学校理事会顺利完成换届

华北电力大学聘任国家“千人计划”特聘专家王海风和黄永章教授

华北电力大学与新疆生产建设兵团签署战略合作协议

973 项目“大型燃煤发电机组过程节能的基础研究”课题通过验收

华北电力大学举行“强校之路”庆祝华北电力大学建校 55 周年师生文艺晚会

华北电力大学顺利通过北京市“平安校园”检查验收。图为华北电力大学与回龙观消防中队联合开展防火应急疏散演练

华北电力大学设立张保衡励学基金

华北电力大学干雪同学获多项体育比赛冠军，图为干雪同学参加世界垂直马拉松巡回赛香港站比赛

华北电力大学加强内涵建设，科研平台建设稳步推进。图为国家火力发电工程技术研究中心现场验收评估会议

截至 2013 年年底，华北电力大学教育基金合同金额超亿元，合同总额连续三年翻番

华北电力大学人才培养质量持续提升，2013 年毕业生就业率和就业质量继续保持在教育部直属高校前列。图为学生正在上实验课

團结 勤奮

求實 創新

中石書

著名书法家欧阳中石为华北电力大学题写校训

编辑说明

EDITOR'S DECLARATION

一、《华北电力大学年鉴》是一部资料性工具书，由档案馆主持编撰。

二、本年鉴以学校各单位的工作划分为主线，使用记述体，直陈其事。部分尝试以条目为主的编撰方式。本年鉴设有13个主要栏目，以教育教学及相关内容为核心。

三、按照北京市教育委员会关于新版年鉴的改版意见编撰。本年鉴文字部分采用"两栏式"或"三栏式"。文字的字体、大小、行距等参照《北京教育年鉴》进行了调整。本年鉴为精装本。

四、本年鉴共选录照片16幅、文字1 700万余字、重要文件和规章制度24个、各类统计表74个。

五、本年鉴筹稿工作于2014年1月始，3月底结束，统稿审稿工作于6月结束。

六、本年鉴收录的材料除"规章制度"外，均由学校各单位协助组稿。其中，各一体化办公单位的组稿实行统一编写，非一体化办公单位先分别由校部和保定校区独自撰写，后由其校部对应单位统稿。所有材料已经通过各单位负责人审定。

七、本年鉴涉及的各项年度数据以2013年12月31日为统计口径，部分统计表以各统计部门工作特点的要求为统计口径。

八、本年鉴所录大事记等凡是没有注明具体发生时间的，均使用"△"进行了标注。

九、本年鉴在征集图片方面得到了党委宣传部、校团委等单位，大学生摄影协会、丽晶图片社及摄影爱好者的大力协助。

十、本年鉴的版权属于华北电力大学，其内容可在校内下载或引用，未经学校档案馆同意，不得将本书内容在校外进行翻印、转载、网络发布或出版等。

Editor's Declaration

1. Compiled by the Office of the NCEPU Archives Center, Almanac of North China Electric Power University serves as a tool and reference book.

2. With the classification of work and responsibilities among different university units being the main line, this almanac depicts the facts and matters directly in a descriptive style. Items classification is also partially employed in the compiling process. This almanac is composed of 13 sections, focusing on education, teaching and related matters.

3. In the process of compiling this almanac, the suggestions of the Education Committee of Beijing Municipal Government on new version almanac were followed, and the Two or Three – Column style is adopted for the text section instead of the One – column style used before. The types, sizes and line spaces of the text have also been modified with reference to *Beijing Education Almanac*. This almanac uses de lux edition.

4. 16photos, 1 700 thousand words, 24 rules and regulations, and 74 statistical charts and tables have been selected and included in this almanac.

5. The materials collection work started at the end of January, 2013, ended by the end of March, and the materials e and revision work was completed in June.

6. Except the "rules and regulations", all materials were produced and provided by various university units. The units integrating the office work of the Beijing and Baoding campuses prepared the materials together. As regards those that had not integrated their office work, they compiled independently first, and then the corresponding units in Beijing campus did the combination and arrangement work. All the materials have been revived and approved by the heads of various departments and units concerned. The "rules and regulations" in this almanac were selected and provided by the documents and printing section of the President's Office.

7. The ending date for the various data contained in this almanac is December 31, 2012, and some units choose different dates basing on their work characteristics.

8. All the items without specifying the time are marked with "△".

9. In the process of collecting photos for this almanac, great support was kindly given by the Publicity Section of the Party Committee, the University League Committee, the College Students Photography Association, the Lijing Photoshop and many photography fans.

目　　录

专文

总述

机构与干部

党群工作与行政管理

学科与学位建设　教育教学

科技研究与产业开发

科研平台建设

合作交流和对外联络

院系部建设

教科研设施与服务保障

规章制度建设

重要文件

统计报表与附录资料

CONTENTS

SPEECHES AND ARTICLES ON CERTAIN TOPICS

OVERALL REVIEW

ORGANIZATIONS AND LEADERS

INFLUENCE OF THE RELATIONS BETWEEN THE PARTY AND THE MASSES ON ADMINISTRATION

EDUCATION, TEACHING AND ACADEMIC SUBJECTS BUILDING AND DEGREE MANAGEMENT DEGREE AFFAIRS

SCI – TECH RESEARCH AND INDUSTRIAL DEVELOPMENT

CONSTRUCTION OF RESEARCH PLATFORM

COOPERATION, EXCHANGE AND FOREIGN CONNECTIONS

CONSTRUCTION OF SCHOOLS, INSTITUTES AND DEPARTMENTS

INFRASTRUCTURE AND SERVICE GUARANTEE

RULES AND REGULATIONS BUILDING

IMPORTANT NOTICES

STATISTICAL STATEMENTS AND APPENDICES

□专文

SPEECHES AND ARTICLES ON CERTAIN TOPICS

校长刘吉臻发表2013年新年贺词

（1月1日）

老师们、同学们、朋友们：

一元复始，万象更新。踏着坚实的步履，满怀喜悦的心情，我们告别硕果累累的2012年，迎来充满希望的2013年。在这辞旧迎新的美好时刻，我谨代表学校党委、行政向全校师生员工，向离退休老同志，向广大校友和关心、支持学校发展的各界朋友们致以新年的祝福！

2012年是国家发展历史上具有重要意义的一年。党的十八大胜利召开，是我们党在全面建设小康社会关键时期和深化改革开放、加快转变经济发展方式攻坚时期召开的一次十分重要的大会，对鼓舞和动员全党全国各族人民继续全面建设小康社会、加快推进社会主义现代化、开创中国特色社会主义事业新局面具有重大而深远的意义。

在过去的一年里，华北电力大学乘着十八大胜利召开的东风，坚定不移地走以提升质量为核心的内涵式发展道路，着力推进制度创新，积极深化三项改革，全面提高教育教学质量、科技创新能力与学校管理水平，推动各项工作取得新的进展。

学校不断深化教学改革，加强教师队伍水平与能力的培养和提高，强化教育教学与人才培养的过程管理，实施“卓越工程师教育培养计划”，深化研究生培养模式与机制改革，全面推进人才培养质量的不断提升。获北京市高等教育教学成果奖一等奖4项、二等奖6项，1篇博士论文入选北京市优秀博士学位论文。学生的校际交流、出国深造人数稳步增长，就业率继续保持在教育部直属高校的前列，入选中国百强企业最爱的十所高校之一，标志着学校的人才培养质量得到社会和企业的高度认可。

学校围绕国家和行业重大战略需求，着力提升科技创新能力。2012年度科研经费达到5.67亿元，较2011年增长11%，其中纵向科研经费首次突破2亿元，较去年增长25.93%，占学校科研总经费的40%以上；获得国家科技进步二等奖1项，教育部自然科学奖一等奖1项、二等奖2项，教育部人文社科类优秀成果奖1项。学校与中国南方电网公司、中国广东核电有限公司等国有大型电力集团签订战略合作协议，使校企合作迈上新台阶。

学校的学科建设不断加强。学校工程学跻身基本科学指标数据库ESI世界前1%的高校之列，2个学科增列为一级学科北京市重点学科。引进了21名高层次人才，其中包括2名“千人计划”学者和1个具有海外博士学历的年轻学术团队；新增长江特聘教授1名，国家杰出青年科学基金获得者1名，国家自然科学基金优秀青年科学基金获得者2名，入选中组部青年拔尖人才计划1名，教育部新世纪优秀人才7名，北京市优秀青年科学基金获得者3名。“智能化分布式能源系统创新引智基地”继续增列“高等学校学科创新引智计划”基地。师资队伍结构的不断优化与引智聚才能力的不断增长，带动了学校整体办学实力的大幅提升。

学校紧密围绕现代大学制度的构建，着力推进校内劳动人事分配制度、干部制度、后勤制度的改革与创新，按照精简、效能的原则科学设置校内机构。建立以绩效考核为核心、以约束与激励相结合的评价体系为手段的内部治理结构和劳动人事制度，强化目标导向，推进教师分级、分类管理，促进了人力资源的整体优化。结合新一轮中层干部聘任，推动了干部分类管理、任期管理、干部轮岗、学术回归等一系列制度改革，加大了干部的培养与考评力度，着力建设一支与高水平大学建设相适应的高素质干部队伍。进行了新一届教代会、工代会的换届选举，加强了民主管理、民主监督、科学决策的制度建设，保证了学校的和谐稳定与科学发展。

以上成绩的取得，凝聚着各级领导的亲切关怀，凝聚着社会各界的大力支持，更凝聚着全体师生员工的辛劳和汗水。在此，我代表学校向大家表示最崇高的敬意和最衷心的感谢！

回顾过去，成绩喜人，展望未来，重任在肩。在新的一年里，我们要深入贯彻落实党的十八大提出的“努力办好人民满意的教育”的要求，以科学发展观为指导，继续坚持“学科立校、人才强校、科研兴校、特色发展”的十六字办学方针，坚持内涵发展，推进协同创新，努力提高办学质量。学校将着力加快推进“电力科学与工程”“985”优势学科创新平台建设和“新能源电力系统”国家重点实验室建设，加大文理学科振兴计划的实施力度，不断丰富“大电力”特色学科体系，继续加快国际化办学步伐，强化校内管理，深化各项改革，努力建设平安校园、和谐校园，推动学校整体实力的稳步提升。

千秋大业，实干为基；宏伟蓝图，落实为要。我们将通过各项卓有成效的工作，凝心聚力，把广大师生员工的智慧和力量凝结起来，为落实高水平大学建设的各项战略任务而努力奋斗！

新年的钟声就要敲响，让我们携起手来，以饱满的热情和昂扬的斗志叩响2013年的大门，共同谱写华北电力大学更加美好的新篇章！最后，祝大家在新的一年里身体健康、工作顺利、阖家幸福、万事如意！

坚定信心　真抓实干　全面推进高水平大学建设

校长刘吉臻在第六届第一次教职工代表大会上的工作报告

（2月22日）

各位代表、同志们：

今天，我们隆重召开华北电力大学第六届第一次教职工代表大会。大会的任务是：深入学习和全面贯彻党的十八大精神，根据学校第一次党代会及《"十二五"发展规划纲要》提出的战略目标，总结2012年学校的各项工作，明确2013年工作思路，部署2013年工作重点，积极实施"大人才"发展战略，着力提高大学管理水平，坚定信心，真抓实干，全面推进高水平大学建设。

下面，我代表学校做工作报告，请各位代表审议。

一、2012年工作回顾

2012年在教育部等上级部门的正确领导下，全校师生员工以饱满的热情、创新的精神，深化改革、强化管理、勤奋工作，各方面工作都取得了良好成绩。

（一）学科建设

学校通过不断丰富和推进"大电力"特色学科体系建设，传统优势学科、新兴能源学科、文理学科之间以强带弱、优势互补、交叉互动、相互促进，带动了学科整体水平的快速提升。传统优势学科在学校学科发展中的主体地位更加显现，电气工程、动力工程及工程热物理在新一轮全国学科评估中排名位居全国第6位和第11位，比上一轮评估分别上升了3位和1位，控制科学与工程、工商管理、管理科学与工程三个具有一级博士点的学科排名也有明显提升；控制科学与工程学科获批博士后科研流动站，实现了五个一级学科博士后科研流动站全覆盖；十个学院中有九个具有独立或合作培养博士研究生的资格，"4、3、3"学科阵型基本形成。"电力科学与工程985优势学科创新平台"正式获批；"211工程"三期建设通过国家验收；动力工程及工程热物理、控制科学与工程两个学科增列为一级学科北京市一级重点学科，应用数学、诉讼法学增列为河北省重点学科，至此，学校一级学科省部级重点学科增至3个，二级学科省部级重点学科增至23个。

（二）师资队伍建设

学校启动新一轮劳动人事制度改革，制定并出台《进一步深化人事制度改革原则意见》和《教师绩效考核及校内津贴调整方案》，建立以绩效考核为核心、以约束与激励相结合的评价体系为手段的内部治理结构和劳动人事制度；强化目标导向，推进教师分类管理和院系二级管理，着力处理好教学与科研、长期与短期、数量与质量、个人与团体这四个关系；进一步整合职能，调整机构，提高管理效能，促进了人力资源的整体优化。学校加大延揽海内外高层次优秀人才的力度，引进2名"千人计划"学者和1个由5名海外知名大学博士学位获得者组成的年轻学术团队，新增"长江学者"特聘教授1名，国家"杰出青年科学基金"获得者1名，国家"优秀青年科学基金"获得者2名，入选中组部第一批"青年拔尖人才计划"1名，"新世纪优秀人才"支持计划7名；加大青年教师的培养力度，20名青年骨干教师获得国家留学基金委"青年骨干教师出国研修项目"资助；完成2012年专业技术职务评聘工作；关心教职员工切身利益，进一步提高包括离退休老同志在内的教职员工待遇。

（三）教育教学

学校不断深化教学改革，注重提升教师教学能力和水平，强化教育教学与人才培养的过程管理，深入推进本科教学质量工程和研究生培养模式与机制改革，人才培养质量稳步提升。加强本科教学质量工程三级体系建设，3个专业列入教育部专业综合改革试点，1门课程入选国家精品公开课建设计划，3部教材入选国家级规划教材，以核心课程为主体的理论教学体系建设基本完成；2个国家级实验教学示范中心通过验收，新增电气工程国家级实验教学示范中心，新增1个北京市级校外人才培养基地。深入研究创新人才培养的规律，探索有利于学生参与创新实践的新机制，大力推动学生创新俱乐部蓬勃发展；继续健全校企协同培养人才机制，完善卓越工程师教育培养计划选拔方案和培养标准。不断完善教学质量监控与保障体系,修订院系教学状态30项通报制度、推免研究生工作实施办法等教学管理制度;首次向社会公布本科《教学质量年度报告》。继续推进和完善研究生培养机制改革下的研究生资助体系,加强研究生核心课程建设、培养基地建设和国际交流;完善研究生质量保证和监控体系,加强以稳定研究方向与提高学术研究能力为重点的导师队伍建设。

教育教学质量成果显著。获省部级高等教育教学成果一等奖6项、二等奖10项;获得北京市优秀博士学位论文1篇,全国节能减排大赛特等奖1项,数学建模竞赛连续五年获得全国一等奖;学生参与创新实践活动人数大幅攀升,获国家大学生创新创业训练计划项目150个,学生创新成果获专利34项。研究生在第九届全国研究生数学建模竞赛中表现突出,获奖等级和数量位居全国高校前列;19名研究生获得2012年公派出国项目资助。群众性健身运动蓬勃开展,在多项高水平比赛中获得好成绩;学校的毕业生质量得到企业和社会各界的高度认可,入选中国百强上市企业最喜爱的十所高校之一。

(四)科学研究

2012年学校围绕国家能源电力重大战略需求,不断提升科技创新能力。年度科研经费达到5.67亿元,较2011年增长12%,其中纵向科研经费首次突破2亿元,较2011年增长25.93%,占学校科研总经费的40%以上;在国家自然科学基金年度立项课题中,我校电气科学与工程学科获批26项,荣居电气学科高校榜首。新能源电力系统国家重点实验室和国家火力发电工程技术研究中心建设取得积极进展;生物质发电成套设备国家工程实验室顺利通过国家认监委的首次资质认定评审,被列为2012年第七批挂牌中关村开放实验室;3个省部级科研基地顺利通过评估,其中电站设备状态监测与控制教育部重点实验室获得教育部专家组的高度评价;新增1个河北省软科学研究基地;“中加能源环境可持续发展研究院”正式挂牌启动;2011年协同创新中心的培育与申报工作稳步推进。

科技成果产出喜人。科技论文发表在全国高校排名继续攀升,科研成果的数量和质量实现双提升;获得国家科技进步奖二等奖1项,教育部自然科学奖一等奖1项,二等奖2项,河北省社会科学优秀成果奖一等奖1项,中国管理科学学会管理科学奖(学术类)1项;申请专利的数量和授权量较2011年增长50%以上;学术期刊的编辑出版质量有了新的提高。

(五)产学研与开放办学

学校与中国南方电网、中广核集团等大型企业建立战略合作伙伴关系;探索并创新高校产学研合作模式,推动我校创新体系与企业创新体系的融合以及创新链与产业链的对接;与保定市政府共建保定电谷大学科技园工作顺利推进;留学人员创业园管理工作不断加强;参与成立中国智能电网产业技术创新战略联盟,我校牵头组织申报的“火力发电产业技术创新战略联盟”获得2012年产业技术创新战略联盟试点。

引智工作迈上新台阶,新增1个“高等学校学科创新引智计划”基地,1个引智基地获得滚动支持;中外合作办学规模稳步增长,结构进一步优化;与中国台湾成功大学等四所高校的合作交流工作取得进展。成功举办“第六届高水平行业特色型大学发展论坛年会”;以“校友创新创业研发基地”及教育基金会为载体与平台,积极拓展校友企业合作项目,基金会工作取得明显成绩;继续教育发展势头良好,培训市场进一步拓展,经济效益有了新的提高。

(六)学生工作

坚持夯实基础工作,打造学生思想政治教育、优良学风培育、学生自我发展的坚实阵地。针对不同学生群体,开展绿色通道“1+1”、个体咨询和团体辅导、学业成绩分析、就业彩虹工程等活动,狠抓学风、做好帮扶工作;积极落实新生入学教育“六个一”工程;新生班主任中高职称高学历教师比例继续保持在70%以上。依托思想教育研究中心,鼓励和支持辅导员由“实践型”向“实践研究型”转变;启动学生工作干部素质提升“磐石计划”,加强专兼职心理健康教育工作队伍建设;积极利用多媒体和网络平台,在学生中大力开展学习宣传十八大精神活动;创新艺术教育形式,校园文化更加丰富多彩。进一步完善奖助学金体系建设,扎实开展家庭经济困难学生资助工作,基本实现家庭经济困难学生助学金发放全覆盖。生源质量稳步提高,考研率、出国率稳步提升,毕业生一次性就业率持续保持96%以上。

(七)条件建设与保障

新一轮后勤改革顺利推进,管理水平、工作效率、服务质量进一步提高。校园基础设施进一步改善,节能降耗效果明显;财务预算执行良好,增收节支,优化支出结构,规范公务支出管理,提高资金使用效率;加强医疗人才建设和条件建设,进一步提升服务师生健康的综合能力;制定《数字智慧校园建设方案》,完善信息化建设与信息安全相关制度体系,建立信息采集与管理体系,启动“校园一卡通”建设工程;加强档案馆软、硬件建设,档案标准化工作进一步推进;图书文献资源更加丰富,图书信息化建设取得新进展。

校园建设稳步推进。高质量完成校园的修缮及改造工程，金工实习中心、高电压大电流实验室、海洋能发电技术研究中心以及 1.36 兆瓦屋顶光伏发电项目先后建成并投入使用；保定二校区实验综合楼顺利开工；校园规划不断推进；建立评标专家库，建立健全招投标规章制度；强化学校房产资源的分类管理和有偿使用；加强实验室技术安全管理；认真做好校园安全稳定和保卫工作，营造和谐稳定的校园环境。

（八）党建与思想文化建设

以创先争优和基层组织建设年活动为契机，强化党员干部思想政治教育，开展多种形式的教育培训和理论研究工作，着力加强党的基层组织建设；进一步推动干部分类管理、任期管理、干部轮岗、学术回归等一系列干部人事制度改革，完成新一轮处级领导班子和领导干部换届调整工作，优化了干部队伍结构；学习借鉴现代管理理念，运用 360 度考核办法全面考核领导班子和领导干部履职情况。进一步加强党风廉政建设、反腐倡廉教育和统战工作；圆满完成北京市委教育工委党建和思想政治工作集中检查及教育部“三重一大”决策制度执行情况专项检查验收。

认真组织学习和贯彻落实党的十八大精神，积极把握正确舆论导向，加强宣传教育活动；组织力量认真研究、系统总结了我校 21 世纪以来的办学理念与创新实践，完成《强校之路》的编撰出版工作；推出新一版学校中英文宣传画册；高等教育研究不断加强，“大学章程”制定正式启动。积极推进民主管理，教代会制度和二级教代会工作不断走向制度化、规范化，全面构建和谐校园。

各位代表、同志们，2012 年学校各项工作成绩的取得，是在学校党委和行政班子的正确领导下，广大师生员工辛勤努力、团结奋斗的结果，在此，我代表学校党委和行政向全校教职员工致以崇高的敬意和衷心的感谢！

二、2013 年工作思路

党的十八大把“科学发展观”列入党必须长期坚持的指导思想，把“努力办好人民满意的教育”放在改善民生和加强社会建设之首，提出了“五位一体”“建设美丽中国”等战略构想，作出了“推进绿色发展、循环发展、低碳发展”“推动高等教育内涵式发展”等重大部署。这为我校今后的快速科学发展指明了方向，也为我校高水平大学建设赋予了新的责任与使命。

2013 年是全面贯彻党的十八大精神的开局之年，也是学校全面落实“十二五”发展战略、加速冲刺的关键阶段，学校还将迎来建校五十五周年。**学校工作的总体思路是：以党的十八大精神为指导，以内涵发展为主线，以全面提升教育教学质量与科技创新能力为中心，积极实施“大人才”发展战略，着力提高大学管理水平，坚定信心、真抓实干，全面推进高水平大学建设。**

高等学校内涵发展的核心是教育教学质量与科技创新能力的稳步提升，想要实现这一目标，作为教育第一资源的人才队伍是关键之所在。21 世纪以来，华北电力大学在各项事业上取得了跨越式发展，这得益于学校多年来大力实施“人才强校”战略，在人才队伍建设上取得了诸多重大突破，这是推动学校人才培养质量提高、科技创新能力提升、学科建设上水平的根本因素。新形势下，为了推进华北电力大学持续、快速、健康的发展，加快实现高水平大学的建设目标，我们更要以人为本，把人才队伍建设摆在学校工作重中之重的突出地位，积极实施“大人才”发展战略，以大视野、大气魄、大举措来统筹规划和推动学校人才队伍的建设和可持续发展。

所谓“大人才”发展战略，是以加快高水平大学建设为出发点，高度重视人才队伍建设在整个学校发展中的战略地位与重大意义，做好人才工作总体规划，创新人才工作体制、机制，加大人才队伍建设投入，营造良好的文化氛围，通过汇聚和造就各级各类的优秀人才，调动全体教职员工建功立业的积极性、主动性、创造性，形成推动高水平大学快速可持续发展的不竭动力。

“大人才”发展战略是学校“人才强校”战略思想在新时期的深化和发展，事关建设高水平大学的宏伟目标，也涉及每一位教职员工的个人发展。当前及今后一段时期之内，全校上下要着重在以下四个方面下功夫、出重拳、求实效：

一是要做好人才工作总体规划。要科学制定与学校整体发展目标相适应的人才工作规划，分解制定好各学科、各院系、各部门的人才队伍建设年度计划。

二是要创新人才工作体制、机制。继续推进劳动人事改革，建立集人才计划、执行与评价三位一体的人才工作体系，完善以绩效考核为核心的人才工作考核制度，完善激励与约束相结合的用人机制，以先进的体制机制来吸引人才、选拔人才、激励人才、造就人才、用好人才，做强人才队伍的增量，激励人才队伍的存量，发挥人才资源的最大效益。

三是要切实加大人才队伍建设投入力度。本着优先重点、侧重急需的原则，在国家重点建设项目的基础上，千方百计筹措资金，下大决心加大投入，真正实现多劳多得、优劳优酬，努力为优秀人才成就事业提供条件,促使他们尽快登上事业的高峰。

四是要努力营造良好的文化氛围。要全面关心人才,努力为人才减负,帮助人才解决困难,为人才提供周到服务,让重视人才、渴望人才、尊重人才、爱惜人才、服务人才成为学校的风气和时尚,增强人才的向心力、凝聚力。要大力弘扬华电精神,树立人人都可以成才的观念,让每一个华电人都能以饱满的热情、健康的身心投入创建高水平大学的宏伟事业中。

实施"大人才"发展战略,落脚点要放在建设好三支队伍上:

首先,要着力建设一支具有较强影响力、竞争力和发展潜力的高水平师资队伍。师资队伍建设主要着眼于学术大师与领军人物、学术骨干、青年教师这三个层次。要继续坚持"用好现有人才、引进急需人才、培育未来人才"的人才工作思路,花大力气、集大智慧、真抓实干、坚持不懈、着力推进。要积极参与国家重大人才工程,进一步提高师资队伍的整体素质。要从事业的长远发展出发,把青年教师的成长、成才摆在一个更加突出的位置,要切实加强师德师风教育,继续推进"博士化、国际化、工程化",引导青年教师积极参与国家重大科研项目,为青年教师树目标、提要求、加任务、压担子,为青年教师提供发展的空间和舞台,促使他们在千锤百炼中尽快脱颖而出。

其次,是要着力建设一支德才兼备的优秀管理干部队伍。随着高水平大学建设进程的不断推进,学校改革发展的任务越来越繁重,学校教学科研等工作的内涵也越来越丰富,大学的管理能力和管理水平更加成为推进事业发展的显著生产力。这对管理干部队伍的品德、眼界、能力、素质提出了更高的要求。要着力建构现代大学干部管理制度,通过对干部的选拔、任用、培训、考核、激励,建立干部能上能下、能进能出、合理流动、讲求绩效的激励体制与问责制度,打造一支能够适应高水平大学建设与发展的优秀的管理干部队伍。

第三,还要建设一支忠于职守、甘于奉献、爱校敬业、追求卓越的员工队伍。高水平大学,不仅需要高水平的师资队伍和优秀的管理干部队伍,也离不开一支讲团结、肯奉献、求上进的普通员工队伍。建设高水平大学是全体华电人的共同愿望,包含了学校方方面面的工作内容。要进一步在工作中引入竞争机制、强化岗位管理、严格考核监督,建立责权利相一致的劳动人事管理制度。要引导全体教职员工珍惜岗位、敬畏岗位、勤奋工作、不懈努力。要让工作在学校各个岗位的教职员工,都能够围绕华北电力大学的发展目标,积极进取,高标准、严要求,以"人人比贡献,事事争一流"的精神,为学校的事业发展作出自己应有的贡献。

三、2013 年重点工作

(一)攻坚克难,全力做好重点学科的内涵建设工作

2013 年,新能源电力系统国家重点实验室将分别于 3 月份和 6 月份接受国家评估及正式验收;生物质发电成套设备国家工程实验室、国家火力发电工程技术研究中心也将先后接受国家验收;新一轮一级学科国家重点学科申报,北京市重点实验室、教育部人文社科重点研究基地、教育部人文社科重点实验室的申报工作也将全面启动。学校重点建设的任务十分艰巨与繁重,要更加统一思想、统筹力量、集中精力、全力以赴、攻坚克难,确保重点建设任务的如期完成。

围绕国家重大需求和国际相应学科发展的最新方向和生长点,进一步凝练学科方向、汇聚学科队伍、构筑学科平台。积极推进"985 优势学科创新平台"建设,组织"211 工程"四期建设的论证和申报工作。加快推进学校 3 个国家重点基础研究发展计划(973)项目建设进程,催生具有重大影响力的原创性科研成果产出。做好北京市和河北省重点学科的建设、评估和遴选工作。在传统优势学科全面提升、新兴能源学科不断突破的同时,大力推进"文理学科振兴计划",进一步优化学科结构,力争使我校学科建设工作取得新突破,实现新跨越。

(二)积极实施"大人才"发展战略,加大高水平师资队伍建设力度

高度重视人才工作,切实转变观念,进一步完善人才工作的体制、机制,扎实推进高层次人才引进和培育工作,力争在"国字头"人才工程建设中取得重大突破;启动新一轮"创新人才支持计划",培育和造就一批学术带头人,加强青年教师培养,催生一批标志性成果;提高教师招聘标准,加大聘用具有海外名校和国内一流大学学习工作经历优秀人才的力度,充分发挥博士后流动站培养青年教师的作用;加大青年教师"三化"工程的实施力度,加强对青年教师全过程、全方位培养,提升青年教师专业发展能力;进一步加强学术团队建设,为国家级科技创新平台上水平提供智力保障。

继续深化和推进劳动人事制度改革。完善专业技术和职员岗位聘任制度体系,做好 2013 年度各级各类岗位聘任工作;编制学校各级各类人员规划;全

面修订和完善专业技术职务评聘条件和聘任程序；构建完善与教师绩效考核制度更加适应的收入分配制度；逐步推进人事代理制度，加大人员聘用、劳动纪律检查力度，提升工作效率。

（三）继续推进教育教学改革，加快完善创新人才培养体系

根据教育部新一轮专业目录实施的新要求，结合“本科教学工程”的改革实践，修订人才培养方案；继续实施“卓越工程师计划”，深入探索与推进高水平人才培养模式改革；完善大学生创新创业体制机制，形成具有华电特色的大学生创新教育运行机制；着力加强青年教师的培养工作，培育、评选教学名师；进一步健全校内质量保障体系，加强课程教学质量监控，评选优秀课堂，完善本科教学质量年度报告制度；全力做好第七届高等教育国家级教学成果奖的申报工作，力争取得新突破；继续推进教育教学改革，启动新一轮教改立项工作。

继续实施研究生教育创新工程，深化研究生培养模式与机制改革；完善研究生培养质量保障与监控体系，加大研究生奖助学金体系建设力度；大力推进研究生教育核心课程和校外培养基地建设，提高研究生创新实践能力；继续扩大研究生招生规模，进一步提高生源质量；加强导师队伍建设，鼓励博士生参与“国字头”科研项目和平台建设，积极培育全国百篇优秀博士学位论文；以研究生出国访学、国内外联合培养等项目为抓手，不断加强研究生教育国际化水平。

（四）稳步推进协同创新，着力提升科技创新能力

瞄准国家重大科技需求，进一步加强我校科技工作的顶层设计和总体规划，加快科技创新体制、机制改革；依托学校国家级科技创新平台，加强协同创新实施力度；下大力气积极推进“智能电网协同创新中心”的运行与申报认定工作；重点提升基础研究和前沿技术研究的原始创新能力，力争在国家自然科学基金、“973 计划”“863 计划”等项目申报中取得新突破；出台“华北电力大学哲学社会科学繁荣行动计划”，建设高水平人文社科研究基地；进一步加强科技人才队伍和创新团队建设，力争在杰出青年基金、优秀青年基金、教育部新世纪优秀人才、引智基地和教育部创新团队方面取得新突破；持续提升学术期刊水平和社会影响力。

继续完善科研管理制度体系，推动科技人员评价机制和科技资源配置方式改革取得实效；完善科研项目及科研经费的管理机制，探索科技创新项目责任制，建立健全科技信用管理制度。

（五）多元化推进产学研深度融合，增强科技成果转化和社会服务能力

深入实施国家教育体制改革试点项目，推进校企合作人才培养模式与机制创新；充分发挥我校中电联副理事长单位的平台优势，加强与理事会成员单位及大型能源电力企业的深度合作；谋划建设以重大软科学研究为主的“中国能源电力发展研究中心”。重点开展行业企业继续教育与培训工作，力争成功申报国家级专业技术人才继续教育基地，积极申办网络教育资质；创新校友工作机制，加强教育基金会的筹融资能力，形成显著经济增长点。

继续加强与地方新能源科技与战略产业领域的合作，增强大学科技园建设和服务水平，创新管理模式，做大做强技术转移中心实体；加强专业孵化器建设工作，优化科技成果转化流程，逐步完善我校科技成果转化体系；加强对校有企业的监管和服务力度，完成有关企业股权划转、撤销、重组工作；多渠道搭建科技创新投融资平台，挖掘多学科协作技术潜力，创办拥有自主知识产权的特色型学科性公司；积极推进苏州研究院建设进程。

（六）开辟多种有效渠道，切实加快“国际化”进程

加大境外优质教育资源的引入力度，促进外国留学生规模化发展；完善中外合作办学和留学生教育的管理制度建设；加强与国内外知名高校的合作，推动青年教师出国研修，全面提高教师队伍和干部队伍的国际化水平；积极申报科技部国际科技合作基地，以学校 3 个“111”引智基地建设为契机，推进我校与国外高水平大学的科学研究与人才培养合作；与英国剑桥大学和国内企业建立合作，打造国际先进水平的学术和应用技术中心；继续做好上海合作组织大学能源方向牵头单位各项工作；积极申报“商务部援外专业技术培训基地”；依托 2 所孔子学院平台，积极扩展师生对外文化交流；认真筹备与英国工程与技术学会（IET）共同举办的第二届 IET 可再生能源国际会议。

（七）持续优化资源配置，提高办学效益

继续深化后勤管理体制改革，提升管理水平与服务质量，努力构建适应高水平大学建设内在需求的后勤服务保障体系；做好校园建设规划，加快技术升级改造，持续降低能耗水平，打造节约型“花园式校园”；完成主楼 A、G 座及 14 号学生宿舍的项目立项与工程设计及招标工作，力争实现14号学生宿舍楼的开工建设；扎实推进保定校区二校区实验综合楼工程建设；力争征地工作取得重要突破。

推进全面预算管理和项目化管理，进一步提高学校预算编制的科学性；规范学校各项收费行为，加强大额资金审批程序，健全内部控制制度建设，防范财务风险；关口前移，加强重大支出与科研经费管理；构建科学、规范、精细的招投标管理体系，降低项目成本，提高资金使用效率；完善学校资产精细化管理制度，加强大型精密仪器的管理，提高使用效益。

建立健全信息化建设协同工作机制，推进“数字化校园”建设；强化网络管理，保持校园网安全稳定运行，保障信息安全；加强数字资源和特色资源建设，完善文献资源结构；规范基础档案工作，做好学校档案标准化体系建设；优化师生就医环境，进一步提升健康保障能力；做好“平安校园”各项建设任务，确保顺利通过北京市检查验收。

（八）加强和改进大学生思想政治教育工作，促进学生全面成长成才

以理想信念教育为核心，推进德育品牌工程建设；积极探索新形势下大学生思想政治教育的新途径、新平台和新举措，继续加强学生班级、团支部、学生社团等基层组织建设，把学生工作做细做实；深入学生群体，掌握学生动态，建立以学生党员和主要学生干部为主体的学生状况实时反馈系统，完成学生成长发展数字化管理平台；在辅导员班主任队伍建设和管理上下大工夫，将谈话制度和深度辅导制度落到实处，加强学生心理健康教育和安全教育，把关心关爱送到每一位学生的心中。继续探索学业辅导，完善学风建设和监督体系；继续加强就业、创业指导工作，提升就业率、就业质量，以创新创业带动学生就业；进一步完善资助体系建设，做好经济困难学生资助工作，持续推进以“绿色家园建设”为载体的资助育人工作；加强校园文化建设，推进学生文化艺术活动的精品化、专业化、项目化；引导和要求学生加强体能锻炼，增强身体素质，促进学生健康、安全成长成才。

（九）加强党的建设和干部队伍建设，构建与完善适应高水平大学建设要求的现代大学管理制度

全面学习贯彻党的十八大精神，进一步加强基层党组织建设，不断健全“创先争优”长效机制，持续开展“一个支部实现一个目标，一个党员完成一个任务”活动，在实践中发挥并检验党支部战斗堡垒和党员先锋模范作用；进一步完善具有华电特色的干部选任、管理、培训、考核制度体系，围绕学校第一次党代会及“十二五”发展规划提出的战略目标，加大干部培训力度，实施以完成项目和制定政策为导向的干部培训计划，进一步推动干部赴海外培训工作；关心年轻干部成长，加强后备干部队伍建设。

把握文化舆论导向，创新宣传工作机制，树立典型、弘扬正气、凝心聚力，不断提高学校知名度和影响力；积极开展政策研究和战略管理研究，为学校制定政策提供决策支持；建立学校发展资料信息分析平台，做好学校发展情况的统计分析和绩效评估工作，编制大学年度发展报告；以“融合校友，凝聚人心，展示成就，促进发展”为目的，做好学校建校55周年庆典的各项工作。

全面推进现代大学制度建设。完成大学章程的制定工作；深入贯彻落实“三重一大”制度，推动科学决策；积极开展党务、校务公开，进一步推进依法治校、民主监督、科学管理，完善大学内部治理结构；进一步改进工作作风，提高管理与服务水平；深入推进党风廉政建设，完善风险防范管理制度体系；加强审计监察工作，严肃查处以权谋私、失职渎职等行为；做好离退休干部工作，积极发挥老同志经验优势；牢固树立“大安全观”的理念，加强校园安全保卫工作，维护平安、和谐的校园环境，为高水平大学建设保驾护航。

各位代表、同志们：千秋大业，实干为基；宏伟蓝图，落实为要。我们一定要认真学习和全面贯彻党的十八大精神，紧密服务国家战略需求和社会经济发展，以全面提升人才培养质量和科技创新能力为中心，解放思想，开拓创新，真抓实干，奋发图强，为实现华北电力大学高水平大学建设目标而努力奋斗！

构建具有中国特色的、先进的现代大学制度　加快高水平大学建设和发展

党委书记吴志功在2013年双代会闭幕式上的讲话

（2月23日）

各位代表、同志们：

华北电力大学第六届教职工代表大会暨第八次工会会员代表大会，经过全体与会代表和工作人员的共同努力，圆满完成了大会预定的各项议程，即将胜利闭幕。在此，我代表学校党委、行政，向大会的圆满召开，向为本次会议作出努力和贡献的全体同志表示衷心的感谢！向大会取得的各项成果表示热烈的祝贺！

两天来，代表们以高度的责任感和使命感，认真听取并讨论了刘吉臻校长所作的《坚定信心 真抓实干 全面推进高水平大学建设》的工作报告，听取审议了李双辰同志所作的《推进民主管理 助力队伍建设 在构建和谐校园 建设高水平大学中发挥桥梁纽带作用》的工作报告，审议了学校《2012年财务工作报告》《提案工作报告》及《第七届工会委员会财务工作报告》《第七届经费审查委员会工作报告》，选举产生了新一届教职工代表大会委员会和新一届工会代表大会委员会。会议期间，代表们围绕大会主题特别是校长工作报告、工会委员会工作报告进行了热烈的讨论。各位代表畅所欲言、群策群力，处处表现出广大教职员工对建设高水平大学的饱满热情与坚定信心，体现了大家高度的爱校敬业的主人翁精神。大家一致认为，校长工作报告对学校的发展进程把握准确，对未来的工作思路立意高远，特别是提出了“大人才”发展战略，充分体现了人才工作在新时期高水平大学建设进程中的重要引领作用，全面带动了学校高水平大学建设的新格局，令人鼓舞，催人奋进。通过大会两天的学习、讨论，大家进一步统一了思想，增进了共识，明确了方向，鼓足了干劲。应该说，本次大会是一次成功的大会、团结的大会、展望未来的大会，也是实现强校之梦的动员大会！

教代会、工代会制度是现代大学制度的重要内涵。十多年来，在学校党委的领导下，我校教职工代表大会和工会代表大会紧密围绕学校的中心工作，努力发挥党联系群众的桥梁和纽带作用，充分发挥教职工在学校重大决策中民主管理、民主监督的作用，凝心聚力、群策群力，为学校的科学发展作出了突出贡献，成为独具华电特色的现代大学管理制度的重要组成部分，也形成了我们坚持社会主义方向依法办学的一个宝贵经验。

特别是近年来，教代会在贯彻落实学校第一次党代会确立的“三步走”“九项战略任务”发展战略，坚持重大问题问计于民、重大决策民主监督，群策群力集中解决学校改革发展中的热点难点问题等方面发挥了重要作用。学校比较好地处理了党代会、教代会和行政三者之间的关系，学校重大决策问题由党代会讨论通过后形成发展战略，以校长报告的形式，提请教代会讨论通过，然后通过学校的行政来落实，转变为广大教职员工的自觉行动。教代会期间，代表们民主且富有建设性与创造性地讨论学校大事，这些充分体现了中国特色的现代大学制度。因此，从构建现代大学制度这一层面讲，华北电力大学应该是走在了全国高校的先进行列。

当前，华北电力大学已经进入建设高水平大学的攻坚阶段。这个阶段任务更加繁重，困难更加突出，矛盾也更加凸显，这就更加需要依靠具有强烈竞争力的现代大学管理制度作为坚强的保障。构建具有中国特色的现代大学制度，是中国共产党领导下的大学的内在要求。需要既保持中国的特色，继承我国大学已经形成的先进制度和优良传统，比如党委领导下的校长负责制、教职工代表大会制度等；也要放眼世界，学习和借鉴一切先进具有竞争力的先进大学制度，比如创业型大学的管理、大学基金会的运作等西方大学的一些成功经验，以打造具有国际竞争力的高等教育。同时还需要向企业学习，学习企业讲效益、讲效率等先进的管理理念和制度方针，进一步提高大学工作的管理效率、增强质量和效益意识。这是我们实现人才强校、实施“大人才”发展战略的根本保障，也是我们建设高水平大学的根本保障。教代会、工代会也因此承载着更加光荣的使命，面临的任务也更加艰巨。

高水平大学的奋斗目标，必须依靠思想、制度和路径来落实、体现和推进。今年的教代会校长报告，紧紧围绕我校党代会、“十二五”发展规划提出的战略目标，认真准确地分析把握了我校高水平大学进程中的关键问题、瓶颈问题，提出了“大人才”发展战略，这是继第一次党代会学校提出打造一个具有国际竞争力的高等教育以来，在指导思想上的又一次突破

和飞跃，抓住了学校实现高水平大学建设目标的关键所在。通过“大人才”发展战略带动学科、教学、科研、产业、国际化等领域的发展，这是一个指导原则、一个战略、一个全新的模式、一个重要的创举，是处理好战略与战略之间关系的重要突破，也标志着华北电力大学高水平大学建设又进入了新的阶段。

在此，我提六点意见和要求：

一、要认真学习贯彻落实本次教代会的精神，特别是校长工作报告，要将校长工作报告作为今后学校各项工作开展的行动指南；学习历史、学习世界、学习自己，要将华北电力大学的发展放在世界高等教育发展的历史长河中予以审视，要学习了解世界先进的做法，最终要运用马克思主义活的灵魂，具体问题具体分析，古为今用、洋为中用，将所学运用到自己的工作中。

二、各部门要根据校长工作报告中 2013 年的各项任务，形成体系化的任务书、进度表，有关部门要将此作为干部问责制的基本依据。

三、对各项任务进行分类，并采取不同的策略。事关学校高水平大学建设、对学校历史未来有战略指引性作用的“国字头”重大任务、重大标志性问题，必须举全校之力着力推进、确保如期完成。

四、对具有战略结构点突破性质的项目，要学习借鉴国内外其他高校的成果经验，在学习实践中不断加强调查研究，结合学校实际，制定政策，形成模式。

五、要认真负责地对待教代会的所有提案。在对提案的科学性、民主性进行归类的基础上，形成提案回复、完成的任务单和进度表，不断提升服务水平，切切实实为广大教职员工做实事、做好事。

六、要充分利用教育基金会的平台和机制。大学基金是国家为高水平大学提供的吸引社会资金、争取国家配套、加快学校发展的战略平台，要充分认识到大学基金对学校建设高水平大学的平台、杠杆作用，加强研究，充分利用。

代表们、同志们，第六届教职工代表大会暨第八次工会会员代表大会就要结束了，但是，新的一年艰巨又光荣的工作任务即将拉开序幕。衷心祝愿各位代表和广大教职员工在新的一年身体健康，工作顺利，以饱满的热情和旺盛的斗志，为学校建设高水平大学的宏伟事业不懈奋斗，争立新功！谢谢大家。

与时代同行　让青春出彩

校长刘吉臻在2013届春季研究生毕业典礼暨学位授予仪式上的讲话

（4月1日）

各位老师、各位来宾、同学们：

大家上午好！

今天，我们隆重举行 2013 届春季研究生毕业典礼暨学位授予仪式，共同见证一批学子完成学业，开启人生新的航程。首先，我代表学校向圆满完成学业的 2 248 名博士和硕士研究生表示衷心的祝贺！同时，向所有为你们的成长付出汗水、辛勤培育你们的老师们和支持你们完成学业的家人致以崇高的敬意和诚挚的感谢！

几年来，你们带着对知识的渴望刻苦钻研，勇于探索，在追求科学真理的道路上取得了各项优异的成绩，谱写了华电学子锐意进取、勇于创新的新篇章。你们当中，电气学院博士生周象贤同学发表一级学报和 SCI 高水平论文 9 篇；能动学院硕士生高慧同学发表 SCI 论文 4 篇，单篇影响因子达 4.5，获伦敦大学全奖资助攻读博士学位。你们勇于创新，开拓进取，在全国研究生数学建模大赛中连续取得优异成绩，运用学到的专业知识走入全球知名企业进行创新社会实践。我为你们取得的成就和进步感到由衷的高兴和自豪！

同学们，你们在校的这几年，也正是学校的发展突飞猛进的时期。学校“大电力”学科体系建设不断深化和发展，入选国家“985 优势学科创新平台”重点建设高校，工程学学科进入 ESI 世界前 1% 行列，获批“新能源电力系统”国家重点实验室和一批重要的国家级科研平台；学校不断深化教学改革，科技创新屡创新高，获得了省部级教学成果一等奖 6 项，国家科学技术进步奖二等奖 1 项，教育部自然科学奖一等奖 1 项，2012 年年度科研经费达到 5.6 亿元。学校下大力气致力于人才队伍建设，引进和新增了包括 2 名“千人学者”、1 名“长江学者”以及数名国家“杰青”“优青”等在内的一批高层次优秀人才，提出了“大人才发展战略”，为建设高水平大学注入了强劲的发展动力。学校参与组建了北京高科大学联盟，成为中国电力企业联合会副理事长单位，办学实力不断增强，社会声望持续提高。你们在校期间，研究生教育也迈上新台阶。学校正式成立了研究生院，入选教育部与工程院联合培养博士研究生试点单位，获北京市优秀博士论文 1 篇，研究生培养质量不断提高，就业率继续保持在教育部直属高校前列。这些成绩的取得，是全体华电人团结进取和不懈奋斗的结果，其中，也包含着你们刻苦学习、勇于创新、不断为学校增光添彩的共同努力和奉献。在此，我向你们表示衷心的感谢！

老师们、同学们：

党的十八大和刚刚闭幕的“两会”提出了全面建成小康社会的宏伟目标和推进“五位一体”、建设“美丽中国”的战略构想，把“实现社会主义现代化和中华民族伟大复兴”作为“近代以来中华民族最伟大的梦想”，对建设创新型国家所需的科技和人才提出了很高的要求。中国梦的实现，归根到底需要依靠一大批德才兼备、具有创新精神和能力的优秀拔尖人才，这是时代赋予一代有志青年的历史使命，呼唤着每一个即将开始人生新的征程的年轻学子都尽快成长起来，投身于建设创新国家、实现小康社会的伟大实践中去。

优秀人才的成才规律表明，成为社会所需要的拔尖创新人才，不仅要具有健全的人格、良好的品德、健壮的体魄、较高的情商、奋斗的精神、高度的责任心、勇于担当的品质，还要具备坚实的科学素养、扎实的理论功底，具有创新思维、创新精神、创新能力以及良好的自我发展能力。而成长成为这样的优秀人才，需要终生的学习和实践，包括大学阶段的学习和大学后成长的阶段，不同的阶段需要接受各种不同的历练。大学是奠定良好科学素养的重要阶段，而大学毕业走向社会后的工作阶段，同样是成才的重要时期，有时甚至更为重要。这是一个动态的、不断发展的过程，用书本上的知识指导实践，从实践中发现新问题，再回到书本中寻求答案，实现一种理论与实践的高度结合与交替提升，在不断的学习和实践中锤炼成才！

华北电力大学作为以能源电力为特色的高等学府，肩负着为国家能源电力事业科技创新与培养优秀人才的重任。当前，传统化石能源的持续消耗带来的环境污染、气候恶化和生态破坏，对人类的生存环境造成了严重影响，大力发展新能源已是势在必行，一个新能源时代正在向我们走来。但是，人类在新能源的开发利用中还面临着很多挑战，有诸多的难题需要深入研究并加以解决，如当前中国能源的技术问题、经济问题、管理问题、法律问题、政策问题等。这是一片前景良好、大有可为的广阔领域，很多问题等待人们去研究、拓展、创新、创造。对于我们能源电力的最高学府，这是一种重大的挑战和机遇，也是我们每一个有志于能源电力事业的华电人肩负的一份责任。希望你们每一个人都能够胸怀天下、勇于担当，把个人的理想和抱负与国家的战略需要结合起来，在建设美丽中国和实现中华民族伟大复兴“中国梦”的伟大使命中展现自己的青春年华，为国家能源可持续发展的事业作出贡献。

同学们，你们即将踏出校门走上社会。希望你们在今后新的人生征程中，继续秉承“自强不息、团结奋进、爱校敬业、追求卓越”的华电精神和优良传统，胸怀天下，脚踏实地，大胆创新、锐意进取，争做国家栋梁之材。无论你们走到哪里，母校都将永远是你们的坚强后盾和精神家园！

最后，祝各位同学鹏程万里，一路平安！

党委书记、体育运动委员会主任吴志功在 2013 年春季田径运动会开幕式上的讲话

（5 月 24 日）

各位老师、各位同学、全体运动员、裁判员：

今天，华北电力大学 2013 年春季田径运动会隆重开幕了。我代表学校向本次运动会的召开表示衷心的祝贺！

一年一度的体育运动会是学校群众体育活动中的一件盛事。什么是体育？体育是一种文化建设，一种精神建设，一种体魄建设。大学开展体育运动会的一个根本的目的就是在要在师生中弘扬和传播这种体育的文化和精神，推动学校的群众性体育运动蓬勃开展，让体育这种增强体质、磨炼意志的文化活动成为每一个人的思想意识和行为习惯，锻炼强健的体魄，培养顽强的精神，增强广大师生员工的身体素质和心理素质。在这个基础上，才能进一步凝聚人心，激发斗志，丰富大学文化，形成建设高水平大学的合力，肩负起实现“中国梦”的历史重任。

这几年，学校高度重视全民体育和高水平运动的发展，不仅广泛开展了多种多样的群众性体育活动，

而且在高水平竞技体育中也有令人欣喜的进步，如女子马拉松、登山、女篮等项目，都取得不俗的成绩，为国家和学校争得了荣誉。倡导全民参与体育活动是我们国家的基本国策，也是学校教育教学和培养优秀创新人才的重要内容。希望从大家做起，每个人培养一种兴趣，增加一种爱好，锻炼一种竞技，发展一种特长，推动广大师生体育运动的蓬勃发展，促进自身以健康的体魄和良好的精神风貌投入到学校建设高水平大学的征程中。

最后，预祝各代表队取得优异成绩！预祝本届运动会取得圆满成功！谢谢大家！

放飞梦想　赢取未来

校长刘吉臻在2013届本科生毕业典礼上的讲话

（6月25日）

各位老师、全体2013届毕业生同学们：

大家好！今天，我们在这里隆重举行2013届毕业生毕业典礼！这既是同学们圆满完成学业、获得人生求知历程阶段性成果的标志，也是大家放飞梦想、开启新的人生征程的起点。在此，我代表学校党委、行政和全体教职员工向同学们表示热烈的祝贺和美好的祝福！

四年前，你们怀揣着个人梦想与亲人的期盼来到华北电力大学。在这里接受知识、技能的学习和道德的熏陶，将个人的成长印记深深地铭刻在华电这所正在加速推进高水平大学建设的高等学府。我们为华电聚集一大批优秀学子而深感高兴与自豪，同时也深感肩上使命与责任之重大。如何使你们这些天之骄子在华电变得更加优秀，如何让你们的青春更加闪亮，既是学校的责任，也是学校的动力，更是学校各项工作的根本出发点。我们讲“办一所负责任的大学”，就是要对国家负责、对社会负责、对学生负责，这种责任首先统一在保障人才培养质量上，统一在能为国家和社会发展提供有用人才支撑上。践行办学责任，实现办学承诺，归根到底就是持续推进高水平大学建设。与你们心中有梦一样，坚定不移地建设高水平大学是学校的梦想，也是全体华电人的梦想，它指引着学校前进的方向。

四年来，你们亲眼见证了学校在建设高水平大学道路上阔步前行、不断跨越。学校获批了“新能源电力系统国家重点实验室”“生物质发电成套设备国家工程实验室”“火力发电国家工程技术研究中心”“电力科学与工程”被正式列入国家“985”工程“优势学科平台”建设行列，实现了国家级学科平台的重大突破。学校积极推进“大人才”发展战略，引进了包括7名海外“千人计划”学者在内的一批高端人才，实现师资队伍建设的重大突破；学校成为教育部首批“卓越工程师教育培养计划”实施高校以及国家教育体制改革试点高校，在国家级实验教学示范中心、国家级教学成果奖、国家级特色专业、国家级教学示范课程等教育教学方面屡获佳绩；学校科研工作突飞猛进，在国家级科研项目、国家科技进步奖以及科研经费总额等方面不断跨越和进步；同时，学校的基础设施建设与办学条件保障方面也有了质的飞跃。学校注重文化内涵建设，努力抓好学风建设，创新人才培养模式，注重学生就业工作，就业率始终保持在教育部直属高校的前列，入选全国就业50强高校和百强上市企业最喜爱的十所高校之一。（今年就业率：北京73%，保定84%）

四年来，同学们不仅是学校快速发展的见证者，也是积极参与者和推动者。在你们（北京：2 822；保定：2 321）5 143名毕业生中，7人获得校长奖学金，261人被授予北京市、河北省优秀毕业生，1 462人加入了中国共产党。同学们自立自强，荣获包括“中国大学生自强之星”等多项荣誉称号，在全国数学建模竞赛、创业大赛、“挑战杯”全国大学生课外学术科技作品竞赛及各种艺术节比赛中展现了华电学子的风采，共获国家及省部级各种奖励1 768人次。这些是华电学子的荣耀，更是学校的光荣。正是你们以自己的坚韧与执着，在华电校园挥洒青春与汗水，锐意进取，奋发图强，以“一万年太久，只争朝夕”的奋发精神，奏响了华电人的品牌，推动了学校的发展建设，与学校实现了共同进步与成长。

党的十八大报告指出，“立德树人”是教育的根本任务。大学以育人为本，学生是检验学校办学水平和核心竞争力的重要标准。一所大学是不是高水平大学，很大程度上取决于学生在学期间及毕业后走向社会所取得的成就。今天，虽然你们即将离开学校，但你们将作为华电的代言人，在社会各个领域展现风

采,你们的业绩就是学校的形象,你们的贡献就是学校的美誉。在离别之际,作为师长和校友,我想再向大家提几点希望和建议:

第一,要激发梦想,坚守理想。有梦想才有未来,有理想才会有源源不断的前进动力。实现中国梦需要我们每个人为梦想而奋斗。作为华电学子,你们要敢想敢为,以敢为天下先的气魄,努力在实现中华民族伟大复兴中国梦的实践中放飞青春与理想,实现自己的理想。随着国际国内社会经济形势的变化,大学生就业问题成为一个时代和社会关注的热点问题,这也是考验每个青年人思想、胸怀、胆识的一个重大命题,尤其需要青年学子怀抱梦想、坚守理想,以更加开阔的视野,更加宽广的胸怀,勇于到条件艰苦的基层、国家建设的一线、项目攻关的前沿,去经受锻炼、发挥特长、增长才干、磨砺成长,努力在改革开放的伟大进程中闯新路、创新业,不断开辟事业发展的新天地,在奉献国家和民族的过程中共享人生出彩机会,实现个人的梦想和人生的价值。

第二,要砥砺精神,不畏困难;实现个人的人生目标,成就人生的辉煌事业。在学期间,同学们不仅系统地学习到专业知识,在今后的人生旅程中,你们更要做华电精神的践行者,要树立远大的目标,为了理想而百折不挠、勇往直前,无论在学习、工作、生活中遇到何种挫折,无论逐梦之旅遭受何种磨难,都要泰然面对,坚韧不拔,自强不息,永远朝气蓬勃迈向未来。

第三,要勇于实践,脚踏实地。梦在前方,路在脚下。当今时代为每个人的成长与发展搭建了广阔的平台,需要的是我们去躬身实践,学以致用,创新创业,不拘一格,展现才华。同学们要牢记“空谈误国、实干兴邦”,树立梦想从学习开始、事业靠本领成就的观念,发扬华电人的实干精神,不浮躁,不抱怨,立足本职,脚踏实地,从点滴做起,用业绩说话,在实践中不断提高自己的素质和能力,掌握真才实学,曾益己所不能,努力成为各行各业可堪大用、能担重任的栋梁之才。

同学们,人生之路,有坦途也有曲折,有平川也有险滩。今天,你们即将放飞梦想,扬帆起航。希望你们能够直面人生的各种挑战,以华电人所特有的精神、气魄和能力、品格去搏击风雨,开创未来,书写人生的精彩篇章!请相信,无论顺境逆境,母校将永远是你们的坚强后盾和精神家园!永远牵挂着你们,关注着你们,祝福着你们!

最后,祝愿大家前程似锦,美梦成真!

谢谢!

党委书记吴志功在党的群众路线教育实践活动动员大会上的讲话

(7月9日)

同志们:

“全心全意为人民服务”是党的根本宗旨,“一切为了群众、一切依靠群众,从群众中来、到群众中去”的群众路线,是党的生命线和根本工作路线。按照中央和教育部党组的部署,我校作为首批启动教育实践活动的单位,今天,我们在这里召开党的群众路线教育实践活动动员大会,下面,我代表学校党委讲三点意见。

一、高度重视,认真学习,准确理解和把握教育实践活动的重大意义、指导思想和主要任务

在全党深入开展党的群众路线教育实践活动,是新形势下以习近平同志为总书记的党中央坚持党要管党、从严治党的重大决策,是顺应群众期盼、加强学习型服务型创新型马克思主义执政党建设的重大部署,是推进中国特色社会主义伟大事业的重大举措。纵观历史和世界,得民心者得天下,一个政党或国家,依靠群众就会取得成功,失去民心,就将亡党亡国。我们开展党的群众路线教育实践活动,就是要以史为鉴,加强同人民群众的血肉联系,巩固党的执政地位。

习近平总书记在党的群众路线教育实践活动工作会议上的重要讲话,进一步从加强党的执政能力建设,深入推进中国特色社会主义事业,实现中华民族伟大复兴中国梦的战略高度,深刻论述了开展教育实践活动的重大意义,对以整风精神开展批评和自我批评,着力解决作风方面存在的突出问题,建立促进党员、干部坚持为民务实清廉的长效机制,加强对教育实践活动的领导提出了明确要求。在全党深入开展党的群众路线教育实践活动,对于教育引导广大党员、干部牢固树立宗旨意识和马克思主义群众观点,贯彻党的群众路线,切实改进工作作风,始终赢得人民群众的信任和拥护,夯实党的执政基础,巩固党的执政地位,具有十分重大而深远的意义。

开展党的群众路线教育实践活动,必须高举中国

特色社会主义伟大旗帜，坚持以马克思列宁主义、毛泽东思想、邓小平理论、“三个代表”重要思想、科学发展观为指导，紧紧围绕保持党的先进性和纯洁性，以为民务实清廉为主要内容，以处级以上领导班子、领导干部为重点，切实加强全体党员马克思主义群众观点和党的群众路线教育，把贯彻落实中央八项规定精神作为切入点，进一步突出作风建设，坚决反对形式主义、官僚主义、享乐主义和奢靡之风（简称“四风”），着力解决党性、党风、党纪方面存在的突出问题，着力解决广大师生员工反映强烈的突出问题，着力解决制约学校科学发展的突出问题，不断提高做好新形势下群众工作的能力，保持党同人民群众的血肉联系，健全完善联系服务群众、宣传教育群众、维护群众权益的制度体系，发挥党密切联系群众的优势，真正把党的政治优势转化为科学发展的优势，以作风建设的新成效凝聚起推动学校科学发展的强大力量，为推动经济持续健康发展、全面建成小康社会、实现中华民族伟大复兴的中国梦提供坚强保证。

这次教育实践活动的主要任务就是要把作风建设放在突出位置，集中解决“四风”问题。这“四风”是违背我们党的性质和宗旨的，是当前群众深恶痛绝、反映最强烈的问题，也是损害党群干群关系的重要根源。要从思想教育入手，解决好世界观、人生观、价值这个“总开关”问题，既要解决实际问题，更要解决思想问题。反对形式主义，要着重解决工作不实的问题，教育引导党员、干部改进学风文风会风，改进工作作风，在大是大非面前敢于担当、敢于坚持原则，用高度的政治自觉和历史责任感真心干事业。反对官僚主义，要着重解决在人民群众利益上不维护、不作为的问题，教育引导党员、干部深入实际、深入基层、深入群众，坚持民主集中制，坚决整治消极应付、推诿扯皮、侵害群众利益的问题。反对享乐主义，要着重克服及时行乐思想和特权现象，教育引导党员、干部牢记“两个务必”，克己奉公，勤政廉政，保持昂扬向上、奋发有为的精神状态。反对奢靡之风，要着重解决狠刹挥霍享乐和骄奢淫逸的不良风气，教育引导党员、干部坚守节约光荣、浪费可耻的思想观念，做到艰苦朴素、精打细算，勤俭办一切事情。

二、根据要求，把握原则，精心组织，务求实效，高质量完成各个环节的工作任务

党的群众路线教育实践活动全过程，要贯穿“照镜子、正衣冠、洗洗澡、治治病”的总要求。“照镜子”，主要是学习和对照党章，对照廉政准则，对照改进作风要求，对照群众期盼，对照先进典型，查找宗旨意识、工作作风、廉洁自律方面的差距。“正衣冠”，主要是按照为民、务实、清廉的要求，严明党的纪律特别是政治纪律，敢于触及思想，正视矛盾和问题，从自己做起，从现在改起，端正行为，维护良好形象。“洗洗澡”，主要是以整风精神开展批评和自我批评，深入分析出现“四风”的原因，坚持自我净化、自我完善、自我革新、自我提高，既要解决实际问题，更要解决思想问题。“治治病”，主要是坚持惩前毖后、治病救人方针，区别情况、对症下药，对作风方面存在问题的党员、干部进行教育提醒，对问题严重的进行查处，对与民争利、损害群众利益的不正之风和突出问题进行专项治理。同时，要落实为民务实清廉要求，坚持立党为公、执政为民，坚持一切为了群众、一切依靠群众，从群众中来、到群众中去，求真务实、真抓实干，发扬理论联系实际之风，自觉遵守党章，严格执行廉政准则，主动接受监督，带头约束自己的行为，增强反腐倡廉和拒腐防变自觉性。

为确保教育实践活动的健康开展，要牢牢把握活动的基本原则：

坚持正面教育为主。加强马克思主义群众观点和党的群众路线教育，加强党性、党风、党纪教育和道德品行教育，引导党员、干部坚定理想信念，增强公仆意识，讲党性、重品行、作表率，模范践行社会主义核心价值观，坚守共产党人精神追求。

坚持讲求实效。开门搞活动，请群众参与，让群众评判，受群众监督，努力在解决作风不实、不正和行为不廉上取得实效，在提高群众工作能力、密切党群干群关系、全心全意为人民服务上取得实效。讲战略、讲目标、讲实效，突出服务发展、服务师生，重在解决问题，推动带来发展。

坚持分类指导。结合校级领导干部、处级领导干部、普通党员不同层面需要解决的突出问题，设定不同的要求和活动内容；教育实践活动的重点为处级以上领导班子和领导干部，普通党员参加所在党支部的相关活动。

坚持领导带头。坚持上级带下级、主要领导带班子成员、领导干部带一般干部，一级抓一级，层层抓落实。党员领导干部要带头深入群众，带头学习调研，带头听取意见，带头查摆剖析，带头整改落实，作为民、务实、清廉的表率。

坚持批评和自我批评。开展积极健康的思想斗争，勇于追求真理，准确把握以整风精神开展批评和自我批评，既深刻剖析和检查自己，又开展诚恳的相互批评，真正让党员、干部思想受到教育、作风得到改进、行为更加规范。

根据中央和教育部的部署，我校的教育实践活动11月底完成各项工作，将利用5个月的时间，分三个环节进行：第一个环节是学习教育、听取意见；第二个环节是查摆问题、开展批评；第三个环节是整改落实、建章立制。

在“学习教育、听取意见”环节，重点是搞好学习宣传和思想教育，深入开展调查研究，广泛听取干部群众意见。主要活动安排包括：一是通过自学、组织生活、中心组学习、务虚会、交流研讨等多种形式进行学习、宣传、教育，重点学习党章、十八大报告以及党的十八大以来党中央关于坚持群众路线的重要论述和习近平总书记一系列重要讲话精神；二是召开领导班子专题学习讨论会，各级领导班子及其成员集中研讨、交流心得、深化认识；三是各级领导班子及其成员深入基层调研，广泛征求意见，找准突出问题，为对照检查、开展批评与自我批评和解决问题打好基础。

在“查摆问题、开展批评”环节，重点是围绕为民务实清廉要求，认真查摆“四风”方面的问题，进行党性分析和自我剖析，开展批评和自我批评。党委以及各党总支、直属党支部主要负责同志与班子成员逐一谈心，班子成员之间相互谈心；各级领导班子及其成员要对照为民务实清廉的要求撰写对照检查材料；各级领导班子要做好充分准备，组织召开专题民主生活会，联系思想实际和工作实际，开展实事求是的批评和自我批评；专题民主生活会会后，要在规定范围内召开会议，通报民主生活会情况和班子成员的对照检查材料。

在“整改落实、建章立制”环节，重点是针对作风方面存在的问题，提出解决对策，制定和落实整改方案；对一些突出问题，进行集中治理。要抓好几项工作：

一是制定整改方案。各级领导班子要立足学校及本单位工作实际，抓住重点问题，制定整改方案，明确具体目标和时限要求，明确具体措施和责任人。整改方案制定后，应在一定范围内进行公布。

二是正风肃纪，抓好整改落实。加强领导班子建设、严格教育管理干部，对软、懒、散的领导班子进行整顿；对存在一般性作风问题的干部，立足于教育提高，促其改进；对群众意见大、不认真查摆问题、没有明显改进的干部，进行组织调整。按照整改方案的要求，边学边改、边查边改，抓好方案的落实。

三是制定完善相关制度。对贯彻党的群众路线已有制度进行梳理，及时修订完善，推动领导班子和领导干部改进工作作风、密切联系群众常态化、长效化。完善两级领导联系基层制度，健全体现群众意愿的科学民主决策机制，完善更加科学民主的、群众广泛参与的、体现工作实绩的干部和教师考核办法，梳理和出台有利于青年教师和青年干部更好成长的若干办法等。

三、立足实际，推进发展，全面做好教育实践活动

开展党的群众路线教育实践活动，要把促进高水平大学建设作为狠抓具体落实的目标要求，把“办人民满意的教育、办负责任的大学、建设高水平大学”作为学校开展党的群众路线教育实践活动的出发点和落脚点，把“切实推进学校事业快速发展、让教职员工得到实实在在的实惠”作为活动的根本，立足学校发展实际，与全面贯彻落实学校党代会、教代会提出的各项战略任务结合起来，与强化领导班子和干部队伍建设结合起来，与建设服务型党组织结合起来，使党员和干部思想觉悟进一步提高、作风进一步转变、党群干群关系进一步密切、为民务实清廉形象进一步确立，实现转作风、强组织、促发展。

21世纪以来，学校始终坚持科学发展观，把建设高水平大学作为历史赋予学校的崇高使命和神圣职责，以“超常规的思维、超常规的举措、超常规的努力”“出奇招、出实招、出重拳”“凝练项目、构建模式、制定政策”，奋力把高水平大学建设推进到一个崭新的发展阶段，让广大教职员工充分分享到学校事业发展的成果。事实已经证明，没有全体教职员工的共同努力，就没有学校今天的发展成绩，只要全心全意依靠群众办学，学校的事业就会得到发展，这也是我校近年来取得跨越发展的制胜法宝。虽然我们在依靠群众办学、推动学校发展等方面，取得了一定的成绩，但是随着我们的事业向更高层次、更高水准的推进，部分领导干部表现出能力不足、能力恐慌等不相适应的问题，还达不到“知天、知地、知己”的要求；同时，广大群众的期望、要求标准也在不断提高，我们的服务水平、服务能力、服务意识也需要进一步提升。因此，通过此次教育实践活动，各级领导干部要深入征求广大教职员工的意见，并做好整改落实工作，切实改进工作作风，赢得群众的信任和拥护，要不断提高工作能力和水平，真正做到谋划发展有思路，坚持发展有韧劲，推动发展有激情，切实把教育实践活动的成效体现在作风转变上、体现在真抓实干上、体现在加快发展上。

做好党的群众路线教育实践活动，是党中央作出的一项重要决策，是当前学校工作中的头等大事，工作要求高、时间紧、任务重。在此，我代表学校党委提出几点要求：

第一，认真学习领会，广泛听取意见，查摆突出问题

各级领导干部要把办人民满意的教育、办负责任的高水平大学作为学校一切工作的出发点、着力点和落脚点，把切实推进学校事业快速发展作为活动的根本，认真学习中央有关精神和习近平总书记的重要讲话，进一步强化一切为了群众、一切依靠群众、一切服务群众的思想意识，虚心向群众学习，真心对群众负责，热心为群众服务，诚心接受群众监督，带头学习调研，带头听取意见，带头查摆剖析，带头整改落实，力争思想认识高一层、学习领会深一步、解决问题好一筹。党委领导班子成员要结合校领导联系院系制度，深入到教学科研第一线进行调研，广泛听取教职工意见，指导、帮助基层分析、解决工作中存在的突出问题，带动学校深入调查研究、狠抓具体落实的工作作风。

第二，针对突出问题，认真对照检查，分析原因，提出对策，召开高质量、高水平、高标准的专题民主生活会

各级领导班子要组织召开一次高质量、高水平、高标准的专题民主生活会。会前，各级领导班子成员要做好充分准备，对照党章、廉政准则、改进作风要求、群众期盼，主动查找自身的问题。每个班子及其成员都要对照为民、务实、清廉要求撰写对照检查材料。会上发言，既要谈思想，也要正视问题，深刻分析和认识产生问题的原因及解决问题的关键，提出改进措施，做到严肃认真、实事求是、民主团结。党委领导班子成员要到所联系的院系，参加相关总支组织召开的专题民主生活会。

第三，根据整改方案，分解项目，提出目标，建立长效机制，促进科学发展

各级领导班子要坚持依靠师生办学，广开言路听民意，广纳良策集民智，把解决突出问题作为推动发展的重要机遇和动力，紧密结合工作实际，制定切实可行的整改方案。要对方案进行深思熟虑、条分缕析，把方案分解成项目，提出具体的工作目标，制定整改任务书、时间表。要将活动中的好经验、好做法固化为行之有效的制度规范，建立长效机制，以制度建设新成效，开创科学发展新局面。

第四，认真组织实施，确保取得实效

各党总支、直属党支部，要根据中央精神和学校党委的统一安排，高度重视、精心组织、务求实效，把教育实践活动真正做好、做实。

学校教育实践活动办公室，要组织开展好校内巡视督导工作，组织一批党性好、觉悟高的离退休老领导、老同志，组成学校教育实践活动巡视组，对各党总支、直属党支部的教育实践活动进行督促检查。三个环节的主要工作完成后，要结合学校的实际情况，认真做好教育实践活动的总结报告和整改方案。

在此，我代表学校党委向全校公布学校教育实践活动领导小组办公室的联系方式和办公地点。办公室设在党委组织部，北京校部的联系电话是010－61772261，办公地点在主楼D座457室；保定校区的联系电话是0312－7522365，办公地点在综合楼606室。

另外，动员大会结束后，由教育部督导组发放学校领导班子及成员作风情况民主测评表，征集意见和建议，测评表由督导组回收和统计。

同志们，从今天起，我校的教育实践活动正式开始，全校党员干部要认真学习、深刻领会、贯彻落实中央精神，把思想和行动统一到中央的决策部署上来，确保教育实践活动切合实际、扎实开展、取得实效。我们要切实把开展教育实践活动同建设高水平大学紧密结合起来，做到教育实践活动与学校的日常工作“两手抓、两不误、两促进”，始终牢记“空谈误国、实干兴邦”，做到“讲实话、干实事，敢作为、勇担当，言必行、行必果”，真正把心思用在干事创业上，把功夫下到察实情、出实招、办实事、求实效上，切实改进工作作风，扎扎实实做好各方面工作，推动学校各项事业的科学发展，为学校党代会确定的“三步走”发展战略、“九项战略任务”提供根本保障，为建设高水平大学提供持续动力。

让我们紧密团结在一起，为实现“中国梦”“华电梦”共同努力奋斗！

谢谢！

党委书记吴志功在2012—2013学年学生评优表彰大会上的讲话

（12月19日）

各位校友、各位企业代表，老师们、同学们：

大家下午好！

今天，我们在这里隆重举行华北电力大学2012—2013年度学生评优表彰大会，表彰和奖励一批一年来涌现出来的优秀学生个人和集体。在此，我代表学校党委、行政向受表彰的优秀集体和个人表示热烈的祝贺。同时，也向精心培育学生的老师们以及长期关心和支持学校各项事业发展的广大校友、企业代表们致以衷心的感谢！

2012—2013学年度，学校大力加强学风建设，深入推进校园文化建设，在提高学生思想文化素质、促进学生成长成才等方面取得了丰硕成果，涌现出一大批先进集体和优秀学生代表：11人获得校长奖学金，4 056人获得校内综合奖学金，1 294人被评为三好学生，643人评为优秀研究生，还有一大批同学获得了浙能奖学金、博纳之星奖学金、校友奖助金等各类社会奖学金。这些同学当中，有勤奋好学、成绩优秀的学习标兵，其中包括在与病魔的斗争中还坚持学习、取得优异成绩，学年度9门课程成绩达95分以上，其中3门满分、位列专业第一的同学，体现出当代学子坚忍不拔的顽强意志与执著向上的进取精神；还有同学不仅学业成绩拔尖、连续三年学分绩点名列专业第一，而且热心公益事业，用自己的专业知识为农民工提供法律援助服务，被评为共青团中央授予“2012年度中国大学生自强之星”。这些同学中，有勤于钻研、勇攀学术高峰的优秀创新人才，有博士生同学代表在学期间发表高水平论文10篇，其中，SCI 8篇，EI 2篇；还有同学参与了6项国家“863”等重大科研项目，并在国际青年论坛的组织中发挥重要作用。这些同学中，有努力开拓大学生创新创业计划的先锋，有的拥有多种发明专利，并在各种国家级创新创业大赛中捧回大奖；另外，还有勇于开拓、敢于探索的社会实践先行者，他们远赴西部边区、地震灾区，积极开展扶贫帮扶的社会实践，践行了“绿色电力美丽中国行”的壮举。应该说，这批先进同学和典型代表，集中反映了我校学生在学习知识、研究知识、创造知识、转化知识方面取得的优秀成果，体现出当代大学生崭新的精神风貌。今天，学校召开年度的学生评优表彰大会，就是通过对他们当中优秀个人和集体的表彰和肯定，起到以典型激励全体、以先进弘扬正气，以榜样带动一大批同学成长和进步的积极作用。这正是我们建设高水平大学的应有之义。

拔尖创新人才的培养是建设高水平大学的根本任务，创造一切条件、建设先进的现代大学制度，促使优秀创新人才尽快成长是我们始终不渝的工作目标。目前，学校正在开展党的群众路线教育实践活动，其根本宗旨也是“为民务实”，以学生为本，办人民满意的大学。多年来，学校一方面坚持更新教育观念，做好人才培养的顶层制度设计，以教育教学改革创新加快创新型人才培养体系建设，不断提高人才培养质量；另一方面，深入研究和把握人才成长规律，从学生个人成长的内在因素、教育过程、学习环境这个立体化的体系出发，关注学生的学习与实践能力培养，不断加强学风建设，也是我们需要不断加强的重要内容。为此，需要我们的教育工作者以“办一所负责任大学”的精神坚持教书育人、管理育人、服务育人，不断优化学生的学习成长环境，促使一批优秀的学生尽快成长、成才。

希望今天获奖的同学在今后的学习生活中能够发挥模范带头作用，带动更多的同学、更多的班集体加入到优秀的行列中来，为学校的发展贡献力量。同时，更希望全体同学以他们为榜样，在德、智、体等方面全面砥砺品行、争创优秀，追求卓越、健康成长！大家共同为高水平大学的建设贡献自己的力量！

谢谢大家！

校长刘吉臻在2012—2013学年度学生评优表彰大会上的讲话

（12月19日）

各位老师、各位同学：

今天，我们在这里隆重地举行华北电力大学2012—2013学年度评优表彰大会，对过去一年来，在各个方面取得优异成绩的同学、集体和作出突出贡献的学生工作者进行表扬。在此，我首先代表学校党委、行政向全体受到表彰的同学和老师们致以热烈的祝贺。向专程回到母校的校友代表——海南电科院吴清院长，也向全体支持我校发展的广大校友、社会各界、设奖单位表示衷心的感谢。

刚才，我听了我们同学、范老师、吴清校友做的讲话，深受感动。这次既是表彰大会，也是一次很好的学习和教育活动，应该使大家有所收获。

我国教育事业在改革开放中取得了举世瞩目的成就，培养了大批国家所需要的优秀人才，实现了我国教育的大众化和一定程度的现代化。以电力行业为例，近年来，我国电力行业发展迅速，装机量、发电量均达到世界第二位。在这一过程中，正是教育为电力行业解决了人才和队伍的问题。华北电力大学自身的发展也是国家发展的一个缩影。学校1958年创建，1959年招收第一届学生，在文革前仅共招收5届学生，文革十年动乱后的70年代，学校在校生只有几百人。而今天，在建校55周年之际，学校的本、硕、博在校生规模已达3万余人。

三中全会以来，国家对教育的改革和发展提出了更高的要求。实现中华民族伟大复兴的“中国梦”，需要我们加快从人口大国向人才强国的转变，在这一过程中，人始终是第一要素。但同时，我们也要清醒地认识到，面对国家新的目标和未来的发展战略，我们与先进的发达国家相比，以创新力为内涵的核心竞争力还有着巨大差距。小到圆珠笔、手机，大到汽车、飞机、航母，真正中国发现、中国创造、中国拥有的科学技术仍然太少。因此，谈教育承载着为国家培养大批建设者、接班人的重任，绝不是一句空话。

青年人作为祖国的未来，应该主动地把自己的命运和国家、民族的前途联系起来。我们有很多先哲，他们在年轻时，为了民族的解放，国家的富强，抛头颅，洒热血，有的投笔从戎、有的献身科学。如北大前校长周培源先生，作为著名流体力学专家，他拒绝美国的高薪挽留，冒着战乱毅然返回报效祖国。直至近90高龄时，他还关注国家三峡工程建设。反观现在有些青年学生，创新能力和创新精神不足，吃苦精神欠缺，计较个人利益得失，缺乏团队精神和合作意识，缺乏对个人、家庭、国家以至于对民族的责任心。虽然这些不能代表全部，但也应引起足够的重视。因此，虽然社会的青年人数以亿计，但对于处在社会精英顶层的优秀青年来讲，必须努力做到两点：一是要勇于承担更多的社会责任；二是要用行动为同龄人树立榜样，不能将自己混同于一般的同龄人，更不能拿一些落后的、腐朽的、陈旧的作为比较和参照对象。

从更大范围来讲，同学们能够进入华北电力大学学习，一定是同届考生中的优秀学生，你们一定要做好人生定位，展现出应有的精神风貌。在此，我提出以下几点希望：

首先，应该有抱负、有追求，有目标。当前，有很多同学抱负和追求不清，目标定位不高，以毕业后工作稳定、生活安逸为人生追求，目标过低，没有承担起国家和时代赋予的责任。

其次，应该有进取心和奋斗精神。进了大学后，一些同学贪图自身安逸、舒适，丧失了不屈不挠、刻苦努力、积极进取的精神，缺乏奋斗的动力，这尤其值得警醒。

再次，应该有自我管理、自我把握的能力。有些同学在纷繁复杂的社会中，不能很好地管理和把握自己。有其心无其行，想把书读好但没有把书读好，想少打会儿游戏但管不住自己、收不了心。根据学校统计，涉及学籍预警的学生，60%以上是因为沉溺电子游戏和网络。还有些学生因为无法实现有效的自我管理，到了让家长陪读的地步。

同学们，无论学校如何规范和严格管理制度，也无论老师家长如何督促，归结起来都是外力的作用。虽然外力是必要的，但要解决问题，核心是寻找内力，将外力的作用转化为内力的作用。内力是一种精神，来自我们明确的奋斗目标、人生设计，来自我们的自信心、自豪感，自己认为“我行”，再大的困难也能够克服。很多优秀的同学、出类拔萃的同学，都有很强的内力。

我最近思考，国际国内知名大学、高水平大学和一般大学的差距在哪里。每当看到世界知名大学，校园中的学生充满自信心和自豪感。甚至穿个T恤，在冬天也不感觉冷，走起路来也不一样。这些有自信心、自豪感的青年人，相信有多大的困难他们都能克服。我特别期待我们这些获奖的同学、优秀的同学，能够带动我们华电的学子也充满信心。我们共同努力，把学校办好，也使我们的学生、校友，也对华电充满自豪感。这样使得我们有更大的魅力去克服困难，去成就我们的目标和梦想。最终，我们为国家、为社会、为民族，作出我们人生重要的贡献。

我希望学校老师和我们全体同学，共同努力。谢谢大家！

成长，从这里开始

校长刘吉臻在2013级新生开学典礼暨教师节表彰大会上的讲话

（9月9日）

老师们、同学们：

金秋的北京，天高气爽。在这美好的时节里，华北电力大学迎来了你们——来自全国31个省市的5 564名2013级本科生、2 424名研究生以及来自31个国家的152名留学生同学们。今年，正值华北电力大学喜迎55周年的华诞。你们的到来，为我们的校园带来了勃勃生机。在此，我代表学校党委和行政向你们表示热烈的欢迎，祝贺你们成为华电这个大家庭的新成员。同时，向长期在教育教学第一线辛勤工作的老师们致以教师节的问候！

同学们，感谢你们选择了华北电力大学。华北电力大学诞生于新中国工业建设起步与发展阶段的1958年，经历了半个多世纪的风雨洗礼，走过了不平凡的发展历程，在困境中崛起、在改革中创新、在曲折中前进。特别是21世纪以来，学校先后经历了划归教育部管理、校部变更为北京、进入国家“211工程”行列、入选“985工程优势学科创新平台”重点建设高校等重大跨越，从一所依托电力行业管理的高校发展成为教育部直属的重点大学，目前学校拥有教职工3千余人、本研在校生3万余人，在国家能源电力领域具有广泛的影响力，享有崇高的学术声誉。今年是学校建校55周年，它与你们充满着蓬勃的力量，也有着无限美好的未来。希望你们从认识我们的学校开始，一步步熟悉学校、融入学校、热爱学校、建设学校、发展学校，成为有为的一代华电新人。

多年以来，华北电力大学以“办一所负责任大学”为办学理念，始终致力于把培养一大批时代所需要的优秀拔尖人才作为办学的目标，努力办一所多科性、研究型、国际化的高水平大学，使你们一大批青年学子能够在这里成人、成长、成才。学校实施“大人才”发展战略，聚集一大批优秀教师带领你们深入知识的殿堂；学校致力于科技创新，建设一批高水平的国家级、省部级重点实验室、科研平台引领你们参与创新实践。同时，学校努力提供高质量的课堂教学、多样化的专业设计、精彩纷呈的学术讲座、现代化的运动健身场地、丰富多彩的校园文化活动等，所有这些都是华电为你们创造的大好舞台，等待你们去认知、发现、探索、实践，施展才华、磨砺成长。但这些还是不够的。今天的华电在经历了半个多世纪的风雨历程之后，无论从师资队伍、生源质量还是办学条件都有了长足的发展，你们此时进入华电学习，可谓生正逢时，风华正茂。但是，我们办一所中国知名并具有国际影响力的高水平大学的目标使我们不能就此停步。只有培养出更多更优秀的拔尖创新人才，创造出更多引领行业与科学发展的科技成果，才能够真正成为屹立于中国高等教育之林的强校，这是我们的强校之梦，也包含你们的未来发展之梦！同学们，期望你们早日加入我们建设高水平大学的创新实践和伟大征程，与学校共成长，与华电同发展。

同学们，望着你们青春勃发、渴求成长的面容，我想摆在你们每一个人面前的首要问题，还是对于大学新生活的思考：如何尽快适应大学新生活？如何在大学时代健康地生活与成长？

大学教育是建立在初等教育、中等教育之后的高等教育，目标是培养出国家所需要的、德智体全面发展的建设者和接班人，向社会输送有用人才。从我国的教育体制和现状来看，长期以来存在着应试教育的弊端，特别是整个中学时代，在高考的指挥棒下，同学们往往背负着沉重的学业负担，在很大程度上影响了个性的发展以及全面素质的提高。而进入大学之后，传统教育模式下对学生创新精神与综合素质培养的短板也是高等教育发展中的突出问题。这是中国教育不争的现实，也是一个时期以来社会对教育批评之声不绝于耳的主要症结所在，与国家建设小康社会对具有创新精神优秀人才的诉求严重不相吻合，成为我们当前致力于教育改革的方向与目标。为此，在这个社会转型时期，每一所大学都在思考，如何从办学思想上、从学校文化上来真正以新的理念来推动教育改革，提升办学质量，培养出大批真正适应社会需求的优秀创新拔尖人才，这是高等教育的深刻命题与重要任务，需要每一位师生认真思考，努力实践。对于我们每一位刚刚迈入大学之门的新同学来说，首先还要从完成由中学向大学的几个转变开始。

第一，向独立社会人的转变。进入大学以后，大多数同学们都进入或即将进入18周岁，完成从未成年人向成年人的角色转变。这就意味着同学们从此开始成为一个独立的社会公民，需要同学们建立起成人的意识，遵纪守法，恪守自我，独立思考，承担起一个社会公民所应有的权利、义务和完全的法律责任。特别是在当今多元化的信息时代，面对多种多样的冲击甚至诱惑，每个同学都要学会分析、判断、反思与选择，做一个真正有理想、有道德、有品位、有担当的人。

第二，向自我管理的转变。大学生活摆脱了对父母的依赖而进入同学集体的新生活，需要同学们独立处理与学校、与老师、与同学的关系，同时包括目标的设立、时间的管理以及独立应对外部环境与自我的一切事务。这就要求同学们培养起良好的协作能力、交往能力和管理能力，做生活的主人。这种自我管理的培养是同学们成长、成熟起来的重要内容，不仅关系到你们能否顺利完成大学学业，还关系到你们能否成功地走上社会。

第三，向主动学习的转变。不同于中学学习主要是在老师的安排下学习课本的知识，大学的学习具有自主性、多样性、不确定性的特点，没有统一的模式，没有现成的答案，需要同学们培养一种求知的精神、创新的思维，养成自主学习、主动认知的习惯，掌握一整套科学的研究方法，养成扎实的科学素养，追求真理、不断探索，坚持不懈、勇往直前。

同学们，“大学之道，在明明德，在亲民，在止于至善 。知止而后有定，定而后能静，静而后能安，安而后能虑，虑而后能得”。今天当你们步入大学校园之时，新的目标、新的任务、新的挑战、新的征程已经摆在你们每个人的面前，需要你们每一个人从进入大学后的热闹中迅速冷静下来，认真地思考并作出明确的回答，不能有丝毫的懈怠和停顿。希望你们从三个方面的转变开始，迅速适应大学的新生活，确立目标，砥砺品行，健全人格，磨炼意志，强健体魄，不断地发展自己、充实自己、完善自己，只有这样才能够在成长的历程中不掉队、不落伍，顺利完成学业，进而追求卓越，展现才华，成人成才，努力成长为国家和时代所需的优秀拔尖人才！谢谢！

校长刘吉臻在华北电力大学第二届理事会成立大会上的工作报告

（12月22日）

尊敬的刘振亚理事长，各位副理事长、各位理事、同志们：

按照大学理事会章程和本次会议议程，我向理事会报告工作，请予审议。

一、关于华北电力大学理事会的工作

大学理事会是社会参与办学的重要组织形式，是高校与社会联系的重要纽带。大学理事会制度是世界一流大学办学的成功经验，也是我国现代大学制度建设的重要内容。随着社会经济发展与全面深化改革的推进，社会与行业参与大学办学成为高等教育发展的一个显著趋势。今年8月，国务院副总理刘延东同志在教育部直属高校咨询委员会会议讲话中指出：高校要因校制宜，全面建立大学理事会制度，不断完善理事会的制度与机制，最大程度争取社会支持。

20世纪末以来，国家正式提出并实施“科教兴国”战略，促使我国经济增长方式由主要依靠资源消耗与劳动力转变为依靠人才资源和科技进步，实现从人口大国向人才强国的转变。大力发展教育、建设创新型国家已成为我国基本国策。中国高等教育肩负着培育社会所需要的大批德才兼备的社会主义建设者和接班人的历史使命。国家通过“211工程”“985工程”，建设了一批能够承担起高层次人才培养和高新技术成果产出的高水平大学，缩小我国高等教育与世界发达国家的差距，支撑我国建设创新型国家的宏伟目标。在教育部直属的72所高校中，除了清华、北大等一批综合性大学，也包括农、林、水、地、矿、油、电力、交通、邮电等一批具有鲜明行业特色的高水平大学。这些大学多数为过去的部委所属学校，具有较强的办学实力，在推动新中国工业建设与社会经济发展中发挥了重要作用。

华北电力大学建于新中国成立之初，长期由国家电力部门管理，是国内唯一一所能源电力类重点大学。2003 年，在国家电力体制改革中，学校由国家电力公司划转教育部管理，同时，组建了由国家电网公司、南方电网公司和各发电集团组成的理事会与教育部共建。划转教育部以来，学校紧紧围绕人才培养、科学研究、社会服务、文化传承的大学四大职能，确立了"遵循教育规律，适应社会需求，突出办学特色，深化教育改革，实现跨越式发展，用十到十五年的时间，把学校建设成为'多科性、研究型、国际化'高水平大学"的办学目标，并制定了"三步走"发展战略，在各项事业上实现了快速发展。虽然在体制上发生了变化，但学校更加坚定了把服务国家、服务电力行业与服务理事会单位结合起来的决心，更加坚定地走校企合作的兴校之路。十年来，各理事单位给予了全方位、强有力的支持。依靠理事会单位的支持，学校于2005 年正式列入国家"211 工程"重点建设高校行列；依靠理事会单位的支持，学校围绕特高压、智能电网、新能源、节能减排、能源与环境等领域的基础科学与关键技术问题开展科研攻关，形成了产学研相结合的技术创新体系，使学校的科学研究与科技创新能力跨越到新的水平；依靠理事会单位的支持，学校创新人才培养模式与机制，特别是理事会单位在工程技术人才培养方面提供了丰富的实训资源与实践基地，使学校形成了"厚基础、重实践、强能力"的创新人才培养体系，提高了人才培养质量和水平；依靠理事会单位的支持，学校毕业生就业率一直稳定保持在教育部直属高校的前列，享有良好的社会声誉。2008 年，在学校建校五十周年庆典活动中，各理事单位主要领导亲临会场，大学理事会理事长、国家电网公司刘振亚总经理发表重要讲话，给全体师生及广大校友莫大的精神鼓舞。今天，在刘振亚理事长的关心指导和各理事单位领导的鼎力支持下，组建新一届理事会并创新理事会机制，这必将进一步发挥理事会在学校建设与发展中的重要作用，早日将学校建成特色鲜明、国内一流、国际上有一定影响的高水平研究型大学，更高质量地服务理事单位、服务能源电力事业的可持续发展。

在此，我谨代表华北电力大学三万余名在校师生和十五万校友，向给学校大力支持的理事会单位、向给学校关心帮助的各位领导致以衷心的感谢和崇高的敬意！

二、关于华北电力大学近年来的工作

（一）基本情况

学校建于 1958 年，现设有十个学院，有教职工 3 千人，其中专任教师 1 806 人、博士生导师 109 人、教授 326 人、副教授 505 人，56% 的专任教师具有博士学位。有全日制在校学生 3 万人，其中研究生 1 万人。占地 1 600 亩，建筑面积 100 万平方米。是教育部直属国家"211 工程""985 优势学科创新平台"重点建设高校。

（二）学科建设

21 世纪以来，学校紧紧把握世界能源电力发展新趋势，提出了"以传统优势学科为基础，以新兴能源学科为重点，以文理学科为支撑"的"大电力"特色学科体系建设方略，在传统优势学科专业的基础上，先后增设智能电网、新能源、风能、核能等十二个行业前沿或急需专业，成立了全国首家"可再生能源学院"，组建了核科学与工程学院。学校学科体系从以火电与传统电网为核心，扩展到集火电、新能源、核电和智能电网、电力经济与管理等为一体的"大电力"学科群，形成了以工为主，理、文、经、管、法等多学科协调发展的学科专业布局。目前，学校拥有"电力系统及其自动化""热能工程"2 个国家级重点学科、23 个省部级重点学科，5 个博士后科研流动站，5 个一级学科、30 个二级学科博士学位授权点，23 个一级学科、123 个二级学科硕士学位授权点，62 个本科专业。优势学科如电气工程、热动工程、自动控制、电力经济与管理等居于国内先进水平。

（三）人才培养

学校把人才培养质量作为立校之本，实施"卓越工程师教育培养计划"和"四模块"实践教学模式，与企业联建本科生校外实践基地和研究生工作站，与大型企业集团开展"订单式"人才培养，形成了"厚基础、重实践、强能力"的人才培养特色。近年来，学校生源质量不断提高，本科录取分数线连年攀升，总体生源质量进入了国内高校前 30 位。研究生录取中，电力系统及其自动化专业硕士研究生复试分数线连续四年超过清华大学。学校毕业生就业率一直在教育部直属高校中名列前茅，60% 的毕业生进入能源电力行业就业。2012 年，在毕业生用人单位社会评价中，学校入选中国百强企业最喜爱的十所高校之一。学校培养的十五万毕业生已经成为国家、社会特别是能源电力行业科技创新和技术进步的重要力量，受到行业和社会的高度肯定。

（四）科学研究

学校大力实施“人才强校”“科研兴校”战略，汇聚和打造了一支高水平人才队伍。现有工程院院士1人，双聘院士4人，“千人计划”学者11人，“长江学者”5人，“国家杰出青年基金获得者”6人，“国家百千万人才工程”8人，教育部“新世纪优秀人才支持计划”40人，“973”首席科学家5人，“国家级教学名师”1人，4支团队列入教育部“长江学者和创新团队发展计划”，4个基地列入教育部和国家外专局联合实施的“高等学校学科创新引智计划”。目前已建设了新能源电力系统国家重点实验室、生物质发电成套设备国家工程实验室、国家火力发电工程技术研究中心等3个国家级科研平台以及5个教育部重点实验室、11个省部级研究基地，拥有国内唯一以能源电力为特色的国家大学科技园。近五年来，共承担国家科技重大专项、“863计划”“973计划”、国家科技支撑计划、国家自然科学基金等重大项目800余项，获国家级、省部级科技奖励100余项。学校科研经费十年间增长了30倍，2012年达到6亿元。学校国际三大检索科技论文排名位居教育部直属高校前列。学校工程学进入ESI国际前1%行列。

（五）校企合作

学校坚持“以服务求支持，以贡献促发展”的宗旨，将理事会的支持转化为学校事业发展的内在动力，紧密围绕行业的重大科技需求广泛开展合作，在服务国家、服务行业、服务理事会单位的实践中不断提升自己的能力和水平。

围绕加快建设特高压和智能电网的战略部署，学校教授作为三名主要成员之一参与了科技部《智能电网重大科技产业化工程“十二五”专项规划》的制定，在把智能电网建设提升为国家能源科技战略的过程中作出了重要贡献。同时，学校积极参与国家电网公司特高压交、直流输电试验示范工程、南方电网公司特高压直流输电示范工程的科学研究，在电磁环境控制、电磁兼容、交流串补装置与直流换流阀研制等关键技术研究方面作出积极贡献。2012年，在国家电网公司的大力支持下，以华北电力大学、中国电力科学研究院、国网智能电网研究院为核心单位，联合清华大学等5所“985工程”高校，共同培育组建了“智能电网2011协同创新中心”，将站在能源电力系统未来发展的全局高度寻求破解“国家急需、世界前沿”的重大科学技术难题。

面对当前世界能源和环境问题，学校积极开展节能减排、绿色煤电、新能源开发与利用等国家和行业重大战略问题研究，与五大发电集团共同发起成立“中国火力发电产业技术创新战略联盟”。学校与中国华能集团、中国国电集团等单位开展的联合研究，实现了重大技术突破，自主创新能力再上新台阶。

同时，学校与理事单位广泛合作，全方位开展各种层次的高级人才专业培训、岗前培训、职业技术教育等多种形式培训，近十年来，共培训学员8万余名，培养在职学历教育学生近5万人。

（六）国际交流与合作

学校全力推进国际化办学进程，与美、英、法等国120余家国际知名大学和研究机构开展交流与合作，其中，与二十余所世界著名高校持续开展联合培养本科生和研究生项目，成为巴斯大学、曼彻斯特大学等著名高校电气类学科最优秀学生的主要来源高校；招收60多个国家和地区的国际留学生，2013年在校留学生近500人，其中硕博研究生达47%；国际科技合作取得重要进展，与剑桥大学联合成立全球可持续发展研究中心，与爱丁堡大学成立中英碳减排联合研究中心，与加拿大里贾纳大学成立中加能源可持续发展研究院，国际化办学水平不断迈出新的步伐。

三、关于本届大学理事会重点工作的建议

按照理事会章程，理事会是对学校发展战略、学科规划、人才培养、科学研究、产业等重要事务咨询、指导的机构；是电力行业与学校加强联系、密切合作的桥梁和纽带；是增强学校服务能源电力行业能力、促进学校发展的重要组织形式；是实现校企资源共享、促进共同发展的有效途径。

我们期望理事单位发挥企业优势，支持学校全面参与到“以企业为主体、以市场为导向、产学研相结合”的国家创新体系当中。为此，我们建议本届理事会重点在以下几个方面开展工作。

（一）在学校具有重大战略意义的建设项目上给予重点支持

（1）大力支持“智能电网协同创新中心”进入国家“2011协同创新计划”（简称“2011计划”）。“2011计划”是国家继“211工程”和“985工程”之后又一项代表国家意志的重大工程，是贯彻落实胡锦涛总书记在清华大学百年校庆重要讲话精神的基础上，由教育部、财政部联合推出的高等学校创新能力提升计划，旨在推动高校联合科研院所、行业企业围绕国家重大

需求，通过机制与体制创新，整合创新资源，集聚和培养一批拔尖创新人才，解决“国家急需、世界前沿”重大科学技术难题，产出一批重大标志性成果。实施“2011 计划”是我国高等教育发展的一个重要历史机遇，对于全面提升高等教育质量、支撑国家创新体系具有重要的战略意义。

今年，国家首批认证的 14 家“2011 协同创新中心”已经开始正式建设。在国家电网公司的大力支持下，以华北电力大学、中国电力科学研究院、国网智能电网研究院为核心单位，联合清华大学、华中科技大学、天津大学、重庆大学、浙江大学共同成立了“智能电网协同创新中心”，围绕规模化新能源接入、输送和消纳等制约新能源大规模发展的核心共性难题攻坚克难。经过两年的培育，该中心已初步形成基础研究与高端技术产业相结合的独具特色的协同创新模式和机制。希望大学理事会和国家电网公司继续给予大力支持，争取尽快得到国家的认定和支持。

(2)支持学校国家级科研平台建设。重点支持“新能源电力系统国家重点实验室”创新能力的进一步提升；校企联合建设“电力节能教育部工程研究中心”，争取早日培育成为“电力节能国家重点实验室”；校企共建“生物质发电成套设备国家工程实验室”，开发适合我国国情的具有世界先进水平的生物质发电技术和成套设备。

(二)建立健全人才培养、科技合作两个专业委员会工作机制

按照理事会章程，理事会下设人才培养、科技合作两个专业委员会。我们希望在理事会领导下，在 2014 年年内，组建新一届两个专业委员会，进一步明确委员会工作职能，建立工作的长效机制。

(1)发挥人才培养委员会咨询指导职能，使学校的人才培养方案、培养模式、专业设置等能够更好地适应企业现实和未来需要，全面提高人才培养质量。

(2)联合培养高质量的创新人才。希望理事单位进一步支持我校本科生的实践实习基地、研究生工作站、青年教师工程化培训基地、卓越工程师教育培养计划等人才培养基地建设；构建研究生联合培养的新机制；共建博士后科研流动站等。

(3)发挥科技委员会职能，对学校科技发展规划制定提出咨询指导意见，使学校重点研究方向、科研组织形式和科研管理等科技创新活动能够更好地融入理事单位的科技创新体系，进一步带动学校科技创新能力的全面提升。

(4)围绕能源电力发展的重大科技需求，共同策划、超前部署，联合申报国家“973 计划”“863 计划”、国家科技支撑等重大科技计划项目，争取产出一批在国际国内具有重大影响力的原创性科研成果。

(三)校企联合共同打造高水平的能源电力新型智库

以中电联为平台，联合社会相关资源，共同成立能源政策研究机构，组建相关专业战略合作联盟，共同承担能源发展战略等领域软科学研究，积极向国家建言献策，提高能源电力行业的话语权；共同举办国际国内能源高端论坛，正确引导社会舆论，在国家能源电力宏观政策制定与决策中发挥重要作用。

以上建议，提请理事会各位领导审议。

尊敬的刘振亚理事长、各位副理事长、各位理事，经过多年的发展与积累，华北电力大学已经站在新的历史起点上，成为一所发展势头强劲的行业特色型重点大学。然而，与国际国内知名大学相比，与建设创新型国家战略的新要求相比，我们仍然任重道远。当前，以能源变革为根本动力的第三次工业革命正在加速孕育发展，这是我们全面提高、重点突破，早日建成高水平大学的历史良机。因此，学校更加需要理事会在发展战略、发展规划等方面给予更有针对性的指导，在人才培养、科学研究等方面给予更强有力的支持。我们相信，在十八届三中全会精神指引下，在新一届理事会的指导支持下，华北电力大学全体师生有信心、有决心、有能力以新时期的新跨越、新发展，实现把华北电力大学建设成为国内一流、国际上有重要影响的高水平研究型大学的“华电梦”！

我们也衷心祝愿，各理事单位事业蒸蒸日上、再创辉煌！

最后，再一次衷心感谢多年来各理事单位、各位领导对华北电力大学事业发展的大力支持！

谢谢大家！

总述

OVERALL REVIEW

学校简介

（2013 年版）

华北电力大学是教育部直属全国重点大学，是国家“211 工程”重点建设大学。学校校部设在北京，分设保定校区。学校现有教职工 3 千余人，全日制在校本科生 2 万余人，研究生 1 万余人。学校占地 1 600 余亩，建筑面积 100 余万平方米。

学校 1958 年创建于北京，原名北京电力学院。1969 年由北京迁至河北，先后更名为河北电力学院、华北电力学院。1995 年华北电力学院与北京动力经济学院（含华北电力学院北京研究生部）合并组建为华北电力大学。2003 年，在国家电力体制改革中，学校划转教育部管理，同时组建了由国家电网公司、中国南方电网公司、中国华能集团公司、中国大唐集团公司、中国国电集团公司、中国华电集团公司和中国电力投资集团公司组成的理事会与教育部共建华北电力大学。

半个多世纪以来，学校承载着为国家能源电力事业培养高素质人才与推进科技进步的历史使命。进入 21 世纪以后，学校贯彻“学科立校、人才强校、科研兴校、特色发展”的方针，抓紧机遇，加快发展，实现了跨越式快速发展。

学校设有电气与电子工程学院、能源动力与机械工程学院、控制与计算机工程学院、经济与管理学院、环境科学与工程学院、可再生能源学院、核科学与工程学院、数理学院、人文与社会科学学院、外国语学院等十个学院，设有 62 个本科专业。学校拥有“电力系统及其自动化”“热能工程”2 个国家级重点学科、25 个省部级重点学科，有 5 个博士后科研流动站，5 个一级学科、30 个二级学科博士学位授权点，23 个一级学科、123 个二级学科硕士学位授权点。此外，学校具备 MBA 和工程硕士专业学位授予权，形成了培养本科、硕士、博士的完整教育体系。

学校拥有一支积极进取、素质优良、结构合理的高水平师资队伍。现有专任教师 1 806 人，其中中国工程院院士 1 人、双聘院士 4 人、国家“千人计划”特聘专家 6 人、“973”首席科学家 5 人、国家级教学名师 1 人、国家杰出青年科学基金获得者 6 人、“长江学者”2 人、国家“百千万人才工程”8 人，40 人入选教育部“21 世纪优秀人才支持计划”，4 支团队列入教育部“长江学者和创新团队发展计划”。

学校把人才培养作为根本任务，形成了“厚基础、重实践、强能力”的人才培养特色，成为教育部首批“卓越工程师培训计划”实施高校。学校现有 50 门国家和省部级精品课程，2 个国家级教学名师团队，11 个国家级特色专业，3 个国家级、11 个省部级实验教学中心，学校以“优秀”成绩通过了教育部本科教学工作水平评估。

学校以服务国家重大发展战略为己任，积极参与国家创新体系建设，现有 3 个国家级科技创新平台、3 个教育部重点实验室、11 个省部级科技创新平台和研究基地；近年来，学校在新能源发电、特高压、智能电网、高效洁净燃煤发电技术、核电技术等重要领域都取得了巨大成果。“十五”以来，承担国家科技重大专项、“973”“863”、国家科技支撑计划、国家自然科学基金等纵向课题 1 330 余项，获国家级、省部级科技进步奖 146 项。近十年以来，学校科研经费以年均 100% 的速度增长，科技论文国际三大检索排名在教育部直属高校中排在前列，工程学进入 ESI 国际前 1% 行列。

学校作为中国电力企业联合会副理事长单位，同时依托大学理事会平台，不断深化产学研合作，与国内外三十余家电力、煤炭、电信、装备制造大型高新技术企业达成战略合作关系，共同承担重大研发项目，共建实验中心、研发中心、博士后工作站、研究生工作站，加快科技成果开发与产业化，年均与科技创新主体的企业签订科技项目 500 余项，连续两次获得“国家电网公司特高压交（直）流试验示范工程特殊贡献单位”称号；学校多方位构建校地合作平台，拓展合作渠道，北京、河北、江苏、内蒙古、新疆、青海、山东等地方政府成为战略合作伙伴，围绕新能源、智能电网等战略性新兴产业领域，深化在科技创新、成果转化、人才培养等方面的交流与合作，在促进区域科技创新、推动地方经济发展上取得显著成效；学校积极推进校际合作，作为主要发起单位参与组建由 11 所行业特色型大学组成的北京高科大学联盟，实现高校之间的优势资源共享互补，促进校际协同创新。

学校全力推进国际化办学进程，与美、英、法、俄、日等 120 余家国际知名大学和研究机构开展实质性交流与合作，与多家国际教育机构实现了相关课程互认，并在美国、埃及创办了孔子学院。3 个引智基地列入“高等学校学科创新引智计划”（“111 计划”）；举办 EMBA、“1 + 1”“2 + 2”等双硕士、本硕连读等不同层次的国际办学项目，国际化办学水平不断迈出新的步伐。

巍巍学府，电力之光。站在新的历史起点，学校承载新能源电力时代的光荣与梦想，积极承担为国家和社会培养高层次拔尖创新人才、创造高水平科研成果、提供一流社会服务的历史重任，昂首向建设一所具有鲜明特色的多科性、研究型、国际化高水平大学的目标奋进！

学校发展沿革

（2013 年版）

1950 年 9 月，电力职工学校成立于北京西城区大盆胡同，隶属中央燃料工业部电业管理总局管理。

1951 年 9 月，电力职工学校迁往天津，成为天津工业学校之“一部”。

1952 年 6 月，电业职工学校在北京西直门外广通寺旁建立新校区，9 月，电业职工学校由天津回迁新校区并更名为北京电气工业学校，隶属中央燃料工业部电业管理总局管理。

1953 年 5 月，北京电气工业学校更名为北京电力工业学校，隶属中央燃料工业部电业管理总局管理。

1953 年 10 月，北京电力工业学校更名为北京电力学校，隶属中央燃料工业部电业管理总局管理。

1958 年 10 月 4 日，北京电力学院成立于西直门北下关。北京电力学校改为北京电力学院之中专部，次年中专部变为相对独立和北京电力学院共同隶属中央燃料工业部电业管理总局直管，由电力学院代为管理。

1959 年 2 月 21 日，北京电力学院隶属水电部管理。

1960 年 10 月 15 日，北京电力学院在北京海淀清河小营四拨子新建新校区并于 1960 年 2 月迁入清河校区，隶属水电部管理。中专部彻底分离留在原处并再次启用北京电力学校校名。

1961 年 9 月始，原哈尔滨工业大学的发电厂电力网及其电力系统，高电压技术，动力经济与企业组织 3 个专业的教职工 41 人、学生 230 人以及教学设备等整体转入北京电力学院，后又有发电、电自合高压的 10 名研究生转入成为北京电力学院首批研究生。1964 年，北京电力学院高电压技术和电厂化学专业整体并入武汉水利电力学院。

1965 年，北京电力学院培养了由教育部安排的 4 名动力工业经济与组织的越南学生，成为学校首批招收的留学生。

1969 年 11 月 7 日，因配合国家战备需要，北京电力学院迁至河北邯郸岳城水库，北京小营剩余部分成立留守处，通信兵 419 部队入驻小营校区。

1970 年 10 月 17 日，北京电力学院由邯郸迁到保定，更名为河北电力学院。由水电部和河北省双重领导以省为主。

1978 年 9 月，河北电力学院更名为华北电力学院，学校由水电部和河北省双重领导以部为主。1988 年能源部成立后，华北电力学院隶属能源部管理。

1978 年 9 月，河北电力学院更名为华北电力学院，学校由水电部和河北省双重领导以部为主。

1978 年，华北电力学院恢复招收研究生。

1979 年 2 月 5 日，水电部批准在北京清河小营旧址尚存校舍成立华北电力学院北京研究生部，该部由华北电力学院和水电部电科院合办以华北电力学院为主。

1981 年 1 月 1 日《中华人民共和国学位条例》实施后，华北电力学院于 1982 年 9 月获批首批 3 个专业（电力系统及其自动化、发电厂工程、理论电工）的硕士授予权。学校于 1984 年始招收首批工程硕士。

1981 年 11 月 1 日，按照水电部批示精神成立成人教育函授部，1991 年开始成人教育生授予学士学位。

1983 年 10 月，由国家教委批准，在水利电力干部进修学院的基础上，由华北水利水院北京研究生部、北京水利水电学校、水电部电科院动能经济研究所，抽调华北电力学院部分人员合并组建北京水利电力经济管理学院。北京水利电力经济管理学院由水电部和北京市双重领导以水利部为主。1984 年 6 月 1 日，北京小营校区一分为二，其中一半校园划归电子部管理学院（即 1969 年入驻学校的通信兵 419 部队）。

1985 年 7 月 23 日，水电部批准在华北电力学院北京研究生部的基础上成立北京水利电力管理干部学院并于同年 7 月 24 日挂牌。华北电力学院北京研究生部和北京水利电力管理干部学院实行合署实体办学和管理，由华北电力学院统一管理。1990 年 8 月，能源部批准北京水利电力管理干部学院和北京水利电力经济管理学院实行一体化办公，于 1992 年更名为北京电力干部管理学院。

1986 年 7 月 28 日，国务院学位委员会批准华北电力学院为博士学位授予单位，电力系统及其自动化专业获得博士学位授予权，批准杨以涵为学校首位博士生导师。

1986年10月，华北电力学院在保定韩庄乡建设233亩新校区并于1991年9月10日投入使用。

1990年9月，能源部决定，北京水利电力经济管理学院与北京水利电力管理干部学院、华北电力学院北京研究生部实行一体化办学，在北京形成了东郊定福庄、清河校区、西郊分部和建设中的朱辛庄校区四大块。西郊分部1992年9月划归水利部管理后，在北京演变为东郊定福庄、清河校区、北京水利电力经济研究所和建设中的朱辛庄校区四大块，1992年10月22日更名为北京动力经济学院并搬迁至朱辛庄校区。

1992年，能源部撤销后，华北电力学院和北京动力经济学院隶属电力部管理。

1995年，经原国家教委批准，华北电力学院和北京动力经济学院合并组建华北电力大学，校部设在保定，分设北京部分。

2003年3月，华北电力大学由原国家电力公司划转教育部管理，正式成为教育部直属高校，由国家电网公司、中国南方电网有限责任公司、中国华能集团公司、中国大唐集团公司、中国华电集团公司、中国国电集团公司、中国电力投资集团公司等7家大型电力企业集团组成的校董会与教育部共建。

2005年9月，华北电力大学被正式列入国家“十五”“211”工程建设高校行列。

2005年9月2日，经教育部批准，华北电力大学校部由设在保定变更为设在北京，分设华北电力大学(保定)校区。两地实行实质性一体化管理。为确保年度工作的完整性，公文等项工作于2006年1月1日起，正式完成变更。

2011年8月，学校“电力科学与工程”被正式列入国家“985”工程“优势学科创新平台”建设行列，标志着学科建设取得重大突破。

(编者注：根据华北电力大学外网学校概况改编)

2013年概述

2013年在教育部等上级部门的正确领导下，全校师生员工以饱满的热情、创新的精神，深化改革、强化管理、勤奋工作，各方面工作都取得了良好成绩。

(一)党的群众路线教育实践活动

学校按照中央和教育部统一部署，紧紧围绕“为民务实清廉”要求，深入扎实开展党的群众路线教育实践活动。活动立足学校实际，与贯彻落实学校第一次党代会和“十二五”规划确定的战略任务相结合，聚焦领导班子和干部存在的“四风”方面的突出问题，通过召开座谈会、深入基层走访等多种形式广泛认真听取师生意见、对照检查，深入开展批评与自我批评，认真制定整改方案，找准穴位、明确任务，解决问题、增进团结，促进了领导班子和干部队伍建设，取得了良好成效。

(二)学科建设

学校全面加强学科内涵建设。启动了新一轮学科建设的调研和规划论证工作，以学院为单位对学校23个一级学科进行了专项调研，为下一步的学科规划工作奠定了基础；成立了文科建设工作小组，调研并起草文科建设规划方案。省级重点学科建设成果丰硕，电气工程、技术经济及管理、清洁能源学3个学科验收结果优秀，优秀率达43%。

(三)人才队伍建设

学校深入实施“大人才”发展战略，着力推进师资、干部、员工三支队伍的建设。创新人才工作体制机制，独立设置人才工作办公室，初步建立了集人才计划、执行与评价三位一体的人才工作体系。继续推进和深化劳动人事制度改革，优化聘任制度设计，强化以绩效考核为导向的激励制度，调动了教师的工作积极性。

加大人才工作力度，实施高层次引进人才绩效跟踪报告制度；年度引进3名“千人计划”学者、1名“973”首席科学家、1名国家杰出青年基金获得者；申报获批包括“千人计划”学者、“长江学者”特聘教授、百千万人才国家级人选、中青年科技创新领军人才等在内的各类人才计划共53人次。加大青年教师的培养力度，完成全员岗位分级聘任和专业技术岗位人员聘期考核工作，启动新一轮“创新人才支持计划”。

(四)教育教学

学校不断深化教育教学改革，强化教育教学过程管理，稳步提升人才培养质量。全面修订《本科专业人才培养方案》，深入实施“卓越工程师计划”。加强本科教学工程三级体系建设，3门课程入选国家级精品视频公开课和资源共享课，2部教材入选省部级精品教材；新增国家级及省级实验教学示范中心各1个，省部级示范性校内创新实践基地1个，2个国家级和6个省部级实验示范中心通过验收。启动教师教学能力提升工作，构建三级教学名师资源体系，2名教授被评为北京市教学名师，教学团队建设项目入选教育部示范项目。编制《本科教学质量年度报告》，推进本科生学业预警与课业辅导；正式启用校部金工实训中心。以“质量”与“创新”为主题，进一步提高研究生培养质量和核心竞争力，强化研究生学术交流；推进与新疆生产建设兵团联合培养研究生工作；新增北京市国内外联合培养研究生基地。

教育教学质量成效显著。1篇学位论文获得全国百篇优博提名，8项成果获省部级高等教育教学成果奖，13个项目获省部级教改立项。学生创新创业能力又有新的提升，全国大学生数学建模大赛一等奖获奖数目跃居全国首位，“绿色电力美丽中国行”荣获团中央专项社会实践活动先进团队奖。群众性体育运动蓬勃开展，艺术教育国际化工作进一步推进，在高水平运动竞赛及艺术大赛中屡获佳绩，获得中国大学生足球联赛北区（校园组）冠军。学校生源质量整体呈良好的上升趋势，就业率和就业质量持续保持在较高水平。

（五）科学研究

学校进一步完善科研管理制度体系，增强科技创新能力，提升学校办学实力。科研经费继续增长，年度科研经费达5.71亿元；承担国家重大专项、三大科技计划项目及国家自然科学基金项目120项；“新能源电力系统国家重点实验室”顺利通过首次国家评估，被认定为“新能源电力系统国际科技合作示范基地”；火力发电国家工程技术研究中心以优秀成绩通过验收，北京市能源发展研究基地再次评估优秀。新增2个北京市重点实验室和1个河北省文科重点研究基地；稳步推进“智能电网协同创新中心”建设与认定申报工作；完善大学科技园管理体制和运行模式。

科研成果的数量和质量双线提升，科技论文发表在全国高校排名持续攀升。获国家科技进步奖二等奖1项、教育部科技进步奖一等奖1项、中国电力科学技术奖一等奖2项、河北省社会科学优秀成果奖一等奖1项；专利申请和授权数量不断增加，获北京市专利示范单位；科技成果转化与产业化工作取得新的进展。

（六）合作交流

大学理事会工作取得重大突破，成功组建以国家电网公司等七大电力央企及中电联、华北电力大学九家单位组成的第二届大学理事会，为学校“校企合作兴校之路”战略的落实构建了长效工作机制，形成了全行业支持学校办学的新格局。学校与新疆生产建设兵团、中国大唐集团、英大传媒集团、英利集团、济南市等加强合作；参与发起成立了北京能源协会，加快能源电力智库建设；成功举办第三届“现代能源发展论坛”；以“校友创新创业研发中心”为载体，积极拓展校友企业合作项目；鼓励科技成果产业化，孵化科技型企业2家。

引智工作获得进展，新增1个、滚动支持1个“高等学校学科创新引智基地”，我校“111”引智基地总数达到4个。电气工程及其自动化中外合作办学项目成功通过教育部评估；上海合作组织大学能源学科引智工作继续推进；与剑桥大学共建“全球可持续发展中心”；与美国西肯塔基大学联合举办的孔子学院被评为先进孔子学院。学校继续教育工作保持良好的发展势头，电力行业远程继续教育网络平台建设初见成效；教育基金会合同额首次突破亿元大关。

（七）学生工作

扎实有效地开展大学生党建与思想政治教育品牌活动，深入推进“中国梦宣讲”“红色1+1”“绿色通道1+1”“对话成长”“绿色氧吧”朋辈辅导、“前沿&创新”学术论坛等活动。加强专兼职学工干部队伍建设，开展了学工干部“磐石计划”，推动了辅导员队伍与思政课专业教师的交流与合作，加强了研究生师生协同化教育管理队伍建设，编撰完成了学生工作干部系列工作手册，不断提升学工干部业务素质和科研水平；通过多项措施深入推进学业辅导，切实加强学风建设；加强学生党团组织、学生社团、班集体、宿舍等基层组织建设；实施研究生项目经理制，获首都高校大学生思想政治教育工作实效奖二等奖。

（八）条件保障

深化后勤管理体制改革，加大管理工作力度，进一步提高服务质量和水平。推进“校园一卡通”工程建设，完成无线校园网二期工程、大学网站群平台项目和网络信息监督管理与安全防控体系建设；加强大型贵重仪器设备共享及实验室技术安全管理，完善招投标管理信息系统及内控制度建设；加入北京高科大学联盟图书馆，参与文献资源共建共知共享；完成了档案标准化制度、档案信息化、档案设备购置与库房改造工作；进一步改善师生就医环境，增强服务师生健康的综合能力。

校园规划与建设扎实推进。北京校部校园总体规划修编完成，校园基础设施进一步改善，节能降耗取得新成效，荣获“北京高校节能先进学校”；14号学生公寓如期开工，主楼A、G座建设前期工作启动；保定二校区实验综合楼及室外工程建设竣工，二校区集中供热改造工程完成并投入使用。进一步强化了财务管理工作，财务状况良好，国有资产持续得到保值增值，保证了学校重点工作与重大建设项目的投入，教职工收入持续稳步增长。

（九）党建与思想文化建设

以培养和造就一支充满学习热情和创新活力、具有实干精神和实践能力的干部队伍为目标，大力推进干部教育培训工作，形成干部教育整体培训体系；加强基层党组织规范化、制度化建设；不断推进党风廉政和反腐败体系建设，继续深化专项领域的防控监督工作，加强科研经费审查管理；加强离退休干部工作，不断增强学校的凝聚力和向心力。

深入学习宣传党的十八大和十八届三中全会精神，积极把握正确舆论导向，不断加强和改进思想政治工作；加大宣传和文化建设工作力度，提高学校的知名度和影响力；深入开展“我的梦·中国梦”主题教育活动；高等教育研究不断加强；大学章程起草工作有序推进；以建校55周年校庆为契机，隆重而简朴地开展了一系列丰富多彩的文化科技体育活动；深化学校民主政治建设和教代会制度、文化内涵建设，提升服务水平；以优秀成绩通过北京市“平安校园”检查验收，保证了学校的和谐稳定。

——摘自《校长工作报告》

2013年概况

党委书记：吴志功

校　　长：刘吉臻

2013年，华北电力大学有直属学院10个，教学部2个，另设有国际教育学院、研究生院、继续教育学院、艺术教育中心、工程训练中心及金工实训中心。

2013年，学校拥有一级学科博士学位授权点5个和二级学科博士学位授权点30个，一级学科硕士学位授权点23个和二级学科硕士学位授权点123个；本科专业62个；学校拥有国家级重点学科2个、省部级重点学科25个，国家重点实验室1个，国家工程实验室1个、国家工程技术研究中心1个、教育部重点实验室3个、教育部工程技术研究中心1个、北京市重点实验室6个、北京市工程技术研究中心1个，另有北京市哲学社会科学研究基地1个、博士后科研流动站5个。

2013年，学校在科研平台建设方面，1个国家重点实验室（新能源电力系统国家重点实验室）被科技部认定为国家级国际科技合作研究中心；1个国家重点实验室（生物质发电成套设备国家工程实验室）获中国南方电网科技进步一等奖1项、国家科学技术进步二等奖1项、教育部自然科学二等奖1项、河南省科学技术进步二等奖1项、第十五届中国国际工业博览会铜奖1项；电站设备状态监测与控制教育部重点实验室承担的国家重点基础研究发展计划（“973”）项目“大型燃煤发电机组过程节能的基础研究”通过专家组验收。区域能源系统优化教育部重点实验室黄国和教授作为负责人的“能源与环境系统分析及工程应用”创新引智基地成功入选“高等学校学科创新引智计划”。低品位能源多相流动与传热北京市重点实验室徐进良教授以第一获奖者身份申请的“微纳尺度多相流动与传热传质的基础研究”获得教育部高校科研优秀成果奖，自然科学一等奖。新增2个北京市重点实验室，1个河北省社科研究基地，1个省部级实验教学示范中心，新增1个“能源与环境系统分析及工程应用创新引智基地”，与剑桥大学共建“全球可持续发展中心”。高电压与电磁兼容北京市重点实验室、能源的安全与清洁利用北京市重点实验室、河北省输变电设备安全防御重点实验室、北京市电力信息技术工程研究中心等省市级重点实验室、研究中心进展顺利，成果喜人。

2013年，学校共引进各类人才84人。其中，专业技术人员53人，行政人员24人，教辅人员7人，引进教师均具有博士学位。校本部引进教师25人，人均发表SCI论文10篇，海外知名院校博士学位获得者占比45%，海外博士后经历40%，海外一年以上经历55%；保定校区引进教师10人共发表SCI论文26篇，海外知名院校博士获得者1人，海外博士后经历1人，海外一年以上经历3人。引进高层次人才包括“千人计划”专家2人，“973”首席科学家1人，国家杰出青年基金获得者1人。成功申报各类人才支持和奖励计划48人，包括“千人计划”专家2人、“长江学者”特聘教授1人、百千万人才国家级人选1人、“中国青年科技奖”获得者1人、国家“青年千人计划”专家1人、北京市优秀人才3人、北京市青年英才39人。

2013年，学校有教职工2 952人，专任教师1 806

人，教授378人、副教授554人；博士生导师147人、硕士生导师784人；中国工程院院士1人、双聘院士4人，“千人计划”专家6人，国家教学名师获得者1人，“长江学者”特聘教授2人、国家有突出贡献专家3人。获国家“杰出青年科学基金”资助人员6人，入选国家“百千万人才工程”人员8人，“973计划”首席科学家5人，教育部“新世纪优秀人才支持计划”40人，外籍教师203人，其中，其中长期规定聘用的外籍教师19人。

截止2013年年底，华北电力大学共有34个党总支、8个直属党支部、462个基层党支部，其中学生党支部268个、在职教职工党支部177个、离退休职工党支部17个。全校共有中共党员8 475名，其中在职教职工党员2 031名、离退休教职工党员451名、本科生党员2 552名、研究生党员3 430名。共发展中共党员1 688人，转正党员1 554人。有民主党派成员105名。

2013年，学校有毕业生11 799人，其中，学历教育学生中全日制研究生2 138人（博士生145人、硕士生1 993人），普通本科生5 054人，成人教育本专科生4 607人（本科生3 209人、专科生1 398人）。招生12 659人，其中，学历教育学生中全日制研究生2 410人（博士生189人、硕士生2 221人），普通本科生5 519人、成人教育本专科生4 730人（本科生2 964人、专科生1 766人）。在校生44 922人，其中，学历教育学生中全日制研究生7 478人（博士生989人、硕士生6 489人），普通本专科生21 302人（本科生21 302人、专科生0人），成人教育本专科生16 142人（本科生10 464人、专科生5 678人）。外国留学生毕业246人，招生306人，在校生268人。

2013年，学校招生总计5 552人，其中北京校部2 976人，保定校区2 576人。从录取结果来看，2013年北京校部理工类在各省的录取最低分超过当地重点线51.17分，录取平均分超过当地重点线81.34分；文史类在各省的录取最低分超过当地重点线29.83分，录取平均分超过当地重点41.26分。保定校区理工类在各省的录取最低分超过当地重点线41.91分，录取平均分超过当地重点线65.9分；文史类在各省的录取最低分超过当地重点线22.07分，录取平均分超过当地重点29.43分。

2013年，学校各类科研经费达到5.71亿元，较去年增长0.78%；到账经费3.69亿元，较去年增长1.79%。学校向54个领域申报各类纵向科技项目为987项，获得立项570项，资助经费达2.71亿元。其中，国家高新技术研究发展计划“863计划”11项；国家重点基础研究发展计划“973计划”2项；国家科技支撑计划课题1项；国家科技重大专项课题1项；国家自然科学基金项目105项，部省（市）级项目33项。2013年，学校承担横向合作项目801项，合同总经费3.00亿元。学校继续严格对2012年签订的横向合同进行审查，加强知识产权的保护，对75项合同进行了技术认定，认定金额5 098.52万元；办理合同免税118项，免税金额3 795.64万元，其中实现技术交易额3 758.02万元。

2013年，学校申请专利975件，其中发明专利505件，实用新型284件，外观设计14件，计算机软件著作权171件；授权专利689件，其中发明专利192件，实用新型专利334件，外观设计26件，计算机软件著作权137件。

2012年，学校发表国内科技论文在全国高校排名第56位，科学引文索引扩展版（SCIE）排名83位，工程索引核心版（EI）排名41位，科技会议录引文索引（CPCI－S）排名8位。学校SCIE数据库收录学校文献393篇，与2011年相比增长了33%，SCIE论文排名也由2011年的89名，上升至83名；EI收录期刊论文763篇，与2011年持平；CPCI－S收录论文633篇，与2011年相比增长了93%，CPCI－S论文排名由2011年的33名，上升至8名。（编者注：因此数据次年才能揭晓，故数据迟缓一年刊登）

2013年，学校资助各类学术报告会79场次（其中院士1场次），资助教师参加国际学术会议8人次；缴纳各类专委会会费89 660元。推荐上报各类专业技术委员会委员8人次，获得批准4人次；推荐上报理事候选人6人次，获得批准3人次；推荐各类专家209人次。更新和补充教育部科技奖励评审专家323人次，更新北京市科技奖励评审专家6人次，更新和补充国家科技奖励评审专家72人次。

2013年，学校获10项北京市教学成果奖，8项教学成果获省级教学成果奖，2名教授被评为北京市高等学校教学名师，2门课程入选国家级精品资源共享课，1门课程入选国家级精品资源共享课，1门课程入选省精品资源共享课，1门课程入选教育部精品视频公开课，1部教材入选北京市精品教材，1个基地获评北京高等学校示范性校内创新实践基地建设单位，1个实验教学中心获评省级虚拟仿真实验教学中心，5个项目获批北京市教改立项项目，3项教改项目入选省级教改项目。

2013年，学校立足电力行业、面向社会举办培训班181期，参加培训14 208人次。

2013年，华北电力大学图书馆馆舍总面积3.55

万平方米(保定:2 万余平方米)阅览座位 3 700 余个(保定 1 900 余个)。拥有纸质文献 94.61 万册,其中图书 88.08 万册,期刊合订本 6.53 万册;保定校区图书馆拥有纸质文献 127.4 万册(不包含院系 29 093 册),其中图书 120 万册,期刊合订本 7.4 万册;实际完成年度文献购置经费 915.53 万元(保定 333.96 万元),其中购置中外文图书 344.12 万元(保定 149.10 万元),中外文报刊 98.28 万元(保定 46.74 万元),电子文献 485.1 万元(保定 138.12 万元)。年进新书 105 118 册(保定 48 537 册),订阅中外文报刊 2 287 种(保定 1 157 种)。接收博硕士学位论文 3 015 册(保定1 199册)。北京校部图书馆接收本科生论文近 3 000 册,制作随书光盘镜像文件 682 种,总数达到 3 090 种,免费供北京市高校读者在线浏览和下载。保定校区图书馆新建随书光盘 1 441 种,自建随书光盘数据库数据量达 14 873 种。全年网页访问量达 158.7 万余人次(保定 102.7 万人次);校部图书馆全年共接待读者 217 万人次(保定 80 万人次);借还书 69.94 万册(保定 42.78 万册)。校部图书馆向北京地区图书馆文献资源保障体系(BALIS)发出馆际互借申请 491 次,新注册馆际互借用户 720 人。新注册原文传递用户 351 人,接收和发送文献请求 831 件。非书资料系统网页点击达 18 548 人次,在线下载 7 652 次,在线浏览3 075次。

2013 年,学校图书馆新增《百链外文学术搜索》《APS 全文电子期刊数据库》和《SIAM 全文期刊数据库》等 3 种数据库资源,可使用网络数据库 49 个(北京、保定两地共享),北京、保定两地校区共享电子图书和电子期刊达 129.10 万册和 16.32 万册。

2013 年,华北电力大学校园网 IPv4 出口总带宽 4 400兆(保定校区 2 400 兆),出口平均流量 3 900 兆(保定 2 200 兆),其中教育网出口带宽 1 500 兆(保定 1 000 兆),平均流量 1 250 兆(保定 900 兆);公网出口带宽 2 900 兆(保定 1 400 兆),平均流量 2 500 兆(保定 1 300 兆);IPv6 出口带宽 1 300 兆(保定 300 兆),平均流量 1 100 兆(保定 300 兆)。

2013 年,华北电力大学有多媒体教室 359 间,多媒体教室座位数约 48 500 个。计算机教学机房 14 间,共有微机 1 841 台。

华北电力大学占地面积 106.142 9 万平方米,学校产权建筑面积 102.942 9 万平方米、非产权建筑面积 3.2 万平方米。固定资产总值 273 176.62 万元,其中,教学、科研仪器设备资产值 48 693.1 万元。图书馆建筑面积 36 932 平方米,藏书 217.03 万册。

外网网址:www.ncepu.edu.cn

(编者注:摘自《2013 年教育部高等学校教育统计报表》)

2013 年大事记

~1 月~

7 日至 14 日 蓝色动力合唱团赴台参加首届“激情梦想 · 两岸同心”大型艺术节并获金奖。演唱曲目《Hero》《游子情思》,除合唱比赛获金奖外,该团还获得最佳指挥奖及最佳钢琴伴奏奖。本届艺术节由中国和平统一促进会(台湾)和中国戏曲音乐协会主办。

29 日 在山西省第十二届人民代表大会第一次会议上,校友李小鹏当选为山西省省长。李小鹏,男,汉族,1959 年 6 月生,四川成都人,1982 年 8 月毕业于华北电力学院(华北电力大学前身)电力工程系发电厂及电力系统专业。

~2 月~

1 日 政协第十一届全国委员会常务委员会第二十次会议通过,选出中国人民政治协商会议第十二届全国委员会委员 2 237 人,校长刘吉臻教授当选为第十二届全国政协委员并出席 3 月 3 日至 13 日召开的全国政协十二届一次会议。

22 日 学校隆重召开第六届教职工、第八次工会会员代表大会。校长刘吉臻作题为《坚定信心,真抓实干,全面推进高水平大学建设》的工作报告,提出要以党的十八大精神为指导,以内涵发展为主线,以全面提升教育教学质量与科技创新能力为中心,积极实施“大人才”发展战略,着力提高大学管理水平,坚定信心、真抓实干,全面推进高水平大学建设。

~3 月~

3 月 15 日 学校举办全国政协委员刘吉臻报告会,学习传达全国“两会”精神,报告会以两级中心组扩大理论学习的形式举行。全体在京校领导、正处级干部、民主党派人士、北京市及各区人大代表、政协委员及教授代表参加报告会。报告会由校党委书记吴志功主持。

3 月 教育部公布 2012 年学科评估结果,学校电气工程学科得分位次进入全国前 20%,动力工程及工程热物理、工商管理得分位次进入全国前30%，与2009年一级学科评估相比，电气工程由第9位上升至第6位，动力工程及工程热物理由第12位上升至第11位，控制科学与工程、工商管理、管理科学与工程等三个具有一级学科博士点的学科排名也有明显提升。

~4月~

4月 国家电网公司致信，对学校支持电网发展，特别是近年来围绕特高压技术攻关、设备研发、标准制定等方面给予的支持和作出的贡献表示感谢。

4月 河北省2012年重点学科评估和新增遴选结果揭晓，学校参评学科全部通过评估，并新增两个省级重点学科，至此学校二级学科省部级重点学科达到23个。此次评估遴选，使学校的重点学科布局更为合理，实现了文理学科的重大突破，为学校“文理振兴计划”的进一步开展奠定了坚实基础。

~5月~

5月 杨勇平教授入选科技部“创新人才推进计划”中青年科技创新领军人才。

5月 由共青团中央、全国学联主办的2012年度寻访“中国大学生自强之星”活动获奖名单揭晓，学校人文学院法学1001班张涛荣获“中国大学生自强之星”称号。

16日 2013创行世界杯中国站创新公益大赛在北京举行。学校创行团队以小组第一成绩成功晋级全国十六强，并荣获全国二等奖，创造了历史最好成绩。学校参赛项目“绿色电力创业项目”，结合专业优势和当地特点，以政府补贴的形式，联合广州红鹰能源科技有限公司和保定英利能源（中国）有限公司，为内蒙古牧区引进风光互补发电系统。该项目让人们看到了日常用电更为人性化的可能，诠释了创行理念，受到微软中国等公司评委的好评。创行（Enactus）创立于1975年，是由来自39个国家的1 600所高校的在校大学生、3 300名学术界人士和来自450多家企业的商界领袖组成的国际性组织，致力于塑造全球具有社会责任感的未来商业精英。

20日 “国电谏壁电厂100万千瓦超超临界机组自动化控制系统新技术示范项目”正式通过了国家能源局组织的验收。这标志着我国已全面掌握超超临界火电机组自动化控制系统的设计、制造和工程实施等核心技术，实现了重大控制装备的自主化、国产化。验收专家组认为，该项目自主研发的1 000MW超超临界机组自动化控制系统设计思想先进、功能齐全、可靠性高、控制品质优良，整体达到国际先进水平，部分创新点居国际领先水平。

22日至29日 首届中国大学生足球联赛（校园组）北区决赛在延边大学开赛。学校足球队作为河北赛区冠军参赛，夺得北区决赛冠军，进入全国总决赛。学校囊括了赛事六个单项奖中除最佳裁判员外的冠军、最佳运动员、最佳射手、最佳守门员、最佳教练员五项，实现了学校在该项目上历史性突破。校党委书记吴志功、校长刘吉臻分别致信祝贺。

~6月~

6月 杨勇平教授入选“万人计划”第一批科技创新领军人才；卢宏玮入选“万人计划”第一批青年拔尖人才。

2日 学校“最爱地沟油”团队凭借出色的表现在第四届全国高校环保科技创新设计大赛上斩获金奖。

5日 学校举行国家“千人计划”特聘专家王海风、黄永章教授聘任仪式。至此，学校获批和引进了7位国家“千人计划”特聘专家入选者。

7日 第三届全国大学生工程训练综合能力竞赛在大连举行。由机械系学生游太稳、段泽龙、唐瑞组成的学校代表队，蝉联一等奖。全国大学生工程训练综合能力竞赛是教育部批准、财政部资助、高教司主办的国家级大学生科技创新竞赛项目，是最具影响力的全国性大学生赛事之一。竞赛的目的是培养学生实践能力和创新意识，提高本科生教育水平和人才培养质量。本届竞赛的题目为“无碳小车越障竞赛”。

~7月~

3日至5日 中国电力企业联合会主办的“2013中国清洁电力峰会暨中国国际清洁能源博览会”在北京召开。国家能源局，中电联总部，中电联理事长、副理事长单位，电力企业和院校的领导，有关国家驻华使馆、国外驻华商务机构代表等出席峰会。校长刘吉臻应邀出席峰会开幕剪彩仪式，并在大会主论坛作题为《新能源电力系统中燃煤发电的功能定位与作用》主旨演讲。

9日 据党中央和教育部党组关于开展党的群众路线教育实践活动的相关要求和安排，学校在北京校部主楼召开华北电力大学党的群众路线教育实践活动动员大会。教育部党的群众路线教育实践活动直属高校督导二组全体成员，全体校领导、全体中层正职干部、教授代表、部分教职工代表参加大会。

14日至18日 华北电力大学与新疆生产建设兵团签署战略合作协议。根据协议，双方将在人才培养、科研合作、能源工程建设、干部培养援助等方面进行合作。华北电力大学将充分利用自身优势，在人才培养、跨师联网工程建设、微网工程建设、新能源城市建设等方面为兵团提供人力、智力支持及外围公关服务。双方还将共建学术、科研、教学机构,建立援疆干部培养机制,实现援疆人才规模化、科研发展目标化、绿色能源现代化的发展目标。

~8 月~

8 日　华北电力大学保定校区软件 1201 班学生白兆飞同学勇救落水少年献身,其英勇事迹传遍黔西南州兴仁县。

15 日至 17 日　第九届全国周培源大学生力学竞赛团体赛在四川大学举行,学校代表队获优胜奖。

18 日　科技部委托的第三方评估机构对学校国家火力发电工程技术研究中心进行现场验收评估。专家组一行现场考察了国家火电中心建设情况并听取工作汇报,召开咨询答辩会,最终独立给出了咨询意见。三年来,国家火电中心全面完成了计划任务书中规定的各项考核指标,部分指标还超额完成,达到了预期目标。未来三年,国家火电中心将围绕火力发电的安全、高效和清洁运行,巩固已有优势方向,面向国家和行业需要,进一步拓展火力发电研发领域和技术实力,力争为行业发展作出重大贡献。

8 月　由河北团省委、教育厅、科技厅等 12 部门联合主办的"中国(河北)青年创业创新大赛"2013 赛季启动仪式暨 2012 赛季颁奖仪式在河北省石家庄市举行。保定校区陈亮同学的《智能用电系统的生产与推广》项目经过初选、初赛、复赛、决赛脱颖而出,取得了 2012 赛季"初创项目组"第三名的优异成绩,并获得了 3 万元的奖励资金,这也是河北省高校学生参赛项目在本届大赛中取得的最好成绩。

8 月　由全国 MBA 教育指导委员会主办、中国管理案例共享中心承办的第四届全国"百篇优秀管理案例"评选结果公布。学校李彦斌教授、李晓宇副教授等撰写的原创性案例《鞍山供电公司社会责任"三维"践行体系》,何平林副教授、余忠福副教授等撰写的原创性案例《国家电网河北衡水供电公司应收账款保理》入选。其中,李彦斌教授等撰写的案例为 12 篇主题案例之一。

~9 月~

9 月　由华北电力大学 500 多名研究生组成的科研团队历时八个月,实地走访沿海发达地区、中部及东北地区、西部地区、人口分散地区等四个区域,摸清了中国可再生能源资源分布和利用现状,初步绘制完成中国可再生能源版图,并完成了"中国可再生能源推进行动"项目报告书。该活动得到了摩托罗拉系统(中国)有限公司及学校的资助。

2 日　学校与中国大唐集团公司举行科研合作座谈会。校长刘吉臻,副校长杨勇平,校长助理、党校办主任汪庆华,科学技术研究院、校企合作办公室、能源动力与机械工程学院、控制与计算机工程学院、可再生能源学院、国家火力发电工程技术研究中心、生物质发电成套设备国家工程实验室等部门、院系、科研平台主要负责人,相关学科教授代表,参加座谈。

6 日　学校聘请迈克尔·格雷策尔为华北电力大学客座教授。迈克尔·格雷策尔,瑞士洛桑联邦理工学院光子学和界面中心主任、国际化学界著名科学家,也是科学成果被引用数量最高的世界十大科学家之一,化学界排名处于前 1%。在 2010 年的芬兰千年科技周上获得了由芬兰国家工程研究院颁发的"千年科技奖",曾获得 2009 年诺贝尔化学奖提名,在燃料太阳能电池研究方面有很高建树。

14 日至 15 日　由华北电力大学牵头,西安交通大学、浙江大学、清华大学、华中科技大学、中国科学院工程热物理研究所等单位共同承担的国家重点基础研究发展计划(973)项目"大型燃煤发电机组过程节能的基础研究"在北京召开课题验收会议并一致通过专家组验收。该项目的实施对于学校自身的科研发展、人才培养起到了关键的作用,推动了校校、校企的协同创新,是学校科技项目成功的重要案例。

12 日　"剑桥大学——华北电力大学全球可持续发展中心"成立。该中心以全球可持续发展为目标,立足于国际领先技术开展绿色电力的科学研究,以现代人力资源管理的 6P(position, performance, payment, placement, people, proficiency)模式培养人才,建立人才发展的良好氛围,发挥其最大的优势,努力为打造我国乃至世界可持续发展一流智库提供人才支撑,为全球的可持续发展献计献策。

25 日　华北电力大学与英利集团有限公司签订战略合作框架协议。根据协议,双方将共同在科技创新、人才培养等领域深化产学研合作,进一步提高优质技术人才培养的质量,助推光伏产业的发展,共同开发老百姓用得起的绿色能源。

~10 月~

10 月　学校举行建校 55 周年系列庆祝活动,通过师生文艺晚会、校友座谈会、书画艺术家进校园、著名歌唱家演唱华电校歌、"华电好声音"合唱比赛等一系列丰富多彩的庆典活动,弘扬大学精神,丰富大学文化,加强对外合作交流。

10 月　应校长刘吉臻邀请,著名书法家欧阳中石先生为学校建校 55 周年题写校训——"团结勤奋求实创新"。欧阳中石先生是我国著名学者、书法家、书法教育家,长期从事书法教育工作。2002 年获首届中国书法兰亭奖教育特别贡献奖。2006年获得第二届“中国书法兰亭奖——终身成就奖”。2007年获中国文联“造型表演艺术成就奖”。

12日 学校公派孔子学院教师商静在李克强总理访泰期间受到接见，并受总理鼓励当好中泰文化交流使者。陪同李总理参观的泰国总理英拉女士也对商静老师的工作致谢。商静，外国语学院副教授，于2012年9月被该校选派赴泰国清迈大学孔子学院任对外汉语教师，在清迈大学孔子学院讲授汉语同时，也讲授中国文化课以及古筝等中国传统乐器课程，深受当地泰国人和华人的欢迎。

~11月~

3日 学生干雪获全国登高挑战赛女子组冠军。

10日 学生干雪获全国半程马拉松女子组冠军，这也是该校学生继2012年再次获得该项目冠军。

~12月~

3日 学校通过北京市“平安校园”检查验收。

6日至8日 第八届全球孔子学院大会在北京举行，学校西肯塔基大学孔子学院获评2013年全球先进孔子学院。国务院副总理刘延东为获奖学校颁奖。

16日 教育部公布2012年度“长江学者奖励计划”遴选结果，学校能源动力与机械工程学院徐进良教授入选“长江学者”特聘教授。

22日 第二届华北电力大学理事会第一次会议召开，中国电力企业联合会、国家电网公司、南方电网公司、中国华能集团、中国大唐集团、中国华电集团、中国国电集团、中国电力投资集团成为历史成员单位，中电联理事长、国家电网公司董事长、党组书记刘振亚连任理事会理事长，理事会秘书处设在中电联。新一届理事会依托中电联平台，形成全行业支持华北电力大学办学的新格局，为学校“校企合作兴校之路”战略落实构建长效工作机制。

26日 学校设立张保衡励学基金。该励学基金由退休教授张保衡及其学生共同捐资设立，旨在奖励和资助该校家庭经济困难、学习刻苦的全日制本科生、硕士研究生；支持华北电力大学尊师重教的传统校园文化建设；弘扬与传承老教师勤勉工作、严谨治学等优良品格精神。张保衡教授，1958年起在华北电力大学校动力系任教，主要致力于大机组寿命分析、监测、管理等研究工作。因在研究汽轮机方面成绩突出、贡献卓著，被行业内人士尊称为“张汽机”。

□机构与干部

ORGANIZATIONS AND LEADERS

华北电力大学2013年机构设置一览表

一、党政工团

1. 党委办公室、校长办公室
2. 纪委办公室、监察处、审计处
3. 党委组织部、统战部、党校
4. 党委宣传部、新闻中心
5. 党委学生工作部、学生处、武装部
6. 党委研究生工作部、研究生院、学位办公室
7. 党委保卫部、保卫处
8. 工会
9. 团委、艺术教育中心
10. 人事处
11. 人才工作办公室、博士后管理办公室
12. 计划财务处
13. 学科建设办公室
14. 国际合作处、港澳台办公室
15. 教务处、教师教学发展中心、卓越工程师培养办公室

挂靠:专业学位教育中心

16. 科学技术研究院
17. 校企合作办公室、理事会工作办公室

挂靠:校友工作办公室

18. 基建处、校园规划办公室
19. 资产管理处
20. 后勤管理处、后勤服务集团
21. 产业管理处
22. 离退休工作办公室
23. 期刊出版部
24. 档案馆
25. 国际教育学院
26. 继续教育学院
27. 信息化建设与管理办公室
28. 教育基金会
29. 招标中心

二、直属院系(部)

1. 电气与电子工程学院
2. 能源动力与机械工程学院
3. 控制与计算机工程学院
4. 经济与管理学院
5. 可再生能源学院
6. 核科学与工程学院
7. 数理学院
8. 人文与社会科学学院
9. 外国语学院
10. 环境科学与工程学院
11. 思想政治理论课教学部
12. 体育教学部

三、科研机构

1. 新能源电力系统国家重点实验室
2. 生物质发电成套设备国家工程实验室
3. 国家火力发电工程技术研究中心
4. 现代电力研究院
5. 资源与环境研究院
6. 苏州研究院
7. 高等教育研究所

四、教辅部门

1. 图书馆
2. 校医院
3. 网络与信息中心
4. 工程训练中心
5. 工程实践中心
6. 金工实训中心

华北电力大学现任领导

职务	姓名	职务	姓名
党委书记	吴志功	校长	刘吉臻
党委副书记	张金辉 李双辰 郝英杰	副校长	张金辉 安连锁 李和明 杨勇平 孙平生 孙忠权 王增平
纪委书记	李双辰		
党委常委	吴志功 刘吉臻 张金辉 安连锁 李双辰 郝英杰 杨勇平 孙平生 孙忠权 张天兴	校长助理	张粒子 米增强 律方成 郭孝锋 黄国和 汪庆华 王海风

2013 年干部任职变化情况

北京校部(2013 年 1 月 1 日至 2013 年 12 月 31 日)

序号	姓名	原任职务	现任职务	任职时间
1	陈红艳	无	校医院副院长	2013 年 1 月 10 日
2	马小勇	人事处副处长、人才工作办公室主任	人才工作办公室主任、博士后管理工作办公室主任	2013 年 3 月 22 日
3	赵秀国	人事处处长、博士后管理办公室主任	人事处处长	2013 年 3 月 22 日
4	师瑞峰	无	人才工作办公室副主任、博士后管理工作办公室副主任	2013 年 3 月 22 日
5	汪庆华	党委办公室主任、校长办公室主任、机关党总支书记(兼)	校长助理、党委办公室主任、校长办公室主任、机关党总支书记(兼)	2013 年 6 月 7 日
6	王海风	无	校长助理	2013 年 6 月 7 日
7	黄永章	无	新能源电力系统国家重点实验室副主任	2013 年 6 月 7 日
8	徐进良	可再生能源学院院长、能源的安全与清洁利用北京市重点实验室主任	可再生能源学院院长、低品位能源多相流与传热北京市重点实验室主任	2013 年 6 月 7 日
9	姚建曦	可再生能源学院副院长	可再生能源学院副院长、能源的安全与清洁利用北京市重点实验室主任	2013 年 6 月 7 日
10	王　伟	人文与社会科学学院副院长	人文与社会科学学院副院长、北京能源发展研究基地主任	2013 年 6 月 7 日
11	周凤翱	北京能源发展研究基地主任	无	2013 年 6 月 7 日

续表

序号	姓名	原任职务	现任职务	任职时间
12	赵玉闪	英语系副主任	英语系主任兼外国语学院副院长	2013 年 7 月 4 日
13	徐进良	可再生能源学院院长、低品位能源多项流与传热北京市重点实验室主任	能源动力与机械工程学院院长、低品位能源多相流与传热北京市重点实验室主任	2013 年 9 月 18 日
14	戴松元	中国科学院等离子体物理研究所所长助理、太阳能材料与工程研究室主任	可再生能源学院院长	2013 年 9 月 18 日
15	马　进	电气与电子工程学院副院长	无	2013 年 11 月 13 日
16	高富锋	埃及苏伊士运河大学孔子学院中方院长	无	2013 年 11 月 13 日

保定校区(2013 年 1 月 1 日至 2013 年 12 月 31 日)

序号	姓名	原任职务	现任职务	任职时间
1	尹成群	校长助理	无	2013 年 5 月 17 日
2	赵宏宇	后勤服务集团(保定)党总支书记	后勤(保定)党总支书记	2013 年 5 月 29 日
3	张树芳	后勤与基建管理处(保定)处长、后勤服务集团(保定)总经理	后勤与基建管理处(保定)处长	2013 年 5 月 29 日
4	李国有	后勤与基建管理处(保定)副处长、后勤服务集团(保定)副总经理	后勤与基建管理处(保定)副处长	2013 年 5 月 29 日
5	郭晓军	后勤与基建管理处(保定)副处长、后勤服务集团(保定)副总经理	后勤与基建管理处(保定)副处长	2013 年 5 月 29 日
6	张天新	后勤与基建管理处(保定)副处长、后勤服务集团(保定)副总经理	后勤与基建管理处(保定)副处长	2013 年 5 月 29 日
7	刘锦康	后勤与基建管理处(保定)副处长、后勤服务集团(保定)副总经理	后勤与基建管理处(保定)副处长	2013 年 5 月 29 日
8	段　巍	机械工程系副主任	无	2013 年 11 月 13 日

INFLUENCE OF THE RELATIONS BETWEEN THE PARTY AND THE MASSES ON ADMINISTRATION

○综　　述

2013 年，华北电力大学以建校 55 周年为契机，举办了简约而隆重的系列庆祝活动；学校紧紧围绕“为民务实清廉”要求，深入扎实开展党的群众路线教育实践活动，聚焦领导班子和干部存在的“四风”方面的突出问题，通过召开座谈会、深入基层走访等多种形式广泛听取师生意见、对照检查，深入开展批评与自我批评，认真制定整改方案，找准穴位、明确任务，解决问题、增进团结，促进了领导班子和干部队伍建设，取得了良好成效。学校进一步加强了党员领导干部队伍建设力度，强化了基层党组织建设工作；进一步加强了统战工作、宣传工作、教职工思想政治工作、离退休干部工作，不断提升学校的社会影响力。

2013 年，学校认真贯彻落实中央八项规定的要求，结合学校实际制定了《华北电力大学关于改进工作作风、密切联系群众的规定》，在此基础上深入开展调查研究，切实精简会议、文件、简报，厉行节约，成效显著；学校积极贯彻落实北京市委、市政府《关于进一步加强廉政风险防控管理的意见》要求，推进权力结构科学化配置体系建设，使学校党委和行政规范用权的水平进一步提高；学校进一步推进权力运行规范化监督体系建设，使学校权力运行监督的有效性进一步增强；学校继续深化专项领域的防控监督工作，加大了对招生、科研、基建工程等工作的专项监督检查和审计力度。

2013 年，学校深入实施“大人才”发展战略，着力推进师资、干部、员工三支队伍的建设。创新人才工作体制机制，独立设置人才工作办公室，初步建立了集人才计划、执行与评价三位一体的人才工作体系。继续推进和深化劳动人事制度改革，优化聘任制度设计，强化以绩效考核为导向的激励制度，调动了教师的工作积极性。加大人才工作力度，实施高层次引进人才绩效跟踪报告制度；引进 3 名“千人计划”学者、1 名“973”首席科学家、1 名国家杰出青年基金获得者；申报获批包括“千人计划”学者、“长江学者”特聘教授、百千万人才国家级人选、中青年科技创新领军人才等在内的各类人才计划共 53 人次。加大青年教师的培养力度，完成全员岗位分级聘任和专业技术岗位人员聘期考核工作，启动新一轮“创新人才支持计划”。

2013 年，学校深化后勤管理体制改革，加大管理工作力度，进一步提高服务质量和水平。推进“校园一卡通”工程建设，完成无线校园网二期工程、大学网站群平台项目和网络信息监督管理与安全防控体系建设；加强大型贵重仪器设备共享及实验室技术安全管理，完善招投标管理信息系统及内控制度建设；加入北京高科大学联盟图书馆，参与文献资源共建共知共享；完成了档案标准化制度、档案信息化、档案设备购置与库房改造工作；进一步改善师生就医环境，增强服务师生健康的综合能力。校园规划与建设扎实推进。北京校部校园总体规划修编完成，校园基础设施进一步改善，节能降耗取得新成效，荣获“北京高校节能先进学校”；14 号学生公寓如期开工，主楼 A、G 座建设前期工作启动；保定二校区实验综合楼及室外工程建设竣工，二校区集中供热改造工程完成并投入使用。进一步强化了财务管理工作，财务状况良好，国有资产持续得到保值增值，保证了学校重点工作与重大建设项目的投入，教职工收入持续稳步增长。

2013 年，学校加强党建与思想文化建设工作，深入推进“中国梦宣讲”“红色 1 + 1”“绿色通道 1 + 1”“对话成长”“绿色氧吧”朋辈辅导、“前沿 & 创新”学术论坛等活动。加强专兼职学工干部队伍建设，开展了学工干部“磐石计划”，推动了辅导员队伍与思政课专业教师的交流与合作，加强了研究生师生协同化教育管理队伍建设，编撰完成了学生工作干部系列工作手册，不断提升学工干部业务素质和科研水平；通过多项措施深入推进学业辅导，切实加强学风建设；加强学生党团组织、学生社团、班集体、宿舍等基层组织建设；实施研究生项目经理制，获首都高校大学生思想政治教育工作实效奖二等奖。

2013 年，学校大力推进干部教育培训工作，形成干部教育整体培训体系；加强基层党组织规范化、制度化建设；不断推进党风廉政和反腐败体系建设，继续深化专项领域的防控监督工作，加强科研经费审查管理；加强离退休干部工作，不断增强学校的凝聚力和向心力。深入学习宣传党的十八大和十八届三中全会精神，积极把握正确舆论导向，不断加强和改进思想政治工作;加大宣传和文化建设工作力度,提高学校的知名度和影响力;深入开展"我的梦·中国梦"主题教育活动;高等教育研究不断加强;大学章程起草工作有序推进;以建校55周年校庆为契机,开展了系列文化科技体育活动;深化学校民主政治建设和教代会制度、文化内涵建设,提升服务水平;顺利通过北京市"平安校园"检查验收,保证了学校的和谐稳定。

两办工作

■概述

2013 年，党办校办围绕学校的战略任务和中心工作，充分发挥“综合协调、参谋助手、督查督办、服务窗口”的作用，全面推进工作的“制度化、程序化、规范化、标准化”，为学校的重大事项、重点工作、重要任务的推进与落实做好优质服务，圆满完成了各项工作计划。

2013 年，党办校办严格按照常规工作流程，按规定管理和使用学校党政印鉴、领导签名章、办公室印鉴、学校介绍信和便函遵循审查程序，严格细致把关，确保对学校负责、对办事师生负责。

2013 年，党办校办强化学习意识和责任意识，不断提高公文质量、规范办文程序。加强对公文处理工作的管理，力求做到严格规范、注重细节、讲求实效，实现公文质量进一步提高。

2013 年，党办校办不断提高文稿质量，提升服务能力。在起草各类文稿的过程中，办公室注重将领导治校理念与工作思路相结合，反复推敲，几经修改，精益求精，不仅凝聚了学校领导治校理念及对学校的全盘考虑，更是汇集了办公室文字工作的艰辛。

2013 年，接待和会务工作迈上新台阶。办公室始终坚持“前期准备一定要充分、过程跟踪一定要落实、会后总结一定要及时”的工作要求，按照“组织超前、信息准确、综合运作、服务周全、勤俭高效”的工作思路，特别注意会务活动的细致性、周到性和实效性，从而保障了各项重大活动的顺利进行，得到了与会和来访人员的高度评价。

2013 年，加强信访和维稳工作。高度重视师生群众各类来信来访工作，积极回复来信工作，热情接待来访师生，认真做好来信来访相关情况记录，并及时反馈给有关部门，确保“件件有反馈”；进一步规范校长信箱的管理。

（朱周斌）

■概况

2013 年，学校共组织各类大型活动 60 余次，其中党办校办牵头承办的大型活动 20 次，参与组织的大型活动 6 次。全年共审核使用学校各类印信、法律证件等 5 000余次，收发各类上级各单位公文 4 000 余份。

2013 年，党办校办做好各类文稿起草工作。年度共参与起草学校领导各类讲话稿件 25 份，撰写校领导碰头会纪要、党委常委会纪要、校长办公会纪要以及每周快讯达到 100 篇。

2013 年，党办校办推进依法治校工作。认清接待、处理来信来访工作，设立学校法律顾问，全年为学校处理诉讼法律事务、审查、修改合同及其他法律文书、参与调解其他非诉讼法律事务累计 30 余次。

2013 年，党办校办积极创建学习型、服务型办公室。通过走访参观企业、业余时间学习等形式，学习领会先进的服务理念和管理制度，提升工作水平。2013 年，办公室全体同志共发表管理类研究论文多篇，获批党建研究课题 1 项。

（朱周斌）

■条目

【严格落实中央和教育部八项规定，坚持厉行节俭、反对铺张浪费】2013 年，学校按照简约而隆重的目标做好接待工作，保持原有接待水平的前提下，缩短会议时间，缩减会议经费。

（朱周斌）

【组织协调华北电力大学第二届理事会换届工作】在理事会换届过程中，党办校办会同校企办积极协调，在时间紧、任务重的情况下，圆满完成了从组织策划、积极协调、文字稿件准备等工作，保证了第二届理事会的顺利换届，实现了华北电力大学发展史上的又一创举。

（朱周斌）

【协调开展党的群众路线教育实践活动】按照教育部的统一部署，紧紧围绕“为民务实清廉”要求，组织协调推进学校党的群众路线教育实践活动的深入开展。

（朱周斌）

【牵头组织“平安校园”验收】党办校办认真贯彻落实有关要求，强化统筹协调，全面深入推进创建工作，并以优秀成绩通过北京市“平安校园”检查验收，保证了学校的和谐稳定。

（朱周斌）

【积极协调组织庆祝学校建校 55 周年系列活动】学校在厉行节俭，反对浪费的大前提下，举办了简约而隆重的55 周年校庆系列活动。办公室具体负责系列活动的组织协调、会务接待、食宿安排及参观考察等内容，保障了整个活动的顺利有序进行。

（朱周斌）

组织工作

■概述

2013年,华北电力大学党委全面贯彻落实党的十八大精神,围绕学校长远发展规划和近期工作目标,深入开展党的群众路线教育实践活动,加强理论学习,完善制度建设,强化干部培训和管理,夯实基层组织建设,推动各项工作向前跨越和发展。

2013年,学校按照中央和教育部统一部署,历时半年时间,围绕"为民务实清廉"要求,深入扎实开展党的群众路线教育实践活动。活动立足学校实际,与贯彻落实学校党代会和"十二五"规划确定的战略任务相结合,与解决干部队伍中存在"能力恐慌""在位不知、在位不谋、在位不为、为而无效""知天、知地、知己"等方面的问题相结合,以构建具有中国特色、国际竞争力的现代大学管理制度为核心和落脚点,聚焦领导班子和干部"四风"方面存在的突出问题,认真听取意见、对照检查,深入开展批评与自我批评,认真制定整改方案,找准穴位、明确任务,解决问题、增进团结,促进了领导班子和干部队伍建设,取得了良好成效。

2013年,为充分发挥基层党组织在学校建设与发展中的积极作用,加强基层党组织科学化、制度化建设,先后出台了《华北电力大学发展党员工作程序(试行)》《华北电力大学关于进一步加强党支部建设的意见》等制度文件,编印下发了《党支部工作指导手册》《党支部常用文件制度汇编》等材料,进一步加强基层党组织建设。每学期初及时下发党支部组织生活安排,强化了党委和党总支对党支部组织生活的指导,增强组织生活的计划性和时效性。

2013年5月至6月,华北电力大学根据基层党组织工作需要,进行了党支部换届选举工作,全校共有355个党支部进行了换届。11月至12月,华北电力大学以"切实推进学校事业快速发展、努力提升服务群众能力水平"为主题,试点创新形式开展了2013年民主评议党员活动,共有7 076名党员参加了评议。其中,评议结果为优秀的1 176人(教职工党员426人,学生党员750人),建议改正的2人(学生党员2人)。

2013年,按教育部要求,结合校级领导班子和领导干部年度考核,首次开展了干部选拔任用"一报告两评议"工作。校党委报告干部选拔任用工作情况,包括2011年以来校党委选拔任用干部总体情况,创新选人用人措施和办法、建立健全干部选拔任用和监督机制等情况、教职员工对学校党委干部选拔任用工作和2011年以来新选拔任用的101名处级干部进行民主评议。经评议,教职员工对干部选拔任用工作和新选拔任用的处级干部的整体满意度较高,体现了教职员工对学校2011年以来干部选拔任用相关工作的认可和肯定。

2013年,华北电力大学党委制定出台《华北电力大学2012年度处级领导班子单位及处级领导干部考核工作方案》,运用360度考核等方法,顺利完成2012年度全校处级领导班子及领导干部考核工作。考核突出分层分类,比较全面、客观地反映了处级领导班子及领导干部政治业务素质和履行职责的情况。经党委常委会议研究决定,12个院系获整体工作优秀,19个院系获8个分项69次单项工作优秀;12个职能部门、教辅等处级单位考核优秀;51名处级领导干部考核优秀,使干部考核工作成为推进学校各项工作的重要抓手。

2013年,为落实学校"大人才"发展战略,建立一支适应高水平大学建设与发展需要的后备干部队伍,制定并出台《华北电力大学关于进一步加强处级后备干部队伍建设的意见》,全力加强处级后备队伍建设,为高水平大学的建设与可持续发展提供强有力的人才支持。

2013年,校党委共对43名新任干部进行了试用期考察。在述职和民主测评的基础上,重点考察新任干部在单位业绩中发挥的重要作用。通过考察,进一步掌握新任干部的能力水平和岗位适应情况,为下一步有针对性地开展培训和相关工作做好准备。在考察的同时,严格要求新任干部进行项目凝练,通过项目全面提升新任干部的分析力、创造力和执行力。

2013年,为贯彻落实学校"大人才"发展战略,根据学校"十二五"发展规划和第一次党代会对干部队伍建设的总体要求,着力强化对干部队伍的教育培训工作,先后举办了中层正职领导干部培训班、新任处级干部培训班、党务干部示范培训班、青年干部人才读书班、处级领导干部读书班等不同类型的培训班,培训干部450余人次。创新干部培训方式,加强干部对外交流,遴选培育标杆项目,形成以解决实际问题为核心,政治理论、党性修养、高等教育管理为主要内容,专题研究、项目凝练、实践锻炼为主要方式的具有华电特色的干部教育培训模式。

2013年,华北电力大学继续开展学校党建研究工作,在个人申报基础上,共有25个课题批准立项。重点支持具有创新性、指导性和应用性成果的项目,以党建研究推动实际工作。

2013年,华北电力大学被北京市委教育工委评为2012年度党内统计工作全优单位;《以党建促教学,积极推进大学英语分级教学改革》和《创新支部活动形式,深化学习宣传效果》两个党支部活动案例荣获北京高校基层党支部活动创新案例三等奖。

(林　林　徐大圣　秦芳芳　高　洁　徐　定)

■概况

截止2013年年底,华北电力大学共有34个党总支、8个直属党支部、462个基层党支部,其中学生党支部268个、在职教职工党支部177个、离退休职工党支部17个。

截止2013年年底,华北电力大学共有中共党员8 475名,其中在职教职工党员2 031名、离退休教职工党员451名、本科生党员2 552名、研究生党员3 430名。共发展中共党员1 688人,转正党员1 554人。

2013年,华北电力大学党校共举办4期入党积极分子培训班,共有5 307名入党积极分子参加了学习和培训,其中4 881人顺利结业,289名入党积极分子在学习培训中表现突出,成绩优秀,被评为优秀学员。

(徐大圣　秦芳芳　高　洁　徐　定)

■条目

【完成领导干部个人有关事项报告工作】1月,根据中共中央办公厅、国务院办公厅《关于领导干部报告个人有关事项的规定》和《关于对配偶子女均已移居国(境)外的国家工作人员加强管理的暂行规定》,按照教育部具体要求,组织全校副处级以上领导干部按要求填写了《领导干部个人有关事项报告表》。

(林　林　徐大圣)

【举办中层正职领导干部培训班】1月,学校针对2012年处级领导班子和领导干部换届调整后的新形势,举办中层正职领导干部培训班,全校中层正职领导干部以及主持工作的副职领导干部126人参加培训。培训采用专题报告、组织自学、研究讨论、调研报告等形式,最终整理成40余万字的调研报告汇编。

(徐大圣　徐　定)

【举办新任处级干部培训班】1月,学校利用寒假时间举办新任处级干部培训班,全校55名新任处级领导干部参加。广大学员积极思考、认真开展项目凝练,最终形成项目凝练报告55篇。

(徐大圣　徐　定)

【完成校级领导干部年度考核】2月,华北电力大学按照教育部要求完成了2012年度校级领导班子与领导干部考核工作。考核民主测评表由教育部统一采用机读方式统计测评结果,参加述职与测评大会人员范围进一步扩大,提高了专任教师代表和青年教职工代表的比例。校领导述职报告提前印发,有效地扩大了民主,强化了群众的监督,增强了考核工作的透明度。

(林　林　徐大圣)

【走访、看望老党员和重病党员】春节期间及七一前后,组织走访、看望了老党员和重病党员,帮助解决实际困难和问题,把党的关怀和温暖送到党员家中。

(秦芳芳　高　洁)

【开展党员在线学习活动】4月至12月,组织全校教职工党员参加了2013年"北京高校教师党员在线"学习活动,要求所有教职工党员完成至少12学时的在线学习任务,人均完成学时数位居北京高校前列。

(徐大圣　徐　定)

【组织保定市党代表参与大讨论活动】5月,按照保定市委组织部要求,华北电力大学组织保定市第十次党代表大会代表校党委副书记、纪委书记李双辰和魏彤儒参与了保定市"解放思想、改革开放、创新驱动、科学发展"大讨论活动。

(秦芳芳)

【完成党支部换届工作】5月至6月,根据基层党组织工作需要,华北电力大学进行了党支部换届选举工作,全校355个党支部完成了换届。

(秦芳芳　高　洁)

【开展"一个支部实现一个目标、一个党员完成一个任务"活动】6月,华北电力大学开展了"一个支部实现一个目标、一个党员完成一个任务"活动。全校各党支部、党员在学习贯彻十八大精神,领会学校“大人才”发展战略的基础上，结合学校和本单位的重点工作，立足岗位，分解、细化并制定出了相应的目标和任务。

（秦芳芳　高　洁）

【完成基层组织工作条例自查工作】6月，华北电力大学完成对贯彻落实《中国共产党普通高等学校基层组织工作条例》情况的自查工作。

（秦芳芳　高　洁）

【开展党员献爱心捐献活动】6月，按照北京市委、市委教育工委的统一部署，在全校范围内开展2013年“共产党员献爱心”捐献活动。北京校部共有2 242名党员、614名入党积极分子、548名群众参加了捐款，共筹集款项113 029.8元。

（高　洁）

【举办青年干部人才培训班】7月至11月，学校针对40岁以下的优秀青年教师、团总支书记和科级干部举办了青年干部人才读书班，由党校推荐必读和选读书目，此外还结合了专题讲座、实践参观、心得交流、项目凝练等方式。

（徐大圣　徐　定）

【举办党务干部示范培训班】9月，结合党的群众路线教育实践活动，学校组织了2013年党务干部示范培训班，来自全校的部分党总支、直属党支部书记及教工党支部书记共42人参加培训。培训以“发扬传统、联系群众、锤炼作风、加强修养”为主题，采用专题讲座、现场教学、体验教学、音像教学和访谈教学等多种形式，在革命圣地井冈山圆满完成培训任务。

（徐大圣　徐　定）

【完成党内统计工作】9月至12月，按照上级要求，华北电力大学先后完成了教育部关于2013年高校基层党组织和党员队伍状况统计工作、教育部关于高等学校教育事业统计中的党员情况统计、2013年党内统计年报和党员信息系统的数据维护工作。

（秦芳芳　高　洁）

【开展民主评议党员活动】11月至12月，华北电力大学开展了2013年民主评议党员活动，共有7 076名党员参加了评议。其中，评议结果为优秀的1 176人，建议改正的2人。

（秦芳芳　高　洁）

【完成发展党员自查工作】11月，按照河北省委组织部和保定市委组织部的要求，华北电力大学完成了保定校区2013年度发展党员工作的自查及统计工作。

（秦芳芳）

【完成困难党员补助申报工作】11月，根据北京市委教育工委要求，华北电力大学完成了2013年度“北京市生活困难党员帮扶专项资金”补助申报工作，所报补助对象已获得批准。

（高　洁）

【开展“最美支部书记”和“最美共产党员”征集展示活动】11月至12月，按照上级通知，在全校范围内开展了“最美支部书记”和“最美共产党员”征集展示活动。经各党总支、直属党支部推荐、学校审核，共推荐产生16名“最美支部书记”和16名“最美共产党员”。

（高　洁）

【举办处级领导干部读书班】12月，为深入学习党的十八届三中全会精神，加强干部理论学习，使干部“知天、知地、知自己”，学校举办处级领导干部读书班。由任职满6年的副处级领导干部自愿报名参加。培训分举办专题讲座、自学规定内容、开展项目凝练三个阶段。

（徐大圣　徐　定）

【完成河北省博导津贴工作】12月，华北电力大学完成了2013年河北省博导津贴的整理、汇总和上报工作，共上报博士生导师127人，新增博士生导师29人。

（林　林　徐大圣）

统战工作

■概述

2013年，华北电力大学统战工作围绕学校中心工作开展。通过全面贯彻落实十八届三中全会精神，统战工作进一步统一思想，明确责任分工。学校党委坚持向党外代表人士通报情况、征求意见制度和邀请党外代表人士参加重要会议、重大活动制度，重视发挥民主党派和无党派人士在民主治校、民主监督上的作用，邀请民主党派、人大、政协及无党派人士积极参与学校各项工作，虚心听取他们对建设高水平大学的建议和意见。同时，学校党委支持民主党派加强自身建设，鼓励开展活动和理论研究，全年发展民主党派新成员4人，6项统战基金研究课题获立项资助。学校注重党外代表人士培养，向中央统战部推荐党外知识分子建言献策信息员2人，推荐北京市人民政府特约教育督导员1人、民主党派市委后备干部人选3人。

（秦芳芳　徐　定）

■概况

2013年，华北电力大学共有民主党派成员105名，其中，民革4人，民盟38人，民建9人，民进19人，农工党3人，致公党1人，九三学社30人，台盟1人。民主党派组织共5个，分别是中国民主同盟华北电力大学支部（北京）、中国民主同盟华北电力大学支部（保定）、九三学社华北电力大学支社（保定）、中国民主促进会华北电力大学支部（保定）、中国民主建国会华北电力大学支部（保定）。

（秦芳芳　徐　定）

■条目

【召开民主党派及党外代表人士座谈会】1月，学校召开民主党派及党外代表人士座谈会，广泛征求统战成员对校级领导班子和领导干部在学习和实践科学发展观，贯彻落实教育规划纲要；领导学校科学发展；执行民主集中制；践行党的宗旨，密切联系群众；干部选拔任用；落实党风廉政建设责任制和廉政勤政、廉洁自律等方面的意见和建议。

（秦芳芳　徐　定）

【支持统战成员开展理论研究】3月至6月，华北电力大学先后组织开展校级统战基金研究课题立项、申报河北省统一战线学会2013年度课题招标和河北省统一战线理论研究重点课题计划工作。《城市形象建设如何融入文化元素——基于保定实证的城市文化形象建设研究》荣获保定市精神文明建设专项调研课题一等奖。

（秦芳芳　徐　定）

【完成河北省欧美同学会推荐工作】4月，华北电力大学完成河北省欧美同学会会员和理事推荐工作，推荐团体会员单位1个、理事人选3人。

（秦芳芳）

【完成党外代表人士留学归国、公派留学情况统计】4月，按照北京市教工委要求，华北电力大学完成了党外代表人士留学归国、公派留学情况摸底统计工作。

（秦芳芳 徐定）

【组织统战联谊活动】6月，华北电力大学组织两校区统战成员参观北京园博园，加强了校内统战成员之间的沟通交流。

（秦芳芳　徐　定）

【参与全国道德模范评选】6月，保定市政协委员黄新颖当选全国道德模范保定市评委，参与了全国道德模范评选投票。

（秦芳芳）

【政协委员代表受邀参加大讨论活动】6月，按照保定市政协的邀请，保定市政协委员黄新颖参加了保定市“解放思想、改革开放、创新驱动、科学发展”大讨论活动，在《保定日报》上发表了观点，并作为政协委员、专家学者代表，接受保定市电视台专访。

（秦芳芳）

【召开党的群众路线教育实践活动党外代表人士征求意见座谈会】9月，在开展党的群众路线教育实践活动阶段，学校召开党外代表人士征求意见座谈会。广大统战成员围绕学校的发展和师生的切身利益及教学、科研、生活中存在的问题，结合学科建设、服务水平、人才培养，文化建设等方面的内容提出了建设性的建议。

（秦芳芳　徐　定）

【获评“第七届首都民族团结进步先进集体”】9月，经党委统战部组织、推荐、申报，共青团华北电力大学委员会获评“第七届首都民族团结进步先进集体”，以此表彰学校组织学生深入西藏、新疆、内蒙古、云南等少数民族地区开展的新能源大学生科技教育扶贫服务行动。

（徐　定）

【当选党外知识分子建言献策信息员】9月，经华北电力大学推荐，无党派人士何理、温磊被中央统战部六局聘为党外知识分子建言献策信息员。

（秦芳芳　徐　定）

【加强党外代表人士实践锻炼】9月，通过北京市“三个一百”工程，北京市政协委员、华北电力大学能源动力与机械工程学院冼海珍教授挂职海淀区西三旗街道办事处副主任。

（徐　定）

【申报统战工作创新材料】9月，按照河北省委统战部及保定市委统战部要求，华北电力大学完成2013年度统战工作实践创新成果申报工作。

（秦芳芳）

【开展留学归国人员问卷调查】9月，针对校部留学归国人员，下发《北京高校归国留学人员调查问卷》，共下发76份，回收66份。

（徐　定）

【完成北京市“平安校园”检查验收工作】12月，学校贯彻执行《华北电力大学关于做好抵御境外利用宗教对高校进行渗透和防范校园传教工作的实施方案》，积极做好民族宗教安全稳定工作，顺利完成北京市“平安校园”检查验收工作。

（徐　定）

【加强“12.21”和圣诞节期间的宗教领域的安全稳定工作】12月，根据上级要求，华北电力大学保定校区加强“12.21”和圣诞节期间的宗教领域的安全稳定工作，下发了《华北电力大学关于做好“12.21”、圣诞节期间安全稳定工作的实施方案》。

（秦芳芳）

宣传工作

■概述

2013年，华北电力大学宣传思想工作以深入学习宣传贯彻党的十八大和十八届三中全会精神为主线，认真贯彻学校第六届教代会精神，宣传“强校之路”战略思想和“大人才”发展战略，同时结合庆祝建校55周年和划转教育部管理十周年，宣传“华电梦”和先进人物，开展“我的梦·中国梦”主题教育活动，弘扬主旋律，凝聚正能量，坚定决心，提振精神，为学校全面推进高水平大学建设、实现华电人的强校之梦提供强大思想政治保障和精神文化力量。

2013年，学校学习贯彻党的十八大和党的十八届三中全会精神。按照《关于认真学习宣传贯彻党的十八大精神的通知》（华电党〔2012〕12号）要求，努力把广大师生员工思想和行动统一到党的十八大精神上来，把力量凝聚到实现学校既定的各项战略任务上来。3月15日、18日和21日，全国政协委员、校长刘吉臻为两地师生作了三场“两会”精神报告会。11月13日，学校发出《关于深入学习贯彻习近平总书记系列重要讲话精神的通知》，并先后向全体处级以上领导干部发放《习近平总书记重要讲话选编》、《中共中央关于全面深化改革若干重大问题的决定》、《党的十八届三中全会〈决定〉学习辅导百问》、《〈中共中央关于全面深化改革若干重大问题的决定〉辅导读本》等学习资料，向各党总支、直属党支部发放了中央宣传部理论局编写的《理性看 齐心办 2013理论热点面对面》等学习资料。同时在新闻网学习园地栏目的“理论学习”专栏对有关精神进行解读。11月18日，学校党委印发《关于认真学习宣传贯彻党的十八届三中全会精神的通知》（华电党宣〔2013〕1号）。整个学习宣传贯彻活动，坚持与党的十八大精神结合起来，坚持与习近平总书记党的十八大以来一系列重要讲话精神结合起来，坚持与党的群众路线教育实践活动结合起来，坚持与“中国梦”“强校梦”结合起来，强化机遇意识、强化规律把握、强化使命担当，从着力解决“三个跟不上”的高度，力争学出项目、学出政策、学出制度、学出水平，把全会精神真正内化为促进学校发展、推动各项工作的战略思路，不断增强工作主动性、创造性和执行力。按照校部统一安排，两级理论学习中心进行了3次集中学习研讨活动，组织宣传干部和思想政治理论课教师到基层院系作辅导6场次。

2013年，学校认真贯彻落实全国宣传思想工作会议和学校第六届教代会精神。通过学习牢牢把握习近平总书记在全国宣传思想工作会议上的指示精神，深入领会事关宣传思想工作长远发展的一系列重大理论和现实问题，明确新形势下宣传思想工作的方向目标、重点任务和基本遵循。引导广大教职员工理解学校战略，把握正确导向。通过校报和新闻网两个途径，开展对“大人才”发展战略的宣传，为学校实施“大人才”发展战略营造氛围。一是2013年教代会校长工作报告首次提出“大人才”发展战略后，成为代表们最关心的话题，引发广泛讨论。学校积极引导舆论，在新闻网和第2期校报上就“大人才”发展战略刊登题为《代表热议双代会报告“大人才”发展战略词频最高》等相关文章，及时收集反馈代表们对“大人才”发展战略的理解以及为学校实施“大人才”发展战略的意见建议。二是教代会结束后，在校报上开辟“我看‘大人才’战略”专栏，通过采访、约稿等方式，陆续刊登有关解读和体会“大人才”发展战略的文章，积极引导广大师生深化对“大人才”发展战略的理解和认识，在第3至9期校报上连续发表相关文章9篇。三是在新闻网开设专题报道，同步刊发“大人才”发展战略相关文章，充分发挥网络及时、方便、快捷、信息量大、受众者广的优势，为推进“大人才”发展战略营造良好文化氛围。

2013年，学校开展“我的梦·中国梦”主题教育活动。根据《教育部党组关于在全国各级各类学校深入开展“我的中国梦”主题教育活动的通知》有关安排，结合“我的梦·中国梦”主题教育活动，校园文化和精神文明创建活动生机勃勃、扎实有效。3月20日，学校发出《关于在全校组织开展“我的中国梦”主题征文活动的通知》，共同在全校师生中举办“我的中国梦”主题征文活动，师生围绕近代以来中国人民坎坷追梦历程的深刻启示，围绕新中国成立以来特别是改革开放30年以来的辉煌成就和宝贵经验，用文字记录和讲述亲历亲见的“中国梦”。4月27日，学校发出《华北电力大学深入开展“我的中国梦”主题教育活动实施方案》，开展中国特色社会主义宣传教育，引导广大师生为实现国家富强、民族复兴、人民幸福的伟大“中国梦”而发奋学习、不懈奋斗。结合实际，学校以“我的梦·华电梦·中国梦”为活动主题，成立由党委宣传部部长任组长、党委学生工作部部长任副组长的“中国梦宣传教育活动工作小组”，成员包括党委宣传部、党委学生工作部、党委研究生工作部、工会、团委、后勤集团等部门主要负责人，开展“我的中国梦”主题教育活动。以思想政治理论课教师为主体，组建了由党委宣传部部长任团长的校级宣讲团，每一位宣讲团成员深入群众、深入院系、深入班级，在切实引起共鸣、唤醒意识、触动灵魂上下功夫，在广大师生中统一思想认识、促进觉悟提高、提升爱国情操。5月，撰写“善行河北——中国梦”典型材料3篇；组织参加“善行河北”寻找校园追梦人活动，报送助人为乐典型学生张賸英；学生白兆飞勇救落水同伴不幸遇难的事迹，经校报和媒体宣传，高票当选2013年“感动保定”十大人物。12月23日，中共北京市委教育工作委员会发出《关于表彰北京高校“我的梦·中国梦”宣讲活动优秀宣讲团、优秀组织奖的通知》，学校获优秀组织奖，“我的梦·中国梦”辅导员特色主题宣讲团获优秀宣讲团。12月初，教育部思政司公布了第七届全国高校校园文化建设优秀成果获奖名单，学校申报的校园文化建设成果《充分发挥能源学科优势 让绿色电力点亮长征路上幸福梦——华北电力大学“三位一体”电力扶贫的实践与探索》，荣获优秀成果三等奖，被河北省教育工委、教育厅授予高校校园文化建设优秀成果一等奖。

2013年，学校持续推进建校55周年校庆宣传活动。结合55周年校庆安排，收集加工学校发展的各个阶段，包括初创时期、文革时期（包括不同阶段）、改革开放时期、21世纪发展时期，挖掘整理那些感人至深的故事，作为大学文化建设的一部分，为“大人才发展”战略奠定更深远、更长久的历史文化底蕴。校报从第3期开始连续4期在第3版整版刊登对4位学校已退休资深教授的深度访谈，共计发表文章8篇，记述他们的经历、感悟、事迹，让广大师生领略名师风采，并从名师的成长历程中汲取人生经验，在广大师生中传承学校宝贵的历史、文化和精神财富。校报开辟“我读《强校之路》”专栏，发表相关文章共计4篇，集中展示学校建校五十五周年尤其划转教育部直属管理十年所取得的办学成就、办学经验等，宣传学校办学理念与创新实践。“强校之路”——华北电力大学建校五十五周年师生文艺晚会11月17日晚结束后，新闻网“华电视频”栏目在第一时间进行视频报道，后又及时上传演出实况录像以及在“华电报道”栏目发布有关晚会的采访报道。结合校庆55周年，为宣扬先进、弘扬正气，学校宣传部组织人员编撰了校庆图书《十年华电》和《华电记忆》。

2013年，学校完成新闻网网站改版工作，加强新闻宣传阵地建设。学校对原有“新闻网”进行改版，更名为“新闻中心”，设有华电报道、学习园地、华电记事三大版块。“华电报道”主要设有“华电头条”“华电报道”“特别推荐”“华电视频”“媒体华电”“华电人物”“校友风采”等栏目，面向社会宣传介绍学校各项工作及发展动态。“学习园地”设有“时事要览”“能源动态”“高教视野”“理论学习”“学习动态”等栏目，为师生相互学习、相互借鉴提供交流平台。“华电记事”设有“华电史苑”“名师风范”“华电故事”“年度大事”“我与华电”“精彩活动”“珍贵图片”等栏目，挖掘整理学校各个阶段和重要节点的发展历史。

2013年，学校扩大对外宣传，提升学校形象。在对外宣传工作中，自双代会以来，学校主动联系各级各类新闻媒体，组织发表关于学校的报道共计54篇，其中围绕学校重点建设的报道有30余篇。特别是3月16日《中国电力报》上刊发的对校长刘吉臻的专访报道《人才是电力发展第一要素——访全国政协委员、华北电力大学校长刘吉臻》中，刘吉臻详细阐述了“大人才”发展战略的内涵及其重要意义，在电力行业企业、各大高校等社会各界引发关注与思考；10月12日，《中国教育报》头版头条，以《实战中锤炼学生能力和素质——华北电力大学探索校企合作新模式采访纪行》全面报道了学校“不断探索，逐步将行业和学科优势转化为人才培养优势，走出一条校企紧密合作培养高等工程创新人才的道路”的成功经验，也进一步树立了学校形象，提升了学校影响力。

（孙翠亭）

■概况

2013年，华北电力大学党委宣传部和新闻中心，共有工作人员11人，其中北京校部7人，保定校区4人。

2013年，党委宣传部出版《华北电力大学校报》共计10期，对外宣传稿件共计54篇，其中围绕学校重点建设的报道有30余篇。电视台拍摄新闻共158条，精心制作“平安校园”专题片。

（孙翠亭）

■条目

【开展“大人才”发展战略宣传工作】2月22日至23日，华北电力大学召开第六届教职工代表大会，首次提出“大人才”发展战略，成为代表们最关心的话题。学校积极引导舆论，在新闻网和第2期校报上刊登题为《代表热议双代会报告“大人才”发展战略词频最高》等相关文章，及时收集反馈代表们对“大人才”发展战略的理解及意见建议。校报开辟“我看‘大人才’战略”专栏，通过采访、约稿等方式，陆续刊登9篇解读和体会“大人才”发展战略的文章。新闻网开设专题报道，同步刊发“大人才”发展战略的相关文章，并配发相关评论文章，发挥网络及时、方便、快捷、信息量大、受众者广的优势，为实施“大人才”发展战略营造氛围。

（孙翠亭）

【开展“我的梦·中国梦”主题教育活动】3月20日，华北电力大学党委宣传部与学工部、研工部联合发出《关于在全校组织开展“我的中国梦”主题征文活动的通知》，在全校师生中举办“我的中国梦”主题征文活动。4月27日，党委宣传部发出《华北电力大学深入开展“我的中国梦”主题教育活动实施方案》，以“我的梦·华电梦·中国梦”为活动主题，开始在全校深入开展“我的中国梦”主题教育活动。学校成立由党委宣传部部长任组长、党委学生工作部部长任副组长的“中国梦宣传教育活动工作小组”，组建以思想政治理论课教师为主体的宣讲团，并积极打造辅导员特色主题宣讲团队。北京市教工委授予学校“我的梦·中国梦”宣讲活动优秀组织奖，授予辅导员特色主题宣讲团“优秀宣讲团”称号。5月，学校撰写“善行河北——中国梦”典型材料3篇；组织参加“善行河北”寻找校园追梦人活动，报送助人为乐典型学生张雕英；学生白兆飞勇救落水同伴不幸遇难的事迹，经校报和媒体宣传，高票当选2013年“感动保定”十大人物。

（孙翠亭）

【加强和改进思想政治工作】华北电力大学围绕“大人才”发展战略，加强教职员工的思想政治工作。按照《华北电力大学关于组织青年教师开展社会实践的实施意见》的有关要求，组织青年教师开展学习考察、挂职锻炼、调查研究等多种形式社会实践活动，推进青年教师思想工作上水平。6月27日，在北京市委教育工委组织开展的北京高校青年教师思想政治工作优秀项目的评选推介工作中，学校报送的《注重培育 面向未来 创新青年教师培养新举措》，荣获北京高校青年教师思想政治工作优秀项目。11月19日，由中共北京市委教育工作委员会发出的《关于表彰北京高校学习型党组织建设示范点和品牌活动的通知》获悉，国际教育学院党总支学生党支部开展的“学雷锋——关注农民工活动”，入选北京高校学习型党组织品牌活动。

（孙翠亭）

【推出校庆图书】10月，华北电力大学推出校庆图书《华电记忆》和《十年华电》。《华电记忆》由校长刘吉臻作序，选取学校初创到21世纪各个历史阶段中有代表性的13位老教授（最长者95岁，最年轻的也已69岁），采撷他们令人难忘的事迹和感人至深的故事编撰而成。《十年华电》由学校党委书记吴志功作序，以一个个重要事件为主线，以清晰的脉络、写实的手法、质朴的语言和翔实的图片，简约记录十年间学校改革发展的重大事件，勾勒出十年间学校历史性巨变的清晰轮廓，展示了学校从小到大、由弱到强、不断发展的不平凡历程。

（孙翠亭）

【完成新闻网网站改版工作】10月，华北电力大学完成对原有新闻网的改版工作。网站设有华电报道、学习园地、华电记事三大版块，网页设计以蓝色为主基调，简单大方。新版新闻网“华电报道”主要设有“华电头条”“华电报道”“华电视频”“媒体华电”“华电人物”等栏目，面向社会宣传介绍学校各项工作及发展动态。“学习园地”设有“时事要览”“理论学习”“学习动态”等栏目，旨在为全体教职工提供学习交流平台。“华电记事”设有“华电史苑”“名师风范”“年度大事”等栏目，充分挖掘校史校情，描绘学校发展历程。

（孙翠亭）

【学习贯彻十八届三中全会精神】 11月18日，华北电力大学党委印发《关于认真学习宣传贯彻党的十八届三中全会精神的通知》，校党委理论学习中心组集中学习党的十八届三中全会公报，组织召开学习贯彻党的十八届三中全会精神两地视频专题会议，两级理论学习中心进行了3次集中学习研讨活动，组织宣传干部和思想政治理论课教师到基层院系作辅导6场次。学校先后向全体处级以上领导干部发放《习近平总书记重要讲话选编》《党的十八届三中全会〈决定〉学习辅导百问》等学习资料，同时在学校新闻网学习园地栏目的“理论学习”专栏对有关精神进行解读。整个学习宣传贯彻活动，坚持与党的十八大精神结合起来，坚持与习近平总书记党的十八大以来一系列重要讲话精神结合起来，坚持与党的群众路线教育实践活动结合起来，坚持与“中国梦”“强校梦”结合起来，强化机遇意识、强化规律把握、强化使命担当，从着力解决“三个跟不上”的高度，力争学出项目、学出政策、学出制度、学出水平，把全会精神真正内化为促进学校发展、推动各项工作的战略思路，不断增强工作主动性、创造性和执行力。

（孙翠亭）

【获全国高校校园文化建设优秀成果三等奖】 12月初，华北电力大学申报的校园文化建设成果《充分发挥能源学科优势 让绿色电力点亮长征路上幸福梦——华北电力大学“三位一体”电力扶贫的实践与探索》，获第七届全国高校校园文化建设优秀成果三等奖，被河北省教育工委、教育厅授予高校校园文化建设优秀成果一等奖。

（孙翠亭）

纪检监察工作

概述

2013年，华北电力大学纪检监察工作全面贯彻中央关于反腐倡廉建设的决策部署和工作方针，深入开展党的群众路线教育实践活动，切实按照学校建设高水平大学的整体战略部署，把党风廉政建设和反腐败工作融入学校改革发展的各项事业中，统筹谋划、全面部署，坚持用制度管权管事管人，坚持为民务实清廉的宗旨，坚决遏制“四风”在学校的蔓延，大力加强领导干部作风建设，扎实推进惩防体系建设，持续不断地开展廉政文化建设，为推动学校教育事业改革发展做好服务提供保证。

2013年，学校严格按照《华北电力大学深入开展党的群众路线教育实践活动实施方案》的要求，结合学校教育教学工作的实际，从着力解决群众反映强烈的突出问题入手，发挥党密切联系群众的优势，进一步加大巡视的力度，确保学校教育实践活动取得实效；学校认真贯彻落实中央八项规定的要求，结合学校实际制定了《华北电力大学关于改进工作作风、密切联系群众的规定》，在此基础上深入开展调查研究，切实精简会议、文件、简报，厉行节约，成效显著；学校积极贯彻落实北京市委、市政府《关于进一步加强廉政风险防控管理的意见》要求，推进权力结构科学化配置体系建设，使学校党委和行政规范用权的水平进一步提高；学校进一步推进权力运行规范化监督体系建设，使学校权力运行监督的有效性进一步增强；学校继续深化专项领域的防控监督工作，加大了对招生、科研、基建工程、招标等工作的专项监督检查和审计力度。

（蒲沿洲　王　燕　吴忠键　蹇文馨）

概况

2013年，纪委办公室、监察处、审计处合署办公，两地共有人员12人，研究生学历2人，本科学历10人。共有副高级专业技术职务8人，中级专业技术职务3人。

2013年，学校共受理有关来信来访8件。（不含重复件）

（蒲沿洲　王　燕　吴忠键　蹇文馨）

条目

【组织参加教育系统党风廉政建设工作视频会】 3月1日，学校纪委办组织全体校领导、常委、校长助理，校纪委委员和各部门院系负责人参加了教育部召开的教育系统党风廉政建设工作视频会议。

（蒲沿洲　王　燕　吴忠键　蹇文馨）

【开展党员领导干部兼职登记和清理工作】3月20日至26日学校纪委按照《华北电力大学处级以上党员领导干部兼职管理规定》（华电党纪〔2011〕14号）在全校开展了党员领导干部兼职登记和清理工作。

（蒲沿洲　王　燕　吴忠键　蹇文馨）

【贯彻落实教育科研管理规范】3月19日，学校发出《关于落实<教育部关于进一步规范高校科研行为的意见>的通知》，要求各单位从贯彻落实党的十八大精神、推动科技创新和教育事业科学发展的高度出发，充分认识到规范学校科研行为的重要性、紧迫性，增强责任意识，认真做好《意见》的贯彻落实工作。

（蒲沿洲　王　燕　吴忠键　蹇文馨）

【召开2013年党风廉政建设暨纪检监察审计工作会】4月18日，学校党委召开2013年党风廉政建设暨纪检监察审计工作会，贯彻落实党的十八大精神和十八届中央纪委二次全会精神，教育部及地方党风廉政建设工作会议精神，总结2012年学校党风廉政建设工作，部署2013年的工作任务。

（蒲沿洲　王　燕　吴忠键　蹇文馨）

【印发学校党风廉政工作任务分工和工作要点】4月28日，学校印发《华北电力大学2013年党风廉政建设和反腐败工作主要任务分工》和《华北电力大学2013年党风廉政建设和纪检监察工作要点》。

（蒲沿洲　王　燕　吴忠键　蹇文馨）

【开展党风廉政建设宣传活动】5月23日至6月23日，学校以“深入学习贯彻落实十八大精神，加强科研管理，推进科技创新”为主题，开展了2013年党风廉政建设宣传教育月活动，全面贯彻第十八届中央纪委第二次全会精神和教育部党风廉政建设工作会议精神，进一步加强学校党风廉政建设工作。

（蒲沿洲　王　燕　吴忠键　蹇文馨）

【成立教育廉政研究基地】6月底，学校成立华北电力大学教育廉政研究基地，并获驻教育部纪检组、监察局备案同意。10月下旬，为配合中纪委宣教室的通知要求，面向全校征集了一批以反腐倡廉为主题的优秀漫画作品，有2件优秀作品被选送至全国廉政文化精品库。12月，在北京举办的教育系统学习贯彻十八届三中全会精神暨高校廉政研究机构第六次联席会议上，基地研究团队报送3篇学术论文。

（吴忠键　蹇文馨）

【开展群众路线教育实践活动巡视工作】7月初到12月底，学校开展党的群众路线教育实践活动，学校纪委组织人员对校内二级单位学习实践活动巡视，加强指导，确保取得实效。

（蒲沿洲　王　燕　吴忠键　蹇文馨）

【获2012年度保定市纪检监察系统工作先进单位】2013年10月，纪检监察处（保定）被评为“保定市2012年度纪检监察系统工作先进单位”。

（吴忠键　蹇文馨）

【开展党风廉政建设责任制考核】12月26日至次年1月16日，学校对2013年校内各单位贯彻落实党风廉政建设责任制情况进行检查考核。

（蒲沿洲　王　燕　吴忠键　蹇文馨）

学生工作

■概述

2013年，华北电力大学学生工作以学习、领会、贯彻党的十八大、十八届三中全会以及习近平总书记系列重要讲话精神为主线，以社会主义核心价值体系为引领，以服务学校发展战略、培养高素质创新人才为核心，坚定方向、务求实效，以重点工作为突破，带动整体发展，圆满完成了学生工作的各项任务。

2013年，学校德育和思想政治工作以理想信念教育为核心，以学生班级建设为抓手，以特色活动为载体，努力开拓思想政治教育工作新局面。在学生中开展了一系列学习宣传十八大精神及“中国梦”主题教育活动，大力加强理想信念教育。积极推进学生班级建设，开展“示范性优秀班集体创建活动”、北京高校优秀学生基层组织创建活动及“I have a dream——我的目标，我的奋斗”系列主题班会活动，将基层班级打造成为大学生思想政治教育的重要阵地。学校继续推行“名师任班主任”工程，在学生中广泛开展“我爱我师——最美班主任”评选活动，不断加强班主任队伍建设。此外，学校开展首届大学生年度人物评选、表彰活动，挖掘、培育和宣传大学生中的先进典型，营造积极上进的校园文化氛围。

2013 年，按照“以品牌工程带动，以特色活动发展，促学生党建提升”的工作思路，大力推动党建品牌活动建设，持续开展“特色活动示范党支部”及北京高校红色“1 + 1”共建活动。在“特色活动示范党支部”评选活动中，发挥学生党员在优良校风、学风创建活动以及日常生活中的先锋模范作用，进一步提升学生党员素质，提高学生党支部和学生党员的服务意识和奉献精神。继续开展红色“1 + 1”活动，以开展“中国梦”的宣传教育为契机，充分发挥大学生学科专业优势和志愿服务社会的积极性，与“我的中国梦”主题教育活动、弘扬践行北京精神和雷锋精神、高校基层党组织建设、大学生就业观教育等工作相结合，引导广大学生在实践中受教育、长才干、作贡献。

2013 年，学校高度重视学生工作队伍的培养工作，致力于建设一支高素质、高层次、高能力的辅导员队伍，形成了以国际化高层次培训、专业特色主题培训、行业认知培训、学历科研培训为主体的多层次、多渠道培训体系，有力地推动了辅导员队伍的内涵建设。学校以学工干部素质提升“磐石计划”为载体，继续从全面提升能力素质与分类化专业拓展两方面，推进高素质团队建设。同时，开展校内首届辅导员职业技能大赛、学生工作经验交流会、新生辅导员班主任培训、长城计划课题申报等活动，继续开展学生工作评优评先活动，充分调动学生政工干部的工作积极性和主动性。继续加强班主任工作，通过推进名师任班主任、岗前培训、日常业务培训、严格考核、强化激励等措施致力建设一支“高职称、高学历、高能力”的专兼职学生思想政治工作队伍。

2013 年，学校学生管理工作紧紧围绕安全稳定工作这个核心，坚持以学生为本的工作理念，扎实推进“平安校园”建设。实际工作中，以学生安全防范预警机制为工作抓手，促进和谐校园建设；以“大奖助体系”为引导，促进学生全面成长、成才；以规范化的过程管理，进一步锻造优良的校风学风；全面开展学业辅导工作，注重学习困难学生的帮扶和引导，培养学生良好的生活习惯和学习习惯，锻造优良的校风学风；加强少数民族学生的帮扶和教育，积极吸收少数民族骨干进入学生干部队伍；进一步健全校园信息反馈和应急干预机制，完善和强化重点时期、敏感时段学生三级安全稳定工作实施方案，以掌握学生舆情、合理引导为重点，以特殊学生群体、宿舍安全、突发事件等工作为突破口部署相关工作，集学生工作合力，多方协作，形成校园联动系统，有效维护了校园安全稳定；以学生评优表彰大会和《学生手册》学习等活动为契机，进一步规范管理过程，完善学期初学籍预警、期中期末考前巡考、每学期“教风学风专项督查月”等日常督导机制，以学生学业优秀和科技创新活动为引领，培养广大学生自律自强意识和诚信感恩意识，打造校园优良学风考风。此外，学校组织开展了“星级宿舍”创建评比活动，创新举措，全员参与，以宿舍“基础建设”为突破口，实施宿舍安全专项治理，彻底消除安全隐患；以“星级宿舍”创建为目标，构建教育管理长效机制，促进宿舍文明建设的常态化发展。

2013 年，学校心理健康教育中心围绕“以学生为本，为学生服务，促进学生成长成才”的基本思路，继续以逐步深化心理健康理念、提升学生心理素质为目标，努力开拓，不断进取，通过课外教育、主题活动和各项比赛等形式，营造心理健康氛围。承办“2013 年北京高校心理素质教育工作会暨首都大学生心理健康节开幕式”和“第八届全国高校心理委员工作研讨会”，以会促建，全面推动健全工作体系、整合资源及队伍建设等工作的开展。

2013 年，学校继续完善以国家助学贷款为主，以国家奖助学金、国家励志奖学金、基层就业代偿、困难补助、爱心救助金、社会资助、勤工助学等为辅的“奖、贷、助、补、减”多元资助体系，同时结合实际，修订、制定了包括《华北电力大学国家助学贷款实施细则》《华北电力大学国家助学贷款贷后管理办法》《华北电力大学学生应征入伍服义务兵役国家资助管理办法》《华北电力大学毕业生基层就业学费补偿贷款代偿管理办法》《华北电力大学退役士兵教育资助管理办法》《华北电力大学家庭经济情况认定办法实施细则》等的一系列相关办法和细则，提升了资助工作管理和实施的科学化、规范化和制度化水平。顺利开展国家助学贷款申请、签约、发放、代偿工作和各类奖助学金发放、勤工助学工作，整合助学资源，充分发挥资助工作的育人功能，并结合新型教育模式，开展内容丰富、形式多样的诚信、感恩、励志、自强教育。

2013 年，学校切实推进资助育人工作，一方面继续深入推进“绿色通道 1 + 1”活动，不断创新资助育人模式，开辟了“绿色氧吧”工作坊。另一方面，加强大学生公益平台的建设，形成“爱心宿舍”“善行 100”两个品牌活动。

2013 年学校高度重视国防教育工作，采取有效举措，狠抓国防教育落实。在教育中，紧紧围绕“强国梦、强军梦”为主题，采取国防教育与学生军训相结合，国防教育与征兵工作相结合，国防教育与警校共建相结合。在军训中开展“强国梦、强军梦”系列教育活动，在征兵中，举行退伍大学生士兵报告会，邀请昌平区武装部领导来校宣讲优抚政策；在警校共建中，组织学生观看部队军事表演，参观部队内务，慰问武警五支队，开展警校文体活动，活跃文化生活。为使国防教育引向深入，积极开展了国防知识竞赛，举办了国防教育巡回展，学校在国防教育论文征集活动中共有 15 名篇论文获奖、军事课教师在河北省第三届普通高校军事课教师授课竞赛中获得佳绩，学校接受河北省军训工作评估获得好评。通过深入扎实地开展国防教育，增强学生的国防观念和国家安全意识。为进一步落实《普通高等学校军事理论课教学大纲》内容，学校加强领导、严密组织、严格训练，实现了军训方法有创新、军训内容有扩展、军事素质有提高、军训安全有保障的目标，圆满完成了学生军训任务。学校严格执行上级的征兵命令，成立征兵领导小组，加强组织领导，加大宣传力度，采取有效举措，调动广大学生参军报国的积极性，征兵工作圆满完成。

2013 年，招生录取工作按照教育部招生工作规定要求，严格实施招生工作“阳光工程”，与 31 个省（自治区、直辖市）招生工作部门共同合作，圆满完成 2013 年本科招生录取工作。学生录取分数稳步提升，各省录取学生的排名也整体提升，生源质量已迈入一流大学行列。

2013 年，学校毕业生就业工作从“办一所负责任的大学”理念出发，深化就业工作体系建设，积极总结经验，不断凝练特色，建立健全了就业、招生和人才培养的联动机制。保定校区确立了“立足电力、面向全国、着眼世界”的指导思想，不断完善以校园招聘为主体的就业市场模式。根据不同企业的特点举办不同类型的招聘会，形成“分行业、分专业、分区域、分季节、分集团”的“五分法”校园招聘新模式。就业率总体保持平稳，毕业生就业流向日趋合理，签约率稳定，考研率、出国率较 3 年前有较大提升。

2013 年，学校加强北京市就业特色示范项目建设；完成《人才培养共建项目——电力人才基地建设》项目中期检查工作；《大学生生涯规划与择业》获评“北京地区高校职业发展与就业指导示范课程”，保定校区《大学生职业生涯发展与规划》获评“河北省普通高校职业指导示范课程”；《大学生职业发展与就业指导课程提升项目》获北京市教委 30 万元专项经费立项。

2013 年，学校以“毕业生就业指导服务月”“大学生职业生涯规划大赛”“情牵母校”等系列活动为载体为学生提供全方位指导，提升学生就业竞争力。此外学校开展了“毕业生就业指导与服务彩虹工程”。对就业专项政策、考研和出国、就业咨询、简历制作、面试和招聘会宣讲会、毕业生档案手续办理七方面的内容以“工作坊”的形式对不同的学生进行一对一分类指导，切实提高就业指导的针对性和有效性。

2013 年，学校加强师资队伍建设，推进教研室实体化建设，进一步加强管理，规范教学。针对不同年级特点，从大一至大四分别开设了《大学生职业生涯发展与规划》《大学生创业创新教育》《大学生就业能力培养》《大学生就业指导》《大学生创新创业指导》和《KAB 大学生创业基础》等课程，帮助学生了解学业发展、职业规划和就业创业过程中可能遇到的问题，提高学生的职业规划能力。此外，保定校区通过参加教育部、河北省组织的培训以及与专业培训公司合作先后培训了一大批学工干部及授课教师，师资队伍专业化水平显著提升。

2013 年，学校整合和完善已有创业服务资源，拓展大学生创业素质提供的实践环境。建设集创业启蒙、创业教育、创业培训、创业实践和创业孵化为一体的全方位、多层次、立体化创新创业服务基地。学校以“首都大学生创新创业平台与创业基地建设”为契机，设立专项资金，大力加强软硬件建设。深化大学生创新创业基地建设项目，校部创业咖啡吧项目获 150 万元社会捐资。

2013 年，学校积极构建完善的就业困难大学生帮扶体系。针对部分家庭经济困难毕业生、学业困难毕业生和少数民族毕业生的实际困难，就业指导服务中心及各院系通过开展一对一摸底、个别指导、重点推荐等措施实施人文关怀；与华民慈善基金会合作，建立就业帮扶专项经费；及时提供经济援助，连续五年为暂未就业的家庭经济困难毕业生发放每人500元不等的就业补助金。

（葛　超　石世平）

■概况

2013年，华北电力大学积极落实"引航工程"，创新了新生入学教育"六个一工程"，将"中国梦"主题教育及建校55周年爱校教育融入到新生入学教育各个环节。从深化理想信念、强化关心服务、加强专业指导3个层面着手，重点围绕"一场校史讲座、一次校园参观、一堂新生党课、一次主题班会、一次师生见面会、一次中国梦专题宣讲"等六大专题，集中实施2个月，跟踪教育1个学年，配套实施12个方面的专题教育，范围覆盖10个院系所有本科新生班级，活动形式多样、教育内容丰富、同学普遍反映良好、教育效果整体较佳，全面实现新生入学教育全覆盖。学校荣获河北省学校思想政治教育工作先进集体荣誉称号。

2013年，学校依托网络信息技术平台，大力推进网络思想政治教育工作。"我爱我师——最美班主任""特色活动示范党支部评选活动"等活动网络评选及网络展示日趋成熟，展示效果、传播范围和学生受益面得到大幅提升。2013年，"我爱我师——最美班主任"累积投票54 536人次；"特色活动示范党支部评选活动"发表博文623篇，图片展示1 771张，视频展示30部，网络累计访问量近80万人次；高参与率、高展示量的数据表明华北电力大学网络思想政治教育工作基本实现了"积极发挥网络在主题教育活动中的作用，切实增强主题教育活动的时效性与吸引力"的预期目标。

2013年，华北电力大学积极组织辅导员参加河北省高校辅导员暑期"大家访"活动，并被评为先进单位，3名辅导员被评为"大家访"先进个人；在河北省高校辅导员工作精品项目评选中，1人获优秀成果奖；在河北省第二届高校辅导员职业技能大赛中，3人获三等奖。

2013年，学校共评选出学生工作优秀院系6个，标兵班主任42人、十佳班主任10人、优秀班主任177人、优秀辅导员13人、学生工作优秀管理干部10人；本科生先进班集体118个、校级三好学生标兵157人、优秀学生干部标兵37人、校级三好学生1 547人、校级优秀学生干部182人、院系级三好学生2 041人、院系级优秀学生干部507人；一等奖学金1 132人、二等奖学金2 304人，三等奖学金1 604人，各类单项奖学金3 725人次。此外，2013年华北电力大学评选了校内最高级别奖学金——"校长奖学金"，共10名同学获此殊荣；2013年还评选出国家奖学金获得者190人，132名新生获得入学成绩优秀奖学金，评选各类社会奖学金17项，资助总额163.241万元。

2013年，学校有3 047名家庭经济困难学生。1 398名家庭经济困难学生获得生源地贷款，贷款金额合计829.8万元。共有698名家庭经济困难学生获得国家助学贷款，贷款金额总计达623.32万元。其中116名家庭经济困难学生为2013年新申请国家助学贷款学生，签订国家助学贷款金额为69.6万元。共有597名家庭经济困难学生获得国家励志奖学金，国家励志奖学金金额共计298.5万元，共有4 252名家庭经济困难学生获得国家助学金，国家助学金金额共计879万元。有9名毕业生获得服义务兵役学费补偿和贷款代偿资助，有357名毕业生获得基层就业学费补偿和基层就业贷款代偿资助。2013年，华北电力大学设立专项资金用于家庭经济困难学生资助工作，通过爱心救助金、临时困难补助、减免学费、伙食和返乡补助等多种方式，帮助家庭经济困难学生解决实际问题。全校家庭经济困难学生全年共获得各类资助款金额共计675.84万元。

2013年，学校学生尹铖、史俊卓、曹学鑫、吕林、马畅光荣参军入伍，张笑、马井力、莫义被评为"优秀士兵"。

2013年，学校招生总计5 552人，其中北京校部2 976人，保定校区2 576人。从录取结果来看，2013年北京校部理工类在各省的录取最低分超过当地重点线51.17分，录取平均分超过当地重点线81.34分；文史类在各省的录取最低分超过当地重点线29.83分，录取平均分超过当地重点41.26分。保定校区理工类在各省的录取最低分超过当地重点线41.91分，录取平均分超过当地重点线65.9分；文史类在各省的录取最低分超过当地重点线22.07分，录取平均分超过当地重点29.43分。

2013年，学校心理健康教育中心通过讲座、团体辅导、工作坊及素质拓展等活动对心理委员、学生干部、学工队伍进行了23场培训，共计2 000余人次。通过开设大一的心理必选课，覆盖13级共近1 400人。

学校2013届本科毕业生一次性就业率北京为96.42%，保定为94.71%。就业指导中心共接待到校招聘用人单位2 908家，收集和发布就业信息13 031条。学校共举办冬季双选会等大型双选会8场，春季校园双选会5场，另有各大电力集团公司组团参加的中型双选会70余场。

（葛　超　石世平）

■条目

【开展示范性优秀班集体创建】3月至12月，在校部2010级、2011级、2012级所有本科学生班级开展了2013年示范性优秀班集体创建活动。其中在班级网络展示期间，人人网、QQ群、博客等网络载体得到了充分应用。在十月份举行的答辩评审中，电气GJ1207等十个班级，荣获十佳示范性优秀班集体称号，热能1110等十个班级荣获示范性优秀班集体称号。

（孙清磊）

【开展多项主题调研】3月至12月，通过问卷调查、座谈会、随机个案访谈等多种方式，围绕“寒暑假学生返校思想动态”“学子热议‘两会’”“我校思想政治教育工作”“2013级新生100天发展状况”“大学生过度使用网络”等多项主题展开调研，形成多份有参考性和实用价值的研究报告，助推大学生思想政治教育工作的持续深入开展。

（张　健）

【开展首届大学生年度人物评选活动】4月至6月，华北电力大学保定校区在本科生中开展“善美华电——寻找身边的榜样”首届大学生年度人物评选活动，经报名、材料初审、网上及现场投票、现场答辩四个阶段，最终评定出各类别“大学生年度人物”1名以及“大学生年度人物提名奖”若干名。

（张　健）

【开展我最喜爱的班主任评选】5月至6月，学校开展了2012—2013年度“我爱我师——最美班主任”评选活动。活动期间共有149位班主任申报了评选，网上投票人次累计54 536人次。最终评选出马卫华等10名教师为2012—2013年度十佳最美班主任，王玉昭等72名教师为2012—2013年度最美班主任。

（孙清磊）

【四个本科班级获评北京高校示范学生基层组织】9月份，在校部2010级、2011级、2012级全日制本科生班级中开展北京高校优秀学生基层组织创建活动，该活动在2013年示范性班集体创建活动的基础上，推荐电气GJ1207班、英语1103班等4个本科生班级参加北京高校优秀学生基层组织评选活动。经评审，四个本科班级代表学校荣获“北京高校示范学生基层组织”称号。

（葛　超　孙清磊）

【开展特色主题班会活动】11月2日至12月31日，华北电力大学保定校区以“我的中国梦，我的成才路”为主线，以“I have a dream”“我的目标，我的奋斗”为重点，在2013级新生中开展内涵丰富的主题班会活动，进一步扎实推进以学生班级为重点的大学生基层阵地建设。

（张　健）

【举办大学生年度人物先进事迹报告会】11月28日，“梦想蓝天，星光璀璨”——大学生年度人物先进事迹报告会成功举办。“科技之星”“勤奋之星”“奉献之星”“自强之星”“才艺之星”“团队之星”等6位年度人物围绕各自先进的事迹依次作报告。500余名2013级新生听取了报告会。

（张　健）

【开展主题宣传教育活动】12月，华北电力大学保定校区开展“铭记‘一二·九，弘扬中华魂’”、纪念毛泽东诞辰120周年主题宣传教育活动，活动通过图文展、现场宣讲、条幅签名、有奖知识问答、纸贴寄感悟等多种形式开展，引导学生坚定理想信念，爱国、爱校、爱家、爱自己，把智慧和力量凝聚到推进高水平大学建设上来。

（张　健）

【一本科生支部获北京市高校“红色1+1”共建活动一等奖】5月至12月，学校启动红色“1+1”共建活动，全校20余个支部申报了共建。在评审中，电气学院本科11级党支部和其他单位9个党支部从全市参加共建的800多个支部中脱颖而出，获得北京市高校“红色1+1”共建活动一等奖，取得了我校在该活动中的最好成绩，实现了学生党建工作的新突破。

（孙清磊）

【完成2013年辅导员选聘工作】学校本年度选聘了盖姝、孙清磊、李伯远、周爽4名正式专职辅导员及李一娇、李文姝、王炜、黎欢、崔丹、龚成尧6名保研辅导员，扩充了辅导员队伍力量。

（孙清磊）

【举办领导干部直接联系辅导员工作启动仪式】3月26日，华北电力大学保定校区举办领导干部直接联系辅导员工作启动仪式，会上，宣读了《华北电力大学关于建立领导干部直接联系辅导员工作制度的实施方案》以及《领导干部直接联系辅导员名单》。校长助理郭孝锋在会上对辅导员提出工作要求。

（文　丽）

【开展学工干部素质提升磐石计划系列活动】3月份至12月份期间，华北电力大学保定校区开展了十余期磐石计划活动，包括“大人才”发展战略座谈会、教学管理规定培训会、科研课题培训会、心理健康专题培训会以及研讨辅导员职业技能提升、大学生宿舍人际关系改进、学生工作队伍考核评优体系修订、学风建设的问题及对策等涉及学生工作方方面面的专题活动。

（文　丽）

【政工干部参加心理专题培训】4月25日，大学生心理健康服务中心邀请中央司法警官学院陈立成教授，为全体政工干部、班主任和心理委员开展“心理危机识别与处理”培训。11月22日、23日，华北电力大学40名学生政工干部在北京校部参加辅导员深度辅导工作坊，邀请国际知名专家米杉老师教授心理评估技术和心理沟通技术。

（石世平）

【开展校内首届辅导员职业技能大赛活动】6月至8月，学校启动了华北电力大学首届辅导员职业技能大赛活动。大赛通过多维度、多形式的竞赛环节，评出一、二、三等及各单项表现奖若干，全体辅导员老师参加了比赛。

（葛　超　孙清磊　文　丽）

【开展年度学生工作队伍考核评优工作】9月份，保定校区开展了2012—2013学年度学生工作队伍考核评优工作。动力系等3个院系获“学生工作先进集体”荣誉称号，23人获“标兵班主任”荣誉称号，59人获“优秀班主任”荣誉称号，8人获“优秀辅导员”荣誉称号，5人获“学生工作优秀管理干部”荣誉称号。

（文　丽）

【开展2013级新生班主任、辅导员培训】9月5日，华北电力大学保定校区召开新生班主任、辅导员培训会。校长助理郭孝锋教授为全体新生班主任和辅导员做报告，数理系标兵班主任闫占元老师与辅导员和班主任进行了工作经验交流。

（石世平）

【开展学业辅导工作】3月开始在能动学院进行学业辅导试点，选取困难课程配备兼职学业辅导员，每周进行两次辅导。9月，在全校新生中全面铺开，设立学业辅导自习室，集中进行自习；每个班级选取一门困难课程，配备一名兼职学业辅导员，每周两次进行辅导。

（汤明润）

【优秀学生集体和个人荣获省级荣誉称号】3月下旬，学校在河北省2012—2013学年度省级三好学生、优秀学生干部和先进班集体的评选工作中获得佳绩，经院系推荐，学校审核，河北省教育厅核定，由强等13名同学获得“省级三好学生”荣誉称号，齐波波等4人获得“省级优秀学生干部”荣誉称号，电力实10班、动力1007班获得“省级先进班集体”荣誉称号。

（严伟能）

【深入开展“星级宿舍”创建评比活动】3月和10月，华北电力大学保定校区组织开展了“星级宿舍”创建活动评比活动。活动以宿舍“基础建设”为突破口，开展宿舍安全专项治理，完善沟通制度，强化多部门协作；严格宿舍纪律，规范学生行为，确保宿舍管理规范有序；建立了宿舍检查信息反馈及宿舍整改落实制度，全面促进宿舍建设。

（严伟能）

【做好毕业生离校期间的安全稳定工作】5月初至6月底毕业生离校期间，华北电力大学保定校区以学生安全防范预警机制为抓手，结合毕业生文明离校教育活动，加强毕业班学生安全稳定工作。强化学生工作队伍值班，关注特殊学生群体，严格学生请销假制度，提升宿舍建设水平，完善信息反馈和应急干预机制，以排查防范为重点，以疏导化解为手段，对各类突发事件做到及时干预，协调解决，2013届毕业生顺利安全离校。

（严伟能）

【开展春季和秋季学生安全隐患排查工作】2013年5月和10月，华北电力大学保定校区组织开展了学生安全隐患排查工作，各院系对本院系学生进行了深入细致的摸底和排查，对学业困难、心理障碍等重点学生的学习、生活情况进行了梳理，各院系对这部分学生采取了逐一跟进，一对一帮扶、家校合作等举措加强教育引导。

（严伟能）

【加强学风调研和学业困难学生的帮扶工作】5月和11月，华北电力大学保定校区在全校范围内进行了学风调研工作，详细了解学风建设情况，深入分析当前的学风状况，并采取了一系列有针对性地措施，解决学风建设中出现的问题。针对学业困难学生群体，校领导、学生处和各院系高度重视，学生处组织召开了学业困难学生帮扶专题研讨会，各院系采取“一对一”帮带、组建“虚拟班级”、集中自习等一系列措施做好学业困难学生的帮扶工作。

（严伟能）

【学生工作队伍进行考前巡查】6月和12月学期期末考试期间，华北电力大学保定校区继续实行考前巡考工作。学生处、团委和各院系学生管理工作人员共同组成考前巡查组，与教务考中巡考形成有力配合，对各考场进行考前巡查。两个学期考前巡查组共巡查考场713个，参与巡查的学生管理工作人员300余人次。

（严伟能）

【计算机零基础辅导】9月初，学校针对新生中计算机零基础的学生开展计算机基础辅导，102名同学参加辅导，控计学院周景老师提供课件指导，4名研究生进行授课。

（汤明润）

【一学生获评自强之星】9月11日，在共青团中央、全国学联主办的2012年度寻访“中国大学生自强之星”活动中，法学1001班张涛荣获2012年度“中国大学生自强之星”、法学1002班文凤、资源1001班贾鑫亮、实验电09班殷毓灿、热能0911班张衡、核电1102班鲍娜娜荣获2012年度“中国大学生自强之星”提名奖荣誉称号，分别获得5 000元和2 000元的新东方自强奖学金。

（汤明润）

【召开学生评优表彰大会】12月19日，华北电力大学保定校区举行2012—2013学年度评优表彰暨校友助学金颁奖大会。校长刘吉臻出席大会，并亲自向校长奖学金获得者颁发荣誉证书并授予奖章。刘吉臻校长在大会上勉励广大青年学生要有强烈的社会责任感，要树立远大的志向，并为之努力奋斗。

（严伟能）

【举办心理文化节】3月，华北电力大学北京校部筹划、组织了主题为“中国梦　校园情　欢乐心”的第十一届大学生心理文化节。活动期间，举办“‘签’手未来放飞梦想”送书签、专题讲座、征文、摄影比赛、“欢乐转盘”外场、“‘running man’在华电”等活动。同时承办“2013年北京高校心理素质教育工作会暨首都大学生心理健康节开幕式”。

（袁　萌）

【开展心理委员培训】3月30日，4月21日，11月30日，大学生心理健康服务中心为心理委员进行系列培训。培训主题包括心理委员工作规定、户外素质拓展培训、朋辈辅导技巧及内容。

（石世平）

【举办第11届心理健康宣传月活动】5月12日，华北电力大学保定校区启动心理健康宣传月活动。活动以“中国梦　华电情　快乐心”为主题，包括心理影院、心灵茶话会、手抄报比赛、手绘文化衫、心理剧比赛等多个项目。该活动宣传了心理健康理念，营造了心理健康育人氛围。活动期间，心理中心举行了优秀心理委员评选活动，最终评选出14位优秀心理委员。

（石世平）

【举办心理健康讲座】5月12日，大学生心理健康服务中邀请北京交通大学心理中心主任田宝伟副教授为学生举办“发现未知的自我”主题讲座。5月17日，大学生心理健康服务中心邀请北京师范大学心理中心宋振韶副教授为学生举办“情绪及压力管理”主题讲座。

（石世平）

【建立新生心理档案】10月下旬，学校对2013级全体新生进行了心理健康状况普查，根据统计标准筛查出需进一步面谈的学生。11月，中心对筛查出的学生进行了回访，建立2013级新生心理健康档案，对重点人群向院系反馈，以进一步做好心理危机的防范工作。

（袁　萌）

【举办全国第八届高校心理委员工作研讨会】10月，由中国心理学会心理危机干预工作委员会、中国心理学会心理学普及工作委员会、全国高校心理委员研究协作组主办，我校承办的第八届全国高校心理委员工作研讨会于10月16日至18日在我校举办。各地共62所高校、140名教师、学生代表前来参会。

（袁　萌）

【举办心理健康服务中心宣传周活动】11月25日至12月2日，大学生心理健康服务中心将建设完毕的服务中心面向全校开放一周，邀请全校师生参观和体验咨询室的环境和设备，并举办了“抱人偶送温暖”“气球烦恼爆破”“手抄报征集”等系列活动，以增强华北电力大学师生对心理咨询的了解和对心理健康的关注。

（宋一辰）

【完成心理健康服务中心扩建工作】12月25日，保定校区大学生心理健康服务中心完成扩建任务。建设后心理服务中心有预约室、减压室、生物反馈室、沙盘咨询室、个体咨询室和团体辅导室组成，活动场地面积达160平方米。

（石世平）

【规范落实国家助学贷款政策】5月16日，华北电力大学保定校区助学中心协调中国银行保定高开区支行，组织华北电力大学贷款毕业生签订还款协议书或提前还款。向毕业生宣传国家助学贷款还款政策，确定每名学生的就业去向及告知学生将来的还款计划。12月，华北电力大学保定校区协助163名家庭经济困难学生向中国银行保定高开区支行申请国家助学贷款。

（张汉军）

【开展“资助育人　信用助人”诚信教育月专题活动】5月至6月，学校学生资助中心组织开展了为期一个月，以“资助育人　信用助人”为主题的诚信教育系列专题活动。通过“呵护征信、守护诚信”的专题报告、“诚信还贷”讲座等系列活动，向毕业生们宣传“诚信待人、诚信处事、诚信学习、诚信立身、诚信还贷”。学生累计参与达1 000余人次，此次活动为构建以诚信为荣的校园文化氛围打下坚实的基础，并确保资助教育工作的延续开展。

（王　璐）

【组织宣传“助学·筑梦·铸人”主题征文活动】2013年9月至11月，学校积极组织由全国学生资助管理中心、中国银行和中国青年报社决定联合举办“助学·筑梦·铸人”主题征文活动。通过张贴海报、人人网发布等有效渠道进行针对性的宣传，至截稿日期，我校共上报来自10个院系的457篇征文。

（王　璐）

【开展“绿色通道1+1”结对学生情况调研工作】10月，学生资助中心针对“绿色通道1+1”结对学生进行了多角度、分类别、深层次的调研。综合调研显示，经过3年的精细化帮扶，结对学生在学习成绩、信心树立、思想认知、实践能力等方面有了较大提升，帮扶工作效果明显。其中，结对学生对成长导师的满意率为100%，96.6%的结对学生认为通过成长导师的指导在思想认知上有较大提升，且普遍认为帮扶活动对于信心的树立有很大的促进作用。成长导师的辛勤付出得到了结对学生的一致认可，结对学生在适应和成长方面进步明显。

（王　璐）

【深层次、多视角召开“绿色通道1+1”座谈会】10月，学校针对3个年级近75名“绿色通道1+1”结对学生召开了5次座谈会。座谈会分别以“适应”“发展”“选择”三个主题展开。此次系列座谈会一方面通过“面对面”的方式了解到大家的真实状况和具体问题，同时动态的加以引导和教育，并对今年资助育人工作的深入开展作了很好的准备。

（王　璐）

【举办第九届勤工助学招聘会】10月13日，华北电力大学保定校区召开第五届勤工助学招聘会，图书馆、公寓中心、信息与管理中心、各院系实验室等参加了招聘会，600多名同学参加了招聘。通过积极洽谈，400多名家庭经济困难学生实现了上岗。

（张汉军）

【为经济困难新生购置棉衣】11月7日，华北电力大学保定校区第21次为家庭经济困难新生发放过冬棉衣。在校领导和学生处及各院系老师的协助下，282件过冬棉衣顺利发放到受助学生手中。

（张汉军）

【举行自立自强学子报告会】11月14日，华北电力大学保定校区举行2013年十佳自立自强学子事迹报告会表彰优秀的家庭经济困难学生，学校及各院系学生工作人员、家庭经济困难新生代表等200余人参加。

（张汉军）

【成立伙食监督管理委员会】12月27日，保定校区成立学生伙食监督管理委员会。学生伙食监督管理委员会是在校领导的高度重视下成立的，旨在成为学校伙食部门与广大师生之间桥梁和纽带，积极广泛收集学生和老师对伙食的意见和建议，宣传学校在餐饮工作方面开展的各项工作。

（张汉军）

【3 274名学生参加城镇居民医疗保险】2013年下半年，华北电力大学保定校区经申请参保、核实资料、上报数据、缴费等程序，3 274名学生参加大学生城镇居民医疗保险，补助医疗保险费24.58万元。

（张汉军）

【继续深入推进“绿色通道1+1”结对帮扶活动】2013年，“绿色通道1+1”活动共吸纳三个年级、147名家庭经济困难学生，82名中层干部及学生工作一线工作者参与到活动中来，覆盖了家庭经济困难认定C级学生的46.7%，覆盖了学校中层干部及专职学工干部的40%左右。今年，“绿色通道1+1”首次提出了让学生切身感受到“我在学校有人”，在他遇到问题、碰到困难时身边“有人”，有人在关心他，有人在帮助他。并结合新型的开放式教育模式开辟多元的资助育人途径，开辟了“绿色氧吧”工作坊。作为“绿色通道1+1”的延伸，是以学生为核心的一种教师引导型教育模式，为帮扶学生搭建了一个以自我为主体的朋辈辅导平台。

（王　璐）

【开展“善行100”、“爱心宿舍”等公益活动】2013年，大学生自强社继续开展由中国扶贫基金会发起的“善行100”“爱心宿舍”等公益项目，为西部贫困山区的儿童劝募爱心包裹。期间，社团积极组织开展志愿者招募及活动宣传工作，通过组织爱心包裹劝募捐购活动，帮助改善农村教学现状，给孩子送去一对一的关爱，圆孩子们的童年梦想。

（王　璐）

【保定校区在河北省军训工作评估中获得好评】5月23日，河北省高校学生军训工作检查评估专家组对保定校区学生军训工作进行评估检查。校长助理郭孝锋向检查组作了工作汇报。检查组经过实地调查和座谈会了解学校军训情况并对学校的扎实工作给予了高度评价。

（石世平）

【完成新生军训】9月8日至22日，华北电力大学组织新生军训工作，在人员多、内容新、时间紧的情况下，圆满地完成了2 919名新生军训任务。军训期间，主要进行了军姿军容、队列动作、阅兵式、分列式、擒敌拳、警棍术、应急棍、太极拳、消防演练等军事技能训练，组织学习了军事理论、严格落实了军事理论教学内容。

（王文才）

【征兵工作获先进】2013年，征兵时间调整为夏秋季，学校成立了征兵领导小组，加强了对征兵工作的领导，邀请昌平武装部政委、副部长到校宣讲优抚政策，学校举行退伍大学生士兵报告会，开展了一系列的宣传教育活动。2013年学校共有5名大学生光荣入伍。学校荣获昌平区“征兵先进单位”。

（王文才）

【完成新生军训】9月20日，华北电力大学保定校区举行2013级新生军训阅兵式，军训历时20天。华北电力大学保定校区完成了对4 200多名新生的军训任务。军训期间主要进行了军姿军容队列动作会操。军训结束时，进行了阅兵式、分列式、军体拳、战术等军事技能表演。在军训期间，学校积极开展国防教育日活动，部队教官进行“传、帮、带”，增强了广大学生的爱国热情。军训结束后，集中讲授军事理论课程。

（刘仲良）

【军事理论课教师在河北省第三届普通高等学校军事课教师授课竞赛中荣获佳绩】12月13日至17日河北省教育厅、河北省军区联合举办的第三届普通高校军事课教师授课竞赛在石家庄市举行，学校陆伟老师主讲的《军事高技术》获二等奖；范大志老师主讲的《毛泽东军事思想》获三等奖。学校武装部副部长陈立伟老师在军训工作研讨会上作典型发言。

（石世平）

【组织高水平运动员测试】1月4日至5日、3月15日至16日，华北电力大学北京校部和保定校区分别组织了高水平运动员测试，经过选拔，北京校部认定高水平运动员资格学生20人，最终录取13人，其中8人为一级运动员；保定校区认定高水平运动员资格学生42人，最终录取19人，其中5人为一级运动员。

（彭军林　王　倩）

【组织艺术类报名和专业测试】2月至3月，华北电力大学保定校区艺术类招生小组分赴山东和河北两省进行产品设计专业（艺术类）招生报名和专业测试的组织工作。产品设计专业最终录取39人。

（王　倩）

【组织自主选拔录取校内测试】3月2日，华北电力大学北京校部和保定校区成功组织自主选拔录取校内测试，对获得初审资格的考生安排了复试，通过笔试、心理及情商测试、英语口语及听力测试、发展潜能测试等测试，顺利完成考生的考核和资格确认。自主招生测试实现“四随机”环节，考官考场随机抽取，面试序号随机抽取，考场随机抽取，测试题目随机抽取，有效维护了测试的公平公正。入选名单在招生网公示后按教育部要求在阳光高考平台、省招生办和中学公示。

（彭军林　王　倩）

【发布招生章程、制定招生计划】5月，华北电力大学将分省分专业招生计划上报教育部审核并获得通过。经招生工作办公室同各相关部门研究讨论，华北电力大学招生工作领导小组会议审定，制定《华北电力大学2013年本科招生章程》。

（彭军林　王　倩）

【组织第二学士学位测试】5月24日至25日，华北电力大学组织电气工程及其自动化和人力资源管理第二学士学位笔试。经过考核，北京校部招收24人；保定校区招收10人。

（彭军林　王　倩）

【积极开展招生宣传工作】2013年的本科招生宣传工作实现了现场咨询、教育部和各省招办网络咨询、媒体杂志、微博、邮件等方式的全方位覆盖，各项宣传工作有序地展开。华北电力大学选派熟悉学校情况和招生政策的招生工作组参加了山东、广西、河南等25个省市的招生咨询专场；参加了教育部阳光高考平台、湖南、安徽等组织的网上招生咨询周活动，网上回复率100%。编印《华北电力大学2013年招生简章》，制作2013年分省报考指南，在各省免费发放26 000余份宣传资料。

其次，结合学校五十五周年校庆的契机，开展以“回到母校，宣传华电，为校庆添彩”为主题的寒假招生宣传活动。精心设计内容丰富、形式多样的宣传材料，征集选拔和培训近300名寒假招生宣传大使，涉及全国各地200余所重点中学，发放宣传材料9 000余份。

（彭军林　王　倩）

【完成内地新疆班、西藏班录取工作】7月，华北电力大学北京校部和保定校区共招收内地新疆班学生47人（其中北京校部25人，保定校区22人），其中文科8人，理科17人（保定文史8人、理工14人）；北京校部招收内地西藏班学生18人，其中文科4人，理科14人。

（彭军林　王　倩）

【完成本科生录取工作】7月，华北电力大学完成2013年本科生各项录取工作。北京校部共录取本科生2 976人，其中保送生6人，高水平运动员13人，内地新疆班25人，内地西藏班18人，获得自主招生优惠资格入校150人；保定校区共录取本科生2 576人，其中高水平运动员19人，艺术类考生39人，内地新疆班22人，获得自主招生优惠资格入校119人。2013年北京校部有16个省录取分数在去年的基础上有不同幅度的增长，文理科录取的最低分分别高出一本线30分和51分；文理科录取平均分分别高出一本线41分和81分。保定校区有22个省录取最低分高于去年，有18个省录取平均分高于去年，文理科录取的最低分分别高出一本线22分和41分；文理科录取平均分分别高出一本线29分和66分。生源质量稳步提升。

（彭军林　王　倩）

【获北京市高等教育学会招生考试研究会先进集体】11月，华北电力大学荣获2012—2013年度北京市高等教育学会招生考试研究会先进单位，本科招生办公室主任张新娟被评为2012—2013年度北京市高等教育学会招生考试研究会先进个人。

（彭军林）

【组织校园双选会】4月8日至12日，华北电力大学保定校区经管系、法政系、英语系、环境学院、计算机系、电子系、数理系、自动化系、机械系9个院系在就业指导中心的统一部署下，举办2013届毕业生春季双选周，主要针对非电动类学科、新兴学科、弱势学科，时间持续一周。双选周期间共有110多家用人单位前来学校招聘。10月15日，华北电力大学举行中国国电集团公司2014年校园宣讲会。国电华北电力有限公司党组成员、纪检组长、工委主任温绪廷和华北电力大学副校长王增平等领导出席。学生与中国国电集团公司所属的二级单位招聘人员，就各自关心的问题进行了面对面咨询与交流。11月2日至3日，华北电力大学举行“国网人才中心2014届毕业生冬季双选会”。本次双选会共有参会单位60余家，其中包括国网四川省电力公司、国网西藏电力有限公司、国网青海省电力公司、国网山西省电力公司、国网福建省电力公司、内蒙古电力（集团）有限责任公司、国网新源控股有限公司等30多家国网人才中心成员单位以及深圳市中电电力技术股份有限公司等其他用人单位。11月3日，电力人才网络联盟2014届毕业生专场招聘会在保定校区成功举办。参加本次招聘会的单位有国网湖北省电力公司、国网青海省电力公司、国网西藏电力公司、内蒙古（集团）电力公司、国网新源股份有限公司等20余家电力企业集团，吸引了包括全校各院系、兄弟院校在内的千余名毕业生参加。校长助理郭孝锋会见了各用人单位代表。11 月 8 日，华北电力大学保定校区举办中国大唐集团公司 2014 届毕业生校园专场招聘会，大唐集团公司及下属大唐国际、各省分公司等 70 多家企业单位参加了招聘会，涉及专业广泛，基本覆盖华北电力大学所有专业。11 月 19 日，中国华电集团公司 2014 届华北电力大学校园招聘宣讲会在保定校区二校教六一阶举办。华电集团公司及下属华电国际、华电能源、各省分公司等 21 家二级单位、36 家下属公司共计 71 位用人单位老师出席了宣讲会。本次华电集团专场招聘会专业覆盖范围广，共吸引千余名毕业生投递简历。11 月 23 日，“北京高校毕业生就业指导中心——华北电力大学 2014 届毕业生双选会”在北京校部举行。本次双选会吸引了中国石油规划总院、北京机电院高技术股份有限公司、北京外交人员服务局、山东电力建设第三工程公司等 70 多家京内外用人单位，涉及电气类、能源类、电子信息通信类、计算机类、经管文法类等多个专业领域，累计提供岗位数 500 多个。12 月 14 日至 15 日，华北电力大学 2014 届毕业生冬季双选会分别在保定校区和北京校部举行。本次双选会共有参会单位 90 家，包含了华能北方联合电力有限责任公司、天津能源投资集团有限公司等为代表的电力系统单位，吸引了包括鞍钢集团公司、中船重工公司、新东方教育集团、正大集团、大港油田集团等众多系统外单位参加。

（戚坚军　宣兆卫　彭建章　李兰涛）

【组织春季双选会】3 月 8 日至 4 月 12 日，华北电力大学举办多场春季双选会。3 月 8 日，中国科学院人才交流中心“中科院系统、高新技术企业北京高校 2013 届春季毕业生招聘会”在北京校部举行。本次招聘会吸引到了位于中关村高科技园区，金融街商贸圈的北京中广上洋科技股份有限公司、中科合成油技术有限公司、北京维益埃电气股份有限公司等 26 家优秀企业。3 月 23 日，北京高校毕业生就业指导中心“2013 年春季校园联合双选会”在北京校部举行。爱国者数码科技有限公司、联想有限公司、北京铁路局、武汉钢铁集团公司等在内的近 100 家单位参会。4 月 13 日，“2013 年春季经管文法及电子信息类综合双选会”在北京校部召开。北京科东电力控制系统有限责任公司、盛隆电气集团有限公司、华西证券有限责任公司等 120 余家单位参加。4 月 8 日至 12 日，保定校区举办 2013 届毕业生春季双选周，时间持续一周。双选周期间共有 110 多家用人单位前来学校招聘。

（戚坚军　彭建章　李兰涛　宣兆卫）

【举行华民慈善基金会——华北电力大学 2013 年大学生就业扶助项目签约仪式】4 月 16 日，华北电力大学举行“华民慈善基金会 2013 年大学生就业扶助项目签约仪式”。大学生就业扶助项目作为首推项目，旨在为家庭经济困难毕业生提供经济帮扶。华民慈善基金会培训部主任李朝辉博士就基金会的设置原则及慈善事业作了主题报告。

（戚坚军）

【召开创业项目投资洽谈会】4 月 23 日，华北电力大学召开创业项目投资洽谈会。会议邀请了有投资意愿的企业家进校考察学生创业项目，并对重点项目做深度问询与交流，双方就相互合作达成初步意向。

（戚坚军　靖仕寅）

【为因家庭经济困难而暂未就业的毕业生发放就业补助金】4 月，华北电力大学为暂未就业家庭经济困难毕业生发放就业补助金，以切实做好我校 2013 届暂未就业家庭经济困难毕业生的就业帮扶工作，更好地解决家庭经济困难毕业生求职过程中的实际经济困难。

（戚坚军　宣兆卫）

【一门课程获评河北省示范课程】5 月，华北电力大学《大学生职业发展与就业指导》课程被省教育厅评选为“河北省普通高校职业发展与就业指导示范课”。

（彭建章　宣兆卫）

【举办“就业创业能力训练营”系列活动】5 月 8 日，华北电力大学举行“就业创业能力训练营”开营仪式暨“正确面对你的创业选择”专题讲座。作为培养学生创新创业能力的重要方式，训练营帮助学生全面提升职业素质和创新创业能力，为将来就业、创业打下坚实的基础。会议邀请国际（创业/企业）专业培训师赵伟做主题演讲。

（戚坚军　靖仕寅）

【获评全国女大学生创业季优秀组织单位】5 月 9 日，由全国妇联、教育部、人社部共同主办的“女大学生创业扶持行动暨 2013 女大学生创业季——中国高校创业教育高层论坛”在清华大学召开。华北电力大学作为活动的主要合作单位参加会议，并被评为“全国女大学生创业季优秀组织单位”。

（戚坚军　靖仕寅）

【教育部就业指导中心领导来校开展创业工作座谈会】5月15日，教育部就业指导中心就业开发处处长、就业网络处处长方伟，大学生创就业联盟主席程武，执行主席赵霞一行来到华北电力大学，就学校创业工作的整体开展情况与学校师生代表交流座谈。方伟处长表示教育部拟实施扶持大学生就业创业的“北斗星计划”，进一步推动高校就业创业工作的开展。

（戚坚军　靖仕寅）

【举办2013届毕业生“情牵母校”系列活动】5月16日，2013届毕业生“情牵母校”系列活动开幕式暨优秀校友“职场达人秀”讲座在华北电力大学保定校区地下报告厅隆重举行。情牵母校系列活动时间为5至7月，内容包括优秀校友“职场达人秀”“青春无极限”毕业生创意视频比赛、“似水流年”摄影展、“我的青春我做主”主题班会、优秀毕业生“OPA”经验交流会、“我为母校献金点子”留言征集、文明生活宣传倡议、“爱心接力”毕业生就业帮扶、爱心募捐及院系特色等十个方面的内容，力争用文明健康、积极向上的方式丰富2013届毕业生最后阶段的大学生活。

（彭建章）

【长沙理工大学来校交流座谈】5月27日，长沙理工大学招生就业处相关领导到校参观座谈。双方围绕就业市场、就业指导、就业服务、就业管理、创新创业等方面展开了深入交流。学生处副处长、就业指导中心主任张兵仿参加了座谈会。

（戚坚军）

【举行“我的创业，我的梦”民营企业家进校园交流暨招聘会】5月28日，华北电力大学举行“我的创业，我的梦”民营企业家进校园交流暨招聘会。会议就提升大学生的职业素质，加强学生创业团队的实践能力进行了深入的交流，并有部分企业与学生达成了实习、就业意向。教育部全国就业指导中心周国良副处长，中国大学生创就业联盟执行主席赵霞女士及50位民营企业家莅临会场。

（戚坚军　靖仕寅）

【一门课程分别获评北京市、河北省示范课程】5月，华北电力大学《大学生生涯规划与择业》分别参加北京地区和河北省的高校职业发展与就业指导示范课程评选工作，并分获“北京高校职业发展与就业指导示范课程”“河北省普通高校职业发展与就业指导示范课”。

（戚坚军　彭建章　宣兆卫）

【举办毕业典礼暨学位授予仪式】6月26日，华北电力大学保定校区2013届毕业生毕业典礼暨学位授予仪式在学校广场与礼堂隆重举行。党委书记吴志功、校长刘吉臻等校领导出席了毕业典礼和学位授予仪式，为毕业生颁发了毕业证书和学位证书。

（李兰涛　宣兆卫）

【开展大学生“职业导航月”系列活动】9月26日起至10月，华北电力大学保定校区就业指导中心开展系列就业指导活动。9月26日，华北电力大学第五届大学生“职业导航月”开幕式暨2014届毕业生就业咨询会在华北电力大学保定校区礼堂举行。“职业导航月”系列活动内容包括就业动员、就业准备、求职知识、简历制作、求职分享、公务员考试、出国留学、院系特色等八个方面的内容，基本涵盖毕业生就业过程中涉及的各类问题，力争通过形式多样、内容丰富、针对性强、富有成效的职业指导活动提高大学生就业竞争力。在为期近2个月的讲座中，共有5 000多人次参加了本系列活动。

（彭建章　宣兆卫）

【华北电力大学完成大学生创业孵化中心一期建设】2013年9月至12月，学校投入70万元，完成大学生创业孵化中心一期工程建设，建成大学生创新创业实训平台和创业俱乐部。

（彭建章）

【开展2013届毕业生教育系列活动】6月至7月，华北电力大学开展了以“忆流年·明责任·担使命”为主题的毕业生教育活动。其中包括“最想对母校（师长、同学、父母）说的话”活动、“追光影流年，毕业生纪念照片册”活动、“毕业生离校物资捐赠”活动、“经验传承座谈会”活动、以“我心中的中国梦”为主题的有奖征文活动、“忆峥嵘岁月，毕业生毕业宣言采录”活动、“校友联盟茶话会”活动、以增强求职能力为主的困难毕业生群体帮扶等活动。活动丰富全面，成效显著。保定校区举办“情牵母校”系列活动，内容包括优秀校友“职场达人秀”“青春无极限”毕业生创意视频比赛、“似水流年”摄影展、“我的青春我做主”主题班会、优秀毕业生“OPA”经验交流会、“我为母校献金点子”留言征集、文明生活宣传倡议、“爱心接力”毕业生就业帮扶、爱心募捐及院系特色等十个方面的内容，力争用文明、健康、积极向上的方式用丰富2013届毕业生最后阶段的大学生活，为母校和学弟学妹们留下文明和美好回忆。

（戚坚军　彭建章）

【开展2014届毕业生就业指导服务月活动】9月至10月，华北电力大学举办以“放飞职业梦想，成就多彩人生”为主题的2014届毕业生就业指导服务月活动。活动主要包括求职技巧系列培训、暑期职业体验经验交流会、就业指导与服务彩虹工程等多项针对毕业生择业就业的指导服务内容。保定校区开展“职业导航月”系列活动，内容包括就业动员、就业准备、求职知识、简历制作、求职分享、公务员考试、出国留学、院系特色等八个方面的内容，基本涵盖毕业生就业过程中涉及的各类问题，力争通过形式多样、内容丰富、针对性强、富有成效的职业指导活动提高大学生就业竞争力。

（戚坚军　彭建章　宣兆卫）

【爱国者总裁冯军来校讲座】9月21日，华旗资讯集团总裁、民族品牌“爱国者”缔造者冯军来到学校，开展以大学生人生规划和创业为主题的讲座。冯军在讲座上分享了新锐的创业观点，同时表示愿意在具体的项目上与华北电力大学进一步合作。

（戚坚军　靖仕寅）

【举行“启明星”基金大学生创业实训基地项目签约仪式】9月29日，华北电力大学举行“启明星”基金大学生创业实训基地项目签约仪式。全国高等学校学生信息咨询与就业指导中心方伟处长，周国良副处长，人民网副主编庄凤桃女士，中国大学生创就业联盟执行主席、启明星基金主任赵霞女士以及中国教育新闻网领导，企业家代表，校党委副书记郝英杰及相关部门领导出席了本次仪式。

（戚坚军　靖仕寅）

【完成大学生创业孵化中心一期建设】2013年9月至12月，保定校区投入70万元，完成大学生创业孵化中心一期工程建成，建成大学生创新创业实训平台和创业俱乐部。

（彭建章）

【校领导带队走访在京主要电力企业】10月至11月，学校党委副书记郝英杰、校长助理郭孝锋带领党委研工部部长李林、学生处处长张新娟、学生处副处长姜波、张兵仿、李瑾分别走访了国家电网公司、中国华电集团公司、中国能源建设集团有限公司的人力资源部门。双方就就业问题、人才培养等问题进行了深入的沟通与交流。

（戚坚军　彭建章　宣兆卫）

【参加中核集团2014年高校毕业生供需信息交流会】10月11日至12日，华北电力大学参加中核集团2014年高校毕业生供需信息交流会。本次交流会共有中核集团下属近70家单位参加，集团下属81个单位发布了2014年用人需求信息。会议就招聘计划、专业培养、职位特点等进行了交流，其中，2013年中核集团接收华电生源毕业生人数位列接收高校第3位，接收研究生生源人数位列接收高校第5位，双方在人才供需方面达成了良好的合作关系。

（戚坚军　彭建章）

【举办专场招聘会】10月14日至15日，华北电力大学举行中国国电集团公司2014届校园宣讲会。宣讲会正式开始之前，校长刘吉臻与中国国电集团公司人力资源部主任许兴洲、人力资源部副主任孙劲飙进行了会谈，就华北电力大学与国电集团在校企合作、人才培养等方面的合作进行了深入交流。双方表示，要继续加强校企合作的广度和深度，特别是在人才培养和输送方面，要进一步加强战略性合作，促进学校与企业实现双赢。参加会见的还有副校长安连锁，校长助理、党校办主任汪庆华，校党委学工部部长张新娟。安连锁副校长在宣讲会上代表学校致辞。会后，同学们与中国国电集团公司所属的二级单位招聘人员就各自关心的问题进行了面对面咨询与交流。11月8日，保定校区举办中国大唐集团公司2014届毕业生校园专场招聘会，大唐集团公司及下属大唐国际、各省分公司等70多家企业单位参加了招聘会，涉及专业广泛，基本覆盖学校所有专业。11月19日上午，保定校区举办中国华电集团公司2014届华北电力大学校园招聘宣讲会。华电集团人力资源部段正剑处长率队参加本次宣讲会，华电集团公司及下属华电国际、华电能源、各省分公司等21家二级单位、36家下属公司共计71位用人单位出席了宣讲会。本次华电集团专场招聘会专业覆盖范围广，共吸引千余名毕业生投递简历。

（戚坚军　彭建章　李兰涛　宣兆卫）

【获批北京地区高校大学生职业发展与就业指导课程提升项目】11月，按照《北京市教育委员会关于开展大学生职业发展与就业指导课程提升项目建设的通知》的有关要求，华北电力大学《大学生职业发展与就业指导课程提升项目》经专家组评审后成功立项，并获批专项经费30万元。

（戚坚军）

【“高校创业指导师”专题培训班来校参观大学生创业孵化基地】11月21日，由全国高等学校学生信息咨询与就业指导中心和北京高校毕业生就业指导中心组织的“高校创业指导师”专题培训班参观北京校部大学生创业孵化基地。来自北京各高校的50余位创业导师全面地了解了华北电力大学创业工作情况，并与相关老师进行了深入的交流。

（戚坚军　靖仕寅）

【举行“启明星万名大学生就业能力提升计划”首期培训班结业典礼】11月23日，华北电力大学举行“启明星万名大学生就业能力提升计划”首期培训班结业典礼。学生处副处长、就业指导中心主任张兵仿，全国就业中心就业服务开发处副处长周国良，亚洲第一黄金（控股）有限公司CEO张梓豪、启明星公益基金理事长赵紫晨出席了本次典礼。

（戚坚军　靖仕寅）

【学生处副处长李瑾被选聘为河北省高校毕业生就业指导专家团成员】2013年，河北省人力资源和社会保障厅研究决定，成立了29人组成的河北省高校毕业生就业指导专家团，保定校区学生处副处长、就业指导中心主任李瑾被选聘为河北省高校毕业生就业指导专家团成员。

（彭建章　宣兆卫）

安全保卫工作

■概述

2013年，华北电力大学安全保卫工作紧扣“建设高水平大学”和“跨越式发展”两个主题，切实贯彻党的群众路线教育实践活动，围绕学校中心任务全方位开展工作，注重自身队伍建设，牢固树立服务意识，充分发挥保卫处的安保作用，全力保障学校的安全稳定，完成了平安校园建设等各项安全稳定工作任务，保证了学校教学科研各项工作的顺利开展。

（宫　凯　鄢　知）

■概况

2013年，华北电力大学保卫处共有在编安全保卫干部22人（2013年退休一人，职工21人，人事代理1人），其中研究生学历8人，本科学历11人，专科学历5人，高中学历8人，初中学历3人。设正处长2人，副处长4人，下设综合科、防火科、治安科、政保科4个科，另设户籍办公室。保安队继续由北京怀保保安服务有限公司派遣保安队员，共有保安队员90余人，其中有保安队长1人、副队长1人，保安班长7人，实行三班制轮岗，负责校园的24小时不间断巡逻。

2013年，完成“平安校园”创建验收、新生报到、毕业生双选会、校内运动会、华北电力大学55周年庆典系列活动、中国北京亚洲大学生魔术交流大会、《昌平组歌》文艺演出、回龙观春晚演出等近百次大型活动安保工作，额外加勤917人次。

2013年，学校投入700多万元资金，将全校的视频监控系统进行了升级，整合和改造。加大案件的侦破力度，共接报案180余起，处置80余起，破获盗窃自行车、笔记本电脑、手机等案件20余起，为师生挽回经济损失20余万元，有力震慑了犯罪分子。全年共推回未锁自行车50辆，认领20余辆。收缴各类非法宣传品150余份。对校内7 000余具到期的灭火器逐月进行年度维保；针对学校新增和扩建的实验室补配灭火器200具，更换新装应急灯150个、安全出口标识80个，维修各种消防安全标识1 480块、导向标记10个；对123个室外消火栓进行维护和井盖刷红，对每个建筑物内的室内消火栓进行抽检；检查全校现有消防应急照明指示灯、安全出口、疏散通道指示牌3 314套，维修、维护、更换349套；对全校现有的室内消火栓1 060套（件）进行维修维护，维护保养、清洗光电感烟感温探测器927只，新增、更换光电感烟感温探测器32只。每学期对校内26个消防中控室进行了消防自动报警系统安全检查、消防安全自查，此外聘请消防厂家专业人员对消防中控室值班人员进行消防安全技术培训和安全教育。完成2013级4 000余名新生落户工作，办理2013届3 000余名毕业生户口迁出。有效的保障校园良好的生活、学习秩序。实现全年无重特大事故案件发生的总目标。

（宫　凯　鄢　知）

■条目

【完成“平安校园”创建验收工作】12 月 3 日，“平安校园”创建达标验收工作圆满结束。学校贯彻落实北京市教工委“平安校园”创建活动各级文件精神，秉承“办一所负责任大学”的理念，从“大安全观”的视野出发，坚持构筑“全员、全程、全方位”的校园安全稳定工作体系，努力推动学校安全稳定工作的科学发展，全面夯实基础，提升整体水平。创建活动历时 3 年，特别是进入 2013 年，各部门群策群力，协同配合，在软件上，建章立制，协调联动，建立起与市局文保总队、回龙观镇政府、消防支队、属地派出所、城管等部门的社校联动机制；在硬件上，开展数字高清视频监控系统工程建设、全覆盖电子监控消防系统建设、灯光节能亮化工程建设、道路畅通和机动车智能化管理工程建设、南围墙规范化工程建设、校园一卡通工程建设“六大工程”建设。这些成果的取得使得学校安全稳定工作体制机制进一步健全、队伍建设不断加强、基础设施不断完善、应急处置能力不断提高，全体师生的安全防范意识进一步增强，进一步巩固了人民满意、平安稳定、师生放心的和谐校园建设成果，得到北京市教工委专家组高度评价。

（宫　凯）

【召开“平安校园”建设再动员工作会议】3 月 1 日，学校召开“平安校园”建设再动员工作会议，各职能部门及各院系部门负责人参加会议。会议强调“平安校园”建设的重要性，再次动员全校各相关部门树立坚强的政治意识和大局意识，树立高度的责任感和紧迫感，指派专人按照任务分解准备材料，要“以评促建　以评促改　以评促管　评建结合　重在建设”，让全体师生员工切身感受到“平安校园”建设带来的实惠，实现“人人共创平安校园、人人共享平安校园”的浓厚氛围，保证圆满完成“平安校园”建设任务。

（宫　凯　郗　知）

【召开“平安校园”创建工作推进会议】6 月 14 日，学校召开“平安校园”创建工作推进会议，介绍了国际关系学院“平安校园”创建工作的经验，并将学校的准备工作分为硬件建设、材料准备、模拟演练、文字起草四大板块，动员各院系指派专人按照任务分解准备材料，按照要求完成材料准备。进行了下一步工作部署，要求学校所有部门必须通力合作，各二级单位迎检既要有基础材料，又要有特色和亮点，务必圆满完成“平安校园”建设任务。

（宫　凯　郗　知）

【召开社校联动机制建设年度会议】为联合社会各方力量共建平安和谐校园，9 月 3 日，学校召开年度社校联动机制座谈会。校党委副书记郝英杰、副校长孙忠权以及北京市公安局文保总队第三大队、北京市公安局昌平分局、回龙观街道办事处、昌平区公安消防支队、沙河交通大队、史各庄派出所、北京农学院保卫处等相关部门领导就如何实现学校与社区紧密联系，通力合作，积极落实，尽最大努力搞好安全稳定工作进行了探讨。通过此次会议，各方力量得到充分交流，为今后建立一个稳定长效机制，共建安全和谐稳定的华北电力大学拓宽思路。

（宫　凯　郗　知）

【积极推进社校联动机制建设】积极推动学校与市局文保总队三大队、昌平分局、回龙观街道办事处、沙河交通大队、消防支队、史各庄派出所、城管回龙观分队、北京农学院组成社会力量联动机制；推动保卫处与党校办、学生处、研工部、后勤管理处、信息化办、团委等单位组成校内力量联动机制。本着“资源共享、共驻共建”的原则，加强学校同周边单位的联动，相互合作，优势互补。在学校大门处建立了华北电力大学警务站，11 月建成投入使用。

（宫　凯　郗　知）

【加大投入，改造全校视频监控系统】2013 年，为深入开展华北电力大学的“平安校园”创建工作，按照市委教育工委提出的“以评促建，重在建设”的原则，认真对照“平安校园”创建基本标准中“校园综合防控体系建设”的基本要求，北京校部投入 700 余万元资金，将全校视频监控系统进行升级、整合和改造。升级改造后的监控系统将学校西区及 13 号学生公寓等原有 632 个模拟摄像机信号经过编码器全部接入到本监控平台，同时新增加 215 个数字化高清摄像机，加上东区原有摄像机共计 1 300 余个监控点，实现了对学校重点部位如学生宿舍楼出入口、宿舍楼室外、窗口、教学楼出入口、各运动场地、楼宇广场、校园各大门、学校主要道路等地监控，基本做到校内全覆盖。

（单纪胜　郗　知）

【强化责任意识，提高案件侦破力度】2013 年，学校保卫工作借助先进的科技平台，加强保卫干部的事业心、责任感，各种侵财、骚扰案的破获得到很大提升，促进了学校的安全稳定。针对女生公寓被男性骚扰问题，安排人员重点蹲守和防控，特别是利用技防和人防相结合的办法重点监控，抓获数名进入女生公寓进行骚扰的当事人，交由相关院系和部门进行处理。针对侵财案件的不断增多，在加强各种形式的宣传教育的同时，加大案件的侦破力度，抓获多名校内外盗窃者、流氓骚扰者。经蹲守抓获专业盗窃自行车、笔记本电脑的窃贼，追回赃物，避免了经济损失。北京电视台作了专门报道。

（单纪胜　郗　知）

【开展大学生安全教育工作】利用校园网、宣传栏、广播标语、讲课等方式对学生进行交通、消防、防盗、禁毒、反邪教、防自然灾害等的教育。结合不同时段及时通过网络和课堂向学生发布温馨提示，如寒暑假指导学生安全离校和注意乘车安全、防盗防骗等知识，提高学生自我保护能力。制订了各种应急预案，利用新生军训组织师生进行应急疏散演练，增强了师生员工的灾害防范能力。面向全校学生开设16课时的大学生安全教育公共选修课。针对学校少数学生中存在的影响安全稳定的情况，加强与院系、学生处、研工部的沟通，及时发现和化解矛盾，消除各种不和谐的因素。根据学生的年龄特点，有计划地定期组织演练，使学生具备基本的自防、自救能力。在大学生治安服务队的建设上，结合青年学生的特点和学校发展的需要，创新安全宣传、失物招领等服务学生的工作举措。增强学生的自我保护意识和法制观念，同时加强防范教育，及时发布治安预警，指导大学生安全保卫委员会在广大学生中开展自我安全教育。举办“校园安全与大学生活动”大型知识竞赛，活动采用问答等方式，涉及校园治安、交通常识、消防知识、心理健康、校规校纪等多项内容，全校共有12支院系代表队参加。

（郗　知　刘　让）

【防微杜渐，走访排查重点人】2013年，学校对全校进行了重点人排查工作，更新了半年一次的原法轮功联系人员台账及重点人员台账，对部分突出的重点人员制定了专门的防范方案，同时进行了矛盾纠纷排查与化解工作。完善、整理了全校少数民族学生资料后，更新了维族、藏族、蒙族、羌族为主的学生详细花名册，对每一名在册少数民族学生的详细情况进行了表格化管理，对其假期时间去向进行逐一统计，为维稳掌控一手资料作了大量工作。5月在校内一食堂附近抓住一起校外传教人员并移送史各庄派出所。

（秦中彤　郗　知）

【妥善处理寻衅滋事事件】3月和6月，校内学生胡某及家人和保定校区学生家长王某分别到校寻衅滋事，保卫处充分调动保卫干部及保安力量，最终得到妥善解决，未造成进一步恶性事件。

（郗　知）

【做好两会维稳工作】为确保两会期间学校安全稳定，严防敌对势力的破坏活动，两会召开前对全校10个印刷、图书经营部门进行了集中检查，并签订了责任书，对复印中的注意事项进行了告知和叮嘱，防止漏洞，严防反动、淫秽、迷信及其他可能影响社会稳定内容在华北电力大学出现。

（秦中彤　郗　知）

【“四查四防”专项行动】4月，由保定保卫处牵头在全校范围内进行了大规模的“四查四防”安全隐患排查整改工作。成立了“四查四防”专项行动领导小组，制定了《关于落实“四查四防”专项行动的实施方案》。通过自查和检查，共排查出各类安全隐患160余项，目前大部分隐患已经整改完毕，对于个别暂时无法整改的做到挂账督办，建立了学校安全隐患台账。通过“四查四防”及时剔除各种安全隐患，确保学校安全稳定。

（刘　让）

【开展消防演练】“119”消防日学校组织消防安全教育活动，并组织保安应急分队进行模拟灭火训练，聘请北京市防火中心的老师对学校以班级为单位的学生代表、院系辅导员、消防中控人员、后勤集团安全管理员进行了安全知识讲座。对七号、九号、十号学生公寓进行消防应急疏散演练，针对学校保安应急分队进行了消防灭火、紧急集合及突发事件处置的各种演练。全年在学生公寓区和教学区利用消防安全知识宣传展板逐楼进行巡展。

（赵凤雷　郗　知）

【加强机动车管理】2013年，学校对校园内现有机动车停车位进行规划，新增342个停车位，使两个校区内机动车停车位总数达到1 594个，基本满足广大师生停车需求，解决机动车乱停乱放问题。下发有关加强校园、家属区消防、交通管理和节假日教职工出行交通预警通告18份；处置校园内违章停车堵塞消防通道的汽车180余起；新增安装减速带4条(24延米)，交通安全标志牌7块；撰写校园交通、消防安全宣传广播稿6篇。

（吴隆礼　刘　让）

【健全和完善校园安全规章制度】按照"平安校园"创建达标标准的要求健全和完善了各级各类文件,并于10月编制了《华北电力大学保卫工作文件选编》,以期成为广大保卫干部办公室案头一部常用工具书,真正成为广大保卫工作干部的一个政策咨询平台,使广大保卫干部更系统、更全面、更方便的掌握保卫工作的各项政策措施,更科学、更专业、更精细的开展各项工作,努力实现保卫工作的新发展、新跨越。

(宫 凯 郗 知)

【坚持安全工作周例会制度】按照"预防为先、动态预警、协调联动、快速处置"的原则,学校建立了安全稳定形势研判机制,对各种风险及时预警并制定工作策略和工作方案。坚持每周例会制度,坚持做好安全稳定工作形势分析。组织保卫干部认真学习国家法律法规以及校、处的各项规章制度,统一思想,端正态度,明确责任,保卫干部从思想上认识到工作的重要性,从而提高服务意识。

(宫 凯 郗 知)

工会工作

■概述

2013年,华北电力大学工会工作围绕学校中心工作,服务大局,努力发挥群众组织的优势,在构建和谐校园、参与学校民主管理、维护教职工权益、推进师德建设、丰富校园文化生活、为教职工办实事办好事以及加强自身能力建设等方面,进行了创新性探索与实践。

2013年,华北电力大学工会作为教代会工作机构以深化教代会提案工作和推进教代会专委会建设工作为抓手,有力促进学校民主政治建设。教代会提案工作坚持"围绕中心、服务大局、提高质量、讲求实效"的工作方针,努力调动"教代会代表和承办单位"两个积极性,以制度建设推动工作质量的提高,使学校教代会提案工作取得了新的成效,提案代表回复基本满意率持续提升。教代会优化了专门委员会配置,调整青年教职工工作委员会,新成立教职工职业发展委员会和教职工服务委员会,并依托新成立的委员会,着力打造教职工服务平台。

2013年,华北电力大学工会发挥工会"大学校"作用,以服务教职工队伍建设为重点,通过多种形式的教育活动,提高教职工队伍的整体素质。在教师队伍建设方面,动力系谷俊杰教授被河北省教育厅、河北省教育工会授予"河北省师德先进个人"荣誉称号;动力系热能教研室获河北省教育系统"工人先锋号";能源动力与机械工程学院青年教师张志获北京高校第八届青年教师教学基本功比赛理工类A组三等奖,思想政治理论课教学部樊良树获青年教师教学基本功比赛论文评审一等奖,学校获北京市青年教师教学基本功比赛优秀组织单位奖;在保定市第五届大中专院校青年教师说课比赛中,张玲、刘璐分获英语组、理工组一等奖,王新利、张隆阁分获文管组、理工组二等奖,任俊红、王建红分别获得英语组、文管组三等奖。在工会财务工作中,校工会在北京市教育工会2012年财务与经审工作规范化考核中均名列优秀单位,获保定市教育工会财务工作先进集体。在文体建设方面,学校积极参加北京高校青年教师趣味运动会。学校在北京市总工会2013年工会重点工作考核评定中获北京市教育工会颁发的"综合考评奖""工会特色工作奖",1篇论文获北京市教育工会年度理论与调查研究工作论文类三等奖,1篇论文发表于《北京教工》杂志,经济与管理学院工会获北京市教育工会"先进教职工小家"称号,教科分工会被保定市总工会授予"保定市先进职工小家"。

2013年,华北电力大学工会响应上级工会号召,积极探索教职工服务体系建设,努力提高工会的服务能力,为教职工做实事、解难事,把学校党政对教职工的关怀直接送到教职工身边。举办校部六大杯赛、校区七大体育赛事,组织参与两地田径运动会等文体活动,促进教职工身心健康。举办新春茶话会、"三八"国际劳动妇女节联欢活动、最美女职工评选等,受到了教职工群体的普遍欢迎。关注教职工的民生问题,本着为教职工办实事,做好事的服务原则,邀请共建学校校领导来校与教职工座谈,开展主题道德实践活动,举办庆祝教师节系列活动。积极投身校园文化建设,为55周年校庆营造氛围,举办了"华电好声音"师生员工合唱比赛、分别以"强校之路"和"华电人 华电梦"为主题的庆祝建校五十五周年师生文艺晚会等丰富多彩的文体活动，在主题、内容、形式上都表现出了高水准，展现了学校的文化建设水平，在领导、师生、校友等层面都得到了很好的反响。女工和计划生育工作方面，加强和完善保护妇女合法权益，召开女博士女教授座谈会；针对女职工的劳动保护和计划生育问题，作了大量宣传工作，与校医院携手进行女教工妇科彩超体检，举办"家庭急救、医疗健康"知识讲座，保证了基本国策在学校得以认真执行，无违反计生工作的事件。

（田　里　张湘武）

■概况

2013 年，华北电力大学工会共有会员 3 220 人（其中非在编会员 308 人）、分工会 39 个、教工文体协会 17 个。校工会安排 41 名教职工外出疗养，16 名教师参与学校暑期社会实践活动，组织 173 名教职工自费外出旅游。

2013 年，校工会与教务处、人事处联合举办青年教师教学基本功比赛，评选出一等奖 2 人，二等奖 6 人，三等奖 9 人，院系优秀组织奖 7 个。学校 1 篇论文获北京市教育工会年度理论与调查研究工作论文类三等奖，1 人获北京市教育工会年度"优秀工会工作者"，1 人获保定市总工会授予"保定市先进工会工作者"。表彰从教满 30 年的 60 名教职工。

在 2013 年度学校"先进分工会"等系列先进评优中，北京校部评选出先进分工会 9 个，工会工作特色奖 4 个，先进分工会主席 27 人；先进协会 5 个，先进协会会长 13 人，协会活动积极分子 58 人；工会宣传积极分子 15 人，工会工作积极分子 202 人；表彰分工会教职工协会 34 个，协会会长、副会长 57 人。保定校区评选出先进分工会 10 个，合格分工会 13 个；11 名工会工作标兵、23 名优秀工会干部、106 名优秀工会积极分子、27 个先进工会小组。

2013 年，提案工作方面，六届一次教代会共收到提案 95 件，立案率 86.3%，提案办复率 100%。至年底，提案代表已全部签署回复意见，基本满意率达 86.5%。持续开展提案双评工作，评选出 6 件优秀提案和 4 个提案承办先进单位。

2013 年，女工和计划生育工作方面，全年无违反计划生育工作的事件。全校女职工中深入宣传、办理《在职女职工特殊疾病互助保障计划》，投保 614 人 808 份，参保率 100%。"三八妇女节"为学校 1 500 多名女职工和离退休女职工发了纪念品。发放离退休教职工独生子女父母一次性奖励。为 42 名退休独生子女父母，办理一次性奖励登记；为 660 人次办理了准生证、婚育证、独生证等有关证明、证件；为 350 人次研究生、2 700 人次本科生毕业生办理了计生方面的证明、证件。

（田　里　张湘武）

■条目

【召开第六届教代会 第八次工代会】2 月 22 日至 23 日，第六届教职工代表大会、第八次工会会员代表大会在北京校部召开。校长刘吉臻作校长工作报告，校党委副书记、教代会执委会主任、工会主席李双辰作第七届工会委员会工作报告。校党委书记吴志功在闭幕式上作重要讲话。大会听取讨论了校长工作报告，听取审议了第七届工会委员会工作报告，审议了学校 2012 年财务工作报告、教代会提案工作报告、第七届工会委员会财务工作报告、第七届工会经费审查委员会工作报告，选举产生了第六届教代会执行委员会及专门委员会，第八届工会委员会、工会经费审查委员会及专门委员会。经过全体代表的共同努力，在完成各项会议议程的基础上，讨论并通过大会决议。

（田　里　张湘武）

【举行"善行华电、立德树人"主题道德实践活动】3 月 9 日，校工会制定了"善行华电、立德树人"主题道德实践活动实施计划。坚持贴近实际、贴近生活、贴近教职工，积极创新内容、形式和手段，推动道德实践活动常态化、机制化，把社会主义道德建设要求进一步化为教职工的生动实践，促进我校精神文明建设和良好道德风尚的形成，为强校兴会富民提供强大的精神动力和道德支撑。

（张湘武）

【教代会各专门委员会分别召开工作会议】3 月 14 日、15 日，第六届教代会劳动人事争议调解委员会、教职工服务委员会、教职工职业发展委员会和提案工作委员会分别召开第一次工作会议。会议分别讨论选举产生了各专门委员会主任、副主任，酝酿和讨论委员会工作职责，初步明确了各委员会的工作任务及本年度工作计划，各委员会均按照工作进度要求，取得了初步的成效。

（田　里）

【举办首批全民终身学习体育段位证书颁发仪式】3 月 22 日，首批全民终身学习体育段位证书颁发仪式在学校教工活动中心举行，学校副校长孙忠权出席仪式并致辞。中国成人教育协会会长朱新钧、副会长谢国东、副会长兼秘书长张昭文等出席仪式。学校作为全国首批全民终身学习(体育——乒乓球)等级(段位)测试中心获得单位,2010年试办了首次测试赛,2011成为首批测评中心试点单位。在首批获得段位证书的27名学员中,有学校教职工12人,学校学生11人,校外人员4人。

(田　里)

【开展青年教师教学基本功比赛】4月,2013年青年教师教学基本功比赛由教务处、人事处和校工会联合举办。经过院系部的初赛选拔,两地共有37名教师选手参加了决赛。赛事最终评选出一等奖2人,二等奖6人,三等奖9人,院系优秀组织奖7个。5月15日校工会联合教务处、人事处在能源能力与机械工程学院举行"青年教师教学基本功比赛"工作现场观摩暨经验交流会。

(田　里　张湘武)

【群众路线教育群团工作座谈会】9月13日,校工会联合校团委、研工部在综合楼四楼会议室召开群团工作座谈会。学校党委副书记李双辰、郝英杰,校工会、校团委和研工部负责人,来自教代会、基层工会、本科生及共青团、研究生等16名代表参加座谈。代表们对长期以来学校在服务教学、科研和生活方面作出的不懈努力表示认同。同时结合党的群众路线教育实践活动,就相关部门的管理、服务工作提出了自己的意见和看法,其中包括10个方面30余个问题。

(张湘武)

【首次举办"升学季"教职工亲子嘉年华活动】9月14日,校工会在主楼西广场举办"升学季"教职工亲子嘉年华活动。100多名学校教职工及其家属参加了本次活动。教职工亲子嘉年华活动本着"公益·环保·分享"的理念,推广"循环经济"的思想,活动增设才艺展示环节和颁奖环节,活动重在培养孩子的表达、组织、应变和理财能力,让孩子懂得资源循环的益处,体验"公平交易、谈判沟通、结识朋友"的乐趣。

(田　里)

【开展庆祝建校55周年系列文艺活动】为庆祝华北电力大学建校55周年华诞,校工会联合校团委、艺术教育中心、校友工作办公室和离退休工作办公室,开展了一系列校庆文艺活动。10月22日和10月24日,校工会分别在北京和保定召开庆祝建校55周年"华电好声音"师生员工合唱比赛,两地36个分工会的32支队伍参加了比赛环节,并特邀学校银龄合唱团、离退休教工合唱队、"白桦林"教职工合唱团、蓝色动力合唱团现场表演。学校各级领导以及在场的两千余名师生员工一同参与和欣赏了精彩的表演。10月26日和11月17日,学校分别在保定和北京举办了主题为"华电人　华电梦"和"强校之路"的华北电力大学建校55周年师生文艺晚会。学校领导以及中国电力企业联合会专职顾问、北京校友会理事长王永干,中国国电集团公司原副总经理张成杰等百余名校友与广大领导师生代表观看了晚会。

(田　里　张湘武)

【刊发教职工电子杂志《分享》】5月31日和12月30日,校工会分别刊发两期教职工电子杂志《分享·2012》和《分享·华电梦》。作为华北电力大学第一部教职工自己的电子杂志,在杂志编撰过程中,各分工会精心组织,工会会员踊跃投稿,校工会收录优秀作品成册。杂志现包含读、行、品、秀、悟五个专栏,每期收录30多篇稿件,丰富了广大教职工的精神文化生活。

(田　里)

【开展一系列杯赛文体活动】2013年,学校两地校工会协同相关院系、机关和文体协会,校部先后举办了"能动杯"教职工集体跳绳比赛、"控计杯"羽毛球团体赛、"后勤集团杯"教职工扑克牌比赛、首届"远程教育杯"篮球比赛、"电气与电子杯"冬季长走活动、"经管杯"乒乓球混合团体六大杯赛;校区先后举办首届"数理杯"教职工乒乓球团体比赛、"教科杯"教工保龄球团体比赛、"电力杯"教职工羽毛球团体赛、首届"后勤杯"趣味运动会、教工排球比赛、"电子杯"中国象棋比赛、教职工乒乓球双打比赛7项赛事。并积极参与上级单位组织的文体活动,如带队参加全国电力行业职工乒乓球比赛、"海驾杯"高校羽毛球团体赛、北京高校青年教师趣味运动会、保定市教育系统羽毛球比赛等。这一系列杯赛活动既丰富了教职工的业余文化生活,为广大教职工提供了一个切磋技艺、锻炼心智的平台,又促进了教职工之间的交流,推动了学校全民健身益智运动的开展。

(田　里　张湘武)

共青团工作

■概述

2013年，共青团华北电力大学委员会（以下简称校团委），紧密围绕学校党政中心工作，以“服务青年成长成才”为根本出发点和落脚点，以“红”“绿”“蓝”三色教育为核心，团结和带领广大团员青年，积极开展思想政治教育、科技创新、社会实践、理论研究、志愿服务、文体活动，积极推动高水平大学建设。

2013年，校团委深入开展团员思想政治教育活动，3月至5月，团委组织开展了2012—2013年度团员教育评议活动，并多次组织开展思想政治教育活动，学校团员思想政治教育系列活动得到了北京市共青团、团中央网站的多次报道。5月3日，组织举行纪念五四运动94周年表彰大会暨“我的中国梦——五月的花海”合唱比赛。

2013年，校团委举办迎接55周年校庆系列活动。10月24日，“中国梦·华电情——55名知名校友进校园”活动开幕。在各个岗位有建树的校友齐聚华电，向华电学子传授专业知识与经验，给新生力量传递青春正能量，为母校献礼。

2013年，校团委绿色电力社会实践系列项目获得多个奖项。“绿色电力美丽中国行”社会实践团队在由团中央、教育部的2013年“圆梦中国”专项社会实践活动中获全国先进团队奖。在团市委举行的“智汇·环保一夏”首都大学生绿色梦想季系列活动中“绿色电力重走长征路”实践项目获一等奖，另获三等奖和优秀奖各一项，并获优秀组织奖。让绿色电力点亮民族团结之光，获首都民族团结先进集体奖。

2013年，校团委组织并指导学生参加了多项科技活动。在第七届北京市“挑战杯”首都大学生课外学术作品竞赛中，学校再创佳绩，共获特等奖一个、一等奖3个、二等奖6个、三等奖4个。首次获首都挑战杯优胜杯，排名北京市高校第8位。

2013年，团委继续按照学科优势、人才培养、社会服务三位一体的思路进一步强化了社会实践活动。

2013年，共青团华北电力大学（保定）委员会（以下简称校团委）紧密围绕学校的中心工作和服务团员青年成长成才的主要任务，坚持“解放思想、与时俱进、开拓创新、奋发有为”，团结和带领全校团员青年开展了众多“高层次、高品位、高质量”的团建活动、思想政治教育活动、科技创新活动、大学生创业活动、社会实践活动、志愿服务活动以及文体艺术活动，为全面推进学校高水平大学建设贡献智慧和力量。

2013年，校团委精心筹划，召开了共青团华北电力大学（保定）第九次代表大会暨华北电力大学（保定）第十二次学生代表大会，听取并审议了共青团华北电力大学（保定）委员会工作报告，选举产生了共青团华北电力大学（保定）第九届委员会及新一届领导班子，增强了基层活力和战斗力，扩大了团的基层组织网络覆盖面，提高了团的各项工作和活动影响力。多年来，校团委不断加强各级团组织领导班子的思想政治建设，注重团干部的培养和教育工作，积极为团干部创造参与培训和学习的机会，不断提高其理论水平、业务能力；加大推荐优秀团员作为党的发展对象的工作力度，着力抓好“推优入党”工作；校团委组织广大团员青年深入学习贯彻党的十八大精神，通过政治学习、团课、座谈会、研讨会等形式开展了一系列思想政治教育活动，努力提高团的思想政治教育的实效性。

2013年，学校完善校内科技创新实践基地，建立创新实践导师指导机制，扶持科技创新社团，积极组织学生参加各类学科竞赛，共获得国家级奖项24项，省部级奖36项，在校园中营造了浓厚的科技文化氛围，有效提升了大学生科技创新能力与水平。5月，在2013创行世界杯中国站创新公益大赛中，保定校区创行团队凭借出色的表现，从全国208支参赛团队中脱颖而出，荣获华北赛区一等奖、最佳科技创新奖，成功晋级全国十六强，荣获全国二等奖。6月，在第四届全国高校环保科技创新设计大赛决赛中，保定校区学生作品荣获金奖1项、银奖1项、铜奖2项，优胜奖4项，并获大赛优秀组织奖。6月，在“挑战杯”2013年河北省大学生课外学术科技作品竞赛中，保定校区学生作品取得了特等奖4项、一等奖8项、二等奖11项、三等奖1项的优异成绩，并获大赛“优秀组织奖”。8月，在“中国（河北）青年创业创新大赛”2013赛季启动仪式暨2012赛季颁奖仪式，保定校区学生陈亮的《智能用电系统的生产与推广》项目经过初选、初赛、复赛，在决赛中取得2012赛季“初创项目组”第三名的优异成绩，并获3万元的奖励资金，学校获大赛“最佳组织奖”。9月，在第八届全国“飞思卡尔杯”智能车大赛中，教师王炳谦、林永君带队的保定校区六支代表队夺得华北赛区二等奖2项、三等奖3项、优秀奖1项的好成绩。10月，在第十三届“挑战杯”全国大学生课外学术科技作品竞赛中，夺得了国家二等奖2项、三等奖4项的好成绩，学校荣获大赛“优秀组织奖”。10月，在第十七届“外研社杯”全国大学生英语辩论赛中，王苏鑫和雷也同学获全国三等奖。11月，在河北省高等学校第十四届“世纪之星”英语演讲大赛中，保定校区8名选手中有4人获得一等奖，3人获得二等奖，1人获得三等奖。

2013年，大学生创业实验班定期面向全校学生选拔创业项目，发掘出了一批科技含量较高、市场前景较好的大学生创业项目，并成功举办了大学生创业基金捐赠暨创业实验班校外导师聘任仪式，筹措到了20万元大学生创业基金，聘请到了一批高层次的校外知名学者和企业家作为实验班校外导师。其中，实验班学员的创业项目“无电区民用风光互补发电系统”荣获创行（Enactus）创新公益大赛全国二等奖、赛默飞“绿动社区”公益大赛全国第三名，并依托该项目成立了保定华舟商贸有限责任公司，目前已经与内蒙古乌拉特后旗扶贫办签署了总价值50万元的设备采购协议，并已经开始了试点地区的安装调试工作。另一创业项目“精灵智能用电系统”具备了12项专利，发表了6篇高水平论文，顺利入选教育部2013年第六届全国大学生创新创业年会，成功参展2013年中国国际智能电网技术和设备展览会，并荣获中国（河北）青年创业大赛三等奖，目前已经同天津市滨海区电力公司达成技术合作，将自主研发的“基于物联云的智能用电用能系统平台”应用于“中新生态城智能电网综合示范工程”，正在积极争取商业订单。

2013年寒暑期，校团委根据团中央、团省委及有关部委的精神，紧密结合国家、社会发展的需要和大学生成长成才的要求，组织开展了“投身社会实践，放飞青春梦想”“学习践行十八大，我为祖国作贡献”等主题深刻、内容丰富的社会实践活动，扩大了活动覆盖面，提升了活动实效性，取得良好的育人成效和社会效益。2013年寒暑期社会实践集中组织校、系两级实践队百余支、学生自由组队千余支，参与学生2万余人次，紧密结合自身优势，围绕政策宣讲、科技服务、就业见习、社会调研、支农支教、爱心助困等主题开展了各类社会实践服务活动，从社会实践活动的内容设计、组织方式、运作机制等方面进行了探索创新，形成了“绿色电力照亮长征路”“无电区民用风光互补发电”等富有特色的社会实践品牌。学校的社会实践工作多次受到上级有关部门的表彰，被河北省委宣传部等四部门联合授予“社会实践活动志愿服务先进集体”，被河北省委教育工委等七部门联合授予“暑期河北省百万大学生和青年教师千乡万村‘体验省情、服务群众’主题实践活动先进学校”“主题实践活动发布优秀博文、优秀视频、优秀图片单位”，共有6支实践团队、10名指导教师、22名学生、4篇调研报告获得省级表彰。其中，以“绿色电力照亮长征路”为主题的社会实践活动，采取学校出人才、企业出设备、政府出政策“三位一体”的运作模式，以新能源设备供应和科技教育扶贫服务相结合的方式，为云南、广东等无电地区捐赠了价值10万余元的户用太阳能供电系统27套，致力于用电贫困地区的新能源开发与利用，用绿色电力点亮了长征路上老区人民幸福“中国梦”。该项目获得“第七届全国高校校园文化建设优秀成果三等奖”“河北省高校校园文化建设优秀成果一等奖”。

2013年，充分发挥“奉献、友爱、互助、进步”青年志愿者精神，有效依托自身专业特长，紧密结合社会发展形势，不断创新工作机制，在社会保障、社区服务、大型活动、城区建设、环境保护以及促进社会稳定等方面积极组织开展了形式多样、丰富多彩的青年志愿者服务活动。从全局和战略的高度重视西部计划，完善政策措施，健全工作机制，2013年共有7名大学生参加“大学生志愿服务西部计划”和“中国青年志愿者研究生支教团”，到西部、到基层、到祖国最需要的地方去建功立业、锻炼成长。依托在科学研究、人才培养、大学生志愿者等方面的资源优势，与顺平县人民政府联合发起了关爱贫困山区农村留守儿童“情暖童心”行动，打造关爱活动阵地以及开展长期志愿服务形式，帮助当地农村留守儿童健康成长。自“情暖童心”关爱顺平留守儿童行动实施以来，累计开展各类关爱活动60余次，受惠的留守儿童已达2 500多人次，并为该地12所学校配备了大学生校官，引起了新华网、中国社区志愿服务网等媒体的广泛关注和社会各界的热烈反响。

扎实推进校园特色文化建设，努力营造浓厚校园文化氛围，高度注重人文精神和良好校风、学风的培育和形成。成功举办了"科技文化艺术节""体育节""社团节"、迎新生文艺晚会、五四表彰文艺晚会等经典校园文化活动。在此基础上,将"庆祝建校55周年"主题活动同学生实际相结合,成功举办了"创新成就梦想,创业点亮人生"大学生"对话·成长"论坛,为学术文化交流建立了良好的互动平台,为促进学校大学生创新创业起到了积极的推动作用。此外,为了丰富广大学生的课外文娱活动,校团委还组织开展了青春风采大赛、时事政治擂台赛、城市定向运动等,各种活动寓教于乐,全校学生积极参与,气氛活跃,尽显风采。

(王集令 任威宇 张蓓蓓)

■概况

2013年,校团委下设组织部、宣传部、科技创新部、社会实践部、理论研究部、网路部、综合办公室等7个职能部门,并指导校学生会、社团联合会、研究生会工作。

2013年,校团委有教职工5人,共有专职团总支书记11人,校团委下设11个团总支,共青团员(不含保留团籍的学生党员)12 297人、团支部530个、登记在册学生社团46个。在年度团员教育评议中评出优秀团总支6个,校级优秀团支部36个,系级优秀团支部70个,校级优秀团干部268人,系级优秀团干部325人,校级文体标兵10人,科技标兵10人,青年志愿者标兵10人,校级优秀团员875人,系级优秀团员1 454人。在2013年度北京市共青团评优表彰中,1个团总支获"北京市五四红旗团总支"称号,17名同学获"北京市三好学生"荣誉称号,5名同学获"优秀学生干部"称号,5个班集体获"北京市优秀班集体"称号。在2013年的"挑战杯"首都大学生课外科技学术作品的获奖队伍中,学校共获得特等奖一个、一等奖三个、二等奖六个、三等奖四个。首次获首都"挑战杯"优胜杯,排名北京市高校第八。

2013年,在暑期社会实践中,共评选出校级优秀指导老师9位,校级优秀团队74个,校级先进个人196人,系级先进个人265人,优秀调研成果11项。学校师生凭借坚持不懈的努力,在首都高校社会实践评比中再次获佳绩。5人获"首都高校社会实践先进工作者"称号;5人获"首都高校社会实践先进个人"称号;16支实践团获"首都高校社会实践优秀团队"称号;10项调研成果获"首都高校社会实践优秀调研成果"称号。

2013年,华北电力大学(保定)共有共青团员17 705人,团支部652个,学生社团64个。在2013年的团员教育评议工作中共评出优秀团员934人,优秀团支部128个,科技积极分子357人,优秀团干部316人,团员标兵22人,志愿服务先进262人。

2013年,学校召开了共青团华北电力大学(保定)第九次代表大会暨华北电力大学(保定)第十二次学生代表大会,听取并审议了共青团华北电力大学(保定)委员会工作报告,选举产生了共青团华北电力大学(保定)第九届委员会及新一届领导班子。

2013年,校团委积极组织学生参加各类学科竞赛,共获得国家级奖项24项:一等奖3项,二等奖4项,三等奖13项,金奖1项,银奖1项,铜奖2项。省部级奖36项:特等奖4项,一等奖12项,二等奖15项,三等奖4项,优秀奖1项。其中,在"挑战杯"2013年河北省大学生课外学术科技作品竞赛中,学生作品取得了特等奖4项、一等奖8项、二等奖11项、三等奖1项的优异成绩,并获大赛"优秀组织奖";在第十三届"挑战杯"全国大学生课外学术科技作品竞赛中,夺得了国家二等奖2项、三等奖4项的好成绩。此外,在2013年第六届全国大学生节能减排社会实践与科技竞赛中,学生作品荣获国家一等奖2项、二等奖1项、三等奖8项;在2013年第四届全国高校环保科技创新设计大赛中,学生作品荣获金奖1项、银奖1项、铜奖2项、优胜奖4项,并荣获大赛"优秀组织奖"。

2013年,"大学生创业实验班"聘请到了一批包括"千人计划"在内的高层次校外专家学者和企业家导师,筹措到了20万元大学生创业基金,发掘出了一批科技含量较高、市场前景较好的创业项目。其中,依托"无电区民用风光互补发电系统"项目,成立了学校第一个大学生创业实体——保定华舟商贸有限责任公司,签署了50万元的设备采购协议,并开始了试点地区的安装调试工作。另一创业项目"精灵智能用电系统"顺利入选教育部2013年第六届全国大学生创新创业年会,成功参展2013年中国国际智能电网技术和设备展览会,并获中国(河北)青年创业大赛三等奖,目前已经同天津市滨海区电力公司达成技术合作,正在积极争取商业订单。

在2013年寒假、暑期社会实践活动中,校团委共派出校级社会实践队30支,院系级社会实践小分队216支,学生自由组队千余支,学生参与率高达99%,活动内容覆盖基层宣讲、科技支农、教育帮扶、文化宣传、生态环保、关爱留守儿童、就业见习等方面，实践队伍分赴云南、广东、河北、山东、江苏、内蒙古、北京等省市自治区，共评选出了社会实践先进团总支5个、社会实践先进小分队18支、社会实践优秀指导教师6人，社会实践先进个人543人、优秀社会实践报告417篇。同时，河北省百万大学生和青年教师千乡万村“体验省情、服务群众”主题实践活动中，学校共成立省级重点实践小分队4支，校级重点实践小分队16支，院系级重点实践小分队40支，被授予“先进学校”“志愿服务先进集体”“发布优秀博文、优秀视频、优秀图片单位”等荣誉，并有6支实践团队、10名指导教师、22名学生、4篇调研报告获得省级社会实践表彰。

继2009年学校开展了“能源调研西藏行”社会实践活动，彻底解决西藏自治区日喀则地区拉孜县节村无电农户的照明用电问题后，2013年学校继续推进“绿色电力照亮长征路”主题活动，采取学校出人才、企业出设备、政府出政策“三位一体”的运作模式，以新能源设备供应和科技教育扶贫服务相结合的方式，为云南、广东等无电地区捐赠了价值10万余元的户用太阳能供电系统27套，致力于用电贫困地区的新能源开发与利用，用绿色电力点亮了长征路上老区人民幸福“中国梦”。该项目荣获“河北省高校校园文化建设优秀成果一等奖”“第七届全国高校校园文化建设优秀成果三等奖”。

2013年3月，学校与顺平县人民政府联合发起了关爱贫困山区农村留守儿童“情暖童心”行动，打造关爱活动阵地以及开展长期志愿服务形式，帮助当地农村留守儿童健康成长。针对“情暖童心”行动志愿服务方面的工作内容，校团委迅速制定了活动实施方案，并研究制定了由校团委及下属的校青年志愿者协会对应“情暖童心”行动总中心开展活动，研究生院、电力系、动力系、环境学院、法政系五个团总支及下属的系青年志愿者协会对应五个“情暖童心”行动分中心开展活动的“点对点”工作体系。志愿服务工作涉及结对帮扶、学业辅导、亲情陪伴、爱心捐赠等六项“规定工作内容”以及根据院系及分中心实际情况开展的“自选工作内容”。自“情暖童心”关爱顺平留守儿童行动实施以来，累计开展各类关爱活动60余次，受惠的留守儿童已达2 500多人次，并为该地12所学校配备了大学生校官，受到了社会各界的广泛关注和热烈响应。

（王集令　任威宇　张蓓蓓）

■条目

【举办第十七届校学生会全员大会】3月17日，华北电力大学举行第十七届校学生会全员大会，校团委书记林长强，校团委副书记王新军，校学生会、社联秘书长姚阳以及各学生会主席出席大会。

（王集令　任威宇）

【举办和谐校园见面会】3月19日，为增进广大同学对后勤服务工作的了解，促进后勤服务工作质量的提高，校团委、研工部、后勤集团联合主办，校学生会权益部与校研会生活权益部共同承办的“和谐校园见面会——本研携手走进后勤”在教三开展。

（王集令　任威宇）

【青协参与植树活动】3月16、17日以及24日的下午，20名志愿者们在世界森林日到来之际，自发前往中国小动物保护协会流浪动物救助基地参加以“绿化基地、奉献爱心”为主题的植树活动。

（王集令　任威宇）

【留守儿童项目志愿服务组走进顺平】3月24日，学校“情暖童心”行动志愿服务组前往顺平县进行了项目对接工作。顺平县人大副主任李晓红，县教育局局长王晓炜、副局长张杏田、团县委书记李小娜以及五个“情暖童心”活动分中心所在中学校长参加了项目对接活动。

（王集令　任威宇）

【开展“一米阳光”进社区活动】3月雷锋月，“蓝之焰”青年志愿者协会特开展了“一米阳光”进社区活动。此活动由华北电力大学校团委主办，由“蓝之焰”青年志愿者协会承办，由青协常规组成员及其他志愿者参加。本次活动旨在让居民对垃圾回收及废旧电池分类有进一步认识，从而保护环境。

（王集令　任威宇）

【举办第十五届校辩论赛决赛暨明星赛】4月13日，第十五届校辩论赛决赛暨明星表演赛在教三报告厅拉开帷幕。本次比赛分为明星表演赛和决赛两个环节，首先是由清华大学、北京语言大学、中国矿业大学和北京科技大学四所高校的辩论队队长组成的明星队与华北电力大学校辩论队展开的明星表演赛。

（王集令　任威宇）

【举行共青团华北电力大学第六次代表大会暨华北电力大学第七次学生代表大会】4月19日至4

月20日，共青团华北电力大学第六次代表大会暨华北电力大学第七次学生代表大会在校部礼堂举行，团市委领导、校党委书记吴志功以及其他院校团委代表出席了此次会议。会议讨论通过工作报告的决议，并选举共青团第六届委员会书记、副书记以及常委，并选举产生新一届华北电力大学学生会主席团。

（王集令　任威宇）

【举行五四表彰大会暨“五月的花海”合唱比赛】5月3日晚，纪念五四运动94周年表彰大会暨“我的中国梦——五月的花海”合唱比赛在校部举行。党委书记吴志功、党委副书记李双辰、党委副书记郝英杰、副校长孙忠权以及各职能部门、院系有关负责人出席了大会。

（王集令　任威宇）

【举办美国犹他谷大学合唱团中国高校巡演华北电力大学专场】5月13日，由校团委、艺术教育中心主办，校学生会承办的“美国犹他谷大学合唱团中国高校巡演华北电力大学专场”在校部礼堂举办。此次演出到场的嘉宾有党委副书记郝英杰，美中文化艺术交流协会会长董荣璨，校团委书记林长强，校团委副书记王新军。

（王集令 任威宇）

【塔吉克斯坦宣讲会艺术团交流演出】5月24日，塔吉克斯坦大使到华北电力大学进行演讲交流活动，演讲结束后，校团委艺术团为大使们表演了艺术团保留经典节目。演出结束后，塔吉克斯坦大使与学校艺教中心王悦老师及艺术团演员亲切交流并合影。此次演出展现出学校大学生的良好风貌，促进了双方的交流，增进了彼此的感情。

（王集令 任威宇）

【校艺术团前往武警五支队举办慰问晚会】6月2日，学校武装部副部长、学生处副处长张兵仿，武装部干部王文才携校团委、校艺术团演职人员，来到北京武警五支队大兴安定驻训基地，为全体指战员送去了慰问品和一场精彩的慰问文艺晚会。武警五支队支队长陈攀峰、副政委石国良，热情接待了学校慰问团一行。

（王集令　任威宇）

【参加“挑战杯”竞赛团队再创佳绩】第七届北京市“挑战杯”首都大学生课外学术作品竞赛落下帷幕，参加此次竞赛的学校各位参赛小组获佳绩。在全北京市的获奖队伍中，学共获得特等奖1项、一等奖3项、二等奖6项、三等奖4项。首次获首都挑战杯优胜杯，排名北京市高校第八。

（王集令 任威宇）

【“绿色电力照亮长征路”社会实践团队获多个奖项】“绿色电力照亮长征路”社会实践团队在由团中央、教育部的2013年“圆梦中国”专项社会实践活动中获全国先进团队奖。在团市委举行的“智汇·环保一夏”首都大学生绿色梦想季系列活动中“绿色电力重走长征路”实践项目获一等奖，另获三等奖和优秀奖各一项，并获优秀组织奖。

（王集令　任威宇）

【举办2013级中秋迎新晚会】9月19日，由校团委、学生处、武装部联合主办，校学生会承办的2013年中秋迎新晚会在操场隆重举行。学校党委副书记郝英杰，武警第八支队三大队副教导员曹顺勇，武警第八支队参谋范超，北京移动昌平分公司总经理谷奇峰及学校有关部门、各院系的领导老师到现场看晚会。

（王集令　任威宇）

【举办北京京剧院华北电力大学专场演出】10月22日，由校团委、艺教中心联合主办，校学生会承办的“迎55年校庆　北京京剧院华北电力大学专场演出”在北京校部举行。

（王集令　任威宇）

【举办“中国梦·华电情——55名知名校友进校园”活动】10月24日，由华北电力大学教务处、校友工作办公室、校团委联合主办，校学生会承办的“中国梦·华电情——55名知名校友进校园”活动在教三报告厅隆重开幕。出席本次活动的领导有校团委书记、艺教中心主任林长强，校学生会社联秘书长姚阳，嘉宾知名英语教育专家、澳大利亚悉尼大学硕士、“雅思教父”刘洪波先生，贯学教育首席外教、留学部总监、澳大利亚ACIC中国区副总裁、雅思口语第一人Bobby老师。

（王集令　任威宇）

【“蓝之焰”助力北京马拉松】10月20日，北京现代马拉松比赛在北京举行，学校青协为此次活动提供了志愿服务。

（王集令　任威宇）

【参与万人徒步活动】10月19日，学校青协组织37名志愿者前往“桃源之乡”平谷，参加了由北京平谷体育局主办，由北京众多高校倾情加盟的大型公益万人徒步活动。

（王集令　任威宇）

【开展2013级新生班团干部素质拓展活动】11月3日,学校新生团干素质拓展活动在足球场举行。本次活动由校团委组织举办,校学生会素拓部承办,参与人员为13级全体班长及团支书,约220名,总共历时约3小时。此次活动旨在通过一系列的趣味游戏,让新生团干相互认识、熟悉,增进互相的了解,培养大家的集体意识和团队合作精神,为以后参加各项活动打下基础。

(王集令　任威宇)

【举办55周年校庆晚会】11月16日,华北电力大学55周年校庆文艺晚会在校部礼堂举行。前来观看晚会的嘉宾们和华电学子们享受到一场精彩的视觉盛宴。

(王集令　任威宇)

【举办第七届校园奥斯卡情景剧大赛决赛暨颁奖典礼】11月12日,由校团委主办、校学生会承办的第七届校园奥斯卡情景剧大赛决赛暨颁奖典礼在教三报告厅隆重举行。校庆之际,华电学子通过一幕幕精彩的校园情景剧,表现了校园的蓬勃朝气,抒发了对华电的真挚情感,通过自己的方式为校庆献礼。

(王集令　任威宇)

【举行纪念"一二九"活动升旗仪式】12月9日,正值"一二·九"运动78周年,为纪念这个特殊的日子,感怀当年学生的爱国精神,学校开展"升旗、跑操爱国健身运动",用庄严肃穆的升旗仪式,阳光积极的精神风貌迎接一二九,传承"一二·九"运动精魂。

(王集令　任威宇)

【获"首都民族团结进步先进集体"称号】12月,第七届首都民族团结进步表彰大会在北京会议中心召开,会议对首都民族团结进步作出突出贡献的先进集体和个人进行了表彰,华北电力大学获北京市委、市政府颁发的"首都民族团结进步先进集体"荣誉称号,是获得表彰的七所高校之一。校团委负责人代表学校参加了表彰大会。

(王集令　任威宇)

【深入开展学习党的十八大精神系列活动】为深入贯彻学习党的十八大精神,学校组织开展了"学习十八大 永远跟党走"十八大精神宣讲活动、学生干部学习宣传贯彻十八大精神专题座谈会、"喜庆十八大,党恩暖中华"演讲比赛、"喜迎十八大永远跟党走"党情党史知识竞赛等主题教育活动,在全校青年团员中迅速掀起了学习十八大的热潮,用马克思主义中国化最新成果构筑学校青年的理想信念和精神支柱。

(王集令　任威宇)

【深入开展"绿色电力照亮长征路"主题实践活动】为充分发挥学校办学优势,积极履行大学服务社会发展的社会责任,继2009年学校开展了"能源调研西藏行"社会实践活动,彻底解决西藏自治区日喀则地区拉孜县节村无电农户的照明用电问题后,2012年年底学校再次发起了"绿色电力照亮长征路"主题活动。采取学校出人才、企业出设备、政府出政策"三位一体"的运作模式,以新能源设备供应和科技教育扶贫服务相结合的方式,致力于用电贫困地区的新能源开发与利用,2013年为云南、广东等无电地区捐赠了价值10万余元的户用太阳能供电系统27套,切实为当地群众办实事、办好事,用绿色电力点亮了长征路上老区人民幸福"中国梦"。该项目荣获"河北省高校校园文化建设优秀成果一等奖"、"第七届全国高校校园文化建设优秀成果三等奖"。

(王集令　任威宇)

【深入开展"情暖童心"关爱顺平留守儿童行动】为发挥高校资源优势,帮助顺平贫困山区留守儿童健康成长,从3月起,针对"情暖童心"行动志愿服务方面的工作内容,校团委迅速制定了活动实施方案,并研究制定了由校团委及下属的校青年志愿者协会对应"情暖童心"行动总中心开展活动,研究生院、电力系、动力系、环境学院、法政系五个团总支及下属的系青年志愿者协会对应五个"情暖童心"行动分中心开展活动的"点对点"工作体系。志愿服务工作涉及结对帮扶、学业辅导、亲情陪伴、爱心捐赠等六项"规定工作内容"以及根据院系及分中心实际情况开展的"自选工作内容"。自"情暖童心"关爱顺平留守儿童行动实施以来,累计开展各类关爱活动60余次,受惠的留守儿童已达2 500多人次,并为该地12所学校配备了大学生校官,受到了社会各界的广泛关注和热烈响应。

(王集令　任威宇)

【深入开展庆祝建校55周年系列活动】为迎接学校55周年校庆,按照学校统一安排部署,组织开展了"迎校庆、树品牌、作贡献"主题团日活动、"喜迎华电校庆　共赏学子佳作"书法漫画摄影优秀作品征集活动、"迎校庆　不插电"弹唱大赛、"校庆杯"师生棋类暨驻保高校棋类大赛、"创新成就梦想,创业点亮人生"大学生"对话·成长"论坛等丰富多彩的校园文化活动，营造浓厚的爱校荣校氛围，更好地传承华电传统、弘扬华电精神，激发全校师生振奋精神，以饱满的热情、昂扬的斗志和务实的作风更好地投身到学校建设和发展当中，为建设高水平大学贡献自己的青春、智慧和力量。

（王集令　任威宇）

【举办第二十四届体育节】4月11日，保定校区第二十四届大学生体育节开幕式在二校区举行。本届体育节组委会名誉主任、校长助理郭孝锋，党委组织部副部长李秋夫，学生处副处长姜波，党委研究生工作部副部长葛永庆，体育教学部主任房游光、书记李全化，校团委副书记赵冬鸣、商雷和校学生会主席张天翼等出席了开幕式。开幕式由校学生会秘书长胡庆宇主持。本次体育节共设有足球、篮球、排球、羽毛球、乒乓球、轮滑、拔河等十四个比赛项目，比赛时间历时两个月。

（王集令　任威宇）

【召开共青团第九次代表大会暨第十二次学生代表大会】4月28日，共青团华北电力大学（保定）第九次代表大会暨华北电力大学（保定）第十二次学生代表大会在保定校区召开。共青团河北省委副书记商黎兵，共青团河北省委学校部部长史卫华，河北省学联执行主席张文荟，共青团保定市委书记杨跃峰，共青团保定市委副书记蔡红星，共青团保定市委副书记刘丹和学校党委书记吴志功，党委副书记郝英杰，副校长王增平，党委常委、组织部长张天兴，校长助理米增强，校长助理郭孝锋以及党群部门、院系党总支负责同志出席了大会。南开大学、河北大学等23所兄弟院校团委负责人应邀出席大会。220名团代会代表、200名学代会代表参加大会，300多名青年团员代表列席大会。大会由校团委副书记赵冬鸣主持。

（王集令　任威宇）

【举办纪念五四运动94周年暨团内表彰大会】5月3日，保定校区纪念五四运动94周年暨团内表彰大会在礼堂顺利召开。校党委副书记、副校长张金辉，副校长王增平，校长助理米增强、郭孝锋以及各职能部门、院系有关负责人出席了大会。团委负责人宣读《关于表彰先进集体和个人的决定》，张金辉发表重要讲话。随后举行了纪念五四运动94周年合唱比赛。各院系参赛队伍激情唱响报效国家青年梦想，赢得观众的阵阵掌声。自动化系以一首《山丹丹花开红艳艳》，凭借整齐划一、慷慨激昂的演唱夺得桂冠。

（王集令　任威宇）

【参加创行世界杯中国站创新公益大赛】5月16日至17日，2013创行世界杯中国站创新公益大赛在北京国家会议中心举行。本次比赛吸引了来自华北、东北、华东、中西部、华南及香港五大赛区的64支晋级团队同台竞技。保定校区创行团队凭借出色的表现，从全国208支参赛团队中脱颖而出，荣获华北赛区一等奖、最佳科技创新奖，成功晋级全国十六强，荣获全国二等奖，创造了学校创行团队在全国赛的历史最好成绩。

（王集令　任威宇）

【举办大学生创业基金捐赠暨创业实验班校外导师聘任仪式】5月29日，由校团委主办的华北电力大学大学生创业基金捐赠暨创业实验班校外导师聘任仪式在一校国际学术报告厅隆重举行。党委书记吴志功、党委副书记郝英杰、校长助理郭孝锋及党校办、教务处、科技处、财务与资产管理处、产业处、教育基金会、校友会、学生处、党委研究生工作部、校团委等部门负责人出席了基金捐赠暨校外导师聘任仪式。仪式由校团委副书记赵冬鸣主持。

（王集令　任威宇）

【参加第四届全国高校环保科技创意设计大赛】6月2日，第四届全国高校环保科技创新设计大赛决赛在华南理工大学举行。本次大赛得到了全国多所知名高校的大力支持及社会的广泛关注，共有来自上海交通大学、西安交通大学、中国科技大学、华北电力大学等87所高校的829支队伍报名参赛，参赛人数达到6 000余人。本次创意设计大赛学校共报送作品69件，获得金奖1项、银奖1项、铜奖2项，优胜奖4项，并获大赛优秀组织奖。

（王集令　任威宇）

【参加“挑战杯”2013年河北省大学生课外学术科技作品竞赛】6月2日，由团省委、省教育厅、省科协、省学联联合举办的2013年“挑战杯”河北省大学生课外学术科技作品竞赛终审决赛在中国人民解放军军械工程学院落下帷幕。学校代表队在河北省众多高校中脱颖而出，取得了特等奖4项、一等奖8项、二等奖11项、三等奖1项的优异成绩，学校荣获“优秀组织奖”，顾雪平、刘云鹏、胡宏伟、李菊英等4位教师被评为“优秀指导教师”。

（王集令　任威宇）

【参加中国（河北）青年创业创新大赛】8月，由团省委、省教育厅、省科技厅等12部门联合主办的“中国(河北)青年创业创新大赛”2013赛季启动仪式暨2012赛季颁奖仪式在河北省石家庄市举行。保定校区陈亮的《智能用电系统的生产与推广》项目经过初选、初赛、复赛、决赛脱颖而出,取得了2012赛季“初创项目组”第三名的优异成绩,并获3万元奖励资金,这也是河北省高校学生参赛项目在本届大赛中取得的最好成绩,学校获大赛“最佳组织奖”。

(王集令　任威宇)

【参加第八届全国“飞思卡尔”杯智能汽车竞赛】9月,第八届全国“飞思卡尔杯”智能车大赛在东北大学秦皇岛分校体育馆举行,来自华北赛区70多所高校的309支队伍参加了分赛区的比赛,比赛分为电磁组、摄像头组和光电平衡组三个组别。教师王炳谦、林永君带队的保定校区六支代表队夺得了华北赛区二等奖2项、三等奖3项、优秀奖1项的好成绩。

(王集令　任威宇)

【举办“中秋情　华电梦”2013大学生年度人物颁奖暨迎新晚会】9月17日,保定校区“中秋情　华电梦”2013大学生年度人物颁奖暨迎新晚会在二校区举行。校党委副书记、副校长张金辉,副校长王增平,校长助理米增强、郭孝锋,部分职能部门负责人、院系党总支副书记及辅导员出席了本场晚会。“长江学者”牛东晓教授,为学校设立中恒博瑞创业基金的周庆捷校友、央视著名节目主持人姚雪松校友作为特约颁奖嘉宾出席了本次晚会。晚会由校团委、学生处及艺教中心联合举办。

(王集令　任威宇)

【参加第十三届“挑战杯”全国大学生课外学术科技作品竞赛】10月,第十三届“挑战杯”全国大学生课外学术科技作品竞赛终审决赛在苏州闭幕。本届比赛共吸引了来自全国近2 000余所高校的近两万件作品报备参赛,经过省级比赛、全国复审,最终440所高校的1 135件作品进入终审决赛。经过作品展示、现场问辩等环节,在竞争异常激烈的情况下,最终夺得国家二等奖3项,三等奖5项的好成绩,获奖数量为近年之最,同时保定校区荣获全国高校优秀组织奖,并再次获得竞赛发起高校资格。

(王集令　任威宇)

【荣获第七届全国高校校园文化建设优秀成果奖】2013年,学校申报校园文化建设成果《充分发挥能源学科优势让绿色电力点亮长征路上幸福梦——华北电力大学“三位一体”电力扶贫的实践与探索》从众多申报作品中脱颖而出,荣获优秀成果三等奖。第七届全国高校校园文化建设优秀成果奖评选活动是由教育部思政司负责组织实施的,全国高校校园文化建设成果的最高奖项。此次评选活动全国高校悉数参加,每校限报一项,评选活动备受教育行政部门和各高校的重视。

(王集令　任威宇)

【举办第四十五届田径运动会】10月11日,第四十五届田径运动会开幕式在保定校区举行。校领导吴志功、张金辉、李双辰,校长助理米增强、律方成、郭孝锋及各职能部门、院系负责人出席了开幕式。副校长王增平主持开幕式。

(王集令　任威宇)

【参加第十七届“外研社杯”全国大学生英语辩论赛】10月17日至20日,第十七届“外研社杯”全国大学生英语辩论赛华北赛区决赛在北京外交学院开赛。在辩论队指导老师指导下,英语专业2010级王苏鑫和英语专业2012级雷也两位辩手在69支代表队中脱颖而出,荣获了二等奖的好成绩。随后,10月26日至11月2日在北京外国语大学举行的全国总决赛中,面对全国六大赛区选拔出来的104支队伍,王苏鑫和雷也同学取得了全国三等奖的好成绩,比赛充分展示了华电学子的风采,为学校争得了荣誉。

(王集令　任威宇)

【举办“创新成就梦想,创业点亮人生”大学生“对话·成长”论坛】10月27日,由校友办、学生处、校团委主办的55周年校庆系列活动——“创新成就梦想,创业点亮人生”大学生“对话·成长”论坛成功举办。校党委副书记、副校长张金辉,校长助理郭孝锋,各相关职能部门负责人以及部分知名校友应邀出席了本次论坛。本次论坛邀请到了国家电网公司信息通信部副主任、计算机系81级校友王继业,北京中电兴业技术开发有限公司总经理、机械系81级校友杜德安,以及中巴地球资源卫星总指挥兼总设计师、通信86级校友张庆君担任本次论坛嘉宾,围绕“青年创新创业”主题,与三名优秀学生代表张天翼、陈亮、张号乾进行交流。

(王集令　任威宇)

【参加河北省第十四届“世纪之星”英语演讲大赛】11月16日,河北省高等学校第十四届“世纪之星”英语演讲大赛决赛暨2013年“外研社杯”全国英语演讲大赛河北赛区复赛在保定校区举办。本次大赛由河北省教育厅、河北高等学校外语教学研究会、河北省高等学校外语教学指导委员会、外语教学与研究出版社主办，华北电力大学承办。保定校区8名选手中有4人获得一等奖，3人获得二等奖，1人获得三等奖。

（王集令　任威宇）

【荣获河北省高校校园文化建设优秀成果一等奖】12月，中共河北省委教育工委、河北省教育厅下发《关于公布2013年高校校园文化建设优秀成果评选结果的通知》，学校报送的校园文化建设成果《充分发挥能源学科优势，让绿色电力点亮长征路上幸福梦——华北电力大学“三位一体”电力扶贫的实践与探索》荣获一等奖。

（王集令　任威宇）

【指导学生开展假期社会实践活动】2013年，华北电力大学紧密结合国家、社会发展的需要和大学生成长成才的要求，组织开展了“投身社会实践，放飞青春梦想”“学习践行十八大，我为祖国作贡献”等主题深刻、内容丰富的社会实践活动，集中组织校、系两级实践队百余支、学生自由组队千余支，参与学生两万余人次，围绕政策宣讲、科技服务、就业见习、社会调研、支农支教、爱心助困等主题开展了各类社会实践服务活动。学校的社会实践工作多次受到上级有关部门的表彰，被河北省委宣传部等四部门联合授予“社会实践活动志愿服务先进集体”，被河北省委教育工委等七部门联合授予“暑期河北省百万大学生和青年教师千乡万村‘体验省情、服务群众’主题实践活动先进学校”“主题实践活动发布优秀博文、优秀视频、优秀图片单位”，共有6支实践团队、10名指导教师、22名学生、4篇调研报告获得省级表彰。

（张蓓蓓）

【指导学生会及社团联合会开展形式多样的校园活动】2013年，华北电力大学指导学生会及社团联合会在加强自身内部建设的同时，策划组织广大学生开展形式多样的校园活动，丰富了校园文化，活跃了课余生活，为学生们提供了一个展现自我、锻炼自我的平台。主要活动包括：第十九届校园辩论赛、第十一届青春风采大赛、第九届大学生管理协会定向运动、第六届校园歌手大赛、第五届科技知识竞赛、第三届校园论坛赛、第三届历史知识竞赛、第二届模拟法庭大赛、首届计算机软件设计大赛、首届IT文化节等活动。

（张蓓蓓）

离退休工作

■概述

2013年，华北电力大学离退休工作以学习贯彻十八大精神为主线，以围绕中心服务大局服务老同志为宗旨，以党的群众路线教育实践活动为抓手，以华电55周年校庆活动为平台，进一步完善学校老干部工作机制和内容（《离退休干部工作领导责任制》。）

2013年，学校继续强化党委统一领导，各部门齐抓共管的老干部工作机制。

学校党的群众路线教育实践活动自7月份开展以来，就老干部工作专题会议学校党委层面召开两次，一次是老干部代表座谈会，一次是各部门领导参加的梳理后的老干部意见及建议落实协调会。通过活动的深度展开，落实协调会确定的项目和效果体现在两项待遇、两项建设进一步得到落实。

政治待遇在原基础上增加了项目，扩大了受益面。校区专门设立老同志接待室。老同志都住在校外，回校办事、咨询、参观、诉求、阅文有专人接待引导，使他们有归宿感和荣誉感且有歇脚处。原处级及以上干部、副高级以上人员校报由宣传部负责寄到家里，其他人员可就近到活动点领取、举办上网培训班。

生活待遇在原有基础上为每位老同志增加生活补贴300元/月。组织老同志体检、102专家体检，关心、了解老同志生理心理状况。组织老同志春、秋游，激发老同志热爱自然、热爱祖国、热爱新北京的情怀。组织校际老同志乒乓球友谊赛，促进校际友谊和交流。参观校内国家重点实验室深度了解学校发展情况、增强自信。春节、七一前走访慰问老干部，党的关怀送达老同志的身边与心中。

支部建设方面，活动经费下拨一部分，充分发挥支部作用以弥补居住上远、散、难的困难，增强支部的活力和凝聚力；思想政治工作建设方面强化了总支和工作人员联系支部、支部联系党员群众的职责，使人人都有归宿感。关注最困难群体和精神心理异常群体（这两个群体联系人和被联系人是一一对应的），使工作针对性加强。

2013年学校离退休工作办公室继续发挥老同志三种优势作用。

发挥老同志经验优势。有组织的力量有:教学督导组、关工委、辅导员顾问等。尤其教学督导组是保证教学质量的必要条件,领导重视,力量不断加强。此外,还有分散在各社区的积极分子,他们在社区建设、社区维稳等方面具有较大贡献,应继续鼓励和倡导。

发挥老同志政治优势。学校重视老干部党性强和修养高的影响作用。请理论家做十八大、十八届三中全会的辅导报告、请好学者引导老同志的思想内容和提升活动质量。还有倡导老同志们在家庭氛围中,在教育后代上,在社会环境中发挥传播正能量不可替代的作用。

发挥老同志文化优势。通过学校55周年校庆活动这个平台,老同志们无论是歌唱表演还是书画艺术展,都给广大师生和校友留下了美的享受和富有哲理的启迪。

保定校区老科协积极响应保定市老科协的号召,积极参与保定市老科协组织的各项活动,由于退休老同志在理论和实践方面学术较高,他们参加了全国召开的学术交流会,他们一方面讲学、一方面写论文和技术测试及审稿,共写论文2篇、讲学58小时、审稿6篇。

2013年继续落实"四个就近"。小营两个支部带头成立了联合互助协会,细分成若干小组,分头与社区对应的管理人员结对,一方面利用社区资源为老同志服务,一方面为社区文化建设作贡献。配合社区维稳、治理小区环境、安装健身器材、举办迎春文艺汇演等。真正落实老干部就近学习、就近活动、就近得到照顾、就近发挥作用。

保定校区离退休党总支根据老同志们的身体状况和特点,成立了合唱队、舞蹈队、腰鼓队、模特队。通过各队努力,分别参加了保定市北市区、天马社区、军学胡同、幼儿园、军队干休所等文体活动。舞蹈队参加东金昌、军学胡同社区文艺汇演,并取得较好的成绩,得到社区领导和同行的好评,社区领导利用电话、走访的方式表示感谢。

加强"3+2"实体建设(三支队伍加两个阵地)。老干部工作的三支队伍:包括工作人员队伍、支部干部队伍、文体骨干队伍。他们通过学习、培训、参观、兄弟院校交流、主题活动开展、校庆系列活动组织等环节,提高了认识,开阔了眼界、增强了手段、夯实了内功,上升了水平。两个阵地:老干部活动中心、银龄课堂。

2013年,学校在原基础上增设了一个工勤岗,使服务更加周到,室内环境更加宜人。银龄课堂除活动中心日常开设的兴趣课和各支部开设的支部活动课堂外,还成立了书法学习班,每月定期活动一次。

继续提升"六个老有"的水平。"六个老有"具体涵盖:老有所养、老有所医、老有所教、老有所学、老有所为、老有所乐六位一体。2013年,学校结合校庆系列文化活动举办了"喜迎校庆55华诞'文化养老'论坛"。论坛调动了广大老同志的积极性,涌现出一批积极分子和示范项目。

(张隽贤)

概况

华北电力大学离退休办公室是隶属于校党委系统的职能部门,由校党委书记直接分管。离退休工作办公室分为北京、保定两部分属地办公,经费单列。

离退休办公室北京校部现有工作人员4人。分别为主任1人、离退休党总支书记1人、工作人员2人。保定校区副主任1人,工作人员4人。

2013年,北京校部共有离退休人员420人。其中离休人员26人。退休人员394人,其中司局级16人,正高职116人,副高职93人,中级57人,工人53人,正处级26人,副处级16人,科级17人。2013年保定离退休现有人员575人,民主党派20人。其中离休干部20人,司局级5人,处级18人,在离休干部中4人为抗战时期参加革命工作,其余为解放战争时期参加工作;退休人员555人,司局级5人、处级20人,副高职以上职称的教师和专业技术人员247人,一般干部、教师119人,工人164人。

2013年,离退休党总支北京校部有离退休党员229人,党支部10个。保定校区离退休党员234人,党支部6个。

北京校部小营家属宿舍区地下室设有老干部活动中心,占地500平方米。有阅览室,沙壶球,乒乓球、台球室、音乐教室,卡拉OK室,健身器材等。保定校区老干部活动中心有700多平方米,设有多功能厅、乒乓球、台球、棋牌室、健身房等。

(张隽贤　张　丽)

条目

【获保定市首届"敬老文明号"先进集体】2013年,保定市第一届"敬老文明号"先进集体评选结果揭晓,华北电力大学获保定市首届“敬老文明号”先进集体,也是保定市唯一一所获此荣誉的高校。根据全国和河北省老龄委工作部署,保定市于2012年全面开展了“敬老文明号”创建工作。学校对此项工作非常重视按照《全国“敬老文明号”创建和管理办法》的要求,逐条逐项落实。经市考核验收,学校获2013年保定市第一届“敬老文明号”先进集体称号。

(马同军)

【举办喜迎校庆55华诞“文化养老”论坛】7月10日,学校举办喜迎校庆55华诞“文化养老”论坛,论坛主题为“阳光心态筑美梦,文化生活养银龄”。党委书记吴志功,校长刘吉臻,离退休老领导、老教师代表,参加此次论坛。论坛上,老同志们结合自身实际道出了对于“文化养老”的感悟。中国传统文化的解读与感悟、养生长寿知识的分享与讨论、创办银铃艺术团的回顾与体会、诗词格律的创作与展示、现代高科技的钟情与痴迷、“宽、爱、正、忙”长寿四字的提炼与诠释,体现了老同志们良好的精神风貌和积极的生活态度。论坛由离退休办主任秦卓贤主持。离退休党总支书记李献东向大家介绍了当前学校在各领域取得的成绩,并详细介绍了学校开展党的群众路线教育实践活动的实施方案。

(张隽贤)

【召开党的群众路线教育实践活动老干部意见建议解决处理协调会】9月13日,在学校召开的党的群众路线教育实践活动北京校部老干部座谈会上,老干部对学校发展等问题提出了若干建议和意见。为及时、妥善地解决处理此建议和意见。9月25日,学校专门召开了协调会,校党委书记吴志功,党委常委、组织部部长张天兴,校长助理、党校办主任汪庆华,学校党校办、宣传部、人事处、财务处、工会、学生处、基建处、后勤处、网络中心、校医院以及离退休办公室等有关职能处室的主要领导参加了会议。离退休办公室主任秦卓贤就学校召开党的群众路线教育实践活动老干部座谈会提出的意见和建议,分类向大家作了汇报。内容包括:①教书育人、课程设置方面;②畅通反映意见渠道方面;③提供多渠道了解学校发展动态的平台;④离退休人员待遇问题;⑤帮困问题等。吴志功肯定了老同志们提出的有关学校发展的建议性意见和建议,再次提出老同志是学校的宝贵财富,他们对学校有感情有责任感,一定要充分发挥老同志的作用。然后对应意见,逐条咨询相关部门领导。大家本着关心老同志,本着务实的精神,结合学校实际,就老同志们提出的问题,能解决的问题当场就拍板解决,不能解决的要求有关部门调研后再作讨论。

吴志功责成离退休办公室领导尽快把会议精神传达给老干部,并引导老同志充分利用社会资源、依托社会,真正做到“老有所养、老有所医、老有所为、老有所学、老有所教、老有所乐”。

(张隽贤)

人事管理

■概述

2013年,人事处深入贯彻实施“大人才”发展战略,继续推进和深化劳动人事制度改革,不断完善人才选拔和用人体制机制,重点完成了以下几项工作:

(1)创新人才工作体制机制,人才工作办公室独立设置,建立集人才计划、执行与评价三位一体的人才工作体系,做强人才队伍增量。

(2)根据“教育部直属高校绩效评价指标体系”“学科评估指标权重”和院系的反馈意见,进一步调整教师科研教研工作量计分标准和绩效奖励,强化绩效奖励的导向性。

(3)制定并出台了《华北电力大学关于规范新进教职工聘用管理暂行办法》,规范新进教职工聘用管理,明确学校和教职工的权利、义务和责任,充分调动新进教职工在教学、科研和管理等工作中的积极性。

(4)进一步加大投入,启动了“新一轮创新人才支持计划”,经过严格评审,11人入选“学术领军人才支持计划”、49人入选“学科带头人支持计划”、88人入选“青年骨干教师支持计划”。

(5)完成了专业技术岗位人员聘期考核和全员岗位分级聘任工作,结合学校人事制度改革,修订了各级各类岗位聘任条件和聘期目标。

(6)完成2013年专业技术职务评聘工作,进一步规范聘任程序。

(7)关心教职员工切身利益,进一步提高包括离退休老同志在内的教职工待遇。

(董 剑)

■概况

截至 2013 年年底，学校共有教职工 3 633 人，其中专业技术岗位人员 2 181 人，管理人员 542 人，工勤技能人员 224 人，其他人员（非事业编制）708 人。专业技术人员中，七级及以上高级岗位人员共计 1 022 人，占总数的 47%；中级岗位人员共计 993 人，占总数的 46%。管理人员中，六级（副处级）及以上职员共计 157 人，占全部管理人员的 29%。

2013 年，学校共新增教职工 86 人，其中管理人员 22 人，专业技术人员 64 人；共 25 名教职工办理了退休手续，其中管理人员 6 人，专业技术人员 19 人。

截至 2013 年年底，学校共有中国工程院院士 1 人，双聘院士 4 人、国家“千人计划”专家 8 人，其中“青年千人”2 人；“长江学者”特聘教授 2 人；“973”首席科学家 5 人；国家杰出青年基金获得者 5 人。

（董　剑）

■条目

【人才工作办公室独立设置】为全面落实学校“大人才”发展战略，创新人才工作体制机制，建立集人才计划、执行与评价三位一体的人才工作体系，做强人才队伍增量，为学校的跨越发展提供强有力的人才保障。经学校研究决定，人才工作办公室独立设置。

（董　剑）

【出台规范新进教职工聘用管理暂行办法】为深入贯彻实施学校“大人才”发展战略，继续推进和深化劳动人事制度改革，不断完善人才选拔和用人机制，规范新进教职工聘用管理，充分调动新进教职工在教学、科研和管理等工作中的积极性，根据人力资源与社会保障部、教育部等上级有关文件精神，结合学校实际，制定了《华北电力大学关于规范新进教职工聘用管理暂行办法》。

（董　剑）

【创新人才支持计划新一轮遴选工作】为深入贯彻学校“大人才”发展战略，加快培育一批高水平学术带头人，加强青年骨干教师的培养，学校于 6 月份启动了新一轮“创新人才支持计划”的遴选工作。本次遴选中，第一层次（学术领军人才）共聘任 11 人；第二层次（学科带头人支持计划）共聘任 49 人；第三层次（青年骨干教师支持计划）共聘任 88 人。

（田赞梅　董　剑）

【调整教师科研教研工作量计分标准和绩效奖励】2012 年 7 月，学校印发了《华北电力大学教师绩效考核及校内津贴调整方案（试行）》（华电校人〔2012〕23 号），根据一年试运行及反馈情况，经 2013 年第 3 次校长办公会研究，将有关科研教研工作量计分标准和绩效奖励进行了微调。

（董　剑）

【启动新一轮专业技术岗位人员聘期考核及岗位聘任】为深入贯彻落实“大人才”发展战略，促进人才队伍建设，加快高水平大学建设步伐，学校启动了新一轮专业技术岗位人员的聘期考核和聘任工作。

（董　剑）

【出台管理岗位返聘补充规定】根据《华北电力大学教职工返聘管理规定》（华电校人〔2011〕26 号）文件精神，为落实学校“大人才”发展战略，充分发挥退休人员的作用，结合学校实际情况，出台了《华北电力大学管理岗位返聘补充规定》。

（董　剑）

【筹建环境与化学工程系】为适应国家社会经济可持续发展和能源环境的战略需求，更好地为国家、社会、行业创新发展提供政策咨询、技术支持和人才保障，进一步丰富和完善我校“大电力”学科体系，拓展发展空间，形成新的学科增长点，推进高水平特色型大学建设，经 2013 年第 11 次校长办公会研究，决定在北京校部筹建环境与化学工程系。

（董　剑）

【完成全校教职工人事档案的审核整理工作】根据《关于进一步开展干部人事档案审核工作的通知》（组厅字〔2006〕5 号）和《关于做好文件改版涉及干部人事档案有关工作的通知》（组通字〔2012〕28 号）文件要求，完成了全校教职工人事档案的审核整理工作。

（樊洁慧）

【王玲教授退休】5 月，王玲教授退休。王玲教授长期从事大学物理的科研与教学，系统讲授大学物理课程，连续多届担任学分制挂牌选课的大学物理 A 班主讲，讲课受到学生欢迎，教学效果好。积极从事大学物理课程建设项目并获奖。在大学物理课程体系研究上有独到见解，公开出版并在教学中使用主编的新体系大学物理教材《物质的粒子性运动规律》，在核心刊物上发表学术论文 16 篇。自 2000 年起任学校工会主席及常务副主席，负责工会工作的同时，一直坚持大学物理教学工作。工会工作 13 年来主持上级工会研究项目多项，学校工会多次获上级工会组织授予的荣誉称号与表彰，公开发表工会理论研究论文 21 篇。1993 年被评为学校优秀教育工作者，能源部优秀青年骨干教师。1996年被授予“北京市优秀青年骨干教师”称号。2003年获北京市总工会授予的“北京市优秀工会工作者”称号，2005年获北京市教育工会“模范工会主席”称号，2008年获中国教科文卫体工会授予的“全国教科文卫体系统先进女职工工作者”称号。2013年获北京市教育工会授予的“工会工作突出贡献奖”荣誉称号。

（董　剑）

【王颖教授退休】7月，王颖教授退休，王颖教授主要研究方向为数据库应用技术，软件架构设计，嵌入式系统，WebGIS。在职期间发表学术论文30余篇，撰写出版著作3本、译著2本。参加及完成的主要科研项目有：青海省供电公司管理信息系统总体设计；大学立项第三批教改项目（获优秀奖）、第五批教改项目；《苏、鲁、豫、皖大区域资源调查》项目，主要负责全部遥感数字图像的几何精校正及数字图像处理（该项目获煤炭部科技进步三等奖）。曾任北京市政府和北京市科协组织的电子政务大赛评委。

（董　剑）

【胡满银教授退休】2月，胡满银教授退休。胡满银教授在我校从教38年，长期致力于环境科学与工程领域的教学与科研。培养硕士研究生70余名，在教授岗位的16年间，发表学术论文二百余篇，其中被三大检索收录50多篇，此外，还主持和参与了科研项目二十多项，获省部级科技进步三等奖5项，部级教学成果优秀二等奖一项，国家发明专利1项，实用新型专利2项，出版论著5部，指导学生参加大学生“挑战杯”竞赛获国家级三等奖，曾获“河北省优秀教师”称号，多次获得校级优秀党务工作者。从1993年起享受国务院特殊津贴。胡满银教授主持环境学院党总支工作16年，为环境学院党的建设和各项事业的发展作出突出贡献。

（付丽新）

【荆有印教授退休】7月，荆有印教授退休。荆有印教授1978年毕业于华北电力大学并留校任教。1999年筹划和建设建筑环境与工程专业，此专业2000年开始招收本科生，2005年获得“供热、供燃气、通风及空调工程”硕士授予权，2010年“土木工程”专业获得一级硕士授予权。建成大型中央空调自动控制实验台和暖通空调开放性实习基地。2008年建设的“能源动力与暖通工程实验中心”评为河北省实验教学示范中心。2009年主持的“建筑环境与设备工程专业示范性实验教学中心的建设与改革”教改项目，获华北电力大学实验教学成果二等奖。荆有印教授先后为本科生、硕士研究生共开出《锅炉原理》《供热工程》《暖通空调》《供热空调新技术》等10多门课程。2005年，主持开发的《暖通空调》网络课件获教育部信息中心“第五届全国多媒体课件大赛高教组三等奖”，同年《暖通空调》课程被评为校级精品课程。2005—2006学年度，获华北电力大学教学优秀特等奖。2005年荣获华北电力大学优秀共产党员。

（付丽新）

【李菊英教授退休】7月，李菊英教授退休。李菊英教授在华北电力大学任教36年。先后获得省、部、市优秀教师称号各一次。发表论文百余篇，撰写专著与编著13部。主持科研十多项，参研数项。指导大学生挑战杯9项，其中1项获得国家级特等奖（填补了河北省与华北电力大学的空白）、省级特等奖1项、一等奖3项。讲授研究生、本科生课程11门，教书育人突出。李菊英教授先后任社科部副主任、主任、法政系主任、人文学院副院长等职，在华北电力大学社会科学学科发展中，作出了突出贡献。先后将原社科部建设成为具有研究生、本科生的院系，特别对思想政治教育学科的发展具有里程碑的贡献。

（付丽新）

【王翠茹教授退休】7月，王翠茹教授退休。王翠茹教授在我校从教41年，长期致力于计算机科学与技术学科的教学与科研。培养硕士研究生33名，工程硕士13名。在教授岗位的十余年间，发表学术论文120余篇，其中被三大检索收录36篇。此外，还主持和参与了国网公司系统教育培训资源管理系统、国网公司人力资源信息共享系统的设计与研究、输变电站工程施工管理系统、供电公司变电站计量装置数据实时采集及管理系统等科研项目二十多项，获省级科技进步奖2项，市科技进步奖4项，曾被评为河北省教学名师，省级精品课程负责人，优秀班主任、保定市中兴优秀人才、优秀中青年学术骨干，并获南瑞奖教金、校教学优秀等诸多奖项。王翠茹教授曾历任计算机教研室副主任、支部书记、电子系教学副主任、计算机系科研副主任、计算机系党总支书记。执教以来，先后主讲过《计算机原理及算法语言》《软件技术基础》《数据结构》《计算机导论》《决策支持系统》《算法设计与分析》等课程;主编和参编著作6部:《计算机控制系统》《中国电力百科全书》《数据结构》(PASCAL版)《数据结构》(C语言版)《数据结构》(C语言版)(第二版)《数据结构习题分析与解答》。

(付丽新)

【王敏教授退休】7月,王敏教授退休。王敏教授在华北电力大学任教38年。获得“河北省优秀教师”称号、“思想政治教育工作先进个人”称号各一次。发表论文80余篇主编、参编教材8部。讲授研究生、本科生课程13门,担任学生班主任30余年,并连年获得优秀班主任工作奖,教书育人突出。王敏教授先后任社科部副主任、直属党支部书记、法政系党总支副书记、书记、分工会主席、河北省中共党史学会理事、保定市中共党史学会副会长等职,在华北电力大学社会科学学科发展中,作出了突出贡献。先后将原社科部建设成为具有研究生、本科生的院系,特别对思想政治教育学科的发展具有里程碑的贡献。

(付丽新)

【专业技术职务评聘工作】11月华北电力大学启动了专业技术职务聘任工作,强调专业技术人员的总量和结构比例控制,岗位设置从严从紧掌握,不断优化队伍结构。

(田赞梅　董　剑)

人才工作

■概述

2013年,为全面落实学校“大人才”发展战略,创新人才工作体制机制,建立集人才计划、执行与评价三位一体的人才工作体系,做强人才队伍增量,为学校的跨越发展提供强有力的人才保障,2月27日,经学校研究决定,人才工作办公室独立设置。人才工作办公室在原人事处师资工作办公室的基础上成立,其主要职责为:依据学校人事部门制定的人才规划及年度招聘计划,负责各级各类人员的选拔、招聘、引进和入职工作;负责协调高层次人才的聘后服务与管理工作;负责建立学校人才评价专家库,组织协调引进人才的评价工作;负责各类“国家高层次人才计划”“人才奖励计划”等高层次人才的遴选、申报和协调工作;负责国家留学基金委员会资助项目的出国人员选拔与派出工作;负责学校博士后流动站管理工作;负责各类兼职教师的聘任与管理工作。

2013年,人才工作办公室围绕学校2013年度工作的总体思路,以党的十八大精神为指导,以内涵发展为主线,以做强人才队伍增量为出发点,积极有效地推进与实施学校“大人才”发展战略。参与了新的高层次人才工作体制改革,积极推动校领导与相关院系、科研单位签订了《华北电力大学2013年度人才引进工作责任书》,有效促进了各用人单位对高层次人才引进工作的开展。进一步强化了用人单位作为人才工作主体对人才进行考察与推荐、专家学术评议对人才引进和人才计划申报进行评价支撑的工作程序,明确了学术评价在人才工作中的主导地位,人才工作体制机制改革取得进展。

2013年,在人才引进工作中,学校人才工作办公室积极走出国门,主动拜访国际一流大学大师,参与国际招聘,延揽国际人才,吸引海内外专家学者加盟华电。2013年度,千人计划专家肖惠宁教授、王海风教授相继回国,顺利开展科研教学工作。千人计划专家黄永章教授加盟我校。引进了包括戴松元、曲作鹏、钱相臣、戎珂、贾科、丁迅雷、徐超、张满红、李喜蕊、李文瀚、戴美林等各类人才35人。人才计划申报工作取得可喜成绩,“千人计划”专家、“长江学者”特聘教授、国家百千万人才国家级人选、“中国青年科技奖”“青年千人计划”专家、北京市优秀人才、北京市青年英才、北京市教学名师、科技新星等各类人才支持和奖励计划申报均榜上有名,为学校的跨越式发展提供了重要的人才支撑。

2013年,博士后工作取得长足进步。为加大博士后管理力度,提升博士后培养质量,制定了《博士后目标责任书》,与新入站博士后研究人员签订了责任书,进一步明确了其在站期间应完成的科研任务指标。分别于5月30日、9月6日、10月30日举办了3次博士后基金申报讲座与交流会,其中,10月30日专门邀请到基金评审专家、长江学者、“973”首席科学家徐进良教授作了基金申请报告。在54批博士后基金申报中获得4项面上项目资助。12月30日举办了中央高校基本科研业务费和55批博士后基金申报的动员会。成立了博士后联谊会,制定了《华北电力大学博士后联谊会章程(讨论稿)》,推举出了常务理事会成员名单。联谊会的成立增进了广大博士后之间的了解与沟通,加强了博士后之间的学术交流与科研协作,推动了博士后科技成果总结、基金申报等各项管理工作的顺利开展。2013 年 5 月建立的“华电博士后”QQ 群,为广大博士后们开展学术交流与合作提供了便捷的沟通平台。

(赵友君　师瑞峰)

概况

2013 年,学校共引进各类人才 86 人。其中,专业技术人员 64 人,管理人员 22 人,教辅人员 7 人,引进教师均具有博士学位。校本部引进教师 25 人,人均发表 SCI 论文 10 篇,海外知名院校博士学位获得者占比 45%,海外博士后经历 40%,海外一年以上经历 55%;保定校区引进教师 10 人共发表 SCI 论文 26 篇,海外知名院校博士获得者 1 人,海外博士后经历 1 人,海外一年以上经历 3 人。引进高层次人才包括“千人计划”专家 2 名,“973”首席科学家 1 名,国家杰出青年基金获得者 1 名。成功申报各类人才支持和奖励计划 48 人,包括“千人计划”专家 2 名、“长江学者”特聘教授 1 名、百千万人才国家级人选 1 名、“中国青年科技奖”获得者 1 名、国家“青年千人计划”专家 1 名、北京市优秀人才 3 名、北京市青年英才 39 名。

2013 年,学校积极组织青年骨干教师申报出国研修项目,本年度青年骨干教师出国研修项目申请共两批,第一批 3 月申报,学校推荐邱天等 18 名教师为 1:1 配套资助项目候选人,其中邱天等 17 人获得批准;推荐张建华等 8 人为全额资助项目候选人,其中张建华等 6 人获得批准。第二批 9 月申报,推荐师瑞峰等 5 名教师为 1:1 配套资助项目候选人,均获批。

截止 2013 年年底,累计招收博士后 82 人,出站博士后 36 人,其中有 14 人留在设站单位工作。2013 年,博士后进站 23 人,其中与工作站联合招收 3 人,出站 11 人,其中 2 人留校,退站 2 人,清理超期在站博士后 2 人。目前,学校在站博士后 47 人。

(赵友君　师瑞峰)

条目

【徐进良入选“长江学者”特聘教授、“百千万人才”工程国家级人选、“有突出贡献中青年专家”】12 月 16 日,教育部正式公布 2012 年度长江学者特聘教授、讲座教授名单,学校徐进良教授成功入选“长江学者”特聘教授;11 月 15 日,教育部正式公布 2013 年国家百千万人才工程入选人员名单,徐进良教授成功入选,并同时被授予“有突出贡献中青年专家”荣誉称号。

徐进良,男,1966 年 4 月出生,教授,博士生导师,能源动力与机械工程学院院长。1995 年西安交通大学获得博士学位,1995—1997 年清华大学博士后。2002 年入选中国科学院“百人计划”,2008 年获得国家杰出青年科学基金资助,2011 年 1 月起担任国家重点基础研究发展计划“锅炉低温烟气余热深度利用的基础研究”“973”项目首席科学家。徐进良教授及其课题组主要从事大型火力发电机组节能、可再生能源热物理、先进核能系统热物理及微纳米尺度流动与传热等方向的研究。徐进良教授的创新性成果包括压水堆事故喷放条件下的气液两相流声速模型、微纳米尺度边界条件绝对性及相对性、种子气泡传热原理与技术及低品位能捕获与传递中的流型协同理论与技术等。由于其在超临界机组水动力学、大型压水堆事故条件下的多相流动与传热方面的工作,曾获得国家科技进步奖及教育部科技进步奖多项。由于他在微纳米尺度多相流动与传热方面的杰出工作,获得 2012 年度教育部自然科学一等奖。徐进良教授带领团队,先后承担科技部“973”计划、国家自然科学重点基金项目、重大国际合作项目、北京市科技计划项目等基金课题。他出版合作英文专著 2 部,在国际知名杂志上发表论文 100 余篇,SCI 索引 1 000 余次,单篇最高索引 200 多次,代表性成果具有较大的国际影响力。获得国家授权专利 13 项,申请国际发明专利 1 项(PCT 阶段)。徐进良教授善于从工程实践中提炼科学问题,善于应用科学的基本原理解决工程技术的瓶颈问题;注重原理的源头创新,注重理论联系实际及实验研究;积极培育创新人才、推进实验室建设、拓展团队国际化视野。

(年中华)

【戴松元加盟】8 月 30 日,为进一步加强学校高层次人才建设,根据学校学科发展需要,学校决定聘任国家“973”首席科学家戴松元为可再生能源学院院长。戴松元教授的加盟,将推进学校学科建设和创新团队建设,进一步提升学校参与国家太阳能领域重大专项整体实力。

戴松元,男,1967 年 1 月出生,1987 年 7 月毕业于安徽师范大学物理系,同年考入中科院等离子体物理研究所,先后获硕士、博士学位,2002 年被聘为研究员和博导,2007 年聘为三级研究员,2010 年聘为二级研究员。来校工作前担任中国科学院新型薄膜太阳电池重点实验室主任、中国科学院等离子体物理研究所太阳能材料与工程研究室主任、中国科学院等离子体物理研究所所长助理职务。已发表学术论文150余篇,申请发明专利20多项,获授权发明专利12项,实用新型专利授权3项。先后完成中科院院长特别基金、世界实验室项目、“973”项目、中科院知识创新项目和安徽省重大科技攻关项目12项等。担任国家科学技术奖评审专家;国家“863”“973”、自然科学基金、留学回国人员科研启动基金等项目的评审专家;担任多个学术委员会委员;为国内外多个杂志、期刊的审稿人。戴松元教授先后20多次在澳大利亚STA公司、瑞士EPFL M. Graetzel实验室、荷兰ECN研究所,美国和韩国等参加合作研究和访问。主要从事电磁发射技术研究、低温等离子体应用研究和新型太阳电池技术的研究工作。

（年中华）

【第五批“千人计划”特聘专家黄永章教授加盟】6月5日,为进一步加强学校高层次人才队伍建设,根据学校重点学科、重点实验室建设发展的人才需求,学校引进国家第五批“千人计划”特聘专家黄永章教授加盟华北电力大学,并聘任其为新能源电力系统国家重点实验室副主任。黄永章教授及其团队的加入,将为学校创新团队建设、承担国家级重大项目发挥重要作用。学校为黄永章教授提供全方位的支持和保障。

黄永章,男,1962年12月出生,1984年毕业于清华大学工程物理系,第五批国家“千人计划”特聘专家,2010年10月由北京中科信电子装备有限公司引进回国。黄永章教授自1987年在中科院高能物理所担当中国首批“863”项目之一的“北京自由电子激光装置”的系统总体设计和关键技术攻关。在他的导师国家最高科学技术奖获得者谢家麟院士的领导下,他带领团队大幅度地提高了系统的性能以及可靠性和稳定性,领导实现了自由电子激光的饱和受激振荡出光。在时间上领先日本位居亚洲第一。作为主要贡献者,荣获1994年中国科学院科技进步特等奖,荣获1995年中国国家科技进步奖二等奖。共获得19项美国专利,4项中国专利。2006年荣获美国亚舍立公司杰出技术人才奖。黄永章教授拥有十几年的美国和日本跨国公司和世界著名国家实验室研发及管理工作经验,具有在电磁场与微波、高电压工程、等离子体技术、超导技术、高效太阳能电池工艺、电子加速器系统等领域的实际经验和坚实的理论基础。

（年中华）

【李永平获得国家青年科技奖】11月29日,资源与环境研究院李永平教授成功入选第十三届中国青年科技奖。本次评选经学校推荐、教育部初评、中国青年科技奖评审委员会评审、中国青年科技奖领导工作委员会审批,全国共99名优秀青年科技工作者获奖,其中,教育部推荐人选中仅7人获此殊荣。中国青年科技奖是由中组部、人事部、中国科协共同设立并组织实施,面向全国广大青年科技工作者的奖项。该奖项旨在造就一批进入世界科技前沿的青年学术和技术带头人;表彰奖励在国家经济发展、社会进步和科技创新中作出突出成就的青年科技人才。

李永平教授具有国内外学习与工作经历,获加拿大Regina大学硕士和博士学位。我校资源与环境研究院副院长、教授、博导、国家杰出青年基金获得者。李永平教授主要从事资源与环境系统风险分析与优化管理研究,发表SCI论文162篇,SCI引用1 500余次,SCI－H指数21。获国际环境信息科学学会杰出青年科学家奖、加拿大Regina大学杰出毕业生奖、教育部自然科学一等奖、教育部21世纪优秀人才、教育部海外优秀自费留学生奖等。是1个国际学会分会主席、联合国开发署水安全专题领域国际专家、1个国际SCI杂志副主编、6个国际杂志编委、5个国际SCI杂志客座主编。

（年中华）

【龚雁峰入选第五批国家“青年千人计划”】1月24日,经国家海外高层次人才引进工作小组批准,中共中央组织部公布第五批国家“青年千人计划”入选者名单。学校推荐的龚雁峰博士成功入选。这是自国家实施该计划以来,学校第二位申报成功的“青年千人计划”特聘专家。

“青年千人计划”的申报评审是由教育部、科技部、人力资源和社会保障部、中科院、中国工程院、自然科学基金委联合设立,在海外高层次人才引进工作专项办公室指导下开展。“青年千人计划”于2011年正式启动,计划至2015年共引进2 000名海外优秀青年人才,为今后10～20年中国科技、产业的跨越式发展提供支撑。

龚雁峰博士拥有优秀的学术背景,2005年08月毕业于美国密西西比州立大学,攻读博士期间师从IEEE电力与能源分会主席Noel Schulz教授,毕业后在世界知名电力企业美国SEL公司担任研究员和高级研究员。担任首席研究员、创建研究团队,充分显示了他在学术和管理方面的卓越能力。龚雁峰博士具有深厚的电力系统基础,深刻了解世界前沿的电力系统研究现状,在知识产权产业化方面有着实际的工作经验与个人独到的见解。他发表的学术论文两次获得国际会议的最佳论文奖。作为第一发明人获得的几项专利均以成功转化为产品,并在国际上获得广泛应用。如美国能源部五个智能电网试点项目之一的智能电网实时故障诊断和定位系统、世界上第一套基于同步向量的电力系统广域稳定监测及实时控制系统等实用系统已在美国、加拿大等5个国家得到成功应用。龚雁峰博士是IEEE高级会员(在38万会员中仅8%的比例),同时担任多个国家电力系统标准制定委员会委员。

(年中华)

【3人获得北京市优秀人才培养资助项目】2013年,学校共有18人申报北京市优秀人才培养资助项目,最终可再生能源学院古丽米娜、电气与电子工程学院马静、控制与计算机工程学院杨静3人获得2013年度北京市优秀人才培养计划项目资助。获资助项目分别为"新型染料敏化太阳电池材料制备及性能研究(A类)""复杂电网时空非健全信息下多重故障动态诊断策略研究(B类)""分子纳米颗粒技术逻辑计算模型的研究(D类)"。

古丽米娜,女,博士,副教授,2010年毕业于吉林大学材料科学与工程学院,获工学博士学位。2010年7月到学校可再生能源学院工作,2013年1月聘为副教授。在国内外期刊上以第一作者的身份发表SCI论文20篇,申请发明专利2项,主持国家自然科学基金委项目"新型多孔金属化交联溶菌酶晶体的制备及其性能研究"(51102092),教育部"新型主客体复合交联溶菌酶晶体的制备及其性能研究"(20110036120002)。参与国家自然科学基金委"基于醇溶性过渡金属螯合物修饰层的反向结构聚合物太阳电池"(51173040)。美国化学会、物理学会、材料研究学会会员,Journal of Chemical Physics等期刊审稿人。研究方向及领域:光伏材料、光电功能材料的制备及性能研究。

马静,男,副教授,2008年4月毕业于华北电力大学电气与电子工程学院,获工学博士学位,2008年9月至2009年9月在美国弗吉尼亚理工大学电气与计算机工程系从事博士后研究工作,2009年9月至今在华北电力大学电气与电子工程学院工作。主持国家自然科学青年基金项目1项(50907021),国家自然科学青年—面上连续资助基金项目1项(51277193),国家科技支撑计划课题1项(2013BAA02B01),省部级纵向科技项目4项,国家电网公司科技项目4项。作为核心成员先后参与国家"863"高新技术项目课题(排第2),国家重点基础研究发展计划项目("973"项目)课题,国家自然科学基金重点项目,国家自然科学基金国际重大合作项目等科技项目10余项。近3年以第一作者身份发表及录用SCI期刊检索文章13篇,EI期刊检索文章12篇。以第一发明人申请发明专利16项,其中授权国家发明专利8项,实用新型专利1项,软件著作权1项。出版英文教材1部(排第2)。获省、部级奖励2项(其中1项排第1)。被国际大电网组织中国国家委员会评选为"CNC青年之星"(全国仅4人)。《中国电机工程学报》与《电力系统自动化》杂志社特约审稿人,IEEE Transactions on Power Systems等SCI检索期刊审稿人,且多次担任IEEE General Meeting等国际学术会议分会主席。研究方向及领域:电力系统继电保护;电力系统稳定控制;新能源规模化并网协调控制。

杨静,女,讲师,2010年7月毕业于北京大学计算机软件专业,获博士学位,2010年7月至2012年5月在北京大学从事博士后研究工作,2012年5月至华北电力大学控制与计算机工程学院工作。发表学术论文近20篇,其中SCI检索9篇,EI检索6篇;第一作者9篇,通讯作者2篇。发明专利授权1项。2011年获教育部自然科学一等奖(排名第6)。主持国家自然科学基金项目"基于DNA链置换检测技术分子密码系统",国家自然科学基金项目"DNA纳米颗粒密码计算模型的研究"。参与国家自然科学基金项目"自组装DNA纳米芯片分子信号综合检测系统""自组装DNA纳米颗粒计算模型的研究",国家及国务院各部门项目"DNA自组装碳纳米管分子集成电路芯片研究"。研究方向及领域:DNA计算、分子密码、纳米器件和控制理论;纳米信息处理。

北京市优秀人才培养资助项目是北京市市委、市政府支持优秀中青年人才成长,加强北京市高层次人才队伍建设的一项人才计划项目。其中,个人资助项目重点支持北京市发展的重点行业、重点领域中已具有一定业务水平的专业技术人才、技能人才以及公共管理、经营管理等方面的人才。

(年中华)

【39人获得北京市青年英才计划项目】11月4日，北京市教委正式公布了2013年北京市青年英才计划项目资助人员名单，学校皮伟等39位青年教师成功入选。青年英才计划是由北京市财政支持，面向35周岁以下青年教师开展的一项人才计划，旨在进一步加强高等学校青年教师队伍建设，提高青年教师教育教学水平、科研创新和社会服务能力，推进首都高等教育事业科学发展，全面贯彻落实国家及北京市中长期教育改革和发展方针。本年度青年英才计划首次在在京部属高校中开展，华北电力大学共39位教师入选，资助额度为585万元，项目资助期为2013至2015年。获资助教师涵盖华北电力大学电气、能动、经管、人文等学院，为学校青年教师的培养与学科均衡发展提供了有力支撑。

（年中华）

【建成人才工作办公室网站及改进校园招聘系统】7月，在学校信息办统一协调下，人才工作办公室设计并建立了部门独立网站，并责专人开展信息维护，该网站于8月底正式上线运行。为实现招聘流程的公开透明和流程化，对学校原有招聘系统进行了改进和升级。同时引进中国教育在线招聘系统进行试用，在2014年度校园招聘工作中两个招聘系统并行运行，待条件成熟后逐步独立使用自主研发的、适合本校实际招聘流程的系统。

（年中华）

财务管理

■概述

2013年，根据财政部、教育部文件要求，华北电力大学为加强和规范公务支出管理，提高公务支出透明度，切实减少借款和现金支付，提高资金使用效率，制定《华北电力大学公务卡管理实施办法》。该办法规定了公务卡日常管理、公务卡支付管理、公务卡报销管理和管理职责。为加快推进公务卡制度改革奠定了制度基础。

根据《关于调整国家科技计划和公益性行业科研专项经费管理办法若干规定的通知》（财教〔2011〕434号）、《教育部关于进一步贯彻执行国家科研经费管理政策加强高校科研经费管理的通知》（教财〔2011〕12号）和《教育部 财政部关于加强中央部门所属高校科研经费管理的意见》（教财〔2012〕7号）文件精神和要求，为进一步规范和加强学校科研经费管理，提高科研经费使用效益，促进科研事业持续、健康发展，结合学校实际，特制定《华北电力大学科研经费管理办法》。该办法明确规定了管理的主体与责任、科研管理费用的提取、科研经费支出管理、科研经费预算开支范围、科研项目发票与资产管理和科研经费管理的监督与激励。

根据《中华人民共和国统计法》《北京市统计管理条例》，认真贯彻执行《北京市统计局、国家统计局北京调查总队关于布置2012年统计年报和2013年定期统计工作的通知》（京统发〔2012〕198号）文件精神，完成了2012年统计年报工作及2013年定期统计工作，完善了定期统计工作的台账系统。

2013年，学校完成了直属高等学校修购项目的审计工作，完成了2014年直属高等学校改善办学条件项目的编报评审工作。

2013年，学校完成了教育部办公厅对直属高校科研经费专项检查。5月4日到6月3日，接受教育部办公厅检查组对学校取得的纵向和横向科研经费的全面检查。对学校科研经费管理比较满意，学校取得的纵向和横向科研经费全部纳入学校财务统一管理、集中核算。项目负责人能够按照合同书的要求开展科研工作，积极完成合同任务，能够按照预算及学校的财务制度适用支出科研经费。

2013年，学校完成了多项各类报表的编制和上报工作。于1月22日上报《华北电力大学2012年北京市教委经费统计报表》；2月26日上报《华北电力大学服务业财务状况统计年报》，分别于2月15日、5月15日、8月15日和11月15日上报《华北电力大学服务业财务状况统计定报》；于9月20日上报《华北电力大学捐赠收入财政配比资金项目申请表》；于12月31日上报《教育部直属高校国库结余资金情况调查表》。

（汤石雨）

■概况

2013年（截止到2013年12月31日），华北电力大学资产总额364 467.11万元（其中保定校区132 743万元），固定资产282 407.72万元（其中保定112 478万元）、流动资产80 851.85万元（其中保定校区19 133万元），负债总额35 883.96万元（其中保定校区17 364万元），其中银行贷款8 160万元(其中保定校区2 600 万元);净资产总额 328 583.14 万元(其中保定校区 115 379 万元)。总收入165 115.32万元(其中保定校区 61 987 万元),总支出 150 819.41 万元(其中保定校区 55 992 万元)。修购专项支出 3 805 万元(其中保定校区 4 500 万元),中央化债化债奖励资金 340 万元。

(汤石雨　石　峥)

■条目

【化债偿贷】2013 年,学校自筹经费偿还贷款 5 740 万元,为学校节约了贷款利息支出,为此获得教育部化债奖励专项资金 340 万元增加事业资金。

(汤石雨)

【完成改善办学条件项目的申报和评审】3 月,按照财政部、教育部要求,组织校内各相关部门申报了 2014 年改善办学条件项目的申报工作,接受北京华盛中天咨询有限责任公司对 2014 年修购项目的评审,通过评审 9 项,总金额 6 500 万元。

(汤石雨)

【完成中央高校发展长效机制补助专项的申报】3 月,按照财政部、教育部要求,组织校内各相关部门申报了 2014 年中央高校发展长效机制补助专项的申报工作,通过评审 2 项,总金额 3 000 万元。很大程度上弥补了学校事业发展的资金缺口。

(胡东星　汤石雨)

【完成直属高校科研经费专项检查】5 月 4 日至 6 月 3 日,教育部办公厅派出的检查组对学校进行了为期 1 个月的专项检查。对学校取得的纵向和横向科研经费进行全面细致的检查,审视学校科研管理的现状,及时部署知道工作。认为学校科研经费全部纳入学校财务统一管理、集中核算。财务处、科研院都设置了科研经费管理服务岗位,配置了专门人员。项目负责人能够按照合同书的要求开展科研工作,积极完成合同任务,基本按照预算和学校的财务制度使用支出科研经费。

(朱晓林　汤石雨)

【启动公务卡业务】7 月,按照财政部、教育部的要求,学校与招商银行签订公务卡服务协议,组织全校职工统一办理公务卡。经过与银行支付系统的对接和调试,12 月公务卡正式进行使用。从而更规范了公务报销单流程,加强了资金的监管力度。

(汤石雨)

【完善财务科室划分】8 月,根据学校业务发展,按照财务制度要求,将计划财务处由过去的 4 个科室重组,划分成 7 个科室,分别为预算管理科、科研项目管理科、事业会计科、结算业务科、学生事务科、基建会计科和教育基金会财务室。

(汤石雨)

审计工作

■概述

2013 年,华北电力大学审计工作围绕学校“十二五”发展规划的奋斗目标,以降低学校经济风险和资金管理风险为重点,不断强化科学审计理念,提高审计成效,努力实践为规范财务会计工作服务、为提高教育资金使用效益服务、为教育改革和发展服的工作目标,充分发挥了审计监督和服务的职能。

2013 年,学校认真执行《教育系统内部审计工作规定》,严格审计程序,结合学校实际和重点工作,召开了纪检监察和审计工作会议,科学合理地制定了 2013 年审计工作要点,并以此为基础开展了本年度的审计工作。

2013 年,学校按照《教育部、财政部关于加强中央部门所属高校科研经费管理的意见》(教财〔2012〕7 号)《教育部关于进一步规范高校科研行为的意见》(教监〔2012〕6 号)及《教育部关于进一步加强高校科研项目管理的意见》(教技〔2012〕14 号)要求,切实做好科研经费资金管理与使用情况的审计。在科研经费结题审签的基础上,加强对科研项目立项、资金使用和经费决算的审计监督,审计中重点关注有无虚设课题、挤占挪用经费、转移资金、更改资金用途、虚列劳务费等行为,并将科研经费使用和管理情况纳入重点审计范围,对重大、重点科研项目实施抽查审计,积极探索对重大科研项目开展全过程跟踪审计的工作思路和工作方法。

2013 年,学校按照上级领导部门的要求,严肃认真地开展了领导干部任职期间履行经济责任情况的审计工作。学校不仅从政治高度重视此项工作,充分认识经济责任审计的重要性,统一思想,积极行动,同时进一步明确审计重点,改进审计方法,严格工作程序。在开展经济责任审计的过程中，严格内部复核制度，力求审计评价客观公正、实事求是。在防范审计风险的同时，也使得经济责任审计的工作思路和方法在实践中不断发展和完善。

2013年，学校认真开展财务收支审计和预算执行审计，促进了教育资金的规范管理和资金使用效益的提高，并针对被审计单位在制度建设、财务管理、资产管理中存在的不足提出审计意见和建议。

2013年，学校严把建设资金结算关，切实做好基建、修缮工程结算审计。通过全年的工程结算审计，为学校节约了建设资金，维护了学校的利益。与此同时，也进一步促进了工程造价管理方式的不断改进，取得了良好的审计效果。

2013年，学校积极开展审计结果分析，促进审计成果的转化和应用。在完成相关领导干部的经济责任审计的基础上，根据审计结果进行了审计结果分析，提交了审计分析报告和管理建议书。对各学院（部门）的发展、预算执行、资金使用、资产管理等方面进行综合对比和分析，披露了审计过程中发现的共性问题及问题产生的原因，并从内部控制的角度出发，在学校干部管理、财务管理等方面提出了审计意见和建议。

2013年，学校完成了对保定校区计财处2013年全年银行对账单的审核、审签，加强了对学校资金安全管理的监管。

2013年，学校注重人员素质培养，加强审计队伍建设。一是注重加强审计队伍自身的政治教育和理论学习，认真学习贯彻关于党风廉政建设、党的群众路线等方面的文件、规定及职业道德规范，坚持把党风廉政建设融入审计工作，促使审计人员增强依法审计、廉洁自律、客观公正、服务大局的责任意识。二是落实审计人员定期学习制度和后续教育制度，开展审计人员业务知识竞赛，促进了审计人员知识的更新和专业技能的改进，保持和提升了专业胜任能力。三是重视内部审计管理理论的研究工作，加强与中国教育审计学会、教育部直属高校审计协作组及兄弟院校之间的业务交流，通过研讨会等多种形式，结合学校审计工作的实际情况，对高校内部审计工作开展了深入探索。

（白　静　唐　成）

■概况

2013年，华北电力大学审计处与纪委办公室、监察处实行合署办公，两地共有人员12人，其中硕士生学历2人，本科学历10人。共有副高级专业技术职务8人，中级专业技术职务3人，初级专业技术职务1人。

2013年，学校切实做好科研经费资金管理与使用情况的审计，全年共计完成科研（包含横向和纵向项目）经费决算审计76项，审计科研经费总额2 751.85万元。

2013年，学校完成基建、修缮工程结算审计163项，总计送审金额为27 836.72万元，审减2 327.07万元，审减率8.36%。其中基建项目26项，送审金额为23 110.64万元，审减2 164.8万元，审减率9.37%；修缮项目137项，送审金额为4 726.08万元，审减162.27万元，审减率3.43%。同时完成施工合同、工程预算审核共计18项。

2013年，学校继续落实审计人员定期学习制度和后续教育制度，安排了业务培训5人次，促进了审计人员知识的更新和专业技能的改进，保持和提升了专业胜任能力。

（白　静　张继红　唐　成）

■条目

【完成三项工作制度的修订及征求意见】3月，学校按照国家、教育部的法律法规以及相关行业规范，制定和完善了《华北电力大学内部审计工作规定》《华北电力大学领导干部经济责任审计实施办法》和《华北电力大学预算执行与决算审计实施办法》三项工作制度，已完成征求意见即将颁布。

（白　静　唐　成）

【完成科技学院2012年财务收支审计】3月，学校完成科技学院2012年财务收支审计，审计资金1.6亿元，提出了审计意见和建议12条。

（张继红　唐　成）

【完成本科中外合作办学项目2012年度的财务收支审计】5月8日，学校对“电气工程、核工程与核技术”本科中外合作办学项目2012年度的财务收支情况进行了审计。重点审查了其项目资金是否全部纳入学校财务统一核算，是否严格实行收支两条线管理等内容，加强了项目资金的财务收支管理，规避了财务收支风险，促使管理工作制度化、程序化、规范化。

（白　静　唐　成）

【完成对14位领导干部的离任经济责任审计】6月，学校完成了对前能源动力与机械工程学院院长徐鸿、人文与社会科学学院院长蔡利民、英语系主任兼外国语学院副院长金朋荪、国际教育学院常务副院长刘永前、成人教育学院常务副院长刘宗歧、图书馆馆长薛敬、期刊出版部主任许丹娜、产业管理处处长姚凯文、自动化系主任兼控制与计算机学院副院长韩璞、环境科学与工程学院院长赵毅、机械工程系主任兼能源动力与机械工程学院副院长唐贵基、成人教育学院常务副院长兼成人教育学院(保定)直属党支部书记张新国、产业管理处副处长兼校产(保定)党总支书记刘观起等14位院、系、部、资产经营公司等领导干部的离任经济责任审计,出具了审计报告14份。并依据审计结果,针对经济责任人所在部门、学院的制度建设、财务管理、资产管理等方面提出了审计意见和建议。

(张继红　唐　成)

【协助教育部科研经费检查小组完成检查工作】5月,教育部科研经费检查小组对学校科研项目经费使用情况进行了检查。在此过程中,华北电力大学积极配合检查小组,顺利完成了相关项目的科研经费专项检查及有关问题的核查整改工作,进一步规范了科研经费管理,切实解决了突出问题,推动了学校管理体制机制的建立健全,落实了监管责任。

(白　静　唐　成)

【完成足球场、实验综合楼室外工程标底审核工作】10月,学校完成了对保定校区体训部人造草皮足球场、实验综合楼室外工程等标底审核工作,审计总金额6 533万元,做到了有效控制和真实反映工程造价,完善建设项目管理,提高学校资金使用效率。

(张继红　唐　成)

【完成国际交流中心2011、2012年财务收支情况的审计】10月至12月,学校根据本年度审计工作计划,对国际交流中心2011、2012年的财务收支情况进行了审计。审计过程中,依据中国内部审计准则和教育部《教育系统内部审计工作规定》,对国际交流中心提供的会计资料及有关资料进行了审查。重点核查了其管理制度建立和执行、住宿部和餐饮部经营收入和经营支出、成本及利润核算等情况,提出审计意见和建议4条,目前审计工作已经基本完成,即将发布审计公告。

(张继红　唐　成)

【完成计算机系、研究生院预算执行情况的审计】12月,完成保定校区计算机系、研究生院2012年经费预算执行情况的审计,审计资金654.34万元,针对存在的问题提出审计意见和建议10条。

(张继红　唐　成)

资产管理

■概述

2013年,华北电力大学资产管理深入推进实验室技术安全管理工作,根据《华北电力大学实验室安全管理办法》《华北电力大学特种设备安全管理暂行规定》《华北电力大学危险化学品安全管理规定》《华北电力大学辐射安全管理规定》《华北电力大学实验室危险废物处置暂行规定》等实验室技术安全管理的规章制度,学校每学期定期对实验室技术安全进行排查、对存在的安全隐患提出书面的整改意见,并督促落实整改,保障了实验室设备的技术安全,在摸清全校实验室技术安全的基本情况下,建立起实验室技术安全管理体系。

2013年,随着学校快速发展,大型贵重仪器设备日益增加,学校以解决大精设备合理购置、提高利用率为工作重点,出台了《华北电力大学大型贵重仪器设备管理办法》《华北电力大学大型贵重仪器设备开放共享管理暂行办法》等规章制度,开发了“华北电力大学大型贵重仪器设备共享平台”,把符合要求的贵重设备纳入共享管理。

2013年,为进一步加强学校国有资产管理,提高国有资产使用效益,促进学校事业发展,根据教育部要求,学校成立国有资产管理委员会,下设国有资产管理办公室,挂靠资产管理处。

2013年,计财处、科技研究院等多部门协同,着力解决房产资源使用费用收缴中发现的各种问题,推动科研用房收费工作。基本完成北京校部2012年度科研用房的房产资源使用费核收任务,并初步完成2013年科研用房使用费核收准备工作。进一步落实《华北电力大学房产资源有偿使用实施细则》,及时准确地掌握各类用房占有、使用情况,更加科学、合理地做好公用房资源调配;尽量满足科研发展及教学办公的基本需求,努力为学校的教学、科研工作提供便捷服务。

(李福顺)

■概况

至年底,华北电力大学房屋建筑总面积1 010 300.86平方米,其中:北京校部557 714.80平方米,保定校区452 586.06平方米。仪器设备总计 125 252 台,价值 70 504.26 万元,其中:北京校部 45 355 台,价值 36 892.27 万元;保定校区 79 897 台,价值 33 611.99万元。

2013 年,学校新增仪器设备 9 023 台,价值 7 945.63 万元,其中:北京校部 4 549 台,价值 4 808.82万元;保定校区 4 474 台,价值 3 136.81 万元。

2013 年,学校新增 10 万元以上设备 96 台,价值 2 929.06 万元,其中:北京校部 59 台1 850.46 万元,保定校区 37 台 1 078.6 万元;新增 40 万元以上设备 14 台,价值 1 238.04 万元,其中:北京校部 9 台,价值 808.96 万元,保定校区 5 台,价值 429.08 万元。

2013 年,学校北京校部报废仪器设备 1 097 台,账面价值 602.85 万元,收回残值 25.25 万元。保定校区仪器设备 1 625 台,账面价值 601.87 万元,收回残值 12.79 万元。

2013 年,学校北京校部共办理了 33 个项目的进口设备免税手续,金额 125.58 万美元。

2013 年,学校总计核发教职工住房补贴 1 359.36 万元,其中:北京校部 975 万元,保定校区 384.36 万元;总计发放教职工取暖补贴 385.39 万元,其中:北京校部 99.01 万元,保定校区 286.38 万元。

(李福顺)

条目

【完成大型贵重仪器设备相关文件制定及实施】9 月 6 日,学校出台《华北电力大学大型贵重仪器设备管理办法》(华电校资〔2013〕9 号)《华北电力大学大型贵重仪器设备开放共享管理暂行办法》(华电校资〔2013〕)10 号文件。

(李福顺 魏 清 苗 凤)

【学校成立学校国有资产管理委员会】12 月 19 日,为进一步加强学校国有资产管理,提高国有资产使用效益,促进学校事业发展,根据教育部要求,学校成立国有资产管理委员会,下设国有资产管理办公室,挂靠资产管理处。

(李福顺 魏 清 苗 凤)

【完成科研用房房产资源使用费收缴工作】2013 年,为贯彻落实房产资源分类管理和有偿使用原则,本年度在计财处、科技研究院等相关单位协助下,着力解决房产资源使用费用收缴中发现的各种问题,推动科研用房收费工作。基本完成北京校部 2012 年度科研用房的房产资源使用费核收任务,并初步完成 2013 年科研用房使用费核收准备工作。

(李福顺 何 旸)

基建管理

概述

2013 年,华北电力大学基建工作扎实推进,在制度建设、校园规划、基础设施建设和节能校园建设方面取得成效。《基本建设管理办法》经过修订正式发布,使项目的立项申报、方案设计、工程管理等各个环节,更加规范化、科学化。立足学校长远发展,遵循以人为本、科学规划、精心建设的理念,优化、完善了校园总体规划方案,北京校部校园总体规划修编工作顺利通过规划委审批,成为今后校园基本建设的指南。14 号博士生宿舍如期开工,校园道路完成改造,路网优化更加合理。暖气改造及浴室废热回收技术的应用促进了节能型校园的建设。

2013 年,保定校区后勤管理处与基建处、校园规划办公室合并组建后勤与基建管理处,主要职责为承担基建管理、校园修缮及校园规划工作。

2013 年,保定校区后勤与基建管理处按照后勤管理体制改革要求,坚持目标导向,把握发展方向,在新的体制机制下,规范管理,强化质量,全力做好后勤基建工作。高点站位,长远规划,编制二校区校园规划及绿化专项规划;完善制度,明晰职责,制定了《华北电力大学后勤与基建管理处工程材料管理规定》《小型工程招投标管理规定》《零星工程管理办法》等,起草了《华北电力大学(保定)公用设备设施维护保养管理办法》,通过《合同管理暂行办法》规范了工程合同签订及合同管理程序;细化管理,提高质量,加强修缮项目管理、工程材料管理,积极做好工程项目验收的组织工作,配合学校做好项目招标和资金拨付;精心组织,加强监管,顺利完成二校区实验综合楼及室外工程、二校区集中供热管网改造工程、改善办学基本条件专项项目及修缮工程等重点工作项目建设工作。

(刘 斐 李晶晶 尤利军)

概况

2013 年,华北电力大学基建

处正式员工17人,其中硕士研究生学历2人、本科学历10人、专科学历5人。高级工程师2人,工程师10人、助理工程师2人,高级工2人。人员年龄结构:50岁以上7人、40~50岁3人、30~40岁5人、20~30岁2人。岗位设置分为行政综合管理、项目前期管理、计划及合同管理、工程管理和校园规划管理等职能岗位。基建处按照全年工作计划部署,强调抓好质量保证、工期保证和投资控制。

2013年,学校深化后勤管理体制改革后,保定校区后勤与基建管理处工程管理的职能部门设置有计划管理科、工程技术科,负责校园规划、修缮工程和基建工程管理,拥有专业工程师、水电气专业管理人员9名。

2013年,保定校区后勤与基建管理处完成全年各项基建工作。根据年度修缮计划及学校有关要求,完成工程合同的编写、签订94项,零星工程委托书76项;完成零修工程的现场查勘、初始方案的制定、概算的编制工作;根据工程完工情况,向审计处递交工程结算报审项目136项;配合学校财务与资产管理处完成编写2014年教育部改善办学条件专项项目申报书8项;完成2014年度学校修缮工程年度大修计划的编制汇总工作;完成总建筑面积21 262平方米的实验综合楼室内外工程建设和二校区18万平方米的建筑物集中供热改造项目、零星改造项目12项、大修及绿化项目53项。

(刘　斐　李晶晶　尤利军)

■条目

【校园规划、征地工作】2013年,学校完成综合教学楼A、G座方案设计、规划意见书审批和可行性研究报告的报审工作。锅炉房煤改气工程,完成项目立项和部分分项工程的招标工作。预计燃气锅炉房在2014年冬季供暖前完成施工并投入使用。学校东区征地工作取得进展,得到昌平区政府、TBD公司等相关部门的支持,确定了分两期征地的工作方针。目前正在积极推进征地工作,进行拟征地块的规划方案设计。

(刘　斐　李晶晶)

【14#学生宿舍楼开工建设】12月,14#学生宿舍楼开工建设,拟建宿舍楼总建筑面积12 660平方米,其中地上八层建筑面积11 100平方米,地下建筑面积1 560平方米,建筑高度27.95米,共设宿舍286间,可供572名博士研究生住宿。工程设计单位为北京都林国际工程设计咨询有限公司,施工单位为北京市第三建筑工程有限公司,监理单位为北京星舟工程管理优有限公司。预计2014年8月底竣工。

(刘　斐　李晶晶)

【浴室余热回收项目建成投入使用】2013年,浴室废热回收项目建成投入使用。该项目新建废水池收集高温的洗浴废水,利用热泵回收技术回收洗浴废水的余热,使自来水温度升高,供学生淋浴使用。不断产生热水的同时,冷媒自身作为机房、浴室、食堂的制冷媒介,通过食堂柜式空调机为食堂等地方提供夏季辅助冷源,节约能耗。该项目施工单位:沈阳万利源节能工程有限公司,监理单位北京建研凯勃建设咨询工程有限公司。7月8日,浴室余热回收项目完成所有设备安装工作,调试运行。至今设备运行良好,出水稳定充足,提高了能源利用效率,经济效益显著。

(刘　斐　李晶晶)

【完成旧建筑物拆除及部分工程维修改造工作】7月20日至8月22日,学校游泳池和4#、5#学生公寓东侧小平房完成集中拆除。7月12日至7月31日,完成了乒乓球馆暖气管线及设备的安装,并对图书馆局部暖气管线进行改造,解决了部分房间不热的问题。8月1日至8月20日对景观小河给水管线浴室排水系统进行了维修改造。

(刘　斐　李晶晶)

【完成13#学生公寓太阳能热水(二期)工程】2013年,学校完成完成13#学生公寓太阳能热水(二期)工程。该工程,新装太阳能集热器50块,集热面积178平方米,为136间研究生宿舍提供太阳能淋浴热水。工程施工单位为北京华业阳光新能源优先公司。工程于7月20日启动,8月24日完成主要设备安装,正式投入使用,运行状态良好。

(刘　斐　李晶晶)

【完成校园道路改造工程(三期)及南围墙工程】2013年,校园道路及南围墙改造工程顺利完成。该工程的完成,优化了学校路网,美化了校园环境。

(刘　斐　李晶晶)

【刘吉臻校长视察保定校区后勤基建工作】9月9日,刘吉臻校长在党委副书记、副校长张金辉,党委副书记李双辰,副校长王增平以及相关部门负责人的陪同下,视察保定校区后勤基建工作,对二校区实验综合楼室内外工程、集中供热工程及周边校园现状进行了走访巡视。在与后勤与基建处领导班子成员进行座谈时,刘校长表示始终关注保定校区的后勤管理体制改革工作，学校全力支持后勤工作，保定校区后勤要加强工作的主观能动性，克服困难，解决矛盾，主动推动工作。

（尤利军）

【二校区实验综合楼工程竣工】10月，二校区实验综合楼工程竣工。该工程是学校为不断提升办学条件和水平实施建设的工程项目，是专门用于学生实验教育教学的专属楼宇。工程总建筑面积21 262平方米，计划投资5 949万元。校领导高度重视工程项目建设，多次亲临现场检查指导工作。工程自2012年8月开工建设，从前期调研、实地勘测、可行性分析到组织施工、工程指导、工程监管，全体工程技术人员充分发扬"求实、求细、求精、求新"的工作作风，在保证工程进度的前提下，确保了工程质量。

（尤利军）

【完成二校区集中供热管网改造工程】2013年，为进一步保证保定校区二校区供暖质量，根据二校区现有建筑面积，经过实地勘察和可行性研究，保定校区后勤与基建管理处在保证质量的前提下抢抓进度，在供暖期前顺利完成二校区一期集中供热工程2×9MW换热机组的安装和热力网敷设工程，通过采用热电联产集中供热，有效提高了二校区供热质量。

（尤利军）

信息化工作

■概述

2013年，华北电力大学信息化工作在学校党委和行政的领导下，在各职能部门的大力配合与支持下，以强化学校信息安全和信息管理为核心，以推进学校信息化建设为着力点，扎实有效的做好了各项工作。

2013年，学校启动了校园"一卡通"项目，项目争取到银行投资1 887万元(其中保定887万元)，项目由学校信息办牵头，网络中心、财务处等多部门共同参与，全面建设北京保定两校区"校园一卡通"工程，实现师生"一卡在手，走遍校园"，有效提升信息化管理水平，夯实数字化校园建设基础。

2013年，为加快学校信息化建设进程，进一步提高学校总体网站建设水平及安全运行管理水平，规范各二级网站信息发布管理流程，更好地发挥学校网站的宣传与服务作用，制定《华北电力大学网站建设与管理规范》，推进学校网站群管理平台项目的建设。最终共计完成了全校52个二级网站建设改版与平台迁移，使得学校网站建设工作与管理水平跻身于全国高校前列。

2013年，根据《华北电力大学视觉形象识别系统》和《华北电力大学网站建设与管理规范》的有关要求，信息办对学校二级网站有关标识、内容进行督促整改，规范使用校标和文字。重点在内容的丰富性、版面设计规范、栏目建设规范等方面提出建设要求，督促各二级网站做好内容的更新和维护工作，进一步充实本单位网站内容，及时更新和上传本单位信息，使二级网站更好地发挥服务功能，搭建好为师生服务的网络平台，提高学校的整体信息化水平和宣传水平。

2013年，学校信息办全面接手电话业务，负责全校电话业务的管理、规划和设计、电话新增和撤机申请工作。8月，集中将全校"5196"和"5197"号码段以及部分"8079"号码改造成了"6177"号段，共计完成北京校部600余部办公电话改造工作，统一了全校办公电话号码，节省了学校办公成本，树立了大学形象。

2013年，为加快完善学校网络信息安全制度，层层落实安全管理责任，健全长效工作机制，提高预防、应对和处理各类网络信息安全突发事件的能力，切实促进和保障学校各项事业的持续健康发展，学校信息办制定《华北电力大学网络与信息安全事件应急预案》《网络信息安全桌面推演方案和应急处置流程》，构建网络信息监督管理与安全防控体系，从人员队伍、责任落实、联动处置、应急响应等方面扎实推进，形成"一套制度、两个体系、三类机制、四项能力"的华电特色。2013年荣获"北京市高校信息与网络安全保卫工作先进单位"荣誉称号。

2013年，为进一步加强统计管理应用系统信息化建设，开发了华北电力大学统计数据管理信息系统（专利号2014SR015645），实现了统计数据采集的自动化和智能化，较好的满足了大学统计信息采集工作的需要，制定了《华北电力大学统计工作管理办法》规范大学的统计管理工作。

2013年，完成高等教育统计与社会统计工作。组织全校20

余个部门圆满完成北京校部和保定校区高等教育统计的81张高基表的填报工作；完成了北京统计直报网关于《调查单位基本情况》《非工业单位能源消费情况》《信息化情况》《非工业水消费》《可再生能源利用情况》等报表的上报工作；为校内各单位提供了50余次统计数据查询服务；评选了10个先进集体和20名优秀个人。并荣获北京市教育事业统计工作集体一等奖。

2013年，学校认真贯彻落实教育部对信息公开工作的各项要求，围绕学校中心工作，按照《中华人民共和国政府信息公开条例》《高等学校信息公开办法》要求，切实加强信息公开工作的组织建设和宣传培训，积极推进学校重大决策和师生关注的重点信息公开，进一步提高学校工作的透明度，不断提升信息公开工作的制度化、规范化和信息化水平。10月份，完成了报送教育部的《关于2012—2013学年度信息公开工作的报告》。

（赵颖涛　孙培燕）

概况

2013年，华北电力大学信息化建设与管理办公室实行北京、保定两地一体化管理，有主任1人、副主任2人、工作人员4人，其中北京校部5人、保定校区2人，均为中共党员。工作人员中博士学位1人，硕士学位4人，学士学位2人；高级工程师1人，副教授1人，工程师3人，助理工程师2人；具有国家统计从业人员资格统计人员4人。

2013年，学校加强网站建设与管理工作，建成全校一体化站群管理平台。共计完成全校52个二级网站建设改版与平台迁移，实现学校网站软硬件“规范化、集约化”管理，从根本上解决了二级网站管理分散、技术落后等问题，有效提升了学校网站建设管理与安全运行水平。

2013年，完成学校北京校部600余部办公电话改造工作，统一了全校办公电话号码，目前校部北京共有1 430余部办公电话。

2013年，学校通过信息公开网主动公开信息268条，扎实有效地推进了学校信息公开工作。

2013年，在学校办公平台运行维护工作中，共计新员工入职报到用户账户办理50余次，解决部门领导和人员调动账户权限调整、用户名密码重置以及其他各类“文件无法打开”“发文流转无法编辑”“校外办公平台登录”等问题200余次。

2013年，完成上报高等教育统计与社会统计工作等相关报表100余张，为校内各单位提供各类相关数据50余次。

2013年，华北电力大学网络信息科技协会共有指导教师5人，学生信息员48人，协助校内32个部门对35个网站进行运行维护，组织信息化相关培训100余人次。

（赵颖涛　孙培燕）

条目

【全面建设校园“一卡通”项目】 2013年1月，学校召开“一卡通”项目启动会，成立校园“一卡通”项目建设工作领导小组，部署了项目建设计划时间节点和各部门的工作职责。2月至5月期间，信息办组织各部门的“一卡通”相关负责人，赴其他高校进行了调研考察，实地查看“一卡通”系统的建设和应用情况，期间，公开面向五大国有商业银行进行了校园“一卡通”投资合作伙伴招标，确定了投资伙伴。6月份，启动了全校师生信息采集流程，并开始设计卡样。7月，学校与投资合作伙伴签订战略合作协议暨校园“一卡通”项目合作协议。8月初，招标确定北京迪科远望科技有限公司为中标卡商，承建学校“一卡通”项目建设。9月，卡商进驻校园开始项目前期准备工作，同时确定校园“一卡通”卡样设计方案，并向制卡厂提交制卡信息。10月，项目正式开始建设，完成车辆出入管理系统。11月，完成全校新校园卡发放工作，完成“一卡通”专网的施工调试，发布《华北电力大学校园一卡通管理办法》。12月，完成圈存机的安装和调试，完成门禁系统的安装和调试，并开始运行，项目预计2014年上半年全面完工。

（马新科　赵颖涛）

【完成大学网站群平台项目建设】 2013年6月，学校启动“网站群”管理平台项目建设工作，信息办组织学校各院系、部填写申报“网站群”项目建设相关材料，共计三十余个单位所属二级网站，加入学校“网站群”平台建设。暑假期间，信息办组织协调项目承建厂商技术人员，对各建设单位所属二级网站进行了界面设计、程序模板制作、图片数据迁移、上线前系统测试等具体实施工作。9月，信息办组织各建设单位信息化助理召开了网站群建设应用培训会，提升各建设单位信息化助理网站管理应用技术水平。最终完成“网站群”平台中52个网站的试运行测试与反馈完善，实现各建设网站对应域名切换与正式上线运行。学校“网站群”管理平台项目的实施与建成，标志着学校网站建设与管理工作的全面推进，实现了全校一体化网站群管理平台的建设与网站软硬件“规范化、集约化”管理。该平台的建成从根本上改变了学校二级网站管理分散、技术落后的局面，极大提升了学校网站总体建设水平及安全运行管理水平。

（何杰涛）

【完成《高校信息采集系统研究与开发》项目】1月至4月，学校信息办分析梳理校内各单位信息上报采集工作内容及流程，对各项信息的上报周期及类项进行详细的定义，理顺信息上报采集工作机制。5月至7月，整理制定华北电力大学统计工作管理办法，规范学校统计信息管理工作。8月至10月，开发华北电力大学统计数据管理信息系统。11月至12月，申请高校统计数据管理信息系统软件著作权，并完成项目结题报告。

（马新科　孙培燕）

【获“高校信息与网络安全保卫工作先进单位”称号】2013年4月，学校接到北京市公安局下发的通知，学校被评为2012年“高校信息与网络安全保卫工作先进单位”。此次评选经过单位自荐、专家遴选、评选结果公示、征求教育部和市教委相关部门意见、北京市文保总队严格审核等评选流程，共71所高校参评，最终清华大学、北京大学、北京科技大学、华北电力大学等14所高校获此殊荣。

（赵颖涛　孙培燕）

【获北京市教育事业统计工作一等奖】9月3日，北京市教委发展规划处召开2013年北京市高等教育事业统计工作布置会，北京市教委发展规划处对2012年北京市高等学校教育事业统计工作进行了总结，表彰了2012年教育事业统计工作优秀集体和个人，对2013年度北京市高等学校教育事业统计报表工作进行了部署。华北电力大学继2011年之后再次荣获北京教育事业统计工作优秀集体一等奖，信息办何杰涛同志获优秀个人三等奖。

（赵颖涛　孙培燕）

档案工作

■概述

2013年，华北电力大学档案工作贯彻落实《高等学校档案管理办法》（27号令），在规章制度建设、基础档案建设、档案信息化建设、档案设备管理、档案服务等方面不断创新，档案管理进一步规范，服务水平得到明显提高。

2013年，学校下发关于印发《华北电力大学档案标准化建设体系制度》的通知，标志着学校档案改革启动，本次档案改革涉及全校档案工作的多个方面，标志着学校档案工作走向标准化和法制化。《华北电力大学档案标准化建设体系制度》涉及档案管理、档案实体分类管理、档案全宗管理、归档范围实施管理等制度，同时具体规范教学、财务、科研、专题、班级、社团、涉密、声像、电子、实物、人物等多类档案的管理。

2013年，学校基础档案建设实现文书档案“以件归档”和“以岗位归档”新模式，归档单位档案整理更为便利。

2013年，学校档案馆设立档案摄影工作室和档案图文加工室，并面向全校开放和服务，为各单位的声像档案归档提供了便利，同时提高了档案设备使用率。

2013年，学校在档案信息化建设工作方面取得进展，“华北电力大学档案管理综合平台”和“档案信息利用展示平台”完成测试并正式启用。同时基础档案管理系统、音视频档案管理系统、实物档案管理系统、照片档案管理系统等多个管理软件建成并投入使用。

2013年，学校档案服务实现创新，实行远程网络查档和校内公务查档上门送档服务，为广大师生查档提供了便利。

2013年，学校按照《教育部办公厅关于做好2012年度部属高校档案统计年报工作的通知》的文件精神完成了2012年档案统计年报工作。

2013年，在史志鉴工作方面，《华北电力大学年鉴2012》如期出版；按北京市史志办的要求，完成北京教育志编撰委员会第二次修志材料上报工作；在校史工作方面，组建校史宣讲团，改变了以往使用礼堂宣讲校史的模式，改由老生给新生讲校史的新模式，受到师生欢迎。

2013年，学校积极参加全国及省市级档案工作研讨与业务交流活动，成功承办2013年全国高校档案工作会议。

（王振华）

■概况

华北电力大学在北京校部设立档案馆，在保定校区下设档案室，两地档案业务管理实行一体化，档案业务管理按照全宗划分管理;两地档案工作管理实行属地化管理,保定校区档案工作划归校长办公室管理。档案馆既是学校档案业务管理部门,也是学校档案工作管理的职能处室。

2013 年,学校有档案工作人员 10 人,北京校部 7 人、保定校区 3 人。

2013 年,学校档案馆藏包括北京电力学院、河北电力学院、华北电力学院(01 全宗)、北京电力管理干部学院、华北电力学院北京研究生部(02 全宗)、北京水利电力经济管理学院、北京动力经济学院(03 全宗)、华北电力大学北京校部(04 全宗)、华北电力大学保定校部(05 全宗)、华北电力大学北京校部(06 全宗)、华北电力大学保定校区(07 全宗)共 7 个全宗,共计 76 077 卷、照片档案 13 759 张、馆藏资料 1 600 册。

2013 年,学校档案业务指导和培训 150 人次。全年共接收全校各单位移交档 5 502 卷。完成 2013 年以前积压文件材料的清理工作,学校全年新增档案 5 502 卷。照片档案全年共增加照片 873 张。

2013 年,学校《华北电力大学年鉴》2013 卷正式出版,首印 900 册。

2013 年,学校提供利用档案 759 余人次 1 009 卷。

2013 年,学校派员参加全国性档案工作会议 2 次,参加北京市档案会议 5 次,承办全国档案工作会议 1 次。

(王振华)

■条目

【举行档案改革座谈会】2 月 27 日,华北电力大学档案改革座谈会在北京校部档案馆举行。北京校部档案馆、保定校区档案室全体人员参加座谈。分别就档案改革思路、档案标准化建设体系制度、档案管理系统、转变服务模式等多方面进行了交流与探讨,明确了 2013 年两地档案工作的重点是规范基础档案工作,落实学校档案标准化建设体系制度,启用档案管理软件,简化归档环节,逐步将档案工作纳入干部、职工考核。会上,与会人员还就如何改进服务模式,提高档案利用率等进行了交流,并演示了档案管理系统和 12 个档案管理软件。

(王振华)

【开展消防知识培训】3 月 15 日,学校为进一步加强档案馆工作人员的消防安全意识,增强安全防范能力,有效避免消防安全事故的发生,邀请北京市防火宣传教育中心宣讲员针对档案馆安全防火的迫切性到档案馆举办消防安全知识讲座。本次讲座主要结合新近发生在全国的大量火灾案例,就档案馆防火的重要性、火灾发生特点、初期火警的预防与扑救和消防器材的使用方法等方面进了讲解并现场示范。

(王振华)

【开展国际档案日宣传活动】6 月 9 日,正值第六届国际档案日。学校组织开展档案知识展览、档案知识宣讲等系列宣传活动。订购了由国家档案局统一印制的国际档案日宣传画在校内主要场所进行张贴展览。各学生组织社团积极参与,并通过悬挂横幅、发放传单、现场宣讲的形式向广大师生普及档案知识,活动收到良好效果。活动当天,学校档案馆面向广大师生开放,接受师生对档案库房和新建成的档案智能管理系统进行参观。

(王振华)

【兄弟院校档案馆来访】至年底,河北大学、江南大学、对外经贸大学等多所兄弟院校档案馆来访华北电力大学档案馆。来访档案界同行分别就档案信息化建设、档案管理系统的使用、档案管理软件的开放利用、基础档案管理规范、智能库房建设、档案的管理与利用等多个方面进行交流探讨。

(王振华)

【承办高教学会档案工作分会四届五次理事会议】12 月 14 日,中国高等教育学会档案工作分会四届五次理事会会议在北京召开,本次会议由华北电力大学承办,教育部档案处处长蔺海波以及 60 余名分会理事参会。中国高等教育学会档案工作分会秘书长、南京大学档案馆馆长吴玫主持会议。蔺海波出席开幕式并致辞。华北电力大学副校长、河北省档案工作分会常务理事孙忠权在会上介绍了河北省档案工作和华北电力大学档案工作相关情况。会议评选出江苏省、四川省、天津市等 12 个分会为工作先进集体,万水根、王春莉、王根发等 38 人为先进个人。会议期间,参会代表讨论了 2014 年分会工作要点,并对华北电力大学档案馆进行实地考察、交流。

(王振华)

招标管理

■概述

2013 年,华北电力大学招标管理工作围绕学校“十二五”发展规划中关于构建现代大学制度,建立科学、规范、精细的招标管理体系为工作目标,完成了各项招标工作。

2013 年,学校制定了《招投标工作纪律守则(试行)》《评标专家考核办法(试行)》《招标代理机构考核办法(试行)》等规章制度。

2013 年,学校建立了招投标管理信息系统,提升了管理的精细化,促进了信息的公开透明。

2013 年,学校组织并完成“综合楼 A、G 座设计”“中央空调系统清洗”等服务类项目公开招标共 9 次(北京 8 次、保定 1 次);组织并完成“14 号学生宿舍楼项目施工”“校园路灯节能改造工程”等工程类项目公开招标共 35 次(北京 22 次、保定 13 次);组织并完成“高压电大电流电力变换实验平台(华北电力大学电磁混响暗室及电磁兼容测试系统集成采购项目)”“中文图书采购”等货物类项目公开招标共 89 次(北京 54 次、保定 35 次)学校组织并完成了“校园网 500 兆宽带接入互联网服务”服务类项目邀请招标共 1 次(北京 1 次);学校组织并完成“电力系统实时数字仿真器 RTDS 质保服务”等服务类项目单一来源谈判共 3 次(北京 2 次、保定 1 次);组织并完成“建筑节能监管体系升级”等工程类项目单一来源谈判共 3 次(北京 3 次);组织并完成“风电场数据中心及变桨距控制中心”“多旋翼智能飞行机器人”等货物类项目单一来源谈判共 27 次(北京 14 次、保定 13 次);学校组织并完成“校园一卡通”货物类项目竞争性谈判共 4 次(北京 2 次、保定 2 次)等。

(冯海群　周　泽　吴学辉)

■概况

2013 年,华北电力大学公开招标 133 次(北京校部 84 次、保定校区 49 次),招标项目 171 项(北京校部 106 项,保定校区 65 项),公开招标预算金额 18 235.07 万元(北京校部 13 553.97 万元,保定校区 4 681.10 万元),中标金额 16 297.42 万元(北京校部 12 132.47 万元,保定校区 4 164.95万元),中标金额比预算金额减少 1 937.64 万元(北京校部中标金额比预算金额减少 1 421.50 万元,保定校区中标金额比预算金额减少 516.14 万元),中标金额是预算金额的 89.37%(北京校部中标金额是预算金额的 89.51%,保定校区中标金额是预算金额的 88.97%)学校组织邀请招标 1 次(北京校部 1 次),预算金额 120 万元,中标金额 120 万元;学校组织单一来源谈判 33 次(北京校部 19 次、保定校区 14 次),预算金额 1 706.60 万元(北京校部 917.22 万元,保定校区 789.38 万元),中标金额 1 625.25 万元(北京校部 888.56 万元,保定 736.69 万元),中标金额为预算金额的 95.23%(北京校部 96.88%,保定校区 93.32%);学校组织竞争性谈判 4 次(北京校部 2 次、保定校区 2 次),预算金额 85 万元(北京校部 36 万元,保定校区 49 万元),中标金额 74.5 万元(北京校部 26.5 万元,保定校区 48 万元),中标金额为预算金额的 87.65%(北京校部中标金额为预算金额的 73.61%,保定校区中标金额为预算金额的 97.96%)。中标金额比预算金额共降低 2 029.49 万元(北京校部 1 459.66 万元,保定校区 569.83 万元),比预算金额减少 10.07%(北京校部减少 9.98%,保定校区减少 10.32%),有效的提高了学校资金的使用效率,降低了项目成本。

(冯海群　周　泽　吴学辉)

■条目

【建立招投标管理信息系统】2013 年,学校完成了招标管理信息系统的建设,实现了项目信息、专家信息、供应商信息相互的关联和对每个项目各流程全部信息的查询,统计和分析,促进了学校招标工作公开、透明、主动接受各方监督。

(冯海群　周　泽　吴学辉)

【完善招标中心内控制度建设】2013 年,学校制定《华北电力大学招标中心廉政建设制度》《招投标中心保密制度》《招投标工作纪律守则(试行)》《评标专家考核办法(试行)》《招标代理机构考核办法(试行)》等相关制度和办法。并依据办法对招标代理机构和评标专家进行了管理考核。每个项目在评标结束后,按照考核项目对招标代理机构、评标专家进行考核评价,强化了管理。

(冯海群　周　泽　吴学辉)

EDUCATION, TEACHING AND ACADEMIC SUBJECTS BUILDING AND DEGREE MANAGEMENT DEGREE AFFAIRS

○综　　述

2013年,学校继续坚持以学科建设为龙头,突出学科建设的顶层设计,全面加强了学科内涵建设工作。学科实力水平持续提升,传统优势学科在学校学科发展中的主体地位更加显现,电气工程、动力工程及工程热物理在新一轮全国学科评估中排名位居全国第6位和第11位,比上一轮评估分别上升了3位和1位,控制科学与工程、工商管理、管理科学与工程三个具有一级博士点的学科排名也有明显提升。为做好今后五年的学科建设工作,学校启动了新一轮学科建设的调研和规划论证工作。经过五年建设,学校2008年首次申报成功的7个北京市重点学科建设取得丰硕的成果,电气工程、技术经济及管理、清洁能源学等3个学科验收结果优秀,优秀率达42.8%,远超北京地区高校30%的平均优秀率。环境工程河北省重点学科验收结果优秀,新增了诉讼法学和应用数学两个河北省重点学科。

2013年,华北电力大学研究生教育教学工作继续深化教育教学改革,强化教育教学过程管理,以"质量"与"创新"为主题,以服务需求、提高质量为主线,坚持内涵式发展,稳步提升人才培养质量和核心竞争力。深入推进培养模式改革,统筹建设预警、监控与评估相结合的质量保障体系。适应社会发展需求和拔尖创新人才体系的建设,完善管理机制、培养机制与服务体系;强化课程教学与论文监控,提高学位授予质量。不断探索注重内涵发展、深化创新能力培养的有效机制。与科研院所及国外高水平大学合作,构建"产学研联合研究生培养基地"及"国内外联合研究生培养基地"等培养拔尖创新人才的高端平台。从选拔优秀生源入手,依托华北电力大学国家级大项目、大平台、大实验基地为学生精心确定研究课题、细心培育,并利用有效的奖助体系激发创新成果的出现,形成全过程拔尖创新人才培育机制,使研究生教育迈上新台阶。

2013年,学校全面修订《本科专业人才培养方案》,构建了基于目标的课程体系和实践教学体系及其关系矩阵,新增4个本科专业;继续推进创新人才培养机制和模式的改革,探索与行业企业协同培养人才的新途径,深入实施"卓越工程师计划"。加强本科教学工程三级体系建设,3门课程入选国家级精品视频公开课及精品资源共享课,2部教材入选省部级精品教材;新增1个国家级实验教学示范中心和1个省部级示范性校内创新实践基地,2国家级实验示范中心和6个省部级实验示范中心通过验收,北京校部金工实训中心正式启用。启动教师教学能力提升工作,构建三级教学名师资源体系。实施"名师课堂与精品课程开放"制度、"青年教师导师"制度、"教学名师培育计划""优秀教学团队支持计划",2名教师评为北京市教学名师,6名教师评为学校教学名师,教学团队建设项目入选教育部教师队伍建设示范项目。

教育教学质量成效显著,8项成果获河北省高等教育教学成果奖,13个项目获省部级教改立项。学生创新创业能力又有新的提升:国家大学生创新创业训练计划项目80个,学生共获专利108项,发表论文159篇,制作软件或实物作品131件。学生参加各类创新竞赛获得国际、国家级奖349项、省部级奖253项,特别是全国大学生数学建模竞赛一等奖获奖数目跃居全国高校榜首。

2013年,华北电力大学继续深化成人高等教育教学改革,提高成人学历教育教学质量。调整了成人学历教育的学制并相应修订了教学计划和教学大纲。继续加大非学历教育培训工作的力度,争取实现学历教育与非学历教育的协调发展。全年共举办培训班181期,参加培训14 208人次。顺利完成中国电力行业远程继续教育网平台的搭建、电力类和公需类网络教学资源库的建设以及学校首个网络教育录播室的建设。

2013年,艺术教育中心开展各类艺术课程10余门,内容涉及音乐、美术、舞蹈、戏剧等各种艺术门类。在国际化和项目化方面,艺术教育中心带领学生参加在台湾举行的"两岸同心,寻梦中国"大型艺术节活动,蓝色动力合唱团获金奖、优秀组织奖和最佳钢琴伴奏奖。在精品化方面,各团发挥自身优势。在2013年举办了多场形式新颖的专场演出。2013年4月,舞蹈团拉丁舞团举办了建团十周年的专场演出。话剧团举办了年度大戏《诺亚方舟绑架案》,曲艺团一笑堂举办了为期两天的《笑傲江湖》专场演出。蓝色动力合唱团举办了《春天的思念》专场音乐会。指导学生参加第四届北京市大学生艺术展演取得优异成绩,在舞蹈、器乐、声乐、短剧朗诵等组别均有节目获一等奖。

学科建设

■概述

2013年,学校继续坚持以学科建设为龙头,突出学科建设的顶层设计,全面加强了学科内涵建设工作。学科实力水平持续提升,传统优势学科在学校学科发展中的主体地位更加显现,电气工程、动力工程及工程热物理在新一轮全国学科评估中排名位居全国第6和第11位,比上一轮评估分别上升了3位和1位,控制科学与工程、工商管理、管理科学与工程三个具有一级博士点的学科排名也有明显提升。学校以学科评估为契机,启动了新一轮学科建设的调研和规划论证工作,以学院为单位对学校23个一级学科进行了专项调研,为下一步的学科规划工作奠定了基础。成立了华北电力大学文科建设工作小组,调研并起草文科建设规划方案。省级重点学科建设成果丰硕,电气工程、技术经济及管理、清洁能源学3个学科验收结果优秀,优秀率达43%。

(张　磊　王庆华)

■概况

至年底,学校拥有2个国家级重点学科,25个省部级重点学科;5个博士后科研流动站;5个一级学科、30个二级学科博士学位授权点;23个一级学科、123个二级学科硕士学位授权点。学科建设办公室设"211工程"办公室、"985工程"办公室和学科建设办公室三个部门。共有专职工作人员8人,其中博士学位3人,硕士学位5人;教授职称2人,高级工程师1人,馆员1人,工程师3人,助理工程师1人。

(张　磊　王庆华)

■条目

【第三轮学科评估结果喜人】2月,教育部公布了《教育部学位与研究生教育发展中心2012年学科评估结果》。华北电力大学学科评估结果喜人,电气工程学科得分位次进入全国前20%,动力工程及工程热物理、工商管理得分位次进入全国前30%,与2009年一级学科评估结果相比较,电气工程由第9位上升至第6位,动力工程及工程热物理由第12位上升至第11位,控制科学与工程、工商管理、管理科学与工程等三个具有一级学科博士点的学科排名也有明显的提升。此次评估,学校共有21个具有一级学科硕士授权点以上的学科参加了本轮评估,涵盖了学校大部分的学科专业。从评估结果来看,学校的传统优势学科排名稳步前进,与第二轮评估结果相比,学科排名均有所提升。电气工程、动力工程及工程热物理、工商管理、控制科学与工程等传统优势学科在当前激烈的竞争中保持了应有的学科地位,环境科学与工程、管理科学与工程等学科展现了出较强的发展势头。

(张　磊　王庆华)

【启动新一轮学科建设规划工作】经过五年的建设,学校的传统优势学科在第三轮学科评估中取得较好成绩,但是同时也存在许多问题。5月2日,教育部学位与研究生教育发展中心下发了学校参加第三轮全国学科评估21个学科的《学科分析报告》,报告详细地分析了学校参评学科的各项得分和排名情况,为学校做好下一步的学科发展规划提供了详尽的数据。为做好今后五年的学科建设工作,学校启动了新一轮学科建设的调研和规划论证工作。以学院为单位对全校23个一级学科进行了专项调研,根据学科评估数据和学科调研的情况,起草了学科调研报告,为下一步的学科规划工作奠定了基础。

(张　磊　王庆华)

【深入推进文理学科振兴计划】根据学校要求,分别启动了文科建设规划和理科建设规划的调研和起草工作。经过国内外相关院校的调研和校内的研讨,初步起草了《华北电力大学文科建设规划》和《华北电力大学理科发展规划》的初稿。

(张　磊　王庆华)

【省级重点学科建设成果丰硕】经过五年建设,学校2008年首次申报成功的7个北京市重点学科建设取得丰硕的成果,电气工程、技术经济及管理、清洁能源学等3个学科验收结果优秀,优秀率达43%,远超北京地区高校30%的平均优秀率。环境工程河北省重点学科验收结果优秀,新增了诉讼法学和应用数学两个河北省重点学科。

(张　磊　王庆华)

【组织环境与化学工程系筹建论证工作】12月,根据学校安排,学科建设办公室会同人事处、可再生能源学院、环境科学与工程学院组织了环境与化学工程系论证工作。学校根据环境科学与工程和化学工程与技术两个一级学科第三轮学科评估报告以及北京校部现有师资、实验室等条件，撰写了环境与化学工程系成立方案可行性分析报告。12 月 16 日，校长办公会会议审定了环境与化学工程系的筹建方案，并要求充分发挥好两地的优势，充分调动相关部门、教授、学者的积极力量，站在具有世界水平的层面、高水平的角度进行思考和谋划，明确时间表，明晰建设思路，整体考虑学科发展，扎扎实实做好前期前瞻性的规划设计。

（张　磊　王庆华）

【组织新一轮专业学位点的申报工作】11 月底，根据国务院学位委员会第 30 次会议通过的有关决议及学位〔2013〕37 号文件精神，启动了新增硕士专业学位授权点工作。由于本次增列工作为限额申报，教育部下达本校增列硕士学位授权点名额为 2 个，学科建设办公室制定了学校本次硕士专业学位授权点增列工作申报方案，并组织相关院系就新增专业学位点进行了论证和材料撰写。

（张　磊　王庆华）

研究生教育教学

■概述

2013 年，华北电力大学研究生教育教学工作继续深化教育教学改革，强化教育教学过程管理，以“质量”与“创新”为主题，以服务需求、提高质量为主线，坚持内涵式发展，稳步提升人才培养质量和核心竞争力。深入推进培养模式改革，统筹建设预警、监控与评估相结合的质量保障体系。适应社会发展需求和拔尖创新人才体系的建设，完善管理机制、培养机制与服务体系；强化课程教学与论文监控，提高学位授予质量。不断探索注重内涵发展、深化创新能力培养的有效机制。与科研院所及国外高水平大学合作，构建“产学研联合研究生培养基地”及“国内外联合研究生培养基地”等培养拔尖创新人才的高端平台。从选拔优秀生源入手，依托华北电力大学国家级大项目、大平台、大实验基地为学生精心确定研究课题、细心培育，并利用有效的奖助体系激发创新成果的出现，形成全过程拔尖创新人才培育机制，使研究生教育迈上新台阶。党委研究生工作部紧紧围绕学校党政中心工作，重点从学校研究生工作队伍体系建设，结合研究生作为科学研究生工作者开展以科学道德与学风建设为主题的思想政治教育，结合研究生教育质量提高开展研究生学术交流以及奖助体系建设、就业指导与服务等方面入手，全面改革和完善了符合研究生教育特点的工作体系和工作模式。

（罗格非　赵冬梅）

■概况

2013 年，华北电力大学研究生院专职工作人员共 28 人，其中北京校部 15 人，保定校区 13 人。

2013 年，华北电力大学招收博士研究生 189 人，全日制硕士研究生 2 221 人，在职专业硕士研究生 1 723 人。至 2013 年年底，华北电力大学具有学历教育研究生 7 478 人，其中北京校部研究生 5 027人（硕士研究生 4 038 人，博士研究生 989 人），保定校区硕士研究生 2 451 人。在职专业学位硕士研究生 6 395 人，其中北京校部 3 529 人，保定校区 2 866 人。

2013 年，华北电力大学授予博士学位 145 人，硕士学位 3 040人。

2013 年，学校毕业研究生北京校部与保定校区的一次就业率均在 97% 以上。

2013 年，学校共评出优秀研究生标兵 26 人、优秀研究生 421 人、优秀研究生干部 210 人、优秀研究生班集体 19 个；博士优秀奖学金 25 人、博士普通奖学金 521 人；硕士特等奖学金 164 人、硕士一等奖学金 501 人、硕士二等奖学金 1 199 人、硕士三等奖学金 1 037人。本年度北京校部和保定校区共评选四方股份奖学金、华电校友奖助金、南瑞继保奖学金、魏德米勒奖学金、毅格奖学金和思源奖学金等 6 项专项奖学金。专项奖学金评选总名额为 134 人，奖金总额为北京校部发放金额为 32. 6 万元，保定校区发放金额为 25. 6 万元。研究生荣获校长奖学金 4 人，奖励总额为 4 万元。研究生国家奖学金 133 人，奖励总额为 303 万元。

（罗格非　赵冬梅）

■条目

【1 篇学位论文获得全国百篇优博提名】2013 年，通过择优、公开遴选，学校遴选 2 篇学位论文申报 2013 年全国百篇优博，并获 1 篇提名。本次申报，积累了培育优博的经验，为今后继续冲击全国百篇优博论文奠定坚实的基础。

（罗格非　赵冬梅）

【新增国内外联合培养研究生基地】12月，学校成功获批北京市国内外联合培养研究生基地。将连续三年获得300万元资助。学校成为北京市教委资助的在京高校建设联合培养基地试点改革中具有“产学研联合培养研究生”及“国内外联合培养研究生”“双基地”的两所高校之一。

（罗格非　赵冬梅）

【首次获得工程硕士教指育指导委员会委员席位】12月3日，在全国研究生工程专业学位教育指导委员会换届中，研究生院院长赵冬梅获得教指委委员席位，这一突破将使学校工程硕士教育乃至工程博士教育打开全新的局面。学校在工程硕士教育模式创新和机制改革中所取得的突出业绩受到全国研究生教育同行的高度评价。

（罗格非　赵冬梅）

【加大博士生及其导师国际交流力度】首次推荐3名博导短期出国交流并获得国家留学基金委资助，与其在国外交流的博士生一同创造高水平研究成果；高质量超额完成了2013年国家留学基金委的公派留学项目，25人被录取为国家公派留学研究生。

（罗格非　赵冬梅）

【开展师生协同化教育管理队伍建设】5月16日，成果获第二届全国“研究生思想政治教育工作研究”征文特等奖。提出要从学校科研发展对研究生需要的角度，转变教育管理理念，在研究生中营造“被需要感”以激发其自觉、自信，开展师生协同化教育管理队伍建设，成效显著。

（罗格非　赵冬梅）

【创建研究生“前沿 & 创新”学术论坛】5月14日，华北电力大学与加拿大里贾纳大学首次联合举办研究生国际学术交流论坛；7月，学校组织研究生代表团赴香港高校访学和交流，并达成定期举办学术交流意向。举办院士学者学术报告50余场。有关做法入选首期《全国科学道德和学风建设宣讲教育简报汇编》。

（罗格非　赵冬梅）

【获全国研究生数学建模竞赛一等奖】2013年，学生科技竞赛成绩再创新高，获全国研究生数学建模竞赛一等奖等33项；获“挑战杯”全国竞赛国家三等奖2项；获全国大学生英语竞赛特等奖16人，成绩位居全国高校前列。

（罗格非　赵冬梅）

本科生教育教学

■概述

华北电力大学不断深化教育教学改革，强化教育教学过程管理，稳步提升人才培养质量。全面修订《本科专业人才培养方案》，构建了基于目标的课程体系和实践教学体系及其关系矩阵，新增4个本科专业；继续推进创新人才培养机制和模式的改革，探索与行业企业协同培养人才的新途径，深入实施“卓越工程师计划”。加强本科教学工程三级体系建设，3门课程入选国家级精品视频公开课及精品资源共享课，2部教材入选省部级精品教材；新增1个国家级实验教学示范中心和1个省部级示范性校内创新实践基地，2个国家级实验示范中心和6个省部级实验示范中心通过验收，北京校部金工实训中心正式启用。启动教师教学能力提升工作，构建三级教学名师资源体系。实施“名师课堂与精品课程开放”制度、“青年教师导师”制度、“教学名师培育计划”“优秀教学团队支持计划”，2名教师评为北京市教学名师，6名教师评为学校教学名师，教学团队建设项目入选教育部教师队伍建设示范项目。

2013年，学校加强精细化过程管理，完善教学质量监控与保障体系，编制《本科教学质量年度报告》；加强本科生学业预警与课业辅导，促进教风学风建设。持续推动教学研究与改革，全面完成校级教改项目的验收工作。教育教学质量成效显著，获河北省高等教育教学成果奖8项，获省部级教改立项13个，国家大学生创新创业训练计划项目80个，学生共获专利108项，发表论文159篇，制作软件或实物作品131件。学生参加各类创新竞赛获得国际、国家级奖349项、省部级奖253项，特别是全国大学生数学建模竞赛一等奖获奖数目跃居全国高校榜首。

（孙志凌　陈海燕）

■概况

2013年，华北电力大学共设自然班749个（含保定校区346个），其中实验班26个（含保定校区14个），共授课227 736学时（含保定校区106 716学时），考研人数1 455人（含保定校区731

人）。

2013 年，学校获北京市教学成果奖 10 项，获省级教学成果奖 8 项，2 名教授被评为北京市高等学校教学名师，2 门课程入选国家级精品资源共享课，1 门课程入选国家级精品视频公开课，1 门课程入选省级精品资源共享课，1 部教材入选北京市精品教材，1 个基地获评北京高等学校示范性校内创新实践基地建设单位，1 个实验教学中心获评省级虚拟仿真实验教学中心，5 个项目获批北京市教改立项项目，3 项教改项目入选省级教改项目。

（孙志凌　陈海燕）

■条目

【获 10 项北京市教学成果奖】2 月，市教委、市人社局、市财政局共同发布《关于表彰北京市教育教学成果奖的决定》（京教人〔2013〕18 号）。学校有 10 项教学成果获奖，其中一等奖 4 项，二等奖 6 项。获一等奖的是：能源电力高等工程创新人才培养体系的构建与实践；固学科之基开创新之源——面向电力行业的工程电磁场教学改革；面向行业需求校企研协同创新能源电力应用型研究生培养；能源与动力工程专业体系建设与创新人才培养。获二等奖的是：适应国家新能源电力发展需求培养具有国际竞争力的风电人才；电力高级管理复合人才 UIG 协同培养及其信息化平台建设与应用；大电力学科体系下“电—动—核”三位一体“工程型”核电人才培养模式及实践；学科引领，科研先导，校企合作，电气工程师人才培养模式创新研究与持续实践；问题导向、实践先行的自动化专业工程创新型人才培养体系构建；基于程序设计能力的课程群建设。北京市高等教育教学成果奖均为每四年评选一次，获奖成果集中体现了学校在教学改革、人才培养模式创新、教学质量提高、教师队伍建设等方面取得的新成就。

（孙志凌）

【1 门课程入选教育部精品视频公开课】5 月，教育部下发《教育部关于公布第三批“精品视频公开课”名单的通知》（教高函〔2013〕8 号），华北电力大学人文与社会科学学院王学棉、方仲炳、赵旭光和李红枫四位老师主讲的《生活中的纠纷与解决》入选教育部第三批“精品视频公开课”，已在“爱课程”网、中国网络电视台及网易等 3 个网站以“中国大学视频公开课”形式公开展示。

（孙志凌）

【2 名教授获评北京市高等学校教学名师】8 月，根据《北京市教育委员会关于公布第九届北京市高等学校教学名师奖获奖名单的通知》（京教高〔2013〕12 号），华北电力大学王泽忠教授和林碧英教授被评为第九届北京市高等学校教学名师。希望广大教师以教学名师为榜样，更新教育观念，推进教育教学改革，不断提高教育教学水平和人才培养质量。

（孙志凌）

【2 门课程入选国家级精品资源共享课】10 月，教育部发布《关于公布第二批国家级精品资源共享课立项项目名单及有关事项的通知》（教高司函〔2013〕115 号），华北电力大学付忠广教授负责的“动力工程”和王增平教授负责的“电力系统继电保护原理”两门课程入选第二批国家级精品资源共享课立项项目。

（孙志凌）

【1 部教材入选北京市精品教材】10 月，北京市教育委员会下发《关于公布 2013 年北京高等教育精品教材、经典教材评审结果的通知》（京教函〔2013〕524 号）。由华北电力大学崔翔老师主编的《信号分析与处理（第二版）》入选 2013 年北京高等教育精品教材。希望获奖教师再接再厉，不断提高自身的业务能力，为进一步提高学校办学质量作出更大的贡献。

（孙志凌）

【5 个项目获批北京市教改立项项目】11 月，北京市教委发布《关于批准 2013 年度北京高等学校教育教学改革立项项目的通知》（京教函〔2013〕521 号），华北电力大学获批重点项目 1 个、面上项目 4 个。5 个项目分别是：构建“四位一体”素质教育体系，促进学生全面发展（重点项目）；用先进科技支撑和引领热能与动力工程专业“卓越计划”工程创新人才培养（面上项目）；“自主型、研究型、创新型”三型一体的层次化实践教学模式的研究（面上项目）；具有能源特色的机械工程专业实践创新人才培养模式的研究（面上项目）；依托大学生校企联合实践基地的电气工程实践教学改革（面上项目）。

（孙志凌）

【1 个基地获评北京高等学校示范性校内创新实践基地建设单位】12 月，北京市教育委员会下发《关于公布 2013 年北京高等学校示范性校内创新实践基地建设单位名单的通知》（京教函〔2013〕650 号），华北电力大学“电力之光创新实践基地”获评北京高等学校示范性校内创新实践基地。学校将加大投入力度，完善配套政策，深化

实践教学综合改革，为培养学生的自主创新能力和创新意识营造良好的环境和氛围。

（孙志凌）

【8项教学成果获省级教学成果奖】3月，教育厅下发冀教高【2013】8号文件《河北省教育厅关于公布第六届河北省高等教育教学成果奖获奖名单的通知》，华北电力大学王秀梅等《面向行业需求，构筑理工科学生实践与创新能力培养体系的研究与实践》、韩中合等《热能与动力工程专业创新型人才培养体系的建设与实践》获省级一等奖，李琦等《建立大学生创新园，构筑高等院校创新教育新模式》、孔英会等《以核心课程和工程实践平台建设为重点，构建全过程专业创新人才培养体系》、焦彦军等《继电保护创新研究型实验平台及教学实践》、黄元生等《围绕电力市场的特色专业建设，打造电力卓越管理人才培养高地》获省级二等奖，戴庆辉等《创新人才培养的三个着力点》、栗然等《结合元认知理论的<电力系统分析基础>辅助教学体系研究》获省级三等奖。

（陈海燕）

【3项教改项目入选省级教改项目】4月，教育厅下发了冀教高【2013】14号文件《河北省教育厅关于公布2012年河北省高等教育教学改革研究项目的通知》，华北电力大学王秀梅主持的《以创新能力培养为目标，构筑"学研双驱、课内外统合"人才培养模式的持续研究与实践》入选省级重点教改项目，范孝良主持的《具有"大电力"特色的机械类国家特色专业群的研究与建设》、张晓宏主持的《探索创新思路，构建创新模式，推进大学数理基础平台课程教学改革与实践》入选省级教改项目。

（陈海燕）

【1门课程入选省精品资源共享课】10月，教育厅下发了冀教高【2013】57号文件《河北省教育厅关于公布2013年河北省高等学校省精品资源共享课课程名单的通知》，华北电力大学李永倩负责的《光纤通信原理》入选2013年河北省精品资源共享课。

（陈海燕）

【1个实验教学中心获评省级虚拟仿真实验教学中心】10月，教育厅下发了冀教高〔2013〕60号文件《河北省教育厅关于公布河北省高等学校虚拟仿真实验教学中心名单的通知》，华北电力大学电力工业全过程仿真实验教学中心被评为省级虚拟仿真实验教学中心。

（陈海燕）

继续教育教学

■概述

2013年，华北电力大学继续教育工作紧密围绕建设高水平大学的中心任务，理清思路、谋划未来，系统研究制定与发展目标相应的任务、对策与措施，凝练项目，力求重点创新突破；认真落实学院"十二五"发展规划，多方位拓展继续教育市场，在确保稳步发展的基础上，开拓创新，攻坚克难。

2013年，学校继续深化成人高等教育教学改革，提高成人学历教育教学质量。积极拓展办学空间，合理调整函授站点布局，保证成人高等教育规模的稳步增长。充分整合教育资源，发挥学校的办学优势，加大培训工作力度，开展特色服务，建立"校企合作"型的成人教育双赢模式。积极发展现代远程教育，开展网络辅助教学工作。进一步规范和强化管理，制定和完善各项规章制度。倡导学习，积极推进学习型学院和学院一体化建设，开创继续教育工作新局面。

2013年，学校进一步规范了成人学历教育的教学管理，加强校外教学站点的建设，规范合作办学，加强收费管理，加强师资队伍的建设和管理，强化质量监控，努力提高教学质量。调整了成人学历教育的学制，专升本和高起专的学制由原来的三年调整为两年半，并相应修订了教学计划和教学大纲。为规范教务管理，提高工作效率，适应我校继续教育改革和发展的需要，华北电力大学在原《成人教育教务工作手册》和原《培训工作手册》的基础上，重新修订编写了《华北电力大学继续教育教务工作手册》。

2013年，学校大力发展非学历继续教育，紧跟能源电力行业发展，追踪能源电力企业变革，坚持面向能源电力行业实施非学历继续教育，提供多层次、全方位的培训教学和咨询服务，已成为能源电力领域相关企业单位进行新技术培训、高层次知识研修、岗位考核认证以及人才选拔的高级继续教育基地。2013 年,华北电力大学致力于围绕技术发展和客户需求开发构建培训课程及系列,目前学校针对不同岗位和不同专业人员水平,紧扣能源电力行业实际需要,紧跟能源电力技术最新发展的课程,包括管理知识、供用电技术、信息通信技术、火力发电技术、核能发电技术、风力发电技术、其他可再生能源发电技术等多个系列。

2013 年,华北电力大学与国家人力资源与社会保障部合作开展电力行业专业技术人才知识更新工程工作,并为申报国家级继续教育基地和国家级高级研修班进行积极准备。

(高慧颖　尹　莎)

■概况

2013 年,学校成人学历教育在校生 16 249 人。教学站有 61 个,年内新建站 4 个。录取成教新生 4 836 人。毕业生共计 4 605 人,优秀毕业生 280 人,授予学士学位 803 人。

2013 年,学校继续加大非学历教育培训工作的力度,争取实现学历教育与非学历教育的协调发展。与国家人力资源和社会保障部合作开展电力行业专业技术人才知识更新工程工作,开发了农电工专项培训、页岩气开发国际研修班、风力发电技术培训班、领导能力提升培训班、电气工程高级研修班等高端前沿的品牌培训项目;与国家住房和城乡建设部合作开展一级注册建造师继续教育;与中国电机工程学会合作开展动力与电气工程师专业技术职业资格认证等职业资格培训项目。全年共举办培训班 181 期,参加培训 14 208 人次。

2013 年,学校完成中国电力行业远程继续教育网平台的搭建、电力类和公需类网络教学资源库的建设以及学校首个网络教育录播室的建设。

(高慧颖　尹　莎)

■条目

【获招生考试优秀成果奖等 7 项】1 月,由继续教育学院开发的《在线补考系统》获河北省教育招生考试优秀成果二等奖;8 月,教师艾欣带领的电力系统教学团队获北京高等学校继续教育优秀教学团队;8 月,沈剑飞教授被评为北京高校继续教育教学管理先进个人;11 月,黄曙林老师获北京高等学校成人高等学历教育英语口语竞赛竞赛贡献奖;11 月,华北电力大学获得北京高等学校成人高等学历教育英语口语竞赛"竞赛组织奖"。11 月,华北电力大学获机电工程专业一级建造师继续教育先进培训单位;李燕华老师获机电工程专业一级建造师继续教育先进个人。

(高慧颖　尹　莎)

【开展动力与电气工程师专业技术资格认证考试】4 月 13 日,华北电力大学配合中国电机工程学会开展动力与电气工程师专业技术资格认证考试工作。本次考试分为动力、电气两大类,工程师和见习工程师两个级别,华北电力大学共有 56 名学生参加了认证考试。

(尹　莎)

【举办页岩气开发国际高级研修班】4 月 24 日,第一期页岩气开发国际高级研修班在华北电力大学举行。继续教育学院院长沈剑飞、中际通联咨询(北京)有限公司总经理万少廷出席开班典礼并讲话。本期研修班为期 3 天,聘请了具有长期页岩气开发经验的世界级技术与环境专家授课,分享国内外最新的页岩气开发技术、设备与项目案例,全方位了解页岩气项目开发的整个过程,为我国即将开展的页岩气开发项目提供开发方案、环境风险识别和管控、项目执行和管理等方面的实际经验,以便顺利安排开发计划和降低项目实施风险。

(尹　莎)

【召开函授站工作会议】6 月 15 日,8 月 10 日继续教育学院分别在云南省昆明市和贵州省贵阳市召开成人教育(函授站)工作会议。此次会议旨在更好地促进学校成人高等教育的发展,努力提高成人教育教学管理水平,探讨新形势下成人高等教育可持续发展的应对策略,寻求校企合作、服务于企业的良好途径;并针对函授教育出现的新情况,开展对函授站管理工作若干议题的研讨。会议上对在 2012—2013 学年成人高等教育管理工作中作出突出成绩的 17 个优秀函授站和 40 名成人教育管理先进个人进行了表彰。会议讨论期间,各教学站代表就办学过程中遇到的各种问题及解决问题的思路等进行了充分的研讨和交流。

(张淑莉　高慧颖)

【修订继续教育教务工作手册】7 月,华北电力大学在原《成人教育教务工作手册》和原《培训工作手册》的基础上,重新修订编写了《华北电力大学继续教育教务工作手册》。

(尹　莎)

【开通并运行中国电力行业远程继续教育网】9 月 30 日,华北电力大学联合人力资源社会保障部下属中国国家人事人才培训网共同打造的“中国电力行业远程继续教育网”(www.dljxjy.com.cn)正式开通并试运行。该网络平台有信息发布、在线学习、教学考评、培训管理、课程共享、交流互动等功能,目前已开发700多门、2 493课时的自主知识产权课件。课件涵括电力行业整个产业链不同环节、不同岗位的理论与实操知识,课程包括职业素养、管理科学、政策法规、专业技能、教育考试、专业理论基础、文化修养、技术前沿、综合知识等方面内容。中国电力行业远程继续教育网截止2013年12月底,已有2万多名在线注册学员。

(李　琦　尹　莎)

【调整成人学历教育学制】10月,华北电力大学调整了成人学历教育的学制,专升本和高起专的学制由原来的三年调整为两年半,并相应修订了教学计划和教学大纲。

(张淑莉　高慧颖)

艺术教育教学

■概述

2013年,华北电力大学艺术教育工作围绕学校中心工作,以推进高水平校园文化为己任,以提高广大师生的文化艺术修养,营造良好校园氛围为宗旨,坚持“国际化、精品化、项目化、专业化”工作思路,在艺术教育、艺术实践等方面取得了优异成绩。

2013年,在艺术教育方面,艺术教育中心开展各类艺术课程10余门,内容涉及音乐、美术、舞蹈、戏剧等各种艺术门类。除了本校的艺术教师专职授课外,还聘请知名艺术专家担任客座教授或兼职教授,满足了广大学生的提高艺术修养的需求。

2013年,在国际化和项目化方面,艺术教育中心带领学生参加在中国台湾举行的“两岸同心,寻梦中国”大型艺术节活动,蓝色动力合唱团获金奖、优秀组织奖和最佳钢琴伴奏奖。6月,在北京市龙城丽宫饭店举办了与美国肯塔基大学的交流晚宴。艺术团成员表演了《扬鞭催马运粮忙》等新颖别致节目,和外国同学交流了艺术心得。

2013年,在精品化方面,各艺术团发挥自身优势。成功举办了多场形式新颖的专场演出:4月,舞蹈团拉丁舞团举办了建团十周年的专场演出。话剧团举办了年度大戏《诺亚方舟绑架案》,曲艺团一笑堂举办了为期两天的《笑傲江湖》专场演出。蓝色动力合唱团举办了《春天的思念》专场音乐会。为切实推出艺教中心的精品节目搭建了有力平台,作出了实际的贡献。

2013年,在专业化方面,艺术教育中心充分发挥专职教师的作用,合唱团(蓝色动力合唱团、流行分团)、舞蹈团(民舞分团、拉丁舞分团、街舞分团)、话剧团、曲艺团(民乐分团、西洋乐分团、相声分团)均有专职教师负责,切实提高了大学生艺术团的水平。

2013年,学校艺术教育取得多项荣誉,1月10日,在台湾中正礼堂举办的大型艺术节中,蓝色动力合唱团代表学校获得了金奖、最佳组织奖、最佳钢琴伴奏;4月,话剧团和曲艺团一笑堂分获相声二等奖和短剧三等奖;10月,华电艺术团精心准备的10精品节目参加第四届北京市大学生艺术展演,为学校的文艺领域建设作出了突出贡献。舞蹈类:《蝴蝶飞》《爱情蒙太奇》获一等奖,《怒放的生命》获二等奖;器乐类:《枣园春色》《欢乐歌(改编)》获一等奖;声乐类:《星航》《tea for two》获一等奖;短剧朗诵类:《海那边》《时光胶囊》《梦想的中国》获一等奖,《为人民服务》《路》获二等奖。

(王新军　王　悦)

■概况

2013年,华北电力大学艺术教育中心有专职教师8人,兼职教师5人,其中教授1人、副教授3人,讲师2人,助教7人。

2013年,华北电力大学艺术教育中心设有四个大学生艺术团(合唱团、舞蹈团、话剧团、曲艺团),共有团员500余人。

2013年,华北电力大学艺术教育中心面向全校本科生开设的选修课程有乐理基础、中外名曲欣赏、音乐鉴赏、声乐艺术欣赏、影视鉴赏、美术鉴赏、舞蹈欣赏、视唱与合唱、合唱与指挥等。

(王新军　王　悦)

■条目

【参加台湾激情梦想,两岸同心大型艺术节】1月10日,在台湾中正礼堂举办了大型艺术节,蓝色动力合唱团代表学校获金奖、最佳组织奖和最佳钢琴伴奏。

(王新军　王　悦)

【参加北京高科大学联盟相声短剧大赛】4月,话剧团和曲艺团一笑堂分获相声二等奖和短剧三等奖。

（王新军　王　悦）

【举办笑傲江湖相声专场】4月，华电曲艺团一笑堂举办了“笑傲江湖”相声专场，演出历时两天，多位华北电力大学的相声演员为同学们奉献了精彩表演，此次比赛也是几位大四学生的毕业演出。

（王新军　王　悦）

【举办话剧大戏】5月23日，由大四毕业生主演的《诺亚方舟绑架案》获得师生好评。

（王新军　王　悦）

【参加五月的花海歌咏比赛】为了弘扬社会主义精神文明建设和青年建设举办的五月的花海歌咏比赛吸引了大量的蓝动合唱团的成员参加，分别为各自的院系作出了贡献。

（王新军　王　悦）

【举办“春天的思念”校内音乐会专场】5月20日，蓝色动力合唱团和蓝色动力流行团共同组织承办“春天的思念”校内音乐会专场。

（王新军　王　悦）

【与肯塔基大学答谢交流晚宴】6月，与美国肯塔基大学学生们的交流晚宴在龙城丽宫国际酒店举行，两校学生互赠礼物。民舞、蓝动和民乐团参加了交流答谢演出。

（王新军　王　悦）

【举办拉丁舞团10周年专场】6月10日，舞蹈团分团拉丁团建立十年的专场演出在学校操场上举行，本次活动，吸引了广大同学前来观看。

（王新军　王　悦）

【举行军训迎新晚会】9月26日，学校艺术团各分团参演了由校学生会主办的军训新生迎新晚会，将新的节目《蝴蝶飞》《爱情蒙太奇》搬上了学校的舞台。

（王新军　王　悦）

【参加第四届北京市大学生艺术展演】10月，学校艺术团参加第四届北京市大学生艺术展演并获佳绩。《蝴蝶飞》《爱情蒙太奇》获舞蹈类一等奖，《怒放的生命》获舞蹈类二等奖；《枣园春色》《欢乐歌（改编）》获器乐类一等奖；《星航》《tea for two》获声乐类一等奖；《海那边》《时光胶囊》《梦想的中国》获短剧朗诵类一等奖，《为人民服务》《路》获短剧朗诵类二等奖。

（王新军　王　悦）

【参加“强校之路”建校五十五周年校庆晚会】11月15日，“强校之路”建校55周年校庆晚会在华北电力大学主楼礼堂举行，校艺术团为广大师生献上曾在大学生艺术展演中获奖的多个精彩节目，为校庆晚会增添了光彩。

（王新军　王　悦）

科技研究与产业开发

SCI－TECH RESEARCH AND INDUSTRIAL DEVELOPMENT

○综　　述

2013年,华北电力大学年度科研经费继续增长,达5.71亿元;承担国家重大专项和三大科技计划项目15项,国家自然科学基金项目105项,部省(市)级项目33项;承担横向项目801项。学校科研成果数量、质量实现双提升,获各类省、部级科技成果奖29项。其中,国家科技进步奖二等奖1项,教育部科技进步奖一等奖1项,中国电力科学技术奖一等奖2项,河北省社会科学优秀成果奖一等奖1项。科技论文发表在全国高校排名继续攀升,专利申请和授权数量不断增加,获"北京市专利示范单位"称号。学校科研平台和科技人才队伍建设工作成绩显著。积极推进18个省部级以上科研平台规范管理和运行;新增两个北京市重点实验室,1个河北省文科重点研究基地,1个中国电力科普教育基地,1个创新引智基地,1个创新引智基地获得滚动支持;"新能源电力系统国家重点实验室"顺利通过首次国家评估,被认定为"新能源电力系统国际科技合作示范基地";国家火力发电工程技术研究中心、北京能源发展研究基地在验收评估中取得优异成绩。积极稳步推进"智能电网协同创新中心"认定申报工作。火电联盟第一届理事会会议顺利召开。学校新增21世纪优秀人才4名,1人入选首批"中青年科技创新领军人才"。

2013年,学校科技成果转化和产业化工作成效显著。科学技术研究院获"金桥奖"先进集体奖,1人获"金桥奖"先进个人奖;学校积极参加北京科博会、深圳高交会等大型科技展览会,与多地开展落地项目成果转化工作。国家技术转移中心顺利通过评估验收,通过发挥技术转移中心的平台作用,极大地促进了科技成果的转化和产业化进程,成果转化61项。大学科技园管理职能划转科学技术研究院,建设成效明显。管理体制机制进一步完善,新增入驻企业43家,入驻企业总数达93家;申报国家和地方各类支持资金560万元;成功获批第二批北京市中小企业创业基地;2013年度向学校上缴款项742万元,同比增长57%,实现了经济和社会效益双丰收。

2013年,华北电力大学产业拥有企业31家,形成了以电力科技为核心,电子、通信、计算机、机械、环保等产品和服务并举,内外联合,多层次、多渠道发展的格局。学校控股参股企业收入44 031.19万元,比2012年增加了27.15%;实现净利润12 901.36万元,比2012年增长了9.08%。

2013年,高等教育研究围绕华北电力大学"文科振兴计划"开展调研工作,完成了泰晤士高等教育年度世界大学排名分析、洪堡基金专题调研报告、大人才战略、大学驻外研究院调研报告以及《高度重视大学入学教育中的专业教育》《中国特色现代大学制度的设计与选择》等文章或研究报告。较好的完成了中电联主管刊物《中国电力教育》的全年办刊任务。

2013年,现代电力研究院继续推进科研平台建设,成功举办第三届"现代能源发展论坛";与北京博电新力电气股份有限公司联合组建"电气设备状态检测研究中心";积极参与政府、企业、社会在能源领域的决策咨询服务,承担相关科研课题研究,共签订科研项目4项,实现科研合同金额共计213.2万元。

2013年,华北电力大学学术期刊编辑出版质量明显提高,社会影响力进一步扩大。

2013年,华北电力大学资源与环境研究院科研经费1 747.81万元,达建院以来科研经费最高水平。科研项目方面主要获得国家自然科学基金委重大项目之课题1项,国家杰出青年科学基金1项、国家自然科学基金面上项目3项、青年科学基金12项,教育部创新团队发展计划项目1项,高等学校学科创新引智计划1项、北京市自然科学基金1项,环保部公益项目2项以及其他来自中科院、企业或研究设计部门的课题33项。黄国和教授作为负责人的"能源与环境系统分析及工程应用"创新引智基地成功入选"高等学校学科创新引智计划"("111引智基地")。"区域能源系统优化"教育部重点实验室按照建设计划顺利推进。李永平教授成功入选第十三届中国青年科技奖,其承担的国家自然科学基金面上项目"寒旱区流域冰雪径流的动态过程分析"获得立项资助。该研究院年度科研成果产出再创新高,研究院教师共发表论文120篇,其中SCI检索69篇,EI检索38

篇，出版专著1部，授权专利发明10项；2013年，该院所培养的研究生获得国家研究生奖学金10项，发表学术论文30篇。

2013年，苏州研究院组织学校在智能电网、新能源发电、新材料等研究领域的专家、教授参加江苏省、苏州市和工业园区的科技项目申报和成果转化工作。成功申报苏州市科技局科技项目8项和园区领军人才项目2项。承担纵向及横向科研项目5项，科研合同金额567.5万元；获苏州市人才支持项目2项，支持经费300万元。

科学研究

■概述

2013 年,华北电力大学以内涵发展为主线,以全面提升科技创新能力为中心,着力提高科研管理水平。年度科研经费持续增长,达 5.71 亿元;承担国家重大专项和三大科技计划项目 15 项,国家自然科学基金项目 105 项,部省(市)级项目 33 项;承担横向项目 801 项。

2013 年,学校科研成果数量、质量实现双提升,获各类省、部级科技成果奖 29 项。其中,国家科技进步奖二等奖 1 项,教育部科技进步奖一等奖 1 项,中国电力科学技术奖一等奖 2 项,河北省社会科学优秀成果奖一等奖 1 项。科技论文发表在全国高校排名继续攀升,专利申请和授权数量不断增加,获“北京市专利示范单位”称号。

2013 年,学校科研平台和科技人才队伍建设工作成绩显著。积极推进 18 个省部级以上科研平台规范管理和运行;新增两个北京市重点实验室,1 个河北省文科重点研究基地,1 个中国电力科普教育基地,1 个创新引智基地,1 个创新引智基地获得滚动支持;“新能源电力系统国家重点实验室”顺利通过首次国家评估,被认定为“新能源电力系统国际科技合作示范基地”;国家火力发电工程技术研究中心、北京能源发展研究基地在验收评估中取得优异成绩。积极稳步推进“智能电网协同创新中心”认定申报工作。火电联盟第一届理事会会议顺利召开。学校新增 21 世纪优秀人才 4 名,1 人入选首批“中青年科技创新领军人才”。

2013 年,学校科技成果转化和产业化工作取得显著成效。科学技术研究院获“金桥奖”先进集体奖,1 人获“金桥奖”先进个人奖;学校积极参加北京科博会、深圳高交会等大型科技展览会,与多地开展落地项目成果转化工作。国家技术转移中心顺利通过评估验收,通过发挥技术转移中心的平台作用,极大地促进了科技成果的转化和产业化进程,成果转化 61 项。

2013 年,学校大学科技园管理职能划转科学技术研究院,建设成效明显。管理体制机制进一步完善,新增入驻企业 43 家,入驻企业总数达 93 家;申报国家和地方各类支持资金 560 万元;成功获批第二批北京市中小企业创业基地;2013 年度向学校上缴款项 742 万元,同比增长 57%,实现了经济和社会效益双丰收。

2013 年,学校成功召开了学校科研工作会议,逐步完善了科研管理制度体系;开发启用了科研管理信息系统,提高了科研管理能力和服务水平。

(杜　欢　张力晖　齐宏景　张　充　武润莲等)

■概况

2013 年,学校各类科研经费达到 5.71 亿元,较去年增长 0.78%;到账经费 3.69 亿元,较去年增长 1.79%。学校向 54 个领域申报各类纵向科技项目为 987 项,获得立项 570 项,资助经费达 2.71 亿元。其中,国家高新技术研究发展计划“863 计划”11 项;国家重点基础研究发展计划“973 计划”2 项;国家科技支撑计划课题 1 项;国家科技重大专项课题 1 项;国家自然科学基金项目 105 项,部省(市)级项目 33 项。2013 年,学校承担横向合作项目 801 项,合同总经费 3.00 亿元。学校继续严格对 2012 年签订的横向合同进行审查,加强知识产权的保护,对 75 项合同进行了技术认定,认定金额 5 098.52 万元;办理合同免税 118 项,免税金额3 795.64万元,其中实现技术交易额 3 758.02 万元。

2013 年,学校申请专利 975 件,其中发明专利 505 件,实用新型 284 件,外观设计 14 件,计算机软件著作权 171 件;授权专利 689 件,其中发明专利 192 件,实用新型专利 334 件,外观设计 26 件,计算机软件著作权 137 件。

2012 年,学校发表国内科技论文在全国高校排名第 56 位,科学引文索引扩展版(SCIE)排名 83 位,工程索引核心版(EI)排名 41 位,科技会议录引文索引(CPCI－S)排名 8 位。学校 SCIE 数据库收录学校文献 393 篇,与 2011 年相比增长了 33%,SCIE 论文排名也由 2011 年的 89 名,上升至 83 名;EI 收录期刊论文 763 篇,与 2011 年持平;CPCI－S 收录论文 633 篇,与 2011 年相比增长了 93%,CPCI － S 论文排名由 2011 年的 33 名,上升至 8 名。(编者注:因此数据次年才能揭晓,故数据迟缓一年刊登)。

2013 年,学校资助各类学术报告会 79 场次(其中院士 1 场次),资助教师参加国际学术会议 8 人次;缴纳各类专委会会费 89 660 元。推荐上报各类专业技术委员会委员 8 人次,获得批准4人次;推荐上报理事候选人6人次,获得批准3人次;推荐各类专家209人次。更新和补充教育部科技奖励评审专家323人次,更新北京市科技奖励评审专家6人次,更新和补充国家科技奖励评审专家72人次。

(杜 欢 张力晖 齐宏景 张 充 武润莲等)

■条目

【一试验系统通过省级技术鉴定】1月26日,胡爱军副教授负责完成的"风力发电机主轴刹车片摩擦性能试验系统"成果鉴定会在保定校区召开。鉴定会由河北省科技成果转化服务中心组织,保定市科技局主持,鉴定委员会主任委员由河北省农业大学马跃进教授担任,副主任委员由保定天威风电科技有限公司鲁志平总工担任,参与鉴定会其他专家还有唐力伟、刘志强、王永清、刘俊峰、魏军。出席会议的还有科技处相关人员。鉴定委员会听取了工作报告、技术报告、效益分析报告、查新报告和用户使用报告,审查了技术资料,经质询答辩和认真讨论,一致同意通过技术鉴定。该成果对于风力发电机主轴刹车片材料研发、为实现国产化风力发电机刹车片批量生产提供了技术支撑,具有重大的经济效益和社会效益。

(王 成)

【17名专家受聘为国家火力发电工程技术研究中心工程技术委员会委员】4月17日,学校举行国家火力发电工程技术研究中心工程技术委员会委员聘任仪式,17名校内外专家受聘为新一届工程技术委员会委员。中国工程院院士清华大学蒋洪德教授、电力规划设计总院副院长孙锐、中国华电集团公司科技环保部主任张东晓、大唐国际发电股份有限公司副总经理安洪光、中电投电力工程有限公司总工程师贺徙、山西漳泽电力股份有限公司总工程师王志军、浙江大学能源清洁利用国家重点实验室副主任周俊虎、西安交通大学能动学院副院长严俊杰、中国科学院工程热物理研究所研究员杨金福,华北电力大学校长刘吉臻、副校长杨勇平出席仪式。仪式由华北电力大学科学技术研究院常务副院长檀勤良主持。华北电力大学校长刘吉臻、委员会主任蒋洪德院士、委员会副主任杨勇平分别作重要讲话。

(朱正茂)

【举行科技人才工作学习交流会】4月18日,华北电力大学与南京市江宁区科技人才工作学习考察团在保定校区举行了交流会议。学校副校长王增平、校长助理律方成和南京市江宁区人民政府副区长戚湧及有关部门领导参加本次工作交流会。会上,双方进行了深入交流,表示将及时建立工作上的联系,开展进行对接活动,在技术转移、人才培养基地等方面密切合作,互惠共赢。

(张力晖)

【召开科研工作会议】4月24日,华北电力大学召开2013年科研工作会议。会议以视频形式在北京校部和保定校区同时举行。校党委书记吴志功、校长刘吉臻、党委副书记李双辰、副校长杨勇平、王增平,党校办、组织部、宣传部、纪委办公室、人事处、人才办、科研院、研究生院、计财处、国际合作处、产业处、学科办、校企合作办公室等部门主要负责人,各学院党、政负责人及分管科研工作的副院长、科研秘书,省部级以上科研平台主任、副主任、秘书以及师生代表参加会议。会议由吴志功主持。杨勇平在会上作2013年科研工作报告。报告对2010年以来科技工作的基本情况进行了总结,对当前的科研形势和下一阶段的工作思路进行了分析,同时阐述了学校2013年科技工作设想。科学技术研究院常务副院长檀勤良作了科研管理制度体系设计及说明。刘吉臻作了总结讲话,对科研工作在高水平大学建设中的定位、近年来学校科研工作快速发展的原因进行了阐述与分析,并对今后如何进一步做好科研工作提出了要求。

(杜 欢)

【召开中国火力发电产业技术创新战略联盟第一次理事会】4月25日,中国火力发电产业技术创新战略联盟第一次理事会第一次会议在学校召开。会议由中国华能集团公司科技环保部主任赵毅主持,国家科技部高新司能源处处长郑方能代表科技部出席此次会议。理事长单位中国华能集团公司,副理事长单位中国大唐集团公司、中国华电集团公司、中国国电集团公司、中国电力投资集团公司、中国电力工程顾问集团公司、北京国华电力有限责任公司、华北电力大学,理事单位上海电气集团股份有限公司、哈尔滨电气股份有限公司、上海发电设备成套设计研究院、西安热工研究院有限公司、中国科学院工程热物理研究所、清华大学、浙江大学、西安交通大学、哈尔滨工业大学、华中科技大学,共18家单位负责人出席此次会议。华北电力大学副校长杨勇平致大会欢迎辞,科技部高新司能源处处长郑方能作了重要讲话。中国华能集团公司总经理助理蒋敏华代表理事长单位发言。科学技术研究院常务副院长檀勤良做联盟工作报告,并就联盟相关文件的制定及修订作了说明。清华大学李政教授、西安交通大学严俊杰教授、浙江大学周昊教授、华北电力大学杜小泽教授,还就火力发电各环节分别作了专题报告。会议依托"中国火力发电产业技术创新战略联盟",选举并成立了联盟组织机构,原则通过了《联盟章程》《专家咨询委员会管理办法》及《会费缴纳与管理办法》。会后,各位专家、企业负责人纷纷就联盟相关资料、火力发电行业技术管理问题、科技成果及技术需求展开讨论,进行了广泛交流。

(杜　欢)

【杨勇平教授入选 2012 年创新人才推进计划】4 月 28 日,科技部公布 2012 年创新人才推动计划入选名单,杨勇平教授入选"中青年科技创新领军人才"。根据《创新人才推进计划实施方案》的规定,科技部会同有关部门开展了 2012 年创新人才推进计划的组织实施工作,经推荐、评审、公示等环节,确定 201 名中青年科技创新领军人才,64 名科技创新创业人才,86 个重点领域创新团队,18 个创新人才培养示范基地入选 2012 年创新人才推进计划。杨勇平教授入选的"中青年科技创新领军人才"主要是瞄准世界科技前沿和战略性新兴产业,引领相关行业和领域科技创新发展方向,组织完成重大科技任务。

(杜　欢)

【保定市主要领导来校调研】5 月 15 日,保定市委书记聂瑞平,市长马誉峰,市人大常委会主任宋文,市委常委、副市长刘颖,市委常委、秘书长李志刚,副市长闫立英等市领导及市国土局、规划局、行政执法局有关负责人来华北电力大学调研。学校党委书记吴志功,党委副书记、副校长张金辉,副校长王增平及党校办、宣传部、科技处、产业处、电力系、自动化系有关领导陪同调研。聂瑞平、马誉峰等领导参观了学校新能源电力系统国家重点实验室、河北省发电过程仿真与优化控制工程技术研究中心,并表示今后将与学校进一步加强联系,尽快就深入开展校地合作拿出方案,积极为学校发展提供便利条件,营造良好氛围,打造高端平台,努力实现校地双赢,为地方经济的繁荣和学校的长远发展贡献力量。

(张力晖)

【一项目通过国家能源局验收】5 月 20 日,"国电谏壁电厂 1 000MW 超超临界机组自动化控制系统新技术示范项目"正式通过了国家能源局组织的验收。该系统于 2011 年 1 月投入运行以来,稳定可靠,控制性能优良,控制逻辑动作正确,保证了机组运行的安全性、经济性与环保性。验收专家组认为:该项目自主研发的 1 000MW 超超临界机组自动化控制系统设计思想先进、功能齐全、可靠性高、控制品质优良。整体达到国际先进水平,部分创新点居国际领先水平。示范工程取得的成果表明,该系统具备了推广应用的条件。

(杜　欢)

【参加中国电谷产学研合作研讨会】6 月 6 日,学校副校长王增平带领学校新能源与电力系统国家重点实验、相关院系、校办及科技处人员参加了在保定英利集团有限公司召开的中国电谷产学研合作暨国家重点实验室发展研讨会。会议由保定市政府组织。会议主要围绕目前在保定的新能源电力系统国家重点实验室、光伏材料与技术国家重点实验室、风电设备及控制国家重点实验室和新能源光电器件国家地方联合工程实验室等 4 个国家级平台如何进一步的开展交流与合作,加快产学研联合,进一步推动地方经济建设展开。保定市政府副秘书长、高校办主任刘靖、高开区党工委书记、管委会主任孙金博、高开区管委会党工委副书记、管委会副主任佟维力、高开区管委会副主任连书君、高开区创业中心主任王恒普及英利集团有限公司、国电联合动力技术有限公司、河北大学等相关人员参加了会议。全体参会人员参观了英利集团有限公司的光伏展厅。王增平副校长在会上作了发言。与会人员就科研平台今后的合作方向进行了深入的探讨,并对以这四个科研平台为基础建立联合体达成了初步共识。

(张力晖)

【召开两校区科研工作交流会】6 月 15 日,两地科研工作交流会在保定校区召开。北京校部科研学术带头人、学术骨干与保定校区各院系主任、科研主任及青年教师 200 余人参加了交流会。会议由副校长王增平主持。会议分电气组、能动组、环境组、控计组、数理组和人文组 6 个小组进行讨论。副校长杨勇平、王增平,校长助理律方成作为学术带头人分别参加了能动组和电气组的研讨。两地学术带头人分别就各自的科研平台、学科现状、团队情况、重大科研项目及今后的科研方向等做了介绍。会场气氛热烈,学术带头人结合自己多年科研经历谈体会、讲经验，畅谈发展，青年教师踊跃发言、热切求教。分组讨论之后，赵书强、韩中合、付东、马良玉、张晓宏、李伟等几位系主任分别汇报了各自小组的交流情况。杨勇平副校长最后作了总结发言。

（徐　扬）

【获第六届中国技术市场协会金桥奖】6 月 14 至 16 日，中国技术市场协会在陕西省杨凌国际会展中心召开了以“科技创新推动西部经济大发展”为主题的“科技创新振兴西部经济高层报告会暨第六届中国技术市场协会金桥奖颁奖大会”。科学技术研究院荣获“金桥奖”先进集体奖，常务副院长檀勤良荣获“金桥奖”先进个人奖。这是学校首次荣获“金桥奖”先进个人奖，第三次荣获“金桥奖”先进集体奖。

（杜　欢）

【参加中国海峡成果交易会并访问福建省电力公司】6 月 17 日至 21 日，副校长杨勇平带队参加了由科技部、教育部、福建省政府等 20 个单位联合主办的第十一届中国·海峡项目成果交易会，这是学校是首次参加中国海峡成果交易会。交易会在福州海峡国际会展中心举行，邀请了来自 45 个国家和地区的 1 800 名海内外闽商代表参加，设置 8 大展厅共 53 个展区，特设了教育部高校成果展区。学校结合交易会主题，认真筛选了十余项最新科研成果参加会议交流、展示。展会开幕期间，教育部、科技部、福建省有关领导到学校展台视察项目参展情况，并对学校展出成果给予了高度的评价。获得国家科技进步二等奖的空冷技术、用于环保的烟气脱硝催化剂技术、适用于家庭节能的自学习型智能节电装置、用于电力巡检的新产品等一批高新技术成果得到了参会企业的青睐，不断有企业来学校展台对相关技术进行咨询和洽谈。参会期间，副校长杨勇平一行与福建省电力公司举行了座谈会。福建省电力公司副总经理林韩及相关部门负责人参加会议。林韩副总经理代表福建省电力公司对杨勇平一行的来访表示欢迎。杨勇平对福建省电力公司的热情接待表示了感谢并介绍了近几年华北电力大学在学科建设、科学研究等方面取得的进步。双方对各自关心的问题进行了深入的交流，初步达成进一步开展全面合作的意向。

（徐岸柳）

【参加保定市校企合作项目签约暨校企对接恳谈沙龙启动仪式】6 月 24 日，学校副校长王增平、校长助理律方成、科学技术研究院、校内专家及各驻保校企代表共 200 余人参加了由保定市政府主办的保定市校企合作项目签约暨校企对接恳谈沙龙启动仪式在电谷锦江开幕。保定市人大主任宋文、常务副市长赵常福、农工委书记王惠欣、副市长闫立英均出席了仪式。此次活动分项目签约、校企对接恳谈沙龙两个阶段。项目签约阶段共签署了 13 项合作协议。其中，王增平和市领导共同鉴签了由律方成代表学校与企业签约的《中康韦尔健康环境科技有限公司和华北电力大学战略合作框架协议》以及由动力工程系教授阎维平作为负责人与企业签约的《天然气电热冷多联供能源系统的开发与应用》。在校企对接恳谈沙龙阶段，驻保高校专家与企业高层进行了交流对话，学校电子与通信工程系教授、保定毅格通信自动化有限公司总经理侯思祖应邀做了典型发言。会上成立了“校企牵手、合作共赢”保定市校企联盟。会后，王增平、律方成一行陪同保定国家高新技术开发区管委会副主任连书君等领导视察了学校大学科技园及部分驻园企业，听取了五号楼内部规划、在孵企业与华电在技术研发、人才培养等方面的汇报。

（曲　伟）

【举办“抓住电动汽车发展机遇，促进学校学科建设”学术沙龙】6 月 25 日，主题为“抓住电动汽车发展机遇，促进学校学科建设”的学术沙龙在北京校部举办，电气与电子工程学院肖湘宁教授主持了本次沙龙。来自电气与电子工程学院、能源与动力工程学院、控制与计算机工程学院、可再生能源学院、数理学院、保定校区环境科学与工程学院的二十多位老师参加了本次沙龙活动，校长助理汪庆华、国际合作处处长刘永前、科学技术研究院常务副院长檀勤良出席了本次沙龙活动。电气与电子工程学院郭春林副教授首先围绕沙龙主题作了简要报告，肖湘宁教授对学校电动汽车的研究情况进行了总结和展望。随后，各学院参加沙龙活动的老师也就电动汽车领域的相关问题进行了讨论。檀勤良常务副院长最后作总结发言。

（杜　欢）

【国核电力规划设计研究院来校访问交流】7 月 2 日，国核电力规划设计研究院总工程师李达然一行 13 人来学校进行访问交流，副校长杨勇平会见了来访客人。校企双方围绕科研合作进行了深入的交流和洽谈。科学技术研究院、相关院系、相关科研平台的负责人参加了座谈会。李达然总工一行参观了学校新能源电力系统国家重点实验室、生物质发电成套设备国家工程实验室和国家火力发电工程技术研究中心，随后双方进行交流座谈。杨勇平副校长介绍了学校的情况，希望双方能够开展深层次的交流和紧密合作。李达然总工介绍了国核电力院整体情况和目前开展的工作，希望双方能够进行全面深入、富有实效的合作。国核电力院技术与科研管理部主任李毅男介绍了国核电力院科研方面的基本情况。学校电气与电子工程学院、能源动力与机械工程学院、控制与计算机工程学院、经济与管理学院、核科学与工程学院的相关负责人分别介绍了各自学院科研方面的基本情况。

（杜　欢）

【保定市北市区主要领导来学校调研】7 月 3 日，保定市北市区区委书记姬琳，区委副书记、区长张少轩，区委副书记谢永军，区委常委、纪委书记、对接办主任彭尚林，区委常委、区委办公室主任李志才一行来学校走访调研，与学校党委副书记、副校长张金辉，副校长王增平，校长助理米增强、郭孝锋及校办、科技处、人事处、产业处等部门负责人就如何打造“河北中关村”进行了座谈。姬琳、张少轩等在座谈中表示北市区政府将积极提供土地、厂房等硬件资源；同时成立对接办公室，为方便校地合作提供一站式服务；尽快建立校地间定期会晤机制；筛选区内企业与学校尽快实现对接，搭建高端合作平台；为大学生创新创业提供奖励和支持，吸引他们毕业后到北市区创业；联合高校和有关培训单位，建设高水平的培训机构。

（张力晖）

【参观考察保定市北市区工业园区】8 月 14 日，学校党委副书记、副校长张金辉，副校长王增平，校长助理郭孝锋及校办、宣传部、科技处、研究生院、电力系、机械系等相关部门负责人参观考察了保定市北市区工业园区。北市区区委书记姬林，区长张少轩，区委常委、对接高校办公室主任彭尚林及相关部门负责人陪同参观考察。校领导认为，现在北市区发展环境较好，要把握机遇，作为驻地高校要主动对接，发挥学校科学研究、人才培养优势，加强科技创新和校企合作。

（张力晖）

【河北省领导考察大学科技园】8 月 20 日，河北省推进科技型中小企业加快发展工作会议在保定召开。学校副校长王增平和来自河北省各市区主管领导，各高新技术产业开发区、经济技术开发区、科技创业服务中心和大学科技园主要负责人，省政府有关部门、高等院校、金融投资机构负责人参加了会议。会议围绕贯彻落实《河北省人民政府关于支持科技型中小企业发展的实施意见》，安排部署了全省支持科技型中小企业发展的各项任务。会议期间，河北省副省长许宁，科技厅厅长贾红星、副厅长郭玉明分别带队在王增平副校长的陪同下考察了学校位于保定市高新区的国家大学科技园。省领导对学校对地方作出的贡献以及大学科技园的发展成就给予了高度肯定。

（张力晖）

【召开科研骨干群众路线教育座谈会】9 月 10 日，根据党的群众路线教育实践活动的安排，保定校区召开党的群众路线教育实践活动科研骨干及其他教师代表座谈会。副校长杨勇平、孙忠权，科学技术处处长、产业管理处负责人与各院系及校办企业的科研骨干、教师代表近 50 人参加座谈会。与会人员就充分调动以责任教授为代表的广大教师从事科研工作的积极性、加大人文社会学科的支持力度、充分利用好考核和绩效评价机制等方面提出了意见和建议。杨勇平表示，学校将加大院系参与决策的力度，最大限度地激发科研人员的活力，促进学校科研质量和水平快速提升。

（张力晖　王　成）

【“973”项目召开课题验收会议】9 月 14 日至 15 日，由华北电力大学牵头，西安交通大学、浙江大学、清华大学、华中科技大学、中国科学院工程热物理研究所等单位共同承担的国家重点基础研究发展计划（“973”计划）项目“大型燃煤发电机组过程节能的基础研究”在北京召开课题验收会议。项目首席科学家、华北电力大学副校长杨勇平教授主持会议。科技部基础研究司沈建磊处长、科技部基础研究管理中心闫金定处长、教育部科学技术司邹晖处长、华北电力大学校长刘吉臻、课题验收专家组专家、各课题负责人、各课题骨干成员、各课题研究生代表等 80 余人参加了本次课题验收会。课题验收专家组由科技部“973”计划能源领域咨询组责任专家中科院山西煤炭化学研究所王洋研究员，东北电网有限公司黄其励院士，北京工业大学马重芳教授，特邀同行专家浙江大学岑可法院士，中科院工程热物理研究所徐建中院士，清华大学过增元院士，西安交通大学陶文铨院士，华中科技大学黄素逸教授，中科院工程热物理研究所金红光研究员，中国电力规划设计总院孙锐副院长，华能集团公司科技环保部赵毅主任，大唐集团科学技术研究院李少华院长，华北电力大学刘吉臻校长，项目依托部门管理专家教育部科学技术司邹晖处长共15位专家组成。校长刘吉臻致欢迎辞。教育部科学技术司邹晖处长、科技部基础研究司处长沈建磊作讲话。首席科学家杨勇平教授介绍了项目的总体情况。各课题负责人也分别作了课题结题验收汇报，验收组专家对各个课题进行了提问和指导。在验收专家评议阶段，与会专家对各个课题的工作以及所取得的成果表示了充分肯定。课题验收会议结束后，项目组内部召开了项目验收准备会议。

（杜 欢）

【与英利集团签订战略合作协议】9月25日，学校与英利集团有限公司战略合作框架协议签约仪式在保定市电谷国际酒店会展中心举行。保定市市委常委、常务副市长刘颖，保定市高新区党工委副书记、常务副主任张志奎，学校校长刘吉臻、副校长王增平，英利集团董事长苗连生、副总经理熊景峰、首席技术官宋登元等出席了仪式。刘吉臻和苗连生分别代表学校和英利集团在战略合作框架协议书上签字。

（张力晖）

【一项科研成果通过省级鉴定】9月29日，赵毅教授负责完成的“半干法脱硫灰资源化利用研究”成果鉴定会在保定校区国际会议交流中心召开。鉴定会由河北省科技成果转化服务中心组织，保定市科技局主持，鉴定委员会主任委员由环境工程领域著名专家、北京大学张远航教授担任，副主任委员由中国科学院郑明辉教授担任，参与鉴定会的其他专家还有王磊、朱廷钰、张凡、孙汉文、马天忠。鉴定委员会一致同意通过技术鉴定，认为该项研究成果整体技术居同类研究国际先进水平。

（张力晖 李丽英）

【保定市科技局来学校调研】10月31日，保定市科技局局长刘铁英、副局长李明凯、裴冬梅率各处室主要负责人来学校调研。学校副校长王增平，科技处及有关院系负责人参加了座谈。刘铁英在讲话中肯定了华北电力大学为保定经济发展和科技进步作出的巨大贡献。双方就校企校地协同创新、加快创建国家重点实验室联盟、完善科研激励机制、更好利用学校现有科研平台、提升中小型高科技企业的科研创新能力、改进科技成果申报、验收及转化工作、保护知识产权、遴选科技特派员以及加强智能电网、环境保护研究等彼此关心的话题展开了交流。

（张力晖）

【新增一个“111计划”引智基地】11月1日，教育部和国家外国专家局联合组织的2014年度“高等学校学科创新引智计划”（简称“111计划”）评审工作结束，44个引智基地作为2014年度建设项目获批立项。华北电力大学“能源与环境系统分析及工程应用创新引智基地”顺利获批。该基地由学校资源与环境研究院黄国和教授牵头负责，主要依托学校优势学科，汇聚了一批来自欧美国际一流大学的高水平学者，与学校科研团队共同开展多学科交叉研究。该基地是学校继“大电网保护与安全防御创新引智基地”“煤的清洁转化与高效利用引智基地”“智能化分布式能源系统创新引智基地”之后获批的第四个创新引智基地。

（齐宏景）

【“新能源电力系统国际科技合作基地”通过认定】11月5日，学校新能源电力系统国家重点实验室申报的“新能源电力系统国际科技合作基地”，经过主管部门遴选和推荐，科技部组织专家评议和研究，最终获得认定，这是学校首次获批建设该类中心。“新能源电力系统国际科技合作基地”的认定，将进一步促进学校相关学科的国际交流，进一步提升国际影响力，增强自主创新的科研能力，促进研究中心真正成为技术领先、人才聚集、示范引领的国际化平台。

（齐宏景）

【新能源电力系统国家重点实验室被命名为电力科普教育基地】11月6日，中国电机工程学会组织开展了2013年度电力科普教育基地的认定工作，新能源电力系统国家重点实验室，经过有关专家评审，并经中国电机工程学会科普工作专业委员会审核，被正式命名为电力科普教育基地，基地示范期限为2014年至2018年。本届电力科普教育基地的认定工作，是中国电机工程学会2013年度审议通过《电力科普教育基地认定办法》后，进行的第一次电力类科普教育基地的认定工作。本次共对来自全国的11家单位的科普基地进行了命名。

（徐岸柳）

【赴南京济南进行项目对接】11月11日至14日，保定校区科技处组织保定校区院系领导、专家一行17人赴南京市江宁区、济南国网技术学院进行项目对接与合作交流。江宁区副区长戚湧及国网技术学院副院长李勤道均对学校的到访表示欢迎，希望进行长期、深入地合作和交流。科技处处长丁常富表示希望通过此行进一步加深与对方的深入合作。期间，学校专家分别在江宁高新技术创业服务中心、江宁区千人大厦以及滨江区管委会与29家企业针对具体项目需求进行了深入的交流并达成合作意向。同时学校还参观了国网技术学院，并就科研项目合作、科技人才培养、基地与实验室平台共享等方面达成了合作共识。

（张力晖）

【与浪潮集团举办战略合作研讨会】11月19日，华北电力大学与浪潮集团战略合作研讨会在学校召开。浪潮集团有限公司副总裁庞松涛、人力资源部副总经理苏玉玲、信息方案与实施部总经理乔鑫、能源行业部总经理陈乃刚等嘉宾出席了会议。学校副校长杨勇平，科学技术研究院常务副院长檀勤良、副院长肖万里，控制与计算机工程学院院长刘石、电气与电子工程学院副院长许刚、校企合作办公室副主任柴大鹏、大学科技园管理办公室主任王宏盛接待了浪潮集团一行并出席了会议。会议由檀勤良主持。杨勇平副校长向与会来宾致欢迎词。庞松涛副总裁在嘉宾致辞中表达了对此次战略合作的诚意和高度重视。檀勤良、陈乃刚先后介绍了华北电力大学、浪潮集团的基本情况。王宏盛就前期与浪潮集团谈判过程中达成的合作意向进行梳理。刘石、许刚作为行业专家提出了战略合作的指导意见。双方高层最终达成基本合作框架。

（陈安琪）

【保定校区召开科研工作会议】11月21日，保定校区召开了科研工作会议。副校长杨勇平、副校长王增平、各院系主要负责人以及科技处工作人员出席了会议。会议通报了前三季度学校科研工作取得的成绩，同时也总结了工作中存在的问题和不足。杨勇平肯定了保定校区的科研工作和所取得的成绩，并提出以下要求：一是充分挖掘青年教师潜力，多措并举扩宽项目渠道，争取科研工作更好开展；二是要进一步挖掘科研管理能力，做好顶层设计，建立立体式科技创新体系；三是要谋划好明年科研工作。

（张力晖）

【刘吉臻校长出席2013年中国电机工程学会年会】11月21日至22日，2013年中国电机工程学会年会在四川省成都市召开，年会主题为“电力发展与生态文明”。刘吉臻校长应邀出席会议，并在大会开幕式之后作了主旨演讲。11月21日，会议举行开幕式。国家电网公司总经理舒印彪、中国华能集团公司副总经理那希志、四川省电力公司总经理王抒祥等领导致开幕词。之后，年会举行了2013年度顾毓琇电机工程奖、中国电机工程杰出青年工程师奖的颁奖典礼以及电力科普教育基地的命名授牌仪式。华北电力大学新能源电力系统国家重点实验室成为首批11个被授予“电力科普教育基地”称号的机构之一。开幕式之后，国家发改委能源研究所研究员王斯成、清华大学热能工程系教授姚强和学校校长刘吉臻分别作了主旨演讲。刘吉臻的演讲题目是“多能源互补特性与虚拟发电厂控制”。大会还举办了女工程师论坛，华北电力大学毕天姝教授在论坛上作了题为“中国女科技人员发展现状及相关建议”的报告。

（杜　欢）

【与苏州太谷科技举办共建苏州科技园签约仪式】11月27日，与苏州太谷科技共建苏州科技园签约仪式在华北电力大学举办。苏州太谷科技投资发展有限公司董事长黄新生一行专程从苏州赴学校参加仪式。华北电力大学副校长杨勇平，资产管理处处长范寒松，科学技术研究院常务副院长檀勤良等出席了签约仪式。杨勇平在欢迎词中表示希望双方以此为契机，继续开展实质性的工作，推动大学的成果在苏州科技园区转化。黄新生作了重要讲话。国家大学科技园管理办公室主任王宏盛、苏州太谷科技投资发展有限公司副总经理张元分别就华北电力大学国家大学科技园、苏州太谷科技投资发展有限公司作运营情况介绍。会上，黄新生和北京华电天德科技园有限公司总经理檀勤良在合作协议上签字。会后，苏州太谷科技嘉宾一行参观了学校新能源电力系统国家重点实验室。

（陈安琪）

【三项目亮相高交会】11月16日至21日，华北电力大学参展在广东省深圳市召开的第十五届中国国际高新技术成果交易会，科学技术研究院副院长肖万里、项目二部主任徐岸柳，产业管理处处长姚凯文、副处长金海燕，国家火力发电工程技术研究中心席新铭等代表学校参加了本届高交会。“火电机组直接空冷单元空气导流装置”“1 000MW 超临界机组自动化成套控制系统”“电动汽车充电设备性能测试系统”三个项目荣获优秀产品奖，同时学校还获得优秀展示奖和优秀组织奖两项殊荣。高交会上，学校精心遴选了15项最新科技成果，精心设计了参展方案，提供了大量的展示样品及宣传材料，受到观众的高度评价，平均每天接待来访观众超过200名，接待项目咨询及项目需求超过千次，达成合作意向项目5项，极大地宣传了学校的科技成果，增强了学校在南方的影响力。

（徐岸柳）

【参加保定市地校合作工作会】12月4日，由保定市政府主办的保定市地校合作工作会在保定市高新区大学科技园召开。保定市市长马誉峰，保定市地校合作领导小组组长、市人大常委会主任宋文，保定市市委常委、常务副市长刘颖等领导，驻保高校的主要负责人以及高新技术企业代表出席会议。学校副校长王增平、校办以及科技处负责人参加了会议。会上，学校同英利集团有限公司、国电联合动力技术有限公司及河北大学签署协议成立了中国电谷新能源和智能电网产业技术创新战略联盟，同时学校还与河北立中集团签署了合作协议。王增平代表学校在会上作了讲话。

（张力晖）

【学校科技论文发表全国高校排名稳步攀升】12月19日，根据中国科技论文统计结果显示，2012年华北电力大学科技论文发表全国高校排名稳步攀升。其中，中国科技论文与引文数据库（CSTPCD）收录学校论文在全国高校排名第45位，科学引文索引扩展版（SCIE）排名83位，工程索引核心版（EI）排名41位，科技会议录引文索引（CPCI－S）排名8位。2012年中国科技论文与引文数据库收录文献1 342篇，其中统计文献类型为Article和Review的论文1 160篇，在全国高等院校排名中列第45名，相比2011和2010年，论文数量基本持平，排名分别上升30名和36名；论文被引用5 812次，全国高等院校排名中列第56名，相比2011和2010年，论文被引用次数增加1 321次和1 717次，排名分别上升9名和16名。2012年SCIE数据库收录学校文献393篇，其中Article和Review论文391篇，是2011年收录论文的1.3倍，是2010年的2倍，但是SCIE论文排名83位，与去年相比仅上升6名。这说明全国其他高校在此类别论文产出数量上也取得了较大的提升。

（张力晖　徐　扬）

【召开新能源电力系统国家重点实验室第一届学术委员会第三次会议】12月21日，新能源电力系统国家重点实验室第一届学术委员会第三次会议在华北电力大学召开。出席会议的学术委员会委员有：黄其励院士，李立浧院士，程时杰院士，郭剑波院士，清华大学闵勇教授，中国科学院电工研究所肖立业研究员，国家电网公司特高压部陈维江教授，华北电力大学刘吉臻教授、崔翔教授和徐进良教授。出席会议的还有科技部基础研究司基地建设处傅小峰处长，华北电力大学副校长王增平教授、杨奇逊院士、电气与电子工程学院常务副院长李庚银教授、可再生学院院长戴松元教授、科学技术研究院檀勤良院长和重点实验室科研骨干50余人。会议由黄其励院士主持。实验室常务副主任毕天姝教授代表实验室汇报了2013年工作进展和下年度工作计划。会议听取了实验室副主任牛玉广教授关于实验室2014年度开放课题申报情况报告，并对开放课题进行了评议。各位委员对实验室的工作报告进行了充分讨论，认为实验室在平台建设、人才引进与培养、交流合作取得了比较突出的进展，完成了2013年度工作计划。同时建议实验室进一步凝练方向，加强平台间的协同，注重理论与实际的结合，加强与企业间的交流合作。傅小峰处长对实验室在管理、研究工作、人才培养和人才引进等方面的取得的成绩给予了肯定。最后，实验室主任、校长刘吉臻作了讲话。会议期间，与会人员考察了实验室，并听取“源网联合仿真与控制平台”和“高电压大电流电力变换平台”平台建设情况及学术规划汇报。

（朱正茂）

产业管理

■概述

华北电力大学产业现有企业31家，是中国电力行业有影响力的高科技产业群体之一，形成了以电力科技为核心，电子、通信、计算机、机械、环保等产品和服务并举，内外联合，多层次、多渠道发展的格局。同时，依托大学优势学科与相关企业在战略性新兴产业尤其是电力领域节能减排，推动清洁能源技术领域积极努力地搭建广泛应用的桥梁，致力于探索将高校智力资源与企业需求建立紧密结合长效机制的新模式。构建“大电力”特色的智力支撑平台，促进产学研合作的良性发展。

2013 年，学校紧密围绕大学的社会服务功能，将主要精力放在产业规范化建设、科技成果产业化以及学校经营性资产的保值增值领域。重点进行了公司制度建设、董事监事的委派以及企业资产划转等工作，加强了对学校控股和参股企业的监管，保证学校经营性资产的安全、保值和增值。同时，积极研究制定鼓励学科性公司发展的政策措施，加快学校学科性公司成立步伐，重点孵化具有本校学科特色和优势、具有自主知识产权的科技企业。

2013 年，继续拓展促进交叉学科、跨行业领域的产学研合作模式，促进科技成果的转化；积极协助拓宽高新技术项目及其产业的融资渠道；充分发挥学校的学科优势及其多学科协作的技术潜力，进一步激活学校人才、技术、实验装备等优势资源，走产学研紧密结合之路，充分利用科技和人才优势扶植创办学科性企业。

（金海燕）

■概况

2013 年年底，学校控股参股企业的注册资金为 23 880.36 万元，资产总额达 107 769.6 万元，比 2012 年增长了 16 %；所有者权益 55 594.71万元，比 2012 年增加了 9.52 %；负债 52 174.88 万元，资产负债率 48.41%。学校控股参股企业收入44 031.19万元，比 2012 年增加了 27.15%；实现净利润12 901.36 万元，比 2012 年增长了 9.08 %。

（金海燕）

■条目

【召开资产公司董事会会议】3 月 21 日，华北电力大学召开了北京华电天德资产经营有限公司第二届第六次董事会。5 月 13 日，召开了北京华电天德资产经营有限公司第二届第七次董事会。7 月 8 日，召开了北京华电天德资产经营有限公司第二届第八次董事会。9 月 6 日，召开了北京华电天德资产经营有限公司第二届第九次董事会。

（金海燕）

【召开经资委会议】4 月 26 日，学校召开华北电力大学经营性资产管理委员会工作会议。

（金海燕）

【股权管理　优化资产】2013 年，学校为了优化资产公司资产，提升资产公司利润率，至年底，完成了保定华仿科技有限公司变更为股份有限公司的国有资产评估备案；完成了青岛华电高压电气有限公司 20% 股权以及华大天元（北京）电力科技有限公司 20% 股权的转让评估备案；为规范资产公司股权管理，完成了资产公司所属企业的股权梳理工作。

（金海燕）

【完成资产公司产权变动登记】2013 年，学校完成了华电天德资产公司国有资产变动登记备案。

（金海燕）

【一家企业变更为股份公司】12 月 31 日，保定华仿科技有限公司整体变更为保定华仿科技股份有限公司，注册资本由 1 572.7 万元增加至 3 741.5 万元。变更后北京华电天德资产经营有限公司股权额为 7 670 076 元，股权比例为 20.5%。

（金海燕）

【一家企业完成增资】8 月，保定华电电力设计院有限公司注册资本金由人民币 213 万元增加至人民币 300 万元。北京华电天德资产经营有限公司原股权额为 918 010 元，股权比例为 43.09%，增资完成后北京华电天德资产经营有限公司股权额为 1 317 344 元，股权比例为 43.91%。

（金海燕）

【参展上海“工博会”】11 月，学校组织校内项目成果参加第十五届中国国际工业博览会，共获大会铜奖、高校展区三等奖、优秀组织奖、优秀个人奖以及特殊贡献奖等多个奖项，取得学校在“工博会”参会历史上的最好成绩。

（金海燕）

【促进产学研合作】2013 年，学校积极促进技术成果对接，促成“非晶材料学会北京分会”落户华北电力大学；同时促成学校加盟“国家非晶节能材料产业技术创新联盟”，12 月 24 日，通过联盟大会选举，学校被选举为联盟的副理事长单位。通过“国家非晶联盟”平台，促进学校在“非晶”领域的科技成果产业化。

（金海燕）

【承办非晶学会年会】11 月 15 日，由金属学会非晶材料学术委员会主办、华北电力大学与安泰科技股份有限公司联合承办的首届非晶材料学术委员会第二次年会暨新技术新应用新市场研讨会在北京召开。来自全国近 200 家企业、几十家科研院所近 300 名专家学者、企业界人士参加了会议。会议代表及专家参观了学校国家重点实验室，并给予了高度评价。通过承办此次学术会议，提高了学校在新能源电力电子材料领域的知名度，对提升学校在“非晶合金”领域的产学研合作以及跨行业、交叉学科的科技成果转化具有重要意义。

（金海燕）

【申报成果转化与产业化专项资金】2013 年，学校完成 2013 年北京市科学技术委员会“微电网科技成果转化服务平台试点项目”的申报工作，并成功立项。

（金海燕）

高等教育研究

■概述

2013 年，华北电力大学高等教育研究紧紧围绕学校中心工作，认真履行职责，以服务学校发展为宗旨，在政策研究、资讯服务等方面开展工作，科研能力和服务学校的水平不断提高。

2013 年，围绕华北电力大学“文科振兴计划”开展了调研工作：对行业特色型大学、国内外著名理工科高校人文学科进行调研；对学校人文学科建设进行必要性和可行性分析；总结理工科大学文科建设具有普遍性和规律性的成功经验和做法；参与起草了《华北电力大学文科振兴计划》。

2013 年，完成新疆生产建设兵团职业教育改革方案设计项目咨询。

2013 年，根据学校的统筹安排，与党办校办、党委宣传部等部门积极配合，进行华北电力大学章程制定工作。上半年完成了第一阶段任务，下一阶段的工作正在进行中。

2013 年，参与组织部青年干部读书班、处级干部读书班培训教材的编写工作，主要包括能源电力发展形势、中央时事政策解读、高等教育思想代表人物、高等教育发展趋势等内容；撰写了 2013 年新生开学典礼校长讲话稿、现代能源发展论坛书记致辞。

2013 年，完成了泰晤士高等教育年度世界大学排名分析、洪堡基金专题调研报告、大人才战略、大学驻外研究院调研报告以及《高度重视大学入学教育中的专业教育》《中国特色现代大学制度的设计与选择》等文章或研究报告。

2013 年，较好的完成了中电联主管刊物《中国电力教育》的全年办刊任务，管理进一步规范，质量进一步提高，影响因子居同类刊物前列，订阅发行量稳中有升。

（邢　燕）

■概况

2013 年，华北电力大学从事高等教育研究共有专职工作人员 8 名，其中正高职称 1 人、副高职称 7 人。

2013 年，学校积极进行课题研究和申报，目前在研教育部人文社科基金项目 1 项、中央高校科研基金项目 2 项、北京市教委共建课题 2 项；新获得中国学位与研究生教育委托课题 1 项；获北京市第六届教育科学研究优秀成果三等奖 1 项、中国高教学会第八次优秀高等教育科研成果三等奖 1 项。

2013 年，加强高教资讯建设，定期进行学校领导讲话精要集粹整理，出版《院校决策参考》12 期；参编（著）《中国研究生教育质量保障体系理论与实践》《中国研究生教育质量研究报告(2012)》《中国研究生教育研究进展报告(2012)》等 3 部著作；在公开发行的报纸杂志上发表高水平学术论文 10 篇，多篇学术论文被科研机构、行政单位、新闻媒体转载或参考，部分文章被国务院发展研究中心等部门在官方网站推荐。

（邢　燕）

现代电力研究院建设

■概述

2013 年，现代电力研究院（以下简称“研究院”）围绕国家、行业、学校的有关规划和文件精神，继续推进科研平台建设，成功举办第三届“现代能源发展论坛”；与北京博电新力电气股份有限公司联合组建“电气设备状态检测研究中心”；积极参与政府、企业、社会在能源领域的决策咨询服务，争取和承担相关科研课题研究。

（刘秋霞　李　君）

■概况

2013年，研究院有在编教职工5人，编外职工14人，外聘兼职教授8人。研究院下设8个研究中心，分别是“中国能源政策研究中心”“新能源产业技术经济研究中心”“数字电力与节能研究中心”“智慧能源与信息研究中心”“能源供应链仿真研究中心”“能源资源环境法律研究中心”和“现代人事技术研究中心”，新增“电气设备状态检测研究中心”。

2013年，研究院签订科研项目4项，实现科研合同金额共计213.2万元，完成全年科研任务的213.2%。

（刘秋霞　李　君）

■条目

【组建电气设备状态检测研究中心】9月，华北电力大学与北京博电新力电气股份有限公司联合组建“电气设备状态检测研究中心”。该中心致力于研发自主知识产权的技术和产品，并在电网中逐步推广和应用。电气设备状态检测研究中心拟重点研究和开发以下技术和产品：①基于超声原理的局放检测技术，研制仪器拟对变压器实施有效检测；②基于超高频原理的局放检测技术，研制仪器拟对GIS实施有效检测；③基于高频原理的局放检测技术，研制仪器拟对电缆实施有效检测；④基于地电波原理的局放检测技术，研制仪器拟对开关柜实施有效检测；⑤智能变电站二次设备状态检测技术。

（刘秋霞　李　君）

【举办第三届现代能源发展论坛】12月21日，由现代电力研究院主办，国家能源局市场监管司特别支持，首聚能源博览网协办的第三届“现代能源发展论坛——中国电力市场改革路径”在华北电力大学举行。来自国家能源管理部门、电力企业、科研院所和国内外高校的领导和专家学者140余人出席了本次论坛。华北电力大学教育基金会理事长、党委书记吴志功教授，国家能源局总工程师杨昆博士分别致辞。国家能源局市场监管司副司长黄少中先生作了题为“电力市场化改革的着力点”的演讲；国家发改委经济研究所所长刘树杰研究员作了题为“电力市场建设与电价改革”的演讲；中国长江电力股份有限公司副总工程师雷晓蒙先生作了题为“欧洲统一电力市场建设和进展”的演讲；IEEE Fellow、美国得克萨斯州立大学阿林顿分校能源系统研究中心主任李伟仁教授作了题为“美国电力零售市场”的演讲；华北电力大学曾鸣教授作了题为“2014—2020年我国电力市场建设框架研究”的演讲；中国电力投资集团公司火电部主任赵凤云女士作了题为“三部制电价电力市场”的演讲；华北电力大学张粒子教授作了题为“大用户直接交易市场实现方式”的演讲。与会代表围绕中国电力市场改革的路径和实现方式以及国外经验等问题，进行了深入研讨与交流，从不同角度发表意见和建议，积极为国家有关部门规划和制定未来电力市场化改革方案建言献策。

（刘秋霞　李　君）

【海外名师项目专家来访】2013年，“海外名师项目”专家李伟仁教授来校工作50余天，与研究院各中心开展全方位的合作与交流工作；并与电气与电子工程学院、可再生能源学院的学术带头人开展多项科研和教学合作。李伟仁，美国得克萨斯大学阿灵顿分校电气工程系教授，博士生导师，IEEE Fellow。多年来从事电力系统分析、智能电网、电力市场、可再生能源发电预测与并网技术、电能质量、设备在线实时诊断及预测系统等方向的研究，有着深厚的理论基础和丰富的实践经验。

（刘秋霞　李　君）

学术期刊建设

■概述

2013年，华北电力大学期刊出版部所属的《华北电力大学学报》（自然科学版）《华北电力大学学报》（社会科学版）以及《现代电力》三个学术期刊，编辑出版质量均有明显提高，社会影响力进一步扩大。学术期刊质量的稳步提升对于展示华北电力大学学术科研水平，反映华北电力大学教学科研成果，发现和培养学术人才，促进校内外学术交流都起到了重要作用。2013年共计出版期刊正刊18期，发表学术论文385篇，发行24 000册；《华北电力大学学报》（社会科学版）和《现代电力》各出版增刊1期，发表论文76篇。《华北电力大学学报》（自然科学版）和《现代电力》继续入编2012年发布的第六版《中文核心期刊要目总览》。

从学术期刊的社会影响力来看，2013年《现代电力》复合影响因子为0.733，在102种电气工程学科专业期刊中排名第29名(去年影响因子为0.597,排名第32名);《华北电力大学学报》(自然科学版)的复合影响因子为0.806,在102种电气工程学科专业期刊中排名第24名(去年为0.665,排名第29名)。《华北电力大学学报》(社会科学版)复合影响因子为0.448,在642种综合性人文社科期刊中排名第195名(去年复合影响因子为0.446,排名第190名)。2013年《现代电力》杂志升级了采编系统、新增网刊发布系统、DOI自动解析系统;《学报(自科版)》和《学报(社科版)》首次开通使用了在线编辑办公系统,提升了编辑效率及工作的规范性和透明度。期刊出版部网站也正式上线运行。

(王佃启)

■概况

期刊出版部下辖《华北电力大学学报》(自然科学版)《华北电力大学学报》(社会科学版)以及《现代电力》三个编辑编辑部,现有正式员工8人,聘用员工1人。其中拥有副高以上职称的编辑人员3人,硕士及以上学历的5人,全部具有新闻出版署颁发的编辑出版人员从业资格证书。期刊出版部作为学校两地一体化办公的职能部门,贯彻执行党和国家有关期刊出版的方针政策和法律法规,行使对华北电力大学主办期刊的行政管理及工作指导权。

(杜红琴)

资源与环境研究院建设

■概述

2013年,华北电力大学资源与环境研究院作为校属一级研究生教学与科研机构,坚决贯彻“十八大”和“2011计划”文件精神,紧密围绕学校“大电力”学科体系,继续针对资源与环境问题及其关键科学问题和技术开展了大量的研究和工程实践,不断深化科研创新思路,在研究生培养,科学研究、国际交流合作,平台建设等方面取得发展。

一、科研项目

2013年,该研究院继续发挥科研优势,加强关键科学问题的深入研究和集成,实现若干重点领域和重要方向的跨越发展。科研经费金额高达1 747.81万元,是研究院建院以来科研经费达到的最高水平。科研项目方面主要获得国家自然科学基金委重大项目之课题1项,国家杰出青年科学基金1项、国家自然科学基金面上项目3项、青年科学基金12项,教育部创新团队发展计划项目1项,高等学校学科创新引智计划1项、北京市自然科学基金1项,环保部公益项目2项以及其他来自中科院、企业或研究设计部门的课题33项。黄国和教授作为负责人的“能源与环境系统分析及工程应用”创新引智基地成功入选“高等学校学科创新引智计划”(“111引智基地”)。“区域能源系统优化”教育部重点实验室按照建设计划顺利推进。李永平教授成功入选第十三届中国青年科技奖,其承担的国家自然科学基金面上项目“寒旱区流域冰雪径流的动态过程分析”获得立项资助。

二、国际合作与交流

2013年,该研究院继续在国际合作与交流方面开展了广泛而深入的工作,与国内外多家知名院校、企业在人才培养、科技攻关、科技成果转化、产学研结合等方面展开全方位交流与合作。聘请了多名国内外专家、学者到研究院进行指导讲座,有多名师生参加了国内外重要学术会议;该研究院教师丁晓雯前往加拿大里贾纳大学进行为期一年的学术交流;该研究院博士生韩京成、董聪、祝颖完成国家公派留学联合培养博士计划顺利回国;邀请挪威奥斯陆大学许崇育教授和清华大学倪广恒教授、田富强教授来该研究院进行学术交流与访问,深入探讨在变化环境下水文研究和水文模拟关键问题合作研究;加拿大安大略省环境部刘金良教授受邀进行学术交流与访问,拟开展在气候变化方面的合作研究;邀请美国辛辛那提大学王昕皓教授进行学术交流和访问,重点探讨了应对气候和社会经济变化的场景规划支持系统以及中国城市规划面临的机遇与挑战;邀请环境保护部科技标准司、环境保护部环境与经济政策研究中心以及北京国电龙源环保工程有限公司等部门领导,组织召开“火电行业气候友好型环境管理试点研究”项目进展汇报会;中国－加拿大能源、环境与可持续发展研究院与加拿大萨斯喀彻温省电力公司以及UNDP专家工作站联合举办了“2013碳捕集、利用及封存国际研讨会”,会议邀请了华北电力大学副校长杨勇平、加拿大里贾纳大学副校长David Malloy、商务部中国国际经济技术交流中心副主任王伟黎、中国水利部庞进武副总工程师、中国石油天然气集团公司外事局局长章欣、加拿大驻中国大使馆公使衔商务参赞Kris Panday、加拿大萨斯喀彻温电力公司副总裁 Mike Monea 等来自政府、教育、企业、科研院所等机构的领导、专家、工程师，会议围绕 CCUS 技术所涉及的一系列实际挑战和所采取的解决方法进行讨论，促进了 CCUS 技术经验交流和研究成果分享。

三、科技产出

2013 年，该研究院年度科研成果产出再创新高，研究院教师共发表论文 120 篇，其中 SCI 检索 69 篇，EI 检索 38 篇，出版专著 1 部，授权专利发明 10 项；2013 年，该研究院培养的研究生获得国家研究生奖学金 10 项，发表学术论文 30 篇。

四、科研平台与条件建设

2013 年，该研究院继续加大实验室建设力度，不确定性能源系统优化理论研究室、多尺度区域能源系统模拟研究室、能源与环境耦合过程研究室、能源系统风险预测预警研究室、能源系统虚拟现实管理研究室、不确定性理论系统分析中心、能源系统随机过程高级计算中心、智能信息处理中心、区域能源高级计算中心、能效计量中心、联合国开发计划署（UNDP）专家工作站和中加气候情景研究中心相继建成投入使用，新增固定设备资产 120 万元，实验室的建设将为研究院师生提供更加完善的实践教学平台，进一步优化学科建设体系，促进研究院学科的飞跃发展，为科研深入开展提供了优质平台。

五、研究生培养

2013 年，研究院在研究生培养方面再获佳绩，毕业博士 7 人，硕士 30 人，在读博士生 18 人，硕士生 99 人；杜鹏、杜晓文、李慧琴、李晓丽、邹乔五位同学获得学校 2013 级春季优秀毕业研究生；博士研究生姜龙、张琛、周雅、祝颖、董聪、付殿峥，硕士研究生任丽霞、王泽森、温静雅、张嘉琪获得 2013 年研究生国家奖学金荣誉；硕士研究生温静雅、任丽霞获得“优秀研究生标兵”称号；博士研究生姜龙、曾雪婷、张琛、解玉磊、付殿峥、祝颖、韩京成，硕士研究生王大洲、孟冲、李振通、刘兵兵、王兰、王泽森、李青青、董焕焕、王春晓获得“优秀研究生”称号；硕士研究生张嘉琪、郝振达、崔继宪、孙晓伟获得“优秀研究生干部”称号；研究院博士生韩京成、董聪、祝颖完成国家公派留学联合培养博士计划回国。

六、产学研合作

2013 年，研究院高度重视产学研结合，积极将研究成果产业化，转化为实际生产力，通过与企业、政府多层次的密切合作，在规划制定、政策咨询、方案评估、节能减排等领域取得了很好的社会和经济效益；与多个企业和园区开展各个层面的合作，在大中小循环层面，制订编写循环经济发展规划和实施方案，解决了当地政府和企业的在发展经济和保护环境、节能减排方面的深层次问题，经由可持续发展之路发展经济，提高人民生活水平；与环境保护部环境与经济政策研究中心合作进行电力行业（企业）气候友好型环境管理试点研究；与环境保护部环境规划院合作开展油田开采区地下水基础环境状况调查评估研究；与中新国能环境工程有限公司合作研究环境风险评估与事故泄漏污染模拟；与朗新明环境工程有限公司合作研究输变电工程环境风险敏感点评估及环保措施监测。

七、师资队伍建设

2013 年，该研究院教师晋升副教授 2 人，引进实验技术人员 1 人；李永平老师荣获第十三届中国青年科技奖；卢宏玮老师入选教育部 21 世纪优秀人才支持计划；丁晓雯老师入选 2013 年度北京高等学校“青年英才计划”；李永平老师入选华北电力大学学科带头人支持计划；卢宏玮、丁晓雯、张一梅、许野入选华北电力大学青年骨干教师支持计划。

八、党务工作

2013 年，该研究院教职工党支部完成换届工作，选举李薇为教职工党支部书记。9 月，该研究院组织全体党员及群众开展了学习《中共中央关于在全党深入开展党的群众路线教育实践活动的意见》精神，积极贯彻《华北电力大学深入开展党的群众路线教育实践活动实施方案》，开展研究院党的群众路线教育实践活动；10 月，召开该研究院党支部党员民主生活会，每个党员都针对转变作风、服务人民群众、做好党组织分配工作、发挥先锋模范作用等方面存在的问题，提出改进措施和办法。11 月，该研究院党支部紧密围绕学校党的群众路线教育实践活动，针对民主生活会内容，制定整改方案，落实整改措施，并建立研究院党支部群众路线教育实践制度；11 月，以“切实推进学校事业快速发展、努力提升服务群众能力水平”为主题，研究院党支部开展党员民主评议活动。

（郑如秉　李延峰　李　薇）

■概况

院长：黄国和

副院长：李永平

书记：李　薇

2013 年，资源与环境研究院有教职工 15 人，其中，专任教师

11 人(教授 6 人、副教授 4 人,讲师 1 人,具有博士学位的教师为 100%)、有实验及技术人员 3 人、党政及管理人员 1 人。

2013 年,该研究院新增教育部 21 世纪优秀人才支持计划 1 人、第十三届中国青年科技奖 1 人、北京高等学校“青年英才计划”1 人、华北电力大学学科带头人支持计划 1 人、华北电力大学青年骨干教师支持计划 4 人(卢宏玮、丁晓雯、张一梅、许野)、副教授 2 人。

2013 年,该研究院硕士研究生在校人数达 99 人,新招硕士生 37 人,硕士毕业生 30 人。在读博士研究生 18 人,新招博士研究生 11 人,博士毕业生 7 人。优秀毕业研究生 5 人,国家奖学金获得者 10 人,“优秀研究生标兵”称号获得者 2 人,“优秀研究生”称号获得者 16 人,“优秀研究生干部”称号获得者 4 人,完成国家公派留学联合培养博士计划 3 人。

2013 年,该研究院 2013 届毕业研究生 30 人全部与用人单位签订三方协议。

2013 年,该研究院开设研究生课程 18 门,完成教学 490 学时,举办学术讲座 20 次。

2013 年,该研究院在研项目 48 项(新增科研项目 36 项)。其中国家或省部级纵向项目 26 项,企事业单位委托科技项目 20 项,省、市、自治区科技项目和自选课题 2 项。新增纵向项目经费1 458 万元,横向项目经费 289. 81 万元。2013 年研究院教师共发表论文 120 篇,其中 SCI 检索 69 篇,EI 检索 38 篇,出版专著 1 部,授权专利发明 10 项。2013 年,该研究院研究生获得国家研究生奖学金 10 项,发表学术论文 30 篇。

2013 年,该研究院来访外国专家或外籍教师 17 人次,教师留学出国人员 1 人次。

2013 年,该研究院拥有教研室 1 个、实体化科研队伍 5 个,实验室 15 个(其中教学实验室 8 个,科研实验室 7 个)。

(郑如秉　李延峰　李　薇)

■条目

【挪威奥斯陆大学许崇育教授一行来访】4 月 29 日,挪威奥斯陆大学许崇育教授和清华大学倪广恒教授、田富强教授应邀对资源与环境研究院进行学术交流与访问。许崇育教授作了精彩的学术讲座,倪广恒教授等介绍了重大项目的进展情况。资源与环境研究院院长黄国和教授、副院长李永平教授、丁晓雯老师、王盛萍老师、许野老师及研究院部分师生出席了会议,会议由黄国和教授主持。许崇育教授进行题为“变化环境下水文研究和水文模拟的几个关键问题”的主题讲座,结合水文模型的发展历史和水文学的基础知识,重点探讨了水文序列的趋势分析、非平稳序列的水文设计、大尺度水文模型等关键问题,介绍了水文学的现状和未来发展趋势。倪广恒教授介绍了其课题组重大项目的进展情况,包括高寒山区径流模拟成果、密云水库上游试验流域建设规划等内容。许崇育教授于 4 月 30 日进行学术讨论会,研究院师生就自己感兴趣的研究问题以及相关研究中所遇到的困难与许教授进行了深入探讨。

(郑如秉　郭军红)

【加拿大安大略省环境部刘金良教授来访】5 月 15 日,加拿大安大略省环境部刘金良教授应邀对资源与环境研究院进行学术交流与访问。资源与环境研究院院长黄国和教授、副院长李永平教授、许野老师及研究院部分师生出席了会议,会议由黄国和教授主持。黄国和教授简要介绍了刘金良教授的学术经历和工作成就,并代表全院师生对刘金良教授的再次来访表示热烈欢迎。刘金良教授为研究院师生作题为“High - Resolution Regional Climate Change Modeling over Ontario and the Great Lake Basin in North America”的主题讲座,结合气候变化的基础知识,重点探讨了全球变暖的原因及影响、尺度下延技术、气候模拟不确定性等关键问题,与会师生从中获益匪浅。

(郑如秉　郭军红)

【美国辛辛那提大学王昕皓教授来访】5 月 25 日,美国辛辛那提大学王昕皓教授应邀对资源与环境研究院进行学术交流与访问。资源与环境研究院院长黄国和教授、副院长李永平教授及研究院部分师生出席了会议,会议由黄国和教授主持。王昕皓教授为研究院师生作了主题为“A Scenario - Based Planning Support System (SB - PSS) for Adaptation to Climate and Socioeconomic Changes”的精彩的学术讲座,结合城市规划和系统方法的基础知识,综合考虑自然环境、社会环境和人造环境,重点探讨了应对气候和社会经济变化的场景规划支持系统以及中国城市规划面临的机遇与挑战。5 月 26 日,资源与环境研究院黄国和教授、李永平教授、郑如秉老师以及郭军红老师陪同王昕皓教授参观了区域能源系统优化教育部重点实验室,王昕皓教授对研究院的建设水平及管理模式给予高度评价。

(郑如秉　郭军红)

【“火电行业气候友好型环境管理试点研究”项目进展汇报会召开】

7月2日,“火电行业气候友好型环境管理试点研究”项目进展汇报会在资源与环境研究院主楼会议室顺利举行。环境保护部科技标准司应对气候变化处处长於俊杰、环境保护部环境与经济政策研究中心主任田春秀、北京国电龙源环保工程有限公司副总经理刘汉强,华北电力大学科学与技术研究院研究员杨京京、资源与环境研究院院长黄国和教授、副院长李永平教授以及学院部分师生出席了会议,会议由李永平教授主持。首先,杨京京研究员发表讲话,对环保部、中日友好环境保护中心领导莅临指导工作表示热烈欢迎。其次,於俊杰处长和田春秀主任分别发表讲话,表示对双方合作充满信心。接着,作为项目负责人,黄国和教授对该项目研究进展进行了详细汇报。随后,各位专家领导和研究院与会老师就项目进展中存在的问题进行了深入讨论,与会师生认真听取各位专家领导的意见建议。最后,黄教授表示,项目组将根据会上提出的建议,对下阶段工作进行改进和完善。

(郑如秉　李延峰)

【中山大学陈晓宏教授来访】7月2日,中山大学陈晓宏教授应邀对资源与环境研究院进行学术交流与访问。资源与环境研究院院长黄国和教授、副院长李永平教授及学院部分师生出席了会议,会议由黄国和教授主持。陈晓宏教授进行题为“华南湿润区非平稳性洪水序列频率分析”的主题讲座,从研究区域特点、土地利用变化和水利工程调蓄等变化环境的影响入手,结合洪水序列变化特征,重点介绍了最优频率线型选择以及非平稳性洪水频率计算方法,并与研究院师生展开热烈的学术讨论,并达成学术合作意向。

(郑如秉　郭军红)

【举办2013碳捕集、利用及封存(CCUS)国际研讨会】8月27日,由加拿大萨斯喀彻温省电力公司、中国—加拿大能源、环境与可持续发展研究院、UNDP专家工作站在华北电力大学主楼D260会议室举办了“2013碳捕集、利用及封存国际研讨会”,资源与环境研究院协办。华北电力大学副校长杨勇平、加拿大里贾纳大学副校长David Malloy、商务部中国国际经济技术交流中心副主任王伟黎、中国水利部副总工程师庞进武、中国石油天然气集团公司外事局局长章欣、资源与环境研究院院长黄国和教授、加拿大驻中国大使馆公使衔商务参赞Kris Panday、加拿大萨斯喀彻温电力公司副总裁Mike Monea等来自政府、教育、企业、科研院所等机构的领导、专家、工程师以及研究院部分师生出席了会议,会议由Mike Monea副总裁主持。该会议围绕CCUS技术所涉及的一系列实际挑战和所采取的解决方法进行讨论,以促进CCUS技术经验交流和研究成果分享。

(郑如秉　李延峰)

【博士生韩京成、董聪、祝颖顺利完成留学基金委联合培养计划回国】9月1日,资源与环境研究院博士生韩京成、董聪、祝颖顺利完成国家公派留学博士联合培养项目回国。博士生韩京成、董聪于2012年成功入选国家公派留学博士联合培养计划,前往加拿大里贾纳大学进行为期2年的学术交流访问,访问期间,与里贾纳大学科研人员积极开展学术合作,取得了出色的成绩,共发表了8篇SCI论文;博士生祝颖于2013年成功入选国家公派留学博士联合培养计划,前往加拿大里贾纳大学进行为期1年的学术交流访问,访问期间就能源规划研究领域与里贾纳大学科学家进行深入探讨和交流,取得成果发表SCI论文4篇。

(郑如秉　李延峰)

【加拿大爱德华王子岛大学的Adam Fenech教授来访】9月17日,加拿大爱德华王子岛大学的Adam Fenech教授应邀对资源与环境研究院进行学术交流与访问。在研究院主楼会议室Adam Fenech教授为研究院院师生作了精彩的学术讲座。研究院部分师生出席了会议,会议由李延峰老师主持。Fenech教授为大家作题为“Applied Climate Change: Gaining Practical Skills for Climate Change Adaptation”的主题讲座,重点介绍了全球气候模式(GCMs)、未来温室气体SRES及RCPs排放情景、IPCC AR5温室气体排放量等气候变化方面的原理和知识,与会师生从中获益匪浅。

(郑如秉　郭军红)

【丁晓雯赴加拿大进行学术交流访问】10月1日,资源与环境研究院丁晓雯成功获国家公派留学青年骨干教师支持计划,前往加拿大里贾纳大学进行为期1年的学术交流访问。丁晓雯,现任华北电力大学资源与环境研究院副教授,区域能源系统优化教育部重点实验室学术骨干,主要从事流域综合管理、非点源污染模拟与控制、环境评价方面的科研与教学工作。主持国家自然基金、河北省自然基金、中央水资源费项目、中央高校基本科研业务费项目等项目10余项;作为主研人员参加国家“973”、国家“863”、国家自然科学基金项目、国家重大专项、教育部高等学校博士点基金、北京市自然基金、社会公益研究专项资金、北京市精品课程等项目20余项;发表论文30余篇,出版专著4本。

(郑如秉　郭军红)

【“111计划”引智基地成功立项】 11月1日,教育部和国家外国专家局联合组织的2014年度“高等学校学科创新引智计划”(简称“111计划”)评审结果公布,资源与环境研究院“能源与环境系统分析及工程应用创新引智基地”作为2014年度建设项目之一予以立项。引智基地由该研究院黄国和教授牵头负责,主要依托华北电力大学优势学科,汇聚了一批来自欧美国际一流大学的高水平学者,与华北电力大学科研团队共同开展多学科交叉研究。该基地是华北电力大学继“大电网保护与安全防御创新引智基地”“煤的清洁转化与高效利用引智基地”“智能化分布式能源系统创新引智基地”之后获批的第四个创新引智基地。

(郑如秉　郭军红)

【加拿大里贾纳大学研究生院院长 Armin Eberlein 来访】 12月3日,加拿大里贾纳大学研究生院院长 Armin Eberlein 在资源与环境研究院院长黄国和教授的陪同下来访,并与研究院教师代表座谈。双方就两校合作教学、学生联合培养等问题交换了意见,华北电力大学科学与技术研究院研究员杨京京,研究院副院长李永平老师、李薇等老师出席。

(郑如秉　李延峰)

【李永平教授获第十三届中国青年科技奖】 12月16日,第十三届中国青年科技奖评审工作结束。经华北电力大学推荐、教育部初评、中国青年科技奖评审委员会评审、中国青年科技奖领导工作委员会审批,资源与环境研究院李永平教授成功入选。12月16日,中国科协会员日暨第十三届中国青年科技奖颁奖大会在人民大会堂举行,李永平教授参加授奖。本次评选全国共99名优秀青年科技工作者获奖,其中,教育部推荐人选中仅7人获此殊荣。

(郭军红　郑如秉)

苏州研究院建设

■概述

2013年,苏州研究院组织学校在智能电网、新能源发电、新材料等研究领域的专家、教授参加江苏省、苏州市和工业园区的科技项目申报和成果转化工作。苏州研究院共承担苏州市科技发展计划项目10项;金鸡湖双百人才1人;2013年,申报了苏州市科技局8项科技项目和园区领军人才项目2项。2013年苏州研究院及研究院人员承担纵向及横向科研项目5项,科研合同金额567.5万元;获苏州市人才支持项目2项,支持经费300万元。

2013年,苏州研究院成功与苏州市科技局和APEC技术转移中心举办了为期5天的“APEC智能电网新能源接入配置与储存技术合作研究”项目培训会和推介会。成功开展技术信息交换和发布、技术成果拍卖与技术产权交易等业务,建立起亚太经合组织成员间的技术交流转让的协作网络,加快科技成果的转化。

2013年,苏州研究院积极响应江苏省科技厅和苏州市科技局的号召,配合学校各相关部门,服务于江苏省科技镇长团的选派工作。科技镇长团员可紧紧依托专业优势和工作背景,积极为地方科技创新和产业转型升级建言献策,组织实施重大人才与科技创新工程及活动,直接连通产学研的需求和提供方,促进高校、科研院所更多科技成果向地方和企业转化。学校总共派出了4名镇长团成员到江苏工作,其中一名在苏州高新区工作。

2013年,苏州研究院加大对学校各院系的政策宣讲工作。7月在学校举办了一次苏州科技政策的宣讲会,促进学校优秀教授的项目产业化。

(范　嵬)

■概况

常务副院长:吴克河

书记:杜建国

2013年,华北电力大学苏州研究院组织学校在智能电网、新能源发电、新材料等研究领域的专家、教授参加江苏省、苏州市和工业园区的科技项目申报和成果转化工作。

2013年,苏州研究院申报了苏州市科技局科技项目8项和园区领军人才项目2项。

2013年,苏州研究院承担纵向及横向科研项目5项,科研合同金额567.5万元;获苏州市人才支持项目2项,支持经费300万元。

(范　嵬)

■条目

【苏州工业园区科研发展处处长岳海萍来访】1月6日，苏州工业园区科研发展处处长岳海萍等一行4人华北电力大学并作苏州园区情况和产业政策专题座谈会。学校科研院，电气和电子工程学院，能源动力与机械工程学院，控制与计算机工程学院，可再生能源学院，核科学与工程学院和苏州研究院负责人出席会议。岳海萍介绍了苏州工业园区及独墅湖科教创新区的发展情况及产学研的相关政策。与会代表先后介绍了各自院系的科技情况和产业成果。双方就未来的产学研合作、科技成果转化等方面进行了热烈的讨论，部分项目达成了初步的合作意向。

（范　嵬）

【参加苏州市科技成果转化网上对接会】4月18日，苏州市科技成果转化服务平台举办“苏州市科技成果转化网上对接会——高校科技成果专场”。苏州研究院组织学校教师积极参与，为促进学校科研成果产业化探索新路。

（范　嵬）

【与苏州市科技局合作举办国际会议】10月22日至25日，“APEC智能电网新能源接入配置与储存技术合作研究”项目培训会和推介会在苏州举行。本次会议由苏州市科技局、APEC技术转移中心主办，华北电力大学苏州研究院协办。APEC技术转移中心通过整合成员之间的资源，开展技术信息交换和发布、技术成果拍卖与技术产权交易等业务，建立起亚太经合组织成员间的技术交流转让的协作网络，加快科技成果的转化。苏州研究院常务副院长吴克河教授作了“智能电网信息安全防御体系”的专题讲座，电气学院张建华教授作了“绿色能源管理系统及其在智能用电领域应用”的项目推介，孙嘉平教授作了“太阳能光伏微电网项目”的推介，反响热烈。

（范　嵬）

【获批园区领军人才项目两项】12月10日，苏州工业园区召开第四届金鸡湖双百人才表彰大会，苏州研究院获批园区领军人才项目2项：基于云环境的移动终端安全接入系统（吴克河）和功能化纳米钛白粉表面修饰及其制备平板式SCR纳米脱硝催化剂（董长青），支持经费300万元。吴克河教授和董长青教授被授予“苏州工业园区科技领军人才”称号。

（范　嵬）

【苏州高新技术开发区代表来访】12月16日，苏州高新技术开发区党工委委员、组织部部长戴军，高新区管委会副主任、科技镇长团团长张雪芹，高新区科技局局长蒋建清等一行21人来访，与学校开展科技人才交流。双方就科技人才领域的交流与合作进行了座谈。校党委常委、组织部部长张天兴，校企办、科研院、学生处、电气与电子工程学院、可再生能源学院、苏州研究院、产业处等部门主要负责人，参加座谈会。会后，与会代表参观了校生物质发电成套设备国家工程实验室和新能源电力系统国家重点实验室。走访了校电气与电子工程学院、可再生能源学院。

（范　嵬）

□科研平台建设

CONSTRUCTION OF RESEARCH PLATFORM

○综　　述

2013年,华北电力大学科研平台建设继续推进,在多个方面取得较大进展,新能源电力系统国家重点实验室顺利通过首次国家评估,申报并获得科技部国际科技合作基地、北京市国际科技合作基地、中关村开放实验室、中国电机工程学会科普教育基地。顺利完成五大平台建设任务,建设总经费达4 020万元。成功引进"国家千人计划特聘专家"王海风教授和黄永章教授。杨勇平教授入选中组部首批"万人计划";徐进良教授入选教育部"长江学者奖励计划"特聘教授;实验室采用强强联合、优势互补的方式与国内外相关领域科研院所、高校建立了长期稳定的协作关系。应邀在国内外学术会议上作报告35次,主办或承办了3次重要的大型国际学术会议,被中国电机工程学会评为"电力科普教育基地"。在仪器设备开放共享方面,建立了精密仪器共享网上预约系统,在保障实验室重点科研课题研究的基础上,为华北电力大学以及周边地区,乃至全国提供优质的服务。实验室研究人员发表科技论文462余篇,其中SCI收录论文134篇(含本领域1区25篇),出版专著5部,授权发明专利87项,获得教育部科技进步一等奖1项,中国电力科学技术奖一等奖2项。

2013年,生物质发电成套设备国家工程实验室深入进行生物质高效清洁燃烧及热解气化、生物质发电新型动力设备及高温防腐防磨材料、生物质过程测控与仿真以及生物质成套设备集成优化等前瞻性技术研究。实验室顺利通过中关村开放实验室运行1周年验收。实验室分析测试中心顺利通过实验室资质认定(计量认证)监督评审。实验室项目"燃煤电站平板式SCR纳米脱硝催化剂"被评为第七届苏州工业园区科技领军人才项目。承担纵向科技项目10项,其中"十二五"科技支撑计划项目2项、国家自然科学基金5项、国际合作项目3项;实验室新获批纵向科技项目6项,其中国家自然科学基金3项、北京市科技计划项目2项、国家火炬计划产业化环境建设项目1项。实验室获中国南方电网科技进步一等奖1项、国家科学技术进步二等奖1项、中国电力科学技术进步二等奖1项、教育部自然科学二等奖1项、河南省科学技术进步二等奖1项、第十五届中国国际工业博览会铜奖1项。国际交流与合作进一步加强。

2013年,国家火力发电工程技术研究中心通过承担国家项目、联合攻关、技术服务、技术咨询、人才培养和成果转化等方式,积极建设并运行了旨在引进、消化和吸收国内外火力发电新技术、新产品、新工艺的研发基地、产学研合作基地和公共服务平台,形成了一批国际、国内领先水平的技术成果。共计建设大型研发基地1个,培训基地1个,产学研合作基地1个,新增1 000MW空冷机组凝气器单元中试试验平台1个,总投资1 300万元。新增仪器设备1 000余万元,科研设备总资产超过4 500万元。

2013年,电站设备状态监测与控制教育部重点实验室面向中国节能减排与能源环境可持续发展的重大需求,围绕大型火电和可再生能源发电安全、高效和清洁热功转换过程中的关键科学问题开展应用基础研究。全年共获各类纵向科技项目资助共12项,签订横向科技项目38项,获得授权发明专利20项,实用新型专利30项,软件登记2项,共发表核心期刊以上论文135篇。由华北电力大学牵头承担的国家重点基础研究发展计划"973"项目"大型燃煤发电机组过程节能的基础研究"在北京召开课题验收会议并一致通过专家组验收。

2013年,区域能源系统优化教育部重点实验室按照建设计划继续推进。城市气候模拟与大气污染控制实验室、集成移动式净水处理与废水复合处理实验室、地表水地下水耦合模拟中试实验室、土壤污染控制实验室、城市有机废物资源化实验室相继建成投入使用。实验室的建设将为重点实验室师生提供更加完善的实践教学平台,进一步优化学科建设体系,为科研深入开展提供了优质平台。实验室继续发挥科研优势,加强关键科学问题的深入研究和集成,实现若干重点领域和重要方向的跨越发展。

2013年,高电压与电磁兼容北京市重点实验室依托高电压与绝缘技术、电工理论与新技术两个二级博士点学科和电气工程博士后流动站,在电气设备在线监测与故障诊断、电介质材料特性的检测评估与应用、电力系统过电压、气体放电与应用、电磁场理论及其应用、电力系统电磁环境与电磁兼容、特高压输变电技术、现代电磁测量技术、超导电力技术等研究方向取得进展。2013年,实验室成员中有入选国家百千万人才工程第一、第二层次人选2人,国家杰出青年科学基金获得者1人,国家级教学名师1人,中科院百人计划获得者1人,国家电网公司特高压交流试验示范工程特殊贡献专家1人,长江学者讲座教授1人。

2013年,能源的安全与清洁利用北京市重点实验室科技工作紧密围绕建设高水平大学的目标,聚焦中国能源发展战略需求,积极响应学校科技能力提升战略,不断增强工作的主动性、系统性和前瞻性。在队伍建设方面,徐进良教授受聘为学校创新人才支持计划“学术领军人才”,作为“973”项目首席科学家,项目稳步有序推进,科研成果喜人。在科研工作方面,成果丰硕。在科研平台建设方面,与英国峰能(Sgurr Energy)公司签署合作备忘录,达成共识。研究生培养规模进一步扩大,同时积极开展各种形式的学术交流与合作,担任学术组织的职务、会议主席、讲学等,承办会议,实验室的国际影响力进一步提高。

2013年,工业过程测控新技术与系统北京市重点实验室各项工作开展顺利,在科研工作方面,实验室承担纵向项目15项,其中包括“973”项目、“863”项目等重点项目;在平台建设方面,协助新能源电力系统国家重点实验室完成了"源网联合实时仿真与控制实验平台"的建设与调试,建设了风电数模混合仿真系统,对实验室原有数据中心进行了升级并建立了数据认证预约及管理系统,设立了实验室开放课题研究项目等;人才培养方面,在不遗余力培养青年教师的同时,为控制与计算机工程学院培养数十位博硕士研究生,并为本科生的培养教育提供了实验设备及场地。

2013年,低品位能源多相流动与传热北京市重点实验室结合国家战略需要努力拓展前沿研究领域,壮大研究实验室,取得了多项富有国际影响力的研究成果,超额完成年度目标。围绕国家重大需求,积极拓展可再生能源(地热能、太阳能)领域的研究,同时兼顾微能源及核能方面的系统研究,取得了多项原创性进展和标志性成果。

2013年,北京市电力信息技术工程研究中心各项工作按照既定规划目标开展。2项科研成果实现了产业化,在国家电网公司实现了推广应用。“输变电设备状态全景实时监测与诊断系统”获2013年度河北省科技进步二等奖;发表学术论文23篇,其中SCI 2篇,EI 21篇;申请专利2项,获准发明专利1项,申请软件著作权20项。

2013年,河北省输变电设备安全防御重点实验室围绕国家以及河北省能源电力的科技需求开展工作,在电磁环境与电磁兼容耦合机理及测试技术的研究、电气设备状态监测与故障诊断技术的研究、超特高压输变电关键技术的研究等方面进行重点研究。2013年,实验室在人才培养、项目研究、论文发表、专利申请和实验室的硬件建设等多个方面取得进步。

2013年,河北省发电过程仿真与优化控制工程技术研究中心围绕“网络化工业控制系统研究与开发”“火电生产过程建模、仿真与优化控制”“大型火电机组运行优化与节能减排技术研究与应用”“清洁能源发电过程优化运行与控制”等研究方向展开课题研究,与国内外知名科研院所和工程单位密切合作,取得了多项技术突破,创造了良好的社会和经济效益。部分研究成果达到国内或国际先进水平,顺利完成了双轴二次再热超超临界火电机组的实时仿真与控制系统研究,建立了国际上首套该机组的整体模型;设计并实施了该机组的全套控制系统,并制定了运行规程。进一步完善了“基于B/S结构的两票培训考核开票专家系统”。

2013年,北京能源发展研究基地科研成果喜人,获得优秀成果奖励23项,其中,省部级以上奖励9项;发表能源类学术论文共计202篇,其中SSCI检索论文12篇,EI期刊检索论文33篇,SCI检索论文12篇,CSSCI检索论文21篇;已经出版能源类学术专/编著15部。被市教委、市社科规划办再次验收为优秀研究基地。

新能源电力系统国家重点实验室建设

■概述

2013年，新能源电力系统国家重点实验室各项工作顺利开展，组织完成国重首次评估、平台建设、人才发展规划及团队建设、科研组织与管理、资产梳理及实验室开放共享、主楼A座规划等工作；顺利通过首次国家评估，申报并获得科技部国际科技合作基地、北京市国际科技合作基地、中关村开放实验室、中国电机工程学会科普教育基地；协助电气与电子工程学院完成2011协同创新中心评估申报书的撰写工作。

2013年，完成五大平台建设任务，建设总经费达4 020万元。五大平台包括：源网协调联合仿真实验平台、新能源发电过程特性与复合建模平台、高电压大电流电力变换实验平台、适应大规模风电接入的通用换流控制保护平台、新能源电力系统发电过程检测控制平台。各实验平台特色鲜明，具备较高的技术水平。

2013年，实验室围绕主要研究方向有目的地引进和培养高端人才，采取主动措施加快现有人才的成长过程。引进“国家千人计划特聘专家”两名：王海风教授，研究方向是电力系统稳定性理论与控制，柔性交流输电和大规模新能源接入电力系统分析与控制；黄永章教授，研究方向是高电压大功率电力电子器件，先进输电技术。杨勇平教授入选中组部首批“万人计划”；徐进良教授入选教育部“长江学者奖励计划”特聘教授；王晓东老师荣获吴仲华优秀青年学者奖。本年度启动实验室青年人才支持计划，设立青年人才发展基金资助本室青年优秀学术骨干。

实验室采用强强联合、优势互补的方式与国内外相关领域科研院所、高校建立了长期稳定的协作关系。在共同申请重大科研项目，互聘研究人员，学术交流以及联合培养研究生等方面进行了长期有效的合作。2013年，实验室接待了美国、英国、法国、澳大利亚、新加坡等国的40余位科学家来访。同时实验室成员积极参加国际国内的重要学术会议，应邀在国内外学术会议上作报告35次，主办或承办了3次重要的大型国际学术会议。新能源电力系统国家重点实验室被科技部评为国家国际科技合作基地。实验室充分利用自身的科研优势，开展科普教育、科普宣传和科普活动等工作，以此传播科学知识、弘扬科学精神、宣传科学思想和科学方法：实验室接待了大、中、小学校师生前来参观，接待了国内外40余家政府和企事业单位共600人前来参观、考察和洽谈。新能源电力系统国家重点实验室被中国电机工程学会评为“电力科普教育基地”。

实验室在仪器设备开放共享方面，建立了精密仪器共享网上预约系统，在保障实验室重点科研课题研究的基础上，为华北电力大学以及周边地区，乃至全国的提供优质的服务。

（张　洪）

■概况

主任：刘吉臻

副主任：毕天姝　崔　翔　牛玉广　张海波　黄永章

重点实验室网址：http://laps. ncepu. edu. cn/

实验室三大研究方向：①新能源电力系统特性及多尺度模拟；②规模化新能源电力变换与传输；③新能源电力系统控制与优化。

截至2013年年底，实验室占地面积8 000平方米，科研设备总资产7 500多万元。实验室共引进高端科研人才3人，优秀青年教师2人，专职管理人员1人，专职技术人员1人。实验室现有固定人员92名，其中研究人员80人，包括中国工程院院士1人、国家杰出青年基金获得者3人、“973”首席科学家4人、国家“千人计划”入选者3人、国家百千万人才工程人选7人。

2013年，实验室获国家拨款600万元，其中开放运行费300万，基本科研业务费300万。2013年度设立自主研究课题24项，资助金额276万元；设立开放课题20项，其中境外项目5项，共资助金额116万元。

2013年，实验室共承担各类科研项目163项。包括“973”课题1项，“863”计划课题3项，科技支撑计划项目1项，国家自然科学基金重点项目1项，其他国家级任务15项，实际到款10 490万元。

2013年，实验室研究人员发表科技论文462余篇，其中SCI收录论文134篇（含本领域1区25篇），出版专著5部，授权发明专利87项，获得教育部科技进步一等奖1项，中国电力科学技术奖一等奖2项。

2013年，实验室接待了美国、英国、法国、澳大利亚、新加坡等国的各类专家学者40余名；实验室成员应邀在国内外学术会议上作报告35次；主办/承办大型国际学术会议3次；全年开放280天；制作科普宣传栏500延米；接待国内外40余家政府和企事业单位共600人。

（张　洪）

■条目

【召开第一届学术委员会第二次会议】1月29日，新能源电力系统国家重点实验室第一届学术委员会第二次会议召开。学术委员会委员李立涅院士、程时杰院士、肖立业研究员、金红光研究员、陈维江教授、王雨蓬教授，刘吉臻教授、崔翔教授、徐进良教授，科技部基础研究司基地建设处周文能处长，国家自然科学基金委工程与材料学部丁立建处长，华北电力大学副校长杨勇平教授、电气与电子工程学院常务副院长李庚银教授、科学技术研究院院长檀勤良和重点实验室科研骨干50余人出席会议。会议由程时杰院士主持。会议听取了实验室常务副主任毕天姝教授作的2012年度工作与本评估期五年总体情况报告；听取了徐进良教授、崔翔教授、肖湘宁教授、刘吉臻教授及毕天姝教授关于代表性成果的汇报；听取了实验室副主任崔翔教授关于实验室2013年度开放课题申报情况报告，并对开放课题进行了评议。委员们对实验室2012年度的工作给予了充分肯定，尤其对实验室平台建设工作给予了高度评价，并对实验室5项代表性成果提出了建设性意见。周文能处长对实验室在管理、研究工作、人才培养和人才引进等方面的取得的成绩给予了肯定，并结合实验室即将参加的评估工作提出了意见。

（张　洪）

【年度开放课题立项】3月，新能源电力系统国家重点实验室完成2013年度开放课题的立项及外单位科研经费的拨款。共设置开放课题20项，经费116万元；其中境外单位承担5项；校内承担5项。12月，完成开放课题的中期检查等工作。

（张　洪）

【新能源电力系统国际科技合作基地通过认定】5月，新能源电力系统国家重点实验申报科技部国际科技合作基地。经过主管部门遴选和推荐，科技部组织专家评议和研究，10月获认定。这是学校首次获批建设该类中心。

（张　洪）

【年度自主课题立项】6月，新能源电力系统国家重点实验室完成2013年度自主课题的申请、评审及立项等工作。共立项24项，其中重点课题3项；探索性课题11项；青年人才支持计划10项。

（张　洪）

【获批中关村开放实验室】6月，新能源电力系统国家重点实验室申报中关村开放实验室，同年12月获批。

（张　洪）

【获批中国电机工程学会科普教育基地】9月，新能源电力系统国家重点实验室申报中国电机工程学会科普教育基地；同年11月新能源电力系统国家重点实验室经过有关专家评审，并经中国电机工程学会科普工作专业委员会审核，被正式命名为电力科普教育基地，基地示范期限为2014年至2018年。

（张　洪）

【举办第二届IET可再生能源发电国际会议】9月9日至11日，由IET(英国工程技术学会）和华北电力大学共同主办的第二届IET可再生能源发电（RPG）国际会议于北京召开。会议重点关注风能和太阳能发电以及与电力系统的融入等科学问题。新能源电力系统国家重点实验室及“智能电网中大规模新能源电力安全高效利用基础研究”“973”项目是本次会议的重要资助方。华北电力大学控制与计算机工程学院院长刘石教授担任本次会议的荣誉主席。英国肯特大学、华北电力大学千人计划特聘专家闫勇教授，新能源电力系统国家重点实验室常务副主任毕天姝教授，爱尔兰都柏林大学学院的Mark O'Malley教授，丹麦技术大学的Poul Sorensen教授，诺丁汉大学Zheng Chen教授，剑桥大学Richard McMahon博士，俄亥俄州立大学Ramteen Sioshansi博士著名专家出席大会担任演讲嘉宾或主持。组委会在论文征集阶段已经收到了来自24个国家的300多篇论文，涉及的主题涵盖风能技术、太阳能热利用技术主题、光伏发电系统技术、电力系统集成问题、仪器仪表及监控等领域。

（张　洪）

【协办首届“非晶材料学术委员会年会暨研讨会”会议】11月15日，由金属学会非晶材料学术委员会主办、华北电力大学与安泰科技股份有限公司联合承办的首届非晶材料学术委员会第二次年会暨新技术新应用新市场研讨会在北京中苑宾馆召开。来自全国近200家企业、几十家科研院所近300名专家学者、企业界人士参加了会议。新能源电力系统国家重点实验室是本次会议的协办单位。会议代表一行参观了实验室。

（张　洪）

【固定人员考核评议】12月6日，新能源电力系统国家重点实验室召开了固定人员考核评议会。本年度共有27名固定研究人员参加学术评议，4名管理及技术人员参加考核。经考核评议专家组成员评选，确定年度考核为优秀的人员13名：王晓东、卢铁兵、林忠伟、田德、王毅、赵成勇、姚建曦、马静、齐波、马国明、郑涛、李成榕、彭跃辉。

（张　洪）

【召开第一届学术委员会第三次会议】12月21日，新能源电力系统国家重点实验室第一届学术委员会第三次会议召开。出席会议的学术委员会委员有：黄其励院士、李立涅院士、程时杰院士、郭剑波院士、清华大学闵勇教授，中国科学院电工研究所肖立业研究员，国家电网公司特高压部陈维江教授，华北电力大学刘吉臻教授、崔翔教授和徐进良教授。出席会议的还有科技部基础研究司基地建设处处长傅小峰，华北电力大学副校长王增平教授、杨奇逊院士、电气与电子工程学院常务副院长李庚银教授、可再生学院院长戴松元教授、科学技术研究院院长檀勤良和重点实验室科研骨干50余人。会议由黄其励院士主持。实验室常务副主任毕天姝教授代表实验室汇报了2013年工作进展和下年度工作计划。会实验室副主任牛玉广教授汇报了实验室2014年度开放课题申报情。各位委员对实验室的工作报告进行了充分讨论，对开放课题进行了评议。委员们认为实验室在平台建设、人才引进与培养、交流合作取得了比较突出的进展，完成了2013年度工作计划。同时建议实验室进一步凝练方向，加强平台间的协同，注重理论与实际的结合，加强与企业间的交流合作。傅小峰对实验室在管理、研究工作、人才培养和人才引进等方面的取得的成绩给予了肯定。

（张　洪）

生物质发电成套设备国家工程实验室

■概述

2013年，生物质发电成套设备国家工程实验室深入进行生物质高效清洁燃烧及热解气化、生物质发电新型动力设备及高温防腐防磨材料、生物质过程测控与仿真以及生物质成套设备集成优化等前瞻性技术研究。实验室集理论研究、技术开发与装备研制为一体，为生物质发电产业的理论研究与工程实践提供理论支撑与技术支持。

实验室培养“新能源科学与工程”本科生及“新能源与可再生能源”研究生，为行业输送高素质人才。实验室积极承担国家“973”“863”、科技支撑计划等多项重大课题及企业委托的各类项目，并与美国西北太平洋国家实验室、华盛顿州立大学、英国Cranfield大学、瑞典皇家理工大学、瑞典麦拉达伦大学等国外机构建立了良好的交流与合作机制。

（孔凌楠）

■概况

2013年实验室在各理事单位和相关部门领导的支持与帮助下，本着边建设、边发展的思路，在平台建设、科学研究、产学研合作、国际交流等方面均积极开展了大量的工作。

2013年7月，实验室顺利通过中关村开放实验室运行一周年验收。在试运行期间，实验室为企业提供检验测试、技术攻关等服务30余次，积极促进实验室与企业间在技术创新方面的合作，推动实验室科技成果的产业化转化。实验室设立一个共建企业技术中心，进行深入的产学研路线探索。

2013年7月，实验室分析测试中心顺利通过实验室资质认定（计量认证）监督评审。

2013年12月，实验室项目“燃煤电站平板式SCR纳米脱硝催化剂”被评为第七届苏州工业园区科技领军人才项目。

2013年，实验室承担纵向科技项目10项，其中“十二五”科技支撑计划项目2项、国家自然科学基金5项、国际合作项目3项；实验室新获批纵向科技项目6项，其中国家自然科学基金3项、北京市科技计划项目2项、国家火炬计划产业化环境建设项目1项。

2013年，实验室出版著作4部，合作著作2部，发表论文22篇，其中SCI收录7篇、EI收录15篇。实验室新申请专利11项，其中发明专利8项、实用新型3项；获得授权专利14项，其中发明专利12项、实用新型2项。

2013 年,实验室获得各级奖励 6 项,其中中国南方电网科技进步一等奖 1 项、国家科学技术进步二等奖 1 项、中国电力科学技术进步二等奖 1 项、教育部自然科学二等奖 1 项、河南省科学技术进步二等奖 1 项、第十五届中国国际工业博览会铜奖 1 项。

2013 年,实验室进一步加强国际交流与合作方面的工作。3 月和 8 月,瑞典皇家工程院院士、瑞典 Malardalen 大学 Erik Dahlquist 教授两次访问实验室,就生物质资源利用等共同关心问题进行交流、探讨。5 月,美国俄亥俄州立大学 Yebo Li 副教授访问实验室,作了关于美国生物质能发展现状和发展趋势的学术报告,着重介绍了生物质沼气、微藻和生物质热解气化三方面的内容。8 月,英国 Leeds 大学 Zhang Li 教授访问实验室,就“绿色通讯与能源物联网技术发展”作了专题报告。11 月,德国 ERZ－茨维考废弃物处理回收有限公司代表访问实验室,就举办第二期“德国废弃物循环经济培训班”等事宜进行洽谈,双方商讨了开展进一步合作的方向。

(孔凌楠)

■条目

【“生物质电站集成设计与优化运行技术”科技成果鉴定为国际先进】4 月 1 日,教育部组织并主持召开了“生物质电站集成设计与优化运行技术”项目的科技成果鉴定会。鉴定委员会专家听取了项目课题组的工作报告、技术报告、查新报告和用户使用报告等,审阅了相关技术资料,认为该项目对我国生物质直燃发电进行了全面系统深入的研究工作,通过技术攻关,克服和弥补了生物质直燃发电在燃烧效率、关键部件寿命、结渣和腐蚀等方面的不足,应用前景广阔,总体处于国际先进水平,一致同意通过鉴定。

(孔凌楠)

【实验室分析测试中心通过资质认定(计量认证)监督评审】7 月 5 日,教育部科技发展中心国家计量认证高校评审组对实验室分析测试中心进行了实验室资质认定(计量认证)监督评审。评审组专家审查了质量手册、程序文件、作业指导书、记录文件、检测报告存档件、仪器计量检定证书、技术人员业务工作档案、内部审核和管理评审记录等,评审结论为基本符合。实验室根据评审组专家意见进行了为期一个月的整改,最终实验室通过了本次资质认定(计量认证)监督评审。

(孔凌楠)

【“生物质选择性热解制备能源平台物质与高附加值化学品”项目共建企业技术中心成立】4 月,实验室与北京华电光大新能源环保技术有限公司针对“生物质选择性热解制备能源平台物质与高附加值化学品”这一项目成立了共建企业技术中心。该项目的核心技术具有国际领先水平(多项技术为国际首创),炼制的化学产品可以广泛应用于能源、化工和医药等领域。目前,利用该技术制备高附加值化学品的全套工艺技术已初步成熟,下一步重点是继续完善产品的产业化生产工艺,这对于提升我国生物质资源的深度开发利用水平具有重要的意义。

该项目顺利通过中关村开放实验室办公室的调研考察,被评为前沿和颠覆性项目的储备项目。

(孔凌楠)

【瑞典皇家工程院院士、瑞典 Malardalen 大学 Erik Dahlquist 教授访问实验室】3 月 10 日至 16 日,8 月 5 日至 9 日,瑞典皇家工程院院士、瑞典 Malardalen 大学 Erik Dahlquist 教授两次访问实验室。

3 月 13 日上午,Eric Dahlquist 教授在实验室骨干的陪同下到实验室理事单位国能生物发电集团就生物质利用以及基于近红外和射频传感器系统的利用展开了座谈。3 月 14 日上午,Eric Dahlquist 教授参加“111 引智计划”《煤的清洁转化与高效利用》研讨会,会上就欧洲生物质高温气化及沼气制备技术作了学术汇报。

8 月 6 日,Eric Dahlquist 教授参观了实验室自主设计的成套板式 SCR 脱硝催化剂生产线。Erik Dahlquist 教授高度评价了该生产线,认为其设计合理、高度自动化、生产效率高,充分肯定了实验室在环保方面作出的巨大贡献。

(孔凌楠)

【“平板式 SCR 烟气脱硝催化剂”荣获第十五届中国国际工业博览会铜奖】11 月,实验室与北京华电光大环保技术有限公司合作研发的“平板式 SCR 烟气脱硝催化剂”在第十五届中国国际工业博览会中获得铜奖。实验室与北京华电光大环保技术有限公司申请脱硝催化剂相关专利共计 18 项,其中 6 项获得授权,双方共同完成了中试生产线建设和试验以及工业化生产线设计,批量生产的脱硝催化剂产品已应用于多家电厂。

(孔凌楠)

国家火力发电工程技术研究中心

■概述

2013年，国家火力发电工程技术研究中心围绕《计划任务书》中凝练的4个研究方向，通过承担国家重大科技计划项目、省部级科研项目以及多项电力企业、科研机构和高等院校等单位委托的工程技术研究、设计和试验任务，特别是具有一定示范作用的企业委托工程技术开发项目、技术升级改造项目任务，整体工程技术研发能力得到了全面提升。

2013年，该中心加强与行业大型企业单位、科研院所及依托单位重点实验室等研发单位的紧密合作，以面向行业的应用基础研究为依托，不断发展和完善火力发电安全、高效和清洁运行的新理论、新方法、新技术和新工艺，为关键技术的开发奠定了坚实的基础，为新产品的集成创新提供了科学依据。

2013年，该中心整合依托单位的多学科技术优势，通过承担国家项目、联合攻关、技术服务、技术咨询、人才培养和成果转化等方式，积极建设并运行了旨在引进、消化和吸收国内外火力发电新技术、新产品、新工艺的研发基地、产学研合作基地和公共服务平台，形成了一批国际、国内领先水平的技术成果；面向火力发电行业建立了产业化开发和新技术、新产品的推广辐射网络体系，具备了较强的推广辐射能力，促进了火力发电行业整体经济和社会效益的提高。

2013年，为了更好地服务于行业先进技术的辐射、扩散，该中心成立了第二届工程技术委员会并召开了第二届工程技术委员会第一次全体会议；该中心接受了科技部组织的国家工程技术研究中心建设验收，并取得优异成绩。该中心已经在技术研发、工程转化、人才培养、开放服务等方面具备了较强的实力。

（任治政）

■概况

主任：杨勇平

副主任：顾煜炯　杜小泽　陈海平

截至2013年年底，国家火力发电工程技术研究中心共计建设大型研发基地1个，占地面积3 000余平方米，位于主楼F座；培训基地1个，占地面积600余平方米，位于行政楼4层；产学研合作基地1个，占地面积500余平方米，位于行政楼4层；新增1 000MW空冷机组凝气器单元中试试验平台一个，总投资1 300万元。新增仪器设备1 000余万元，科研设备总资产超过4 500万元。

2013年，该中心拥有国家杰出青年科学家2名，国家“千人计划”学者3名，国家“百千万人才”国家级人选3名，国家“973计划”首席科学家3名；中科院“百人计划”学者2名，教育部21世纪优秀人才7名；教育部创新团队2支。

2013年，共获得各级各类纵向科技项目资助30项，资助金额达1 997万元；共签订横向科技合作项目52项，合同金额2 659万元；获得国家和省部级科技奖励2项，申请专利58项，软件著作权5项，出版专著5部，发表高水平论文138篇。

该中心对外开展各类技术培训班5期，培训人数达300余人；开放基金资助14人次，资助总额达280万元。

（任治政）

■条目

【召开第二届工程技术委员会聘任仪式暨第二届工程技术委员会第一次全体会议】4月9日，国家火力发电工程技术研究中心召开第二届工程技术委员会聘任仪式暨第二届工程技术委员会第一次全体会议，蒋洪德等17位校内外专家受聘为新一届国家火力发电工程技术研究中心工程技术委员会委员。会议审议并通过了《国家火力发电工程技术研究中心工程技术委员会章程》《国家火力发电工程技术研究中心开放基金管理办法（暂行）》，并对中心的建设及验收准备工作进行了深入研讨。

（任治政）

【接受科技部建设验收评估】8月18日，受科技部委托，湖南四达科技咨询有限公司组织专家对该中心进行现场验收评估。以中国科学技术发展战略研究院研究员黎懋明为组长的专家组一行5人现场考察该中心的建设情况，并听取中心主任杨勇平副校长的工作汇报，召开质询答辩会，最终给出了咨询意见。11月14日，该中心在北京接受科技部组织的综合评议。该中心在建设验收中取得优异成绩，为该中心的正式挂牌运行奠定了良好的基础。

（任治政）

【参加第十五届深圳高新技术成

果交易会】11 月 16 日至 21 日，该中心参加在深圳会展中心开展的第十五届中国国际高新技术成果交易会。参展的 6 项技术成果中，“火电机组直接空冷单元空气导流装置”和“1 000MW 超临界机组自动化成套控制系统”等两项技术成果获得本届高交会优秀产品奖。此外，该中心获得了优秀组织奖和优秀展示奖两项殊荣。本次展会展示了该中心的最新科技成果，扩大了中心的影响力，取得了良好的宣传效果和社会效益。

（任治政）

电站设备状态监测与控制教育部重点实验室

■概述

2013 年，电站设备状态监测与控制教育部重点实验室面向中国节能减排与能源环境可持续发展的重大需求，围绕大型火电和可再生能源发电安全、高效和清洁热功转换过程中的关键科学问题开展应用基础研究。立足动力工程、控制科学与工程等多学科交叉，探索复杂能源动力系统多尺度输运机理、多因素耦合特性及能耗时空分布规律，研究全方位状态监控与运行优化理论方法，为中国电力能源工业的健康发展提供科技支撑。

该实验室包括四个相互关联的研究方向：①燃烧状态检测与污染控制；②高温金属材料特性与失效预防；③高效热功转换与过程节能；④发电过程运行优化控制。围绕上述方向，通过对检测方法、材料特性和过程机理的探索，全面掌握设备运行状态及其发展变化规律，借助自动化信息化前沿技术，实现大型发电机组安全、高效和清洁运行目标。

2013 年，该实验室各项工作进展顺利，获得各类纵向科技项目资助共 12 项，其中，“863”计划项目 1 项，国家自然科学基金项目 8 项，省部级项目 3 项，总资助金额为 1 686 万元；签订横向科技项目 38 项，合同金额 1 655 万元。获得授权发明专利 20 项，实用新型专利 30 项，软件登记 2 项。共发表核心期刊以上论文 135 篇，其中，SCI 收录 46 篇，EI 收录 29 篇。2013 年，实验室“能动之光”计划立项项目 8 项，2012 年“能动之光”计划项目结题 13 项。

2013 年，该实验室主办或承办的学术会议 3 次，包括：重点实验室承担的中国工程院咨询项目召开第一次专家组会议，承办北京热物理与能源工程学会青年学术演讲比赛，主办中英清洁能源论坛 2013；开展国内外学术交流活动 5 次，邀请了国内外的专家学者来实验室进行讲座和交流。

至年底，该实验室占地面积 3 930平方米，科研设备总资产 3 200多万元。其中，2013 年实验室新增仪器设备 12 台/套，总价值 213.986 2 万元。

2013 年 5 月，该重点实验室学术带头人杨勇平教授入选科技部“创新人才推进计划”中青年科技创新领军人才，6 月份，杨勇平教授入选“万人计划”第一批科技创新领军人才；3 月，教育部正式公布 2012 年度“长江学者奖励计划”遴选结果，徐进良教授成功入选“长江学者”特聘教授，11 月，徐进良教授成功入选国家“百千万人工程”。

2013 年 9 月 14 日至 15 日，由华北电力大学牵头，西安交通大学、浙江大学、清华大学、华中科技大学、中国科学院工程热物理研究所等单位共同承担的国家重点基础研究发展计划（“973”）项目“大型燃煤发电机组过程节能的基础研究”在北京召开课题验收会议并一致通过专家组验收。11 月 20 日出版的“中国科学报”能源版刊登署名文章，系统介绍了教育部重点实验室杨勇平教授为首席科学家的国家“973”计划项目“大型燃煤发电机组过程节能的基础研究”进展。

（唐宁宁　袁晓娜　田思达）

■概况

主任：刘吉臻

副主任：牛玉广　杜小泽

重点实验室网址：http://cmc.ncepu.edu.cn/

2013 年，该实验室占地面积 3 930 平方米，科研设备总资产 3 200多万元。重点实验室有研究人员 44 名，其中，教授 23 人，副教授 15 人，讲师 3 人，实验技术人员 3 人。

该实验室现有：国家杰出青年科学家 2 名，国家“千人计划”学者 1 名，国家“百千万人才”一、二层次人选 4 名，国家“973 计划”首席科学家 3 名；中科院“百人计划”学者 2 名，教育部 21 世纪优秀人才 9 名，“长江学者”特聘教授 1 名。

2013 年，该重点实验室获得各类纵向科技项目资助共 12 项，资助金额为 1 686 万元；签订横向科技项目 38 项，合同金额 1 655 万元。获得授权发明专利 20 项，实用新型专利 30 项，软件登记 2 项。共发表核心期刊以上论文

135 篇，其中，SCI 收录 46 篇，EI 收录 29 篇。

2013 年，该实验室新增仪器设备 12 台/套，总价值 213.9862 万元。

2013 年，该实验室获得“能动之光”计划立项的项目 8 项。2012 年“能动之光”计划项目结题 13 项。

2013 年，该实验室共有七项获奖，其中，国电集团科技进步一等奖一项，中国能建科技进步二等奖一项，中国电力科学技术三等奖一项，第十五届中国国际高新技术成果交易会优秀产品奖一项，作为第二完成单位参与的项目获得国家科技进步二等奖一项，高等学校科学研究优秀成果一等奖一项，二等奖一项。

2013 年，该实验室培养博士研究生 7 名，硕士研究生 77 名。

2013 年，该实验室主办或承办的学术会议 3 次，国内外专家学术报告 5 次。

（唐宁宁　袁晓娜　田思达）

■条目

【广东电力设计院来实验室调研参观】1 月 9 日，广东省电力设计研究院院长带队来到教育部重点实验室进行调研。此次调研活动主要与空冷课题组座谈，针对空冷关键技术问题进行调研交流。座谈会由杜小泽教授介绍课题组在直接空冷、间接空冷领域的研究历程和现状，杨立军教授就具体的研究内容进行汇报。杨教授主要从研究基础、进展、成果以及方案等四个方面进行了介绍。广东省电力设计研究院的汤总工介绍了该项目的立项背景，空冷研发项目经理龙工就具体关键技术问题与课题组成员进行了讨论，讨论重点放在具体研究方案上，双方最后在技术路线上取得了较一致的意见。会后设计院一行在课题组老师的陪同下参观了实验室。

（唐宁宁）

【“大型燃煤发电机组过程节能”“973”项目通过课题验收】9 月 14 日至 15 日，由华北电力大学牵头，西安交通大学、浙江大学、清华大学、华中科技大学、中国科学院工程热物理研究所等单位共同承担的国家重点基础研究发展计划（“973”）项目“大型燃煤发电机组过程节能的基础研究”在北京召开课题验收会议并一致通过专家组验收。该项目首席科学家、华北电力大学副校长、重点实验室学术带头人杨勇平教授主持会议。科技部基础研究司沈建磊处长，科技部基础研究管理中心闫金定处长，教育部科学技术司邹晖处长，华北电力大学校长刘吉臻，课题验收专家组专家、各课题负责人、各课题骨干成员、各课题研究生代表等 80 余人参加了本次课题验收会。与会专家对各个课题的工作以及所取得的成果表示充分肯定。指出，华北电力大学对基础研究的重视，显示了华北电力大学在瞄准国家重大需求，解决国家重大问题方面的科学积累在不断深厚。专家组围绕国家需求，基础研究，创新成果等方面进行了重点评价，并为项目验收阶段提供了中肯的建议。最后，专家组进行了评议和打分，一致认为各课题出色地完成了课题任务，建议通过课题验收。

（唐宁宁）

【高端能源（电力行业）咨询项目召开第一次专家组会议】10 月 12 日，电站设备状态监测与控制教育部重点实验室承担的“我国高端能源动力机械健康与能效监控智能化发展战略研究”咨询项目电力专业组工作会议在中国工程院召开。电力专业组组长华北电力大学副校长杨勇平教授、中国华能集团科技部主任梁昌乾以及中国大唐集团公司科技部主任吕庭彦、中国可再生能源学会秘书长秦海岩、中国国电联合动力技术有限公司副总经理孙黎翔、中国大唐集团公司科技部处长张健、国电新能源技术研究院副院长张军、北京信息科技大学教育部重点实验室王红军教授等 20 人出席。会议由组长杨勇平副校长主持。各位专家对咨询项目的研究内容和进展从不同的角度提出意见和建议，杨勇平教授表示接下来会对各位专家提出的建议进行整理和消化吸收。

（唐宁宁）

【“中国科学报”刊文介绍国家“973 计划”项目研究进展】11 月 20 日出版的“中国科学报”能源版刊登署名文章，系统介绍了教育部重点实验室杨勇平教授为首席科学家的国家“973 计划”项目“大型燃煤发电机组过程节能的基础研究”进展。

2012 年中国全年能源消费总量已经高达 36 亿吨标准煤，仅次于美国居世界第二位。在中国一次能源消费结构中，煤炭的比重近 70%，其中一半被用于燃煤发电。截至 2012 年年底，中国燃煤机组发电占总发电量比例超过 78%，燃煤机组装机规模和发电量都居世界前列。燃煤发电不仅是中国一次能源最主要的消耗渠道，还是 SO_2、NOx 和烟尘等大气污染物排放的主要来源。近年来，火力发电行业开展“上大压小”结构调整，燃煤发电的煤耗水平逐年下降，但与国际先进水平相比仍存在较大差距。电站设备状态监测与控制教育部重点实验室作为首席科学家单位，于2009年开始承担国家“973计划”项目“大型燃煤发电机组过程节能的基础研究”。近5年来，项目团队紧密结合中国燃煤发电技术的发展趋势和节能减排的重大需求，针对中国主力大容量、高参数燃煤发电机组在复杂环境和全工况条件下的高效运行和优化设计，在理论、技术和方法等不同方面都取得了突破性进展，为实现中国火力发电行业的深层次节能、确保未来中国燃煤发电的健康发展奠定了科学基础、解决重大关键技术问题。

（杜小泽）

【主办中英清洁能源论坛2013】2月17日至19日，由英国伦敦大学玛丽皇后学院和华北电力大学共同举办的第一届中英清洁能源论坛在英国成功举行，来自中国的20几位老师与英国学者围绕清洁能源和能源清洁利用问题进行了广泛的交流和讨论。论坛主席由英国著名学者文东升担任，杜小泽任副主席。出席会议的主要学者有华北电力大学电站设备状态监测与控制教育部重点实验室的杨勇平、徐进良、杜小泽、张锴、杨立军等，国内著名学者有王秋旺、马学虎、吴玉庭等，在英的中国学者有郭正晓、王华生等。重点实验室学者的大会主题报告有：杨勇平“Green Heating and Co – generation”；徐进良“Flow Pattern Modulation by the Phase Separation Concept: a Link from Micro to Macroscale”；杜小泽“Air – Cooling Technology in Power Plant”。杨勇平副校长在会议期间还会晤了玛丽学院校长，就华北电力大学与玛丽学院开展国际合作进行了沟通和交流。

（张　辉）

区域能源系统优化教育部重点实验室

■概述

区域能源系统优化教育部重点实验室是依托华北电力大学资源与环境研究院，整合学校其他优势科技资源而形成的一个研究实体，2010年12月由教育部批准立项建设。实验室主要针对能源供需矛盾、温室气体、大气污染及与社会、政治、经济相关的复杂环境问题开展科学研究，为多区域、多种尺度的能源系统管理提供科学的决策支持，为解决与防治中国经济发展中的诸多能源与环境问题提供科学依据。该实验室研究方向主要包括：不确定性优化理论与技术；中国特色的多尺度区域能源模型；能源与环境系统互动机理与耦合技术研究；能源系统风险预测预警与管理决策综合研究等。研究方向涉及能源与环境工程、热能工程、管理科学与工程、可再生清洁能源等领域。该实验室在建设过程中将依托实验室的多个学科点和相关博士后科研流动站，为国家培养能源与环境领域的专业技术人才。

2013年，该实验室按照建设计划继续推进。城市气候模拟与大气污染控制实验室、集成移动式净水处理与废水复合处理实验室、地表水地下水耦合模拟中试实验室、土壤污染控制实验室、城市有机废物资源化实验室相继建成投入使用，新增固定资产仪器设备120万元。实验室的建设将为重点实验室师生提供更加完善的实践教学平台，进一步优化学科建设体系，为科研深入开展提供了优质平台。

2013年，该实验室继续发挥科研优势，加强关键科学问题的深入研究和集成，实现若干重点领域和重要方向的跨越发展。在科研项目方面主要获得国家自然科学基金委重大项目之课题1项，国家杰出青年科学基金1项、国家自然科学基金面上项目3项、青年科学基金12项，教育部创新团队发展计划项目1项，高等学校学科创新引智计划1项、北京市自然科学基金1项，环保部公益项目2项以及其他来自中科院、企业或研究设计部门的课题33项。黄国和教授作为负责人的“能源与环境系统分析及工程应用”创新引智基地成功入选“高等学校学科创新引智计划”（“111引智基地”）。李永平教授成功入选第十三届中国青年科技奖，其承担的国家自然科学基金面上项目“寒旱区流域冰雪径流的动态过程分析”获得立项资助。

2013年，实验室继续发挥学术平台优势，与国内外多家知名院校、企业在人才培养、科技攻关、科技成果转化、产学研结合等方面展开全方位交流与合作。聘请了多名国内外专家、学者到实验室进行指导讲座，有多名师生参加了国内外重要学术会议；实验室研究骨干丁晓雯前往加拿大里贾纳大学进行为期一年的学术交流；实验室博士生韩京成、董聪、祝颖完成国家公派留学联合培养博士计划回国；邀请挪威奥斯陆大学许崇育教授和清华大学倪广恒教授、田富强教授来实验室进行学术交流与访问,深入探讨在变化环境下水文研究和水文模拟关键问题合作研究;加拿大安大略省环境部刘金良教授受邀进行学术交流与访问,拟开展在气候变化方面的合作研究;邀请美国辛辛那提大学王昕皓教授进行学术交流和访问,重点探讨了应对气候和社会经济变化的场景规划支持系统以及中国城市规划面临的机遇与挑战;邀请环境保护部科技标准司、环境保护部环境与经济政策研究中心以及北京国电龙源环保工程有限公司等部门领导,组织召开"火电行业气候友好型环境管理试点研究"项目进展汇报会;中国—加拿大能源、环境与可持续发展研究院与加拿大萨斯喀彻温省电力公司以及UNDP专家工作站联合举办了"2013碳捕集、利用及封存国际研讨会"依托实验室举办,会议邀请了华北电力大大学杨勇平副校长、加拿大里贾纳大学David Malloy副校长、商务部中国国际经济技术交流中心副主任王伟黎、中国水利部庞进武副总工程师、中国石油天然气集团公司外事局局长章欣、加拿大驻中国大使馆公使衔商务参赞Kris Panday、加拿大萨斯喀彻温电力公司副总裁Mike Monea等来自政府、教育、企业、科研院所等机构的领导、专家、工程师,会议围绕CCUS技术所涉及的一系列实际挑战和所采取的解决方法进行讨论,促进了CCUS技术经验交流和研究成果分享。

2013年,实验室高度重视产学研结合,积极将研究成果产业化,转化为实际生产力,通过与企业、政府多层次的密切合作,在规划制定、政策咨询、方案评估、节能减排等领域取得了很好的社会和经济效益;与多个企业和园区开展各个层面的合作,在大中小循环层面,制订编写循环经济发展规划和实施方案,解决了当地政府和企业的在发展经济和保护环境、节能减排方面的深层次问题,经由可持续发展之路发展经济,提高人民生活水平;与环境保护部环境与经济政策研究中心合作进行电力行业(企业)气候友好型环境管理试点研究;与环境保护部环境规划院合作开展油田开采区地下水基础环境状况调查评估研究;与中新国能环境工程有限公司合作研究环境风险评估与事故泄漏污染模拟;与朗新明环境工程有限公司合作研究输变电工程环境风险敏感点评估及环保措施监测。

2013年,该实验室年度科研成果产出再创新高,实验室专职研究人员共发表论文120篇,其中SCI检索69篇,EI检索38篇,出版专著1部,授权专利发明10项;2013年,实验室研究生获得国家研究生奖学金10项,发表学术论文30篇。

2013年,该实验室研究人员晋升副教授2人,引进实验技术人员1人;李永平老师荣获第十三届中国青年科技奖;卢宏玮老师入选教育部新世纪优秀人才支持计划;丁晓雯老师入选2013年度北京高等学校"青年英才计划";李永平老师入选华北电力大学学科带头人支持计划;卢宏玮、丁晓雯、张一梅、许野入选华北电力大学青年骨干教师支持计划。

2013年,实验室在研究生培养方面再获佳绩,毕业博士7人,硕士30人,在读博士生18人,硕士生99人;杜鹏、杜晓文、李慧琴、李晓丽、邹乔五位同学获得学校2013级春季优秀毕业研究生;博士研究生姜龙、张琛、周雅、祝颖、董聪、付殿峥,硕士研究生任丽霞、王泽森、温静雅、张嘉琪获得2013年研究生国家奖学金荣誉;硕士研究生温静雅、任丽霞获得"优秀研究生标兵"称号;博士研究生姜龙、曾雪婷、张琛、解玉磊、付殿峥、祝颖、韩京成,硕士研究生王大洲、孟冲、李振通、刘兵兵、王兰、王泽森、李青青、董焕焕、王春晓获得"优秀研究生"称号;硕士研究生张嘉琪、郝振达、崔继宪、孙晓伟获得"优秀研究生干部"称号;博士生韩京成、董聪、祝颖完成国家公派留学联合培养博士计划回国。

(郑如秉　李延峰　李　薇)

■概况

实验室主任:黄国和

学术委员会主任:刘鸿亮

2013年,区域能源系统优化教育部重点实验室现有固定在编人员37人,在编客座研究人员27人,还聘请7位本领域国内外著名的专家担任学术顾问。其中包括中组部"千人计划"人才2人、国家杰出青年基金获得者2人、教育部长江学者特聘教授1人、"973"计划首席科学家1人、优秀青年基金获得者1人、"青年拔尖人才计划"入选者1人。

2013年,该实验室新增教育部新世纪优秀人才支持计划1人,第十三届中国青年科技奖1人,北京高等学校"青年英才计划"1人,华北电力大学学科带头人支持计划1人,华北电力大学青年骨干教师支持计划4人(卢宏玮、丁晓雯、张一梅、许野),副教授2人(丁晓雯、王盛萍)。

2013年,该实验室硕士研究生在校人数达99人,新招硕士生37人,硕士毕业生30人。在读博士研究生18人,新招博士研究生

11人,博士毕业生7人。优秀毕业研究生5人,国家奖学金获得者10人,“优秀研究生标兵”称号获得者2人,“优秀研究生”称号获得者16人,“优秀研究生干部”称号获得者4人,完成国家公派留学联合培养博士计划3人。

2013年,该实验室2013届毕业研究生30人全部与用人单位签订三方协议。

2013年,该实验室开设研究生课程18门,完成教学490学时,举办学术讲座20次。

2013年,该实验室在研项目48项(新增科研项目36项)。其中国家或省部级纵向项目26项,企事业单位委托科技项目20项,省、市、自治区科技项目和自选课题2项。新增纵向项目经费1 458万元,横向项目经费289.81万元。2013年实验室研究人员共发表论文120篇,其中SCI检索69篇,EI检索38篇,出版专著1部,授权专利发明10项。2013年,实验室研究生获得国家研究生奖学金10项,发表学术论文30篇。

2013年,该实验室来访外国专家或外籍教师17人次,教师留学出国人员1人次。

2013年,该实验室拥有研究室4个,下设研究中心和实验室15个。

(郑如秉　李延峰　李　薇)

■条目

【挪威奥斯陆大学许崇育教授一行来访】4月29日,挪威奥斯陆大学许崇育教授和清华大学倪广恒教授、田富强教授应邀对区域能源系统优化教育部重点实验室进行学术交流与访问。许崇育教授做了精彩的学术讲座,倪广恒教授等介绍了重大项目的进展情况。区域能源系统优化教育部重点实验室主任黄国和教授、学术骨干李永平教授、丁晓雯老师、王盛萍老师、许野老师及实验室部分师生出席了会议,会议由黄国和教授主持。许崇育教授进行题为“变化环境下水文研究和水文模拟的几个关键问题”的主题讲座,结合水文模型的发展历史和水文学的基础知识,重点探讨了水文序列的趋势分析、非平稳序列的水文设计、大尺度水文模型等关键问题,介绍了水文学的现状和未来发展趋势。倪广恒教授介绍了其课题组重大项目的进展情况,包括高寒山区径流模拟成果、密云水库上游试验流域建设规划等内容。许崇育教授于4月30日进行学术讨论会,实验室师生就自己感兴趣的研究问题以及相关研究中所遇到的困难与许教授进行了深入探讨。

(郑如秉　郭军红)

【加拿大安大略省环境部刘金良教授来访】5月15日,加拿大安大略省环境部刘金良教授应邀对区域能源系统优化教育部重点实验室进行学术交流与访问。区域能源系统优化教育部重点实验室主任黄国和教授、学术骨干李永平教授、许野老师及实验室部分师生出席了会议,会议由黄国和教授主持。黄国和教授简要介绍了刘金良教授的学术经历和工作成就,并代表实验室师生对刘金良教授的再次来访表示热烈欢迎。刘金良教授为实验室师生作题为“High - Resolution Regional Climate Change Modeling over Ontario and the Great Lake Basin in North American”的主题讲座,结合气候变化的基础知识,重点探讨了全球变暖的原因及影响、尺度下延技术、气候模拟不确定性等关键问题,与会师生从中获益匪浅。

(郑如秉　郭军红)

【美国辛辛那提大学王昕皓教授来访】5月25日,美国辛辛那提大学王昕皓教授应邀对区域能源系统优化教育部重点实验室进行学术交流与访问。区域能源系统优化教育部重点实验室主任黄国和教授、学术骨干李永平教授及实验室部分师生出席了会议,会议由黄国和教授主持。王昕皓教授作了主题为“A Scenario - Based Planning Support System (SB - PSS) for Adaptation to Climate and Socioeconomic Changes”的精彩的学术讲座,结合城市规划和系统方法的基础知识,综合考虑自然环境、社会环境和人造环境,重点探讨了应对气候和社会经济变化的场景规划支持系统以及中国城市规划面临的机遇与挑战。5月26日,黄国和教授、李永平教授、郑如秉老师以及郭军红老师陪同王昕皓教授参观了实验室,王昕皓教授对实验室的建设水平及管理模式给予高度评价。

(郑如秉　郭军红)

【“火电行业气候友好型环境管理试点研究”项目进展汇报会召开】7月2日,“火电行业气候友好型环境管理试点研究”项目进展汇报会在区域能源系统优化教育部重点实验室主楼会议室顺利举行。环境保护部科技标准司应对气候变化处处长於俊杰、环境保护部环境与经济政策研究中心主任田春秀、北京国电龙源环保工程有限公司副总经理刘汉强,华北电力大学科学与技术研究院研究员杨京京、区域能源系统优化教育部重点实验室主任黄国和教授、学术骨干李永平教授以及实验室部分师生出席了会议,会议由李永平教授主持。首先,杨京京研究员发表讲话，对环保部、中日友好环境保护中心领导莅临指导工作表示热烈欢迎。其次，於俊杰和田春秀分别发表讲话，表示对双方合作充满信心。接着，作为项目负责人，黄国和教授对该项目研究进展进行了详细汇报。随后，各位专家领导和实验室与会人员就项目进展中存在的问题进行了深入讨论，与会师生认真听取各位专家领导的意见建议。最后，黄教授表示，项目组将根据会上提出的建议，对下阶段工作进行改进和完善。

（郑如秉　李延峰）

【中山大学陈晓宏教授来访】7月2日，中山大学陈晓宏教授应邀对区域能源系统优化教育部重点实验室进行学术交流与访问。区域能源系统优化教育部重点实验室主任黄国和教授、学术骨干李永平教授及实验室部分师生出席了会议，会议由黄国和教授主持。陈晓宏教授进行题为“华南湿润区非平稳性洪水序列频率分析”的主题讲座，从研究区域特点、土地利用变化和水利工程调蓄等变化环境的影响入手，结合洪水序列变化特征，重点介绍了最优频率线型选择以及非平稳性洪水频率计算方法，并与实验室师生展开热烈的学术讨论，并达成学术合作意向。

（郑如秉　郭军红）

【举办2013碳捕集、利用及封存(CCUS)国际研讨会】8月27日，由加拿大萨斯喀彻温省电力公司、中国—加拿大能源、环境与可持续发展研究院、UNDP专家工作站在华北电力大学主楼D260会议室举办了“2013碳捕集、利用及封存国际研讨会”，区域能源系统优化教育部重点实验室协办。华北电力大学副校长杨勇平、加拿大里贾纳大学副校长David Malloy、商务部中国国际经济技术交流中心副主任王伟黎、中国水利部副总工程师庞进武、中国石油天然气集团公司外事局局长章欣、区域能源系统优化教育部重点实验室主任黄国和教授、加拿大驻中国大使馆公使衔商务参赞Kris Panday、加拿大萨斯喀彻温电力公司副总裁Mike Monea等来自政府、教育、企业、科研院所等机构的领导、专家、工程师以及实验室部分师生出席了会议，会议由Mike Monea副总裁主持。该会议围绕CCUS技术所涉及的一系列实际挑战和所采取的解决方法进行讨论，以促进CCUS技术经验交流和研究成果分享。

（郑如秉　李延峰）

【博士生韩京成、董聪、祝颖顺利完成留学基金委联合培养计划回国】9月1日，区域能源系统优化教育部实验室博士生韩京成、董聪、祝颖顺利完成国家公派留学博士联合培养项目回国。博士生韩京成、董聪于2012年成功入选国家公派留学博士联合培养计划，前往加拿大里贾纳大学进行为期2年的学术交流访问，访问期间，与里贾纳大学科研人员积极开展学术合作，取得了出色的成绩，共发表了8篇SCI论文；博士生祝颖于2013年成功入选国家公派留学博士联合培养计划，前往加拿大里贾纳大学进行为期1年的学术交流访问，访问期间就能源规划研究领域与里贾纳大学科学家进行深入探讨和交流，取得成果发表SCI论文4篇。

（郑如秉　李延峰）

【加拿大爱德华王子岛大学的Adam Fenech教授来访】9月17日，加拿大爱德华王子岛大学的Adam Fenech教授应邀对区域能源系统优化教育部重点实验室进行学术交流与访问。在区域能源系统优化教育部重点实验室主楼会议室Adam Fenech教授为实验室师生作了精彩的学术讲座。实验室部分师生出席了会议，会议由李延峰主持。Fenech教授为大家作题为“Applied Climate Change: Gaining Practical Skills for Climate Change Adaptation”的主题讲座，重点介绍了全球气候模式(GCMs)、未来温室气体SRES及RCPs排放情景、IPCC AR5温室气体排放量等气候变化方面的原理和知识，与会师生从中获益匪浅。

（郑如秉　郭军红）

【丁晓雯赴加拿大进行学术交流访问】10月1日，区域能源系统优化教育部重点实验室学术骨干丁晓雯成功获国家公派留学青年骨干教师支持计划，前往加拿大里贾纳大学进行为期1年的学术交流访问。丁晓雯，现任华北电力大学资源与环境研究院副教授，区域能源系统优化教育部重点实验室学术骨干，主要从事流域综合管理、非点源污染模拟与控制、环境评价方面的科研与教学工作。主持国家自然基金、河北省自然基金、中央水资源费项目、中央高校基本科研业务费项目等项目10余项；作为主研人员参加国家“973”、国家“863”、国家自然科学基金项目、国家重大专项、教育部高等学校博士点基金、北京市自然基金、社会公益研究专项资金、北京市精品课程等项目20余项；发表论文30余篇，出版专著4本。

（郑如秉　郭军红）

【“111 计划”引智基地成功立项】11 月 1 日，教育部和国家外国专家局联合组织的 2014 年度“高等学校学科创新引智计划”（简称“111 计划”）评审结果公布，区域能源系统优化教育部重点实验室“能源与环境系统分析及工程应用创新引智基地”作为 2014 年度建设项目之一予以立项。引智基地由区域能源系统优化教育部重点实验室主任黄国和教授牵头负责，主要依托华北电力大学优势学科，汇聚了一批来自欧美国际一流大学的高水平学者，与华北电力大学科研团队共同开展多学科交叉研究。该基地是华北电力大学继“大电网保护与安全防御创新引智基地”“煤的清洁转化与高效利用引智基地”“智能化分布式能源系统创新引智基地”之后获批的第四个创新引智基地。

（郑如秉　郭军红）

【加拿大里贾纳大学研究生院院长 Armin Eberlein 来访】12 月 3 日，加拿大里贾纳大学研究生院院长 Armin Eberlein 在区域能源系统优化教育部重点实验室主任黄国和教授的陪同下来访，并与实验室教师代表座谈。双方就两校合作教学、学生联合培养等问题交换了意见，华北电力大学科学与技术研究院研究员杨京京，实验室学术骨干李永平、李薇等出席。

（郑如秉　李延峰）

【李永平教授荣获第十三届中国青年科技奖】12 月 16 日，第十三届中国青年科技奖评审工作结束。经华北电力大学推荐、教育部初评、中国青年科技奖评审委员会评审、中国青年科技奖领导工作委员会审批，区域能源系统优化教育部重点实验室学术骨干李永平教授成功入选。12 月 16 日，中国科协会员日暨第十三届中国青年科技奖颁奖大会在人民大会堂举行，李永平教授参加授奖。本次评选全国共 99 名优秀青年科技工作者获奖，其中，教育部推荐人选中仅 7 人获此殊荣。

（郭军红　李延峰）

高电压与电磁兼容北京市重点实验室

■概述

高电压与电磁兼容北京市重点实验室于 2004 年 5 月获批建设。实验室依托于高电压与绝缘技术、电工理论与新技术两个二级博士点学科和电气工程博士后流动站，主要研究方向为电气设备在线监测与故障诊断、电介质材料特性的检测评估与应用、电力系统过电压、气体放电与应用、电磁场理论及其应用、电力系统电磁环境与电磁兼容、特高压输变电技术、现代电磁测量技术、超导电力技术。

（程养春）

■概况

高电压与电磁兼容北京市重点实验室由高电压与绝缘技术研究所、电磁与超导电工研究所组成，每个研究所包含一个华北电力大学重大项目研究基地。2013 年，高电压与绝缘技术研究所固定成员 17 人，其中教授 8 人（含博士生导师 5 人），副教授 6 人，高级工程师 1 人，工程师 2 人。电磁与超导电工研究所固定成员 14 人，其中教授 8 人（含博士生导师 5 人），副教授 3 人，讲师 2 人，工程师 1 人。实验室成员中有入选国家百千万人才工程第一、第二层次人选 2 人，国家杰出青年科学基金获得者 1 人，国家级教学名师 1 人，中科院百人计划获得者 1 人，国家电网公司特高压交流试验示范工程特殊贡献专家 1 人，长江学者讲座教授 1 人，在国内外相关学术领域具有很高的影响力。

（程养春）

■条目

【教学成果】2013 年，实验室完成本科生教学 888 个学时，留学生教学 128 个学时，函授成教教学 490 个学时，研究生教学 468 个学时。崔翔、王泽忠、卢斌先、李琳、王银顺获 2012 年度北京市高等教育教学成果奖一等奖。

（程养春）

【科研成果】2013 年，实验室获得科研项目总经费 3 000 多万元，特别是获国家自然科学基金重点项目 1 项（纳米粒子对变压器油纸绝缘中电荷传输的影响机理）；获“973”项目课题 1 项（环境友好混合气体绝缘介质及固气界面电荷的动力学过程和消散方法）；获国家自然科学基金面上和青年项目 8 项。2013 年，“ ±800kV 超大容量特高压直流输电关键技术、设备研制及工程应用”和“ ±800kV 特高压直流输电关键技术研究、装置研制及工程应用”获得中国电力科学技术奖一等奖；“GIS 局部放电检测系统标准化及标定体系研究与应用” 获得中国电力科学技术奖二等奖；“换流变压器的交直流绝缘特性及电场测量与运行安全评估技术研究”获得中国电力科学技术奖三等奖。2013 年度，实验室发表 SCI 收录论文 23 篇；获得发明专利 2 项；出版专著 1 部。

（程养春）

【平台建设】实验室已经建成系列科研平台，包括 110kV 变压器局部放电定位试验平台、110kV 电力电缆局部放电试验平台、126kV、252kV 和 1 100kV 等级的 GIS 试验平台、1 100kV 和2 000kV 冲击电压发生器、自然环境模拟室、热刺激电流测量系统、表面电荷测量系统、电磁场数值分析系统、强电磁脉冲场产生与测试系统、高低频稳态电磁场产生和测试系统、十米法开阔试验场、三米法紧凑型电波暗室、电磁兼容性试验系统、超导电工实验系统等。2013 年，新建成了 13m × 7m × 6m 的电磁混响室。在电大尺寸金属屏蔽室中，借助金属搅拌器形成空间统计均匀、各向同性、随机极化的电磁场分布，实现对电子设备电磁发射和敏感性测试的试验系统。使用较小的电磁能量即可产生电场强度高于 200V/m 且其均匀性可很好控制的电磁场，工作频带符合国际电工委员会 IEC61000 – 4 – 21 等标准要求。2013 年，新建成了 Kerr 效应电场测量平台，是由华北电力大学高电压与电磁兼容实验室独立自主开发的一套针对油纸绝缘形式的高精度电场测量系统，它利用变压器油在电场作用下的双折射性质，通过测量光强信息得到电场大小。其电场测量灵敏度达到 20V/mm，测量误差绝对值不大于 3%，空间分辨率小于 1mm。承担并完成了 5 项重大科技项目。

（程养春）

能源的安全与清洁利用北京市重点实验室

■概述

2013 年，能源的安全与清洁利用北京市重点实验室科技工作紧密围绕建设高水平大学的目标，聚焦中国能源发展战略需求，积极响应学校科技能力提升战略，不断增强工作的主动性、系统性和前瞻性，加强推进“凝练方向、构建平台、汇聚人才”这三大学科建设要素，通过实验室全体科研人员的共同努力，科技工作取得了新进展和新突破。

一、人才队伍建设

在队伍建设方面，该实验室认真贯彻落实了学校“大人才”发展战略，优化科研平台人才机制，深入实施国际化科研平台建设，汇聚优秀人才，加强与本领域国际学术前沿优秀人才的交流合作。

1. 创新人才

2013 年徐进良教授受聘为学校创新人才支持计划“学术领军人才”，作为“973”项目首席科学家，项目稳步有序推进，科研成果喜人。学术领军人才的培养，实现了个人和团队联动建设，建设高效研发团队。实验室姚建曦教授、李美成教授、纪昌明教授、田德教授、王晓东教授 5 位杰出人才受聘为“学科带头人”，11 名优秀青年研究成员受聘为“青年骨干教师”。

2. 教育部新世纪优秀人才

该实验室加强培养拔尖创新人才，增强科研原动力，持续提升学术水平和人才培养质量。本年度，孙东亮入选了“教育部新世纪优秀人才”计划。培养拔尖创新人才，是建设对高素质人才与高新科技成果的迫切需求，是加强国际竞争力建设的战略需要，是提升高等教育在学科建设与科研发展全局中的战略地位。实验室很好的实现了通过重点建设推动整体发展，提高了培养高层次创新性人才和进行高科技开发的能力，已成为国家高层次人才培养、知识创新和技术创新的主要基地。

3. 实验室队伍现状

该实验室现有固定人员 50 名，其中研究人员 45 人。国家百千万人才工程人选 1 人、教育部 21 世纪优秀人才 3 人、中科院百人计划 1 人。

二、科研工作

2013 年，该实验室科研成果丰硕。国家自然科学基金获批 12 项，资助总金额 628 万元；南水北调中线一期监理检测项目 1 项，资助金额 920. 87 万元；教育部国家外专局项目 1 项，资助金额 100 万元，2013 年实验室获得纵向经费资助共计1 906. 87万元，获得横向经费资助 879. 21 万元。授权发明专利 4 项，实用新型专利 3 项，计算机软件著作 9 项，发表论文 130 余篇，其中 SCI 检索 39 篇，EI 检索 14 篇。

三、平台建设

该实验室目前拥有水电能源与工程研究中心、风力发电研究中心、太阳能研究中心、新能源材料与光电技术研究中心，具有大型风洞、太阳能模拟器等大型仪器设备，固定资产1100万元。实验室努力构建先进的开放性、国际化科研平台，积极开展学术交流、聘任海外优秀人才担任讲座和客座教授。2013年12月2日华北电力大学与英国峰能(Sgurr Energy)公司签署合作备忘录，达成共识：双方在有关风电机组功率曲线分析和风电机组控制系统优化合作，将与Sgurr Energy联合推广有关风电机组功率曲线测试以及系统优化工作及研究。

四、研究生培养

2013年，该实验室研究生培养规模进一步扩大，硕士研究生招生人数为57人，博士研究生招生人数为12人，目前在籍研究生137人。合理构建研究生培养模式是提高创新型研究生科研能力的关键，也是提高研究生培养质量的重要标志，科研与教学的结合培养模式，培养了研究生现代科研能力，启迪思考，拓展视野，也培养了本学科领域创新型人才，为学科可持续发展奠定了坚实的基础。

五、学术交流

该实验室积极开展各种形式的学术交流与合作，担任学术组织的职务、会议主席、讲学等，承办会议，提高了实验室的国际影响力。

2013年，参加了第四届制造科学与工程国际学术会议(ICMSE 2013)、2013年亚洲通信和光电子国际会议(ACP)、第三十五届国际水利学大会等国际会议；参加了第二届光电功能材料会议、“TFC”13全国薄膜技术学术研讨会、第九届中国橡胶基础研究研讨会、第八届中国功能材料及其应用学术会议等国内会议。

■概况

实验室主任：姚建曦

2013年，该实验室硕士研究生招生人数为57人，博士研究生招生人数为12人，目前在籍研究生137人。

2013年，该实验室获得纵向经费资助共计1 906.87万元，获得横向经费资助879.21万元，授权发明专利4项，实用新型专利3项，计算机软件著作9项。

2013年，该实验室团队成员共发表论文130余篇，其中SCI检索39篇，EI检索14篇。

2013年，该实验室参加了第四届制造科学与工程国际学术会议(ICMSE 2013)、2013年亚洲通信和光电子国际会议(ACP)、第三十五届国际水利学大会等国际会议；参加了第二届光电功能材料会议、“TFC”13全国薄膜技术学术研讨会、第九届中国橡胶基础研究研讨会、第八届中国功能材料及其应用学术会议等国内会议。

(姚建曦)

■条目

【20项科研项目获批】2013年，能源的安全与清洁利用北京市重点实验室共有20项科研项目获批。其中，获批南水北调中线一期监理检测项目1项，项目名称：南水北调中线一期黄河南至沙河南段、沙河南至陶岔段征迁监理、检测，项目负责人：姚凯文，资助金额：920.87万元；获批国家重点实验室开放基金1项，项目名称：面向生态的流域水资源优化配置研究，项目负责人：门宝辉，资助金额：10万元；获批北京自然基金项目资助立项1项，项目名称：具有半互穿网络结构的新型拉伸型质子交换膜的制备及其构效关系研究，项目负责人：林俊，资助金额：14万元；获批新疆维吾尔自治区科技计划项目1项，项目名称：基于循环经济理念的额尔齐斯河供水区域水资源可持续利用研究，项目负责人：李继清，资助金额5万元；获批国家自然科学基金项目12项，李美成、姚建曦、刘永前、张尚弘、宋记锋、张兵、张永哲、何少剑、王福芝、张惠、李继清获得资助，总金额628万元；获批教育部博士点基金项目2项，李美成、谭占鳌获得资助，总金额24万元；获批中科院重点部署项目1项，项目名称：入湖污染物排放通量追溯与污染负荷减排优化模型，项目负责人：张尚弘，资助金额：20万元；实验室获批教育部国家外专局项目1项，该项目为海外名师项目，项目负责人：林俊，资助金额：100万元。

(姚建曦)

工业过程测控新技术与系统北京市重点实验室

■概述

“工业过程测控新技术与系统”北京市重点实验室为北京市教育委员会和北京市科学技术委员会于2008年12月30日批复增补认定的北京地区普通高等学校北京市重点实验室。

新能源电力系统国家重点实验室为科技部于2011年3月29

日颁布的文件同意立项，并将其列入国家重点实验室 2011 年建设计划。发电过程状态监测与优化控制实验室是新能源电力系统国家重点实验室的一个研究方向，承担国重建设任务。

工业过程测控新技术与系统北京市重点实验室与新能源电力系统国家重点实验室发电过程状态监测与优化控制实验室共享实验设备及人才。

2013 年，实验室各项工作开展顺利，在科研工作方面，实验室承担纵向项目 15 项，其中包括“973”项目、“863”项目等重点项目；在平台建设方面，协助新能源电力系统国家重点实验室完成了“源网联合实时仿真与控制实验平台”的建设与调试，建设了风电数模混合仿真系统，对实验室原有数据中心进行了升级并建立了数据认证预约及管理系统，设立了实验室开放课题研究项目等；人才培养方面，在不遗余力培养青年教师的同时，为控制与计算机工程学院培养数十位博硕士研究生，并为本科生的培养教育提供了实验设备及场地。

（李　青）

■概况

主任：曾德良

重点实验室网址：http://mcs.ncepu.edu.cn/

2013 年，实验室继续紧密围绕工业过程特别是发电过程运行参数的快速检测与优化控制，在传统能源与新能源建模、控制与优化等方面进行深入研究。主要研究方向包括方向一：燃烧过程快速检测。方向二：热力过程参数软测量。方向三：基于网络的工业过程状态监测与控制。方向四：测控系统信息安全。

实验室各项工作进展顺利，在科研方面，目前承担各类纵向科技项目资助共 15 项，资助金额为 4 052 万元，包括 973 项目 1 项，863 计划项目 1 项，自然科学基金项目 6 项（其中重点 1 项，中英合作项目 1 项，青年项目 1 项），国家科技支撑计划 2 项，北京市共建项目 3 项等重要的科研项目。2013 年度新申请发明专利 4 项，发表学术论文 30 余篇，其中 SCI 收录的学术论文 10 篇，EI 收录的学术论文 15 篇。2013 年 12 月，“大型超超临界机组自动化成套控制系统关键技术及应用”获教育部科技进步奖一等奖。

除了在科研及平台建设方面所做的贡献外，实验室为培养青年教师，特设立实验室开放课题研究项目七项；承担着控制与计算机工程学院的教学任务及培训工作，为控制与计算机工程学院培养数十位博硕士研究生，并为本科生的培养教育提供了实验设备及场地。

目前，实验室有专职主任 1 名，实验研究人员 1 名，实验室技术人员 1 名，同时兼职国重固定研究人员或技术人员。实验室有“发电过程状态监测与优化控制”研究团队，团队负责人为刘吉臻教授，团队成员有牛玉广、曾德良、谢力、田亮、张文广、林忠伟、王玮。

截至 2013 年年底，实验室占地面积 1 631.55 平方米，科研设备总资产 1 600 多万元。重点实验室有固定研究人员 17 名，其中，教授 9 人，副教授 4 人，讲师 3 人，实验技术人员 1 人。

（李　青）

■条目

【获教育部科技进步奖一等奖】12 月 2 日，“大型超超临界机组自动化成套控制系统关键技术及应用”获教育部科技进步奖一等奖，项目第一完成人为刘吉臻教授。主要完成单位包括：中国国电集团公司，华北电力大学，北京国电智深控制技术有限公司，国电谏壁发电厂，华东电力设计院，北京华电天仁控制技术有限公司等。

“大型超超临界机组自动化成套控制系统关键技术及应用”为“火电行业重大工程自动化成套控制系统”项目的重要研究成果。“火电行业重大工程自动化成套控制系统”为科技部“863”重点项目，各子课题于 2011 年陆续通过科技部验收，项目于 2011 年 12 月通过中国电机工程学会组织的专家鉴定，2012 年 8 月通过科技部的项目验收，2012 年“火电行业重大工程自动化成套控制系统”获中国国电集团公司科学技术进步奖一等奖，2013 年 12 月 2 日，“大型超超临界机组自动化成套控制系统关键技术及应用”获教育部科技进步奖一等奖，编号 191。

（李　青）

【召开“973”项目中期总结会议】7 月 20 日至 21 日，“973”项目“智能电网中大规模新能源电力安全高效利用基础研究”项目中期总结会议召开。科技部基础研究司项目处副处长李非、科技部基础研究管理中心副处长闫金定、教育部科技司基础处副处长邹晖，“973”项目联络专家黄其励院士、王洋研究员、黄素逸教授，项目专家组专家韩英铎院士、杨奇逊院士、穆钢教授、郭剑波教授、王成山教授、刘吉臻教授、杨勇平教授、崔翔教授，项目外同行专家王海风教授、姚良忠教授、刘涛教授、纪军教授，课题负责人及课题其他学术骨干参加会议。会议由项目首席科学家刘吉臻教授主持。会上,“发电过程状态监测与优化控制”团队牛玉广教授,详细总结了课题自项目执行以来所取得的研究进展与研究成果,并对课题存在的问题以及计划的调整方案进行了汇报。

(李　青)

【“源网联合仿真与控制实验平台”运行成功】3月8日,“973”项目“智能电网中大规模新能源电力安全高效利用基础研究”项目课题三中“源网联合仿真与控制实验平台”调试运行成功,该仿真实验平台以蒙西电网为例,首次在实验室内实现了源、网及控制中心之间的互联,建立起一个集多种电源、大规模电网、多级调度中心于一体的全景式全过程联合实时仿真实验平台。基于该仿真平台,可进行源网耦合作用机理模型研究与试验,区域能源系统优化调度,区域能源系统互补特性研究,机网协调控制系统仿真等实验,开展多源互补、源网协同的区域控制、互联电网多级多区域分解协调与控制以及多源广域保护控制等方面的研究。

2012年,由新能源电力系统国家重点实验室主任刘吉臻教授牵头,工业过程测控新技术与系统北京市重点实验室主任曾德良教授总设计,建立了“源网联合仿真与控制实验平台”。

工业过程测控新技术与系统北京市重点实验室主要负责平台中的源侧部分,包括协调控制器,调度中心模拟,11套风电仿真模型,3套火电机组仿真模型(330MW, 600MW, 1 000MW各一套),一套抽水蓄能仿真模型,与网侧部分的接口等。2012年5月,源网联合仿真与控制实验平台开始进行前期调研及可行性规划,7月开始招标工作,9月招标完成,年底初步完成平台的建设。2013年3月8日,完成了初步调试,成功实现了源侧与网侧的联合仿真运行,该平台是新能源电力系统国家重点实验室的重要实验平台。

(李　青)

【“工业过程测控新技术与系统北京市重点实验室开放课题”资助项目启动】3月,实验室为协助学院青年教师启动科研工作,增强重点实验室服务于教学科研的宗旨,决定开展开放研究课题资助工作。资助工作主要针对控制与计算机工程学院的未满35周岁的具有博士学位的青年教师。经专家组讨论,确定资助课题项目为以下七项:

一、面向智能电网基础设施Cyber－Physical安全的自治愈关键技术研究

二、含有风电场的微网系统频率稳定控制研究

三、新能源电力系统的分布式模型预测控制

四、用于输电线路在线监测的无线传感器网络信息融合处理方法研究

五、新能源发电中压缩传感问题的分子计算模型的研究

六、新能源电网中的传输线切换安全校正策略研究

七、参与电网调频的双馈风电机组特性分析及控制策略研究

(李　青)

【学术报告及交流】2013年,实验室开展多次学术报告,接待多个团队对实验平台进行参观学习,并与国内外相关领域专家进行学术交流。

(1)6月10日,黄从智老师邀请Univ. of Connecticut and Tsinghua Univ. 的Peter B. Luh(陆宝森)教授来实验室讲座并参观交流。上午,陆教授对如何在国际期刊上发表论文介绍了自己的经验,并介绍了自己的研究成果:间歇性的风力发电并网马尔可夫方法。下午,陆教授对实验室进行了参观交流。

(2)6月24日上午9:00—11:00,来自美国贝勒大学的Pro. Kwang Y. Lee在主楼D260作了题为“Challenges in Electric Power Generation: Large－Scale Power Plants, Distributed Generation, and Renewable Energy Sources”的学术讲座。下午,Pro. Kwang Y. Lee、牛玉广教授及刘向杰教授等到实验室进行了参观交流。Pro. Kwang Y. Lee本科毕业于首尔国立大学,是北达科他州大学硕士和密歇根州立大学的博士,任教于宾夕法尼亚州州立大学和贝勒大学,现任贝勒大学电气和计算机工程系主任,电力和能源系统实验室主任。Pro. Kwang Y. Lee在国际期刊、会议上发表论文超过500篇,承担美国能源部,美国国家科学基金会、美国电力研究协会和美国海军的有关智能分布式控制方面项目30余项。

(3)11月6日,美国专家周孟初到实验室讲座,介绍了关于物联网的研究现状和进展,并参观了实验室。

(李　青)

【“发电过程状态监测与优化控制”团队学术讨论会】11月29日至30日,华北电力大学工业过程测控新技术与系统北京市重点实验室“发电过程状态监测与优化控制”团队召开了团队学术讨论会暨“源网联合实时仿真与控制平台”研究方案论证会,会议为期

两天，参会人员包括团队所有成员及多名工业自动化领域专家。会议对团队各成员的当前研究成果进行了总结，提出进一步研究计划并进行讨论听取专家意见；进而汇报了“源网联合实时仿真与控制平台”的当前研究进展，并对下一步研究方案进行了设计并听取专家意见。会议主要内容包括：

（1）会议组织者介绍源网联合实时仿真与控制平台的研究进展。

（2）会议组织者介绍源网联合实时仿真与控制平台的实验室调试进展。

（3）会议组织者介绍源网联合实时仿真与控制平台进一步研究方案初步设计思路。

（4）各位专家结合源网联合实时仿真与控制平台介绍个人研究进展。

（5）讨论源网联合实时仿真与控制平台的进一步研究方案。

（李　青）

【北京市重点实验室实验平台建设进展良好】2013 年，实验室协助新能源电力系统国家重点实验室完成了“源网联合实时仿真与控制实验平台”的建设与调试，风电数模混合仿真系统建设完成，对实验室原有数据中心进行了升级并建立了数据认证预约及管理系统，对服务器机房磁盘阵列进行了扩容，更新了实验室展板，设立了实验室开放课题研究项目，为青年教师顺利开展科研工作提供了平台。

（李　青）

低品位能源多相流动与传热北京市重点实验室

■概述

主任：徐进良教授

2013 年，低品位能源多相流动与传热北京市重点实验室围绕优势学科积极发展，并结合国家战略需要努力拓展前沿研究领域，壮大研究实验室，取得了多项富有国际影响力的研究成果，超额完成年度目标。

（1）该实验室围绕国家重大需求，积极拓展可再生能源（地热能、太阳能）领域的研究，同时兼顾微能源及核能方面的系统研究，取得了多项原创性进展和标志性成果，表现在：提出了有机郎肯循环发电的热力学反问题，为余热深度利用提供了理论基础；原创了两相流流型调控原理和方法，为强化两相传热过程提供指导；提出了微纳尺度流动与换热的种子气泡概念并发展了其原理与技术。采用极具挑战性的柱坐标与双球坐标转换对毛细管内复合液体运动过程进行建模并获得理论解。完善了小卫星高性能过氧化氢微喷系统及关键技术。对纳米流体微通道强化换热机理进行了系统研究。做大做强了本学科，提高了本学科在国内外的知名度。2013 年，徐进良教授以第一获奖者身份申请并获得教育部高校科研优秀成果奖，自然科学一等奖：“微纳尺度多相流动与传热传质的基础研究”，极大的肯定了实验室在微能源方面的研究。

（2）该实验室拥有杰出青年基金获得者 1 名，973 项目首席科学家 1 名，长江学者特聘教授 1 名，百千万人才工程 1 名，教育部 21 世纪人才 2 名。实验室现有博士生 9 人，硕士生 20 人。实验室科研团队形成了知识结构多样，年龄层次合理，富有朝气和创新性的研究队伍。

（3）该实验室继续建立并完善了实验室软硬件建设，建成了国际领先的高性能热物理参数综合实验平台。该平台包括多个实验系统，可实现对单相和多相流动与换热过程、有机朗肯循环发电过程、太阳能热利用过程等多个复杂过程中关键热物理参数，如温度、速度及浓度的局部及整场测量，实现了热物理参数的宏观及微观测量，时间同步测量等功能，为全面深入理解先进能源系统中的热质交换过程及研发新型高效的能量转换装置提供了条件建设。该实验平台的建成极大地提高了学校在新能源与可再生能源以及先进能量转换系统等领域的整体科研条件和基础科学的研究实力，极大地促进了清洁能源与先进能源等学科的建设和发展。

（4）该实验室目前承担科技部“973”项目（徐进良教授为首席科学家）、国家自然科学基金国际合作交流项目、国家重点自然科学基金项目、华北电力大学新能源电力系统国家重点实验室平台建设项目、国家自然科学基金面上项目、国家自然科学基金青年项目等项目，为实验室的持续快速发展提供了充足的动力，也为实验室青年教师和研究生的科研提供了广阔的发展空间。

代表性成果

该实验室围绕余热利用、多相流动与换热、微纳尺度流动等方向积极展开研究，取得了多项原创性进展，突出表现在：

（1）在余热利用系统及多相流传热研究中提出了有机朗肯循环发电的热力学反问题，为余热深度利用提供了理论基础；原创了两相流流型调控原理和方法，发明了相分离强化冷凝管，为强化两相传热过程提供理论指导和技术支持。

（2）在微纳尺度流动与换热研究中提出了微纳尺度流动与换热的种子气泡概念并发展了其原理与技术，解决了沸腾起始点过温和流动不稳定性等问题。

（3）设计并筹建具有国内外先进水平的太阳能模拟器实验平台。

1. ORC 热力学反问题及相分离概念调控两相流型

（1）ORC 热力学反问题及求解策略：围绕国家节能减排重大需求，团队就中低温驱动的有机工质朗肯循环发电系统展开研究，针对目前的热力学设计中，主要研究 ORC 循环本身，没有将 ORC 循环与热源之间建立有效耦合，导致热效率与透平输出功（或发电功率）之间产生分离的问题，提出 ORC 热力学反问题，进而提出热力学反问题的求解方法。在理论上实现了低品位热的深度利用，是低品位热能深度利用的理论精髓，也为研究 ORC 超临界循环及混合工质朗肯循环及筛选工质奠定了基础。

所谓反问题，是指在窄点温度的约束条件下，如何获取最佳 ORC 运行参数。反问题的求解过程分为两个部分：首先，在热源和窄点温度的约束下，根据给定的膨胀机入口温度，确定适宜的膨胀机入口压力；其次，改变膨胀机入口温度，分析循环性能，获取最佳 ORC 系统运行参数。团队已经完成纯工质亚临界循环、超临界循环及混合工质循环热力学反问题求解策略的计算工作，取得了一系列富有指导意义的结果。以纯有机工质苯为例，将热源与窄点温差作为约束条件，采用相似三角形法求解，对 4 种不同工况下的循环性能进行了研究。获得了热源约束下的最佳运行工况和对应的热效率，系统敏感参数的影响规律及不同膨胀机入口温时系统不可逆损失分布，为优化 ORC 系统设计提供了理论指导，相关工作已在该领域知名期刊 Applied Energy 上发表。

（2）相分离概念调控两相流型：针对 ORC 系统中冷凝器这一关键部件存在一二次侧温差小，需要最大可能的强化传热并减小体积的迫切要求，并结合管内冷凝传热形成沿流动方向的厚液膜，导致热阻增加，恶化冷凝传热这一两相传热过程的普遍规律，探索传热与流型协同机理，原创性提出了采用非能动方法调控两相流流型，使流型与传热达到协同，从而实现强化换热的目的。针对冷凝管，采用相分离概念，发明了内分液及外分液冷凝管。以内分液冷凝管为例，即在冷凝管内插入柱状金属网，在毛细力的作用下，液体被自动吸入到金属网内，而气相在管内壁和金属网之间的环形间隙内流动，形成与传统冷凝管气体在中间液体在外侧完全相反的分布，达到了有效调控流型的目的。

针对内分液式冷凝管，开展了空气—水两相流动与无相变传热的实验研究和竖直管两相流动过程的数值模拟研究。实验方面非常直观地观察到了水平和竖直光滑管内在金属丝网作用下，分层流及间隙流等不同流型时的流型调控效果，气体与液体的分区域流动特点、气弹变形及运动特性、液膜厚度大幅减薄以及环隙区域和核心区域内的流体通过网孔面进行强烈的质量与动量的交换并在核心区域产生的自维持脉动流。由于流型与传热协同性的提高，在无相变换热过程中内分液式冷凝管内的换热性能得到了大幅提高。数值模拟方面，基于跨尺度网格系统和界面捕捉方法 - VOF 研究了垂直内分液式冷凝管流型调控机理，发现气弹从光管区域进入环隙区域后，气弹接触面积增加了近 50%，液膜厚度减少了约 70%，这两个因素同时作用，使得气弹处壁面热流密度提高了 5 倍左右；光管区域内的气弹进入环形间隙后气弹上升速度提高了近 180%，环形气弹上升速度的大幅提升将带动环形间隙内的液体速度大幅提高，从而起到减薄液桥处流动边界层的作用，同时将引起环隙区域和核心区域内的流体通过网孔面进行强烈的质量与动量的交换并在核心区域产生自维持脉动流，以上因素均有利于提高设备整体的换热性能。实验与理论的相互验证，证明了相分离概念的正确性及流型调控技术的可行性。

2. 微纳米尺度流动与传热

种子气泡传热概念的提出、原理及技术：相变传热存在 4 大难题：①沸腾起始点过温，导致传热设备的启动烧毁；②流动不稳定性，导致传热设备振动及热应力；③蒸干，导致传热设备的烧毁；④汽泡动力学的随机性、无序性，增加了对相变传热预测、控制的难度。当采用超光滑硅表面制备微通道，液体在微通道内流动时，由于缺少汽化核心，会形成：①亚稳态过热液体流动；② 极高液体过热度下沸腾流动。该团队经过深入研究，提出相间热力学非平衡性是导致上述问题的主要原因。基于此,该团队创新性地提出了种子汽泡传热(seed bubble guided heat transfer)概念,并成功实现此技术,取得突破性进展,解决了沸腾起始点过温和流动不稳定性等问题。其原理为在微通道上表面制备微加热器,在脉冲电压激励下,产生微纳米汽泡,随主流液体向下游流动,当它们与过热液体接触时,过热液体存储的热量通过汽液界面释放出来,形成弹状流的薄液膜传热。调整种子汽泡频率,可控制相间热力学非平衡性,实现对温度、传热量等关键热物理参数的精确控制。种子汽泡传热原理与技术为高新技术中热量传递提供了一种完全新颖的调控原理与方法,可推广应用到其他传热装置(如脉动热管,回路热管等),在高新技术中具有广义推广价值。种子气泡方面的研究引起国内外学者的极大兴趣,被邀在6th Int. Conference on Multiphase Flow, Heat and Mass Transfer, and Energy Conversion (Xian, China), The 5th Int. Topical Team Workshop on Two - phase Systems for Ground and Space Applications (Japan), 2009年工程热物理年会热力学会议及2010年度全国热管会议上作特邀报告,受到高度评价。

3. 太阳能模拟器实验平台设计及相关研究

该实验室围绕太阳能光热发电、光伏发电、光化学反应等研究需求,建立具有国内外先进水平的太阳能模拟器实验平台,模拟不同环境条件下太阳光辐照特性,突破时间、气象及地域条件等对太阳能利用研究的限制。该实验平台耗资220万元,有光学系统、机械系统、控制系统及冷却系统组成。光学系统采用氙灯作为光源,其光谱最接近太阳光,整个系统依据蒙特卡罗光线追踪法进行设计,可实现7个光源的聚光,并通过控制系统调节氙灯的开闭及供电电流,完成辐照的连续自动变化。该实验平台的辐照度峰值高达3 000kW/m^2,热点温度约为2 000K,可用于太阳能光热研究、光电研究、光化学研究和光催化治理环境等多方面研究。太阳能模拟器实验平台,可用于不同太阳能辐照能流密度下,ORC机组的动态响应特性,为实现机组变工况运行的优化控制提供基准数据;获取不同太阳能光照负荷条件下,空气循环体积式接收器的换热特性,为提高吸热器的换热性能提供实验基础;获取不同太阳能光照条件下,蓄热材料的性能。为开发价格低廉、热传导性良好的高温蓄热材料提供基准数据;获取太阳能热发电系统在不同环境条件下的基准数据,为大型数值仿真提供参考,同时,为仿真结果提供实验校验技术手段。

实验条件建设:建成了国际领先的高性能热物理参数综合实验平台。该平台包括多个实验系统,可实现对单相和多相流动与换热过程、有机朗肯发电过程、太阳能热利用过程等多个复杂过程中关键热物理参数的局部及整场测量,为全面深入理解先进能源系统中的热质交换过程及研发新型高效的能量转换装置提供了条件建设。该实验平台的建成极大地提高了学校在新能源与可再生能源以及先进能量转换系统等领域的整体科研条件和基础科学的研究实力,极大地促进了清洁能源与先进能源等学科的建设和发展。实验室在太阳能方面的研究成为学校国家重点实验室研究的一部分。

国际合作与交流:与英国诺丁汉大学严育英教授合作成功申请了国家基金合作交流项目(交流类);与瑞迪皇家理工学院严晋跃教授及比利时列日大学Lemort Vincent教授合作申请了国家自然科学基金重大国际合作项目;与美国卡耐基梅陇大学姚诗训教授在多相流方面有诸多合作等。

成果及学术影响力:实验室围绕优势研究方向的发展,2013共发表SCI论文20余篇,申请国家专利10余项,美国专利1项。2013年申报并获批教育部自然科学一等奖1项(徐进良教授为第一完成人)。实验室学术带头人徐进良教授具有较大的学术影响力,2013年在国内外学术会议上作特邀报告或大会报告5次,担任多个学术杂志的编辑和编委,及9个国家及省部级重点实验室的学术委员会委员,中国能源学会常务理事。

■概况

2013年10月,适应学校大人才战略,徐进良教授解聘可再生能源学院,同时担任能源动力与机械工程学院院长。

2013年,低品位能源多相流与传热北京市重点实验室主任徐进良教授获得教育部"长江学者"特聘教授称号。

2013年,徐进良教授获得国家百千万人才工程,并被授予"有突出贡献中青年专家"荣誉称号。孙东亮副教授获得教育部21世纪优秀人才。

2013年,实验室申请专利10余项,其中包括国际专利1项,获得发明证书专利2项,发表SCI论文十多篇。

2013年,实验室主任徐进良教授为首席科学家承担的科技部"973"项目中期会议成功举办,项目研究进度、取得的研究成果等得到到会专家的高度评价。

2013 年,以华北电力大学为第一承担单位,徐进良教授为第一完成人获得教育自然科学一等奖。

2013 年,实验室新增副教授 1 人。

2013 年,实验室硕士研究生招生人数为 11 人,博士研究生招生人数为 4 人,硕士研究生毕业 7 人。

2013 年,实验室在读博士硕士研究生获得国家奖学金 3 人,获得校级优秀研究生 3 名,校长奖学金 1 人。

(刘广林)

■条目

【徐进良教授担任能动学院院长】10 月,适应学校大人才战略,徐进良教授解聘可再生能源学院,同时担任能源动力与机械工程学院院长。

(刘广林)

【徐进良教授获“长江学者”特聘教授荣誉】2013 年,低品位能源多相流与传热北京市重点实验室主任徐进良教授获教育部“长江学者”特聘教授称号,是华北电力大学第二人获得此称号。

(刘广林)

【科研获奖获得重要突破】以徐进良教授为第一申请人荣获教育部高校科研优秀成果奖自然科学一等奖。

(刘广林)

【百千万人才工程再获突破】2013 年,徐进良教授获得国家百千万人才工程,并被授予“有突出贡献中青年专家”荣誉称号。

(刘广林)

【获得 21 世纪优秀人才】2013 年,实验室孙东亮副教授获得“教育部 21 世纪优秀人才”称号,目前实验室已有两人获得此称号。

(刘广林)

【新增副教授 1 人】2013 年,经华北电力大学第三届学位评定委员会第十四次会议审议,学院通过考核新增陈红霞讲师为副教授。

(刘广林)

【科研成果丰硕】2013 年,该实验室发表论文数量达到 50 余篇;其中发表 SCI 论文数量为 30 余篇。

(刘广林)

【研究生获得多项奖项】该实验室在读博士硕士研究生获得国家奖学金 3 人,获得校级优秀研究生 3 名,校长奖学金 1 人。

(刘广林)

北京市电力信息技术工程研究中心

■概述

北京市电力信息技术工程研究中心全称为“电力信息技术北京市高等学校工程中心,Beijing Higher Institution Engineering Research Center of Electric Information Technology”(简称为“工程中心”),2010 年 3 月经北京市教委核准,在华北电力大学电力信息技术工程中心(成立于 2005 年)基础上成立。工程中心依托华北电力大学建设和管理。工程中心下设电力智能软件技术、电力信息安全技术、发电厂信息技术、智能电网技术、电力 ERP 技术五个研究所。

该中心是国家科技创新体系的重要组成部分,是北京市设立的唯一一所专业从事电力行业信息技术研究和成果推广应用的工程中心,隶属北京市,依托华北电力大学建设和管理,按专业科研机构设立和建设运营,承担大学科研成果转化和市场推广的任务,是大学科研成果产业化、产品化工程平台。

(张晓良)

■概况

2013 年,工程中心各项工作按照既定规划目标顺利开展。科研方面:工程中心承担纵向项目 6 项,横向项目 4 项;2 项科研成果实现了产业化,在国家电网公司实现了推广应用。平台建设方面:凝练了工程中心的研究方向,致力于专业从事电力行业信息技术研究和成果推广应用的工程中心。人才培养方面:2013 年,工程中心团队共有 24 名硕士和 3 名博士顺利毕业。“输变电设备状态全景实时监测与诊断系统”获 2013 年度河北省科技进步二等奖;发表学术论文 23 篇,其中 SCI 2 篇,EI 21 篇;申请专利 2 项,获准发明专利 1 项,申请软件著作权 20 项。

(张晓良)

■条目

【“输变电设备状态全景实时监测与诊断系统”获河北省科技进步二等奖】7 月 29 日,“输变电设备状态全景实时监测与诊断系统”

获河北省科技进步奖二等奖，主要完成单位有：河北省电力公司电力科学研究院，华北电力大学，河北省电力公司。输变电设备状态全景实时监测与诊断系统是工程中心与河北省电力公司合作研发的基于智能电网对输电线路及输变电设备运行状态能观能控及智能自动的应用要求，以具有自主知识产权的电力 WebGIS 平台为基础，通过研究智能电网环境下设备的全景数据模型、电力系统拓扑分析与计算的关键技术、基于图像的三维展示技术、基于 SVG 的实时数据显示技术，最终构建智能电网实时监管及输变电设备状态可视化智能管理平台。

（张晓良）

【“信息安全运维审计系统”项目推广实施】2013 年，“信息安全运维审计系统”在国家电网公司全网范围内统一推广应用，并于 2013 年 10 月 25 日通过国家电网公司的统一验收。该项目是工程中心与北京中电普华信息技术有限公司合作研发的国家电网公司信息化建设的重点项目，该项目通过构建运维操作审计平台实现对内网业务与系统用户的运维操作进行全面的记录与分析管理，确保满足等级保护对安全审计的要求，实现对内部用户违规行为的威慑。该项目，2012 年 8 月通过国家电网公司信通部的科研批复，2012 年 11 月份完成研发并通过集成测试。

（张晓良）

【“移动安全接入平台的研究”项目成果在国家电网公司推广应用】移动安全接入平台的研究是工程中心承担的国家电网公司 2012 年科技项目，项目通过对信息网络安全接入技术的研究，为智能电网各环节业务应用提供安全接入与传输通道，满足国家电网各种业务终端通过各类传输通道的安全接入需求，为构建 SG－ERP 和智能电网主动安全防御体系奠定坚实的基础。项目研究成果的应用将进一步提升国家电网信息网络安全防护强度，全面提高智能电网和 SG－ERP 信息网络的整体安全性。2010 年 9 月，移动安全接入平台通过国家密码管理中心商用密码检测中心的密码检测，同期，平台通过国家信息技术安全研究中心的信息技术安全产品检测。2013 年平台研究成果通过北京中电普华信息技术有限公司在国家电网公司正式推广应用。

（陈　飞）

【“系统舆情追踪挖掘预警管理体系建设项目”顺利通过验收】系统舆情追踪挖掘预警管理体系建设项目在深入分析华北电网信息系统在网络舆情方面存在的安全隐患和风险的基础上，部署和实施一套舆情预警信息与分析平台和一套企业内网智能检索工具管理平台，为华北电网网络舆情工作的开展提供技术支持和安全保障。该项目的主体研究团队是华北电力大学北京市电力信息技术工程研究中心，团队中教授 2 人，博士研究生 5 人，硕士生 10 余人，拥有硬件设施完善的电力软件智能技术实验室，配备有先进的服务器、网络互联设备、网络模拟设备和计算机工作站，可模拟真实环境进行仿真，为验证新的信息化理论和技术提供了良好的实践基础。通过团队的科研攻关，华北电网有限责任公司系统舆情追踪挖掘预警管理体系已经完成研发任务，并于 2012 年 12 月正式上线试运行。2013 年 11 月 13 日系统通过国家电网公司信息系统安全实验室的安全测评，2013 年 12 月 17 日项目顺利通过建设验收。

（张晓良）

【“信息化投资效益评价与考核应用系统”顺利通过验收】根据辽宁省电力有限公司于 2012 年 2 月 17 日下发的《关于下达 2012 年信息化项目研究开发费预算的通知》（辽电财〔2012〕96 号文件），由华北电力大学承担信息化项目“信息化投资效益评价考核应用系统实施”（编号：2012－××20）的组织与实施。2012 年 7 月 2 日，辽宁公司与华北电力大学在沈阳签订合同（编号：JSFW〔2012〕508 号），共同开展项目研发工作。2013 年，项目研发工作进展顺利，并于 4 月 8 日开始为期 6 个月的上线试运行。12 月 11 日，国网辽宁省电力有限公司主持召开了“信息化投资效益评价与考核应用系统实施”项目验收会。国家电网公司信息通信部副主任王继业、北京理工大学软件学院院长曹元大等 7 名专家组成验收委员会，一致认为系统完成了合同规定内容，达到了预期目标，同意通过验收。

（朱亚运）

【对外交流】1 月 6 日，苏州独墅湖高教区管理办公室缪伟奇、孙海峰一行来访并参观交流。会上，工程中心主任吴克河介绍了学校、苏州研究院及北京市电力信息技术工程研究中心的科研情况，相关项目负责人对科研成果进行了汇报，主要有：信息安全运维审计系统关键技术及应用，输变电设备在线诊断与智能管理平台，循环流化床锅炉磨损与防磨技术，太阳能辅助条件下火电厂节能减排关键技术研究等。3月8日，福建亿力电力科技股份有限公司副总工许元斌来访并做交流，许总介绍了福建亿力在输变电设备状态监测、电力GIS基础服务组件、数据安全与数据处理等方面的科研与推广应用情况，并就双方可以开展的合作方向进行了探讨。6月17日，信息安全运维审计项目与北京中电普华信息技术有限公司各业务部门的主任就运维审计系统在国家电网公司的推广与深化应用进行了研讨。会上运维审计项目对运维审计系统的研发与试点应用情况作了汇报，中电普华公司人资部、安全中心、物资部、营销部等各部门结合各自业务应用情况，详细分析了运维操作之外的业务系统的审计需求，为运维审计系统的在国家电网公司的深化应用寻找切入点。12月17日，中国大唐集团科学技术研究院苏发副院长一行4人到工程中心调研交流，双方就电厂数字化移交、区域性无人值守、新能源电力、大数据下的云终端安全等方面进行了深入交流和探讨，希望今后在科研攻关、人才培养等方面加强交流，共同推动我国电力事业进步。

（张晓良）

河北省输变电设备安全防御重点实验室

■概述

河北省输变电设备安全防御重点实验室于2009年正式申报成立，是华北电力大学唯一一所河北省输变电设备研究领域省级重点实验室。实验室以实现校企联合，科技创新，人才培养为宗旨，紧紧围绕国家以及河北省能源电力的科技需求开展工作，主要在电磁环境与电磁兼容耦合机理及测试技术的研究、电气设备状态监测与故障诊断技术的研究、超特高压输变电关键技术的研究等方面进行重点研究。实验室涉及学科包括电气工程一级学科博士点，高电压与绝缘技术、电工理论与新技术、电机与电器3个二级学科博士点和1个电气工程博士后科研流动站。本实验室具有培养博士后、博士、硕士、本科四个层次人才的完善体系。

（耿江海）

■概况

2013年，河北省输变电设备安全防御重点实验室学术委员会主任为中国工程院院士刘尚合教授，实验室主任为律方成教授。实验室现有固定人员37人，其中具有正高级职称13人，副高级职称6人，人员平均年龄36岁，其中67%以上具有博士学位，是一支以中青年学术骨干为主的科研团队，人员素质及结构不断提升，有力支撑了实验室的科研能力。实验室现有科研用房1 318平方米，办公用房647平方米，主要仪器设备131台套，资产总值2 445.5万元。团队拥有国家杰出青年科学基金获得者1人、国家级教学名师1人、全国模范教师1人、国家电网特高压交流试验示范工程特殊贡献专家1人、霍英东青年教师基金获得者2人。近年来，实验室共承担国家杰出青年科学基金项目、国家“973”项目、国家科技支撑计划项目、霍英东青年教师基金项目等纵向课题共24项，承担国家电网公司与中国南方电网公司科技项目共60余项，三年实到科研经费共4 000万元，先后获国家级科技进步二等奖1项，省部级科技进步一等奖3项、二等奖4项、三等奖9项。

该实验室自2011年年底顺利通过了河北省重点实验室的评估后，对实验室今后三年的发展目标进行了相应规划，明确了发展方向。在2013年，实验室在人才培养、项目研究、论文发表、专利申请和实验室的硬件建设等多个方面取得了新的进步，毕业或出站研究生65名，有3名教师获得正高级职称，2名教师获得中级职称；申请获得国家高技术研究与发展计划项目2项，国家自然科学基金项目2项，另外获得河北省自然科学基金项目3项；发表各类论文101篇，其中SCI收录14篇，EI收录53篇，获得省部级科技进步二等奖1项，获得国家发明专利4项，实用新型专利5项；新增人工气候控制柜、局部放电试验装置等设备，实验室科研能力得到逐步提升；另有10人次参加了国内外的学术交流活动。

（耿江海）

■条目

【一项目获河北省科学技术进步二等奖】河北省输变电设备安全防御重点实验室律方成参与完成的“输变电设备状态全景实时监测与诊断系统”科技项目获得2013年度河北省科学技术进步二等奖。

（耿江海）

河北省发电过程仿真与优化控制工程技术研究中心

■概述

2013 年,河北省发电过程仿真与优化控制工程技术研究中心(以下简称“工程中心”)坚持以电力行业为背景,围绕“网络化工业控制系统研究与开发”“火电生产过程建模、仿真与优化控制”“大型火电机组运行优化与节能减排技术研究与应用”“清洁能源发电过程优化运行与控制”等研究方向,积极展开课题研究,与国内外知名科研院所和工程单位密切合作,取得了多项技术突破,创造了良好的社会和经济效益。

2013 年,工程中心的科研工作取得了多项突破性进展,部分研究成果达到国内或国际先进水平。工程中心完成了双轴二次再热超超临界火电机组的实时仿真与控制系统研究,建立了国际上首套该机组的整体模型;设计并实施了该机组的全套控制系统,并制定了运行规程。进一步完善了“基于 B/S 结构的两票培训考核开票专家系统”。该系统以电力企业两票制度和安规制度为基础,为电力企业提供一套集实际开票、安规培训考核、开票培训、实时系统图监测等功能为一体的软件。该系统采用 B/S 结构,利用 J2EE 技术框架进行开发,系统易于升级及管理维护,具有较强的通用性和可扩展性,方便推广,访问方便,可大大提供员工的工作效率。该系统于 12 月 17 日顺利通过了由浙江省能源集团组织的成果鉴定。

2013 年,工程中心与多家相关企事业单位和科研院所合作,发挥各自的优势,实现强强联合。先后与山西平朔煤矸石发电有限责任公司、北京国电智深控制技术有限公司、上海晓舟电子仪表工贸有限公司、惠德时代能源科技(北京)有限公司、山东鲁能控制工程有限公司、国电科学技术研究院等单位在一系列工程研究领域中进行了深入地实质性合作。共同完成了“LN2000 分散控制系统优化”,“基于现场总线的氧量测量仪表”,“Coop7. 0 热工过程优化控制系统”,“1 000MW 火电机组激励式仿真系统”,“超超临界双轴二次再热火电机组激励式仿真系统”等多个工程研究项目和技术课题。

2013 年,工程中心充分发挥资源优势,积极利用基础设施进行对外服务,开放了火电机组仿真系统等仪器设备对外进行研究和技术培训工作。工程中心本年度还承担了华北电力大学自动化系卓越工程师培养基地的建设任务。该基地提供了丰富的实验内容,旨在培养和锻炼学生的工程实践能力。其实验项目覆盖了培养过程的大部分专业技术课程,包括自动控制理论、过程控制、电子技术基础、计算机控制技术与系统等。“卓越计划”试点班同学生产实践环节的大部分时间也将在该基地度过。

(董　泽)

■ 概况

主任:韩璞

2012 年,河北省发电过程仿真与优化控制工程技术研究中心现拥有固定人员 53 人,其中教授 17 人,教授 17 人,高级工程师 1 人。工程试验用房面积 1 350 平方米,办公用房面积 670 平方米。中心拥有“600MW 超临界火电机组仿真系统”“1 000MW 超超临界火电机组仿真系统”“STS7 激励式仿真支撑系统”等先进设备,仪器设备总值达到 3 235 万元。本年度工程中心承担和完成科研项目 40 余项,实到研究经费 1 000 余万元。中心积极推动科技成果的转化与应用,本年度为相关企业创造经济效益上亿元。发表论文和出版专著 30 余篇,获得自主知识产权 7 项,成果转化与应用 5 项。当年入学研究生 71 人,当年毕业研究生 64 人。主办交流会议 1 次。工程中心充分利用自身的设备进行高级技术人才的培养工作,本年度共有 1 000 余人次在工程中心参加技术培训。

(董　泽)

■ 条目

【嵌入式优化控制单元在大唐王滩电厂投用】2013 年,河北省发电过程仿真与优化控制工程技术研究中心开发了“基于先进算法的新型控制优化系统”。该系统在分散控制系统研究成果的基础上,对传统的系统结构进行了扩展。一方面,为系统增加了新的自定义模块的添加方法,使得用户可以将自己对控制系统的设计思路实现,并与原系统无差异地拼装在一起,从而为优化控制算法在 DCS 中应用创造了条件;另一方面,加大了系统的开放程度,将 DCS 工程师站上的运行数据以简便快捷的方式传送至监控管理层电脑,减少了信息的中间环节,在提高数据安全性的同时,降低了系统的投资和维护费用。该系统于2013年7月在大唐王滩电厂投入使用。系统的投入极大地改善了生产现场控制系统的品质,为企业创造了显著的经济效益。

(董　泽)

【基于B/S结构的“两票”智能开票管理系统通过技术鉴定】12月17日,由工程中心研发的基于B/S结构的“两票”智能开票管理系统顺利统通过了由浙江省能源集团组织的成果鉴定,得到了与会专家的高度评价,鉴定结论为:国际先进、国内领先。基于B/S结构的“两票”智能开票管理系统是一套旨在智能管理和规范电厂开票任务的集团型管理系统,具有跨平台性好、执行效率高等优点。基于JMS、Lucene、Hibernate、Struts2成熟框架及各种相关技术进行设计,立足于专家系统,创新性地提出整合系统图、SIS、短信平台等诸多厂级系统资源,实现了电厂开票任务的智能定制、智能管理、智能学习和智能规范。系统目前已经得到浙能集团和中电投集团的高度认可,并计划在接下来的一年进行集团推广,经济价值和社会效益显著。

(董　泽)

【基于激励式仿真系统的DCS培训考核系统开发成功】该项目在虚拟DCS技术的基础上,连接不同DCS厂家的组态环境,模拟多家DCS的组态及操作界面,以利于热控人员在仿真机上能够进行DCS的组态、调试、自动参数整定等知识和技能培训过程的规范化和流程化。

该项目于2013年10月完成并验收。项目编制了《热控人员DCS控制与仿真一体化培训技术条件书》以及用于热控仿真与培训的典型题目。按照本项目的操作步骤能够使具有一定基础的热控人员快速掌握一种DCS的组态与操作技术,并在热控的保护、程控、协调控制等方面逐步具备本项目中所规定的入门、初级、中级、高级技术水平。该项目所开发的热控仿真与操作功能与现场设备具有高度的仿真度,能够达到逻辑校验与验证的效果。

(董　泽)

【卓越工程师实验基地投入使用】2013年,由河北省发电过程仿真与优化控制工程技术研究中心承担建设任务的华北电力大学自动化系卓越工程师培养基地投入使用。该培养基地采用了工程中心的多项技术成果,包括CAE2000计算机辅助工程系统、分散控制系统设计与应用技术、激励式火电机组仿真系统以及600MW超临界火电机组模型等。该中心还为该基地设计了专门的物理被控对象及信号接口设备,从而使得实验过程更具工程实践特色。该培养基地的建成和使用,将对于促进自动化专业面向社会需求培养人才,全面提高工程技术人才的培养质量具有重要的示范和引导作用。

(董　泽)

【北京信息科技大学自动化学院来校考察】9月13日,由北京信息科技大学自动化学院副院长陈雯柏博士带队一行12人来校自动化系就“卓越工程师计划”进行考察与交流。自动化系“自动化专业卓越工程师培养计划”是由工程中心主任韩璞教授制定的,现在已经实施两年,取得了初步的成效。该培养计划根据过去课程体系与教学中存在的“课程体系陈旧;各门课程内容划分的太细,甚至因人设课;授课学时太多”等诸多问题,对过去的课程体系进行了改革。其指导思想是:按自动化学科体系内容培养学生;打破传统课程体系和讲课模式;合并“相似”的专业基础和专业课;压缩授课学时,把减下来的学时用于实践教学;增加撰写毕业论文环节,体现学生所具有的专业水平。会后,韩璞教授受邀于10月份到北京信息科技大学作学术报告。

(董　泽)

【韩璞教授当选华北电力大学第二届教学名师】经自动化系推荐,校园网上公开评审,教学督导组和部分学生组成的教学展示评审团评审,韩璞教授当选为华北电力大学第二届教学名师。本届教学名师共有5人。韩璞教授的获奖理由是:“真诚、宽容、睿智、知性、进取”是他的人格魅力;“高尚的师德、高超的学识水平和科研能力”是他的品德和智慧;“千方百计的激发兴趣,恰到好处的设计问题,潜移默化的分层激励,讲故事般的传授知识”是他三十多年来教师生涯的追求目标并形成的教学风格;“灵活的教学方式、幽默的授课语言、课堂就是训练学生思维的乐园”是学生们都非常喜欢上他课的原因。他把科研积累起来的学术知识都融入了“自动化专业培养方案”的制定、“课程群”体系和“卓越工程师计划”课程体系的建设以及课堂教学中。

(董　泽)

【韩璞教授继任2013—2017年教育部高等学校自动化类专业教学指导委员会委员】经学校推荐,教育部批准，韩璞教授继任 2013—2017 年教育部高等学校自动化类专业教学指导委员会委员。自成立教指委以来，韩璞教授已连续三届担任该委员会委员。

（董　泽）

【**韩璞教授在广西大学作学术报告**】6 月 4 日，应广西大学副校长韦化教授邀请，韩璞教授为广西大学电气工程学院的教师与研究生作了题为“自动控制理论与自动化技术的发展及应用”的学术报告。报告由韦化副校长主持，并介绍了韩璞教授及其科研团队的情况和主要研究成果。韩璞教授就控制理论与自动化技术的发展脉络及其应用作了全面分析和介绍，并对当前对自动控制理论的需求进行了前瞻和点评，指出当前大学里普遍存在过于强调理论基础，而忽略理论与工程实际相结合的问题。韩璞教授强调：“大学生要注重对概念的理解，追究理论的来源，探索计算机普遍应用的年代给控制理论带来的颠覆性的变化”。最后韩教授同在座师生进行互动交流。

（董　泽）

【**韩璞教授在上海电力学院作学术报告**】12 月 3 日，应上海电力学院副校长张浩教授的邀请，韩璞教授为上海电力学院自动化学院的教师与研究生作了题为“自动控制理论与自动化技术的发展及应用”的学术报告。报告由张浩副校长主持。这次报告是韩璞教授今年 6 月 4 日在广西大学报告的继续，韩璞教授表示：“我们生活在四维空间里，因此，我们在考虑工程应用的理论知识体系时一定要加入‘时间’，这样才能理解计算机（数字化）时代下的控制理论新体系”。

（董　泽）

【**韩璞教授在东北电力大学作学术报告**】12 月 23 日，应东北电力大学副校长王建国教授的邀请，韩璞教授为东北电力大学自动化学院的教师与研究生作了题为“数字仿真在自动控制理论与自动化技术中的应用”的学术报告。报告由副校长王建国主持，并介绍了韩璞教授及其科研团队的情况和主要研究成果。韩璞教授就数字仿真时代下的控制理论体系进行了详尽的分析，并指出“在数字计算机普遍应用的今天，数字仿真已经完全代替经典的微分方程数值解。因此，在今天，数字仿真（数值解）和参数优化已经成为自动控制理论的数学工具，必须抛弃经典控制理论中的某些陈旧的控制系统分析方法”。韩璞教授应邀还介绍了数字仿真机的发展过程及其应用方面的问题。这次报告长达两个小时，会后，与会者表示“韩璞教授的报告为我们提供了全新的思想，为我们今后的教学与科研都有启迪”。

（董　泽）

【**韩璞教授在北京信息科技大学作学术报告**】12 月 23 日，韩璞教授应北京信息科技大学自动化学院院长刘小河教授邀请，为自动化学院师生作了题为“树立工程教育的理念、培养工程创新人才”的学术报告。在长达 4 个小时的报告里，韩璞教授就中国高校的教学、师资现状以及自动化专业的理论体系、工程技术等问题做了详细的阐述，受到与会师生的高度赞扬。

（董　泽）

北京能源发展研究基地

■概述

北京能源发展研究基地（以下简称能源基地）是全国首家开展能源决策研究的省部级哲学社会科学研究基地，于 2006 年 11 月 1 日经北京市教育委员会和北京市哲学社会科学规划办公室批准在华北电力大学设立，并于 2007 年 1 月 26 日正式挂牌。能源基地成立以来，秉持“聚能会源、咨政立言”的理念，聚集国内外能源专家，以国家和北京市能源发展重大理论和能源决策研究为中心，与国务院和北京市政府能源管理部门及相关部门紧密配合，为国家和北京市制定能源战略、能源规划、能源政策和能源法规提供理论研究成果和专家智力支持，逐步建成以科学研究、学术队伍建设、条件平台建设为重点，集科研、咨询、教学和培训于一体的能源科研机构。

能源基地的建设总目标，即通过敏锐把握国内外能源发展趋势和决策动向，运用能源决策及管理的前沿工具，前瞻性预研国家和北京市能源发展中亟待解决的重大问题，为政府能源管理部门及其决策提供智力支持，逐步建成具有学术原创力和特色竞争力能源决策智库。具体开展以下领域的研究工作：

一是国家和北京市“十二五”能源规划研究。具体包括：能源安全问题研究、能源需求研究、新能源发展研究、能源、资源与环境协调发展研究、能源运输与基础设施研究、新能源产业化问题研究、煤炭清洁利用研究、电网智能化问题研究。

二是北京市新能源发展战略研究。具体包括北京市建设新能源研究开发中心研究、北京市建设新能源示范应用中心研究、北京市建设新能源高端制造中心研究、北京市建设新能源中心国内政策法规研究、北京市建设新能源中心国际经验借鉴研究等。

三是国家能源政策与立法研究。依托学校能源法学等学科优势，开展能源政策、立法、体制研究。

四是能源经济与管理研究。依托学校电力技术经济等学科优势，开展煤电产业链协调规划研究、能源产业风险管理研究、电力产业节能减排研究。

2013 年，能源基地目标完成情况如下。

（一）学术成果

2013 年，能源基地获得各类纵向项目资助共计 25 项，其中，国家级 3 项，省部级 22 项；各类纵向项目结题共计 12 项，其中，国家级 4 项，省部级 8 项；新签横向合同 35 项；获得优秀成果奖励 23 项，其中，省部级以上奖励 9 项；发表能源类学术论文共计 202 篇，其中 SSCI 检索论文 12 篇，EI 期刊检索论文 33 篇，SCI 检索论文 12 篇，CSSCI 检索论文 21 篇；已经出版能源类学术专/编著 15 部。

（二）二期验收

能源基地在学校的大力支持以及精心准备下，被市教委、市社科规划办再次验收为优秀研究基地。

（三）学术委员会调整

进入第三期建设后，能源基地对学术委员会进行了调整，邀请了著名能源经济学家、厦门大学林伯强教授、北京市发改委能源处处长高新宇担任学术委员。

（四）工作简报

2013 年，能源基地注重对学术活动、研究成果的及时总结和反映，定期编制《北京能源发展研究基地工作简报》和《北京能源发展研究基地决策咨询报告》，并由基地主任签发，向市教委、市社科规划办、学校领导、学校职能部门负责人以及学院领导报送信息，建立起准确、畅通、高效的信息渠道。

2013 年，能源基地共编制《北京能源发展研究基地工作简报》14 期、《北京能源发展研究基地决策咨询报告》5 期。通过这些简报和报告，能源基地向上级准确反映了基地工作的信息、动态，同时也使主管领导部门及时了解基地工作情况，便于进行指导。

（五）学术论丛

能源基地第二期建设中进行课题预研的 4 个研究方向为：“绿色北京”建设重大课题预研，北京市“建设新能源中心”重大课题预研，国家和北京市“十二五”能源规划重大课题预研，能源政策与立法、能源经济与管理、能源安全及能源教育等重大课题预研。

根据学术委员会会议确定的选题方向，基地主任和首席专家精心挑选、组建了相应的写作团队，充分利用这次学术著作的撰写，同时能够达到锻炼学术队伍、加强学术建设的目的。能源基地第二期建设学术论丛（共 5 册）于 2013 年 9 月由中国电力出版社正式出版发行，作为基地第二期建设学术成果的集中体现，也代表了基地在学术研究方面的较高水平。

（六）队伍建设

能源基地以研究队伍建设为核心，通过整合研究资源、加强学术梯队建设等多项措施，为形成结构合理的研究队伍、有着良好学术修养的骨干学术人才奠定了基础，也为高水平科研项目的取得奠定了基础。

2013 年 9 月，为增强能源基地学术原创力和特色竞争力，经主任办公会商议，能源基地聘任了 3 名研究员，分别是：樊良树、刘敦楠、丁晓雯。这些研究员的加入将在能源基地这个跨院系的科研平台上，继续强化经管学院和人文学院在能源领域的特色研究，不断加强两个学院的深入交流与合作，支持基地在第三期建设中实现跨越式发展。

同时，能源基地充分发挥基地和人文学院两个平台的优势，“院基结合”，把基地的建设和学院学科建设紧密结合，鼓励人文学院专业教师积极参与基地建设和项目研究。

（七）国际交流

2013 年，能源基地积极推动国际合作与交流，聘请了西澳大利亚大学马春波副教授、新南威尔士大学 Chung - Li Tseng 副教授担任兼职研究员。派出研究员张素芳教授出席“东亚能源峰会”并作主题发言。邀请了新加坡国立大学能源研究所首席研究员 Philip Andrews - Speed 教授访问基地并组织了 2 场学术沙龙。并与西班牙 Sun to Market Solutions 公司开展了科研合作洽谈。

（沈　磊）

■概况

2013 年，能源基地有高级专家 9 人，专职和兼职研究人员 38 人，与基地建立科研协作关系的研究人员 28 人，初步形成了一支由能源领域专家、教授、博士、研究生组成，勇于开拓，善于创新，能打硬仗的科研团队。

2013年，能源基地获得各类纵向项目资助共计25项，其中，国家级3项，省部级22项；各类纵向项目结题共计12项，其中，国家级4项，省部级8项；新签横向合同35项；获得优秀成果奖励23项，其中，省部级以上奖励9项；发表能源类学术论文共计202篇，其中SSCI检索论文12篇，EI期刊检索论文33篇，SCI检索论文12篇，CSSCI检索论文21篇；已经出版能源类学术专/编著15部。

2013年，能源基地共编制《北京能源发展研究基地工作简报》14期、《北京能源发展研究基地决策咨询报告》5期。

（沈　磊）

■条目

【北京能源发展研究基地再次获评优秀】2月，北京能源发展研究基地顺利通过市教委、市社科规划办验收，再次获评北京市优秀研究基地。

（梅　霄）

【王伟担任能源基地主任】3月，经学校与学院充分酝酿，决定由人文与社会科学学院副院长王伟担任能源基地主任。

（梅　霄）

【调整学术委员会】5月，能源基地对学术委员会进行了调整，邀请了著名能源经济学家、厦门大学林伯强教授、北京市发改委能源处高新宇处长担任学术委员。

（梅　霄）

【研究员夏珑博士专著出版】6月，基地研究员夏珑博士的专著《善治理念下的中国电力管理体制改革研究》一书由河北大学出版社出版，并且该书的研究成果得到中国电力企业联合会的采纳。

（沈　磊）

【研究员王学棉教授编著出版】8月，基地研究员、华北电力大学电力立法研究中心主任王学棉教授组织电力企业相关实务专家共同策划编选的《地方电力法规规章选编》一书由中国电力出版社公开出版发行，该书系中国第一部地方电力法规规章选编。

（沈　磊）

【研究员李美成教授指导的学生作品获奖】8月9日，“力诺瑞特杯”第六届全国大学生节能减排社会实践与科技竞赛在上海交通大学正式落下帷幕。在本届大赛中，由能源基地研究员、华北电力大学可再生能源学院李美成教授指导、可再生能源学院刘慧等七名本科生组成团队共同完成的学生作品《分布式电源并网发展前景调查研究——以北京市分布式光伏发电并网为例》荣获二等奖。

（沈　磊）

【第二期学术论丛出版】9月1日，由能源基地组织编写的第二期《北京能源发展研究基地学术论丛》由中国电力出版社正式出版发行。该学术论丛是能源基地在第二期（2010—2012年）建设中，组织相关专家和研究人员围绕国家和北京市能源发展重大问题进行深入研究后，将研究成果整理而成，是对能源基地第二期建设学术研究水平的集中总结和汇报成果之一。

（刘梦怡）

【研究员张素芳教授出席东亚能源峰会】9月8日至10日，能源基地研究员张素芳教授受邀出席由美国能源部与文莱能源部联合主办、文莱能源研究所承办的“并网太阳能光伏项目政策、固定上网电价框架及最佳做法国际研讨会”，并作主题发言，文莱能源部聘请张素芳教授为该国可再生能源政策专家组顾问。

（刘梦怡）

【Philip Andrews－Speed教授访问能源基地】9月17日，应能源基地主任王伟的邀请，新加坡国立大学能源研究所首席研究员、能源安全研究部主任Philip Andrews－Speed教授来访，并作题为“Unconventional Gas：Technical Issues and Experience from America，Asia and Europe”（非常规天然气：技术问题及美洲、亚洲与欧洲的经验）的学术报告。

（刘梦怡）

【研究员曾鸣教授的研究成果获张高丽副总理批示】10月，能源基地研究员曾鸣教授的决策咨询研究成果《大湄公河次区域电力资源开发统筹协调力度需进一步加大》被国家审计署采纳，并作为《重要信息要目》第65号文件上报国务院，获得张高丽副总理的批示。张高丽副总理要求国家能源局据此认真研究，制定对策措施，并稳妥落实。

（黄　珂）

【首席专家谭忠富教授的研究成果获通辽市市长批示】11月，能源基地首席专家谭忠富教授的课题研究成果《通辽煤电铝一体化产业园电价机制研究》被内蒙古自治区通辽市电业局报送至通辽市人民政府，获得通辽市市长胡达古拉的批示。胡达古拉市长认为,该课题研究对通辽市煤电铝产业循环发展、风火电资源优化配置、风电资源消纳等方面提出了很有意义的政策建议,值得推广应用。

(黄　珂)

【马春波博士访问能源基地】11月5日,应能源基地主任王伟的邀请,西澳大利亚大学(UWA)环境经济和政策研究中心副教授马春波博士访问能源基地,并受邀担任能源基地兼职研究员。

(刘梦怡)

【主办“新型城镇化过程中的产业转型”主题学术沙龙活动】11月26日,能源基地主办以“新型城镇化过程中的产业转型”为主题的学术沙龙活动,邀请了北京邮电大学经济管理学院张永泽副教授作为主讲人,能源基地部分教师和研究生代表20余人参加活动。

(刘梦怡)

【Chung - Li Tseng 博士访问能源基地】12月4日,应能源基地首席专家谭忠富教授的邀请,澳大利亚新南威尔士大学商学院副教授Chung - Li Tseng博士前来访问基地,并作主题为“Clean Technology Adoption under Uncertain Climate Policies: Tradable Permits vs. Carbon Tax”的讲座,同时受邀担任能源基地兼职研究员。

(刘梦怡)

【与西班牙 Sun to Market Solutions (S2m)公司举行合作洽谈】12月10日,西班牙 Sun to Market Solutions (S2m)公司中国区经理Cayetano Hernández(叶问)先生访问能源基地并举行了合作洽谈会。

(刘梦怡)

□合作交流和对外联络

COOPERATION, EXCHANGE AND FOREIGN CONNECTIONS

○综　　述

2013 年,华北电力大学在引智工作、学生国际交流工作、孔子学院工作、国际科研合作、上合大学工作等多方面工作取得突破。本年度新增“能源与环境系统分析及工程应用”高等学校学科创新引智计划(简称“111 计划”)项目,使学校在电气、能动、自动化和能源与环境 4 学科都有了“111”引智基地。学生出国(境)交流工作进一步拓展,启动了硕士研究生层面的交流互换和联合培养。举办了 2 项大型国际学生交流活动。成功举办加拿大里贾纳大学“沈括计划”暨我校研究生国际学术交流活动和美国西肯塔基大学交响乐团音乐会。西肯塔基大学孔子学院被评为优秀孔子学院,至此,学校在海外的 2 所孔子学院均获得过“优秀孔子学院”殊荣;学校派往泰国的对外汉语教师商静受到李克强总理接见。“新能源电力系统国际科技合作基地”获得科技部的认定国家级国际科技合作基地。上海合作组织大学工作取得实质性进展。学校作为上海合作组织大学能源学科牵头大学,主持召开了中方大学年度工作会议,并选派了硕士研究生参加上合大学联合培养项目。

2013 年,华北电力大学作为主要发起单位成立了中国第一个综合性省级能源协会——北京能源协会,并成为副会长单位。学校与中国大唐集团洽谈重大科技合作,拟在高效清洁燃煤发电技术等重点领域,共同开展对行业发展有引领意义的科技项目研发、成果转化、人才培养等。山东省委常委、济南市委书记王敏访问学校,校地双方共建华北电力大学济南研究院,推动山东半岛能源电力工业的创新发展。学校与大型企业以及地方政府开展了更为广泛的合作与交流,扩充了企业战略合作伙伴,扩大了战略合作平台的影响力。学校与苏州太谷科技共建苏州科技园,与英利集团签订战略合作协议,与保定供电公司共建校外实践教育基地,与华电卓识测评中心共建信息安全工程实验室。学校积极创新校地合作模式与机制,搭建更为广阔的校地合作平台。学校与新疆生产建设兵团、山东济南、江苏南京等地方政府开展战略合作与联络。学校能源电力智库建设成绩喜人,与英大传媒集团签署战略合作协议,共办能源大讲堂,合作开展战略性、前瞻性和综合性研究,为中国能源电力发展建言献策,为学校“文科振兴计划”提供强有力支持。

2013 年,华北电力大学理事会工作取得重要成果:第二届理事会在北京正式成立。为了建立全行业支持华北电力大学的格局、更好地促进华北电力大学的发展,经华北电力大学和第一届理事长单位国家电网公司提议,并经相关单位协商一致同意,本届理事会对机构进行了调整、对章程进行了修改。七大电力央企和中电联成为华北电力大学理事会成员单位。中国电力企业联合会理事长、国家电网公司董事长、党组书记刘振亚连任大学理事长。基于落实国家和教育部关于高校理事会建设的最新精神、总结理事会工作中涌现的新经验与新做法、进一步完善和规范理事会履行职能的制度和机制等基本思路,本届理事会对机构和章程进行了修改,重点明确了理事会组织机制、议事咨询机制、理事的变更机制等问题,推进运行机制制度化和常态化,修改后共 6 章 22 条。理事单位由原来的 7 家增至 9 家。在原有国家电网公司、中国南方电网公司、中国华能集团公司、中国大唐集团公司、中国华电集团公司、中国国电集团公司、中国电力投资集团公司等七家理事单位的基础上增加中国电力企业联合会、华北电力大学为新一届理事会成员单位。理事会成员由成员单位的主要领导、七大电力央企人力资源部负责人以及相关负责人担任。本届理事会理事共 19 人,理事长由中电联理事长兼任,副理事长由各理事单位任中电联副理事长的领导兼任,秘书长由中电联秘书长兼任。理事会秘书处由挂靠国家电网公司,改为挂靠中电联。增加了理事会秘书处的职能:“执行理事会的决定,与理事单位保持联系、沟通情况,处理理事会日常事务。”副秘书长由中电联和华北电力大学各选派一人担任。形成了电力行业平台上,重点电力企业共同协商议事的机制。为更好保证理事会的稳定运行,理事会每届任期由三年改为五年;每年理事会全体会议与中电联理事长会议同期召开;理事可以连任,理事在届内因工作变动等原因需要变更的,由理事单位继任者担任。进一步明确了华北电力大学在理事会中的义务。主要内容有:理事会工作由学校主要领导分管;将理事会工作列入学校重要议事日程和工作计划；加强与理事单位的校企合作等。

2013年，华北电力大学校友联络工作围绕学校的中心工作和发展大局，坚持“三个有利于”的原则，充分发挥校友会“一家一桥一平台”的作用，努力做好“三个服务”，锐意进取，开拓创新，在组织建设、校友联谊、校友奖助金、校企合作、平台建设等方面开展工作。时值学校55周年华诞，校友联络工作以此为契机邀请多位校友返校参加活动，增进交流，为以后的校友工作奠定了良好的基础。

2013年，华北电力大学基金会工作采取有效措施，募集资金额度持续增加，各项工作取得可喜成果。2013年，基金会以北京市民政局评估为契机，从健全组织机构、完善规章制度、规范工作流程、加大宣传力度、主动信息公开等全方位加强了基金会的基础建设，为基金会步入快速发展的快车道做好了充分准备。

国际合作与交流　港澳台工作

■概述

2013 年,华北电力大学在引智工作、学生国际交流工作、孔子学院工作、国际科研合作、上合大学工作等多方面工作取得突破。

2013 年,外专引智工作迈上新台阶,成为学校提升学科水平的重要途径之一。本年度新增“能源与环境系统分析及工程应用”高等学校学科创新引智计划(简称“111 计划”)项目,使学校在电气、能动、自动化和能源与环境 4 学科都有了“111”引智基地。

2013 年,学生出国(境)交流工作进一步拓展,启动了硕士研究生层面的交流互换和联合培养。举办了 2 项大型国际学生交流活动。成功举办加拿大里贾纳大学“沈括计划”暨我校研究生国际学术交流活动和美国西肯塔基大学交响乐团音乐会。

2013 年,孔子学院工作再获佳绩。西肯塔基大学孔子学院被评为优秀孔子学院,至此,学校在海外的 2 所孔子学院均获得过“优秀孔子学院”殊荣;学校派往泰国的对外汉语教师商静受到李克强总理接见。

2013 年,国际科技合作平台取得突破。“新能源电力系统国际科技合作基地”获得科技部的认定国家级国际科技合作基地。

2013 年,上海合作组织大学工作取得实质性进展。学校作为上海合作组织大学能源学科牵头大学,主持召开了中方大学年度工作会议,并选派了硕士研究生参加上合大学联合培养项目。

(李　博)

■概况

2013 年,来校进行学术交流访问的各类短期外国专家共 203 人次,由包括高端外国专家项目 2 项,教育部海外名师项目 3 项,教育部学校特色项目 3 项,国家外专局外专聘请单位重点项目 68 项等项目支持。

2013 年,学校与美国、加拿大、日本、澳大利亚、韩国、埃及、芬兰、德国、苏丹、越南等国家高校新签合作协议 14 项;累计已与 15 个国家和地区 59 所大学建立了国际交流合作关系;本年度出国(境)交流学生 103 人,其中获得国家留学基金委优秀本科生资助项目 7 项,13 人获全额资助,比去年增加了 155%。

2013 年,学校与台湾高校的交流取得新进展。本年度派出 18 人赴台交流;开展 1 项台湾学生夏令营活动。

2013 年,北京校部先后聘请长期外籍教师 29 人,主要承担学校控制与计算机学院、电气与电子工程学院的科研和相关教学工作以及英语专业学生的英语课程、“2 + 2”联合培养学生的英语和法语课程,和面向本科生的英语和韩语选修课的教学工作。

2013 年,学校共接待外事来访 58 人次。

2013 年,学校共完成 82 个因公出国境团组,共计 177 人次的因公出国境手续办理工作,其中台湾 5 团 12 人。

2013 年,学校完成北京市外办因公出国境自查报告、完成教育部因公出国境工作查摆报告。

2013 年,学校获得国家留学基金委教师出国研修项目资助出国教师 22 人。

2013 年,学校获得国家留学基金委博士生导师短期出国交流项目 3 人。

2013 年,学校获得国家留学基金委教育行政管理人员出国研修项目 3 人。

2013 年,学校获得教育部“中德学者短期合作交流项目”2 人。

2013 年,学校按期举办 2 项国际会议,既“APEC 光伏屋顶校园推广路径及其协调发展模式国际会议”与“IET2013 第二届可再生能源电力生产国际会议”。

(李　博)

■条目

【美国纽约州立大学 New Paltz 分校专家来访】1 月 8 日至 17 日,美国纽约州立大学 New Paltz 分校计算机学院李克勤教授来访进行学术交流。访问期间,李克勤教授介绍了国际上异构分布式系统的任务调度的新技术、新挑战。介绍了美国当前在高效能计算发展的一些侧重问题、发展战略以及相关政策。同时,也重点同实验室学生讨论和交流了分布式高效能计算中当前的主要研究热点、所采用的理论支撑方法以及目前已应用的工业应用前沿技术。李克勤教授还就目前纽约州立大学的硕士、博士研究生的研究方向和培养方式等进行了交流,并与项目组成员讨论了分布式高效能计算领域有待解决的更为深层次的技术难点及解决方法。

(李　博)

【海外名师项目英国斯莱斯克莱德大学专家来访】3月，海外名师项目英国斯莱斯克莱德大学David Infield教授来校开展交流与合作，计划开展“用于测试状态监测系统可靠性的风电机组仿真模型”的研究，给本科生进行了专业英语阅读（风电）课程的讲授，为学校新能源电力系统国家重点实验室的师生作了题为“Wind Energy Research at Strathclyde”的学术报告。

（李　博）

【高端外国专家项目瑞典专家来访】3月10日至26日，瑞典皇家工程科学院院士、瑞典麦拉达伦大学Erik Dahlquist教授来访，为“生物质发电成套设备国家工程实验室”的师生作了生物质资源和国内外生物质资源的利用情况的相关讲座。

（李　博）

【英国University of Hull大学专家来访】3月17日至4月2日，英国University of Hull的Meihong Wang博士来校与相关项目组进行学术交流和沟通。访问期间Meihong Wang博士介绍了国际能源领域的新技术、新挑战，英国能源发展的战略及政策，二氧化碳捕捉和存储领域的主要理论和相应前沿技术；介绍了University of Hull和Cranfield University学校风力发电领域的研究工作；University of Hull大学工程学院在过程控制及CCS博士培养的研究方向等；并与项目组成员座谈，与国内能源领域的科研院所进行交流。

（李　博）

【台湾科技大学交换生项目】3月，学校可再生能源学院高琳越和姚亦章、保定校区科技学院张佳茜3名学生参加台湾科技大学交换生项目，进行一学期的交换学习。

（李　博）

【台湾暨南国际大学交换生项目】3月，学校经济与管理学院陈静怡和潘昕昕，电气与电子工程学院余弦和陈亦骏，可再生能源学院刘梦颖等5名学生赴台湾暨南国际大学进行一学期的交换学习。

（李　博）

【台湾台南大学交换生项目】3月，经济与管理学院史馨萍赴该校进行一学期的交换学习。

（李　博）

【马来西亚马来亚大学交换生项目】3月，经济与管理学院孔丽娜、蔡萧容、胡晶晶，能源动力与机械工程学院朱一鸣，外国语学院韦雨舟和陈丹彤参加该项目，进行一学期的交换。

（李　博）

【英国纽卡斯尔大学交换生项目】3月，电气与电子工程学院郇凯翔参加该项目，进行一学期的交换。

（李　博）

【学校特色项目澳大利亚莫那什大学专家来访】4月至5月，澳大利亚莫那什大学苏錡教授来校工作，参与了超高压电力电缆绝缘状态监测和故障严重程度判定、局部放电定位、FRA法在线监测变压器绕组变形等科研项目的具体工作。苏錡教授以扎实的理论功底和丰富的实践经验，对推进变压器FRA技术研究起到了学术引领作用，同时协助李成榕教授系统发展了基于局部放电多参数的综合判别方法，拓展了电缆击穿前绝缘缺陷发展过程的基础研究内容，前瞻性地启动了海底长电缆局部放电测量技术的可行性研究。苏錡教授根据自己在工程实践和理论研究方面积累的丰富经验，直接参与到电缆局部放电的试验研究全过程中，建立了评估电缆绝缘状态的物理模型以及预警机制，极大地提高了学校在电缆状态检修方面的研究水平。

（李　博）

【学校特色项目挪威奥斯陆大学专家来访】4月，挪威奥斯陆大学地球科学系Chongyu Xu教授应邀来校开展合作研究，双方在变化环境下水文研究和水文模拟的关键技术方面进行了深入探讨，并共同确立了基于随机微分方程的水文模拟技术的前沿性研究课题。Chongyu Xu教授在学校开展了“变化环境下水文研究和水文模拟的几个关键问题”的主题讲座。此外，Chongyu Xu教授还随同资源与环境研究院项目研究人员一起赴湖北省武汉市参与了资源与环境研究院承担的国家自然科学基金委重大项目课题的研究进展交流，赴宜昌市兴山县指导了水文气象监测平台的建立和维护工作，并在北京参与清华大学倪广恒教授研究团队的学术交流活动。

（李　博）

【加拿大里贾纳大学专家来访】4月19日至27日，加拿大里贾纳大学校长助理David Malloy来校参加“2013年中国农村贫困与社会发展论坛”，作了主题为“贫困有伦理内涵吗?”的演讲，并且和人文学院的师生探讨了包括贫困与精神力量、工作伦理、伦理的意义、幸福、本体论与人格等方面的问题。

（李　博）

【加拿大西安大略大学专家来访】4月20日至23日，应核科学与工程学院邀请，加拿大西安大略大学(University of Western Ontario) Jngsook Clara Wren 教授来校访问。Jngsook Clara Wren 教授作题为"Radiation Induced Chemistry and Materials Research for Nuclear Reactor Safety"的学术报告，重点介绍了其课题组开展的关于核辐射条件下材料腐蚀方面的研究。

(李　博)

【英国 Manchester 大学专家来访】4月25日，英国 Manchester 大学王忠东教授来校访问，期间举办了研究讲座，为高电压与绝缘技术研究所的全体师生作纳米绝缘油专题研究报告，并与青年教师和研究生充分交流。协助李庆民教授指导博士生、硕士生开展课题研究，并组织实施纳米绝缘油的研究工作。

(李　博)

【美国西肯塔基大学交响乐团来华演出】5月，由80人组成的美国西肯塔基大学交响乐团赴中国开展了2013年中国之旅音乐演出活动。期间，由56名西肯塔基大学师生组成的交响乐团在华北电力大学北京校部、北京语言大学、河北大学和华北电力大学保定校区进行了四场演出，此次活动为期2周。6 000余名中国师生和社区人士观看了此次音乐会演出。除西肯塔基大学师生外，24名西肯塔基大学校友和交响乐团演出学生的家长也参加了此次活动。

(李　博)

【学校特色项目加拿大专家来访】5月，加拿大安大略省环境部 Jinliang Liu 教授应邀来校开展合作研究。作为加拿大安大略省环境部 EMRB 空气质量监测与跨国界传播科学部门气候变化首席科学顾问，Jinliang Liu 教授与学校资源与环境研究院的师生进行了学术研讨，并举行了主题为"High－Resolution Regional Climate Change Modelling over Ontario and the Great Lake Basin in North American"的学术讲座。同时，双方确定在气候变化下湿地生态系统辨识、极高分辨率未来气候预估和极高分辨率未来水文过程模拟方面开展深入合作研究。此外，双方还确定了联合培养硕士、博士研究生的初步计划。

(李　博)

【学校特色项目加拿大约克大学专家来访】5月，加拿大约克大学地球与空间科学系 Jianzhong Li 教授应邀来校开展合作研究。Jianzhong Li 教授与学校资源与环境研究院的师生进行了学术研讨，双方确定了开展气候变化对社会经济的影响研究的前沿性研究课题。同时，Jianzhong Li 教授还对参与国家自然科学基金委重大项目之课题的项目组成员给予了指导。此外，Jianzhong Li 教授还对资源与环境研究院郝振达的硕士学位论文给予了指导，对阳艾利、胡情和索梅芹的博士生预答辩给予了意见和建议。

(李　博)

【学校特色项目美国辛辛那提大学专家来访】5月，美国辛辛那提大学规划学院 Xinhao Wang 教授应邀来校开展合作研究。Xinhao Wang 教授与学校资源与环境研究院的师生进行了学术研讨，双方计划在土地利用与水、气、土地资源的相关分析，水量水质模型开发与应用与流域规划管理方面开展深入合作与研究。Xinhao Wang 教授为师生作题为"A Scenario－Based Planning Support System (SB－PSS) for Adaptation to Climate and Socioeconomic Changes"的学术讲座，结合城市规划和系统方法的基础知识，综合考虑自然环境、社会环境和人造环境，重点探讨了应对气候和社会经济变化的场景规划支持系统以及中国城市规划面临的机遇与挑战。Xinhao Wang 教授还参观了学校"区域能源系统优化"教育部重点实验室，为该实验室的建设提出了有价值的建议和意见。

(李　博)

【日本法政大学专家来访】5月1日至8日，日本法政大学 Hosei University 马建华教授来校进行学术交流和沟通。访问期间，马建华教授介绍了国际上智能环境、普适计算和智慧物联网方面的新技术、新挑战。介绍了日本国内当前在智慧物联网发展方面的一些研究侧重问题、发展战略以及相关政策。同时，也重点同实验室学生讨论和交流了智能物联网中当前的主要研究热点、所采用的理论支撑方法以及目前已应用的工业应用前沿技术，并与学校师生交流了日本法政大学的目前在物联网学科建设方面的一些经验等，并与项目组成员座谈，讨论有待解决的更为深层次的技术难点及解决方法。

(李　博)

【美国得克萨斯大学奥斯汀分校专家来访】5月15日，美国得克萨斯大学奥斯汀分校 Mary Jo Kirisits 副教授来校访问，为可再生能源学院的研究生作了学术报告，深入讲解了得克萨斯州在雨水收集技术、利用等情况，展示了国际发达国家在解决水资源利用——雨水收集过程的相关技术。Kirisits 副教授还参观了学校生物质发电成套设备国家工程实验室、水质监测实验室以及相关的分析平台。通过此次交流,双方为未来开展水资源利用和水处理工艺等相关研究提供了交流机会和平台。双方还深入交流了未来的合作方向。

(李 博)

【美国亚利桑那州立大学专家来访】5 月 18 日至 25 日,美国亚利桑那州立大学 Peter Lehman 教授来访,为外国语学院的师生作了三场电影欣赏方面的讲座。双方还就合作出版中文版 Lehman 教授著作 < Scared run: masculinity > 事宜与北京世界图书出版社进行了商谈。

(李 博)

【美国 University of Connecticut 专家来访】5 月 20 日至 6 月 3 日,美国 University of Connecticut Peter B. Luh 教授来访。主要就国际上有关专业领域的最新研究方向、研究热点问题相互交流,指导解决在产学研合作研究中遇到的一些难题,讨论合作研究的具体细节问题。Peter B. Luh 教授访问期间还帮助指导青年教师的学术职业生涯规划和设计,指导青年教师如何做好科研工作,如何作出高水平的研究成果。

(李 博)

【美国俄亥俄州立大学徐隆亚教授来访】5 月 21 日至 27 日,美国俄亥俄州立大学工程学院终身教授徐隆亚教授到学校保定校区进行学术访问。徐隆亚,中央“千人计划”兼职人选(每年在中国电科院工作 2 个月),IEEE Fellow。来访期间,徐教授作了题为“Low Voltage Ride Through of Doubly Fed Induction Generator (DFIG) Wind Turbines”的学术讲座,参观了保定校区新能源电力系统国家重点实验室并与系领导及新能源实验室负责人进行学术研讨座谈,针对新能源电力系统国家重点实验室承担的项目“用于新能源汽车的高效宽调速永磁电机新结构机理研究”进行理论指导,对相关的技术难题与新能源实验室负责人进行了详细地探讨。

(李 博)

【美国俄亥俄州立大学专家来访】5 月 27 至 29 日,美国俄亥俄州立大学李叶波副教授来访“生物质发电成套设备国家工程实验室”,为实验室师生进行了生物沼气、微藻和生物质热解气化三方面的讲座;指导师生开展生物质基础热解实验工作以及理论计算工作,并给师生详细介绍了英文论文的撰写方法和 SCI 论文的投稿技巧等。

(李 博)

【美国 Research Center of BGP Houston office 专家来访】5 月 30 日,美国 Research Center of BGP Houston office 的 Runwei Cheng 博士来访,就遗传算法应用于大规模电动汽车充电设施规划布局项目展开全面合作研究。主要围绕着国家自然科学基金项目“城市公共区域电动汽车充、换电站混合规划建模及其优化方法研究”,详细讨论了项目的研究内容、年度规划和可能的创新点。

(李 博)

【海外名师项目美国德州大学专家来访】6 月 9 日至 7 月 13 日和 12 月 17 日至 31 日,美国得州大学李伟仁教授来校进行学术交流访问。期间李伟仁教授与学校电力系统及其自动化、风力发电等方向的相关研究人员就风电与并网领域方面的研究进行了深入交流,并协助学校“新能源技术经济研究中心”建设。

(李 博)

【波兰工业大学专家来访】6 月至 7 月,波兰工业大学 Ngoc Thanh Nguyen 教授来校参加由华北电力大学承担的智能电网中分布式能源的优化集成与发展机制研究项目的工作,期间进行了广泛的学术交流并且顺利完成了课题研究和指导工作。

(李 博)

【澳大利亚 Victoria 大学专家来访】6 月 2 日至 13 日和 9 月 18 日至 26 日,澳大利亚 Victoria 大学 Peng Shi 教授,来校进行学术交流,主要工作内容包括:①学术讲座:随机系统估计与控制;②指导研究生写作学术论文;③指导研究生如何在国际会议上作学术报告。

(李 博)

【英国斯特莱斯克莱德大学徐烈博士来访】6 月 5 日至 7 日,斯特莱斯克莱德大学徐烈博士应邀访问学校保定校区,并作题为“Wind energy and power electronics research at University of Strathclyde”的学术讲座,并与学校师生进行学术交流。徐烈博士主要研究领域为电力电子技术在电力系统中的应用、大型风电场并网技术、分布式发电控制技术等。

(李 博)

【美国卡内基·梅隆大学专家来访】6 月 8 日,美国卡内基·梅隆大学 Shi - Chune Yao 教授来校进行为期一周的访问,主要为学校能源动力与机械工程学院进行教学和科研指导;访问期间,Yao 教授还介绍了美国卡内基·梅隆大学等美国学校在教学、科研方面的规则和制度,并作题为"micro - channel two - phase flow and heat transfer"的学术报告。

(李 博)

【美国贝勒大学电气与计算机工程系 Kwang Y Lee 教授来访】6 月 25 日,美国贝勒大学电气与计算机工程系主任 IEEE Fellow,Kwang Y Lee 教授应邀访问学校保定校区,并作题为"Challenges in Electric Power Generation: Large - Scale Power Plants, Distributed Generation, and Renewable Energy Sources"的学术讲座,通过讲座,与会师生对智能系统及电力能源系统应用有了更加深刻地理解。

(李 博)

【美国内华达大学拉斯维加斯分校(UNLV)专家来访】6 月 21 日,美国内华达大学拉斯维加斯分校(UNLV)机械工程系的马健副教授受邀访问并作学术报告。马健博士结合当前加速器驱动的次临界系统(ADS)中的 LBE 散裂中子靶以及铅冷快堆中的液态金属腐蚀问题,系统介绍了材料测试试验回路、热工实验、液态金属凝固与熔化循环、CFD 计算模拟、系统控制、氧浓度控制以及氧浓度传感器等方面的研究成果,并就师生所关心的问题作了详细解答。

(李 博)

【加拿大 Dalhousie 大学教授来访】6 月 22 日至 7 月 9 日,加拿大 Dalhousie 大学 Yajun Pan 教授应邀来校进行了学术访问与交流。访问期间,Pan 教授在控制与计算机工程学院作了"基于能量的时域被动控制及其在双边远程操作机器小车的应用"的讲座,并与学校教师和研究生就基于能量的时域被动控制理论与方法在能源电力行业的应用、高水平论文的写作及发表、研究生培养及科研项目合作等问题进行了广泛、深入的交流和探讨。

(李 博)

【英国 University of Strathclyde 专家来访】6 月 26 日到 7 月 12 日,英国 University of Strathclyde Hong Yue 教授来访,并作题为"最优实验设计及其在复杂生化网络建模中的应用"的学术报告,另外就随机系统控制、风电系统控制及风电入网的问题作了讲座和讨论,并就如何进行科研工作,如何进行科技论文写作和参加学术会议作报告对研究生进行了指导。

(李 博)

【日本早稻田大学专家来访】早稻田大学理工学院院长山川宏教授、国际信息与通信研究生院院长佐藤拓朗教授于 6 月 28 日至 30 日来校进行学术交流,并代表日本早稻田大学理工学院(Faculty of Science and Engineering, Waseda University, Japan)与学校电气与电子工程学院进行了合作会谈。

(李 博)

【美国佐治亚理工学院专家来访】7 月 2 日至 8 月 1 日,美国亚特兰大佐治亚理工学院(Georgia Institute of Technology)计算机科学学院教授、软件部主席(John P. Imlay, Jr. Chair in Software)、计算机系统实验研究中心(Center of Experimental Research in Computer Systems,CERCS)主任、IEEE 高级会员 Calton Pu 教授来校访问,并与计算机工程学院相关项目组进行学术交流和沟通。访问期间 Calton 教授介绍了国际上当前非常热点的大数据(Big Data)研究问题的新理论、新技术、新挑战。介绍了美国当前在大数据研究发展的一些侧重问题、发展战略以及相关政策。同时,也重点同课题组负责人、课题组其他一些老师以及实验室学生讨论和交流了大数据理论方法与电力数据结合,即电力大数据的主要研究热点、所采用的理论支撑方法以及目前已应用的工业应用前沿技术。和大家交流了目前佐治亚理工学院的硕士、博士研究生的研究方向和培养方式等;并与项目组成员座谈。也帮助课题负责人对已经撰写好的论文进行修改,提出宝贵意见。

(李 博)

【美国普渡大学专家来访】7 月 8 日至 15 日,美国普渡大学 Bryan Hubbard 教授来访,并为工程管理专业学生开设讲座"智能电网施工管理",指导工程管理专业研究生和青年教授论文写作,期间,参观了张家口风电项目。

(李 博)

【澳大利亚悉尼科技大学专家来访】7 月 9 日至 12 日,澳大利亚悉尼科技大学电气、机械和机电系统学院院长,国际计算电磁学学会理事,朱建国教授应邀来访,并作题为"CEMPE Research on Green Energy and Smart Micro Grid Technologies"的学术报告。朱教授在新型电机设计和软磁材料的二维和三维磁特性的测量和模拟等方面的研究处于国际领先水平。

（李　博）

【英国谢菲尔德大学专家来访】7月18日至8月17日，英国谢菲尔德大学 Qingchang Zhong 教授来校进行学术交流。主要工作内容包括：①学术讲座：新能源接入智能电网的关键技术；②指导研究生写作学术论文；③指导研究生如何在国际会议上作学术报告。

（李　博）

【德国马普复杂体系物理研究所专家来访】7月23日至31日，德国马普复杂体系物理研究所 Victor Kimberg 博士来访，并与相关课题组成员交流了其所承担的理论分析工作的具体情况，并与本课题组承担的理论推导部分进行了结合分析；还介绍了在德国汉堡同步辐射中心进行的相关的实验研究工作，并与本课题组成员探讨了所进行的实验工作与本课题的理论工作之间的结合性；最后，双方对后续研究工作的方向和领域以及具体分工情况进行了深入探讨，并明确了后续的研究计划。为了保证后续合作研究的有效性以及研究计划的可行性，双方决定将继续利用各种形式加强合作，Kimberg 博士还邀请学校研究人员在适当时候到德国马普复杂体系物理研究所进行访学研究。

（李　博）

【美国 University of Central Florida 专家来访】7月27日，美国 University of Central Florida（韩德广）Deguang Han 教授开始对华北电力大学进行为期15天的访问。访问期间与数理学院教师针对群框架表示乘子进行了刻画研究，并开始了小波框架乘子刻画的新的方面的研究工作。

（李　博）

【墨西哥国立理工大学专家来访】7月31日，墨西哥国立理工大学终身教授，自动控制系副主任 Wen Yu 教授来校，并就新能源电力生产过程的全局优化控制与学校展开全面合作研究。主要围绕着国家自然科学基金项目“城市公共区域电动汽车充、换电站混合规划建模及其优化方法研究”，详细讨论了项目的研究内容、年度规划和可能的创新点。

（李　博）

【高端外国专家项目瑞典专家来访】8月5日至9日，瑞典皇家工程科学院院士、瑞典麦拉达伦大学 Erik Dahlquist 教授再次来访“生物质发电成套设备国家工程实验室”，为实验室师生进行了生物质高效热解转化方面的讲座，另外指导实验室师生开展生物质选择性热解制备高值化学品的研究工作以及生物质选择性热解装置的研制工作。

（李　博）

【加拿大专家来访】8月25日至9月6日，加拿大萨斯喀彻温省电力公司的 Zewei Yu 博士来校进行合作研究与科研指导工作，协助课题组顺利开展三峡水库调度条件下水生态环境系统脆弱性分析与风险评估技术研究。

（李　博）

【日本早稻田大学专家来访】8月26至28日，日本早稻田大学国际信息与通信研究生院院长佐藤拓朗教授来访，重点参观智能交通、智能防灾、智能城市等多个物联网应用项目，就物联网应用、扶持政策、知识产权、市场推广、校企合作等问题与电气学院教师进行了深入探讨与交流，为今后在物联网方面开展科研合作奠定了基础。

（李　博）

【与加拿大萨斯喀彻温电力公司和里贾纳大学签署三方合作协议】8月26日，加拿大萨斯喀彻温电力公司副总裁 Mike Monea 和国际事务部余经理以及加拿大里贾纳大学副校长 David Malloy 一行来访。学校副校长杨勇平会见了加拿大客人一行。三方签署了合作协议，根据协议，三方将努力促进各方研究机构及人员的合作研究，积极探讨在电力企业能源、环境、清洁能源、气候变化、污染物减排以及碳捕集、利用和封存等领域的互利合作。

（李　博）

【台湾科技大学交换生项目】8月，学校人文与社会科学学院王若谷和外国语学院陈凤麟参加台湾科技大学交换生项目项目，进行一学期的交换学习。

（李　博）

【台湾暨南国际大学交换生项目】8月，学校人文与社会科学学院赵奕凯，控制与计算机工程学院吴梓川，经济与管理学院杨雪和吴小旭等4名学生赴台湾暨南国际大学进行一学期的交换学习。

（李　博）

【台湾台南大学交换生项目】8月，学校经济与管理学院黄慧敏赴台湾台南大学进行一学期的交换学习。

（李　博）

【韩国淑明女子大学交换生项目】8月，学校人文与社会科学学院杜苗和侯青云参加韩国淑明女子大学交换生项目，进行一学期的交换学习。

（李　博）

【上合大学联合硕士研究生项目】 8月，学校5名硕士研究生获中俄两国政府资助参加上合大学联合硕士研究生项目，赴莫斯科动力学院交流学习。他们是能源动力与机械工程学院曹阳、薛晓迪、顾颜，电气与电子工程学院邹志龙以及可再生能源学院何海洋。

（李　博）

【国家留学基金委优秀本科生资助项目】 8月，学校获国家留学基金委优秀本科生资助项目7项，13人获全额资助。能源动力与机械工程学院李凯旋赴延世大学进行为期一年的交换学习。能源动力与机械工程学院王冬骁赴澳大利亚纽卡斯大学进行为期一年的交换学习。能源动力与机械工程学院李创和冯俞楷赴西班牙马德里理工大学进行为期一年的交换学习。电气与电子工程学院郑立鑫和李庆庆，能源动力与机械工程学院王子玉，控制与计算机工程学院朱东阳和王书扬赴美国伊利诺伊理工大学进行为期一年的交换学习。可再生能源学院章迪，能源动力与机械工程学院张一迪和戴玉坤，控制与计算机工程学院陈思桥赴美国密歇根大学进行为期一年的交换学习。

（李　博）

【美国普渡大学交换生项目】 8月，能源动力与机械工程学院李锦和保定校区控制与计算机工程学院陈侠参加美国普渡大学交换项目，进行一学年的交换。

（李　博）

【美国密歇根大学交换生项目】 8月，学校核科学与工程学院蔡睿男和控制与计算机工程学院解昊晗参加美国密歇根大学交换生项目，进行一学年的交换。

（李　博）

【美国加州大学伯克利分校交流项目】 8月，学校经济与管理学院马迪，保定校区控制与计算机工程学院李晨曦，保定校区经济与管理学院白佳奇和科技学院李安琪参加美国加州大学伯克利分校交流项目，进行为期一年的学习。

（李　博）

【美国加州大学河滨分校交流项目】 8月，学校经济与管理学院关予馨参加美国加州大学河滨分校交流项目。进行为期一年的学习。

（李　博）

【加拿大渥太华大学交流项目】 8月，控制与计算机工程学院孙心林参加加拿大渥太华大学交流项目，进行为期一年的学习。

（李　博）

【加拿大里贾纳大学交流项目】 8月，学校可再生能源学院陈学琨和马赛男参加了该项目，进行为期一年的学习。

（李　博）

【英国 University of Manchester 专家来访】 9月，英国 University of Manchester Hong Wang 教授来校进行学术交流，就输出分布控制中建模和控制问题进行深入讨论，就输出分布控制中出现的建模基函数选择，控制过程中出现的欠驱动问题进行深入讨论。

（李　博）

【以色列理工大学专家来访】 9月1日至24日，以色列理工大学 Daniel L · Zelazo 副教授来校进行学术访问，并作了题为“Cycles in Consensus Networks: Performance and Design”的学术报告，就多智能体领域最前沿研究方向—多智能体网络的性能和设计与师生进行了深入交流。Daniel L · Zelazo 博士在访问期间还为硕士生开设了“多智能体系统的分析与控制”专题系列讲座。

（李　博）

【加拿大 Victoria 大学专家来访】 9月4日，澳大利亚 The University of Adelaide 的 Eric Jing Hu 教授对学校进行为期15天的访问，对太阳能与多能源互补在澳大利亚的发展前进及目前的发展现状进行了详细的介绍，并对学校相关课题组目前承担的科研项目太阳能热与常规燃料互补发电技术中，相关的运行模式，调节方法，流程优化中的关键参数设置，模拟方式进行了讨论提出了中肯的意见和建议。此外，Eric Jing Hu 还协助对文章“Performance evaluation of solar aided feedwater heating of coal - fired power generation（SAF-HCPG） system under different operating conditions”及“槽式太阳集热器传热与流动性能研究”进行了审阅，目前这两篇论文已被 Applied Energy 和太阳能学报录用。

（李　博）

【英国伯恩茅斯大学代表团来访】 9月9日，英国伯恩茅斯大学副校长 Matthew Bennett、研究生院院长张甜甜以及国际合作处处长 Alastair Morrison 一行来校洽谈合作，副校长杨勇平、人文学院院长苑英科、国际合作处副处长徐玲玲以及人文学院部分教师参加了会谈。双方希望通过开展多种形式的合作交流,实现两校资源共享互补,促进共同发展。英国伯恩茅斯大学副校长希望两校尽快签署合作备忘录,开展教师科研、本科生交换,博士生联合培养等合作交流,英方为博士生学习提供奖学金。会上 Matthew Bennett 还向杨勇平递交了聘请学校人文学院胡光宇教授为伯恩茅斯大学客座教师的邀请函。

(李　博)

【加拿大专家来访】9 月 14 日至 30 日,加拿大环境部气候变化适应性和影响研究中心的 Adam Fenech 博士来校进行合作研究与科研指导工作,并为课题组研究人员进行多次讲座,助课题组开发三峡水库支流区变化水文水动力学条件下藻类生长模拟技术,为探索三峡水库优化调度条件下水华控制技术提供技术支持。

(李　博)

【日本东北大学等专家来访】9 月 16 日至 20 日,日本东北大学白鸟则郎 Norio Shiratori 教授、宫城大学宫西洋太郎(MiyanishiYohtaro)教授、早稻田大学浦野義頼(UranoYoshiyori)教授来访,并进行了以下工作:①举办研究讲座,介绍绿色网络管理技术领域的最新进展及研究成果。②介绍国际学术交流的相关情况及早稻田大学的申请程序和教学、科研环境。③与华北电力大学相关科研团队合作研究,共同组织研讨与实验,合作撰写论文。

(李　博)

【澳大利亚阿德雷德大学电力电子工程系专家来访】9 月 20 日至 28 日,澳大利亚阿德雷德大学电力电子工程系 Soong Wen Liang 副教授应邀来访,就“关于内置式永磁同步电机的研究过程和成果”进行交流,以促进双方进一步合作。Soong 副教授的研究方向是永久磁阻电动机驱动、可再生能源技术、电力电子、磁轴系统。

(李　博)

【海外名师项目美国南密西西比大学专家来访】10 月 13 日至 26 日,美国南密西西比大学 Surgei Nazarenko 教授来访,与学校可再生能源学院相关领域的教师就高分子材料在能源相关领域的应用 Polymeric materials for energy related applications 领域的合作研究问题进行了进一步探讨和详细计划;SurgeiNazarenko 教授还为师生举行了以“Development of Advanced Polymeric Materials for Mass Transport and Energy Related Applications”和“Photopolymerized PEG - based Membranes for CO_2 Separation”为主题的系列讲座。

(李　博)

【悉尼大学副校长 Archie Johnston 一行来访】10 月 21 日,悉尼大学副校长、工程与信息技术学部部长 Archie Johnston 和电气信息工程学院院长董朝阳来访,副校长安连锁等人与代表团进行了会谈。安连锁指出学校与欧洲、美国、澳大利亚等国家的多所高校建立了合作关系。希望两校尽快建立合作关系,加强科研、师资、学生等多层次的交流与联系。Archie Johnston 希望今后与华北电力大学在优势学科领域建立合作关系。双方还探讨了“2 + 2”联合培养、“3 + 1”本科生交换、“3 + 2”本硕连读、博士生联合培养等项目。将进一步讨论并逐步开展这些合作项目。

(李　博)

【加拿大专家来访】10 月,加拿大萨斯喀彻温省环境部的高级环境科学家 Imran Maqsood 博士来校进行合作研究与科研指导工作,并协助课题组通过对水利工程群风险的传递、跳跃、耦合及其时空累积效应的研究,建立能够综合反映频率分析与水文模拟不确定性以及变化环境所带来影响的工程水文设计风险分析方法。

(李　博)

【加拿大专家来访】10 月,加拿大不列颠哥伦比亚省研究理事会的高级工程师 Lianrong Chen 博士来校进行合作研究与科研指导工作,协助课题组成员基于北京市固体废物系统辨识、不确定性分析,建立不确定性条件下城市固体废物产生量随机模拟模型,研究基于模糊模拟的城市固体废物系统风险分析方法。

(李　博)

【加拿大专家来访】10 月,加拿大不列颠哥伦比亚省水利管理局的高级工程师 Yazhen Chen 博士来校进行合作研究与科研指导工作,协助课题组通过对水利工程群风险的传递、跳跃、耦合及其时空累积效应的研究,建立能够综合反映频率分析与水文模拟不确定性以及变化环境所带来影响的工程水文设计风险分析方法。

(李　博)

【挪威奥斯陆大学专家来访】10 月,挪威奥斯陆大学的教授 Chongyu Xu 博士来校进行合作研究与科研指导工作,协助课题组成员将不确定性区域气候模型和分布式降雨径流模型的成功耦合。

(李　博)

【澳大利亚阿德莱德大学专家来访】10月12日至21日，澳大利亚阿德莱德大学 George Zillante 教授来校开展学术研究和交流工作，和学校经管学院商讨签订了华北电力大学 – 阿德莱德大学“中澳可持续研究所”China – Australia Sustainability Research Unit（CASRU）（该所已于2013年9月获得阿德莱德大学校长批准）运作的具体安排。

（李 博）

【澳大利亚南澳大利亚大学专家来访】10月15日至21日，澳大利亚南澳大利亚大学高级讲师 Jian Zuo 博士来校开展学术研究和交流工作。以“Lessons Learnt from the South – to – North Water diversion Mega Project in China”论文为例指导研究生英文论文写作要领及注意事项；指导了华北电力大学管理科学与工程学科博士、硕士研究生的研究选题、开题及研究工作，提升了研究生国际化研究视野。借鉴澳大利亚等发达国家经验，对中国风电产业发展研究提出建议；商讨“我国风电产业链动态建模及其柔性问题研究”等课题成果；征询对学校工程管理专业及管理科学与工程学科建设意见。

（李 博）

【英国 University of Warwick Coventry 专家来访】10月14日至26日，英国 University of Warwick Coventry Jihong Wang 教授来访，主要就国际上电力系统建模，控制与监测，包括大型发电厂的建模与控制，高效节能的执行器和系统，非线性系统控制理论与工业应用等有关专业领域的最新研究方向、研究热点问题相互交流，指导解决在研究中遇到的一些难题，讨论合作研究的具体细节问题。

（李 博）

【韩国 Yeungnam University 专家来访】11月1日至15日，韩国 Yeungnam UniversitySukGye Lee 教授和 Yanyan Dai 博士来访，以学术报告、讨论班等灵活多样的形式，向学校学生介绍多机器人协调、机器人系统同时定位与建图等领域的国际研究热点和前沿问题，此外还将通过演示实验、与合作者共同指导研究生的方式展开合作研究。

（李 博）

【美国 New Jersey Institute of Technology 专家来访】11月3日至8日，美国 New Jersey Institute of TechnologyMengchu Zhou 教授来访，主要就控制与计算机工程学院新设物联网专业国际上本专业领域的最新研究方向、研究热点问题相互交流，指导解决在产学研合作研究中遇到的一些难题，讨论合作研究的具体细节问题。Mengchu Zhou 教授还面向控制与计算机工程学院青年教师和博士硕士研究生，围绕物联网专业的国际最新进展和应用前景举行题为“Internet of Things：Recent Progress and Applications”的专题讲座。

（李 博）

【孔子学院志愿者选拔】11月，蒙象涛等2位同学顺利通过考试成为孔子学院志愿者。

（李 博）

【加拿大专家来访】11月，加拿大安大略省环境厅的高级研究员 John Liu 博士来访，协助课题组成员开发一个基于塔里木河源区降水径流过程特征的分布式水文模型，实现对冰川融水径流和融雪径流的联合预报。运用模糊与随机等分析手段研究塔里木河源区多种气候、水文和下垫面因子的不确定性，建立不确定性分布式降水径流模型，实现水文模拟不确定性的定量分析，提高径流预测与流域管理的科学性。

（李 博）

【英国克兰菲尔德大学专家来访】11月14日至18日，英国克兰菲尔德大学 John Oakey 教授和 Edward JohnAnthony 博士来校进行学术访问。两位教授受邀为研究生作主题报告，并介绍了英国克兰菲尔德大学的基本情况以及他们团队的研究领域（CCS，燃气轮机，海洋能，太阳能等）；讲解英国以及整个欧洲的能源概况，着重介绍了可再生能源如风能、海洋能、太阳能、核能等的利用现状，鼓励与会学生致力于新能源的研究；还做了有关 CO_2 减排的报告，介绍目前 CO_2 捕捉、运输以及存储的主要方法，并提出了新材料开发在 CCS 研究上的必要性。

（李 博）

【英国 University of Strathclyde 专家来访】12月2日至5日，英国 University of Strathclyde 的 Julian Feucht 博士来访，同学校控制与计算机学院教师就基于 SCADA 数据的风电机组状态监测和欧洲海上风力发电技术发展进行了深入交流。

（李 博）

【刘吉臻校长会见 IEEE 电力与能源协会当选主席 Miroslav M. Begovic 教授一行】12月5日，刘吉臻校长会见了当选主席 Miroslav

M. Begovic、秘书长 Patrick Ryan、IEEE 中国代表处首席代表华宁和项目经理王岚。参加会见的还有国际合作处处长刘永前、电气与电子工程学院常务副院长李庚银、副院长李庆民、能源动力与机械工程学院副院长杜小泽、可再生学院副院长姚建曦和控制与计算机学院副院长房方。经过讨论,双方同意从三个方面加强合作。第一,成立 IEEE PES 华北电力大学学生分会,鼓励华北电力大学师生参加 IEEE PES 各种学术活动;第二,联合举办电力与能源领域的国际性会议;第三,请华北电力大学教师参加 IEEE PES 期刊的编辑和审稿工作。

(李　博)

校企合作

■概述

2013 年,华北电力大学深入学习党的十八届三中全会精神,以国家教育体制改革试点为重要抓手,在人才培养、科学研究、社会服务等方面全面引领学校的校企(地)合作工作,取得丰硕成果。

2013 年,华北电力大学作为主要发起单位成立了中国第一个综合性省级能源协会——北京能源协会,并成为副会长单位。学校在能源行业领域已发挥重要作用,进一步提升了学校的社会影响力。

2013 年,华北电力大学校企(地)重大合作取得重要进展。学校与中国大唐集团洽谈重大科技合作,拟在高效清洁燃煤发电技术等重点领域,共同开展对行业发展有引领意义的科技项目研发、成果转化、人才培养等。山东省委常委、济南市委书记王敏访问学校,校地双方共建华北电力大学济南研究院,推动山东半岛能源电力工业的创新发展。

2013 年,华北电力大学与大型企业以及地方政府开展了更为广泛的合作与交流,扩充了企业战略合作伙伴,扩大了战略合作平台的影响力。学校与苏州太谷科技共建苏州科技园,与英利集团签订战略合作协议,与保定供电公司共建校外实践教育基地,与华电卓识测评中心共建信息安全工程实验室。

2013 年,华北电力大学积极创新校地合作模式与机制,搭建更为广阔的校地合作平台。学校与新疆生产建设兵团、山东济南、江苏南京等地方政府开展战略合作与联络。

2013 年,华北电力大学能源电力智库建设成绩喜人。学校与英大传媒集团签署战略合作协议,共办能源大讲堂,合作开展战略性、前瞻性和综合性研究,为中国能源电力发展建言献策,为学校“文科振兴计划”提供强有力支持。

(吴良器)

■概况

2013 年,华北电力大学校企(地)合作通过搭建平台与企业及地方政府签署战略合作协议 6 项,达成合作意向 5 项;共建校外实践基地 3 个,成立行业协会 1 个,共建联合实验室 1 个,共建科技园 1 个,争取企业奖学金 2 项。

(吴良器)

■条目

【山东省委常委、济南市委书记王敏来访】4 月 12 日,中共山东省委常委、济南市委书记王敏一行访问学校。学校校长刘吉臻与王敏书记进行会谈,双方共同出席了华北电力大学—济南高新区管委会战略合作框架协议签约仪式。上午 8 时 30 分,华北电力大学—济南高新区管委会战略合作框架协议签约仪式在主楼 D929 举行。参加仪式的来宾有:中共山东省委常委、济南市委书记王敏,中共济南市委常委、副市长苏树伟,中共济南市委常委、市委秘书长杨峰,济南市人民政府副秘书长孙义洪,济南市发改委主任王宏志,济南高新区管委会副主任吕建涛,济南市发改委副主任张军,济南高新区管委会驻京办相关人员。学校校长刘吉臻,副校长安连锁、杨勇平,校办、校企合作办、科研院、财务处、电气与电子工程学院等部门、院系主要负责人,参加仪式。刘吉臻在致辞中简要介绍了学校的发展历程及办学现状。他指出,近年来,特别是划转教育部管理以后,在能源电力行业的支持下,伴随着中国能源电力行业的快速发展,华北电力大学包括学科建设、人才队伍、科学研究等在内的综合实力,有了跨越式的发展。学校构建了“以传统优势学科为基础,以新兴能源学科为重点,以文理学科为支撑”的“大电力”特色学科体系。在继续做大做强传统优势学科的前提下,学校重视新兴能源学科的发展,筹建国内首个风能动力专业,组建全国首家可再生能源学院,成立“核科学与工程学院”,成为国内能够培养核能技术与管理人才的五所高校之一。学校重视科学研究,将其作为提升科技水平、服务国家能源发展对科技创新需求的重要抓手。学校科研总量持续增长,2012 年,学校科研经费总量达到 5.67 亿元,其中很大一部分源自学校与企业、地方开展的合作。当前,学校在特高压电网、智能电网、新能源、大型火力发电、节能环保等领域,有一批富有竞争力的研究点,并取得了一些标志性的成果。学校积极推进国家创新平台建设,生物质发电成套设备国家工程实验室、火力发电国家工程技术研究中心、新能源电力系统国家重点实验室先后获批建设,其中,在生物质发电成套设备国家工程实验室的建设过程中,学校与包括济南锅炉集团公司在内的单位共建,开展了富有成效的合作。学校重视与地方开展协同创新合作,与新疆、内蒙古、青海以及河北保定、北京昌平、江苏苏州等地方政府结成战略合作伙伴,在新能源、智能电网及节能环保等领域,围绕地方政府重点产业、重大项目开展合作,共同致力于区域经济的创新发展。王敏书记在讲话中指出,华北电力大学与济南高新区管委会签署战略合作框架协议,共同设立研究机构,体现了华北电力大学服务地方经济发展的社会责任感,也体现了华北电力大学在能源电力领域的远见卓识,对济南市而言,此次签约,则可以在大力提升济南市在能源电力领域的科研水平的同时,带动济南相关产业的技术发展与快速提升,进而为促进济南市的经济发展作出贡献。济南市委、市政府将全力支持华北电力大学与济南高新区管委会的合作,在政策扶持、规划管理、配套服务等层面,积极做好协助、配合等各项工作。希望通过双方的共同努力,为双方的发展、为中国能源电力的发展,起到积极的推动作用。也希望今后双方能够在更多领域进一步开展深层次的合作。仪式上,济南高新区管委会副主任吕建涛与学校副校长安连锁签订《华北电力大学－济南高新区管委会战略合作框架协议》。签约仪式后,王敏书记一行在刘吉臻、杨勇平的陪同下参观了学校新能源电力系统国家重点实验室。

(吴良器)

【参加保定市校企合作项目签约】为全面加强高校与企业之间的合作,促进企业的产业、资源、市场优势与高校的教育、科研、人才优势的有效对接,6 月 24 日上午,由保定市政府主办的保定市校企合作项目签约暨校企对接恳谈沙龙启动仪式在电谷锦江开幕。保定市人大主任宋文、常务副市长赵常福、农工委书记王惠欣、副市长闫立英,学校副校长王增平、校长助理律方成、科学技术研究院、校内专家及各驻保校企代表共 200 余人参加了仪式。此次活动分项目签约、校企对接恳谈沙龙两个阶段。在项目签约阶段,共签署了 13 项合作协议。其中,王增平和市领导共同鉴签了由律方成代表学校与企业签约的《中康韦尔健康环境科技有限公司和华北电力大学战略合作框架协议》以及由动力工程系教授阎维平作为负责人与企业签约的《天然气电热冷多联供能源系统的开发与应用》。在校企对接恳谈沙龙阶段,驻保高校专家与企业高层进行了交流对话,学校电子与通信工程系教授、保定毅格通信自动化有限公司总经理侯思祖应邀做了典型发言。会上,成立了“校企牵手、合作共赢”保定市校企联盟,该联盟由保定市政府高校办和保定市工商联牵头,旨在通过搭建交流平台,该平台将以校企互访、项目推荐、高端论坛、专业培训、专家会议等多种形式为校企双方展开立体式的服务。

(吴良器)

【刘吉臻出席 2013 中国清洁电力峰会并作主旨演讲】7 月 3 日至 5 日,由中国电力企业联合会主办的 2013 中国清洁电力峰会暨中国国际清洁能源博览会在北京召开。国家能源局,中电联总部,中电联理事长、副理事长单位等政府部门,电力企业和院校的领导,有关国家驻华使馆、国外驻华商务机构代表等出席峰会。学校刘吉臻应邀出席峰会开幕式和剪彩仪式,并在大会主论坛作主旨演讲。3 日上午,峰会举行开幕式,中电联党组书记、常务副理事长孙玉才致开幕辞。国家能源局总工程师杨昆、欧洲太阳能产业联合会会长罗宾・威灵先生、冰岛大使馆临时代办拉格纳尔・鲍德松公使分别主旨演讲。3 日下午,峰会举办清洁电力高层论坛,国家发改委原副主任、能源局原局长张国宝作主旨演讲,国家电网公司等九个单位的领导分别发言,刘吉臻作题为《新能源电力系统中燃煤发电的功能定位与作用》的演讲。刘吉臻在演讲中提出了人类即将进入混合能源时代的论断。他指出,新能源电力的随机波动性决定了传统化石能源的思维、技术、模式无法满足人类规模化开发利用新能源的需求,未来大规模新能源电力安全高效利用需从电源响应、电网响应和负荷响应等方面进行整体解决。刘吉臻指出,多能源互补是平抑新能源电力随机波动性、提高电网接纳能力的有效手段,我国“富煤贫油少气”的能源现状决定了燃煤发电机组必须成为主要的互补电源并不断提升自身的变负荷控制性能。他基于风力发电与火力发电的频谱分析，指出燃煤发电具备作为波动性电源互补电源的能力，并提出了基于主蒸汽、凝结水、供热抽汽和冷端系统联合控制新型协调控制方法以及厂级负荷优化分配方法，以此来提高火电机组的快速深度变负荷能力。他还分析了供热机组、循环流化床机组参与变负荷控制的优势与方法。刘吉臻提出了基于网络控制的虚拟发电厂的构想，希望以此来实现多能源互补和区域能源利用效率最大化。会议期间，刘吉臻参观了学校的博览会展区，与参展师生亲切交流，仔细询问参展项目——精灵智能用电用能系统的相关情况。

（吴良器）

【与中国建行北京分行签署战略合作协议】7月5日，学校与中国建设银行北京市分行战略合作协议暨校园一卡通项目合作协议签约仪式在学校举行。学校副校长孙忠权会见建行北京分行副行长张力铮一行并出席签约仪式。签约仪式由校企合作办公室副主任柴大鹏主持。孙忠权副校长与张力铮副行长代表双方签署战略合作协议。根据协议双方将充分利用各自优势和资源，在金融服务、资金结算、银行卡、代理业务、咨询服务、理财等方面开展深度合作，促进互利共赢。建行北京分行将投资学校校园一卡通建设项目，将在综合消费应用、身份认证应用、自助服务应用等方面给全校师生提供极大的便利。

（吴良器）

【与新疆生产建设兵团签署战略合作协议】7月14日至18日，吴志功对新疆生产建设兵团进行了为期四天的考察访问，受到了兵团的高度重视和热烈欢迎，双方就人才培养、科研合作、能源工程建设、干部培养援助等方面进行了友好会谈并签署战略合作协议。党委常委、组织部长张天兴等随行访问。7月15日，兵团与华北电力大学战略合作协议签字仪式在乌鲁木齐举行，兵团副司令员于秀栋，华北电力大学党委书记吴志功出席签字仪式。根据协议，兵团将为华北电力大学提供项目开发、土地等方面的优惠政策，建立支持机制。华北电力大学也将充分利用自身优势，在人才培养、跨师联网工程建设、微网工程建设、新能源城市建设等方面为兵团提供人力、智力支持及外围公关服务。双方还将共建学术、科研、教学机构，建立援疆干部培养机制，实现援疆人才规模化、科研发展目标化、绿色能源现代化的发展目标。在乌鲁木齐期间，吴志功一行对兵团西山教育园区、十二师党校、职业技术培训学院、石河子农垦展览馆、天富热电有限公司、222团农场等进行了考察、调研和访问。所行之处，吴志功一行受到了热情接待，并与对方进行了多方面的研讨与协商，在寻求双方合作的战略点以及具体合作项目的推进、深化等许多方面达成了共识。在乌鲁木齐期间，吴志功一行还看望了学校新疆校友会的部分校友代表，与校友进行了交流座谈。

（吴良器）

【与保定供电公司共建校外实践教育基地】9月17日，学校与保定供电公司共建河北省大学生校外实践教育基地揭牌仪式在保定供电公司举行。副校长王增平，校长助理米增强及有关部门负责人，保定供电公司经理王军利、副经理王向东和学校学生及保定公司职工代表参加了仪式。王增平和王军利共同为校外实践教育基地揭牌。仪式前，学校学生还参观了保定供电公司的创新成果展示中心。

（吴良器）

【与英利集团签订战略合作协议】9月25日，学校与英利集团有限公司战略合作框架协议签约仪式在保定市电谷国际酒店会展中心举行。保定市市委常委、常务副市长刘颖，保定市高新区党工委副书记、常务副主任张志奎，学校校长刘吉臻、副校长王增平，英利集团董事长苗连生、副总经理熊景峰、首席技术官宋登元等出席了仪式。刘吉臻和苗连生分别代表学校和英利集团在战略合作框架协议书上签字。根据协议，双方将开展国家重点实验室、博士后工作站、研究生和本科生的订单式培训等方面的深度合作，推动光伏行业和市场的健康发展。刘吉臻、王增平一行还分别在熊景峰、宋登元等的陪同下参观了英利集团的电池生产及组装车间、光伏馆。

（吴良器）

【与浪潮集团举办战略合作研讨会】11月19日，华北电力大学与浪潮集团战略合作研讨会在学校召开。浪潮集团有限公司副总裁庞松涛、人力资源部副总经理苏玉玲、信息方案与实施部总经理乔鑫、能源行业部总经理陈乃刚等嘉宾出席了会议。学校副校长杨勇平，科学技术研究院常务副院长檀勤良、副院长肖万里，控制与计算机工程学院院长刘石、电气与电子工程学院副院长许刚、校企合作办公室副主任柴大鹏、大学科技园管理办公室主任王宏盛接待了浪潮集团一行并出席了会议。会议由檀勤良主持。檀勤良、陈乃刚先后介绍了华北电力大学、浪潮集团的基本情况，促进了双方的深入了解。王宏盛就前期与浪潮集团谈判过程中达成的合作意向进行梳理，包括“产业联盟”“科技研发中心”的共建方式、人才培养计划、“能源电力成长基金”、战略合作协调委员会等议题，浪潮集团方面分别给予积极回应。刘石、许刚作为行业专家提出了战略合作的指导意见。本次研讨会，双方高层达成基本合作框架。这将正式拉开华北电力大学与浪潮集团战略合作的序幕，全面促进双方的资源对接与成果共享，成为学校校企合作进程中的重要一步。

（吴良器）

【刘吉臻出席 2013 北京能源论坛】11 月 23 日，由中国石油天然气集团公司和北京能源协会联合主办的 2013 北京能源论坛在北京国际会议中心举行。国家能源局，北京市政府，国家电网、国电集团、中石油、中海油等能源央企，相关高等院校及能源行业协会的领导出席论坛。学校校长刘吉臻作为北京能源协会副会长应邀出席论坛。论坛开始前，刘吉臻在贵宾室与出席论坛的院士、专家学者围绕北京的能源安全、环境污染与防治等问题进行了密切交流，他指出促进煤炭高效清洁利用、提高电力在能源终端消费中的比重以及积极发展利用新能源，对于建设“生态北京”具有积极意义。23 日上午，论坛举行开幕式，北京能源协会名誉会长陈耕致开幕辞，中石油董事长周吉平致辞。中海油董事长王宜林、国电集团总经理陈飞虎、中煤集团总经理王安、北京市发改委副主任刘印春分别发言，重点阐述如何保证清洁优质能源供应，促进北京大气污染防治，加强生态文明建设。23 日下午，与会专家围绕如何推进清洁能源开发、节能行动、能源开发技术的进步和能源生产与产品的清洁化、能源价格市场化改革等问题展开讨论。学校师生就中国新能源技术发展现状及展望、我国城市天然气供气安全、能源输送方式及新能源汽车发展前景等问题与专家学者进行了互动交流。北京能源协会是我国第一个综合性省级能源协会，成员遍布石油天然气、电力、煤炭、新能源和节能管理等能源行业。学校是该协会的主要发起单位与副会长单位，刘吉臻担任协会副会长。此次能源论坛是协会自今年 8 月 16 日成立以来举办的首次论坛。学校校企办相关负责人及部分研究生代表参加论坛。

（吴良器）

【与苏州太谷科技举办共建苏州科技园签约仪式】11 月 27 日，学校与苏州太谷科技共建苏州科技园签约仪式在学校举办。苏州太谷科技投资发展有限公司董事长黄新生一行专程从苏州赴学校参加仪式。学校副校长杨勇平，资产管理处处长范寒松，科学技术研究院常务副院长檀勤良，党委研究生工作部、研究生院副主任赵黎明，苏州研究院副院长张一梅，科学技术研究院基地建设与成果管理部主任朱正茂，科学技术研究院项目二部主任徐岸柳，科学技术研究院国家大学科技园管理办公室主任王宏盛等出席了签约仪式。本次签约开启了学校与苏州太谷科技投资发展有限公司合作建立苏州科技园的新局面。学校国家大学科技园将在建立新型跨区域合作运营模式的基础之上，积极促进区域产学研合作与产业集聚。会后，苏州太谷科技嘉宾一行参观学校新能源电力系统国家重点实验室。

（吴良器）

【吴志功出席北京高科大学联盟 2013 年年会】12 月 5 日至 6 日，北京高科——曹妃甸区政产学研对接会暨 2013 年北京高科大学联盟年会在唐山市曹妃甸区渤海国际会议中心举办。本次政产学研对接会暨高科联盟年会由北京高科联盟与中共唐山市委及曹妃甸区委、区政府联合举办，来自高校联盟及燕山大学的十二所高校领导以及唐山市委、曹妃甸区委、区政府、曹妃甸工业区的领导出席了会议。学校党委书记吴志功出席会议并作大会发言。科研院常务副院长檀勤良、校办副主任荀振芳、校企办副主任柴大鹏参加会议。本次会议是在行业特色型大学顺应国家创新驱动战略、加快推动区域经济发展的背景下召开的一次重要会议，旨在进一步增强高校在创新与集成、服务社会、促进国家经济建设和社会发展等方面的综合能力，构建高校与区域合作的协同机制，形成互利共赢的发展格局。唐山市委副书记郭竞坤代表市委、市政府及曹妃甸区致辞，介绍了曹妃甸开发区的情况和发展前景，对高科联盟等十二所高校代表表示热烈欢迎。学校吴志功在联盟高校中率先进行大会发言，向与会人员介绍了学校的总体情况以及学校在科技工作、成果转化、区域服务方面的突出成绩。吴志功的讲话引起与会人员的强烈反响。作为一所以能源电力为特色的特色型高水平大学，学校在能源电力方面的学科优势及新能源领域的发展前景引起了曹妃甸区委、政府的高度关注与浓厚兴趣。会议期间,吴志功接受了唐山市电视台的采访。采访中,吴志功对曹妃甸的区域引智工程提出了三点建议:第一,曹妃甸的发展要结合国家的战略需要,在更高的层面上以世界一流的技术研发为核心,凝练成标志性的项目来进行推动;第二,要汇聚高端人才结合技术与产业发展的历史、现实进行研究,瞄准战略智库建设;第三,要引入有竞争力的金融制度,把创造知识、转换知识、运用知识用金融的杠杆作用带动起来,以金融引领创新。吴志功参加了北京高科大学联盟 2013 年理事会会议,与联盟高校领导共同探讨高科联盟的进一步发展。科研院、校企办与曹妃甸区委办、环保分局、再生资源产业园区、华电重工等当地部门和企业进行了对接与交流。

(吴良器)

【与英大传媒投资集团签署战略合作协议】12 月 17 日,学校与英大传媒投资集团签署战略合作协议。双方将共建能源电力专家智库、共建传播平台、合作培养高层次人才等方面进行深入合作,设置联络机构以确保合作落到实处,共话校企合作新愿景。英大传媒投资集团总经理、党组副书记石玉东,党组成员、副总经理刘广峰、刘清鑫、张渝,学校党委书记吴志功、党委副书记张金辉,党委常委、组织部长张天兴,校长助理、党办校办主任汪庆华出席仪式,张金辉主持仪式。吴志功在讲话中指出英大传媒投资集团拥有较强的媒体、出版实力,在能源电力行业有很大影响力,是目前国内传媒产业种类齐全的集团之一。这次学校与英大传媒投资集团将联手打造围绕世界、国家、行业、区域能源电力领域的战略智库,同时也将在全民、全社会的能源环境、能源教育、能源宣传、文化引领等方面发挥重要作用,展示学校与企业服务国家的良好形象。吴志功希望双方以此为契机,以更加开阔的视野、更加开放的姿态、更加务实的举措,进一步创新合作机制,从国家与行业的重大战略问题出发,凝练项目、搭建平台、共谋发展,开展战略性、前瞻性和综合性研究,并积极进行成果传播,为中国能源电力发展建言献策,进一步提升学校与英大传媒在能源等领域的社会影响力。

(吴良器)

【与华电卓识测评中心共建信息安全工程实验室】12 月 18 日,学校举行信息安全工程实验室揭牌仪式。信息安全工程实验室由学校与华电卓识测评中心联合成立,挂靠电气与电子工程学院。信息安全工程实验室将在仿真环境建设攻防演练环境安全防护方案,通信网、通信规约研究,工控终端安全性研究,嵌入式可信计算技术研究等方面开展工作。国家能源局电力安全监管司副司长苑舜,公安部信息安全等级保护评估中心副主任张宇翔、总工程师任卫红,积成电子股份有限公司董事长杨志强,北京华电卓识信息安全测评技术中心有限公司董事长王英彬、总经理张志伟,学校党委书记、教育基金会理事长吴志功,教育基金会、财务处、校企合作办公室、科学技术研究院、党办校办、电气与电子工程学院负责人出席仪式。吴志功在讲话中指出,信息安全工程实验室的建立具有重要战略意义,它聚焦电力信息安全问题,致力为国家电力系统安全防护服务,同时体现出学校的学科、专业特色,起到促进学校发展的作用。他认为信息安全工程实验室这种合作模式具有较大推广价值,既有国家能源局、公安部等政府相关部门的政策支持和技术引领,也有企业和大学的深入合作,在三方的共同努力下,实验室一定能快速发展。华电卓识测评中心向华北电力大学基金会捐赠人民币叁佰万元,支持信息安全工程实验室的建设。王英彬和吴志功代表双方举行捐赠仪式,吴志功为王英彬颁发捐赠证书。

(吴良器)

【校企合作共建能源大讲堂】12 月 19 日,由华北电力大学与英大传媒投资集团公司共同举办的“能源大讲堂”在学校正式开讲。学校经济与管理学院院长,教育部“长江学者”特聘教授牛东晓作了“电能替代的经济性分析”主题演讲,对“电能替代”方案进行了经济性分析,建议给予“电能替代”方案更切实的政策推动。本期能源大讲堂是 17 日签署的“华北电力大学与英大传媒投资集团战略合作协议”的第一个落地项目。校企双方将共建能源大讲堂的品牌,将从能源与经济社会、生态环境、科技进步与百姓生活等多个领域,推出系列主题演讲和活动,将在展示能源电力行业和企业的形象、增强国际和国内社会影响力、争取更多的话语权和国家与社会支持等方面,共同承担起更重要的任务。牛东晓从研究背景及意义、终端能源经济效益分析、终端能源环境效益分析、电能替代典型案例分析、电从远方来经济性分析、电能替代实施途径六个方面对“电能替代”方案进行经济性分析。他以严谨的学术态度,以幽默的讲课风格,通过详实的数据证明论点,旁征博引,深入浅出,令听众信服。

(吴良器)

校理事会工作

■概述

2013年,华北电力大学成立了大学第二届理事会,进一步加强了与理事单位的交流与合作,争取了理事单位的持续、更大支持,实现了更深层次的融合,有力助推高水平大学建设。

2013年,华北电力大学理事会工作取得重要成果:第二届理事会在北京正式成立。为了建立全行业支持华北电力大学的格局、更好地促进华北电力大学的发展,经华北电力大学和第一届理事长单位国家电网公司提议,并经相关单位协商一致同意,本届理事会对机构进行了调整、对章程进行了修改。七大电力央企和中电联成为华北电力大学理事会成员单位。中国电力企业联合会理事长、国家电网公司董事长、党组书记刘振亚连任大学理事长。基于落实国家和教育部关于高校理事会建设的最新精神、总结理事会工作中涌现的新经验与新做法、进一步完善和规范理事会履行职能的制度和机制等基本思路,本届理事会对机构和章程进行了修改,重点明确了理事会组织机制、议事咨询机制、理事的变更机制等问题,推进运行机制制度化和常态化,修改后共6章22条。理事单位由原来的7家增至9家。在原有国家电网公司、中国南方电网公司、中国华能集团公司、中国大唐集团公司、中国华电集团公司、中国国电集团公司、中国电力投资集团公司等七家理事单位的基础上增加中国电力企业联合会、华北电力大学为新一届理事会成员单位。理事会成员由成员单位的主要领导、七大电力央企人力资源部负责人以及相关负责人担任。本届理事会理事共19人,理事长由中电联理事长兼任,副理事长由各理事单位任中电联副理事长的领导兼任,秘书长由中电联秘书长兼任。理事会秘书处由挂靠国家电网公司,改为挂靠中电联。增加了理事会秘书处的职能:“执行理事会的决定,与理事单位保持联系、沟通情况,处理理事会日常事务。”副秘书长由中电联和华北电力大学各选派一人担任。形成了电力行业平台上,重点电力企业共同协商议事的机制。为更好保证理事会的稳定运行,理事会每届任期由三年改为五年;每年理事会全体会议与中电联理事长会议同期召开;理事可以连任,理事在届内因工作变动等原因需要变更的,由理事单位继任者担任。进一步明确了华北电力大学在理事会中的义务。主要内容有:理事会工作由学校主要领导分管;将理事会工作列入学校重要议事日程和工作计划;加强与理事单位的校企合作等。

(吴良器)

■概况

2013年,华北电力大学与理事成员单位达成战略合作意向2项,开展科技、人才合作3项,邀请理事单位领导参加学校重大活动1项。

(吴良器)

■条目

【与中国大唐集团公司举行科研合作座谈会】9月2日,学校与中国大唐集团公司举行科研合作座谈会。中国大唐集团公司总经理助理、科技信息部主任吕庭彦,科技信息部副主任侯君达,大唐科研院院长李少华,大唐环境技术有限公司副总经理夏怀祥以及大唐科技信息部科研处、产业处、大唐新能源海外业务部、大唐科学技术研究院科研管理部相关负责人,莅临学校参加会议。学校校长刘吉臻,副校长杨勇平,校长助理、党校办主任汪庆华,科学技术研究院、校企合作办公室、能源动力与机械工程学院、控制与计算机工程学院、可再生能源学院、国家火力发电工程技术研究中心、生物质发电成套设备国家工程实验室等部门、院系、科研平台主要负责人,相关学科教授代表,参加座谈会。座谈会由学校副校长杨勇平主持。校长刘吉臻在致辞中指出,长期以来,华北电力大学和电力行业、特别是七大理事会成员单位,保持着良好的合作关系。2003年,学校在电力体制改革划转为教育部管理的时候,按照电力改革的有关文件,组建了由七大电力企业集团组成的大学理事会,并且和教育部共建,这是全国首家公办校理事会,在教育部形成了一个非常好的范例和模式。在学校事业发展最为困难的时候,七家理事会成员单位,给予了学校宝贵的支援,为学校抓住机遇、发展事业提供了无私援助。所以我们始终把华北电力大学看做是电力行业自己的学校,永远不会忘记电力行业、电力企业给予的宝贵支持。近年来,学校通过人才培养、校企合作等方式,继续与电力行业保持着密切的联系,与电力行业的科研合作项目,成为学校科研经费的主要来源。在2013年学校5.67亿元的科研经费中,近一半来自与电力行业的合作。这些年来,学校已经把与行业、产业的合作,服务于能源电力行业,作为学校的发展战略。校企合作,成为学校事业发展的三大增长点,也已成为学校办学的特色。刘吉臻指出,近年来,特别是划转为教育部管理以来,学校在各个方面均取得了长足的发展,人才培养、科学研究、社会服务、文化引领与传承的能力,有了迅速提升。学校始终坚持推动"国字头"战略,一批国家级平台、国家重点学科、国家级重大科技成果,相继产出。教育的关键点是推进教育公平,而教育公平是社会的公平的基础,要使得人能够通过教育实现社会阶层的纵向流动。而科技,关键是要形成实实在在为社会服务的能力,解决企业急需解决的问题,尤其是像以工科为主的学校,一定要把重点放在能够解决行业产业重大的需求和问题上。学校开展校企合作,为企业提供各类服务,任重道远。学校希望在多年合作的基础上,与中国大唐集团公司能够更加深入、更加全面、更加有力度地推进合作,在模式的创新、合作的成效方面,能够起到示范或引领的作用。希望双方能够在深入地交流、沟通、对接之后,产生更宽阔的合作思路。也希望双方能够创新合作模式,摒弃固有观念,以开放、双赢、合作的姿态,开放各类有助于合作顺利开展的资源、平台、设施、空间,在促进国家能源电力事业发展进步的进程中,实现双赢。

(吴良器)

【国家电网公司向学校赠送《中国电力与能源》英文版】9月26日,国家电网公司向华北电力大学赠送刘振亚董事长专著《中国电力与能源》英文版仪式在北京校部举行。中国电力科学研究院副院长胡毅,中国电力科学院科技部副主任刘超群,学校校长刘吉臻,副校长安连锁,校长助理、党办校办主任汪庆华,校企合作办等部门负责人参加仪式。仪式上,胡毅副院长向刘吉臻校长赠送了样书,并宣读了刘振亚董事长致学校的感谢信,信中指出:"《中国电力与能源》一书出版后,得到贵校的重视和支持,并将其列为教学科研用书,在此表示衷心感谢。《中国电力与能源》得到了国际能源、电力界的关注。今年7月,世界知名出版机构—约翰威力国际出版公司在全球发行了该书英文版,现赠予贵校,请批评指正。"刘吉臻校长在讲话中对《中国电力与能源》英文版的出版发行表示祝贺,对胡毅副院长代表国家电网公司来校赠书表示感谢。刘吉臻指出,刘振亚董事长的专著《中国电力与能源》从国家能源电力事业发展战略的高度出发,在掌握大量翔实的资料和数据的基础上,对中国能源问题和能源战略进行了分析,具有很强的前瞻性和引导性。无论从学术价值的层面,还是从对今后国家能源电力发展的实际指导层面,都有着重要的意义。该书出版后,学校将其列入教学、科研的书目,广大师生通过学习研读,受益匪浅。此次,《中国电力与能源》英文版出版发行,将进一步在世界范围内传播、介绍中国能源电力的战略、规划及发展成果。

(吴良器)

【刘吉臻参加中电联2013年第二次理事长会议】12月22日下午,中电联2013年第二次理事长会议在北京召开。会议贯彻落实党的十八届三中全会和中央经济工作会议精神,研讨了当前电力行业发展的有关重大问题,强调要把握新形势和新挑战,努力转变电力发展方式,促进能源发展方式转变,服务经济发展方式转变。中电联理事长、国家电网公司董事长、党组书记刘振亚,中电联党组书记、常务副理事长孙玉才以及各副理事长单位主要负责人出席了会议。学校校长刘吉臻作为中电联副理事长参加会议。刘振亚主持会议并讲话。会议听取了中电联本部2013年工作情况和2014年工作思路,分析预测了全国电力供需形势,了解并讨论了节能减排情况。中电联副理事长单位主要负责同志发言,围绕行业发展及中电联工作,提出了意见和建议。刘吉臻作了发言。他认为中国电力事业在世界能源史上创造了一个奇迹。目前从装机规模、电网规模、用电量、进入全球500强的电力企业总数等指标来看,中国电力工业规模已跃居世界第一,而且在特高压输电、大型水电、施工技术、超大规模复杂电网长期的安全稳定等方面也居于世界领先水平,中国已经真正成为世界电力大国,接下来还要思考如何实现由电力大国向电力强国的转变。刘吉臻希望,中电联进一步围绕行业发展中存在的共性问题开展调查研究,结合行业发展改革的需要,加强智库建设,行业和企业共同解决当前危机和困境。研究课题的设置、研究工作的开展要有宽阔的视野,涵盖行业内外、国内国际的重点、难点问题,最终形成科学权威的结论。同时做到有的放矢,对于企业做起来还有困难,或者没有足够精力来做的事情,中电联要充分发挥作用,以服务企业、服务行业、服务政府、服务社会。

（吴良器）

【**华北电力大学第二届理事会第一次会议召开**】12月22日，华北电力大学第二届理事会第一次会议在北京召开。会议听取了中电联秘书长王志轩作的《华北电力大学理事会机构调整和〈华北电力大学理事会章程〉修改情况的说明》和华北电力大学校长刘吉臻作的《华北电力大学工作报告》，华北电力大学理事会理事长、国家电网公司董事长、党组书记刘振亚作重要讲话。华北电力大学理事会理事长、副理事长、理事参加会议。国家电网公司董事长、党组书记刘振亚，国家电网公司副总经理、党组成员王敏，中国南方电网公司副总工程师么虹，中国华能集团公司总经理、党组副书记曹培玺，中国大唐集团公司董事长、党组书记陈进行，中国华电集团公司董事长、党组书记李庆奎，中国国电集团公司董事长、党组书记乔保平，中国电力投资集团公司党组书记、总经理陆启洲，中国电力企业联合会党组书记、常务副理事长孙玉才，华北电力大学校长刘吉臻，中国电力企业联合会党组成员、秘书长王志轩，国家电网公司人力资源部主任杜宝增，中国南方电网公司人力资源部主任罗体承，中国华能集团公司人力资源部主任高树林，中国大唐集团公司总经理助理兼人力资源部主任武洪举，中国华电集团公司人力资源部主任徐刚，中国国电集团公司人力资源部主任许兴洲，中国电力投资集团公司人力资源部主任李树雷参加会议。华北电力大学第二届理事会筹备工作组副组长、中电联秘书长王志轩作了《华北电力大学理事会机构调整和〈华北电力大学理事会章程〉修改情况的说明》，获得与会正式代表的一致通过。华北电力大学校长刘吉臻作《华北电力大学工作报告》。他介绍了华北电力大学理事会的工作情况，汇报了学校的基本情况及近年来在学科建设、人才培养、科学研究、校企合作、国际交流与合作等领域取得的成就，并对本届大学理事会的重点工作提出建议。他希望本届理事会能够在学校具有重大战略意义的建设项目、国家级科研平台建设、高水平的能源电力新型智库建设等领域予以重点支持，并进一步建立健全人才培养、科技合作两个专业委员会工作机制。刘振亚在讲话中指出，近年来，华北电力大学坚持校企合作办学、互利共赢发展，坚持加强专业人才培养、科技创新和重点学科建设，学校软硬件条件不断改善，师生保持良好精神面貌，教学能力、科研水平和国内外影响力显著提升，为中国电力事业发展培养和输送了大批人才，作出了积极贡献，整个电力行业都深受其惠。成绩来之不易，这是华北电力大学领导班子和全体教职员工辛勤付出的结果。刘振亚对今后理事会的工作和学校的发展提出了四点意见：一是华北电力大学要为电力行业和电力企业安全发展、创新发展、科学发展做好服务；二是中电联和电力企业要积极支持华北电力大学更好更快发展。各理事单位都要积极支持学校工作，推动形成校企联动、共同发展的良好局面；三是华北电力大学要大力推动创新发展；华北电力大学要瞄准世界一流目标，全面推动创新发展；四是要发挥好华北电力大学的平台作用。

（吴良器）

校友联络工作

■概述

2013年，华北电力大学校友联络工作围绕学校的中心工作和发展大局，坚持“三个有利于”的原则，充分发挥校友会“一家一桥一平台”的作用，努力做好“三个服务”，锐意进取，开拓创新，在组织建设、校友联谊、校友奖助金、校企合作、平台建设等方面开展工作。时值学校建校55周年华诞，校友联络工作以此为契机邀请多位校友返校参加活动，增进交流，为今后的校友工作奠定了良好的基础。

（彭　伟　于海龙）

■概况

2013年，华北电力大学校友工作办公室共组织、接待大型校友返校活动20余次，接待校友近2 000人次；邀请14位校友返校举办知名校友进校园系列讲座；邀请200余位校友返校共庆母校55周年华诞；印发《华电校友》《校庆特刊》共2期，印制校徽5 000个，推送“华电人华电梦”电子杂志共21期，对外寄送材料近10 000份；接收校友捐款和项目合作220余万元，发放校友奖助金60万元，奖助人数300人；组织相关人员参加各种培训及交流活动11次；积极向媒体投稿，被《高校校友工作》简报刊登20余则报道。

（彭　伟　于海龙）

■条目

【校友回母校欣赏新春音乐会】1月6日，美国Valpo交响乐团在学校主楼礼堂举行2013新年音乐会，应校友会、校团委邀请，校友陈树勇、杨秀媛、王志杰、樊京生、侯春明、王岚、樊星、吴晔、贾剑、吴茂林、王磊、张睿、涂菁菁等校友出席了音乐会，党委常委、组织部部长张天兴对校友们回母校参加活动表示热烈欢迎，并与校友们一同欣赏音乐会，享受听觉的盛宴。

（彭　伟　于海龙）

【校友工作办公室走访河南校友会】1月10日，在学校《强校之路》一书出版不久之际，校友会秘书长聂国欣借走访河南校友会的机会，向河南校友会赠送了《强校之路》和《校友工作手册》，并就校友工作的开展进行了交流。本次活动受到河南广大校友热烈欢迎，河南省电力公司高级管理培训中心主任仝全利等多位校友参与了赠书活动，希望校友们通过《强校之路》一书了解母校，关心母校，支持母校。

（彭　伟　于海龙）

【发电77级校友舒印彪当选国际电工委员会（IEC）副主席】1月11日，经国际电工委员会（IEC）理事局批准，学校发电77级校友、国家电网公司舒印彪副总经理正式出任IEC副主席。此次舒印彪校友出任IEC副主席，不仅为中国更好地参与IEC战略制定和国际标准化工作开创了新的局面，也为母校赢得了荣誉。

（彭　伟　于海龙）

【北京校友会理事会召开2013年新春茶话会】2月24日，华北电力大学北京校友会理事会召开2013年新春茶话会。学校领导刘吉臻、张金辉、李双辰、王增平等出席。出席联谊会的还有北京校友会理事会特邀校友、兄弟校友会代表、北京校友会代表、特邀代表等。会上，参会校友代表分享了自己的幸福生活和新年祝福，并共同观看了由北京校友会自编自导的节目。

（彭　伟　于海龙）

【海南校友会召开2013年年会】2月23至24日，海南校友会2013年年会在海南儋州召开。校友会名誉理事长陈钢，省外校友代表广州艾博设计院董事长崔小勃，大全集团营销总公司副总经理王仁松和全省各地70余名校友参加了年会。期间，理事长吴清作校友会工作报告，总结了2012年海南校友会深化开展的特色品牌活动情况，并提出2013年工作思路和工作重点。

（彭　伟　于海龙）

【上海校友会召开2013年理事会会议】3月上旬，上海校友会在上海青浦召开2013年理事会会议，理事长俞国勤代表上海校友会总结了2012年上海校友会的各项工作，并就2013年4项重点工作进行了统筹安排。会议审议通过了关于上海校友会理事会人员调整情况的工作汇报，并要求秘书处加快上报校友总会备案。最后，俞国勤理事长代表上海校友会向副理事长乔卫东履新表示热烈祝贺，并祝愿上海校友在事业、家庭上取得更大的丰收。

（彭　伟　于海龙）

【学校举办2013届毕业研究生校友座谈会】3月28日，学校党委研工部、校友会共同举行以“感恩母校，情暖学子”为主题的2013届毕业研究生校友座谈会，旨在为毕业学子提供指导帮助，并进一步做好各地校友会纳新工作。党委常委、组织部部长张天兴，党委研工部，校友会相关负责人，摩根士丹利亚洲有限公司董事总经理张建勇（电力81级校友），北京中恒博瑞数字电力科技有限公司副总经理张永浩（电自82级校友），山东鲁能控制工程有限公司监事会主席、市场总监马维迁（热自95级校友），美国校友会秘书长、百度公司联盟研发部技术副总监沈抖（计算机97级校友）以及2013届各研究生毕业班联络人等参加了座谈会。

（彭　伟　于海龙）

【学校与泰科电子（上海）有限公司签订捐赠协议】3月26日，学校与泰科电子（上海）有限公司签订“泰科电子奖助金奖教金”捐赠协议。校企合作办公室副主任、校友会秘书长聂国欣代表学校与泰科电子（上海）有限公司电力部总经理Bastian Willenbuecher签订了该项协议。泰科电子（上海）有限公司、北京华北电力大学教育基金会相关负责人出席本次签字仪式。

（彭　伟　于海龙）

【沈抖校友回母校讲座】4月9日，学校97级计算机专业校友、美国校友会秘书长、百度公司联盟研发部技术副总监沈抖博士应邀返校举办讲座，亲临华电大讲堂，与控制与计算机学院的学生进行了学术交流。讲座气氛热烈，沈抖校友的博学多识赢得了到场学子的阵阵掌声，彰显了优秀校友的风采。

（彭　伟　于海龙）

【校友企业捐资500万助力华电学子创新创业】4月11日，华北电力大学中恒博瑞创业基金捐赠协议在北京校部签约。该基金由北京中恒博瑞数字电力科技有限公司捐资500万元创立，是华北电力大学第一支用于鼓励学生创业学习和实践的专项基金。党委书记、教育基金会理事长吴志功，党委副书记李双辰、郝英杰，杭州中恒电气股份有限公司董事长朱国锭及该公司董事、中恒博瑞董事长兼总经理周庆捷，中恒博瑞副总经理张永浩、杨景欣等出席了签约仪式。

（彭　伟　于海龙）

【华民慈善基金会大学生就业扶助项目落户华北电力大学】4月16日，华民慈善基金会——华北电力大学2013年大学生就业扶助项目在华北电力大学签约。华民慈善基金会培训中心主任李朝辉博士、教育基金会常务副秘书长王子杰、校友会秘书长、校友工作办公室主任聂国欣及学生处就业指导中心老师等出席仪式。根据协议，华民慈善基金会将扶助100名2014届全日制大学本科毕业生就业。

（彭　伟　于海龙）

【校友企业参加大学生创业实验班导师聘任仪式暨创业项目推进情况汇报会】4月22日，学校召开大学生创业实验班导师聘任仪式暨创业项目推进情况汇报会。党委书记吴志功、中恒博瑞董事长兼总经理周庆捷以及学校团委、北京华北电力大学教育基金会、学生处、教务处、产业处、科学技术研究院、资产管理处、校友合作办等部门的负责同志参加了会议等部门负责人出席聘任仪式暨汇报会。

（彭　伟　于海龙）

【校友工作办公室参加CASE校友筹募培训班】4月24至25日，校友工作办公室人员参加了CASE校友筹募培训班（华语）。参加此次培训的学校有：波士顿大学、上海复旦大学、同济大学、南洋理工大学、华东师范大学等47所知名高校，培训主要围绕如何采取切实可行的方案促进校友与母校之间的联系和基金筹募展开。通过校友数据库、校友和捐赠者数据信息及扩大捐赠来源的管理和运用、校友团体的管理、携手促进大学发展、学生—未来的校友等主题活动的培训，拓宽了校友工作的视野，为校友会下一步的工作开辟了道路。

（彭　伟　于海龙）

【高向民校友回母校讲座】4月26日下午，应校友工作办公室邀请，电自89级高向民校友从加拿大回到母校为师生们作了一场关于职场与人生的讲座。

（彭　伟　于海龙）

【校友积极参加抗震救灾】4月20日，雅安发生7.0级地震发，为实施救援、恢复灾区供应，学校校友、四川省电力公司总经理王抒祥第一时间赶往灾区，并向李克强总理、汪洋副总理及国家有关部委、省市有关部门汇报电网抢修情况。同时，四川省电科院副院长常晓青、四川省电力公司计量中心副主任覃剑等多位校友积极参与抗震救灾，为恢复灾区人民正常的生产生活提供了电力支持。

（彭　伟　于海龙）

【校友企业向四川雅安地震灾区捐赠物资】四川雅安地震发生后，北京中科同向信息技术有限公司总经理邬玉良校友向灾区捐赠了价值1 000万元的容灾备份软件，用以保护雅安政府、人民的数字资产的安全。邬玉良校友及其企业的善举充分体现了企业的社会责任感和在灾难面前一方有难、八方支援的互助精神，用爱心践行中国梦，用行动阐释华电梦。

（彭　伟　于海龙）

【“五一”期间校友返校聚会】“五一”期间，校友们纷纷回到母校聚会，追忆大学生活，重温师生情谊。经聚会校友和校友会认真筹备、精心组织，机械89级、信息991班、信息992班、热自043班校友先后回到母校参加聚会，纪念毕业20周年、10周年和5周年。为支持校友返校活动，使校友深入了解学校情况，校友会为聚会校友精心准备了校标、定制手提袋和校友杂志等。

（彭　伟　于海龙）

【张建勇校友在“前沿与创新”论坛作首场讲座】5月7日，应校友会邀请，学校81级校友、花旗银行全球金融市场部亚太区董事总经理张建勇先生参加了研究生学术交流“前沿与创新”论坛启动大会。参加开坛仪式的嘉宾还有：大学党委副书记郝英杰，研究生院常务副院长赵冬梅，党委研究生工作部部长李林，北京大学研究生会主席魏文栋，校友办负责人，各院系分管研究生教育的副院长、副书记，研究生辅导员以及全校各研究生班主要干部代表等。

（彭　伟　于海龙）

【校友回校拍婚纱照】5月13日，校友郭玉欣和张永双校友把婚纱照外拍地点选在大学主楼前，让母校见证俩人的爱情。郭玉欣校友任职中国电科院，2008年毕业于学校经管学院信管专业，与爱人张永双为同班同学。他们计划2013年结婚，在拍婚纱照时，回想起在母校相知相恋的点点滴滴，决定返校拍摄婚纱照，将这份母校情谊写进两个人的爱情故事中。

（彭　伟　于海龙）

【舒印彪校友升任国家电网公司总经理】5月20日，党中央、国务院决定，国家电网公司设立董事会，刘振亚任董事长、党组书记；舒印彪任总经理；同时，国资委党委决定，舒印彪任国家电网公司董事。

（彭　伟　于海龙）

【校友工作办公室参加在京高校校友会座谈会】6月3日，校友工作办公室人员参加了北京高校校友会校友工作座谈会，此次座谈会由北京外国语大学主办。参会高校包括北京大学、清华大学、北京师范大学、中国人民大学、北京航空航天大学、中国政法大学、北京交通大学、首都经贸大学等21所高校的校友工作者共30余人。此次北京地区各高校校友会交流座谈会进一步加强了各高校之间校友工作者的交流与互动。

（彭　伟　于海龙）

【校友工作办公室推荐校友企业参加“京交会”】5月26日至31日，第二届中国（北京）国际服务贸易交易会（简称京交会）在国家会议中心举办。华北电力大学美国校友会理事长、智能电网时代（SGT）总经理徐立辉校友主持并参加了智能电网与清洁能源分论坛，与Freesun Technologies Inc.成功签约，并作客BTV新闻直播间分享了智能电网相关技术。北京校友会理事长、中电联顾问王永干校友出席论坛。校企合作办公室、华北电力大学校友会邀请了北京四方继保自动化股份有限公司、辉盛科技、中恒博瑞数字电力科技有限公司、上海邦罗电气技术有限公司、智慧中国、伦敦演讲局等公司及校友企业参加此次“京交会”。

（彭　伟　于海龙）

【学校举行毕业生教育活动之校友茶话会】6月8日，毕业生教育活动系列之校友联盟茶话会在毕业生就业之家成功举行，本次活动由学生处就业指导中心联合校友办共同举办。本次茶话会特别邀请到了曾在国家电网工作目前在Manulife Financial担任理财顾问的王立新校友和现四川电监办安全监管处副主任、四川校友会副秘书长贺彪校友回母校与毕业生交流座谈。学校校友会秘书长、校友工作办公室主任聂国欣，就业指导中心副主任任华，就业指导中心和校友办相关老师出席了会议。

（彭　伟　于海龙）

【校友回母校观看北京交响乐团专场音乐会】6月18日，在学校主楼礼堂成功举办了“2013高雅艺术进校园普及交响音乐会”。应校友会、校团委邀请，学校发电65级郑定禄、机械79级张开国、电子工程80级曹雪娟、电力电子94级张文利、自动化2005级王寅等校友回母校与广大师生一起欣赏高雅音乐会。

（彭　伟　于海龙）

【蒋震艳校友回母校讲座】6月24日、26日，华北电力大学95级劳动经济校友、魏德米勒大中华区人力资源总经理、魏德米勒亚太区学院院长蒋震艳女士回母校与师生座谈交流，作了题为“国际商务礼仪与跨文化管理”的培训。此次活动是华北电力大学校友会为喜迎华北电力大学建校55周年，特邀知名校友返校交流座谈系列活动之一，以此增进校友与母校的交流。

（彭　伟　于海龙）

【校友工作办公室参加东北地区第五次高校校友暨教育发展基金工作研讨会】6月21日至23日，由东北师范大学主办的东北地区高校校友暨教育发展基金工作第五次研讨会在内蒙古赤峰市召开，中国高教学会办公室主任沙玉梅、东北师范大学校长助理付宏政，有46所高校校友会、基金会代表等出席了会议。会议就校友工作如何围绕学校中心任务开展工作，服务学校发展、促进学校发展等议题进行了交流和讨论；通过此次会议加强了各高校之间校友工作者的交流与互动。

（彭　伟　于海龙）

【学校开展“追访校友，共迎校庆”暑期实践】7月15日至7月24日，学校开展了“找师兄、访校友，追寻五十五年华电人的足迹”为主题的暑期社会实践活动。通过华北电力大学校友会的联系与沟通，“追梦电力”暑期实践队成员开展了校友座谈、实地走访校友企业、组织校友活动等一系列实践内容，通过寻访师兄和校友，有效促进了校友、在校生与学校三方的互动交流，搭建了校友与母校联系的桥梁，为校庆五十五周年献礼。

（彭　伟　于海龙）

【热自89级毕业20周年重聚母校】8月2日至3日，学校热自89级校友相约重聚母校，举行毕业二十周年聚会。聚会期间，校友们参观了校园和曾经的宿舍，并在学生食堂用餐，在篮球场上打篮球，回忆美好时光，重温大学生活的点点滴滴，一起经历的欢声笑语。同时，感受十年来母校发生的巨大变化。

（彭　伟　于海龙）

【加拿大校友会举行校友联谊会】7月至8月，华北电力大学加拿大校友会分别在多伦多与温哥华地区举行校友联谊会，参加活动的校友及家属约100余人，此次活动由新一届理事会主持举办。与会校友畅叙同学情谊，回忆校园生活，老友新朋因在华北电力大学的经历在外海变成了一家人，并祝福母校55华诞！

（彭　伟　于海龙）

【热自951班校友聚会】8月10日、11日，学校热自951班和北京及周边地区同学在内的二十余人在天津滨海航母主题公园举行“热爱国防　自强不息”为主题的聚会。此次聚会促进了校友间交流，加强了爱国主义教育。

（彭　伟　于海龙）

【北京校友会代表返校共商55周年校庆】8月底，为迎接母校55周年校庆，北京校友会代表返回母校与校领导共商55周年校庆事宜。北京校友会理事长王永干、秘书长杜德安、副理事长陈保卫、副秘书长周庆捷、薛晓峰、薛聪颖、吴茂林等校友代表与学校领导刘吉臻校长、副校长孙忠权、校党委常委、党委常委、组织部部长张天兴、校长助理汪庆华、工会常务副主席张瑞雅、校企合作办公室副主任柴大鹏、校友工作办公室主任聂国欣等，就母校55周年校庆的企业家进校园、书画展、校庆晚会等活动进行了研讨。

（彭　伟　于海龙）

【硕计算机04级、自动化991班校友返校聚会】9月5日至6日，硕计算机04级校友相约重聚母校。期间，校友们参观了校园和曾经的宿舍，并在学生食堂用餐，在计算机系教十楼下合影留念，在篮球场上打篮球，回忆美好时光，重温学校生活。感受母校发展巨变。

（彭　伟　于海龙）

【热力59级校友毕业50年返校聚会】9月5日，时值华北电力大学建校55周年校庆，学校热力59级毕业校友及该届任课老师重返母校共同回顾学校55年的发展历程。校长刘吉臻，校长助理、党校办主任汪庆华出席座谈会。此次聚会由离退办和校友会共同组织。

（彭　伟　于海龙）

【校友会圆满完成迎新工作】9月6日、7日，2013级新生入学。为保证迎新活动顺利开展，校友办积极配合学校安排，秉持“为校友服务”的理念，切实做好了校友联络、校友活动及校友风采展示等工作。在迎新工作中使广大在校学生和新生家长对校友会和校友工作有了更加深入的了解，增强了学生的校友意识，扩大了校友会的影响。

（彭　伟　于海龙）

【通讯79级、财会8904班返校聚会】9月14日，通讯79级、财务会计8904班校友纷纷返回母校，分别纪念毕业三十周年、二十周年聚会，共迎母校五十五岁生日。通过举行座谈会等形式为华电建校五十五周年书写寄语并与恩师们进行了交流，共同追忆往昔岁月。

（彭　伟　于海龙）

【校友参加2013大学生年度人物颁奖暨迎新晚会】9月17日，保定校区“中秋情·华电梦”2013大学生年度人物颁奖暨迎新晚会在二校操场隆重举行。校党委副书记、副校长张金辉，副校长王增平等校领导，相关职能部门负责人和有关院系领导等出席晚会。中恒博瑞董事长周庆捷校友和中央电视台著名节目主持人姚雪松校友应邀作为颁奖嘉宾参加晚会。副校长王增平发表讲话，鼓励新同学们积极向身边的榜样学习，刻苦钻研、丰富学识、锤炼品质、增长才干，早日圆梦。

（彭　伟　于海龙）

【热力79级校友举行毕业30周年聚会】9月28日，热力79级校友从世界各地返回母校，共叙同学情，师生谊，并成功举办了毕业30周年同学聚会，共迎母校55周年校庆，恭祝校友会、理事会成立10周年。

（彭　伟　于海龙）

【安徽校友会召开校友代表大会】9月28日，安徽校友会校友代表大会在安徽省合肥市召开。校党委副书记李双辰，安徽省电力公司副总经理关守仲，安徽电力公司纪检组长王志宏，校纪检监察处处长范立，校友会副秘书长、校友办主任聂国欣出席大会。

（彭　伟　于海龙）

【城电90级校友返校共庆母校55周年华诞】国庆假期，城电90级毕业二十周年聚会在保定校区举行。城电90作为此次国庆期间毕业周期最长的聚会校友，通过座谈会等形式重温了二十年前精彩瞬间，共同分享了母校二十年来的蓬勃发展。

（彭　伟　于海龙）

【李小晟校友为母校捐赠图书】10月15日，“李小晟校友图书捐赠仪式”在图书馆会议室成功举行。学校副校长王增平，校办、党委宣传部、图书馆负责人和国电集团党组成员、纪检组长温绪廷校友等出席了仪式。这也是校庆系列文化活动之一。

（彭　伟　于海龙）

【马维迁校友回母校讲座】10月16日，为迎接母校55周年校庆，应校友会与校研究生会邀请，热自95级、山东鲁能控制工程有限公司监事会主席马维迁校友回校举行讲座，近200名学生参加了此次讲座。马维迁校友围绕“在职业路口，如何抉择”的主题，结合自身成长经历向在校学生介绍了职业选择的过程，针对职业选择问题进行了深刻的分析，并为在校学生提出了宝贵的建设性意见。通过此次校友讲座，为在校学生对今后的职业选择与发展提供了参考。

（彭　伟　于海龙）

【施跃文校友回母校讲座】10月12日，为迎接母校55周年校庆，应校友会、校团委、教务处的邀请，学校发电83级、神华集团国华能源投资有限公司总工程师施跃文校友返校举行“清洁能源的科学发展”主题讲座活动。北京校友会部分校友及近200名学生参加了此次讲座。

（彭　伟　于海龙）

【海南校友会组织活动庆祝母校55周岁生日】10月20日，华北电力大学海南校友会在海口发起庆祝母校建校55周年自行车骑行活动。老中青三代华电人齐聚，重温大学记忆，畅述校友情谊。华电海南校友、华北电力大学与海南电网公司共建研究生工作站首批进站研究生共56人参加活动。

（彭　伟　于海龙）

【校友代表回母校参加“华电人　华电梦”文艺晚会】10月26日，为了庆祝建校55周年，保定校区举办“华电人　华电梦”文艺晚会。中国国电集团副总经理张成杰，中国电力企业联合会专职顾问、北京校友会会长王永干，保定校友会会长闫晓丁等各届校友和校领导张金辉、李双辰、王增平，党委常委、组织部部长张天兴，校长助理米增强、郭孝锋及各职能部门负责人、退休老教师等和师生一起观看演出。

（彭　伟　于海龙）

【学校举办大学生“对话·成长”论坛】10月27日，由校友办、学生处和校团委主办的55周年校庆系列活动——“创新成就梦想，创业点亮人生”大学生“对话·成长”论坛成功举办。校党委副书记、副校长张金辉，校长助理郭孝锋，各相关职能部门负责人以及部分知名校友应邀出席了本次论坛。本次论坛邀请到了国家电网公司信息通信部副主任、计算机系81级校友王继业，北京中电兴业技术开发有限公司总经理、机械系81级校友杜德安以及中巴地球资源卫星总指挥兼总设计师、通信86级校友张庆君担任本次论坛嘉宾，围绕“青年创新创业”主题，与三名优秀学生代表张天翼、陈亮、张号乾进行交流。

（彭　伟　于海龙）

【天津校友会举行校友代表座谈会】10月27日，喜迎母校55周年校庆，华北电力大学天津校友会召开座谈会。华北电力大学党委副书记、副校长张金辉，党委副书记李双辰，天津电力公司副总经理闫卫国，工会主席尚锦山，华北电力大学校长助理米增强，校友会秘书长、校友工作办公室主任聂国欣等领导出席大会。天津校友会30余名校友参加大会。

（彭　伟　于海龙）

【学校举办北京中电兴业实验室捐赠揭牌仪式】10月26日，校友创新创业研发中心北京中电兴业实验室捐赠揭牌仪式在保定校区举办。华北电力大学副校长王增平，党委常委、组织部长张天兴，中电联专职顾问、北京校友会理事长王永干校友，科技处处长丁常富，机械系党总支书记唐贵基、主任范孝良，中巴地球资源卫星总指挥兼总设计师张庆君校友，校友会秘书长、校友办主任聂国欣，杜德安、崔小勃、谢鹏辉、王哲、邓岳辉、唐俊生、杜永涛、张凯莉、姜锐、薛聪颖、吴茂林、邬玉良、娄琪、张越、崔建勇、王师霜等20余位校友出席仪式。机械系教师和学生代表参加仪式。

（彭　伟　于海龙）

【学校举办“书画艺术家走进华电”书画笔会】11月2日，“庆祝华北电力大学建校55周年——书画艺术家走进华电”书画笔会在北京校部举行。学校校长刘吉臻，中国书法家协会理事、中国电力书法家协会常务副主席、中国南方电网有限责任公司副总经理肖鹏，中国电力书法家协会执行副主席、华北电力大学北京校友会理事长王永干，副校长孙忠权，党委常委、组织部部长张天兴，校长助理汪庆华等领导，和来自全国各地的22名书画艺术家，部分校友代表、师生代表出席活动。活动开幕式由孙忠权副校长主持。“庆祝华北电力大学建校55周年——书画艺术家走进华电”书画笔会由校友总会和北京校友会策划，会同中国电力书法家协会、中电书画院联合组织，张萍、杜德安、杜永涛、邓岳辉、何振英、邬玉良等校友出资赞助。根据学校的安排，各位艺术家创作的书画作品将全部陈列和悬挂在学校的会议室、图书馆、学生活动中心等重要场所。

（彭　伟　于海龙）

【邹德育校友回母校讲座】为庆祝华北电力大学建校55周年，让广大学子对新能源有深入的了解。11月6日，应校友会、教务处邀请，招商新能源副总裁，工管92级校友邹德育在经济与管理学院报告厅举行“新能源项目的开发和利用”讲座。

（彭　伟　于海龙）

【周庆捷校友回母校讲座】为庆祝华北电力大学建校55周年，激发华电学子创新创业激情。11月7日，应基金会、校友会、校团委、教务处邀请，中桓博瑞数学电力科技有限公司董事长兼总经理，学校电自81级校友周庆捷作了一场题为“大学生创新创业”的讲座。

（彭　伟　于海龙）

【学校举行校友企业创业项目资助仪式】11月7日，华北电力大学中恒博瑞创业基金启动暨创业实验班第一期项目资助仪式在北京校部举行。党委书记、基金会理事长吴志功，党委副书记郝英杰，副校长、基金会副理事长孙平生，校友北京中恒博瑞数字电力科技有限公司总经理周庆捷，副总经理张永浩、杨景欣出席大会。学校相关部门负责人、各学院领导及创业实验班全体学生参加了活动。基金会秘书长陈兆江主持活动。

（彭　伟　于海龙）

【校友会秘书长获评全国高校校友工作先进工作者】11月8日，由中国高等教育学会校友工作研究分会主办、重庆大学校友总会承办的全国高校校友工作第20次研讨会在重庆大学隆重召开，共有来自全国各地的240余家高校的450余位校友工作者参加此次研讨会，共同探讨中国目前高校校友工作的现状、挑战和机遇。华北电力大学校友会秘书长聂国欣被评为全国高校校友工作先进工作者。

（彭　伟　于海龙）

【学校成功举办“迎校庆　话发展”校友座谈会】11月16日，为庆祝建校55周年，学校举办“迎校庆　话发展”校友座谈会。华北电力大学校长、校友会理事长刘吉臻，副校长安连锁，校党委副书记、纪委书记李双辰，副校长杨勇平，副校长孙忠权，党委常委、组织部部长张天兴，校长助理律方成，校长助理汪庆华以及中国电力企业联合会专职顾问、北京校友会理事长王永干，中国国电集团公司原副总经理张成杰等百余名各地校友代表参加了座谈会。

（彭　伟　于海龙）

【各地校友代表积极参加师生文艺晚会】11月17日，“强校之路”——华北电力大学建校55周年师生文艺晚会盛装开幕。党委书记吴志功，校长刘吉臻，副校长安连锁，党委副书记、纪委书记李双辰，党委副书记郝英杰，副校长杨勇平，副校长孙忠权，党委常委、组织部部长张天兴，校长助理律方成、汪庆华以及中国电力企业联合会专职顾问、北京校友会理事长王永干，中国国电集团公司原副总经理张成杰等百余名校友代表与广大师生代表共同观看了演出晚会。

（彭　伟　于海龙）

【学校举行校友奖助金颁奖活动】12月19日，学校2012—2013学年度校友奖助金颁奖大会召开。校党委书记吴志功，校长刘吉臻，党委副书记、副校长张金辉，副校长安连锁、孙平生、孙忠权、王增平，党委常委、组织部部长张天兴，校长助理米增强、律方成、汪庆华，南方电网综合能源有限公司党组成员、副总经理、广东校友会副理事长、发电81级曹重校友，海南电力技术研究院院长、海南校友会理事长、电自90级吴清校友，四川省电力科学研究院副院长、四川校友会秘书长、电自81级常晓青校友，北京中电方大科技股份有限公司总经理、北京校友会副秘书长、计算机85级邓岳辉校友，南方电网综合能源有限公司市场开发事业部副总经理、电自90级林育明校友，泰科电子电力事业部中国区总经理魏博安出席大会。学校相关职能部门负责人、各院系党总支书记及学生代表参加了大会。

（彭　伟　于海龙）

基金会工作

■概述

2013年,华北电力大学基金会工作采取有效措施,募集资金额度持续增加,各项工作取得可喜成果。

2013年,基金会以北京市民政局评估为契机,从健全组织机构、完善规章制度、规范工作流程、加大宣传力度、主动信息公开等全方位加强了基金会的基础建设,为基金会步入跨越发展的快车道做好了充分准备。

(史雪霏)

■ 概况

2013年,基金会签订捐赠协议61笔,协议金额114 091 340.00元,年内实际收到资金和资产价值34 512 275.00元。年度支出合计11 709 348.84元,其中:业务活动成本11 513 637.50元,管理费用162 292.34元,筹资费用33 419.00元。本年度工作人员工资福利和行政办公支出占本年支出比例的1.39%。基金会在本年度对外投资项目一项,为持有北京绿能文化传媒有限公司20%股权。

2013年,基金会召开理事会2次,组织调研活动4次,参加行业会议3次,接受各界捐赠61次,管理运作基金项目共65项,其中新增项目24项。基金会被北京市民政局评定为4A级基金会。

(史雪霏)

■条目

【设立"情暖童心"关爱农村留守儿童专项基金项目】2月27日,教育基金会筹资150万元人民币设立"情暖童心"关爱农村留守儿童专项基金,通过建立关爱农村留守儿童动态管理信息系统,对农村重点中小学教师、儿童家长以及留守儿童开展全方位培训,打造关爱活动阵地以及开展长期志愿服务等形式,帮助顺平当地贫困山区农村留守儿童健康成长。

(史雪霏)

【赴上海浙江湖南等地高校开展调研】3月25日至29日,学校基金会常务副秘书长王子杰一行5人到上海交通大学、上海校友会、浙江大学、中南大学、泰科电子(上海)有限公司进行工作调研,并签订"泰科电子奖助金奖教金"捐赠协议。该基金主要用于奖励资助优秀学生和青年教师科研项目。基金会通过调研、走访,学习了兄弟院校基金会工作先进经验,密切了与兄弟院校部门和企业的联系,为下一步更好地开展工作,提升工作水平打下了基础。

(史雪霏)

【中恒博瑞捐资500万元助力华电学子创新创业】4月11日,华北电力大学中恒博瑞创业基金捐赠协议在学校签约。该基金由北京中恒博瑞数字电力科技有限公司捐资500万元在华北电力大学创立,是学校第一支用于鼓励学生创业学习和实践的专项基金。党委书记、教育基金会理事长吴志功,党委副书记李双辰、郝英杰,杭州中恒电气股份有限公司董事长朱国锭及该公司董事、中恒博瑞董事长兼总经理周庆捷,中恒博瑞副总经理张永浩、杨景欣等出席仪式。

(史雪霏)

【举行大学生就业扶助项目签约仪式及项目报告会】4月16日,"华民慈善基金会——华北电力大学2013年大学生就业扶助项目签约仪式"在北京校部举行。大学生就业扶助项目作为华民慈善基金会促进教育平等计划的首推项目,在帮助家庭经济困难的大学生就业中发挥了重要作用。华民慈善基金会培训部主任李朝辉博士,学校学生处副处长、就业指导中心主任张兵仿,教育基金会常务副秘书长王子杰,校友会秘书长、校友工作办公室主任聂国欣等相关人员出席仪式。

(史雪霏)

【获公益性捐赠税前扣除资格的公益性社会团体名单】5月22日,由北京市财政局、北京市国家税务局、北京市地方税务局以及北京市民政局联合下发的《关于公布北京市2012年度获得公益性捐赠税前扣除资格的公益性社会团体名单的通知》(京财税〔2013〕822号),北京华北电力大学教育基金会和其他225家基金会一起名列"北京市2012年度获得公益性捐赠税前扣除资格的公益性社会团体名单"。

(史雪霏)

【首批"情暖童心"公益项目捐赠品运往顺平】6月27日,华北电力大学首批"情暖童心"公益项目捐赠品——201台25英寸彩色电视,在国际交流中心打包装车,运往河北省顺平县。捐赠物品是学校落实与顺平县人民政府合作的

"情暖童心"关爱留守儿童项目的一种举措,是学校履行服务社会职责和功能的一种体现,是学校引领公益事业发展,提倡公益正能量的切实行动。

(史雪霏)

【接受华电佳庆投资基金管理(北京)有限公司股权捐赠项目】7月9日,基金会接受华电佳庆投资基金管理(北京)有限公司10%的股份,价值1 800万元的股权捐赠项目。

(史雪霏)

【北京市民政局对学校教育基金会进行评估】7月11日,北京市民政局委托北京师范大学社会公益研究中心、中证天通会计师事务所对学校教育基金会作评估。在听取工作汇报、实地检查等环节后,专家组对学校教育基金会工作给予了充分肯定。基金会理事长、校党委书记吴志功,副理事长、副校长孙平生,监事齐向军,理事会理事及相关工作人员参加了会议。

(史雪霏)

【与新疆生产建设兵团并签署战略合作协议】7月14日至18日,基金会常务副秘书长王子杰陪同基金会理事长吴志功对新疆生产建设兵团进行了为期四天的考察访问,一行受到兵团的高度重视和热烈欢迎,双方就共同成立华北电力大学兵团研究院,设立专项基金、人才培养、科研合作、能源工程建设、干部援助等方面进行了友好会谈并签署战略合作协议。

(史雪霏)

【举行华北电力大学中恒博瑞创业基金启动暨创业实验班第一期项目资助仪式】11月7日,华北电力大学中恒博瑞创业基金启动暨创业实验班第一期项目资助仪式在北京校部举行。党委书记、基金会理事长吴志功,党委副书记郝英杰,副校长、基金会副理事长孙平生,北京中恒博瑞数字电力科技有限公司总经理周庆捷,副总经理张永浩、杨景欣出席大会。学校相关部门负责人、各学院领导及创业实验班全体学生参加仪式。

(史雪霏)

【举行华北电力大学天宇博瑞能源基金签约仪式】11月15日,学校举行"华北电力大学天宇博瑞能源基金"签约仪式。党委书记、基金会理事长吴志功,副校长、基金会副理事长孙平生,新疆天宇博瑞科技有限公司总经理谢华、总顾问董学柏、规划部经理周兴华,出席了签约仪式。党校办、校企合作办、校友会、教育基金会等相关部门负责人参加了仪式。

(史雪霏)

【学校与华电卓识测评中心共建信息安全工程实验室】12月18日,学校举行信息安全工程实验室揭牌仪式。信息安全工程实验室由学校与华电卓识测评中心联合成立,挂靠在电气与电子工程学院。国家能源局电力安全监管司副司长苑舜,公安部信息安全等级保护评估中心副主任张宇翔、总工程师任卫红,积成电子股份有限公司董事长杨志强,北京华电卓识信息安全测评技术中心有限公司董事长王英彬、总经理张志伟,学校党委书记、教育基金会理事长吴志功,教育基金会及相关单位出席仪式。

(史雪霏)

【九旬高龄教授张保衡设立励学基金】12月26日,学校举行"华北电力大学张保衡励学基金"启动座谈会。该励学基金是由学校退休教师、九十高龄的张保衡教授及其学生们共同捐资设立的,旨在奖励和资助华北电力大学能源动力与机械工程学院(保定校区为动力工程系、机械工程系)家庭经济困难、学习刻苦努力的全日制本科生、硕士研究生;支持华北电力大学尊师重教的传统校园文化建设;弘扬与传承老教师勤勉工作、严谨治学等优良品格精神。校党委书记、教育基金会理事长吴志功,退休教师张保衡教授,励学基金管理委员会主任严可国,党办、校办、学工部、研工部、宣传部、教育基金会、能动学院有关领导及张教授部分学生代表等,参加座谈会。

(史雪霏)

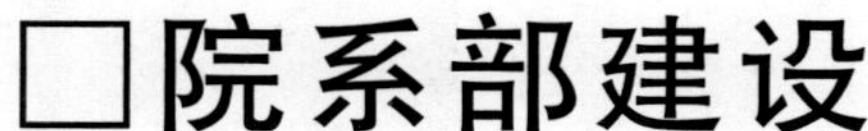

CONSTRUCTION OF SCHOOLS, INSTITUTES AND DEPARTMENTS

○综　　述

2013年，华北电力大学各院（系、部）围绕“十二五”规划、学科建设、国家重点实验室建设、优势学科创新平台建设、“2011协同创新计划”“教学名师”评选等开展工作。

2013年，电气与电子工程学院在学科建设方面，加强“985”工程优势学科创新平台“电力科学与工程”的建设工作，再次启动“2011协同创新计划”。在教学方面，电工电子北京市实验教学示范中心完成了评估验收工作，学院开展了新一轮本科生人才培养方案修订工作，电力系统教学团队被评为“2013北京高等学校继续教育优秀教学团队”，王泽忠教授获得第九届北京市教学名师奖。该学院按照“用好现有人才，培育未来人才，引进急需人才”的原则，进一步加强人才培养与引进工作，2013年引进“千人计划”2人。配合学校的人事制度改革，出台了教师绩效考核细则，对教师实施按岗考核、分类考核。

2013年，能源动力与机械工程学院完成动力工程及工程热物理、机械工程、材料科学与工程、土木工程4个一级学科调研工作，深入分析了学科发展中存在的问题，并有针对性地制定了学科建设规划和工作计划。确立了3～5年内，动力工程及工程热物理学科排名进入到国内高校前10名、力争成为国家一级重点学科的学科建设目标。教育教学方面，提出并实施了“严爱计划”，落实了“大课责任教师”制度。付忠广教授被评为北京市优秀教师。“热能与动力工程专业创新型人才培养体系的建设与实践”获河北省教学成果一等奖。主编出版普通高等教育“十二五”出版社规划教材4部。人才培养方面：积极开展引进师资的工作。徐进良教授正式担任院长，两个实体化团队整编制加盟，两个北京市重点实验室（热电生产过程污染物监测与控制北京市重点实验室、低品位能源多相流与传热北京市重点实验室）入驻，徐进良教授入选国家百千万人才及长江学者特聘教授，孙东亮副教授入选教育部21世纪人才，引进了青年才俊徐超教授等。平台建设方面，北京校部完成国家火力发电工程技术研究中心的建设验收工作，成为学校历史上第一个通过建设验收且受到专家高度评价的国家级科研平台。指导学生参加各项比赛并获奖，其中，获美国大学生数学建模竞赛一等奖26人；获第六届全国大学生节能减排社会实践与科技竞赛全国特等奖1项；获第七届“挑战杯”首都大学生课外学术科技作品竞赛一等奖1项；获全国大学生英语竞赛中获C类特等奖1项；获第十三届“挑战杯”河北省大学生课外学术科技作品竞赛中获得河北省特等奖1项，一等奖1项。

2013年，经济与管理学院牛东晓教授获长江学者特聘教授，两个学科排名均进入“985”高校行列。其中，工商管理一级学科在全国115所参评院校中名列第29位，由上次排名百分比的50%上升到排名百分比前25%。管理科学与工程学科在全国102所参评院校中名列第34位，排名百分比进入前33%。年度科研经费达到4 668万元。

出版高水平教材7部，发表教学研究论文10篇。指导学生参加各项创业大赛获省部级大赛一等奖3项、二等奖2项、三等奖5项。继续把学风、教风建设和学生科技创新作为重点工作。举办学院教风学风表彰大会，共有147名同学在国家级、省部级学科竞赛和学生科技创新活动中获奖。学生就业率保持基本稳定，考研率和就业质量稳中有升。牛东晓教授获颁最受欢迎商学院院长奖，华电MBA项目获颁最具专业特色MBA院校奖，闫庆友获颁最佳MBA中心主任奖。在第九届“MBA成就奖”评选活动中华北电力大学荣获“中国MBA特色院校”，闫庆友当选“MBA杰出教授”，MBA毕业生陈立忠、任龙强荣获“MBA成就奖”。学生竞赛取得突破成绩，在第五届“尖峰时刻”全国商业模拟挑战赛总决赛中，华电MBA学子获团体一等奖。2013年案例开发情况取得了历史性突破，学院李彦斌教授、何平林副教授撰写的两篇案例入选第四届全国“百篇优秀管理案例”；罗国亮、龙成凤、孙冬撰写的3篇案例被中国管理案例共享中心（CMCC）收录。

2013年，控制与计算机工程学院控制科学与工程博士后科研流动站完成首次博士后招生工作。新设专业物联网专业顺利完成招生。林碧英获北京市教学名师奖，白焰、林碧英分获北京市教学成果二等奖，杨国田获北京市教改立项。由林碧英负责的计算思维教学团队入选华北电力大学教学团队。“电力之光”创新实践基地申报北京市示范性校内创新实践基地获批，成为北京市首批25个基地之一；智能控制与系统创新俱乐部获学校批准成立。“国家级虚拟仿真实验教学中心”，已获批河北省省级教学示范中心。由刘吉臻负责的“大型超超临界机组自动控制系统关键技术与应用”获教育部科技一等奖。举办了第二届 IET Renewable Power Generation Conference。携手剑桥大学成立全球可持续发展中心并实现与英国肯特大学联合培养本科生、博士生。年度举办学术交流活动10余次，邀请了国际著名遗传算法专家程润伟博士、国际著名遗传分布式计算和数据库系统专家 Ling Liu 教授以及国际著名数据库系统专家 Calton Pu 教授等多位学者作学术报告。学院毕业生的总体就业率为96%以上，其中保定校区计算机系研究生毕业生一次就业达100%。2013年，北京校部科技创新成果突出，多个团队和个人获得省部级荣誉。有80名同学在全国各级各类比赛中获得省部级及以上奖励。

2013年，华北电力大学人文与社会科学学院教师队伍建设成效显著。王学棉教授被授予“北京市优秀教师”称号，以王学棉为首的诉讼法教学团队入选学校“优秀教学团队支持计划”。赵旭光、沈磊、刘扬、庞涛、付荣等5位教师入选北京市2013年高校青年英才计划。科研工作实现突破。其中，朱晓红教授的科研成果获得国务院相关机构采纳。成功主办了“2013年中国农村贫困与社会发展论坛”；承办了2013年中国电力企业管理年会。学生在各类学科竞赛中再创佳绩。累计31名学生获国家级奖项，32名学生获得省部级奖项。其中，学生张涛获得全国“自强之星”百强，并荣获年度校长奖学金。

2013年，外国语学院深化教学改革，不断提高教学质量。校部英语系将3月份定为首届“教学质量月”，成立四个专家组，对全系40岁以下的所有青年教师进行随堂听课，认真填写“外语课堂教学评价表”，形成评价意见，并与教师进行沟通与点评。举办了青年教师教学基本功大赛并选派老师参加了学校和北京市、河北省的讲课比赛，成绩显著。张玲老师获保定市第五届大中专院校青年教师说课大赛英语组一等奖。在科研方面，该学院注重政策引导，提升科研水平。校部制定了《英语系学术团队建设方案》，建立了由硕士生导师牵头、青年教师参加的四个学术团队，形成了人员稳定、以老带新、目标明确的科研团队。获2013年度中央高校基金资助面上项目13个，青年项目2个；签订纵向项目16项，横向项目9项，到账金额72.3万元。发表论文273篇，专著4部，编著1部。师资队伍建设方面，该学院配合大学完成了全院教师聘期考核和新一轮教师岗位聘任工作。学院重视师资队伍建设，特别是对青年教师的培养，宁圃玉入选“华北电力大学教学名师培育计划”，5位教师获“北京市青年英才计划”资助，赵玉闪团队入选北京市共建项目华北电力大学优秀教学团队支持计划。引进国外博士1名。9名教师被评为校级教学优秀奖。校部吴晓霞被评为学校“我爱我师”十佳最美班主任，7名教师被评为“我爱我师”最美班主任。

2013年，数理学院5人获2012—2013学年度教学优秀奖，陈雷获教学优秀特等奖。数学建模竞赛指导团队指导学生参加数学建模竞赛，4月获美国大学生数学建模竞赛国际一等奖22项，国际二等奖46项。在学科建设方面，应用数学被增列为河北省重点学科。2013年，工程生态学与非线性科学研究中心以分子生物学和基础化学分析实验平台为基础，顺利完成国家“十一五”水体污染与控制重大专项课题验收，并获得财务和技术“双优”荣誉。2013年，数理系加强毕业生就业指导工作，考研升学率达到49.3%，为全校第一，同时创全系历史最好水平。2013年，在科研方面，数理系（保定）共发表各类文章73篇，其中 SCI 20篇，EI 24篇。2013年，数理系（保定）继续推进“班主任名师制度”，邀请数理系副主任阎占元教授、信息教研室主任马新顺教授担任2013级班主任，继续巩固和深化了育人名师效应，营造良好的育人环境。

2013年，华北电力大学环境科学与工程学院在本科及研究生教学、学科建设、科研、师资队伍建设、学生及党建工作等方面取得较好成绩。科研工作在年度科研项目合同额、国家“863”计划项目、获国家自然科学基金项数、获国家发明专利数等方面实现历史性突破。其中，年度科研项目合同额达到了2 222.4万元，获国家“863”计划项目2项，获国家自然科学基金6项，获国家发明专利7项。本科生、研究生在大学生节能减排大赛、大学生挑战杯等国家及省级比赛中成绩喜人。

2013年，可再生能源学院教学条件进一步完善。风能专业、光伏发电专业获北京市共建项目资助。引进了国家973项目首席科学家戴松元教授、入选“新世纪优秀人才支持计划”“青年千人计划”的何理教授；徐进良教授入选了教育部“长江学者”特聘教授、2013年国家百千万人才工程，并被授予“有突出贡献中青年专家”荣誉称号；张锴教授获得教育部自然科学二等奖、中国电力科学技术三等奖；田德教授参与项目获得北京市教学成果二等奖；谭占鳌教授入选“21世纪优秀人才支持计划”。学院科研项目获丰收。2013年，共获批科研项目89项，其中纵向课题34项，横向课题55项。特别是在重大项目和国家级项目申请方面取得重要进展：李美成教授主持申报的国家自然科学基金重大研究计划项目——“面向能源的光电转换材料”获得国家批准。姚凯文教授获批南水北调中线一期监理检测项目，总经费920.87万元。学院教师发表科研论文约150余篇，其中SCI论文50余篇、EI论文60余篇。积极组织学生参加全国大学生数学建模大赛、机械设计大赛、大学生课外科技大赛等赛事，提高同学们的创新能力。学院2012—2013年度科技创新取得了丰硕的成果，获奖等级和获奖名次上比去年有很大提高，数量上也由上年的18项增加到了26项，其中国家级奖16项，省部级奖4项，校级6项。其中获得一项国家级特等奖和两项国家级一等奖的好成绩。学生班级建设方面也取得不俗的成绩，水电1002班获得首都先锋杯优秀团支部、校级优秀团支部称号。

2013年，核科学与工程学院在学科建设上取得了丰硕成果，“非能动核能安全技术”北京市重点实验室获批，新本科专业“辐射防护与核安全”经教育部批准设立。教学方面，吴英、陈涛、周涛获得了2012—2013年度校级教学优秀奖，陆道纲教授“核电厂系统设备与安全”教学团队入选“华北电力大学优秀教学团队支持计划”，赵强老师入选“华北电力大学教学名师培育计划”。该学院年度科研经费达2 000万元，保持了学院科研经费持续高速增长，是学院建院以来科研经费达到的最高水平，年度科研经费任务完成率135%，校内排名第一。2013年，学院陈义学教授及其团队在“聚变堆”与“中微子”两个国际前沿领域项目申报中获得重大突破。师资教育方面，引进青年教师张竞宇、隋丹婷、陈娟，聘用实验员臧启勇，聘用科研兼研究生秘书李玲，加强了学院师资队伍的活力。2013年，学院特聘教授欧阳晓平被评选为中国工程院院士。2013年，陆道纲教授受聘大学创新人才支持计划“学术领军人才支持计划”，陈义学、牛风雷教授 受聘大学“学科带头人支持计划”，马续波、韩然、刘芳、刘洋老师受聘大学“青年骨干教师支持计划”；陈涛、曹博、吕雪峰、周世梁、刘芳入选北京高校“青年英才计划”。积极为科技创新活动搭建平台，全年共有100余人参加了各类科技创新竞赛的评选，其中25项科技创新项目获得立项。指导学生参加国际、国家及省部级比赛取得优异成绩。

2013年，国际教育学院扩大留学生招生规模，提高留学生培养层次；深化教育教学改革，强化教育教学过程管理；创新学生管理工作机制，强化学风建设；加强制度建设，实现科学化、规范化管理等各方面取得进展。国际合作项目合作伙伴大学数量继续扩大。电气项目继英国的爱丁堡大学、曼彻斯特大学、斯莱斯克莱德大学、巴斯大学、卡迪夫大学，美国的普渡大学、密苏里大学哥伦比亚、伊利诺伊理工大学，威斯康星大学密尔沃基，新增了合作伙伴佛罗里达国际大学；会计金融项目继澳大利亚昆士兰大学，美国的威斯康星大学密尔沃基，新增了合作伙伴美国普渡大学，为中外合作办学项目班的学生提供更多更好的留学选择。招生录取首次增设国际化学习综合素质及潜能面试环节，进行优中选优选拔性招生。来华留学生招生规模持续增加。全年共招收各类长期留学生130人，比上年增长11%，且招收的学历生比例高于北京市平均水平。继续加强来华留学生的中国传统文化教育。组织共计400多名来华留学生参加“汉语之星”“来华杯”“欢动北京”“环昆明湖长走”等各类文体活动20余次。学校2次被主办方授予“优秀组织奖”。共举办了3期短期来华留学培训项目，共培训119人次。

2013年，体育教学部把体育教学和体育课程建设放在首位，积极组织深入教学改革，提高学生身心健康水平和体育实践创新能力，1项省部级教改项目获立项，2项教改项目结题。在教学过程中注重体育课教学与课余体育活动的良好衔接，取得了良好的教学效果。校足球队、田径队、男女篮球队、男女排球队、健美操队、街舞队、乒乓球队、跆拳道、毽绳队、藤球队、武术队、铁人三项、传统养生、轮滑队、网球队等在全国和省部级比赛中取得优异成绩。足球队获首届中国大学生足球联赛北区冠军，实现了学校在该项目上的历史性突破。学生干雪参加全国半程马拉松赛再次夺得该项目冠军。体育教学部（保定）被河北省教育厅思政体卫处和河北省大学生体协授予“学校体育工作管理优秀单位”荣誉称号；学校体育教学部（保定）房游光、王泽霖老师，获得“河北省优秀体育教师”荣誉称号。

2013 年，政教部重点在学科建设、教学工作、教师队伍等方面展开工作。学科建设方面：政教部在充分挖掘现有教师学术优势的基础上，整合出具有明显特色的青年思想政治教育、青少年灾难教育、东方社会发展理论、城市发展理论、新农村建设理论、文化建设理论等方向。教学工作方面：本科教学工作中，政教部负责的重大重点教改项目顺利结项验收；组织精干教师结合自身特点积极申报教育部教学方法推广项目。研究生教学工作中，研究生开课、中期检查、答辩等工作进展顺利，培养的 15 名硕士研究生顺利毕业；根据新教学大纲，着力建设研究生教学体系，争取把研究生主干课程打造为核心课程。教师队伍建设。2013 年，政教部在积极引进人才的同时，组织现有教师参加国家级或省级培训、学术会议共 12 次。进一步优化教师职称结构，博士后出站 1 人，在读博士 3 人。

电气与电子工程学院

■概述

2013年,电气与电子工程学院按照大学党委整体部署,落实学院的群众路线教育活动,与学院学术带头人积极谋划,凝练出9项学院重点建设项目并撰写了项目报告。在学科建设方面,加强“985”工程优势学科创新平台“电力科学与工程”的建设工作,再次启动“2011协同创新计划”。在教学方面,电工电子北京市实验教学示范中心完成了估验收工作,学院开展了新一轮本科生人才培养方案修订工作,电力系统教学团队被评为“2013北京高等学校继续教育优秀教学团队”,王泽忠教授获得第九届北京市教学名师奖。

该学院按照“用好现有人才,培育未来人才,引进急需人才”的原则,进一步加强人才培养与引进工作,2013年引进“千人计划”2人。配合学校的人事制度改革,学院经过细致调研和测算出台了教师绩效考核细则,对教师实施按岗考核、分类考核。

(刘春磊)

■概况

院　长:

常务副院长:李庚银

书　记:孙凤杰

学院网址:

http://electric.ncepu.edu.cn

2013年,华北电力大学电气与电子工程学院在北京设有学院本部,在保定校区设有2个系,电力工程系、电子与通信工程系。学院现有1个国家级重点学科、1个国家级重点实验室、4个省部级重点实验室。设有1个博士后科研流动站,6个博士学位授权专业(电机与电器、电力系统及其自动化、高电压与绝缘技术、电力电子与电力传动、电工理论与新技术、电气信息技术),10个学术型硕士学位授权专业(电机与电器、电力系统及其自动化、高电压与绝缘技术、电力电子与电力传动、电工理论与新技术、电路与系统、电磁场与微波技术、通信与信息系统、信号与信息处理、农业电气化与自动化),2个专业学位硕士学位授权专业(电气工程、电子与通信工程)。8个本科专业(电气工程及其自动化、通信工程、电子信息工程、电子科学与技术、电子信息科学与技术、电力工程与管理、农业电气化与自动化、智能电网信息工程)。

2013年,学院有中国工程院院士1人,“千人计划”2人、国家杰出青年科学基金获得者1人、国家百万千人才计划2人、中科院百人计划1人、教育部21世纪优秀人才2人。

2013年,学院本部有教职工203人,其中,专任教师157人(教授56人、副教授65人,具有博士学位的教师为71%)、有实验技术人员25人、党政及管理人员16人。2013年,学院本部共引进师资8人,其中从海外引进4人(其中2人为“千人计划”获得者),有8人出国进修。2013年,电力工程系有教职工128人,其中,专任教师103人(教授25人、副教授24人,具有博士学位的教师为64%)、有实验技术人员14人、党政及管理人员11人。2013年电力工程系新增博士学位教师6人,引进师资4人,有2人出国进修。2013年,电子与通信工程系有教职工70人,其中,专任教师50人(教授10人、副教授13人,具有博士学位的教师占教师的52%)、有实验技术人员11人、党政管理人员8人。

2013年,学院本部毕业1 218人,其中博士研究生46人、硕士研究生405人、普通本科生767人;学院本部招生1 128人,其中博士研究生52人、硕士研究生416人、普通本科生660人;学院本部在校生4 099人,其中,博士研究生352人、硕士研究生1 233人。本科生就业率为96.29%,硕士研究生就业率为98.23%,博士研究生就率为100%。2013年,电力工程系毕业学生923人,其中博士研究生0人,硕士研究生(日校)237人,在职工硕175人,普通本科生511人;电力工程系招生705人,其中硕士研究生(日校)224人,普通本科生481人;电力工程系在校生2 724人,其中,博士研究生0人,硕士研究生(日校)647人,普通本专科生2 077人。本科生的英语四级一次通过率为95.04 %,本科毕业生一次就业率为98.6%,研究生毕业生一次就业率为100%;本科考研报名94人,考研率为18.38%。2013年,电子与通信工程系毕业学生209人,其中,硕士研究生69人、普通本科生140人;电子与通信工程系招生237人,其中,硕士研究生75人、普通本科生162人;电子与通信工程系在校生789人,其中,硕士研究生213人;普通本专科生576人。本科生的英语四级一次通过率为92.31 %,本科毕业生一次就业率为

98.12%,研究生毕业生一次就业率为98%。

2013年,学院本部设有135个学生班级,大二接收转专业学生60人,其中院内转专业20人,院外其他专业转入40人,设有辅导员岗位6个(其中副书记1人),其中正式编制5个、聘任1个。2013年,电力工程系设有84个学生班级,其中实验班6个,设有辅导员岗位6个,其中5个为正式编制;学生获得各类省部级奖励150人次。2013年,电子与通信工程系设有26个学生班级,设有辅导员岗位3个,均为正式编制;学生获得各类省部级奖励14人次,180余人次获得校级奖励。

2013年,学院教师承担普教本科生课程205门、函授生课程248门、单独英语授课28门,总共233门,248门。开设研究生课程84门,完成教学2 432学时。2013年,电力工程系开设研究生课程33门,完成教学1 104学时;开设本科生课程101门次,完成教学7 088学时;实践环节66门次,180周学时。2013年,电子与通信工程系开设研究生课程30门,完成教学912学时;开设本科生课程77门次,完成教学4 940学时;实践环节22门次、68周学时。

2013年,学院本部拥有研究所15个,另有工程实践中心1个、电工电子实验教学中心1个。学院本部拥有实验室13个、学生实习基地19个、科技研究(创新)基地2个。2013年,电力工程系拥有教研室7个、科研创新团队13个、实验室6个、学生实习基地16个。2013年,电子与通信工程系拥有教研室3个、实验室2个、学生创新实习基地1个。

2013年,学院本部签订各类科技项目267项,科技经费计13 312.18万元。其中,纵向项目45项,资助金额2 878.54万元;横向科技合同222项,合同金额10 433.64万元。2013年纵向项目到账经费2 961.8561万元,横向项目到账经费8 275.5634万元,到账经费总计11 237.4195万元。申请专利149项,其中:发明专利申请103项、实用新型专利申请46项;获授权专利共117项,其中,发明专利授权34项、实用新型专利授权82项、外观设计专利授权1项。发表论文531篇,其中SCI收录43篇,CSSCI收录1篇,EI期刊、一级学报收录165篇,EI会议收录135篇,其他187篇。举行学术交流会42次,其中国外专家学术交流会35次,国内专家学术交流会7次。申报各类科技奖励22项;获奖9项,其中省部级奖励4项,社会力量奖2项,地市局级奖励2项,学校级奖励1项。

2013年,电力工程系签订纵横向科研项目64个,其中纵向9项、横向55项,实现科研合同金额共计2 388万元,其中纵向科研经费123万元,横向科研经费2 265万元;其中国家"863"计划项目子课题1项,国家自然科学基金获得资助3项,河北省自然基金3项,北京市自然科学基金预探索项目1项,高等学校博士学科点专项科研基金(新教师)1项;2013年中央高校基本科研业务费项目获资助15项(青年培养7项、面上项目7项、重点项目1项),总经费92万元;共发表核心期刊以上论文363篇,其中三大检索收录178篇(SCI 15篇、EI 163篇),国外期刊12篇,中文核心期刊71篇,国际会议52篇。电力工程系举行学术交流会5次,其中国外专家学术交流会4次,国内专家1次。2013年,获河北省科学技术奖2项,2013年获授权发明专利13项,实用新型专利8项,计算机软件著作权1项。

2013年,电子与通信工程系纵横向科研项目21项,实现科研合同金额共计741.27万元,其中横向科研经费527.27万元、纵向科研经费214万元,2013年申报中央高校基本科研业务费基金项目19项(获资助19项:其中面上项目10项),经费共计97万元。发表核心期刊以上论文60篇,其中三大检索收录25篇。专利授权10项;其中发明专利2项,实用新型专利8项。

2013年,学院本部设有56个党支部,有中共党员1 100人,新发展党员160人。2013年,电力系设有30个党支部,拥有中共党员703人、新发展党员180人。2013年,电子与通信工程系设有12个党支部,有中共党员240人,新发展党员46人。

2013年,学院本部学生获全国大学生电子设计竞赛二等奖2项;获第八届"挑战杯"首都大学生创业计划竞赛获铜奖1项;获北京市大学生电子设计竞赛二等奖5人次。国家奖学金、国家励志奖学金评选,国家奖学金26人;获励志奖学金60人。本科生社会奖学金进行评选,校友奖助金26人、节能奖学金2人、博纳之星奖学金4人、四方股份奖学金10人、浙能奖学金9人、安徽省电力公司奖助学金13人。研究生企业奖助金评选工作中,获校长奖学金1人,魏德米勒奖学金6人;四方股份奖学金15人;南瑞继保奖学金6人;毅格奖学金4人;泰科电子奖学金10人,校友奖助金10人。2013年本科综合测评及奖学金三好学生优秀学生干部评选,一等奖111人;二等奖221人；三等奖221人；学习成绩优秀奖学金110人、社会工作优秀奖学金111人、文艺活动优秀奖学金111人、体育活动优秀奖学金111人、十佳示范性优秀班集体3个、校级三好学生标兵20人、校级三好学生118人、校级优秀学生干部标兵4人、校级优秀学生干部22人，院系级三好学生173人、院系级优秀学生干部44人。2013年社会实践获得校级优秀实践团队30支，校级优秀实践个人49人，院系优秀实践个人83人。

2013年，电力工程系学生有18人获国家奖学金，有58人获国家励志奖学金，有369人获国家助学金，另有13人获校友奖学金。参加各类创新和学习竞赛获得省部级以上奖励150人次，其中，美国国际大学生数学建模竞赛一等奖20人，二等奖12人；全国大学生数学建模竞赛国家一等奖4人、国家二等奖4人；全国大学生英语竞赛（C类）特等奖2人，一等奖5人。2013年电力工程系本科生预立项创新性实验项目27项。2012—2013年度本科学生中有29项实用新型专利，5项计算机软件著作权。本科生共发表了57篇学术论文，其中SCI论文1篇，EI检索3篇。2013年电力工程系共有1 683人参加暑期社会实践，共组建了131支社会实践小分队。

2013年，电子与通信工程系获河北省教学成果二等奖1项，完成校级教改项目12项，省级精品课程4门，指导大学生创新创业项目荣获国家级优秀3项，孔英会获华北电力大学教学优秀特等奖，张淑娥、刘立、刘童娜获华北电力大学教学优秀奖，谢志远荣获华北电子大学教学名师。获2013年度“南瑞继保奖教金”教师1人。获2013年“广哈”通信奖教金教师6人。

（刘春磊　李红梅　谷喜岭　宋金鹏　吴启宏　王　倩　孙　颖）

■条目

【河北省教学成果二等奖】3月，华北电子大学电子与通信工程系孔英会《以核心课程和工程实践平台建设为重点，构建全过程专业创新人才培养体系》获河北省教学成果二等奖。

（谷喜岭）

【获省级教学成果奖2项】3月，由电力工程系焦彦军负责的《继电保护创新研究型实验平台及教学实践》获河北省教学成果二等奖，由电力工程系栗然负责的《结合元认知理论的<电力系统分析基础>辅助教学体系研究》获河北省教学成果奖三等奖。

（李红梅）

【1项省级教改项目通过验收】4月，由电力工程系盛四清负责的《电气工程及其自动化专业创新人才培养的研究与实践》省级教改项目通过验收。

（李红梅）

【王泽忠再次当选教育部电气教指委副主任】4月9日，教育部下发《教育部关于成立2013—2017年教育部高等学校教学指导委员会的通知》（教高函〔2013〕4号）。学院王泽忠教授再次当选教育部电气教指委副主任。

（宋金鹏）

【6部教材获得大学“十一五”及“十二五”期间优秀教材奖励】5月17日，学校发布文件《关于对华北电力大学“十一五”及“十二五”期间优秀教材进行奖励的通报》，对2010年8月至2012年6月期间主编出版或获奖的优秀教材予以奖励。学院李庚银、崔翔、王泽忠、朱永强等老师主编的6部教材获得学校奖励。

（宋金鹏）

【获批第一批校级大学生创新俱乐部】5月29日，学校教务处发布文件《关于公布华北电力大学大学生创新俱乐部评审结果的通知》，对申报的俱乐部给出了评审认证结论：其中学院梁光胜老师作为负责人的“大学生电子科技创新实践俱乐部”，获得批准，成为首批华北电力大学大学生创新俱乐部。

（宋金鹏）

【获“2013北京高等学校继续教育优秀教学团队”奖1项】6月27日，北京市教育委员会下发通知《关于开展2013北京高等学校继续教育优秀教学团队第二阶段评审（答辩）的通知》，学校电力系统教学团队通过优秀教学团队评审，被评为“2013北京高等学校继续教育优秀教学团队”。

（宋金鹏）

【1人获“北京市教学名师”称号】7月31日，北京市教委发布文件《北京市教育委员会关于公布第九届北京市高等学校教学名师奖获奖名单的通知》（京教高〔2013〕12号），学院王泽忠老师名列其中，被评为第九届北京市高等学校教学名师。

（宋金鹏）

【1人获第二届“华北电力大学教学名师奖”】9月5日，学校发布文件《关于对第二届“华北电力大学教学名师奖”获得者进行表彰

的决定》(华电校教〔2013〕13号),学院刘连光名列其中,获得第二届“华北电力大学教学名师奖”。

(宋金鹏)

【获批北京高等学校教育教学改革立项项目面上项目两项】10月31日,北京市教委发布文件《北京市教育委员会关于批准2013年度北京高等学校教育教学改革立项项目的通知》(京教函〔2013〕521号),学院电工电子北京市实验教学示范中心孙淑艳作为负责人的《“自主型、研究型、创新型”三型一体的层次化实践教学模式的研究》和学院工程实践中心尹忠东作为负责人的《依托大学生校企联合实践基地的电气工程实践教学改革》通过审批成为2013年北京高等学校教育教学改革立项项目面上项目。

(宋金鹏)

【重新修订各专业本科生培养方案、成人教育培养方案】8月至11月,学院根据学校要求,重新修订了本科生培养方案和成人教育培养方案。

(宋金鹏)

【学院两门课程获批第三批国家级精品资源共享课立项】12月23日,教育部高等教育司发布《关于公布第三批国家级精品资源共享课立项项目名单及有关事项的通知》(教高司函〔2013〕132号),学院王泽忠作为负责人的《电磁场》和李永刚作为负责人的《电机学》通过评审,被批准立项,成为第三批国家级精品资源共享课立项项目。

(宋金鹏)

【电工电子北京市实验教学示范中心通过自评估验收】12月29日,学校电工电子北京市实验教学示范中心接受了北京市教委的自评估验收工作,并通过了评估验收专家组的验收。

(宋金鹏)

【电力工程与管理专业停止招生】2013年,根据教育部专业目录调整后的专业设置,电力工程与管理专业并入电气工程专业大类,2013年9月起,电力工程与管理专业停止招生,学院不再设置该专业。

(宋金鹏)

【大学生创新创业项目】2013年,由华北电力大学电子与通信工程系范寒柏、何玉钧、高强老师分别指导的《基于Zigbee技术的远程无线水深测量系统的设计与制作》、《基于WIFI无线技术的远程视频传输智能机器人的设计与实现》、《无扇叶喷气式抽油烟机的设计与制作》大学生创新创业项目获得国家级优秀奖。

(谷喜岭)

能源动力与机械工程学院

■概述

2013年,能源动力与机械工程学院继续响应学校“办一所负责任的大学”的目标,以严谨治学的工作态度,不断强化学科建设的龙头地位,依托学校“211”工程建设,以国家级重点学科、国家级领军人才、国家级重点项目和成果的不断突破为目标,继续加强工程热物理、动力机械及工程等省级重点学科的建设,调整机械工程学科方向,逐步向能源装备领域延伸。认真贯彻落实学院“十二五”规划及年初制定的各项任务,有条不紊的开展工作,在学科建设、人才培养、科学研究及党团分工会等方面取得较好成绩。

学科建设方面:学院以学科建设为抓手,顺利完成动力工程及工程热物理、机械工程、材料科学与工程、土木工程4个一级学科调研工作,深入分析了学科发展中存在的问题,并有针对性地制定了学科建设规划和工作计划。确立了3~5年内,动力工程及工程热物理学科排名进入到国内高校前10名、力争成为国家一级重点学科的学科建设目标。动力工程系组织校区之间和系内科技工作研讨座谈会4次,目的是凝练学科方向、促进学科交叉研究和提高青年教师科研能力。

教育教学方面:学院始终把提高教育教学质量作为发展的根本任务,不断优化人才培养模式和培养机制。提出并实施了“严爱计划”,落实了“大课责任教师”制度。北京校部以及保定校区动力系共同承担教育部“高等学校本科教学质量与教学改革工程”中的两个项目,分别是“专业综合改革试点”项目;“国家大学生校外实践教育基地建设工作”项目。以热能与动力工程专业“专业综合改革试点”项目建设为依托,通过教师申报,教学指导委员会评议,确定了17个子课题进行建设,以推进培养模式、教学团队、课程教材、教学方式、教学管理等专业发展重要环节的综合改革,促进人才培养水平的整体提升。教学管理规范,教学秩序稳定,教学计划执行良好。至年底,所有教师全部进行了教学质量综合评价,对评价好的教师进行了表扬,评价效果不好的教师进行了批评并有针对性的进行了指导。动力工程系能源动力与暖通工程实验教学中心圆满完成北京校部和科技学院实验教学任务,并进一步进行资源和实验整合,顺利完成了2013年教育部改善基本办学条件专项资金项目:《面向卓越工程师培养的能源动力与暖通工程实验教学中心建设》。其中,付忠广教授被评为北京市优秀教师,杜冬梅教授被评为第二届华北电力大学教学名师。张志老师获北京青年教师教学基本功比赛三等奖;9个项目入选“北京市支持中央在京高校共建项目”。“热能与动力工程专业创新型人才培养体系的建设与实践”获河北省教学成果一等奖。刘璐在保定市第五届大中专院校青年教师说课比赛中获得理工组一等奖。张磊在学校青年教师教学基本功比赛中获二等奖。在2013年度教学优秀奖评选工作中,吕玉坤、李加护、李慧君、时国华、张学镭5名教师获得教学优秀奖励。主编出版普通高等教育“十二五”出版社规划教材4部:分别是郭铁桥主编《物料输送系统》;范孝良主编《数控机床原理与应用》;韩庆瑶主编《单片机原理及应用》;戴庆辉主编《创新学导论》。由戴庆辉教授主持的教学改革项目“创新人才培养的三个着力点”获省部级教学成果三等奖。

人才培养方面:学院进一步落实学校“博士化、工程化、国际化”人才工程,按照学校“用好现有人才、引进急需人才、培育未来人才”的工作思路,积极开展引进师资的工作。徐进良教授正式担任院长,两个实体化团队整编制加盟,两个北京市重点实验室(热电生产过程污染物监测与控制北京市重点实验室、低品位能源多相流与传热北京市重点实验室)入驻,徐进良教授入选国家百千万人才及长江学者特聘教授,孙东亮副教授入选教育部新世纪人才,引进了青年才俊徐超教授等。2013年,共引进教职工8名,其中教师4名,实验员3名,有5名教师赴国外高水平大学做访问学者。

平台建设及科学研究:学院进一步推进实验室与相关平台的整合工作。电站设备监测与控制教育部重点实验室、国家火力发电工程技术研究中心、热电生产过程污染物监测与控制北京市重点实验室、低品位能源多相流与传热北京市重点实验室等平台全方位的合作,以实现资源的有机整合。北京校部完成国家火力发电工程技术研究中心的建设验收工作,成为学校历史上第一个通过建设验收且受到专家高度评价的国家级科研平台;依托“千人计划”潘伟平团队建设的“能源环境科学与工程研究所”正式揭牌,能源环境方向实现了进一步发展;金工实训中心正式运营,填补学校工程素质教育体系的空白。学院与学校科研院一起,先后与华能集团、大唐集团、北京市科委、北京市教委、国核设计研究院开展了深入广泛的交流,组织教授和科研团队申报了一批百万元和千万元经费量级的科研项目,部分项目已经获批立项。特别是在火力发电过程节能、火电厂新材料技术、火电机组清洁排放等领域抓住了机遇,获得立项支持;并在燃气轮机运行监测方面获北京市重大项目支持,在燃气轮机科研方面取得突破。北京校部签订纵横向科研项目145个,其中纵项65项、横项80项,实现科研合同金额共计6 343.77万元,其中纵向科研经费2 850.44万元,横向科研经费3 493.33元;承担校内科研项目32个;共发表论文270篇,其中三大检索收录121篇,核心期刊76篇。出版专著3部,自编教材1本;授权专利73项,其中发明专利25项,实用新型专利48项,有53人次参加了国际学术会议。动力工程系全年签订纵横向科研项目32个,其中纵项6项、横项26项,实现科研合同金额共计590.3万元,其中纵向科研经费99万元,横向科研经费491.3万元。2013年,动力工程系教育部博士学科点专项科研项目结题1项。2013年,动力工程系国家自然基金项目申报21项;河北省自然科学基金项目申报15项;北京市自然科学基金项目申报8项;申报2013年度广东省社会科学发展研究课题1项。动力工程系中央高校基本科研业务费批准立项9项,其中面上项目8项,批准资助金额64万元;青年博士生项目1项,资助金额1万元。动力工程系申请专利并获得授权数量明显增加,全年专利申请66项,共获得授权50项,授权包括10个发明专利,3个软件著作权,37个实用新型专利。共发表论文209篇,其中SCI检索6篇,EI核心20篇,一级学报31篇,EI检索的其他论文28篇,ISTP检索论文2篇,国外正式期刊论文9篇,国际会议论文4篇,中文核心期刊论文68篇,增刊或非核心期刊论文41篇。机械工程系纵、横向科技项目合同总额为481.78万,申报国家自然科学基金项目12项、省级自然科学基金项目10项。国家自然科学基金项目获得资助2项，河北省自然科学基金项目获得资助4项，北京市自然科学基金项目获得资助1项，6项中央高校科研业务费项目，发表论文68篇，其中SCI 3篇，EI检索论文20篇。

党团分工会及学生工作：学院以“办一所负责任大学”的理念为要求，充分发挥每一位员工的工作积极性和能动性，确保了思想政治、教育管理及其他工作的有序进行。顺利完成教职工党员在线学习，其中实验室党支部和工业设计与CAD教研室党支部获优秀党支部，侯步蟾获党员在线学习优秀个人。依托党员创先争优及党的群众路线教育实践活动，全面实现学院内部自查，通过不同层面座谈会以及党支部民主生活会，将群众诉求认真落实。充分发挥学院二级分工会作用，组织开展了各项教工文体活动，包括乒乓球、篮球、跳绳、羽毛球、长走、合唱比赛（三等奖）等活动，并开始学院每月固定的健走活动；认真落实教职工送温暖的规定，做好教职工的福利和服务工作；认真组织教职工代表大会，审议学院有关重要决定，特别是科研教学奖励办法；组织学校教代会代表广泛征集教职工意见，提交议案，合理维护好教职工的利益；吸纳学院聘用员工加入工会，营造学院尊重人、尊重劳动的氛围；在办公区域增设纯水机，让教职工喝上放心水、健康水。顺利完成平安校园评估验收。鼓励学生参加科技创新比赛，其中，北京校部22名同学获美国大学生数学建模竞赛一等奖，13名同学获二等奖。在第六届全国大学生节能减排社会实践与科技竞赛中，由机械教研室宋玉旺老师指导、罗薇等同学制作的“节能式抽油机传动机构”作品获全国特等奖，另有3件作品获二等奖，5件作品获三等奖。在第七届“挑战杯”首都大学生课外学术科技作品竞赛中，学生主持的《基于太阳能中低温利用技术的集热蓄热系统》获一等奖；《储气式健身器材发电系统》获得三等奖。动力工程系学生在全国大学生数学建模竞赛中获全国二等奖1名，河北省二等奖4名；在美国大学生数学建模竞赛中获全国一等奖4名，二等奖6名；在第六届全国大学生节能减排社会实践与科技竞赛中获全国一等奖1项，二等奖1项，三等奖7项；在第九届周培源全国大学生力学竞赛中获得国家三等奖2名，河北省一等奖1名，河北省三等奖1名；在全国大学生英语竞赛中获C类特等奖1名，三等奖7名；在第十三届“挑战杯”河北省大学生课外学术科技作品竞赛中获得河北省特等奖1项，一等奖1项，二等奖1项；在第四届全国高校环保科技创意设计大赛中获得金奖1项；在河北省第十八届大学生运动会甲组女子篮球比赛中获冠军，学院有2人参加；在2012年河北省大学生人文知识竞赛中获河北省三等奖1项；在2013年河北省第十八届大学生运动会获河北省三等奖1项。机械工程系组织学生参加国家级、省部级各类大赛并获奖60项，其中第九届“周培源”全国大学生力学竞赛团体赛优胜奖2项；第九届“周培源”全国大学生力学竞赛个人赛特等奖2项、一等奖10项、二等奖17项、三等奖26项；第十三届“挑战杯”全国大学生课外学术科技作品竞赛河北赛区二等奖3项。

（侯步蟾　李　非　谢海洋）

■概况

院长：徐进良（2013年10月上任）

书记：徐鸿

2013年，学院有教职工312人，其中，专任教师252人（教授60人、副教授88人，具有博士学位的教师为64.74%）、有实验及技术人员32人、党政及管理人员28人。

2013年，学院新增教授5人、副教授9人，当年新增博导0人。

2013年，学院中国工程院院士2人，享受政府津贴6人。共引进师资8人，其中教师4人，实验技术人员3人。

2013年，学院有毕业学生1 538人，其中博士研究生32人，硕士研究生413人，普通本科生1 096人；学院招生1 640人，其中博士研究生48人，硕士研究生438人，普通本科生1 154人；学院在校生5 798人，其中博士研究生224人，硕士研究生1 236人，普通本科生4 338人。本科生的英语四级一次通过率为91.5%，本科毕业生一次就业率为97.72%，研究生毕业生一次就业率为93.46%；本科考研报名427人，实际考取264人，考研率为38.96%。

2013年，学院签订纵横向科研项目212个，其中纵项84项、横项128项，实现科研合同金额共计7 415.07万元，其中纵向科研经费3 058.44万元，横向科研经费4 356.63元；承担校内科研项目54个；共发表论文489篇，其中三大检索收录200篇，核心期刊289篇。出版专著3部，自编教材1本；学院举行学术交流会9次，其中国外专家学术交流会0次，国内专家学术交流会9次。有65人次参加了国际学术会议。

2013年，学院共完成科研项目14个，通过验收3个。

2013 年，学院共获得省部级以上奖励 3 项，微纳尺度多相流动与传热传质的基础研究；中国能建科技进步奖；高等学校科学研究优秀成果奖(科学技术)。学院获授权专利 136 项，其中发明专利 38 项，实用新型专利 90 项，计算机软件著作权 8 项。

2013 年，学院拥有教研室 17 个(当年新增 1 个，名称为新能源与能源洁净利用教研室)、研究所 11 个(当年新增 1 个，名称为能源环境科学与工程研究所)、实验室 9 个(当年新增 2 个，名称分别为热电生产过程污染物监测与控制北京市重点实验室、低品位能源多相流与传热北京市重点实验室)、学生实习基地 13 个；科技研究(创新)基地 3 个。

2013 年，学院开设研究生课程 138 门，完成教学 4 350 学时；开设本科生课程 744 门，完成教学 29 749 学时；举办各类培训班 6 期，共培训学员 462 人，其中电力系统学员 462 人，北京市地方学员 0 人。

2013 年，学院设有 74 个党支部，拥有中共党员 1 365 人、发展党员 296 人，其中学院本部发展党员 101 人，动力工程系发展党员 132 人，机械工程系发展党员 63 人。

2013 年，学院设有 172 个学生班级，其中实验班 12 个，设有辅导员岗位 14 个，其中正式编制 10 个、聘任 4 个；学生获得各类省部级奖励 246 人次。

(侯步蟾　李　非　谢海洋)

■条目

【徐进良教授担任学院院长并获荣誉】10 月，适应学校大人才战略，徐进良教授解聘可再生能源学院，同时担任能源动力与机械工程学院院长。在 2013 年荣获教育部“长江学者”特聘教授称号及国家百千万人才工程，并被授予“有突出贡献中青年专家”荣誉称号。

(侯步蟾)

【范孝良任职机械工程系主任兼能源动力与机械工程学院副院长】11 月 14 日，华电党组〔2013〕25 号文件，经组织考核范孝良同志在任职试用期间，能够履行相应领导岗位职责，考核合格。经 2013 年 11 月 13 日党委常委会议研究同意：范孝良正式任机械工程系主任兼能源动力与机械工程学院副院长。

(谢海洋)

【2 个北京市重点实验室正式加盟】10 月，2 个北京市重点实验室(热电生产过程污染物监测与控制北京市重点实验室、低品位能源多相流与传热北京市重点实验室)整编制加盟学院，为能动学科发展注入了新的能量。

(侯步蟾)

【能源环境科学与工程研究所正式成立】8 月 28 日，依托“千人计划”潘伟平团队建设的“能源环境科学与工程研究所”正式揭牌，其主要成员包括：潘伟平、张锴、王春波、张永生、张凯华、滕阳、李文瀚、王家伟等。

(侯步蟾)

【国家火力发电工程技术研究中心接受科技部建设验收评估】8 月 18 日，受科技部委托，湖南四达科技咨询有限公司组织专家对该中心进行现场验收评估。以中国科学技术发展战略研究院研究员黎懋明为组长的专家组一行 5 人现场考察该中心的建设情况，并听取中心主任副校长杨勇平的工作汇报，召开质询答辩会，最终给出了咨询意见。11 月 14 日，该中心在北京接受科技部组织的综合评议。该中心在建设验收中取得了非常优异的成绩，为该中心的正式挂牌运行奠定了良好的基础。

(任治政)

【青年教师教学基本功比赛获佳绩】4 月 12 日，华北电力大学举行 2013 年度青年教师教学基本功比赛决赛。本次比赛由校工会、教务处、人事处联合举办，学校教学督导组成员、教学院长、学生代表担任比赛评委。来自各院系部的 200 多名青年教师也观摩比赛。最终张志获得青年教师教学基本功比赛决赛一等奖(第一名)，滕伟获二等奖(第三名)，动力工程系张磊在学校青年教师教学基本功比赛中获二等奖。刘璐在保定市第五届大中专院校青年教师说课比赛中获得理工组一等奖。张志代表学校参加了五月举行的“北京高校第八届青年教师教学基本功比赛”并获三等奖。学院在本次比赛中获得了优秀组织奖。

(王修彦)

【热能与动力工程国家级实验教学示范中心接待多批参观考察】1 月 24 日，学校 53 名新任处级领导干部在党委常委、组织部长张天兴带领下考察了学院热能与动力工程国家级实验教学示范中心。3 月 19 日，北京市教委组织北京翠微中学教师来学校交流考察，参观了热能与动力工程国家级实验教学中心。4 月 18 日，学校教学督导组与北京农学院教学督导组来学院热能与动力工程国家级实验教学示范中心参观考察，对中心的建设、作用、管理和示范等方面的做法和经验进行了交流。4 月 28 日,育新中学师生到热能与动力工程实验教学示范中心参观,中心老师为前来参观的高中生就电力生产过程和发电设备进行了深入浅出的介绍和演示。5 月 21 日,在校国际合作处处长刘永前陪同下,埃及亚历山大·法鲁斯大学校董参观热能与动力工程实验教学示范中心。9 月 5 日,校 59 级动力系校友回到母校,并参观了热能与动力工程国家级实验教学示范中心。10 月 10 日,上海远程教育集团、上海开放大学的领导在学校工会领导张瑞雅、王玲、蔡可佩等陪同下,参观热能与动力工程国家级实验教学示范中心和国家火力发电工程研究中心。11 月 21 日,上海电力学院能源与机械工程学院副院长吴江教授及教务处副处长等一行四人来院就教学方面的情况进行了调研。并参观了热能与动力工程国家级实验教学示范中心。

(王修彦)

【2013 年美国国际大学生数学建模竞赛获佳绩】美国大学生数学建模竞赛(MCM/ICM),是一项国际级的竞赛项目,强调研究问题、解决方案的原创性、团队合作、交流以及结果的合理性。2013 年参赛题目为 Network Modeling of Earth's Health(ICM),对全球生态系统之间的相互影响建模求解。在本次比赛中,学院学生获佳绩:陆高锋、王野、余晓辉、贾时轮、姜越、金武、张景胤等获一等奖;常乔磊、金锐、徐鸿飞、赵一凡、黄畅、段栋伟等获二等奖;旷雅唯、徐士猛、沈新等获三等奖。

(黄向军)

【举行“青年教师教学基本功比赛”工作现场观摩暨经验交流会】5 月 15 日,由校工会、教务处、人事处联合举办的“青年教师教学基本功比赛”工作现场观摩暨经验交流会在能源能力与机械工程学院举行,教务处处长柳长安、人事处处长赵秀国、校工会常务副主席张瑞雅参加会议并讲话,教学督导组组长王清照、成员崔永军,学院党总支书记徐鸿、李宁、沈岚、各院系教学副院长(主任)、分工会主席、优秀青年教师代表参加了会议。

(王修彦)

【“挑战杯”首都大学生课外学术科技作品竞赛获奖】6 月 9 日,第七届“挑战杯”首都大学生课外学术科技作品竞赛成绩揭晓,学校学生取得优异成绩,共获得特等奖 1 件,一等奖 3 件,二等奖 5 件,三等奖 5 件。其中,北京校部学生主持的《基于太阳能中低温利用技术的集热蓄热系统》获一等奖;《储气式健身器材发电系统》获三等奖。

(王修彦)

【启动“严爱计划”】针对学生迟到、早退、旷课现象很严重,课堂纪律不好的问题,学院启动“严爱计划”。“严”是手段,“爱”是目的。通过实施“严爱计划”让教师提高教学水平,严格课堂纪律,培养学生严明的组织纪律性,让学生在大学打好基础,多学本事。计划分成讨论、宣传、实施三个阶段,共提出了 9 项措施。9 月 3 日,举行“严爱计划”启动大会,80 余名教职工和 30 余名学生代表参加。控制与计算机工程学院教授、全国师德先进个人、北京市教学名师、首都五一劳动奖章获得者林碧英老师,能动学院知名老教授、具有多年讲课经验的王清照老师作为学校教学督导组委员也出席了本次会议。

(王修彦)

【第六届全国大学生节能减排大赛获佳绩】第六届全国大学生节能减排社会实践与科技竞赛在上海交通大学正式落下帷幕。北京校部共 9 件参赛作品参赛,其中由学院机械教研室宋玉旺老师指导、罗薇等同学制作的“节能式抽油机传动机构”作品荣获全国特等奖,这是学院学子参加 6 次比赛首次获特等奖。另有三件作品获二等奖,五件作品获三等奖。

(王修彦)

【付忠广教授被评为北京市优秀教师】付忠广教授被评为 2013 年度北京市优秀教师,付忠广教授长期工作在教学一线,爱岗敬业,成绩卓著。

(王修彦)

【杜冬梅教授被评为第二届华北电力大学教学名师】经院系推荐、学校审核、校内公示、公众推举、专家评审、教学展示评价等环节,校长办公会审议通过,6 位教师获第二届“华北电力大学教学名师奖”。其中学院杜冬梅教授名列其中。

(王修彦)

【学校金工实训中心试运行】7 月 1 日,金工实训中心进行了为期两周的试运行,整个实习期间秩序井然,师生配合默契,教学计划进展顺利,达到了预期的目标。能源动力与机械工程学院创新动 1201、热能 1201、热能 1202、热能 1203 共四个班级 107 名学生参加了本次实习,在两周内进行了车工、铣工、钳工、焊工、电加工、激光加工、快速成型等 7 个工种的学习。与去外校实习相比,同学们不仅动手操作了各种传统机床，还学习了激光雕刻机、三维打印机等先进设备和 AutoCAD、Solidworks、Gemagic 等相关软件的使用。

（夏廷秋）

【举行首届大课程责任教师聘任仪式】为了提高人才培养质量，规范教育教学行为，培育优秀青年教师，能动学院制定了《大课责任教师制度》。10 月 22 日，学院会举行首届大课程责任教师责任仪式。参加会议的有学院教学院长王修彦和院长助理张辉老师及 10 名"大课程责任教师"。会上王修彦向大家说明了设立大课程责任教师制度的意义和职责，并要求大家从现在开始要按照所制定的制度来执行，并给每一门大课程的责任教师颁奖。

（王修彦）

【本科生、研究生就业工作完成】结合专业情况开展就业指导和就业帮扶，毕业生就业形势良好，其中，北京校部本科生就业率 95%、研究生 99%、博士 97.56%；动力工程系本科生、研究生就业率高达 98%、97%。11 月，辅导员杨红月被评为华北电力大学就业工作先进个人；机械工程系本科生的英语四级一次通过率为 92.15%，主考年级（2011 级）有两个班级四级通过率 100%；考研上线率 21.94%，录取率 17.27%，比去年同期高出 3 个百分点。考取"985"高校、"211"院校研究生人数 47 名。

（黄向军　范大志）

【部分党支部改组重建】北京校部为了方便党员组织活动的开展，依照《中国共产党普通高等学校基层党组织工作条例》的设置要求，对党总支部分党支部进行改组和重建，目标是形成教研室、工会、党支部三位一体，更好的增强学院凝聚力。其中：工程热物理及建环党支部拆分为工程热物理党支部和建环党支部，魏高升和王锡分别担任支部书记；新成立办公室党支部，侯步蟾担任支部书记；新成立能源环境党支部和工会，主要包括两个新引进北京市重点实验室成员及原千人计划团队成员，齐娜娜担任支部书记。动力工程系成立新能源党支部。

（侯步蟾　杨红月）

【群团建设取得丰硕成果】10 月，学校运动会上动力工程系教工取得了总分第一；教工入场式方队取得了队列优胜奖。10 月，迎校庆合唱比赛中，动力工程系合唱队获得二等奖。6 月，动力工程系排球队在校排球赛获得第二名。

（范大志）

【动力系学生获佳绩】张翎在全国大学生数学建模竞赛中获全国二等奖；王倩、章康、焦同帅、张宇在美国大学生数学建模竞赛中获全国一等奖；张翎、何东、刘畅、聂涛涛、郭永成、王光宇在美国大学生数学建模竞赛中获全国二等奖；肖坤玉、汪灏、赵少祥等同学作品《用于洗衣机的涡卷弹簧能量回收装置的产品》项目在"力诺瑞特杯"第六届全国大学生节能减排社会实践与科技竞赛中获全国一等奖；庞永超等同学作品《一种超特高压输电线路防晕减耗涂料》项目在"力诺瑞特杯"第六届全国大学生节能减排社会实践与科技竞赛中获全国二等奖；孙恩慧、赖小垚等同学作品《节能减排背景下中国北方农村集中供暖问题调查研究》项目在"力诺瑞特杯"第六届全国大学生节能减排社会实践与科技竞赛中获全国三等奖；陈曦、李新号、白子为等同学作品《太阳能热水器温控自动回流节水装置》项目在"力诺瑞特杯"第六届全国大学生节能减排社会实践与科技竞赛中获全国三等奖；程许谟、赖小垚、张翎、李鹏等同学作品《基于 α 型斯特林与冷凝水再利用技术的空调节能装置》项目在"力诺瑞特杯"第六届全国大学生节能减排社会实践与科技竞赛中获全国三等奖；黄璞、邹潺、王光宇、刘亚南、李祥等同学作品《一种高效的平板式太阳能集热器》项目在"力诺瑞特杯"第六届全国大学生节能减排社会实践与科技竞赛中获全国三等奖；杨晓强、杨贺、冀瑞云、范天舒等同学作品《一种用于高层建筑的节能供水系统》项目在"力诺瑞特杯"第六届全国大学生节能减排社会实践与科技竞赛中获全国三等奖。章康、刘建征、黄璞等同学作品《太阳能热水器管道内残余冷水的加热装置》项目在"力诺瑞特杯"第六届全国大学生节能减排社会实践与科技竞赛中获全国三等奖；孟岩、张宇、张超炜等同学作品《直冷冰箱蒸发器改造及自动机械除霜装置》项目在"力诺瑞特杯"第六届全国大学生节能减排社会实践与科技竞赛中获全国三等奖；何东、付亦葳在第九届周培源全国大学生力学竞赛中获得国家三等奖；张宇在第九届周培源全国大学生力学竞赛中获得河北省一等奖；杨灿在全国大学生英语竞赛中获 C 类特等奖；庞永超等同学作品《废旧陶瓷绝缘子的回收处理和再利用》项目在第十三届"挑战杯"河北省大学生课外学术科技作品竞赛中获得河北省特等奖；杨晓强、杨贺、范天舒等同学作品《一种用于高层建筑的节能供水系统》项目在第十三届"挑战杯"河北省大学生课外学术科技作品竞赛中获得河北省一等奖;张硕、杨雪等同学作品《地沟油改性用于变压器绝缘油的可行性研究》在第四届全国高校环保科技创意设计大赛中获得金奖;朱莉林、石宇在河北省第十八届大学生运动会甲组女子篮球比赛中获得冠军;王倩、王光宇、宋秉宸、何东在全国大学生数学建模竞赛中获河北省二等奖;李庆浩、胡皓玮、许勉、黎皓彬、王明、杨诗繁、张瑞在全国大学生英语竞赛中获 C 类三等奖;郭永成第九届周培源全国大学生力学竞赛获河北省三等奖;孙恩慧、赖小垚、矫 健在第十三届"挑战杯"河北省大学生课外学术科技作品竞赛中获得河北省三等奖;桑博在 2012 年河北省大学生人文知识竞赛中获河北省三等奖;于华健 2013 年河北省第十八届大学生运动会获河北省三等奖。

(范大志)

【调整专业、修订新的培养方案】根据教育部《普通高等学校本科专业目录(2012 年)》,调整机械工程系原有的三个专业,即:"机械工程及自动化"(包括工艺、机电、设计、物流、输电线路等 5 个方向)、"工业工程"和"艺术设计",为新专业目录下对应的六个专业,即:"机械设计制造及其自动化""机械电子工程""过程装备与控制工程""机械工程(输电线路工程)""工业工程"及"产品设计"。

(谢海洋)

【机械工程系学生获多项国家级奖励】2013 年,机械工程系共有 71 人次获国家级奖励。其中获一等奖 11 人次,二等奖 9 人次。机械 1003 班游太稳等三人获 2013 年第三届全国大学生工程训练综合能力竞赛国家级一等奖;机械 1104 韦晓航等 6 人获 2013 年中国机器人大赛暨 ROBOCUP 公开赛国家级一等奖;机械 1003 许文豪等四人获该项赛事国家级二等奖;机械 1007 班武祥吉获 2013 年第六届全国大学生节能减排社会实践与科技竞赛国家级一等奖;机械 1007 班达娃央金等 4 人获 2013 年第十三届"挑战杯"全国大学生课外学术科技作品竞赛国家级二等奖;艺设 1001 班宗朝阳获第十一届中国大学生广告艺术节国家级金奖;机械 1108 班周仲强获 2013 年全国大学生英语竞赛(C 类)国家级二等奖。

(谢海洋)

【机械工程系一项成果通过河北省科技厅鉴定】2013 年,机械工程系胡爱军、张超、向玲、唐贵基的"风力发电机主轴刹车片摩擦性能试验系统"项目通过河北省科技厅鉴定。

(谢海洋)

【机械工程系邀请知名校友返校进行专题讲座或学术交流】2013 年,机械工程系邀请多名知名校友返校进行专题讲座或学术交流,他们是中巴地球资源卫星总指挥兼总设计师张庆君,华电北京校友会秘书长、华电校友创业者俱乐部主席、北京中电兴业技术开发有限公司董事长杜德安,中央电视台著名主持人姚雪松,中央人民广播电台著名主持人杜雨亭。

(谢海洋)

【"校友创新创业中心——北京中电兴业实验室"在机械系举行捐赠揭牌仪式】10 月 26 日,"校友创新创业中心——北京中电兴业实验室"在机械系举行捐赠揭牌仪式。该实验室由机械 81 级优秀校友杜德安捐赠,价值约 100 万元。副校长王增平,党委常委组织部部长张天兴,校办、科技处等单位主要负责人和北京校友会会长王永干、北京校友会秘书长杜德安、中巴地球资源卫星总指挥兼总设计师张庆君等二十余位校友参加仪式。杜德安,华电北京校友会秘书长,华电校友创业者俱乐部主席,北京中电兴业技术开发有限公司董事长。

(谢海洋)

经济与管理学院

■概述

2013 年,华北电力大学经济与管理学院认真开展了党的群众路线实践教育活动,认真学习了党的十八大报告精神,坚持"创国内一流、国际知名的经管学院"的目标,结合大学"十二五"规划和大学党委第一次党代会精神,深刻剖析了工作中存在的"四风"问题,达到了"照镜子,正衣冠,洗洗澡,去去病"的目的,通过建章立制,进一步规范了学院的教学、科研、学生管理等各项管理工作,加强了学风、教风、院风建设,使得学院各项工作取得长足发展。

2013年,群众路线教育实践活动开展以来,学院领导班子组织5次集中学习,召开领导班子专题学习讨论会5次,认真系统地研读中央规定的文件资料。特别是在学习习近平总书记关于党的群众路线一系列的重要讲话精神时,学院领导开展了热烈讨论,进一步明确了要求、统一了思想。为了找准问题、听到真话,学院领导班子成员分头到各教研室、办公室召开座谈会13次,面对面的个别谈话25次,设计全院教职工范围内的问卷调查2份,其中一份《经济与管理学院开展党的群众路线教育实践活动》调查问卷收集109份,另一份《您认为经济与管理学院干部在"四风"方面是否存在以下问题》调查问卷收集112份。同时,学院设立了固定意见箱和网络意见箱,认真听取师生的意见建议,征求方方面面的意见建议达到53条,学院班子逐条给予答复。这其中,已经有9条得到解决,7条计划在本学期内被解决,11条学院将逐步加以解决,剩余的和学校其他部门相关的26条意见上报学校。学院党总支在全院范围内扎实推进创先争优"一个支部实现一个目标、一个党员完成一个任务"活动。各党支部和党员根据自身实际,制定了相应的目标和任务,按时按步骤实施完成,并将活动成果和经验进行汇总,便于各支部和党员间的交流和学习。进一步深入开展"创先争优"活动。开展评选最美支部书记和最美党员活动。完成党员民主评议活动。认真、按时、保质地完成学院中心组学习工作。成功承办学校运动会,2013年学校运动会首次由学院承办,学院精心组织的开幕式表演和颁奖活动受到好评,并获学校运动会的最高荣誉"突出贡献奖"。顺利完成双代会换届选举工作。获得优秀分工会称号。学院所在的教一楼作为"平安校园"特色"平安和谐楼"顺利的通过了北京市的"平安校园"检查组的检查。李存斌荣获"首都教育系统健康之星"称号。各党支部每月认真总结支部的各项工作,形成文字材料上报党总支,党总支成立宣传工作小组,形成党总支每月工作简报,并在学院网站上开辟专栏,供大家交流学习。组织教工党员参加北京高校教师党员在线学习。院长牛东晓获处级领导干部考核优秀。牛东晓教授获聘长江学者特聘教授。王宁获校级档案工作先进个人,董宏伟获校级年鉴工作先进个人,赵军伟、冯淑惠、马同涛获校级优秀分工会主席,马同涛获校级工会优秀宣传员。2013年,学院完善《财务管理制度》等10余项规章制度,新增《关于实行党风廉政建设责任制度的规定》《经济与管理学院教学与科研及管理支持基金管理办法》《经济与管理学院专业技术岗位聘任条件和聘期目标》《重点学科经费使用管理办法》制度4项。根据学院领导班子分工和工作需要,调整了各委员会及小组名单。

2013年,学院以"十二五"规划制定的"六大四优"的战略指导思想统领全局,在人才队伍建设、科学研究中取得了重大突破。学院国家级高端人才实现了重大突破:牛东晓教授获得长江学者特聘教授,这在学院及学校历史上尚属首次。学科评估取得了优异的成绩:学院在两个学科一起参评的情况下,两个学科排名均进入"985"高校行列。其中,工商管理一级学科在全国115所参评院校中名列第29位,由上次排名百分比的50%上升到排名百分比前25%。管理科学与工程学科在全国102所参评院校中名列第34位,排名百分比进入前33%。2013年学校给经管院下达的科研任务为4 403万元,学院克服了重重困难,目前科研经费已经达到4 668万元,超额完成任务。项目结构有所优化,今年纵向科研经费928.5万元,占总经费的19.9%。国家自然基金面上项目4人。国际合作进一步加强,与世界500强之首壳牌公司进行合作,12月3日成功召开了"壳牌(中国)有限公司与华电经管院能源经济与战略国际研讨会"。探讨科研新模式,今年与浙江省经研院签署了战略合作协议。完成了两个北京市重点学科的评估工作。12月19日校企合作共建能源大讲堂,牛东晓教授作首场演讲。

2013年,学院顺利地完成了各项教学任务,学院非常重视本科教学工作,获得北京市教学成果二等奖1项,校级教学成果一等奖1项,校级教学成果二等奖2项。获得北京市教改项目立项1项。获得校级教学特等奖1项,校级优秀教师7名,获得大学讲课比赛优秀奖1项。出版高水平教材7部,发表教学研究论文10篇。指导学生参加各项创业大赛获省部级大赛一等奖3项、二等奖2项、三等奖5项。大学生创新实验计划项目结题优秀6项,良好2项。

2013年,学院作为主办方的第四届复杂科学管理暨系统工程风险管理国际会议在武汉大学胜利召开,牛东晓教授任大会主席。与国外一流大学知名教授进行8次学术交流与合作。10月18日,经济与管理学院院长牛东晓教授、学校国际合作处处长刘永前教授、国际教育学院副院长段春明亲切会见了昆士兰大学来访。双方回顾了两校间的合作项目，探讨了更多的联合教育项目，讨论了校间教师与学生交换交流项目，商讨了相关领域科研合作项目的可行性。双方达成共识，将加强类似的学术交流探讨活动，加深互相了解，进一步推进更广泛的合作。

2013 年，学院为适应教学科研发展需要，引进青年教师 1 名，学生辅导员 1 名，返聘教授 3 名。学院学成回国教师 2 名。学院配合学校完成了全院教师聘期考核和新一轮教师岗位聘任工作，经过充分的民主讨论，制定了新的聘任条件及聘期目标。学院召开职称评定会，向学校推荐副教授 5 名，教授 3 名。

2013 年，学院继续把学风、教风建设和学生科技创新作为重点工作。举办学院教风学风表彰大会，共有 147 名同学在国家级、省部级学科竞赛和学生科技创新活动中获奖。做好学生安全稳定工作，系统排查重点人物 114 人次并采取应对措施，妥善处理突发事件 16 起，未出现责任事故。以学院爱心基金配合学校大资助体系建设，实现学院贫困资助全覆盖。多举措促进 2013 届毕业生就业，本科就业率 92.07%，研究生就业率 98.19%，学生就业率保持基本稳定，考研率和就业质量稳中有升。学生党支部继续开展“红色 1+1”和“特色活动示范党支部”评选活动；学生党支部今年有 2 个支部入选北京市“红色 1+1”活动，在第十一届“特色活动示范党支部”评选中学院三个学生支部分获一、二等奖，并包揽前两名。

2013 年，学院加大了研究生招生宣传力度，显著提高了生源质量，硕士学术型研究生招生全部为第一志愿考生。对全部在职工程硕士学习情况进行了完整的排查摸底，采取了有针对性的措施，进一步加强了培养质量与提升了培养进度。全年为大唐国际培训中层干部八期，共 561 人，与大唐国际建立了良好的干部培训合作关系，树立了学院的培训品牌。

2013 年，MBA 秋季确认报名人数 583，与去年同期持平。2013 年春季报名情况喜人，除了分数线较去年提高外，且上线人数提升 1 倍。牛东晓教授获颁最受欢迎商学院院长奖，华电 MBA 项目获颁最具专业特色 MBA 院校奖，闫庆友获颁最佳 MBA 中心主任奖。在第九届《MBA 成就奖》评选活动中华北电力大学荣获《中国 MBA 特色院校》，闫庆友当选《MBA 杰出教授》，MBA 毕业生陈立忠、任龙强荣获《MBA 成就奖》。学生竞赛取得突破成绩，在第五届“尖峰时刻”全国商业模拟挑战赛总决赛中，华电 MBA 学子获团体一等奖，个人一等奖的历史最好成绩。MBA 联合会主席成功当选北京 MBA 联盟执行主席。学生就业工作成果突出，连续第四年实现就业率 100%。与德国 MR 的国际交流合作深受企业方好评，学生受邀赴德参观考察，并在此基础上成功续签。2013 年案例开发情况取得了历史性突破，学院李彦斌教授、何平林副教授撰写的两篇案例入选第四届全国“百篇优秀管理案例”；罗国亮、龙成凤、孙冬撰写的三篇案例被中国管理案例共享中心（CMCC）收录，目前学院被 CMCC 收入的案例共有 7 篇。

（董宏伟）

■概况

院长：牛东晓（黄元生　保定经管系主任）

书记：鹿伟（严立　保定经管系书记）

学院（系）网址：http：//business. ncepu. edu. cn

2013 年，学院在北京设有学院本部，在保定校区设有 1 个系，经济管理系。学院现有 2 个省部级重点学科、1 个省部级示范中心、1 个省部级研究基地。设有 2 个博士后科研流动站，在站博士后 13 人；7 个博士点专业（其中具有一级学科博士学位授予权的 2 个）、15 个硕士点专业、13 个本科专业。

2013 年，学院有教职工 203 人（其中保定 68 人），专任教师 177 人（其中保定 58 人），教授 39 人（其中保定 13 人）、副教授 72 人（其中保定 16 人），具有博士学位的教师为 74%，有实验及技术人员 4 人（其中保定 1 人）、党政及管理人员 23 人（其中保定 10 人）。

2013 年，学院有享受政府津贴 5 人。共引进师资 2 人，其中教师 1 人，行政 1 人。2013 年，学院有毕业学生 1 318 人（保定 282 人），其中博士研究生 42 人，硕士研究生 589 人（保定 87 人），普通本科生 687 人（保定 195 人）；学院（系）招生 1 326 人（保定 291 人），其中博士研究生博士生 37 人，硕士研究生 623 人（保定 90 人），普通本专科生 666 人（保定 201 人）；学院在校生 5 116 人（保定 1 063 人），其中，博士研究生 236 人，硕士研究生 1 681 人（保定 254 人），普通本专科生 2 700 人（保定 797 人）。本科生的英语四级一次通过率为 89.64%，本科毕业生一次就业率为 91.87%，研究生毕业生一次就业率为 90.30%；本科考研报名 314 人（保定 77 人），实际考取 148 人

(保定38人),考研率为20.83%。

2013年,学院签订纵横向科研项目170个,其中纵项62项、横项108项,实现科研合同金额共计4 549.72万元;共发表论文482篇,其中三大检索收录175篇,核心期刊155篇。出版专著19部(保定6部),自编教材7本(保定3本);学院(系)举行学术交流会34次(保定2次),其中国外专家学术交流会8次,国内专家学术交流会26次(保定2次)。有31人次参加了国际学术会议。

2013年,学院共获得省部级以上奖励254人次,其中,本科生获奖224人次(保定77人次),研究生获奖18人次(保定9人次),教师获奖12人次(保定10人次)。

2013年,学院拥有教研室9个、研究所26个、实验室9个、学生实习基地41个,科技研究(创新)基地1个。

2013年,学院开设研究生课程149门(保定59门),完成教学3 962学时(保定1 770学时);开设本科生课程715门(保定212门),完成教学12 891学时(保定438学时);举办各类培训班16期,共培训学员1 028人。

2013年,学院设有54个党支部(保定17个),拥有中共党员903人(保定308人)、发展党员207人(保定69人)。

2013年,学院设有134个学生班级(保定37个),设有辅导员岗位23个,其中正式编制7个(保定2个)、聘任1个、兼职15个。

(董宏伟　王　宁　郝险峰　张　清　史蓉辉　孙晓琼　吴　薇)

■条目

【参加中国MBA商学院2012年年终盘点并获奖】1月13日,华北电力大学经管院院长牛东晓教授,MBA中心常务副主任闫庆友教授,MBA教育中心张剑老师应邀参加了中国MBA商学院2012年终盘点暨颁奖典礼。电力MBA在本次活动获得最具特色院校等奖项。

(张　剑)

【开展新学期教学检查工作】2月25日是2012—2013学年第二学期的开学第一天,牛东晓院长、鹿伟书记、副院长何永秀教授、副院长李彦斌教授、副院长张兴平教授、副院长闫庆友教授、赵军伟副书记分别带队检查开学教学工作,院领导们按照安排好的分组带领教研室主任们到各个教学楼检查开学第一天的学院教师的教学工作情况。开学整体教学工作运行正常。

(史蓉晖)

【“爱心路上你我同行”公益募捐】3月5日,为积极学习十八大精神,将十八大精神贯彻落实到具体活动中,经济与管理学院研究生会组织全院研究生开展了以“爱心路上 你我同行”为主题的募捐活动,募捐活动募捐到的爱心物资装满了近十五个编织袋。

(董宏伟)

【牛东晓教授入选教育部“长江学者”特聘教授】3月5日,教育部正式发文公布2011年度“长江学者奖励计划”遴选结果,经济与管理学院牛东晓教授成功入选“长江学者”特聘教授。这是自国家实施该计划以来,华北电力大学第一位申报成功的“长江学者”特聘教授,填补了学校该项国家级人才计划的空白。牛东晓教授的研究领域主要涉及复杂电网电力负荷建模与预测、电力技术经济分析与评价、智能电网中的智能计算、电力危机预警管理、电力低碳绿色发展等领域。牛东晓教授获得“长江学者”特聘教授称号是其长期以来爱校敬业、追求卓越的结果,也是学校多年来着力校内高层次优秀人才培养的成果。“长江学者”特聘教授称号成功落户华北电力大学,是学校人才建设工作取得的又一重大突破,是学校实施“大人才”发展战略取得的又一标志性成果。

(董宏伟)

【召开教学工作会议】3月6日,经济与管理学院教学工作会议,会议由教学副院长何永秀教授主持,各教研室主任参加会议。会议主要针对本学期的重点工作作了安排,本学期学校开始使用的毕业设计系统工作,何永秀给大家做了动员工作,并且针对本科毕业论文的要求作了重点提示。同时为让大家更好地使用系统,史蓉晖就本科毕业设计系统的使用问题给大家作了培训。

(史蓉晖)

【牛东晓院长与会计学教研室全体教师举行座谈会】3月12日,经济与管理学院院长牛东晓教授深入会计学教研室,就会计专业教学与人才培养、科研与学科建设、教师科研能力提升、教师个人职业发展等主题,与会计学教研室全体教师召开专题座谈会。

(董宏伟)

【承办第五届“尖峰时刻”全国模拟大赛总决赛】3月22日,由经济与管理学院承办的第五届“尖峰时刻”全国模拟大赛总决赛暨师资交流会开幕式在北京校部举行。副校长安连锁教授、教务处长柳长安教授、经济与管理学院院长牛东晓教授及来自全国的上海交通大学等25所高校的29支MBA、本科参赛队伍出席了开幕式。华北电力大学作为本次大赛的承办方,“以赛会友、以赛促学、以赛促教”的宗旨,周密安排、精心组织、热情服务、精心配合,获得参赛嘉宾和各代表队的一致称赞。

(马同涛)

【能源与电力经济研究咨询中心举办学术交流会】4月13日,伯明翰大学张小平教授应邀来访,并作主题为“面向全球电网发展的智能电网”的学术交流活动,并提出了“全球电力互联网”的概念。随后与会人员就讲座主题和智能电网相关领域向张小平教授提出一系列问题。张小平教授对这些问题作出了现场解答。最后,董军教授介绍了能源与电力经济研究咨询中心研究成果及未来研究方向。经济与管理学院领导及老师、能源与电力经济研究咨询中心全体博士、硕士研究生,电力公司代表参加了此次学术交流活动。

(董宏伟)

【经济与管理学院召开2013年教职工代表大会】4月16日,为全面领会和落实学校第六届教职工代表大会、第八次工会会员代表大会精神,经济与管理学院召开2013年教职工代表大会。院长牛东晓教授、党总支书记鹿伟出席大会,会议由分工会主席赵军伟主持。学院120余名教师参加了会议。会上,院长牛东晓作了学院2013年教职工大会工作报告,从教学、科研、党建工作等方面作了详细分析。分工会主席赵军伟对教职工提案工作进行了汇报。

(董宏伟)

【育新学校师生来院参观】4月28日,育新学校两百余名师生参观了经济与管理学院电力经济管理实验教学中心。实验中心的郭鑫、马同涛、王新丽老师向参观师生介绍了实验中心的历史、发展和现状以及中心的电力市场管理决策模拟实验室、证券模拟实验室、人力测评及模拟招聘实验室、物流与供应链模拟实验室。学生们对中心表现出极大的兴趣。

(马同涛)

【第三届中国MBA北京羽毛球联赛获佳绩】4月14日至21日,由华电MBA2011级和2012级同学组成的羽毛球队参加在北京尤尼克斯羽毛球馆举办的中国MBA北京联盟羽毛球赛。代表队获团体赛第五名。

(张　剑)

【光伏产业专家孟宪淦莅临华电MBA论坛】5月11日,中国可再生能源协会副理事长高级工程师孟宪淦先生莅临华北电力大学MBA讲坛,就中国光伏产业现状形势以及光伏产业在“十二五”期间的政策实施机制和光伏产业生存发展环境的若干问题进行深入地分析和专题论述,讲座由MBA教育中心主任助理罗国亮副教授主持,在校MBA、普研学生及经管院的部分老师近百人参加了此次讲座。

(张　剑)

【举办第四届“我与院长面对面”座谈会】5月14日,经济与管理学院举行第四届“与高水平大学研究生教育同行”之“我与院长面对面”座谈会。牛东晓院长、赵军伟副书记和研究生导员孙晓琼老师出席了此次座谈。会上研究生们对自己关心的问题畅所欲言,牛院长一一作解答。会后,牛院长在总结中对研究生们提出了要求,希望大家最后都能实现自己的“中国梦”。

(董宏伟)

【管理科学与工程学科团队召开学术交流研讨会】5月18日,管理科学与工程团队在昌平华北电网有限公司管理人员培训中心举行了一年一度的学术交流研讨会。会议上,学科负责人乌云娜作了北京市重点学科验收情况报告和管科现状及未来发展策略的分析,还为与会人员讲解了申报书撰写方面的问题。

(董宏伟)

【中电联技能鉴定与教育培训中心主任薛静莅临MBA讲坛】5月17日晚,应MBA教育中心邀请,中国电力企业联合会技能鉴定与教育培训中心主任薛静老师做客华电MBA讲坛,以电力工业发展形势分析为题进行了一次精彩的讲座。MBA教育中心罗国亮副教授主持讲座,近百名师生参加了讲座。

(张　剑)

【创业俱乐部召开大创项目启动仪式暨经验交流会】6月4日,2013年度大学生创新创业训练计划项目启动仪式暨经验交流会在电力经济管理实验教学中心举行。俱乐部负责人、电力经济管理实验中心郭鑫老师在会上给5支大创项目的团队成员介绍了大创项目的发展史与现状,并鼓励大家积极投入到创新创业的项目中,介绍了

2013 年项目申报情况，对项目执行过程中的重要环节和问题进行解读。随后往届参与大赛创项目的几位同学与大家进行了经验交流。

（马同涛）

【与北京农学院举行乒乓球友谊赛】6 月 21 日，应北京农学院经管院分工会的邀请，经济与管理学院分工会乒乓球队前往农学院教工活动中心参加了校级乒乓球友谊赛。在鹿伟书记和分工会副主席马同涛的带领下，经济与管理学院乒乓球队 18 人参加了比赛。通过此次友谊赛，经济与管理学院乒乓球队获得了对外交流的机会，也增进了学校与农学院的友谊。

（马同涛）

【召开 2014 年研究生招生宣传咨询大会】7 月 9 日，经济与管理学院召开 2014 年研究生招生宣传咨询大会，院长牛东晓、副院长李彦斌、副书记赵军伟参加出席会议并讲话，副院长李彦斌主持会议。经济与管理学院 2010、2011 级近 600 名本科生参加了此次大会。牛东晓阐述了考研的必要性和可行性，分析了中国电力工业、电力系统对研究生人才的需求、近几年经济与管理学院各专业硕士研究生的报考情况以及经济与管理学院研究生的就业前景。经济与管理学院 2012 级获得经济与管理学院特等入学奖学金的学生代表田娜结合自身考研经历，介绍了考研复习过程中的学习经验和学习方法。

（董宏伟）

【学院乒乓球队与唐山电网公司举行暑期乒乓球友谊赛】8 月 16 日至 18 日，经济与管理学院分工会暑假期间为了丰富教师的业余文化生活，提高教职工的身体素质，分工会教工乒乓球队一行七人在李春杰老师的带领下，赴唐山电网公司进行了“以球会友，促进校企联系”的比赛交流活动。在本次交流活动中，双方的队员充分发挥，展现出国球应有的拼搏精神。活动中，双方队员进行了深入交谈，从乒乓球队的训练延伸到科研合作、校企培训等。

（马同涛）

【2 篇案例入选第四届全国“百篇优秀管理案例”】8 月 29 日，经济与管理学院在第四届全国“百篇优秀管理案例”评选活动中获佳绩，共 2 篇案例入选，分别是：李彦斌和李晓宇等编写的“鞍山供电公司社会责任‘三维’践行”；何平林和余中福等编写的“国家电网河北衡水供电公司应收账款保理”。第四届全国“百篇优秀管理案例”评选由全国 MBA 教育指导委员会主办、中国管理案例共享中心承办，共收到 111 所 MBA 培养院校的 519 篇案例，由 65 所院校的 161 位专家对稿件进行匿名函审。经过初审、匿名评审稿和专家会等严格程序，最终确定 93 篇案例入选第四届全国“百篇优秀管理案例”。

（张　剑）

【开展党的群众路线教育实践活动学习讨论会】9 月 2 日，经济与管理学院领导班子开展党的群众路线教育实践活动学习讨论会。会上院党总支书记鹿伟首先介绍了学院开展党的群众路线教育实践活动的实施方案，学院将召开博导座谈会、学生座谈会、各教研室座谈会等各种形式的座谈会，并在学院网站设立学院信箱，及时答复教师提出的意见并公布整改方案。巡视组范立组长在会上指出按照学校党委和学校党的群众路线教育实践活动领导小组办公室的要求，开展实践教育活动要正面教育、讲究实效、联系群众，对群众提出的问题要进行深入的思考及给出解决问题的办法。院长牛东晓汇报了学院党的群众路线实践活动已经开展的情况和对存在问题的思考，并撰写了学习心得让巡视组查阅。

（董宏伟）

【举行 2013 年 MBA 开学典礼暨新生奖学金颁发仪式】9 月 6 日，华北电力大学 2013 年 MBA 开学典礼暨新生奖学金颁发仪式在华北电力大学国际交流中心举行。出席本次活动的领导有：研究生院研究生工作部部长李林，经管学院院长牛东晓教授，经管学院党总支书记鹿伟，经管学院党总支副书记赵军伟，MBA 教育中心常务副主任闫庆友教授，MBA 教育中心教学培养部罗国亮副教授，MBA 教育中心教师以及 2013 级电力 MBA 新生，本次活动由闫庆友教授主持。

（张　剑）

【中电工程第一期青年干部培训班隆重开班】9 月 17 日，中国电力工程顾问集团第一期青干班培训班开班典礼在学校国际交流中心举行。校长助理律方成、经济与管理学院院长牛东晓、中国电力工程顾问集团总经理助理车洪林等领导参加了本次开班典礼。典礼由人力资源部主任王彦宏主持。

（董宏伟）

【5 名 MBA 学员赴德访问交流】9

月23日至29日，受德国MR公司邀请，华北电力大学5名MBA学员，在MBA中心主任闫庆友和主任助理路苒的带领下，赴德国本部参加为期一周的访问交流活动。

（张　剑）

【昆士兰大学教授代表团来访】10月18日，澳大利亚昆士兰大学教授代表团一行7人应邀来经济与管理学院进行学术交流。国际合作处处长刘永前、国际教育学院副院长段春明、经济与管理学院院长牛东晓及经济与管理学院部分教授代表参加了学术交流活动。段春明副院长主持会议。

（董宏伟）

【经济管理系羽毛球健儿获得好成绩】10月21日，在校工会、校羽毛球协会举办的第二届“机械杯”教工羽毛球单项比赛中，经济管理系羽毛球运动健儿获得女子双打亚军（白海宁、李云燕）、混双（白海宁、赵怀璧）亚军的好成绩。全校共有22对男双、23对混双和16对女双报名参加比赛，共计122名运动员参加。

（张　清）

【获建校55周年“华电好声音”师生合唱比赛铜奖】10月23日，由校工会、校团委、艺术教育中心联合举办的庆祝建校55周年“华电好声音”师生员工合唱比赛在主楼礼堂举行。经济与管理学院在此次合唱比赛中表现出色，获得铜奖。经济与管理学院带来的参赛曲目是《校歌》和《思念》。

（马同涛）

【获“中国MBA新秀100”荣誉称号】11月4日，第十三届中国MBA发展论坛华北电力大学学生侯保华、李征博两位同学因出色的工作成就和在校表现，荣获本届论坛“中国MBA新秀100”荣誉称号。

（张　剑）

【举行第11届MBA联合会换届选举大会】11月9日，华北电力大学第11届MBA联合会换届选举大会在教四楼MBA教育中心举行。中心主任助理罗国亮、路苒，北京MBA联盟主席王海东，华电第10届MBA联合会主席王洋、副主席由晔、姜茂盛等等出席了会议，第10届MBA联合会部分成员以及各班学生代表共70多人参加，其中换届选举工作由王洋主席主持。

（张　剑）

【举办能源经济与战略国际研讨会】11月28日，全球能源巨头壳牌公司与经济与管理学院共同举办了能源经济与战略研讨会，就国际能源经济领域中的热点问题进行研讨。

（郝险峰）

【举行第11届MBA联合会聘任仪式】12月1日，华北电力大学举行第11届MBA联合会聘任仪式，此次仪式由第11届MBA联合会主席柏冰主持，中心主任闫庆友、主任助理路苒，华电第10届MBA联合会主席王洋、副主席由晔等出席了仪式。

（张　剑）

【校长刘吉臻到经济管理系调研】12月3日，校长刘吉臻、副校长张金辉、副校长王增平和校办主任李东一行来到经济管理系进行工作调研。经济管理系全体班子参加了会议，主任黄元生教授首先向校领导汇报了经济管理系一年来的学科建设、科学研究、师资队伍建设情况。副书记赵怀璧汇报了经济管理系的学风建设情况。

（张　清）

【参加新媒体时代MBA创业投资发展论坛】12月15日，由中国传媒大学MBA学院和北京MBA联盟共同主办、中国传媒大学MBA联合会和中国传媒大学MBA校友会共同承办的“新媒体时代MBA创业投资发展论坛暨北京MBA联盟10周年主席峰会”在中国传媒大学召开。华北电力大学出席本次论坛。

（张　剑）

【对话MBA生涯——MBA生活在华北电力大学】12月16日，中国MBA教育网《对话MBA生涯》访谈栏目做客华北电力大学，栏目的嘉宾是华北电力大学2012级MBA联合会主席王洋同学和华北电力大学2013级现任MBA联合会主席柏冰同学。

（张　剑）

控制与计算机工程学院

■概述

2013年，控制与计算机工程学院以学科建设为龙头，以人才培养为中心，坚持规范教学管理，不断深化教学改革的工作思路，努力提高教学质量。在学科建设、教学科研、党建工作、学生管理等方面取得进展。

1. 学科建设

2013 年,该学院领导班子抓住机遇,认真组织,作了大量深入细致的工作。继 2012 年 9 月获得控制科学与工程博士后科研流动站后,学院 2013 年完成了首次博士后的招生工作。学院新成立的物联网专业在 2013 年度顺利完成招生工作,为自动化和计算机专业的学科融合和进一步落实学院的"十二五"学科发展计划奠定了坚实基础。学院领导重视学科发展的内涵建设,积极引进高层次人才,充分发挥领军人才在学科建设和学科融合方面的作用。保定校区计算机系继续加强"计算机科学与技术""软件工程"一级学科硕士点和"计算机技术""软件工程"专业学位硕士点的建设,完成了"河北省电子信息教育创新高地"和"信息安全河北省特色专业"建设的阶段性任务,继续凝练研究方向,引导教师在智能电网、物联网、信息系统与安全、智能通信与信息处理等方向展开合作研究,重点突破,取得一批标志性成果。

2. 制度建设

2013 年,学院进一步加强制度建设。制定了《控制与计算机工程学院教师考核办法》,以进一步促进学院教育教学质量的提高及科研水平的提升;学院拟通过制定实施研究生奖学金评选办法、大学生创新俱乐部管理办法等一系列规章制度来促进学生创业、科研方面的学院文化建设。大力开展基层党组织和优秀党员的评选活动,鼓励全体党员在学科建设、教学、科研等方面工作"创先争优"。保定校区计算机系坚持走内涵发展为主的道路,全面贯彻学校制定的"质量工程""创新工程""人才工程"计划,在教职员工的考核上由原来以"量"为主转变为以"质"为主,突出标志性成果,以绩效作为评优的依据;加强青年教师的博士化,鼓励青年教师到名校名师攻读博士学位,进一步推进青年教师的国际化,支持青年教师到国外求学深造。学院的制度建设从整体上促进了学院管理等各方面的发展。

3. 教学情况

2013 年,在全院师生的共同努力下,学院教学工作稳中有升,取得了一系列成绩。其中,林碧英获北京市教学名师奖,白焰、林碧英分获北京市教学成果二等奖,杨国田获北京市教改立项。由林碧英负责的计算思维教学团队入选华北电力大学教学团队。陈菲、黄从智入选学校首批名师培育计划。学院 13 门"433"课程通过验收,其中常太华负责的《过程参数与仪表》获校级精品课。自动化专业申请工程教育专业认证获得批准。学院物联网工程专业迎来第一批 30 名新生;"电力之光"创新实践基地申报北京市示范性校内创新实践基地获批,成为北京市首批 25 个基地之一;智能控制与系统创新俱乐部获学校批准成立,成为学校首批 5 个俱乐部之一。

保定校区自动化系,由学校统一组织、自动化系牵头、联合相关院系申报的"国家级虚拟仿真实验教学中心",已获批河北省省级教学示范中心,国家级教学示范中心正在评审中。2013 年,自动化系完成两门核心课程建设:马永光的《微机原理及应用》课程,梁伟平的《程序控制》课程,并继续开展教风学风专项督查工作。学生工作和教学工作互相配合,制定了三类提升教学水平活动、三层次学生学风建设方案、三级课堂督导反馈机制的"3X3 学风教风建设工作体系"。每学期完成中层干部听课 4 次,教研室主任听课 4 次。继续做好"卓越计划"实验班的规划、监控与管理工作,完成了 2012 级"卓越计划"工程实践型试点班选拔工作。

保定校区计算机系,在学校的支持下完成网络与信息安全实验室的改造建设,保证人才培养。切实落实新版培养方案核心课程的建设工作,通过课程的建设,教学规范性和教学质量有了明显提高。在 2013 年校教学成果奖的评选中,计算机系申报 6 项校级教改项目全部获得通过,2013 年度公开出版"十二五"规划教材 1 部。

4. 科研工作

2013 年学院继续进行工业过程测控新技术与系统北京市重点实验室和北京市电力信息技术工程研究中心的建设工作;国家级、省部级平台已形成稳定的科研方向和较强的科研实力,基本建立了科研可持续发展的格局。"工业过程测控新技术与系统北京市重点实验室"和"北京市电力信息技术工程研究中心"两个省市级科研平台,"融合快速、分布信息的电力燃烧过程测控系统"教育部创新团队,北京市科研资源共享平台都正在积极建设,基础建设上取得进一步快速进展。

2013 年,北京校部签订纵横向科研项目 82 个,其中纵向 49 个,横向和技术服务 33 个。其中国家自然科学基金项目立项 11 项(面上 6 人:马应龙、谢力、闫勇、杨静、张建华、周登文;青年 5 人:黄从智、石敏、王竹晓、王玮、张莹),取得重要突破。实现科研合同金额共计 3 788 万元,其中纵向科研经费 2 380.5 万元,横向科研和技术服务经费 1 407.5 万元。

由刘吉臻负责的“大型超超临界机组自动控制系统关键技术与应用”获教育部科技一等奖。2013年度北京院部共发表论文177篇，其中SCI和EI检索论文126篇；专利授权共44项，其中发明13项，实用新型31项，计算机软件著作权33项。

2013年，保定校区自动化系共申报河北省、北京市自然科学基金及国家自然科学基金10余项。其中张立峰获得2013年度国家自然科学青年基金项目“基于电容层析成像的生物质与煤粉混燃过程参数检测研究”，资助金额25万元，自动化系为其配套科研经费1万元。在横向项目方面，2013年自动化系累计完成横向科研和技术服务合同项目18项，合同总金额381.75万元；2013年自动化系教师发表学术论文65篇，其中SCI收录3篇，EI收录16篇，一级学报4篇；获得发明专利授权2项，计算机软件著作权3项，实用新型专利授权3项。

2013年，保定校区计算机系完成科研合同总额达到393.64万元(含纵向28.37万元)，积极组织国家级、省部级等各种科研基金项目的申报工作，本年度共组织申报国家自然基金9项，河北省自然基金3项，北京市自然基金4项，中央高校基本科研业务费项目6项，获批中央高校基本科研业务费项目6项，较好地完成了组织申报任务。高水平论著持续稳定增长，本年度计算机系发表中文核心期刊以上级别论文114篇，三大检索收录61篇(其中SCI和EI期刊论文25篇)；鼓励广大教师积极申报省部级鉴定和各级奖励，本年度计算机系共获得专利授权5项，其中发明1项，计算机软件著作权4项。

5. 学生工作情况

2013年，学院学生工作围绕学校和学院总体工作安排，以提高人才培养质量为重点，围绕党团建设、学风建设等中心任务，在培养优良学风、文体素质、创新精神和实践能力等方面采取扎实有效措施，取得了一定成效。

在学生思想政治教育与党建工作方面，学院以喜迎十八大系列活动为契机，开展形式多样的主题党日、团日活动，进一步推进学生党建和思想政治教育工作；积极做好党员发展工作和党员的教育管理工作，特别是加强学生入党积极分子的培养教育工作，引导学生积极发挥党员先进性；2013年进行了支部的换届选举工作。各支部按照党委要求，认真组织实施党支部换届选举工作，选拔、任命了一批能力突出、作风正派、学生拥护的支部书记和支部委员。针对中共十八届三中全会、群众路线教育实践活动等展开深入学习、讨论，形成与主流价值体系相符合的共识。

在日常管理与学风建设方面，继续开展务实有效的学风建设工作，创造了比较浓厚的学习氛围，形成了积极向上的学习风气。推进学业全过程管理机制，建立学习危机预警系统，加强了对大一、大二学生早晚自习和日常考勤的管理，建立更加细致的管理制度，取得了一定的效果。特别是针对部分学习困难学生，开展学业辅导。学院聘请两位优秀班主任担任学业困难重点辅导班的临时班主任，组织研究生党员进行一对一的辅导，并设立专门的教室，每天固定晚自习时间，目前运转良好。各个年级也在此基础上，设立临时重点辅导班，年级辅导员亲自担任临时班主任，加强学业辅导和监督管理。学院发挥班级、宿舍在学习、活动中的战斗堡垒作用，取得了良好的效果。2013年6月保定校区自动化系荣获华北电力大学2012年大学生年度人物评选活动优秀组织奖。

在奖学助贷工作方面，学院在公平、公正、公开的原则下，认真组织、实施2012—2013学年度综合测评工作，顺利完成了本科生、研究生的年度“校内奖学金”“国家励志奖学金”“国家奖学金”“先进个人”的评选以及2013—2014学年国家助学金的评定。切实关心家庭经济困难学生的学习和生活，为有需要的同学提供校内勤工助学岗位。

在就业方面，2013年学院北京校部毕业生的总体就业率为97.33%，研究生毕业生总体就业率为97.48%，2013年学院评为2013年度先进就业集体。保定校区自动化系本科毕业生一次就业率为96.60%，研究生毕业生一次就业率98.99%，研究生录取率26%。

保定校区计算机系本科毕业生一次就业率为96.59%，研究生毕业生一次就业100%，本科考研报名69人，实际考取43人，考研率为19.2%。

6. 学生培养

在研究生方面，学院圆满完成2013年全日制研究生招生工作，进一步优化学术型研究生与专业学位研究生的录取比例；与西安电子科技大学建立了优秀研究生的免试互推机制；完成了控制工程、计算机技术和软件工程三个专业方向全日制工程硕士专业实践项目计划的制定；在职工程硕士招生人数保持稳定。进一步完善研究生培养过程，加强研究生论文质量的监控力度，在保持全日制和在职研究生毕业论文100%盲审的基础上，进一步拓宽了评审专家领域和范围；完善了评审过程中问题论文的申诉和评判机制；在读研究生取得了一批可喜的研究成果，在国内外权威期刊发表了多篇高水平学术文章。

在本科生方面，学院物联网工程专业迎来第一批30名新生；“电力之光 ”创新实践基地申报北京市示范性校内创新实践基地获批，成为北京市首批25个基地之一；智能控制与系统创新俱乐部获学校批准成立，成为学校首批5个俱乐部之一。

7. 党政管理创新情况

2013年，深化政治理论学习，推进了学习型党组织建设。组织全院党员深入学习了党的十八届三中全会精神、全国“两会”精神、教育规划纲要、有关党风廉政建设的文件，用理论武装教职工头脑，发扬了理论联系实际的学风，提高了广大教职员工政治理论水平和分析问题、解决问题的能力；组织观看《正道沧桑——社会主义五百年》宣传纪录片，大力开展以社会主义核心价值体系为根本的主题思想教育活动，为促进学校的改革发展稳定、为实现建设一所高水平大学的目标任务和构建平安校园、和谐校园提供思想保证、精神动力。

2013年，学院继续加强院领导班子的思想政治建设，加强党风廉政建设。成立了以学院党总支书记刘威为组长的廉洁从政工作领导小组。认真学习《中国共产党员领导干部廉洁从政若干准则》，认真履行《党风廉政保证书》中的规定，逐条落实，严格自律。按照中央“照镜子、正衣冠、洗洗澡、治治病”的群众路线教育实践活动的总体要求，根据学校党委的总体部署，学院结合工作实际，开拓创新，真抓实干，扎实开展群众路线教育实践各阶段活动，以确保教育实践活动取得良好的效果。

认真做好“平安校园”工作，根据学校印发的《华北电力大学深化“平安校园”创建工作方案》文件精神，学院秉承“责任重于泰山”的宗旨，始终把师生安全放在工作的首要位置；坚持以“安全第一，预防为主，重在落实，注重实效”的方针，防范杜绝各种安全隐患。学院通过达到“创建平安校园，优化育人环境”的目标，来促进教育教学质量的提升，为科研工作创造平安环境。学院对照《首都高校“平安校园”创建基本标准》中的测评要素及文件中主要检查内容，逐一开展落实“平安校园”创建工作，努力营造一个教育有方、管理有序、防控有力、安全稳定的和谐控计学院。

保定校区自动化系坚持总支委员例会，各支部每月召开支部大会，每周进行党小组理论学习；各党支部均有规范的会议记录，记录规范、内容完整、条理清楚。2013年党员和教教师的政治学习100余次，认真学习研讨党中央方针政策及学校未来发展规划。

2013年，保定校区计算机系在全面抓好群众路线教育实践活动的基础上，按照学校《十二五发展规划纲要》、2013年教代会《校长报告》的要求，结合实际，胸怀国内外计算机学科的发展趋势和发展经验，凝练项目：一、智能电网信息安全重点研究和本硕博特色专业建设项目；二、与IBM共建面向卓越工程师的人才培养项目；三、面向工程实际的全日制专业学位研究生的培养；四、整合资源，布局“双网”创新计划；五、基于云存储与大数据技术构建电力数据处理工程中心；六、完善大学生思想道德培养系统科学发展。

学院按照计划，高质量做好党员发展工作，北京院部共发展党员95名。保定校区，自动化系发展党员74人，计算机系发展党员57人。

8. 培训工作

2013年，学院调整了培训办公室的人员配置，明确了培训办公室的主要职责，优化了分工、提高了效率。进一步加大了学院优势培训项目的宣传力度，在保证计算机等级考试及各种资格认证考试工作顺利进行的同时，与知名电力企业紧密合作，资源共享，通过更新培训方案，积极承担各种员工培训项目，为学院的发展提供必要的资金支持。

2013年，保定校区自动化系承担了“神华福能发电有限责任公司1 000MW机组理论培训班”“电力行业仿真培训指导教师认证及复训认证培训班”“电力行业仿真培训高级指导教师认证及复训认证培训班”“电力行业仿真培训质量管理流程培训班”等四个企业员工培训项目。

9. 对外交流与合作

2013年，学院聘请了多位国外知名学者到学院进行交流合作，学院多位青年教师参加了由国家留学基金委员会组织的出国留学人员英语培训，2位教师由国家留学基金委资助赴国外留学深造；与国际知名学术组织开展了实质性的交流与合作，学院多位教师申请并成为英国工程与技术学会（IET）会员。正式确立了与IET的教育合作伙伴关系，共同举办了多次的研究生交流活动，讲解科技论文的写作方法，并且与IET联合进行了国家注册工程师的认证工作讲座。举办了第二届IET Renewable Power Generation

Conference。携手剑桥大学成立全球可持续发展中心(University of Cambridge – North China Electric Power University Centre for Global Sustainable Development),并实现与英国肯特大学联合培养本科生、博士生。2013 年学院举办学术交流活动 10 余次,邀请了国际著名遗传算法专家程润伟博士、国际著名遗传分布式计算和数据库系统专家 Ling Liu 教授以及国际著名数据库系统专家 Calton Pu 教授等多位学者作学术报告。

10. 师生获奖情况

北京校部,13 名教师获得“最美班主任”荣誉称号,其中赵强获得“十佳班主任”荣誉称号。魏振华、葛红、谢桂庆、张建华、韩晓娟等 6 名教师获研究生“优秀班主任”;在辅导员队伍建设中,狠抓学习,提升素质,认真推荐辅导员参加辅导员骨干培训活动等。薛明磊获得首都大学生暑期社会实践优秀调研成果奖,王璐获得校级社会实践优秀指导教师。

保定校区自动化系,韩璞教授获“华北电力大学教学名师奖”,刘鑫屏、金秀章、赵征获教学优秀奖,王秀荣、苏杰两位教师被评为“标兵班主任”,付萍被评为“华北电力大学最美女教工”“保定市先进工会工作者”,韩亮亮被评为“保定市暑期社会实践先进指导教师”。李金花获得“华北电力大学辅导员技能大赛”第一名。

班集体方面:1 个班级获得北京优秀班集体,2 个班级获得“校级十佳班集体”,3 个宿舍获得“校级十佳宿舍”。1 个实践团队获得首都大学生暑期社会实践优秀团队,2 项调研成果被评为校级优秀调研成果。研控计 1120 班、研控计 1218 班、研控计 1219 班获得“研究生优秀班集体”称号。

学生方面:2013 年,北京校部科技创新成果突出,不少团队和个人获得省部级荣誉。有 80 名同学在全国各级各类比赛中获得省部级及以上奖励,特别是 2013 年美国数学建模比赛成果丰硕,杨卓等 16 人获得国际一等奖,20 人获得国际二等奖。多人获得大学生创新实验项目资助,并评为优秀。奖学金方面:侯杰获得校长奖学金,12 名同学获得“校级三好学生标兵”,73 名同学获得“校级三好学生”,3 名同学获得“校级优秀学生干部标兵”,12 名同学获得校级优秀学生干部。14 名同学获得国家奖学金,62 名同学获得励志奖学金。侯杰、宋智超获得华北电力大学自强之星称号。程成等 3 名同学获得“四方股份奖学金”,胡勇等 2 名同学获得“南瑞继保奖学金”,孔小兵、任蜜蜂获得“博士优秀奖学金”,安思成等 6 名同学获得“校友助学金”,王蓓等 6 名同学获得“魏德米勒奖学金”,吕游等 5 名同学获得“博士国家奖学金”,党芳芳等 17 名同学获得“硕士国家奖学金”。熊晶等 4 名同学获得“优秀研究生标兵”称号,张金营等 15 名博士获得“优秀研究生”称号,宋自立等 56 名硕士获得“优秀研究生”称号,王丽娟等 22 名同学获得“优秀研究生干部”称号。

保定校区自动化系,激励大学生积极参与科技创新活动。自动化系本科生共参加国家级创新性项目 10 人次,省部级创新性项目 3 人次,校级创新性项目 14 人次;国家级科技创新活动获奖 5 人次,省部级科技创新活动获奖 6 人次,校级科技创新活动获奖 37 人次;在省级期刊发表论文 9 篇;专利 8 项。其中,河北省三好学生 1 人次,美国大学生数学建模竞赛国际一等奖 2 人次,全国大学生数学建模竞赛国家一等奖 1 人次、二等奖 4 人次、省级 2 等奖 1 人次,全国电工杯数学建模竞赛国家一等奖 2 人次、二等奖 2 人次、三等奖 2 人次、省级二等奖 1 人次、省级三等奖 1 人次,高教社杯数学建模国家级一等奖 1 人次、二等奖 1 人次,大学生数学竞赛河北赛区一等奖 1 人次,全国大学生英语竞赛一等奖 2 人次、二等奖 5 人次、3 等奖 2 人次,世纪之星英语风采大赛一等奖 1 人次、三等奖 1 人次,河北省高等学校英语写作大赛二等奖 1 人次,2013 中国机器人大赛暨 RoboCup 公开赛一等奖 2 人次,Robocup 仿人竞速全国一等奖 1 人次,第八届飞思卡尔华北赛区电磁组二等奖 2 人次,Enactus 2013 创新公益大赛一等奖 1 人次,大学生环保科技创意设计大赛河北省三等奖 1 人次,保定市驻保高校棋类大赛象棋个人冠军 1 人次,全国全民健身操舞大赛(河北分赛区)第一名 2 人次。

保定校区计算机系,学生获得美国数学建模大赛一等奖一项、全国环保科技创意大赛金奖一项、省部级以上奖励 5 项,并有独立作者以及第一作者发表论文以及国际会议 15 篇以及专利 9 项。

(胡建强　付　萍　单田雨)

■概况

院长:刘石

书记:刘威

控制与计算机工程学院成立于 2009 年,由原控制科学与工程学院和计算机科学与技术学院合并组建,拥有 50 多年办学历史的控制学科与计算机学科交叉融合,为学院的战略发展和整体水平的提升奠定了坚实的基础。

该学院在北京设有学院本部,在保定校区设计算机系和自动化系。学院现拥有控制科学与工程一级学科博士点、博士后科研流动站。拥有控制科学与工程、计算机科学与技术、软件工程三个一级学科硕士点。其中,控制科学与工程一级学科下设控制理论与控制工程、检测技术与自动化装置、系统工程、模式识别与智能系统等4个二级学科:计算机科学与技术一级学科下设计算机系统结构、计算机应用技术等2个二级学科。拥有控制工程、计算机技术、软件工程3个工程硕士专业学位授予权。学院设立有自动化、测控技术与仪器、计算机科学与技术、软件工程、网络工程、信息安全、物联网工程七个本科专业。保定校区计算机系,现有3个工学硕士点专业,两个工程硕士点专业,4个本科专业。保定校区自动化系现有1个省部级重点学科,设有1个一级学科博士点专业、1个一级学科硕士点专业、1个工程硕士点专业、2个本科专业。

学院现在校本科学生3 398名(含保定1 721人),硕士研究生1 129名(含保定525人),博士研究生61名。已为社会培养了两万多名本科生、硕士生和博士生,为中国电力工业和国民经济建设培养了大批优秀的人才。

学院现有教职工281人,其中教师201人。教师队伍中,教授50人,其中博士生导师17人,副教授62人。国家千人计划1人,国家百千万人才计划1人,中科院百人计划1人,教育部新世纪优秀人才3人,全国师德先进个人1人,首都劳动模范奖章获得者2人,北京市教学名师2人,河北省教学名师1人,北京市师德先进个人3人,北京市优秀教育工作者1人,形成了一支以博士生导师为学术带头人,以中青年教师为学术骨干,具有良好师德和较高教学科研水平的师资队伍。

学院近年取得的主要成果有:国家级科技进步二等奖1项,国家级教学成果二等奖1项,联合国发明创新科技之星奖1项,电力科技进步一等奖1项,省部级科技进步一等奖3项、二等奖5项、三等奖8项,获省部级教学成果二等奖3项。获得包括国家"973"项目、国家"863"重大项目、国家科技支撑项目、国家自然科学基金重点以及国家自然科学基金等项目数十项,省部级教改项目3项。主研了重大横向科研课题5项。在国内外著名学术刊物上发表SCI、EI、ISTP检索论文千余篇。

学院拥有"自动化"国家级教学团队和特色专业,北京市优秀教学团队和特色专业,"电子信息教育"河北省高等学校本科教育创新高地、"信息安全"河北省品牌特色专业,拥有《现代控制理论》国家级双语教学示范课程以及《过程参数检测及仪表》《数据结构》和《自动控制原理》等一批省部级精品课程。

学院拥有"工业过程测控新技术与系统"北京市重点实验室,北京市电力信息技术工程研究中心,剑桥—华电全球可持续发展中心(Centre for Global Sustainable Development),智能化分布式能源系统教育部"111"引智基地等高水平人才培养平台以及纳入河北省工程技术中心序列进行管理的"河北省发电过程仿真与优化控制工程技术研究中心"。

2013年,北京院部开设研究生课程91门,完成教学2 848学时;开设本科生课程134门,完成教学5 048学时(不含实践环节)。保定校区计算机系开设研究生课程22门,完成教学680学时;开设本科生课程87门,完成教学5 440学时。保定校区自动化系开设研究生课程19门,完成教学608学时;开设本科生课程52门,完成教学2 304学时(不含实践环节),其中一本开设本科生课程47门,完成教学1 856学时(不含实践环节);三本开设本科生课程47门,完成教学1 856学时(不含实践环节)。

2013年,学院拥有教研室12个、研究所(室)8个、教学实验中心2个、实验管理中心1个、学生实习基地16个,科技研究(创新)基地5个,研究生工作站5个。保定校区自动化系拥有教研室2个,教学实验中心1个,纳入河北省工程技术中心序列进行管理的"河北省发电过程仿真与优化控制工程技术研究中心"1个,省级虚拟仿真实验教学中心1个。保定校区计算机系拥有教研室2个、研究室7个、教学实验中心1个、学生实习基地15个。

2013年,学院共有61个党支部,拥有中共党员1 065人、发展党员226人。其中,保定校区自动化系设有16个党支部,拥有中共党员294人,发展党员74人。保定校区计算机设有11个党支部,拥有中共党员225人、发展党员57人。

(胡建强　张艳斌　单田雨)

■条目

【召开学期末教职工大会】1月15日,控制与计算机工程学院举行期末教职工大会,会议由院长刘石主持。刘石回顾了2012年的主要工作,介绍了青年教师研究资助项目。院党总支书记刘威对学院2012年的学生工作、管理工作、安全稳定、工会以及培训等各项工作做了回顾和总结。

（单田雨）

【闫勇、刘石教授获英国皇家工程院资助项目】3月，由学院闫勇教授和刘石教授联合申报的中英研究交流计划获得英国皇家工程院批准。皇家工程院是英国工程学界的最高学会，研究交流计划重点支持具有国际领先水平的研究人员之间的合作，每年获批的项目数量很少。该项目以“先进的环境友好型生物质及煤粉发电中燃烧器火焰监测及计算建模”为主要研究内容，实施时间为2013年7月1日至2014年5月31日，由皇家工程院提供项目资助。此项目将促进长期互访研究合作关系的建立，为未来大型、持久的国际合作奠定基础。

（单田雨）

【召开新学期全体教职工暨处级领导干部述职大会】3月5日，控制与计算机工程学院召开新学期教职工大会。校组织部林林及学院全体教职工出席了会议。会议由院长刘石主持。刘石向全体教工传达了校双代会精神，班子全体成员就各自分管工作情况向大会作了述职汇报。大会最后，全院教职工对学院整体工作和领导班子全体成员进行了测评。

（单田雨）

【学院召开2013年教职工大会】4月16日，控制与计算机工程学院召开2013年教职工大会，校工会田里以及学院全体教职工出席了会议。大会由学院党总支副书记谢桂庆主持。学院院长刘石教授首先作学院工作报告，学院办公室主任高燕作财务工作报告，院党总支书记刘威作学院教师考核办法修订的情况说明。

（单田雨）

【学院分工会在“能动杯”跳绳比赛中夺得甲组亚军】4月23日，控制与计算机学院分工会在“能动杯”教职工集体跳绳比赛中再创佳绩，取得甲组亚军的好成绩。

（单田雨）

【智能控制与系统创新俱乐部获学校批准成立】5月，智能控制与系统创新俱乐部获学校批准成立，成为学校首批5个俱乐部之一。学院创新俱乐部将组织和开展经常性的实践创新活动，规范管理，探索和实践有特色的发展之路。

（单田雨）

【国际著名物联网系统专家马建华教授来访】5月2日，控制与计算机工程学院特邀国际著名物联网系统专家、日本法政大学教授、多媒体泛在智慧环境研究室主任马建华（Jianhua Ma）教授作了题为“智慧物联网展望”的学术报告，并就中国物联网发展远景、物联网潜在的应用领域及其相关技术挑战问题与学院师生进行交流。

（单田雨）

【学院分工会在“控计杯”羽毛球团体赛中成功卫冕】5月6日，由校工会主办的2013年度“控计杯”羽毛球团体赛在体育馆拉开帷幕。控制与计算机工程学院分工会卫冕成功，取得甲组团体冠军。

（单田雨）

【召开团员青年学习习近平总书记五四讲话精神座谈会】5月7日，控制与计算机工程学院召开“学习习近平总书记五四讲话精神座谈会”，学院党总支副书记谢桂庆、各年级辅导员及学生代表参加了座谈会。会议由学院团总支薛明磊主持。薛明磊首先介绍了习总书记在“五四”青年节参加中国空间技术研究院的主题团日活动中的讲话以及此次讲话传达的精神。学生代表结合所学专业，发表了个人体会。谢桂庆老师最后对座谈会做深入总结。

（单田雨）

【举办第七期成长沙龙论坛】5月8日，为深入学习贯彻习近平总书记五四重要讲话精神，控制与计算机工程学院召开以“我的梦，中国梦”为主题的成长沙龙之“我与院长面对面”座谈会。出席本次会议的有控制与计算机工程学院院长刘石、副院长房方以及硕士研究生各班学生代表，会议由白旭同学主持。会议由两部分组成：一是与会学生代表一一发言，阐述自己对“我的梦，中国梦”的理解；二是与会学生代表提出问题，与院长进行交流学习。

（单田雨）

【分工会夺得校运会教工甲组团体第三名】5月24日至25日，华北电力大学田径运动会举行。学院全体老师积极投入到各项赛事，学院最终获得“教工甲组团体总分第三名”的好成绩，并获运动会组织奖。

（单田雨）

【国际著名遗传算法专家程润伟博士来访】5月30日，控制与计算机工程学院特邀美国中石油研究院高性能计算分析专家、国际著名遗传算法专家程润伟博士（Dr.

Runwei Cheng）作了题为“基于GPU架构的并行遗传算法”学术报告。其间，程润伟博士与在师生就关心的一些算法编码、并行实现等学术问题进行了交流，进一步加深了与会师生对GPU并行计算、遗传算法应用与学校相关问题结合的认识。

（单田雨）

【学院邀请IEEE Fellow Peter B. Luh教授进行学术交流】6月3日，应学院邀请，美国康涅狄格大学电子与计算机工程系教授Peter B. Luh来校交流。并作了题为“如何在国际期刊上发表学术论文”的学术报告，针对论文写作中存在的各种问题进行了深入浅出的详细阐述。当天，陆教授还在学院做了题为“间歇式风力发电的电网集成：一种Markov链方法”的学术报告。

（单田雨）

【国际著名数据库系统专家Calton Pu教授来访】7月4日，控制与计算机工程学院特邀国际著名数据库系统和云计算专家、美国佐治亚理工学院Calton Pu教授作了题为“Big Data，IoT，and Clouds：Research Opportunities in Disaster Management”的学术报告。报告会后，Calton Pu教授还与学院部分师生就关心的大数据、物联网和云计算之间的关系问题、解决这些挑战需要来自诸多相关领域知识和技术的集成和综合技术挑战问题以及灾害管理相关支持技术问题进行了交流。

（单田雨）

【国际著名遗传分布式计算和数据库系统专家Ling Liu教授来访】7月4日，控制与计算机工程学院特邀国际著名分布式计算和数据库系统专家、美国佐治亚理工学院Ling Liu教授作了题为“Big Data Analytics as a Service：Exploring Reuse Opportunities”的学术报告。参加报告会的有学院师生50余人。

（单田雨）

【召开2013年学期末教职工大会】7月9日，控制与计算机工程学院举行期末教职工大会。会议由院长刘石主持。院长刘石对学院新制定的《控制与计算机工程学院教师岗位聘期考核标准》进行了详细的说明。书记刘威对学院2013年上半年的党建工作、学生工作、平安校园建设、工会及培训等各项工作作了回顾和总结。

（单田雨）

【林碧英教授被评为北京市高等学校教学名师】8月，根据《北京市教育委员会关于公布第九届北京市高等学校教学名师奖获奖名单的通知》，学院林碧英教授被评为第九届北京市高等学校教学名师。林碧英教授长期坚持在教学第一线，积极承担教学任务、课堂教学效果好、学生评价高，在教学过程中取得丰硕教学成果，受到同行专家的好评。

（单田雨）

【物联网专业完成首次招生】9月物联网专业迎来首批30名学子，学院本科专业总数将增加到7个。新成立的物联网专业为学院自动化专业和计算机专业的学科融合起到带动作用。

（单田雨）

【召开马畅同学入伍欢送会】9月10日，控制与计算机工程学院召开“马畅同学应征入伍欢送会”。出席会议的有学院党总支副书记谢桂庆、武装部王文才、辅导员王璐及学生代表。会议由谢桂庆主持。谢桂庆代表学院向马畅颁发了慰问金，勉励其在军队刻苦磨炼、建功立业。光荣入伍的马畅同学发表了感言，表达了对学院领导和老师的感谢。王文才老师为马畅同学佩戴绶带及光荣花。

（单田雨）

【举办成长沙龙研究生经验交流会】9月29日，控制与计算机工程学院成长沙龙之新老生学习经验交流会在教四楼成功举办。王海东等四位优秀学生代表作为嘉宾出席了本次交流会，向学院同学分享了他们的研究生的生活及学习经验。

（单田雨）

【分工会在校庆教职工合唱比赛中荣获银奖】10月22日，在学校55周年校庆“华电好声音”教职工合唱比赛中，控计分工会凭借精心编排的两首曲目，以总分第二的成绩荣获银奖。

（单田雨）

【韩国岭南大学工学院李锡圭教授和李东美教授来访】11月1日，应控制与计算机工程学院邀请，韩国岭南大学工学院李锡圭教授和李东美教授对学院进行了为期15天的学术交流访问。访问期间李锡圭教授分别作了题为“云机器人中的控制问题：编队控制实例”和“全方位移动机器手的动力学模型与控制”的学术报告，同时对学院在机器人控制方向的研究生科研工作进行有针对性的指导。李东美教授以“韩国大学研究生培养及奖学金制度：岭南大学为例”为题作研究生培养制度、奖学金申请制度、职业生涯规划的学术报告，并对机器人通讯方向的研究生科研工作进行有针对性的指导，同时展开研究生招募工作，对有志于赴韩攻读硕士或博士学位的同学提出有针对性的意见和建议。

（单田雨）

【美国新泽西理工大学教授 Mengchu Zhou 来访】11 月 6 日，应控制与计算机工程学院邀请，IEEE Fellow，IFAC Fellow，AAAS Fellow，美国新泽西理工大学电气与计算机工程系杰出教授 Mengchu Zhou 围绕物联网专业的国际最新进展和应用前景作题为“Internet of Things：Recent Progress and Applications”的专题讲座。本次讲座面向控制与计算机工程学院青年教师和博士硕士研究生。参加报告会的有来自控计学院的师生 60 余人。

（单田雨）

【电力之光创新实践基地成立】12 月，“电力之光创新实践基地”获批，该基地由控制与计算机工程学院与能源动力与机械工程学院联合申报，经北京市教委组织的专家评审，被北京市教委审核认定为 2013 年北京高等学校示范性校内创新实践基地建设单位。

（单田雨）

【2 团队获北京市教学成果二等奖】12 月，白焰、林碧英两个团队分获北京市教学成果二等奖，对鼓励教学研究，推进教学改革与创新，着力培养学生的社会责任感、创新精神和实践能力，全面提升人才培养质量产生积极而深远的影响。

（单田雨）

【获批河北省省级教学示范中心】12 月，由自动化系牵头、联合相关院系申报的“虚拟仿真实验教学示范中心”，获批河北省省级教学示范中心，目前国家级教学示范中心正在评审中。

（翟永杰）

【学生在第八届“飞思卡尔”杯智能汽车竞赛华北赛区中获佳绩】8 月，第八届全国大学生“飞思卡尔”杯智能汽车竞赛华北赛区竞赛中，学生韩露、李小鹏等在指导教师林永君、王炳谦的带领下，获电磁组二等奖。

（林永君）

【获国家自然科学基金青年科学基金】9 月，计算机系青年教师刘海坤获批国家自然科学基金青年科学基金项目 1 项：虚拟化环境中高效节能的内存资源动态管理技术研究（27 万元）。

（胡建强）

【获评国家专利 1 项】7 月，计算机系王德文获批国家专利一项：一种电力设备状态监测装置的集成方法。

（胡建强）

【建成网络综合实验平台和教育部联邦实验室远程接入点】2013 年，计算机系对网络与信息安全实验室进行了更新改造，完成了教育部修购资金支持的 2013 年实验室建设项目“网络工程专业实验室及网络实验研究平台建设（一期）”，建成了网络综合实验平台和教育部联邦实验室远程接入点。网络综合实验平台可开设基础实验、交换机实验、路由实验、VPN 实验、IPV6 实验、安全实验、应用服务实验、综合实验共 8 类实验。

（胡建强）

【出版教材 1 部】8 月，计算机系普通高等教育“十二五”规划教材《电力信息化和信息安全》出版，该书以张冀为主编，曹锦纲、郑顾平为副主编。

（胡建强）

【暑期社会实践小分队获评“河北省优秀分队”】2013 年，计算机系团总支携手朗新科技（中国）开展“绿色电力重走长征路”活动，为革命老区云南武定捐献太阳能发电设备五套，价值四万余元，结束了该村长达几百年没有光明的历史，该小分队被评为“河北省优秀分队”。

（胡建强）

【白兆飞同学追授“见义勇为优秀大学生”】8 月 8 日，华北电力大学计算机系软件 1201 班学生白兆飞在家乡——贵州省黔西南州兴仁县鲁础营回族乡因救同伴黄涛涛英勇献身。事发后，凤凰网、新浪网、燕赵都市报等多家媒体对其事迹进行了广泛报道。学校给予白兆飞同学立功表彰并追授其为“见义勇为优秀大学生”“优秀共青团员”。2013 年 10 月初，白兆飞入选“中国好人榜”见义勇为好人，同月当选为“保定好人”，12 月获得“保定联通杯”2013 感动保定十大人物。

（胡建强）

人文与社会科学学院

■概述

2013年，华北电力大学人文与社会科学学院秉持学校“办一所负责任的大学”的理念，遵循“循法尚德，创新人文”的院训，以传播人文知识、营造人文氛围、弘扬人文精神、提高人文素质为使命，按照学校“育人为本，学科立校，人才强校，科研兴校，特色发展”的方针，在增强学科实力、提高办学质量、加强队伍建设、凸显特色研究、强化主流研究、提升学术水平等方面扎实积累，科学发展。

2013年，根据学校党委的统一部署，人文社科与政教党总支精心组织了各支部委员会的换届选举工作。经过选举工作启动、酝酿提名候选人、换届选举、上报选举结果四个阶段的工作，总各支部全部顺利完成了支部委员会的换届选举工作。

2013年，学院根据校党委群众路线教育实践活动的统一部署，努力落实各项要求，党总支制定了《人文学院深入开展党的群众路线教育实践活动实施方案》，以振兴文科为核心，认真做好各阶段工作，深入开展群众路线教育活动，有力促进了各项工作的进展。

2013年，学校进一步加大对文科的支持力度。学校通过投入学科建设经费、中央高校基本科研业务费等方式，年投入80余万元，继续支持人文学科的发展。学院设立专著出版基金，加以其他项目辅助，已出版或列入出版计划的专著达38本。同时还支持了高端学术会议的召开和高水平论文的发表。

2013年，学院教师队伍建设成效显著。王学棉教授被授予“北京市优秀教师”称号，以王学棉为首的诉讼法教学团队入选学校“优秀教学团队支持计划”。赵旭光、沈磊、刘扬、庞涛、付荣等5位教师入选北京市2013年高校青年英才计划。

2013年，学院完成了“2013本科专业人才培养方案”的制订工作。根据学校统一部署，结合学院各专业的特点，完成了“2013本科专业人才培养方案”修订工作。课程设计更加合理，在突出知识传授的同时，更加强调素质和能力教育，以进一步深化人才培养的“厚基础、重实践、强能力”特色。

2013年，学院科研工作再次实现突破。科研经费达到新高，超额完成科研经费任务（400万元），总金额达到了928.249万元，其中纵向经费73.6322万元。朱晓红教授的科研成果获得国务院相关机构的采纳。学院主办了“2013年中国农村贫困与社会发展论坛”，国内外代表80余人出席此次论坛，人民日报、人民网等多家媒体参加论坛，全国人大常委郑功成出席并发表主题演讲。

2013年，学院学术交流活动得到了深化。国际化学界著名科学家、瑞士洛桑联邦理工学院格雷策尔教授出席学院与校国家能源发展研究院联合主办的新能源论坛，加拿大里贾纳大学副校长戴维等近十名国外著名学者来学院参观访问。承办了2013年中国电力企业管理年会，全国电力行业企业的相关领导、管理精英、获奖单位代表以及部分国内知名高校专家、学者参加会议。学院院长苑英科出席年会并致辞，副院长王伟作学术报告。

2013年，学院培训工作再上新台阶。学院开展国电集团2013年企业法律顾问资格考试培训班等三期培训班，充分发挥各专业及校内、外专家、教授资源优势，扩大学院各专业对外的影响力和为电力企业及社会的服务能力。

2013年，学院积极搭建学科竞赛平台，增大宣传力度，学生在各类学科竞赛中再创佳绩。累计31名学生获国家级奖项，32名学生获得省部级奖项。其中，学生张涛获得全国“自强之星”百强，并荣获年度校长奖学金。

2013年，学院工会工作取得新进展。分工会首次进入“控制与计算机杯”羽毛球比赛乙组前四强；在“后勤集团杯”棋牌比赛中荣获乙组第二名，并荣获最佳组织奖；在“远程教育杯”篮球比赛中获得乙组第三；在庆祝建校55周年“华电好声音”师生员工合唱比赛中荣获铜奖。开展系列关爱教职工活动，增加2个分工会协会，充实教职工文体娱乐内容，积极开展工会课题研究立项，在学校工会立项的论文研究中，有两篇文章被校工会采纳。

2013年，学院新网站正式投入使用。新网站的设计经过多次调研和修改，并最终采用了和学校主流风格相一致的色调。新网站的启用网站功能，改善了学院对外宣传形象。

（王　硕）

■概况

院长：苑英科

书记：蔡利民

学院网址：http://law. ncepu. edu. cn

2013 年，华北电力大学人文与社会科学学院在北京设有学院本部，在保定校区设有法政系。学院现有 1 个省部级能源发展研究基地。设有 2 个一级学科硕士点专业、6 个本科专业。

2013 年，学院有教职工 98 人（含保定 34 人），其中，专任教师 82 人（含保定 29 人），其中教授 12 人（含保定 2 人）、副教授 31 人（含保定 4 人），具有博士学位的教师为 46. 3%（含保定 9 人）、有实验及技术人员 1 人、党政及管理人员 13 人（含保定 4 人）。

2013 年，学院新增副教授 2 人（含保定 1 人），新增博导 1 人（含保定 1 人）。

2013 年，学院共引进师资 3 人（含保定 1 人），其中教师 3 人（含保定 1 人）。

2013 年，学院有毕业学生 295 人（含保定 90 人），其中，硕士研究生 38 人（含保定 2 人），普通本科生 257 人（含保定 88 人）。

2013 年，学院招生 304 人（含保定 105 人），其中，硕士研究生 45 人（含保定 10 人），普通本专科生 259 人（含保定 95 人）。

2013 年，学院在校生 1 086 人（含保定 369 人），其中，硕士研究生 81 人（含保定 19 人），普通本专科生 1 005 人（含保定 350 人）。本科生的英语四级一次通过率为 84%（保定为 97. 5%），本科毕业生一次就业率为 98. 23%（保定为 94. 32%），研究生毕业生一次就业率为 100%（保定为 100%）；本科考研报名 95 人（含保定 23 人），实际考取 55 人（含保定 15 人），考研率为 19. 53%（保定为 17. 05%）。

2013 年，学院签订纵横向科研项目 69 个（含保定 34 个），其中纵项 58 项（含保定 33 项）、横项 11 项（含保定 1 项），实现科研合同金额共计 860. 58 万元（含保定 83. 1 万元），其中纵向科研经费 470. 23 万元（含保定 82. 1 万元），横向科研经费 390. 35 万元（含保定 1 万元）；承担校内科研项目 10 个（含保定 2 个）；共发表论文 99 篇（含保定 50 篇），其中三大检索收录 9 篇，核心期刊 26 篇（含保定 16 篇）。出版专著 17 部（含保定 5 部），自编教材 1 本（含保定 1 本）；学院举行学术交流会 16 次（含保定 4 次），其中国外专家学术交流会 5 次（含保定 1 次），国内专家学术交流会 11 次（含保定 3 次）。有 18 人次（含保定 6 人次）参加了国际学术会议。

2013 年，学院共完成科研项目 14 个（含保定 2 个），通过验收 14 个（含保定 2 个）。

2013 年，学院共获得省部级以上奖励 10 项（含保定 5 项）。

2013 年，学院拥有教研室 7 个（含保定 3 个）、研究所 16 个（含保定 3 个）、实验室 5 个（含保定 3 个）、学生实习基地 36 个（含保定 15 个），其中当年新增 1 个、名称为保定市至真社会服务发展中心，科技研究（创新）基地 1 个（含保定 1 个）。

2013 年，学院开设研究生课程 61 门（含保定 16 门），完成教学 1 888 学时（含保定 544 学时）；开设本科生课程 460 门（含保定 176 门），完成教学 16 151 学时（含保定 7 020 学时）；举办 3 期培训班，共培训学员 365 人，其中电力系统学员 365 人。

2013 年，学院设有 25 个党支部（含保定 5 个），拥有中共党员 294 人（含保定 83 人）、发展党员 94 人（含保定 34 人）。

2013 年，学院设有 42 个学生班级（含保定 13 个），设有辅导员岗位 6 个（含保定 2 个），其中正式编制 6 个（含保定 2 个）；学生获得各类省部级奖励 161 人次（含保定 46 人次），其中教育部奖励 74 人次、北京市奖励 41 人次、河北省奖励 46 人次。

（胡舒敏　石兵营）

【副校长杨勇平到学院调研】3 月 26 日，学校副校长杨勇平到学院进行工作调研，深入了解学院在贯彻落实十八大精神、“两会”精神、落实《高等学校哲学社会科学繁荣计划（2011—2020）》文件精神、落实学校教代会校长工作报告等方面的工作情况，深入了解学院在文科振兴方面所采取的学科发展举措和科研协同创新举措。

（王　伟）

【举办 2013 年度青年教师教学基本功比赛】3 月 26 日，学院举办 2013 年度青年教师教学基本功比赛，陈建国、赵旭光、蔡恒、张勤、郑路五位老师参加了本次比赛。经过激烈的角逐，最终蔡恒老师获一等奖、最佳课件奖及最佳教案奖，并代表人文学院和思政部参加 4 月份学校举办的“青年教师教学基本功比赛”。

（吴颖梅）

【举办“2013 年中国农村贫困与社会发展论坛”】4 月 20 日，“2013 年中国农村贫困与社会发展论坛”在华北电力大学召开。本次会议由华北电力大学人文与社会科学学院与中国人民大学中国社会保障研究中心联合主办。来自国内外高校及研究机构代表 80 余人出席论坛。本次论坛围绕新时期农村贫困与发展问题进行讨论，除开幕式的主旨演讲外，分设农村贫困理论与实践、农村贫困与社会保障、农村贫困综合论坛、农村贫困与弱势群体、农村贫困与能源环境、农村贫困与劳动力转移等6个分论坛。

（姚建平）

【校长助理律方成带队到人文学院等单位调研学科发展问题】5月30日，校长助理、学科办主任律方成等一行到人文与社会科学学院调研，外国语学院、思想政治理论教学部、高等教育研究所以及保定校区法政系、思想政治教研室等各文科相关单位参加了汇报和研讨会。会议较为详细地总结了现有文科相关学科的发展现状，为学校的下一步学科发展规划提供了详尽的数据，初步明确了各个学科的未来发展方向，为进一步制定文科发展规划打下了坚实基础。

（王　伟）

【承办市"中国梦"学习教育知识竞赛第八片区复赛】6月14日，北京高校"中国梦"学习教育知识竞赛第八片区复赛在华北电力大学主楼D260举行。本次比赛由华北电力大学党委学工部、党委研工部、团委、人文政教党总支举办，人文学院研究生会承办。经过必答题、抢答题、提示抢答题和风险题四个环节的角逐，最终由华北电力大学夺冠。

（王　硕）

【参加北京市"中国梦"学习教育知识竞赛决赛】7月4日，北京市"中国梦"学习教育知识竞赛决赛在北京电视台演播大厅拉开帷幕。人文社科与政教党总支和党委研工部联合参加活动并获三等奖。

（王　硕）

【刘吉臻校长到学院调研】8月26日，新学期第一天，校长刘吉臻走进人文学院课堂听课并到学院视察。在听课后，刘校长对授课老师的讲课水平及学院的精神面貌予以充分鼓励。刘校长对学院工作予以充分肯定，对振兴文科作出科学部署。鼓励学院抓住学校整体发展战略加速期，稳步推进。

（王　硕）

【格雷策尔教授应邀参加学术交流活动】9月6日，由人文学院与国家能源发展研究院联合主办的新能源论坛在北京校部举行，学院院长苑英科主持论坛。瑞士洛桑联邦理工学院迈克尔·格雷策尔教授作了主题为"科学家的个人成长和太阳能应用"的讲座。讲座结束后，格雷策尔教授与学校有关专家以及来自清华大学等单位的嘉宾进行了座谈。

（胡光宇）

【召开群众路线教育实践活动征求意见座谈会】9月12日，人文社科与政教党总支召开群众路线教育实践活动征求意见座谈会，听取群众对人文学院、政教部及院、部领导工作的意见和建议。校党委副书记张金辉参加座谈会，校党委组织部巡视组领导听取了会议发言，座谈会由人文社科与政教总支书记蔡利民主持。

（卢海燕）

【学生在第五届大广赛中创佳绩】9月24日，广告学专业学生在第五届大学生广告艺术大赛中再创佳绩。此次大赛由陈玲老师、陈波老师、庞涛老师参与指导，共有35件作品在北京赛区获奖。其中，获银奖6件，铜奖3件，入围26件，获奖人数与级别超越往年。

（张　勤）

【郝英杰副书记一行到学院检查"平安校园"创建工作】10月11日，学校党委副书记郝英杰一行来到人文社科与政教党总支检查"平安校园"创建工作，会议由院长苑英科主持，书记蔡利民代表人文政教对"平安校园"创建活动进行总结汇报。

（王　硕）

【剑桥大学著名教授Peter Williamson到学院进行学术交流】10月25日，英国剑桥大学教授Peter Williamson来到学院进行学术交流，并于国际交流中心为学院学生作了"中国公司在全球化趋势下的机遇和挑战"的演讲。学院院长苑英科会见了Peter Williamson教授，双方还就全球化中的能源问题和经济发展问题进行深入交流。

（李　涛）

【卓越法律人才创新俱乐部、法律诊所开展法制宣传活动】12月4日，学院卓越法律人才创新俱乐部、法律诊所与霍营街道办事处、霍营司法所、回龙观街道办事处、回龙观司法所、社保所共同举办了以"做讲法制守秩序的好公民，共筑伟大中国梦"为主题的大型法制宣传活动。此次活动旨在为大力宣传民主法治建设的成功经验，宣传国家在立法、行政执法、司法和法律监督等方面取得的伟大成就，以实际行动推动"六五"普法规划的实施。

（刘晓东）

【中文1201班入围市"十佳优秀主题团日活动"】11月23日，由北京市新闻出版局、共青团北京市委员会、北京市学生联合会主办的2013年北京阅读季大学生读书节十佳主题团日活动在北京邮电大学举办。中文1201班代表华北电力大学成功入围北京市“十佳优秀主题团日活动”。

（王　硕）

外国语学院

■概述

2013年，华北电力大学外国语学院落实学校大人才发展战略，以提高教学质量为中心，深化教学改革，规范管理制度，学院学科建设、教学科研、党建工作、学生管理等各项工作上台阶。

2013年，在制度建设方面，该学院继续完善规章制度，通过制度加强规范管理。校部先后制定实施了《英语系教学优秀奖评选实施细则（试行）》《英语系教职工考核办法（试行）》《英语系教师进修管理办法》《英语系培训管理办法》。校区新制定了《英语系关于学生晚归等违纪行为的处理办法》《英语系学生课堂出勤率检查制度》等，加强了学生管理。

2013年，在教学方面，该学院以教学质量为抓手，深化教学改革，不断提高教学质量。校部英语系将3月份定为首届“教学质量月”，成立四个专家组，对全系40岁以下的所有青年教师进行随堂听课，认真填写“外语课堂教学评价表”，形成评价意见，并与教师进行沟通与点评。专家组通过评比、选拔，共推荐出八名教师参加英语系基本功决赛。保定校区英语系重点对专业和大学英语课程进行检查和指导，有17名经验丰富的老教师对7名申报课堂质量评价的一线教师进行随堂听课120余次，对在教学过程中存在的问题和反映的意见进行及时了解、查漏补缺，采取了相应的整改措施。学院举办了青年教师教学基本功大赛并选派老师参加了学校和北京市、河北省的讲课比赛，成绩显著。张玲、宁圃玉老师在校级讲课比赛中分获一等奖、二等奖，宁圃玉、皇甫伟老师分获第四届“外教社杯”全国高校外语教学大赛北京赛区三等奖和优胜奖，张玲、任俊红老师分获第四届“外教社杯”全国高校外语教学大赛河北赛区三等奖，李海燕老师获北京市高等教育学会研究生英语教学分会第四届青年教师基本功决赛二等奖，张玲老师获保定市第五届大中专院校青年教师说课大赛英语组一等奖。

2013年，学院继续深化大学英语分级教学改革并加大后续课程建设力度，校部2011级大学英语四级一次性通过率93%，再创新高。校区大学英语四级一次通过率继续保持在91%以上。2013年，学院加强英语第二课堂建设，营造浓厚的校园英语学习氛围。2013年11月，校区英语系承办河北省高等学校第十四届“世纪之星”英语演讲大赛暨2013年“外研社杯”全国英语演讲大赛河北赛区复赛，来自全省84所院校的394名选手参加，展现了华北电力大学风采，营造了校园英语学习的氛围。组织了学校“英语文化节”活动，组织学生参加了全国大学生英语竞赛、英语演讲比赛等多项高规格的学科竞赛。其中校部牛跃辉老师指导的热能11级许彦斌同学获第五届北京市大学生英语演讲比赛优秀奖，校部王欣老师指导的水文12级学生吴嘉杰获2013年全国大学生英语竞赛北京赛区非英语专业特等奖，其他6名学生获北京赛区非英语专业一等奖。校区指导教师带队参加河北省高等学校第一届英语写作大赛，获省级一等奖一项，二等奖一项，指导教师带队参加河北省高等学校第十四届“世纪之星”英语演讲大赛暨2013年“外研社杯”全国英语演讲大赛河北赛区复赛，获得大赛一等奖4人、二等奖3人、三等奖1人的优异成绩。

2013年，该学院注重专业建设。组织完成2013版本科生人才培养方案的修订，完善了大学英语和英语专业培养方案。校部英语系完成本科翻译专业建设调研工作，为翻译专业的申请做好了准备。建成翻译同传室1个，为翻译教学提供了保障。新建北京市中关村外国语学校、华音世纪信息技术有限公司2个实习基地，增强了对学生实践能力的培养。1名学生赴台湾科技大学交流学习，1篇论文获校级优秀硕士学位论文。

2013年，在科研方面，该学院注重政策引导，提升科研水平。校部制定了《英语系学术团队建设方案》，建立了由硕士生导师牵头、青年教师参加的四个学术团队，形成了人员稳定、以老带新、目标明确的科研团队，在科研工作的规范化建设方面迈出了可喜的一步。学院鼓励教师积极进行科研项目的申报并获得突破，获2013年度中央高校基金资助面上项目13个，青年项目2个；签订纵向项目16项，横向项目9项，到账金额72.3万元。发表论文273篇，专著4部，编著1部。

2013年，师资队伍建设方面，该学院配合大学完成了全院教师聘期考核和新一轮教师岗位聘任工作。学院重视师资队伍建设，特别是对青年教师的培养，宁圃玉入选“华北电力大学教学名师培育计划”，5位教师获“北京市青年英才计划”资助，赵玉闪团队入选北京市共建项目华北电力大学优秀教学团队支持计划。该学院积极为中青年教师争取出国深造的机会，鼓励和支持中青年教师在职攻读博士学位。2013年有2名教师到国外进行交流学习，2名教师完成国外高访，在国内外攻读博士学位6人。加强教师职业培训，校部鼓励和资助19人次参加国内外学术及教学会议10场，校区10名教师参加了外研社组织的专业培训，1名教师参加了全国高校教师网络培训计划《大学英语》课程的骨干教师高级研修班。引进国外博士1名。9名教师被评为校级教学优秀奖。2013年，邀请国内外知名专家学者讲座6次。

2013年，该学院注重加强党建与班子建设。2013年通过党的群众路线教育实践、创先争优、迎接北京市平安校园检查、党风廉政建设宣传教育月等活动，认真落实了学校党委、纪检委、宣传部各项学习与工作任务，有效地开展了党性、党风、党纪等教育活动。校部对党建研究课题立项活动进行结题验收，落实了经费支持，以项目研究推动了基层组织建设，公开发表党建研究论文4篇。围绕学校“一个支部实现一个目标、一个党员完成一个任务”活动，在全体教职工党员、优秀教师及2013级学生中开展“党员导师制”活动，重点关注学生的专业发展，同时根据学生的不同特点和成长需求，解决其在学习、生活、身心健康等方面的实际问题。校部通过组织党员在线学习等活动，校区通过领导班子中心组理论学习和支部组织生活会、教研室政治学习、团员政治理论学习等形式，将学习领会十八大精神与教学科研和人才培养紧密结合起来，把学习成果转化为推动院系事业科学发展的动力。践行党的群众路线教育实践活动，校部在教师、学生中召开三次座谈会，在征集党内外群众意见、建议的基础上，对照在“四风”方面存在的突出问题，分析整改、凝练项目，明确了今后努力的方向，将学习实践成果转化为推进工作的动力。校区进行了四次群众座谈，设立意见箱，广泛征求群众意见，深入谈心活动，认真梳理征求到的意见和建议，对照存在的问题和不足，深入剖析存在的原因和背景，积极探讨问题的解决思路和方案。

2013年，该学院创先争优活动成果显著，校部大学英语第二教研室党支部《以党建促教学，积极推进大学英语分级教学改革》的案例获得北京高校基层党支部活动创新案例三等奖。2013年，该学院坚持以学生党建引领思想政治工作，注意加强学生党支部自身的建设。校部本科学生党支部坚持与回龙观镇二拨子村党支部开展“红色1+1”共建，荣获北京市“红色1+1”活动三等奖。校部研究生党支部和本科生党支部均被授予“2013年华北电力大学特色活动优秀党支部”荣誉称号。

2013年，该学院学生工作积极探索服务管理新途径，完善制度，打造品牌。校部在一年级落实学业辅导，选配优秀学生担任学业辅导员，并主动扩大学业辅导范围，将学业困难的高年级学生纳入辅导范围，确保学生顺利完成学业。着力建设勤于奉献的班主任队伍和团结向上的学生骨干队伍。2013年，校部吴晓霞被评为学校“我爱我师”十佳最美班主任，7名教师被评为“我爱我师”最美班主任，获奖比例高达67%，占到校部获奖班主任总数的11%，校区1人获得“校内标兵班主任”称号，1人获“优秀班主任”称号。校部研究生一次就业率达96.3%，本科生一次就业率达98.2%，其中，考研率为24.1%，出国率为14.8%，比去年均有大幅提高。校区研究生一次就业率为95.31%，本科一次就业率为95%，本科考研率为26%，获得学校2012—2013学年度就业先进集体荣誉称号。

2013年，该学院完善各项规章制度，健全学生管理体系。校区根据实际情况新制定了《英语系关于学生晚归等违纪行为的处理办法》《英语系学生课堂出勤率检查制度》等；针对毕业生制定《英语系毕业生档案暂行留校规定》《英语系就业指导与服务工作细则》；针对学生干部，制定《英语系学生党员组织生活会制度》《英语系助管工作制度》等。学生管理规整制度涵盖了学生日常行为管理、安全防范管理、毕业生、学生骨干队伍建设等各个方面。

2013年，该学院坚持以品牌活动带动英语第二课堂。成功举办英语文化节，校部保留了演讲比赛、口译比赛和卡拉OK比赛三项传统优势项目，引进戏剧比赛和文化讲座两个新项目，共有4人获得北京市级奖励，32人获得校级奖励。校区共有3人次获得省级表彰，4人次在全国大学生英语竞赛中获奖，3 人次在华北赛区英语辩论赛中获奖，4 人次在河北省英语演讲比赛中获奖，3 人次在省级文体活动中获奖，36 人次在校级各类文体比赛、学科竞赛中获奖。研究生向一慧荣获北京市高校“我的梦 · 中国梦”演讲比赛三等奖。长征路支教团队荣获北京市优秀社会实践团队。实现了英语专业学生在大学生创新创业实践方面零的突破，2 个项目成功申报学校创新创业训练计划。

2013 年，该学院工会结合院系实际，认真履行各项职能，主动融入院系核心工作，创新开展各项文体活动。校部分工会配合开展教学质量月活动，组织了英语系青年教师基本功比赛，获学校青年教师教学基本功比赛组织奖，首次获得学校运动会乙组第二名的好成绩，组织参加庆祝建校 55 周年“华电好声音”教职工合唱比赛并获鼓励奖。校区分工会获得学校青年教师教学基本功比赛组织奖、建校五十五周年“华电好声音”教职工合唱比赛中二等奖（第三名）、学校第四十五届田径运动会中团体总分三等奖。

（沈　岚　窦学欣　郑志平　肖媛媛、卜叶蕾 ）

■概况

2013 年，华北电力大学外国语学院在北京和保定分设英语系。学院现拥有外国语言文学一级学科硕士学位授予权和翻译硕士授予权，设有 2 个学术型硕士学位授权专业（英语语言文学和外国语言学及应用语言学）、2 个专业学位硕士学位授权专业（英语笔译和英语口译）、1 个英语本科专业。

2013 年，该学院有教职工 135 人（含保定 63 人），其中，专任教师 119 人，专任教师中教授 12 人、副教授 35 人，具有博士学位的教师为 11.76%；有实验及技术人员 3 人、党政及管理人员 11 人。新增硕导 1 人。新进教师 1 人，新进行政人员 2 人，退休教师 1 人。

2013 年，该学院有毕业学生 139 人（含保定 57 人），其中硕士研究生 43 人，普通本科生 96 人；招生 126 人（含保定 44 人），其中硕士研究生 52 人，普通本科生 74 人；在校生 467 人（含保定 168 人），其中硕士研究生 150 人，普通本科生 317 人。校部本科生的英语专业四级一次通过率为 81%，本科毕业生一次就业率为 98.20%，本科考研率为 24.1%，出国率为 14.8%，研究生毕业生一次就业率为 96.30%。大学英语四级考试一次通过率 93%；校区本科生的英语专业四级一次通过率为 69.7%，本科毕业生一次就业率为 95%，本科考研率为 26%，研究生毕业生一次就业率为 95.31%。

2013 年，该学院签订纵向科研项目 16 项（含保定 10 项），横向项目 9 项（含保定 6 项），实现科研合同金额共计 72.3 万元（含保定 36 万）；获 2013 年度中央高校基金资助面上项目 13 项，青年项目 2 项；共发表论文 273 篇（含保定 170 篇）。出版专著 4 部（含保定 2 部），编著 1 部。举行国内外专家学术交流会 5 次。1 名教师入选“华北电力大学教学名师培育计划”，5 名青年教师入选“北京市青年英才计划”。

2013 年，该学院 9 名教师获得校级教学优秀奖，1 名老师被评为学校“我爱我师”十佳最美班主任，7 名老师被评为“我爱我师”最美班主任，1 人获得校内标兵班主任称号，1 人获优秀班主任称号。2 名教师在校级讲课比赛中分获一等奖、二等奖，2 名教师分获第四届“外教社杯”全国高校外语教学大赛北京赛区比赛三等奖和优胜奖，2 名教师分获第四届外教社杯大学英语讲课比赛河北赛区三等奖。1 名教师获北京市高等教育学会研究生英语教学分会第四届青年教师基本功决赛二等奖。1 名教师获保定市第五届大中专院校青年教师说课大赛英语组一等奖。

2013 年，该学院拥有教研室 7 个、实验室 30 个、新增学生实习基地 2 个。开设研究生课程 47 门，完成教学 3 492 学时；开设本科生课程 98 门，完成教学 20 398 学时。保定校区开设研究生课程 39 门，完成教学 1 040 学时；开设本科生课程 57 门，完成教学2 600 学时。

2013 年，该学院设有 14 个党支部（含保定 8 个），拥有中共党员 220 人（含保定 101 人）、发展党员 38 人（含保定 15 人）。

2013 年，该学院设有 25 个学生班级（含保定 10 个），学生获得各类省部级奖励 22 人次（含保定 17 人次），其中北京市奖励 5 人次，河北省奖励 6 人次。

（窦学欣　郑志平）

■条目

【举办首届英语系“教学质量月”活动】3 月，英语系举办首届“教学质量月”活动。成立四个专家组，每个专家组两名成员，深入全系 40 岁以下青年教师课堂听课，结合课堂教学总体情况认真填写“外语课堂教学评价表”，形成评价意见。课后与教师进行沟通与点评，对课件质量、授课内容与方法、板书情况、课堂纪律与气氛、师生互动与交流、教师的精神面貌与自信度等情况进行详细反馈。经过近 20 天的评比、选拔，专家组共推荐出八名教师参加3月26日英语系基本功决赛，并选派老师参加了学校和北京市的讲课比赛，成绩显著，并极大的促进了英语系教学质量的提高。宁圃玉获校级讲课比赛二等奖，宁圃玉、皇甫伟分获第四届“外教社杯”全国高校外语教学大赛北京赛区比赛三等奖和优胜奖，李海燕获北京市高等教育学会研究生英语教学分会第四届青年教师基本功决赛二等奖。

（窦学欣）

【与北京市中关村外国语学校共建大学生实践教学基地】10月31日，外国语学院与北京市中关村外国语学校签订了共建大学生实践教学基地协议书。根据协议，中关村外国语学校接收学院学生参与实践教学，成立了包括中学部校长、小学部校长、教务处处长、德育处处长等在内的领导小组，详细地部署了学生教育实习的相关工作。并为2013年的实践教学提供了18个班作为学生的实习班级。实习生在各班班主任的带领下调查了解各班学生情况，针对不同类型的学生进行英语辅导，配合班主任开展主题班会，帮助学生编排英语短剧等，同时调查了解学校历史，访问优秀教师，学习报道优秀教师的先进事迹及教学经验。实习结束后，双方共同举办了实习汇报会和实习总结会。该实践教学基地的建立为学院英语专业学生的实习开辟了新的渠道，提供了新的教学实践平台。

（窦学欣）

【参加第七届北京高校英文戏剧邀请赛】5月8日，第七届北京高校英文戏剧邀请赛在对外经贸大学举办。华北电力大学首次应邀参赛，此次大赛邀请到外交学院、北京外国语大学、对外经济贸易大学、华北电力大学、北京大学外国戏剧与电影研究所等参赛高校和演出嘉宾。英语系副教授刘辉应邀担任评委，丁文俊副书记和卜叶蕾老师担任嘉宾，英语1003班的 The Gift Of Magi(《麦琪的礼物》)，得到了观众和评委的一致好评。

（窦学欣）

【承办河北省英语演讲比赛】11月16日，河北省高等学校第十四届“世纪之星”英语演讲大赛暨2013年“外研社杯”全国英语演讲大赛河北赛区复赛在华北电力大学举行。河北省教育厅领导、保定市领导、华北电力大学领导出席了大赛颁奖晚会，来自全省84所院校的394名选手参加。此次大赛由保定校区英语系承办，从布置赛场到颁奖晚会，从参加比赛的全校学生中选拔到英语教师的培训指导，作了大量工作，受到大赛组委会的表扬。展现了华北电力大学风采，营造了校园英语学习的氛围。

（郑志平）

【创先争优活动成果显著】2013年，校部英语系党总支认真开展创先争优活动，成果显著。大学英语第二教研室党支部《以党建促教学，积极推进大学英语分级教学改革》的案例获得北京高校基层党支部活动创新案例三等奖，本科生党支部荣获北京市“红色1+1”活动三等奖，英语系党总支被评为“党内统计先进单位”和“党员在线学习优秀党总支”。

（沈　岚）

数理学院

■概述

2013年，数理系圆满完成全校本科及研究生公共数学课程、公共物理课程的教学任务。教学方面：7月5日，石玉英、付星球、苑静、赵红涛、侯居跃等5人获2012—2013学年度教学优秀奖，陈雷获教学优秀特等奖；9月5日，徐英凯获第二届“华北电力大学教学名师奖”。数学建模竞赛指导团队指导学生参加数学建模竞赛，4月获美国大学生数学建模竞赛国际一等奖22项，国际二等奖46项；11月29日获全国大学生数学建模竞赛全国二等奖5项，北京市一等奖6项，北京市二等奖16项；11月获全国研究生数学建模竞赛一等奖1项，二等奖7项，三等奖11项。物理实验竞赛指导团队指导学生参加物理实验竞赛，11月16日至17日参加北京市大学生物理实验竞赛，获北京市二等奖一项，三等奖2项。物理竞赛指导团队指导学生参加全国部分地区大学生物理竞赛，12月7日获一等奖4名，二等奖4名，三等奖9名。

在学科建设方面，2月27日，应用数学被增列为河北省重点学科。

2013年，数理系获批纵向科研项目8个，实现科研合同金额共计209万元。其中2项国家自然基金面上项目，3项国家自然基金青年项目，2项教育部留学回国人员科研启动基金，1项国家科技重大专项项目。9 月杨晓忠《 非线性 Black - Scholes 方程有限差分并行计算的新方法研究 》获国家自然科学基金面上项目 55 万元;9 月,丁迅雷《 铜族与稀土二元金属氧化物团簇低温催化一氧化碳的研究 》获国家自然科学基金面上项目 57 万元;9 月,张学梅《 广义平均曲率方程中的非线性分析研究 》获国家自然科学基金青年项目 22 万元;9 月,黄晔辉《形变可积系统的怪波解及几何结构 》获国家自然科学基金青年项目 22 万元;9 月,王雷《多元非自治系统中的高阶矢量半有理多怪波的动力学性质及怪波管理 》获国家自然科学基金青年项目 22 万元;6 月,张化永《东线里运河运行示范工程水质水量模拟模型开发及测试》获国家科技重大专项项目 25 万元;6 月,刘纪彩《利用低于电离阈值的高次谐波产生获得高能经 X 射线光子辐射》和刘永琴《一类带黏弹耗散结构的偏微分方程(组)的研究》获教育部留学回国人员科研启动基金各 3 万元。6 位教师获学校科技工作先进个人奖,数理系获得科研先进集体。2013 年数理系,引进 4 名教师,1 名实验员。

2013 年,信息与计算科学实验室继续进行了华北电力大学修购专款项目工作,主要是购买了一批为本科教学服务的计算机软硬件设施,同时对老旧设备进行更新,使计算机实验室更好的服务和适用于数学实验创新基地开展的实验、教学和科研活动;按照学校保卫处的要求,对计算机实验室进行消防安全检查,排除安全隐患,更新了全部灭火器材;在教学方面,与专业教研室积极配合,顺利完成本年度三个年级的本科实践教学任务;同时依托信息与计算科学专业、数学建模团队,以信息与计算科学实验室为基地,成功组织本校学生参加美国大学生数学建模竞赛(MCM/ICM)和全国大学生数学建模竞赛。

2013 年,数理系完成物理理论模拟实验室建设,为学生提供了理论模拟和理论计算学习的平台。

2013 年,进一步完善了物理实验课程体系,增设了针对物理专业本科生的普物实验(物理实验 A1,A2),规划了物理专业本科的中级物理实验课程。实现实验教学分层次:建立以基础物理量的测量、基本实验仪器的使用及基本实验技能的训练为主的“基本实验”,以物理规律的研究等综合性、设计性为主的“综合实验”和“研究创新实验”的实验新体系。由单纯技能培养,转化为系统综合能力培养,增强学科间的内在联系,使学生的知识体系更具有系统性、科学性。给学生一个宽松的思维想象空间,能尽展自己的智慧和才华,更适合人才的个性发展。

2013 年,工程生态学与非线性科学研究中心以分子生物学和基础化学分析实验平台为基础,顺利完成国家“十一五”水体污染与控制重大专项课题验收,并获得财务和技术“双优”荣誉。2012 年新购置的 PCR 仪、凝胶成像系统、变性梯度凝胶电泳系统、荧光显微镜等分子生物学设备以及生态水动力学过程模拟系统投入使用。2013 年购置冷冻干燥器设备 1 台,单价为 19 650 元。2013 年 5 月以来,工程生态学与非线性科学研究中心引进实验员一名,协助中心主任进行实验室管理工作。在该中心原有实验室规章制度的基础上,结合学校资产处和保卫处有关实验室安全和制度要求,逐步完善了实验室仪器、设备、药品以及废弃物的安全管理制度和操作规程建设工作。分别对基础化学分析实验室和分子生物学实验室墙壁进行了粉刷,改善了实验室条件;对两个实验室的电源进行了改造,增大了实验室用电负荷,保证了大型仪器设备的正常运行。开展实验室消防安全教育,提高实验室人员的消防安全意识;增加灭火器等消防设备,提高应对实验室安全隐患能力;统计并上报实验室危险品到保卫处,加强对危险药品和废弃物的监督和登记管理。在实验室管理方面不断学习学校和国家有关生物及化学实验室管理制度,逐步提高实验室安全运行能力,保证了实验室科研活动产出;在实验室建设方面继续与项目相结合的模式,增进实验室建设依托的项目资金,购置满足高水平科研的实验室和野外考察的设备装置,完善实施平台,为重点实验室的建设和申请不断努力。

2013 年,数理系以学生为本,贴近学生生活,贴近学生实际,贴近学生需求,为学生成长成才提供全面的指导和服务。以学生党建、共青团建设、学生会建设、班级建设工作为抓手,以党建带团建,以学风建设和毕业生就业工作为工作核心,以制度建设为保障,不断修订和完善人才培养方案,真正实现“符合就业导向、满足市场需求”的人才培养目标。

2013 年,数理系为建设优良学风,重点做好学业辅导的试点和推广工作,注重教育与管理相结合,坚持教育引导与检查督促相结合,以学习纪律、学习方法为重点,培养大学生自主学习、自觉学习的习惯。任课教师树立了“教学以学生为主体”的理念,深入研究学生的学习需求、学习习惯、学习心理,注重启发、研讨、互动、交流,调动学生的学习积极性。在全系师生的共同努力下,全系共有81人获得校内奖学金,34人获得校内荣誉称号,20人获得各级各类社会奖学金。

2013年,数理系加强毕业生就业指导工作,考研升学率达到49.3%,为全校第一,同时创全系历史最好水平。本科生就业率94.7%,研究生就业率100%。数理系获"华北电力大学2013届毕业生就业工作先进集体"荣誉称号,张顺涛获"华北电力大学2013届毕业生就业工作先进个人"荣誉称号。

2013年,数理系计科1101班获"北京市先进班集体"荣誉称号,黄晨雨获"北京市三好学生"荣誉称号,计科1101班在校示范性先进班集体创建活动中获"示范性优秀班集体"荣誉称号 ,数理系学生第一党支部荣获"特色活动优秀党支部"荣誉称号。杨晓忠、王玉昭 、雍学林三位教师获校级"最美班主任"荣誉称号,王玉昭获校级"十佳班主任"荣誉称号。2013年,数理系计科1002班被评为首都"先锋杯"优秀团支部,俞永增获首都"先锋杯"优秀基层团干部荣誉称号,赵胜霞荣获首都"先锋杯"优秀团员荣誉称号。计科1201、计科1202班获得系级优秀团支部荣誉称号,78人获得校系级优秀团员。

2013年,在党建工作方面,数理系深入开展群众路线教育实践活动,积极做好基层党支部建设,创建科研型党组织,组织了"中国梦,我的梦"社会主义理想信念教育。

2013年,数理系认真推行党政联席会议制度,坚持民主生活会制度,班子职责分明,求真务实地开展工作,保证系领导班子凝聚力和战斗力。为进一步加强数理系学习型、服务型、创新型党支部建设,增强党支部的凝聚力、战斗力和创造力,根据《华北电力大学关于进一步加强党支部建设的意见》文件精神,结合数理系实际,认真完成民主评议党员活动,成功的进行了党支部换届 ,优化了支部设置,成立了办公室党支部;落实工作制,形成了"三会一课"制度;健全工作机制,做到了院系科研发展,支部书记谏言,党支部工作围绕中心,服务大局。引导数理系师生党员在工作中学习、在学习中研究、在研究中工作,做到学以致用、用以促学、学用相长,促进形成学习型党支部;积极开展开展"红色1+1"志愿者活动,做好党内统计工作,学生第一党支部获得了"2013年度优秀党支部"荣誉称号。

2013年,在科研方面,数理系(保定)共发表各类文章73篇,其中SCI 20篇,EI 24篇。王志刚教授获批国家自然基金面上项目《B介子半轻子和辐射衰变中形状因子的精确计算》;韩颖慧副教授获批国家自然基金青年科学基金项目《钛基石墨烯用于催化脱除燃煤烟气多污染物的研究》。1月,姜根山老师获批实用新型专利《一种复合式噪声发电装置》;2月,任芝老师获批发明专利《相位法激光测距装置》《改进的脉冲激光测距装置及使用该装置的激光测距方法》,李松涛获批发明专利《利用旋转波片抑制受激布里渊散装置和方法》,赵顺龙获批发明专利《一种双光谱头盔显示系统》;3月,李松涛获批发明专利《利用半波片的端面泵浦激光器》,赵顺龙获批发明专利《一种双光谱头盔显示装置》;4月,李松涛获批发明专利《电泵浦半导体激光器性能监测装置及方法》,北京师范大学刘大禾教授作了题为《布里渊散射及其在激光雷达中的应用》的学术报告,中科院高能所吕才典研究员作了题为《粒子物理学中的对称性破缺》的学术报告。5月,香港理工大学成利教授作了题为《Research at Consortium for Sound and Vibration Research (CSVR) on Structural Health Monitoring》的学术报告,美国内布拉斯加大学王振源教授作了题为《Ranking and total ordering on the set of fuzzy numbers》的学术报告,北京交通大学张英俊博士作了题为《直觉模糊集的理论与应用研究——国内外现状及展望》的学术报告;6月,任芝获批发明专利《具有修正功能的脉冲激光测距装置及使用该装置的激光测距方法》,河北大学张连水教授作了题为《大气污染气体光谱研究及光学监测》的学术报告;7月,李松涛获批实用新型专利《一种半导体激光器输出功率监测装置》,任芝老师获批实用新型专利《聚焦进行种子注入的环形增益介质固体激光器》;9月,王志刚、王胜华、李松涛、张贵银、姜根山五位老师获得"华北电力大学年度科技工作先进个人奖";11月,河北师范大学李玉现教授作了题为《石墨烯纳米结构中的输运特性》的学术报告。

2013年,在教育教学方面,2月孔令才、刘敬刚、张坡、张亚刚等教师指导参加的美国国际大学生数学建模竞赛取得获得国际一等奖11项、国际二等奖8项;3月王福海获河北省教学成果三等奖;4月华北电力大学青年教师讲课比赛严艳获二等奖、王修武获三等奖;5月5个校级教改项目,1个省级教改项目通过验收;6月杨玉华、王涛、刘敬刚、曹春梅、张隆阁、张贵银获得2012—2013学年度教学优秀奖；9月数理系教师指导的大学生创新实践项目顺利通过学校专家主的验收，并取得了3个国家级优秀、1个校级优秀、2个校级通过；10月数学建模指导团队指导学生在全国大学生数学建模竞赛获得国家一等奖5项；国家二等奖8项；11月张隆阁获保定市青年教师说课比赛二等奖；12月《线性代数》《大学物理实验》教材通过出版社审核即将公开出版发行。

2013年，在学生工作方面，数理系（保定）秉承以“学生为本”的育人理念，书记主任分别担任学生工作领导小组第一负责人和就业工作领导小组第一负责人，定期召开学生工作与就业工作研讨会，结合专业特点制定短期和长期育人计划。数理系被评为2012—2013年度就业工作先进集体。

2013年，数理系（保定）继续推进“班主任名师制度”，邀请数理系副主任阎占元教授、信息教研室主任马新顺教授担任2013级班主任，继续巩固和深化了育人名师效应，营造良好的育人环境。

2013年，数理系（保定）以考研促就业，夯实学生就业工作。数理系学生工作领导小组结合专业特色，从一年级就开始逐步转变学生就业观念，鼓励学生积极开拓就业视野，以出国、考研为主要发展目标来培养学生。09级考研上线率达到34.2%。

2013年，数理系（保定）深入开展分级分层教育：一年级重养成立目标，二年级重学风促学业，三年级重技能强素质，四年级重就业拓事业；注重分类别指导，针对学术型、社会型、技能型以及综合型学生，有的放矢，促进学生成长成才。以“领袖他人、从管理自我开始”为原则，继续推进《自我领导效能手册》活动。

2013年，数理系（保定）树立典型、榜样带动。深入开展新生目标主题班会，优秀学子展示系列主体教育活动，鼓励学生见贤思齐。2010级共有10名同学被保送到中科院、天津大学等一流名校。

2013年，学生共参与教师项目12项，拥有11项专利与软件著作权，并在科技创新比赛中取得了显著成绩，其中国家级奖项14项，省部级奖项10项。信息1002班班主任史会峰被评为校级标兵班主任先进个人，贾俊菊、苏岩被评为校级优秀班主任，信息1202班被评为校级先进班集体。

2013年，数理系（保定）实施了本科生末位诫勉制度，通过院系老师、学生、家长三方座谈的方式，加强了学生与班主任、家长与学校的交流，以此共同促进学生的学习成绩。

（张顺涛　刘跃群　王　莉等）

■概况

2013年，数理学院在北京和保定分设2个系，2个本科专业。有数学和物理学2个一级学科硕士点，有2个省部级重点学科，5个硕士学位授权二级学科，1个博士学位授权二级学科。

2013年，数理学院有教职工180人，其中，专任教师162人（教授34人、副教授53人，具有博士学位的教师为54.3%）、有实验及技术人员9人、党政及管理人员10人。共引进师资5人，其中教师4人，实验员1人。数理学院有毕业学生169人，其中硕士研究生36人，普通本科生132人；数理系招生210人，其中硕士研究生47人，普通本专科生163人；在校生680人，其中硕士研究生116人，普通本专科生564人。

2013年，数理系有教职工92人，其中，专任教师83人（教授19人、副教授35人，具有博士学位的教师为68.7%）、有实验及技术人员5人、党政及管理人员5人。共引进师资5人，其中教师4人，实验员1人。数理系有毕业学生77人，其中硕士研究生23人，普通本科生53人；数理系招生107人，其中硕士研究生32人，普通本专科生75人；在校生317人，其中硕士研究生77人，普通本专科生240人。本科生的英语四级一次通过率为86%，本科毕业生一次就业率为94.34%，研究生毕业生一次就业率为100%；考研率为49.1%。签订纵向科研项目8个，实现科研合同金额共计209万元。共发表论文58篇，其中被SCI检索文章37篇，EI期刊2篇，一级学报1篇，核心期刊1篇，EI会议1篇，一般期刊1篇，国外正式期刊3篇。系举行学术交流会8次。拥有教研室4个、实验室4个、研究中心1个、学生实习基地2个。开设研究生课程38门次，完成教学1 872学时；开设本科生课程83门，完成教学17 354学时。设有7个党支部，拥有中共党员118人、发展党员16人。设有13个学生班级，设有辅导员正式岗位1个。

2013年，数理系（保定）有2个省部级重点学科、2个一级学科硕士点专业、2个本科专业。

2013年，数理系（保定）有教职工88人，其中，专任教师79人，（其中教授15人、副教授18人，具有博士学位的教师占39%）、有实验及技术人员4人、党政及管理人员5人。

2013年，数理系（保定）有毕

业学生 92 人,其中硕士研究生 13 人、普通本科生 79 人。

2013 年,数理系(保定)招生 103 人,硕士研究生 15 人、普通本专科生 88 人。

2013 年,数理系(保定)在校生 363 人,其中,硕士研究生 39 人、普通本专科生 324 人。本科生的英语四级一次通过率为 82.4%(保定),本科毕业生一次就业率为 88.17%,研究生毕业生一次就业率为 100%;本科考研报名 35 人,实际考取 17 人,考研录取率 21.5%,上线率为 34.2%。

2013 年,数理系(保定)签订国家自然基金项目 2 个,实现科研合同金额共计 153 万元,其中纵向科研经费 143 万元,共发表论文 73 篇,其中三大检索收录 44 篇;系举行学术交流会 7 次。

2013 年,数理系(保定)获得授权发明专利 8 项,实用新型专利 3 项。

2013 年,数理系(保定)拥有教研室 5 个,研究所 5 个,实验室 6 个,学生实习基地 6 个,科技研究(创新)基地 1 个。

2013 年,数理系(保定)开设研究生课程 33 门,完成教学1 540 学时;开设本科生课程 91 门,完成教学 10 002 学时。

2013 年,数理系(保定)设有 9 个党支部,拥有中共党员 122 人,发展党员 36 人。

2013 年,数理系(保定)设有 13 个学生班级,其中本科生班级 12 个,研究生班级 1 个,设有专职辅导员岗位 1 个,兼职 1 个,其中正式编制 1 个、兼职 1 个;学生获得各类省部级奖励 22 人次,国家级奖励 18 人次。

(张顺涛　刘跃群　王　莉等)

■条目

【数学建模竞赛获佳绩】4 月,数学建模竞赛指导团队指导学生参加数学建模竞赛,获美国大学生数学建模竞赛国际一等奖 22 项,国际二等奖 46 项;11 月 29 日,获得全国大学生数学建模竞赛全国二等奖 5 项,北京市一等奖 6 项,北京市二等奖 16 项;11 月,获全国研究生数学建模竞赛一等奖 1 项,二等奖 7 项,三等奖 11 项。

(雍雪林)

【物理实验竞赛获佳绩】11 月 16 日和 11 月 17 日,物理实验竞赛指导团队指导学生参加北京市大学生物理实验竞赛,获北京市二等奖一项,三等奖 2 项。12 月 7 日,物理竞赛指导团队指导学生参加全国部分地区大学生物理竞赛,获一等奖 4 名,二等奖 4 名,三等奖 9 名。

(黄　霞)

【重大专项课题验收获财务和技术“双优”荣誉】2 月 2 日至 3 日,工程生态学与非线性科学研究中心以分子生物学和基础化学分析实验平台为基础,顺利完成国家“十一五”水体污染与控制重大专项课题验收,并获财务和技术“双优”荣誉。

(陈中山)

环境科学与工程学院

■概述

2013 年,华北电力大学环境科学与工程学院在本科及研究生教学、学科建设、科研、师资队伍建设、学生及党建工作等方面取得较好成绩。

2013 年,科研工作在年度科研项目合同额、国家“863 计划”项目、获国家自然科学基金项数、获国家发明专利数等方面实现了历史性突破。其中,年度科研项目合同额达到了 2 222.4 万元,获国家“863 计划”项目 2 项,获国家自然科学基金 6 项,获国家发明专利 7 项。本科生、研究生在大学生节能减排大赛、大学生挑战杯等国家及省级比赛中取得优异成绩。

(倪世清)

■概况

书记:赵毅

主持工作:赵毅

学院网址:

http://202. 206. 208. 57/huangongxi/index. asp

2013 年,华北电力大学环境科学与工程学院本部设在保定,设有环境工程、环境科学、应用化学、能源化工四个教研室。学院现有一个北京市及河北省重点学科、4 个研究所、1 个中心实验室、4 个学生实习基地,1 个科技研究(创新)基地;1 个二级博士点专业、7 个硕士点专业、4 个本科专业。

2013 年,学院有教职工 55 人,其中,专任教师 44 人(教授 13 人、副教授 9 人,具有博士学位的教师占 50%)、实验及技术人员 5 人、党政及管理人员 6 人。教育部“长江学者”及国家“千人计划”特聘专家 1 人,“教育部 21 世纪人才支持计划”4 人,享受国务院特殊津贴 3 人。

2013 年,全院共发表论文 84 篇,其中 SCI 收录 22 篇,EI 收录 13 篇,一级学会学报论文 1 篇;签订科研项目合同 45 项,其中横向项目 27 项,合同额 1 684.9 万元,纵向项目 18 项,合同额 537.5 万元。申报国家及省部级各类基金项目共 36 项,获国家"863 计划"项目 2 项、国家自然科学基金 6 项、教育部新世纪优秀人才支持计划基金 1 项、河北省自然科学基金 2 项,北京市自然科学基金 2 项。获国家发明专利 7 项。学院举行学术交流会 5 次,其中国外专家学术交流会 2 次,国内专家学术交流会 3 次。有 19 人次参加了国际学术会议。

2013,学院有毕业学生 186 人,其中博士研究生 2 人,硕士研究生 52 人,本科生 132 人;学院招生 279 人,其中博士研究生博士生 6 人,硕士研究生 58 人,普通本专科生 221 人;学院(系)在校生 760 人,其中,博士研究生 26 人,硕士研究生 166 人,普通本科生 677 人。本科生的英语四级通过率为 88.6%,本科毕业生一次就业率为 100%,研究生毕业生一次就业率为 100%;本科考研报名 54 人,实际考取 24 人,考研率为 18.2%。

2013 年,学院开设研究生课程 41 门,完成教学 1 288 学时;开设本科生课程 98 门,完成教学 3 856 学时。

2013 年,学院设有 12 个党支部,拥有中共党员 161 人、发展党员 39 人。

2013 年,学院设有 30 个学生班级,设有辅导员岗位 3 个,其中正式编制 2 个;学生获得各类省部级及以上奖励 53 人次。

(倪世清　石立宁)

【赵毅教授科研工作获突破】6 月 1 日,赵毅教授与江苏峰业科技环保集团股份有限公司签订科技合同"火电厂烟气脱硫、脱硝、脱汞一体化装置技术研发",合同额 1 200 万元,实现了科研合作的新突破。12 月 16 日,赵毅教授代表华北电力大学与中国电力企业联合会、中国环境科学研究院商定成立"科研合作战略联盟",为学校科研工作开展提供了高端平台。赵毅教授,博士生导师。担任中国电机工程学会环保专委员副主任、动力工程学会环保技术与装备专委会委员、全国热能动力类专业教学指导委员会委员、河北省化学会理事等职 1993 年曾获国家教委"霍英东教育基金会青年教师奖";1993 年被批准享受政府特殊津贴;1999 年获原"国家电力公司劳动模范"称号。2008 年获"全国模范教师"称号。在国内外公开发行的学术刊物上发表论文 370 篇,其中 100 多篇论文发表在《Environmental Science and Technology》《Journal of Hazardous Materials》《Ind. Eng. Chem. Res.》《Anal Chim Acta》《Analyst》《Chromatographia》《Talanta》《Chinese Journal of Chemistry》《中国科学》《科学通报》《中国电机工程学报》《动力工程》《化学学报》《高等学校化学学报》《中国环境科学》等国内外著名刊物上;出版著作 11 部;获 11 项国家发明专利授权;获省部级科技进步二等奖 3 项,三等奖 3 项;承担国家"973"项目 2 项,国家"863"项目 3 项,国家发改委项目 1 项,国家环保部项目 1 项,企业委托项目数十项。

(倪世清)

【胡满银教授退休】2 月,胡满银教授退休。胡满银教授在校从教 38 年,长期致力于环境科学与工程领域的教学与科研。培养硕士研究生 70 余名,在教授岗位的 16 年间,发表学术论文 200 余篇,其中被三大检索收录 50 多篇,此外,还主持和参与了科研项目 20 多项,获省部级科技进步三等奖 5 项,部级教学成果优秀二等奖一项,国家发明专利 1 项,实用新型专利 2 项,出版论著 5 部,指导学生参加大学生"挑战杯"竞赛获国家级三等奖,曾获"河北省优秀教师"称号,多次获得校级优秀党务工作者。从 1993 年起享受国务院特殊津贴,主持环境学院党总支工作 16 年,为环境学院党的建设和各项事业的发展作出了突出贡献。

(倪世清)

【获全国大学生节能减排大赛三等奖 1 项】7 月 8 日,第六届全国大学生节能减排社会实践与科技竞赛中,华北电力大学环境科学与工程学院熊学生远南、王一宁、吴国栋、谢佳林获三等奖。

(石立宁)

【获挑战杯全国大学生科技竞赛河北赛区一等奖 2 项,二等奖 1 项】6 月 20 华北电力大学环境科学与工程学院祝涛、王添颢分获挑战杯全国大学生科技竞赛一等奖各 1 项;郝思琪、崔帅、杜磊霞、王涵获挑战杯全国大学生科技竞赛获二等奖。

(石立宁)

【挑战杯全国大学生科技竞赛获国家三等奖 1 项】9 月 18 华北电力大学环境科学与工程学院郝思琪、崔帅、杜磊霞、王涵获挑战杯全国大学生科技竞赛国家三等奖。

(石立宁)

【河北省百万大学生和青年教师

千乡万村"体验省情,服务群众"主题实践活动成果丰硕】7月10日,华北电力大学环境科学与工程学院师生赴高阳县乡镇企业推广环保知识,实施清洁生产小分队被评为河北省"体验省情,服务群众"主题实践活动先进小分队;黄斐鹏、孙天行、姚杭东获河北省"体验省情,服务群众"主题实践活动先进个人;冯亚娜、石立宁获河北省"体验省情,服务群众"主题实践活动优秀指导教师。

(石立宁)

【河北省第十八届大学生运动会获佳绩】9月20日,在河北省第十八届大学生运动会上,华北电力大学环境科学与工程学院王宇锟获男子排球甲组第三名,张婕获女子排球第九名。

(石立宁)

可再生能源学院

■概述

2013年可再生能源学院认真贯彻落实《华北电力大学十二五规划纲要》任务要求,继续坚持"人才立院、科研强院"发展方针。经过学院教职工的共同努力,科研、学科工作取得了较大进展。

一、党建与思想政治工作

(1)学院认真贯彻学校党风廉政建设工作会议精神,把《华北电力大学2013年党风廉政建设责任书》和《华北电力大学2013年党风廉政建设和反腐败工作主要任务分工》落到实处。组织开展党风廉政建设宣传教育月活动;以"认真落实三重一大,深入推进院务公开、党务公开"为主题组织党员召开民主生活会;贯彻落实中央八项规定精神,切实加强作风建设,组织防腐拒变能力显著提高,廉洁自律意识深入人心,党风廉政建设的长效机制初步形成。

(2)深入开展党的群众路线学习实践教育活动,制定群众路线实践活动项目凝练、建章立制情况表,将构建"卓越科研团队培育机制"、开展教学质量工程建设、增强"科研驱动力"等三项任务列入其中,为学院未来一年发展指明了方向;先后召开了处级干部学习研讨会、教师代表座谈会以及各中心研讨会,通过自查、调研、征求意见等方式查找出各方面问题并且针对通过自查、调研、征求意见等方式查找出的15项问题建立了整改任务书。

(3)推进校园安全建设,认真贯彻落实"平安校园"创建工作,根据平安校园各项任务指标积极开展工作。按照"平安校园"创建要求完善了维护稳定工作体系、治安综合防控体系、安全教育管理服务体系、校园应急处置体系等四大体系的建设,较好的完成了安全校园工作的开展,保证了学生在校安全,在12月3日的平安校园检查验收工作中,获得好评。

(4)通过新学期教师座谈会、思想动态调查等多种形式,认真听取教师对学院发展的意见和要求,及时掌握教师、学生的思想动态,构建了学院领导和师生之间有效沟通机制。

(5)组织全院师生认真学习十八届三中全会精神。学院召开会议、组织全体师生认真学习,结合学院发展实际,深化改革,认真落实十八届三中全会会议精神。

二、教学工作

1. 人才培养方案的修订与完善

2013年上半年,按照学校的工作安排,学院6个专业对本科人才培养方案进行了比较大的修订和进一步完善。6个专业合并为4个专业,分别为水利水电工程、水文与水资源工程、新能源科学与工程、新能源材料与器件专业。其中,新能源科学与工程专业分为3个方向,分别是风力发电、生物质能、光伏发电方向。本次培养方案的修订不仅对专业进行了调整,而且进一步优化了课程体系和课程设置,同时也考虑了专业认证的要求。

2. 圆满完成了研究生招生工作

围绕学院研究生专业,组织制定了《可再生能源学院博士招生管理办法》以及《可再生能源学院硕士招生管理办法》;圆满完成了2013年硕士、博士及2014年推免研究生的招生工作,共招收硕士研究生78名、博士研究生9名;组织召开了《可再生能源学院研究生招生动员咨询会》;完成了2014年硕博连读考生推荐工作,招生16名。

3. 教学条件进一步完善

风能专业、光伏发电专业获北京市共建项目资助。

三、人才队伍建设

学院引进了国家"973"项目首席科学家戴松元教授、入选"新世纪优秀人才支持计划"、"青年千人计划"的何理教授;徐进良教授入选了教育部"长江学者"特聘教授、2013年国家百千万人才工程,并被授予"有突出贡献中青年专家"荣誉称号;张锴教授获得教育部自然科学二等奖、中国电力科学技术三等奖；田德教授参与项目获得北京市教学成果二等奖；谭占鳌教授入选“新世纪优秀人才支持计划”。

四、科研工作

（1）学院科研项目获丰收。2013 年，共获批科研项目 89 项，其中纵向课题 34 项，横向课题 55 项。特别是在重大项目和国家级项目申请方面取得重要进展：李美成教授主持申报的国家自然科学基金重大研究计划项目——“面向能源的光电转换材料”获得国家批准。姚凯文教授获批南水北调中线一期监理检测项目，总经费 920.87 万元。肖显斌老师负责的北京市重大科技成果转化落地项目，总经费 500 万元获得批准。张锴教授申报成功国家“863”计划项目，总经费 267 万元；李美成教授、刘永前教授、姚建曦教授、张尚弘副教授、宋记锋副教授等的 14 项课题申请获得国家自然科学基金资助，其中包括重大研究计划 1 项，面向项目 5 项，青年基金项目 8 项；获资助经费达到 804 万元，比去年增长了 106%，约占学校获批经费总额的 19%。在教育部博士点基金项目中李美成教授和谭占鳌、孙亚松老师也获得了资助。

（2）学院以鼓励科研方针为先导，以科研奖励机制为保障，形成了学院高水平科研成果的高效产出机制。2013 年，学院教师发表科研论文约 150 余篇，其中 SCI 论文 50 余篇、EI 论文 60 余篇。

（3）2013 年，完成科技经费任务 4 257.22 万元，其中，纵向经费总额为 2 998.29 万元，横向经费总额为 1 258.93 万元。

（4）着力推进重大项目研究工作，“973”课题进展顺利。2010 年徐进良教授为首席科学家的“973”课题获批以来，学院在各方面给予大力支持，经过近一年的积极努力，项目团队 2013 年共发表论文 33 篇，其中 SCI 检索 15 篇；申请国内专利 6 项；作大会特邀报告 4 次，得到国内外专家的一致认可。

五、学科与科研平台建设

2013 年，学院进一步加强了学科和科研平台建设工作。

（1）整合优势资源，加强学科建设。首先，按照学校统一的战略部署，经过校内外专家的充分论证和相关教师的大量细致工作，在“电气工程”与“动力工程与工程热物理”两个一级学科下交叉设置了“可再生能源与清洁能源”二级博士点学科，进一步优化了学科资源配置，夯实了博士点学科平台基础。其次，“可再生能源与清洁能源”二级博士点学科及硕士点实现了招生、培养的学院自主，使学院从硕士生到博士研究生的招生及培养全面自主进行。

（2）积极配合“新能源电力系统”国家重点实验室参加科技部的评估工作。抽调了学院内的骨干教师，全程参与了国家重点实验室的评估及实地考察工作。对重点实验室涉及的实验室进行了文化建设和环境美化。围绕重点实验室建设，学院制定了学科规划、建设方案、相关平台的建设规划。

（3）继续推进“生物质发电成套设备国家工程实验室”原有重要科研平台建设。“生物质发电成套设备国家工程实验室”及已有的 2 个北京市重点实验室是学院一直重点建设的科研平台，特别是“生物质发电成套设备国家工程实验室”已经成为学院科研平台发展的重要标志。2013 年该平台建设的主要进展表现在：“生物质电站集成设计与优化运行技术”通过教育部组织的成果鉴定，“生物质直燃发电关键技术研究及工程实践”获得中国南方电网公司科技进步 1 等奖，“板式脱硝催化剂技术”获得第十五届中国国际工业博览会铜奖；获批纵向项目 11 项；团队 2 名教师入选北京市青年英才计划；授权专利 24 项；发表论文 38 篇，其中 SCI 收录 7 篇、EI 收录 31 篇；出版著作 4 部；软件著作权 2 项；实验室顺利通过实验室计量认证监督评审。

六、学生工作

1. 注重加强两个队伍建设

首先注重加强辅导员、班主任队伍建设。学院全日制本科生 1 034人，研究生 199 人，分成 44 个自然班，由 39 名具有博士学位的老师担任班主任，其中副教授职称以上的有 27 人，中共党员 40 人，民主党派 1 人。2013 年，谭占鳌获得校十佳班主任，申艳和李继红获校最美班主任。

2. 通过加强学生党建工作促进大学生思想政治教育工作

把加强学生党建工作作为大学生思想政治教育的一项重要工作。通过组织学生学习实践科学发展观，指导本科生、研究生党支部开展红色“1+1”活动方式，帮助学生树立正确的世界观、价值观和人生观。通过在新生入学教育系列活动中开展“新生团课”评比，促进大一新生间的相互了解，提高团支部凝聚力。至年底，共发展学生党员 50 人，转正 76 人，参加入党积极分子党校培训共 172 人。学院学生第三党支部获红色“1+1”北京市三等奖、北京市社会实践优秀成功奖、华北电力大学暑期社会实践优秀团队。

3. 围绕提高学生的学习能力

和综合素质加强学风建设

(1)紧抓学风建设，延续教学评估精神，严格要求学生。积极组织学生参加全国大学生数学建模大赛、机械设计大赛、大学生课外科技大赛等赛事，提高同学们的创新能力。学院2012—2013年度科技创新取得了丰硕的成果，获奖等级和获奖名次上比去年有很大提高，数量上也由上年的18项增加到了26项，其中，国家级奖16项，省部级奖4项，校级6项。其中获得一项国家级特等奖和两项国家级一等奖的好成绩。学生班级建设方面也取得不俗的成绩，水电1002班获得“首都先锋杯优秀团支部、校级优秀团支部”称号。水文1101班获得“校级十佳示范性班集体”称号、“校级优秀团支部与北京市红旗班集体”称号。水电1201班获得“校级优秀团支部”“校级优秀班级体”称号。09级考研率为36.84%，考研率与学校平均考研率相比高出11.12个百分点，出国率3.68%，学院总升学率高达40.52%。

(2)积极拓宽社会实践渠道，提升了学生理论联系实际的能力。在寒、暑假社会实践中学院共上交246份成果报告，其中院级优秀54人，校级优秀29人，校级优秀团队12支，1个团队的调研成果获得“社会实践优秀调研成果”奖。

(3)通过开展丰富多彩的学生课余生活，组织了辩论赛、知识竞赛、宿舍文化节、篮球赛、合唱比赛等活动，以提高学生的综合素质和竞争力。五月的花海合唱比赛荣获三等奖，春季运动上取得了体育道德风尚奖的优秀成绩。

4. 全员参与毕业生就业工作，积极做好毕业生离校工作

积极发动全院教师开拓就业市场，广泛推荐毕业生。通过组织毕业生召开就业工作会，介绍就业形势和政策、讲解就业程序、1对1的就业指导等多种方式，帮助学生及时解决就业过程中面临的相关问题。2013届本科生就业率为96.84%，一次就业率77.89%，研究生就业率100%，一次就业率81.58%。通过细致的毕业安全教育，使全体毕业生做到了安全文明离校。

七、工会工作

学院分工会2013年分别获得羽毛球乙组冠军、篮球比赛乙组亚军、乒乓球乙组第三、教职工扑克牌和冬季长走组织奖，并在春季运动会上获得乙组第三名的好成绩。除了参加校工会组织的各项赛事以外，学院还精心举办了各种健身活动，如乒乓球掷准、扎飞镖、跳绳、青年教师座谈会等活动，有的分工会小组组织职工春游。学院分工会采纳学院老师的建议，开展了学院内部的冬季健步走活动，活动得到了广大老师的认可与欢迎。学院分工会积极联系学院老师，了解学院职工生活所需，关心青年教师的成长，为学院的各项事业发展献计献策。配合教学除了每年对新进教职工进行教学基本功培训外，还协助组织青年教师基本功比赛，并积极与企业联系，争取教师“育才奖”奖金，奖励优秀青年讲师，鼓励年轻老师提高教学基本功，讲好每一门课，站稳讲台。

(常青云　王志红)

■概况

院长:徐进良 戴松元

书记:于新华

2013年，可再生能源学院设有6个教研室，4个本科专业。

2013年，可再生能源学院有博士生导师13人、教授20人、副教授23人。

2013年，可再生能源学院共招收硕士研究生78名、博士研究生9名。

2013年，学院引进了国家“973”项目首席科学家戴松元教授；卢宏玮入选“万人计划”青年拔尖人才；徐进良入选“长江学者”特聘教授、国家百千万人才工程，被授予“有突出贡献中青年专家”荣誉称号；张锴教授获得教育部自然科学二等奖、中国电力科学技术三等奖；田德教授参与项目获得北京市教学成果二等奖；谭占鳌教授入选“21世纪优秀人才支持计划”。

2013年，在“电气工程”与“动力工程与工程热物理”两个一级学科下交叉设置了“可再生能源与清洁能源”二级博士点学科，进一步优化了学科资源配置。

2013年，学院共获批科研项目89项，其中纵向课题34项，横向课题55项。

2013年，学院教师发表科研论文约150余篇，其中SCI论文50余篇、EI论文60余篇。

2013年，学院完成科技经费任务4 257.22万元，其中，纵向经费总额为2 998.29万元，横向经费总额为1 258.93万元。

2013年，“生物质电站集成设计与优化运行技术”通过教育部组织的成果鉴定，“生物质直燃发电关键技术研究及工程实践”获得中国南方电网公司科技进步1等奖，“板式脱硝催化剂技术”获得第十五届中国国际工业博览会铜奖；获批纵向项目11项；团队2名教师入选北京市青年英才计划；授权专利24项；发表论文38篇，其中SCI收录7篇、EI收录31篇；出版著作4部；软件著作权2项；实验室顺利通过实验室计量认证监督评审。

2013年，学院全日制本科生

共有 1 034 人，研究生 199 人，分成 44 个自然班，由 39 名具有博士学位的教师担任班主任，其中副教授职称以上的有 27 人，中共党员 40 人，民主党派 1 人。

2013 年，学院共发展学生党员 50 人，转正 76 人，参加入党积极分子党校培训共 172 人。学院学生第三党支部获红色"1 + 1"北京市三等奖、北京市社会实践优秀成功奖、华北电力大学暑期社会实践优秀团队。

2013 年，学院 6 个专业合并为 4 个专业，分别为水利水电工程、水文与水资源工程、新能源科学与工程、新能源材料与器件专业。其中，新能源科学与工程专业分为 3 个方向，分别是风力发电、生物质能、光伏发电方向。

（常青云）

■条目

【推荐全国生产力促进中心科技创新专家】5 月 27 日，可再生能源学院推荐徐进良、陈诺夫、李美成、肖显斌 4 人申请为全国生产力促进中心科技创新专家。

（王志红）

【热电生产过程污染物监测与控制北京市重点实验室正式认定通过】5 月，热电生产过程污染物监测与控制北京市重点实验室被北京市科委正式认定通过。该实验室依托于华北电力大学组建。

（王志红）

【1 人被推荐为 2013 年度新世纪优秀人才计划人选】7 月 10 日，根据教育部《关于 2013 年度"新世纪优秀人才支持计划"申报工作的通知》（教技司〔2013〕215 号）文件精神，学校召开校学术委员会会议，学院教师孙东亮被推荐为 2013 年度 21 世纪优秀人才计划人选。

（王志红）

【16 人获国家自然科学基金项目资助】2013 年，学院共有 16 人获国家自然科学基金项目。其中面上项目 5 人（李美成、姚建曦、刘永前、张尚弘、宋记锋）；青年项目 8 人（张兵、张永哲、何少剑、王福芝、苗政、王体朋、王孝强、张惠）；重大研究计划/培育项目 1 人（李美成），专项基金项目 2 人（李继红、李继清）。

（王志红）

【召开学位评定分委员会 2013 年第 1 次会议】3 月 30 日，学院学位评定分委员召开会议，审议全日制硕士学位授予 17 人，推迟答辩 1 人。

（王志红）

【第三届学位评定委员会学院学位评定分委员会换届】4 月 23 日，第三届学位评定委员会换届，徐进良教授任学院学位评定分委员会主席；10 月 8 日，学院学位评定分委员会主席申请调整为戴松元教授。

（王志红）

【召开学位评定分委员会 2013 年第 2 次会议】6 月 9 日，学院召开学位评定分委员会 2013 年第 2 次会议，审议全日制硕士学位授予 1 人；审议新增研究生指导教师 9 人，博士生指导教师认定备案 1 人。同意学院新增硕士研究生指导教师 9 人，分别为纪献兵、古丽米娜、孙东亮、陆强、宋记锋、张兵、曲作鹏、张永哲、韩爽；博士生指导教师认定备案 1 人，为马峻峰教授。

（王志红）

【制定可再生能源学院招收博士学位研究生管理办法】4 月 22 日，学院院务会制定通过《可再生能源学院招收博士学位研究生管理办法（试行）》。

（王志红）

【研究生录取】2013 年，可再生能源学院共录取博士研究生 12 名。录取硕士研究生 81 名，其中可再生能源与清洁能源专业 31 名，水文学及水资源专业 11 名，水工结构工程 11 名，水利水电工程 3 名，化学工程 2 名，动力工程 24 名。

（王志红）

【8 名研究生获推荐硕博连读】11 月 28 日，经过个人申请，院系推荐，研究生院审核，2013 年学校研究生院通过推荐并公示本学院 8 名研究生硕博连读。分别为蒋晓燕、李荣波、李传刚、王少杰、张晓莉、林俊杰、王勃权、肖黎、赵芳。

（王志红）

【创新人才支持计划人选获校长办公会通过】9 月 22 日，经校长办公会审议通过，学院徐进良院长入选"学术领军人才支持计划"；董长青、纪昌明、田德、李美成、王晓东、姚建曦 6 名教授入选"学科带头人支持计划"；白一鸣、陈宏霞、胡笑颖、陆强、曲作鹏、宋记锋、孙亚松、覃吴、谭占鳌、许佳、张成、古丽米娜、张伟、张永哲等 14 名教师入选"青年骨干教师支持计划"。

（王志红）

【制定新培养方案】6 月 28 日，2013 新版培养方案初步制定，新版培养方案包括四个专业，分别为水利水电工程、水文与水资源、新能源材料与器件、新能源科学与工程四个专业，其中新能源科学与工程专业中分为三个方向，分别为风能与动力工程、光伏发电以及生物质发电，由三个教研室共同制定该专业的培养方案。

（张亦楠）

【参加创新创业等竞赛获佳绩】6月，学院方雨康、赵亚男获得挑战杯课外学术作品竞赛全国二等奖；詹森国获得挑战杯课外学术作品竞赛北京市三等奖；8月，学院刘慧、陈杰威、卢航、羊冰清等4人获“第六届全国大学生节能减排社会实践与科技竞赛”调研类国家二等奖；赵裕童、李嘉楠获“第六届全国大学生节能减排社会实践与科技竞赛”科技创新类国家三等奖；6月，学生温源获得全国大学生智能汽车竞赛省部级优秀奖。

（耿　晔）

【学生参加多项竞赛并获佳绩】2013年，风能1003班郭宇耀、水电1002班徐真获得美国数学建模竞赛国家级一等奖，风能1001班赵亚南、风能1003班黄娟、方雨康、能源1001班何丰延、王艳宁、夏若洲、水电1002班刘慧获得美国数学建模竞赛国家级二等奖；风能1003班康斯航、能科1102班段喻琳获得美国数学建模竞赛国家级三等奖；水文1201班吴嘉杰同学获得全国大学生英语竞赛特等奖英语竞赛国家三等奖，风能1002班孙杨同学获得全国大学生英语竞赛三等奖；风能1101班李欣同学获得全国大学生物理竞赛北京赛区二等奖；水文1001班熊元武、张天翔同学获得全国大学生数学建模大赛北京赛区一等奖。

（耿　晔）

核科学与工程学院

■概述

2013年，核科学与工程学院认真贯彻落实国家《核电中长期发展规划》，构建“以优势学科为基础，以新兴能源学科为重点，以文理学科为支撑”的“大电力”学科特色办学体系，创新教学管理模式，不断深化教学改革的思路，努力提高教学质量。在学科建设、教学科研、平安校园建设、人才队伍建设、学生管理等各方面取得了全面发展。

一、学科与科研平台建设

2013年，该学院整合优秀资源，凝练重点方向，在学科建设上取得了丰硕成果。2013年学院获批了“非能动核能安全技术”北京市重点实验室，并于10月举办了揭牌仪式暨实验室第一届学术委员会第一次会议。同年，新本科专业“辐射防护与核安全”经教育部批准设立。2013年3月，学院与国家核电技术公司共建了“国家能源核电软件重点实验室——华北电力大学工作站”。11月，“非能动核能安全技术”北京市重点实验室与中国核动力研究设计院“核反应堆系统设计技术”重点实验室签署了全面合作框架协议；11月3日，学院同日本大阪大学工学院签订本科生交换项目。

二、教学情况

2013年，该学院坚持育人为本，以提高教育质量为核心任务，不断深化教学改革，矢志办一所负责任的学院。2013年学院针对放假前考试已经结束，且没有实习任务的学生，创新式的制定了“特色教学周”教学安排，开展了由知名教授承担学术讲座、骨干教师指导实践创新等多种形式的教学环节，把学生从“无事可做”引导回丰富多彩，内容丰富的趣味教学中来，开拓视野，碰撞思想。2013年，吴英、陈涛、周涛获得了2012—2013年度校级教学优秀奖，陆道纲教授“核电厂系统设备与安全”教学团队入选“华北电力大学优秀教学团队支持计划”，赵强老师入选“华北电力大学教学名师培育计划”。

三、科研工作

2013年，该学院年度科研经费达2 000万元，保持了学院科研经费持续高速增长，是学院建院以来科研经费达到的最高水平，年度科研经费任务完成率135%，校内排名第一。2013年，学院陈义学教授及其团队在“聚变堆”与“中微子”两个国际前沿领域项目申报中获得重大突破。其中，陈义学教授担任首席科学家、华北电力大学作为第一承担单位申报的国家磁约束核聚变能发展研究专项计划项目“聚变堆活化腐蚀产物产生与行为机理研究及数据库建设”获得国家科技部批准立项，该项目的顺利获批，实现了华北电力大学在国家聚变专项项目方面“零”的突破，是对学校进一步参与国际热核聚变实验堆（ITER）计划及中国聚变工程实验堆（CFETR）计划的有力推动。马续波副教授作为课题负责人的国家自然科学基金委重大项目课题“高精度反应堆中微子能谱研究”获得批准立项，经费预算272万元。该课题的获批标志着该学院已成为我国中微子研究领域的重要成员之一。

四、师资队伍建设

2013年,该学院继续稳步实施“核电学科师资培养专项计划”,该计划为学院师资队伍建设持续吸引优秀人才。2013年,该学院引进青年教师张竞宇、隋丹婷、陈娟,聘用实验员臧启勇,聘用科研兼研究生秘书李玲,加强了学院师资队伍的活力。2013年,学院特聘教授欧阳晓平被评选为中国工程院院士。2013年,陆道纲教授受聘大学创新人才支持计划“学术领军人才支持计划”,陈义学、牛风雷教授 受聘大学“学科带头人支持计划”,马续波、韩然、刘芳、刘洋老师受聘大学“青年骨干教师支持计划”;陈涛、曹博、吕雪峰、周世梁、刘芳入选北京高校“青年英才计划”。

五、党务工作

2013年,学院扎实开展党的群众路线教育实践活动,贯彻落实《八项规定》,采取了多种形式的学习和教育活动。2013年,学院以“平安校园”建设为契机,以评促建,全面狠抓落实安全工作。“平安校园”验收不仅是对学院安全工作的系统检查,更为学院提供了一个良好的展现整体管理水平的舞台。此次“平安校园”建设工作在学校统一部署下,工作历时近1年时间,学院积极整理汇总相关材料,工作得到了校领导及保卫部门的一致肯定,为配合全校“平安校园”建设工作顺利通过上级部门验收作出了积极贡献。年底,在党委组织部的部署安排下,学院开展了基层党组织党员民主评议工作,所有党员均参与评议,刘晓芳、陆道纲、刘洋、周世梁、赵珥希等15人的评议结果为优秀。

六、工会工作

2013年,该学院分工会工作在校工会的统一部署下,开展的有声有色,在各方面取得了长足的进步。2013年,学院分工会获得“工会工作特色奖”,李辉被评为“先进分工会主席”,赵珥希、周世梁、赵强被评为“工会工作积极分子”。2013年,学院分工会取得教职工“远程教育杯”篮球比赛乙组第四名;4月,获得“能动杯”教职工集体跳绳比赛乙组第3名;10月,学院分工会获得“华电好声音”师生员工合唱比赛银奖。

七、学生工作

2013年,该学院积极为科技创新活动搭建平台,为大学生创新意识、创新能力和创业精神的培养提供了保证。全院全年共有100余人参加了各类科技创新竞赛的评选,其中25项科技创新项目获得立项。张亮获得美国国际大学生数学建模竞赛二等奖、全国大学生数学建模大赛一等奖、北京市第二十二届大学生数学竞赛三等奖;付玉在美国国际大学生数学建模竞赛中获得一等奖、大学生物理竞赛三等奖;孙煜东在华电物理竞赛中获得一等奖;李宗洋在创新实践——实用新型专利方面也取得优异成绩;常牧在美国国际大学生数学建模竞赛上取得二等奖,在大学生创新性实验计划项目中取得北京市级优秀;曾晓佳、蔡进在创新性实验计划项目中取得国家级优秀的好名次;方晓璐在北京市教育系统节能减排大赛中获得二等奖,并在华北电力大学学报中发表中文核心期刊3篇;秦亥琦在创新实践产品软件方面取得三等奖。

2013年,春季运动会中,韩正刚获得5000米第一名,张晓露在女子跳高项目中获得第二名;李璟瑶、康峥嵘、龙川和许谦在第二十一届首都高校大学生键绳比赛获得团体冠军、长绳组冠军;蔡宇钦在首都高校武术交流赛中获得道德风范奖,在北京市高校“和而乐”和求积分赛中获得二等奖;蒋佳在北京市高校联盟寻宝大赛北航站团体赛中获得二等奖;刘冬薇在北京市健美操大赛中获得三等奖;赵韦程、高宏烨、蔡蓟在暑假社会实践中获得校级优秀重点团队奖;李奕彤在第四届北京市大学生艺术展演民乐B组《枣园春色》、《欢乐歌》获得一等奖;降东阳在北京市人文竞赛中获得二等奖。核电1302班在校园奥斯卡中获得二等奖。张亮、马泽华等4位获得“校级三好学生标兵”;刘晗、许爱威等23人获得“校级三好学生”;秦亥琦获得“校级优秀学生干部标兵”称号;庄思璇、邱斌等4人获得“校级优秀学生干部”。

八、实验室建设

2013年,该学院继续加大力度支持实验室建设,新建了核电子学实验室及化学药品存储实验室,增强了实验室的整体安全性、规范性。对环境放射性物质取样与监测实验室、标准放射源实验室进行了二期扩建,以满足学院日益增长的教学需求。地震试验台实验室完成验收工作,全面具备了科研任务和本科教学任务的基础条件。同年,由学院牛风雷教授研制的玻璃反应堆和玻璃安全壳两台设备,已经基本研制完成,能够帮助核电厂员工以及核电专业学生对核岛内部正常工况下一、二回路的循环过程以及LOCA失水事故工况下安全注射系统和非能动余热排出热交换器的运行过程,有直观的了解。

（张　科　赵珥希）

■概况

院　长：陆道纲

书　记：刘晓芳

2013 年，核科学与工程学院有 1 个"核科学与技术"一级学科硕士点，在该学科下设有"核能科学与工程""辐射防护与环境保护"2 个目录内二级学科硕士点；2 个本科专业名称为"核工程与核技术""辐射防护与核安全"。在"动力工程及热物理"一级学科下自设有"核电与动力工程"二级学科博士点。

2013 年，该学院有在编教职工 35 人，其中，专任教师 29 人（教授 6 人、副教授 6 人，具有博士学位的教师为 96%）、有实验及技术人员 2 人、管理人员 5 人。学院有现有学术带头人 7 名，其中博士生导师 4 名，中国工程院院士 3 人（兼职），特聘教授 1 人。

2013 年，该学院党总支下设 3 个党支部，其中 1 个教工党支部，1 个研究生党支部，1 个学生党支部。其中教工党支部 2013 年转入 3 人，现有党员 25 人，学生党员 87 人（其中本科生 41 人，研究生 46 人）。学院全年共发展党员 26 人，其中研究生党员 4 人，本科生 22 人；86 名学生通过高级党校学习及考核，成为入党积极分子；137 名学生递交了入党申请书，其中 2013 级新生递交申请书的比例达 99%。

2013 年，核学院本科生在校人数达 469 人，新招本科生 140 人，本科毕业生 87 人。在读硕士研究生 76 人，新招硕士研究生 35 人，硕士毕业生 19 人，其中 1 人获优秀学位论文奖项。

2013 年，核学院 2012 届本科生就业率为 90.8%，本科生与用人单位签订三方协议 26 人，占 29.9%；考取硕士研究生 32 人，占 36.8%；出国 6 人，占 6.9%；灵活就业 15 人，占 17.2%。研究生 19 人全部与用人单位签订三方协议，就业率 100%。

2013 年，该学院开设研究生课程 12 门，完成教学 368 学时；开设本科生课程 44 门，完成教学 2 727 学时；举办联合培养班 1 期，共 38 名学员，其中北京校部中广核学员 19 人，保定校区苏州班学院 19 人。

2013 年，该学院在研项目 97 项（新增科研项目 22 项）。其中国家科技重大专项项目 11 项，企事业单位委托科技项目 23 项，纵向项目 1 240 万元，横向项目 468.2 万元，国家重大科技专项 500 万元。2013 年学院教师共发表论文 90 余篇，其中 SCI 检索 20 篇，EI 检索 18 篇，专利授权发明 9 项。第七届北京发明创新大赛金奖一项。

2013 年，该学院研究生获得国家研究生奖学金 2 项，国际会议优秀论文奖 1 项，发表学术论文 30 余篇。

2013 年，该学院拥有教研室 2 个（名称为核反应堆工程教研室、核辐射防护与环境工程教研室）、实体化科研队伍 5 个、实验室 16 个（其中教学实验室 9 个、科研实验室 7 个）、学生实习基地 5 个（中国核动力研究设计院、中国原子能科学研究院、清华大学核能研究院、山东海阳核电、华南辐射监督站）。学科拥有两个省部级重点实验室：非能动核能安全技术北京市重点实验室；国家能源核电软件重点实验室（参与单位）。

（张　科　赵珥希）

■条目

【日本早稻田大学教授来访】3 月 8 日，日本早稻田大学教授冈芳明博士为学院教师及研究生作了关于核能安全及先进轻水堆、先进快堆设计方面的学术报告。冈芳明教授是东京大学名誉教授，现任早稻田大学核能联合培养专业教授、世界超临界水冷堆的倡导者，研究涉及核反应堆设计及安全分析、中子输运及屏蔽、反应堆物理及可靠性研究等多个领域。

（张　科）

【国家重点实验室工作站授牌】3 月 13 日，国家源核电软件重点实验室管理委员会会议暨国核软件上海工程应用测试中心成立仪式在上海核工程研究设计院召开。国家核电技术公司魏锁副总经理向学院陆道纲院长授予了"国家能源核电软件重点实验室－华北电力大学工作站"牌匾。

（张　科）

【加拿大西安大略大学教授来访】4 月 20 日应核科学与工程学院邀请，加拿大西安大略大学（University of Western Ontario）Jngsook Clara Wren 教授来学院访问，随行人员有 David 博士和张学元博士。Jngsook Clara Wren 教授为学院师生作了题为"Radiation Induced Chemistry and Materials Research for Nuclear Reactor Safety"的学术报告，报告重点介绍了其课题组开展的关于核辐射条件下材料腐蚀方面的研究。

（张　科）

【国际核工程大会取得丰硕成果】7 月 29 日至 8 月 2 日，以"安全核能，保障世界"为主题的第 21 届国际核工程大会（ICONE－21）在成都召开，这是由美国机械工程师学会（ASME）、日本机械工程师学会（JSME）和中国核学会（CNS）联合主办的大型国际学术会议，在国际核工程学界有重要影响。会上，核科学与工程学院研究生田力向大会递交的论文“Research on Corrosion and Precipitation Behaviors in LBE Systems”引起国际同行的关注，并获得学生竞赛组最佳张贴论文奖。

（张　科）

【智能车大赛获佳绩】7 月 24 日至 25 日，学院在第八届“飞思卡尔”杯全国大学生智能汽车大赛中，取得了华北赛区电磁组二等奖、电磁组三等奖、光电组优胜奖和摄像头组优胜奖的优异成绩。“飞思卡尔”杯智能车大赛是由教育部高等自动化专业教学指导分委员会主办，以智能汽车为研究对象的创意性科技竞赛。比赛分为摄像头组、光电组和电磁组 3 个组别。参赛队伍使用飞思卡尔半导体公司的 8 位、16 位或者 32 位微控制器作为核心控制模块，通过增加道路传感器、电机驱动电路以及编写相应算法，制作能够自主识别道路的模型汽车，在规定的模型汽车平台上，按照规定路线行进，最快跑完全程而没有冲出跑道并且技术报告评分较高者为优胜。第八届的华北赛区比赛在东北大学秦皇岛分校举行。

（张　科）

【北京市重点实验室揭牌】10 月 27 日，华北电力大学举行“非能动核能安全技术”北京市重点实验室揭牌仪式暨实验室第一届学术委员会第一次会议。国家能源局核电司副司长陈飞、北京市科委处长杨仁全及北京技术交易促进中心副主任孙颖等上级部门领导；中国工程院叶奇蓁院士、徐銤院士等 11 位专家委委员；华北电力大学孙忠权副校长、科研院檀勤良常务副院长、核科学与工程学院陆道纲院长和刘晓芳书记及 100 多名师生出席揭牌仪式。国家能源局核电司陈飞副司长与北京市科委杨仁全处长为“非能动核能安全技术”北京市重点实验室揭牌，在为“非能动核能安全技术”北京市重点实验室第一届学术委员会委员颁发聘书后，叶奇蓁院士作题为《当前核电发展关注的问题》的主题报告。揭牌仪式后，举行了“非能动核能安全技术”北京市重点实验室第一届学术委员会第一次会议，会议由徐銤院士主持。

（张　科）

【与中国核动力院签署合作协议】11 月 25 日，学院“非能动核能安全技术”北京市重点实验室与中国核动力研究设计院“核反应堆系统设计技术”重点实验室签署全面合作框架协议。根据协议，双方决定在核电站及船用核动力安全技术、新型核反应堆开发、研究生培养教育等领域开展广泛、深入地合作和学术交流。

（张　科）

【前沿领域项目申报获得重大突破】2013 年，核科学与工程学院陈义学教授及其团队在“聚变堆”与“中微子”两个国际前沿领域项目申报中获得重大突破。其中，陈义学教授担任首席科学家、华北电力大学作为第一承担单位申报的国家磁约束核聚变能发展研究专项计划项目“聚变堆活化腐蚀产物产生与行为机理研究及数据库建设”获得国家科技部批准立项，项目成员单位包括华北电力大学、核工业西南物理研究院、中国科学院等离子体物理研究所等，经费预算 500 万元。该项目的顺利获批，实现了学校在国家聚变专项项目方面“零”的突破，是对学校进一步参与国际热核聚变实验堆（ITER）计划及中国聚变工程实验堆（CFETR）计划的有力推动。此外，由团队成员马续波副教授作为课题负责人的国家自然科学基金委重大项目课题“高精度反应堆中微子能谱研究”获得批准立项，经费预算 272 万元。该课题由华北电力大学牵头，中国科学院高能物理研究所参与，主要研究高精度反应堆中微子能谱，该课题的获批标志着核科学与工程学院已成为中国中微子研究领域的重要成员之一。

（张　科）

国际教育学院

■概述

2013 年，华北电力大学国际教育学院紧密围绕学校建设高水平大学的目标，积极实施华北电力大学国际化战略，聚焦具有国际视野的人才培养需求，不断增强工作的主动性、系统性和前瞻性。通过全体人员的共同努力，理清中外合作办学发展思路，明确发展方向；扩大留学生招生规模，提高留学生培养层次；深化教育教学改革，强化教育教学过程管理；创新学生管理工作机制，强化学风建设；加强制度建设，实现科学化、规范化管理等各方面取得进展。

一、党建与思想政治工作

2013 年，学院党总支以学习

实践党的群众路线教育实践活动为契机，在深入开展教育实践活动过程中，始终把查准、查实存在的“四风”突出问题作为衡量活动成效的重要标准。领导班子成员分别深入基层征求意见，通过召开员工座谈会、任课教师座谈会、学生座谈会以及通过个别访谈、意见箱等形式征集群众意见和建议。针对征集到的意见，领导班子召开民主生活会，认真开展批评和自我批评。本着对事业发展高度负责的精神，紧密联系思想实际和工作需要，认真制定整改措施，进一步转变工作作风，加强班子建设，明确发展战略，团结一心，开拓进取，努力推动学院事业快速健康发展。

2013 年，学院开展“一个支部实现一个目标、一个党员完成一个任务”活动。围绕 2013 年学校教代会审议通过的学校整体工作思路，围绕学院工作目标和凝练的项目，支部制定目标，每个党员制定一项任务并按期完成，真正将党支部工作融汇到学院的中心工作之中。

学院高度重视理论学习活动，自 2013 年度“北京高校教师党员在线”学习活动开展以来，广大教职工党员积极参与、认真学习。党员平均学习时数居全校前列。学院为全体党员、群众订阅《论群众路线——重要论述摘编》《厉行节约反对浪费——重要论述摘编》《党的群众路线教育实践活动学习文件选编》，组织大家学习十八大及十八届三中全会精神，深入学习开展群众路线教育实践活动。

为进一步推进廉政文化教育，10 月 19 日，国际教育学院教工党支部组织全院教职工参观了位于十三陵昭陵的廉政教育基地——“明镜昭廉”明代反贪历史文化园，广大教工受到深刻教育，廉政警钟长鸣。通过宣教教育、建章立制，严格执行一岗双责制，切实将反腐倡廉工作落到实处。

二、招生工作

1. 中外合作办学招生工作

2013 年，学校国际合作项目的合作伙伴大学数量继续扩大。电气项目继英国的爱丁堡大学、曼彻斯特大学、斯莱斯克莱德大学、巴斯大学、卡迪夫大学，美国的普渡大学、密苏里大学哥伦比亚、伊利诺伊理工大学，威斯康星大学密尔沃基，新增了合作伙伴佛罗里达国际大学；会计金融项目继澳大利亚昆士兰大学，美国的威斯康星大学密尔沃基，新增了合作伙伴美国普渡大学，为中外合作办学项目班的学生提供更多更好的留学选择。

2013 年，学院进一步改革中外合作办学招生工作，规范工作流程，细化工作环节，提高招生工作质量。

招生流程的制度建设进一步完善。首次编写面向考生的《2013 年国际合作项目班选拔考试指南》，全面介绍考试流程及考试注意事项，向考生及家长发放 300 余份。首次编写面向工作人员的招生流程说明。

加大招生宣传力度，扩大招生宣传范围。编制了《华北电力大学国际合作办学项目招生简章》，此外制作、印刷宣传单千余份，用于招生及宣传。特别在省招办下发招生目录中加注项目班介绍注释，递送录取通知书的同时，加入招生简章。在学校招生网首页发布招生宣传册，学校内部发放和通过邮寄方式向全国电力系统职工发放宣传册千余份。

统一组织规划招生行动，分阶段实施招生方案。在录取阶段组织外出到各省进行实地招生宣传，现场解答考生咨询。开通常年电话咨询和答疑服务，2013 年学院在咨询高峰期开通两部咨询电话，7 月 15 日至 8 月 17 日，全天十个小时不间断提供咨询。咨询时间累积 300 多小时。

增设面试环节，规范完善招生录取。招生录取首次增设国际化学习综合素质及潜能面试环节，进行优中选优选拔性招生。多项措施规范了试卷管理、考务人员管理、考场和安保管理、考试信息管理，维护了良好的考试工作秩序。8 月 18 日举办了国际合作项目班的选拔考试，共设八个考场，三个备用考场，一个考务办公室和考试指挥部。考试工作顺利完成。一天之内完成考试并出录取结果，8 月 19 日公示，当天完成 430 份协议签署，更换近 215 份录取通知书。招生工作顺利完成。

全面、高效地开展了学生的派出工作。面向学生及家长共开办了 17 场“临行教育会”，主要内容为外事教育和国外留学安全注意事项。安排送机 13 次约 600 人次。留学基础工作中，帮助近 200 人申请学校，递交材料 3 000 余份。联系 12 所合作学校，组织面试 10 余次。一天内统计电气专业 200 余人 3 个学期 22 门主干课成绩，制作英文成绩单 200 余人次。办理签证过程中，送交翻译认证集体 9 次，散送 30 余次。分别为赴境外的 178 名同学办理了 3 个国家的签证，递交材料 4 000 余份，实现 100% 获签率。购买 120 人团队机票，现金支付 100 万元左右。

2. 来华留学生招生工作

2013 年，来华留学生招生规模持续增加。全年共招收各类长期留学生 130 人，比上年增长 11%，且招收的学历生比例高于北京市平均水平。学院编制完善各类招生简章,完成《华北电力大学留学生招生简章》(中文、英语、日语、俄语、越南语)以及全英文项目介绍宣传册《NCEPU Academic Programs Booklet》。学院优化招生策略,首次独立组团赴境外招生,拓展并维护招生渠道60余条,分别与越南、印尼、哈萨克斯坦、巴基斯坦、韩国、卢旺达等近20个国家的高中、大学、中介、使馆、华侨教育、孔子学院等机构建立招生联系渠道。以全面可持续营销策略取代单一的推销模式,统筹协调国内机构和我驻外使(领)馆、外国高等学校、孔子学院在来华宣传方面的资源的能力,通力合作,搭建来华留学宣传招生的有效平台。

2013年,来华留学生招生结构进一步优化,在自主招收来华留学生以及接受电力企业委托培养来华留学生方面取得新突破。2013年,是国际教育学院实施自主招生的第三年,最终录取高校研究生项目9人,地方支持项目2人,较2012年有所增长,而且生源均来自周边国家一流理工大学。自主招生奖学金项目在提高华北电力大学留学生培养层次、入学质量,扩大留学生规模方面起到了极大的拉动作用。华北电力大学在帮助国内电力企业海外项目实施人才本土化战略方面也迈出了可喜的一步,2013年与中国石油哈萨克斯坦公司 Joint - stock company Mangistaumunaigaz(简称MMG)(Republic of Kazakhstan, Aktau)签订培养学生协议。2013年受理和录取中国政府奖学金生比上年增长16%,受理和录取孔子学院奖学金生比上年增长36%。

三、教育教学

2013年是国际教育学院的“教学质量管理年”,学院不断深化教学改革,注重提升教师的教学能力和水平,强化教育教学与人才培养的过程和信息化管理水平。

在中外合作办学项目班的教学管理过程中,国际教育学院以提高教学质量为目标,总结经验,深入调研,多渠道交流,采取多项措施推进教学质量,包括:一、优化培养方案;二、与教务处和承担教学任务的院系沟通并提供资金支持,全力推进小班授课;三、强化教学过程管理,集中统一安排期中考试时间等,推进“教学质量管理年”的建设。

在留学生的教学管理过程中,坚持“严格要求,热心帮助”的原则,为留学生新生尽快适应学习环境提供条件,对留学生的学习情况进行全过程监控,从选课到考试,再到成绩,让留学生对自己的学习情况有充分的了解,发现问题,及时提醒和提供帮助。对外汉语教研室进一步规范语言生分班测试机制,使汉语教学更加合理化、科学化。

2013年,华北电力大学中外合作办学项目、留学生教育教学圆满完成教学运行、教学安排、学籍管理、毕(结)业审核、考试管理等各项日常工作,保持良好的教学秩序,促进了教学质量的提升。

四、学生工作

2013年,国际教育学院学生工作队伍继续秉承“知行合一、学贯中西”的教育理念,坚持脚踏实地、锐意进取的工作作风,认真贯彻执行学校的工作安排和总体部署,从学生的教育、服务、管理三方面入手,规范中外合作办学的学生工作制度,创新学生工作方法,提高学生工作水平。

首先,本着“德育为先”的教育思想,先后开展了多项形式多样的基层党团组织主题活动,突出了中外合作办学学生的感恩教育和节俭教育,达到了让学生关心社会、宽容待人、正视挫折、学会感恩、接受多元、坚守核心的教育目的,开拓了中外合作办学学生思政工作的新方向。

其次,坚持“以人为本”的服务理念,尊重学生的自由发展,提高学生的综合素质,发挥学生的主体性、主动性和积极性,促进中外合作办学学生工作健康有序地发展。

最后,推行“科学高效”的管理模式,创新中外合作办学学生的工作方法,完善中外合作办学学生管理制度,充分利用现代化技术,推行学生工作的信息化、网络化建设。

2013年,国际教育学院继续秉持“规范管理”的工作方针,坚持“常态化”与“动态化”相互结合的工作方法,使留学生管理工作得以良好有序地开展。2013年,华北电力大学国际教育学院引进了本校第一位专职留学生管理干部,完善了来华留学生管理队伍,大大提高了来华留学生管理力量。郑乐获得2013年“北京市来华留学生管理工作优秀干部奖”。

2013年,华北电力大学始终秉持“以人为本”的管理理念,努力为来华留学生做好服务工作,加强对来华留学生的安全教育。学校继续建立健全来华留学生医疗保障体系,加强与北京市出入境管理局、平安保险公司等的沟通与合作,从规范制度入手,仔细梳理,最大限度的保障来华留学生的在华安全。

2013年,华北电力大学继续加强来华留学生的中国传统文化教育。留学生办公室不断总结工作经验,创新工作方法,多次组织或参与主题鲜明、类型多样的中国传统文化教育活动;搭建平台,加强中外学生的互动交流。这些活动不仅大大丰富了来华留学生的课外生活,而且使来华留学生有机会近距离接触中国传统文化,加深了来华留学生对中国文化的感受和理解。2013 年,组织共计 400 多名来华留学生参加“汉语之星”“来华杯”“欢动北京”“环昆明湖长走”等各类文体活动 20 余次。学校 2 次被主办方授予“优秀组织奖”。此外,组织来华留学生赴山西、北京等地参加文化考察与体验活动 5 次。在 2013 年校春季田径运动会上留学生表现优异,共获得 4 项大奖。

五、培训工作

2013 年,学院共举办了 3 期短期来华留学培训项目,共培训 119 人次。4 月 16 日至 5 月 15 日,学院举办了 2013 中文学习乐园——坤祥北京营,该春令营由中国华文教育基金会主办、北京市人民政府侨务办公室和华北电力大学承办、坤祥投资有限公司赞助,共 50 名菲律宾华裔师生参加了该项目。5 月 17 日,学院举办了美国大学生“中华文化行”夏令营活动,共有来自美国中西部 17 所大学的 49 名大学生参加该夏令营。6 月 25 日至 7 月 9 日,学院举办了埃及苏伊士运河大学孔子学院夏令营,此次夏令营是华北电力大学第四次承办苏伊士运河大学孔子学院学员汉语文化体验活动,共有 20 名学员参加此次夏令营。

(李　旸　段春明　郑　凯)

■概况

2013 年,学院中外合作办学项目涵盖 4 个专业。电气工程及其自动化专业(“2 + 2”)有 13 个教学班,在校生 441 名;核工程与和技术专业(中法联合)有 3 个教学班,13 名在校生;管理类中澳合作专业有 2 个教学班,48 名在校生;经济管理类中澳合作专业有 2 个教学班,5 名在校生。

2013 年,学院开展中外合作办学项目与校际间合作交流项目 13 个,4 个本科专业。总计报名 272 人,录取 215 人。其中电气项目录取 192 人,会计项目录取 16 人,金融项目录取 2 人,核电项目录取 5 人。

2013 年,学院中外合作办学项目英、美、澳三国共计 11 所大学,派出人数北京 116 人,保定 62 人,共计 178 人。其中爱丁堡大学 8 人,曼彻斯特大学 41 人,巴斯大学 16 人,卡迪夫大学 4 人,斯莱斯克莱德大学 39 人,密苏里哥伦比亚 6 人,伊利诺伊理工大学 14 人,普渡克莱默 7 人,威斯康星密尔沃基 16 人,佛罗里达国际大学 13 人,昆士兰大学 14 人。

2013 年,中外合作办学项目培养学生中有 102 人取得工学学士学位,8 人取得经济学学士学位,19 人取得管理学学士学位;另外有 13 名学生因外方合作学校毕业时间较晚等原因推迟毕业。

2013 年,北京校部留学生总人数为 485 人,其中本科生 137 人,硕士生 79 人,博士生 24 人,高级进修生 9 人,普通进修生 5 人,长期语言生 112 人,短期语言生 119 人。

2013 年,北京校部招收各类奖学金及自费留学长期生 130 人,人数比上年增长 11.1%,是学院成立以来新生入学最多的一年。其中有博士生 6 人,硕士生 22 人,本科生 22 人,高级进修生 6 人,普通进修生 4 人,汉语进修生 70 人,学历生比例为 38.5%,高于北京市来华留学生学历生比例,学历生中硕博比例高达 56%。英文授课 18 人,其中硕博层次研究生 16 人,本科生 2 人。130 名留学生中有中国政府奖学金生 49 人,北京市政府奖学金生 9 人,孔子学院奖学金生 30 人,自费生 32 人,校际奖学金生 10 人,分别来自乌兹别克斯坦、柬埔寨、科摩罗、尼泊尔、尼日利亚、吉布提、萨摩亚、塞拉利昂、泰国、乍得、喀麦隆、卢旺达、也门、赞比亚、埃塞俄比亚、赤道几内亚、哈萨克斯坦、捷克、越南、苏丹、塔吉克斯坦、蒙古、朝鲜、老挝、埃及、巴基斯坦和韩国等 30 多个国家。

2013 年,北京校部有 28 名本科留学生、9 名硕士留学生、2 名博士留学生完成教学计划全部内容,取得毕业资格并被授予学士、硕士和博士学位;有 2 名本科留学生未完成学业计划,取得结业资格证书。

2013 年,国际教育学院(北京校部)党总支设有 2 个党支部,1 个教工党支部和 1 个学生党支部。教工党支部党员共 14 人。学生党支部党员共 54 人,发展党员 14 人。其中,海外学生党员 34 人,发展党员 11 人。共有 98 名同学通过入党积极分子培训班考核,成为入党积极分子;258 名同学递交了入党申请书。2013 年按照学校党委要求,组织开展 2 期党课培训,共有 93 名同学从党校顺利毕业,14 人发展为预备党员,28 人转为正式党员。

2013 年,学院中外合作办学学生获得省部级奖励 96 人次,获得奖学金 307 人次。电气 GJ1207 班以总分第一名的成绩被评为华北电力大学“十佳”示范性优秀班集体,代表学校参评北京高校示范学生基层组织,并获“北京高校示范学生基层组织”荣誉称号,电气 GJ1202 班获“北京市先进班集体”荣誉称号。电气 GJ1207 班被评为校级优秀团支部，电气 GJ1206 班和电气 GJ1202 班被评为系级优秀团支部，校级三好学生标兵 5 人，校级优秀学生干部标兵 1 人，校级优秀团干 7 人，校级优秀团员 35 人，十佳青年志愿者标兵 1 人，十佳文体标兵 1 人，十佳科技标兵 1 人。2009 级有 12 名同学被评为华北电力大学优秀毕业生，1 名同学被评为北京市优秀毕业生。

（李　旸　段春明　郑　凯）

■条目

【中外合作办学项目通过教育部评估】4 月 16 日，华北电力大学召开教育部 2013 年中外合作办学项目评估协调会，成立评估工作领导小组，华北电力大学中外合作办学的迎评工作正式启动。此次评估是 2013 年教育部首次在全国范围内开展中外合作办学合格性评估工作，旨在进一步加强对中外合作办学的规范管理，促进依法办学，提高中外合作办学水平和可持续发展能力。根据教育部、北京市教委相关工作安排，国际教育学院统筹协调、积极归纳总结、完成自评报告，项目历经单位自评、网上公示、综合评议（同行评价、社会评价、教育行政主管部门评价）三个阶段。评估结果最终于 2014 年 2 月 19 日在北京市教育委员会网站公布，华北电力大学与英国斯莱斯克大学、英国曼彻斯特大学合作举办电气工程及其自动化专业本科教育项目顺利通过评估。

（郑　凯）

【举办 2013 中文学习乐园——坤祥北京营】4 月 16 日，2013 中文学习乐园——坤祥北京营在华北电力大学开营。该春令营由中国华文教育基金会主办、北京市人民政府侨务办公室和华北电力大学承办、坤祥投资有限公司赞助。50 名菲律宾华裔师生在为期一个月的时间里集中培训汉语听说和写作，学习了武术、舞蹈、书法、中文歌曲等内容，深入了解中华历史、地理、文学、文化常识，并游览北京名胜古迹、参观北京奥运场馆、感受北京民俗文化。北京营于 5 月 15 日结束。

（袁予熙）

【举办 2013 美国大学生“中华文化行”夏令营】5 月 17 日，由华北电力大学承办的美国大学生“中华文化行”夏令营活动在华电校园拉开帷幕，共有来自美国中西部 17 所大学的 49 名大学生参加该夏令营。学员们在为期 34 天的时间里，完成了 45 小时的实用汉语培训，学习了中国概况、中国民间舞蹈、中国茶文化、太极拳、空竹、剪纸、汉字与书法、传统民间故事、传统节日等文化体验课程。学习结束后，夏令营学员与华北电力大学师生结下了深厚的情谊，对汉语及中华文化产生了浓厚的兴趣。有 5 名营员计划于 2014 年春季赴华北电力大学继续学习。

（刘欣朋　刘　松）

【教工党支部举行换届】5 月 29 日至 7 月 12 日，根据党章及党内选举有关规定，经国际教育学院教工党支部委员会研究，国际教育学院教工党支部顺利完成了换届选举工作。新一届支部委员会委员 3 人，其中书记 1 人。

（李　旸）

【举办埃及苏伊士运河大学孔子学院夏令营】6 月 25 日，埃及苏伊士运河大学孔子学院夏令营在华北电力大学开营。此次夏令营是华北电力大学第四次承办苏伊士运河大学孔子学院学员汉语文化体验活动，分别由保定校部和北京校部承办。20 名学员在华北电力大学完成了实用汉语体验课程，参观了孔子学院总部、北京大学、故宫、长城、天坛、南锣鼓巷、中关村，体验了中国茶文化、京剧表演等传统文化项目。夏令营于 7 月 9 日闭营。此次夏令营的圆满完成，加深了埃及学员对中华文化的了解，深化了华北电力大学与埃及苏伊士运河大学的合作。

（刘欣朋　刘　松）

【《华北电力大学外国留学生管理办法》获校长办公会通过】7 月 4 日，经 2013 年第 6 次校长办公会审议，《华北电力大学外国留学生管理办法》获得通过。该管理办法由国际教育学院负责起草，历经数月，从前期调研，到草案起草，再经充分征求和吸纳各部门、各学院意见，并开专题会议交流讨论，经过近 10 次修改，形成《留学生管理办法》（送审稿）提交给校长办公会。该管理办法是华北电力大学第一部针对来华留学生管理工作制定的规范性文件，对积极推动来华留学人员与中国学生的管理和服务趋同化，完善服务流程，进一步扩大留学生招生规模，确保来华留学生培养质量，促进学校办学国际化有着重要意义。办法将于 2014 年正式颁布实施。

（郑　凯）

【开展“共产党员献爱心”捐献活动】7 月，按照市委、市教育工委的统一部署，国际教育学院于“七一”期间开展了“共产党员献爱心”捐献活动。13名党员捐款1 410元。

（李　旸）

【举办孔子学院奖学金生文化体验系列活动】9月，国际教育学院启动了以语言实践和传统文化体验为主的系列活动。该活动主要面向在校的孔子学院奖学金生，由文化专题讲座、参观游览和游记报告三部分组成。系列活动持续开展的三个月内，学院先后组织“中国园林文化与园博园参观”“中国佛教文化与龙泉寺参观”“王府文化与恭王府参观”三项主题活动，通过“文化知识讲解—实地考察参观—交流心得体会”的方式，使学生全面而立体地感受到中国传统文化的魅力，深受各国留学生好评。

（刘　松）

【2013国际友人环昆明湖长走比赛获优秀组织奖】10月26日，由北京市政府外事办公室主办的“三山五湖”杯国际友人环昆明湖长走比赛在颐和园举行，华北电力大学国际教育学院组织30名留学生参加了本次活动，因组织工作表现出色，被赛事组委会授予“优秀组织”奖。

（胡金光）

【“学雷锋——关注农民工活动”被授予品牌活动称号】11月，国际教育学院“学雷锋——关注农民工”被北京市教工委授予“北京高校学习型党组织建设品牌活动”。该活动由国际教育学院学生党支部发起和组织，与昌平某建筑工地建立合作关系，深入开展“四个一”活动（每周送一部电影、发一份报纸、读一段新闻、聊一会儿天），组织劳动节文艺演出和义卖，积极筹建的工地图书馆目前藏书已达1 200余册。该活动拉近了学生与社会的距离，改善了学生的社会适应能力，提升了学生思政教育的效果。此项活动自去年3月份开展以来，至今已有50多批次1 000多人次的师生参与其中，成为一项师生共同参与的重要党建活动。

（周　爽）

【华北电力大学来华留学生招生信息系统开发完成】12月，华北电力大学留学生招生信息系统完成开发，将于2014年上线运行。随着华北电力大学来华留学生工作的推进，国际教育学院在总结过去工作经验的基础上，认真研究和借鉴了其他先进的留学生学生管理和服务体系，抓紧落实并实施外国留学生工作信息化建设。该系统的上线运行将实现留学生招生工作的信息化、规范化，大大减少管理者的工作负担，简化留学生报名流程，提高了采集数据的准确性和标准化水平，为实现学校外国留学生全流程信息化管理打好基础。

（郑　凯）

【与平安保险公司签订《全员投保协议书》】12月，华北电力大学首次与平安保险公司签订了《全员投保协议书》，确定了所有秋季入学的来华留学生在每年8月25日，所有春季入学的来华留学生在每年2月25日就能享受到综合医疗保险。《全员投保协议书》的签订意味着华北电力大学与平安保险公司进一步加强合作，互相沟通，在构建全方位、多层次的来华留学生安全保障方面体系又迈出了重要的一步。

（胡金光）

体育教学部

■概述

2013年，体育教学部把“为师生身体健康负责任，为师生身体健康提供支撑和保证”作为工作的出发点和落脚点；把“创建高水平体育教学部”作为促进高水平大学建设的一部分。不断推进体育教学部稳步发展。工作中做到了严格管理、以人为本，使体育教学部教学、竞赛训练、组织大型体育活动、群体和科研工作上台阶。全部教职工团结一致，爱岗敬业，踏实工作，圆满完成各项体育工作。多次受到上级部门的表彰，尤其是运动竞赛实现了历史性突破，在多项全国赛事中取得优异成绩。

2013年，体育教学部把体育教学和体育课程建设放在首位，认真贯彻实施《国家中长期教育发展规划纲要（2010—2020）》，以建设高水平大学为目标，不断更新体育教育理念，进一步提高体育教学质量，改善教学条件，改革教学内容、教学方法、教学手段。严格教学管理，提高科学管理水平，加强对体育教育的科学研究工作，全面提高体育教学水平。积极组织深入教学改革，提高学生身心健康水平和体育实践创新能力，1项省部级教改项目获立项，2项教改项目结题。在教学过程中注重体育课教学与课余体育活动的良好衔接,取得了良好的教学效果。

2013 年,在全体教练员科学管理和严格要求下,运动员刻苦训练、努力拼搏,校足球队、田径队、男女篮球队、男女排球队、健美操队、街舞队、乒乓球队、跆拳道、毽绳队、藤球队、武术队、铁人三项、传统养生、轮滑队、网球队等在全国和省部级比赛中取得优异成绩,并积极备战 2014 年全国及省部级比赛。

2013 年,体育教学部积极开展阳光体育运动,和学校其他部门一起组织实施了 2013 华北电力大学学生阳光体育冬季长跑活动,组织引导各院系开展趣味运动会。通过各种形式积极实施校园体育活动一小时活动,要求学生在上好体育课基础上,积极参加各种体育活动,结合自己实际在不同的时间、场地进行有效的体育锻炼,确保每天锻炼一小时。因地制宜地开展丰富多彩和卓有实效的课外体育活动,指导全校师生进行科学的体育锻炼。大力开展群众体育工作,营造校园体育文化氛围,提高师生身心健康水平。和工会、团委、学生处密切配合,圆满完成了教职工篮、排球比赛,乒乓球、羽毛球比赛、体育节、社团节等各项群众体育工作,对体育教学和师生业余文化生活起到了极大的促进作用。

2013 年,体育教学部加强体育教师的人才培养并取得良好效果:①加强青年教师专业技能的培养和提高,在河北省普通高校体育教师教学能力考核的“模拟体育课片段教学”和“体育教师体能测试”均取得优异成绩;②加强交流,鼓励教师外出参加学术研讨会,开阔了眼界,加强了交流;③鼓励青年教师参加高级别的体育学术论文报告会,提升了学术交流的档次和内涵;④采取传帮带,进一步提高了青年田径教练员得专业水平,为实现田径项目的可持续发展打下了基础;⑤指导支持青年教师钻研业务、提高教学水平,给他们创造良好的氛围和环境;⑥鼓励并积极支持青年教师积极攻读博士学位并有一名教师考上博士。通过以上措施,提高全体教师的体育专项能力和综合业务水平。加强了青年教师的师德、教学训练和科研水平。

2013 年,体育教学部场地设施得到完善,保证了体育教学训练的顺利进行。5 月,篮球馆加了窗帘解决了多年来教师反映的光污染问题提高了使用质量。教工和学生反映的篮球馆、网球场、排球场地面变形及足球场近乎无草的情况影响上课,经和学校领导及基建处协调作为 2014 年的小型基建项目上报教育部立项批准。多年教师没有办公电脑的现实成为历史,在校领导和资产处的大力支持下添置了 15 台电脑,2 人一台基本解决了教师的上网、学习、登记成绩及其他方面的需求。安装了乒乓球馆暖气,解决了冬天运动员训练、教师健身等需求。投资近 20 万进一步完善了高水平运动队力量训练的设备。由于学生体质测试项目的调整,投资 7.5 万元购置添置了 3 个项目的器材保证了测试工作的正常进行。

2013 年完成了保定二校区足球场人工草皮铺设工作、室内篮球场地改建工作,辅助健身器材的安装工作,为确保师生健身锻炼安全,更换一、二校区篮球架 10 副。

(赖其军　王　艳)

■概况

2013 年体育教学部有教职工 58 名(保定 29 人),其中,专任教师 52 人(保定 26 人),教授 6 人(保定 4 人)、副教授 20 人(保定 10 人),管理岗 3 人(保定 1 人),实验及技术人员 3 人(保定 2 人)。体育教学部有中共党员 42 人(保定 21 人)、发展党员(保定 1 人)。

华北电力大学体育教学部分北京和保定两个教学部。现有体育运动中心 1 座,标准塑胶田径场 3 块(保定 2 块),场内均设有标准足球场地。室外篮球场 37 块(保定 23 块),排球场 14 块(保定 12 块),塑胶网球场地 8 块(保定 2 块),羽毛球场地 8 块(保定),乒乓球台 110 张(保定 60 张)。教学器材种类齐全,数量充足,各运动项目器材配备完善。运动场总面积 100 535.25 平方米(保定 61 244.25平方米),室内运动场面积为 8 900.05 平方米(保定 4 626.05平方米)。室内运动场地包括 400 平方米综合训练场 1 个(保定)、443.75 平方米健美操教室 2 个(保定 1 个,193.75 平方米)、1 220平方米乒乓球室两个(保定 1 个,500 平方米)、111 平方米健美教室 1 个(保定)、404.5 平方米武术、跆拳道教室 1 个(保定)、205.5 平方米形体教室 1 个(保定)、637.8 平方米综合体育教室 1 个(保定)、789.5 平方米大学生体质健康测试室 2 个(保定 1 个,169.5 平方米)、528.5 平方米体育活动中心跑廊 1 个(保定)。

(赖其军　王　艳)

■条目

【获“学校体育工作管理优秀单位”荣誉称号】1 月 19 日至22 日,河北省普通高校体育工作会议在石家庄市召开。华北电力大学体育教学部(保定)被河北省教育厅思政体卫处和河北省大学生体协授予“学校体育工作管理优秀单位”荣誉称号；学校体育教学部（保定）房游光、王泽霖，获得“河北省优秀体育教师”荣誉称号。

（赖其军）

【召开了体育教学部（保定）第20届学术论文报告会】1月9日，体育教学部（保定）第20届学术论文报告会在保定校区召开，会议聘请了校外专家中央司法警官学院基础部副主任李全军教授、保定学院体育系主任高峰松教授、河北金融学院毕献为教授作为特约评委进行交流指导。会上共宣读论文13篇，内容涵盖教学、训练、心理和社会体育等领域，绝大多数都结合实践采用了定量分析方法，论文深度、广度进一步提高。通过专家打分评出一等奖论文1篇、二等奖论文2篇。

（赖其军）

【干雪同学参加半程马拉松赛】3月24日，干雪参加江西龙虎山半程马拉松赛并获得第二名的好成绩。

（王　艳）

【干雪参加中国健身名山赛】4月7日，干雪在日照九仙山参加中国健身名山赛首站比赛，获得冠军。

（王　艳）

【获首都高校大学生篮球联赛冠军】4月27日，为期22天的2013年“Star杯”首都高校大学生篮球联赛在清华大学落下帷幕，本次比赛有包括清华大学、北京大学、华北电力大学、北京林业大学、北京邮电大学、中国政法大学、中国地质大学、中国农业大学、北京师范大学、首都经济贸易大学、对外经济贸易大学、北京科技大学、中央民族大学等21所高校参加比赛。华北电力大学女子篮球队以小组第一及决赛循环成绩第一，七战全胜的成绩，获得本届比赛的冠军。同时教练张慧智老师获得“优秀教练员”称号。4月6日到4月27日，在将近一个月的比赛中，华北电力大学女篮的姑娘们，用生命诠释了篮球的拼搏精神。小组赛中，分别战胜了中国地质大学、中国政法大学、北京科技大学和北京大学，从而以小组第一的身份，跻身本次比赛的四强。决赛中分别战胜中国农业大学、北京林业大学和北京邮电大学夺得本次比赛冠军。赛后，孙忠权副校长亲自接见了女篮的全体队员和教练员，转达了吴志功书记和刘吉臻校长的慰问和期望，并对所取得的成绩给予了肯定，同时也希望女篮的姑娘们能够把女篮精神和华电的荣誉传承下去，发扬光大。

（王　艳）

【河北省第七届大众跆拳道公开赛获佳绩】4月29日至5月1日，由河北省体育局主办的河北省第七届大众跆拳道公开赛在保定体育馆举行。本次比赛共有72家单位参加。经过三天激烈的角逐，华北电力大学代表队取得4金3银3铜的优异成绩，并获精神文明奖。

（赖其军）

【干雪参加半程马拉松赛】5月12日，2013黄河口（东营）国际马拉松赛暨全国马拉松积分赛在山东省东营市21世纪广场开赛，共有来自60个国家、30个省市自治区的5 200名选手报名参加比赛，其中全程马拉松2 674人，半程马拉松2 626人。本届比赛由CCTV5、东营电视等现场直播。干雪以1小时17分39秒的成绩获得女子半程马拉松冠军。

（王　艳）

【足球队获首届中国大学生足球联赛北区冠军】5月22日至30日，首届中国大学生足球联赛（校园组）北区决赛在吉林省延边大学举行，学校足球队作为河北赛区冠军参赛。在历时八天的比赛中，学校代表队以六战全胜战绩，最终获得了北区冠军，并获全国总决赛的资格，并同时囊括赛事五个单项奖中的四项（除最佳裁判员外的冠军、最佳运动员、最佳射手、最佳守门员、最佳教练员），实现了学校在该项目上的历史性突破。

（赖其军）

【参加第七届高校乒乓球锦标赛获佳绩】5月25日至26日，北京市第七届“和谐杯”乒乓球比赛暨2013年首都高校乒乓球锦标赛、“校长杯”乒乓球比赛在北京大学举行。本届比赛首次将“校长杯”乒乓球比赛与学生乒乓球锦标赛两项比赛合在一次赛会进行，校领导和同学们同场竞技，这是高校体育竞赛的改革与创新。高校乒乓球锦标赛共有61所院校、105支代表队、49名高校校长和教育部领导报名参加，运动员共计600多人。比赛项目包括学生男子团体、学生女子团体、校领导组男子单打、校领导组女子单打四个大项。最终华北电力大学获得男子甲B第八名、女子乙A第七名的优异成绩及体育道德风尚奖。该项比赛受到了北京市体育局、北京市社会体育管理中心的高度重视，被列为北京市第七届“和谐杯”乒乓球比赛中的一项重要赛事。

（王　艳）

【参加第五届北京市健美操比赛】 5月26日,2013年全国全民健身操舞推广大赛北京分赛区暨第五届北京市体育大会健美操比赛在地坛体育馆拉开帷幕。华北电力大学健美操队派出的两支队伍在《大众锻炼标准》6级大学组比赛分别获得二等奖和三等奖的优异成绩。

(王　艳)

【参加首都高校武术比赛】 5月26日,"中泰信托杯"首都高校武术比赛在清华大学举办,包括清华大学、北京大学、北京理工大学、北京体育大学、首都体育学院等31所高校参加本次比赛。华北电力大学段意、封照林分别获得男子32式太极剑第三名、第六名,孔令涵、陈航分别获得女子初级剑第五名、男子初级剑第六名,汪鼎民获得男子各式太极拳第五名,武达伦同学获得男子42式太极拳第八名。

(王　艳)

【参加第二届北京市高校铁人三项赛】 6月1日,第二届北京市高校校园铁人三项比赛暨全国高校2013校园铁人三项邀请赛在中国石油大学(北京)举行。包括清华、北大、华电、中石油等全国25所院校(京外六所)进行角逐,该赛事为北京市高校2013年"朝阳杯"群体竞赛活动之一。本届赛事华北电力大学代表队由徐新利老师担任教练,学生10人组成,经过激烈角逐,最终获得优异成绩,其中个人:张皓获得全国高校2013校园铁人三项邀请赛滑轮两项男子组第二名、第二届北京市高校校园铁人三项比赛滑轮两项男子组第三名;邸小惠获得全国高校2013校园铁人三项邀请赛滑轮两项女子组第三名、第二届北京市高校校园铁人三项比赛滑轮两项女子组第四名;罗誉获得全国高校2013校园铁人三项邀请赛滑轮三项女子组第三名、第二届北京市高校校园铁人三项比赛滑轮三项女子组第四名;贾舒童获得全国高校2013校园铁人三项邀请赛滑轮三项女子组第四名、第二届北京市高校校园铁人三项比赛滑轮三项女子组第五名;邢凯歌获得全国高校2013校园铁人三项邀请赛滑轮两项女子组第四名、第二届北京市高校校园铁人三项比赛滑轮两项女子组第五名;李成奇获得全国高校2013校园铁人三项邀请赛滑轮三项男子组第六名、第二届北京市高校校园铁人三项比赛滑轮三项男子组第七名;韩正刚和罗誉获得"铁人精神"奖;徐新利老师荣获优秀教练员奖。集体:华北电力大学代表队获得全国高校2013校园铁人三项邀请赛团体总分第五名、第二届北京市高校校园铁人三项比赛团体总分第六名,同时还获得全国高校2013校园铁人三项邀请赛体育道德风尚奖。

(王　艳)

【首届中国大学生足球联赛获佳】 6月15日至20日,2012—2013特步中国大学生足球联赛全国总决赛(校园组)在四川工程职业技术学院举行。华北电力大学以北区冠军的资格参加此次比赛。经过5天的激烈比赛,最终由东道主四川工程职业技术学院摘得本次大赛全国总决赛的桂冠,香港城市大学和中国政法大学分获亚军和季军,华北电力大学获第七名。

(赖其军)

【河北省高校体育教师教学能力考核】 6月15日,河北省普通高校体育教师教学能力考核的"模拟体育课片段教学"和"体育教师体能测试"在保定校区体育运动中心举行。河北省委教育工委副书记韩俊兰,学校党委副书记、副校长张金辉,校长助理郭孝锋,河北省教育厅思政体卫处处长刘若群等到场指导。河北省大学生体育协会理事长、秘书长田振生教授等四位专家和来自河北省各高校的体育部主任和体育教师400余人观摩了测试。保定校区两位教师进行了"街舞"和"排球"专项课的精彩展示。保定校区共有9位体育教师参加了体能测试,其中4位获得优秀。

(赖其军)

【省高校体育教学管理和阳光体育运动获好评】 6月16日,河北省思政体卫处处长刘若群和以河北省大学体育协会理事长田振生教授为组长的河北省教育厅专家组一行五人莅临保定校区,检查体育教学管理及阳光体育运动开展情况。校长助理郭孝锋会见了检查组成员,体育教学部、教务处、学生处、后勤处、校团委等有关部门负责同志参加了汇报会。专家组实地检查了教学管理制度、场地器材条件、档案、资料管理等情况,查阅了体育教学相关文件及档案、资料,就体育教学和每天1小时校园体育活动开展情况分别组织了教师和学生座谈会。专家组认为华北电力大学党政领导重视体育教学和体育工作,各部门大力支持,逐年加大经费投入,体育竞赛和科研工作突出,体育教学和达标测试工作严谨规范,阳光体育运动丰富多彩并取得了实际效果,体育工作多方面取得优异成绩。

(赖其军)

【举办"迎校庆、庆七一"共话中

国梦活动】7月4日,为纪念中国共产党成立92周年和迎接华北电力大学建校55周年,达到促进两地体育教学部党建工作,凝聚两地团队精神,提高体育工作质量,加强两地体育教学部党员的交流和学习的目的。北京校部体育教学部一行15人来保定校区共同举行"迎校庆、庆七一"凝聚团队精神共话中国梦活动。校长助理郭孝锋和组织部副部长李秋夫出席了活动。郭孝锋在活动中对两地体育工作成绩作了肯定,尤其是对两地的团结协作,凝聚团队精神在全国高水平体育竞赛取得的优异成绩提出了表扬。此次活动对今后两地的基层党组织建设,管理工作,体育课程建设、高水平运动建设产生促进作用,并对两地体育工作的进一步合作提高打下了良好的基础。

(赖其军)

【第二十七届世界大学生运动会】7月12日,第27届世界大学生运动会田径最后一天比赛在俄罗斯喀山市举行。华北电力大学经管院2009级孙腊梅同学与内蒙古科大、天津工大、北京石油化工学院三名同学组成的中国队,参加女子半程马拉松(21.0975公里)团体赛的争夺。来自俄罗斯、日本、乌克兰、南非等马拉松传统强队参赛,日本、俄罗斯队等队派出了国家队选手参赛。中国大学生代表团的四位选手均来自高校,虽然是学生军团,但孙腊梅等四名大学生运动员不畏强手,顽强拼搏,获得团体第三名,为中国代表团再夺一枚宝贵的铜牌。

(王 艳)

【河北省第十八届大学生运动会获佳绩】7月16日至22日,河北省第十八届大学生运动会甲组篮排球比赛在石家庄河北师范大学举行,来自河北省31余所高校的86支代表队、1 000多名运动员参加比赛。保定校区选派女子篮球、男子排球、女子排球三支队伍参赛,最终女子篮球队获得冠军、男子排排球队获第三名、女子排球队获得体育道德风尚奖。

(赖其军)

【干雪同学获登山赛第一名】7月18日,2013年全国群众登山健身大会在甘肃举办。当地高海拔地区的特殊风貌吸引了来自全国9个省区市的专业登山队和登山爱好者近万人参与。扁都口地区位于祁连山中段,海拔2 850米。这是全国群众登山健身大会第二次在这一高海拔地区举行。华北电力大学干雪同学首次高原参赛,并夺得女子专业组第一名。

(王 艳)

【第十三届全国大学生田径锦标赛获佳绩】7月22日至27日,第十三届全国大学生田径锦标赛在西北民族大学举行。来自全国各地126所高校的1 300余名运动员参加此次比赛。全国大学生田径锦标赛是目前国内规模最大、时间最长、参赛学校和人数最多的全国性大学生田径赛事,也是国家选拔田径选手的重要途径之一。华北电力大学代表队由北京校部和保定校区共18名运动员组队参赛,经过6天的角逐,高懿美以1分0秒99的好成绩夺得了女子400米栏冠军和400米季军,同时还获得了代表华北电力大学女子中长跑项目整体水平的4×400米接力季军。

(王 艳)

【垂直马拉松世界巡回赛】8月3日,垂直马拉松世界巡回赛(中国站)在北京落幕。垂直马拉松世界巡回赛是由世界摩天大楼高空竞跑的唯一官方组织——国际竞速联盟(ISF),联合世界各国和地区多个标志性摩天大楼作为比赛场地举办的比赛,本次比赛是中国大陆地区首次举办,共吸引了来自世界各地的600名选手前来参赛,包括11位专业组顶级选手。男子专业组德国知名选手Thomas Dold创造的9分55秒和女子专业组澳大利亚的Suzy Walsham创造的11分47秒成为垂直马拉松世界巡回赛中国站比赛的首次纪录。华北电力大学干雪同学作为国内唯一一名参加顶级组的运动员,第一次参加登楼比赛,最终以12分51秒的成绩战胜世界排名第三的选手,获得第二名。

(王 艳)

【全国全民健身操大赛(河北分站赛)获佳绩】9月16日至17日,"中国农业银行信用卡杯"2013年全国全民健身操舞大赛(河北分站赛)在保定举行。保定校区健美操和街舞代表队参赛以全场最高分获大学组第一名,并共同获得参加全国总决赛的资格。

(赖其军)

【北京市首届排舞大赛】10月7日"舞动中国·全国排舞联赛(北京赛区)"暨"北京市首届排舞大赛"在石景山体育场开幕。共有30支代表队近500名舞蹈爱好者参赛。华北电力大学排舞代表队参赛,获院校组集体规定项目和集体自选项目二等奖、单人曲目项目二等奖。

(王 艳)

【全国全民健身操大赛获佳绩】10月8日至13日,全国全民健身操舞大赛总决赛在山东青岛举行。来自全国各地21个分区赛29个省市选拔、推荐的247支参赛队伍、4 300多名运动员将参加本次大赛。保定校区健美操代表队和街舞代表队参加了此次比赛，均取得了优异成绩，健美操队获得(大学组)特等奖2项、一等奖1项，街舞队获得(大学组)特等奖2项。学校健美操队的轻器械伞操还受到了大赛组委的邀请，参加了在青岛大学体育馆举办的，由中央电视台录制的颁奖晚会。

（赖其军）

【成功举办第45届田径运动会】10月11日至12日，华北电力大学(保定)第45届田径运动会在体育运动中心隆重举行。校领导吴志功、张金辉、李双辰、王增平，校长助理米增强、律方成、郭孝锋出席了开幕式。校体育运动委员会主任、党委书记吴志功致开幕词并宣布第45届田径运动会开幕。此次田径运动会学生和教工竞技水平不断提高，多人次打破多项大会纪录。法政系和动力系分别获得获得学生团体冠军和教工团体冠军。

（赖其军）

【获第十六届中国大学生篮球联赛亚军】10月12日，第十六届CUBA中国大学生篮球联赛北京赛区乙组(普通学生)比赛在北京邮电大学开赛，本届比赛共有22所高校参加。华北电力大学女篮队首次参加CUBA比赛。夺得本次CUBA乙组女篮比赛的亚军。

（王　艳）

【首都高校大学生网球联赛】10月19日至20日，首都高等学校大学生网球联赛秋季单项赛在中央民族大学、中国人民大学、北京化工大学、国际关系学院四个校区同时开赛。本次比赛共有29所高校上百名网球爱好者参加，比赛设男子甲乙组和女子组等组别。华北电力大学网球队吴升进和宋胜聪同学获得了男子双打第五名，福佳、浩琦同学获得两个女子单打第五名。

（王　艳）

【干雪参加全国登高赛广州站比赛】2013年11月3日，全国登高赛广州站比赛在广州国际金融中心(广州IFC)开赛，华北电力大学学生干雪以16分47秒夺得冠军。广州IFC拥有103层，2 652个阶梯，垂直高达432米的爬楼赛，是全球迄今为止，海拔最高的楼宇登高赛。

（王　艳）

【干雪参加全国半程马拉松赛】11月10日上午，2013中国·上饶全国半程马拉松邀请赛在上饶落幕，来自全国27个省(市、区)的近3 000名运动员参加了比赛。华北电力大学干雪以1小时17分55秒获得全国半程女子组冠军，这也是她本人第二次获得全国半程马拉松的金牌。

（王　艳）

【北京市第七届乒乓球比赛】11月16日，北京市第七届“和谐杯”乒乓球比赛在昌平体育馆落下帷幕。本次“和谐杯”共有来自市直机关、市总工会、市大学生体协和各区县共78支代表队近800名运动员通过初赛、复赛层层选拔，按照行业系统和地域划分参与总决赛的角逐。按照划分，华北电力大学作为市大学生体育协会成员参加了本次总决赛，最终获得团体第七名的优异成绩。

（王　艳）

【首都高校传统养生体育比赛获佳绩】11月16日，第十四届首都高校传统养生体育比赛在北京建筑大学举行，包括清华大学、华北电力大学等20余所高校400名运动员参赛。华北电力大学代表队在集体和个人项目中分别获得第一名2个、第二名1个、第三名1个、第四名3个。

（王　艳）

【首都高校乒乓球锦标赛获佳绩】11月23、24日，2013年首都高校乒乓球锦标赛(单项比赛)在北方工业大学举行。来自首都54所大学的代表队，共计455名运动员参赛。比赛共分为男子单打、女子单打、男子双打、女子双打和男女混合双打比赛。在两天的比赛中，华北电力大学两对女双选手晋级8强，最终获第5名。

（王　艳）

【获世界垂直马拉松香港站比赛亚军】12月1日，华北电力大学学生干雪受国际竞速联盟邀请，参加了世界垂直马拉松巡回赛香港站的比赛，以15分27秒的成绩夺得亚军，以两站比赛的积分获年终第三。2013垂直马拉松世界巡回赛是在该组织成立五周年之际举办的，八场赛事横跨全球，从美国纽约到位于欧洲的巴塞尔和巴塞罗那，延伸至台北、北京、河内及新加坡。香港站的比赛场地位于香港九龙站的环球贸易广场，为全港最高的建筑物，内设香港最高的室内观景台——天际100，是唯一能360度俯瞰香港的观光点。比赛从环球贸易广场八楼开始起跑，终点设在位于100层的天际100观景台，垂直高度393米，共2 120级台阶。垂直马拉松世界巡回赛由国际竞速联盟发起，让世界顶级跑者及垂直马拉松爱好者挑战多项全球各地最具代表性的摩天大楼比赛。每年排名最高的世界冠军将于巡回赛最后一站获得加冕及获得丰富奖金。

（王　艳）

【获中国大学生足球联赛河北赛区冠军】12月5日至12月11日，由河北省教育厅主办的2012—2014年特步中国大学生足球联赛河北赛区暨2013年河北省大学生足球赛在保定校区和科技学院举行。此次比赛共15所院校组队参赛，代表了河北大学生足球运动的最高水平。华北电力大学以不败战绩晋级决赛，决赛中以2:0战胜燕山大学足球代表队，获得2013—2014年“特步”中国大学生足球赛河北赛区（校园组）和2013年河北省大学生足球比赛双料冠军，再次获得进军全国大学生足球联赛北区决赛的资格。华北电力大学9号依毕宝同学获得了河北赛区“特步卫士”称号。

（赖其军）

【保定校区获得“优秀承办单位”称号】2012年12月5日至11日，由中国大学生体育协会、中国足球协会、河北省教育厅主办、河北省大学生体育协会协办，华北电力大学的保定校区承办的2013—2014年“特步”中国大学生足球赛河北赛区比赛暨2013年河北省大学生足球比赛，在保定校区举行。共有15所高校代表队、300余名足球运动员进行了为期6天的34场比赛，这是河北省大学生足球比赛历史上规模最大、人数最多的一次大学生足球盛会。校党委副书记、副校长张金辉，校长助理郭孝锋和河北省教育厅思政体卫处处长刘若群、河北省教育厅思政体卫处副处长张民、河北省大学体育协会理事长田振生等出席了开幕式。比赛期间，学校全体师生员工倾尽心力，周密组织，热情服务，为本次比赛的顺利举行提供了优质保障，得到了省教育厅领导和兄弟院校的称赞和好评。省教育厅授予华北电力大学“优秀承办单位”称号。石家庄经济学院、华北电力大学分别获得河北赛区超级组和校园组冠军。华北电力大学等四所院校获得“体育道德风尚奖”。

（赖其军）

【第五届首都高校体育舞蹈大赛】12月7日，第五届首都高校体育舞蹈大赛在北京林业大学落下帷幕。包括华北电力大学、北京林业大学在内的三十余所高校800多名运动员参加，华北电力大学代表队参加了摩登舞和拉丁舞两大项，十七个小项，48人次的集体和单项目比赛。最终获华尔兹女子六人集体冠军、伦巴女子六人集体第三名、华尔兹男子六人集体第四名、桑巴女子六人集体第五名、女子单人伦巴第三名，女子单人恰恰第四名、恰恰单项组第四名、华尔兹新人组第七名。

（王　艳）

【首都高校大学生毽绳比赛获佳绩】12月8日，首都高校第二十一届大学生毽绳比赛在北京林业大学落下帷幕，参加本届比赛的高校有清华大学、北京大学、华北电力大学、中央民族大学、北京建筑大学、北京林业大学等25所高校，作为上届比赛冠军得主——华北电力大学包揽了大赛的跳绳男团、女团、男女团和踢毽男团、女团、男女团及总分团体全部七项冠军，另外还有多项单人冠军。其中，高翔以30秒200个单摇的成绩打破了赛会历史纪录，团体项目中，长绳再拿第一，保持了连续五年的高校纪录。

（王　艳）

【女子篮球代表队获得河北赛区冠军】12月13日，由教育部、中国大学生体育协会主办、河北省教育厅、河北省大学体育协会协办、第十六届CUBA中国大学生篮球联赛河北赛区女篮预选赛在河北工程大学举行。在决赛中，华北电力大学战胜河北师范大学代表队夺得冠军并获得河北赛区参加CUBA全国比赛资格。

（赖其军）

【举办第六届阳光体育冬季长跑比赛】12月26日，华北电力大学（保定）2013年阳光体育冬季长跑启动仪式在二校区操场成功举办。此次冬季长跑活动以全面贯彻落实《教育部办公厅、国家体育总局办公厅、共青团中央办公厅关于开展第六届全国亿万学生阳光体育冬季长跑活动通知》的有关要求和《河北省切实保证学生每天一小时校园体育活动实施细则》的相关规定为目的，旨在促使同学们形成正确的健康理念和良好的锻炼习惯，有效提高同学们的身体素质和健康水平。启动仪式后，举行了2013冬季长跑比赛，经管系获团体第1名。

（赖其军）

思想政治理论课教学部

■概述

2013年,政教部认真贯彻落实《中共中央国务院关于进一步加强和改进大学生思想政治教育的意见》等重要文件精神,围绕落实华北电力大学第一次党代会提出的战略任务以及学校"十二五"发展规划提出的具体目标和任务,结合党的群众路线教育实践活动,以学科建设为龙头,确立了2013年工作的三大方向,即:积极凝炼学科研究方向,建设与发展马克思主义理论一级学科;深入推进思想政治理论课"一体化"工程,提升思想政治理论课教学实效;着力构建思想政治理论课教师队伍,提升教师队伍的整体素质和水平。2013年政教部重点在学科建设、教学工作、教师队伍等方面展开工作。

学科建设方面。政教部在充分挖掘现有教师学术优势的基础上,整合出具有明显特色的青年思想政治教育、青少年灾难教育、东方社会发展理论、城市发展理论、新农村建设理论、文化建设理论等方向,搭建出合理的科研团队,有力推动了马克思主义理论一级学科的发展。政教部认真组织撰写学科振兴计划,积极制定研究生培养方案,使学科建设走上制度化、规范化轨道。学科建设队伍日益扩大,新增两名硕士生导师。硕士研究生招生数量和考生质量稳步提升。

教学工作方面。本科教学工作中,政教部负责的重大重点教改项目顺利结项验收;组织精干教师结合自身特点积极申报教育部教学方法推广项目。研究生教学工作中,研究生开课、中期检查、答辩等工作进展顺利,培养的15名硕士研究生顺利毕业;根据新教学大纲,着力建设研究生教学体系,争取把研究生主干课程打造为核心课程。

教师队伍建设。2013年,政教部在积极引进人才的同时,组织现有教师参加国家级或省级培训、学术会议共12次。进一步优化教师职称结构,博士后出站1人,在读博士3人。

(赵天怡　陈晓蕾)

■概况

主任:苑英科

书记:蔡利民(北京)

梁平(保定)

2013年,政教部共设4个教研室:马克思主义基本原理教研室、当代中国马克思主义教研室、中国近现代史纲要教研室和思想道德修养与法律基础教研室。设有思想政治教育专业硕士点1个。

2013年,政教部共有教职工45人。其中,专任教师42人,其中教授9人、副教授19人、讲师14人,具有博士学位教师17人,硕士生导师14人,管理人员3人。

2013年,政教部招收硕士研究生13人,硕士研究生毕业15人。研究生毕业学生一次就业率为100%。

2013年,政教部有2项省部级科研立项。其中获省部级社科立项1项,自然科学基金立项1项。

2013年,政教部共发表学术论文近60篇,其中CSSCI 9篇、核心期刊发表18篇;出版著作4部,教材3部。

2013年,政教部教师在第十三届"挑战杯"全国大学生课外学术科技作品竞赛中指导的项目获得4个奖项,其中获国家二等奖1项、省级一等奖1项、省级二等奖2项。

(赵天怡　陈晓蕾)

■条目

【获多项省级、市级奖项和荣誉】2013年,政教部共获得11项奖项和荣誉。其中获1项北京市奖项和荣誉:樊良树获北京高校第八届青年教师教学基本功比赛论文评审一等奖;4项省级奖项和荣誉:由教务处主办、政教部承办、本校大学生参加的河北省人文知识竞赛获得三等奖2项,优秀指导教师2名。获6项市级奖项和荣誉:保定市社科优秀成果奖一等奖1项、二等奖2项,保定市"优秀青年社科专家"称号1人,保定市科技工作先进个人1人,保定市青年教师说课比赛三等奖1项。

(赵天怡　陈晓蕾)

【"挑战杯"佳绩颇丰】2013年政教部教师指导的项目在第十三届"挑战杯"全国大学生课外学术科技作品竞赛中获得4个奖项。李菊英教授参与指导的作品《西部无电区太阳能应用管路模式创新——基于青海省久治县太阳能利用的实证研究》荣获国家二等奖;魏彤儒教授指导的《我国风电旅游的发展问题与对策研究》获省级一等奖;魏彤儒教授参与指导的《回归生活世界:皮影戏的生产性保护——以海宁皮影戏为例》、《我国校车建设科学性调查与改进方案研究——兼述一个校车建设决策信息系统的软件设计》均获得省级二等奖。

（陈晓蕾）

【构建校内思政建设合作平台】2013年，按照教育部及学校有关要求，积极构建与校内思政教育部门的合作机制，学校建立了与学工部等部门的思政建设合作平台，开展了联合申报北京市思政课题、校内课题立项评审等工作。

（赵天怡）

【完善马克思主义理论学科发展规划】根据国家发布的《高等学校哲学社会科学繁荣计划（2011—2020年）》以及学校启动的文理学科振兴计划，继续修改完善"马克思主义理论学科发展规划"，为政教部马克思主义理论学科发展提供参考和依据。

（赵天怡　陈晓蕾）

【进行教研科研立项】为鼓励教师搞好科研，政教部制定了科研立项办法。通过个人申报，政教部最终确立了16项2013年度科研教研项目。

（赵天怡　陈晓蕾）

【开展对外交流】2013年，学校积极采取"走出去、请进来"的办法，进一步加强与北京市、河北省有关单位和相关兄弟院校的联系与交流，扩大视野，交流经验。6月，中央民族大学马克思主义学院一行5人来访；6月台湾政治大学詹康副教授、10月复旦大学哲学院李若晖教授到政教部作学术报告。2013年，政教部多位教师应邀参与学术会议或作学术报告。

（赵天怡　陈晓蕾）

□教科研设施与服务保障

INFRASTRUCTURE AND SERVICE GUARANTEE

○综　　述

2013年，学校教科研设施建设稳步推进，在管理和服务创新方面取得新突破。

2013年，图书馆官方微博、微信平台“华电小图”、师生交流QQ群、华电论坛、人人网主页等新媒体平台，实现与读者实时互动与交流；开通自助借还机和“图书馆读者培训系统”试用，提高读者服务效率和服务质量。馆际合作与交流工作打开新局面。馆际互借服务工作在87家成员馆参与的评估中排名第20名，获得了先进集体三等奖、个人先进二等奖。加入由11所高水平行业特色大学图书馆组成的北京高科大学图书馆联盟，科技查新工作数量和质量创历史新高。校区图书馆坚持举办每周四“半小时读者培训”讲座、举办电子资源利用系列讲座8场成功举办第四届读书节系列活动和《传承·共享——新技术环境下的图书馆变革与发展》大型文化展览。初步建成图书馆信息共享空间；启动“华电文库”建设工作。得到教育部“改善基本办学条件专项资金”220万元，如期完成了100TB存储系统及包括核心交换机在内的网络交换设备的配备任务，使本馆存储容量达到150TB。周晓兰获首届“教育部科技查新站先进个人”的荣誉称号。

2013年，网络与信息中心采取各项措施保障校园网安全稳定运行，通过优化网络配置，新增校园网公网出口带宽500M，有效解决了学生宿舍访问校外资源速度慢的问题。加装和更换关键节点的管控设备，校园核心网升级到万兆，同时出口防火墙也更新为具备万兆交换能力的防火墙，有效提高校园网运行效率。一卡通系统工程建设项目初步完成，实现学校图书馆、校医院、学生宿舍门禁等一卡通身份识别功能，为师生的日常学习工作和生活带来便利。2013年，学校计算机基础教学，进行了教学内容、教学方式、考试方式的规范和改进，首次在2013级学生中实现大学计算机基础课程分级教学。

2013年，工程训练中心顺利通过国家级和省级实验教学示范中心验收。教改成果丰硕，获得省级教学成果二等奖一项，校级教学成果奖2项。公开出版实训教材2本，在教学内容、教学手段、开放运行模式、大学生创新实践等多方面进一步加强中心的内涵建设；完成硬件建设投资164万元及配套的软件建设，新增设备已全部投入教学使用。高质量的完成了2013年的中央财政专项资金建设任务与配套的教学建设任务。在大学生创新实践活动方面，切实做好新增创新实践基地建设的前期规划和准备工作，新增足球机器人等项目。完成第三届全国大学生工程训练综合能力竞赛等4项全国性竞赛的组织、指导与参赛工作，并取得优异成绩。

2013年，华北电力大学金工实训中心完成初步筹建，并于2013年7月完成试运行。

2013年，华北电力大学深入推进后勤管理体制改革。校部后勤完成了后勤内部机构调整和61名事业编制职工、631名非事业编制员工新一轮的岗位聘任工作，全面通过了ISO 9001管理体系认证复评审核工作，进一步树立了后勤专业品牌形象。保定校区深化后勤管理体制改革工作，积极推进节能减排，建设节约型校园。积极参与“节能减排活动，共建节约型美好校园”“节约粮食　反食品浪费”建设节约型校园、“光盘行动”等主题活动；与2012年相比节约用水约6万吨；节省天然气用量约10万立方。校部后勤利用担任中国教育后勤协会常委理事、全国高校节能联盟副理事长副秘书长等机会，加强与上级学会、行业团体的业务交流；积极推进教育部、北京市教委等部门的高校后勤研究会工作，多项工作获北京市、河北省等表彰。

2013年，校医院重点加强条件与人才建设，强化管理和服务意识，狠抓医德医风，全年无医疗差错及事故发生，积极组织开展“假如我是一名患者”“我喜欢的医生护士”等活动，赢得师生好评。校区医院通过校园网征集、召开离退休人员、学生代表座谈会和临床工作中随时调查征集等方式广泛听取广大患者的意见和建议，认真开展批评和自我批评，针对问题及时制定整改方案并落实，获评2013年校教代会提案承办先进单位。

图书馆建设

■概述

2013年,华北电力大学图书馆在保证文献收藏量稳步增长、各项工作正常运行的前提下,积极探索,不断推出新服务,开拓新功能,在文献资源建设、读者服务、信息服务及文化建设、馆际合作与交流等各个方面取得显著成绩。

2013年,校部图书馆运用信息技术,拓宽读者服务内容,为读者带来全新体验。图书馆官方微博、微信平台"华电小图"、师生交流QQ群、华电论坛、人人网主页等新媒体平台,实现与读者的实时互动与交流;移动图书馆让读者随时随地检索馆藏信息、阅读馆藏电子资源、获取文献成为可能。配合学校一卡通建设项目,完成图书馆一卡通门禁通道机全面改造、读者身份识别和一卡通图书借还等工作,为一卡通工作的全面实施奠定基础。顺应图书馆发展趋势,为读者提供个性服务:开通自助借还机和"图书馆读者培训系统"的试用,提高读者服务效率和服务质量;依托"2013年中央高校改善基本办学条件——图书馆电子阅览室改造项目",将电子阅览室改造成适应科研需求的信息共享(IC)空间,为读者开展学术研讨、课程讨论、社团活动等提供支持。

2013年,校部图书馆开展丰富的读者活动,提升图书馆文化氛围。在4月到7月的毕业季,倡议全体毕业生向图书馆捐赠图书,让书籍点亮更多华电学子的人生;为使读者更好地了解图书馆的服务和资源,体验新技术新服务,并对图书馆的发展献计献策,相继开展移动图书馆有奖使用、图书馆服务资源有奖答题、图书馆服务质量满意度在线调查和"你加微信我送礼"等活动;支持学生社团在图书馆开展各种文化展示活动,全年承办各项展览活动7次,增添图书馆文化气息。

2013年,校部图书馆科研信息服务水平提升。除了继续为校内外师生提供科技查新、论文收录、论文评价及被引用情况证明等信息服务外,2013年华北电力大学校部图书馆还为学校相关单位提供定题服务,完成《华北电力大学ESI统计排名与科技竞争力分析报告(2002—2012)》,为客观评价学校的科技竞争力提供了科学依据;承担《国内外著名大学基金会管理、运作调研报告》的调研、分析、撰写工作,为我校教育基金会的建设提供有益参考。12月份,接受电气学院、可再生能源学院和控制与计算机学院的委托,资源建设部和期刊部开展文献统计工作,为其申报专业硕士点提供馆藏专业文献数据。

2013年,校部图书馆的安全工作取得成效。针对图书馆楼年久失修,安全隐患多的现状,10月份,专门召开外聘员工及相关单位责任人安全工作会议,明确责任,排查安全隐患。针对屡禁不止的抽烟现象,出台了《图书馆落实〈华北电力大学控烟管理规定〉实施细则》。在保卫处和校医院的配合下,图书馆开展了消防疏散演习活动,真实检验馆员与读者在发生火警时的应急能力与处置能力。活动相继被新华网、千龙网、北京晚报和校新闻中心、团委、组织部等媒体宣传报道,是对学校及校部图书馆安全工作的有力肯定。

2013年,校部图书馆积极开创馆际合作与交流工作新局面。继续推进北京地区图书馆文献资源保障体系(BALIS)的馆际互借、原文传递、非书资料和联合咨询工作,2013年学校馆际互借服务工作在87家成员馆参与的评估中排名第20名,获得了先进集体三等奖、个人先进二等奖。原文传递工作重点完成了BALIS/CALIS融合系统应用工作并于2013年4月1日正式启用。校部图书馆在近百所高校图书馆中服务能力排名第18名,综合排名为第25名,获得2013年"BALIS原文传递服务最佳宣传奖";在CASHL经济学服务推广月中获最佳推广奖、个人先进三等奖。加入由11所高水平行业特色大学图书馆组成的北京高科大学图书馆联盟,参与文献资源共建共知共享工作,拥有4.5亿篇各类学术资源的图书馆资源生态系统已对读者开放;馆长刘宗歧当选为第三届中国图书馆学会高校图书馆分会委员。

长2013年,保定校区图书馆文献资源建设稳步健康发展。为加强电子资源建设,新成立了数字资源建设部,数字资源建设趋于规范化和系统化。

2013年,保定校区图书馆读者服务工作深化细化。全面调整图书馆功能布局结构,在各楼层增设检索机、在二校设置信息发布屏、阅报机,为读者提供方便的借阅和查询环境;购置了4台充消磁一体机放置在各个借阅区入口,读者进门前对书做消磁,工作人员随时处理永久性磁条报警问题,解决了困扰多年的“读者不能带个人所借图书入阅览室内学习”的问题;完成7 700多种保定校区博硕士学位论文的MARC著录,使读者可以方便地通过书目检索系统查询到保定校区学位论文的相关信息。

2013年,保定校区图书馆信息服务工作保持良好势头,坚持举办每周四“半小时读者培训”讲座、举办电子资源利用系列讲座8场、深入院系,面向学科团队提供“满足个性、主动推送”的上门培训4次。加强图书导读和推荐,推出“中国作家实力榜”等专题图书展示。组织新生入馆教育上机培训及测试,参加人数2 560人,测试通过率达97.3%,进行读者培训需求调查,发放调查表200份。

2013年,保定校区图书馆开展多项文化建设活动。举办第四届读书节系列活动;举办《传承·共享——新技术环境下的图书馆变革与发展》大型文化展览;图书馆志愿者蓬勃发展,截止2013年年底,共招收七批志愿者,上岗人数共计358人,累计奉献服务时间8 565小时;诚信书屋接受读者捐书5 041册,累计捐书量达130 327册。

2013年,保定校区图书馆拓展了图书馆服务功能。借调整电子阅览室之机,初步建立了图书馆信息共享空间;启动了“华电文库”建设工作,收集学校教师的专著及其他学术文献,为本校学术成果的积累、展示及学习、研究提供实体及网络平台。

2013年,保定校区图书馆得到教育部“改善基本办学条件专项资金”220万元,如期完成了100TB存储系统及包括核心交换机在内的网络交换设备的配备任务,使本馆存储容量达到150TB。

2013年,华北电力大学科技查新工作数量和质量有所提升,社会影响力继续提高。2013年华北电力大学科技查新站共完成查新课题660项,其中科研课题查新460项,博士开题200项,新课题数量比2012年增加13%,比2011年增加68.8%,再创历史新高;在完成的科研课题查新中,北京校部完成215项(含电力科技查新24项),保定校区完成245项(含电力科技查新4项)。查新站顺利通过2013年教育部科技发展中心年检。2013年7月,周晓兰获首届“教育部科技查新站先进个人”的荣誉称号。

(林建华　赵丽香)

■概况

2013年,华北电力大学图书馆馆舍总面积3.55万平方米(北京:1.55万平方米;保定:2万余平方米)阅览座位3 700余个(北京:1 900余个;保定1 800余个)。实际完成年度文献购置经费915.53万元(北京:581.57万元;保定333.96万元),其中购置中外文图书344.12万元(北京:195.02万元;保定149.10万元),中外文报刊98.28万元(北京:51.54万元;保定46.74万元),电子文献485.1万元(北京:335.01万元;保定:138.12万元)。年进新书105 118册(北京:56 581册;保定48 537册),订阅中外文报刊2 287种(北京:1 130种;保定1 157种)。接收博硕士学位论文3 015册(北京1 816册;保定1 199册)。北京校部图书馆接收本科生论文近3 000册,制作随书光盘镜像文件682种,总数达到3 090种,免费供北京市高校读者在线浏览和下载。保定校区图书馆新建随书光盘1 441种,自建随书光盘数据库数据量达14 873种。

截至2013年年底,校部图书馆拥有纸质文献94.61万册,其中图书88.08万册,期刊合订本6.53万册;保定校区图书馆拥有纸质文献127.4万册(不包含院系29 093册),其中图书120万册,期刊合订本7.4万册。

全年网页访问量达158.7万余人次(保定102.7万人次);图书馆全年共接待读者217万人次(保定80万人次);借还书69.94万册(保定42.78万册)。

2013年,校部图书馆向北京地区图书馆文献资源保障体系(BALIS)发出馆际互借申请491次,新注册馆际互借用户720人。新注册原文传递用户351人,接收和发送文献请求831件。非书资料系统网页点击达18 548人次,在线下载7 652次,在线浏览3 075次。

2013年华北电力大学图书馆完成已订中外文数据库的重新审核和续订工作,新增《百链外文学术搜索》《APS全文电子期刊数据库》和《SIAM全文期刊数据库》等3种数据库资源,可使用网络数据库49个(北京、保定两地共享),北京、保定两地校区共享电子图书和电子期刊达129.10万册和16.32万册。

(林建华　赵丽香)

■条目

【读书月宣传活动】2013年,围绕第18个世界读书日,图书馆开展以“信息无界　资源共享”为主题的读书月宣传活动。4月至5月,举办了“致教师读者的一封信”、图书馆服务质量问卷调查、图书自助借还试用、毕业生捐书,“书墨飘香　传承经典”书画展、数字资源系列讲座、BALIS原文传递、馆际互借推广咨询、中文图书借阅排行展示、图联公司新书展销和“你选书,我买单”学生选书等多项活动,吸引全校师生走进图书馆,体会“知识无疆,共享无限,院校无界”的知识传播方式。

(易　彬)

【读者自助借还服务开通】5 月,华北电力大学校部图书馆自助借还试用服务正式开通。该服务延长了借还图书服务时间,满足了读者自我服务需求,为读者提供了极大便利,提高了图书馆读者服务效率和服务质量。

(马　磊)

【业务部门整合】6 月份,根据图书馆工作实际和发展趋势,华北电力大学校部图书馆对业务部门进行调整:期刊部和编目部合并组建资源建设部,流通部和阅览部合并组建流通阅览部,自动化部更名为信息技术部,将图书馆工作部门从原来的 7 部 1 室调整为 5 部 1 室,同时对工作岗位和职责进行调整优化,充分发挥图书馆的各项功能。

(徐淑芝)

【基本书库重新开放】为了缓解书库空间紧张的状况,从 2012 年 6 月份起,华北电力大学北京校部图书馆对基本库进行重新布局改造,开展大规模的书库整理工作:将基本书库书架全部更换为密集书架;集中在寒暑假组织外聘人员、公益劳动学生和勤工助学学生将 2 ~5 层书库近 10 万余册图书下架搬运至基本库重新上架,并进行分区分架扫描和图书数据信息采集。9 月 2 日,基本书库正式对读者重新开放。开放 4 个月共借出图书 566 册。

(潘雅玲　易　彬)

【刘宗歧当选中国图书馆学会高校图书馆分会委员会委员】6 月 17 日,中国图书馆学会高等学校图书馆分会换届大会暨第三届委员会成立大会在吉林省长春市召开。校部图书馆刘宗歧当选委员。中国图书馆学会高等学校图书馆分会是中国图书馆学会根据开展活动的需要,依据图书馆事业在高校图书馆领域内形成的工作系统而设立的专门从事本学会高校图书馆业务活动的机构。其主要职能是对高校图书馆工作进行组织、咨询、研究、协调、评估及业务指导。刘宗歧当选高校图书馆分会委员,将进一步提升华北电力大学图书馆在全国高校图书情报工作领域的影响力。

(刘宗歧)

【信息共享(IC)空间筹建】2013 年,依托“2013 年中央高校改善基本办学条件——图书馆电子阅览室改造项目”,华北电力大学北京校部图书馆对电子阅览室进行改造,拟建成适应师生科研需求的信息共享(IC)空间。更换 21 台高配置电脑设备,安装各种常用软件,并具备扫描刻录等功能;规划建成 5 个研讨空间、文化展示空间、休闲空间和 IC 咨询台等,研讨空间可为读者开展学术研讨、课程讨论、社团活动等提供支持。

(赵燕华)

【“图书馆读者培训系统”开通试用】10 月,华北电力大学校部“图书馆读者培训系统”开通试用,该系统有针对性地解答读者各种疑问,有效指导读者,开辟图书馆资源和服务宣传、读者信息素养培训的新途径。

(马　磊)

【出台《图书馆落实〈华北电力大学控烟管理规定〉实施细则》】11 月 4 日,华北电力大学校部图书馆出台《图书馆落实〈华北电力大学控烟管理规定〉实施细则》,并于 11 月 9 日正式实施,通过健全制度,与全校师生共建清新优雅、文明健康的图书馆。《细则》明确规定:图书馆楼全楼(含卫生间)及主楼 C 区图书馆分馆均为实施禁烟区域;将成立由图书馆领导班子组成的控烟工作领导小组,负责图书馆禁止吸烟的监督与管理;《细则》还详细列出图书馆工作人员及在馆读书学习的读者的责任与义务,并对包括读者、工作人员及其他所有到馆者违反禁烟细则行为的处理措施分别做出具体的规定。

(吴万凯)

【举行消防疏散演习活动】为了迎接“11·9”全国消防宣传日,切实做好消防安全工作,11 月 5 日,华北电力大学校部图书馆联合校保卫处和校医院在图书馆主馆举行消防疏散演习。校部图书馆全体员工和在馆学习的读者近千人参与了演习。演习分火情报警、疏散撤离、组织灭火、医疗救护、火警解除等六个环节。馆内读者在各层工作人员的带领下,用毛巾捂住口鼻,紧张有序地从最近的消防通道向楼外疏散。仅用了 2 分钟左右时间,所有人员完成安全撤离;1 分钟后,“大火”被成功扑灭。演习取得圆满成功。此次消防演练,给师生上了一堂生动的消防及自救逃生课,是对馆员与读者在发生火警时的应急能力与处置能力进行的一次真实检验。

(吴万凯)

【图书馆资源生态系统正式启用】12月10日，北京高科大学联盟图书馆资源生态系统在北京化工大学正式启动，该平台拥有包括图书、报刊、论文、专利、标准、开放资源等在内的各类学术资源4.5亿篇，实行一站式检索，方便读者查找资源，并开通移动图书馆功能，让移动阅读更精彩。作为高科联盟成员馆之一，华北电力大学全校读者均可以登录该系统，共享所有联盟成员馆的文献资源。北京高科大学图书馆联盟简称“北京高科联盟图书馆”，由华北电力大学、北京邮电大学、西安电子科技大学、北京科技大学、北京交通大学、北京化工大学、北京林业大学、哈尔滨工程大学、中国地质大学(北京)、中国矿业大学(北京)和中国石油大学(北京)这11所高水平行业特色大学图书馆组成。高科联盟图书馆资源生态系统是一个知识共享服务平台，通过编制联合目录，提供资源共享及文献传递项目服务，方便各馆进行文献交流和馆际互借，最终实现联盟高校文献资源共建、共知、共享。该系统的启动预示着北京高科大学联盟图书馆真正意义上实现资源共享，高科联盟图书馆的工作也将在资源生态系统支持下获得更大的发展。

(刘宗歧)

【实现图书借还一卡通】2013年，作为学校一卡通工程项目一期工程主要实施部门之一，华北电力大学北京校部图书馆积极配合学校信息办开展一卡通项目调研及项目前期软件、硬件和数据的规划、采集等准备工作。至年底，顺利完成图书馆一卡通门禁通道机全面改造、读者身份识别和一卡通图书借还，实现了一期工程预期目标。

(马　磊　马志军)

【举办大型文化展览】4月23日暨第18个“世界读书日”到来之际，华北电力大学保定校区图书馆举办的《传承·共享——新技术环境下的图书馆变革与发展》大型文化展览，在一校区图书馆二层大厅展出。展览共展出33块展板，用一万多文字及精心挑选的近二百幅图片，以图书馆的发展变革为主线，对近十年图书馆在存在形态、建筑艺术、功能布局和服务方式等方面的变革及发展进行展示。展览共由“现代图书馆的存在形态”“现代图书馆的建筑艺术与环境”“现代图书馆的功能布局”“现代图书馆的多元服务方式”“未来大学图书馆展望”五部分组成。图书馆期冀通过本次展览，与关注图书馆的广大师生一起感受数字时代图书馆的发展和变革，推动学校图书馆朝着数字化、网络化、智能化方向发展，更好地为科研和教学服务，为大学的发展提供保障。

(赵丽香)

【图书馆志愿者助力保定市图书馆建设】4月29、30日，华北电力大学保定校区图书馆志愿者开展“善美保定、志愿先行”主题实践活动，走进保定市图书馆参加馆舍布局调整工作，援助市图书馆建设。活动由华北电力大学保定校区图书馆读者协会、环工系青年志愿者协会和科技学院建工系青年志愿者协会联合举办，活动为期两天，分两队开展工作，完成了5万册图书的倒架和分类。

(赵丽香)

【存储系统扩容】7月，利用教育部“改善基本办学条件专项资金”220万元，新建了100TB存储系统、目前保定校区图书馆的数据存储容量达到150TB；对核心交换机等网络设备进行了更换，使网络的安全性、稳定性得到加强。

(赵丽香)

【调整一校区馆内功能布局】8月28日，保定校区图书馆完成对一校区图书馆布局结构的全面调整。调整如下：①新书借阅区取消，8.4万册新书分别调整至社科借阅区及科技借阅区；②原借阅区的旧书一校13.7万册、二校6万余册调整至新建的六层二线书库；③原检索厅取消，拟建成“华电文库”，收藏并展示本校教师学术论著，公共检索由集中式改为分散式，检索机分布在社科借阅区、科技借阅区、一层南侧厅、总还书台、二层大厅南侧、五层自习厅；④原六层电子阅览室搬至新书借阅区所在地，并增加服务功能，初步建成信息共享空间。

(赵丽香)

【电子阅览室兼信息共享空间开放】8月28日，保定校区一校区图书馆电子阅览室兼信息共享空间正式开放。该阅览室位于一校图书馆二层，在保留原有的“配备计算机供读者上机上网”功能的同时，打造了一个拥有良好上机上网环境、能协同学习研究及讨论交流、能方便获取丰富的信息资源并能得到专业技术人员多方指导的信息共享空间。现已具备的功能是：①提供90余台计算机供读者上机上网；②提供36个配有电源插座及网络接口的坐席，供自带笔记本的读者使用(试运行至9月底)；③提供44个休闲沙发坐席(配有若干电源及网络接口)供读者使用；④提供200余种社科过刊合订本供读者浏览；⑤接待团体学习讨论，可配备投影仪等设备供讨论小组使用；⑥提供光盘资源的阅读及使用咨询；

⑦提供计算机使用及各种信息资料利用方面的咨询、辅导。

(赵丽香)

【举办师生读者座谈会】9月5日和9月9日,保定校区图书馆在图书馆分别召开学生读者代表和教师读者代表座谈会。各院系学生代表、教师代表100余人参加。座谈会结合学校党的群众路线教育实践活动实施方案的安排,旨在推进学校图书馆事业快速发展,促进图书馆更好地服务大学科研与教学工作。对座谈会上各位代表提出意见和建议,图书馆采取积极整改措施。

(赵丽香)

【举办读书节系列活动】9月26日,为激发大学生的读书热情,养成良好的读书习惯,使更多的读者走进图书馆、爱上图书馆,并迎接2013级新生加入利用图书馆的行列,华北电力大学保定校区图书馆举办了华北电力大学第四届读书节系列活动。活动主题是"悦读人生,激扬梦想"。活动中通过多种宣传方式,将丰富的文献资源呈现在读者面前,让读者了解图书馆、利用图书馆、热爱图书馆,引导读者多读书、读好书、好读书,悦读人生,激扬梦想。活动的主要内容包括好书推荐、好书交换、图书馆资源利用系列培训讲座、"阅读,升华梦想,改变人生"书评大赛、"中国作家实力榜上榜作家作品展"主题书展、第十届校十佳读者评选等六项活动。10月31日,第四届读书节系列活动闭幕。

(赵丽香)

【成立数字资源建设部】12月,华北电力大学保定校区图书馆数字资源建设部成立,其主要职责是电子资源建设,包括电子资源的分析调研及推广推介工作,优化资源配置;加强与校部沟通,更好地实现全校数字资源整体规划及整合。华电文库的建设工作已启动,包括纸本收藏及网络发布与查询平台的建立。

(赵丽香)

网络与信息化工作

■概述

2013年,华北电力大学信息化工作紧紧依托学校"十二五"发展规划,全面深入推进大学校园信息化建设。网络与信息中心重点围绕校园网网络安全体系建设和一卡通建设开展工作。

2013年,网络与信息中心积极推进校园网络安全体系建设,采取各项措施保障校园网安全稳定运行,通过优化网络配置,新增校园网公网出口带宽500M,有效解决了学生宿舍访问校外资源速度慢的问题。加装和更换关键节点的管控设备,校园核心网升级到万兆,同时出口防火墙也更新为具备万兆交换能力的防火墙,有效提高校园网运行效率。通过采用深澜统一计费系统软件,对全校有线和无线网络进行统一认证计费,并对上网日志进行有效记录,确保了校园网安全。在党的十八届三中全会、学校招生和平安校园建设验收期间,加强校园网值班和保障维护工作,明确责任制和应急响应预案,落实技防和人防两方面工作,确保了校园网安全、高效、稳定地运行。

2013年,学校研究决定启动大学一卡通系统工程建设项目,有效提高学校的信息化水平。经过数月对校内与一卡通相关系统调研、校外一卡通建设厂家调研及北京市各高校一卡通的建设及应用情况调研,并经过学校招标最终确定中国建设银行北京市分行为该项目投资方,北京迪科远望科技股份有限公司为该项目实施完成单位。本项目经过2013年紧张有序的实施推进,校园一卡通建设项目初步完成,实现学校图书馆、校医院、学生宿舍门禁等一卡通身份识别功能,为师生的日常学习工作和生活带来便利。

2013年,学校计算机基础教学在完成基本教学任务的同时,进行了教学内容、教学方式、考试方式的规范和改进,2013年计算机基础教学首次在2013级学生中实现大学计算机基础课程分级教学,组织分级测试,选拔出三个课堂的学生进入较高级别的A班学习;2013年第二学期计算机基础教学必修课全部实现小班上课。

(荆振宇　丁立新)

■概况

2013年华北电力大学校部信息化工作人员为17人,高级职称8人,硕士学位4人,发表科研论文14篇。中心下设网络运行管理室、网络信息管理室、电化教学室、计算机房、一卡通中心、办公室。其中一卡通中心于10月23日经过校长办公会研究确定成立,负责学校"一卡通"技术运行与日常卡务管理服务工作。

2013 年华北电力大学校部校园网 IPv4 出口总带宽 2 000 兆，出口平均流量 1 700 兆，其中教育网出口带宽 500 兆，平均流量 350 兆；公网出口带宽 1 500 兆，平均流量 1 200 兆；IPv6 出口带宽 1 000兆，平均流量 800 兆。共有 IPv6 地址 45 297 个，全国高校排名第 23 位，IPv4 地址 36 864 个，信息点 12 223 余个，无线接入点 1 089 个。校园网用户 25 000 余人，其中教学办公区 9 000 余人，宿舍区 16 000 余人，全部采用实名认证方式上网。

2013 年华北电力大学（保定）信息化工作人员 34 人，其中专任教师 15 人，教授 4 人，副教授和高级工程师 8 人，计算机应用技术硕士导师 6 人，博士学位 3 人，硕士学位的 21 人。发表教学、科研论文 33 篇，申请并获批教育部青年教师高校基金 2 项，签订纵向科研项目 4 项。

2013 年，华北电力大学（保定）校园网 IPv4 出口总带宽2 400 兆，出口平均流量 2 200 兆，其中教育网 IPv4 出口带宽 1 000 兆，平均流量 900 兆；公网出口带宽 1 400兆，平均流量 1 300 兆；IPv6 出口带宽 300 兆，平均流量 300 兆。

2013 年，华北电力大学有多媒体教室 359 间，多媒体教室座位数约 48 500 个。计算机教学机房 14 间，共有微机 1 841 台，全年完成教学上机任务 110 多万机时，组织完成各类测试、考试 29 000人次。

（荆振宇　丁立新）

■条目

【校园网网络安全体系建设】2013 年学校利用“2013 年专项修购资金”推进校园网网络安全体系建设，更换了教育网节点路由器和核心交换机、实施校园有线和无线网络上网统一认证计费、购置了热备和内控管理软件，购置了智能 DNS、防火墙等设备，升级成 10 万用户级的华北电力大学邮件系统，并建成了公共存储平台、购进服务器性能检测系统、刀片服务器群组和带宽管理系统。基本形成了以高速、稳定的跨越校区的校园网为基础，以全校统一的数据资源平台为依托，以安全、可管、可控、数据异地容灾的先进技术为保障，实现两校区教学、科研、学科建设成果共享的数字化校园安全体系。

（荆振宇）

【保定校区校园网建设改造】2013 年保定校区信息与网络中心依次完成一校区管网改造、校园网线路切换、两校区医保专网建设、二校区新实验楼网络布线等建设工程。2013 年 6 月，完成校园网学生用户上网认证工作，至此保定校区全网实现了用户上网认证，提高了网络安全性。2013 年下半年继续改进、完善校园网链路，优化校园网出口布局，实现保定校区教育网单独链路 1 000 兆升级，增加移动出口 500 兆。

（丁立新）

【一卡通系统工程建设】2013 年 1 月学校决定启动大学一卡通建设工程，网络与信息中心成立一卡通建设项目团队，1 至 5 月本团队完成对校内与一卡通相关系统调研、校外一卡通生成厂家调研及北京市各高校一卡通的建设及应用情况调研。6 至 7 月设计一卡通数据中心、数字化校园和现有数据中心的数据交换架构，并编写一卡通部门的岗位设置及说明。2013 年 8 月完成一卡通招标工作。2013 年 9 月完成校内师生信息采集工作。2013 年 10 月校长办公会研究决定一卡通管理中心成立。11 月 15 日完成一卡通发卡工作。2013 年 11 月，完成图书馆、校医院、宿舍门禁等一卡通身份识别功能。

（孙亚娟　张晓华）

【校部东区办公楼无线网覆盖】11 月 12 日，北京校部东区办公楼无线网络建成投入使用，该项目经过网络与信息中心前期调研，选用了 H3C 公司成熟的智能无线接入方案。该项目共安装调试 H3C S9508 核心交换机 1 台，H3CS5120－28P 无线 POE 交换机共 43 台、H3C WA2620i 无线 AP 共 718 个，无线覆盖范围包括校部 1～5 号教学楼、图书馆、体育馆、校医院等公共区域，总投资 318 万元。该项目的建成标志着学校实现了全校办公楼宇的无线网络覆盖，为师生随时随地访问网络带来了便捷。

（胡　涛）

【公共教学计算机设备改造】6 月，完成教育部修购项目“公共教学计算机设备改造”的建设任务，项目总金额 280 万。该项目包括更新了公共教学机房 300 台计算机，确保了良好的上机教学效果。并改造多媒体教室 80 多间、实现了网络教学平台的升级，改善了多媒体教学环境。

（付　国）

【大学邮件系统升级】6 月 18 日，华北电力大学邮件系统升级为 10 万用户 coremail 邮件系统，该邮件系统为每位教职工提供 2G 邮箱空间和 1G 网盘，学生提供 1G 邮箱空间和 500M 网盘，每位用户可发送和接收最大 30M 附件。

（荆振宇）

【计算机基础教学教改完成】 2013 年，张丽静负责的“精品课程网络管理平台建设与完善”“大学生计算机应用能力培养模式的研究”，王振旗负责的“基于下一代互联网技术的教学应用系统研究”，潘卫华负责的“高级语言程序设计训练平台开发”四项教改项目均已完成并通过学校的验收。

（丁立新）

工程训练中心建设

■概述

华北电力大学工程训练中心于 2005 年 3 月由原实习工厂、机械制造实验室和保定华电配电设备有限公司组建成立，是集教学、科研和产业为一体的校直属单位。其主要任务是承担学生的工程训练、教学综合实验和创新实践活动、为机械学科提供科研平台和开展对外技术服务。经过多年的建设，华北电力大学工程训练中心已经成为特色鲜明，机械工程与电力工程结合的，集教学、科研、生产为一体的工程实践教学基地。中心在建设过程中积极进行教学改革研究，逐步形成了“以培养学生工程意识和工程能力，提高学生工程素质和创新能力为目标”的实践教学理念，完成了以操作技能训练和课程验证实验为主到以综合性工程训练和创新实践为主的教学观念和教学实践的转变。中心按照“覆盖面大、层次多、强调工程性、系统性、开放性和特色性”的建设思路，以能力培养为核心，构建了与理论教学有机结合，具有鲜明特色四年不断线的工程实践教学体系，并在实践中不断加以完善。作为特色鲜明的、具有国内先进水平的大型综合性实践教学基地，我们将继续加强中心建设，增强示范辐射作用。

2013 年，在教科研工作方面，经过精心准备，工程训练中心顺利通过国家级和省级实验教学示范中心验收。继续加强和完善了教学计划管理，中心的教学运行机制和教学质量得到进一步提升，继续推进教学改革，做好了已完成教改项目的结项、总结和推广应用，进一步扩大教学改革的范围和力度，研究并初步确定了新的改革项目。教改成果丰富，获得省级教学成果二等奖 1 项，校级教学成果奖 2 项。公开出版实训教材 2 本，在教学内容、教学手段、开放运行模式，大学生创新实践等多方面进一步加强中心的内涵建设；继续推进中心建设，完成硬件建设投资 164 万元及配套的软件建设，新增和改造的设备已全部投入教学使用。完成创新实践基地新增场地的建设规划并已开始进入实施；高质量地完成了 2013 年的中央财政专项资金建设任务与配套的教学建设任务。进行安全隐患大排查，并对查出的隐患制定具体的整改措施，在学校的支持下，进行了电路改造和屋顶翻修，对起重设施进行了检修，并建立定期检修制度和专人负责制度，对各种教学设备进行全面检查，对存在故障的设备进行及时维修，消除了存在的安全隐患，确保师生的实习安全。

2013 年，在大学生创新实践活动方面，切实做好新增创新实践基地建设的前期规划和准备工作，新增足球机器人项目等如期开课，日常创新理论与创新实践的教学工作和全校“大学生创新性实验计划项目”的组织实施工作及中心负责的创新性实验计划项目的指导工作正常进行。进一步巩固和完善了创新教育及创新实践教学模式；圆满完成了第三届全国大学生工程训练综合能力竞赛等 4 项全国性竞赛的组织、指导与参赛工作，并取得优异成绩。

2013 年，在党建工作方面，该中心认真开展“关于改进工作作风、密切联系群众的八项规定”的学习和落实活动；广大教职工党员积极参与“教工党员在线学习”活动，其中 1 人被学校评为“2012 年度教工党员在线学习优秀个人”。认真组织了“党的群众路线教育实践活动”的各个环节；认真组织了中心直属党支部的民主评议党员活动，表彰了 3 名先进党员，更好地推动了中心的各项工作。组织完成了中心新一届工会委员会和新一届教代会、工代会代表的选举工作。积极参加学校工会组织的校庆大合唱等各项活动，排球联赛进入前八名；在学校第 45 届田径运动会上有 7 人次获奖，其中 2 人次破校运会纪录，首次获得全校团体总分第四的优异成绩。

2013 年，中心按照学校的工作部署，完成了一年一度的考核工作，考核结果表明，中心的各个部门都能很好地完成工作任务。通过进一步完善教学管理制度，以提高管理水平促进教学质量提高。

（范建明）

■概况

2013年，工程训练中心现有员工35人，其中教授2人，高级工程师4人，工程师4人，技师5人，高级工20多人。中心拥有加工中心、三坐标测量机、快速成型机、数控铣床、数控车床、数控线切割机床、电火花机床等先进设备，教学设备达300余台套，总值1 200余万元，房屋面积4 000余平方米，已经具有很好的实训条件。中心可开出金工实习、电工实践训练、机电结合训练、先进设计与制造系统训练、创新实践等训练项目，已经培养学生40多届，现具有每年接受学生7 000多人次的培训能力。

2013年，该中心高质量完成了2013年的实践教学任务，全年接受参加实践学生8 286人次，完成教学工作量337 825人时数。2013年，获得省级教学成果二等奖一项，校级教学成果奖2项。公开出版实训教材2本。完成硬件建设投资164万元及配套的软件建设。2013年，圆满完成了第三届全国大学生工程训练综合能力竞赛等4项全国性竞赛的组织、指导与参赛工作，全年参加科技创新实践的学生达1 425人次，共取得国家级一等奖5项，二等奖一项，省级一等奖5项，二等奖1项。

（范建明）

■条目

【参加第三届全国大学生工程训练综合能力竞赛获一等奖】6月7日至9日，第三届全国大学生工程训练综合能力竞赛在大连理工大学举行。由机械系学生游太稳、段泽龙、唐瑞组成的华北电力大学代表队，表现出色，继上一届比赛取得一等奖的优异成绩，再次获得一等奖。

（范建明）

金工实训中心建设

■概述

2013年，华北电力大学金工实训中心完成筹建正式运行。确定了组织结构与岗位职责，各个工作岗位职责明确，并制定一系列管理制度：包括每台机器设备的使用规则，日常的管理、检查、督促等工作。

2013年，该中心努力克服在职人员指标紧张的困难，启用了退休返聘人员、外聘人员与技校实习生，通过严格细致的岗位培训，培养出了一批胜任岗位工作的工种指导老师。

2013年，该中心通过增强员工安全意识、精心准备安全动员、督促学生认真阅读安全承诺书、增加厂房安全提示等，严格杜绝实习事故的发生。

2013年，该中心通过引入新设备增加新工种、积极进行员工培训，不断推进教学改革，在实习内容、指导方法、学生创新实践等多方面进一步加强了中心的内涵建设。

2013年年底，该中心正式成立工会小组，积极参加学校各项工会活动。

2013年，该中心教学文件齐全。有完备的教学大纲、教案、实习报告、实习用图纸、工艺卡以及教学质量监控等文件，并认真贯彻执行。

中心合理运用现代教育技术，每个工种均配备挂图、模型、教具、陈列品等，其中，现代加工工种专设设施齐备的机房，可同时满足30人上机需求，同时配备投影仪等辅助教学设备。

该中心具有完善的规章管理制度，包括《安全管理制度》《学生实训手册》《金工实习管理规定》《仪器设备管理规定》《仪器设备损坏、丢失赔偿制度》以及《金工实习各工种安全操作规程》等。

该中心实行规范化管理，严格要求职工熟练领会教学大纲要求，熟悉所用设备及操作规程。严格按照应知、应会标准对学生进行实习指导，不得擅离岗位，对实习学生的安全负主要管理责任。要求指导老师加强巡视，以身作则、言传身教，严格遵守劳动纪律和教学规章制度。

2013年，该中心不断加强财务审核制度，建立了严格的支出审核制度、经费开支报销程序和监督制度，有效抵制了不合理开支，杜绝了浪费现象。

（夏延秋　胡湘红）

■概况

2013年，华北电力大学金工实训中心（北京校部）现有员工16人，其中在职管理人员2人，返聘指导教师9人，实习辅助人员5人。中心拥有加工中心、三维扫描仪、快速成型机、激光打标机、激光内雕机、激光雕刻机、费斯托机电一体化系统、数控车床、数控线切割机床、电火花机床等先进设备，同时还拥有：普通车床、万能铣床、电弧焊、摇臂钻、台钻、带锯、钳工台等传统设备。教学设备达100余台（套），设备总价值400余万元，房屋面积1 700余平方米，已具有基础实训条件。中心可开出金工实习、先进设计与制造系统训练、创新实践等训练项目，已成功运行的工种有：车工、钳工、铣工、焊工、线切割、激光、快速制造，教学状况良好。

2013年，中心顺利完成了本年度的教学工作，从7月成功试运行开始，下半年共接受实训学生690人次，总计4 140人时数，实习中安全事故为0。

（夏延秋　胡湘红）

■条目

【107名学生参加金工实训中心试运行】7月1日，能源动力与机械工程学院创新动1201、热能1201、热能1202、热能1203共4个班级107名学生参加金工实训中心为期两周的试运行，共进行了车工、铣工、钳工、焊工、电加工、激光加工、快速成型等7个工种的学习。参加实训的同学动手操作了各种传统机床，还学习了激光雕刻机、三维打印机等先进设备和AutoCAD、Solidworks、Gemagic等相关软件的使用。整个实习期间秩序井然，师生配合默契，教学计划进展顺利，达到了预期的目标。

（夏延秋　吴　浩）

【顺利通过学校领导视察】10月22日，校长刘吉臻、副校长安连锁等校领导到金工实训中心视察工作，参观了传统加工和现代加工区，与指导教师及学生进行了亲切交谈，对中心的建设方针及丰富的课程设置给予了充分肯定，同时对中心今后的发展指明了方向并提出了更高的要求。

（夏延秋）

后勤管理与服务

■概述

2013年，华北电力大学后勤围绕学校“十二五”发展规划纲要，深入推进后勤管理体制改革，不断加大谋划发展和建设的力度，在“管理育人、环境育人、服务育人”的核心理念下，着力提升创新能力和服务水平，突出强化重点项目建设，各项工作取得新的成效。

2013年，校部后勤继续深入推进管理体制改革。按照“人有其岗、事有人管、运转有序”的原则，不断研究和把握后勤工作规律，调整机构、完善职责、理顺关系，努力构建职责明确、范围清晰、保障到位的后勤管理服务保障新机制。完成了后勤内部机构调整和61名事业编制职工、631名非事业编制员工新一轮的岗位聘任工作；建立健全科学、规范的预算管理制度，增强后勤宏观调控能力，提高资金使用效益，保证预算的严肃性、准确性和透明度；健全和完善服务质量保障体系建设，把“服务师生　奉献华电”的服务质量宗旨贯穿在各环节、各部门、各岗位，在服务过程中培育严谨、求实、高效的工作作风。3月份，校部后勤全面通过了ISO9001管理体系认证复评审核工作，从而使后勤管理服务体系的运行更加科学规范，量化更加标准精确，进一步树立了后勤专业品牌形象。

2013年，保定校区后勤管理体制改革工作全面启动。学校进一步深化后勤管理体制改革工作，在由人事、财务和后勤相关负责人组成的调研小组到兄弟院校走访调研的基础上，提出了《保定校区后勤管理体制改革实施方案》，4月18日，学校召开会议集中审议了《保定校区后勤管理体制改革实施方案》，校领导对改革思路及方向给予明确指示，提出修改意见；4月27日，学校召开后勤改革领导小组会议，对《关于进一步深化保定校区后勤管理体制改革若干意见》进行审议，原则肯定和通过了方案并形成《后勤改革领导小组会议纪要》。5月27日，保定校区后勤改革工作小组会议通过《保定校区后勤管理体制改革若干意见实施细则》《保定校区深化后勤管理体制改革若干意见实施计划》；5月30日，保定校区召开深化后勤管理体制改革动员大会，全面启动保定校区后勤管理体制改革工作。

保定校区后勤与基建管理处按照后勤管理体制改革要求，坚持目标导向，把握发展方向，在新的体制机制下，结合工作实际，强基固本，深化改革，强化创新。全体职工深入学习改革文件，统一思想、提高认识、积极研讨；广泛开展“精细化管理年”活动，牢固树立精细化管理和服务意识，认真查摆在职责精细化、流程精细化、过程精细化、控制精细化等方面存在的问题和不足；实施物业维修标准化建设，进一步规范三大报修、维修流程，逐步建立和完善巡视报修、联动报修、维修反馈、维修奖惩、维修响应等五大机制；有效推动学生公寓多部门联合管理机制，进一步加强学生公寓安全、卫生、文明管理水平；全面实施餐饮管理与服务中心综合改革，切实提高餐饮服务水平；着眼服务基层，转变服务观念，改善服务形象，积极开展“优质服务月”系列活动和“安全生产月”等专项活动。

2013 年，华北电力大学后勤积极推进节能减排，建设节约型校园。健全节能组织管理体系，积极开展“厉行节约、反对浪费”活动、积极参与“节能减排活动，共建节约型美好校园”“节约粮食 反食品浪费”建设节约型校园、“光盘行动”等主题活动；开展节能主题相关系列宣传实践活动；推进能源消耗现状调查及对策研究工作；加强节能节约资源新技术的运用；积极进行多项节能技术改造。其中校部后勤以节能减排技术改造和推广应用为着力点，主动作为，将节能减排理念融入到校园绿化美化规划、重点项目改造、基础设施建设等的全过程和各方面。完成了能源审计和能耗限额管理基础信息采集工作，全面深入地对全校用能系统和对重点用能设备进行了节能分析；组织专人学习国家节能减排政策及相关理论与实践知识，做好节能减排重点建设项目的管理工作。2013 年，校部后勤全年平稳供水 67.87 万吨，与 2012 年相比节约用水约 6 万吨；天然气用量 139.5 万立方，较 2012 年节省约 10 万立方。

2013 年，华北电力大学后勤在食品原材料持续上涨的社会背景下，积极应对，加强监管、抓好供应，完成 33 896 名在校生的餐饮服务任务。其中，校部后勤积极落实《教育部等五部门关于进一步加强高等学校学生食堂工作的意见》，合理使用平抑资金；完善学生食堂可靠平衡的供需机制、合理浮动的价格机制、公平有序的竞争机制；积极参加“农校对接”和伙食原材料联合采购，搭建供需见面、公开透明的采购平台。通过机制监督和制度保障，建立可追溯源头的食品安全监管体系，确保了餐饮的食品安全，同时又能降低采购成本，稳定餐饮价格，让利广大师生。今年暑期，组织了 43 名员工进行厨师职业培训，39 人获得厨师高级证书。保定校区后勤加强与服务对象的沟通与交流，加大餐饮设备设施投入，狠抓食品安全和服务工作，联合学生处成立学生伙食监督管理委员会，加强伙食卫生安全监管和检查。

2013 年，华北电力大学后勤加强后勤管理和服务规范化建设。全年制定涉及改革发展、重点工作、后勤事务、人事劳资、物资管理、工程管理等内容在内的文件 50 余份。加强后勤管理和服务精细化建设，全面实施服务质量标准体系、评价体系和监控体系，建立后勤质量监控运行机制；加强后勤队伍能力建设，进一步研究探索社会用工体制及待遇政策，持续开展中层管理干部培训活动；加强工程管理，建立公开透明的工程规范化管理模式。保定校区后勤与基建管理处编制刊发《后勤服务质量半月刊》，编制二校区校园规划及绿化专项规划，完成二校区实验综合楼及室外工程建设和集中供热管网改造工程。

2013 年，校部后勤围绕高水平大学建设目标，扎实推进重点项目工作。充分利用国拨资金，加快校内基础设施建设，增加相应的配套设施服务，改善校园环境；以节约型校园建设为依托，加快推进校园亮化改造工程，提升校园的整体形象。一年来，校部后勤如期完成了学术报告厅综合修缮、校园“亮化工程”、留学生公寓综合修缮、实验室和校医院配套设施改造等 5 个国拨资金项目，总经费 2 244 万元；完成校内基础设施改造项目 49 项，总金额 675.95 万元。

2013 年，华北电力大学后勤以建设安全和谐后勤为基础，促进平安校园建设。校部后勤强化“大安全”，积极做好安全控制和防范工作，加强集团五级值班体系建设，推行日、周、月相结合的“零报告”制度；加强对财务、工程、经营、采购等风险点的监管；12 月份，圆满完成了“平安校园”验收达标有关后勤方面的工作。保定校区后勤加强后勤运行安全，更新、健全安全管理队伍网络体系，加强、细化各级安全管理制度和班组安全管理机制。

2013 年，华北电力大学后勤继续坚持文化引领，推动和谐发展。加强信息宣传，深度报道后勤各项工作的新措施、新思路、新成果，展示后勤风采，全年共发布新闻报道 220 篇，在学校网页发布 37 篇，保定校区印发《后勤信息周报》37 期，总计 120 期。通过开展系列丰富多彩的员工活动和比赛，举办和承办多种职工文化活动，为员工提供相互交流学习、施展本领的平台。校部后勤积极参加北京高校后勤第三届文化艺术节文艺汇演、学校 55 周年校庆师生员工合唱比赛等多项校内外活动；举行岗位技能大练兵，开发现有人力资源，将员工的职业发展规划与后勤的可持续发展目标相统一。保定校区成功举办职工乒乓球比赛、职工趣味运动会等第三届职工文化节系列活动，承办保定校区职工趣味运动会。

2013 年，华北电力大学后勤进一步强化基础管理，提高党务工作水平。深入学习、宣传贯彻党的“十八大”精神，学习十八届三中全会精神；认真贯彻执行《华北电力大学贯彻落实党风廉政建设实施办法》等一系列党风廉政建设方面的规定；积极落实学校“党的群众路线实践教育活动”各阶段任务，通过走访院系、座谈会等多种方式征求师生意见和建议，着力推进群众路线教育实践活动凝练项目、建章立制阶段任务。校部后勤围绕提升党员政治素质和修养、改进工作作风的目标，加强和改进党的组织建设，把坚持党员干部学习制度和开展党员争先创优活动相结合起来；有计划的定期组织党员干部学习和思想汇报，接受传统教育，参观展览等有政治意义的组织活动；积极慎重做好党员发展工作；加强党风廉政建设，查找风险点，编制防范风险的管理流程图，制定和认真落实党风廉政责任制，集团与各中心、科室签订党风廉政建设责任制，中心主任、科长签订承诺书。保定校区进一步规范党支部工作，结合后勤党务工作实际，起草加强党支部建设工作办法，对党支部设置、工作职责、工作目标、班子建设、队伍建设、制度建设、机制建设、工作检查指导等进行了全面梳理和规范。

2013 年，校部后勤利用担任中国教育后勤协会常委理事、全国高校节能联盟副理事长副秘书长、全国高教后勤信息化推进委员会委员、北京高教后勤研究会理事长秘书长等机会，加强与兄弟院校的沟通交流，加强与上级学会、行业团体的业务交流；积极推进教育部、北京市教委等部门的高校后勤研究会工作，扩大我校影响力。

2013 年，华北电力大学后勤多项工作获北京市、河北省等表彰。被北京市教委会评为“北京高校后勤先进党组织”“北京高校后勤物业管理先进学校”和“北京高校节能先进学校”。被北京市高教学会授予“先进研究单位”，舞蹈作品《年年有余》获北京高校第三届文化艺术节舞蹈比赛一等奖。被保定市北市区卫生局、北市区妇幼保健院授予“托幼机构卫生保健工作先进集体”。

（李金全　张树芳）

■概况

2013 年，校部后勤管理处（后勤集团）事业编制职工 66 人，非事业编制员工 631 人，正教授 1 人，正副主任以上管理干部 22 名，设党总支 1 个，党支部 5 个，党员 58 人，3 名同志入党，4 名同志按时转正。保定校区后勤与基建管理处正式职工 177 人，其中，人事代理员工 21 人，中心正副主任及以上管理人员 17 人，后勤管理体制改革后，后勤与基建管理处下设综合管理科、计划管理科、运行管理科、能源管理科、工程技术科五个职能科室，下辖餐饮管理与服务中心、物业管理与保障中心、综合经营与服务中心三个中心。设党总支 1 个，党支部 4 个，党员 68 人，按时转正 3 人。

2013 年，华北电力大学后勤全面完成各项服务保障任务。全年完成 595 个大小会议，6 万余人次的接待任务，年营业收入约 2 117万元；完成校内维修面积 66.7万平方米，保洁面积 62.2 万平方米，完成 14 500 余棵乔灌木、20.8 万余平方米草坪的种植、修剪、灌溉、防害、补植等工作任务，分发各类信件、杂志、包裹 70.84 万余件，洗涤卧具用品 10.8 万件。

北京校部同时完成全校课桌椅，门房窗床，灯管电扇，水电暖等大小维修 7 226 项；完成 8 000 余平方米的花卉种植管理任务，协助基建部门完成 14 号学生公寓、原配电室周边的树木移植工作，完成 5 号学生公寓东侧平房土地平整及 11、12 学生公寓周边的草坪改造工作。更换浴室衣柜、条凳近 900 个（把）；粉刷学生宿舍 780 余间，楼道 45 000m^2。为 1 200 名本科生提供床单、被罩、毛巾被等的免费洗涤，完成 3 278名毕业生离校、3 978 名新生入学的安排等后勤保障任务。全年产中水约 90 万吨，中水日处理能力约 2 500 吨。在校内商贸方面，加强行业服务管理，不断强化服务意识，积极引导商户不断提高服务品位。5 月份，商户胡伟东以个人选手身份代表北京赛区参加第十四届全国焙烤职业技能竞赛决赛（国家级职业技能竞赛），获“维益杯”全国装饰蛋糕技术比赛金奖并晋升为西点技师，同时获中华人民共和国人力资源和社会保障部颁发的“全国技术能手”荣誉奖章和证书及奖牌。

保定校区后勤增设 12 处绿化专用水源，维护电话 700 余部、移机 150 部。顺利完成取暖用煤的集中招标采购工作，有效保障供暖面积约 54 万平方米，完成抢修任务 1 900 余次；全年产中水约 24 万吨，启用二校区 6 吨燃煤蒸汽锅炉替代天然气蒸汽锅炉，两项共为学校节约资金 100 余万元；受理“123”综合信息服务平台报修 12 113 次；校内超市丰富服务项目，增加“零食控”、热饮及糕点服务项目，实现全年营业 881.7

万元;幼儿园不断强化内部管理,实施“以人为本”的人性化管理模式,逐步形成“平等、合作、奉献、创新”的园风,优化教工队伍,提高保教质量。

2013年,校部后勤采取走出去,请进来的方式,集中力量抓好热点问题。主动服务,完善集调度、咨询、报修、反馈、考核为一体的后勤24小时服务报修平台系统,回复处理各类大小报修、综合咨询事项12 216起;加强沟通,上下联动,及时回复处理校长信箱意见374条;坚持“111”制度,通过下院系、座谈会、“直面后勤”等形式,广泛听取意见,密切关注师生需求,积极解决集中供暖、食堂价格和学生宿舍供电等热点问题;加强区域间高校后勤交流学习,采取走出去,请进来的方式,学习借鉴兄弟院校的先进理念和管理方式,交流经验和做法。一年来,累计开展校级间后勤交流9次,参加人数664余人,发言交流89人次。

(刘贵臣　魏　娜)

■条目

【参加北京高校后勤研究会第十三届理事会常务理事会工作会议】1月9日,北京高教学会后勤管理研究会第十三届理事会常务理事会工作会议在中国地质大学召开。研究会理事长、华北电力大学副校长孙平生主持会议并致开幕词。会议对北京高教学会后勤管理研究会各专委会一年来主要工作作总结汇报,并以鼓掌通过的方式增补了第十三届理事会副秘书长。会上,理事会常务副理事长兼秘书长、学校后勤管理处处长李金全汇报2012年理事会各项经费使用情况、对研究会课题评审情况作出了通报。会议还对筹办北京高校后勤第三届文化艺术节相关工作进行了沟通与交流,对2013年华北五省年会筹办工作以及成立行政专业委员会进行了探讨。北京高教学会后勤管理研究会副理事长、北京市教委学校后勤处处长张龙等20位理事以及各专委会主任共计41人出席了本次会议。

(刘贵臣　安美玲)

【召开2013年度全体职工大会】3月7日,华北电力大学后勤召开2013年度全体职工大会。学校党委副书记、副校长张金辉,副校长孙忠权出席大会并讲话。校部后勤管理处处长李金全围绕改革发展作题为《深化改革　真抓实干　为建设高水平大学作贡献》工作报告,保定校区后勤管理处处长张树芳代表领导班子作了题为《坚定目标 深化改革 全面推进一流后勤服务保障体系建设》的工作报告。华北电力大学后勤年度全体职工大会全面总结了后勤2012年的总体工作和主要成绩,深入分析了当前后勤工作面临的新形势,阐述了2013年工作思路,全面部署了2013年度后勤重点工作任务。

(刘贵臣　魏　娜　等)

【北京电子科技职业学院来访】3月7日,北京电子科技职业学院副院长田宏忠一行来校考察交流工作。副校长孙忠权接见了来访客人。孙忠权介绍了学校后勤运行机制和后勤管理、服务工作所积累的经验,并希望今后与北京电子科技职业学院继续开展和保持各层次的沟通和交流。座谈过程中,田宏忠一行与校部后勤负责人就当前物价上涨、食品安全管理等方面的经验和做法进行了探讨和交流。后勤管理处处长李金全,党总支书记杨树昌,副处长王吉飞、周劲松,计划财务处副处长胡东星及后勤相关人员参加了会见。

(刘贵臣　梁　燕)

【联合学生社团组织举办“和谐校园见面会”】3月19日,校部后勤联合校会权益部、校研会生活权益部举办2013年后勤“和谐校园见面会”。校党委研工部部长李林、校团委书记林长强、后勤集团总经理李金全、副总经理周劲松及后勤各中心负责人与现场100多名同学进行了面对面的沟通交流。见面会上,学生代表提出了餐饮饭菜价格、浴室水温控制与喷头维修、开水房供应时间、宿舍门禁与安全等与同学们的切身相关的问题,并提出意见和建议。李金全与后勤各科室、中心负责人对问题进行了细致的解答,并希望通过与同学们面对面真诚交流和沟通的机会,切实了解同学们的意见和需求,不断改进服务方式,提高服务质量,构筑起和谐美好的校园。见面会还现场观看了“走进后厨”短片,开展了“后勤全搜索”后勤信息知多少现场问答活动。

(刘贵臣　梁　燕)

【启动2013年度后勤“优质服务月”】3月26日,保定校区后勤与基建管理处举行2013年度“优质服务月”启动仪式。今年的“优质服务月”活动按照“重实际,重实干,重实效”的原则,以着眼于服务基层、转变服务观念、改善服务形象为出发点和落脚点,立足基础“服务”职能,开展了为师生员工谋便利,办实事的“优质服务月”系列专题活动,各中心共开展专题活动19项,以活动促交流、以活动促提高,以活动促发展,转变服务作风,提升服务形象。

(魏　娜　刘　洁)

【中央民族大学副校长石亚洲一行来访】3 月 26 日，中央民族大学副校长石亚洲一行来访。副校长孙忠权会见来访客人，并就后勤改革等问题与来宾进行了深入的探讨和交流，双方在搭建后勤资源共享平台，共同探讨后勤领域的交流与合作等方面达成了共识。后勤管理处处长李金全陪同了会见，并介绍了后勤改革从服务向管理服务的转变过程，同时就如何保持后勤安全与稳定作了重点介绍。陪同了会见的还有计划财务处、审计处负责人及后勤处相关负责人。

（刘贵臣　梁　燕）

【召开《服务质量管理体系》实施动员会】4 月 1 日，保定校区后勤与基建管理处召开《服务质量管理体系》实施动员会，重点强调了《服务质量管理体系》实施的意义和目的，要求全体职工提高认识，认真对待，抓严抓实，长效坚持，并就《服务质量管理体系》实施的有关工作安排作出具体布置。

（魏　娜　刘　洁）

【召开爱国卫生委员会工作会议】4 月 7 日、5 月 7 日，华北电力大学校部、校区后勤分别召开爱国卫生运动工作会议。爱国卫生委员会主任、校党委副书记、副校长张金辉，主任、副校长孙忠权分别出席会议，校部、校区爱国卫生运动委员会副主任及委员单位负责人参加了会议。会上，孙忠权代表学校爱国卫生委员会与校内爱国卫生责任单位签署责任书并授牌后发表讲话。会议传达了《关于印发〈华北电力大学校园爱国卫生管理办法〉的通知》《关于调整华北电力大学爱国卫生委员会组成成员的通知》，确认了校内各单位卫生责任区域。会议对学校爱国卫生工作提出了加强健康教育培训，做好宣传、解释和传达工作，落实四月份以学生宿舍为重点的三点爱国卫生工作要求。校区会议传达了《关于印发〈华北电力大学（保定）爱卫会卫生管理实施条例〉的通知》（华电（保）校〔2013〕2 号）《关于划分环境卫生责任区的通知》，确认了爱国卫生运动委员会各级组织及人员，进一步明确了后勤与基建管理处作为爱国卫生运动委员会工作执行部门的职责。会议同时要求各单位切实将卫生管理工作提到议事日程上来，“踏石留印，抓铁有痕”，认真落实爱国卫生管理实施条例，努力营造整洁、干净、文明、有序的与高水平大学相适应的良好校园环境。

（刘贵臣　魏　娜　等）

【召开北京部分高校后勤“光盘行动”座谈会】4 月 9 日，北京部分高校后勤“光盘行动”座谈会在华北电力大学举行。学校副校长孙忠权出席会议并致辞，他阐述了十八大胜利召开的背景下，开展“光盘行动”的重要意义。教育部发展规划司高校后勤改革处处长朱宝铜，北京市教工委宣教处副处长寇红江，北京市教委学校后勤处处长张龙，副处长李异军，全国高校后勤研究会秘书长、中国人民大学校长助理黎玖高，北京交通大学校长助理郑广天，北京邮电大学校长助理刘晓平以及清华大学等二十余所高校后勤负责人及部分高校学生处负责人参加了会议。会上，朱宝铜处长对《教育部关于在高等学校开展反对餐桌浪费专项行动的通知》等文件进行了简要介绍；黎玖高就全国高校各后勤部门、实体落实教育部节约型校园的建设情况进行了介绍；寇红江代表北京市教委工委表明了不遗余力配合此次活动的态度；张龙对北京高校后勤“光盘行动”提出了要求。

（刘贵臣　安美玲）

【全面实施餐饮管理与服务中心综合改革】2013 年，作为年度重点工作之一，后勤与基建管理处启动实施了餐饮综合改革工作，先后完成一餐厅二层风味餐厅的硬件改造和经营模式改革工作，建立餐饮库房集中管理模式，搭建库房物资管理网络系统，实施以饭菜投料标准和售价统一为核心的标准化工作，建立副食投料标准，推出温暖套餐，尽最大努力让利学生，有效提高餐饮服务水平。

（魏　娜　刘　洁）

【太原科技大学副校长李忱一行来校调研交流】4 月 15 日，太原科技大学副校长李忱一行来校调研交流后勤工作，调研交流学校后勤改革基本思路、发展建设目标及改革综合效果等。副校长孙忠权接待了来访客人。会上，后勤管理处负责人介绍了来宾关心的后勤改革具体相关问题。会后，李忱一行考察了学校礼堂、会议区、一站式服务平台、光伏发电设备、锅炉房运行设施和学生食堂等地方。

（刘贵臣　梁　燕）

【举行校园绿化景观获奖方案颁奖活动】4 月 16 日，学校举行“花园式校园”校园绿化景观方案获奖作品颁奖活动。孙忠权副校长应邀出席活动并为获奖师生进行颁奖。他希望通过此次活动，激发和动员广大师生更广泛地动员师生参与到学校校园建设活动中来，营造更舒适、优美、健康、和谐的校园环境。花园式校园“校园绿化景观主题设计方案有奖征选活动由后勤管理处联合校工会、校团委共同举行，以“我的校园，我的家”为主题，活动旨在加强我校校园文化建设，打造宜学、宜教、宜居、宜行的“花园式校园”。规划方案涉及全校景观整体规划，北门花坛景观、教一广场南侧（银杏林）景观带等7个区域。对于首次面向全校征集的设计方案，此次活动共收到包括学生、教师及教师家属等在内的13篇投稿方案。

（刘贵臣　梁　燕）

【召开“精细化管理年活动”动员大会】4月19日，保定校区后勤与基建管理处召开“精细化管理年”动员大会。后勤领导班子、全体中层干部、各中心班组长以上员工骨干、机关全体工作人员参加了大会。张树芳处长作了题为《全面推进精细化管理 进一步提升后勤管理和服务水平》的动员讲话，深刻论述了开展“精细化管理年”活动的背景、意义及目标，并提出具体要求。会上同时宣读了“精细化管理年活动方案”。保定校区后勤“精细化管理年”活动自2013年4月起，计划至年底前结束，历时八个月，分五个阶段按计划、分步骤有序进行。

（魏　娜　刘　洁）

【开展植树绿化活动】5月7日，学校开展植树绿化活动，积极创造宜居、宜学的绿色校园。孙忠权副校长在学校教一东侧植树现场与学校后勤、基建、校医院等部门党员、干部一起参加了活动。植树期间，孙忠权听取了后勤部门负责人关于校园绿化工作的规划安排后，提出了校园美化、绿化工作的相关要求，并希望广大师生积极行动起来，共同参与到植树绿化活动中来，为打造学校宜学、宜教、宜居、宜行的“花园式校园”作出贡献。

（刘贵臣　梁　燕）

【召开深化后勤管理体制改革动员大会】5月30日，保定校区召开深化后勤管理体制改革动员大会。学校党委副书记、副校长张金辉出席大会，学校党委办公室、校长办公室、党委组织部、审计处、人事处、财务与资产管理处等部门主要负责人参加大会，保定校区后勤领导班子成员、全体员工参加了大会。张金辉副书记作了动员讲话，回顾了自2011年学校启动新一轮后勤管理体制改革工作取得的阶段性成果，对后勤按照有关文件精神和要求，在改革的不同阶段，保证各项改革任务的有序落实，给予了充分肯定；深入解读了后勤管理体制改革的意义；介绍和说明了改革的内容，并对深化后勤管理体制改革工作提出具体要求。大会同时宣读了后勤改革相关文件、机构调整文件和后勤党总支调整及干部聘任文件。

（魏　娜　刘　洁）

【成功承办保定校区职工趣味运动会】6月2日，由保定校区校工会主办、后勤分工会承办的华北电力大学（保定）首届“后勤杯”趣味运动会在二校区运动场上顺利举行。校党委副书记李双辰应邀出席开幕式，党办校办、党委宣传部、校工会、后勤与基建管理处、体教部等相关负责人一同参加。作为承办方后勤专门成立了工作小组，分工明确，积极筹备，确保了运动会各项工作的顺利进行。

（魏　娜　刘　洁）

【参加“节约粮食反食品浪费”主题宣传活动】6月18日，教育部和国家机关事务管理局在北京交通大学举行“节约粮食反食品浪费”建设节约型校园主题宣传活动。华北电力大学作为高校节能联盟的首批发起院校，学校副校长孙忠权应邀参加了此次活动开幕式，并观看了各高校学生社团节约粮食创意作品。共有37所来自北京地区高校的近1 000名师生参加了此次主题活动，用实际行动响应节粮倡议。后勤管理处处长李金全、副处长白海及餐饮相关负责人、“蓝之焰”青年志愿者协会20名学生参加活动开幕式，并在活动现场展示了学校节能系列宣传海报。

（刘贵臣　梁　燕）

【召开“一切为了师生”2013年暑期工作会】7月15日，校部后勤召开“一切为了师生”2013年暑期工作会。会议通过主题发言、工作汇报和分组讨论等形式，暑期工作会研讨了后勤一切为了师生的服务工作中所努力的方向，部署了暑期期间后勤各项重点建设工作。

（刘贵臣　梁　燕）

【参加河北省高教学会后勤管理分会2013年年会】7月16日至18日，校党委副书记、副校长张金辉，保定校区后勤与基建管理处处长张树芳参加河北省高教学会后勤管理分会2013年年会。会上，张金辉副书记作为河北省高教学会后勤管理分会第十一届理事会副理事长在开幕式上讲话，张树芳处长代表华北电力大学（保定）作了题为《持续推进体制机制改革 促进后勤服务质量、效率和效益的不断提升》的典型发言，就保定校区基本情况、后勤工作基本现状、后勤改革情况及后勤管理体制的认识和体会等方面作了介绍。会议同时总结了高校后勤改革发展的成绩，提出了中长期需谋划的三项工作，即建立稳定伙食价格的长效机制，抓好后勤服务规范化、标准化建设，做好高校后勤系统的反腐倡廉框架性建设。会议还明确了当前亟须探索并着手解决的重点问题。

（魏　娜　刘　洁）

【开展党的群众路线教育实践活动】9月份，华北电力大学后勤开展党的群众路线教育实践活动，9月4日至9月11日期间，校部后勤分别组织召开了5次不同形式的座谈会，包括领导班子专题学习讨论会、员工和党员系列座谈会、师生见面会等，征求全校师生、后勤员工对后勤工作的意见和建议。围绕群众路线教育实践活动中征求到的各类意见和建议，后勤在认真梳理，专题研讨解决，拿出改进方案的同时，凝练项目，建章立制，使之形成长效机制，真正使群众路线教育实践活动有落实，出举措，见成效。经过整理、归类，党的群众路线教育实践活动24条意见，除5条分部解决外，其余19条已基本解决。9月3日，保定校区后勤党总支以“践行群众路线，推动科学发展，服务师生员工”为主题，召开领导班子党的群众路线教育实践活动专题学习讨论会。巡视员能源与动力工程学院动力工程系党总支副书记王韶坡、工作人员张春旺同时参加会议。会议传达了学校深入开展党的群众路线教育实践活动动员大会精神，组织班子成员再次重温了学校关于党的群众路线教育实践活动实施方案，布置了有关落实学校党的群众路线教育实践活动学习教育、听取意见环节实施计划的相关工作。

（刘贵臣　魏　娜　等）

【举办中层管理干部系列培训活动】2013年，保定校区后勤与基建管理处强化干部队伍能力建设，围绕后勤管理体制改革，举办中层管理干部系列培训活动。暑期中层管理干部培训会以“认识改革意义，领会改革政策，转变思想观念，探索运行机制”为主题，校党委副书记、副校长张金辉出席开班式并作重要讲话。培训会对后勤管理体制改革的必要性和作用进行了深入解读，就“努力构建后勤改革背景下的新思想新观念”进行了集中辅导。为深化对后勤管理体制改革顶层设计思路和目标的认识，加深对改革意义的理解，后勤与基建管理处多次举办了以“重温领导讲话，再学改革文件，深思后勤工作”为主题的中层管理干部系列培训会，全体中层管理干部围绕“寻找定位、明晰职责、主动跟进；梳理问题、完善机制、出台制度、改革到位”等进行充分研讨，交流了学习心得和工作思路。

（魏　娜　刘　洁）

【刘吉臻校长视察保定校区后勤基建工作】9月9日，校长刘吉臻在党委副书记、副校长张金辉，党委副书记李双辰，副校长王增平以及相关部门负责人的陪同下，视察保定校区后勤基建工作，对二校区实验综合楼室内外工程、集中供热工程及周边校园现状进行了走访巡视。在与后勤与基建管理处领导班子成员进行座谈时，刘吉臻表示始终关注保定校区的后勤管理体制改革工作，学校全力支持后勤工作，保定校区后勤要加强工作的主观能动性，克服困难，解决矛盾，主动推动工作。

（魏　娜　刘　洁）

【开展“节能宣传周”活动】9月9日，保定校区后勤与基建管理处“节能宣传周”活动在二校区正式启动。“节能宣传周”活动以“积极参与节能活动，共建节约型美好校园”为主题，旨在宣传节能理念，提高师生节能意识，为建设节约型校园奠定扎实的思想基础。为了使活动达到更好的效果，后勤制作宣传展板，宣传节能政策和学校及后勤的节能技改项目；制作条幅宣传节能理念，倡导节能标语；发布节能倡议书，印制1 500张宣传彩页，特别制作“节能宣传周”启动节能签名展板，倡导师生积极签名，争做节约能源的先锋模范。学校党委副书记、副校长张金辉，副校长王增平参观了节能宣传展览现场，并在“节能宣传周”启动节能签名展板上签名。

（魏　娜　刘　洁）

【开展“安全生产月”活动】9月，保定校区后勤与基建管理处开展“安全生产月”活动，进一步完善制度，强化责任，更新、健全安全管理队伍网络体系，加强、细化各级安全管理制度和班组安全管理机制。注重员工安全培训，编撰并印发后勤安全知识培训材料123份，组织安全知识考核和设备安全操作教育活动。

（魏　娜　刘　洁）

【召开北京部分高校新学期后勤工作座谈会】9月12日，北京部分高校新学期后勤工作座谈会在华北电力大学召开。学校副校长孙忠权出席座谈会并致欢迎词。座谈会介绍了全国高校节能工作情况，并就新学期后勤内部监管工作和公寓工作进行交流发言，围绕其中的热点问题，进行了广泛交流与探讨，并提出了相应的建议和意见。市教委学校后勤处处长张龙，中国教育后勤协会副会长、中国政法大学副校长张柳华，中国教育后勤协会副秘书长、北京交通大学校长助理郑广天，首都经贸大学副校长孙昊哲、北京邮电大学校长助理兼后勤处处长刘晓平，北京电子职业技术学院副院长田宏兵，北京学校后勤事务中心副主任赵长顺和杜树江及北京部分高校后勤处处长、集团总经理30余人出席座谈会。座谈会由后勤管理处处长李金全主持。

（刘贵臣　安美玲）

【二校区实验综合楼工程竣工】 2013年10月，二校区实验综合楼工程竣工。保定校区实验综合楼工程是学校为不断提升办学条件和水平实施建设的工程项目，是专门用于学生实验教育教学的专属楼宇，在保定校区的教学设施建设中尚属首例。总建筑面积21 262平方米，计划投资5 949万元。校领导高度重视工程项目建设，多次亲临现场检查指导工作。工程历时一年多，从前期调研、实地勘测、可行性分析到组织施工、工程指导、工程监管，全体工程技术人员充分发扬“求实、求细、求精、求新”的工作作风，在保证工程进度的前提下，确保了工程质量。

（魏　娜　刘　洁）

【联合校内部门召开学生见面会】 10月15日，校团委、学生会、后勤管理处、基建处、校医院等部门联合召开“温暖金秋，爱在校园”和谐校园学生见面会。见面会上，各院系依次提出了涉及后勤管理处、基建处、校医院等部门的相关提案，包括调整开水房时间、增设大学生活动中心、改善校医院服务态度等与同学们切身相关的问题。三部门主要负责人就其中的问题进行了详细的答复。后勤管理处对涉及本部门的提案能立即解决的现场给出了解决办法，需分步解决的给出了相应的解决方案。孙忠权副校长参加了见面会并发表讲话。

（刘贵臣　梁　燕）

【承办华北地区高校后勤协作会2013年年会】 10月19日，由北京市教委、北京市高教学会后勤管理研究会主办、华北电力大学承办的华北地区高校后勤协作会2013年年会在学校召开。学校作为北京高校后勤管理研究会理事长单位，副校长孙忠权出席大会并致欢迎词。会议通过华北五省市后勤部门之间的相互交流发言，旨在学习和借鉴各省市后勤深入推进科学化管理、构建标准化精细化服务体系，促进高校后勤发展的新方法、新举措。会上，中国教育后勤协会常务副会长、中国政法大学副校长张柳华阐述了成立中国教育后勤协会的重要意义和深远影响；北京市教委委员黄侃介绍了北京市高校后勤社会化改革以来取得的成果；教育部发展规划司后勤改革处处长朱宝铜对高校后勤工作提出了总体的思路。会议期间，五省市的与会代表分别进行了交流发言，介绍了高校后勤深入推进科学化管理、构建标准化精细化服务体系、促进高校后期发展的新方法、新举措。出席和光临会议的还有河北高教学会后勤管理分会理事长、河北师范大学副校长陆军恒，山西高教学会后勤管理分会副理事长、山西省教育厅学校管理处处长乔建华，天津市高校后勤协会秘书长巩亚楠及华北地区高校后勤管理研究会（协会）正、副理事长，分管后勤工作的副校长，后勤处处长，后勤集团经理共计220余人。

（刘贵臣　梁　燕）

【举行第八届趣味运动会暨第十届技能大赛】 10月29日，后勤服务集团第八届趣味运动会暨第十届技能大赛在学校操场举行。孙忠权副校长出席开幕式并致辞。趣味运动会上后勤员工展开了轻松愉悦的多项比赛，比赛结束后举行年度技能大赛。参赛员工发挥专业优势，向观众展示优良的业务技术水平。通过把文化建设工作与管理育人、服务育人工作相结合起来，校部后勤本届活动增强了后勤员工集体向心力和荣誉感，促进专业技术知识，思想道德素质、科学文化素质和技能水平的提高。

（刘贵臣　梁　燕）

【召开少数民族餐饮服务工作学生座谈会】 10月30日，保定校区后勤与基建管理处联合学生处组织召开了在校少数民族学生代表饮食工作座谈会。学生处、后勤与基建管理处相关负责人和工作人员，维吾尔族、回族、哈萨克族、藏族、撒拉族等20多名少数民族学生代表参加座谈会。各位学生代表踊跃发言，分别从自身民族的民族特点、就餐习惯以及目前在清真餐厅就餐中所遇到的问题提出了自己的看法和意见、建议。在听取少数民族学生代表意见后，学生处、后勤与基建管理处相关负责人表示校领导非常关心少数民族学生的饮食和生活问题，并对学生代表提出的意见和建议给予了积极回复。

（魏　娜　刘　洁）

【完成二校区集中供热管网改造工程】2013 年，为进一步保证保定校区二校区供暖质量，根据二校区现有建筑面积，经过实地勘察和可行性研究，保定校区后勤与基建管理处在保证质量的前提下抢抓进度，在供暖期前顺利完成二校区一期集中供热工程 2 × 9MW 换热机组的安装和热力网敷设工程，通过采用热电联产集中供热，有效提高二校区供热质量。

（魏　娜　刘　洁）

【举办第十七届“梦寝”宿锦年华文化节汇报表彰暨文艺汇演】12 月 5 日，第十七届“梦寝”宿锦年华文化节汇报表彰暨文艺汇演在教三报告厅举行。孙忠权副校长应邀出席了晚会并为文化节的标兵宿舍颁奖。本届文化节是后勤致力于对于弘扬宿舍文化、营造良好宿舍氛围，引导学生培养“自我管理、自我教育、自我服务”的能力重要举措。通过活动，丰富了学校学子宿舍文化生活，提升了宿舍文化的品位，促进了同学们的健康成长和全面成才。活动对加强后勤与同学们的沟通与交流，增进相互理解与支持具有积极作用。

（刘贵臣　梁　燕）

【联合召开卫生防疫和安全工作专题会议】12 月 10 日，保定校区后勤与基建管理处、校医院召开了落实文件要求，强化卫生防疫和安全工作专题会议。会议传达了教育部、河北省教育厅《关于秋季开学以来学校食品中毒和肠道传染病流行事件报道的通知》内容和有关精神，强调进一步严格落实食品卫生安全制度，加强自备水源管理，切实做好食品安全和饮用水安全工作。同时经研究，决定成立食品卫生防疫及二次供水安全管理组织。

（魏　娜　刘　洁）

【开展卫生安全专项检查】12 月 12 日，为严防食物中毒和肠道传染病，确保师生饮食、饮水安全，食品卫生防疫及二次供水安全管理组开展了以食品安全、饮水安全和防控肠道传染病为主题的卫生安全大检查。管理组先后对学校二次供水站、聚博园餐厅、学生第一餐厅等进行了仔细检查。结合上级有关要求，重点对现有各项安全管理制度建立完善情况，二次供水维护保养记录、操作流程，食品原材料采购台账、加工流程管理、食品留样管理、菜品消毒记录，餐饮后厨卫生管理情况以及员工健康证持有情况等进行了全面检查。

（魏　娜　刘　洁）

【举办第三届职工文化节活动】12 月 21 日，由后勤（保定）党总支、分工会举办的第三届职工文化节拉开序幕，校工会主席杨实俊、后勤与基建管理处领导班子、全体中层管理干部、各参赛代表队参加了开幕式。随后，举行了职工乒乓球比赛和后勤趣味运动会，运动会由机关、物业、餐饮和综服四支代表队，共 200 多名运动员参加，运动会比赛项目包括“力挽狂澜”“风采一条龙”“顶天立地”“八仙过海”“托球接力”“婀娜多姿”“沙包掷准”“夹包甩远”“齐心协力跑”和“摸石过河”等十个集体趣味项目，激发了全体职工的参与热情。

（魏　娜　刘　洁）

【承办北京高校后勤 2013 年年度工作会】12 月 26 日，北京高校后勤 2013 年年度工作会在华北电力大学举行。北京市教委副主任郑登文，中国教育后勤协会常务副会长、中国政法大学副校长张柳华，北京各高校主管后勤的校领导，后勤部门相关负责人及部分先进代表共计 310 人出席了会议。孙忠权副校长出席会议并代表学校致欢迎词。会议以交流发言的方式，全面回顾和总结了 2013 年度北京高校后勤工作情况，分析了当前在国家深化改革大潮的背景下，北京高校后勤工作面临的新形势，并就扎实做好 2014 年工作进行谋划和部署。会上，学校后勤管理处处长李金全代表北京高校后勤研究会作 2013 年年度工作报告。会议对北京高校 2013 年度标准化达标学校进行授牌，对北京高校后勤思想政治工作、物业管理、节能工作 95 个先进集体 322 名先进个人进行了颁奖和表彰。会后，来自北京高校 1 500 多名职工观看了“‘最炫后勤梦’北京高校后勤第三届文化艺术节”文艺汇演。会议当天还举行了北京市高校后勤研究第十三届会常务理事会议。

（刘贵臣　梁　燕）

医疗服务

■概述

2013年,华北电力大学医疗工作以“更好地服务于大学高水平建设”为宗旨,以服务于师生健康为根本,认真落实国家医疗卫生改革精神,重点加强条件与人才建设,强化管理和服务意识,狠抓医德医风,各项工作长足发展,积极完成了医疗、预防、保健等各项工作。学校结合医院实际,开展了党的群众路线教育实践活动,通过多种形式的座谈会、问卷调查、意见箱、谈心谈话和班子民主生活会等,共收到有建设性的意见和建议15条,并逐一梳理整改。认真学习党的十八大和十八大三中全会精神,组织“党员在线学习”,班子坚决贯彻执行中央八项规定,对照“四风”改进工作作风,修订完善了《医院办事指南》《急诊转诊若干规定》等10项制度。加强廉政教育,坚持“三重一大制度”,认真规范各种收费项目,重点加强对班子成员、中层干部和药械、公疗、财务、物资等风险“岗位”职工的教育和制度监督。医院重视外联合作,邀请了北京积水潭医院回龙观院区赵兴山院长一行3人来院指导,双方就师生急诊、医务人员培训等达成了合作意向。

2013年,校医院坚持以人为本,优化服务细节,努力营造和谐医院。如:新生体检期间X光拍片实行发号预约,最大程度减少学生排队等候时间;为体弱师生配备“输液床”等;整修了医院广场,完成了医院基本装修,科学规范了医院各种标牌,就医环境明显改善;校医院获学校党员统计先进党总支直属党支部、年鉴编撰先进单位、获校庆55周年“华电好声音”师生合唱比赛中获优秀组织奖 、获“电气与电子杯”冬季长走活动中获乙组冠军、获得“能动杯”教职工集体跳绳比跳绳比赛中获乙组第二名组织奖、春季田径运动会中获得了乙组第四名和优秀组织奖;安保工作常抓不懈,未出现安全稳定事件。获评北京市无偿献血先进单位、昌平区学校结核病防治“先进集体”称号。

2013年,校区医院坚持以病人为中心,以全面提高医疗质量为主题,以建立和谐医患关系为目标,严抓医疗规范化管理和医疗核心制度的落实,立足于服务学校教学科研工作的大局,为学校的稳定和发展,全力做好师生员工的医疗保障服务工作,在医疗、预防、保健、卫生宣教、医疗保险、党建和思想政治教育等方面做了富有成效的工作,全年无医疗差错及事故的发生,顺利完成年度工作目标。上半年,狠抓医疗质量、确保医疗安全,以“尊重患者,关爱患者,方便患者,服务患者”的人文服务理念引领大家,提高主动服务意识;深化医患换位理解,组织医护人员开展“假如我是一名患者”换位思考大讨论活动,组织学生开展“我喜欢的医生护士”座谈会。5月12日护士节组织全体党员到校家属区开展义诊活动;重新调整了医疗质量管理委员会等院科两级管理组织。加强业务培训,外聘三甲医院专家每月1~2次前来进行业务培训,提升医护人员的专业技能。全年参加省、市卫生系统各种培训、专业学术会议20余次 。下半年,按照学校的要求,校区医院深入开展党的群众路线教育实践活动,结合校医院实际,深刻剖析医院领导班子“四风”方面存在的问题,通过校园网征集、召开离退休人员、学生代表座谈会和临床工作中随时调查征集等方式广泛听取广大患者的意见和建议5件,认真对照检查,班子成员认真开展批评和自我批评,针对问题及时制定整改方案并落实,取得明显实效,提升了广大师生员工对医院的满意度,校医院被评为2013年校教代会提案承办先进单位。

(赵海鹏　李迎春)

■概况

2013年,华北电力大学医院共有职工41人(含在编24人,返聘8人,外聘9人),其中副高级职称9人,设12个临床科室,开设病床30张。医院全年完成门急诊52 479人次(含发热1 680人次,腹泻210人次),输液2 826人次,肌肉注射2 486人次,外伤处置2 155人次,理疗6 166人次。发现并上报传染病66人次(含疑似结核病31例,水痘30例,细菌性痢疾2例,感染性腹泻3例),院内住院患者52人次(其中疑似肺结核首诊留观19例、另疑似结核外院隔离12例,水痘29例,带状疱疹4例)。完成各种化验25 070份,完成X线透视4 286份,X线摄片5 281人次,心电图检查5 048人次,B超检查945人次。完成各种预防接种3 711人次(含师生预防免疫接种3 290人次,社区儿童计划免疫接种299人次,外来务工人员122人次);

完成各类学生体检 8 396 人次（含新生本科生体检 2 917 人次，新生研究生体检 1 475 人次，继续教育学院 18 人次，毕业生体检 2 301人次，研究生初筛体检 1 440 人次，推免研究生体检 245 人次）；组织完成教工体检 1 436 人次；为本科和研究生新生中 149 名结核菌素试验强阳性同学组织了专场专家报告会，其中 45 位同学参加了为期 3 个月的自愿预防用药；全年无疫情爆发和流行。完成了约 2 930 名本科新生 15 天的军训保健工作，完成了大学运动会、老干部外出活动、研究生招生及四六级英语考试、大学自主招生等 20 次大型会议和活动的保健任务。开展健康教育讲座 25 场，听课师生约 3 700 人次；组织结核病、艾滋病等传染病全校性宣传活动 3 次，发放宣传手册 2 000余本、宣传单 600 余份；本年度完成 3 635 人次门诊转诊和 400 人次住院转诊师生医疗费审核工作；组织师生无偿成分献血 256 人次、全血 254 人次。

2013 年，华北电力大学（保定）医院医务人员 36 人，在编 25 人，返聘和外聘 11 人。其中正高职 4 人，副高职 7 人，中职 10 人。科室 10 个，床位 40 张。完成门诊（内科、外科、儿科、中医科、口腔科）治疗 44 237 人次，急诊抢救及出诊 20 人次，小手术及清创缝合 461 人次，静脉输液2 020人次，完成各类医学功能检查（X 光、彩超、心电图）及化验检验 34 400 人次。接种麻风腮、乙肝、乙脑、流脑、流感等儿童计划免疫疫苗 555 人次，为新生及在校生接种乙肝疫苗 5 300 余人次。上报传染病 35 例。为离退休老干部、45 岁以上及 35 岁以下教职工体检 1 600 余人次，全年完成新生、研究生、毕业生等各类学生体检 10 899 余人次，组织女职工进行妇女病体检（妇科彩超）800 余人。为4 000 多新生发放艾滋病健康教育处方 4 000 余份，进行传染病预防、艾滋病知识普及、外伤急救、心肺复苏等健康教育讲座 56 学时，在 12 月 1 日第 26 个世界艾滋病日与市疾控中心、校团委联合为学生进行大型科普宣传活动，发放预防艾滋病健康宣传手册 1 000 余份，组建“遏制艾滋、履行承诺”大学生专项志愿服务队伍，以“艾滋病预防知识专栏”、新媒体等平台为阵地大力开展宣传活动。在河北省普通高校卫生监督和医疗保健工作中，被评为优秀医疗机构。

（赵海鹏　李迎春）

■条目

【医院干部调整】1 月，陈红艳任华北电力大学医院副院长。7 月，医院中层干部换届完毕：赵海鹏任办公室主任、蒋凤萍任医疗部主任、曲辉任预防保健科科长、翟英芬任护理部主任、任佳伟任医药医技及信息科科长、姜江任医保财务科科长。

（赵海鹏）

【条件建设上台阶】2013 年，华北电力大学医院认真落实教育部 135 万元修缮资金，完成了医院基本装修，科学规范了医院各种指示标牌。医院广场面积扩展了近一倍达 500m²，并投资数万元进行整修。医院投资数万余元购置多台小型仪器。同时，升级改造了 HIS 系统和门诊收据电子发票接口改造，配合大学完成了“校园一卡通”系统端口改造、医院网站改版等，医院信息化水平再上新台阶。

（赵海鹏）

【服务能力明显提升】2013 年较上年多项业务指标明显提高，如全年门急诊 52 479 人次、较上年增长 5%，B 超 945 人次、较上年增长 86 %，X 线摄片 5 281 人次、较上年增长 555 %，理疗 6 166 人次、较上年增长 132%。妥善处置数起院前急救。在学校迎接北京市平安校园建设活动中，医院在应急预案、应急演示和现场答辩等环节工作扎实，受到表扬。

（赵海鹏）

【人才建设不断加强】引进 1 位北京中医药大学内科硕士；选送 4 位医师分别到中国中医科学院望京医院、中国人民解放军总装备部（306）医院和昌平区医院等进修学习全科、眼科、X 线和彩超等；选派 11 位医师参加教育部和北京市高校医院院前急救培训班学习；推荐 3 位青年科级干部参加大学青年干部人才读书班培训学习。

（赵海鹏）

【外联合作扎实推进】加强了与北京积水潭医院回龙观院区、北大医院和昌平区卫生局等多方面的合作，北京积水潭医院、北大医院、昌平区卫生局及结防所等多位领导和专家来医院讲座并指导工作。

（赵海鹏）

【获北京市无偿献血先进单位】组织学生每周一次赴北京市血液中心无偿捐献成分血，全年共 256 人次，居北京市高校前列；12 月 8 日，北京市血液中心献血车进校园，师生无偿捐献全血 254 人次。

（赵海鹏）

【组建华北电力大学（保定）二校区医务室】为了保定二校区一万

多学生临时性与紧急性医疗救助需求，在校领导的高度重视下，2013年5月二校区医务室正式组建并开诊，医务室建筑面积200平方米，房屋6间，备有急救箱、氧气瓶、氧气袋、血压计、心电图机、担架、电动吸引器、静脉输液器、清创缝合器械、止血带、绷带、夹板、人工呼吸气囊等急救基本设备，由三名医生、两名护士24小时应诊，同时实现了医保的网络连接，确确实实解决了学生的就医问题，得到广大学生的认可与好评。

（李迎春）

【华北电力大学（保定）医院 加强教工健康体检工作】2013年开始增加了教工的体检次数和体检项目。45岁以上教职工（包括离退休职工）由两年体检一次增至每年体检一次，45岁以下教职工由三年体检一次增至两年体检一次。并在原有的体检项目外增加了肝功、肾功检验及乳腺、妇科、心脏、血管彩超检查。

（李迎春）

【华北电力大学（保定）医院建立数字化医院】为提高医院科学化和精细化管理水平，实现医院的信息化管理至关重要，数字化医院的建立，将实现对医疗等部门人流、物流、财流的综合管理，同时医学图像存储传输系统的有效利用，使信息系统从初期的以财务为中心的管理系统逐步走向以病人为中心的临床信息系统，为医院的运行提供智能化的管理和服务。经过一年的调研，10月份此项目已获得学校审批通过。

（李迎春）

【华北电力大学（保定）医院人才引进】为加强医院人才队伍建设，在校领导和校人事处的大力支持下，医院采用延聘、返聘、外聘卫生技术人员等多种形式优化人才结构，6月引进硕士毕业生1名，为医院的发展奠定了更为坚实的人才队伍基础。

（李迎春）

□规章制度建设

RULES AND REGULATIONS BUILDING

华北电力大学网站建设与管理规范

华电校信〔2013〕3 号

第一章　总 则

第一条　为进一步加强和提高学校网站的建设与管理水平，更好地发挥其宣传与服务作用，根据国家相关法律、法规，结合学校实际情况，特制定本规范。

第二条　学校网站包括大学主页（含英文版）、校内各单位主办的网站及各类专题网站（以下简称二级网站）。

第三条　大学主页是华北电力大学的外网门户，坚持“一个大学，一个门户”的原则，北京校部和保定校区对外使用同一个大学主页。

第四条　学校网站的建设与管理坚持“合法规范、安全稳定、审批许可”的原则，做到分工明确、责任到人。

第五条　未经学校批准，任何单位和个人均不得以“华北电力大学××”在公众网注册域名和开办网站。

第二章　管理规范

第六条　信息化建设与管理办公室（以下简称信息办）是大学主页和二级网站建设的推进与主管部门，主要职责包括：

（一）负责大学主页的建设与学校二级网站群平台项目建设。通过构建统一的“网站群”系统，有效推进学校二级网站建设。对于申请使用站群系统平台建设的单位提供权限分配、常用功能培训等管理服务。

（二）负责组织协调校内相关部门和院系，对大学主页的建设运行和信息发布的机制、流程及技术手段进行规范化管理。

（三）负责二级网站（含英文网站）的申请备案、规范建设、监督评比、运行终止等日常管理工作。

第七条　网络与信息中心（保定校区为信息与网络管理中心，以下简称网络中心）是学校各类网站运行维护的技术支撑部门，负责学校网站服务器的管理及其网络安全的技术服务工作。主要职责包括：

（一）负责管理学校集中设置的网站服务器（含网站群服务器），做好相应的技术保障和系统安全等工作，保证其正常运行。对于托管的网站服务及网站服务器执行网络中心相关规定。

（二）采取相应的安全技术，建立健全网络安全防护体系，保障校园网络安全、稳定运行。

第八条　学校各单位明确一名主管领导（信息化主管）和一名信息管理员（信息化助理），负责本单位在大学主页上的栏目内容和信息发布的收集、整理、更新以及本部门二级网站的运行、维护及信息安全等工作。

第九条　各二级网站申请、注册或变更域名时，须报信息办审核批准后，由网络中心实施具体域名解析操作。二级网站域名名称一般应采用本部门的英文缩写或拼音缩写为前缀，统一名称为“英文缩写或拼音缩写. ncepu. edu. cn”。

第十条　各网站管理单位应强化安全意识，做好网站信息安全工作。信息办和网络中心将定期对二级网站进行安全抽查，对于存在安全隐患的网站，限期整改。对于发生网站信息安全事故的单位或个人，学校将视情节予以处理。

第十一条　信息办定期组织相关部门对全校二级网站的建设和运行情况进行评比，对于网站建设管理优秀单位和先进个人进行表彰和奖励。

第三章　内容建设规范

第十二条　学校网站内容发布坚持“谁发布、谁负责”的原则。各单位在网站上发布的各类信息要严格审查，不得含有危害国家安全和社会稳定的非法和不良信息，严禁发布涉密信息或敏感信息。

第十三条　大学主页栏目内容发布由业务相关部门负责。信息办负责大学主页服务支持。

（一）“华电新闻”栏目从学校新闻网定制生成，具体内容由党委宣传部审核发布。

（二）“通知公告”栏目是华北电力大学面向社会发布的公共信息，由校长办公室负责审核发布。

（三）“人事招聘”栏目发布学校的人事招聘信息，由人事处负责发布。

（四）大学主页上的其他栏目由工作对应的相应部门负责审核发布，信息办为上述职能部门分配相应栏目的管理权限。

第十四条　各二级网站中的新闻公告等动态信息栏目内容应做到每月更新,其余栏目内容应在信息发生变更时做到及时更新和补充。二级网站引用学校基本情况数据时,其提法、表述等必须与大学主页内容保持一致。

第十五条　院系(部)网站栏目一般应包括:院系(部)概况、院系(部)新闻、通知通告、师资队伍、科学研究、教育教学、学科专业、联系方式等。

第十六条　机关职能部门网站栏目一般应包括:部门概况、组织机构、部门职责、工作动态、办事指南、联系方式等。

第十七条　各单位不得擅自开设论坛(BBS)、社交网络(SNS),微博、博客、留言等实时互动应用功能的栏目或网站;如有特殊情况需要开设的,应报信息办审批、备案。

第四章　技术建设规范

第十八条　按照《中华人民共和国国家通用语言文字法》的相关规定,学校网站名称、标题、正文等必须使用国家通用语言文字。数字和标点符号用法必须执行国家标准,杜绝错字、别字和异型字。

第十九条　学校网站中标识与名称的设计必须严格遵守《华北电力大学视觉形象识别系统》的相关规定;华北电力大学的标识与名称全称要求置于网站页面显著位置。

第二十条　学校网站的整体设计要求美观协调、简洁明快,充分体现华北电力大学办学精神,突出特色,方便易用;二级网站背景颜色的基色要求为蓝色,可以适度变化,总体应和大学主页颜色相协调。

第二十一条　网站开发应符合 World Wide Web Consortium (W3C)制定的最新国际标准,以满足最新网站技术发展的要求。

第二十二条　网站页面风格与布局要采用 DIV + CSS技术方式进行设计和实现,以求缩减页面代码,提高浏览速度;同时,网页对于目前各种主流浏览器,内容应能够居中显示,并具备运行兼容性与普适性。

第二十三条　网站结构富有组织性,保持页面之间关系的平衡。网站页面高度原则上不超过 3 屏,宽度不超过 1 屏。

第二十四条　网站开发语言推荐使用 HTML、PHP、ASP. Net、JSP 等,数据库管理推荐使用 SQL Server、MySQL、Oracle 等。

第二十五条　网站页面内所有链接应使用“文档相对链接”,确保没有错误链接或无效链接。同时,对于网站上的动态内容(如新闻通知等),应支持输出 RSS 或 XML 功能,便于后期数据集成和决策支持。

第二十六条　网站的设计要对结构和功能进行优化,提升网站的易用性和用户体验度,充分展现高水平大学网站建设形象。

第五章　附则

第二十七条　本规范自公布之日起施行。学校原有的有关政策和规定与本规定不符的,以本规定为准。

第二十八条　本规范由信息化建设与管理办公室负责解释。

华北电力大学网络与信息安全事件应急预案

华电校信〔2013〕4 号

为建立学校网络与信息安全应急响应工作机制,有效预防并科学应对网络与信息安全突发事件,确保校园网络与信息系统正常运行,结合我校实际,特制定本预案。

一、适用范围

本预案适用于全校范围内自建自管的网络与信息系统,尤其是校园网主干设施和重要信息系统安全突发事件的应急处置。

二、工作原则

统一领导,快速反应,密切配合,科学处置。坚持“谁主管谁负责、谁运行谁负责、谁使用谁负责”的原则,充分发挥各方面力量,共同做好网络与信息安全事件的应急处置工作。

三、网络与信息安全事件分类分级

(一)网络与信息安全事件分类

网络与信息安全突发事件依据发生过程、性质和特征的不同,可分为以下四类:

(1)网络攻击事件:校园网络与信息系统因病毒感染、非法入侵等造成学校门户网站或部门二级网站主页被恶意篡改,应用系统数据被拷贝、篡改、删除等。

(2)设备故障事件:校园网络与信息系统因网络设备和计算机软硬件故障、人为误操作等导致业务中断、系统宕机、网络瘫痪。

(3)灾害性事件:因洪水、火灾、雷击、地震、台风、非正常停电等外力因素导致网络与信息系统损毁,造成业务中断、系统宕机、网络瘫痪。

(4)信息内容安全事件:利用校园网络在校内外传播法律法规禁止的信息,组织非法串联、煽动集会游行或炒作敏感问题并危害国家安全、社会稳定和公众利益等。

(二)网络与信息安全分级

网络与信息安全突发事件依据可控性、严重程度和影响范围的不同,可分为以下四级:

Ⅰ级(特别重大):学校网络与信息系统发生全校性大规模瘫痪,对学校正常工作造成特别严重损害,且事态发展超出学校控制能力的安全事件;

Ⅱ级(重大):学校网络与信息系统造成全校性瘫痪,对学校正常工作造成严重损害,事态发展超出信息化建设与管理办公室(以下简称信息办)和网络与信息中心(保定校区为信息与网络管理中心,以下简称网络中心)控制能力,需学校各部门协同处置的安全事件;

Ⅲ级(较大):学校某一区域的网络与信息系统瘫痪,对学校正常工作造成一定损害,信息办和网络中心可自行处理的安全事件;

Ⅳ级(一般):某一局部网络或信息系统受到一定程度损坏,对学校某些工作有一定影响,但不危及学校整体工作的安全事件。

四、应急组织领导体系及职责任务

(一)组织机构

全校网络与信息安全防范及应急处置工作由校网络与信息安全工作领导小组统一领导、指挥、协调。

校网络与信息安全工作领导小组组成:

组　长:分管副校长

成　员:党校办、宣传部、信息办、网络中心、保卫处等部门主要负责人

(二)职责及任务

(1)校网络与信息安全工作领导小组:① 决定Ⅰ级和Ⅱ级网络与信息安全事件应急预案的启动,督促检查安全事件处置情况及各有关单位在安全事件处置工作中履行职责情况;②对全校各单位贯彻执行应急处置预案、应急处置准备情况进行督促检查。

(2)校长办公室:①组织协调有关部门查处利用计算机网络泄密的违法行为;②牵头组织重大敏感时期、重要活动、重要会议期间发生的信息安全事件的协调处置。

(3)信息办:①负责网络信息安全工作的组织、协调和监督,制定相关制度和应急预案;②根据校内发生的网络信息安全事件程度提出相应级别预案的启动,组织协调网络中心等单位落实应急预案,共同做好处置工作;③负责及时收集、通报和上报网络信息安全事件处置的有关情况。

(4)网络中心:①负责校园基础网络系统安全,保证校园网络服务不中断;②负责计算机病毒疫情和大规模网络攻击事件的处置;③负责全校网络信息安全事件处置的技术支持工作。

(5)党委宣传部:负责学校舆情监测工作,对于涉及师生政治思想方面的预警性、倾向性、苗头性的问题加强分析研判,制订工作方案,并妥善有效应对。

(6)保卫处:密切联系公安部门,配合信息办做好网络信息安全事件的处置工作。

(7)各单位负责本单位内部的网络信息安全管理和突发事件应急处置工作,应对照本预案,建立本部门应急处置机制。

五、预防措施

(1)学校建立健全安全事件预警预报体系。各单位严格执行校园网络与信息系统安全各项管理制度,按照本文件要求对本部门所负责管理的校园网络通信平台、应用平台和信息系统采取相应安全保障措施。

(2)学校实行信息网上发布审批制度。信息办与网络中心对可能引发校园网络与信息安全事件的信息,要认真收集、分析判断,发现有异常情况时,及时防范处理并逐级报告。

(3)网络中心加强对校园网络的监控和安全管理,做好相关数据日志记录,同时做好数据中心的数据备份及登记工作,建立灾难性数据恢复机制。

(4)特殊时期,根据工作需要,由信息办和网络中心进行统一部署和安排,组织专业技术人员对校园网络和信息系统采取加强性保护措施,对校园网络通信及信息系统进行不间断监控。

六、处置流程

(一)预案启动

发生校园网络与信息安全事件后,信息办、网络中心和突发安全事件的信息系统建管部门应尽最大可能收集事件相关信息,鉴别事件性质,确定事件来源,弄清事件范围,评估事件带来的影响和损害,确认突发事件的类别和等级,并参照下述响应机制对突发事件进行处置。

(二)应急响应

1. 应急响应机制

Ⅲ级或Ⅳ级突发事件响应:信息办、网络中心和突发安全事件的信息系统建管部门自行负责应急处置工作,有关情况报分管校领导。

Ⅱ级突发事件响应:信息办和网络中心立即上报分管校领导和校网络与信息安全工作领导小组,由领导小组统一组织、协调指挥进行应急处置。

Ⅰ级突发事件响应:信息办和网络中心立即上报分管校领导和校网络与信息安全工作领导小组,领导小组再上报至市公安局等相关部门,由北京市相关部门会同我校网络与信息安全工作领导小组统一组织、协调指挥应急处置。

2. 应急处理方式

根据网络与信息安全事件分类采取不同应急处置方式。

(1)网络攻击事件:判断攻击的来源与性质,关闭影响安全与稳定的网络设备和服务器设备,断开信息系统与攻击来源的网络物理连接,跟踪并锁定攻击来源的 IP 地址或其他网络用户信息,修复被破坏的信息,恢复信息系统。按照事件发生的性质采取以下方案:

病毒传播:及时寻找并断开传播源,判断病毒的类型、性质、可能的危害范围;为避免产生更大的损失,保护健康的计算机,必要时可关闭相应的端口,甚至相应楼层的网络,及时请有关技术人员协助,寻找并公布病毒攻击信息以及杀毒、防御方法。

外部入侵:判断入侵的来源,区分外网与内网,评价入侵可能或已经造成的危害。对入侵未遂、未造成损害的,且评价威胁很小的外网入侵,定位入侵的 IP 地址,及时关闭入侵的端口,限制入侵的 IP 地址的访问。对于已经造成危害的,应立即采用断开网络连接的方法,避免造成更大损失和影响。

内部入侵:查清入侵来源,如 IP 地址、所在办公室等信息,同时断开对应的交换机端口,针对入侵方法调整或更新入侵检测设备。对于无法制止的多点入侵和造成损害的,应及时关闭被入侵的服务器或相应设备。

(2)设备故障事件:判断故障发生点和故障原因,迅速联系 IT 运维公司尽快抢修故障设备,优先保证校园网主干网络和主要应用系统的运转。

(3)灾害性事件:根据实际情况,在保障人身安全的前提下,保障数据安全和设备安全。具体方法包括:硬盘的拔出与保存,设备的断电与拆卸、搬迁等。

(4)信息内容安全事件:接到校内网站出现不良信息的报案后,应迅速屏蔽该网站的网络端口或拔掉网络连接线,阻止有害信息的传播,根据网站相关日志记录查找信息发布人并做好善后处理;对公安机关要求我校协查的外网不良信息事件,根据校园网上网相关记录查找信息发布人。

(5)其他不确定安全事件:可根据总的安全原则,结合具体情况,作出相应处理。不能处理的及时咨询信息安全公司或顾问。

(三)后续处理

(1)安全事件进行最初的应急处置后,应及时采取行动,抑制其影响进一步扩大,限制潜在的损失与破坏,同时要确保应急处置措施对涉及的相关业务影响最小。

(2)安全事件被抑制后,通过对有关事件或行为的分析结果,找出问题根源,明确相应补救措施并彻底清除。

(3)在确保安全事件解决后,要及时清理系统,恢复数据、程序、服务,恢复工作应避免出现误操作导致的数据丢失。

(四)记录上报

网络与信息系统安全事件发生时,应及时向校领导和校网络与信息安全工作领导小组汇报,并在事件处置工作中做好完整的过程记录,及时报告处置工作进展情况,保存各相关系统日志,直至处置工作结束。

(五)结束响应

系统恢复运行后,信息办和网络中心对事件造成的损失、事件处理流程和应急预案进行评估,对响应流程、预案提出修改意见,总结事件处理经验和教训,撰写事件处理报告,同时确定是否需要上报该事件及其处理过程,需要上报的应及时准备相关材料;属于重大事件或存在非法犯罪行为的,第一时间向公安机关网络监察部门报案。

七、保障措施

校园网络与信息安全应急处置是一项长期的、随时可能发生的工作,必须做好各项应急保障工作。

(一)队伍保障

加强队伍建设,不断提高工作人员的信息安全防范意识和技术水平,确保安全事件应急处置科学得当。

(二)技术保障

不断完善网络安全整体方案,加强技术管理,确保信息系统的稳定与安全。根据工作需要聘请信息安全顾问为应急处置过程和重建工作提供咨询和技术支持。

(三)资金保障

信息办和网络中心应根据校园网络与信息系统安全预防和应急处置工作的实际需要,申报网络与信息系统关键设备及软件的运行维护专项资金,提出本年度应急处置工作相关设备和工具所需经费,并上报至财务处纳入年度财政预算,由学校给予资金保障。

(四)安全培训和演练

信息办和网络中心定期对相关工作人员进行网络与信息系统安全知识培训,增强预防意识和应急处置能力。有针对性地开展应急抢险救灾演练,确保相关措施的有效落实。

本预案自公布之日起施行,由信息化建设与管理办公室负责解释。

华北电力大学信息依申请公开工作流程

华电校信〔2013〕6 号

为了规范华北电力大学信息依申请公开工作,满足公民、法人或者其他组织对自身学习、科研、工作、生活等特殊需要,依法、及时、准确地向其提供华北电力大学信息,特制订本工作流程。

一、受理机构

华北电力大学信息公开工作办公室(挂靠在信息化建设与管理办公室)是学校指定的信息公开申请受理机构。学校内部各单位不得擅自以学校或者本单位的名义,受理、答复申请人向学校提出的信息公开申请。

二、申请方式

学校师生员工和社会公众向学校申请获取学校信息的,应填写《华北电力大学信息公开申请表》(以下简称《申请表》),采取现场申请、书面申请(信函、传真等)以及电子邮件等方式进行申请。

申请人提交申请时应附有效身份证件或者证明文件以确认其所提交的《申请表》各项内容的真实性。申请人委托他人办理学校信息公开申请的,受委托人须提供书面委托书,否则信息公开工作办公室对其提出的申请不予受理。

申请人向学校申请提供与其自身相关的学校信息时,应当现场出示有效身份证件、学校证件或者其他证明文件原件,学校有权将相关证件或者证明文件复印留存。

三、申请处理

学校信息公开工作办公室收到申请人提交的《申请表》后,对《申请表》进行审查,包括核对申请人相关信息、申请公开信息的内容、申请公开信息的形式要求等,并按要求备案。学校按照相关规定对申请公开的信息进行保密审查。未按照本规程履行手续的,视为申请人撤回申请,对申请人之前提交的申请进行撤销处理。

信息公开工作办公室应按照学校《华北电力大学信息公开实施细则(试行)》相关规定对信息公开申请进行分类处理,凡能够当场答复的,应当场予以答复。如不能当场答复的,应根据下列情况在 15 个工作日内分别作出答复:

(一)属于主动公开范围且已公开的,应当告知申请人获取该学校信息的方式和途径。

(二)属于主动公开范围但尚未公开的,应当向申请人说明尚未公开的原因并及时提供其所需的学校信息。

(三)属于依申请公开范围的,应当告知申请人学校信息,本细则有特别规定的除外。

(四)属于不予公开范围的,告知申请人不予公开并说明不予公开的理由。

(五)申请公开的学校信息不存在的,应当告知申请人该信息不存在。

(六)申请公开的学校信息中含有不应当公开的内容,但是能够做出区分处理的,应向申请人提供可以公开的信息内容。

(七)申请内容不明确的,应当告知申请人做出更改、补充;申请人逾期未更改、补充的,视为放弃本次申请。

(八)同一申请人无正当理由重复向学校申请公开同一信息,学校已做出答复且该信息未发生变化时,应当告知申请人,不再重复处理。

(九)学校根据实际情况作出的其他答复。

四、收费标准

学校依申请提供信息的收费执行《北京市发展和改革委员会北京市财政局关于印发〈北京市行政机关依申请提供政府公开信息收费办法(试行)〉的通知》(京发改〔2010〕294 号)所列明收费标准,收取提供信息过程中发生的检索、复制、邮寄等成本费用。收取的费用纳入学校财务管理。申请人确有经济困难的，凭有关证明，经批准后，可减免相关费用。

学校各职能部门不得通过其他组织、个人以有偿方式提供信息。

五、附则

本流程自发布之日起实施，由学校信息公开工作办公室负责解释。

附件 1

华北电力大学信息申请公开工作流程图

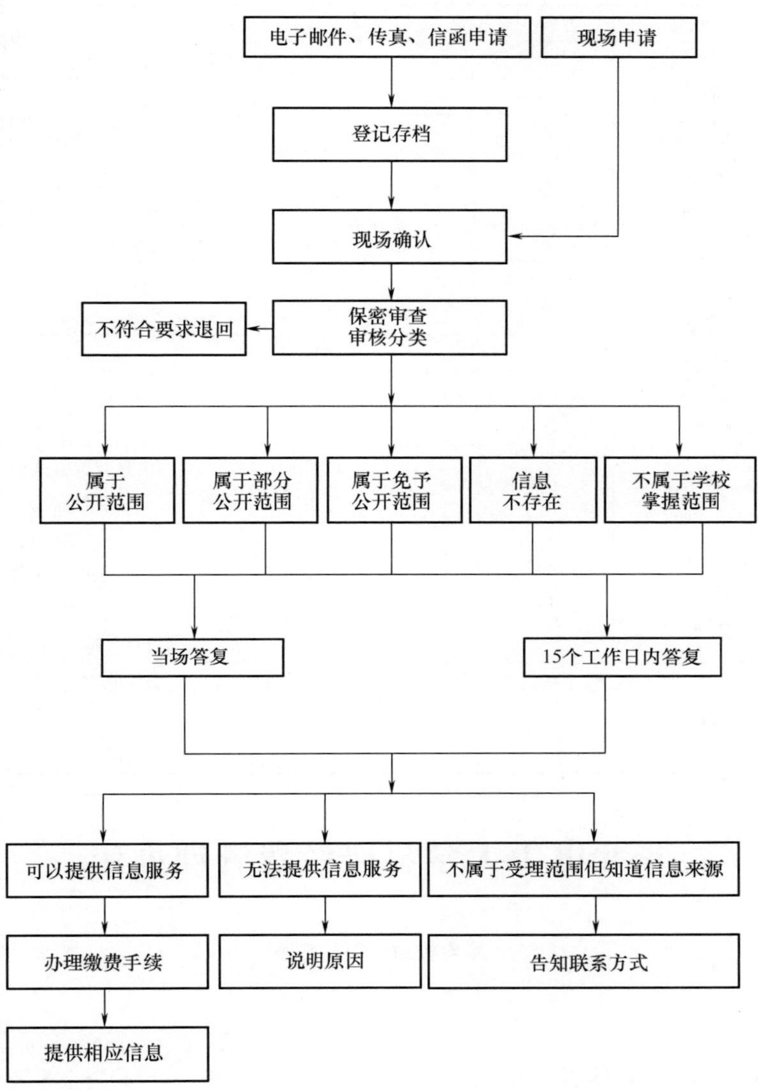

附件 2

华北电力大学信息公开申请表

<table>
<tr><td rowspan="9">申
请
人
信
息</td><td rowspan="5">公民</td><td>姓名</td><td colspan="2"></td><td>工作单位</td><td></td></tr>
<tr><td>证件名称</td><td colspan="2"></td><td>证件号码</td><td></td></tr>
<tr><td>通信地址</td><td colspan="4"></td></tr>
<tr><td>联系电话</td><td colspan="2"></td><td>邮政编码</td><td></td></tr>
<tr><td>E－mail</td><td colspan="4"></td></tr>
<tr><td rowspan="4">法人/
其他
组织</td><td>名称</td><td colspan="2"></td><td>组织机构代码</td><td></td></tr>
<tr><td>法人代表</td><td colspan="2"></td><td>联系人姓名</td><td></td></tr>
<tr><td>电话</td><td colspan="2"></td><td>E－mail</td><td></td></tr>
<tr><td>地址及邮编</td><td colspan="4"></td></tr>
<tr><td rowspan="5">所
需
信
息
情
况</td><td colspan="2">信息索取号或文号</td><td colspan="4"></td></tr>
<tr><td colspan="2">信息内容描述</td><td colspan="4"></td></tr>
<tr><td colspan="2">信息用途</td><td colspan="4"></td></tr>
<tr><td colspan="2">申请减免费用
□申请。请提供相关证明
（属于享受城乡居民
最低生活保障对象、
其他经济困难等。）</td><td>信息提供方式（单选）
□纸面
□电子邮件
□光盘</td><td colspan="3">信息获取方式（单选）
□邮寄
□快递
□电子邮件
□传真
□自行领取/当场阅读、抄录</td></tr>
<tr><td colspan="6">□若本校无法按照指定方式提供所需信息，也可接受其他方式</td></tr>
<tr><td colspan="3">申请人签名或者盖章</td><td colspan="4"></td></tr>
<tr><td colspan="3">申请时间</td><td colspan="4">年　　月　　日</td></tr>
</table>

华北电力大学科研经费管理办法

华电校财〔2013〕5 号

第一章　总则

第一条　根据《关于调整国家科技计划和公益性行业科研专项经费管理办法若干规定的通知》（财教〔2011〕434 号）、《教育部关于进一步贯彻执行国家科研经费管理政策加强高校科研经费管理的通知》（教财〔2011〕12 号）和《教育部 财政部关于加强中央部门所属高校科研经费管理的意见》（教财［2012］7 号）文件精神和要求，为进一步规范和加强学校科研经费管理，提高科研经费使用效益，促进科研事业持续、健康发展，结合我校实际，特制定本办法。

第二条　教学和科学研究工作是学校教师的基本职责，学校教师应该向校外争取和承担各级各类科学研究项目。学校相关单位和部门应积极支持。

第三条　学校各院系、各部门或教师所取得的各类科研经费，不论其资金来源渠道，均属国有资金，均为华北电力大学收入，都必须全部纳入学校财务部门统一管理、集中核算，专款专用。凡以华北电力大学名义申请的科研经费不得作为经营收入转入企业。

第四条　学校科研经费的管理和使用，应符合国家有关财务制度和财务法规、项目主管部门相关管理办法和本办法的规定。

第五条　凡使用科研经费购置的固定资产均属于国有资产（与经费资助单位另有合同约定除外），纳入学校资产统一管理。

第六条　教师取得的科学研究经费学校应提取

科研管理费。科研管理费是教师从事科学研究工作中占用和消耗学校管理资源而作的必要补偿。

第二章　管理主体与职责

第七条　明确科研经费管理责任主体,建立分级管理体制。一是强化学校主体责任,即学校是科研经费管理的主体,校长对学校科研经费管理承担领导责任。二是明确院系监管责任,即院系是学校科研活动基层管理单位,应对本单位科研经费使用承担监管责任。三是落实项目负责人直接责任,即科研项目负责人是科研经费使用的直接责任人,对经费使用的合规性、合理性、真实性和相关性承担法律责任。

第八条　科研经费实行分类管理,学校各部门和项目负责人要各负其责、相互配合。

(一)科学技术研究院的职责

(1)负责科研项目的合同审核、管理等。

(2)配合财务部门做好科研项目经费管理的相关工作。

(3)与财务部门共同指导项目负责人编制科研项目经费预算。

(4)指导与监督项目组成员严格按经费预算使用经费。

(5)外拨经费控制管理。

(二)财务部门的职责

(1)与科学技术研究院共同指导项目负责人编制科研项目经费预算。

(2)负责科研经费的财务管理和会计核算工作,核实项目经费决算以及经费使用情况的财务报表。

(3)监督、指导项目负责人按照科研项目立项书或合同约定,及有关财务法规在其约定范围内合理使用科研项目经费。

(三)审计处的职责

(1)负责或配合社会中介机构对科研项目经费决算进行审计。

(2)配合主管部门审计我校科研项目经费使用情况。

(四)监察处的职责

(1)负责对科研人员进行相关法律法规的宣传教育。

(2)负责检查相关部门和人员执行本办法的情况。

(五)科研项目依托的二级单位(以下简称二级单位)职责

负责或配合科学技术研究院加强对科研项目经费使用管理。

(六)项目负责人的职责

(1)负责编制并执行科研项目经费预算。

(2)负责按照相关文件规定以及合同约定或在批复的预算范围和比例内合理合规开支。

(3)负责编制科研项目经费决算报表、报告。

(4)负责办理科研项目结题及结账手续。

(5)接受有关部门的监督检查,并对科研项目经费使用的合法性、真实性、有效性承担经济与法律责任。

第三章　科研管理费用的提取

第九条　纵向经费管理费用的提取。如果主管部门已有明确规定项目承担单位按比例提取管理费的纵向项目,学校按项目主管部门的规定比例提取相应的管理费用,各院系不再提取相关管理费。

如果主管部门没有明确规定管理费提取比例的纵向经费按项目经费分段超额累退法核定,计提比例如下:

经费预算分段	管理费计提比例
在 100 万元及以下的部分	8%
超过 100 万元至 500 万元的部分	5%
超过 500 万元至 1 000 万元的部分	3%
超过 1 000 万元的部分	2%

第十条　国际交流、合作项目的科研管理费按国际组织相关管理规定执行,没有明确规定管理费提取比例的参照第九条执行。

第十一条　项目主管部门已有明确规定不允许项目承担单位提取管理费用的、不允许列支劳务费的项目,严格按项目主管部门要求执行。

第十二条　横向经费管理费用按照项目实到经费分段超额累退法核定,计提比例如下:

到款金额	绩效管理提取比例	学校提取管理费比例	院、系提取管理费比例
50 万元以下部分	10%	10%	1%
超 50 万元至 100 万元部分	10%	9%	1%
超 100 万元至 200 万元部分	10%	8%	1%
超 200 万元至 300 万元部分	10%	7%	1%
超 300 万元至 500 万元部分	10%	6%	1%
500 万元以上部分	10%	5%	1%

第十三条　学校对已经签订的科研合同进行分类管理，对于符合认定条件的技术开发类项目，由科学技术研究院和财务部门负责到主管部门办理认定和免收增值税手续（并提取规定的合同认定费）；对于不符合认定条件的其他项目，按国家规定由学校代扣项目的相应税费。项目印花税，按国家规定由学校从项目经费中代扣，若项目无经费，科学技术研究院会同财务部门从项目负责人其他项目（或个人工资）中代扣。

第十四条　国防科研项目的经费管理，原则上按照项目主管部门制定的财务及经费管理办法执行。如果主管部门没有明确规定管理费提取比例的，学校按照到校经费的5%提取科研管理经费，学院（研究院、系部）不再提取管理费用。

第十五条　需行业许可进入（须具备资质证）的项目，学校另外提取到账经费的2%作为学校内持资质证的院（处），用于资质证维护、检审、业务监管等费用，并划入相应持证单位的发展基金。

第四章　科研经费支出管理

第十六条　科研经费的报销管理。项目经费报销时，经项目负责人审核报销单及相关票据，并签字认可后，由计财处在该项目经费到款总额内按预算范围予以办理。

第十七条　人工费的管理。人工费包括劳务费和专家咨询费等。

科研人员在项目执行过程中发生的人工费支出，必须由本人签收或发至本人个人银行账户，并依法缴纳个人所得税，不得由他人以任何理由代签。

第十八条　科研经费的转拨管理。科研经费的转拨必须严格执行项目预算，不得层层转拨、变相转拨经费，不得借科研协作之名，将科研经费挪作他用。

向外单位支付原合同约定的协作费，须签订正式合同。转拨单笔金额10万元以下的，由科学技术研究院并计财处主要负责人审核签字；转拨单笔金额10万元以上的，应由主管科技的校领导签字；单笔转拨经费50万元以上的，须主管财务的校领导和主管科技的校领导会签审批。

原合同中未明确约定但确需委托外单位的协作费，项目负责人须向科学技术研究院提交协作单位相关资质证明文件，同时科学技术研究院将论证并严格审核合作（外协）单位和参与人员与科研项目的相关性以及关联交易的公允性，经审核通过的，可与协作单位签订正式合同。

第十九条　科研项目支出调账管理。原则上不允许将已在某项目列支的费用再在另外项目中频繁调账处理，特殊需要的应提供书面资料。对于已批准立项并已签订合同的科研项目，在项目经费尚未到账情况下，可以先向计划财务处申请账号并允许“垫支”，但“垫支”经费必须是该科研项目负责人另外科研项目结存资金，待“垫支”项目经费到账后，再予以“归垫”，避免频繁调账处理问题。

第二十条　配套经费管理。没有明确要求提供配套经费的，项目预算中不必填报自筹经费。承诺提供配套资金的相关二级单位和项目负责人应严格履行合同的约定，及时足额提供配套资金，并将配套资金和专项经费纳入课题预算统一管理和核算。

第二十一条　由学校用财政科研基本业务资金资助的各类科技项目，院、系不提取任何管理费用，课题组也不得提取任何劳务费用，项目经费专款专用，严格按照上级文件、预算及校内科研经费管理办法执行。

学校自有资金资助的项目可参照上列款项管理方式执行。

第五章　科研经费预算及开支范围

第二十二条　科研经费开支范围。科研项目经费开支应严格按项目预算或合同允许的范围使用，不得用于支付各种罚款、捐款、赞助、投资、福利以及国家规定禁止列入的其他支出等。各科目开支范围一般包括：

（一）直接费用。是指在课题研究开发过程中发生的与之直接相关的费用，主要包括设备费、材料费、测试化验加工费、燃料动力费、差旅费、会议费、国际合作与交流费、出版/文献/信息传播/知识产权事务费、劳务费、专家咨询费和其他支出等。

（1）设备费：是指在项目研究开发过程中购置或试制专用仪器设备，对现有仪器设备进行升级改造以及租赁外单位仪器设备而发生的费用。

（2）材料费：是指在项目研究过程中消耗的各种原材料、辅助材料等低值易耗品的采购及运输、装卸、整理等费用。

（3）测试化验加工费：是指在项目研究过程中支付给外单位（包括校内具有相关资质的独立经济核算单位）的检验、测试、化验及加工等费用。

（4）燃料动力费：是指在项目研究过程中相关大型仪器设备、专用科学装置等运行发生的可以单独计量的水、电、气、燃料消耗费用等。

（5）差旅费：是指在项目研究过程中开展科学实验（试验）、科学考察、业务调研、学术交流等所发生的外埠差旅费、市内交通费用等。差旅费的开支标准应当按照国家有关规定执行。

(6)会议费:是指在项目研究过程中为组织开展学术研讨、咨询以及协调项目等活动而发生的会议费用。项目负责人应当按照国家有关规定,严格控制会议规模、会议数量、会议开支标准和会期。

(7)国际合作与交流费:是指在项目研究过程中,项目研究人员出国及外国专家来校工作的费用。项目研究过程中发生国际合作与交流时,应当事先报校内主管部门审核同意。国际合作与交流费应当严格执行国家外事经费管理的有关规定。

(8)出版/文献/信息传播/知识产权事务费:是指在项目研究过程中,需要支付的出版费、资料费、专用软件购买费、文献检索费、专业通信费、专利申请及其他知识产权事务等费用。

(9)其他支出:是指课题在研究开发过程中,除上述费用及人工费、间接费用或管理费之外的其他支出。

(二)人工费。人工费包括劳务费和专家咨询费。纵向项目人工费预算比例按项目主管部门的相关管理办法执行;横向项目人工费占总经费的比例不超过30%。

(1)劳务费:是指在项目研究过程中支付给项目组成员中没有工资性收入的相关人员(如在校研究生)和项目组临时聘用人员等的劳务性费用。

(2)专家咨询费:是指在项目研究过程中支付给临时聘请的咨询专家的费用。专家咨询费不得支付给参与项目研究及其管理的相关工作人员。

(三)间接费用。是指学校在组织实施项目过程中发生的无法在直接费用中列支的相关费用。主要包括学校为项目研究提供的现有仪器设备及房屋,水、电、气、暖消耗等管理费用和项目组成员绩效奖励。项目组应足额申报课题经费间接费用,用以保证课题研究过程中无法由直接成本列支的其他开支。有关科研间接经费管理详见本文附件。

第二十三条　预算的编制。科研项目的经费预算是项目预算执行、财务监督检查和财务验收的重要依据,学校所有科研项目原则上都应编制项目经费预算。

项目负责人应按照政策相符性、目标相关性和经济合理性的原则,科学、合理、真实地编制预算。纵向项目经费预算编制中人工费支出按有关部委文件规定编制;横向项目经费预算编制中人工费支出原则上不得超过30%。

第二十四条　预算的调整。项目经费预算经批准后应严格执行,原则上不予调整。由于项目研究目标、重大技术路线或主要研究内容调整以及不可抗力造成意外损失等原因,对项目资助经费预算造成较大影响时,须由项目负责人提出调整方案,科学技术研究院、计财处批准或按程序报项目主管部门批准后方可进行调整。

(一)项目预算总额如需调整、课题承担单位变更,调整方案应按程序报项目主管部门批准后执行。

(二)项目总预算不变,课题合作单位之间以及增加或减少课题合作单位的预算调整,应当按原程序报项目主管部门批准。

(三)项目(课题)总预算不变的情况下,科目经费如需调整,要求如下:

(1)国家或省部科技计划以及公益性行业科技计划预算调整,其中材料费、测试化验加工费、燃料动力费、出版/文献/信息传播/知识产权事务费、其他支出预算可调增也可调减。设备费、差旅费、会议费、国际合作与交流费、劳务费、专家咨询费预算一般不予调增,但可调减用于课题其他方面支出。项目主管部门在中期财务检查或财务验收时对预算调整予以确认。间接费用不予调整。

(2)国家自然科学基金项目预算调整方案须按程序报国家自然科学基金委员会批准。

(3)其他项目的预算调整在不超过该科目核定预算10%,或超过10%但科目调整金额不超过5万元的范围内予以调整。超过核定预算10%且金额在5万元以上的,须按程序报项目主管部门批准后执行。此外,劳务费、专家咨询费和管理费的预算均不予调整。

第六章　科研项目发票与资产管理

第二十五条　科研项目票据管理。科研项目执行中发生支出业务时,必须取得真实、合法票据进行财务报销。

科研项目执行中收到委托方划拨的经费,学校财务应据实收经费额开具发票。对于要求提前开具发票的,应由项目负责人先向科学技术研究院提出申请,经科学技术研究院审核、签字后再到财务部门开具发票,持票人应负责收回项目经费款,且收回项目经费款额与发票金额一致。不准无合同开具发票;不准以虚假内容开具发票;不准项目合同分次、跨年度拨款要求一次性开具发票。

第二十六条　科研项目资产管理。学校将严格执行国有资产相关规定,凡使用科研经费购置与形成的资产应统一纳入学校资产管理,各单位和项目负责人不得以任何方式隐匿、私自转让、非法占有或谋取私利。

由我方代为购置或研制的仪器设备,原则上应分别订立合同，或有相应的条款明确约定。设备费、材料费、测试化验加工费应附相应费用的合同或清单，一般单笔支出3万元（含）以上的，须附正式合同，资金使用按照学校有关规定和审批程序执行。单笔金额5万元以下的，由二级管理部门负责人审核签字；单笔金额在5万元（含5万元）至20万元的，还须经二级管理部门负责人审核签字后，由财务处处长审核签字；单笔金额超过20万元的，还须由主管财务的校领导签字审批。

第七章 科研经费管理的监管与激励

第二十七条 强化科研经费监管检查。科学技术研究院、财务部门和项目依托的二级单位应对项目的执行进度和经费使用情况进行跟踪，及时了解项目任务或合同的执行情况及经费使用情况，督促项目组按项目执行进度合理使用科研经费。

监察审计部门要加强对科研经费收支的审计监督，切实防止弄虚作假、截留、挪用、挤占科研经费等违反财经纪律的行为，对全部科研项目实施抽查审计，对重大、重点科研项目开展全过程跟踪审计。

资产管理部门要加强对科研经费所形成的固定资产进行管理。项目单位、项目负责人要自觉接受并积极配合财政部、教育部、审计署等有关部门和科研经费提供方或其委托的社会中介机构，依据国家有关法规、预算和科研合同对科研经费的管理和使用情况进行的检查监督。

第二十八条 科研经费严禁违规使用。严禁编造虚假合同、编制虚假预算；严禁将科研经费转拨、转移到利益相关的单位或个人；严禁购买与科研项目无关的设备、材料；严禁虚构经济业务、使用虚假票据套取科研经费；严禁在科研经费中报销个人家庭消费性支出；严禁虚列、伪造名单，虚报冒领科研劳务性费用；严禁借科研协作之名，将科研经费挪作他用；严禁设立“小金库”。

第二十九条 落实责任追究制度，科研项目负责人违反相关文件规定应给予批评教育，并视情况收回违规使用经费，暂停使用或收缴剩余经费，对科研经费使用中违反财务纪律的行为或其他违反项目管理办法规定，并造成不良后果的，按照国家有关规定追究相关人员的责任。

第三十条 学校鼓励横向科研经费购置必需的仪器设备并用于开放共享。相关奖励配套措施另行制定。

第三十一条 按照国家有关规定，国家科技计划研究课题或省市科技重大专项课题经费中的间接费用由学校统筹安排。学校将根据项目进展情况对项目组成员进行奖励，相关办法详见附件《华北电力大学科研经费间接费用管理办法》。

第三十二条 为了鼓励横向项目课题组成员，对课题完成较好的课题组，学校将按项目到款金额的10%比例（从学校计提的绩效管理费中列支）作为管理绩效进行奖励，绩效奖励分配方案由课题组自定。

第三十三条 横向项目结题（需甲方出具项目验收证明）后结余经费按如下办法再分配：学校发展基金10%，课题组绩效奖励40%，其余50%留作课题组科研发展基金。

第八章 其他

第三十四条 本办法自发布之日起施行，学校原有的相关科研项目经费管理办法同时废止。

第三十五条 本办法由财务部门和科学技术研究院负责解释。

华北电力大学科研经费间接费用管理办法

为了加强科研经费的科学化精细化管理，建立课题研究的间接成本补偿机制，明确科研课题经费中管理、资源占用与消耗等间接费用的预算、计列、使用与管理事务，根据《财政部科技部关于调整国家科技计划和公益性行业科研专项经费管理办法若干规定的通知》（财教〔2011〕434号），结合国家科研经费管理的相关法规，依照高等学校财务管理与会计核算制度，按照《华北电力大学科研经费管理办法》之规定制订本办法。

一、科研经费间接费用的具体范围

（一）国家财政与科技管理部门将科研课题经费划分为直接费用和间接费用两部分。其中，直接费用指在课题研究开发过程中发生的与之直接相关的费用，主要包括设备费、材料费、测试化验加工费、燃料动力费、差旅费、会议费、国际合作与交流费、出版/文献/信息传播/知识产权事务费、劳务费、专家咨询费和其他支出等。

间接费用是指承担课题任务的单位在组织实施

课题过程中发生的、无法在直接费用中列支的相关费用。主要包括承担课题任务的单位为课题研究提供的现有仪器设备及房屋,水、电、气、暖消耗,有关管理费用的补助支出以及绩效支出等。

(二)我校科研经费间接费用具体包括学校承担国家科技计划研究课题经费中的间接费用、其他来源科研课题经费中的管理费以及由国防科研项目计列的固定资产使用费。

二、科研经费间接费用的预算编制

(一)在课题任务书经费预算编制时,课题组应当根据课题研究开发任务的特点和实际需要,按照政策相符性、目标相关性和经济合理性的原则,科学、合理地测算相关费用,客观真实地编制课题经费预算。其中,直接费用的各项支出均没有简单的比例限制。

(二)国家科技计划研究课题,包括“973”计划、“863”计划、科技支撑计划、国际科技合作与交流、国家重大科学仪器设备开发等专项课题,间接费用采用分段超额累退比例法进行测算并按总额控制,其测算基数是直接费用扣减设备购置费后的经费额度(该额度以下称为直接费基数)。可列间接费用总额按下表计算并进行预算申报。

(单位:万元)

直接费基数范围	计算基数	比例	间接费用总额
≤500	直接费基数	20%	直接费基数×0.2
501~1000	500	20%	500×0.2+(直接费基数-500)×0.13
	直接费基数-500	13%	
>1000	500	20%	500×0.2+500×0.13+(直接费基数-1000)×0.10
	1000-500	13%	
	直接费基数-1000	10%	

注:间接费用中,用于课题组人员激励的绩效支出不超过直接费基数的5%。

(三)国家及省市科技重大专项间接费用的预算申报,一般按照不超过项目直接费用扣除设备购置费和基本建设费后额度(该额度以下称为直接费基数)的13%计算。其中用于科研人员激励的相关支出一般不超过直接费基数的5%。

(四)除国家科技计划研究课题以外,其他来源的科研经费依照现行的专项经费管理办法执行。

(五)课题组在编制课题经费预算时,应足额申报课题经费间接费用,用以保证课题研究过程中无法由直接成本列支的其他开支。当课题任务书核准的经费预算中间接费用额度低于上述预算控制比例时,绩效支出或人员激励的费用比例同比减少。

三、科研经费间接费用的计列与使用管理

(一)课题经费入账时,以当期到账资金扣减合作单位经费的额度作为计列基数,根据课题经费的不同类型,按照上述允许计列的间接费用(含管理费)比例或批复的预算额度计提管理费或预留课题经费间接费用。

(二)由课题经费计列的管理费,作为学校科研保障与管理费用,全部纳入学校事业经费,用以弥补教育经费的不足,并统筹安排使用。

(三)国家科技计划研究课题、国家或省市科技重大专项课题经费中的间接费用划分为运行管理费和绩效激励两部分。根据课题经费预算及其到款情况,在课题经费入账三个月之后,通过《科研课题间接费用核定表》核定间接费用两部分的具体额度。

其中,运行管理费额度用作学校科研运行保障与管理的间接成本补偿,列入学校事业经费统筹安排和使用。其中的绩效激励费用,在科学技术研究院对课题研究的开展情况和绩效考核的基础上,结合课题组成员的实绩和贡献核定绩效支出的发放对象和激励标准。绩效支出一般按月列支,计列课题经费间接费用支出。

(四)按照学校科技工作校、院、组三级管理的模式,学校通过事业经费统筹安排学校和课题组的科技事业经费。由纵向科研经费实际计列管理费所形成的间接费用,其中学校按照经费管理办法提取相应管理费用及项目绩效奖励。其余额度用作学校公共运行、资源占用与消耗的成本补偿。

四、固定资产使用费的计列与管理

(一)对于学校承担的国家科技计划研究课题,由财务处于每年年底采用直接成本比例法核算、摊销科研课题年度内的固定资产使用费。课题组应在经费卡中预留相应的经费额度(约为当年直接费用支出额的5%)。

(二)由国家科技计划研究课题所摊销的年度固定资产使用费,财务处以科研项目所在学院为单位汇总归集并出具摊销明细清单,交由学院通知相关项目负责人。

(三)摊销取得的固定资产使用费,原则上由课

题组所在学院统筹安排使用，优先用于学院教学科研用房成本回收的费用冲抵。该项经费的具体安排和使用办法，由学院通过民主决策程序或议事规则确定。

（四）学院对于该项经费的使用管理中，课题组当年用于冲抵房屋使用成本的固定资产使用费余额，继续留用于下一年度房屋使用成本的费用缴纳，暂不安排其他用途。固定资产使用费余额自第三年起，由学院与课题组协商安排其他用途，可安排用于通用设备购置、家具购置、仪器设备维修维护或升级改造、实验条件改造、装修改造等方面的支出。

五、其他相关事项

本办法自发布之日起执行，由计财处、科研院负责解释。

华北电力大学档案管理办法

华电校档〔2013〕1号

第一章　总则

第一条　为加强我校档案工作，推进档案标准化建设，科学保护学校历史资源，提高档案的管理水平和利用效率，同时通过档案工作促进学校各项工作趋于规范，现根据《中华人民共和国档案法》和《高等学校档案管理办法》，结合我校实际情况，特制定本办法。

第二条　本办法所称档案，是指学校所有处级单位（含驻外处级单位与机构等，以下统称归档单位）在从事教学、科研、党政管理及其他各项活动和事件中形成的，对学校和社会有保存价值的各种纸质类、电子类、声像类、实物类等不同形式或载体的原始材料。

第三条　本办法只规定我校档案工作的总原则和宏观管理方面的制度，具体档案业务管理规范可依照本办法制定实施办法或实施细则。

第四条　各级领导和工作人员要树立档案法律意识和档案责任意识，务必按照规定及时移交档案，任何部门或个人都不得拒绝归档或据为己有。档案工作是学校各项工作的重要组成部分和基础工作之一，也是学校历史文化积淀和管理规范性的重要体现。学校各单位应在档案工作中依法依规做到“三纳入”“四同步”，即把档案工作纳入学校及单位工作和管理制度中，纳入各单位、各科室及每个工作人员的岗位职责描述中；在布置、检查、总结、验收各项工作的同时，同步落实布置、检查、总结和验收档案工作。

第二章　档案工作管理体制、机制、分工、队伍与职责

第五条　档案归档责任主体、权利与义务

（一）学校档案的归档责任主体单位为各处级单位（含驻外处级单位与机构）。

（二）档案归档施行“谁产生或谁主管则谁归档”的责任原则。学校各单位、各科室和每个工作人员都是学校各类档案的制造者和记录者，也是学校历史文化的传承者；学校各处级单位、各科室、每个工作人员均负有档案法律责任，且有依法归档的权利和义务；每个员工应自觉依法完成本岗位材料的归档工作。

（三）各科研创新平台、跨院系的课题组、科研团队以及科研创新平台统一由科学技术研究院归档；各院系的档案凡是未明确由院系自行归档的，均由相关职能处室负责收集并统一归档于校档案馆。

（四）各处级单位、各科室及工作人员拒绝归档或损坏档案的属于违法违规行为，未依法依规完成归档工作的单位和个人不得参评工作优秀。

第六条　档案工作管理体制与分工

（一）档案工作管理体制与分工

（1）我校档案工作实行学校统一领导，分级协作和分类管理。

（2）学校在北京校部设立档案馆，在保定校区下设档案室，两地档案业务管理实行一体化，档案业务管理按照全宗划分管理；两地档案工作管理实行属地化管理，保定校区档案工作划归校长办公室管理。档案馆既是学校档案业务管理部门，也是学校档案工作管理的职能处室。

（3）为避免档案重复归档和归档不完整，现就两地及一体化办公单位有关档案归档责任规定为：凡一体化部门涉及整个大学的公文（含收文、发文、签报、简报等，统称公文，下同）一律由北京校部一体化单位负责归档于北京校部档案馆；保定校区属地产生的只涉及保定校区的公文一律归档于保定校区档案室；北京校部发布或办理涉及保定校区的公文直接归档于大学档案馆，保定校区档案室可以材料形式暂存复印件备查。除上述档案外,其他档案均执行“谁产生(主办),谁负责”及“属地产生属地归档”的原则。

(4)保定档案室应按照学校的总体安排,协助档案馆做好有关档案的移交、共享、数字化、信息化以及档案服务相关事宜。

(5)学校各处级单位档案数量较大的可视实际情况内设档案室,可责成专职或兼职人员开展档案工作。各单位所设档案室必须经由档案馆批准;设立档案室的目的是规范和加强档案工作,但不能以此为理由截留或拒绝向学校档案馆归档;各单位所设档案室的档案业务受档案馆的管理监督和指导。

(二)档案工作协作机制

(1)组织部将档案工作纳入新干部岗前培训,将档案完成情况纳入干部考核,未完成归档工作的部门及中层干部不得评为工作优秀。

(2)人事处将档案工作纳入新员工入职培训,将档案完成情况纳入职工年度考核,将档案职责明文纳入单位职责和岗位描述;未完成归档工作的个人不得评为工作优秀,不予未完成档案移交者办理工作调动;在人员调离时必须责其完成档案归档或工作交接方可办理调离手续;人事处按照国家或教育部的有关规定,落实档案工作人员的特殊岗位津贴。

(3)计划财务处将各单位档案材料费(如纸张、光盘、存储硬盘、重要照片洗印等)等工作经费纳入单位年度经费预算等。

(4)信息化办将档案的信息化和数字化工作纳入学校信息化与数字化整体规划等相关工作之中。

(5)网络与信息中心为学校档案工作提供技术支持和安全技术防范等相关工作。

(6)资产管理处解决档案有关的办公、库房以及档案异地安全备份用房等相关工作。

(7)各单位将档案工作纳入员工工作考核和日常教育,自觉将档案职责明文纳入员工岗位描述。本单位未完成归档工作者不得评为工作优秀。

(8)各单位新开发或启用的各类管理系统设计时必须与档案馆事前会商,以解决该系统与档案管理软件的数据接口,以便今后顺利实现电子档案自动归档。

第七条　档案业务分类管理与分工

(一)人事处负责干部职工档案,具体的管理实施办法由人事处制订。

(二)学生处、研究生院、国际教育学院以及国际合作处按照职责管理学生人事档案,具体管理实施办法分别由学生处、研究生院、国际教育学院制订。

(三)档案馆负责非人事类学校所有档案,保定校区档案室只负责收集保定校区属地产生的非人事类档案。

第八条　档案工作队伍和职责

(一)按照教育部档案法规规定,校长为学校档案工作的总负责人,校长可责成一名副职领导担任学校的档案日常主管领导,协助校长开展档案工作,其档案职责为:

(1)领导全校档案工作,负责学校档案长远规划等。

(2)协调各单位落实档案工作的“三纳入”和“四同步”。

(3)审议通过学校档案工作的规划、计划、总结和奖励。

(4)协调跨单位档案的归档工作。

(5)统一协调解决学校档案工作的重大事宜等。

(二)档案馆的职责:

(1)负责全校的档案业务管理与服务、开展培训与指导。

(2)负责档案的整理、保管、利用、鉴定和销毁等业务。

(3)负责档案的制度制订,档案信息化和数字化等工作。

(4)保定校区档案室参照上述职责负责校区的档案工作。

(三)学校各处级归档单位的职责为:

(1)负责和协调本单位档案工作。

(2)落实档案工作的“三纳入”和“四同步”。

(3)建立由本单位档案主管领导、本单位档案管理员、科室档案管理员等组成的档案工作队伍,支持其开展工作并确保队伍稳定性。

(4)依法落实档案责任,将档案职责纳入员工培训,并明确写入本单位档案主管领导、本单位档案管理员、科室档案管理员和其他工作人员的岗位描述。

(5)将档案纳入科室和工作人员的考核评优。

(6)随时修订本单位的归档范围报档案馆审核后施行。

(7)负责本单位档案工作的其他相关重要事宜。

(四)学校各处级单位行政负责人为所辖单位档案责任人,各归档单位可责成一名处级领导为本单位“档案主管领导”协助行政主管开展档案工作,其档案职责为:

(1)协助本单位行政主管开展本单位档案工作。

(2)督促本单位和各科室落实档案工作的“三纳入”和“四同步”。

(3)负责落实本单位将“完成本单位档案归档工

作”字样写入本单位工作职责，监督各科室“完成本科室档案归档工作”写入各科室部门工作职责。

(4)布置、监督、检查和审核本单位所有归档材料。

(5)督促和指导本单位档案管理员的日常工作。

(6)负责协调跨科室档案归档工作。

(7)负责本单位档案工作的其他相关重要事宜。

(五)其他中层干部、科长(主任)的档案职责为：

(1)为所管部门或岗位材料归档的档案主管。

(2)带头将“完成本岗位档案归档工作”写入本人和所辖部门或岗位的工作职责描述。

(3)所管部门或岗位人员归档材料的审核签字，检查材料归档的必要性和完整性。

(4)布置和监督所管部门或岗位及时完成归档工作。

(5)支持档案员的指导培训等日常工作。

(6)协调或明确跨岗位工作的材料收集和归档人。

(7)负责所管部门或岗位其他档案相关日常工作。

(六)各单位和部门分别指定一人为本单位或本部门的档案管理员(简称档案员)，其档案职责为：

(1)负责本单位或本科室档案的日常工作。

(2)负责档案归档的培训和指导及监督。

(3)担任本单位档案的提交、归档人(或立卷人)。

(4)督促本单位各部门按时归档。

(5)负责本单位或本部门档案其他相关日常工作。

(七)专门业务档案较多的单位可指定多人分别担任某一类或某几类专门业务档案的档案员，其档案职责为：

(1)负责某一类或某几类专门业务档案的电子版的收集、整理、网上录入、立卷等工作。

(2)负责某一类或某几类专门业务档案的纸质版的积累收集、整理立卷、移交归档。

(3)接受档案馆及本单位的档案培训、指导和监督。

(4)完成本岗位其他材料的归档。

(5)负责其他档案相关日常工作。

(八)学校每个工作人员的档案职责为：

(1)按时完成本岗位产生的各类材料的收集、分类、移交、整理、电子提交，整理(立卷)归档等。这是法律赋予每个工作人员的权利和义务。

(2)主动接收本单位和本科室的档案培训、指导、协调和监督。

(九)跨院系的各项目组和各课题组，各科研平台、科研团队的归档工作参照上述规定执行，由科学技术研究院负责规范。

第三章　档案归档基本流程、整理规范、时间规定

第九条　档案归档基本流程

(一)学校档案施行严格的处级单位归档制度，各处级单位全面负责安排本单位档案的形成、积累、收集、整理、立卷(仅专门档案)、审核和移交归档等工作。

(二)应归档的文件材料包括纸质类、电子类、声像类、实物类等各种不同形式和载体的原始材料。

(三)归档完成后，每个工作人员、各科室和各单位领导均可通过档案管理软件系统查阅和打印本人、本科室和本单位所归档案。

第十条　档案归档时间要求

(一)各类档案的归档时间按其管理实施办法的规定执行，实施办法未规定的最晚必须在次年 5 月底完成。

(二)学校各外派单位和机构归档可适当宽松，主要采取专人送达或速递方式。学校各项目组、课题组、科研团队的归档在项目(课题)结束后一个月内完成。

(三)因各种原因撤销的处级单位应在撤销后三个月内将原部门档案材料清理归档工作，归档责任单位名称仍为原单位名称。

第四章　档案分类归档与档号编制

第十一条　学校档案分类与归档要求

(一)按档案全宗划分，学校档案实行多个全宗管理，所有档案同属于“华北电力大学全宗”，是一个有机的整体，任何单位和个人不得随意进行分割和舍弃，具体按照《华北电力大学档案全宗管理规定》执行。

(二)按归档单位和档案形成特点相结合的分类方式，将学校基础档案分为专门业务类档案(简称专门档案或专档)和综合业务类档案(简称综合档案或综档)以及基础档案的特殊载体档案(简称特载档案或特档)三大类。

专门档案包括学生人事档案、干部职工档案、教学业务档案、科研项目档案、基建项目档案、大型设备档案、招标项目档案、学科项目档案、审计项目档案、财务会计档案 10 大类，其他内容划归综合档案归档，主要包括综合文书档案(简称文书档案，文书档案包括公文和其他较零散的文书材料)、人物档案、社团档案、班级档案等。特殊载体档案主要指专门档案和综合档案的特殊载体类档案的汇总，主要有实物档案和声像档案等。

具体的归档按照国家规定和国家标准及学校各专门档案的《管理实施办法》或《整理实施细则》执行;专门档案仍以“卷”归档,综合档案实行以“件”归档。特殊情况由档案馆解释或确定。

(三)按照档案载体不同,学校档案分为纸质类、电子类、声像类和实物类四大类。此类档案的归档按照学校规定执行。

(四)学校各类档案按其查考利用价值确定保管期限,其中专门档案的保存期限按照国家和上级规定执行,我校综合类档案的保存期限分为永久和定期两种。具体由档案馆在归档完成后负责鉴定和编制。

(五)学校档案的实体分类由档案馆制定,各单位的归档范围由各单位制订后报经档案馆审核,必要时由各归档单位负责定期或不定期进行修订,提交档案馆审核后施行。

(六)归档时除国家和教育部有明文规定之外的档案,可采取定期和不定期相结合的灵活归档方式。

(七)变更名称、合并或独立设置的处级单位材料归档规定:

(1)凡当年5月底之前变更名称、合并或独立设置的处级单位,当年的所有档案材料(含纸质档案、电子档案、实物档案等所有档案,下同),按照原来单位名称归档;凡当年6月1日后变更名称、合并或独立设置的处级单位,当年的所有档案材料,按照新单位名称进行归档。

(2)变更名称、合并或独立设置的处级单位,其档案编号由档案馆接受档案后统一编号。

(3)变更名称、合并或独立设置的处级单位的网站,必须确保原有网站继续隐藏运行,以确保网站档案的信息完整和查询。同时,必须全部拷贝网站的所有数据送档案馆存档,不得随意删除。

(4)变更名称、合并或独立设置的处级单位的借出档案的,必须及时归还,不得出现遗失或损坏档案等违法行为。

(5)凡是职务或岗位变动人员,在工作交接时必须做好本岗位的档案工作和档案材料的移交;凡涉及办公场所变动或调整单位的,必须事前做好档案的整理和保护工作。各处级单位的档案主管领导和档案员要做好有关告知、指导工作和监督。

第十二条　档号编制基本原则和规则

(一)档号编制基本原则

(1)档案编制不得出现重复号和断号。

(2)学校的档号由档案馆审核并统一编制。

(3)未经档案馆同意,任何人不得随意改动档号。

(4)专门档案和综合档案的纸质版和电子版为同一个档号,施行一一对应原则。

(5)特殊载体档案的档号编制按照有关的实施管理办法执行。

(二)档号编制规则

(1)专门档案的档号编制规则仍按照国家和上级的规定执行。

(2)学校各类综合档案的档号通用编制规则:

全宗—年度——级分类号(或设多级分类号)—排件流水号。

档号的解释:

全宗为两位阿拉伯数字表示,具体按照《华北电力大学档案全宗管理规定》执行。

年度为四位阿拉伯数字表示。

各级分类号的使用具体见《华北电力大学档案实体分类管理办法》或有关的实施管理规定。

件的流水号:单个文件材料的编号,从0001开始。

第五章　档案的保管、利用、开放、保密、鉴定和销毁

第十三条　档案的保管

(一)所有档案严格按照全宗划分实行保管,并分纸质类、电子类、声像类和实物类四类保存于专门的档案库房,管理要落实专人负责。同时要落实国家对于档案库房管理相关规定措施。

(二)为避免自然灾害对档案的影响或损坏,两地可开展档案异地存放或必要的备灾措施。

(三)因工作需要,保定校区档案室需按照学校规划和工作需要做好相关档案的共享服务和统一管理工作。

(四)涉密档案的保管按照国家有关规定执行。

第十四条　档案的利用

(一)学校档案馆所保存的档案,主要供本校利用,各级档案管理员可直接查本单位所归的非涉密档案;其他单位或个人需查阅时,应持有效证件,经档案馆同意后,方可查阅,如需利用的档案涉及党和国家重大问题及学校秘密的,须按照国家和学校的有关规定审批。

(二)依照《档案法》和《高等学校档案管理办法》的规定,档案馆是学校唯一有开具档案证明和制作档案的部门,未经档案馆授权,学校其他处级单位、科室和个人都不得开具已毕业学生成绩、学位、学历、试题、诚信等所有的档案制作或证明。

(三)档案利用的收费严格依照教育部规定的档

案服务收费范围执行，有关收费标准参照教育部、北京市和河北省档案局的规定执行，用于公益目的的不得收取费用；用于个人或商业目的的，可按有关规定合理收取费用。所有收费统一上交计划财务处。

（四）档案馆编制必要的检索工具为利用者提供方便，重要或珍贵档案一般不提供原件使用，可复制（印）使用。

（五）档案馆应积极开展档案的编研工作，为学校的教学、科研和管理等工作提供丰富的档案信息资料。

（六）学校和档案馆必须加强档案的信息化和数字化工作，以有效保护和利用档案，实现两地档案资源共享。

（七）档案馆每年向全校公布各归档单位档案的归档情况和归档检索目录。

第十五条　档案的开放、保密、鉴定与销毁

（一）档案保存期满经鉴定应确定为开放档案，档案馆可设立档案阅览室，并通过电子档案阅览室或网站发布，方便师生使用。

（二）档案的保密工作按照国家和学校的规章制度执行。

（三）档案馆负责档案的鉴定与销毁，有关单位或部门配合。

第六章　档案工作考核、奖励、处罚

第十六条　各处级单位、各科室应建立档案工作检查、考核和奖励制度，明确分管领导和专（兼）档案人员的岗位职责，对于在档案工作中作出显著成绩的单位和个人以及向档案馆捐赠档案者，每年可由档案馆报请学校根据《中华人民共和国档案法实施办法》“第六条”的规定给予奖励。

第十七条　对于违反《中华人民共和国档案法》的行为，按照《中华人民共和国档案法实施办法》的有关规定予以处理，有下列行为之一的，学校应当对直接负责的主管人员或直接责任人员依法给予行政处分；涉嫌犯罪的应依法移送司法机关追究刑事责任：

（一）玩忽职守造成档案损坏、丢失或者擅自销毁档案的。

（二）违反保密规定擅自提供，抄录或公布档案的。

（三）涂改或伪造档案的。

（四）擅自出卖、赠送或交换档案的。

（五）不按规定归档或拒绝归档的，阻止别人依法归档或者将档案据为已有的。

（六）其他违反档案法律法规和学校有关档案管理规章制度的行为。

第七章　附则

第十八条　本办法由学校档案馆负责修订或解释。

第十九条　本办法自发布之日起施行。

华北电力大学综合文书档案管理实施办法

华电校档〔2013〕1 号

第一章　总则

第一条　为进一步提高学校综合文书档案（简称文书档案，下同）工作的管理水平，适应学校各项工作的发展，根据国家和教育部的规定以及《华北电力大学档案管理办法》，结合本校实际情况，特制定本办法。

第二条　文书档案是指除各单位专门档案以外所有综合性且具有保存价值的各种文书和材料，包括公文和其他综合类文书材料以及这些材料的电子文本。文书档案是学校档案的重要组成部分，是党和国家的宝贵财富和学校的重要历史记录，是各项管理工作中不可缺少的条件和依据，必须实行集中统一管理，维护其完整、准确和安全，以确保其有效利用。

第三条　文书档案以件直接归档，原则上不采取立卷模式。每个处级单位每年使用一组流水号，流水号从 0001 始。每个文件材料独立归档并编制档号，所有材料按照问题（含事件、活动等）相对集中再按时间排序。此类档案可集中成批归档，也可零散随时归档。

第二章　公文的整理和归档

第四条　学校上级文件的整理与归档规定

（一）学校上级文件包括发文、简报、批复和重要通知等。党办校办机要室接到学校上级文件后原则上使用复印件办转，最后将原文件和《办转单》放在一起（不装订也不粘贴，如通过系统办转归档时要求打印流转记录单一并归档）作为一件归档，校内单位特殊情况需要原件办理的，可经机要室同意暂借原件使用后及时返还机要室。

（二）为杜绝遗失重要文件，所有来文具体由机要室代为保管，分单位暂存，每年3月份前和收文登记本一并移交档案馆。各单位档案管理员每年直接到档案馆清点并办理归档手续。

（三）涉密文件的归档按照上级有关规定执行。

（四）电子文件打印后和办转单（即流程记录）一并归档。

（五）上级简报按照编号或印发时间排序。

（六）上级文件要求需要学校上报材料的，无需和该文件一起归档，而由该材料形成单位单独归档。

第五条　学校发文材料的整理与归档规定

（一）学校上行文包括请示、报告、简报和统计报表等，此类文件以件归档，学校上行文由党办校办统一协助归档。

（二）凡有批复的上行文，上行文件和其批复份分别按件归档，材料整理顺序为办转稿笺、流转记录单、文件纸质原件，所有材料不装订也不粘贴；未批复的请示单独归为一件，按照时间顺序排列整理；上行文的批复视为上级文件分别单件归档。

（三）上报简报按照期号归为一卷；整理顺序为办转稿笺、流转记录单、简报纸质原件。

（四）上报学校上级单位的统计报表必须纳入学校上行文管理和归档，整理顺序为办转稿笺、流转记录单、统计报表纸质原件（所有材料不装订）。

第六条　学校发文的平行文的整理与归档规定

学校发文的平行文以函件、报告和简报为主，参照“第五条”执行。

第七条　学校发文的下行文的整理与归档规定

（一）学校下行文即校内发文。学校党政工团的下行文管理由党办校办统一管理和协助归档。

（二）校内发文归档分类不按文号，严格按照处级单位“谁主办谁归档”原则分类整理。

（三）为确保校内发文的归档完整性，规定其整理和归档流程如下：

（1）文件办结发布后，党办校办留存一份（包括领导签批单和流转单），并按照各单位（文件的主办者）分类暂存；暂存和整理顺序为办转稿笺、流转记录单、文件纸质原件。

（2）每年3月份全部将校内发文的纸质版（含发文登记本）移交档案馆。

（3）档案馆通过接口技术完成文件（包括阅文处理单）的电子归档。

（4）各单位档案管理员每年归档时到档案馆清点本单位所发文件、补充有关的材料，并直接办理归档手续。

第八条　纪委、团委、工会等系统以及各单位如单独办转公文的参照上述规定执行。

第三章　非公文综合文书的整理和归档

第九条　非公文综合文书主要指学校各职能处室、院系、科研机构、教辅单位及附属机构在教科研和管理中产生的非公文且有保存价值的材料。

（一）综合文书施行单位归档，整理时全部施行按“件”管理，按问题（或事件、活动等）相对集中，以材料自然形成时间顺序排序整理。

（二）归档流程：

（1）收集整理。每个工作人员随时收集本岗位需要归档的材料，每件打印一份《归档单》（从本馆网站下载，可复印使用），打印后填写除“档号”“密级”“保管期限”“检查人签字”“档案员签字”以外的内容，按《归档单》和材料顺序排列并用不锈钢小夹子夹住材料左侧。

（2）领导检查。随时将上述材料送本岗位领导检查，主要检查归档材料的必要性和完整性，并在《归档单》指定位置签字，做到应归尽归。

（3）电子录入。工作人员及时用教工号登录档案管理系统将通过审核的材料，录入系统预备库，有电子文本（含图表、图形、数据表、PPT等各类格式）的一并提交。

（4）手工提交。工作人员主动将通过领导检查签字的材料随时送本单位档案员存放和汇总。较大单位设科的也可交由科室汇总后交本单位档案员。

（5）电子材料归档。本单位档案员通过档案系统预备库检查本单位每位人员提交材料目录和电子内容的准确性、完整性，并依照“先问题（事件或活动）再时间”的顺序相对集中排序，并在线提交档案馆。可约档案馆人员上门指导和初步验收。

（6）档案馆在线审核。通过审核的内容将被锁定不得修改。

（7）纸质材料档案。档案员按照档案馆审核顺序将纸质档案排序，可约档案馆人员上门指导和初步验收，检查无误的及时移交档案馆。

（8）归档验收。档案馆检查归档材料的完整性，并确定与档案系统目录及电子版一致后，导入档案系统正式数据库。

（三）归档完成后仍有材料归档的，按照上述流程继续归档。

（四）中层干部均可随时登录档案系统，查阅本单位归档情况。

（五）提交档案系统预备库的材料，提交人可永久查阅和打印等,有关操作对档案系统的正式数据库无影响。

第四章　文书材料的整理规范

第十条　所有材料必须采用统一的A4通用纸张格式,《归档单》的题名名称不得简写,书写和签字要求工整和字迹清晰,每件档案的页码编写使用铅笔标注于右上角,已有页码的不再标注。每件材料不使用《备考表》。归档材料应剔除金属物,不用线装订,不打孔,不装订(书籍和成册的材料除外),用不锈钢小夹子夹住左侧。

第十一条　综合文书施行"谁产生谁归档"原则,并逐步纳入单位、部门和个人考核。跨岗位、跨部门或跨单位联合或协作的同一工作的材料归档,按照工作实际执行情况由各岗位、各部门或各单位整理或归档。

第十二条　为避免档案重复归档和归档不完整,学校一体化办公单位有关档案按照《华北电力大学档案管理办法》的规定执行。文书档案的归档范围、排架等问题按照《华北电力大学档案实体分类实施办法》和《华北电力大学档案归档范围实施细则》执行,或由档案馆解释。

第十三条　综合文书档案涉及特殊载体档案(声像档案、实物档案)的,归档时一并移交档案馆的整理加工室,整理时填写《相关特殊载体档案清单》,该清单作为归档材料的说明附后一并归档,相关特殊载体档案由档案馆按照有关规定专门存放于专门库房或供学校各单位借用。

第十四条　文书档案的档号

档号规则:全宗 - 年度 - 单位简称(文书) - 件的流水号

档号凡例:05 - 2012 - 人事文书 - 0001

第五章　文书档案的保管、利用和鉴定

第十五条　文书档案的保管、利用和鉴定按照《华北电力大学档案管理办法》以及我校档案实体分类等相关规定执行。

第十六条　本办法由档案馆负责修订或解释。

第十七条　本办法自发布之日起施行。

华北电力大学科研项目管理办法

华电校科〔2013〕6号

第一章　总则

第一条　为提高我校科研工作水平,加强对科研项目的管理工作,明确学校科研管理部门和各院系的职责分工,明确有关人员的岗位职责,从根本上保证我校所承担的各类科研项目圆满完成,创造高水平科技成果,提高我校承接国家、地方及企事业单位科研项目的能力与科技信誉,依据《教育部关于进一步加强高校科研项目管理的意见》(教技〔2012〕14号),特制定本办法。

第二章　科研项目的类型与管理

第二条　科研项目按照经费来源性质分为纵向科研项目和横向科研项目。

纵向科研项目:国家各部委、基金委或省市行政部门等用国家各级财政资金资助的计划类项目统称为纵向项目(相关国际交流、合作项目原则上按照纵向项目管理)。

横向科研项目:学校教师开展科研活动取得的各种非财政计划类拨款(包括联合研究、技术开发、技术咨询、技术服务、技术转让以及相关的各种工程类改造、维护、维修、服务等取得的收入)所签订的项目为横向项目。

第三条　科学技术研究院在主管校长的领导下,代表学校对科研项目进行日常管理,计划财务处、人事处、资产管理处、档案馆、纪检监察审计处和各单位(学院、重点实验室、工程技术研究中心、研究院)、项目负责人要分工负责,协同管理,形成"统一领导、协同合作、责任到人"的管理机制,共同做好科研项目的管理工作。

第四条　所有科研项目实行信息化管理,实现校内科研、财务等部门和院系、项目负责人共享信息平台,建立项目全过程跟踪管理、监督机制。信息平台中的项目信息将作为职务聘任、科研工作量计算、科研绩效奖励、学科评估的重要依据。

第三章　科研项目的立项

第五条　申请国家、部委和地方的科技计划项目,必须按照有关的规划、计划或项目指南和申请办法等认真填写有关申请材料和表格,经所在单位审查核实后报学校科学技术研究院,由科学技术研究院审定后上报有关部门。有保密要求的项目须进行保密资格审查,严格执行《科学技术保密规定》等国家相关保密制度。需要参加投标的项目,须遵守国家主管单位和学校的有关规定。

第六条　学校作为合作(协作)单位,与外单位联合申报的国家及地方各类纵向科研项目,或由各公司、中心、研究院申报的国家及地方各类纵向科研项目,均归口科学技术研究院统一管理。

第七条　凡由企事业单位委托的横向科研项目需按照《中华人民共和国合同法》及科技部《技术合同认定规则》等有关规定签订正式科研项目合同。横向科研项目由学校科学技术研究院归口管理,经费统一进学校财务,由学校计划财务处设账管理。未经学校同意,任何单位和个人不得私自以学校名义签订科研项目或进行不实宣传,对此类情况一经查实,学校有权采取必要措施追究相关人员的责任。

第八条　由科学技术研究院和计划财务处指导和协助科研人员科学规范地做好项目申请书、经费预算书、合同(协议)等编制和签订工作,审核申报项目研究的质量和材料的真实性。

第九条　为维护我校的声誉及科研项目立项的严肃性,项目申请者或申请单位必须严格按照有关申请办法按时申报,对于质量差、误时申报的项目,科学技术研究院将不予申报审批。凡因非客观原因导致在研项目未按时完成者或因任务完成质量低而对学校造成不良影响的,科学技术研究院有权限制其申请新项目。

第四章　科研项目的过程管理

第十条　科学技术研究院根据签订的合同或政府项目主管部门的立项文件予以立项,录入信息平台,由项目负责人确认后,列入学校科技计划管理。

第十一条　各类科研项目实行项目负责人制。项目须明确项目负责人、项目组成员,以备后查。项目负责人对科研项目实施负有直接责任。项目组成员应有明确分工,在项目负责人的领导下完成指定的研究工作。科学技术研究院和院系有责任定期对项目进行督察,了解项目执行进度和进展情况,及时发现和解决研究过程中的困难和问题,确保项目顺利实施。

第十二条　严格科研项目经费管理。所有科研项目经费纳入学校计划财务处统一管理,严格按照国家有关规定、办法要求以及合同(任务书)和预算批复,组织科研人员合理的使用科研项目经费。

第十三条　科研人员要严格遵守财经法律法规,按照预算批复的支出范围和标准使用经费,提高科研经费使用效益。

第十四条　纵向项目在执行过程中需要进行对外协作的,必须在立项之初将对外协作内容列入相关条款中,在与第三方协作时必须与协作单位签订正式科技合同。无合同条款注明或无外协合同的,学校有权拒绝支付协作费。

第十五条　所有外协合同,科学技术研究院将对其合作的真实性、可行性和合规性进行审核。对纵向项目的合作单位资质、履行合作任务能力、业务相关性、经济合理性等内容进行审核。项目负责人要主动申明与合作方的关系,提供相关信息,接受监督。严格防止虚假资源匹配和虚假合作,严禁利用科研项目和国有资产为参与科研项目的个人及其亲属谋取利益,坚决杜绝假借合作名义骗取国家和社会资源。

第十六条　承担科研项目的课题组成员,在项目申请及实施的全过程中应注重诚信,遵守学术道德规范,抵制弄虚作假、抄袭和剽窃他人科研成果、捏造或篡改科研数据及其他学术不端行为。不得泄露国家秘密、商业秘密和个人隐私,确定科研项目安全。

第十七条　严肃纵向项目计划任务的调整。纵向项目合同一经批复应认真履行,任务目标原则上不予调整,确需调整并符合国家规定调整范围的,应依据相关管理要求履行有关程序。

对因主观原因或失职而延误项目进度,造成严重损失和损害学校声誉的,将追究有关责任人的责任,并严肃处理。

第十八条　对未能按照合同规定及时到款的项目,项目负责人要积极与有关部门或单位联系,争取经费尽早到位。超过合同到款期限半年以上的,应向科学技术研究院书面说明原因。逾期未向科学技术研究院说明原因的,科学技术研究院会同计划财务处可暂停该项目已到经费的使用。对于已签订合同而经费逾期没到校财务的项目,科学技术研究院可对其作出撤销处理。

第十九条　项目负责人一般不得代理和更换。遇有特殊情况(如出国、培训、病休等)离开项目组半年以上至一年以内的,项目负责人须安排合适人选代理,经所在单位同意后,报科学技术研究院备案;超过一年的或需要变更的,须由所在单位出具书面报告,并通过科学技术研究院向有关部门提出申请。项目负责人如因出国等原因调离学校,或由于学校原因需要撤销科研项目,或对科研项目进行较大调整时,须由学院提出方案,经科学技术研究院上报项目主管部门同意后,对科研项目进行调整或更换项目负责人,否则不予批准办理调离手续、项目撤销或项目变更手续。

各类纵向科研项目和重大横向科研项目的课题组主要人员的变更,应有充分的理由,并由项目负责人及时提出申请,经学院(系)同意后报学校科学技术研究院批准、备案。相关文件有具体要求的纵向项目课题组主要人员的变更需报项目主管部门批准后生效。项目负责人或成员因故中断研究工作,应在离开项目组前做好研究工作、研究经费、仪器设备等移交工作。

第二十条　在项目执行过程中,项目负责人应接受各级主管部门、学校职能处室和学院对项目研究过程的检查和监督,认真按项目委托单位及科学技术研究院的要求,按时填写各类报表,由科学技术研究院汇总审核后报主管部门,对不能按时、按要求报送报表,又无充分理由违规的项目,科学技术研究院会同财务处有权冻结其研究经费。

第二十一条　学校鼓励科研成果的保护、转化、应用和申报知识产权。科研项目产生的知识产权依据国家法律、法规规定以及科研合同的约定确定。

第二十二条　学校鼓励科研人员将科研项目成果服务于社会,扩大科研项目成果效益,推进相关科研资源向全社会开放和共享。学校鼓励科研人员面向社会和学生开展科学普及和宣传教育活动。

第五章　科研项目的结题验收和归档

第二十三条　科研项目任务完成后,项目组应按照相关要求,及时提交结题材料,经科学技术研究院审核后,报主管部门或合同方办理验收、评审、鉴定等工作。只有经委托方出具验收或结题证明的项目,方可办理项目结题和结账手续。

第二十四条　不能按时结题的项目,负责人应及时上报科学技术研究院并说明原因,由科学技术研究院与项目主管部门进行协商。由于未能按时结题,对学校声誉造成不利影响的,学校将对项目负责人作出严肃处理。

第二十五条　项目课题组成员应在项目实施过程中做好科研工作的原始数据记录,保留各种与项目有关的材料,并由负责人或所指定专人归档保存 10 年以上;待科技项目结题后,将所有验收结题材料报送学校科学技术研究院整理,并按照国家有关规定交由学校档案馆归档保存。归档材料包括:项目申请书、技术合同、可行性论证报告、年度进展报告、总结报告、验收报告以及论文、调研报告、技术鉴定书等。

第六章　附则

第二十六条　在项目实施过程中,如违反法律或合同约定造成他人损失的,由项目负责人承担全部法律责任。因项目实施引发诉讼、仲裁或行政处罚等,项目负责人应负责做好案件处理工作,并承担诉讼、仲裁、行政处罚等全部支出费用。

第二十七条　本办法由科学技术研究院负责解释。

第二十八条　本办法自学校批准公布之日起执行。

华北电力大学公务卡管理实施办法

华电校财〔2013〕7 号

第一章　总则

第一条　为加强和规范公务支出管理,提高公务支出透明度,切实减少借款和现金支付,提高资金使用效率,根据《财政部 中国人民银行关于加快推进公务卡制度改革的通知》(财库〔2012〕132 号)、《关于转发〈财政部中国人民银行关于加快推进公务卡制度改革的通知〉的通知》(教财司函〔2012〕255 号)和《关于实施中央预算单位公务卡强制结算目录的通知》(财库〔2011〕160 号)文件相关规定,参照《中央预算单位公务卡管理暂行办法》(财库〔2007〕63 号),结合学校财务管理以及资金结算实际情况,制定本办法。

第二条　本办法所称公务卡,是指学校在职教职工持有的、以个人名义开立的贷记卡(信用卡),主要用于日常公务支出和财务报销业务。公务卡实行“一人一卡”实名制,教职工个人为公务卡持卡人并承担相应法律责任。

第三条　根据《关于实施中央预算单位公务卡强制结算目录的通知》(财库〔2011〕160 号)文件规定,凡强制目录规定的公务支出,包括:办公费、印刷费、咨询费、手续费、水电费、邮电费、物业管理费、差旅费、维修(护)费、租赁费、会议费、培训费、公务接待费、专用材料费、公务用车运行维护费、其他交通费用等,应按规定使用公务卡结算,原则上不再使用现金结算。原使用转账方式结算的,可继续使用转账方式。确实不具备刷卡支付的公用经费支出,经计划财务处审核同意,可使用现金结算。

第四条　北京校部公务卡发卡银行为招商银行万寿路支行,保定校区公务卡发卡银行为工商银行保定七一支行。

第二章　公务卡日常管理

第五条　公务卡开立的基本程序

（一）学校首次集中开卡时，有公务支出业务需办理公务卡的教职工，北京校部需如实填写《中央预算单位公务卡申请表》，连同身份证正反面复印件等相关证明材料交计划财务处。保定校区的教职工请出具以下资料：

（1）如实填写《中央预算单位公务卡申请表》。

（2）身份证正反面复印件（2 份）。

（3）个人信用信息基础数据库查询授权书，（下载 http://202.206.223.104/Soft/ShowSoft.asp? SoftID=12）一并交财务与资产管理处。

（二）计划财务处对申请开卡教职工的相关资料进行确认并集中送发卡行；发卡行按规定程序审核职工申请资料并办理公务卡。

（三）新进人员如需办卡，可以在来计划财务处办理工资卡时，如实填写《公务卡申请表》，由计划财务处集中送发卡行办理。

（四）银行受理成功后，卡片由发卡行直接寄送申请人。

第六条　公务卡日常使用和管理

（一）公务卡卡片及密码均由个人负责保管，限本人使用。公务卡遗失或损毁后的补办等事项，由持卡人个人自行到发卡行申请办理，并及时到计划财务处备案公务卡的相关信息。

（二）公务卡用于单位公务支出的结算，持卡人在未按规定办理报销手续之前，无论是公务消费还是个人消费均属个人行为，个人承担由此导致的经济、法律等全部责任。

（三）持卡人因调离、退休等原因离开学校，应按要求及时还清债务，结清余额，并告知计划财务处，由计划财务处及时办理公务卡的停止使用手续。

（四）公务卡使用银联标准信用卡，原则上仅用于办理人民币支出结算业务。

（1）北京校部公务卡使用招商银行信用卡，持卡人享受以下优惠服务：

①免予收取公务卡年费；

②免费提供公务卡支持系统；

③免予收取卡内溢缴款取现手续费；

④免予收取挂失、补办、更换新卡片费用；

⑤免费赠送百万航空意外险［即：使用公务卡支付本人全部机票款或者本人 80%（含）以上旅游团费，可免费获赠 100 万元航空意外险］；

⑥甲方免费通过手机短信、电子邮件等方式提醒乙方持卡人公务卡账户大额消费及账单提醒等信息；

⑦公务卡享有甲方发行的一般贷记卡享有的其他优惠服务。

（2）保定校区公务卡使用银联标准个人牡丹贷记卡，持卡人享受以下优惠服务：

①免予收取公务卡年费；

②有效期 5 年，到期工行自动换卡；

③免予收取卡内本地本行存款取现手续费；

④免予收取挂失、补办、更换新卡片费用；

⑤持卡人定制卡内余额变动提醒服务后，免费短信提醒账户余额变动情况；

⑥公务卡享有甲方发行的一般贷记卡所享有的其他优惠服务。

（五）公务卡免息期的计算：

（1）北京校部招行公务卡具有 18～50 天的透支免息期，免息期为消费日到账单日的天数再加 18 天。消费日是持卡人实际刷卡消费的日期，账单日为每月 25 日，还款日为账单日的天数再加 18 天。

（2）保定校部工行公务卡免息期的计算：透支消费可享有最长 56 天免息还款期。当月消费，次月 25 日前还款，在国内信用卡中到期还款日最便于理解和记忆。

第三章　公务卡支付管理

第七条　对于差旅费、会议费、招待费、购买等强制结算目录规定的公务支出，使用公务卡结算的，应在公务卡信用额度内，先通过公务卡结算，并须取得发票等财务报销凭证和公务卡消费交易凭条（POS 机小票）。

第八条　因向供应商退货等原因导致已报销资金退回公务卡的，持卡人应及时将相应报销款项退回计划财务处，由计划财务处负责办理相关手续。

第九条　公务卡的信用额度，原则上每张公务卡的信用额度不超过 5 万元、不少于 2 万元。发卡行可根据持卡人资信情况对其公务卡信用额度进行调整，并及时通知持卡人和计划财务处。其中，调增信用额度的，须事前经计划财务处同意。

第十条　持卡人在执行公务中原则上不允许通过公务卡提取现金，确有特殊需要，要事先经计划财务处批准。未经批准的提现业务，提现手续费等费用由持卡人承担。

第四章　公务卡报销管理

第十一条　使用公务卡结算报销，继续执行学校现行财务管理制度和报销审批程序。

第十二条　持卡人在公务消费后应尽快办理财务报销手续，最迟应于免息还款日前 5 个工作日，整理所有公务消费的原始发票和经本人签名的公务卡消费交易凭条（POS 机小票），按财务报销审批程序进行报销。

第十三条　持卡人因出差在外或其他特殊原因，确实无法在规定的免息还款期内办理财务报销手续的，可通过传真等书面方式委托本部门其他人员填制正式借款单，并提供持卡人姓名、卡号、消费时间和每笔消费金额的明细信息，经财务人员审核后先办理借款手续，于免息还款期前先将资金转入公务卡，待持卡人回单位后及时补办报销手续并冲销其借款。

第十四条　会计人员对持卡人签字确认的公务卡消费交易凭条（POS机小票）及报销单据等进行审核后，登录公务卡支持系统，根据持卡人提供的姓名、交易日期和消费金额等信息，查询核对公务消费的真实性，审核确认后予以报销、办理公务卡还款手续。

第十五条　有下列情形之一的，所产生费用由持卡人个人承担，不予报销：

（一）使用公务卡用于个人消费的部分。

（二）报销费用与提供的报销凭证、公务卡消费交易凭条（POS机小票）不符的。

（三）因持卡人个人原因，未能在公务卡免息期内申请报销，所造成的罚息和滞纳金等。

（四）因持卡人个人保管不慎或遗失等原因，导致公务卡被盗刷所形成的支出和损失。

（五）其他不符合财务管理规定或超出标准的消费。

第五章　管理职责

第十六条　计划财务处在公务卡管理工作中的主要职责

（一）宣传并组织教职工办理公务卡，协同人事处做好新增、调动和退休等人员的公务卡管理工作。

（二）审核持卡人提请报销的公务卡消费凭证，及时办理公务卡报销还款和资金退回处理等工作。

（三）协助发卡行维护公务卡管理系统，按月与发卡行核对公务卡报销还款信息。

（四）配合上级财政部门做好公务卡监督管理等工作。

（五）严禁将非本单位工作人员纳入公务卡管理范围、违规办理公务卡报销业务或查询、泄露持卡人的私人交易信息。

第十七条　教职工个人在公务卡管理工作中的主要职责

（一）公务卡实质上是个人在银行办理的贷记卡，涉及个人资信，要本着诚实守信和对自己负责的态度，保管使用好公务卡。

（二）超过发卡行规定的免息期报销还款，需承担不及时和不完全还款的全部责任；因个人报销不及时造成的罚息、滞纳金等费用，由持卡人承担。

（三）公务消费时要保留好个人签名的消费交易凭条（POS机小票）和相应发票等原始凭证，以备报销使用。

（四）公务卡及密码由个人保管，遇调动、辞职、退休等影响公务卡使用的情况，要主动向计划财务处报备。

（五）对消费交易发生疑义，可按发卡行规定向发卡行提出交易查询。

（六）持卡人要严格遵守国家关于银行卡使用管理的有关规定，规范使用公务卡。严禁持卡人违规使用公务卡。对恶意透支、拖欠还款和将非公务支出用于公务报销等所产生的后果，由持卡人负全责，学校不承担由此引致的任何责任。

第六章　附则

第十八条　本办法自公布之日起执行，由计划财务处负责解释。

华北电力大学关于规范新进教职工聘用管理暂行办法

华电校人〔2013〕13号

第一条　为深入贯彻实施学校“大人才”发展战略，继续推进和深化劳动人事制度改革，不断完善人才选拔和用人机制，规范新进教职工聘用管理，充分调动新进教职工在教学、科研和管理等工作中的积极性，根据人力资源与社会保障部、教育部等上级有关文件精神，结合学校实际，特制定本办法。

第二条　学校按照“公开招聘、择优聘用、严格考核、合同管理”的原则，在自愿、平等、合法的前提下与新进教职工签订聘用合同，明确双方的权利、义务和责任。

第三条　首次聘用合同为固定期限合同，合同期为四年。

第四条　新进教职工在固定期限合同内属于学校事业编制，合同期内各项待遇执行校内同级同类人员标准（试用期时限和待遇按照国家规定执行）。

第五条　首聘期间工作要求：

专任教师和实验研究人员要热爱教育事业，教书育人，为人师表；要积极拓展自身的科技创新能力和工程实践能力，过好科研关；要注重教育理念、教学方法和手段等方面的学习，努力提高授课水平。

其他人员应着力培养自身的组织协调能力、服务意识和奉献精神，在认真履行岗位职责的同时，对所负责的工作能够做到有思考、有总结、有提高。

第六条　在首聘期最后一个月，学校组织对新进教职工进行考核。

学院（系、部）负责专任教师的考核；重大项目团队（重点实验室）负责实验研究人员的考核；其他人员的考核由用人单位所在党总支负责。各考核责任单位根据岗位类别从师德师风、科研能力、教学水平、责任意识、代表性业绩等方面聘请校内外专家对其进行综合评价，并给出与其签订无固定期限合同；或与其再次签订四年固定期限合同；或不适合教师工作退出教师系列；或不再续聘等考核结论。

第七条　学校鼓励新进人员赴海外学习和访问。经学校批准到海外学习或访问，并按期返校的，其经历计入本人的聘期履职时间和专业技术职务任职时间。

第八条　本办法所指新进教职工，不包括学校急需引进的高层次杰出人才、学校人事代理和外聘员工。

第九条　本办法自发布之日起施行，由人事处负责解释。

华北电力大学大型贵重仪器设备开放共享管理暂行办法

华电校资〔2013〕10 号

第一章　总则

第一条　为加强我校精密贵重仪器和大型设备（以下统称：大型贵重仪器设备）在教学、科研等工作中的作用，实现仪器设备资源开放共享，提高仪器设备利用率和使用效益，依据教育部《高等学校仪器设备管理办法》，结合我校实际制定本办法。

第二条　学校大型贵重仪器设备，在完成本单位教学、科研任务的同时，必须对校内外开放，共享使用，以充分发挥大型贵重仪器设备的最大作用和使用效益，避免仪器设备低效益重复购置。

第三条　在确保完成各项教学任务的前提下，凡性能良好、单价在人民币十万元及以上的单件或成套仪器设备及平台均列入开放共享服务范围，按本办法管理。

第二章　开放共享工作组织与基本要求

第四条　大型贵重仪器设备共享实行学校和仪器设备所在部门两级管理。资产管理处是我校大型贵重仪器设备开放共享的组织管理部门，仪器设备所在单位负责本部门大型贵重仪器设备开放共享的日常管理及实施工作。

第五条　学校大型贵重仪器设备均应详细填报《华北电力大学大型贵重仪器设备开放共享信息登记表》（附件一）。经学校相关职能部门审定场地、收费标准、管理人员等开放条件后，即可列入开放服务范围，并上网公布，并且每学期更新。

第六条　大型仪器设备的开放使用主要目的是满足校内教学和科研的需求。在此前提下，各管理单位应可对外开放，积极参与跨单位、跨地区的协作共用网。

第七条　每台共享大型仪器明确一名兼职仪器设备专家和一名兼职管理员，实行岗位责任制，共同负责设备的使用管理联络工作。各单位可从开放共享收费中为受聘人员支付劳务费。

第三章　收费管理

第八条　学校的大型贵重仪器设备实行共享服务和有偿开放使用，向校内外单位和个人收取一定的共享使用费。

第九条　大型贵重仪器设备收费标准应综合设备折旧费、运行成本、技术服务费等几项内容收费，参照下列标准，并参照国内或本地区同类仪器设备收费标准进行制定。

（1）仪器设备折旧费 = 仪器设备折旧费率 × 使用机时数，其中仪器设备折旧费率 = 仪器设备账面价值 ÷ 折旧年限 ÷ 1 080 小时。折旧年限：机电设备 20 年，精密仪器 15 年。

（2）运行成本：包括日常维护费、水电费、耗材费等。

（3）技术及管理服务费：包括仪器设备操作和咨询、分析、计算等服务性费用，按 1、2 两项费用的 10% ~25% 核定。

第十条　收费标准经大型贵重仪器设备所在单位提出，报资产管理处和计财处联合审定，经校长办公会审批实施，并在网上公布。未经审批，各单位不得自行确定和改变收费标准。

第十一条　由学校安排的本科、研究生教学计划原则上不收费；研究生需导师签字批准，方可申请使用共享仪器设备。

第十二条　校内教师、科研人员和研究生使用享受优惠,按校外收费标准的50%收取。

第十三条　申请使用人通过网上的“贵重精密仪器共享预约系统”向仪器设备所在单位提出申请,由仪器设备所在单位开具学校统一印制的《华北电力大学测试缴费通知单》(附件二),到计划财务处缴纳测试费,缴费后到仪器设备所在单位委托测试,或在管理人员指导下上机操作。

第十四条　校内外单位或个人可采用校内转账的方式交费。计财处负责收取并统一开具收款凭证。

第十五条　大型贵重仪器设备开放共享所收取的使用费实行学校、仪器设备所在单位和操作人员按比例分成。其中,25%由学校提取,作为学校大型贵重仪器设备开放共享基金;5%作为划归资产管理处发展基金用于仪器设备共享管理;其余部分划归仪器设备所在实验室或课题组实行专户管理,专项用于大型贵重仪器设备的维修、改造、功能开发、材料消耗费、水电费、工作人员的劳务费等相关支出,操作人员劳务费支出不得超过总收入的25%。由财务处为各管理单位设立专门结算户定期进行结算。

第十六条　学校大型贵重仪器设备开放共享基金可用于支持进行科研前期研究需用大型仪器设备的教师及承担大学生创新创业计划中开放实验项目。

第四章　考核与奖惩

第十七条　学校每学年对大型贵重仪器设备的使用和管理情况进行评估考核,考核的主要内容包括仪器设备利用率、对外服务、维修保养、管理水平、科研成果、新功能开发及人才培养等,考核结果向全校公布。

第十八条　对在大型贵重仪器设备使用和管理中成绩优秀、效益突出、开放共享好的单位或个人,学校将予以表彰和奖励。

第十九条　大型贵重仪器设备有偿服务收入必须全额上交学校,对未经批准擅自收费或收费未上交(私收现金或其他方式)的部门和个人,一经发现,学校将对单位负责人及仪器设备管理人员予以严肃处理。

第二十条　对效率低、开放共享差的大型贵重仪器设备,由资产处组织专家进行论证,提出处理意见,并责成其限期整改。整改不达标的,将收回该仪器的使用权,重新调整和分配。

第五章　附则

第二十一条　本办法自公布之日起开始施行,未尽事宜按有关规定办理,凡此前发布的有关管理办法与本办法相抵触的,以本办法为准。

第二十二条　本办法由资产管理处负责解释。

2013年9月6日

附件一

华北电力大学大型仪器设备开放共享信息登记表

仪器管理部门信息			
所属单位			
仪器负责人			
联系电话			
E-mail			
仪器相关信息			
仪器名称			
规格型号		资产编号	
制造国家		生产厂家	
出厂日期		购置日期	
存放地点			
主要功能			

续表

技 术 指 标	
样品要求	
收费标准	

附件二

华北电力大学测试缴费单

设备管理单位：　　　　　　　　　　　　财务结算账户：
使用仪器及型号：　　　　　　　　　　　仪器设备编号：

序号	收费项目	实验类型	数量	金额	备注
1					
2					
3					
4					
付款单位			结算银行		
地址			账号		
合计金额(大写)					

备注:请于　　年　　月　　日前到华北电力大学主楼D座三楼计划财务处缴费

华北电力大学校园一卡通管理办法

华电校信〔2013〕8号

为了加快华北电力大学数字化校园建设的步伐，保障校园一卡通系统稳定可靠运行，规范校园卡管理，根据学校实际情况和有关规定，特制定本办法。

第一章　总则

第一条　校园一卡通系统是学校充分利用信息化手段，提高管理效率和服务水平的基础应用平台。各部门应积极配合做好各项工作，提供完整准确的数据信息，充分利用校园卡功能，确保校园卡系统的安全可靠运行。

第二条　学校设立校园一卡通管理中心(以下简称一卡通中心)，隶属于网络与信息中心(保定校区为信息与网络管理中心，以下简称网络中心)。一卡通中心负责校园一卡通系统技术运行管理，校园卡的发放、挂失解挂、销户、商户的接入开通等卡务管理以及培训咨询服务。校园卡充值、结算、代扣代缴等金融服务由计划财务处(保定校区为财务与资产管理处，以下简称计财处)负责。

第三条　校园卡由一卡通中心负责发放。该卡具有校内身份识别、图书借阅、各类校内缴费和消费、门禁管理等校务管理功能。原有的各类卡管理系统应逐步与校园一卡通系统实现对接，所有与校园一卡通系统对接成功的部门原则上不允许收取现金。

第四条　校园一卡通系统及设备为学校公共财产，各使用部门和个人应自觉爱护，加强管理和保养。

第五条　校园卡持有人、与校园一卡通系统对接的部门及商户必须遵守校园一卡通管理的有关规定，必须遵守国家相关法律法规。严禁破解、仿冒和伪造校园卡，严禁攻击破坏校园一卡通系统。此类行为一经查实，将移交学校有关职能部门严肃处理，触犯法律的移送司法机关处理。

第二章　校园卡管理

第六条　校园卡分为教工卡、学生卡和临时卡。

第七条　校园卡办理

一、教工卡针对在编教职工、外聘教职工、外籍教师、离退休人员、进站博士后、外聘专家、访问学者等人员发放。以上人员可凭人事处相关证明并提交《华北电力大学校园卡申请表》及本人电子照片申领教工卡。

二、学生卡针对所有本科生、硕士研究生、博士研究生、留学生、函授生、夜大生、长期培训生发放。学生卡由教务处、研究生院、国际教育学院、继续教育学院将学生个人资料提供给一卡通中心后统一办理。

三、临时卡针对各单位临时聘用人员、短期培训生及各类短期来校人员等发放。在校超过三个月的以上人员按相关要求办理带照片的临时卡；在校不足三个月的以上人员办理临时卡。本着学校资源有限使用的原则，严格限制临时卡的发放。

第八条　正式在编教职工、全日制统招本科生、博士研究生、全日制硕士研究生、学历和学位留学生首张校园卡由学校免费办理；其他人员办理校园卡均须缴纳相应工本费。所有人员补办校园卡均须缴纳相应工本费。

第九条　根据上级文件精神及学校实际情况，不同类型的校园卡具有不同的权限和费率。其权限及相关费率由相关管理部门按学校的有关规定执行。

第十条　教工卡在教职工在校期间有效；学生卡在学生正常学制内有效；临时卡的具体有效期根据申请人实际情况进行处理。

第十一条　校园卡挂失：持卡人可通过自助圈存机、校园卡网站、语音电话自行挂失，也可持本人有效证件到一卡通中心办理挂失手续。

第十二条　校园卡解挂：办理校园卡解挂业务时，需持本人有效证件到一卡通中心办理。

第十三条　校园卡注销：有效期满后三个月内未办理校园卡延期手续，学校将统一注销校园卡账号，校园卡余额由一卡通中心汇总交由计财处统一管理。在校园卡系统中登记有银行卡信息的用户，其余额将退还至对应银行卡中；未在校园卡系统中登记银行卡号信息的用户，需在一卡通中心服务大厅申请退款，凭退款证明到计财处领取校园卡余额。

第十四条　校园卡的终止：满足下列条件者，强制终止校园卡使用。

一、离校学生：相关管理部门提供的毕业和退学学生。

二、人事离职：人事处提供的离职教职工。

三、违规使用：违反本规定使用校园卡的持卡人。

第十五条　校园卡实行一人一卡制，只限本人使用。发现使用他人校园卡或涂改、伪造校园卡者，各部门有权拒绝服务，一卡通中心有权停用和没收该卡。

第三章　接入部门及商户管理

第十六条　校内凡涉及个人缴费、罚款等业务的部门必须使用校园一卡通系统，校内个体商户可向一卡通中心申请加入校园一卡通系统。

第十七条　凡使用校园一卡通系统的接入部门及个体商户须在学校财务部门开设账户。一卡通中心有责任为接入部门及商户的账户进行保密，同时有权为监管部门提供有关信息和数据。

第十八条　接入校园一卡通系统的个体商户需与一卡通中心签订接入管理协议，接入及维护费用自理；一卡通中心对其扣除相应的管理费，用于校园一卡通系统维护。

第十九条　校园卡账务结算每周一次，对结算周期有特殊要求的接入部门及个体商户可与一卡通中心协商确定。

第四章　警示性条款

第二十条　若校园卡遗失，应尽快挂失，挂失前造成的损失，由持卡人本人负责。挂失后若找回原卡，可到一卡通中心办理解挂手续；办理补卡手续后，原卡立即作废，不能再办理解挂手续，发现原卡后一卡通中心将其收回。

第二十一条　拾获他人校园卡应及时上交一卡通中心，若不上交恶意使用，造成持卡人损失的，一经查实，按有关规定严肃处理。

第二十二条　持卡人若遗忘密码，凭校园卡及有效证件到一卡通中心办理密码重置手续，因密码泄漏造成的损失，由持卡人本人负责。

第二十三条　持卡人应对使用校园卡的一切行为负责，如因机器故障或操作失误等所产生的疑义，持卡人可到一卡通中心核查处理。

第五章　附则

第二十四条　本规定自发布之日起施行。

第二十五条　本规定由信息化建设与管理办公室、网络与信息中心、计划财务处负责解释。

□重要文件

IMPORTANT NOTICES

关于开放名师课堂与精品课程课堂的通知

华电校教〔2013〕1 号

各院系及广大教师：

为深入贯彻落实《国家中长期教育改革和发展规划纲要（2010—2020）》和“高教 30 条”文件精神，充分发挥各种资源在人才培养中的作用，实现教学名师和精品课程资源共享，提升教师的教学能力，促进学校教育教学质量的提高，经学校研究，决定对名师课堂与精品课程课堂开放，现将有关事项通知如下。

一、开放课堂的范围

包括：名师课堂与精品课程课堂。

名师课堂，指我校国家级、省部级、校级教学名师，每学期为本科生所开设的课程（包括理论课、实验课）。

精品课程课堂，指我校国家级、省部级精品课程的相应课堂。

学校将有条件地逐步开放其他教学优秀的课堂。

二、教学观摩

教师教学发展中心经教师本人同意后，于每学期开学初向全校公布名师及精品课程的授课安排。

广大教师本着“自愿参加”和“不影响课堂教学秩序”的原则，根据兴趣前去开放课堂观摩学习，并认真填写《观摩课堂记录表》。

三、要求

教师自愿报名，各院系要认真组织本院系教师有秩序地听课。开学初，各院系确定听课教师的姓名和人数，报教务处备案；学期末，上交听课教师《观摩课堂记录表》，作为考核院系教学工作的一项依据。

特别是新入职不足三年的教师，希望积极观摩学习开放课堂，此项活动将作为青年教师业务培训的一项重要内容。

附件：观摩课堂记录表

2013 年 3 月 6 日

附件

华北电力大学观摩课堂记录表

姓 名		院（系）		教研室		专业方向	
观摩课程				授课教师			
观摩日期	月 日 周 第 节			观摩地点			
听课内容							
听课心得							

观摩教师签名：　　　　院（系）公章：　　　　年　月　日

关于调整教师科研教研工作量计分标准和绩效奖励的通知

华电校人〔2013〕15号

校直各单位：

学校于2012年7月印发了《华北电力大学教师绩效考核及校内津贴调整方案（试行）》（华电校人〔2012〕23号），根据一年试运行及反馈情况，经2013年第3次校长办公会研究，现将有关内容微调如下：

第一条　为进一步体现"绩效"的导向性，将"绩效奖励"进行简化，部分内容调整到"教师科研教研工作量表"中。

第二条　对于在学科建设、科研基地建设、专业综合改革、示范教学中心、人才引进与培育等方面作出贡献的院系、部门学校将视情况进行奖励；为促进成果转化，学校将进一步制定成果转化个人奖励的具体实施细则。以上项目不再进行年度绩效奖励。

第三条　为方便"绩效"使用，绩效奖励按分值计算，暂按10元/分执行。根据"教育部直属高校绩效评价指标体系""学科评估指标权重"和学校试运行反馈意见，对部分绩效分值进行了调整。

第四条　绩效项目及奖励分值总体保持稳定，将根据学校事业发展状况适时微调。

第五条　自本通知发布之日起，教师科研教研工作量和绩效奖励的类别、项目及分值按本文件执行。各院系可据此调整教师年度考核合格标准，并按要求备案。

附件：

1. 华北电力大学教师科研教研工作量计分标准
2. 华北电力大学教师绩效奖励
3. 教师科研教研工作量计分标准和绩效奖励的有关说明

2013年5月9日

附件1

华北电力大学教师科研教研工作量计分标准

分类	类别	项目	分值	备注
科研项目	A	纵向经费	30分/万元	人文社科类经费不足5万元的项目按150分计算
	B	横向经费	10分/万元	
优秀学位论文	A	省市级优秀硕士学位论文	500分/篇	
	B	校级优秀博士论文	200分/篇	
	C	校级优秀硕士论文	60分/篇	
科技奖励	A	社会力量科技奖励三等奖 地、市、局级科技奖励一等奖	300分/项	
	B	校级一等奖	200分/项	
	C	校级二等奖	60分/项	
教学成果奖	A	校级特等奖	200分/项	
	B	校级一等奖	120分/项	
	C	校级二等奖	60分/项	

续表

分类	类别	项目	分值	备注
科研论文（教改论文）	A	国外正式学术期刊（外文）	50 分/篇	
	B	中文核心期刊、其他国际会议论文集（外文）	35 分/篇	
	C	其他公开发表的学术论文（不含增刊、论文集）	10 分/篇	
学术著作及教材	A	省部级规划教材、出版社精品教材、出版社规划教材	500 分/本	
	B	专著、编著	500 分/本	
	C	译著	200 分/本	
	D	其他公开出版物	150 分/本	不含电子出版物
精品课程及教改项目	A	校级精品课程	150 分/项	
	B	校级教改项目	60 分/项	
指导学生科技创新	A	国家级特等奖	2 000 分/队	
	B	国家级一等奖	1 000 分/队	
	C	国家级二等奖，省部级特等奖	450 分/队	
	D	国家级三等奖，省部级一等奖	200 分/队	
	E	省部级二等奖	100 分/队	
	F	省部级三等奖	50 分/队	
	G	组织、辅导	20 分/组	
大学生创新创业项目	A	省部级以上大学生创新创业项目结题优秀	200/项	
	B	省部级以上大学生创新创业项目结题合格	100/项	
	C	校级结题通过及以上	50 分/项	
指导学生体育、艺术类获奖	A	国际级第 1 名	3 000 分/项	
	B	国际级第 2、3 名	2 000 分/项	
	C	国际级第 4、5、6 名 、国家级第 1 名	1 000 分/项	
	D	国际级第 7、8 名、国家级第 2、3 名、国家级体育比赛一等奖	450 分/项	
	E	国家级第 4、5、6 名、国家级体育比赛二等奖、省部级体育比赛一等奖、省部级第 1 名	200 分/项	
	F	国家级第 7、8 名、国家级体育比赛三等奖、省部级第 2、3 名、省部级体育比赛二等奖	100 分/项	
	G	省部级第 4、5、6、7、8 名、省部级体育比赛三等奖	50 分/项	
知识产权	A	实用新型专利、外观设计专利授权	100 分/项	
	B	计算机软件著作权、集成电路设计	50 分/项	

续表

分类	类别	项目	分值	备注
成果鉴定与结题验收	A	理工类项目鉴定为国际领先、人文社科类项目鉴定为国际水平或国家领导人批示、采纳	2 000 分/项	
	B	理工类项目鉴定为国际先进	1 500 分/项	
	C	理工类项目鉴定为国内领先、人文社科类项目鉴定为国内领先(优秀)	1 000 分/项	
	D	理工类项目鉴定为国内先进、人文社科类项目鉴定为国内先进(良好)	450 分/项	
	E	纵向项目结题验收结果为优秀	200 分/项	

附件 2

华北电力大学教师绩效奖励

项目	类别	绩效分值	备　注
纵向科研项目	A	20 000	“973”计划项目、国家重大科学仪器设计开发专项、国家自然科学基金重大科研仪器设备研制专项、国家自然科学基金重大项目、国家自然科学基金委员会优秀群体等
	B	10 000	国家科技重大专项课题、科技支撑计划课题、“863”计划课题(三类项目财政拨款经费超过 800 万元,外协费除外)、国家社会科学基金重大招标项目等
	C	5 000	“973”计划课题、国家自然科学基金重大项目课题、国家自然科学基金重大研究计划项目、国家自然科学基金重点项目、“973”青年科学家专题、教育部创新团队、国家自然科学基金杰出青年科学基金、国家社科基金重点项目、教育部人文社科重大课题攻关项目等
	D	2 000	国家自然科学基金优秀青年科学基金、国家自然科学基金国际合作与交流项目、国际科技合作与交流项目
	E	1 000	国家自然科学基金、国家社科基金项目、全国教育科学规划项目等
自然科学类论文	A	20 000	Science & Nature
	B	3 000	SCI 一区
	C	1 500	SCI 二区
	D	1 000	SCI 三区
	E	500	SCI 四区
	F	300	EI 核心、一级学报
人文社科类论文	A	2 000	SSCI、A&HCI、“CSSCI 来源期刊榜”A 类
	B	1 000	《新华文摘》《中国社会科学文摘》《高等学校文科学报文摘》“CSSCI 来源期刊榜”B 类
	C	200	《人大复印资料》全文转引、“CSSCI 来源期刊榜”C 类
	D	100	ISSHP、“CSSCI 来源期刊榜”D 类

续表

项目	类别	绩效分值	备　注
优秀学位论文指导	A	12 000	全国优秀博士学位论文
	B	5 000	全国优秀博士学位论文提名
	C	2 000	省市级优秀博士学位论文
教材	A	4 000	国家级精品教材
	B	2 000	国家级规划教材
	C	1 000	省部级精品教材
科研奖励	A	200 000	国家级科技奖励特等奖
	B	60 000	国家级科技奖励一等奖
	C	30 000	国家级科技奖励二等奖
	D	10 000	省部级科技奖励、省部级人文社科奖一等奖
	E	5 000	省部级科技奖励、省部级人文社科奖二等奖、社会力量科技奖励一等奖
	F	2 000	省级科技奖励、省部级人文社科奖三等奖、社会力量科技奖励二等奖
教学成果奖	A	30 000	国家级特等奖
	B	20 000	国家级一等奖
	C	10 000	国家级二等奖
	D	5 000	省部级特等奖
	E	4 000	省部级一等奖
	F	2 000	省部级二等奖
	G	1 000	省部级三等奖
精品课程及教改项目	A	5 000	国家级精品课程
	B	3 000	国家级教改项目
	C	1 000	省部级精品课程
	D	600	省部级教改项目
知识产权	A	2 000	国际发明专利授权
	B	500	发明专利授权

附件 3

教师科研教研工作量计分标准和绩效奖励的有关说明

1. 科研项目

(1)类别分为纵向科研项目和横向科研项目两大类。纵、横向科研项目界定详见《华北电力大学科研项目管理办法》(华电校科〔2013〕6 号)规定。

(2)科研经费均以考核年度内(每年 9 月 1 日至下一年度 8 月 31 日)项目实到经费额计分,以科学技术研究院登记存档数据或经费入账凭单为依据。入账经费科研工作量分值可向后跨一个年度考核使用。项目组成员经费分配:纵向项目以申请书或任务书、横向项目以合同审批表以及科学技术研究院备案份额为依据,项目经费由项目负责人分配,于项目批复立项或签署任务合同一个月内向科研管理部门提交经费分配一览表。项目组成员或当年分配的经费额度如需变动,必须由项目负责人在每年 6 月 1 日之前提交变动原因的具体书面说明,并经项目组其他人员签字同意、院系和科学技术研究院审定备案后方可变更。项目参加人考核报表必须由项目负责人亲笔签名,否则无效。跨院系、跨校区项目参加人以及在境外国家地区参加国际合作科研项目的必须每年 6

月 1 日之前提交明确的立项审批文件和经费、成果等证明材料,经学校认定备案后有效。

(3)绩效奖励中各类纵向科研项目(课题)依托单位(或牵头单位)应为我校,同一负责人承担的同一项目只绩效奖励一次。

(4)"纵向科研项目"绩效分值为一次性奖励,与科研教研工作量中"科研项目"之"纵向经费"分值可重复计算。

2. 科研论文(教改论文)

(1)科研教研工作量中的科研论文(教改论文)是指考核期间已经正式发表的论文。

(2)绩效奖励中的科研论文(教改论文)是指考核当年的前一年检索出的收录论文。

(3)中文核心期刊以北京大学出版的《中文核心期刊要目总览》最新版为依据。

(4)SCI、SSCI 论文以中国科学院文献情报中心每年发布的收录我校 SCI 为准,其他论文以报科学技术研究院登记和核定的发表等级为准。非升级论文仅在论文发表日期所在考核年度有效。

(5)论文等级划分:SCI 分区以中国科学院文献情报中心最近发布的《JCR 期刊影响因子及分区情况》为依据,而且一、二、三区文献类型必须为 Article;CSSCI 分区以南京大学中国社会科学研究评价中心发布的"CSSCI 来源期刊榜"及其相关分析数据为依据。EI 核心论文是指 EI 收录的期刊论文。

(6)署名:论文第一作者单位署名必须为华北电力大学。每篇论文中计前 4 名作者,第 5 名及以后不计,超过 4 名的按前 4 名计;论文前 4 名作者单位均为本校、但其中有非本校在职人员的,本校在职人员计分名次可依次前移,但计分总人数不能改变;论文前 4 名作者有非本校人员的,本校在职人员计分名次不变,计分总人数也不能改变;绩效奖励部分计入第一作者,由其负责分配。教师科研教研计分可参考下表计算:

1 人	2 人	3 人	4 人
1:1	6:4	5:3:2	4:3:2:1

(7)升级:已按原发表等级考核计分和奖励的论文在升级后只计其差额部分。其差额计分部分至多可在论文发表日期所在考核年度后下一考核年度使用。

3. 学术著作及教材

仅限学术研究专著和专业技术编著、译著,以著作封面署名连同著、编著、译著字样并参考版权页的图书在版编目数据认定。其中署为编著同时又标明为教材、教学参考书、教学指导、习题集等以及其他入门书、工具书等均按教材计。

研究内容应与本人专业相关。如果封面及在版编目数据中有我校人员在内的可以计入科研教研工作量,以各位作者参编字数比例计分。绩效奖励中的著作只限第一作者为我校在职教工的著作。

4. 科研奖励

国家级奖励包括:国家科学技术奖。

省部级科技奖励包括:各省、自治区、直辖市人民政府及教育部设立的并以其名义颁发的科技奖,中国电力科学技术奖视同省部级科技奖励;其他国务院机构(正部级)设立的并以其名义颁发的科技奖,绩效分值乘以系数 0.5;国务院机构(副部级)设立的并以其名义颁发的科技奖,绩效分值乘以系数 0.25;学校理事会单位设立的并以其名义颁发的科技奖励,视同国务院机构(副部级)设立的科技奖励。

省部级人文社科奖励包括:各省、自治区或直辖市人民政府及其哲学社会科学管理部门以及教育部、国家哲学社会科学规划办设立的并以其名义颁发的人文社科奖励,中宣部"五个一工程"奖视同省部级人文社科奖励。其他国务院机构(正部级)设立的并以其名义颁发的人文社科奖,绩效分值乘以系数 0.5;国务院机构(副部级)设立的并以其名义颁发的人文社科奖,绩效分值乘以系数 0.25。

地、市、局级科技奖励包括:各地级市人民政府、各省人民政府下属厅(委、局)、中央部委下属司(局)设立的并以其名义颁发的科技奖励。

社会力量奖励包括:在国家科学技术部登记备案的,能够推荐国家科技奖的社会力量设立科学技术奖,以科学技术部最新公布的《社会力量设立科学技术奖登记审批名单》为准。

关于科研奖励,我校为第一完成单位,给予 100% 的奖励;我校为第二完成单位,给予 50% 的奖励;我校为第三完成单位,给予 30% 的奖励;我校为第四完成单位,给予 15% 的奖励;我校为第五及以后完成单位,给予 5% 的奖励。

成果获奖以获奖证书和科学技术研究院成果登记档案为据。其分值分配办法原则上由第一作者分配，建议参考分配：

完成人数	1人	2人	3人	4人	5人	6人及以上
分配比例	1	6:4	5:3:2	4:3:2:1	4:2:2:1:1	我校项目负责人不低于40%，其他人由项目负责人分配

升级：已按原奖励等级考核计分和绩效奖励的科研奖励在升级后只计其差额部分。

所获科研奖励没有奖励等级时，统一视为二等奖。

5．教改项目

指教育部（国家级）、北京市教委（省部级）、河北省教育厅（省部级）、学校（校级）正式发文确立的项目。各级高教学会、教指委和社会团体等正式发文确定的项目可按省部级教改项目执行。

6. 指导学生科技创新

国家级竞赛包括：国际竞赛和教育部、团中央组织开展的竞赛。

省部级竞赛包括：全国性学会和北京市教委、河北省教育厅组织的竞赛和国家级竞赛省级选拔赛。

项目获奖以获奖证书和教务处、校团委成果登记数据为依据。已按原等级绩效奖励的项目在升级后只计其差额部分。各指导教师绩效奖励由负责人进行分配。

外语类竞赛参照此项执行。

7. 大学生创新创业项目以教务处、校团委公布的信息为依据。

8. 知识产权

（1）所获知识产权必须以华北电力大学为第一权利人，且内容必须与学校学科设置相关。

（2）专利授权：以专利证书为据，绩效奖励当年有效。奖励金额计入发明人代表，由其负责分配。

9. 指导学生体育、艺术类获奖：获奖以奖杯、奖牌和证书为据。同一项目获奖一年内计最高档。成果完成人由负责人在不低于40%的基础上进行分配。

国际级体育比赛指奥运会、亚运会、东亚运动会、各单项世界杯、各单项世界锦标赛、世界大学生运动会、世界大学生单项锦标赛；国家级体育比赛指国家体育总局各项目运动管理中心和中国单项协会举办的各类比赛、全国运动会、全国城市运动会、中国大学生体育协会及其所属各项目分会举办的各类比赛；省部级体育比赛指北京市和河北省大学生体育协会及其所属各项目分会举办的各类比赛、北京市和河北省教育委员会举办的各类比赛、北京市和河北省体育局及其各单项协会举办的各类比赛。

10. 成果鉴定与结题验收

（1）成果鉴定组织单位必须是省部级以上政府科技主管部门或相当于省部级的权威性的鉴定评价机构，以正式成果鉴定证书认定，鉴定形式必须为检测鉴定或会议鉴定，鉴定成果应与学校所立科研项目相关，且成果第一完成单位必须是华北电力大学。人文社科类项目鉴定是指由项目下达单位对项目组织的鉴定，其项目仅限于国家社科基金项目、教育部人文社科项目、北京市哲学社会科学规划项目、河北省社会科学基金项目等省部级及以上纵向社科类项目，且成果第一完成单位必须是华北电力大学。

（2）项目结题验收或获得批示或采纳：按照该项目管理办法中有关规定按期通过项目验收（结题）优秀，奖励额度由课题负责人分配。

11.《华北电力大学教师教学工作量计算办法》微调："教材"项目计入科研教研工作量，原《华北电力大学教师教学工作量计算办法》中"公开出版教材、多媒体教学光盘"（即G13）不再计算教学工作量。

"指导学生科技创新"项目计入科研教研工作量，原《华北电力大学教师教学工作量计算办法》中"三、指导创新设计竞赛"不再计算教学工作量。

关于专业技术岗位人员聘期考核及岗位聘任的通知

华电校人〔2013〕19号

校直各单位：

为深入贯彻落实“大人才”发展战略，促进人才队伍建设，加快高水平大学建设步伐，根据《教育部直属高等学校岗位设置管理暂行办法》（教人［2007］4号）、《华北电力大学岗位设置方案》（华电校人［2007］51号）及《华北电力大学专业技术岗位设置细则》《华北电力大学岗位聘任实施办法》（华电校人［2008］4号）等文件精神，现就做好我校专业技术岗位人员的聘期考核和新一轮聘任有关工作通知如下。

一、基本原则

（一）坚持学术导向和“重水平、重业绩、重贡献”的原则，强调学术成果的原创性、前沿性和创新性，坚持标准，择优聘任。

（二）聘期考核要客观公正，注重实效。

（三）实行合同管理，合同中要有明确的聘期工作目标。

（四）打破专业技术职务终身制，强化岗位管理，完善竞争激励机制，建立人员能进能出、职务能上能下、待遇能高能低、竞争和激励相结合，有利于优秀人才脱颖而出的用人机制。

二、适用范围

本通知适用于我校在岗事业编制专业技术岗位人员，学校聘用的人事代理人员参照本文件执行。

三、考核与聘任组织

学校成立校、院（系）两级考核与聘任组织机构。

（一）学校组织机构

（1）学校成立聘期考核与聘任委员会。校长任主任，成员由其他校领导、相关部门负责人、各学科专家组成，成员不少于25人。主要职责是组织领导全校专业技术岗位人员聘期考核与聘任工作。

（2）学校成立学术评议委员会，负责正高级专业技术岗位的学术评议工作。

（3）学校成立聘期考核与聘任工作办公室，办公室设在人事处，负责聘期考核、岗位聘任的具体实施和政策解释工作。

（二）院（系）和其他专业技术组织机构

（1）以院（系）为单位成立聘期考核与岗位聘任工作小组，成员由各单位党政负责人和教师专家组成，一般应具有正高级专业技术职务，院长（系主任）任组长，人数15~21人，名单报学校人事处备案。主要职责是：

①组织领导本院（系）专业技术岗位人员的聘期考核与岗位聘任工作；

②负责本单位正高级专业技术岗位人员的审核、遴选、推荐工作；

③负责本单位专业技术副高级岗位人员拟聘人选，报学校审批备案；

④ 负责本单位专业技术八级及以下岗位人员的聘任工作，报学校备案。

（2）学校成立其他专业技术岗位聘期考核与聘任工作小组，包括图书档案、医疗卫生、工程技术、高教研究、期刊出版、审计、财务、校报编辑等专业，成员由各相关单位主要负责人和专家组成，一般应具有正高级专业技术职务，组长及成员由学校聘任，人数15~21人。主要职责是：

①负责其他专业技术申报正高级岗位人员的聘期考核、学术评议和推荐工作；

②对副高级岗位人员的学术评议推荐工作，报学校审批备案；

③组织相应专业技术八级及以下岗位人员的聘任工作，报学校审批备案。

四、聘期考核

各聘期考核与聘任工作小组负责本单位聘任在相应专业技术岗位上的人员按照《关于印发〈华北电力大学专业技术岗位设置细则〉〈华北电力大学岗位聘任实施办法〉的通知》（华电校人〔2008〕4号）文件中“华北电力大学专业岗位聘期目标”进行上一聘期的聘期考核；科研考核积分计算办法仍按“华北电力大学专业岗位聘期目标”标准核算；各种成果日期截止到发文之日起。

聘期考核结论为合格和不合格。

五、岗位核定

（一）教师岗位

本次聘任，教授二至四级岗位的结构比例仍为10%:30%:60%；其中教授二级岗位35人左右，教授三级岗位105人左右。

副教授五至七级岗位之间的结构比例仍为20%:40%:40%；

讲师八级、九级、十级岗位之间的结构比例仍为

30%:40%:30%;

助教不设结构比例。

(二)其他专业技术岗位

其他专业技术岗位主要包括:工程技术、图书档案、编辑期刊出版、审计会计、医疗卫生、高教研究等专业技术岗位。

本次聘任,正高级二至四级岗位的结构比例为4%:20%:76%;

副高级五至七级岗位的结构比例仍为20%:40%:40%;

中级八至十级岗位的结构比例仍为30%:40%:30%;

初级岗位不设结构比例。

六、聘任条件和聘期目标

各级专业技术岗位人员聘任条件及聘期目标见附件1。

七、聘任程序及时间安排

(一)6月3日,公布岗位:公布专业技术系列岗位设置、聘任条件、聘期目标。本次聘任,岗位设置主要基于专业技术人员现状。

(二)6月4日至6月12日,聘期考核与个人应聘:专业技术人员向所在学院(系、部)或相应聘任工作小组提交《华北电力大学专业技术岗位人员聘期考核和应聘表》(附件2),并提供相应业绩材料原件及复印件,材料受理单位负责应聘人员资格及业绩成果的审核、聘期考核并给出考核结论。

新申报二级岗位人员的材料经学院(系、部)审核并给出聘期考核结论后报人事处。

(三)6月13日至6月17日,学校组织对二级岗位人员进行学术评议,分学院下达专业技术三级岗位推荐名额。

(四)6月18日至6月23日,学院确定新增三级岗位推荐人选和四级及以下岗位拟聘任人员,经公示后上报学校,公示期不少于3天。

(五)6月24日后,学校进行学术评议,确定新增三级岗位聘任人员。学校聘任委员会对各级各类专业技术人员进行聘任。

八、转岗

学校鼓励和支持教师根据自身职业生涯规划,自主选择转入非教师系列。

转岗人员,保留国家工资(岗位工资、薪级工资)和其他福利待遇,保留现专业技术职务,校内津贴按照所聘任岗位执行。

九、缓聘、低聘

(一)缓聘:缓聘是指上一聘期考核不合格者,经个人申请,可以缓聘。缓聘期为1年,期间保留工资福利待遇,一年后经本人申请,按符合的相应上岗条件的岗位进行聘任,其各项工资福利待遇按新聘岗位执行。

(二)低聘:低聘人员保留一个聘期的国家工资(岗位工资、薪级工资)和其他福利待遇,校内津贴和考核标准按所聘任岗位执行;下一聘期可申请原高岗位或续聘该岗位,国家工资(岗位工资、薪级工资)和其他福利待遇,按所聘任岗位执行。

十、申诉与调解

(一)学校教代会劳动人事争议调解委员会接受教职工的投诉和申诉,并进行调查,向学校聘任委员会报告。

(二)申诉和投诉应以书面形式提出。劳动人事争议调解委员会有责任为投诉人保密,任何单位及个人都不得对投诉人进行打击报复。投诉人必须以事实为依据,经查实,属于有意诬告的,将严肃处理。

十一、有关说明

(一)本次专业技术岗位聘任,聘期为4年。

(二)2011、2012年评聘专业技术职务的人员可对应专业技术职务直接聘任四、七级岗位;引进人才按与学校所签订的协议执行。

(三)根据《普通高等学校辅导员队伍建设规定》,专职辅导员纳入教师岗位系列。本次聘任时,辅导员系列岗位的聘任工作委托学生处组织。

(四)"双肩挑"人员的聘用。

(1)"双肩挑"人员是指纳入职员管理,同时具有教师系列专业技术职务,承担相应教学科研任务的人员。

(2)根据教育部、人事部有关文件精神,学校实行管理岗位与专业技术岗位分别聘任。原则上一人一岗,不得同时在两类岗位上交叉任职。

根据工作需要,本次聘任明确担任大学主要领导职务和教务处、科学技术研究院、学科办、研究生院、国际合作处、产业管理处、继续教育学院等部门主要负责人可以双肩挑,其他人员原则上不再参加分级聘任。

(3)"双肩挑"人员参加专业技术岗位分级聘任时,占用所在学科的专业技术岗位数,承担管理和教师双重任务,按照同样标准接受双重考核。

(4)特殊问题由学校研究决定。

(五)为体现业绩与年资的连续性,不能满足聘任条件,距退休不足4年的人员也可续聘现岗位至退休。使用本条人员到退休年龄时不再延聘。

(六)经学校同意的各类脱产学习(出国进修、攻读学位等)人员,可参加岗位分级聘任。

（七）本次聘任，按专业技术人员现状进行分级聘任，不涉及正高、副高、中级的晋升。

十二、纪律要求

（一）申请聘任各级各类专业技术岗位的教职工，应如实填报个人信息，提供不实信息、弄虚作假，情节严重者，予以降职或解聘。

（二）各有关部门要有专人对申报人员的材料进行认真审核，确保材料的真实性。

（三）各有关单位要高度重视本次专业技术岗位分级的组织工作，坚持公开、公平、公正，周密部署，严格程序，精心操作，做好本单位教职工的思想工作，确保该项工作的顺利开展。

十三、附则

本办法自下发之日起施行。由学校聘期考核与聘任工作办公室负责解释。

附件：

1. 专业技术岗位聘任条件和聘期目标
2. 华北电力大学专业技术岗位人员聘期考核和应聘表
3. 华北电力大学专业技术岗位人员聘期考核和应聘汇总表

2013 年 6 月 3 日

附件 1

专业技术岗位聘任条件和聘期目标

一、教师岗位

（一）聘任条件

聘任条件中教授二、三级岗位“绩效奖励分值”见《关于调整教师科研教研工作量计分标准和绩效奖励的通知》（华电校人〔2013〕15 号）及相关说明中的绩效分值。

1. 教授一级岗位

按国家有关文件规定执行。

2. 教授二级岗位

具有较高的学术造诣和良好的学术声誉，有稳定的学术团队和研究方向，在本学科领域有重要影响，能承担学科发展规划中重点发展方向上的建设任务。

已聘教授二级岗位，聘期考核合格的予以聘任；已聘教授三级岗位，且符合下列条件之一的可以申报。

（1）在国家级重要学术组织担任主要领导职务（如：国务院学位委员会委员或学科评议组成员或一级学会正、副会长等）；或入选国家级人才工程（如：长江学者特聘教授、“973”首席科学家、“ 国家特支计划”领军人才、国家自然科学基金杰出青年科学基金获得者等）。

（2）五年来，完成教学、科研任务，教学效果良好，能够履行三级教授岗位职责，年度考核合格，其中“绩效奖励分值”达 7 500 分。

（3）在学校改革发展中作出公认的重大贡献者。

对业绩优秀、贡献突出的优秀拔尖人才，也可跨级申报。

3. 教授三级岗位

具有良好的学术造诣和学术声誉，有稳定的研究方向，是学校本学科领域的主要学术或专业带头人。

已聘教授三级岗位，聘期考核合格的予以聘任；已聘教授岗位 6 年以上，符合下列条件之一的可以申报。

（1）五年来，完成教学、科研任务，教学效果良好，能够履行教授岗位职责，年度考核合格，其中“绩效奖励分值”达 4 000 分。

（2）其他重要成果或在学校改革发展中作出公认的重要贡献者。

已聘教授岗位 3 年以上，且具备国家“青年千人计划”入选者、国家自然科学基金优秀青年科学基金获得者、省部级教学名师、中科院百人计划入选者、享受政府特殊津贴等荣誉称号的，或取得其他重要成就者，可以破格申报。

4. 教授四级岗位

已聘教授四级岗位，全面履行了岗位职责，胜任本岗位工作，聘期考核合格，能完成岗位聘期目标。

5. 副教授五至七级岗位

副教授五至七级岗位任职条件由各院（系）综合考虑学术责任、学术成就、学术影响、任职年限和学历学位等因素研究制定，报学校审核备案。

6. 教师八级及以下岗位

教师八级及以下岗位任职条件由各院（系）根据任职年限和工作表现，制定相应上岗条件，进行分级聘任，报学校备案。

（二）聘期目标

1. 教授一级岗位

教授一级岗位聘期目标按国家有关文件规定执行。

2. 教授二级、三级岗位

（1）具有稳定的研究方向，形成相对稳定的学术团队。

（2）在学校人才培养、学科及专业建设等方面均作出一定贡献。

（3）完成学校各类教学任务要求且教学效果良好。

（4）参与一定的公益性工作。

（5）聘期内教授二级岗位年均“绩效奖励分值”1 500 分；教授三级岗位年均“绩效奖励分值”800 分。

3. 教授四级岗位

各院（系）结合本单位学科建设、人才培养、科学研究等发展任务，提出教授四级岗位具体聘期目标，报学校备案审批。聘期目标要突出绩效，突出标志性成果，突出核心要素。

4. 副教授五级及以下岗位

副教授五级及以下岗位的聘期目标由院（系）自主制定，报学校备案。

二、其他专业技术岗位

（一）聘任条件

1. 其他专业技术二级岗位参照教授二级岗位聘任条件执行

2. 其他专业技术三级岗位聘任条件

已聘专业技术三级岗位，聘期考核合格的予以聘任；已聘专业技术四级岗位 6 年且符合下列条件的可以申报。

（1）五年来，完成岗位专业技术工作，能够履行岗位职责，年度考核合格，高教研究系列科研教研分值与绩效奖励分值之和达 4 000 分，其他专业技术系列科研教研分值与绩效奖励分值之和达 2 000 分。

（2）其他重要成果或在学校改革发展中作出公认的重要贡献者。

3. 其他专业技术四级岗位聘任条件

已聘专业技术四级岗位，全面履行了岗位职责，胜任本岗位工作，聘期考核合格，能完成岗位聘期目标。

4. 其他专业技术五级及以下岗位聘任条件

其他专业技术五级及以下岗位聘任条件由各其他专业技术岗位聘任工作小组综合考虑学术研究、岗位职责、任职年限和学历学位等因素研究制定，报学校审核备案。

（二）聘期目标

1. 其他专业技术二级、三级岗位

（1）精通本专业的知识和技术，熟悉本专业领域发展现状和趋势。

（2）指导和培养中、初级专业技术人员。

（3）解决了工作中出现的关键技术问题和重大疑难问题，对本岗位工作进行了技术改造和创新（有具体支撑材料）。

（4）聘期内专业技术二级岗位年均科研教研分值与绩效奖励分值之和参照教授二级岗位分值；专业技术三级岗位年均科研教研分值与绩效奖励分值之和，高教研究系列 800 分，其他专业技术系列 400 分。

2. 其他专业技术四级岗位

各聘用单位结合本单位工作实际，提出其他专业技术四级岗位具体聘期目标，报学校备案审批。聘期目标要突出绩效，突出技术创新，突出标志性成果。

3. 其他专业技术五级及以下岗位

其他专业技术五级及以下岗位聘期目标由各单位根据自身实际情况研究制定，报学校备案。

附件2

华北电力大学专业技术岗位人员聘期考核和应聘表

单位：　　　　　　　　　　　　　　人员类别：□教师 □其他专技

一、个人情况

姓名		性别		出生年月	
现聘任岗位		聘任时间		拟应聘岗位	

二、聘期考核

1.（结合2008年聘期目标，简要总结个人聘期工作完成情况）

2. 近五年实到款科研经费额		3. 科研积分(kb)	
纵向经费	横向经费	标准	实际完成分值
________(万)	________(万)	________(kb)	________(kb)

4. 近五年教学、科研方面取得的代表性业绩

序号	项目、获奖名称（论文论著题目、专利）	时间	项目性质和来源（刊物及刊号、检索、专利类别及转化效益、奖励授予单位）	个人排名	个人绩效分值	审核（排名第一者签字）	备注
1							
2							
3							
4							
5							
6							
7							
8							
9							
10							

三、应聘岗位及聘期目标

1. 应聘岗位：
2. 聘期目标：在院系标准基础上，简述四年聘期在教学、科研等方面预期取得的业绩

四、考核结论及推荐岗位

单位考核结论（结论为“合格”或“不合格”）：

单位推荐岗位：

（盖章）

负责人签字：　　　　　　　　　　　年　月　日

续表

五、学术评价意见 同意　　票　　　　不同意　　票 组长签字：　　　　　年　　月　日
六、学校意见 （盖章） 年　月　日

附件 3

华北电力大学专业技术岗位人员聘期考核、应聘岗位汇总表

序号	姓名	现岗位	聘期考核结论	申报岗位	拟聘岗位	备注

单位负责人签字：　　　　　　单位公章：

关于新一轮“创新人才支持计划”遴选工作的通知

华电校人〔2013〕20 号

校直各单位：

为深入贯彻学校“大人才”发展战略，继承和延续学校“151”人才工程、责任教授制度和“创新人才支持计划”，加快培育一批高水平学术带头人，加强青年骨干教师的培养，学校决定启动新一轮“创新人才支持计划”的遴选工作，现将有关事项通知如下：

一、遴选依据

本次遴选工作以《关于印发 <华北电力大学创新人才支持计划> 的通知》（华电校人〔2009〕12 号）为依据。

二、政策调整及说明

（1）在遴选过程中，更加注重绩效导向。重点关注第一、二层次人才承担重大项目和课题的研究能力和已取得的对学校影响力有显著提升作用的重大成果，促进第三层次人才凝练学科方向，积极参与纵向科研项目或重大科研、教学项目的研究，注重培养。

（2）加大支持力度。学校为入选第一、二层次人才分别颁发“创新人才支持计划”学术领军人才和学科带头人聘任证书。

学术领军人才津贴每人每月调整为 5 000 元；学科带头人津贴每人每月调整为 2 000 元；青年骨干教师津贴每人每月调整为 1 000 元，聘期内学校以项目资助方式为其提供 3 万元科研经费，按照校内专项基金项目进行管理。

（3）“青年骨干教师支持计划”申报条件调整为 35 岁以下（1978 年 6 月 1 日后出生）具有副教授及以上专业技术职务或博士学位教师。

（4）本次申报，业绩成果截止到发文之日。

（5）年薪制人员暂不参加本轮申报。

三、遴选程序及日程安排

（1）6 月 4 日至 6 月 7 日，布置相关工作，个人申报。申报者填报相关表格及材料并上报，其中申报第一层次材料经学院（系、部）审核后直接报人事处，申报第二、三层次材料统一报各学院（系、部）。

（2）6 月 8 日至 6 月 12 日，学校组织校外专家组对“学术领军人才支持计划”申报人选进行评议并确定入选人员。

（3）6 月 18 日至 6 月 23 日，学院组织学术评议确定第二、三层次推荐人选，上报学校。

（4）6 月 24 日后，学校进行学术评议，校长办公会审核、发文，签订任务书。

（5）对于未能入选所申报计划的申报人，如其符合低一层次计划的基本条件，经申报者本人申请，可参加下一层次人才支持计划的推荐。

四、申报材料要求

（1）申报“创新人才支持计划”，必须如实填写各种表格并组织申报材料，所有材料复印件为 A4。其内容和要求如下：

①《创新人才支持计划申报表》原件 1 份，电子文档 1 份。

②近五年取得的代表性业绩成果证明材料复印件 1 份（包括封面、封底、目录及正文首页）。

③获奖证书或有效证明复印件 1 份。

④鉴定项目等证明材料及其他有关材料。

（2）上述材料（2）~（4）项按顺序整理，注明页码，打上目录，装订成一册。申报材料不得超过一个档案袋。

本次“创新人才支持计划”遴选工作，是学校实现建设具有较强影响力、竞争力和发展潜力的人才队伍目标的重要举措。各单位党政领导要认真组织学习相关文件精神，按条件、按程序、精心组织、严格审核、公开竞争、择优遴选，确保创新人才支持计划遴选工作平稳有序进行。

联系人及联系方式：

北京校部：田赞梅 010－61772417

保定校区：刘长青 0312－7522837

附件：创新人才支持计划申报表

2013 年 6 月 3 日

附件

创新人才支持计划申报表

一、申请人简况

姓名		性别		所在单位	
出生年月		专业技术岗位		任职时间	
申报计划类别					
(　)学术领军人才支持计划		(　)学科带头人支持计划		(　)青年骨干教师支持计划	
个人业绩综述 (请概述本人的教学业绩、研究领域、团队建设、在学术组织任职、获得的重大荣誉称号等)					

二、近五年教学、科研方面取得的代表性业绩(总计不超过10项)

序号	项目、获奖名称(论文论著题目、专利)	时间	项目性质和来源(刊物及刊号、检索、专利类别及转化效益、奖励授予单位)	个人排名	个人绩效分值	审核(排名第一者签字)	备注
1							
2							
3							
4							
5							
6							
7							
8							
9							
10							

本人谨此声明:以上所填内容完全属实。

本人签名:

年　　月　　日

三、简述未来三年内在教学、科研等方面预期取得的主要成果

续表

四、材料审核及推荐意见
材料审核意见： 推荐意见： 学院（系、部）负责人签字（盖章）： 年　月　日
五、学术（专家）评议意见
同意　票　　不同意　票 组长签字： 年　月　日
六、学校意见
（盖章） 年　月　日

关于成立华北电力大学电力信息安全工程实验室的通知

华电校科〔2013〕10号

校内各单位：

为突破制约电力信息安全相关产业发展的关键技术，并加速新技术推广应用和产业化，提升我国电力信息安全产品领域的科技创新水平，根据“以企业为主体、市场为导向、产学研相结合”的原则，经协商，华北电力大学与北京华电卓识信息安全测评技术中心有限公司联合建设“电力信息安全工程实验室”。

实验室围绕信息安全关键技术、电力二次安全防护标准以及信息安全测评与服务等方向开展建设，并积极从事电力信息安全解决方案和相关产品领域的研究及成果转化工作。

实验室挂靠电气与电子工程学院，人员由校企双方科研骨干人员组成，负责实验室有关制度、标准、规范的制定和实验室的建设、运行和管理等。

实验室设管理办公室，由科研院、学院和企业有关负责人组成，负责决定、协调实验室的重大事项；研究实验室发展战略、规划、科研及产业合作等重要事务。

2013年6月5日

关于调整北京华电天德资产经营有限公司第二届董事会、监事会成员及聘任公司经理的通知

华电校产〔2013〕5 号

校直各单位:

根据北京华电天德资产经营有限公司(以下简称“资产经营公司”)公司章程规定,资产经营公司董事会由华北电力大学经营性资产管理委员会(以下简称“华电经资委”)委派,董事会每届任期三年。

经 2011 年 1 月 5 日召开的华电经资委 2010 年度工作会议讨论,委派了资产经营公司第二届董事会、监事会。由于学校机构及相关干部调整,经 2013 年 4 月 26 日召开的华电经资委会议研究决定,资产经营公司第二届董事会、监事会人员进行了部分调整,调整后名单如下。

(董事会成员名单)

董事长:杨勇平

董　事(按姓氏笔画排序):

刘观起　刘宗德(职工代表)　李长青　杨勇平　律方成　姚凯文

(监事会成员名单)

主　席:范　立

监　事(按姓氏笔画排序):

丁相宝　万　军(职工代表)　刘志远　陈兆江　范　立　范寒松　姚敬伟(职工代表)

公司经理名单如下:

聘任姚凯文为北京华电天德资产经营有限公司总经理。

聘任刘观起为北京华电天德资产经营有限公司常务副总经理。

聘任钱跃飞为北京华电天德资产经营有限公司副总经理。

聘任李长青为北京华电天德资产经营有限公司副总经理。

聘任金海燕为北京华电天德资产经营有限公司副总经理兼董事会秘书。

2013 年 6 月 4 日

关于印发《华北电力大学建校 55 周年庆祝活动工作方案》的通知

华电校〔2013〕2 号

校内各单位:

今年学校即将迎来建校 55 周年华诞,同时也是学校划转教育部管理暨教育部与由国家电网公司等七家特大型电力企业集团组成的校理事会共建华北电力大学 10 周年。经过半个多世纪的传承、求索,特别是 21 世纪以来的拼搏、奋斗,学校的建设与发展取得了令人瞩目的成就,呈现出良好的发展态势。

为更好总结历史、展望未来、凝聚力量、促进发展,学校将在 9 月至 11 月举行建校 55 周年系列庆祝活动。为做好 55 周年校庆筹备各项工作,特制定《华北电力大学建校 55 周年庆祝活动工作方案》,现印发给你们,请结合本单位的实际,抓好落实,确保 55 周年校庆活动圆满成功。

附件:华北电力大学建校 55 周年庆祝活动工作方案

2013 年 7 月 11 日

附件

华北电力大学建校55周年庆祝活动工作方案

今年是华北电力大学建校55周年,学校将开展系列庆祝活动,为高效、有序地组织好各项筹备工作,特制定本方案。

一、指导思想

以科学发展观为指导,以“思源、传承、开拓、跨越”为主题,本着求真务实、简朴隆重的原则,通过开展一系列活动,外树形象、内聚人心、繁荣学术、促进发展,进一步扩大学校与社会各界及广大校友的联系与合作,进一步增强全校师生的向心力凝聚力,进一步提升学校的办学实力和办学水平,向着创建高水平大学的“华电梦”不断前进。

二、总体目标

(一)加大宣传。充分利用校内外各种媒介、渠道,围绕校庆主题,进行多层次、有深度的立体化宣传,展示办学成就、传播办学理念,进一步打造高水平大学品牌。

(二)推进合作。借校庆之际,加强与行业重要企业的高层联络,谋划推动具有战略意义的校企重大合作事项与项目,积极推进协同创新,取得显著成绩。

(三)联络校友。开展系列校友活动,与校友分享办学成就,同时加强与校友的联络,充分利用校友资源,调动一切积极因素支持学校的建设与发展。

(四)凝聚人心。认真总结审视学校发展历史,弘扬办学精神,通过开展系列文化活动,进一步调动校内积极性,增强学校的凝聚力与向心力,众志成城建设高水平大学。

三、时间安排

10月26日为“建校55周年庆典日”,9月至11月为“校庆季”,集中开展校庆系列活动。

四、主要活动

校庆活动分为三项主体活动和四类特色活动。

(一)主体活动

1. 建校55周年庆典大会

时间:10月26日上午

2. “企业家进校园”系列活动

时间:9月至11月

内容:有计划、分批次邀请理事会单位、战略合作伙伴单位中有重要影响力的企业家来校开展讲学、洽谈、参观等活动。

3. “华电好声音”——55周年校庆大型合唱比赛

时间:9月至10月

参与人员:全体师生员工

(二)特色活动

时间:9月至11月

地点:北京校部、保定校区等

(1)校友特色活动:校友返校活动、杰出校友专访、校友座谈会等。

(2)文化特色活动:“中国梦”师生主题教育活动、迎校庆师生系列文体活动等。

(3)科技(学术)特色活动:中国能源大讲坛、高水平学术会议、科技成果展等。

(4)对外交流特色活动:校领导分区域走访、“华电文化下基层”活动、理事会秘书处联络会议等。

五、组织机制

学校成立华北电力大学55周年校庆组织委员会,全面负责校庆各项工作,其人员组成如下。

主　任:孙忠权

副主任:张天兴 汪庆华

成　员:党办校办、校企办、校友办、科研院、宣传部、学工部、研工部、校工会、校团委、教务处、财务处、教育基金会、保卫处、后勤处等部门主要负责人

校庆组织委员会下设综合组、对外联络组、宣传组、文体活动组、学术活动组、后勤保障组六个工作组,具体负责各项活动的筹备及组织实施工作。

六、工作要求

(一)各工作组应按照学校的统一部署,认真研究、充分论证,尽快制定翔实的活动方案报送学校校庆组织委员会,经批准后认真组织实施。

(二)各学院(系)设立55周年校庆工作组,完成校庆组织委员会交办的各项工作,并具体负责本学院(系)及相关学科校庆活动的组织和实施。

关于对学校有关领导工作分工进行调整的通知

华电党〔2013〕1号

各党总支、直属党支部、校直各单位：

根据工作需要，经2013年7月10日党委常委会研究决定，对学校有关领导的工作分工在原有分工的基础上做如下调整。

杨勇平副校长：不再负责产业管理工作，不再分管产业管理处(产业集团)。

孙忠权副校长：协助校长负责产业管理工作的职责，分管产业管理处(产业集团)。

王增平副校长：联系电气与电子工程学院。

张天兴党委常委：协助主管校领导负责校企合作、理事会、校友联络等方面的工作。协助主管校领导分管校企合作办公室、理事会工作办公室、校友工作办公室。

律方成校长助理：协助主管校领导负责继续教育工作，不再负责在保定校区原协管的工作。协助主管校领导分管继续教育学院。

本通知自发文之日起执行。

2013年7月11日

关于筹建环境与化学工程系的通知

华电人〔2013〕43号

校直各单位：

为适应国家社会经济可持续发展和能源环境的战略需求，更好地为国家、社会、行业创新发展提供政策咨询、技术支持和人才保障，进一步丰富和完善我校“大电力”学科体系，拓展发展空间，形成新的学科增长点，推进高水平特色型大学建设，经2013年第11次校长办公会研究，决定在北京校部筹建环境与化学工程系。

环境与化学工程系将在进一步发挥我校能源电力学科特色优势的基础上，高起点、高标准、高水平，进一步凝练学科方向，汇聚人才队伍，加强平台建设，在环境与化学领域加强前瞻性基础科学研究，解决国家重大环境问题，培养高素质创新型人才。

为做好此项工作，特成立环境与化学工程系筹备组，人员组成如下。

组　长：刘吉臻

副组长：李双辰 杨勇平

成　员：张天兴　律方成　赵秀国　柳长安　檀勤良　张新娟　赵冬梅　刘　斐　范寒松　卢占会　戴松元　赵　毅

筹备组负责环境与化学工程系组建筹备工作，从学科凝练、人员配备、平台建设、科学研究、人才培养、基础条件等方面全方位开展工作，认真调查研究、分析现状、确认建设思路，提出可行性方案。

2013年12月18日

关于成立华北电力大学国有资产管理委员会的通知

华电校资〔2013〕13号

校直各单位：

为进一步加强学校国有资产管理，提高国有资产使用效益，促进学校事业发展，根据教育部要求，学校现成立国有资产管理委员会，下设国有资产管理办公室，挂靠资产管理处。工作职责及组成人员名单如下。

一、主要工作职责

（一）贯彻执行国家及上级主管部门国有资产监督管理的法律、法规和有关文件，负责审定学校国有资产监督和管理的规章制度，并对执行情况进行检查和监督；

（二）研究和审定学校国有资产管理的工作规划、审核学校年度资产购置计划、总结学校年度资产工作。

（三）对国有资产管理中的重大问题进行咨询、监督、协调、指导。对学校国有资产配置、资产使用、资产处置、绩效考核、资产清查、对外投资等重大事项进行审议；审议后报学校党委常委会或校长办公会议审批。

（四）负责审定学校国有资产优化配置方案，推动建立学校国有资产的共享共用机制。

（五）依法对学校各资产归口管理部门的工作进行监督与检查；

二、国有资产管理委员会成员名单

学校国有资产管理委员会主任由校长兼任，副主任由分管学校资产管理工作的校领导兼任，委员由计划财务处、监察处、审计处、基建处、后勤管理处、产业管理处、图书馆、科学技术研究院、档案馆和资产管理处等单位负责人组成，办公室设在资产管理处，具体名单如下。

主　任：刘吉臻

副主任：孙平生　孙忠权　王增平

委　员：范　立　陈兆江　姚凯文　檀勤良　刘　斐　刘宗岐　陈　军　刘观起　李金全　张树芳　丁相宝　范寒松

办公室主任：范寒松（兼）

办公室副主任：丁相宝（兼）　丁　锐（兼）　韩建新（兼）

2013 年 12 月 19 日

关于做好学校 2013—2014 年度人才招聘工作的通知

华电校人才〔2013〕1 号

校直各单位：

为进一步实施人才强校规划，落实“大人才”发展战略目标，努力构建结构合理、素质优秀的高水平人才队伍，结合《华北电力大学人才招聘工作实施办法》文件精神，现将我校 2013—2014 年度人才招聘工作相关事宜通知如下。

一、招聘计划下达

学校 2013—2014 年度招聘计划，已由校长办公会审定，予以下达。其中，专任教师进人计划数为指导性意见，其他人员进人计划数为最高完成指标。详细岗位招聘信息、应聘要求可登陆我校在线招聘系统进行查询。我校招聘平台链接：http://rcb.ncepu.edu.cn。

二、高层次人才引进

根据学校事业发展需要，按照《华北电力大学杰出人才引进计划》（华电校人〔2009〕56 号）文件精神，各单位紧紧围绕国家重点科研领域和我校重点学科方向、重点科技创新平台或科研基地，通过直接招聘、师生传承、学术交流、专家推荐等渠道，以超常规的努力引进或柔性引进高层次人才来校工作，学校将从资金投入、政策配套、条件建设、管理服务等方面为高层次人才引进创造条件。

各学院要切实把高层次人才引进工作纳入重要日程，按照学校《任务书》的要求，积极落实相关工作。高层次人才招聘不占用各单位进人计划。

三、应届毕业生招聘

应届毕业生招聘工作，严格遵循“坚持标准、严格程序、公开招聘、择优录用”的原则，优化我校整体师资的学历、学缘、专业、年龄和性别结构，吸引国内外一流院校和研究所、尤其是海外知名高校的优秀应届毕业生来校工作。

（一）坚持标准

（1）专任教师岗位新聘人员原则上应为国内外知名高校和科研院所全日制应届博士、出站博士后，或取得本学科方向最高学历。

应届博士毕业生（或博士后）接收整体原则：年龄不超过 35 周岁；京内生源不低于 30%；海外名校博士学位获得者、国内一流高校博士毕业生（或博士后）、我校博士毕业生原则上各占三分之一。

（2）其他岗位新聘人员接收原则：拟聘者应为国内外知名院校的全日制应届硕士及以上毕业生，且第一学历应为国内外知名院校的全日制本科；硕士毕业生年龄不超过 28 周岁，博士毕业生年龄不超过 35 周岁；京内生源不低于 30%。

(二)严格程序

1. 专任教师岗位招聘程序

(1)应聘人员登录我校人才招聘平台注册、填写简历,并向应聘岗位投递简历。

(2)各学院(系、部)根据岗位条件进行简历初筛,并会同科研院、教务处、人才工作办公室(以下简称人才办)等部门,组织本学科专家教授集体对应聘人员进行面试考察,全面考察应聘者在科研、教学、学风等方面的综合能力,经本单位集体研究后,确定拟聘人选建议名单,并汇总上报人才办。

(3)人才办依托人才评价专家库定期对各单位上报的拟聘教师岗位人选开展学术水平综合评价,通过评审后,汇总上报校人才工作领导小组进行审核。

(4)校长办公会审定拟聘人选名单。人才办对外公示(公示期7天)。

(5)人才办通知公示无异议的拟聘人员进行体检,合格后办理入职手续。

2. 行政管理、实验员、辅导员及其他专业技术岗位招聘程序

(1)应聘人员登录我校人才招聘平台注册、填写简历,并向应聘岗位投递简历。

(2)各用人单位根据岗位条件对应聘者进行简历初筛,按不超过1:5的比例选拔应聘人员参加学校统一组织的笔试、机试(分别测试行政能力、心理素质)。

(3)人才办根据应聘者笔试、机试成绩,从高分到低分按比例确定进入面试人选。依照招聘岗位分两批次组织面试。

行政管理、辅导员岗位:由人才办组织人事处、学生处、相关职能部门、用人单位对应聘人员进行面试考察。结合岗位要求由人才办会同用人单位确定拟聘人选建议名单。

实验员、专业技术岗位:由人才办组织人事处、用人单位对应聘人员进行面试考察。结合岗位要求和专业技能考核情况,由人才办会同用人单位确定拟聘人选建议名单。

(4)人才办汇总拟聘人选建议名单后,提交校人才工作领导小组进行审核。

(5)校长办公会审定拟聘人选名单。人才办对外公示(公示期7天)。

(6)人才办通知公示无异议的拟聘人员进行体检,合格后办理入职手续。

(三)公开招聘

学校按照人力资源与社会保障部、教育部的要求,对招聘过程中的岗位信息、岗位要求、拟聘人员个人情况等信息进行公示,接受监督,保证招聘工作的公开、公正、公平。

(四)择优录用

人才招聘是促进学校队伍建设和实现办学目标的重要途径,是学校一项基础性、全局性和长期性的工作。希望各单位在实际工作中要坚持高标准、高要求、人岗匹配、择优录用的原则,选拔优秀拔尖人才来校工作,使他们能够在我校学科结构调整、学科布局优化、人才质量提升、科技创新跨越和社会服务提升等方面发挥重要作用,为落实好学校“大人才”发展战略目标奠定基础。

四、其他事项

(1)根据教育部的实际工作安排,我校人才办原则上每年寒假前、次年三月底分两次将确定的拟聘人选建议名单集中上报校长办公会讨论、票决。

(2)各学院(系,部)应积极发挥用人单位在人才招聘工作中的主体作用,为高质量完成本单位高层次人才引进和教师岗位招聘计划提供保障。

2013年11月29日

□统计报表与附录资料

STATISTICAL STATEMENTS AND APPENDIXES

学生基本数据情况表

华北电力大学2013年硕士研究生分专业学生数

专业名称	毕业生数	授予学位数	招生数		在校生数			
			计	其中:应届毕业生	合计	一年级	二年级	三年级及以上
硕士研究生	1993	1993	2221	1649	6489	2221	2185	2083
其中:女	874	874	916	697	2738	916	927	895
学术型学位硕士	1404	1404	1311	1046	4075	1311	1357	1407
其中:女	611	611	565	465	1781	565	589	627
国家任务学术型学位硕士	1218	1218	1298	1046	3748	1298	1183	1267
行政管理	16	16	14	10	47	14	14	19
教育经济与管理	0	0	0	0	4	0	4	0
社会保障	0	0	1	1	2	1	1	0
金融学(含:保险学)	0	0	3	2	8	3	5	0
产业经济学	7	7	2	2	16	2	4	10
统计学	0	0	2	2	4	2	2	0
数量经济学	5	5	2	2	8	2	2	4
诉讼法学	15	15	8	4	26	8	6	12
环境与资源保护法学	0	0	1	1	2	1	1	0
国际法学(含:国际公法、国际私法、国际经济法)	0	0	3	3	10	3	7	0
思想政治教育	4	4	7	3	16	7	5	4
英语语言文学	27	27	7	4	35	7	4	24
外国语言学及应用语言学	0	0	11	9	29	11	18	0
计算数学	0	0	11	9	18	11	7	0
应用数学	20	20	11	10	37	11	8	18
运筹学与控制论	0	0	6	5	11	6	5	0
理论物理	3	3	2	2	7	2	1	4
凝聚态物理	0	0	2	1	6	2	4	0
机械制造及其自动化	4	4	5	5	14	5	5	4
机械电子工程	4	4	6	6	18	6	5	7
机械设计及理论	6	6	6	5	17	6	5	6
材料学	13	13	14	13	43	14	17	12
工程热物理	16	16	9	7	28	9	11	8
热能工程	67	67	62	58	211	62	64	85
制冷及低温工程	2	2	0	0	2	0	1	1

续表

专业名称	毕业生数	授予学位数	招生数		在校生数			
			计	其中:应届毕业生	合计	一年级	二年级	三年级及以上
电机与电器	13	13	6	5	35	6	13	16
电力系统及其自动化	156	156	150	137	476	150	151	175
高电压与绝缘技术	27	27	23	18	73	23	24	26
电力电子与电力传动	22	22	16	12	64	16	23	25
电工理论与新技术	8	8	10	7	39	10	14	15
电气工程学科	27	27	31	29	77	31	13	33
电气工程学科	10	10	0	0	0	0	0	0
电路与系统	10	10	12	8	33	12	11	10
动力机械及工程	13	13	9	5	33	9	11	13
流体机械及工程	5	5	5	3	17	5	5	7
电磁场与微波技术	6	6	6	5	19	6	6	7
通信与信息系统	22	22	24	18	74	24	21	29
信号与信息处理	16	16	13	10	34	13	13	8
控制理论与控制工程	38	38	31	28	118	31	40	47
检测技术与自动化装置	17	17	18	16	54	18	17	19
系统工程	5	5	5	3	17	5	6	6
计算机系统结构	9	9	10	5	30	10	10	10
计算机软件与理论	11	11	0	0	27	0	12	15
供热、供燃气、通风及空调工程	1	1	3	3	10	3	4	3
水文学及水资源	17	17	11	10	43	11	12	20
水工结构工程	0	0	11	10	19	11	8	0
水利水电工程	1	1	4	4	8	4	4	0
化学工程	0	0	2	2	4	2	2	0
化学工程与技术学科	0	0	0	0	0	0	0	0
核能科学与工程	0	0	18	17	29	18	11	0
辐射防护及环境保护	0	0	7	7	13	7	6	0
环境工程	17	17	20	11	93	20	33	40
模式识别与智能系统	21	21	16	8	48	16	14	18
计算机应用技术	41	41	38	30	113	38	35	40
管理科学与工程学科	15	15	28	28	53	28	25	0
管理科学与工程学科	0	0	1	0	23	1	5	17
软件工程学科	0	0	11	7	11	11	0	0
会计学	19	19	13	10	46	13	15	18
企业管理(含:财务管理、市场营销、人力资源管理)	20	20	12	12	44	12	14	18
技术经济及管理	44	44	36	30	113	36	36	41
管理科学与工程学科	3	3	8	6	16	8	5	3
管理科学与工程学科	2	2	0	0	1	0	0	1

续表

专业名称	毕业生数	授予学位数	招生数		在校生数			
			计	其中:应届毕业生	合计	一年级	二年级	三年级及以上
管理科学与工程学科	1	1	0	0	1	0	0	1
环境工程	18	18	18	16	44	18	13	13
会计学	8	8	9	8	29	9	9	11
企业管理(含:财务管理、市场营销、人力资源管理)	5	5	7	6	20	7	6	7
技术经济及管理	17	17	17	11	47	17	15	15
行政管理	0	0	3	1	6	3	3	0
模式识别与智能系统	4	4	9	9	17	9	4	4
计算机系统结构	3	3	4	2	10	4	3	3
计算机软件与理论	6	6	6	3	15	6	5	4
计算机应用技术	23	23	26	21	68	26	20	22
供热、供燃气、通风及空调工程	4	4	8	8	21	8	4	9
化学工程	0	0	2	2	3	2	1	0
应用化学	2	2	4	4	9	4	2	3
工业催化	0	0	1	1	2	1	1	0
农业电气化与自动化	6	6	9	6	22	9	6	7
环境科学	2	2	3	3	7	3	2	2
金融学(含:保险学)	0	0	2	2	4	2	2	0
产业经济学	3	3	7	4	13	7	2	4
数量经济学	3	3	2	2	5	2	1	2
民商法学(含:劳动法学、社会保障法学)	0	0	1	0	1	1	0	0
诉讼法学	2	2	5	2	9	5	2	2
思想政治教育	4	4	10	4	17	10	2	5
英语语言文学	12	12	11	8	32	11	10	11
计算数学	0	0	2	2	3	2	1	0
应用数学	5	5	3	0	10	3	2	5
运筹学与控制论	0	0	3	3	4	3	1	0
理论物理	3	3	4	2	12	4	3	5
光学	0	0	2	2	4	2	2	0
机械制造及其自动化	4	4	5	4	13	5	4	4
机械电子工程	11	11	11	11	28	11	9	8
机械设计及理论	5	5	7	6	14	7	4	3
车辆工程	0	0	1	1	3	1	1	1
工程热物理	7	7	7	5	17	7	5	5
热能工程	35	35	45	41	114	45	33	36
动力机械及工程	4	4	4	4	11	4	4	3
流体机械及工程	4	4	6	4	15	6	5	4

续表

专业名称	毕业生数	授予学位数	招生数		在校生数			
			计	其中:应届毕业生	合计	一年级	二年级	三年级及以上
制冷及低温工程	1	1	2	2	4	2	1	1
动力工程及工程热物理学科	1	1	2	2	4	2	1	1
电机与电器	5	5	5	1	14	5	5	4
电力系统及其自动化	74	74	84	67	209	84	63	62
高电压与绝缘技术	8	8	12	9	30	12	9	9
电力电子与电力传动	9	9	11	9	28	11	9	8
电工理论与新技术	18	18	19	9	41	19	12	10
电路与系统	3	3	4	2	12	4	4	4
电磁场与微波技术	5	5	4	3	12	4	3	5
通信与信息系统	22	22	29	25	71	29	23	19
信号与信息处理	8	8	10	7	21	10	5	6
控制理论与控制工程	30	30	31	21	90	31	26	33
检测技术与自动化装置	5	5	7	4	18	7	6	5
系统工程	3	3	11	9	18	11	4	3
委托培养学术型学位硕士	15	15	9	0	41	9	12	20
技术经济及管理	0	0	0	0	2	0	1	1
企业管理(含:财务管理、市场营销、人力资源管理)	2	2	0	0	2	0	2	0
会计学	1	1	0	0	2	0	0	2
管理科学与工程学科	0	0	1	0	1	1	0	0
计算机应用技术	0	0	0	0	1	0	0	1
环境工程	1	1	0	0	0	0	0	0
计算机软件与理论	0	0	0	0	1	0	0	1
系统工程	1	1	0	0	0	0	0	0
电路与系统	0	0	0	0	1	0	0	1
电力系统及其自动化	6	6	2	0	8	2	2	4
热能工程	0	0	4	0	8	4	1	3
数量经济学	0	0	0	0	1	0	0	1
环境工程	0	0	0	0	1	0	0	1
管理科学与工程学科	0	0	1	0	2	1	1	0
企业管理(含:财务管理、市场营销、人力资源管理)	0	0	1	0	3	1	1	1
计算机应用技术	1	1	0	0	2	0	0	2
控制理论与控制工程	0	0	0	0	2	0	1	1
通信与信息系统	1	1	0	0	0	0	0	0
电力系统及其自动化	1	1	0	0	2	0	1	1
热能工程	1	1	0	0	1	0	1	0

续表

专业名称	毕业生数	授予学位数	招生数		在校生数			
			计	其中:应届毕业生	合计	一年级	二年级	三年级及以上
思想政治教育	0	0	0	0	1	0	1	0
自筹经费学术型学位硕士	171	171	4	0	286	4	162	120
外国语言文学学科	0	0	0	0	1	0	1	0
电工理论与新技术	0	0	0	0	1	0	1	0
电子科学与技术学科	0	0	0	0	1	0	1	0
流体机械及工程	0	0	0	0	1	0	1	0
计算机软件与理论	0	0	0	0	1	0	1	0
计算机应用技术	0	0	0	0	2	0	2	0
模式识别与智能系统	0	0	0	0	2	0	2	0
控制科学与工程学科	0	0	0	0	1	0	1	0
管理科学与工程学科	0	0	0	0	1	0	1	0
会计学	0	0	0	0	3	0	3	0
软件工程学科	0	0	0	0	1	0	1	0
管理科学与工程学科	1	1	0	0	1	0	0	1
管理科学与工程学科	0	0	0	0	2	0	2	0
环境工程	7	7	1	0	11	1	6	4
会计学	3	3	0	0	7	0	4	3
企业管理(含:财务管理、市场营销、人力资源管理)	5	5	0	0	4	0	2	2
技术经济及管理	6	6	0	0	11	0	6	5
行政管理	0	0	0	0	1	0	1	0
计算机应用技术	9	9	0	0	15	0	9	6
计算机软件与理论	1	1	0	0	4	0	2	2
计算机系统结构	1	1	0	0	2	0	1	1
模式识别与智能系统	0	0	0	0	4	0	2	2
环境科学	2	2	0	0	2	0	1	1
农业电气化与自动化	2	2	0	0	4	0	2	2
应用化学	0	0	0	0	2	0	1	1
供热、供燃气、通风及空调工程	3	3	0	0	3	0	2	1
思想政治教育	3	3	0	0	2	0	1	1
英语语言文学	4	4	0	0	8	0	5	3
运筹学与控制论	0	0	0	0	1	0	1	0
应用数学	3	3	1	0	2	1	0	1
诉讼法学	2	2	1	0	2	1	1	0
数量经济学	1	1	0	0	3	0	1	2
产业经济学	2	2	0	0	2	0	1	1
金融学(含:保险学)	0	0	0	0	1	0	1	0
热能工程	16	16	0	0	22	0	11	11

续表

专业名称	毕业生数	授予学位数	招生数		在校生数			
			计	其中:应届毕业生	合计	一年级	二年级	三年级及以上
工程热物理	4	4	0	0	3	0	2	1
车辆工程	1	1	0	0	2	0	1	1
机械设计及理论	2	2	0	0	4	0	2	2
机械电子工程	4	4	0	0	8	0	4	4
机械制造及其自动化	2	2	0	0	4	0	1	3
光学	0	0	0	0	1	0	1	0
理论物理	2	2	0	0	3	0	1	2
电力系统及其自动化	37	37	1	0	42	1	24	17
电机与电器	2	2	0	0	3	0	2	1
电力电子与电力传动	5	5	0	0	5	0	3	2
高电压与绝缘技术	6	6	0	0	8	0	4	4
动力工程及工程热物理学科	0	0	0	0	1	0	1	0
制冷及低温工程	0	0	0	0	1	0	0	1
流体机械及工程	2	2	0	0	4	0	2	2
动力机械及工程	2	2	0	0	2	0	1	1
通信与信息系统	7	7	0	0	16	0	10	6
电磁场与微波技术	1	1	0	0	2	0	1	1
电路与系统	1	1	0	0	3	0	1	2
电工理论与新技术	2	2	0	0	10	0	5	5
控制理论与控制工程	13	13	0	0	21	0	12	9
信号与信息处理	4	4	0	0	3	0	2	1
系统工程	1	1	0	0	4	0	2	2
检测技术与自动化装置	2	2	0	0	5	0	2	3
专业学位硕士	589	589	910	603	2414	910	828	676
其中:女	263	263	351	232	957	351	338	268
国家任务专业学位硕士	415	415	809	603	1957	809	639	509
工程	0	0	0	0	22	0	9	13
翻译	0	0	2	2	2	2	0	0
工程	51	51	107	88	282	107	96	79
工程	82	82	124	97	313	124	100	89
工程	29	29	37	24	120	37	51	32
工程	22	22	38	27	93	38	31	24
工程	26	26	32	20	78	32	26	20
工程	0	0	13	7	37	13	10	14
工程	16	16	17	10	17	17	0	0
工程	24	24	19	18	47	19	15	13
工程	2	2	3	0	8	3	1	4
工程	10	10	16	11	16	16	0	0

续表

专业名称	毕业生数	授予学位数	招生数		在校生数			
			计	其中:应届毕业生	合计	一年级	二年级	三年级及以上
工程	6	6	15	13	33	15	9	9
工商管理	1	1	0	0	17	0	17	0
会计	0	0	14	11	54	14	30	10
工程管理	0	0	4	0	9	4	3	2
资产评估	0	0	16	12	43	16	18	9
翻译	0	0	15	7	31	15	7	9
工程	146	146	317	244	695	317	201	177
资产评估	0	0	4	3	11	4	6	1
翻译	0	0	4	2	8	4	3	1
会计	0	0	10	7	19	10	6	3
工程管理	0	0	2	0	2	2	0	0
委托培养专业学位硕士	12	12	7	0	58	7	21	30
工程	0	0	0	0	2	0	2	0
工程	0	0	0	0	1	0	1	0
工商管理	11	11	4	0	44	4	14	26
工程	1	1	0	0	3	0	2	1
工商管理	0	0	1	0	3	1	0	2
工程管理	0	0	0	0	1	0	0	1
工程	0	0	1	0	3	1	2	0
会计	0	0	1	0	1	1	0	0
自筹经费专业学位硕士	162	162	94	0	399	94	168	137
工商管理	77	77	86	0	215	86	64	65
工程	78	78	0	0	164	0	96	68
工商管理	7	7	8	0	9	8	1	0
资产评估	0	0	0	0	5	0	3	2
翻译	0	0	0	0	3	0	2	1
会计	0	0	0	0	3	0	2	1

华北电力大学2013年博士研究生分专业学生数

专业名称	毕业生数	授予学位数	招生数		在校生数			
			计	其中:应届毕业生	合计	一年级	二年级	三年级及以上
博士研究生	145	145	189	126	989	189	193	607
其中:女	44	44	40	29	260	40	45	175
学术型学位博士	145	145	189	126	989	189	193	607
其中:女	44	44	40	29	260	40	45	175
国家任务学术型学位博士	111	111	170	123	787	170	173	444

续表

专业名称	毕业生数	授予学位数	招生数		在校生数			
			计	其中:应届毕业生	合计	一年级	二年级	三年级及以上
工商管理学科	0	0	2	2	2	2	0	0
控制理论与控制工程	7	7	9	4	67	9	16	42
电气工程学科	1	1	7	3	28	7	3	18
电气工程学科	1	1	10	8	45	10	18	17
企业管理(含:财务管理、市场营销、人力资源管理)	0	0	3	1	7	3	4	0
技术经济及管理	16	16	22	14	117	22	23	72
热能工程	22	22	23	19	117	23	25	69
热能工程	1	1	0	0	0	0	0	0
工程热物理	1	1	2	1	7	2	0	5
动力机械及工程	5	5	4	2	27	4	8	15
流体机械及工程	3	3	2	2	9	2	1	6
化工过程机械	1	1	1	1	4	1	1	2
动力工程及工程热物理学科	3	3	14	12	52	14	10	28
动力工程及工程热物理学科	0	0	5	4	5	5	0	0
电机与电器	2	2	1	1	9	1	0	8
电力系统及其自动化	24	24	33	28	153	33	36	84
高电压与绝缘技术	5	5	8	6	33	8	7	18
电力电子与电力传动	3	3	3	1	14	3	5	6
电工理论与新技术	2	2	4	3	18	4	1	13
检测技术与自动化装置	0	0	2	2	2	2	0	0
模式识别与智能系统	0	0	3	2	3	3	0	0
控制科学与工程学科	0	0	1	1	1	1	0	0
控制科学与工程学科	0	0	2	2	2	2	0	0
管理科学与工程学科	3	3	3	0	25	3	6	16
管理科学与工程学科	6	6	3	1	25	3	5	17
管理科学与工程学科	5	5	3	3	15	3	4	8
委托培养学术型学位博士	30	30	19	3	199	19	20	160
控制理论与控制工程	2	2	0	0	16	0	2	14
技术经济及管理	10	10	1	0	21	1	4	16
技术经济及管理	0	0	0	0	3	0	0	3
电气工程学科	0	0	2	0	7	2	1	4
电气工程学科	0	0	0	0	2	0	0	2
管理科学与工程学科	0	0	0	0	2	0	1	1
管理科学与工程学科	0	0	0	0	4	0	1	3
管理科学与工程学科	1	1	0	0	10	0	0	10
电工理论与新技术	1	1	0	0	5	0	0	5

续表

专业名称	毕业生数	授予学位数	招生数		在校生数			
			计	其中:应届毕业生	合计	一年级	二年级	三年级及以上
电力电子与电力传动	0	0	0	0	1	0	0	1
高电压与绝缘技术	1	1	2	0	7	2	1	4
电力系统及其自动化	8	8	7	1	61	7	3	51
电机与电器	0	0	0	0	3	0	0	3
动力工程及工程热物理学科	1	1	1	0	6	1	4	1
化工过程机械	0	0	0	0	2	0	0	2
流体机械及工程	0	0	0	0	1	0	0	1
动力机械及工程	1	1	1	0	5	1	0	4
工程热物理	0	0	0	0	2	0	0	2
热能工程	4	4	5	2	41	5	3	33
热能工程	1	1	0	0	0	0	0	0
自筹经费学术型学位博士	4	4	0	0	3	0	0	3
热能工程	0	0	0	0	1	0	0	1
热能工程	2	2	0	0	0	0	0	0
电力系统及其自动化	1	1	0	0	0	0	0	0
电工理论与新技术	0	0	0	0	2	0	0	2
管理科学与工程学科	1	1	0	0	0	0	0	0

华北电力大学2013年普通本科分专业学生数

专业名称	毕业生数	授予学位数	招生数				在校生数					
			计	其中			合计	一年级	二年级	三年级	四年级	五年级及以上
				应届毕业生	春季招生	预科生转入						
普通本科生	5054	5026	5519	5187	0	15	21302	5527	5352	5377	5046	0
其中:女	1731	1729	1903	1784	0	4	7276	1907	1871	1812	1686	0
高中起点本科	5034	5006	5494	5177	0	15	21257	5502	5332	5377	5046	0
公共事业管理	26	26	27	20	0	1	98	27	21	28	22	0
公共事业管理	30	30	37	37	0	0	130	37	34	27	32	0
行政管理	56	56	57	46	0	1	208	57	45	55	51	0
劳动与社会保障	29	29	32	25	0	0	123	32	31	28	32	0
物流管理	0	0	22	21	0	0	97	22	20	27	28	0
工业工程(注:可授管理学或工学学士学位)	27	27	30	30	0	0	117	30	29	29	29	0
电子商务(注:可授管理学或经济学或工学学士学位)	30	29	21	16	0	0	81	21	22	20	18	0
产品设计	42	42	39	39	0	0	159	39	40	41	39	0
经济学	27	26	27	22	0	0	124	27	76	13	8	0
经济学	26	26	29	29	0	0	112	29	29	28	26	0
金融学	42	41	30	21	0	0	161	30	0	73	58	0
国际经济与贸易	25	25	21	17	0	0	35	21	0	0	14	0
法学	58	58	53	47	0	0	202	53	44	56	49	0
法学	27	27	30	30	0	0	115	30	25	32	28	0
社会工作	31	31	28	28	0	0	108	28	25	27	28	0
汉语言文学	0	0	0	0	0	0	45	0	21	0	24	0

续表

专业名称	毕业生数	授予学位数	招生数				在校生数					
			计	其中			合计	一年级	二年级	三年级	四年级	五年级及以上
				应届毕业生	春季招生	预科生转入						
英语	54	54	44	36	0	0	201	44	51	52	54	0
英语	40	40	29	29	0	0	137	31	35	33	38	0
广告学	29	29	27	23	0	0	105	27	23	27	28	0
信息与计算科学	53	53	49	45	0	0	202	49	51	50	52	0
信息与计算科学	50	50	58	58	0	0	220	58	50	62	50	0
应用物理学	0	0	21	18	0	0	43	21	22	0	0	0
应用物理学	29	29	30	30	0	0	106	30	26	23	27	0
应用化学（注:可授理学或工学学士学位）	29	29	0	0	0	0	21	0	0	0	21	0
应用化学（注:可授理学或工学学士学位）	51	50	62	62	0	0	218	62	53	53	50	0
机械工程	32	32	33	32	0	0	116	33	30	28	25	0
机械工程	209	208	94	94	0	0	799	96	242	237	224	0
机械设计制造及其自动化	0	0	94	94	0	0	94	94	0	0	0	0
机械电子工程	0	0	68	68	0	0	68	68	0	0	0	0
过程装备与控制工程	0	0	31	31	0	0	31	31	0	0	0	0
测控技术与仪器	85	85	117	104	0	0	428	117	118	99	94	0
测控技术与仪器	84	84	99	99	0	0	322	100	75	74	73	0
材料科学与工程	51	51	50	46	0	0	206	50	54	49	53	0
新能源材料与器件	0	0	28	26	0	1	83	28	27	28	0	0
能源与动力工程	345	345	344	313	0	2	1477	344	361	368	404	0
能源与动力工程	275	273	275	275	0	0	1092	275	270	269	278	0
新能源科学与工程	76	76	158	139	0	3	517	158	129	145	85	0

续表

专业名称	毕业生数	授予学位数	招生数				在校生数					
			计	其中			合计	一年级	二年级	三年级	四年级	五年级及以上
				应届毕业生	春季招生	预科生转入						
电气工程及其自动化	694	690	585	551	0	2	2607	585	670	698	654	0
电气工程及其自动化	477	476	539	539	0	0	2195	541	578	580	496	0
智能电网信息工程	0	0	101	95	0	1	225	101	60	64	0	0
电子信息工程(注:可授工学或理学学士学位)	42	42	56	52	0	0	208	56	53	48	51	0
电子科学与技术(注:可授工学或理学学士学位)	50	50	27	26	0	0	132	27	28	30	47	0
通信工程	73	73	79	71	0	0	298	79	81	70	68	0
通信工程	84	84	100	100	0	0	347	100	85	86	76	0
电子信息科学与技术(注:可授工学或理学学士学位)	56	56	61	61	0	0	224	61	56	57	50	0
自动化	163	161	150	125	0	0	622	150	146	158	168	0
自动化	121	121	128	128	0	0	555	128	156	147	124	0
计算机科学与技术(注:可授工学或理学学士学位)	100	95	53	48	0	1	191	53	49	44	45	0
计算机科学与技术(注:可授工学或理学学士学位)	80	79	87	87	0	0	322	87	78	78	79	0
软件工程	63	61	62	53	0	1	212	62	51	47	52	0
软件工程	60	60	57	57	0	0	226	57	62	57	50	0
网络工程	52	52	55	55	0	0	217	55	53	59	50	0
信息安全(注:可授工学或理学或管理学学士学位)	0	0	51	47	0	0	186	51	49	47	39	0

续表

专业名称	毕业生数	授予学位数	招生数				在校生数					
			计	其中			合计	一年级	二年级	三年级	四年级	五年级及以上
				应届毕业生	春季招生	预科生转入						
信息安全（注：可授工学或理学或管理学学士学位）	30	29	29	29	0	0	113	29	28	28	28	0
物联网工程	0	0	25	25	0	0	25	25	0	0	0	0
建筑环境与能源应用工程	32	32	25	24	0	0	97	25	23	25	24	0
建筑环境与能源应用工程	48	48	70	70	0	0	235	70	53	58	54	0
水利水电工程	62	62	55	50	0	0	221	55	53	57	56	0
水文与水资源工程	23	23	28	24	0	0	116	28	32	28	28	0
能源化学工程	0	0	64	64	0	0	121	64	28	29	0	0
核工程与核技术	93	93	124	110	0	0	513	124	143	139	107	0
辐射防护与核安全	0	0	22	18	0	0	22	22	0	0	0	0
农业电气化	51	50	58	58	0	0	211	58	50	53	50	0
环境工程	56	56	64	64	0	0	228	64	54	53	57	0
环境科学（注：可授工学或理学学士学位）	27	27	32	32	0	0	114	32	26	27	29	0
信息管理与信息系统（注：可授管理学或工学学士学位）	31	31	24	20	0	0	99	24	25	24	26	0
信息管理与信息系统（注：可授管理学或工学学士学位）	26	26	32	32	0	0	114	32	27	28	27	0
工程管理（注：可授管理学或工学学士学位）	51	49	58	52	0	1	227	58	56	57	56	0
工程造价（注：可授管理学或工学学士学位）	58	58	55	55	0	0	216	55	53	52	56	0
工商管理	26	26	29	22	0	0	116	29	25	33	29	0

续表

专业名称	毕业生数	授予学位数	招生数				在校生数					
			计	其中			合计	一年级	二年级	三年级	四年级	五年级及以上
				应届毕业生	春季招生	预科生转入						
工商管理	24	24	31	31	0	0	112	31	26	27	28	0
市场营销	53	53	48	44	0	0	186	48	45	46	47	0
会计学	101	100	77	59	0	0	361	77	92	98	94	0
会计学	66	66	71	71	0	0	280	72	70	72	66	0
财务管理	69	68	58	50	0	0	245	58	57	60	70	0
人力资源管理	24	24	30	28	0	1	117	30	32	32	23	0
第二学士学位	20	20	25	10	0	0	45	25	20	0	0	0
人力资源管理	11	11	11	0	0	0	24	11	13	0	0	0
电气工程及其自动化	6	6	4	0	0	0	9	4	5	0	0	0
电气工程及其自动化	3	3	10	10	0	0	12	10	2	0	0	0

华北电力大学2013年在职人员攻读硕士学位分专业(领域)学生数

专业名称	授予学位数	招生数	在校生数			
			合计	一年级	二年级	三年级及以上
硕士学位学生	1034	1723	6395	1723	1808	2864
其中:女	282	430	1420	430	340	650
学术型学位硕士	22	0	14	0	0	14
学术型学位硕士其中:女	11	0	7	0	0	7
诉讼法学	2	0	0	0	0	0
思想政治教育	3	0	0	0	0	0
英语语言文学	0	0	2	0	0	2
应用数学	3	0	2	0	0	2
机械电子工程	0	0	1	0	0	1
电力系统及其自动化	2	0	1	0	0	1
电工理论与新技术	0	0	3	0	0	3
信号与信息处理	1	0	0	0	0	0
计算机软件与理论	1	0	1	0	0	1
计算机应用技术	1	0	1	0	0	1
管理科学与工程学科	1	0	1	0	0	1
企业管理(含:财务管理、市场营销、人力资源管理)	1	0	2	0	0	2
技术经济及管理	4	0	0	0	0	0
行政管理	3	0	0	0	0	0
专业学位硕士	1012	1723	6381	1723	1808	2850
专业学位硕士其中:女	271	430	1413	430	340	643
工商管理	55	37	213	37	93	83
工程	16	21	116	21	7	88
工程	261	400	1497	400	409	688
工程	129	114	507	114	128	265
工程	15	59	137	59	28	50
工程	56	90	352	90	93	169
工程	36	123	352	123	110	119
工程	10	53	261	53	153	55
工程	415	806	2852	806	748	1298
工程	19	20	94	20	39	35

华北电力大学2013年成人本科分专业学生数

专业名称	毕业生数	招生数	在校生数				
			合计	一年级	二年级	三年级	四年级及以上
成人专科生	1398	1766	5678	1766	1969	1943	0
其中:女	402	684	2318	684	858	776	0
函授专科	1137	952	2975	952	943	1080	0
其中:女	262	209	699	209	241	249	0
高中起点专科	1137	952	2975	952	943	1080	0
能源类专业	51	0	50	0	3	47	0
能源类专业	21	10	54	10	2	42	0
能源类专业	35	7	102	7	64	31	0
发电厂及电力系统	337	49	711	49	274	388	0
电厂热能动力装置	71	44	281	44	101	136	0
火电厂集控运行	147	0	56	0	5	51	0
供用电技术	62	20	52	20	28	4	0
电力技术类专业	225	552	1114	552	284	278	0
水电站动力设备与管理	47	0	0	0	0	0	0
机电一体化技术	0	109	140	109	31	0	0
电力系统自动化技术	126	98	226	98	81	47	0
计算机类专业	0	63	171	63	60	48	0
工商企业管理	15	0	18	0	10	8	0
业余专科	261	814	2703	814	1026	863	0
其中:女	140	475	1619	475	617	527	0
高中起点专科	261	814	2703	814	1026	863	0
工商企业管理	29	42	438	42	363	33	0
人力资源管理	94	257	446	257	100	89	0
英语教育	2	317	1088	317	293	478	0
会计	43	16	91	16	35	40	0
国际经济与贸易	14	0	0	0	0	0	0
电力系统自动化技术	35	104	249	104	70	75	0
计算机应用技术	44	11	151	11	53	87	0
机电一体化技术	0	67	240	67	112	61	0

华北电力大学2013年成人专科分专业学生数

专业名称	毕业生数	授予学位数	招生数	在校生数					
				合计	一年级	二年级	三年级	四年级	五年级
甲	1	2	3	4	5	6	7	8	9
成人本科生	3209	806	2964	10464	2964	3631	2881	454	534
其中:女	1040	293	999	3319	999	1123	923	119	155
函授本科	2921	703	2309	8473	2309	3055	2365	328	416
其中:女	913	249	715	2499	715	875	729	73	107
高中起点本科	404	122	113	1397	113	259	281	328	416
市场营销	0	0	0	0	0	0	0	0	0
会计学	0	0	0	0	0	0	0	0	0
能源与动力工程	64	24	4	312	4	69	50	54	135
能源与动力工程	20	0	0	0	0	0	0	0	0
电气工程及其自动化	124	38	77	752	77	139	146	196	194
电气工程及其自动化	136	39	32	279	32	51	68	60	68
计算机科学与技术(注:可授工学或理学学士学位)	16	2	0	5	0	0	0	0	5
工商管理	0	0	0	1	0	0	0	1	0
工商管理	44	19	0	48	0	0	17	17	14
专科起点本科	2517	581	2196	7076	2196	2796	2084	0	0
会计学	5	2	0	0	0	0	0	0	0
会计学	39	10	40	105	40	38	27	0	0
市场营销	0	0	0	0	0	0	0	0	0
工商管理	15	4	0	41	0	0	41	0	0
工商管理	48	18	20	81	20	34	27	0	0
计算机科学与技术(注:可授工学或理学学士学位)	5	0	0	0	0	0	0	0	0
电气工程及其自动化	1009	278	844	2503	844	950	709	0	0
电气工程及其自动化	1070	212	1113	3591	1113	1420	1058	0	0
能源与动力工程	82	28	64	243	64	99	80	0	0
能源与动力工程	244	29	115	464	115	207	142	0	0
电气类专业	0	0	0	48	0	48	0	0	0
业余本科	288	103	655	1991	655	576	516	126	118
其中:女	127	44	284	820	284	248	194	46	48
高中起点本科	35	12	96	668	96	151	177	126	118
国际经济与贸易	0	0	0	13	0	0	0	5	8
会计学	19	10	8	89	8	21	25	16	19
电气工程及其自动化	0	0	47	314	47	64	87	68	48

续表

专业名称	毕业生数	授予学位数	招生数	在校生数					
				合计	一年级	二年级	三年级	四年级	五年级
计算机科学与技术(注:可授工学或理学学士学位)	7	2	9	55	9	14	15	8	9
工商管理	9	0	9	102	9	19	49	8	17
人力资源管理	0	0	23	95	23	33	1	21	17
专科起点本科	253	91	559	1323	559	425	339	0	0
会计学	37	6	38	141	38	53	50	0	0
国际经济与贸易	9	2	0	0	0	0	0	0	0
工商管理	30	6	29	109	29	56	24	0	0
计算机科学与技术(注:可授工学或理学学士学位)	31	9	19	83	19	34	30	0	0
电气工程及其自动化	0	0	0	211	0	211	0	0	0
电气工程及其自动化	106	56	388	567	388	2	177	0	0
人力资源管理	40	12	85	212	85	69	58	0	0

华北电力大学2013年外国留学生情况

		编号	毕(结)业生数	授予学位数	招生数		在校生数					
					计	其中:春季招生	合计	第一年	第二年	第三年	第四年	第五年及以上
甲		乙	1	2	3	4	5	6	7	8	9	10
总　计		1	246	39	306	150	268	140	65	43	17	3
其中:女		2	84	9	51		68	50	6	5	5	2
按学历分	小计	3	41	39	76		204	76	65	43	17	3
	专　科	4		*								
	本　科	5	30	28	28		110	28	36	29	15	2
	硕士研究生	6	9	9	39		69	39	20	9	1	
	博士研究生	7	2	2	9		25	9	9	5	1	1
培训		8	205	*	230	150	64	64				
按大洲分	亚　洲	9	129	24	162	75	155	83	37	21	14	
	非　洲	10	52	9	76	22	88	42	26	18	1	1
	欧　洲	11	6	1	13	1	13	12		1		
	北美洲	12	53	1	53	52	2	1	1			
	南美洲	13	1	1	1		3	1		1	1	
	大洋洲	14	5	3	1		7	1	1	2	1	2

续表

		编号	毕(结)业生数	授予学位数	招生数		在校生数					
					计	其中：春季招生	合计	第一年	第二年	第三年	第四年	第五年及以上
按经费来源分	国际组织资助	15	50		50	50						
	中国政府资助	16	105	18	146	39	171	86	46	30	6	3
	本国政府资助	17										
	学校间交换	18	7		5	5	9	9				
	自　费	19	84	21	105	56	88	45	19	13	11	

华北电力大学 2013 年学生学籍变动情况

	增加学生数					减少学生数								
	合计	招生	复学	转入	其他	合计	毕业	结业	休学	退学	开除	死亡	转出	其他
甲	2	3	4	5	6	7	8	9	10	11	12	13	14	15
总　计	12720	12659	45	16		12368	11799	23	97	384		4	17	44
普通本科、专科生	5564	5519	42	3		5190	5054	23	48	16		3	2	44
普通专科生														
普通本科生	5564	5519	42	3		5190	5054	23	48	16		3	2	44
成人本科、专科生	4742	4730		12		4982	4607		40	335				
成人专科生	1778	1766		12		1435	1398		10	27				
成人本科生	2964	2964				3547	3209		30	308				
网络本科、专科生														
网络专科生														
网络本科生														
研究生	2414	2410	3	1		2196	2138		9	33		1	15	
硕士研究生	2225	2221	3	1		2031	1993		9	13		1	15	
博士研究生	189	189				165	145			20				

华北电力大学 2013 年在校学生其他情况

	编号	共产党员	共青团员	民主党派	华侨	港澳台	少数民族	残疾人
甲	乙	1	2	3	4	5	6	7
总　计	1	6969	21739	2		1	4215	
普通本科、专科生	2	1679	10460			1	2650	
普通专科生	3							
普通本科生	4	1679	10460			1	2650	
成人本科、专科生	5	2187	9270	2			1226	
成人专科生	6	169	3649	1			745	
成人本科生	7	2018	5621	1			481	

续表

	编号	共产党员	共青团员	民主党派	华侨	港澳台	少数民族	残疾人
网络本科、专科生	8							
网络专科生	9							
网络本科生	10							
研究生	11	3103	2009				339	
硕士研究生	12	2851	1803				251	
博士研究生	13	252	206				88	

华北电力大学2013年学生其他相关情况

		编号	结业生数		注册学生数	
			计	其中:女	计	其中:女
甲		乙	1	2	3	4
自考助学班		1				
普通预科生		2	*	*		
研究生课程进修班		3				
进修及培训		4	9144	2611		
其中	资格证书培训	5	940	193		
	岗位证书培训	6	5642	1689		
其中	第一产业内培训	7	952	320		
	第二产业内培训	8	7564	2126		
	第三产业内培训	9	628	165		
一个月以内		10	6056	1686		
一个月至三个月以内		11	1457	436		
三个月至半年以内		12	633	189		
半年至一年以内		13	584	157		
一年及以上		14	414	143		

华北电力大学2013年学生组织社团一览表

（北京校部）

序号	社团名称	社团类型	成立时间	审批部门	登记人数	指导教师	自办刊物	开展活动情况		活动经费来源
								活动频度	参加人次	
1	大学生科技协会	B	1992	校团委	27	王集令	叶舟	B	B	C
2	青年志愿者协会	E	1996	校团委	190	姚阳	有	D	B	C
3	大学生英语协会	A	1992	校团委 英语系	45	姚阳	《英语月刊》	D	B	C
4	邓小平理论研究会	B	1996	校团委 马列教研室	33	王集令 周作芳	无	B	B	A
5	太阳雨文学社	A	1989	校团委 汉语言文学教研室	40	姚阳 邓程	《太阳雨》	B	B	C
6	乒乓球协会	D	1998	校团委 体育教学部	63	姚阳 许淑萍	无	C	B	C
7	摄影协会	C	1991	校团委 广告教研室	60	姚阳 徐保云	无	C	B	C

续表

序号	社团名称	社团类型	成立时间	审批部门	登记人数	指导教师	自办刊物	开展活动情况		活动经费来源
								活动频度	参加人次	
8	足球协会	D	1991	校团委 体育教学部	45	姚阳 李亮	无	C	B	C
9	排球协会	D	2004	校团委 体育教学部	40	姚阳 王萍	无	C	B	C
10	模拟联合国协会	E	2013	校团委	22	卜叶蕾	无	A	B	C
11	星河弈站	C	2002	校团委	47	姚阳	无	C	B	C
12	SAYing 动漫社	C	2001	校团委	150	姚阳	无	B	B	C
13	毽绳协会	D	2009	校团委	50	姚阳	无	A	B	A
14	红十字会学生分会	E	1988	校团委 校医院	145	姚阳 沙滨	无	D	B	A
15	华电海峡西岸实践交流会	E	2013	校团委	63	胡建	无	B	B	C
16	Breeze 轮滑社	D	2004.9	校团委	60	姚阳	无	C	B	C
17	篮球协会	D	1993	校团委 体育教学部	22	姚阳 张慧智	无	C	B	C
18	墨友书画社	C	1996	校团委	60	姚阳	无	B	B	C
19	朗诵演讲辩论协会	A	2002	校团委	56	姚阳 张瑞雅	无	C	B	C
20	雪莲花锅庄舞协会	C	2012	校团委	69	王悦	无	C	B	C
21	晨星读书会	A	1997	校团委 图书馆	60	姚阳 林建华	无	B	B	C
22	华电微博研究会	B	2012	校团委	8	费翔	无	B	B	C
23	希望手语社	E	2006	校团委	149	姚阳	无	C	B	C
24	阳光跆拳道协会	D	1998	校团委	60	姚阳	无	C	B	C
25	中外友好交流协会	A	2006.9	校团委 国际教育学院	64	姚阳 吴春卿	有	C	B	C
26	大学生法学会	B	1999	校团委人文与社会科学学院团总支	30	王学棉	无	B	B	C
27	影视协会	C	2005.9	校团委	82	姚阳	无	C	B	C
28	征途自行车协会	D	2007.9	校团委 体育教学部	160	姚阳 蔡利敏	无	B	B	C
29	华电国学斋	A	2008	校团委 人文与社会科学学院团总支	56	马冬	无	B	B	A
30	军事爱好者协会	B	2008	武装部	29	王文才	无	C	B	A
31	太极拳协会	D	2008.3	校团委 体育教学部	30	姚阳 胡秀娟	无	C	B	C
32	羽毛球协会	D	2008	校团委 体育教学部	115	姚阳 李昂	无	C	B	C
33	棒垒协会	D	2012	校团委	22	姚阳	无	B	B	C
34	武术协会	D	2008	校团委 体育教学部	15	姚阳 张晓栋	无	C	B	C
35	台球协会	D	2010	校团委	63	武文忠	无	A	B	C
36	阿里郎协会	A	2009.9	校团委	30	蔡恒	无	A	B	C
37	星野天文社	C	2009	校团委	39	徐宝云	无	C	B	C
38	摩登舞协会	D	2010	校团委	70	曾玉华	无	C	B	C
39	吉他社	C	2009	校团委	60	王悦儿	无	C	B	C
40	网球协会	D	2010.9	校团委 体育教学部	50	李昂	无	C	B	C
41	能源名企校园俱乐部	E	2011	校团委 研究生院	55	周华	无	D	B	C
42	逐影双截棍协会	D	2012	校团委	39	姚阳	无	B	B	C
43	华电创行	E	2011	校团委	49	李冬妍 王新军	无	C	B	C
44	汉服社	C	2011	校团委	28	火月丽	无	C	B	A

续表

序号	社团名称	社团类型	成立时间	审批部门	登记人数	指导教师	自办刊物	开展活动情况		活动经费来源
								活动频度	参加人次	
45	风庄推理协会	B	2012	校团委	150	费翔	无	C	B	C
46	三叶草传媒	E	2011	校团委 控计学院团总支	9	费翔	无	C	B	C

填表说明：

1. 社团类型按照A：语言文学类；B：理论研究类；C：文化艺术类；D：体育健康类；E：公益实践类。
2. 开展活动情况按照活动频度，A：每年1～5次；B：每年6～10次；C：每年11～20次；D：每年21～50次；E：每年51次以上；参加人次，A：每年100人次以下；B：每年100～500人次；C：每年500～1 000人次；D：每年1 000～3 000人次；E：每年3 000人次以上。
3. 活动经费来源按照A：完全由学校社团活动经费支持；B：学校支持为主、社会募集为辅；C：社会募集为主；D：会员制，经费由会员分担（可多选）。

以上三项只填相应的字母即可。

（保定校区）

序号	社团组织名称	组织情况	指导老师	学生负责人	班级
1	校学生会	学生会以主席团为核心，下设办公室、学习部、外联部、体育部、宣传部、女生部、生活部、权益部、文艺部9个部门，每部门分设部长、副部长，现有成员共计103人	胡庆宇	祝晋尧	电气化1104
2	学生团体联合会	社团联合会以主席团为核心，下设财务部、技术部、督导部、事务部、外联部五个部门，每部门设部长、副部长。管理和服务于全校实践类、理论类、文艺类、科技类、体育类等各类社团，现有成员36人	胡庆宇	曾彦超	电气化1103
3	大学生自律委员会	委员会设主任1名，副主任5名。下设办公室、纪律、宣传、综合服务、组织、调研、早操、卫生、女生、督查10个部门。有卫生、早操、纪律、宣传、办公室、综合服务各一名负责人负责会内日常工作。现有成员共计124人	严伟能	武祥吉	机械1007
4	大学生自我服务委员会	社团设主任1名，副主任3名，爱心基金社主任1名，爱心基金社副主任1名，下设办公室、调研部，勤工部，检查部，宣传部，爱心部6部门，现有成员共计167人	张汉军	马金龙	测控1001
5	大学生自我教育委员会	社团设主任1名，副主任4名，下设检查部、活动部、办公室、调研部、宣传部与外联部6个职能部门，每部门分设部长1名，副部长5人，委员若干。现有成员共计97人	张蓓蓓	董冬阳	软件1101
6	大学生安全保卫委员会	社团设主任1名，副主任4名，下设办公室、培训部、治安大队等5部门，现有成员共计121人	于勇坤	冯升飞	动力实1101
7	青年志愿者协会	社团设会长1名，副会长3名，下设活动部、外联部、宣传部、督导组、办公室5个部门，每部门分设部长1名，副部长1至2名，现有成员共计280人	胡庆宇	高静博	电气1112
8	广播台	社团设台长1名，副台长6名。下设：新闻组、体育组、校园组、双语组、文学组、综艺组、夜阑组7部门。每部门设负责人1名，导播、监制若干。现有成员共105人	商雷	高航	社工1101
9	大学生管理协会	社团设会长1名，副会长3名，下设家教部、宣传部、办公室、活动部、外联部5部门，每部门分设部长、副部长。现有成员共计114人	张蓓蓓	何诗文	机械1104
10	大学生科学技术协会	社团设会长1名，副会长2名，下设办公室、电工部、开发部、计算机部4部门，每部门分设部长1名，副部长若干，现有成员共计120人	张东阳	刘砚波	软件1101

续表

序号	社团组织名称	组织情况	指导老师	学生负责人	班级
11	团委调研室	社团设主任1名,副主任1名,下设办公室、调研部、宣传部3部门,每部门分设部长1名,副部长两名,现有成员共计40人	商雷	苏蕾	信管1101
12	团委报刊社	社团设社长1名,副社长1名,总编1名,下设编辑部、策划部、采访部、网络部,每部设部长1名,现有成员共23人	商雷	叶文智	应化1101
13	反邪教协会	社团设会长1名,副会长2名,下设宣传部、办公室、活动部、编辑部4部门,每部门分设部长1名,副部两名,现有成员共计21人	赵冬鸣	李江鹏	能化1101
14	马列毛邓研究会	社团设会长1名,副会长三名,下设行政部,财务部、活动部、公关部,宣传部,学习部,网络部7部门,每部门分设部长1名,副部长2,现有成员共计68人	王聚芹	马文静	动力实1101
15	外语协会	社团设会长一名,副会长若干,由英语角、学习部、宣传部、办公室、外联部、活动部及英研部组成,每部门分设部长一名,副部长三名,现有成员200人	杜敬杰	田野	经济1101
16	法律协会	社团设主席1名,副主席3名,下设学习部、法律援助部、建设部、网络部、宣传部、策划部、外联部及实践部8部门,每部门分设部长1名,副部长2名,现有成员共计66人	夏珑	甘青锋	法学1101
17	校红十协会	社团设会长1名,副会长2名,下设办公室、宣传部、外联部、志愿者部4部门,每部门分设部长1名,副部长若干,现有成员共计55人	李迎春	易莹鑫	机械1109
18	爱心社	社团设会长1名,副会长3名,下设实践部、宣传部、办公室、外联部、手语部5部门,每部门分设部长1名,副部长2名,现有成员共计67人	石立宁	周立超	电气化1103
19	山鹰户外俱乐部	社团设会长1名,副会长3名,下设办公室、活动部、外联部、策划部、宣传部5部门,每部门分设部长1名,副部长若干,现有成员共计40人	张蓓蓓	陶子晨	环科1101
20	电子竞技协会	社团设主席1名,副主席2名,下属成员8人	张东阳	焦杰	电气1104
21	演讲与口才协会	社团设会长1名,副会长3名,下设办公室、组织部、外联部、学习部和宣传部5部门,每部门分设部长1名,副部长若干,现有成员共计50人	夏珑	刘轩	动力实1102
22	光影华电摄影协会	社团设会长1名,副会长2名,下设影像部、模特部、组织部3部门,每部门分设部长1名,现有成员共计50人	佟忠生	吴雅琪	公管1101
23	悦动传媒协会	社团设会长一名,副会长三名,该社团分为导演剪辑部,演员部,编辑部,企划外联部四个部门,每个部门有一名部长,两名副部长	佟忠生	希亚	环科1101
24	模联协会	社团设会长1名,副会长2名,下设秘书处、学术部、公关部和宣传部4个部门,每部门分设部长1名,副部长2名,现有成员共计40人	祖林	房聚刚	动力1104
25	民族与文化协会	社团设会长1名,副会长2名,下设办公室、活动部、组织部,宣传部,外联部5部门,每部门分设部长1名,副部长若干,现有成员共计30人	胡庆宇	马卓黎	农电1101
26	历史研究协会	社团设会长1名,副会长3名,下设组织部、活动部、编辑部、学习部4部门,每部门分设部长1名,副部长若干,现有成员共计30人	李冰水	胡钰彬	农电1101
27	推理爱好者协会	社团设主席1名,副主席3名,现有成员共计40人	安月兴	赖华盛	动力实1202

续表

序号	社团组织名称	组织情况	指导老师	学生负责人	班级
28	国学社	社团设主席一名，副主席一名，下设办公室、宣传部、春秋部、百家部、诗赋部、古风部六个部门。各部门部长一名，副部一名，现有成员共计40人	李书萍	杨迪	自动实1102
29	微博研究会	社团设主席1名，副主席2名，下设实践部、运营、美工部、研究部4部门，每部门分设部长1名，副部长1名，现有成员共计32人	石立宁	武昊	自动化1104
30	弘文思政协会	社团设会长1名，副会长3名，下设办公室、活动部、宣传部、外联部4部门，每部门分设部长1名，副部长若干，现有成员共计22人	王聚芹	吴耕纬	电气化1112
31	礼仪队	社团设队长2名，下设办公室、活动部、外联部、组织部、宣传部、男生部6部门，每部门分设部长2名，现有成员共计80人	张蓓蓓	马一丹 周方舟	艺设1102 通信1101
32	棋牌协会	社团设主席1名，副主席3名，下设象棋、五子棋、围棋、国象、国跳、扑克、三国杀7个部门，每部门分设部长1名，副部长1－2名，现有成员共计100人左右	田凤奇	周立栋	电气1112
33	街舞协会	社团设会长1名，副会长3名，下设办公室、活动部、外联部，策划部4部门，每部门分设部长1名，副部长若干，现有成员共计70人	宋琼	王帅	通信1101
34	c翼动漫社	社团设1社长名，副社长1名，下设办公室、活动部、宣传部和编辑部共4部门，每部门分设部长1名，副部长1名，干部若干，现有成员共计60人	刘静	郝如初	艺设1102
35	书画协会	社团设会长1名，副会长1名，训练部与文秘部部长各1名	卜宪珣	郭齐	公管1201
36	极坐标话剧团	社团设主席1名，副主席2名，下设演员组，编导组两个部门，每部门分设部长1名，副部长一名，现有成员共计35人	于海龙	郝超颖	信息1101
37	星韵文学社	社团设会长1名，副会长3名，下设编辑部、活动部、宣传部、办公室四个部门，每部有1名部长，现有人数共41人	李书萍	郑灿	动力1104
38	武术协会	社团设会长1名，副会长4名。现有成员共计25人	潜沉香	郑皓文	计科1201
39	音乐协会	社团设会长1名，副会长3名，下设活动部、策划部、教学部、外联部共四个部门。现有活动部:21人;策划部:16人;教学部:14人;外联部:13。成员共计64人	王慧聪	韩立明	机械1102
40	国标舞协会	社团设主席1名，副主席1名，现有成员共计30人	陈媛媛	马玉娇	信息1101
41	天文协会	社团设会长1名，副会长3名，下设办公室、宣传部、观测部三部门，每部门分设部长1名，现有成员共计20人	张蓓蓓	史航	测控1103
42	创行企业家协会	社团设队长1名，副队长2名，下设项目部、公关部、技术部、人力部、财务部5部门，每部门分设经理1名，经理助理2名，现有成员共计30人	赵吉鹏	段坤	测控1103
43	视频与图像协会	社团设会长1名，副会长3名，下设办公室、活动部、视频组、图像组4部门，每部门分设部长1名，副部长若干，现有成员共计37人	胡庆宇	陈逸凡	计科1201
44	百科俱乐部	社团设主席1名，副主席2名，下设办公室、活动部、外联部3部门，共有部长2名。现有成员共计15人	商雷	赵彤彤	通信1202
45	自行车协会	社团设主席1名，副主席若干，下设办公室、拉练部、外联部、绿色流动自行车部4部门，每部门分设部长1名，副部长若干，现有成员共计90人	赵吉鹏	莫宁生	电气化1101

续表

序号	社团组织名称	组织情况	指导老师	学生负责人	班级
46	篮球协会	社团设会长1名,副会长1名,会员20人	黄涛	杨凯	动力1207
47	排球协会	社团设会长1名,副会长2名,会员25人	侯东雷	于华健	集控1204
48	足球协会	社团设主席1名,副主席3名,目前未设分部,现有成员共计15人	闫旭	蓝峥	电力实1102
49	乒乓球协会	社团设会长1名,副会长3名。下设办公室、活动部、宣传部、策划部4个部门。每个部门设部长1名,副部长2名。现有成员55人	李全化	刘伟彬	应化1101
50	羽毛球协会	社团设会长1名,副会长4名,下设办公室、宣传部、竞技部、赛程部、后勤部、外联部6部门,每部门分设部长1名,副部长若干,现有成员共计60人	云欣	邹潇骏	电力英1203
51	网球协会	社团设主席1名,副主席2名,下无其他部门,现有大一至研究生成员共计55人	王轩	余岳峰	热动1101
52	轮滑社	社团设社长1名,副社长3名,下设办公室、活动部、平花部、刹车部4部门,每部门分设部长1名,副部长若干,现有成员共计40人	徐京	杨彭城	机械1108
53	健美操协会	社团设主席1名,副主席1名,现有成员共计31人	王泽霖	邢佳蕾	环科1101
54	跆拳道协会	社团设会长1名,副会长3名,下设办公室、训练部、宣传部、后勤部4部门,每部门分设部长1名,副部长若干,现有成员共计108人	付超	韦杭	测控1003
55	台球协会	社团设会长一名,副会长三名 宣传部 组织部 财务部	孙宇	孔令雨	艺设1202
56	滑板协会	社团设会长1名,副会长2名,下设组织部、宣传部、技术部门,每部门分设部长1名,现有成员共计20人	徐京	邹雪天	应化1102
57	自由搏击俱乐部	社团设会长一名,副会长三名。现人数95	张小龙	陈晨	环工1102
58	读者协会	社团设会长1名,副会长3名,下设办公室、活动部、宣传部、志愿者部等5部门,现有成员共计40人	赵丽香	曹昕	电气化1101
59	大学生思想调研室	社团设会长1名,副会长1名,下设办公室、活动部、宣传部、编辑部4部门,现有成员共计54人	张健	张旭 祁超	动力1001 动力实1102
60	大学生职业发展协会	实行民主集中制下的会长负责制,协会设会长1名、副会长4名,下暂设办公室、活动部、策划部、外联部、信息部5部门,各部门暂设部长、副部长,委员、干事若干名。现有成员共计140人	彭建章	安文江	动力1007
61	网络管理协会	社团设主席1名,副主席5名,下设办公室、运行部、信息部、技术部和外联部5部门,现有成员共计110人	冼学辉	郭书言	农电1102
62	校报记者团	社团设团长1名,副团长3名,下设新闻消息部、专题评论部、跳伞塔下文学部、活动部、对外联系部5部门,现有成员共计50人	仇必鳌 陈华	孙雅楠	社工1101
63	大学生心理健康协会	社团设会长1名,副会长2名,下设办公室、组织部、宣传部、编辑部、技术部、管理部6部门,现有成员共计100人	宋一辰	李卓庭	机械1007
64	视频工作室	社团设台长1名,副台长3名,下设办公室、新闻综合部、采集部、编辑部、策划部,现有成员共计80人	童勤俊	姜宇航	电气化1113

毕业生名单

华北电力大学2013年研究生获学位名单

（北京校部春季部分）

博士

学科门类	获学位专业及人数		姓名			
工学	热能工程	10人	隋丹婷	雷 鸣	史 洁	张艾萍
			姜华伟	李皓宇	文孝强	张世平
			周建国	JIANG KAI JOHAN		
	动力机械及工程	1人	朱霄珣			
	化工过程机械	1人	梁可心			
	电力系统及其自动化	4人	李 刚	牛胜锁	武中利	郑焕坤
	高电压与绝缘技术	1人	皮 伟			
	电力电子与电力传动	1人	林元哲			
	电工理论与新技术	1人	周象贤			
	可再生能源与清洁能源	1人	方 涛			
	控制理论与控制工程	3人	崔志强	柳 玉	闫 姝	
管理学	管理科学与工程	1人	郑江涛			
	技术经济及管理	7人	安建强	房 芳	石玉峰	朱丽丽
			董力通	孙德栋	孙晶琪	

硕士

1. 经济学：10人

获学位专业及人数		姓名							
产业经济学	6人	程艳从	董晓梅	马 骞	苏 婕	王 玫	王婕妤		
数量经济学	4人	贺斯琪	刘芷郁	王 宝	王青壮				

2. 法学：12人

获学位专业及人数		姓名							
诉讼法学	10人	杜 欢	李亚敏	朋玉莲	贾小红	刘文君	王兴华	严 蔚	瞿彬彬
		薛 伦	袁姗姗						
思想政治教育	2人	安美玲	朱晨溪						

3. 文学：27人

获学位专业及人数		姓名							
英语语言文学	27人	包晓丹	董 梅	李倩倩	秦镱菲	王 欢	文巧妮	张荣臻	张 超
		陈劲帆	管金瑶	刘 杰	萨日娜	王晓芳	徐 蓓	张天慧	魏旭群
		储 娴	孔 辰	刘 青	孙玉立	韦晓娜	张彩霞	张 悦	汪 毅
		邓丽娇	李 强	刘晓霜					

4. 理学：23人

获学位专业及人数		姓名							
应用数学	20人	崔丙维	贾 文	荣韶虹	王素沙	武 鑫	薛崇政	张 卉	张 茜
		范飞飞	李小辉	唐 溦	王晓慧	许肖丹	杨燕燕	张 培	周杲昕
		胡芳芳	刘绍帅	王 博	吴加荣				

续表

获学位专业及人数	姓名		
理论物理　3 人	陈 培	李园园	陆艳艳

5. 工学:607 人

获学位专业及人数	姓名							
机械电子工程　4 人	吴 浩	吴礼宁	徐克举	张 帆				
机械制造及其自动化　4 人	宋梦娇	胡建涛	王 羽	赵玉伟				
机械设计及理论　6 人	陈 涛	李 伟	尚立龙	户秀妹	刘 迎	苏卜显		
材料学　12 人	汪乐锋	崔兴华	黄源珣	刘菲燕	孟振华	王宏亮	郁芳婧	张 静
	曹 健	高 慧	李 旭	梅 简				
工程热物理　16 人	曹传钊	陈文飞	耿学良	黄科薪	刘 欢	王曼华	徐 磊	张 琰
	曹艳楠	段二朋	胡忠良	贾思宁	马 英	王 宁	曾菊瑛	朱 勇
热能工程　63 人	费立凯	冯知正	蒋 迪	刘 乾	裴国雄	王 贝	许伟龙	张生春
	贾 磊	耿 静	景 源	刘莎莎	彭 盼	王川川	杨纯洁	张伟德
	刘 佳	郭 牧	李怀亮	刘雪琦	齐伟军	王 萌	杨晓巳	张晓茜
	朱 波	韩 炜	李基茂	罗遵福	石司默	王 帅	衣书宾	赵晓东
	曹昕慧	和 婷	李 冉	马美倩	宋 博	王天琛	于勤建	钟成圆
	陈秋銮	黄乃成	李文耀	梅 勇	宋君辉	王西伦	袁 媛	周传文
	狄 安	黄耀松	李 震	密腾阁	陶新磊	王雪彩	张国坤	周颖艳
	丁 洋	季 辉	刘海东	潘 翔	汪 涛	武 珍	张 蕾	
动力机械及工程　12 人	张 乾	李冬屹	王 敏	王瑜菲	张海荣	张声远	张原飞	张亚飞
	胡苏阳	任威宇	王向志	谢骐宇				
流体机械及工程　5 人	陈飞虎	高 婕	林 鹏	魏伯勇	张德胜			
制冷及低温工程　2 人	陈珊珊	王 航						
电机与电器　13 人	白 璐	郭韩金	裴 佳	苏晓林	徐月娇	张 良	佟英杰	朱余峰
	杜文婧	贾 瑞	裴亚伟	孙 震	杨娅萍			
电力系统及其自动化　152 人	赵春红	周双亚	白 茹	陈作伟	邓珊珊	杜亚松	樊江川	高 翔
	赵晓坤	朱先启	卞丽丽	陈 璐	邓应松	段京平	范 莹	葛丹丹
	郑志强	邹裕志	蔡学文	程 远	董彬政	段秦刚	高春杰	郭 飞
	周海洋	安 甦	曹瑞光	代常会	董欢欢	段 智	高丹丹	郭国梁
	郭 静	郝子涵	侯桂欣	解笑苏	李海龙	李琼旎	李 赢	刘丰文
	韩东伟	何 林	贾林莉	康晓娟	李浩田	李 肖	李中飞	刘建辉
	韩芳芳	何婷婷	蒋洪源	孔永乐	李建宁	李 扬	李 菁	刘静莲
	韩 强	贺 鹏	蒋凌云	李国强	李 理	李 扬	刘 芳	刘军伟
	刘 琳	聂凌云	宋俊锋	王 宝	王玉慧	向 萌	杨 佳	张红蕾
	刘清泉	彭明法	宋 妍	王 帆	王 哲	肖 翀	杨敬瑀	张 健
	刘思源	彭 颖	苏志朋	王 刚	王 琬	肖 锐	杨 柳	张建民
	刘兴华	秦承龙	孙 辉	王冠男	王 淼	肖 笋	杨 政	张俊利
	刘 旭	秦 欢	孙 杨	王海龙	魏 鑫	谢永俊	杨媛媛	张 敏
	刘 杨	邱 辰	孙宇斌	王久成	吴 涵	邢恩靖	仪大勇	张 伟
	刘 哲	权会霞	孙云岭	王萍萍	吴 骏	邢 晶	余军威	张肖杰
	刘 茜	沈 琳	谭宇阳	王 伟	吴林伟	徐 虹	原 辉	张 欣
	鲁 宇	沈梓正	谈婷婷	王文俊	席建新	许 冬	张飞飞	张曰强
	吕 勤	司致远	唐 霄	王雅楠	夏 天	许佳佳	张 浩	张昭源
	张 楠	赵 强	甄晓晨	周 博	周慧勤	周懋文	朱雨晨	仉雪娜

续表

获学位专业及人数	姓名							
高电压与绝缘技术 26 人	刘 波	陈牧天	金指洋	马志青	王琳琳	邢照亮	张 辉	赵承楠
	陈聪慧	崔 乐	孔健良	宋安琪	吴延坤	许鹤林	张 鹏	郑增辉
	陈广辉	刁常晋	李大伟	汪 鑫	武炬臻	颜廷利	张 皓	王备贝
	陈 敏	郭瑞宙						
电力电子与电力传动 21 人	曾雅文	范园园	刘龙辉	马璐瑶	王立果	肖硕霜	赵士硕	邹 晖
	别晓玉	贾晨辰	刘莫然	牛战壕	王 硕	杨 景	赵正奎	岑 旭
	豆占良	刘丽莉	刘艳章	裴庆磊	习工伟			
电工理论与新技术 8 人	范婷霞	何佳美	刘翠柳	田 婷	王晓东	徐 然	周海静	朱弘钊
电路与系统 10 人	曹相春	高 辉	李 莹	庞先标	孙娜燕	刘晓龙	彭会锋	于仕哲
	陈彦宇	雷晓明						
电磁场与微波技术 6 人	白淑华	雷小舟	宋成宝	侯海粟	史杰民	王斯斯		
通信与信息系统 22 人	安 琪	宫 月	李人哲	卢 可	王美玲	王 桢	杨 筝	张 凯
	曹永峰	胡秀园	刘春蕾	米 翔	王兴川	卫 宁	张 崇	赵孟丹
	陈宋宋	姜 庆	刘 威	潘小山	王 颖	项 彬		
信号与信息处理 16 人	黄 丁	刘 丹	刘晓宸	卢丽鹏	王 磊	杨 璐	赵 东	周 洋
	凌咸庆	刘尔卓	刘 映	王 君	王伟华	张红梅	赵妙颖	周 琪
控制理论与控制工程 35 人	刘 松	高 松	侯军瑞	李 强	刘小军	曲红磊	王卓菲	衷 鹏
	秦士伟	郭巧利	姜伯宇	李 硕	刘 玮	唐浩源	袁晓丹	周宝辉
	王 琳	韩虹飞	金 鹏	李燕斌	毛培霖	田 野	张 健	周业里
	毕珊珊	郝玉春	李 杰	刘 欢	年中华	王金奕	郑新岩	裘剑明
	冯健村	何冬林	李 进					
检测技术与自动化装置 17 人	白 楠	李金鹏	李凯阳	马登昌	宋志惠	王修会	张 超	赵 庆
	陈 芳	李金霞	李淋淋	马佳伟	王海生	熊 魁	张 轩	朱 祥
	迟丹一							
系统工程 6 人	多靖赟	高晓强	李 霞	刘 峰	谭嘉磊	汤 鑫		
模式识别与智能系统 19 人	谭 昊	董玉强	赖宇阳	林 锋	汪凤珠	杨 真	于 颖	郑 跃
	魏晓卉	郭晶晶	李倩玉	史冠兰	王 硕	杨 倩	赵坚钧	叶 园
	董蕊芳	焦 敏	李 钊					
计算机系统结构 9 人	程雷阳	李 安	李 星	彭贵勇	宋晋敏	魏翼如	吴济文	杨 志
	丁哲壮							
计算机软件与理论 11 人	崔现鹏	谷龙飞	刘 萌	王书朋	杨超然	王 军	吴欣乾	杨慧玉
	冯丹丹	黄少卿	周奕成					
计算机应用技术 41 人	陈利洪	耿啸风	贾 欧	刘 涛	时盛燕	向舒越	郑晓天	赵 波
	陈双宝	龚 箭	靳鹏飞	刘 准	苏辰隽	许大斌	周凡雅	王 恺
	陈 泓	何健平	李 凯	吕翠红	苏 琦	杨瑞仙	周 磊	潘 攀
	丁 涛	侯道峥	李小明	吕 敏	王开碧	张金龙	朱海涛	林 洁
	樊福宝	胡雁翔	李智耀	马新科	王 琼	张 玢	朱 姣	吉鸿江
	冯彦科							
供热、供燃气、通风及空调工程 1 人	邹文波							
水文学及水资源 17 人	曹云慧	康 明	乐世华	林春坤	刘虎虎	王春超	肖 杨	周 誉
	桂冬梅	匡 林	李 阳	凌 云	刘颖莲	王霭景	张学礼	朱艳霞
	郭 丹							

续表

获学位专业及人数		姓名							
环境工程	17人	黄文沛	杜鹏	李超	刘敏	王檬	许杰玉	张金华	张雯翔
		陈中山	胡明	李晓丽	孙钊	徐海宝	杨双成	张小飞	邹乔
		董长娟							
可再生能源与清洁能源	27人	戴烁明	李宁	罗峰	史晨星	田志华	王龙泽	徐鬻	余航
		冯世叶	林志彦	钱晓明	史鹏宇	田璐	王伟	杨传勇	仝旭波
		洪德训	刘梦影	邵振州	谭坤	王冠	王泽雷	杨敏	臧启勇
		胡小利	刘思	施文博					
电力经济	9人	林剑峰	李亚玮	唐杨	徐丹	许传龙	杨斌	岳建坤	张紫凡
		高杨鹤							

6. 管理学:102人

获学位专业及人数		姓名							
管理科学与工程	14人	陈文俊	周小萌	胡新亮	刘婷婷	王冬梅	吴思	钟言平	闫红
		卞青	杜哲	刘平阔	施绍华	王永青	徐志飞		
会计学	19人	刘鑫	董娅	李国政	刘晓昕	屈秋实	王立肖	向志平	张颖
		常沛	高琦敏	李健	刘远	王玥	卫玉婷	张敏	周杨
		陈萌	胡浩	刘琳					
企业管理	18人	刘畅	张小研	郭亚萍	马洁	苏东阳	王若愚	张雪	周帅
		倪犇	陈茜	李晓彤	马艳	孙飞	项秉元	周琼	周小虎
		孙伟	郭建文						
技术经济及管理	40人	朱梦舟	陈英杰	韩奇	李勇杰	芦新	王官庆	魏阳	杨阳
		朱晓丽	翟慧娟	华生萍	刘超	马震	王欢林	吴焕苗	尹航
		朱茳	董达鹏	金宁	刘宏志	乔欢欢	王涛	吴隆礼	张璟
		邹鑫	董振	李洪娟	刘晓蒙	孙晓菲	王文迪	徐晓琳	张宏运
		曹荣	韩锦瑞	李檬	刘洋	田闻旭	王莹	许超晨	周莹
行政管理	11人	田明	王雪	殷航	董云姗	罗曼	沈苓苓	王虹	辛莎莎
		邓琳	李全慧	沈秋婷					

工程硕士

获学位专业及人数		姓名							
机械工程	6人	姜绪超	李元源	马玉峰	闻振中	袁辉	张得科		
动力工程	64人	程宇婷	惠万馨	刘育林	宋义乐	王晓天	尤园江	张焱	刘喆
		邓敞家	贾慧	刘云霞	孙帅	魏龙亭	章科	赵圆方	孟周
		杜伟	兰俊杰	马菊茂	孙玉树	尉君	张盼	朱忠亮	王浩
		樊昱楠	李兵	马琴	唐海波	谢常福	张强	陈创社	王进
		郭鹏	李兵臣	马文慧	田僖	邢振中	张樱	高利平	王瑜
		侯周森	李媛园	钱德平	王卜平	徐雅静	张智博	龚亚军	许文朝
		胡也	李琪	沈克伟	王家伟	薛强	张芸	黄金海	杨光
		黄圣伟	刘晓光	盛洁	王铁铖	尹宗齐	张婷	李杰	赵永珍

续表

获学位专业及人数	姓名							
电气工程 129人	白云霄	何中昌	刘志勇	王林	张雪莉	范娟	刘丽	姚远征
	鲍巧敏	侯雪	马海春	王品	张正拓	高楠	刘岩	张露
	卞秀杰	侯跃斌	牟敏	王晓东	张正中	郭健	毛晨炜	张秋义
	曹坤	焦利霞	牛逸宁	王晓光	张中月	洪娟	孟庆大	张文慧
	陈晨	李玥	庞富宽	王雪	张璇	冀栓梅	米雪峰	张兆鑫
	陈颖	李波	齐文波	王紫钰	赵可	计晓怡	宁亮	赵长青
	杜波	李程	祁欢欢	魏巍	赵文辉	贾承龙	任峰	郑严
	樊征臻	李海峰	申惠琪	吴秋兵	赵悦	蒋丰庚	沈骏	郑楠
	范彩杰	李洋	石建磊	吴淘	朱翰超	雷鸿飞	孙静	朱健
	房唯独	李泽珣	苏征宇	邢田伟	朱遥野	雷明	孙文欣	王媛
	封圆	刘东林	孙春山	徐凌飞	闫文斌	李海洋	索思远	杨先进
	傅锦发	刘晶	孙小璞	薛翔	闫晗	李景瑞	王伟宁	刘辉
	郭攀辉	刘流	孙岩	张涵之	曹俊华	李晓斌	熊传锦	董寒宇
	郭晓芸	刘蒙聪	唐姗姗	张佳军	陈兴福	李雪松	徐晓伟	张伟
	郭昱延	刘诗宁	田茹	张阔	程岩	梁晅	杨坤	王丹
	郝君伟	刘天玉	王安妮	张连根	代金龙	林中圣	杨联宇	刘永笑
	和立辉							
电子通信与工程 29人	边君君	贾春梅	林轩竹	孙熠	王玫	杨猛	赵四化	于振波
	陈敏	李佳乐	卢瑞婷	田适阳	魏钜坛	杨诗斓	赵阳	鄢安娜
	何冰洋	李璇	吕军	王奔	吴铭珊	张迪	朱娟溪	张琦毓
	黄笑磊	林长锥	吕民花	王佳慧	熊小玄			
控制工程 22人	陈盈洁	邓方远	李利霞	孟芳园	宋国鹏	吴昊	赵霞	刘艳
	崔玉书	董晓鹏	李钰	彭灿	苏泽林	张博雅	朱蕾	贺伟超
	单田雨	关兆亮	刘景宾	千雨乐	魏鹏	张丽晓		
计算机技术 29人	陈晓	井树刚	李森	陆刘春	石丽	王妍丹	周萌	于猛
	傅筠宁	李强之	林宝望	吕桃春	苏长杰	徐翼飞	周智睿	王宏伟
	谷雅玮	李爽	刘伟	莫瑞芳	孙哲	张乐	李昊夫	张云
	郭文燕	李郁博	刘泽三	倪樊	王旭峰			
项目管理 43人	崔丽	程延龙	景昌华	刘国辉	茹昉聪	王晓菲	徐林海	张永安
	曹敏	崔宏宇	康宁	刘旭	王达宇	王照锋	苑旭祥	赵迎伟
	陈国飞	耿楠	李斌	马永刚	王东梅	魏蒙亮	张斌	周宏波
	陈立东	苟明志	李晋	裴敬生	王吉	吴志华	张杰思	朱大伟
	陈彦	郭薇	林一凡	秦玉彬	王文博	武强	张晓磊	缪宇清
	陈亦	黄德华	刘锋					
工业工程 28人	陈静	贾晓希	唐辉	杨静	张娜	陈永辉	黎景越	张娟
	陈梦影	刘凯	王丽	杨亚娟	张培森	程拥军	李军	郭永强
	段鑫	骆韦	熊雪琴	杨雯	赵越	郭涛	刘婷婷	职菲
	郭森	孙恒	许凌爽	张翠霞				
环境工程 16人	杜晓文	胡敬韬	李珊珊	李婷	刘洁	史斌	王夏娇	张盼
	郭亚丽	李慧琴	李晓雁	廖欢	申婧	王力敏	杨琦	赵飞
物流工程 9人	曹原	崔爱巧	梁万华	刘慧美	刘祝龙	陆柳丝	张雅琼	周丽莎
	程昭立							

工商管理硕士

获学位名单					
陈京宇	党海燕	范文明	冯　水	冯　洋	谷明晗
郭　伟	郭　娲	何轶斌	侯晓宁	胡　静	金新荣
靳翠香	孔学涛	李　建	刘　波	刘艳丽	卢荣奏
吕安璞	马新彦	马　哲	孟凡斌	南　南	宋鑫峰
孙敦虎	王　鹏	吴华成	吴正武	杨德明	阳厚斌
张宝刚	张　博	张会磊	张旭宁	张　鑫	赵　涛
郑海英	周　宾	闫锐锋	董大群	杜立君	冯　炜
葛有智	韩秋月	郝振伟	何显祥	胡　军	胡振邦
黄昌夏	贾　爽	解鸿斌	李　程	李　剑	李军伟
李荣昌	廖　金	刘怀宇	刘建国	刘文佳	刘　媛
刘婷婷	马宏涛	潘学富	庞鸿雁	钱太莹	邱　恒
宋奎静	宋伟光	苏彦军	苏中莹	孙励英	孙永刚
孙振华	王德良	王　敬	王敬茹	王小兵	王雪姣
王泽芳	王增武	韦　雯	吴旻硕	夏克宁	信丽芳
徐中华	杨艳萍	叶　红	张吉英	张晶晶	张　琴
张　悦	赵　剑	赵彦桥	周　磊	周月光	邹中平

（保定校区春季部分）

博士

学科门类	获学位专业及人数		姓名
工学	热能工程	1 人	李　娜

硕士

1. 经济学:8 人

获学位专业及人数		姓名							
产业经济学	5 人	陈　璐	贾瑞杰	姜　晔	张　阳	张祖欣			
数量经济学	3 人	闫　茜	张　波	张新桥					

2. 文学:16 人

获学位专业及人数		姓名							
英语语言文学	16 人	白　灵	崔建强	董玉娟	雷秀云	李　航	李艳晓	刘　倩	娄　云
		么春影	齐永军	任金花	石光远	孙蓉娣	张　华	赵亭亭	朱　蕾

3. 理学:13 人

获学位专业及人数		姓名							
理论物理	5 人	李梦君	武　臣	徐世亮	张江涛	甄　丽			
应用数学	8 人	包淑华	戴　芳	韩苗苗	李林汉	刘　婷	刘　媛	王　丹	左　华

4. 工学:478 人

获学位专业及人数		姓名							
电磁场与微波技术	6 人	邓新丽	董松昭	郭　晶	郝俊琦	李秀英	石迎彬		
电工理论与新技术	18 人	陈朋永	荆永明	李晓斌	梁　燕	刘红昌	刘漫雨	刘　学	齐芸芸
		邵　华	孙　鹏	王志兰	武超飞	徐建云	张青利	张艳丽	赵永俊
		赵　远	朱　燕						
电机与电器	7 人	常亚利	李　爽	平　夏	王成勇	王鹤许	王喜梅	赵　辰	
电力电子与电力传动	14 人	陈　霞	贾兴旺	刘均鹏	孙　品	孙玉巍	王　丹	王　凯	王丽丽
		王瑞新	杨佳乐	杨　普	赵　强	郑荣美	朱　辉		

续表

获学位专业及人数	姓名							
电力系统及其自动化 103人	鲍雪娜	卜凡坤	曹东升	曹林	曹威海	陈腾飞	程美兴	戴毅
	单颖	丁浩	董正华	杜宝星	杜剑行	高冬那	高洁	高月娥
	葛嫚	郭佳	郭敏	郭然	郭少飞	侯磊	侯瑞鹏	侯耀飞
	胡迎迎	黄凯	焦振毅	金晶	兰晓明	李聪	李江华	李俊生
	李莎	李仕杰	李婉娉	李伟	李艳青	李增辉	林旭涛	刘承佳
	刘春堂	刘景青	刘文霞	卢会欣	卢岩	芦佳硕	陆海东	吕彬
	吕佳	吕秋萍	吕星辰	马慧卓	马叶芝	苗雨阳	倪俊强	潘雪冬
	沈洁	石乐贤	孙一莹	滕松	滕苏鄲	王辰	王东升	王飞飞
	王坤	王力	王立宗	王升杰	王兴武	王旋	王阳	王洋
	王媛	王志	卫波	吴欣	向安韡	徐晓波	鄢盛腾	闫坤
	严敏敏	杨珺	杨玉新	杨志国	易妍	游晓科	张凡	张锐
	张双乐	张文通	张小田	张岩坡	张一	赵慧超	赵静	赵军玉
	赵宇洋	郑紫尧	周斌	周龙	周雪青	朱冬雪	朱国栋	
电路与系统 4人	郭力洁	李丹丹	吕鹏	张旭				
动力机械及工程 6人	崔可	杜艳玲	卢兵	王东旭	王慧兴	王忠平		
高电压与绝缘技术 14人	范春桥	李聪	李海德	李文博	刘杰	施超	王亮	谢迎天
	杨海涛	杨磊	杨晓辉	张涛	赵京生	周国杨		
工程热物理 10人	关秀红	韩富强	惠雪松	刘扬	莫崇园	潘昌远	申男	沈雷
	王艳	张蕾						
供热、供燃气、通风及空调工程 7人	陈拓发	韩贵超	韩娟娟	李婷	赵红磊	申志强	欧阳晶莹	
环境工程 23人	楚秀杰	董丽彦	杜超	杜明生	段宇	顿小宝	胡晓贝	金毅
	靳义净	康鹏	刘威	芮瑞	王斌	王金从	王兰芬	王增蓁
	肖伟	于帅	张丁琳	张凡	张天赢	张晓雨	周雪	
环境科学 4人	高莉	韩光	刘银洁	张山山				
机械电子工程 15人	董振良	段坚	方俊元	郭涛涛	贾子文	芦信	王现康	王子瑞
	武姣	姚肖方	张静	张少鹏	张玉	朱瑜	左丽	
机械制造及其自动化 6人	金鹏	孙浩	王殿	王海洋	王美会	俞星海		
机械设计及理论 5人	巩鑫龙	李雪莉	伦智达	苏士斌	张茶花			
计算机软件与理论 7人	鞠方媛	李宏敏	李晓强	马林	洗学辉	杨丽	张华壮	
计算机系统结构 4人	李志雄	汤柱亮	杨龔骄	张慧辰				
计算机应用技术 33人	查婷婷	常永娟	啜永佳	董振亮	樊志翀	高勇宽	侯小可	姜超
	康一鑫	刘树仁	刘伟娜	卢国杰	马姣姣	孙延梅	田玉茹	王凤霞
	王佳	王刘旺	王伟萍	吴毛毛	肖凯	徐磊	许烨	易璐
	袁娜	湛维明	张斌	张军微	张银银	赵浩全	赵小萌	周皖奎
	宗劲冲							
检测技术与自动化装置 7人	陈华浦	李伟	梁艳绒	宋雨倩	薛宁	闫璐	郑冰	
控制理论与控制工程 43人	陈晓霞	单志伟	丁方	丁满	范军丽	冯谦	高亚龙	韩冬旭
	郝江波	滑伟	黄邦西	黄二虎	贾万根	李奕杰	林云芳	刘国云
	刘萌	马晓勇	冉宁	桑士杰	石金健	谭雨林	王晶晶	王军飞
	王坤芳	王舒	王雅彬	温兴贤	吴文影	薛龙	闫飞朝	杨丽华
	尹婷婷	尹星	雍鹏	曾其林	张婷	张文鹏	赵斌	赵亮宇
	赵朋	赵瑞辉	竹瑞博					
流体机械及工程 5人	高江玲	孔垂茂	刘海峰	宋宝军	王晓苹			
模式识别与智能系统 4人	李小鹤	马芳芳	王守会	赵永				

续表

获学位专业及人数	姓名							
农业电气化与自动化 8人	宫瑞邦	侯新叶	季　冰	刘亚男	王晓鲁	吴丹烨	张俊辉	张思为
热能工程 51人	常艳超	陈华刚	陈江涛	陈　龙	陈　帅	董　标	冯文会	海旷儒
	郝银萍	黄江城	江　波	解春林	兰红颖	李　露	李　彤	刘郑芳
	马　务	马　亚	梅　健	任海锋	戎　瑞	申哲巍	石　雪	孙东海
	孙会亮	孙　科	索新良	童家麟	王金星	王天龙	温　山	吴　军
	吴　威	吴　宇	席光辉	夏瑞青	肖　寒	谢一民	徐伟轩	薛伟朋
	杨慎宝	杨　新	尤风霞	张博文	张美凤	张　韬	张晓安	赵　虎
	赵振虎	钟锡镇	朱存旭					
通信与信息系统 29人	董保国	范启跃	韩　勇	黄　楠	李　峰	李国朋	李　欢	李康玉
	刘冰茹	刘　存	刘　磊	刘　柳	刘明军	刘淑荣	孙晓雅	王纯纯
	王　峰	王　浩	温正阳	吴晓燕	谢秋金	薛玉娟	杨　迪	杨　莉
	杨　星	祖文超	张少明	张　璇	张华芳子			
系统工程 4人	崔会媛	范巧云	郝　卿	赵　睿				
信号与信息处理 12人	陈邵权	方　舟	郭玉会	何青尔	李晓菲	刘建宁	王　虎	王　磊
	王　涛	武军娜	闫　华	赵小霞				
应用化学 2人	卢利健	王西熙						
制冷及低温工程 1人	王　帅							
车辆工程 1人	宋彩盟							
可再生能源与清洁能源 1人	东朝阳							

5. 管理学:50人

获学位专业及人数	姓名							
管理科学与工程 3人	陈　姿	王玉玮	赵　伟					
会计学 11人	胡芳芳	刘思岐	宋云霞	唐　成	王建芳	吴伶玲	杨　硕	杨亚磊
	张　蒙	张　奇	张　琴					
技术经济及管理 23人	曹萌萌	韩泽华	郝婵娟	何　灵	黄志伟	贾锡苗	李　晶	李　岩
	刘　畅	刘　霞	刘晓东	吕寅春	马洪松	秦慧芳	沈　乐	宋小影
	田俊丽	田立霞	王春梅	王　锐	张春莲	张如玉	张　微	
信息管理工程 2人	董　博	黄慧连						
工程与项目管理 2人	方　言	张　霄						
企业管理 9人	曹　希	盖　姝	郭树霞	李　斌	李　薇	刘士争	魏　曼	谢　萍
	张　刚							

6. 法学:9人

获学位专业及人数	姓名				
思想政治教育 5人	韩　沛	及月如	梁云凤	骆仲楠	温　超
诉讼法学 4人	范家祺	刘　虹	尚　珊	张蓓蓓	

工程硕士

获学位专业及人数	姓名							
电气工程 136人	陈浩	康琛	孙鹏	白建海	陈超	陈永健	冯巩	黄俊
	黄磊磊	黄天富	霍福广	贾超	贾玉伟	靳晓军	郎凯	李玥翰
	梁双林	刘鹏	刘翔宇	刘洋	马宏明	苗倩	齐炳新	齐肖彬
	舒展	王成强	王金金	王新伟	王义贺	魏洪	文斌	邢华栋
	薛金明	尹宏	张乾	张伟超	赵纪宗	赵开轩	赵莹	池丽钧
	方学珍	冯守超	郭洁	李涵	李琳	刘奕	冉亮亮	任彦珍
	吴娜	吴婷	张丽洁	张玲	张伟霞	赵雪楠	白剑忠	白阳
	常维佳	车皓	陈丹	邓聪聪	冬大龙	冯晗	冯智勇	谷亚兵
	关开	周广滨	郭玉莉	霍宁宁	贾丹	蒋理	李木文	李宁
	李伟	李延瑾	连宜	刘海峰	刘华鹏	刘慧源	刘冀生	刘俊岭
	刘兰荣	刘铁	刘学民	刘彦升	鲁肇文	吕慧丽	吕泉城	马庆峰
	马仁杰	莫颖生	牛宇	潘大志	任国庆	任有刚	申国梁	申原
	石芬	石建	石生智	史慧峰	宋小欣	宋禹飞	孙天轮	王超
	王铎	王来善	王伟	王亚非	王亚萍	王宇	王裕民	吴晓梅
	夏立巍	肖云	邢红涛	杨本本	杨博超	杨扬	杨忠君	尹美玲
	曾庆锋	张弛	张德强	张建军	张军如	张丽丽	张琦	张晓峰
	张雅梅	张勇	张月辉	张哲强	赵晓初	郑立平	仲勇	郭迎辉
电子与通信工程 37人	曹盛	贡振岗	顾博	李成	李紫涵	乔立贤	王新宇	吴胜明
	崔小玲	郭津津	韩书娟	李密	李岩	刘雨娜	宋金浍	王萌
	杨青	杨毓娟	张丽	张冉	张森	赵翠然	周瑞双	高翔
	姬志锋	吉正	吕文亮	石磊	宋遇	王新文	王政	肖学东
	张国兴	张继龙	赵荣峥	赵真平	周丽娜			
动力工程 46人	葛彦鹏	刘钊彤	鲍春来	常帅	冯娇龙	葛则锟	郝宗凯	冀乃良
	雷振寰	李伟	李钊	路通畅	马光耀	马少帅	潘江海	石志云
	谭俊龙	涂春民	魏杰儒	吴文浩	杨继明	杨小海	尹攀	张慧超
	张竞飞	张蓬亮	邴汉昆	陈丹丹	董丽丽	高丽莎	耿士敏	黄钢英
	李燕芳	张炜光	冯胜	付奎	谷守军	李来生	刘利明	刘祥哲
	时瑛	田东恩	温智勇	杨斌	赵韶光	王凡		
计算机技术 26人	刘国民	刘鹏	罗富财	罗壮强	田永超	肖磊	程艳柳	穆倩
	沈凤	唐欣艳	王琼	王师霜	杨雅琴	张虹	张苏燕	赵琴
	杜文勇	范永泰	高岩	卢达	王小兵	张晨星	张洁	张洁
	张磊	赵伯鑫						
物流工程 4人	马莉	田媛	张玉玺	欧阳明慧				
工业工程 57人	苏警	贾梦华	李捷	王海东	赵璐	成云雪	崔瑞青	李向楠
	马锡琨	彭腾腾	邱大芳	施婷	汪倩茹	王星星	王颖雪	常紫娟
	陈冉	邓月	邸志红	段桂法	付庆军	付少杰	付一凡	冀涛
	景楠	康万银	李航	李连浩	李劭敏	李永强	蔺雪竹	刘国栋
	刘红霞	刘捷	马立芝	宁超	石凯	史科钦	宋娜	孙立强
	王平	王书峰	王轶	温镇	闫广颖	杨宝崑	杨芳	叶明星
	由庆秋	于利国	翟彦卿	张宝亮	张静	张明雷	赵国鑫	赵柯
	赵先烽							

续表

获学位专业及人数		姓名							
控制工程	45 人	乔　晓	杜之正	李亚伦	李　晗	刘　峰	牛　飞	宋健博	苏保光
		王　超	王建中	王世林	吴　杭	杨佳梁	张　坤	张　嵩	赵丽军
		赵永辉	朱全聪	高　明	高　越	霍丽艳	李　琳	刘梦娇	潘巾杰
		沈　桐	孙秋影	王宇康	魏星华	尹　鑫	张　钦	张　倩	朱明露
		朱　雯	冯祥凯	靳　达	寇　涛	刘春辉	王照亮	武　晓	张树权
		朱春凤	王　生	阴国梁	王　俊	贾兵林			
项目管理	16 人	郝朋亮	杨玉风	高振兴	胡晓宇	刘国一	刘宏猷	刘　蕾	路　洋
		马瑞涛	沈琳琳	汪海滨	王　曦	杨立冬	岳会文	张宁华	赵天朦
机械工程	18 人	冯海涛	路鹏程	彭　涛	王胜凯	王志勇	夏　超	肖　强	于建斌
		张　鹏	周金华	闫　磊	崔　研	李莉莉	刘美娇	刘　真	刘芸萍
		刘　晖	迟震奎						
环境工程	17 人	贾博强	刘　江	鲁　浩	王志伟	吴湘铖	周锦晖	陈　香	翟　雅
		寄玉玉	姜力行	石晓斌	陶敏华	王　佩	王银涛	肖连娟	袁佩佩
		孟亚男							

工商管理硕士

获学位名单　2 人	
任丽娜	王本运

同等学力硕士

学科门类	获学位专业及人数		姓名
工学	环境科学	1 人	张普颖
	热能工程	1 人	贺　靖
	电力系统及其自动化	1 人	谭　波
理学	应用数学	1 人	牛泽钊

高等教师硕士

学科门类	获学位专业及人数		姓名			
管理学	行政管理	3 人	刘长青	姚　森	张　铮	
	管理科学与工程	1 人	冯红婵			
理学	应用数学	3 人	王少英	岳红英	郑建茹	
工学	电力系统及其自动化	1 人	高少来			
	计算机软件与理	1 人	赵云启			
	计算机应用技术	1 人	单树倩			
	信号与信息处理	1 人	梁丽娟			
法学	思想政治教育	2 人	宋彦民	严伟能		

（北京校部夏季部分）

博士

学科门类	获学位专业及人数		姓名				
工学	热能工程	16 人	卜永东	李勤道	沈艳梅	王泽璞	杨志平
			车德勇	刘　烨	盛　程	王　琪	阳艾利
			董静兰	马　凯	王　虎	徐卫刚	闫　瑾
			胡　倩				
	工程热物理	1 人	王　恭				
	流体机械及工程	3 人	陈广华	何　伟	李　媛		
	动力机械及工程	5 人	陈　娟	连　佳	辛卫东	赵前哲	周雁冰
	电机与电器	2 人	卢伟甫	张祥宇			
	电力系统及其自动化	29 人	曹　昉	李丽芬	麻秀范	王　睿	张　喆
			葛晓琳	李卫国	马　刚	魏军强	张　海
			胡　博	梁海平	马其燕	吴　旭	张　民
			胡　静	林少伯	王　飞	吴麟琳	张　旭
			黄建才	刘国平	王佳明	谢　祖	闫晓卿
			姜宪国	刘素梅	王　彤	尹金良	
	高电压与绝缘技术	5 人	常文治	杜岳凡	王彩雄	吴　昊	杨　鑫
	电力电子与电力传动	2 人	哥　尼	唐　酿			
	电工理论与新技术	2 人	刘　欣	潘　超			
	能源环境工程	4 人	胡　艳	李　庄	索梅芹	王志增	
	电气信息技术	1 人	盛　洁				
	控制理论与控制工程	6 人	高　芳	孟　磊	刘继伟	张　彤	王富强
			高明明				
管理学	管理科学与工程	7 人	白泉涌	李克飞	孟　明	赵璧奎	张　娟
			何　楠	刘　方			
	工程与项目管理	5 人	巴　希	陈　健	陈文君	王和平	那仁满都拉
	信息管理工程	3 人	李　贤	刘浩杰	陆龚曙		
			黄立新	李泓泽	刘　珂	王抒祥	张徐东
管理学	技术经济及管理	19 人	康俊杰	刘金朋	申杨硕	吴建宏	赵高强
			李　晨	刘　琳	史会峰	徐　隽	周黎莎
			李　娜	刘壮志	史连军	许子智	

1. 经济学：2 人

获学位专业及人数		姓名
产业经济学	1 人	杜春胜
数量经济学	1 人	陈晓婕

2. 法学：7 人

获学位专业及人数		姓名					
诉讼法学	5 人	陈彩艳	雷欣成	王明发	陈子楠	孙　倩	
思想政治教育	2 人	邹　潇	鑫　宇				

3. 工学：26 人

获学位专业及人数		姓名					
材料学	1 人	杨　光					
热能工程	4 人	曹丽平	贾东坡	荣　达	张卫峰		
动力机械及工程	1 人	隗　龙					

续表

获学位专业及人数		姓名							
电力系统及其自动化	10 人	方 超	林雪华	高炳蔚	赵天阳	郭云鹤	周艾辉	焦茜茜	
		NAWAZ FAIZA		YEBOAH MICHAEL OTI		CARDONA DUQUE HERNAN DARIO			
高电压与绝缘技术	1 人	赵 博							
电力电子与电力传动	1 人	孙濛濛							
控制理论与控制工程	3 人	巴特尔	田 伟	姚恩利					
模式识别与智能系统	2 人	刘洪文	邱鹏光						
水利水电工程	1 人	张 立							
环境工程	1 人	叶开根							
电力经济	1 人	张戈力							

4. 管理学:15 人

获学位专业及人数		姓名				
管理科学与工程	1 人	宗纪州				
会计学	1 人	魏 峰				
企业管理	4 人	博 纳	张永祥	图布兴	吴德义	
技术经济及管理	4 人	冯天天	苏 芹	吴恩琦	张 奇	
行政管理	5 人	方爱桂	张忠朝	邬 磊	吴 敏	赵 越

工程硕士

获学位专业及人数		姓名							
电气工程	214 人	陈利花	陈 成	陈益强	董光哲	冯延明	龚 丹	洪 鎏	李金明
		赵云灏	陈红芳	陈 宇	董国平	冯燕军	龚宇洋	胡广林	李 明
		白海军	陈凯华	陈 悦	董治成	冯昕鑫	巩绪礼	胡进辉	李七鑫
		白文远	陈乃松	陈照宇	杜猛俊	高 奥	顾寅凯	胡浙莹	李伟丽
		白玉新	陈培琦	崔 巍	杜一玮	高 超	郭海涛	狐晓宇	李 旭
		曹 洲	陈绍锋	崔 征	范亚南	高 峰	郭 骏	黄一鸣	李昕俊
		曹 勖	陈伟利	邓 丽	方晓宝	高 全	郭玉良	贾 新	李 钊
		柴从信	陈 熙	邓卫民	冯进兵	高中强	郭昕阳	寇晨光	林 景
		常 伟	陈 翔	邓小珍	冯良韬	高 瑾	杭海燕	李 芳	凌志峰
		陈 超	陈晓曦	丁 陶	冯 涛	高 雯	何宝昌	李航康	刘长亮
		刘海峰	刘 莹	马 俊	钱 荣	孙 斌	王 刚	王童威	吴云鹏
		刘 静	刘振华	马一飞	钱振兴	孙 娜	王海涛	王晓虎	武 强
		刘 军	刘仲昱	马载恒	秦 波	孙占功	王海燕	王叶伟	项 群
		刘美玲	柳闻鸣	毛建伟	任泊晓	檀英辉	王 惠	王中杰	肖 寒
		刘明明	卢 丽	毛 焱	任 杰	汤宗亮	王 健	王 珏	肖 涛
		刘群峰	卢孟杰	莫金龙	阮德俊	唐 睿	王 磊	王 瑾	谢丽霞
		刘士源	卢伟明	聂 晶	阮 箴	汪志鹏	王 亮	魏雯雯	谢知寒
		刘 伟	鲁厚友	牛冠清	邵敏艳	王 斌	王培英	尉 镔	邢 玉
		刘亚军	鲁建国	牛克龙	沈鸿嫣	王 波	王鹏橙	吴 强	徐 刚
		刘燕平	罗本壁	潘瑞琼	施 亮	王冬冬	王瑞君	吴文娟	徐 强
		徐新亮	杨 剑	姚洪林	虞 峥	张 东	张 健	张翔鸿	张 婷
		徐远鹏	杨丽娜	尹东升	俞永奇	张海超	张剑飞	张向云	赵 军
		徐志飞	杨 烈	尹 辉	喻 谦	张 浩	张晶晶	张兴楠	郑东东
		薛 凤	杨龙雨	于洪波	章伟林	张贺军	张 冉	张毅凯	郑鹏程
		薛 辉	杨 梅	于健勇	张春燕	张弘鲲	张绍林	张 宇	周炳凌
		薛晋东	杨占胜	于 勇	张大伟	张 欢	张 爽	张振兴	周 雨
		薛 震	朱 栋	朱海峰	朱 欢	祝 鹏	邸 鹏		

续表

获学位专业及人数		姓名							
电子与通信工程	19 人	樊肖童	焦　峰	罗　江	王　雪	徐　鑫	张　晨	张　辉	徐　程
		弓伟才	林才就	潘　宁	吴　博	许纯信	张　程	张学阳	杨利彪
		郝　祎	吕　峥	宋　凯					
动力工程	23 人	陈俊峰	高树奎	贾　岗	李彦萍	孟庆军	王少波	杨树旺	张振华
		费雄军	郭卫江	贾文涛	刘　宇	孙　涛	温新宇	曾　星	赵　丹
		付　荣	胡振东	李利凯	刘　志	王顶磊	徐颖剑	张　才	
工业工程	52 人	陈　灿	陈明辉	侯博涛	林　琳	梅　林	孙　振	张俊霞	张志新
		段金辉	陈　琦	胡　彬	刘　颖	綦林林	田春艳	张利华	赵晓帆
		霍晓波	冯冰清	姬宪辉	刘志刚	聂文海	项安生	张廷坤	赵毅胜
		路　妍	高全成	姜美竹	刘　婷	邵　波	姚天一	张卫东	郑万杰
		鲍金花	郭　昊	康志东	刘　皓	沈　岩	尤雯静	张旭洁	周　静
		车佳琳	贺元辉	李树林	吕朝晖	孙　爽	于　莹	张　迎	荀　之
		陈　坚	洪耀鹏	李耀荣	吕　铎				
计算机技术	12 人	柴育峰	惠晨犇	李　其	利　娜	宋　微	张昱华	王　耀	赵培鸿
		杜　昭	蒋　宇	李　茜	马全中				
控制工程	10 人	杨文杰	陈　亮	郭　寻	解　明	吴雨浓	贾　男	王珊珊	邹　平
		张渊媛	范国朝						
物流工程	17 人	莫傲然	李　唐	苏小磊	王炳通	王　一	魏铁军	张瑞莲	赵　阳
		蔡培浩	马　体	孙耿茂	王　伟	王中锋	苑　彬	赵长宇	睢　杰
		李　鹏							
项目管理	89 人	刘子铭	谷　岩	康　丽	刘　勇	盛　晏	王　昭	杨冬梅	张　雷
		曹佳楣	郭　冰	李　双	卢高翔	宋安鄂	王　歆	杨　健	张　磊
		陈　超	郭玉池	李学斌	卢　淼	孙　凯	魏利锋	杨建芳	张彦辉
		陈　慧	贺桂林	李　勇	吕啟尤	田　雨	吴国振	杨　静	张志奇
		陈　磊	胡跃升	李月明	张　涛	王大永	吴建新	杨泽敏	张　倩
		陈晓平	黄锐勇	林　杰	裴好好	王　芳	吴　亮	阳建辉	张　蕙
		陈　玉	季　旭	刘　波	彭海酝	王韩英	夏　斌	俞敏浩	赵永康
		崔　超	纪海宁	刘　娜	彭　宇	王　梅	夏祥武	张　玥	郑　浩
		段鹏飞	金　坚	刘雪丽	齐　霞	王　鹏	肖　寒	张　浩	郑　康
		方大治	晋红升	刘　阳	邱旭雯	王文帅	徐莉娟	张　慧	周　高
		高云化	荆晓东	刘瑶瑶	沈　翀	王　悦	许景浩	张　娟	郗雪峰
		欧阳昕倩							

工商管理硕士

获学位名单　48 人					
毕玉红	贾士安	王　盼	周程扬	苍立巍	田　炯
常　亮	李兰平	王　颖	周　蕊	陈培伟	王　杰
陈　颖	柳　溪	王子夜	李　敬	陈　胜	魏凌雪
方　艳	邱　枫	邢婷婷	潘月辉	黄　鑫	夏绪卫
符　斌	尚瑞霞	薛　文	孙　琳	梁　璐	杨少国
高晓华	宋　婧	张学玉	张立民	马　川	余铂宁
黄晨光	谭　颖	张皓宁	张书衡	梅玉占	钟国芳
季　涛	王　晶	赵昕玮	赵　昕	邱　爽	周　权

高等教师硕士

学科门类	获学位专业及人数		姓名	
管理学	管理科学与工程	1人	张晓栋	

（保定校区夏季部分）

博士

学科门类	获学位专业及人数		姓名			
工学	热能工程	3人	高月芬	廖　薇	危日光	

硕士

1. 工学:19人

获学位专业及人数		姓名				
电工理论与新技术	2人	李　伟	许斌斌			
电力系统及其自动化	9人	高俊营	郭玉天	晋宏飞	卢　洋	周　阳
		郭艳东	韩秋阳	林德山	王海红	
工程热物理	1人	樊晋元				
机械设计及理论	2人	李　慧	赵鹏睿			
流体机械及工程	1人	张培杰				
热能工程	1人	于一达				
通信与信息系统	1人	金广祥				
环境工程	2人	陈丽虹	梁玉超			

2. 管理学:1人

获学位专业及人数		姓名	
企业管理	1人	田丹丹	

3. 经济学:1人

获学位专业及人数		姓名	
数量经济学	1人	刁璟璐	

4. 法学:2人

获学位专业及人数		姓名		
思想政治教育	2人	张　健	赵　萱	

工程硕士

获学位专业及人数		姓名							
电气工程	92人	敖　然	郭　坚	李向峰	刘增明	沈慧宇	吴丹丹	袁贵军	赵　峰
		白　皓	郭　桐	李晓诠	刘　钊	石　峰	吴继兵	袁　阳	赵福旺
		边静涛	韩晓华	李振成	柳春芳	苏　波	吴永亮	詹春瑞	赵　阔
		曹　华	晋海斌	李正哲	龙　光	苏日娜	武剑灵	张宝金	赵　喜
		常建军	李　钢	李梓楠	陆　炜	孙　亮	谢国蔚	张传杰	赵志华
		陈剑光	李海清	刘爱华	罗贤斌	孙莹晖	辛　毅	张静波	赵　鑫
		陈　婧	李　克	刘继伟	马　骉	王慧玲	徐海洋	张　瑞	朱建文
		翟春雨	李威杰	刘剑勇	乔国华	王建波	徐　龙	张喜军	朱士嘉
		杜宏刚	李　伟	刘　玲	秦绍俊	王瑞军	续　猛	张　毅	朱彦宁
		冯东生	李伟涛	刘淑君	曲向华	王　巍	叶广耀	张宇蓉	邹长宏
		葛永超	李　翔	刘玉明	邵明锋	王　淼	叶建伟	张忠明	逄　哲
		郭存瑞	褚　扬	冯燕闯	李　彪				
电子与通信工程	8人	郝福川	王心贺	徐　珊	张凤龙	庞绍宗	王毅刚	阎　洁	周秀丽
动力工程	4人	范鹏起	范晓煜	张相洲	孙玉洁				

续表

获学位专业及人数	姓名							
工业工程 69 人	柴　文	顾文石	姜　磊	李　楠	潘　腾	田　达	宣　娜	张　雷
	陈　博	郭聪聪	李传冰	刘　颖	乔婷婷	王海波	亚志博	张　磊
	陈　超	韩磊磊	李　鹏	刘羽涛	史龙飞	王　礼	杨晓波	张志平
	迟洪滨	郝　晶	李　涛	刘跃雷	苏　蠡	王若颖	于俊现	赵艳超
	崔丽娟	何　东	李亚静	刘志辉	孙　鹏	王跃峰	张冬原	赵艳军
	丁瑞芳	胡继茂	李　野	罗　超	孙雁翔	文　超	张甫东	赵志华
	董胜元	黄　静	李振耀	马明惠	孙跃龙	吴　燕	张　浩	周　旭
	冯　博	黄敬军	李子钰	马哲伟	孙　震	肖　辉	张兰芳	臧　韩
	谷　裕	姜海涛	李　琛	孟庆国	谭　澈			
环境工程 3 人	冯　琳	王小锐	张新立					
机械工程 8 人	翟鹏飞	王　臣	张成杰	孙久亮	王桂珍	张东升	王　剑	赵依依
计算机技术 12 人	邓　昀	钱　健	王占宇	吴晓霞	徐金伟	张　燕	赵　璇	张东阳
	孔凡伟	王　磊	温　唱	武彦军				
控制工程 13 人	郭　昊	林新田	王　超	张鹏飞	梁建斌	米立海	魏海峰	赵振书
	曹海艳	杜栓成	李耀宁	祁峻峰	王志勇	许　勇	张宏春	赵利涛
	杜子冰	刘　格	王　彪	尹　玉	张　倩			
项目管理 36 人	程　丹	范在丛	罗　佳	任宇新	王　婕	杨智国	张　鹏	周　涛
	程　鑫	韩利鹏	罗　真	苏婵婵	王　昊	杨　桢	张　谦	周宗广
	崔建兰	纪文静	孟卫萍	王　伟	吴英文	叶　猛	赵　璠	武玉成
	杜　鹏	郎　芳	庞　浩	王英楠				

工商管理硕士

获学位名单　5 人					
刘思岐	尚　毅	刘　博	王晓斌	史淑雅	

同等学历硕士

学科门类	获学位专业及人数	姓名
工学	电力系统及其自动化　1 人	张　荣

高等教师硕士

学科门类	获学位专业及人数	姓名				
工学	电力系统及其自动化　1 人	张　辉				
管理学	企业管理　1 人	文　庆				
	技术经济及管理　4 人	张大超	石立宁	李　铮	黄楠楠	
法学	思想政治教育　1 人	王媛媛				
	诉讼法学　2 人	滕俊婷	于勇坤			

华北电力大学2013年本科毕业生名单

（北京校部）

电气与电子工程学院

吕 冬	康跃芳	陈桂新	姜 山	彭少丹	王大伟	吴 旭	许兴贵
肖子洋	王越超	刘 璇	高 尚	郑 妍	叶 欣	张 旭	张 梁
李 皎	崔梦璐	张嫘阁	宋子桐	胡 悦	姜 文	牛文君	张 攀
韩艺童	甘仁钧	吕 兰	陈 朔	施浩楠	罗宇航	刘骁尧	刘 军
汤锦慧	刘培君	吴 鹏	黄文斐	王骥超	黄 玲	孙 晨	黄代伟
刘 博	印显松	孙欢语	张之延	吴清保	尹新明	侯国涛	刘 东
付 琳	霍浩伟	邹天波	刘 源	赵丹阳	左一惠	钱韦辰	彭亦舒
李伏兰	孙小斌	范文华	陈 炯	孙 超	刘 鹏	李 可	赵 璟
冯 浩	张海浪	张劲波	张钰婕	雷新龙	李昆仑	王 达	赵坚强
李厚源	李永杰	刘福奎	高新昀	李 杰	包兆鑫	关真俊	黄晓乐
王 潇	龙 昊	王东来	邢敬舒	廖宇楠	陈 卉	郭 悦	张熙刚
姜丹彤	赵瑀彤	杨尉镮	于宛禾	霍云鹏	谢新宇	郑尚策	杨 硕
荣小云	王满帅	邓见博	李 丹	刘 畅	谢文卿	安雪倩	袁晨翔
刘小虎	郭政麟	赵 朗	王 木	许 旻	王安东	张少辉	苏彦卓
崔 琳	赵永鹏	朱凯悦	胡俊竹	李荣荣	李政轩	高立星	马欣慰
崔鲁宁	强 毅	巴特尔	张建龙	樊 龑	郭秋婷	李宏川	贺一飞
丁 伟	韩 瑞	汪 帆	杨名宇	尚 源	范婷婷	邱国亮	王 丹
杨云露	洪国巍	李一丹	许卓然	刘 帅	庄 棪	罗兵兵	祝倩龄
由子昂	周 沫	林燕华	李 放	林晨翔	陈盼盼	杨 根	高一翔
林 琳	张 鹏	党 鹏	刘 海	王啸宇	于陶生	魏林翔	刘 璐
刘明正	曾绍臻	鲍驰晨	李 璐	傅德林	原 泱	李 枫	余志超
郭厉波	赵文祎	习 悦	王佳晗	李建云	阴其昌	郭树丰	裴梓翔
蔡永涛	隋天时	谢 东	郭亚峰	张博颐	王政翰	杨 庆	李 琛
王 维	贠飞龙	刘 洋	刘 芊	郭 媛	贾 冰	陈博能	刘君伟
李亚蕾	薛建之	张林波	钱宇登	余 恒	邓喆夫	伍 彬	林 佳
张风顺	王燕萍	张楚堃	徐 可	娄源媛	景 莉	丁 博	周 滨
赵健勃	朱晓鑫	周璐琦	谢维昊	刘杨欢	卓 欣	潘 岩	陈 翔
于雪皎	郭 芒	韦书武	胡 淞	丁慧龙	赵俊霖	王京翔	姜舒婷
孙 跃	谭 放	董 荞	田鹏飞	单 姗	徐修远	兰 昊	高 帆
储呈阳	张灵元	董 昕	王熙凯	刘婉凝	梁 栋	田 野	陈 尧
周 季	简诗琴	许 鹏	张 雯	赵 影	高 翔	董开泰	李 茹
王睿喆	陈 旭	赵 越	杨 杰	陈 潇	张凌超	李 萌	潘正婕
李劲松	梁 旭	朱玉雯	张 策	夏一峰	宋 轶	张欣伟	韦盈释
刘赫川	袁 翔	谈中武	梁倩园	佟子昂	蒋 演	王 菁	闵 洁
徐闰琦	颜晓波	王 烨	戚 倩	汤灵灵	魏 欢	张煜谦	雷荣斌
王嘉斌	李春华	徐寒扬	戴梦伦	季石宇	谢宏韬	叶淑君	张晓晴
骆冰磊	蒋成飞	曾璐琨	辜 盆	胡志锋	靳艾静	吴宇忻	向 恒
陈 震	王亚楠	胡 涛	刘 婷	陈 屹	郭原湖	刘世飞	张振宇
李益楠	孟江雯	樊明宇	石凯元	程 媛	马 骢	万 诚	闫海彬
宋子豪	朱旭光	刘浩程	刘 勋	郇凯翔	赵 帅	林溪桥	马 申
许颖灵	赵 博	李 麒	杨 雷	张 超	郭 亮	龙致远	李恩伟

宋箫威
张　轩
张佳霖
李用儒
郑　睿
闫　欣
张　也
孔令慈
沈　静
李　超
王彧戈
沈宇超
郑夏阳
许麟彰
陈　潇
郑雅文
宋　佳
刘　杨
杜　羿
冯祎辰
刘世强
唐立刚
姜林彤
李腾飞
蓝　盛
陈浩盟
韩庆冬
邓三星
杨　欣
郑　晖
李子琦
李啸宇
符方明
张孝晨
耿　妍
高文鹏
韩晓雯
苑经纬
郭朝波
沈　夺
揭　晓
亢超群
季天程
刘昕林
李佳蔚
卓建宗
付　亮
戚格宁
王泽众
黄梓华
董小韬
徐新宇
严宇恒
孙华凯
王晗姣
张　健
李邦彦
陈　罡
唐甸强
彭文丁
李　茂
段子荷
张哲浩
龙运筹
张　薇
王　博
王亚鹏
严　宇
宋朝阳
周　伟
邹高凯
石云飞
梁瑾浩
雷　琳
王　靓
唐　锴
毛　瑞
王仕超
周　洋
张明峰
谢容良
孟　迪
金　颖
唐　彬
李　敏
崔静思
王淑芳
庞志开
陈政琦
高　波
黄　宇
印海洋
南晓丹
张月娟
陈育桉
冯　晨
苏婉儿
吴　茜
王宏毅
姚志广
刘　钊
张亦驰
万燕珍
田　硕
王翔宇
陈　靖
金兆征
郑思奇
袁　溯
邱　超
姚思硕
钱有胜
张燕颉
张维聪
廖一鸣
冯文滔
熊　略
盖宇航
杨　天
李璐羚
叶　涵
余　洋
桑云斌
吴文迪
米　玮
梁　静
胡　可
韩书梅
李　婧
方　川
经慧英
唐　刚
兰天君
史开拓
苏少煌
李天野
许密密
丁　宁
张佳誉
张　佳
朱　健
吕　涵
王大玮
石云松
龚成尧
沈建朋
王兴斌
兰玲辉
黄昭君
丁晓彬
陈亚飞
刘　颖
王　心
董雨佳
符茜茜
阿吉奈
叶德君
党海卿
毕晓辉
张　鹏
高　怡
蒋　伟
闫　妍
王　银
石　俏
高　爽
张轩瑜
雷　刚
邹　波
王　璐
金帝兆
颜子皓
王司琪
王　帅
仁　庆
仇茹嘉
程　明
王亚文
张　颖
王姝人
杨　凯
赵劲维
殷毓灿
马文静
邹喆旻
龙维晨
宋　豪
金文秀
潘肖宇
王易檬
冯　晓
王　浩
郑　健
赵云花
刘赛超
潘　睿
徐晨林
刘宏扬
林　拓
李　超
张　旭
李继翀
熊　娇
陈　凯
张雪菲
陶　冶
宋　迎
张永明
张　宇
卿　平
李　方
敖肇瑜
朱　澧
段梦菲
谭威龙
刘佩昕
佟宇昕
邓剑川
彭宇南
贾光达
李　京
李丹戎
施政奇
侯　桐
王艺凝
张冉冉
张明哲
陈逸婧
李童佳
苏　欣
杨　扬
周圣淋
孙百薇
王　炜
王柯清
夏黄蓉
朱嘉铭
曹　斌
俞　玥
李文兵
王鹏飞
陶　鑫
唐茹彬
吴海燕
魏　璐
陈　辉
王　锐
武勃旭
赵丹青
刘　通
肖成奇
刘若鹏
童艺卉
崔文哲
周　行
宋培鑫
王　然
孙宇翔
程　涛
张　恒
李梓仟
张慧斌
李　蕤
张立明
李嵩岩
曹　加
叶丽雅
张西子
曹泽贤
佟晶晶
单秉亮
王　博
唐道龙
姜希伟
刘宇轩
赵浩杰
饶　志
张　璞
马鹏程
康　濒
赵宛珏
高冉馨
刘林壁
于　嘉
柯云超
孙大卫
张泽栋
赵中原
周　凯
张思扬
李俊炎
王　飞
郭佳迪
陈　杰
杨　勇
杨禹锡
丁雪峰
王洪敏
兰　南
高丽媛
何昌全
余春澄
王　辉
刘晓倩
李传玥
谢文琦
陆春阳
刘瑀初
顾怀勋
张伊美
周煜人
张弘弢
牛晓彬
张　弛
吕昕宇
刘　欢
钱偲书
王冠杰
杨一盼
李　琪
孙　帅
林庆东
孙榕声
杨　光
王　丹
刘玉山
颜泽远
孙婧妍
杨　夏
陈李林
王升为
裴子霞
贾　蒙
段文政
邱　浩
李昱龙
尹　谋
王　盼
尹晓阳
龙勇兵
毋　凡
丁　洁
李　婧
唐哲人
赵　季
肖　扬
杨　迪
毛洪矾
张子扬
曾　嘉
李晓路
高晨光
卢　键
金　芳
黄峻航
周雅琨
田维维
徐延明
赵晨雪
李怡爽
张文博
胡　溪
周　原
王泰文
刘宇石
邢无忌
段林江
叶红豆

吴 铮	龚 辉	朱丹丹	韦 兵	陈 奔	倪筹帷	姚 婷	吴昊天
赵鹏飞	李善德	陈冠兴	孟李杰	陆良艳	刘冰燕	桑永翔	刘汪玉
易 鹏	陈亦骏	郑茗元	黄寿华	李 康	孙 韬	罗铁柱	姚钊齐
徐 星	熊雪艳	李广一	唐 聪	邓天成	邱小飞	潘国栋	喻晓雪
王雯雯	王 静	罗 骏	王 伟	左 卿	张永辉	许 潇	梁会智
邹福强	丁 蒙	孙 青	刘亚曦	战奎安	李兴睿	刘 阳	徐鹏飞
安炜迪	邓博仁	鲁林晓	王兴禾	韩吉利	李岩松	姜振鹏	蒋浩维
文 腾	翟雨濛	吕 军	张 焱	陈 稳	王忠谋	钟健樑	吴凯悦
李 骏	孙 颖	赵东磊	白 靖	李天福	李婷婷	卢双林	罗 潇
张伟博	金 程	王健龙	王书瑶	欧禄禄	高小芊	魏 慧	张 雷
江 政	李 想	蒙禄丰	陈 启	韩启轩	朱耀辉	黄天意	尚 彤
刘 辉	余 弦	王安迪	田 天	杨莉萍	尹颢涵	郝晓静	吴 昊
宋子华	蒋子良	邓旭浩	吴 伟	段新远	何岳恒	侯 波	曹露骅
赵晨宇	朱海立	王羽祥	邓浩然	关殿泉	韩世喆	朱坤振	周 呈
翟国扶	王川香	王静婷	秦 昊	刘 颖	邹 松	王嘉闻	帅 旗
郑祥常	张 冲	李梦岚	鲁 旭	卜广为	梁瀚文	孙小磊	张 源
杨 骆	刘鹏飞	杨 刚	罗 山	章洪瑶	刘耀先	张 彤	肖梦凯
李 阳	张 维	雷经纬	吴 浩	王精变	赵 刚	沈 洁	邓 骅
王一超	王文佳	温亚东	毛代甲凡	魏 恺	刘 迪	王泓萍	王旭时
曾炜杰	周 行	秦昌博	张琛薇	教传铭	梁启雪	汪 峰	吴聪聪
吾拉木江·吾加麦提	林昊威	申 畅	陈书辉	周胜超	袁宇昊	孙翊淋	骆志旭
李宇泽							

核科学与工程学院

姚华秦	蓝冬恺	周 阳	付 强	李 彤	邹小亮	王 琪	王志鹏
朱治钢	吴 浩	包 哲	郑 豪	季 然	邹 青	郑明敏	谢 璞
李培鑫	李 阳	鲍家东	赵京昌	缪海格	李晓静	卓卫乾	张博泓
罗益燕	胡家驹	赵世熙	闫 森	张元发	刘 质	李亚光	刘 辰
宋 文	张 顺	杨鸿宇	葛海麟	张玉成	李远伦	程 昊	庞宇昕
李泽骏	符丹丹	韦映钦	段劭骏	房 鑫	熊洁梅	司永吉	谢书正
解春雨	陈伟成	高小淳	刘 幸	冯 飞	陈梦曦	赵媛媛	陈 喆
贾仁东	杨 旭	张 帆	邢珍妮	高 远	胡钰莹	张知行	张安春
刘 雨	相培泽	齐厚博	张彬茂	王 树	尹翊帆	李 想	张悦文
杨熙宇	朱 骏	公宇峰	董正云	余 谦	尹家驹	杨天宇	程特博
蒋磊鑫	袁 博	刘建芳	宋明强	马玉琢	储昭阳	陈骥腾	朱理强
张宵月	刘 浩	梁 波	刘智春	刘尚文			

经济与管理学院

郝震媛	贺东元	张 聪	林 斌	刘 辉	尼玛曲珍	张 迷	郭 琪
梁 蕊	唐 斌	谢楚湘	王国庆	刘世伟	张英杰	黄丽娜	熊嘉慧
贺培胜	马红英	张思航	施雨晨	张 亭	张 潇	梁燕妮	张译匀
徐红梅	胥永兰	郭 俊	桂天奇	丘集达	李若溪	曾敉琳	夏振中
符冬莹	安秋娴	黄康任	王冬阳	张渝晴	华 菲	杨 陶	倪安琦
符兆伦	陈 聪	许光时	宗剑韬	龚 婷	张 昆	蔡骥然	桑忠翰
高婉莹	侯方洁	关复全	王婧宜	张煜宇	李思聪	马宇晖	徐 嘉
陈梦雨	聂 莹	徐兴朝	李妍妍	李天琦	刘文峰	李娟娟	苏立德
韦思民	宋琳丽	赵孟琦	袁 媛	丁骁宇	陈鲁光	颉伟伟	范佳隽

王　娴	黎　欢	孙启超	冉　越	王晓阳	孔　晶	李　迪	马艳棉
郑云桥	何　杰	杜　敏	常　莎	邝江枫	周　兵	张英俪	闫　伟
朱　湘	李　娜	王　舒	杨春英	刘亚萌	吴　杰	崔　丹	程　竹
周皖睿	李秀明	杨亚会	成海龙	张　新	董　霞	易梦菡	张洪灿
何彦英	辛星星	韩　旭	王子欢	王逸哲	张菁菁	王天悦	李　超
张国维	陈　昕	黄　悦	李薇彦	蔡丞泽	张志伟	梁　超	李广军
巴海丽	李博媛	于冠楠	马晨昊	樊　娇	贺　尧	付雨潇	于　丹
刘　琴	马　宁	李　博	杜文兵	鲁晓帆	任娅祎	邱忠雪	陆士杰
冯　俊	王易新	刘　冰	赵　颖	李秋实	尹嫣雯	张安辉	孙　梦
张佳豪	周晓彤	滑福宇	陶　金	洪江涛	邱　禹	后　颖	李梦竹
王露娜	江　祁	游夕菲	马益栀	任奕唯	高成飞	赵朋佳	黎翡娟
易　清	史光华	靳　阳	李文姝	王听晨	秦　超	陈　鹏	贾鹏亮
王立君	刘洁璇	刘美伶	卢世成	洪金宁	江婷婷	李　伟	王佳晨
何　涛	李　亚	申子杰	吴耀东	周静楠	张若楠	汪　安	赵　可
崔文威	王　星	安维中	张峰雪	赵婷婷	熊　俊	李　双	徐明路
胡紫珊	杨　卓	江婷婷	肖志平	彭　鹏	朱明丽	常瑞东	于潇丽
李冰冰	何科雷	郭　靖	林伟香	张海阳	陆　丹	杨　倩	韦秋霜
张吉康	蓝燕玲	续文杰	李　俊	尹　铖	高方铨	刘依林	杨　鑫
马偲棋	张丽洁	李建军	李欢欢	林千栋	李晓婷	宋宗耘	厉　舟
叶　潘	徐　锐	崔言博	王雅君	吉凯文	谢咏雪	钟伊萌	周亚坤
马伟荣	饶紫梦	张　懿	张凌翅	袁　媛	何璞玉	安　莉	郑琪凡
谭　磊	程林莘	陶　静	安　冉	樊大鹏	熊　芮	胡一奇	潘瑞敏
王　锐	李妍婧	魏安琪	李江南	任建超	李　冰	彭　杰	李　艺
董美娜	雷应欢	李　龑	曾江华	方　薇	殷子玄	李大成	王晓萌
张少健	盖　敏	瞿绍春	王一丹	王丙乾	王亚琪	汪柯良	任　旭
洛桑旦久	韩　冰	毛　昱	刘　依	季斯林	刘　坤	王　淼	张　洁
严晓宇	高陆元	高世奎	陈晓倩	李　颖	李慧杰	尹　博	陈景睿
师一姝	蒋凯婷	窦　婕	李　政	付浩然	梁冰心	陈玉龙	李忻劼
张　衡	仝　铁	金松奇	海　日	陈　娜	李　艺	高　冰	杨莞薇
黄哲维	王冬春	杜秀花	谢二平	杜　燕	崔琳珠	魏连城	管　蕾
佟晚婷	李　治	孟泽宇	曹辰旭	洪心怡	练　傲	吕　轩	黄迎蕾
赵　鹿	蒋　颖	王　燊	许浩淼	刘　澎	郝苏凡	魏宇昂	邱善富
钱琪琪	张文婕	纪晓楠	王　萍	张萧羽	俞　昊	陈　熙	耿晓晨
甄　淼	杨　珅	周　帆	方　超	罗开颜	程晓琴	高　洁	何　旭
陈良斌	孙小蕾	王　鑫	兰　芳	肖鑫利	朱丽丽	赵玉洁	王　茜
杨朝利	邢诺涵	远建平	邱思平	任领志	王　超	邹　虹	高　雅
宋　琦	黄兰雁	万　冠	龚润琴	彭小东	王　源	刘　浩	巴　帅
曾怡萍	罗　畅	林珊珊	朴慧华	李佳伟	甘一洋	韩衍宝	邢心馨
符丹凤	孙　俏	吴攀昊	王　强	王照丽	许　琴	陶　娇	买合木提.吐尔逊
刘　艳	冯　硕	陈　祥	詹　木	武佩璇	孙慧敏	朱杭杰	张　晚
吴维攀	蒲文龙	白梁祖	卢　茜	汤　超	赵远宁	刘昌学	史辰璐
马昊燕	黄定成	郑少卿	唐树媛	高　霖	周光亚	段晏杰	林诗媛
杨　斌	齐　峻	高阳富	马丽琼	孙　涛	胡　璐	聂丽丽	关建华
张鹏杰	黄晓林	郭志娅	张　君	郝　辉	修　丽	范　再	白思琦
寇瑞荣	杜欣红	龚佳唯	苗　新	陈　伟	陈　镝	甄翔宇	姜朋礼

陈建任	张倩然	余太磊	邓雅冲	郭昕亮	崔倩芸	徐伟彬	金鑫
韦丹球	张玉原	霍明明	蒋明娇	朱爽	关渭宣	康博宁	张源凯
贾甜夏	李伟超	余季蔓	邵宇奇	郝培鸿	王岩	杨曼	易菲菲
孙路	魏珏	折昌凯	孟庆哲	龚自洁	冯韧	王丽	张斯文
沈琦婷	袁绍杰	巫羚玮	曹沁雪	靳启萌	王珂骏	王彬彬	宋易阳
来郁兰	罗希	丁泓杰	黄逸群	王天坤	曹学鑫	李晓红	侯钰
高志远	王成	谢燕红	李冰洁	吴文日	张睿文	李佳莲	陈晓驰
游岸	刘冰旖	郭乐华	王志宏	张美娟	伊静	汪东灏	高坡
戚元森	马娟	王昊婧	张金琳	王顺昊	曾钦顺	何贝贝	李成龙
张进芳	邹晓晨	樊兆辉	黄扬子	孔超	张含露	白舒婷	曾宪临
高淼	付明	丁伟成	宋玉坤	周树旗	杨淼滢	吴湘婕	

可再生能源学院

王东一	丁夕然	邹景煌	林卫	李伟生	周从萍	姚琪琦	吕浩
刘海	吴震	刘梦颖	周毅	滕景竹	崔鹏	黄欣赟	何青松
于宝洋	刘发远	陈蕾	胡强	刘师麟	聂雪超	胡邦弼	许鑫
高琳越	刘佳	熊乐刚	李晓彤	张浩	贡桑	李晓曦	陈东明
刘珏麟	刘清义	祁中海	魏俊杰	包晓妍	佘雄江	李景荣	李婉茹
杨再志	马菊龙	林俊杰	李枚媛	李彦威	郭永峰	汪定盼	黄冬
王鹏	彭茗	彭龙飞	蔡文震	吕吉奕	王威	夏昊雪	陈逊博
何文科	刘少文	王建峰	范红良	孙楠	周庆	马若冰	林旭
吴桐舟	翚霁	刘雨菁	马洪飞	张睿	刘平	魏玉龙	任彤
李旭	王胤	周密	段波	张宁	刘金贺	帕尔哈提·阿不都热合曼	李维恒
张赛	纪文淑	焦晓宇	段郡	高长青	朱继新	吴金栋	刘雨
蔚勇	李泽君	张乾辉	张喆	冉泽朋	郑冉	包家兴	郑柏谦
关婷	陈建宏	陈旭娇	徐兢浩	张民心	卢夏萍	王炳乾	张耀
张宪兵	刘明浩	李贺	黄登琪	周海涛	马丽	刘璐	王渤权
董舟舟	严正辉	高晓丹	张莉	温继伟	刘蕊鑫	肖事成	李传刚
常春喜	张秀娟	蒋晓燕	蒋慧娟	邓剑	李越强	马晓梅	鲍骏成
赵梦君	竺威南	胡泽华	林敏	王维贤	马晓慧	陈聪	庞婧婧
杨海涛	吴昱	马玏	陈硕	王杰	姜炜	李东	陈明霞
张洪洋	王慧一	郑春斐	陈伟	李闯	唐彩红	侯爱东	郭树恒
潘文辉	龚凯	梁楠楠	章数语	王少阳	刘楚瑜	刁鹏菲	卢东海
荣文勇	汪大宇	王晶晶	钟旭	姜鹤	张晓莉	罗畅	袁睿
吕骥	李金鑫	宋方中	张笑	丁超强	王小磊	尹博	孙楚平
向钰	刘孝轩	谢永旺	段雯	张林生	解聪颖	谢碧霞	杨琛
江远涛		王天健	姚亦章	岑昕霖	阳眉剑	雷施航	

控制与计算机工程学院

杨虎	王国飞	马宏图	陈金亮	韩毅	胡婷	李彦熙	孔建
张子旭	黄舒怡	翟鑫达	苏新霞	苏智	刘儒琛	曹建伟	林辉茗
郑海洋	罗番	张悦	冀梦	张哲	李育峰	孙赫	鲁帆
张国强	郭谋	丁雪伟	刘鑫	张春雨	潘亚婷	王丽娜	言语佳
李健	周鑫	夏炜	柯义民	张书晓	陈放	刘艳娇	黄骁
王毅磊	谢梅芳	刘兆津	黄扬	魏伟	刘勇	邵程安	冯静
王杉	林明瀚	张思航	周微	代静楠	冯若栩	徐广宇	李兰逸

李亚昵	常海伟	蔡博戎	张誉馨	龚玲霞	刘　鹏	李丹丹	史　跃
王建春	朱　涛	单学良	龚　斐	张缪峰	麦麦提伊敏·阿卜杜拉	姚大鹏	吴　鹏
方　信	谢振宇	卢　迅	张明磊	白田田	彭志宇	冯晓丽	程功涛
汤晓彬	郭双双	苏　获	古丽坚乃提·杰力力	江高德	樊　娜		
赵秀平	王凤晓	陈彦百	旦增贡布	张泽浩	杨静思	袁忠诚	侯进斌
李宜逊	王赞惠	白　冰	曹嘉晟	周倩婷	吴婷婷	唐兴东	刁春苗
关文渊	冯　晨	王国贤	李云鹏	左　露	段建国	刘　涛	张实君
吴俊霖	唐　帆	朱　磊	刘　伟	刘　浩	李法霖	胡乐立	崔世民
温开妮	孙　旭	郑镇城	卢　腾	李辉林	郭健铭	刘一隆	苗　坤
黄龙波	闫　肃	李梦婷	邱丽羚	杨　森	李　敏	吴运慧	郭　健
邓　辉	汤王飞	范乃康	邵江舸	邓翔月	王　德	何旭锋	王晓翔
姹　娜	刘　勇	高　钰	李添译	朱靖琨	周奇儒	张　瑶	蔡宇翔
母昌芮	田大鑫	郤鑫运	张　帆	李海旺	张　琪	陈少博	胡俊杰
张长乐	林绿凡	王建雪	郭贝贝	范启超	濮阳瑞青	刘　珍	吕　林
王　杰	阳　洋	杨　歌	崔腾飞	金　璐	凯依撒尔·托乎提	申　野	杨　洋
刘　颖	朱俊生	孙　金	刘美华	冯美方	周园雅	张　茜	刘　越
张韦佳	黄云逸	智　丹	符敏杰	杜启正	葛俊祥	吕　骁	陈　茜
杨　萌	周　迷	陈　奇	王腾敏	王小霞	杨文好	林轩池	赵露露
李洪东	魏　璐	姚大海	罗闰娣	孟继洲	蔡相瑁	翁广鑫	洪　语
苏晚穗	蒙洲庆	刘思宇	崔　超	赵彩虹	詹永乐	程　涛	杜定洲
徐鑫哲	张晓航	高　亮	陈圆圆	李　晶	王明栋	蔡易辰	窦　华
董　洋	陈　迅	李　博	李　静	沈　彬	王思奇	籍天明	李政宇
李　威	李　滨	傅晓骏	张玉龙	马天宇	冯国强	曾裕丰	冶　勇
李　露	邵黎阳	袁洪俊	金　琰	陆　媚	王立磊	杨　俊	张宇泽
马文韬	张文武	王辉权	杨世勇	周广飞	高可钦	杨如侠	常　璠
杨雨龙	李亚楠	傅冰云	高　健	朱冠中	刘　洋	钟　宇	明玛次仁
陈其飘	郭　磊	范冠男	李　蔚	王　羽	崔晓航	秦志泉	马浩轩
吴　迪	崔卓群	陈晓红	张雪苓	周立耿	薛成杰	陈少梁	章　程
刘　巍	王志晓	卢海涛	崔文龙	黄显艺	安延文	张顺冬	杨　霖
沈雅丽	蒯亚敏	沈诗凯	牛　倩	邓晓婷	刘晓英	余智姣	吴嘉君
帅佳敏	庞　进	李　爽	张　策	黄文渊	裘日辉	高华武	郑连程
岳博学	梁　策	李　艳	邹　曜	黄泽龙	洪　海	信　峥	王卓实
姚　阳	谢晨宇	常凯善	汤明阳	邢瑞明	王福豹	马成财	罗晓飞
高　策	朱伟栋	闫思然	葛佳虹	满　振	谢　伟	黄向阳	孙晓晓
梁一凡	阴海强	焦丽璋	朱俊杰	张　健	余敏楮	姬　玮	王　凯
任国琦	凌文钊	李　玲	曾　庚	王　峰	司天琪	王　洋	潘　品
吕文洋	连建彬	毛　宇	孙浩然	苏荣强	齐伊然	靳雪荣	刘钟伟
周彩冬	吴义凡	许晓彤	梅　聪	王玉龙	马宏智	严冬冬	唐平舟
杨海龙	李　毅	郭慧芳	刘　夔	李明峰	李　丹	邹任飞	巴桑多吉
王　晗	张　光	罗维财	刘　章	刘京京	肖意军	张　璐	刘俊明
刘　勇	王耀荣	房　莹	梁玥海	迟　冰	陆　军	王晓辉	郝　军
胡海燕	司马鑫宇	潘厚霖	银庆譞	潘东东	禹　淏	魏　冉	孙　凯

刘志祥	王欣翼	马 畅	王孟苏	周晨光	李 帅	商善泽	彭腾野
刘 珺	宋益峰	张宇超	卞秀婷	朱辛湖	周 围	冯书雅	刘苹稷
陈敏娜	纳 宁	德吉央宗	周震昊	曾青山			

能源动力与机械工程学院

杨学海	欧佳彦	马晓林	王泽晖	黄智魁	张 衡	刘润浩	蔡小尧
王振阳	刘博阳	张莅雯	杨会京	王 旭	李祥俊	王 露	李伟统
刘 祎	李伽炜	张芳莉	尹超凡	贺 强	乐 龙	张 玲	何寿荣
陈 蕾	曹正锋	李化民	余家胜	丁佳云	曾 锐	刘晓晨	安 瑞
林庆宇	赖积霖	丁 笑	李 浩	赵宇航	赵毕旭	谢晋英	苏博生
杨云龙	喻 国	陈 宇	马 麟	蒲昌建	席中亚	张浩起	张 姗
何 强	宗赫赫	欧阳明	张延平	刘旭虎	赵丹阳	薛智琴	项宇彤
高科明	张芷铭	赵 璐	袁 渤	汪涛涛	张 强	余岩竹	李 庆
马 楠	杨家华	张书玉	王秋月	姜振兴	杨学军	吕剑桥	李重茂
严康骅	吴仲华	钟 鑫	毛信薇	张振波	王雪慈	李 丹	户旭阳
马云波	赵 宇	苏亚飞	张 岳	张 曦	谢金龙	张骏利	信 蕾
孙振华	刘志刚	安朝君	张燕伟	宋永纯	张石凯	郭云鹏	王福志
王 立	欧阳博学	赵 旭	高 峰	刘 洋	刘 飞	邓阳丕	李 韵
周海东	李宫晗	宋泽洋	隋世娇	李作栋	柯 磊	刘 章	陈 熙
陈 晨	李亨的	赵创丰	孙 越	孙晨曦	李 享	郭 鼎	谈锦文
周 莹	陈 国	孙颖颖	吴刘轩	张金玲	项凯捷	杨智伟	林 杨
冶占峰	任星云	胡 玮	黄浩伟	王龙菊	黄博正	邵枝茂	付鹏飞
杨 欢	林义杰	蒋润森	唐浩翔	朱 瑾	岳俊涛	周信华	石 强
赵强军	何逸凡	陈宇卿	于 露	毛明旭	许天成	张黛丽	汪 俊
汤一村	姚治业	赵 茜	付浩然	李 智	李建龙	金圻烨	李冬鹏
苌占彬	余理豪	黄翠萍	祝昌斌	吕晓航	宋 伟	郑祯晨	朱 宇
甄明哲	梁衍明	院 典	谭闻濒	韦朝智	梁家添	张文钊	覃 拓
孙珊珊	黎李悦	郑 鹏	梁荣晓	王建欣	钟程诗	赵 瑞	羊儒官
刘阳河	钟晓鸣	秦士强	丁 尧	赖 俊	张弘成	詹仁建	程伟航
郭 强	胡亚强	曾 希	李晓怡	罗 肖	温晓玲	张智超	丁星利
王益壮	刘一鸣	魏杰玉	吴晓龙	胡慧东	同 恒	黄 越	杨 博
马有录	宋晓童	陈 维	王慧琪	李 璐	朱子琪	王若愚	王 伟
邵博文	杨宁芳	景春旺	傅 奇	屈江江	贺 坤	戴仕方	陈 奕
赵路路	宾 娜	刘京翰	张 婷	杨 晟	张程博	朱鑫磊	杨淑昂
邢 栋	宋 烨	王 军	李罗成	侯 东	张霄扬	郑瑞新	席文宣
王孟云	王 维	崔 琪	张军民	冯洪林	褚凤鸣	郑乐乐	姚尚辰
于润凯	于 静	袁 杨	薛连生	文 婧	刘兵兵	赵晓捷	李 迪
吕韩雷	隋子峰	张悦锋	孔祥宇	刘倩囡	韩久良	梁 羽	张国伟
唐秀朝	赵 建	于思宇	张佳佳	张 扬	黄 帆	顾逢旭	张续墩
夏 堃	雷 景	张 凯	韩 雪	林茂森	王艳龙	王诗莹	谢 栋
鲍若雨	韩 宇	古凌云	王志超	施天行	李美惠	林晓杰	孙艳宇
李 昕	包 聪	沈铭科	张旭鹏	姚超群	王立新	祁维斌	琚 敏
孙杰灵	王樟涛	尹书剑	陈嘉伟	兰宏伟	江永鑫	马 英	曹 旺
王伟涛	马 悦	张家平	廖 锴	邹春妹	梁飞飞	管晓纳	马 禹
宋泽华	王玟苈	姜春霞	林斯君	徐 汉	石铭磊	张 贺	徐金浩
李治甫	颜 欣	周 庭	宁 宇	刘 晨	汪晨辉	李玉章	王 永
云 滨	佟 洋	苏 越	马 契	徐 婷	余 瑞	肖旭立	汪 鑫

孙振兴	陈 良	蔡济航	侯 勇	黄 飞	牟潇野	刘长建	申银丽
谢 剑	孙 旭	李秉航	初 兰	王启超	高延辉	黄道怡	吕鹏斌
师云泽	史文秋	邵昌盛	罗显庆	卢 磊	胡 波	张得良	崔欣超
张晓龙	肖丛杰	顾上成	董思源	董 越	孙显星	谭敬文	党晓阳
赵苗苗	崔 俊	陈经哲	李文涛	魏 枫	万 燕	张兆华	张思涵
高满达	叶 超	赵喜斌	李瑞坤	李嘉洲	李海伶	徐天赋	李梦源
张 铎	贺 威	李仁响	刘 策	李 瑞	谢 征	高 双	赵东升
邱 华	王 玮	王印政	谭良红	桑 喆	李 新	宁 翔	刘 爽
马奔奔	廖孝勤	周赛帅	赵鹏程	赵雄宇	尹 航	朱恒毅	代 虹
汪文虎	朱一鸣	王亚强	邹 迎	张兴龙	胡 晓	冷治稷	张海龙
陈洪建	冯 毅	张文瀚	廖海涛	张文杰	包 欣	赵 鑫	柯冬冬
张钟镭	阎 路	和富凯	曹婷婷	所鑫鑫	聂 勤	丁 宇	薛 媛
邵 帅	郑 翔	徐桑泠	丁开翔	郑东昕	李治国	王领伟	王子炫
朱 枫	杨燕青	艾邓鑫	蔡志鹏	陆从飞	李若晨	刘 威	吴 双
王家兴	王运森	郑全旭	陈佳文	杨 军	刘 桃	赵世飞	李 岩
刘 椿	陈晓嵩	熊 京	蒋国安	王梦洁			

人文与社会科学学院

梁子璇	王 璐	窦木华	王 琦	张 敏	王婧晖	何玉洁	张文剑
李禹阳	靳海煜	赵晓宇	李思绮	孙 琳	李 想	何 迪	王 灿
徐菲菲	赵昱程	刘晓薇	王兆保	张 允	田胜文	潘 虹	柯彬耀
左 靖	杨晓敏	杨 晨	白雅丹	蒋双毓	王 涓	刘 霞	吴晶圆
王婷蕊	侯海璐	蒋 雲	章文杰	裴莹莹	李 楠	满诗歌	韩月人
蔡乐眉	楼丹娟	金博伦	李 岚	郝 微	于浩明	刘艳娟	姚 涛
于融千	于 迪	王乐乐	许 潇	官 越	黄雨晨	徐超宇	徐茜斯
贾甜甜	应雁冰	张玉洁	罗 夏	刘心怡	薛智圆	沙 莎	吴成桂
张 莎	袁 萱	吴 奇	王淑幸	李 潇	吴 茜	龚 稳	马 莉
徐雪婷	郑辉萍	吴 璐	林冰洁	黄韵静	吕 亚	张霖菲	何姗姗
李利华	晏年珍	李佳军	陈佳娉	丁亚琪	王 翔	陈昕旭	张慧文
陈 超	凌双远	李 阳	尚晶晶	艾晓坤	古双君	胡 玲	朱 丹
李隆杰	黎 静	黄 娜	肖黎明	冯雅薇	敬 玲	吴亚西	刘 圆
杨胜楠	董彦希	杨春黎	黎传艳	甄祖敏	李金芸	彭茂妙	陶娅洁
林 琦	赵 勇	曾米迷	牛婷婷	王怀靖	唐 霞	王思婧	李 瑞
袁艺芳	蒲泓静	杨 娴	赵师樱	斯朗曲宗	霍莉莎	姜 宇	缪 旖
何 澈	陈奕楚	李雪云	伊俊阳	鲁鹏程	翁雯婷	黄 潇	陈虹利
黑小娟	于 浩	高 群	董 艳	王 鹏	段怀芮	刘宇霖	李智乾
杨 欢	赵小强	王雁南	马 娟	宋先圆	王帅杰	戴芮芸	赵 燕
张雨茜	刘 欢	周凯强	马春梅	张 慧	周 旭	吕 静	杨凯银
张丹丹	赵 阳	许 璐	湛凯华	司缦缦	施 煜	马赛玉	张蓬勃
李 正							

数理学院

林汉青	刘少鹏	张洁慧	安伟函	郝大龙	朱红梅	王丹枫	万 萍
王烬东	郝恩来	周金鑫	罗斯远	李顺杰	李 龙	徐 云	于安然
胡叙畅	李一娇	孙 晔	刘少龙	白海军	陈兰兰	吴仕强	杨家发
韩佳颖	武 赓	罗 健	吴晓飞	马国蕾	陈俞朋	刘馨琪	陈 倩
马耀俊	王 琦	时 骥	毛 启	郭 曼	曾炳昕	杨 鹏	马筱艺
刘 鹏	张丽泰	赵 波	陈皓宁	杨泽凡	程 苑	郑巧英	马芸生

皮一飞	梁洪源	张宇鹏	吴家有	刘钦威

外国语学院

李　凌	朱政宇	陈丹霓	刘晓娟	宋　菲	刘秦瑞	孟丽媛	宋　婧
周　洁	黄　震	顾伟文	马　蓉	郭迎亚	叶恩源	孙于岚	贾廷伟
俞佳彤	张明琪	刘　莹	夏贤君	张　奕	冯　婧	祝婉君	莫梦雅
刘书敏	苏若冲	梅丽平	南　楠	何　诣	徐　红	范彩英	孙亚静
王雅婷	刘　畅	方　菁	刘　芳	杨　莹	位亚男	林诗莉	陶　然
靳茗宇	李梦楠	刘　妍	赵茂竹	姜　敏	罗文龙	黎芳芳	刘慧一
龚　敏	程茜颖	张金凤	周新红	柴　瑛	彭清仙		

（保定校区）

电力工程系

许胜仟	王宇威	杨　颖	张泽昕	郑全泽	耿　晋	田　茂	王召召
袁　禾	朱荷子	周　磊	侯　磊	姜慧敏	韦屹健	张健鹏	曹　钦
陈　源	贾殷培	高振峰	薛　源	张力飞	陈　冬	程　浩	金　日
郑　华	闫学鹏	赵波涛	陈又蝀	褚　旋	梁子贤	于　欢	杨翠云
包正刚	樊　瑞	邓则苞	骆子超	孙贺龙	杨　飞	蔡路阳	郝　亮
郭国化	芮　忱	湛　宇	曾昭晨	陈巍强	胡广燕	贾寅亮	陶　金
唐国宾	赵东林	陈芷露	胡世勋	金增辉	王　祯	艾　安	周峰峰
崔　瑞	黄　凯	靳伟丹	杨　明	曹晓宇	周　倜	邓　嵩	李成山
李　贺	张　申	陈仕骄	耿一朝	宫　旻	廖一锴	李姗姗	赵　晶
陈苏阳	何尔基	揭　阳	刘婧雯	李声俊	周心亦	陈贻来	蒋　亮
孔繁豪	刘旭东	吕海玲	陈一航	郭　力	居梦菁	李宏涛	马登秀
马学灵	程晓洁	李　响	康文亮	蒲园园	聂　暘	田　源	迟　成
吕清源	李　永	苏治宇	裴少通	王　菁	段剑犁	沈　鹏	刘欣何
田　冲	秦欢欢	吴璐子	顾同辉	盛亚军	刘智阔	王炳辉	宋睿智
徐　琦	李　尚	舒　炯	钱心晖	王晓乐	覃瀚莹	闫　铖	苏仲伟
舒雅丽	孙梅丹	王　兴	王　健	杨宇韬	隋永锟	宋馥滦	王　迪
王占宁	王利阳	尤　东	王　妍	随笑妍	王睿乾	曾淑红	薛宇婷
余文邦	吴春宇	孙青维	王　哲	曾　爽	杨　辉	虞东旭	吴园园
孙宪宝	吴嘉楠	张凯萍	余　翔	张宇澄	张晋菁	汪　滔	徐贱红
张晓义	曾　祥	张中浩	张　昆	王沣星	徐　婷	赵航宇	张瀚翔
崔晓莹	张　尚	吴剑锋	许瀛楠	赵　霁	张　楠	党　琼	郑亚男
杨　康	杨　斌	赵宇思	赵缪敏	冯骏杰	朱天宇	于云海	杨　璐
赵振业	邹　丰	李华东	闫启民	余子琳	杨　骁	冯建伟	党　磊
刘　松	赖江涛	张　菲	叶　茂	高　寒	邓乔予	罗智涛	姜　斌
张　航	于　跃	高　源	董靖文	马精诚	陈瑞锦	张湘研	张华生
韩　平	韩道光	马　宁	厉剑雄	张　旭	张　欢	何子溪	何　帅
阮奕辉	吴　楠	赵鹏豪	张　骞	胡　杨	侯　婕	宋辰羊	楼国锋
郑曙光	赵首明	黄　毅	胡　澜	孙大伟	张　祺	傅　芸	周英豪
柯欣欣	雷胜华	王楚涵	陈　贇	韩　正	蔡智威	李大为	李锦萍
王建雄	刘　卓	黄世超	邓　璐	李田鹏	李颖慧	王　榕	马萌萌
江振源	范雯惠	李志伟	刘宏宇	王雯婷	李扬帆	李　玲	范晓舟
林嘉麟	刘顺东	魏　迪	张　英	李哲超	黄　通	刘明洋	潘志图
魏　昕	丁建顺	李卓恒	黄婉贞	刘沛能	孙伟楠	肖　鹏	李家骥
刘伟东	江伟奇	刘　尧	王　璐	徐慈星	刘　芮	陆奕帆	罗　丹
马靖远	李涵骁	徐　兴	陈湘龙	罗　林	孟书熙	马明晗	王　喆

野梦航　王婷　马天娇　裴阳　乔婷　武桂桐　赵寒　徐多
缪宁杰　全宏达　曲楠　张兰英　赵梦雅　曹志昆　潘荣　宋盼盼
戎阳枫　张庆汉　赵炜佳　郭红　彭皓月　孙伯威　石晓蕊　张婷婷
郑美娜　李承昱　孙文谈　谭婷月　孙冬川　张亚林　周承来　张双
王令君　唐庚　杨叶林　赵桓锋　周鸿博　邱世超　王少飞　王宏杰
张寒　赵雨濛　周通　袁佳煌　王思萌　王嘉钰　张辉　郑翼然
陈宁　陈跃　王维康　王锦腾　李昊鸾　周鸿鹄　程玉洲　包明杰
魏佳　余思聪　白鹏飞　周彦星　邓帅　连乾　邬旭东　岳鑫涛
曹霞　曹刚　高杨　唐朝蓉　吴维　张令　柴彦龙　陈伟高
郭搏　余昊龙　杨晓东　赵明天　陈航　崔琦　韩振宇　肖月
于亚雄　周玮　陈家胜　付瑶　黄蜓　徐志艳　张晓刚　陈志霄
陈少鹏　耿亚楠　刘俊德　巴林　郅静　樊世通　范荣　黄娟
刘骞生　许崇新　庄威　范明怡　李博彤　姜雪　王淦露　林灏凡
戴敬源　范祺红　李明泽　靳凯伦　王良　苏展　范萌　兰观福
李清然　孔杰　王祥　渠卫东　冯咨淇　乐宇　梁兆杰　李聪
王雪　李杨　高华宇　李航　刘辛晔　李亚民　卫梦莹　朱灵雪
韩彦荣　李玉　芦火青　林志锋　温砚博　董金哲　何丹丹　刘斌
路海阳　刘天皓　吴舟　李建红　何进　刘红伟　马飞龙　马剑
肖雪　刘献超　解永奎　马毓君　孟静　任志勇　谢紫榭　郝国新
雷添翔　孟周江　尚尔媛　宋文骏　徐煊斌　李凌青　王伟建　明建圣
沈中亮　王力　杨莹　王彦　李勤　祁正仓　汪文添　王禄庆
姚广元　张宇　李万超　阮琛奂　王莉　谢鹏飞　姚孝靖　张行
刘东源　施南南　王荣华　颜凤梅　殷绕方　毛王清　欧阳婷　舒小雨
王胜芸　杨晨　张静怡　赵俊杰　唐铖铖　汪清宇　闫鹏强　杨定乾
张伟　王燕燕　唐世雄　温玲蔚　叶露　杨立威　周安恺　柴庆朋
王林杰　许培峰　俞云　张力伟　邹希　杜宇凡　王霄　许亚云
张江涛　赵超　左韬　卢汉清　王妍　杨婷

动力工程系

王涛　张洋　褚斌　董文强　李鹏飞　李彪　陈诚　周庭
崔巍　符方泉　李雄　李靓　陆兴康　陈映梅　郭金瓒　葛龙涛
刘冰　李萍　郑京　狄翔坤　郭沁文　韩轩　刘俊亮　孟帅
查威　方佳瑛　郭泰成　姜浩　马晶　孟晓迪　陈勃　郝波
郝美娟　姜璐　马维东　牛纪德　陈良萍　胡光衍　何磊　李磊
潘歌　任玉成　段红　蓝一洋　康佳书　李璆瑢　乔大伟　余士健
高翔　李晨　李广洋　李文乐　乔永安　司元元　顾雪荐　李宇曦
李昊　李自贺　商执晋　苏飞　关宇君　李智阳　李楠　廖鑫誉
石凤吉　谭森文　黄剑锋　刘晓丰　刘刚　邵欢　王启睿　王荣铖
李超　庞常兴　刘宏毅　苏浩亨　吴博伦　王昱臻　刘士名　石普
吕剑飞　王奕萌　闫涛　熊杨洋　任科　孙见雨　马璐　吴松林
尤景进　严潇　沈垚垚　孙儒家　孟强强　项云洋　张冰清　张美丽
苏猛　王坤　任配良　谢哲　邹文辉　张瑶瑶　汪澜惠　王宇
宋明成　邢碧昀　林殿吉　周强　王承斌　许志昆　孙立巍　杨乐乐
阿嘎　白亚开　王鹏程　闫爱晶　孙文星　杨梅　程雪峰　柴源
王鑫平　阎伟明　田登峰　张良　甘治建　窦万升　延旭博　杨英
万学远　张文静　侯锡强　周泽俊　杨枨钧　袁仁育　王咸武　陈乾令
黄文宇　常晓东　叶太期　袁勋　薛璐　戴佳　蒋玲君　贺亮

余　毫	张　乐	张文达	樊亚明	李传宇	孙　菲	余鸿剑	张　龙
张玉朋	范超群	李佳敏	颜贻翔	张　航	张　璐	赵贤文	范汝灏
梁峻章	张国喆	张建宏	赵建伟	陈　强	高佳颖	林骁鹏	张文冬
张　曼	郑　州	陈小东	郭立周	刘锦玉	邓贵祥	郑　毅	曹　浩
杜沛沛	胡　瑞	刘兴家	丁学亮	周　盼	程立杰	高　程	黄　超
吕孝丹	武赛楠	陈松宇	褚源义	黄　彬	李佳纯	罗　威	陈　亮
高　畅	范彩兄	黄世海	李　杰	孙志强	胡　弘	耿江华	高　蒙
李海业	刘鹏飞	田　林	琚荣源	郭　亮	郭爱学	李　昊	刘　伟
王　同	田　欢	韩　旭	季运生	林琪超	路　长	席万朋	李伟通
何华伟	解飞飞	刘冰川	路晓彤	向劲宇	白　烨	黄喜华	李彬烨
刘冬韵	吕学礼	徐洪坤	范道鹏	蒋少敏	李志杰	马明皓	马鹏翔
闫志恒	李　珍	蒋雁斌	刘静雯	彭诗文	彭苏阳	余美辰	刘　赢
李泽宇	刘俐麟	蒲广明	沈培春	张　立	赵　鑫	廖　升	农党振
曲　星	谭美华	张庆伟	曹亚彬	蒙青山	秦　杨	孙敬慈	王　琨
张项宁	贾朝阳	邱文峰	宋　冰	王　博	吴旭程	张玉博	张小玲
沙立松	王　茉	王建山	肖阶平	赵永开	薛　浩	史良宵	王小杰
王　哲	张　贝	周　锴	车　迅	孙青琳	王禹朋	王志辉	张春伟
蔡滨宇	李国栋	唐　佳	吴彦锋	杨华健	张占辉	蔡　通	李　波
汪安明	闫武成	张碧佳	包云峰	陈永业	张祖运	王体均	於岳祥
赵　月	曹立彦	崔　明	周其书	杨　帅	张　弛	郑　健	车宏鹏
丁希晖	李毅强	杨　莹	张亚军	周　桐	杜　跃	黄　驰	孙　维
于旭东	周月明	朱永虎	冯　娜	黄星智	董　玥	余荷来	暴铁程
邓兆娟	盖志翔	瞿一妹	刘颖祖	张琦伟			

电子与通信工程系

石　霖	王胜平	陶　佳	刘立明	李瑞琪	甘　露	胡绍田	肖勇波
王昌炜	刘　洋	刘　佳	高　星	吴本愚	闫江飞	王　锐	马俊茹
刘　林	郭　浩	吴　翔	杨　莉	许　晨	宋广彦	刘晓婷	郭小红
陈　婷	余芳舟	杨秀琴	王法宁	马　静	韩　瑞	陈　欣	张博雅
叶小谋	王　娜	覃伟宾	何　毅	丁　一	庄永照	张　嘎	王铁飞
唐　甜	经　权	董　慧	左振勇	张雨濛	杨小荣	唐振禹	雷　霄
付宗德	董之微	郑　猛	杨雍儒	王　剑	林永荣	高青鹤	方　波
郑五洋	张学武	王　玥	龙明政	高　尚	方雨亨	朱俊伟	张　玉
王照伟	聂盛阳	加力康	高　显	诸骏豪	张玉玲	吴志佳	孙　鑫
蒋志红	郭瑞文	蔡　明	赵　培	杨文勇	汤才智	李沐峰	贺家乐
常培磊	钟庆萍	张雷波	王惠民	李　倩	黄嘉庚	陈　伟	钟子星
赵清林	王　亮	刘　宁	黄小云	陈亚军	曹雄志	赵文成	王瑶君
刘万超	贾　松	代泽荟	常　亮	周红静	王梓丞	罗伟志	蒋蔚茹
高一双	陈佳君	曹翠新	星国文	马光源	刘启昱	郭　旭	陈跃聪
曹　凯	尹永飞	马　璐	刘　洋	黄　磊	程紫运	陈　冉	曾红梅
沙乾坤	刘依卓	李文静	戴腾元	邓云杰	张　敏	史花朋	乔宇彬
李兆元	郝　玮	符　峰	张子裕	王　杰	申少华	梁裕卿	李佩玉
傅　裕	郑茜云	王　曼	苏金森				

机械工程系

庞晓祥	杨　参	商李隐	李海峰	郭　浩	钟锐华	姜太龙	杨旭豪
陶光超	李　帅	黄瑞英	周　智	祁子龙	易王画	王　顺	刘　蔚
刘宏康	艾新童	余高伟	张　钊	鲜军虎	刘　秀	刘　洋	曹占杨

吴 昊	赵 棱	徐金强	申 飞	马 明	丛 林	柴守和	邹宇强
杨 渊	舒骆鹏	孙海峰	冯潇潇	陈 宾	白亮亮	尹帮辉	孙明广
涂华文	谷伟聪	陈炳林	冯建程	张 凡	王 超	王德辉	韩建成
方毅然	郭凤莲	赵海奇	韦进领	王 硕	黄 帅	冯宪学	郭双伟
赵路佳	吴 婧	王玉强	李 岳	韩 奇	韩克磊	赵岩超	吴美增
王子韬	刘传杰	惠志磊	韩 鹏	郑 雄	杨 光	魏 巍	马 惠
霍欣明	黄 颖	白学文	余 亮	魏文明	史 嘉	李 强	刘文静
蔡保松	曾定霞	吴恒昌	王 红	李媛媛	柳 欣	陈亚东	张 强
吴松涛	王书琪	刘庆阳	陆 涛	丁 琦	张晓骁	肖骏峰	徐明亮
罗贵博	栾小洲	韩 洋	张 彦	原守甲	于景朋	毛 力	罗 翔
金鹏飞	周松松	张碧玉	张文珺	曲 畅	宋志国	李智旺	陈志军
赵建坤	张仲凯	万 凯	王康帅	梁文慧	杜玉剑	钟素鹏	周 硕
王 丹	王伊铭	林炳强	韩 东	仲万珍	周耘格	王擎宇	王永豪
刘 旋	韩 磊	曹 斌	赖一铭	吴林宝	翁志伟	卢 淋	黄增浩
程玉明	曹 敬	吴少东	肖思悦	门 通	焦佳宁	丰文先	陈 钊
殷百慧	于小川	孟 飚	李贵强	郭腾飞	冯萌萌	尹 乾	张 牧
潘龙祥	李坤鹏	黄燃东	冯泽伊	张国新	张 爽	齐艳昌	李 昱
孔 莹	郭晓倩	张 轩	赵亚川	汤晓霞	李志刚	李艳武	郝智垒
赵爱林	郑 原	王发林	刘唐健	刘国肖	华梦琦	朱少晓	周广洋
徐一驰	马子健	马梦婷	李曰梅	包栋华	周 强	徐祎培	祁 原
乔珊珊	刘成卓	古祥科	陈博文	袁文韬	吴雪君	王立国	刘 鹏
郭世雄	陈乔生	苑欣然	武慧强	王士路	乔润章	贺元飞	段 豪
张显东	武 江	魏新峰	王 冬	纪俊渊	郭启皇	张自帅	徐 刚
吴岸卿	王 蒙	静永杰	郭 阳	周 驰	张小丹	吴 斌	王 婷
李丹丹	何军鹏	周 寻	赵东东	吴铁钢	吴开吉	梁晓波	何 茂
陈东旭	钟官辉	谢桂芳	徐亚玮	刘 江	李 易	陈晓彤	周桂华
许一博	苑 康	孟敢亮	李志强	丁 辉	蔡 雪	许志炜	张 玉
蒲 潇	刘 凯	顾燕南	旦增平措	杨 曦	赵凯勋	苏 超	刘 新
黄广旭	杜艳娇	杨修鹏	周腾飞	王裘潇	卢 昊	黄 乾	范旭彪
俞 星	庄志伟	王文启	鲁晓峰	黄宇驰	冯高鹏	张福龙	武 桐
许环保	吕思佳	金洪涛	高俊威	张焕明	金伟强	闫梦雪	罗婕莹
柯孟强	龚 洋	张坤祥	周 军	杨 勃	罗 凯		

环境科学与工程学院

陈岩玮	姚茂兴	王 怡	梁 辉	贺凡珂	黄金霞	王 猛	张宇波
杨 洋	凌铁权	滑申冰	贾文波	钟峰峰	赵 柄	杨耀国	刘景晨
黄 文	蒋佳君	张小伟	赵可威	袁小龙	逯东丽	林玉斌	蒋友伟
郭世伟	周思涵	曾 磊	罗玲童	刘骏福	巨 帅	胡金权	周治慧
张慧颖	苏潇潇	刘 岩	李 平	黄 宇	祝志君	张 晶	王罗乐
陆冰洁	李 杨	黄治培	邓丽萍	赵斌斌	王帅涛	陆 耀	刘 顺
蒋旻奕	狄开丽	赵晋平	王向东	王佳鹏	刘腾霄	景甜甜	冯镜羽
郑成鑫	武 旋	王熙俊	罗 方	林 林	桂 兵	郑志杰	谢淑兰
王言达	齐晓飞	刘诗达	礼 骁	周红宇	徐 畅	温 强	申 岗
龙中亚	李 韬	陈伟忠	杨 越	杨 策	石榆川	马生莺	李维德
丰彬田	张振宇	张生娟	司丹丹	莫鹏鑫	刘 水	郭 斌	常凤英
张舒怡	苏青青	潘云飞	皮晶薇	何纬韬	陈兵兵	张 涛	孙 烁
任旭丹	强 鹏	何小帝	陈纪轩	赵丽媛	孙 颖	石祥聪	任海超

黄烈明	陈泽升	郑 达	王 栋	孙朝阳	孙旭洋	黄鑫晶	范芝瑞
邓 悦	王则鸣	孙俊达	覃 蘧	李 玫	高 宁	龚 晟	张 雷
王 策	宛 霞	李生祥	苟继武	韩钊博	赵泽亚	王乐萌	王放放
李顺巨	韩停停	侯长江	周晓宇	文俊朋	王 娟	李 智	

经济管理系

刘 美	侯 宇	雒凯瑄	吴舒华	严 妍	赵 璐	曹佳俊	黄文亭
潘俊杰	谢泽川	张二静	周 慧	曹燕灵	黄永超	裴孙静苑	曾 静
张宁宁	陈开风	丁亚玲	蒋晓慧	田登龙	张 丽	郑茜文	陈卓尔
段蔡红	李木娟	田 舒	张梦婷	周 雷	戴雨禾	范佳佳	龙俊霖
王淑卉	张童利	杜晨薇	耿文艳	付娅霜	么双顺	王 伟	张艺喆
杜 蘅	鞠 颂	宫志涛	齐宝玉	俞杭杰	钟思鸣	郭志宽	李 菲
龚文武	邱志宏	张 浩	周明英	何宇翔	李娅坤	韩芳子	王瑞武
张 恒	周世奇	胡 强	刘 乐	江 丹	王 玮	张庆乐	邹丽芳
黄琬捷	毛文骥	李佳颖	魏朋邦	赵翔宇	范梦凌	冀连东	钱怡然
蔺红莉	夏晶晶	周维维	高雅楠	金 涛	荣 岩	刘 熙	夏媛君
朱浩然	关雅珺	孔 莹	童 典	柳雪松	严思思	陈明巍	官小燕
李春雪	王东君	孙 平	杨 鹏	陈庆骁	黄 锋	李 睿	王光丽
田 娜	岳 洁	陈天舒	黄凤祝	刘雨虹	王家伟	韦秋敏	张 庆
陈云海	黎敏宜	刘占伟	王建峰	姚 龙	张银英	董方玉	李 欣
吕振希	尉 文	于晓波	章 芬	冯 春	刘笑楠	牧国韬	魏洪鑫
张 楚	艾志哲	付立杰	刘亚杰	丘华钦	吴 斌	张丽娟	董晓涛
高雨薇	刘震坤	饶 颖	吴 喆	张天倪	杜仲凯	葛晶晶	马 俊
尚 月	肖文汉	赵 雷	符鹏飞	何靖岩	马小琦	孙 晓	许 梅
赵小明	关 飞	孔 姣	彭荟颖	田 琨	许鑫鹏	钟小霞	侯小华
李浩浩	宋 蝶	吴玉婷	姚佳慧	邹文杰	胡勇跃	刘晓宇	孙 睿
肖艳明	张 珺	陈 琳	黄建林	刘 颖	王 珏	徐 丹	张 翼
程 莉	姜诺涵	吕彦洁	王兴旺	许鸿钊	赵思远	付思思	李 康
麦吾兰芒尼科	王月安	杨长云	任 超	江明琪	李 娜	师 娜	温诗瑶
张 舒	张 咪	郭得鹏	李淑贤	韦斐若	徐艺真	张 鑫	刘宇萍
何 鑫	林伟宁	吴 航	闫秉强	赵 帆	屈亚云	贺春阳	刘道刚

英语系

党 丹	李淑娅	田荷君	陈佳丽	李慧莹	徐亦熹	敖馨和	刘冰玲
王思茵	高 玮	李婷婷	许 冰	陈修晓	刘燕书	杨 渊	郭 倩
廖瑶瑶	于 露	方寸心	吕晶晶	张 超	黄佳华	邵振粉	余淑芬
冯月亭	马梦肖	张红升	黄吟雪	施晓莉	甄安迪	甘红春	邱靖添
张 喆	姜春艳	吴 琼	郑灵山	黄思杨	沈婷婷	赵雁博	姜 菲

法政系

白春晓	王 奔	李 晴	肖 翔	冯海悦	覃 庚	陈倩倩	王 慧
李沂泽	严 晏	高子涵	童玉林	窦欣童	王李夫	李 元	杨 帆
郭牧琦	王金鹏	杜 萌	王思莹	刘 航	杨婉秋	和占举	王守凯
黄怀清	王雪妍	刘 宇	于浩男	胡祖明	魏 炜	李 琳	王 燕
路红红	张菊飞	姜 莉	吴 兵	李至慧	吴 瀚	吕林泽	赵超越
李静思	吴俊叶	刘 佳	许星华	任 然	郑丽莎	李莲姬	杨 楠
路文兴	张 伟	宋媛媛	朱春鹏	李思诺	杨 睿	罗德藩	张 野

孙 欢	朱 辉	刘雅岚	张小燕	米热阿依·阿布来提	张一帆	孙晓蕾	朱秀颖
刘于熙	张亚蓉	莫富森	赵源哲	唐 林	左 林	陆耀明	赵晨光
汤飞儿	安凌霄	王 磊	陈桂芳	吕彦北	周厚姣	田镜枫	顾世同
王曼格	程楦轶	孙 璇	祝明银	万荣丹	黄江英	王 倩	董 婧

计算机系

赵宗仁	崔 垚	冉辉祥	徐鹏飞	刘明泽	王沙沙	付 林	邓 丽
阮 野	张书林	刘午超	王亚南	蒋阳锋	郭凯玲	萨初日拉	郑腾飞
倪 锐	肖辉远	张骏飞	韩钰洁	王国涛	陈 朋	孙 婕	叶建家
石 鑫	黄建军	吴小丹	仇 晶	王公泽	袁梦博	何道远	黄 卓
杨 杰	丁浩然	王 丽	张 聪	李骄骄	黎 灿	岳 娇	董 一
王 迅	张维和	肖 梁	李 劲	张嘉坤	窦凤英	吴 坤	赵小龙
习 成	林 雄	张铭路	郭 刚	徐浩然	陈婷婷	管文菁	刘家旭
张 伟	何金良	于博洋	戴广钊	陈 铎	刘童童	张媛媛	胡姚超
玉苏·亚森	戴晓琴	高嘉伟	刘绪英	周 鹏	蒋小强	詹昊霖	邓延方
韩美才	马 斌	曹玉蕾	李姝锦	张 弛	杜明欣	黄彦毓	任 旭
陈天祺	刘静宇	张佳茜	冯 超	郎江城	施心源	陈 颖	刘森龙
张佳熙	郭群悦	李 凯	孙卫骞	陈志彪	刘政义	张晶晶	胡 晟
李森森	孙永明	邓杰浩	吕向阳	张 良	贾海波	李骁健	唐辉辉
何旭静	乔咏田	张鹏程	李泳锋	李 蕴	王志峰	贾雨龙	邵露露
张永华	梁世琪	刘 菲	文怀周	李 恒	沈佳丽	钟 翔	刘雨豪
刘 谨	肖友尧	李 帅	索朗旺堆	周 恋	芦保祥	刘 亮	杨升杰
刘 波	汪 洋	摆丽娜	潘 虹	吕 强	叶 晖	刘志远	王 琦
常闪闪	彭世界	马 福	尹吉秀	柳 超	王 妍	陈小鹏	彭 阳
毛 冬	尹旭东	卢 伟	王 焱	陈秀楼	沈源波	孟庆鹏	张弈博
彭 博	谢鸿浩	董亚伟	时 磊	彭 博	赵聪亮	尚 晋	张和琳
郝万宗	孙建政	唐华东	谌尧羿	沈 鹏	张吉富	贺尔文	王成国
田国光	高育栋	孙校宇	张树栋	侯海敏	王旭宏	汪 婷	何大望
谭 菊	周 捷	季志远	韦 洁	王玉林	侯卓越	唐建佩	陈文斌
李辰瑀	尹聪林	于小丽	康 龙	王 东	邓 特	刘景昕	原怀疆
袁德凯	李 衡	王 琦	高 翔	刘时超	张 岑	张 兰	李家豪
王晓晓	寇金城	刘子寰	张晓禹	张嘶涛	李沛敏	韦广立	梁 恒
毛海声	张燕平	周永博	刘俊玲	吴建设	刘 丹	普布次仁	周 琳
庄子越	倪中洲	邢 玥	刘履安	王 鹏	左乃桓	陈自然	庞新强

数理系

马玉凤	王 媛	陈 也	王学友	陈 宇	乔元雪	张 东	闻 磊
邓力维	吾强峰	陈周飞	石紫鹏	揭建文	熊平安	杜仲昊	肖 盼
郭建宁	孙 凯	晁学斌	薛亚芳	何化钧	谢晋	郭卫豪	唐 磊
邓健安	张天富	何学渊	邢其林	韩 超	王东升	高 威	张玉璞
李晨皎	铉佳欢	黄伟纳	王 蕾	郝超飞	张振雨	李国煌	杨 植
雷作平	王秋峰	郎 琦	赵良云	马进武	于大海	李 聪	吴 鹏
李江哲	周 衡	庞晓娜	苑文楠	廖 国	肖 石	邵 强	周旭婷
孙 硕	张 悦	刘 锋	许 发	宋郭祥	朱林林	王 庚	赵伟建
马 俊	杨振华	王建坤	邹 盼	王骁骁	朱冬云	马 真	张 袓
王 塑	陈福元	王煦涛	陈 红	彭顺峰	周清雄	王天宇	

自动化系

王　勇	李秋影	王士光	赵天桥	何　骅	刘可昂	杨　斌	林　琦
王政一	邹　格	和园园	米旭磊	曹　俊	刘嘉利	徐　蕙	白毅志
胡克南	苏　航	余　胜	刘鹏程	严　博	常文凯	李　晋	王南洋
常　蔚	刘　庆	杨亚琦	陈　雷	李　祺	王　玮	常　真	刘　星
詹翔灵	陈肖钦	李倩亚	韦舟宁	范士冲	马旭红	张嘉奇	戴海鹏
李晓婉	武晓楠	高　欣	彭凌云	张　宇	邓　起	梁　毅	杨　刚
高　颖	施海莹	赵　梦	刁若凡	刘　帅	尹洪玉	韩雅杰	孙　通
赵　盛	董小娟	罗　娅	张钉砾	黄月丽	王　坤	赵雯文	费德闯
毛晨丽	张　堃	李丹华	王　骐	曹伟峰	高　斌	牛岳鹏	张　明
李泳霖	韦之军	陈　丹	高　玥	史　彬	张　宇	李振林	吴火蓉
陈莉丽	侯萌萌	苏　昇	郑冬浩	梁冬军	许炳坤	高　著	焦振兴
田镕嘉	周永峰	梁　峰	叶治宇	郭凌云	净　航	田　野	朱颂仪
刘　浩	于　爽	林高林	李　欣	王民华	荣海龙	卢　阳	张　栋
刘　淼	李　鋆	王世炜	汶爱文	路　军	张　龙	刘　炜	马博洋
伍　洋	吴锡昌	毛　宇	张　伟	孟宪博	施翠婷	曾艳君	朱玲玲
石亚文	郑梅芳	闵建秋	王　峰	张　涛	孙　泽	时文静	安旭琪
欧　勋	王文韬	赵　宏	施泓宇	王　彬	白晶栋	史迪康	魏　威
周建宁	杨如琦	王　涛	陈　飞	孙　明	吴　迪	范英翔	郭九旺
武　翔	程章彬	王金香	熊芸芸	冯　骁	曲晓荷	徐　瑞	关　健
王挺任	张新胜	高文宾	袁　娜	杨诗茹	蒋　涛	王元朝	赵宴弘
华智君	范金骥	张娅妹	李关宝	吴鸿笔	周　宇	李　佳	金振南
赵　磊	李明跃	席嫣娜	白　萌	李相伸	丁　辉	赵　钰	李欣倩
谢振宇	曹　磊	李志广	申万涛	陈志强	李政谦	徐子舜	陈　辉
练海晴	韩燮莉	邓　勇	林思雨	阎立恒	陈湛杨	廖海玥	刘冠男
丁　仃	刘伟华	杨界天	邓天白	刘　虹	孙　健	康东亮	覃志刚
赵　儒	郭　勇	刘　晶	谢延昭	雷　雨	王　庆		

国际教育学院

曹建麟	蒋　迪	韦　一	李　舜	李媛禧	向　璟	江劲伟	金朝阳
杨鲁汀	陈思颖	刘　欢	徐熠彬	顾欣桐	李政道	叶国桐	陈玄俊
刘　楠	张　恒	郭小燕	李子昂	于东民	冯晓楠	吕　晶	张棂曦
郭　悦	刘天天	张力恒	姬恒楠	庞昭华	张宇婷	韩　焱	孟昭鹏
张钟舒	贾　潇	王东淼	赵晓莹	季　挺	孙竹君	庄佳腾	雷瀚宇
王奕芃							

奖励与表彰

华北电力大学 2013 届省市级优秀毕业生名单

（北京市）

电气与电子工程学院（共 42 人）

梁　静	郑祥常	朱丹丹	李　京	王燕萍	孙小斌	王晗姣	王　炜
孙宇翔	李永杰	王书瑶	樊　龑	饶　志	李益楠	董　荞	孙大卫
杨　勇	田　硕	史开拓	张伊美	韩晓雯	印显松	魏　恺	祝倩龄
贠飞龙	曹　斌	雷　刚	龚成尧	姜舒婷	吴昊天	赵晨雪	徐鹏飞
殷毓灿	帅　旗	陈亦骏	李荣荣	许　鹏	孙　跃	叶　涵	王　木
余　洋	李岩松						

能源动力与机械工程学院（共 23 人）

席文宣	王子炫	沈铭科	李伽炜	杨　欢	孙颖颖	黄　帆	张　衡
谭良红	袁　杨	李　丹	马晓林	周信华	黄　越	陈宇卿	刘　晨
王诗莹	邹春妹	薛智琴	叶　超	徐　婷	孙振兴	蒋国安	

经济与管理学院（共 25 人）

林诗媛	饶紫梦	李广军	孙　梦	卢世成	李冰洁	宋宗耘	胡紫珊
常瑞东	远建平	来郁兰	郭志娅	李　冰	张凌翅	齐　峻	唐树媛
巴　帅	万　冠	王顺昊	滑福宇	何彦英	孙小蕾	张英杰	李大成
韩　旭							

控制与计算机工程学院（共 21 人）

崔　超	单学良	傅冰云	郭健铭	李　露	刘思宇	刘　涛	刘　勇
卢　腾	邱丽羚	裘日辉	司天琪	唐　帆	王晓翔	闫　肃	姚大海
姚大鹏	余敏楮	翟鑫达	张国强	朱俊杰			

人文与社会科学学院（共 8 人）

吴　奇	吕　亚	蒲泓静	吴　璐	黎　静	于　迪	袁　萱	李思绮

可再生能源学院（共 10 人）

郭树恒	高琳越	邹景煌	高长青	张晓莉	张　笑	徐兢浩	李越强
蒋晓燕	刘　璐						

数理学院（共 3 人）

梁洪源	李一娇	于安然

外国语学院（共 3 人）

苏若冲	孙亚静	宋　菲

核科学与工程学院（共 4 人）

宋明强	吴　浩	张　帆	张博泓

国际教育学院（共 6 人）

郑　健	罗益燕	于　嘉	李晓晴	桑云斌	郑思奇

（河北省）

电力工程系（共 27 人）

历剑雄	楼国锋	赵航宇	王　彦	李志伟	张　宇	李家骥	徐　多
陈湘龙	王炳辉	姜　斌	范祺红	郅　静	张　尚	张　行	曹晓宇
赵梦雅	曲　楠	谭婷月	李哲超	乔　婷	张　旭	赵振业	张　祺
赵宇思	马天娇	刘伟东					

动力工程系（共 18 人）

樊亚明	陈　强	于旭东	曹立彦	杨　帅	张小玲	黄喜华	史良宵
田　欢	潘　歌	陈良萍	刘颖祖	孙　菲	黄　超	张春伟	牛纪德
张玉博	张瑶瑶						

计算机系（共 13 人）

林　雄	郭凯玲	石　鑫	康　龙	张　兰	季志远	常闪闪	孙　婕
韦广立	张和琳	仇　晶	陈婷婷	沈佳丽			

自动化系（共 9 人）

毛晨丽	张新胜	史　彬	刘　帅	苏　航	谢振宇	叶治宇	杨亚琦
王挺任							

机械工程系（共 14 人）

商李隐	杨　光	柯孟强	刘文静	孙海峰	杨　勃	陈志军	赵建坤
黄增浩	张小丹	乔珊珊	马梦婷	艾新童	李曰梅		

经济管理系（共 11 人）

陈　琳	刘　熙	于晓波	林伟宁	周维维	孙　晓	田　琨	郑茜文
官小燕	刘笑楠	李　菲					

电子与通信工程系（共 7 人）

聂盛阳	傅　裕	高青鹤	马　璐	张学武	王铁飞	高一双

环境科学与工程学院（共 7 人）

张　晶	王　娟	陈伟忠	邓　悦	滑申冰	赵丽媛	林　林

法政系（共 4 人）

郭牧琦	童玉林	吕林泽	杜　萌

数理系（共 4 人）

吴　鹏	周　衡	李国煌	王东升

英语系（共 2 人）

施晓莉	沈婷婷

华北电力大学2013届校级优秀毕业生名单

（北京校部）

电气与电子工程学院（共82人）

梁　静	郑祥常	朱丹丹	李　京	王燕萍	孙小斌	王晗姣	王　炜
孙宇翔	李永杰	王书瑶	樊　龑	饶　志	李益楠	董　荞	孙大卫
杨　勇	田　硕	史开拓	张伊美	韩晓雯	印显松	魏　恺	祝倩龄
贠飞龙	曹　斌	雷　刚	龚成尧	姜舒婷	吴昊天	赵晨雪	徐鹏飞
殷毓灿	帅　旗	陈亦骏	李荣荣	许　鹏	孙　跃	叶　涵	王　木
余　洋	李岩松	程　媛	曾璐琨	郭　媛	陈桂新	王川香	印海洋
倪筹帷	叶红豆	熊雪艳	喻晓雪	崔文哲	夏黄蓉	兰玲辉	林　佳
李春华	孟江雯	张晓晴	田鹏飞	高　尚	刘　东	邹福强	韩书梅
郇凯翔	张　也	刘　博	王　银	仇茹嘉	张轩瑜	王泽众	梁倩园
孙翊淋	张　梁	亢超群	黄天意	丁　宁	叶　欣	宋子桐	张　弛
龙　昊	叶淑君						

能源动力与机械工程学院（共49人）

席文宣	王子炫	沈铭科	李伽炜	杨　欢	孙颖颖	黄　帆	张　衡
谭良红	袁　杨	李　丹	马晓林	周信华	黄　越	陈宇卿	刘　晨
王诗莹	邹春妹	薛智琴	叶　超	徐　婷	孙振兴	蒋国安	陈　国
丁开翔	付浩然	乐　龙	韩　雪	尹书剑	韩　宇	吕韩雷	汤一村
崔欣超	张海龙	汪晨辉	梁飞飞	郑祯晨	张兴龙	王雪慈	赵晓捷
张军民	马　楠	赵苗苗	宋　伟	赵丹阳	陆从飞	赵　瑞	孙　旭
安朝君							

经济与管理学院（共51人）

林诗媛	饶紫梦	李广军	孙　梦	卢世成	李冰洁	宋宗耘	胡紫珊
常瑞东	远建平	来郁兰	郭志娅	李　冰	张凌翅	齐　峻	唐树媛
巴　帅	万　冠	王顺昊	滑福宇	何彦英	孙小蕾	张英杰	李大成
韩　旭	蒋明娇	陈　昕	李晓婷	李欢欢	何　杰	韦秋霜	刘冰旖
张源凯	谭　磊	巫羚玮	李文姝	厉　舟	张若楠	伊　静	李秋实
赵　鹿	安秋娴	蒋　颖	罗　畅	胥永兰	黎　欢	杨朝利	樊　娇
游夕菲	崔　丹	张　新					

控制与计算机工程学院（共41人）

崔　超	单学良	傅冰云	郭健铭	李　露	刘思宇	刘　涛	刘　勇
卢　腾	邱丽羚	裘日辉	司天琪	唐　帆	王晓翔	闫　肃	姚大海
姚大鹏	余敏楮	翟鑫达	张国强	朱俊杰	冯美方	郭慧芳	黄云逸
李海旺	刘　珺	刘艳娇	刘　勇	苗　坤	帅佳敏	苏荣强	王丽娜
王　杉	吴婷婷	吴义凡	习春苗	言语佳	杨　萌	张韦佳	张宇泽
周倩婷							

人文与社会科学学院（共17人）

吴　奇	吕　亚	蒲泓静	吴　璐	黎　静	于　迪	袁　萱	李思绮

丁亚琪	龚　稳	张　莎	蒋双毓	张丹丹	罗　夏	李　潇	王婧晖
刘心怡							

可再生能源学院(共 20 人)

郭树恒	高琳越	邹景煌	高长青	张晓莉	张　笑	徐兢浩	李越强
蒋晓燕	刘　璐	李枚媛	刘珏麟	王天健	卢东海	李　贺	杨　琛
唐彩红	章数语	郭永峰	冉泽朋				

数理学院(共 6 人)

梁洪源	李一娇	于安然	安伟涵	朱红梅	马国蕾

外国语学院(共 5 人)

苏若冲	孙亚静	宋　菲	张　奕	周　洁

核科学与工程学院(共 9 人)

宋明强	吴　浩	张　帆	张博泓	冯　飞	赵京昌	袁　博	卓卫乾
李晓静							

国际教育学院(共 12 人)

郑　健	罗益燕	于　嘉	李晓晴	桑云斌	郑思奇	鲍驰晨	荣小芸
付　琳	娄源媛	许　旻	易梦菡				

(保定校区)

电力工程系(共 52 人)

李家骥	历剑雄	楼国锋	赵航宇	王　彦	李志伟	张　宇	徐　多
陈湘龙	王炳辉	姜　斌	范祺红	郅　静	张　尚	张　行	曹晓宇
赵梦雅	曲　楠	谭婷月	李哲超	乔　婷	张　旭	赵振业	张　祺
赵宇思	马天娇	刘伟东	张静怡	董金哲	吕海玲	李清然	许崇新
刘辛晔	刘献超	何　帅	俞　云	李亚民	渠卫东	范雯惠	左　韬
李承昱	范明怡	江振源	陈　跃	叶　茂	孟书熙	张　辉	韩　平
宋文骏	王胜芸	胡　杨	毛王清				

动力工程系(共 33 人)

樊亚明	陈　强	于旭东	曹立彦	杨　帅	张小玲	黄喜华	史良宵
田　欢	潘　歌	陈良萍	刘颖祖	孙　菲	黄　超	张春伟	牛纪德
张玉博	王　博	郭泰成	高　翔	张瑶瑶	田登峰	郝美娟	李泽宇
周　庭	张祖运	薛　璐	周月明	刘士名	韩　旭	袁仁育	林琪超
任玉成							

计算机系(共 23 人)

林　雄	郭凯玲	石　鑫	康　龙	张　兰	季志远	常闪闪	孙　婕
韦广立	张和琳	仇　晶	陈婷婷	杨升杰	倪中洲	韩钰洁	赵聪亮
王　迅	郝万宗	张佳茜	陈文斌	陈　朋	刘静宇	沈佳丽	

自动化系(共 21 人)

毛晨丽	张新胜	史　彬	刘　帅	苏　航	谢振宇	叶治宇	杨亚琦
王挺任	和园园	李晓婉	侯萌萌	戴海鹏	罗　娅	席嫣娜	杨诗茹
杨如琦	李秋影	于　爽	朱玲玲	张嘉奇			

机械工程系(共17人)

乔珊珊 | 马梦婷 | 艾新童 | 李曰梅 | 商李隐 | 杨　光 | 柯孟强 | 刘文静
孙海峰 | 杨　勃 | 陈志军 | 赵建坤 | 黄增浩 | 张小丹 | 张　玉 | 吴　婧
赵路佳

经济管理系(共20人)

陈　琳 | 刘　熙 | 于晓波 | 林伟宁 | 周维维 | 孙　晓 | 田　琨 | 郑茜文
官小燕 | 刘笑楠 | 章　芬 | 付思思 | 曹燕灵 | 张　恒 | 李娅坤 | 李　菲
陈开风 | 张　丽 | 吴舒华 | 温诗瑶

电子与通信工程系(共11人)

聂盛阳 | 傅　裕 | 高青鹤 | 马　璐 | 张学武 | 王铁飞 | 高一双 | 庄永照
张玉玲 | 乔宇彬 | 左振勇

环境科学与工程学院(共9人)

张　晶 | 王　娟 | 陈伟忠 | 邓　悦 | 滑申冰 | 赵丽媛 | 林　林 | 韩停停
凌铁权

法政系(共7人)

郭牧琦 | 童玉林 | 吕林泽 | 杜　萌 | 张小燕 | 魏　炜 | 刘　佳

数理系(共8人)

吴　鹏 | 周　衡 | 李国煌 | 王东升 | 苑文楠 | 于大海 | 肖　石 | 王　媛

英语系(共2人)

施晓莉 | 沈婷婷

华北电力大学2013年志愿支援国家西部建设毕业生名单

序号	姓名	性别	专业名称	生源地区	单位名称	单位所在地
1	唐聪	男	电气工程及其自动化	新疆	兰州供电公司	甘肃省兰州市
2	赵璐	女	热能与动力工程	山西省	宁夏宝丰集团有限公司	宁夏银川市
3	张钰婕	女	电气工程及其自动化	贵州省	贵州电网公司贵阳供电局	贵州省贵阳市
4	魏欢	男	电气工程及其自动化	贵州省	贵州送变电工程公司	贵州省贵阳市
5	袁晨翔	男	电气工程及其自动化	宁夏	宁夏电力公司	宁夏银川市
6	曹露骅	男	通信工程	广西	内蒙古电力(集团)有限责任公司锡林郭勒电业局	内蒙古锡林郭勒盟
7	王冬春	男	财务管理	重庆市	重庆电力建设总公司	重庆市
8	赵小强	男	法学	甘肃省	华能平凉发电有限责任公司	甘肃省平凉市
9	王兆保	男	法学	河北省	西藏人力资源和社会保障厅	西藏拉萨市
10	马蓉	女	英语	青海省	青海省海西州茫崖行委花土沟镇人民政府	青海省海西州
11	王烬东	男	信息与计算科学	贵州省	广西电网公司北流供电公司	广西北流市
12	杨鹏	男	信息与计算科学	宁夏	中国银行股份有限公司宁夏分行	宁夏银川市
13	马耀俊	男	信息与计算科学	青海省	黄河鑫业有限公司	青海省西宁市
14	白海军	男	信息与计算科学	陕西省	宁夏隆基宁光仪表有限公司	宁夏银川市
15	徐云	女	信息与计算科学	云南省	中国移动通信集团云南有限公司曲靖分公司	云南省曲靖市

续表

序号	姓名	性别	专业名称	生源地区	单位名称	单位所在地
16	张丽泰	女	信息与计算科学	甘肃省	中国电信股份有限公司新疆分公司网络监控维护中心	新疆乌鲁木齐市
17	刘鹏	男	信息与计算科学	湖北省	中国大唐集团公司广西分公司	广西南宁市
18	马芸生	女	信息与计算科学	青海省	中国银行股份有限公司青海省分行	青海省西宁市
19	李婉茹	女	应用化学	青海省	西藏人力资源和社会保障厅	西藏拉萨市
20	吴震	男	应用化学	重庆市	陕西德源府谷能源有限公司	陕西省榆林市
21	赵强军	男	材料科学与工程	甘肃省	酒泉钢铁(集团)有限责任公司	甘肃省嘉峪关市
22	赵宇航	男	材料科学与工程	辽宁省	国电赤峰化工有限公司	内蒙古赤峰市
23	张黛丽	女	材料科学与工程	青海省	青海省电力公司	青海省西宁市
24	杨学海	男	材料科学与工程	云南省	西藏人力资源和社会保障厅	西藏拉萨市
25	贾光达	男	电力工程与管理	内蒙古	内蒙古电力(集团)有限责任公司包头供电局	内蒙古包头市
26	左卿	男	电力工程与管理	宁夏	宁夏电力设计院	宁夏银川市
27	徐星	男	电力工程与管理	四川省	成都电业局	四川省成市
28	姚婷	女	电力工程与管理	新疆	新疆电力公司乌鲁木齐电业局	新疆乌鲁木齐市
29	潘国栋	男	电力工程与管理	云南省	广西电网公司南宁供电局	广西南宁市
30	宋子桐	男	电力工程与管理	甘肃省	青海省电力公司电力经济技术研究院	青海省西宁市
31	康跃芳	女	电力工程与管理	贵州省	成都电业局	四川省成都市
32	王安迪	女	电力工程与管理	内蒙古	内蒙古电力(集团)有限责任公司	内蒙古呼和浩特市
33	刘军	男	电力工程与管理	宁夏	宁夏电力设计院	宁夏银川市
34	甘仁钧	男	电力工程与管理	青海省	青海省电力公司电力经济技术研究院	青海省西宁市
35	魏慧	男	电力工程与管理	山西省	四川华能宝兴河水电有限责任公司	四川省雅安市
36	梁瀚文	男	电气工程及其自动化	四川省	成都电业局	四川省成都市
37	吾拉木江.吾加麦提	男	电力工程与管理	新疆	新疆疆南电力有限责任公司	新疆喀什地区
38	蔡小尧	男	机械工程及自动化	贵州省	云南省烟草机械有限公司	云南省昆明市
39	宋泽华	男	机械工程及自动化	贵州省	贵州送变电工程公司	贵州省贵阳市
40	郑全旭	男	机械工程及自动化	海南省	中国西电电气股份有限公司	陕西省西安市
41	安瑞	男	机械工程及自动化	宁夏	中国西电电气股份有限公司	陕西省西安市
42	高钰	男	测控技术与仪器	贵州省	贵州电网公司六盘水供电局	贵州省六盘水市
43	王杉	女	测控技术与仪器	吉林省	华电国际电力股份有限公司奉节发电厂	重庆市
44	杨歌	男	测控技术与仪器	宁夏	华电宁夏灵武发电有限公司	宁夏灵武市
45	母昌芮	男	测控技术与仪器	云南省	云南电网公司红河供电局	云南省蒙自县
46	常凯善	男	测控技术与仪器	甘肃省	内蒙古京能康巴什热电有限公司	内蒙古鄂尔多斯市
47	高华武	男	测控技术与仪器	贵州省	贵州金元茶园发电有限责任公司	贵州省金沙县
48	吴迪	男	测控技术与仪器	湖北省	中国大唐集团公司广西分公司	广西南宁市
49	帅佳敏	男	测控技术与仪器	四川省	四川中电福溪电力开发有限公司	四川省宜宾市
50	黄泽龙	男	测控技术与仪器	云南省	云南电网公司红河供电局	云南省蒙自县
51	樊娜	女	测控技术与仪器	甘肃省	华电国际电力股份有限公司奉节发电厂	重庆市
52	王国飞	男	测控技术与仪器	江西省	华润电力(贺州)有限公司	广西贺州市
53	谢振宇	男	测控技术与仪器	西藏	重庆合川发电有限责任公司	重庆市

续表

序号	姓名	性别	专业名称	生源地区	单位名称	单位所在地
54	龚斐	男	测控技术与仪器	云南省	云南电网公司昆明供电局	云南省昆明市
55	李兰逸	男	测控技术与仪器	重庆市	重庆合川发电有限责任公司	重庆市
56	李罗成	男	热能与动力工程	贵州省	贵州黔东电力有限公司	贵州省镇远县
57	王艳龙	男	热能与动力工程	内蒙古	内蒙古京能康巴什热电有限公司	内蒙古鄂尔多斯市
58	李瑞坤	男	热能与动力工程	宁夏	宁夏大唐国际大坝发电有限责任公司	宁夏青铜峡市
59	陈卉	女	电气工程及其自动化	青海省	青海省电力公司检修公司	青海省西宁市
60	党晓阳	男	热能与动力工程	陕西省	内蒙古大唐国际托克托发电有限责任公司	内蒙古呼和浩特市
61	姜振兴	男	热能与动力工程	甘肃省	华能平凉发电有限责任公司	甘肃省平凉市
62	欧阳明	男	热能与动力工程	贵州省	贵州黔东电力有限公司	贵州省镇远县
63	曹婷婷	女	热能与动力工程	黑龙江省	内蒙古进网电工培训有限公司	内蒙古鄂尔多斯市
64	张国伟	男	热能与动力工程	内蒙古	通辽发电总厂	内蒙古通辽市
65	钟鑫	男	热能与动力工程	宁夏	华电宁夏灵武发电有限公司	宁夏灵武市
66	邓三星	男	电气工程及其自动化	四川省	国家电网公司运行分公司宜宾管理处	四川省宜宾市
67	蔡志鹏	男	热能与动力工程	新疆	四川广安发电有限责任公司	四川省广安市
68	赵路路	男	热能与动力工程	甘肃省	国电兰州热电有限责任公司	甘肃省兰州市
69	曾希	男	热能与动力工程	广西	国电南宁发电有限责任公司	广西南宁市
70	朱鑫磊	男	热能与动力工程	宁夏	神华宁夏煤业集团有限责任公司	宁夏银川市
71	孙珊珊	女	热能与动力工程	西藏	西藏电力有限公司	西藏拉萨市
72	冶占峰	男	热能与动力工程	新疆	特变电工股份有限公司能源动力分公司	新疆昌吉市
73	景春旺	男	热能与动力工程	云南省	云南大唐国际红河发电有限责任公司	云南省开远市
74	顾上成	男	热能与动力工程	云南省	华能云南滇东能源有限责任公司	云南省曲靖市
75	刘博阳	男	热能与动力工程	河南省	广西防城港核电有限公司	广西防城港市
76	张芷铭	女	热能与动力工程	西藏	东方汽轮机有限公司	四川省德阳市
77	胡晓	男	热能与动力工程	云南省	红云红河集团昆明卷烟厂	云南省昆明市
78	代虹	男	热能与动力工程	贵州省	贵州金元发电运营有限公司盘南分公司	贵州省六盘水市
79	刘一鸣	男	热能与动力工程	陕西省	中国银行股份有限公司陕西省分行	陕西省西安市
80	孙旭	男	热能与动力工程	甘肃省	国电南宁发电有限责任公司	广西南宁市
81	余瑞	男	热能与动力工程	云南省	云南华电镇雄发电有限公司	云南省镇雄县
82	颜欣	男	热能与动力工程	重庆市	华能国际电力股份有限公司重庆两江燃机电厂筹建处	重庆市
83	杨云龙	男	热能与动力工程	甘肃省	华能国际电力股份有限公司重庆两江燃机电厂筹建处	重庆市
84	张玲	女	热能与动力工程	贵州省	国电都匀发电有限公司	贵州省福泉市
85	丁笑	女	热能与动力工程	陕西省	重庆松藻电力有限公司	重庆市
86	刘祎	男	热能与动力工程	四川省	东方电气集团东方锅炉股份有限公司	四川省自贡市
87	王运森	男	热能与动力工程	新疆	东方电气集团东方锅炉股份有限公司	四川省自贡市
88	韦朝智	男	热能与动力工程	广西	国电南宁发电有限责任公司	广西南宁市
89	王若愚	男	热能与动力工程	宁夏	宁夏大唐国际大坝发电有限责任公司	宁夏青铜峡市
90	马有录	男	热能与动力工程	青海省	宁夏大唐国际大坝发电有限责任公司	宁夏青铜峡市
91	周庭	女	热能与动力工程	广西	国电南宁发电有限责任公司	广西南宁市

续表

序号	姓名	性别	专业名称	生源地区	单位名称	单位所在地
92	张得良	男	热能与动力工程	青海省	黄河上游水电开发有限责任公司	青海省西宁市
93	袁渤	男	热能与动力工程	宁夏	北方联合电力有限责任公司	内蒙古呼和浩特市
94	赵丹阳	女	热能与动力工程	青海省	青海大唐国际能源项目筹备处	青海省西宁市
95	刘东	男	电气工程及其自动化	四川省	广西防城港核电有限公司	广西防城港市
96	杨家华	男	热能与动力工程	贵州省	贵州黔东电力有限公司	贵州省镇远县
97	隋世娇	女	热能与动力工程	内蒙古	内蒙古电力(集团)有限责任公司	内蒙古呼和浩特市
98	王伟	男	热能与动力工程	宁夏	华电宁夏灵武发电有限公司	宁夏灵武市
99	刘飞	男	热能与动力工程	山西省	内蒙古大唐国际托克托发电有限责任公司	内蒙古呼和浩特市
100	温晓玲	女	热能与动力工程	四川省	重庆松藻电力有限公司	重庆市
101	李重茂	男	热能与动力工程	云南省	云南电力技术有限责任公司	云南省昆明市
102	程伟航	男	热能与动力工程	重庆市	华能国际电力股份有限公司重庆两江燃机电厂筹建处	重庆市
103	李天野	男	电气工程及其自动化	辽宁省	内蒙古东部电力有限公司电力科学研究院	内蒙古呼和浩特市
104	邓旭浩	男	电气工程及其自动化	新疆	新疆电力公司昌吉电业局	新疆昌吉市
105	张维	女	电气工程及其自动化	云南省	云南电网公司红河供电局	云南省蒙自县
106	江政	男	电气工程及其自动化	重庆市	重庆市电力公司	重庆市
107	龙昊	男	电气工程及其自动化	广西	云南电网公司昆明供电局	云南省昆明市
108	温亚东	男	电气工程及其自动化	内蒙古	内蒙古电力(集团)有限责任公司呼和浩特供电局	内蒙古呼和浩特市
109	李丹	女	电气工程及其自动化	云南省	云南电网公司电力教育中心	云南省昆明市
110	颜晓波	男	电气工程及其自动化	广西	广西电网公司桂林供电局	广西桂林市
111	王亚楠	女	电气工程及其自动化	青海省	青海省电力公司检修公司	青海省西宁市
112	辜盆	男	电气工程及其自动化	四川省	国家电网公司运行分公司宜宾管理处	四川省宜宾市
113	陈辉	男	电气工程及其自动化	广西	广西电网公司百色供电局	广西百色市
114	龙勇兵	男	电气工程及其自动化	贵州省	铜仁供电局	贵州省铜仁市
115	刘若鹏	男	电气工程及其自动化	宁夏	国家电网公司运行分公司哈密管理处	新疆哈密市
116	李婧	女	电气工程及其自动化	青海省	西宁供电公司	青海省西宁市
117	龙运筹	男	电气工程及其自动化	四川省	重庆市电力公司	重庆市
118	赵丹青	女	电气工程及其自动化	云南省	云南电网公司昆明供电局	云南省昆明市
119	王川香	女	电气工程及其自动化	重庆市	重庆市电力公司	重庆市
120	韦兵	男	电气工程及其自动化	甘肃省	兰州供电公司	甘肃省兰州市
121	庞志开	男	电气工程及其自动化	广西	云南省人才服务中心	云南省昆明市
122	黄宇	男	电气工程及其自动化	贵州省	贵州电网公司贵阳供电局	贵州省贵阳市
123	王泰文	男	电气工程及其自动化	海南省	广西电网公司柳州供电局	广西柳州市
124	张立明	男	电气工程及其自动化	黑龙江省	国家电网公司运行分公司哈密管理处	新疆哈密市
125	肖扬	女	电气工程及其自动化	内蒙古	成都电业局	四川省成都市
126	李善德	男	电气工程及其自动化	青海省	青海省电力公司检修公司	青海省西宁市
127	赵浩杰	男	电气工程及其自动化	陕西省	陕西省电力公司商洛供电局	陕西省商洛市
128	赵劲维	男	电气工程及其自动化	四川省	四川省电力公司西昌电业局	四川省西昌市
129	段林江	男	电气工程及其自动化	云南省	云南电网公司昆明供电局	云南省昆明市

续表

序号	姓名	性别	专业名称	生源地区	单位名称	单位所在地
130	唐道龙	男	电气工程及其自动化	重庆市	重庆市电力公司	重庆市
131	李皎	男	电气工程及其自动化	甘肃省	兰州供电公司	甘肃省兰州市
132	曾炜杰	男	电气工程及其自动化	广西	广西电网公司梧州供电局	广西梧州市
133	周胜超	男	电气工程及其自动化	贵州省	贵州电力职业技术学院	贵州省贵阳市
134	肖梦凯	男	电气工程及其自动化	湖北省	内蒙古电力(集团)有限责任公司	内蒙古呼和浩特市
135	施浩楠	男	电气工程及其自动化	宁夏	宁夏电力公司	宁夏银川市
136	牛文君	男	电气工程及其自动化	青海省	青海省电力公司检修公司	青海省西宁市
137	刘璇	女	电气工程及其自动化	陕西省	西安供电局	陕西省西安市
138	申畅	女	电气工程及其自动化	四川省	成都电业局	四川省成都市
139	吴鹏	男	电气工程及其自动化	新疆	新疆电力公司昌吉电业局	新疆昌吉市
140	彭少丹	男	电气工程及其自动化	云南省	云南电网公司红河供电局	云南省蒙自县
141	刘畅	男	电气工程及其自动化	吉林省	四川省电力公司检修公司	四川省成都市
142	王达	男	电气工程及其自动化	内蒙古	内蒙古东部电力有限公司电力科学研究院	内蒙古呼和浩特市
143	赵健勃	男	电气工程及其自动化	青海省	海东供电公司	青海省海东地区
144	张楚堃	女	电气工程及其自动化	陕西省	陕西省电力公司商洛供电局	陕西省商洛市
145	余恒	男	电气工程及其自动化	云南省	云南电网公司昆明供电局	云南省昆明市
146	陈博能	男	电气工程及其自动化	重庆市	重庆市电力公司	重庆市
147	刘林璧	男	电气工程及其自动化	甘肃省	甘肃省电力设计院	甘肃省兰州市
148	陈育桉	男	电气工程及其自动化	广西	广西电网公司梧州供电局	广西梧州市
149	赵影	女	电气工程及其自动化	河北省	内蒙古东部电力有限公司电力科学研究院	内蒙古呼和浩特市
150	张欣伟	男	电气工程及其自动化	内蒙古	内蒙古东部电力有限公司电力科学研究院	内蒙古呼和浩特市
151	刘钊	男	电气工程及其自动化	宁夏	国家电网公司运行分公司哈密管理处	新疆哈密市
152	王浩	男	电气工程及其自动化	青海省	青海省电力公司检修公司	青海省西宁市
153	康濒	男	电气工程及其自动化	四川省	成都电业局	四川省成都市
154	李超	男	电气工程及其自动化	新疆	内蒙古电力(集团)有限责任公司	内蒙古呼和浩特市
155	蓝盛	男	电气工程及其自动化	广西	广西电网公司柳州供电局	广西柳州市
156	刘宏扬	男	电气工程及其自动化	内蒙古	内蒙古东部电力有限公司电力经济技术研究院	内蒙古呼和浩特市
157	杨天	女	电气工程及其自动化	四川省	成都电业局	四川省成都市
158	刘晓倩	女	电气工程及其自动化	云南省	云南电网公司昆明供电局	云南省昆明市
159	卿平	女	电气工程及其自动化	重庆市	重庆市电力公司	重庆市
160	韩吉利	男	电气工程及其自动化	甘肃省	兰州供电公司	甘肃省兰州市
161	罗骏	男	电气工程及其自动化	广西	广西电网公司玉林供电局	广西玉林市
162	沈夺	男	电气工程及其自动化	辽宁省	内蒙古电力(集团)有限责任公司	内蒙古呼和浩特市
163	经慧英	女	电气工程及其自动化	内蒙古	内蒙古东部电力有限公司电力经济技术研究院	内蒙古呼和浩特市
164	吕军	男	电气工程及其自动化	宁夏	国家电网公司运行分公司哈密管理处	新疆哈密市
165	米玮	男	电气工程及其自动化	陕西省	陕西省电力公司宝鸡供电局	陕西省宝鸡市
166	蒙禄丰	男	电气工程及其自动化	北京市	广西电网公司贵港供电局	广西贵港市
167	赵坚强	男	电气工程及其自动化	甘肃省	武威供电公司	甘肃省武威市

续表

序号	姓名	性别	专业名称	生源地区	单位名称	单位所在地
168	欧禄禄	女	电气工程及其自动化	广西	广西电网公司河池供电局	广西河池市
169	张海浪	男	电气工程及其自动化	陕西省	延安供电局	陕西省延安市
170	陈炯	男	电气工程及其自动化	云南省	云南电网公司昆明供电局	云南省昆明市
171	印显松	男	电气工程及其自动化	重庆市	重庆市电力公司	重庆市
172	张灵元	男	电气工程及其自动化	甘肃省	特变电工股份有限公司新疆变压器厂	新疆昌吉市
173	徐可	女	电气工程及其自动化	广西	广西电网公司南宁供电局	广西南宁市
174	赵俊霖	男	电气工程及其自动化	贵州省	毕节供电局	贵州省毕节市
175	邢敬舒	女	电气工程及其自动化	内蒙古	内蒙古东部电力有限公司电力经济技术研究院	内蒙古呼和浩特市
176	高翔	男	电气工程及其自动化	宁夏	宁夏电力公司检修公司	宁夏银川市
177	陈尧	男	电气工程及其自动化	青海省	青海电力科学试验研究院	青海省西宁市
178	杨杰	男	电气工程及其自动化	新疆	新疆电力公司昌吉电业局	新疆昌吉市
179	赵帅	男	电气工程及其自动化	内蒙古	通辽电业局	内蒙古通辽市
180	王鹏飞	男	电气工程及其自动化	宁夏	宁夏电力公司	宁夏银川市
181	张健	男	电气工程及其自动化	陕西省	华电陕西能源有限公司	陕西省西安市
182	杨夏	男	电气工程及其自动化	重庆市	东方电气集团东方电机有限公司	四川省德阳市
183	吴海燕	女	电气工程及其自动化	北京市	新疆电力公司昌吉电业局	新疆昌吉市
184	金帝兆	男	电气工程及其自动化	甘肃省	国家电网公司运行分公司哈密管理处	新疆哈密市
185	曾嘉	男	电气工程及其自动化	广西	广西电网柳州供电局	广西柳州市
186	张薇	女	电气工程及其自动化	内蒙古	内蒙古东部电力有限公司电力经济技术研究院	内蒙古呼和浩特市
187	阿吉奈	男	电气工程及其自动化	内蒙古	内蒙古电力(集团)有限责任公司包头供电局	内蒙古包头市
188	张明峰	男	电气工程及其自动化	宁夏	内蒙古电力(集团)有限责任公司鄂尔多斯电业局	内蒙古鄂尔多斯市
189	张慧斌	男	电气工程及其自动化	陕西省	榆林市供电公司	陕西省榆林市
190	王耀荣	男	自动化	甘肃省	重庆合川发电有限责任公司	重庆市
191	唐平舟	男	自动化	广西	广西电网公司柳城供电公司	广西柳州市
192	杨世勇	男	自动化	贵州省	华电奉节发电项目筹建处	重庆市
193	刘晓英	女	自动化	内蒙古	内蒙古京能盛乐热电有限公司	内蒙古呼和浩特市
194	郝军	男	自动化	宁夏	宁夏大唐国际大坝发电有限责任公司	宁夏青铜峡市
195	刘章	男	自动化	四川省	华电奉节发电项目筹建处	重庆市
196	明玛次仁	男	自动化	西藏	西藏电力有限公司	西藏拉萨市
197	刘一隆	男	自动化	甘肃省	华电奉节发电项目筹建处	重庆市
198	朱磊	男	自动化	云南省	华电奉节发电项目筹建处	重庆市
199	余智姣	女	自动化	云南省	华能国际电力股份有限公司重庆两江燃机电厂筹建处	重庆市
200	张誉馨	男	自动化	甘肃省	甘肃电投炳灵水电开发有限责任公司	甘肃省临夏回族自治州
201	胡海燕	女	自动化	新疆	国电青松吐鲁番新能源有限公司	新疆吐鲁番市

续表

序号	姓名	性别	专业名称	生源地区	单位名称	单位所在地
202	周园雅	女	自动化	广西	中国大唐集团公司广西分公司	广西南宁市
203	刘伟	男	自动化	内蒙古	内蒙古岱海发电有限责任公司	内蒙古乌兰察布市
204	张玉龙	男	自动化	宁夏	宁夏大唐国际大坝发电有限责任公司	宁夏青铜峡市
205	赵露露	女	自动化	四川省	四川川锅锅炉有限责任公司	四川省成都市
206	旦增贡布	男	自动化	西藏	西藏电力有限公司	西藏拉萨市
207	周迷	女	自动化	重庆市	重庆市电力公司璧山供电局	重庆市
208	梅聪	男	自动化	贵州省	中广核风电有限公司贵州分公司	贵州省贵阳市
209	孙凯	男	自动化	宁夏	华电宁夏灵武发电有限公司	宁夏灵武市
210	司马鑫宇	女	自动化	青海省	黄河上游水电开发有限责任公司	青海省西宁市
211	李毅	男	自动化	云南省	华能澜沧江水电有限公司	云南省昆明市
212	丁雪峰	男	电子信息工程	宁夏	中国工商银行股份有限公司宁夏分行	宁夏银川市
213	谭威龙	男	电子信息工程	湖南省	中国南方电网有限责任公司超高压输电公司百色局	广西百色市
214	张宇	男	电子信息工程	内蒙古	中国移动通信集团内蒙古有限公司	内蒙古呼和浩特市
215	胡可	女	电子信息工程	陕西省	陕西省电力公司汉中供电局	陕西省汉中市
216	顾怀勋	男	电子信息工程	云南省	中国联合网络通信有限公司曲靖市分公司	云南省曲靖市
217	陶冶	男	电子信息工程	云南省	中国移动通信集团云南有限公司曲靖分公司	云南省曲靖市
218	秦昊	男	通信工程	北京市	广西电网公司南宁供电局	广西南宁市
219	刘福奎	男	通信工程	甘肃省	内蒙古电力(集团)有限责任公司	内蒙古呼和浩特市
220	邹天波	男	通信工程	贵州省	四川大唐国际甘孜水电开发有限公司	四川省康定县
221	张旭	男	通信工程	山东省	内蒙古电力(集团)有限责任公司鄂尔多斯电业局	内蒙古鄂尔多斯市
222	李可	男	通信工程	云南省	中国电信股份有限公司玉溪分公司	云南省玉溪市
223	刘帅	男	通信工程	黑龙江省	国家电网公司运行分公司宜宾管理处	四川省宜宾市
224	巴特尔	男	通信工程	内蒙古	内蒙古电力(集团)有限责任公司	内蒙古呼和浩特市
225	张林波	男	通信工程	云南省	中国移动通信集团云南有限公司红河分公司	云南省红河哈尼族彝族自治州
226	金文秀	女	通信工程	甘肃省	中国邮政储蓄银行股份有限公司甘肃省分行	甘肃省兰州市
227	刘杨欢	男	通信工程	广西	广西电网公司浦北供电公司	广西钦州市
228	马鹏程	男	通信工程	陕西省	内蒙古电力(集团)有限责任公司薛家湾供电局	内蒙古鄂尔多斯市
229	邹喆旻	男	通信工程	重庆市	重庆市电力公司綦南供电局	重庆市
230	陈迅	男	计算机科学与技术	贵州省	中电投贵州金元集团股份有限公司习水发电厂	贵州省遵义市
231	金琰	女	计算机科学与技术	宁夏	中国农业银行股份有限公司宁夏分行	宁夏银川市
232	银庆譞	男	计算机科学与技术	贵州省	贵州北盘江电力股份有限公司	贵州省贵阳市
233	纳宁	男	计算机科学与技术	宁夏	宁夏隆基宁光仪表有限公司	宁夏银川市
234	朱辛湖	男	计算机科学与技术	陕西省	西藏人力资源和社会保障厅	西藏拉萨市

续表

序号	姓名	性别	专业名称	生源地区	单位名称	单位所在地
235	何旭锋	男	计算机科学与技术	甘肃省	中国移动通信集团甘肃有限公司	甘肃省兰州市
236	吴俊霖	男	计算机科学与技术	广西	永福供电公司	广西桂林市
237	田维维	女	电子科学与技术	贵州省	安顺供电局	贵州省安顺市
238	刘颖	女	电气工程及其自动化	湖北省	广西电网公司贵港供电局	广西贵港市
239	陈翔	男	电气工程及其自动化	四川省	成都电业局	四川省成都市
240	田天	男	电子科学与技术	宁夏	中国农业银行股份有限公司宁夏分行	宁夏银川市
241	金程	男	电子科学与技术	云南省	国营云南燃料一厂	云南省陆良县
242	潘东东	男	软件工程	河南省	西藏电力有限公司	西藏拉萨市
243	刘勇	男	软件工程	青海省	中国电信股份有限公司青海分公司	青海省西宁市
244	德吉央宗	女	软件工程	西藏	中国人民银行拉萨中心支行	西藏拉萨市
245	周鑫	男	软件工程	云南省	中国联合网络通信有限公司玉溪市分公司	云南省玉溪市
246	刘鑫	男	软件工程	重庆市	重庆市电力公司信息通信分公司	重庆市
247	李滨	男	软件工程	甘肃省	中航飞机股份有限公司汉中飞机分公司	陕西省汉中市
248	王立磊	男	软件工程	宁夏	中国农业银行股份有限公司宁夏分行	宁夏银川市
249	汪俊	男	建筑环境与设备工程	湖北省	中国长江三峡集团公司	四川省成都市
250	杨淼滢	女	信息管理与信息系统	河南省	国际商业机器科技(深圳)有限公司成都分公司	四川省成都市
251	韦思民	男	信息管理与信息系统	陕西省	榆林市供电公司	陕西省榆林市
252	陈娜	女	工程管理	甘肃省	武威市人力资源和社会保障局	甘肃省武威市
253	季斯林	男	工程管理	贵州省	贵州电力工程建设监理公司	贵州省贵阳市
254	杜秀花	女	工程管理	青海省	西藏人力资源和社会保障厅	西藏拉萨市
255	师一姝	女	工程管理	陕西省	陕西镇安抽水蓄能有限公司筹建处	陕西省延安市
256	佟晚婷	女	工程管理	新疆	国电电力新疆新能源开发有限公司	新疆乌鲁木齐市
257	高世奎	男	工程管理	云南省	中国长江三峡集团公司	四川省成都市
258	朱爽	男	工程管理	贵州省	贵州建工集团有限公司	贵州省贵阳市
259	李佳伟	男	工程管理	内蒙古	内蒙古东部电力有限公司电力经济技术研究院	内蒙古呼和浩特市
260	王丽	女	工程管理	宁夏	西藏电力有限公司	西藏拉萨市
261	余季蔓	女	工程管理	云南省	中国光大银行昆明分行	云南省昆明市
262	杨春英	女	工商管理	贵州省	四川川锅锅炉有限责任公司	四川省成都市
263	杨斌	男	工程管理	江西省	东方电气集团东方锅炉股份有限公司	四川省自贡市
264	李秀明	男	工商管理	云南省	厦门航空有限公司昆明营业部	云南省昆明市
265	李忻劼	女	会计学	广西	南宁铁路局	广西南宁市
266	刘坤	男	会计学	河南省	黄河上游水电开发有限责任公司	青海省西宁市
267	何旭	男	会计学	宁夏	中国农业银行股份有限公司宁夏分行	宁夏银川市
268	王萍	女	会计学	陕西省	陕西重型汽车有限公司	陕西省西安市
269	黄兰雁	女	会计学	广西	广西电网公司贵港供电局	广西贵港市
270	苗新	男	会计学	内蒙古	特变电工新疆新能源股份有限公司	新疆乌鲁木齐市
271	李娟娟	女	会计学	宁夏	中国农业银行股份有限公司宁夏分行	宁夏银川市
272	龚婷	女	会计学	云南省	中国电信股份有限公司云南分公司	云南省昆明市

续表

序号	姓名	性别	专业名称	生源地区	单位名称	单位所在地
273	刘依	女	财务管理	甘肃省	西藏人力资源和社会保障厅	西藏拉萨市
274	郑琪凡	女	财务管理	广西	广西北部湾银行股份有限公司	广西南宁市
275	雷应欢	男	财务管理	贵州省	云南华电镇雄发电有限公司	云南省镇雄县
276	陈景睿	男	财务管理	宁夏	国电大武口热电有限公司	宁夏石嘴山市
277	李江南	女	财务管理	四川省	中国民生银行股份有限公司信用卡中心	四川省成都市
278	梁冰心	女	财务管理	新疆	国家电网公司运行分公司哈密管理处	新疆哈密市
279	王晓萌	女	财务管理	云南省	中国建设银行股份有限公司云南省分行	云南省昆明市
280	王志宏	男	财务管理	甘肃省	宁夏银灵煤炭运销有限公司	宁夏银川市
281	耿晓晨	男	财务管理	河北省	内蒙古电力(集团)有限责任公司锡林郭勒电业局	内蒙古锡林郭勒盟
282	姜朋礼	男	财务管理	河南省	平坝供电局	贵州省平坝县
283	海日	女	财务管理	内蒙古	内蒙古电力(集团)有限责任公司	内蒙古呼和浩特市
284	马娟	女	财务管理	宁夏	中国建设银行股份有限公司宁夏分行	宁夏银川市
285	李成龙	男	财务管理	新疆	特变电工新疆新能源股份有限公司	新疆乌鲁木齐市
286	买合木提.吐尔逊	男	财务管理	新疆	新疆巴州人民医院	新疆库尔勒市
287	罗希	女	财务管理	云南省	中国建设银行股份有限公司云南省分行	云南省昆明市
288	丁伟成	男	人力资源管理	广西	广西电网公司钦州供电局	广西钦州市
289	孔超	男	人力资源管理	湖南省	四川大唐国际甘孜水电开发有限公司	四川省康定县
290	郭昕亮	女	人力资源管理	辽宁省	广西电网公司南宁供电局	广西南宁市
291	甄翔宇	男	人力资源管理	内蒙古	内蒙古东部电力有限公司呼伦贝尔供电公司	内蒙古呼伦贝尔市
292	尼玛曲珍	女	人力资源管理	西藏	西藏电力有限公司	西藏拉萨市
293	张志伟	男	电子商务	内蒙古	西藏人力资源和社会保障厅	西藏拉萨市
294	周亚坤	女	电子商务	西藏	成都市人才流动服务中心	四川省成都市
295	李智乾	男	行政管理	新疆	交通银行股份有限公司新疆分行	新疆乌鲁木齐市
296	李禹阳	男	公共事业管理	贵州省	安顺供电局	贵州省安顺市
297	王鹏	男	公共事业管理	青海省	中国建设银行股份有限公司青海省分行	青海省西宁市
298	蒲文龙	男	劳动与社会保障	甘肃省	中国移动通信集团甘肃有限公司	甘肃省兰州市
299	许琴	女	劳动与社会保障	贵州省	贵州开磷(集团)有限责任公司	贵州省贵阳市
300	仝铁	男	劳动与社会保障	内蒙古	内蒙古电力(集团)有限责任公司	内蒙古呼和浩特市
301	周光亚	女	劳动与社会保障	青海省	重庆川仪调节阀有限公司	重庆市北碚区
302	詹木	女	劳动与社会保障	陕西省	西安供电局	陕西省西安市
303	李艺	女	劳动与社会保障	云南省	华能澜沧江水电有限公司	云南省昆明市
304	刘平	男	水利水电工程	贵州省	中国水利水电第十四工程局有限公司	云南省昆明市
305	吕吉奕	男	水利水电工程	青海省	黄河上游水电开发有限责任公司	青海省西宁市
306	李宇泽	男	电气工程及其自动化	陕西省	成都电业局	四川省成都市
307	杨再志	男	水利水电工程	云南省	华能澜沧江水电有限公司	云南省昆明市
308	周毅	男	水利水电工程	贵州省	贵州省送变电工程公司	贵州省贵阳市
309	魏俊杰	男	水利水电工程	宁夏	调峰调频发电公司天生桥水力发电总厂	贵州省兴义市

续表

序号	姓名	性别	专业名称	生源地区	单位名称	单位所在地
310	魏玉龙	男	水利水电工程	陕西省	成都人才有限责任公司(长江三峡技术经济发展有限公司)	四川省成都市
311	周从萍	男	水利水电工程	四川省	特变电工(德阳)电缆股份有限公司	四川省德阳市
312	马菊龙	男	水利水电工程	新疆	华电新疆发电有限公司	新疆乌鲁木齐市
313	许鑫	男	水利水电工程	云南省	天生桥一级水电开发有限责任公司水力发电厂	贵州省兴义市
314	雷施航	男	水利水电工程	重庆市	黄河上游水电开发有限责任公司	青海省西宁市
315	韦映钦	男	核工程与核技术	广西	广西人才交流服务中心	广西防城港市
316	张安春	男	核工程与核技术	贵州省	贵州金元发电运营有限公司盘南分公司	贵州省六盘水市
317	张元发	男	核工程与核技术	贵州省	重庆松藻电力有限公司	重庆市
318	张博泓	男	核工程与核技术	河南省	广西人才交流服务中心	广西防城港市
319	李泽骏	男	核工程与核技术	新疆	天职(北京)国际工程项目管理有限公司新疆分公司	新疆乌鲁木齐市
320	常春喜	男	风能与动力工程	甘肃省	特变电工新疆新能源股份有限公司	新疆乌鲁木齐市
321	王维贤	男	风能与动力工程	宁夏	宁夏大唐国际大坝发电有限责任公司	宁夏青铜峡市
322	王炳乾	男	风能与动力工程	四川省	华能澜沧江水电有限公司	云南省昆明市
323	帕尔哈提.阿不都热合曼	男	风能与动力工程	新疆	中国三峡新能源公司新疆分公司	新疆乌鲁木齐市
324	周海涛	男	风能与动力工程	云南省	中国大唐集团公司云南分公司	云南省昆明市
325	李治国	男	热能与动力工程	宁夏	宁夏大唐国际大坝发电有限责任公司	宁夏青铜峡市
326	马丽	女	风能与动力工程	青海省	黄河上游水电开发有限责任公司	青海省西宁市
327	周庆	男	风能与动力工程	四川省	云南省人才服务中心	云南省昆明市
328	朱继新	男	风能与动力工程	云南省	云南华电朵古风力发电有限公司	云南省昆明市
329	陈逊博	男	风能与动力工程	重庆市	云南省人才服务中心	云南省昆明市
330	何文科	男	风能与动力工程	甘肃省	特变电工新疆新能源股份有限公司	新疆乌鲁木齐市
331	李景荣	男	风能与动力工程	贵州省	贵州金元发电运营有限公司盘南分公司	贵州省六盘水市
332	熊乐刚	男	风能与动力工程	四川省	国电重庆风电开发有限公司	重庆市
333	刘师麟	男	风能与动力工程	重庆市	中广核风电有限公司贵州分公司	贵州省贵阳市
334	汪大宇	男	水文与水资源工程	贵州省	国电贵州电力有限公司红枫水力发电厂	贵州省清镇市
335	林敏	男	水文与水资源工程	湖北省	四川华电瓦屋山水电开发有限公司	四川省雅安市
336	卢夏萍	女	水文与水资源工程	浙江省	中国大唐集团公司广西分公司	广西南宁市
337	朱丽丽	女	会计学	新疆	特变电工新疆新能源股份有限公司	新疆乌鲁木齐市
338	陈伟	男	经济学	陕西省	神华国华广投(北海)发电有限责任公司	广西北海市
339	王锐	男	金融学	四川省	西藏人力资源和社会保障厅	西藏拉萨市
340	洛桑旦久	男	金融学	西藏	中国农业银行股份有限公司西藏分行	西藏拉萨市
341	瞿绍春	女	金融学	云南省	云南三明鑫疆集团有限公司	云南省昆明市
342	王照丽	女	经济学	广西	中国邮政储蓄银行防城港市分行	广西防城港市
343	方薇	女	金融学	贵州省	贵阳银行股份有限公司	贵州省贵阳市
344	刘琴	女	金融学	内蒙古	鄂尔多斯银监分局	内蒙古鄂尔多斯市

续表

序号	姓名	性别	专业名称	生源地区	单位名称	单位所在地
345	范再	男	经济学	陕西省	中国建设银行股份有限公司陕西省分行	陕西省西安市
346	张鹏杰	男	经济学	云南省	中国人民银行保山市中心支行	云南省保山市
347	苏立德	男	国际经济与贸易	新疆	招商银行股份有限公司乌鲁木齐分行	新疆乌鲁木齐市
348	张倩然	女	会计学	辽宁省	中国电力财务有限公司华中分公司	重庆市
349	徐修远	男	电气工程及其自动化	贵州省	贵州电网公司贵阳供电局	贵州省贵阳市
350	袁翔	男	电气工程及其自动化	陕西省	陕西省电力公司咸阳供电局	陕西省咸阳市
351	董雨佳	女	电气工程及其自动化	甘肃省	甘肃省电力设计院	甘肃省兰州市
352	简诗琴	女	电气工程及其自动化	陕西省	陕西省电力公司检修公司	陕西省西安市
353	彭文丁	女	电气工程及其自动化	陕西省	西安供电局	陕西省西安市
354	闵洁	女	电气工程及其自动化	陕西省	陕西省电力公司检修公司	陕西省西安市
355	范婷婷	女	电气工程及其自动化	内蒙古	内蒙古华电二连浩特新能源有限公司	内蒙古呼和浩特市
356	李茹	女	电气工程及其自动化	陕西省	陕西省电力公司西安供电局	陕西省西安市
357	魏璐	女	电气工程及其自动化	陕西省	铜川供电局	陕西省铜川市
358	李昱龙	男	电气工程及其自动化	陕西省	西安高压电器研究所有限责任公司	陕西省西安市
359	张策	男	电气工程及其自动化	陕西省	西安供电局	陕西省西安市
360	丁洁	女	电气工程及其自动化	陕西省	陕西省电力公司咸阳供电局	陕西省咸阳市

华北电力大学2013级新生入学成绩优秀奖获得者名单

（北京校部）

省份	姓名	科类	省份	姓名	科类
安徽	徐　舟	理工类	辽宁	吴　琼	理工类
	李永昌	理工类		蒋　潇	文史类
	赵九才	理工类	内蒙古	张　畅	理工类
	岳子贺	文史类		宗苑茹	文史类
北京	刘伟东	理工类	宁夏	杨博涛	理工类
	纪博云	文史类		张思佳	文史类
福建	岩龙挺	理工类		马　芳	文史类
	汪钰婷	文史类	青海	马忠英	理工类
甘肃	鲍　晨	理工类		刘　璇	文史类
	牟馥萱	文史类	山东	陈修鹏	理工类
广东	李肇敏	理工类		杨梦雯	文史类
	杨艺茵	文史类	山西	王喜森	理工类
广西	赵　罡	理工类		张梦雅	文史类
	杨云焱	文史类	陕西	马　喆	理工类
贵州	熊一蓉	理工类		李　悟	文史类
	杨　涛	文史类	上海	王天琪	理工类
海南	范小艳	理工类		李　昂	文史类
	严明红	文史类			

续表

省份	姓名	科类	省份	姓名	科类
河北	史清璞	理工类	四川	聂　昊	理工类
	王佳璐	文史类		陈余兰	文史类
河南	张展羽	理工类	天津	杨雨欣	理工类
	朱若晨	文史类		张一诺	文史类
黑龙江	徐贺煜	理工类	西藏	刘姝仪	理工类
	薛　瑞	文史类		刘青雨	文史类
湖北	叶立群	理工类	新疆	闫家铭	理工类
	李明阳	文史类		张　洁	文史类
湖南	陈冰莹	理工类	云南	孙　淼	理工类
	余昊俊之	文史类		尹俊欢	文史类
吉林	何金锐	理工类	浙江	翁俊凯	理工类
	王　佳	文史类		张　萍	文史类
	郑雯珈	文史类	江苏	周　磊	理工类
重庆	郑博文	理工类		尤希琦	文史类
	阮浩鸥	理工类	江西	刘　嵘	理工类
	叶　果	文史类		袁雨琦	文史类

（保定校区）

省份	姓名	科类	省份	姓名	科类
北京	姚泽平	理工类	河北	律　琳	理工类
	胡　京	理工类		何妍妍	理工类
	谢之凡	文史类		范永雪	文史类
甘肃	韩建沛	理工类		王春红	文史类
西藏	赵心伟	理工类	青海	吉成海	理工类
内蒙古	张　颖	理工类		王逸翔	理工类
	王小玲	文史类	广东	邹健鹏	理工类
江苏	陈　曦	理工类	重庆	付乾龙	理工类
湖南	廖明伟	理工类	新疆	郭宽宽	理工类
	费　珂	理工类		王志宇	理工类
	孔胡慧	理工类		艾则提艾力	文史类
江西	郭　彤	理工类	河南	李　蕾	理工类
浙江	陈　旸	理工类		侯帅超	理工类
黑龙江	孟凡奇	理工类	福建	李晨雄	理工类
	周欣达	文史类		洪庆亮	理工类
贵州	苏贞操	理工类		张淑琴	文史类
	陈　浩	理工类	广西	张思琦	理工类
	袁红霞	文史类		何俞霖	文史类
海南	庞　鹏	理工类	上海	孙军磊	理工类

续表

省份	姓名	科类	省份	姓名	科类
陕西	蔡昕原	理工类	吉林	玄智铭	理工类
	杨　帆	理工类		李兵兵	理工类
	钟书慧	文史类		申嘉宾	文史类
山西	南　婧	理工类	天津	赵振宇	理工类
	王兆君	理工类		刘　松	理工类
湖北	杨苒晨	理工类		张霭雯	文史类
	刘　慧	理工类	云南	李昊霖	理工类
宁夏	马中华	理工类		彭发路	文史类
	马晓波	理工类	山东	董国静	理工类
	蒯进元	文史类		张庆辉	理工类
辽宁	吕丹洋	理工类		马　振	理工类
	梁芷睿	理工类	安徽	罗晶晶	理工类
	李宝双	文史类		李　铮	理工类
四川	代春彬	理工类			

华北电力大学 2013 级研究生新生入学获特等奖学金名单

（北京校部）

鲁　旭	左一惠	王东来	崔文哲	朱丹丹	王建宇	肖梦佳	陈逍潇
赵俊杰	陈　启	凌云岬	孙　跃	赵中原	韩书梅	王书瑶	叶红豆
赵　璟	郑祥常	邢楠楠	叶　涵	刘世飞	卓卫乾	张　顺	李晓静
齐厚博	杨　旭	宋明强	赵京昌	刘　雨	袁　博	张　帆	胡家驹
陈开风	闫娇娇	付　明	赵宇飞	王渤权	李　晓	李晓曦	李丹丹
牛　倩	李　露	言语佳	白田田	司天琪	孙振兴	谭良红	徐　婷
蒋国安	何　强	徐　汉	肖丛杰	孙艳宇	罗　夏		

（保定校区）

李志伟	渠卫东	王　彦	许崇新	周红婷	赵梦雅	刘宏宇	梁子贤
张广勇	李　倩	王鹏程	田　欢	韩　旭	史良宵	祝云飞	张小玲
胡思磊	赵建坤	孙　婕	倪中洲	毛　冬	叶治宇	刘　帅	伍　洋
邓天白	张新胜	孙　平	王光丽	李　慧	李银玲		

华北电力大学2013年学生文艺科研类社会获奖情况一览表

（北京校部）

一、文艺类

获奖级别	获奖名称
国家级	首届“激情梦想·两岸同心”大型艺术节，金奖、最佳指挥奖、最佳钢琴伴奏奖
国家级	《歌声与微笑》节目录制 第四名
北京市	北京市高科大学联盟短剧相声大赛 获得相声二等奖 短剧《蠢货》获得三等奖
北京市	北京合唱节 蓝色动力合唱团获得成人组金奖
北京市	第四届北京市大学生艺术展演 舞蹈类：《蝴蝶飞》《爱情蒙太奇》一等奖，《怒放的生命》二等奖器乐类：《枣园春色》《欢乐歌（改编）》一等奖 声乐类：《星航》《tea for two》一等奖短剧朗诵类：《海那边》《时光胶囊》《梦想的中国》一等奖，《为人民服务》《路》二等奖

二、科研类

获奖级别	获奖名称
国家级	光伏下乡可行性与应用前景的调查与研究获得2013年“挑战杯”课外学术科技作品竞赛二等奖
北京市	基于太阳能中低温利用技术的集热蓄热系统获得2013年“挑战杯”课外学术科技作品竞赛一等奖
北京市	新型振荡水柱式海洋波浪能发电装置获得2013年“挑战杯”课外学术科技作品竞赛一等奖
北京市	城市快速扩张过程中农村土地确权登记的调查研究——以北京市延庆县为视角获得2013年“挑战杯”课外学术科技作品竞赛一等奖
北京市	北京市平谷区农村绿色节能建筑的调查研究获得2013年“挑战杯”课外学术科技作品竞赛二等奖
北京市	新型农村合作医疗保障外出农民工权益的调查研究——以河南省固始县四个乡为例获得2013年“挑战杯”课外学术科技作品竞赛二等奖
北京市	储气式健身器材发电系统获得2013年“挑战杯”课外学术科技作品竞赛二等奖
北京市	基于“十二五”规划的电力行业节能减排调研及电力发展建议——以上海市为例获得2013年“挑战杯”课外学术科技作品竞赛二等奖
北京市	搭载健康参数检测及报警装置的智能轮椅获得2013年“挑战杯”课外学术科技作品竞赛二等奖
北京市	零等待安全便捷快递派发系统获得2013年“挑战杯”课外学术科技作品竞赛二等奖
北京市	图书馆自动还书机获得2013年“挑战杯”课外学术科技作品竞赛三等奖
北京市	可壁面切换的分体吸附式爬壁机器人获得2013年“挑战杯”课外学术科技作品竞赛三等奖
北京市	智慧旅游全方位信息系统——以北京故宫旅游舒适度为例获得2013年“挑战杯”课外学术科技作品竞赛三等奖
北京市	大学生知识创新成果保护与应用的调查研究——以北京市的八所高校为例获得2013年“挑战杯”课外学术科技作品竞赛三等奖

三、社会类

获奖级别	获奖名称
北京市	“怀揣中国梦 志愿青海行”团队获得2013年首都大学生暑期社会实践优秀团队光荣称号
北京市	“追寻党的足迹，共铸中国梦”团队获得2013年首都大学生暑期社会实践优秀团队光荣称号
北京市	“中国电科院实践小组”团队获得2013年首都大学生暑期社会实践优秀团队光荣称号
北京市	北京市永定河“绿色生态发展带建设”现状调研团队获得2013年首都大学生暑期社会实践优秀团队光荣称号

续表

获奖级别	获奖名称
北京市	陕西省延川县梁家河村可再生能源利用的现状调查小组获得2013年首都大学生暑期社会实践优秀团队光荣称号
北京市	梦在前方——内蒙古镶黄旗实践团队获得2013年首都大学生暑期社会实践优秀团队光荣称号
北京市	“天津环保行”暑期社会实践团团队获得2013年首都大学生暑期社会实践优秀团队光荣称号
北京市	华北电力大学能动11级学生党支部暑期社会实践团队获得2013年首都大学生暑期社会实践优秀团队光荣称号
北京市	灯火暑假实践实践团获得2013年首都大学生暑期社会实践优秀团队光荣称号
北京市	“追寻党的足迹　熔铸红色青春”华北电力大学人文学院学习实践调研团获得2013年首都大学生暑期社会实践优秀团队光荣称号

（保定校区）

获奖项目	获奖级别	获奖等级	获奖队数
第十三届“挑战杯”大学生科技创新竞赛	国家级	二等奖	2
		三等奖	4
	省部级	特等奖	4
		一等奖	8
		二等奖	11
		三等奖	1
第六届全国大学生节能减排社会实践与科技竞赛	国家级	一等奖	2
		二等奖	1
		三等奖	8
第十七届“外研社杯”全国大学生英语辩论赛	国家级	三等奖	2
2013年“飞思卡尔杯”全国大学生智能车竞赛	省部级	二等奖	1
		三等奖	2
		优秀奖	1
第四届全国高校环保科技创新设计大赛	省部级	金奖	1
		银奖	1
		铜奖	2
“二零一三全国高等院校企业竞争模拟大赛”	省部级	三等奖	1
2013年中国大学生创业计划竞赛“网络虚拟运营”专项竞赛	省部级	二等奖	1
“二零一三全国MBA培养院校《企业竞争模拟》大赛”	省部级	一等奖	1
第十四届河北省“世纪之星”英语演讲大赛	省部级	一等奖	4
		二等奖	3
		三等奖	1

华北电力大学2012—2013学年度学生评优获奖名单

华北电力大学2013年获国家奖学金学生名单

（北京校部）

一、电气与电子工程学院

博士:13人

程述一	许建中	郑　宽	张　剑	刘　灏	李学宝	张　旭	金　鹏
朱星阳	许国瑞	朱　雷	夏　澍	李　丰			

硕士:35人

姜　喆	曹松伟	段春明	王治宇	刘建寅	贾鹏飞	王鹏伍	李盈枝
何　倩	魏　娟	王小明	张　磊	季　节	刘文静	王朝亮	程雪婷
龚　群	乔　真	张清鑫	张　峰	于　洪	周恩泽	曹文彬	孙小燕
苏　斌	陈婧华	苏靖棋	俞隽亚	蔡万通	郭津瑞	皇甫羽飞	俞露杰
彭茂兰	张惠汐	赖程鹏					

本科:26人

梁少林	田彦鹏	晋宏杨	朱　佳	粟子明	牛淑娅	涂　京	邱　扬
余笑东	张雨薇	卢东祁	华笑延	王　宇	周　喆	张蒙晰	苗晓晓
林　童	金东亚	张宇熙	肖　伊	任瀚文	周奕瑶	蔡昆仑	李　慧
彭　丽	赵小博						

二、能源动力与机械工程学院

博士:14人

田永兰	阎　洁	葛翔宇	姜　龙	汪　涛	信　晶	张　琛	周　雅
姜永健	王利刚	祝　颖	董　聪	付殿峥	王天虎		

硕士:19人

许晓春	杨　斌	谢　典	徐　婧	付　丽	徐文进	仲雅娟	任丽霞
王泽森	刘　洋	丁　捷	朱竞男	王　能	吴令男	杨　洋	苏子威
吴　迪	温静雅	张嘉琪					

本科:16人

王　野	郑炯智	梁　朋	金　武	彭　波	徐　璋	陈登高	徐士猛
夏单城	顾令东	唐三力	国旭涛	曾文伟	朱　月	冯家欢	胡楚云

三、经济与管理学院

博士:5人

张　鲲	薛　松	魏亚楠	杨益晟	许儒航

硕士:12人

祖丕娥	李　杨	李泽众	朱　琳	王　冰	王　蕾	高　敏	鞠立伟
韩　颖	李娜娜	祁　晨	冉　曦				

本科:17人

白俊维	国潇丹	韦倩如	陈康婷	田鹏声	蒋桂武	周瑜智	柳丽莎
谭粤元	夏慧聪	张嘉玉	李　冉	唐一品	徐天娇	倪润年	戴舒羽

顾欣媛

四、控制与计算机工程学院

博士:5 人

张金营　吕游　孔小兵　任密蜂　孟庆伟

硕士:17 人

马莉　党芳芳　黄琳华　罗晗　宋自立　张倩媛　王以良　程博昊
陈跃燕　郭森　姜蔓　钟振芳　甘密　岳丹　熊晶　徐奕昕
刘明亮

本科:15 人

王斯莹　侯杰　颜世增　刘岚　汪细勖　燕卫政　陈溪　汪鼎民
李佳佳　王家兴　曹杰　邱淼波　刘建波　胡赟昀　王睿

五、人文与社会科学学院

硕士:2 人

陈溪　刘婧一

本科:6 人

林思佳　王迪　李莉　胡枭峰　黄陈辰　鲍志超

六、外国语学院

硕士:2 人

姜妍文　朱红静

本科:2 人

黄诗音　李殊一

七、数理学院

硕士:2 人

吕朋丽　张帆

本科:2 人

杨家莉　吴梓川

八、可再生能源学院

硕士:5 人

曹桢　徐琦　牛志愿　廖航涛　夏忠喜

本科:9 人

郭宇耀　董晓晨　邱鹏　郑凡　韦永江　羊冰清　胡莎　段喻琳
赵裕童

九、核科学与工程学院

硕士:2 人

段军　高彬

本科:5 人

张亮　田俊　罗思民　马泽华　衣聪慧

十、国际教育学院

本科:6 人

曹孟珽　王历晔　刘梦　刘思颖　林瑶琦　李昊

（保定校区）

一、电力工程系

硕士:17 人

赵　亮	王飞龙	陈　亮	张　佩	江明亮	张军强	寇　薇	李云霄
李　涛	林　鹏	王旭斌	赵　坤	王春梅	黄国林	李芷筠	范环宇
李岩松							

本科:18 人

郭学成	李　瑞	由　强	韩佳溗	陈群杰	焦　昊	王梓博	杨宏宇
林　荧	项佳宇	靳伟佳	陈　垒	蒋晨阳	崔笑菲	范文杰	贾孟硕
邢佳妮	邓莉荣						

二、电子与通信工程系

硕士:5 人

沈丹凤	刘　玮	于　洋	张　永	谢思哲

本科:5 人

黄世亮	吴林艳	钱佳宁	岳彩昭	王奕腾

三、动力工程系

硕士:9 人

裴建军	彭文平	王　佳	于鑫玮	刘锦廉	陈顺青	吴伟铭	许加庆
杜　燕							

本科:12 人

顾君苹	李帅帅	闫　鑫	梁新宇	和　鹏	武丽蓉	张尧康	胡皓玮
方　远	王盖安	李鹏飞	虞熠鹏				

四、机械工程系

硕士:4 人

王晓龙	詹长庚	庞尔军	侯兰兰

本科:12 人

周仲强	赵金鹏	马一丹	韩永强	绳菲菲	张　磊	范忠岳	王　勇
李　盼	张贻娜	高玉洁	刘　晗				

五、自动化系

硕士:7 人

刘鑫沛	王　松	高志元	王瀛洲	张君颖	侯晓宁	张会超

本科:8 人

宋凯兵	马　林	王　桐	盛碧霞	王卫宁	袁一丁	刘　霜	韦冬梅

六、计算机系

硕士:5 人

赵　硕	张　凡	张滕英	明　镜	冯理达

本科:8 人

周　雪	马娟娟	马重申	张雅涛	李　晨	冯旖旎	时欣悦	吉瑞芳

七、环境科学与工程学院

硕士:4 人

崔　帅	刘　枫	宋卉卉	藏　斌

本科:6 人

陈国庆	曾显清	陈　晨	徐冰漪	熊远南	王添颢

八、经济与管理学院

硕士:7 人

高　艳	王　超	裴乐萍	马天男	徐龙秀	杨晓叶	田　鹏

本科:7 人

魏　昕	孙静怡	田月怡	徐燕锋	叶凯文	刘弦弦	苏　蕾

九、法政系(含政教部)

硕士:1 人

陈　忝

本科:3 人

何　一	高　敏	汤爱学

十、英语系

硕士:1 人

卢沛沛

本科:2 人

张　怡	向星蓉

十一、数理系

硕士:1 人

李海平

本科:3 人

贾　广	顾　杰	韩　博

十二、国际教育学院

本科:2 人

张雪原	韩明宇

华北电力大学 2012—2013 学年度国家励志奖学金获奖学生名单

(北京校部)

电气与电子工程学院:60 人

刘思华	龙　穆	明　捷	储　倩	安佰鹏	甘　荣	杨彦宝	陈　冲
黄美琴	兰文光	王多万	张慧慧	黄　丹	杜梦楠	王　丽	张梦媛
田　轲	王美丽	王　进	郭裕群	龙日尚	张红颖	石　城	徐　歌
孟东东	代丽娟	王俊生	何国佩	孟繁星	竹俊俊	韩　通	杨俊威
魏　征	田　浩	王　蒙	王　超	潘　英	杨艳敏	刘飞飞	张　浩
李　盈	杨志超	刘鑫滢	仝璐瑶	李　斌	文正锋	孙　健	邵天赐
郭双娟	许苏迪	张云帆	陈志敏	谢文强	孙宁姚	姚川东	何　兴
邹俊嵘	王美兰	王停娟	揣依娜				

能源动力与机械工程学院:67 人

饶承彪	吴瑞鹏	赵　俊	李定强	常乔磊	卢尔芬	仪　凯	金　鑫

段栋伟	尚天坤	黄显威	朱天青	黄　畅	刘丽丽	欧荣旭	张　军
姚维芳	张　良	蒙才迎	高　远	刘　健	沈　新	杨　霏	王　胜
孙旭鸿	鲁敬妮	宋　涛	李雅丽	申　鹏	白雪亮	张　雪	贾润强
冯沛飞	孙　依	朱胜森	王德富	云　飞	胡贺超	李百航	黄应红
崔欣莹	宋文浩	王　迪	闫丽萍	曹　茜	张　豪	陆紫君	王斌辉
阮　冲	吴鑫杰	姜义虎	楼雪青	陈龙平	李　兵	时　华	孙　婧
张英杰	周陈颖	陈美伶	马　莉	龚　燕	周　鑫	王　群	朱茂川
秦　汉	李承周	谭天宇					

经济与管理学院:51 人

王　娅	蔡萧容	纵翔宇	刘　凯	张永月	张向荣	王文晶	范耀文
兰　贝	潘文君	潘照旺	计丽妍	黄雅莉	王俊龙	牛亚东	姚蒙蒙
李　真	胡　勇	张弘扬	刘　勤	朱国栋	张　文	玄雅琳	孙　静
赵　玲	王敏哲	刘　定	白婧萌	杨　双	郑　强	林　卫	吴　磊
黄　昊	宾　凤	李　敏	潘张益	邓凤娟	李　敏	郭　飘	朱宇佳
雷　迪	江林森	陈文培	涂传英	陈慧敏	陆　昊	刘　佩	刘　娟
秦　磊	秦鹏飞	袁程浩					

控制与计算机工程学院:62 人

游德鼎	黄　蕙	董俞宏	吴国勋	林再法	高耀岿	张　莉	姜漫利
戚晓虎	王雪梅	杨崇品	马晓宇	王杰玉	王亚男	席亚娟	罗　丹
王　刚	李　林	陈祖歌	孟春雷	王　斌	严国栋	付胜国	敖　鑫
王婉君	陈丽雪	高一鸣	孙建建	莫欣睿	苏　晴	杨国伟	陈丽娟
张继业	孙　楠	杨　洋	郭玉威	王　娟	孟格思	余圆圆	魏家辉
张庆林	于　朋	杨雅兰	闫　东	朱　赟	陈　桐	王志玺	陆铮涛
熊　英	董承园	柳　娜	郑　捷	支冬梅	郑艳秋	杨娜云	尚青兰
廖　文	周　卓	赵晋川	蔡娴静	刘小源	郑世强		

人文与社会科学学院:19 人

丁　芳	张宣栋	韩菲菲	姜佳婷	杨　静	周洪坤	郝甜莉	李雪松
蒙丽娜	沈兴辉	殷静静	黄蕾宇	谢向荣	张国峰	张　敏	陈　义
李梦妤	王　欢	赵　钱					

可再生能源学院:34 人

刘　慧	李　蒙	王雪玲	林常枫	延　平	王加慧	方雨康	丁　平
董世德	王艳宁	吴志毅	谢　玄	陆　明	何文栋	吴帅锦	胡　斌
祁荷音	徐小雪	李　宁	陈梦圆	罗莹莹	黄康丰	庞辉庆	薛鑫宇
赵泽湖	惠林博	李春辉	李　伟	张镇西	杨　熠	李建昌	黄程东
侯晓娟	马　晨						

外国语学院:5 人

徐　娜	王海枫	王晨玺	宋　佳	王慧智

数理学院:10 人

李　亚	张东杰	俞永增	梁　秋	段　波	马　帅	徐雅惠	周　林
王　鹏	马佳宁						

核科学与工程学院:19 人

方晓璐	付　玉	李华贵	曾晓佳	邱　斌	吕红梅	丁　涛	汪　喆

任婧雯	田　聪	王喜祥	王　达	陈凯平	魏　岑	张白驹	张　雷
罗　飞	欧阳斌	薛　冰					

（保定校区）

电力工程系:58 人

计会鹏	焦　洁	王小飞	肖　燕	许菲菲	程华新	刘海航	刘　帅
任海鹏	岳贤龙	宋士蛟	沈　丽	韩　然	陈吉红	胡彦婓	孙玉晶
殷天锋	郑伟烁	苏祥弼	肖志恒	李酒林	彭　柳	张晓春	张振法
马彩娟	杨晓言	李　梦	孟金棒	陆文娇	黄玲玉	钟　平	朱雪雯
占梦瑶	李颜丽	张朕搏	王　强	赵　宝	李　冬	曹亚钊	李立周
周立栋	林酉阔	周晓峰	张　锴	李　森	王江伟	许英强	戴　明
李东旭	彭远会	高亚鉴	刘玉珩	吴夏洁	赵泽锋	李洪文	袁秋宁
赵晨晨	王　迪						

经济管理系:24 人

张天翊	熊建武	王　鑫	常晓辉	毛舜杰	谢　念	王小燕	李　夕
李慧娟	蔡蓉蓉	张冠群	彭小珂	牛晶磊	付亚男	李　威	牟晓梦
李　芳	张　娜	窦洪杰	王君剑	孙　涛	赵文园	郭苗苗	黄丽娟

电子与通信工程系:17 名

陆春风	文春燕	李　颖	张恩杰	张羽松	王　明	王扶文	常　秋
刘华森	许　密	冯妍妍	徐　想	夏　露	张　宁	詹佳彬	张　艳
苏珍香							

动力工程系:39 人

李　祥	汪振飞	宋道润	屈柯楠	张伟勇	杨　光	周广钦	庞永超
海云龙	梁杏茹	何　东	刘国富	胡　璠	周　正	郑展鹏	谢海萍
李晓楠	班潇文	王青会	王新赫	莫荣杰	杨　广	祁　超	何　伟
洪有耀	余文进	刘林茹	郭殿奎	李　允	袁　博	葛　臣	马玉锋
周安鹂	许　勉	孟令彬	丁伟婧	蒋慧卿	甘汶艳	曹枭彪	

法政系:11 人

任建慧	赵英丽	孙兆辉	甘青锋	王文思	周　晨	侯　佳	蔡丽霞
武秀丽	郭少云	温若帆					

环境科学与工程学院:18 人

袁　博	杨春燕	史春霞	沈　甜	林良伟	刘　娟	许田广	郗　萌
解娇娇	李江鹏	朱丽萍	张立东	杨莫愁	王炳然	杨　康	何德瑞
陈　兴	黄　凯						

机械工程系:37 人

丁晓萌	黄　凯	卢文博	段明浩	梁介众	段广鹏	解宁宁	纪丽静
寇海强	张克青	罗　龙	李红梅	曲名燕	孙明耀	陈家炜	赵金健
任　璐	赵晓迪	廉　涛	伍世良	程　龙	宋松涛	邹小红	张秋爽
刘　琰	金　龙	张艺伟	汪新康	曹应平	庞圣养	李洪文	赵　剑
李海超	张　科	汪文秀	刘　鹏	张国英			

数理系:10 人

朱姗姗	代家丞	臧晓玲	尹　旭	汤　潘	陈志华	王艳玲	苏　娇
王　磊	刘彤彤						

计算机系:27 人

张幸芝	苏　航	李秋娅	苏艳娇	韩龙美	陈　谢	梁静娟	尹晓阳
姜苏洋	郭　雯	刘莉菲	马利洁	郭鹤旋	韩金新	朱晓琳	孟令虎
施少龙	王艳阳	李玉伟	张　鹏	李　晶	梁文斌	王兴兰	闵　丹
金强强	王　棋	王艳艳					

自动化系:25 人

夏丹丹	王艳飞	王　琳	康莹莹	贾晓霞	张天航	李　晴	李林芸
张晓伟	詹文超	吴延群	张木柳	赵珈靓	顾　瑾	刘　葵	赖　咪
李　静	徐珮宸	张凤南	韩宜轩	池浩淅	杨新宇	庄文秀	文　月
吴梦莹							

英语系:4 人

李姗姗	李　琛	汪美芳	侯　钰

华北电力大学 2012—2013 学年度校长奖学金获奖学生名单

(北京校部)

电气与电子工程学院:2 人

包吉强	郑　宽(博士)

能源动力与机械工程学院:2 人

吴　迪(硕士)	王天虎(博士)

经济与管理学院:1 人

薛　松(博士)

控制与计算机工程学院:1 人

侯　杰

人文与社会科学学院:1 人

张　涛

(保定校区)

电力系:2 人

李　瑞	陈　亮(硕士)

经管系:1 人

田月怡

自动化系:1 人

马林

华北电力大学 2012 – 2013 学年度学生综合奖学金、单项奖学金获奖学生名单

（北京校部）

一、一等奖学金:438 人

电气与电子工程学院:111 人

田彦鹏	郝悦辰	明 捷	苏晨博	李玉容	牛淑娅	刘思华	袁之康
陈鹏伟	樊 玮	李 飞	夏 鹏	张宇琨	崔 姗	王笑凯	于 钊
邱 扬	涂 京	尹毅然	付鹏宇	李英姿	徐 斌	余笑东	任哲锋
张姝贝	郭裕群	陆格野	周冬升	梁少林	王光波	晋宏杨	刘敬诚
王 进	刘 洋	孙 雪	粟子明	王 萌	朱佳佳	杨彦宝	王 宇
任 艺	林 童	周子青	李先锋	金东亚	吴 晨	付 强	卢东祁
东野忠昊	关 睿	杨佳艺	张雨薇	华笑延	刘 阳	周 正	蔡 博
徐国旺	朱 晨	成 敏	代 航	陈子君	汪执雅	吕思齐	马安安
杨 帆	陈紫薇	龙日尚	潘 英	张蒙晰	杨艳敏	刘飞飞	张 浩
苗晓晓	周 喆	张立凡	周奕瑶	包吉强	王京琦	郭晓茜	汪宜航
蔡昆仑	井 皓	权 超	姚川东	吴 丹	肖 伊	张宇熙	张 敏
尉怡青	熊雯婷	殷子寒	薛 腾	李 慧	许苏迪	郭旭升	郭双娟
任瀚文	李欣蔚	姜 涵	邹海涵	郑 雄	曾梓鹏	康文博	郑凯元
彭 丽	沈雅琦	刘利亚	赵禹辰	赵小博	谢文强	吴 杨	王 颖

能源动力与机械工程学院:69 人

叶加良	王 琦	彭 波	梁 朋	常乔磊	董 伟	郑炯智	李 钞
张 军	王 野	陈登高	李彦龙	李兆豪	朱天青	黄 畅	孙 莹
孙伟娜	张一迪	刘 兴	马小琨	余晓辉	徐 璋	金 武	徐鸿飞
徐士猛	高 远	夏单城	李 创	沈 新	杨 霏	顾令东	唐三力
国旭涛	韩瑞午	张庭祎	王 胜	张雨檬	周 强	龙 宇	丁泽宇
孙旭鸿	鲁敬妮	王 帅	何晗玮	王 刚	王婧超	唐 昊	朱 月
周陈颖	张 欢	杨金垚	徐 尚	谢国超	项晓强	吴 杰	王 炼
王斌辉	时 华	沈云超	宁中正	刘芳琪	姜义虎	黄吉光	胡楚云
韩晓光	龚彦豪	冯家欢	陈姝宇	曾文伟			

经济与管理学院:70 人

白俊维	王单单	徐思琪	许 克	纵翔宇	刘 凯	郑枫婷	胡远芬
韩 佳	王文晶	张向荣	范耀文	韦倩茹	张骁铂	蒋桂武	兰 贝
郑书誉	刘子涵	田鹏声	国潇丹	覃泓皓	陈康婷	黄雅莉	郭 潇
钦秋萍	王艺歌	巢方毅	杨蕙嘉	胡 勇	张弘扬	夏慧聪	周世洁
周瑜智	刘 勤	王义峰	刘龙泽	李 真	韩晓宇	张嘉玉	谭粤元
郝凌岳	韩梦文	李 冉	李雯乐	柳丽莎	张天硕	刘梦琦	全恒禛
徐天娇	祝雨歆	胡诗仪	李玲闻樱	江林森	王 慧	戴舒羽	李勉芝
张 妍	潘哲煜	唐一品	殷商莹	曾怡平	徐丹蕾	张一凡	孟诗语
郝永康	顾欣媛	朱心慈	王 梦	倪润年	袁成浩		

控制与计算机工程学院:61 人

王斯莹　郑可轲　黄蕙　韩博　张怡　侯杰　崔靖涵　包喜春
张维　杨卓　朱东阳　解昊晗　周琬婷　颜世增　罗丹　汪细勖
姜珂　李林　刘岚　王斌　王家兴　杨阳　简一帆　李晨星
刘杨中华　高一鸣　吴锦莹　高信腾　孙建建　燕卫政　邸小慧　付胜国
陈丽雪　姚远　陈溪　孟格思　汪鼎民　李绣雯　李佳佳　金乘成
孙泽宇　曹杰　张怡冰　张栗楠　罗智凌　江爱兵　周光东　王旭阳
王其玉　王睿　杨娜云　郑艳秋　郭斌　胡赟昀　李艳军　张松涛
李航　刘建波　刘献强　尹丽娟　邱淼波

人文与社会科学学院:25 人

雷崇鸽　陈一丹　谢益桂　张涛　侯洁林　贾阳春　王迪　林思佳
胡枭峰　陈晓旭　黄陈辰　李雪松　王若谷　李娉　靳子乐　赵奕凯
邢瑶　朱玉红　李梦妤　马麟　杨倩茹　谢向荣　鲍志超　王欢
李莉

外国语学院:8 人

徐娜　臧紫一　周瑶　黄诗音　朱悦　孙微子　李殊一

数理学院:9 人

杨家莉　李亚　吴梓川　贾玉改　冯乐　徐雅惠　吴鑫莹　游臻俊
马佳宁

可再生能源学院:39 人

郭宇耀　方雨康　孙晓丹　刘慧　郑凡　徐真　陈杰威　李玮
王艳宁　邱鹏　董晓晨　赵裕童　李欣　张文霞　罗莹莹　羊冰清
胡莎　陈梦圆　韦永江　徐小雪　黄娟　詹芳蕾　祁荷音　段喻琳
陈颖　汪东飞　朱颖　李春辉　姜佳慧　盛慧　尹宜夫　李博文
张慧娟　尹智斌　吴嘉杰　鲁俊良　李伟　曲映溪　裘丛民　陈文超

核科学与工程学院:19 人

张亮　田俊　方晓璐　付玉　许鑫　常牧　罗思民　衣聪慧
马泽华　许爱威　汪喆　张薇　葛良军　陈凯平　李楠　彭珊
范思远　唐思邈　魏岑

国际教育学院:27 人

王玥琪　李晓霞　李晓婷　李兰瑛　杨叶昕　岑梦佳　杨振宇　何畏
徐梦恬　刘高远　马骏鹏　高可君　贾曦萌　孙聪　刘岳　孙广增
邢颖　徐航　褚忠达　康孟佳　曹诗云　方铎　张海华　毛梦婕
宋沂邈　卢舢　韦祎凡

二、二等奖学金:914 人

电气与电子工程学院:221 人

郭培林　李颖　李子昂　杨项君　黄涵颖　刘海钢　刘志林　乔训龙
周黄山　张尧　林一峰　孙雅旻　张琦　陈冲　吴素我　陈金涛
司梦　叶晓琪　曹彬　赖志超　刘艺　温静孜　谢瀚阳　曹凯
艾博　宋正坤　袁艺嘉　闫然　周楠　郭子炘　李玟萱　赫嘉楠
黄震希　李洁　李磊　马天佚　徐慧婷　何艺　王英瑞　王桐

余沸颖 周宏扬 安佰鹏 刘阳 王泽斌 崔仪 董航 郭蓓
黄瑞特 李庆庆 史米娜 邹兰青 赵志斌 赵灿 林奕夫 于普瑶
杜梦楠 黄丹 宋亮 魏敏 李卓 李尚远 宋一凡 叶一达
李慧勇 周志宇 武录 沈致远 任赟 王多万 赵紫君 范琳芳
何子亨 庞家杰 翟伟杰 冯云 李敏 全靓 王丽 孟繁星
张嘉慧 王媛 李雨薇 竹俊俊 司新雨 李志民 田浩 沈海媛
徐东旭 林雅芸 石文浩 王蒙 张雪垠 王超 朱雨蕙 杨涛
张逸楠 刘启智 仇楠媖 祝培鑫 顾炜杰 刘恬 王方雨 赵天宇
傅笛 王婧 代丽娟 王俊生 张莎 陆琪 林长盛 王昊月
陈林 王舒 王志远 刘烁洁 郑嘉炜 刘译聪 石城 张润峰
赵天扬 万凯遥 徐歌 黄婷 孙冰莹 田镜石 周信星 蔡煜
张红颖 孟东东 张珵 林雯瑜 金莉 罗亚 赵振华 孙启梦
纪中豪 曲照言 邓小龙 韩璐 武超 贺艳华 粟华林 王震
彭文昊 顾玮 肖凤女 王洁聪 韩通 崔岩 樊威 王子俣
姚春晓 王烨 李瀛澜 代悦 刘洋 尚雨薇 王停娟 肖祥辉
张佩文 张少谦 李斌 林依青 杜诗悦 黄均剑 丰江波 吴雨
何兴 邹俊嵘 何承瑜 李盈林 温歆 陈昊 郑淑婷 曾建军
刘鑫滢 郭虎 全璐瑶 李娟 王雨宸 邹涵宇 潘科宇 张景煜
郭宇程 刁智伟 黎晓 路达 常文杰 汪坤 任桐萱 钱政旭
黄瑜璜 贾丰全 宫琦 宋原 李艺 刘力行 黄瀚燕 武昭原
李轶凡 杨志超 宋雪莹 姚琦 鹿馨匀 郑晓星 李淑贤 刘林
郝阳 吴俊奇 邓雅文 石墨 呼海林 段华麟 孙瑶 陈欣
张璐 程灏 周浩 吴方舟 韩陆超

能源动力与机械工程学院:144 人

谭鸿 徐萍 吴瑞鹏 饶承彪 解娜娜 邱月 邓颖 撒浩浩
陆高峰 付俊华 李杨江 张优 刘涛 海美旭 贺海鹏 李常明
许佳 徐建鹏 黄显威 赵一凡 冯俞楷 尤晓菲 李瑞华 赵朦
李翔 王雪波 陈袁 吴佳 马向追 段栋伟 郭无双 刘丽丽
旷雅唯 李超 王步云 尚天坤 梁莹 王玉伟 朱严 黄平瑞
杨文飞 蒋婷 孙诗梦 徐龙发 马莹 姜越 于扬洋 刘彦达
帅志昂 李尚 宋涛 李雅丽 王恺琪 胡雍胜 黎力 仲旭雯
刘潇波 陈作 陈桦 田富宽 白雪亮 李明杰 张雪 熊超
祝雅馨 章岱超 贾润强 蔡黎 徐然 冯沛飞 朱胜森 高清鑫
李倩倩 秦彤 李明 杨臻 谢云云 远洪亮 胡贺超 李百航
刘健 贾小伟 柯明 陈宇 张海东 王婷 冯云聪 崔欣莹
张倩 马立群 曹俊杰 黄应红 蒋阳 王德富 许彦斌 云飞
赵鑫 郑磊 朱茂川 赵天宇 张昭亮 张英杰 袁金斗 余裕璞
杨永明 杨晓茹 闫丽萍 熊贻芳 谢灵彬 肖瑶 吴永超 王鹏凯
王迪 汪晓秋 谭天宇 孙雯雯 苏逸峰 宋文浩 秦汉 马莉
罗耿 陆紫君 楼雪青 刘翔宇 刘璐昕 刘皓文 李猛 李佳容
李汉卿 蒋雯 黄元媛 胡琳 韩强 韩璐 郭欣欣 龚燕
冯书勤 段贺 代超 程露莹 陈一萱 陈龙平 曹茜 孙依

经济与管理学院:141 人

蔡萧容	王娅	肖昕	杜潇	宋建威	周雨	蒋文琦	冯雪
李丹	林智明	尉晓飞	姚蒙蒙	张垚	张永月	赵家瑶	钟雅珊
韩雅丽	孔维彬	廖露露	张雅坤	陈晓璐	贺宇云	蒋雨晗	汪若兰
郭万望	刘素蔚	施雷诺	王宇晗	赵迪	刘芷彤	李雅然	潘文君
刘玉	负佩宏	朱紫祎	潘照旺	苏娟	张吉祥	韩江磊	计丽妍
徐方秋	朱枫	蔡泓忻	宋杰瑛	王俊龙	吴小旭	韩培培	李阳
宾凤	李依莎	李婷	高成军	杜善重	张黛妮	赵英琦	王栋
李敏	王林炎	闫博	李孟原	赵爽	杨沫	潘格	张栩蓓
赵玲	刘珏伊	徐幼珍	闵操	李玥	赵安飒	张晓楠	林卫
韩菲	刘雨薇	单媛君	赵小菡	崔钟月	吴磊	潘张益	李欣民
汤力	肖琳	张敏琳	邓凤娟	朱国栋	舒晗	郭飘	孙润波
卜银河	黄昊	马可	沈晨姝	张玉琢	李敏	王杨	刘舒琪
刘敏	宁湘忠	王盛煜	蒋舒婷	朱瑜皓	朱宇佳	胡强	储瀚
王璟	郭小菱	陈文培	陈希瑞	王佳旭	胡梦淇	徐尔丰	喻麓彤
谷莹	钟宇淇	杨蘅益	何晶	陈慧敏	赵欣宇	廖露	王传胜
陈蓉珺	方靖	陆昊	魏震	李诗琪	王文艳	张墨	孙爽
叶陈丹	王路佳	秦磊	秦鹏飞	章菁	陈晓仪	李健	赵伟博
冯启琨	李菲	刘洋	韩玉钦	张媛			

控制与计算机工程学院:127 人

蒋敏敏	王子怡	何宇婷	时扬	韩挺	陈真真	叶琪	陶海富
杜斌	宋茹雪	朱越凡	林浩	黄博文	葛倩	翟湛鹏	管晨晖
席亚娟	黄一洋	陈航	杜亚炜	韩国龙	陈祖歌	孟春雷	刘誉臻
王亚男	韩梅	陈思桥	王雪梅	王刚	郝瑞祥	何雨	柏韩
王英男	范昌	洪烽	张婉莹	陈祺	杨旼才	杨玉	宋倩怡
郭凯旋	姚琦	王云翔	杨国伟	王娟	邓志光	莫欣睿	席明湘
陈丽娟	杜欢	申思	孙琦蔚	杨洋	李凯军	张继业	郑伟敬
谢伟戈	苏晴	张旭	王靖雅	王婉君	牟犇	于朋	叶奇
敖鑫	秦正鹏	孙单勋	王兆光	支宸啸	赵林春	余圆圆	徐郑晨
周磊月	姜婷	张雅坤	陈睿	刘梦欣	魏家辉	王晓鹏	杨雅兰
孙楠	李响	罗雪静	陈于堃	谭传玉	张婧怡	尹凌霄	周宇
张涛	刘祥璐	熊英	郭琦	吴诗彤	于松源	陆铮涛	王志玺
郑捷	柳娜	秦靖	马乐乐	牛新祥	孙玥	董承园	谢永靖
崔世能	郭玉威	王宏梅	支冬梅	杜蕙	唐骞	严国栋	李云鸷
韩彬	付果	张博洋	曾婧	甘伟冲	周卓	楚畅	张伯安
赵晋川	吴治	李君宜	梁兴仑	胡悦	宋礼	高宇豆	

人文与社会科学学院:50 人

郝甜莉	姜佳婷	吴琼	沈兴辉	高思遥	王东霞	李敏哲	高瑞笛
方若云	朱旭	周璟	蒙丽娜	周洪坤	杜琳	邓隽	曾留馨
潘韵竹	赵英鹏	王雪奇	张国峰	陈义	牟康辉	崔淑雅	陈恩
梁子琦	柴嘉炜	赵钱	黄蕾宇	邓毓灵	杨柠榕	胡小曼	张敏
丁芳	丛丹	文凤	周蔚然	邓少芳	张天羽	马天威	李彤彤

尚碧依	胡 爽	梁泳丝	王冉冉	张 静	韩江雪	王 俊	邱 晨
叶武鑫	蒲志斌						

外国语学院:16 人

赵小雪	薛晶晶	蒋倩赟	柳 阳	何 可	王海枫	杨 倩	赵悦含
王晨玺	赖雅文	黄秀丽	王慧智	王雅楠	宋 丹	吕滨汐	马骁潇

数理学院:18 人

赵洪伟	王艳红	张东杰	俞永增	唐亚平	赵胜霞	李芳漪	黄晨雨
李一霖	梁 秋	段 波	周 林	王 鹏	王明宇	金凯琪	羊 静
陈 杰	唐振程						

可再生能源学院:77 人

刘祥瑞	赵亚男	白恒敬	延 平	马远驰	吴 骥	王加慧	章 迪
张 帅	李 蒙	吴志强	钱晨昊	王雪玲	刘世冬	何丰廷	周 正
黄康丰	董世德	钟 馨	王秋璨	林常枫	汤卓凡	何文栋	蒋涵颖
毛 未	谢 玄	王江天	张凌岳	周福文	蒋华婷	李 宁	周舒琦
顾培根	杨馥源	林 楠	马易君	吴志毅	陆 明	马赛男	吴帅锦
白格格	卢 航	马 爽	吴云召	李 添	王东旭	张润禾	胡雪晴
胡 斌	刘宜杰	胡逸帆	惠林博	龚一莼	陈 俊	苗 辰	余 璐
张浩然	庞辉庆	龙 颖	赵泽湖	高 洋	徐 轩	杨 熠	于学成
金胜利	侯晓娟	万子裴	马 晨	李建昌	李宁宁	吴明明	韩德鹏
张镇西	刘沛轩	李思敏	许璞轩	周于梦秋			

核科学与工程学院:40 人

李宗洋	师田田	李华贵	秦亥琦	刘 晗	曾晓佳	张义林	徐 辉
张星永	朱倩雯	张小康	吕红梅	丁 涛	黄及娟	任 硕	任婧雯
许 康	洪 潇	林韩清	王 欣	任碧瑶	张希颖	曹 瑛	鲍娜娜
田 聪	马亚栋	张晓露	郭莹莹	丁聪瑾	杨安霞	张 雷	罗 飞
欧阳斌	储宇奇	薛冬林	薛 冰	冯 潇	张 杰	武文韬	高 尚

国际教育学院:80 人

王启明	王智晖	钟丽莎	李一鸣	吴昱江	于芳竹	冒晓舟	董颖章
汪 贝	孙世宁	唐利渊	刘明川	林 圣	班墨涵	程宇峋	鄢鸿婧
王东方	余心仪	陈傲竹	张 曼	孙嘉辰	翁 馨	尹 航	徐楞赟
刘天语	王 越	林美好	闫漪涵	尹 婧	胡丹蕾	黄 菁	潘奕宇
李菡月	黄浩珏	曾一惠	侯翔宇	芦 玉	刘一帆	何 璇	曾希哲
陈杏林	叶飞宇	黄振庭	林松涛	陈米兰	丁一芙	刘国兵	沈 钰
吕 霜	樊 华	王子馨	于 婧	王 悦	胡 倩	胡文馨	冯钰琳
逄宝中	陈雨昕	董 玥	王孟轩	王婧茹	马宇航	李顺祥	杨冬昱
秦嘉策	肖 可	齐媛媛	商唯琳	王艺璇	余 可	全甜甜	张 潇
闫 然	袁佳莉	许凡婧	王飞宇	申静怡	马寅星	翟星宇	雒 磊

三、三等奖学金:914 人

电气与电子工程学院:221 人

田 轲	李 航	石 心	刘 波	江 成	龙 穆	韩 毅	祁翔宇
兰文光	王雅晶	王 皓	马海莉	吴怡宏	张野驰	宋 睿	付熙玮

余洁琦	李诗童	甘 荣	曲 申	游 丹	朱 溪	李 韵	李佳宣
王 昊	李 霞	李 雄	张芬芬	王书行	雷 婷	李 喆	陈 意
王兆东	梁安琪	卢成楠	陈宏伟	刘 菲	刘超逸	刘 歌	晏结钰
刘 婧	郑元琳	段成斌	张海丰	史 卓	黄 飞	罗 凤	曹 闯
赵雪莉	张琳琳	梁英哲	杨奕飞	赵相政	杨千慧	弥 潇	李宣莹
周子豪	黄吉畴	张慧慧	潘 玥	李婷婷	宋钰钰	何凌云	李逍逸
孙吕祎	于梦琪	单晓东	黄美琴	张梦媛	王 晶	李博玮	王美丽
安 君	原乔志	戴佳伟	杜施默	李 飞	储 倩	郑石磊	李孟军
温 豪	赵坚鹏	王梦丹	张少艾	扎西嘉措	郭志锋	赵成爽	赵孝磊
魏 征	文 茜	吕欣哲	蒋世苑	赵炳强	史金鑫	贵 龙	黄焕彬
朱俊谕	罗 洁	张格格	马晓路	吴 刚	朱韶一	黄 英	徐义良
龚 玉	林健雄	朱开成	陈泫光	何国佩	张明智	白 冰	金秋龙
梁媛方	苏文静	唐成鹏	王 宇	朱玉婷	邓铭薇	李依琳	李 玥
刘诗怡	马宇飞	屈炳君	周企慧	顾妙松	严 鑫	郑乔华	牟 越
房国俊	郑梦园	孙长乐	石 璐	王 倩	张恒友	杨林满	苏 伟
杨 洋	邹英杰	申 钰	徐筱昕	吴 瑶	姜 辽	申雅茹	曹望璋
宋浩泽	郭 睿	杨俊威	李校莹	梁 秀	陈志民	苏思旭	杨 坤
张璐路	罗 瑾	张传云	吕 良	马洪宇	李 晨	韩天轮	王 望
陈晗文	孙倩雯	沙伊杰	景 涛	樊林禛	苏国赟	徐 可	张逸科
宋欣桐	李一铮	韩大奇	于寒霄	林 峰	史慧敏	姜万龙	文正锋
邵天赐	田 锐	李海冰	屠聪为	孙 健	秦 瀛	刘姝嫔	黄梦欢
危平安	蔡晓宇	罗晨曦	陈嘉曦	郭婉华	魏一汀	邹 卫	谭婧华
周梦迪	谢呵呵	张辰琪	揣依娜	韦 潭	黄绍哲	刘潇遥	徐 强
王 哲	程 驰	石晶洋	吕 捷	王凌飞	于浩海	鲁灯栋	陈志敏
李 阳	陈之怡	张云帆	邹 翔	廖思卓	王美兰	钟荣兴	杜 飞
熊 飞	孙宁姚	钱一琛	葛 磊	潘 祯			

能源动力与机械工程学院:144 人

马洋博	王雪枫	陶康宁	韩 超	仪 凯	吉乐乐	李定强	袁 荔
杨彦平	郭桂洋	张寅生	盛伟斌	戴玉坤	唐 歆	姚维芳	张 良
蒙才迎	耿新强	王 婷	陆国敬	周浩成	董坤杰	陈建中	舒桂霞
金 鑫	谢珊珊	程晓白	储德全	韩美婵	李 洋	曹苏恬	郝 炜
贾时轮	冶丽红	杨 旭	欧荣旭	王冬骁	杨 晨	吕 婧	戴 巍
卢尔芬	马山川	齐 心	赵 俊	金晶岚	程 愉	张景胤	苏 欣
朱 赫	袁明野	伦雨晴	孙伟博	邓 玲	李 超	李 静	申 鹏
黄木和	林兰兰	郭瑞军	陈子丹	张 政	王 博	白丽梅	李 响
杨杰栋	许爱伟	肖 龙	何 鑫	裘闰超	刘 云	莫 诗	干 雪
高润龙	路冰心	胡延蓉	周民星	李凤莲	陈立铭	刘洪涛	刘 琦
覃绘航	杨 帆	罗 薇	魏立帅	张圣胜	王 静	王春兰	俞南杰
韩文卓	刘亦芳	李金洲	刘涵子	张飞宇	刘桃宏	贾赛赛	张世保
吕冠桥	翟闰森	周 鑫	郑逸飞	郑雅文	赵天鸣	赵方圆	张 浩
张 豪	余峰涛	叶 超	邢瑾哲	谢 天	冼圣贤	吴鑫杰	魏晨晨
王 宇	王兴烛	王 群	王伦洁	陶文灿	孙 婧	宋宁宁	阮 冲

茹宇 裴欣彤 刘玉磊 刘骁祯 刘璐 刘晶宁 凌博文 林司晅
廖阳宇 梁晓锐 李享 李威 李建新 李承周 李兵 郭新鹏
段宗超 段琳琳 董小波 陈美伶 陈卉瑶 蔡海帆 包塞纳 白宏伟

经济与管理学院:141 人

关予馨 孙静惠 刁颖 鞠金美 冷姗 徐霞 朱莎 苏雅亨
潘昕昕 张月珍 陈白羽 孔丽娜 周莲莲 曹新苑 刘睿智 吴西萌
黄天诣 李明明 时媛媛 杨菲 林悦 许玥 尤然 朱亦翀
王晓培 张超 周瑜 王凯宇 徐阳 陈好 李淑洁 黄奥倩
钟珍 陆毅淮 王梦雨 朱全静子 文斌 于璐 赵松 何一汪
牛英杰 胡振东 刘再领 聂明谏 及洁 牛亚东 龙露 杨小葵
玄雅琳 孙静 吴季林 胡赟 栗子淇 陈晓希 茹鹏飞 王铮
宋丹丹 赵杨宇 张亮 张发友 和远舰 吴晗 于小桐 刘晓丽
牟艳鑫 马文霞 邹睿思 李明尔 赵天琦 武燕 赵浩然 陈逸
杨佳贝 耿集荟 王敏哲 聂丹 黄航丹 谢姗羽 刘定 姚多朵
白婧萌 武冠男 李弘洋 徐铭浩 郭健 王文秀 柯毅明 杨双
辛雅晨 宋栋 郑强 张文 符春媚 柳前伟 张文华 杨璐瑶
杨蕾 沈益彰 雷迪 朱雯 刘洋 曾雯慧 于英姿 赵晓阳
刘雪君 邢婧 杨光美 马健 涂传英 曹宁成 王子阁 何铭弘
王晓萌 胡佳钰 周成城 章鸿嘉 蓝梦 刘佩 苏颖 魏然
江美霓 徐智睿 常乐 刘亚龙 宋秋琴 刘娟 杨曦 曹婉莹
邵蔷 吴明焘 丁华 卢淑娅 田婷婷 林晓珊 隆竹寒 江爽
张超 杨玉亭 屈安丽 恽燕 马子娇

控制与计算机工程学院:127 人

郑秉睿 沈燕 马仁婷 赵泽昆 邓伟 张婳 游德鼎 吴国勋
方萌 董俞宏 李昭 马晓宇 耿然 林再法 张莉 曾智勇
张靖 郭楚珊 戚晓虎 王仁锴 王杰玉 魏郁宜 李少琰 杨普海
时欢 李荆 姚鹏 徐佳宁 艾君伟 宋智超 叶榕 黎军保
郭宇 周旭祥 卢陈越 石佳星 王岚 李柯洁 高耀岿 杨崇品
张超群 刘玉奇 姜漫利 吴俊博 逯胜建 尹旋 魏霜 吴颖
何彩柳 李青青 吴玮钦 佟雪菲 王宪 贾晓倩 陈林 潘晶
张皓 龙东腾 杨扬 杨一雷 吴凯兴 李权 刘正雯 李鑫
余晓玲 何洋洋 杨志鑫 冯伟 王婧 季雨欣 方冰燕 刘鑫
廖泽翔 张庆林 赵占伟 刘永 于明雪 杨元 陈立翼 刘文德
李飞 万旭惠 缪小春 朱赟 闫东 陈桐 彭范 吴佳丽
牛燕斌 许超 林弘杨 陈思 沈阳 薛亚娜 孟兰一 侯乃宁
弓林娟 王梦翼 廖蔼婷 严斌鹏 穆士才 刘嘉华 张彬文 蒋梦洁
张纲 孙怡 朱仲宴 陈洲明 苏蔓 江泽铭 邹恒星 郑世强
王艺萌 杜婧 刘小源 蔡娴静 吴紫微 陈渤函 王保力 汪枭杰
廖文 尚青兰 于晓爽 杨阳 张皓涵 顾一帆 孙熙

人文与社会科学学院:50 人

任学立 林冬梅 邓蓉 王益 都若群 王睿璧 管祥灵 祁云柯
赵晓燕 刘蒂 卢晓文 冯泽宙 胡榕 林智宇 马涵慧 杨静
曹乙木 斯瑶 连乃燆 王宝娟 程伊乔 胡彩凤 李卉 赵洪月

熊锦慧	郑　引	周雨楠	孔　蕊	殷静静	杨雪琦	吉柯宇	宋子斌
罗　微	魏心怡	杜玉丹	孟玲娜	王晶晶	胡诗雨	李梦琦	梁疏影
朱晓风	李欣宇	穆莉园	夏佳莲	张宣栋	黄瑜婕	任　颖	韩菲菲
林磊磊	刘　宁						

外国语学院:16 人

陈　琳	杨　倩	钟慧群	涂紫霞	谭佳佳	陈凤麟	黄　靖	蔡桉然
张　萍	陈亚芬	汪晓燕	钟蓓蕾	宋　佳	林培岚	桂美玲	易　爽

数理学院:18 人

吴　震	赵建勋	侯尊学	吕骏腾	金子刚	马　帅	李顺子	张又中
赵亚男	戴静怡	何　玲	曾　颖	吴俊吉	周毓豪	王鲁迪	吴亚楠
吴国璋	孙琳琳						

可再生能源学院:77 人

于　鹏	丁　平	孙　莹	孙　杨	崔岩松	刘凤魁	黄国玉	肖恒威
李吉喆	初文婷	翁顺昌	徐　鹏	李晓兵	张　琰	徐康燚	蔡欢星
夏若洲	王恬悦	张天翔	高　颖	张欣丽	詹新媛	彭燕祥	王　丹
孙学晶	薛鑫宇	吴　萍	程冰清	郭春悦	刘　磊	赵亚威	郭泓村
李嘉楠	郝少博	马国林	王　静	刘华兵	张锦辉	潘　红	陈心一
丁希宏	于晓琳	高庆林	许丽琪	刘勋伟	黄　凯	张　晨	唐诗洁
王　泰	张英团	董　洁	邱　颖	苏　狄	马皓宇	宋　歌	窦尚轶
胡健斌	曹如水	傅国豪	夏力行	谢华珣	刘　文	陈永访	杨菀汀
李贵博	胡晓琦	张　伟	桑天宇	宋　元	张　良	王诚雨	黄程东
包文奇	闫肖蒙	温　源	李翔宇	仇理化			

核科学与工程学院:40 人

庄思璇	来银山	邱　斌	董芮廷	蔡　进	何建军	王　聪	程万鹏
陶家琪	何　欢	李玉锦	金　鑫	赵宝峰	王　雨	王喜祥	王　浩
李璟瑶	徐秋冬	祁文静	王　悦	肖　景	王　达	王式保	张壮壮
赵　阳	刘佳艺	张白驹	韦良长	任葶葶	王宏树	游力仑	刘世尧
王杰儒	梁英子	孙煜东	范倩埔	武首敬	沈　翀	夏　科	齐　实

国际教育学院:80 人

刘　璟	邢　栋	宋　悦	玄博文	李　牧	贺子清	陈　铭	陈焕玉
王国成	王君莹	田诗涵	周　泊	宇司翔	陈诗浩	晁　鹏	曹孟超
梁天奕	张晓涛	鲁杨飞	吕　晟	孙一宁	李晓桐	李南帆	魏纯晓
塔　拉	孙艺阳	陈颖贤	李明阳	沈显赫	孙博洋	李亚鹏	王云睿
龚　雅	彭程程	徐润生	叶秋子	陆　伟	钟志坚	孙文琦	宋成铭
张　涵	袁鹤菱	吴佳阳	向柯霓	李文昱	陈冬凝	顾振翼	隋　阳
庞世一	汪　倩	王子豪	曾靖茹	刘时然	蒋亚旻	邓凯云	何成龙
田珈祺	刘颖含	高一程	王　文	陈雨诗	黄云深	林　挚	李一君
孙中岳	赵弘昊	刘　帅	强　婧	许靖宜	王唯佳	马嘉悦	刘　琦
钟　雯	张鸣辉	朱依迪	吴歆明	皮乔可	马玲玉	赵鹏尧	欧阳星卓

四、学习优秀奖学金:458 人

电气与电子工程学院:110 人

杨小雨	戴安娜	常慧兵	唐　义	徐西岳	李欣遥	王　闯	李　玮

崔林然	张　轶	杨　洋	刘晓倩	王亚涛	廖晨昕	童　欣	王　欣
莫林涛	郭　旭	陈　素	林　焕	周诗超	崔方俊	杨　挺	宋诗雨
黄星海	邓　攀	王语凡	崔超然	苏洪玉	王正光	范家斌	刘瑞煌
李　志	郑立鑫	刘晓童	刘慕娴	顾一星	何　海	陈文伟	李佩霖
宫晓珊	游宏宇	韦淑婉	丁徐斌	焦宁宁	王　奥	杨双飞	陈晓帆
武倩羽	宋占象	韦鸣月	潘旭新	王思涵	闫　涵	王　然	吴　迪
黄乔莎	周清文	罗昕宇	伍林海	池丽娜	唐　萁	王馨尉	郗　泽
周　潮	胡　浩	朱春燕	朱在兵	苏子娟	肖童心	李治军	耿银凤
奚嘉雯	忻　达	张　晨	胡思衡	陈　晔	李　论	姚佳琦	赵俊渊
李新宇	舒　想	李　玉	马思远	景　宁	王鹤静	朱　阳	王悦人
姚　佼	高　麒	于世游	柳　晗	成皓宇	周　丹	李自立	彭　舵
吴奇真	钟芳奋	杨山河	安　博	范宗皓	林　罡	张展宁	张　钰
林　大	冯智军	张　靖	杨　啸	罗安琴	唐伟佳		

能源动力与机械工程学院:75 人

覃顺子	刘　锐	许　新	陆杏文	刘垣杞	马　宁	梁梓钰	任慧敏
彭向锋	占艳琪	马玉英	宋雪焱	王　鹏	纪春启	赵铁铮	朱啟明
叶晨涛	黄　龙	管立东	周苑青	赵晓山	宁显明	赵　航	詹焕芬
游作树	江　雄	林耀健	林雅婧	侯永策	吴祖龙	竹　松	郑荣辉
袁　勇	刘　雷	徐道克	卫祎然	代连普	李欣婷	傅　玉	刘　津
万震天	蒋翔宇	郑　磊	周逸挺	韩慧蕊	焦子洵	施光泽	陈海川
刘恒平	徐炜乔	郑　颖	赵文豪	赵成兴	张　麟	袁宗海	于佳文
杨　鑫	谢仁卿	吴彦芳	王　克	孙　倩	宋文蛰	彭　越	毛政中
吕晓文	楼康男	李　智	李　帅	李　帅	晋若男	韩云超	韩立鹏
郭　尧	郭希宇	陈明轩					

经济与管理学院:71 人

陈静怡	李凌晨	王　迪	王　泽	程　茵	梁健健	邓明永	李夏威
赵　洁	姜菲菲	王　越	于美希	鲍　宇	李安娜	梁宁杰	刘文雅
邱金鹏	孙子涵	千　红	王佳瑶	黄聿相	王守凯	徐宇薇	荀姝瑶
郭田园	段　丽	张炜莹	华沐阳	焦文静	姜　杨	吴美琼	陈宝琦
曲　径	何淑敏	陈新如	温璐瑶	秦和珂	刘　媛	杨　鑫	阮　亮
张　杭	厚杭希	谷静秋	张琬琳	于　晶	张翔宇	刘梦蕾	张馨怡
崔　莹	刘东琦	姜明璇	李臣曦	陈　琳	郑其腾	罗翠楠	孟雅儒
何慢慢	闫　格	单宜思	陈乐怡	吴　倩	栾飞娇	邹　黎	赵姗姗
王俊力	张轸伊	乔梦妮	蒋秋莹	卞安琪	窦金月	周刘璇	

控制与计算机工程学院:68 人

李　祥	王亚为	蒋金希	蒋　勋	朱　睿	郭　欢	李昌霖	曾　帅
顾奇凯	郑浩楠	胡皓鹏	赵明乾	吕冬雪	焦永文	沈　晨	王博宇
徐一凡	罗仲丽	马　凯	余卓晓	刘广旭	吴丽荣	韩卫波	赵现晶
刘　迪	何子璡	石国磊	闫睿波	尹旭辉	唐思远	张竞予	张　报
张思齐	姚　楚	綦　晓	董德华	柯海山	黄　蓉	安　芳	张　甜
陈海粟	张　龙	蔡凌霄	施文豪	刘　洁	韩　勇	余哲明	薛光楠

汤佳伟	郭　格	韦　桃	李苑富	宋永治	王冬冬	张　雍	吴　弯
郝　艳	赵　帅	林兴福	张　浩	黄　兴	刘　珊	田若璇	周浩琪
谷文超	乔星宇	鄂文东	陈　喆				

人文与社会科学学院:25 人

郭文稚	蒋环宇	刘　杨	薛敀敏	宋　睿	刘　蕾	王永萱	江肖玮
纪明瑄	张亚洁	谢静远	陈思棋	杨　玲	张英萍	张月馨	胡金凤
范婷婷	张　彪	黄晓萌	林　燕	余　晨	林锦媚	杨凯悦	楼程莉
杨　振							

外国语学院:8 人

郭　丽	雷　杨	高赫临	钟　妍	王菲菲	谢永珍	吕梦颖	孙艺嘉

数理学院:9 人

严　畅	彭　洁	宋唐女	徐蕙心	张　冲	田鸿儒	姚　磊	熊中浩
胡国斌							

可再生能源学院:43 人

闫阳阳	康斯航	扈书均	张子杭	文　燕	袁小媛	王　超	夏宝亮
陶泉丽	谢开杰	王泽涛	冯　倩	崔凤娇	田浩楠	王　函	许成志
隋国栋	李晨晨	姜智钰	刘　易	李　娜	林　琛	时小强	佟　错
田梦爽	郭雄雄	郑泽知	汪陆斌	林炜坚	吴阳阳	王　瑀	陈　硕
陈启光	王永建	孙宝康	邹　勇	晏和进	赵洪海	赵蕊琪	杜　田
刘朝彤	舒国波	杜　斌					

核科学与工程学院:21 人

陈柏旭	李海锋	黄足雅	姚安宁	温翔林	卢一凡	姜兰兰	郭　袭
蒋　佳	王博栋	彭卫平	许　谦	曹郭楠	沙　宁	赵　颖	杜小根
杜幸晟	刘冬微	孙永胜	陶学文	孙应毕			

国际教育学院:28 人

朱麟源	赵一蒙	潘可达	刘玉奇	陈铭岳	高　尚	阚一琦	李　兵
黎昆威	李　想	唐　昊	龚卓睿	李　浩	杨京涛	韩　啸	周非凡
王雪莹	徐晨蕾	谢雨璇	肖明明	李彦凝	曹子健	范志毅	宋　培
裴雯雯	莫晓菲	张　梅	薛一平				

五、社会工作优秀奖学金:440 人

电气与电子工程学院:111 人

段仁伟	赵晗碟	魏泽田	朱毓凝	王小明	赵　昶	王　畅	张景春
陈　洋	李秀娟	何　力	沈苏帆	郭　宁	余　培	赵修品	蔡华东
孙佳楠	刘吉昀	王　磊	孙赫成	舒劲流	任清一	李　程	陆元超
江欣明	兰自冉	陈婉青	陈　淼	王　睿	苏科玮	蒋基利	孙　雯
董宇楠	邵茹冰	叶冬雨	谢　晋	凤　洋	李青玉	张　宇	李秀花
王方圆	曲贵煜	姜云龙	吴建伦	刘金猛	陈　诚	闫佩嘉	武志鹏
王　添	许宏智	穆姜林	邓力夫	于致远	曹晓微	肖司航	郑　康
刘东灵	徐铭泽	李天乐	刘禹含	鲍红伟	卢　莹	汪宇虹	彭　万
葛　颂	郭得扬	王天翔	张　俊	祝凌峰	杜莹雪	薛嵩凌	李吉鹏
张慧娟	凡　曼	宋世杰	宋子扬	邓子龙	潘国熙	周泽昊	王令萌

王吉亚	黄丰熠	常艳平	武尧	杜尊尊	张朝晖	王佳振	郝晨耕
孙鹏	王京	刘景文	吴蒙	陈娇	崔婧	孙玮琳	陈炎
陈虹雪	郑家明	桓芝栋	李旭	王豪阳	郭毅	郑宇航	刘通明
王新宇	陶泓锐	季帅	陈一凡	史文华	马木雨石	艾孜麦提江·吉力力	

能源动力与机械工程学院:70 人

陈扬洋	李润丰	胡宇祥	武越	尚星宇	袁鹏	谭晖	左昭盛
胡国庆	王永久	韩雨辰	刘赛	严涵	马迪	丁一	郑慧娜
赵雅杰	黄晓宇	马昊	徐梓彭	刘亚辉	梁雄杰	邢军	王洪亮
牟锴	秦斌钰	席成青	刘希骞	高娟	王琳珍	黄靖磊	魏雨菲
薛小军	吴映达	刘美伶	沈思宇	谢孝伟	于子博	赵忠正	常文帅
吴帅	蒋瑞秘	范鹏	韩强	矫延林	李芳义	张钧超	王伟
姜光辉	王磊	宋阳	李双双	牛晨巍	司旭东	王维琦	桂伽伽
朱彬源	闵祥玉	姜磊	郑清清	陈爽	王佳禹	蔡芊芊	林建维
付丽佳	席翔	杨东海	唐甸积	万智超	白思彬		

经济与管理学院:70 人

胡晶晶	于扬	闫风光	王霄	张语轩	郭萌	马永强	夏珊
李林	罗健瑜	梁蕾	韩楚怡	赵春来	田明涛	杨雪	李媛春
贾鑫亮	付静雯	陈增华	沈孟迪	王芝	李雪莹	刘雅	王欣
张锦韬	袁慧	何兴雨	张逸飞	刘浩飞	郭宇航	何晨	陈妙机
曾凡伟	马徐宁	张雅婷	刘金珠	杨哲铭	陈宸	高明媚	韦均彪
刘炳均	支明远	吉立航	罗召	马健	黄果	李毅飞	卜晓梦
周秀秀	陈文飞	王穑	王岚	孟诗竹	郑楠	鄢然	刘明光
潘洁	刘伟	沈橙	杨柳荻	杨惠仪	范吉成	黄佳慧	唐楚铭
郭超豪	关婕	叶琪琪	陈磊	祁梦娜	王赵婧怡		

控制与计算机工程学院:59 人

高阳	王海娜	郭玉猛	刘宏宇	赵坤	杨翔	李挺	王生辉
张雨濛	王俊铮	杨景华	熊智林	陆梦希	徐美娇	谢雅倩	范鑫
徐建光	常昱润	庄登祥	周靖沅	张迄维	张雪超	马宝龙	李元
陈茹君	李宝光	吴小娜	杨鑫	李川	罗航	谷珊	马智学
吕德坤	于洋	张楠霞	姜卓	杨书凯	王文亚	桑麟慧	卢倩
杨诗语	朱鹤	邹丹贵	彭安冬	刘明达	仙子龙	甘嘉田	刘帅
刘婉	毕韬	李丞亮	胡忠文	马晓曦	屈婷	吴璐伶	黄沛
秦河	白声赫	余泽梦砺					

人文与社会科学学院:24 人

李彦霓	胡雨渲	张涛	张喆	刘伟	罗翔	李乐	梁嘉贤
支蓝	欧水全	张昊希	朱子璇	彭程璐	林楠	王芳	白雪丁
乔路通	关欣怡	刘春竹	杨彦平	孙洋	张天承	薛江涛	张婷

外国语学院:8 人

刘静	郭然	蒙娜娜	浩琪	熊野	李紫瑶	罗雨婷	秦西玲

数理学院:9 人

孙章才	杨雷	张鹏飞	周英亮	张野	王珂珂	黄志叶	张雨辰
郭楠伟							

可再生能源学院:44 人

刘文飞	汪煜翔	伍秋坤	梁　钊	任智丽	王神玉	荆　柱	贺一博
唐紫君	黄博文	余庆春	连　才	陈函伯	段正达	杨茜芝	黄金龙
刘丽娜	何瑾琛	赵志铎	张路娜	金　昱	王　健	解海军	孙建威
陈荟萃	耿长昕	周世界	陈沁阳	沈子恒	詹森国	覃红霞	王雅萍
乔延辉	撒世荣	陈希谣	何贵成	李　浩	谢江兵	赵乐诗	韩　丹
曲炯辉	林　冲	唐金燕	曾癸森				

核科学与工程学院:19 人

田增旭	赖伟成	陈华进	范德灵	潘珍华	许京亚	赵　绩	王园鹏
王修荣	康峥嵘	王剑举	张　苠	卢桂池	张文华	刘乐侠	李　夏
赵韦程	吕思宇	刘　佳					

国际教育学院:26 人

段旭辉	王　萌	高鹤铭	郑　毅	周晓枫	孙启星	王　蕾	张文婷
李一凡	张继阳	张瀚驰	曲　尧	曹　禹	钟祉恒	王子佳	张玮琦
马　锐	袁　方	常宇佳	奚宇彬	廖方帆	甘清元	宋铁萌	张诗航
石家峥	李文博						

六、文艺活动优秀奖学金:433 人

电气与电子工程学院:112 人

胡雅雯	吴　燕	李　冰	李梦璐	范梦杨	王　琦	陈忆瑜	于文双
熊明达	夏景景	张宝童	刘　瑜	谭　震	潘姝默	黄洪兴	祖文博
马　捷	张　晗	王丙强	钟国龙	侯天录	于傲洋	王　亮	赵　堃
杨贺然	徐浚哲	芦　娟	文　月	何玉菲	王可欣	曾华荣	姚卿卿
张碧涵	周　爽	尹春雨	张佳婧	梁诗晨	张苡涵	刘　川	赵　强
谭石磊	胡海洋	福　佳	李紫依	黄子凌	苑舒博	张溢戈	李瑞生
孙立东	茹丹丹	周宇聪	庄舒仪	刘逸辰	白宇宁	洪　俊	卓　越
陈　琪	董　芃	林智炜	陈小云	陈　琨	李至蕙	刘雪珂	谢　德
陶亦然	汪　余	赵　佳	奉钰力	廖彩如	秦清佩	郭嘉晨	黄山珂
李裔锋	张　桐	贺旭光	滕岳桓	楮卿莹	穆卓文	程新洋	李　桐
吴思奇	李嘉贤	罗　鑫	马明敏	高　洁	边　诚	吕委伦	袁　可
马丹阳	师云晓	辛　颖	顾迎利	陈　祺	王　植	柳一铭	李廷鹤
王　震	阚锦超	韩　枫	陈炳堃	张博雅	陈　超	李　登	赵　曼
潘　航	刘　昱	宋文婷	冯俊豪	雷　蕾	马茹昕	吴生歆	王　颖

能源动力与机械工程学院:70 人

王咸林	雷雄俊	王达梦	董立波	杨子豪	何孝天	韩学强	胡滢郡
郑雄风	王中豪	郑雅琴	田　宇	黄　强	马惠雯	王子玉	周　璇
王治亚	伍海英	丁　婷	闵定标	汪　攀	胡松杰	张洪伟	祝恒捷
张　闻	韩继朋	刘双龙	冯瑞翔	刘　琪	张晓芳	李凯旋	张子璇
刘　行	凌坤雄	傅晨阳	常梦星	梅笑寒	高　翔	商宇楠	马　乾
李源非	李季巍	王　鉴	徐梦怡	杨　悦	康孟飞	韩京昆	马晓丽
朱富福	张喜方	张慧婷	詹丽雯	袁梦迪	吴禹霖	吴婷婷	王　卡
史岳虹	尚　炜	钱俊雯	彭　鹏	刘一鸣	林耀煜	李　琼	李　博
侯　涌	何　洁	郭东升	付　顺	付家兴	崔梦其		

经济与管理学院:70 人

刘松然	辛立柱	张海梅	高 原	曾令驰	杨 萌	岳 靓	郑惠文
王 丹	王辛格	张 明	漆晓嘉	王小利	孙丽霞	张景涛	夏琦浩
周 锐	张 严	魏雅楠	李小鹏	张艺骞	郑文彬	苏香乾	马微微
张 倩	张越聪	李合艳	杨智博	许 颖	李枫晚	郭 佳	李昕蔚
周吉康	俞捷妮	武 涵	徐可欣	胡诗媛	李晓璇	郭 涛	朱佳妮
宫明蕊	袁伟伟	李 芳	左 艺	焦 杰	崔平平	张燕鹏	李梦媛
张梦颖	曾 行	陈 醒	邬静娴	刘明月	李莹璐	孙 芸	刘 星
陈思楠	黎伟杰	张彩鹏	刘 冀	邹美琪	林 喆	欧蔼然	曹菲菲
张小兵	许永康	赵金苗	夏靖雄	何俐憓	张予燮		

控制与计算机工程学院:62 人

任思阳	王季孟	刘泽旭	王 佳	林祖宇	肖 睿	黄呈宇	孙铭徽
王伟岩	麦家怡	伊茹罕	李玉林	宗兆鹏	李 坤	张家江	李沐檀
张溢波	陆斯悦	邱特峻	裴倩倩	钟佾歆	侯婧婷	曹先波	龙仲涛
蒯梦如	丁 悦	朱煜枫	李秦孜	黄域钊	白雪剑	林 远	赵艾清
王华斌	李柳耘	张佳欣	苏树伟	黄丽芬	赵雄飞	朱震东	刘谕齐
侯小帅	陈 静	贾 平	陈 忠	撒世忠	涂晶招	鲁刚涛	于卓永
黄栩鉴	赵燕斌	魏 博	白沁捷	黄诗维	李玲华	洪 嘉	邓星星
王慕怡	潘秋菲	李凯宁	栗景萱	米 桐	刘 洋		

人文与社会科学学院:24 人

杨荔涵	丘佳山	杨梦娇	高际涵	方佳雯	岑筱冬	唐诗雨	张家旗
何诗卉	张紫薇	高 亮	杨 芳	黄素圆	陈雪佳	侯晨曦	滕蕤莲
詹 宇	何海露	吴婧淳	张舒扬	杜 苗	杜郑颖	陈 侠	崔 洁

外国语学院:8 人

王亚楠	卢 姗	金美希	莫冰倩	付红新	崔馨心	柯蔚出	段宇星

数理学院:9 人

黎秋灵	马欢欢	李昱瑾	刘 敏	王虹霁	于海洋	卢思彤	陈烨华
张习习							

可再生能源学院:34 人

朱建阳	白云鹏	刘磊洋	赖自伟	付继平	杨 阳	刘 华	冯德新
孔凡迪	刘珠慧	余洪杰	章润臣	邱雨薇	王 晶	贾欢力	肖 雄
李方敏	胡 森	周 婵	李栋栋	王鹏琪	王安泽	钟孟圆	刘芮绯
盛 璐	严琪慧	刘璟玲	郭浩强	周陈一	史玉涛	赵晨旭	李锦艳
赖宇宁	曾子晏						

核科学与工程学院:19 人

郑 俞	杨育珍	梁艺浓	何 文	李沂洹	赵亚丽	董冠岐	钟宇航
辛明伟	曹惺笛	李 婧	秦子权	黄子强	刘子恒	朱文娇	刘宏达
李文哲	杨晶晶	刘聪慧					

国际教育学院:25 人

姚艺迪	朱文韬	张丽敏	陈冠初	陈建希	陈 卓	陈思源	孙嘉茜
马 妍	施梦如	马 捷	严晓晗	齐 天	潘玺安	孙靖华	包 晗

王定然	苏　昊	何亦农	许盖伦	孙韶楠	刘　阳	任梦婕	陈雅晴
曹文馨							

七、体育活动优秀奖学金:433 人

电气与电子工程学院:111 人

苏映晖	任炳睿	斛晋璇	陶　琪	陈明升	鲍　染	白胤游	高蕴美
郭安琪	张秋鹏	李世豪	郭昊天	莫　炎	葛文俊	王元琛	张元昊
王继慷	吕勃翰	聂凤祺	马　桤	白　雪	高懿美	朱亚天	李　映
王科敏	谭　涛	郭　刚	白婷婷	陈文伟	侯子宇	布音塔	张思源
薛祺浩	赵照迪	范明琪	励　彬	史新达	蒋栋良	白　勇	杨至元
郭红林	冉泽亮	王凡嵩	刘妍君	费旭玮	王亚玲	马永珍	王　阳
罗圣明	孙　贺	孟秋实	赵新娅	刘信福	袁靖宇	朱乃斌	雷若逍
李少雄	王世佳	孙思玲	古浩声	张佩爽	饶　艺	方　俊	吕　阳
吴国栋	薄文武	卢泽华	郭　晔	马　东	张　明	夏　雨	秦炜淇
张补得	王泽黎	斛冬冬	苑佳楠	张博越	贾博研	李祥宁	陈政江
张　瑜	石峻玮	吴先哲	廖玉海	刘　超	张　睿	燕忠祥	陈　玲
郑伟栋	李永基	冉贤贤	赵世杰	李嘉平	张天一	张宁宁	李亦斌
刘舒宁	薛　泉	张　洋	谭尧木	李欣怡	王鹏遥	吴静琳	刘银河
罗晓航	宋庆东	周云鹏	胡雄飞	闫　帅	包玉莲	瓦利斯·木天鲁夫	

能源动力与机械工程学院:70

吴照洪	杨　倩	曹晟磊	何春龙	刘　博	肖金鹏	黄争灿	张子炀
杨和丹	赵　栗	洪　艳	赵天乐	冼仲斌	黄昌榆	李小孟	钱怡洁
姜瀚博	蒯丽娟	潘利超	王　云	冯向垟	刘彦鹏	毕　琨	张宏元
蔡顺凯	唐智明	王　帅	樊　宁	陈琼环	刘　璐	杨宏伟	齐佳伟
李　锐	刘之涛	段景康	王　琛	游静江	张永明	白　璞	倪伟铭
刘　伟	陈正昆	严　鑫	王　珂	石巍巍	梁洪波	张鹏娜	刘　畅
曹永莉	王　飞	黄钰琛	杨吉明	吴凌云	闫培耘	梁世兴	曹　琦
焦翔宇	周一凡	李灏檑	季海超	杨佐勋	李秀华	蔡志健	孙晓婉
康　璐	桂　波	吴红良	杨雨默	李　昊	安如爽		

经济与管理学院:69

马　迪	高　婷	霍玉清	陈姿颖	谢文静	李　达	张　珂	薛李阳
皮成武	王　丽	杨　雪	徐跃珊	唐　倩	马　雷	陈玉洁	温晓辉
张　茜	庾　薇	王二龙	刘　爽	马学福	张　娇	徐　博	金　玮
冯小伟	李青龙	蔡文俊	陈若鹏	纪新乾	相　斌	焦一倩	鲁延辉
梁晓珍	李智豪	林伟萍	王　尧	方　超	黄慧敏	智若雯	张晨韵
康　辉	王美玲	陈世荣	蒲　雷	王　觐	杨　瑾	刘晓岚	王夏男
费晨璐	王　芳	雷　祺	陈昱文	申明科	隋　潇	李梦琪	张心怡
焦　云	梁云霞	张浩楠	李亚雄	籍　翔	郭占雄	李　源	刘　璐
张云兰	吴烨伟	禹　腾	徐晨雪	陈　伟			

控制与计算机工程学院:60

闫文静	梅述池	高　枫	李　壮	邓文玉	吕　晨	丁衡天	任　杰
黄平平	张　琦	侯旻嵩	陈　川	罗　蓓	虞　毅	王海浩	宋　兴

杜　硕	白　旭	赵　康	黄　磊	刘宝琦	董　华	涂　皓	韩凯悦
洪怡婷	刘山山	吕鸿浩	朱世炯	姜艺楠	董艳法	王吉春	陈权贺
邬　林	秦　恒	赵正平	武　梦	李鑫磊	吴　涛	田　昊	陈鲲鹏
郭泓杉	郝　颖	林奕前	陈肖成	陈秋林	米　琦	曹廷祥	罗　誉
刘艺卓	周向凯	王　怡	李宜璞	郭宏宇	马　许	蒋　爽	谭　娟
孙　阳	管邮现	庄子扬	马学海				

人文与社会科学学院:26

周健光	李丹星	杨　璐	郭家智	陈　昱	李佩遥	蔡莉莉	刘　欢
吴　迪	侯高杰	唐　涛	余汶璐	李亚楠	陈　巍	汪佳洲	濮　昂
常亚晨	杨竞原	石柳玲	刘长春	李翠红	曾怡凡	熊　超	董　钊
郭　帅	贺志权						

外国语学院:8 人

刘城男	罗红萍	韩尚伶	李笑迎	冶　娜	周于蓝	罗　丹	郑文娟

数理学院:9 人

文　武	李土高	范　亮	肖　航	毛兴达	石荣华	吴岳芳	李佳宝
倪　伟							

可再生能源学院:34 人

马小燕	程喜仁	王阳阳	张　强	刘　宇	罗韵纯	彭小俊	吴浙攀
陈　皓	林彦楷	崔　尧	郭　峤	蒋雄镇	刘君雄	李　鹏	曾祥太
李　韧	张泽龙	范威威	吉仲维	杨运家	程　泰	邵　群	王亚许
颜　彦	孔令涵	王　琳	赵二伟	王　磊	段玉昌	张晓东	刘　超
张　伟	祝二浩						

核科学与工程学院:19 人

严仕先	朱保吉	阮　岳	曹　磊	李佳渊	朱　玉	蔡宇钦	左　迟
王海军	杨　赟	陈　磊	余恩林	张楚翘	李宗林	宝　得	罗敏中
罗易平	姜子威	蒲正清					

国际教育学院:27 人

李雨田	杨奥博	李一之	冯禹清	郭　策	杨　陆	李成林	杨振宇
杨耀贤	蒋卓毓	周乃康	张天昊	厚皓天	郭寒笑	李　想	全明轩
李俊男	卜帅羽	陈宇豪	苟慧伦	孙思达	袁　博	秦　晓	王沛尧
郑天悦	欧阳泽宇	马梁智聪					

（保定校区）

一、一等奖学金:347 人

电力工程系:73 人

吕子遇	程华新	何家欣	刘　栋	姬煜轲	刘席洋	焦　洁	孙玉晶
刘丹丹	加鹤萍	王纯洁	董沛毅	翟俊义	黄世龙	张心怡	郑大巧
李　浪	梁　宵	张文扬	肖志恒	袁　贺	张佳怡	何　璇	徐　豪
尹恒阳	王　琛	黄淳驿	陈　烨	王　卉	马彩娟	樊　舒	刘　畅
张　怡	祝　凯	李大勇	周　晨	任　洁	杨　林	苏　浩	钟　平

朱雪雯	尹　唱	谭程凯	张雨濛	戴岸珏	陈晓琳	王怡聪	马　静
钱凌寒	马启超	张祎慧	朱思丞	孙　昭	杨　雪	王江伟	王亚琦
陈贵滨	蒋文权	高章鹏	李艺雄	张冬雪	谭阳琛	张朋宇	蔡　莹
邓忻依	龚宇佳	吴光敏	张占喜	赵泽锋	崔笑笑	蒋　畅	王训哲
周钰童							

电子与通信工程系:21 人

郑小丹	王建林	阳佑敏	杨璐平	耿婉娇	严兴霞	刘伟华	陆春风
连天碧	陈莉佳	王雪霏	赵　爽	王扶文	傅慧华	赵新竹	胡韵婷
王　祯	牛天尧	赵夏瑶	赵国瑾	何知遥			

动力工程系:48 人

王睿豪	吕梦妮	甘汶艳	肖卿宇	李　允	袁　博	刘腾克	李得第
张　夏	黄　振	许　勉	高　建	王华胜	于　洋	王　曦	徐巧变
周　正	陈巍巍	王兰昱	李樟强	李晓楠	王新赫	王青会	高建树
刘万宇	杨　广	马梦祥	张超炜	何　伟	夏宏伟	贾　曦	杨诗繁
邹　潺	白子为	王　倩	王路松	屈柯楠	杨　鹏	何培成	李永毅
章　康	庞永超	张　硕	梁杏茹	张　翎	杨晓强	赖小垚	邵立欣

机械工程系:46 人

丁晓萌	孙明耀	刘　旭	蒙玉超	段广鹏	高雪媛	纪丽静	刘冬雨
孙红波	赵常红	王　坤	郭福瑞	钟骐骏	张克青	赵良辉	梁介众
罗　龙	周志杰	陈家炜	张仲杰	贾　斌	潘孝伟	任　璐	李军平
赵晓迪	廉　涛	范宏伟	伍世良	宋松涛	程　龙	谭　健	方超文
邹小红	刘　琰	刘　佳	闫友璨	杨智超	姚军军	黄天超	孙　嫱
林立乾	汤善发	赵　剑	马晓萌	陈怡帆	于　凡		

自动化系:32 人

余　健	丁　洁	王艳飞	夏丹丹	张之涵	刘　葵	赖　咪	张木柳
赵珈靓	王　磊	杨新宇	门向阳	贾晓霞	李　昕	王鹤橦	张天航
李　阳	李林芸	张晓伟	詹文超	陈明渊	顾　瑾	王康成	韩思麒
邹竟成	逄　飞	庄文秀	吴　科	李　蕾	钟汕林	吴延群	张丽温

计算机系:32 人

陈　磊	李　瑶	韩龙美	翟加雷	龚冬颖	姜苏洋	李玉伟	周昉昉
高新星	梁文斌	王兴兰	程　龙	闵　丹	谭佳瑶	金强强	陶　韬
张胜男	陈　颖	邱红萍	王艳艳	王佳鹏	付佳良	刘莉菲	马利洁
袁　彤	孟令虎	姚滕俊	王艳阳	刘洪歧	解力也	戎润雨	杨伟海

经济管理系:30 人

王　丽	孙华瑞	张　娜	姜　媛	蒋　烨	王君剑	赵文圆	王璐琪
聂　婧	刘进杰	熊建武	王　鑫	谢　念	李　昂	常晓辉	郑　策
卢晓娟	史玉芳	毛舜杰	李　夕	何雪燕	李　威	姚　景	牛晶磊
朱露莎	付亚男	陈静波	蔡蓉蓉	王皓月	张冠群		

环境科学与工程学院:24 人

杨春燕	李若琳	宋小卫	袁　博	祝　涛	王一宁	谢佳林	王弯弯
沈　璐	许田广	姜　莹	龚靖雯	解姣姣	孙盼盼	朱丽萍	陈玉强

郭佳翌	李江鹏	冯 雪	王丽丽	蒋 达	李 通	张 婕	黄 凯

法政系:13 人

任建慧	李 殊	甘青锋	梁一景	武秀丽	孙兆辉	李 岩	乐玉熳
王 章	孙雅楠	王家琨	李佳怿	赵英丽			

数理系:12 人

韩新杰	代家丞	尹 旭	袁 月	杨晓冰	余泽远	臧晓玲	赵文静
王艳玲	张正义	陈志华	尤祖寰				

英语系:5 人

李姗姗	张 策	蒋思琪	汪美芳	吴颖婕

国际教育学院:11 人

陈 蕊	余 铮	许梦娇	杨艺宁	陈弘毅	俞秦博	王 昕	吴 越
卫婧菲	蔡 昊	李瑾蓉					

二、二等奖学金:695 人

电力工程系:145 人

杜 哲	甄自竞	秦 婧	郑 洁	王聪慧	马慧娟	牛佳乐	程云帆
黄 馗	计会鹏	卢 叶	王 帅	岳贤龙	孔庆峰	许菲菲	王 欢
许士锦	杨雅薇	王雪莹	王小飞	肖 燕	徐樊浩	伍玉婧	朱 洁
崔 凯	李俊烨	刘 梦	于立杰	殷天锋	余盛达	张邓出	李 川
冯杰成	李酒林	苏夏一	郭 帅	李 凯	夏 曼	江宇轩	刘思宇
任海鹏	辛立胜	何静波	高 函	陈吉红	丁梦瑛	刘海航	马一菱
刘 洵	孟天骄	李力行	彭 柳	李 林	蒋 乐	曹文斌	潘俊宇
杨 行	张晓春	张振法	孙 聪	刘蓓蓓	陈光勇	严思齐	闫书畅
张美娜	杨晓言	李 梦	汤 钰	梁涵卿	闫人滏	郭美若	陆文娇
王梦琳	黄玲玉	陈芳宇	陈章妍	李颜丽	张朕搏	赵浩舟	占梦瑶
薛伏申	王 强	张经纬	李 冬	袁少雄	马玉龙	陈搏威	曹亚钊
何嘉兴	朱紫薇	薛明志	曹澄沙	汪倩羽	周雁南	周立栋	陈文博
徐靖雯	林西阔	杨 旭	于思超	裴 鑫	崔泽宇	吴若冰	李 森
林子健	谭亚萍	张 希	刘婧妍	许 斌	许英强	张柳芳	张思景
周梦璇	戴 明	刘力铭	李东旭	王斯妤	魏宇宁	高亚鉴	高怡擘
何 帅	李永光	耿玉珠	刘玉珩	申津京	吴夏洁	常芳源	施凯伦
张国豪	周 璇	安 宁	黄湘云	邹培根	马春伟	谢 鸿	杨 丹
黄馨仪	袁秋宁	李 燕	郭 伟	赵晨晨	王一珺	李 泽	乔林思杭
刘杨嘉佳							

电子与通信工程系:42 人

阮潇男	张 悦	李海坤	刘 畅	曾业卿	郑永濠	王凌峰	文春燕
臧 胜	张慧敏	杨 翠	柴琦琪	张恩杰	王 蓉	夏文达	苏莉娜
张羽松	王 明	李 梁	王 畅	常 秋	张惠茹	赵 轩	崔 鹏
梁 敏	刘华森	田雨婷	仵 姣	袁胜兰	王 钏	古珊珊	冯妍妍
许 密	吴 鹏	蒋舒婷	罗曼丹	苑 文	王文韬	苗佳琦	于艺海
詹佳彬	张 宁						

动力工程系:97 人

刘树培　韩炜　郭殿奎　李瑾　李林洪　王浩　赖华盛　牛佳玉
左浩宇　梁雪琪　杨灿　马玉峰　曹枭虓　丁云花　于榕榕　吴涛
张亚亚　谢玮霞　周安鹂　米行　王丹阳　刘翊希　路菲　吴清
章丽婷　熊照雪　孟令彬　朱浩涛　黄思杰　许佳欢　乐梦雅　王悦
冀瑞云　杜霞　郑展鹏　司桐　赵若丞　谢海萍　李国良　郭源
郑灿　班潇文　权琛　程槐号　舒冠鑫　崔吉　廖金龙　杨雪
韩腾飞　祁昊　史学桐　于洋　祁超　张玉波　洪有耀　黄雄
张戈　余文进　仝浩杰　王玢滢　尹丹　刘林茹　赵天　付晓俊
张家祥　宋道润　戴宇晴　李昊燃　汪振飞　李秋菊　李晴　张仁杰
杨光　徐搏超　陈梦之　薛全喜　郭永成　陈雨帆　肖坤玉　林岩
田东旭　李永康　周俊　鲁琦　海云龙　李鹏　王岩　陈建阳
张卿　张宇　何东　杨颖　杨贺　张飞　王思达　胡璠
党元君

机械工程系:93 人

郭晓华　李红梅　王天一　张倩　丁弘　金满山　刘培波　杨浩楠
汪文秀　张科　段明浩　罗先洪　梁昌桥　刘洋　游太稳　莫兰兰
张艺腾　汪立立　尤亚男　杨婧君　郭志伟　寇海强　王凯　卢晨朝
卢思瑶　王成文　韩立明　马文东　罗政刚　祁复功　高鹏飞　赵金健
邱梦媛　安洁恒　韦家奇　李冠军　崔凡　聂博　马伟涛　贾祎蔓
马丛科　马硕　张泰然　黄彬浩　解友兴　梁华清　何志华　赵晴
李学斌　黄铃　张秋爽　赵纪彦　李阳　蒋奎振　许朋　张艺伟
毕董丹　曹硕　陈雪飞　程子硕　刘雄　施文　汪新康　米家奇
欧阳玲　吴炅　张晨浩　傅家伟　庞圣养　张瑞　赵策　贾宏伟
李洪文　殷子沛　程子玮　董敏敏　李海超　李梦珊　卢南君　李明强
乔茜　崔月瑶　卢文博　杨力　高洁　张钰淇　刘学敬　毛惠志
曲名燕　王君怡　刘鹏　秦一宁　张国英

自动化系:64 人

康莹莹　刘昭麟　商丹丹　孔祥宇　王琳　王迪　杨朔　葛瑞
韩露　靳昊凡　闵琪　杨磊　刘静　田德阳　池浩淞　韩宜轩
边会淳　侯美玲　黄镇东　康美娜　聂源　王润芳　吴梦莹　白婕
杨玲玲　李洋　周建伟　李东萍　刘陆阳　潘颖娣　王凯宸　魏旭辉
吴家佳　阎嘉璘　郑亚男　白雪　董超群　蒋巧玲　马许珩　李昱蓉
王钦惠　王书扬　靳朝阳　刘欣悦　祁俊雄　苏畅　徐定康　董圣孝
张培阳　师昭蓉　李迎　张凤南　宋超　周新丽　任国俊　牛瑾
林一帆　李宛容　徐海洲　孔润　曾泽宇　谢碧霞　徐楠　周丽娟

计算机系:67 人

潘振福　黄峰　苏航　牛锐　李秋娅　骆慧　张幸芝　程晓佳
苏艳娇　王艳　许鹏程　杨宏宇　朱广贞　尹晓阳　陈君华　刘佳敏
林心昊　黄琬今　梁静娟　王月　郝姜伟　李紫君　程启　柯钰铭
吕进　张鹏　李晶　杨明晓　王伟涛　朱章南　艾静　单琳
李丹平　覃智补　李丽　李廷峰　庞红伟　杨佩茹　白若林　王棋

吴辉贤	谢玉婷	张淑真	金 津	刘 策	郭 雯	李 青	庆亚敏
于佳文	张杰双	郭鹤旋	徐 莹	董浩圆	崔亚男	王炜涛	崔 迪
韩金新	戚 鹏	谢铠羽	何 日	袁 野	张宇潇	赵梦晴	韦 笑
俞嘉成	袁夕岚	孙 聪					

经济管理系:59 人

袁 静	黄丽娟	彭道鑫	李 芳	李佳轩	赵耀东	唐竞雄	刘媛媛
窦洪杰	黄沈海	张云欢	党 捷	樊倩男	叶民权	裴 颖	樊爱玲
张梓原	郭苗苗	陆爱羽	段 铭	黄权恒	王丽娟	严 斐	娄方元
张星宇	刘 浩	黄丽君	曾 利	王小燕	关 心	张红豆	张天翊
王 凯	仝 琳	王雨晴	陈凯玲	张 婷	马 敏	张 岩	李慧娟
梁 艺	李燕兰	倪 宁	吕来城	姜鹏程	祝邑尧	王婕妤	解玲玲
牟晓梦	厉进月	彭小珂	马 坤	张雪婷	李 桐	宋志鹏	常玛丽
张 然	于 航	钱 程					

环境科学与工程学院:48 人

陈芳迪	于伟静	王丽媛	王 璐	李宏轩	火 灿	高雪濛	袁晓东
黄国庆	沈 甜	张天泉	于 婧	刘成龙	林良伟	刘 欣	陈煜茜
蒋 帅	刘 娟	张诏生	王严燕	高 然	朱继鹏	宋 健	陈 康
孙景建	张立东	赵婕玲	雷 雨	张 琦	黄帅斌	何德瑞	李 威
李峥嵘	张 蕾	范珊珊	冯育宁	曲聆瑞	黄靖云	王炳然	胡 璇
王爱德	刘 媛	别 璇	余斯娴	赵 兵	陈 兴	董佳晨	李 琳

法政系:26 人

张 锐	孔智璐	梁浩冉	李碧霄	于雅馨	王斌斌	程霞燕	王艺雯
张春明	朱 琴	孔静怡	侯 佳	李 悦	刘 巍	李珍峰	王文思
何 娟	吕丹娜	付双乐	申佳健	郭少云	林子琳	叶 玲	刘天骄
蒋利亚	郝丽姣						

数理系:24 人

吴昊滢	国 赫	何 琦	林志勇	李文乔	安 晟	叶文平	郑 辰
周奥军	李 博	李生虎	孙翠萍	温春艳	杨 冕	朱姗姗	龚之珂
吕天成	苏 娇	李亚滨	詹石岩	朱以顺	董伟星	高金宇	贾 涵

英语系:8 人

罗小娜	文佳玮	曹红柳	李 琛	阴雪莹	杜焙焙	侯 钰	陈婉诗

国际教育学院:22 人

冯 健	李锦钰	杨宇轩	张丁丁	高玉雅	程 睿	梁睿智	刘海洋
于 天	邹潇骏	李明儒	吴楚风	张凌岳	康露予	周怡冰	王 妍
洪 雯	商开航	吴思宇	纪又予	毛亚鹏	许紫涵		

三、三等奖学金:690 人

电力工程系:142 人

於慧敏	于 淼	梁 浩	刘志博	王雪峰	周 兵	张申前	邹 丹
张天翼	何元明	刘 帅	秦 红	曾炀炀	郑伟烁	杨 帅	袁志鹏
苟吉伟	赵 群	胡恩德	苏祥弼	程祥群	郭文红	黄 河	纪文玉
毛晓翼	杨妍璨	张仕文	陈 源	顾 硕	韩 然	郑 蓓	宋佳微

易 琛	王 林	吴 凌	胡 阳	林振望	宋士蛟	张 璐	王 皓
路田月	张 凯	庄朋成	张 宁	贺卫忠	李伟峰	张文文	胡彦斐
黑 阳	钱亚辰	马婧怡	沈 丽	田诗雯	杨明明	杨智伟	董文凯
李康平	黄 通	毛宇晗	殷加玦	陈 轩	张伟波	陈 铭	赵文亨
王刘利	凌 霞	姜 涛	石小琛	焦 杰	李晨曦	刘 敏	雒 震
魏 佳	祝晋尧	郭 恒	杨丽思	潘文文	范心一	郝嘉诚	孟金棒
马鸿义	杭晗晶	周清飞	何小平	俞飞杨	赵 宝	杨 帆	胡 香
宋子浩	佟彦磊	张 锴	樊 涛	王 冬	富雨晴	李立周	张旭超
周晓峰	黄健林	席明潇	汪 洋	鲁 虹	马卓黎	王琳媛	陈嘉敏
金基伟	任俊霏	丁亚雄	刘佳昊	王英杰	赵明曦	胡 江	李演达
吕飞扬	叶梓明	张婷婷	黄泰荣	焦维亮	李 雪	彭远会	任晋伟
杨晓舟	郭天宇	胡志伟	刘欣悦	胡一丹	张 斌	曹晟哲	索 瑀
何仪颖	赵篷阳	马子岳	左琼莲	李洪文	张佳辉	赵 宸	刘兰涛
蔡雪瑄	成明仪	刘 通	王 迪	谢翔杰	田园沐雪		

电子与通信工程系:42 人

孟 颖	张程炜	庄振夏	高 倩	林陈伟	彭尚飞	陈姮纹	陈 玲
黄日辉	李 颖	王文莉	彭博蕊	孙 权	周生平	宋春晓	王 悦
徐国智	苏 樾	胡启杨	熊 昊	侍剑峰	刘 薇	高祖慧	周方舟
王 荀	刘佳敏	陈 琳	李京涛	胡燕灼	张振华	孟灵丽	徐 想
连 策	夏 露	任江华	陈 文	文 鸣	薛婷婷	周宇航	张 艳
汪梦闪	江通政						

动力工程系:97 人

王文杰	王之龙	梁岂源	夏 鑫	王 娅	韩晓敏	李 军	陆永健
葛 臣	卢 阳	钱 辉	赵 霖	汪佳敏	徐 瑞	于华健	赖建山
李庆浩	游嵘臻	胡连福	陈诗怡	马 帅	陈萍萍	童格格	胡娟娟
丁伟婧	李 锐	朴梦然	周安琪	蒋慧卿	王洪跃	胡晓天	甘 力
李子杰	余岳峰	孙立超	康志雄	张 波	田 巍	李丽华	胡振波
缪佳静	李宏林	朱恺雯	王润曦	穆 斌	马增志	莫荣杰	王昱翔
谷 尧	顾思菁	吴文韬	黄家荣	吕凯文	吕 媛	吴 韬	朱锋杰
祁 超	雷 泽	刘雨濛	刘洋伶	何 靓	伍 健	殷雪娇	朱钦琛
李 祥	石 宇	林哲伦	王文杰	包亚璞	李金超	保佳伟	石 悦
李 原	朱 楼	杨晓刚	张伟勇	刘明瑞	孙继铁	王 鹏	陈圆圆
赵少祥	周广钦	郝晓路	王佳音	田 昊	林晓波	林一航	吉鸿斌
黄文甲	陈志民	李新号	王光宇	茅天智	刘国富	汪 波	周博滔
杨耀宗							

机械工程系:93 人

胡峻玮	刘 亚	张 轶	封 冉	付 芮	刘 欣	张钰阳	耿雨潇
洪 庆	贾淑惠	吴艳梅	周巧云	黄 成	李立振	刘会阳	伍君实
张海峰	陈荣添	刘耀强	罗 艺	汪斌川	刘 欢	解宁宁	佟锦皓
郭俊华	莫俊冰	杨俊玲	唐之尧	黄 凯	杨 静	秦晓明	邓玮琪
马 越	苏 驰	迟书强	刘文师	党 炎	李 畅	李 强	胡泽仁

孙盼玉	韩春雨	江隆昌	王 凯	邵志龙	纪卓含	王 盼	李 宁
黄东杰	蔡慧颖	李科慧	许丽朦	李 雪	陈柳桥	黄 鹄	金 龙
吕 鑫	汪 田	吴威华	肖溢鹏	曹应平	王欣彤	王亚祝	余帮节
张 煜	陈丽敏	杜梦娇	强刚刚	曹倩倩	贺新年	冷张圆	杨留胜
陈湘阳	郑庆浩	丁林山	江 辉	王 珂	蓝小辉	刘 豆	陈 磊
李春芳	贾少雄	王晓萌	赵思思	宗朝阳	赵 熠	闫 洁	王婷婷
唐 畅	陈 曦	方静怡	高 媛	王 岚			

自动化系:64 人

何宗源	马金龙	王雨秋	刘 娜	李 珂	李志鑫	刘林清	侯学刚
牟景艳	许 鑫	张华丽	狄 锐	梁莎莎	潘安琼	陶 琳	杨星星
张 蕾	周雪菲	宋岩泽	陈 瑞	李 静	钱嘉琦	黄碧漪	赵泽辉
郭玉青	卫丹靖	吴国昊	胡 艳	宋秉宸	王 涵	翟晨曦	陈园艺
李 晴	刘婉莹	赵 伟	闫 萧	张 帆	张振超	崔业婷	段贵金
冯 丽	李梦楠	孟庆鹏	曾华清	李 硕	李外强	张 皓	张 晓
郭利轩	欧燕森	谢 天	曹 巍	李亚玲	张 帆	吴宏旺	彭 浩
周 芸	乔依林	田昕怡	徐珮宸	张广廷	陈煜琦	肖庆芳	张树浩

计算机系:66 人

陈建军	杨辰涛	刘亚珍	吉文靓	钟彩金	杨广辉	刘 松	江 浩
许海樯	李翔宇	王海威	陈 谢	陈续行	石凯文	郝 振	胡 亮
王 琰	许一航	张玉坤	游 朗	李 森	肖 晋	官 静	胡柏吉
罗能强	林 楠	程雅欐	常 欢	李楚璇	李明辉	刘 凯	夏跃萍
沈哲吉	赵 云	董冬阳	雷天宇	张桉童	霍春美	姜方正	柯行思
苏继鹏	边建彪	王志男	张和泉	张 颖	陈 茜	蓝 玻	王鑫鑫
宋强强	杨春兰	张少聪	廖婉莹	宋旭鹤	王国庆	李 贺	陶 冀
侯建康	朱晓琳	綦人杰	安子浩	靳亚康	鞠佃军	李 东	李 杰
施少龙	丘舒婷						

经济管理系:59 人

张晓明	魏思伟	范锐博	杨 仟	宁慧娜	秦秋月	高忆秋	许昭源
尹伊娜	李玉婷	张春成	孙 涛	王丽芳	白佳奇	宋明烨	王龄苒
李 荣	邱 楠	王伟伟	许 艳	李 丹	李晓洋	朱庭萱	邵鹏程
王佳伟	李 璇	吴 松	丁玉乐	贾玉婷	张一枫	徐志鹏	张婷婷
李庆梅	俞佳轲	高树彬	单 双	陈 欣	耿晓伶	乔 乔	郑焕海
张知秋	郭玲玲	郭志明	周 浩	刘仕鹏	裴胜丽	张思行	池子扬
陈 莹	张峻恺	王彩飞	张 普	沈 磊	杜 磊	韩丽丽	王 敏
张俊健	曹 丽	胡林敏					

环境科学与工程学院:44 人

程 琦	陈雅倩	汪剑桥	李培正	邢 锐	史春霞	郭亚南	李 颖
邓宝玉	马英钊	曹 倩	李春辉	马万里	石 瑶	赵天奇	郗 萌
李郑娜	张修武	王孟鸾	杨 浩	许国松	陶子晨	许 聪	张 蕊
陈 灯	王美琪	李小燕	王冠华	周歆雄	张 兴	李 妍	张 菀
张 屹	杨 康	邓雨辰	洪森权	许旭斌	杨莫愁	孙 杰	林文伟
王贺梅	陈士磊	林铭巧	孙晨馨				

法政系:26 人

黄晓燕	吴 珊	贾 芹	韩兆凯	孙于睿	苏晨晨	黄子娟	杨泽坤
王娇娇	王秋云	李安慧	苏春晓	何超然	卢颖琴	田 风	温若帆
徐 慧	王海潮	耿世璇	周 晨	刘玉黔	任姣姣	焦凤琪	张 澜
杨 倩	万紫千红						

数理系:24 人

王秀芬	李浩森	刘彤彤	何 波	曹 治	章柳吟	王伟华	鲜浩波
徐承毅	章 煜	刘久炜	陶齐勇	王 磊	张 莉	黄桂琳	杨 姗
陆豪强	汤 潘	郭馨璐	杨丽敏	徐琳贺	范春燕	袁大显	赵志杰

英语系:11 人

金 戈	宋颜萌	许嘉韵	王颖靓	艾亚妮	陆梦庭	王小凤	潘蓉蓉
李 婕	焦文月	雷 也					

国际教育学院:22 人

郭安琪	奚博闻	曾传瀚	张 蕾	纪 晨	李源锟	连城星	孙宇笛
欧文琦	邓骏鹏	田润泽	王若麟	王 希	周事好	陈安琪	刘芳峤
白 杨	石砺瑄	罗钦波	范名琳	刘云涛	傅 婧		

四、学习优秀奖学金:335 人

电力工程系:78 人

常 宁	张亚辉	郝 毅	赵碧凝	王 洋	崔倩雯	刘志波	唐 潇
李爱祖	张婷婷	潘泯均	王 杰	曾 瑶	赵俊凯	梁 倩	麻 强
彭 依	沈超伦	蔡华泉	曹 璐	童煜栋	洪冬欢	王一飞	刘宏杨
姜宇轩	高圣达	杨瑞环	赵雅婷	马 炜	何伶俐	聂齐齐	白 洋
范 航	刘娅菲	陈丽芹	曹大卫	陈煜文	陈星灿	王乐笛	侯 爽
张 该	李晓冰	王灵超	王 烁	刘士嘉	张 锐	刘瑞颖	李柏江
叶建芳	卢方正	方晓曦	赵靓玮	王 涛	张瑞雪	米师农	段国强
韩啼啼	孙立鹏	魏石磊	徐继霆	丁晟辉	李梦宇	李宗哲	庞帅杰
王 炎	赵 铮	冯雨霏	高雯曼	贺宜恒	葛厚磊	唐炜皓	邢法财
陈 晨	陈其其	柯明东	魏湘盈	陈 耀	周光奇		

电子与通信工程系:8 人

倪 远	温营坤	姜铁涵	孙佳安	胡 灿	寇博绰	陆 迪	聂 志

动力工程系:54 人

刘 渊	裴继坤	陈林炜	王旭锋	蒋 璇	肖艳红	赵崇邦	徐 亮
苏孟翔	黄宝敬	毛鹏飞	李治涛	彭 程	王 沐	杨 雪	刘智远
周 阳	漆 聪	庄英乐	高 昂	张伊黎	卢 阳	杨国晟	许 静
王鹏乾	李 昭	李亚臻	钱家林	岑 涛	李 杨	高海松	郭良丹
许 文	吴英才	栗国鸿	陈亚华	孙恩慧	陈允驰	李振浩	曾黎明
吴 琼	樊琦明	焦玉婷	朱 静	杨子仟	吉暕东	肖炜刚	孟 岩
刘培培	刘 畅	李嘉华	肖听听	李 勤	黄立志		

机械工程系:45 人

李永刚	宋学成	卢亮宇	汪俊宇	蔡国辉	梁 雄	张 超	罗超龙
姚渊博	袁增辉	陈 侠	郑显亚	徐振磊	梁 成	曾 成	行建军

程国强 黄尚愚 邢玉杰 平璐璐 徐惠杰 杜敬敬 林剑峰 张　灏
陈泽帆 向星雨 谭珺泽 王志昊 吴芝浩 殷　超 尹孟然 陈煜兴
刘文政 符　博 孙　岑 王高举 闫　欢 赵星驰 王海阳 董　强
祝志磊 高　擎 张开元 张丽娟 周泽辰

自动化系:31 人

李　玲 潘　杜 唐　玲 范征宇 韦国珍 陈　宇 黄伟强 王子奇
徐宗强 陈天翔 吴静园 谢　松 俞人楠 吴隆佳 杜远征 于　笑
陈潇一 包婷婷 林惠建 李洪阳 李　晓 李美华 武志勇 陈　肖
赵凯旋 舒向前 梁夏风 周梦璐 郭俊霖 贾　岩 李小鹏

计算机系:33 人

李建华 杨慧娴 周子杰 王　倩 王秀玲 姚　鹏 张　开 靳晓妹
张藤予 张晓妍 仇文博 刘少伟 钟　岳 郭　辉 王　贝 朱静慈
李　磊 杨　泽 晋志明 李新军 沈一鸣 苏晓宇 王炜康 王　凤
叶　靖 张馨月 陈宏宇 施　翼 文　飞 赵圣楠 涂豫平 应慧婧
于润涛

经济管理系:28 人

徐　亚 金　鑫 肖　瑶 何　敏 郑晓雨 高雨薇 李江涛 刘默涵
刘　巧 李庆阳 田虹辰 匡载淋 余玉琴 杨　霞 徐雪莲 周舒静
吴婷婷 罗乔丹 刘显玲 张延伍 高　祺 李　畅 祝欣豪 邹　冲
刘立果 高婧瑶 杨　帆 孙　泽

环境科学与工程学院:22 人

何欣恬 付丽丽 王华君 覃玉环 徐　朋 曾祥超 马超群 卢　娜
李诺男 刘向阳 魏学志 刘　强 张伊甸 赵　炎 龚奂彰 牛俊蓉
秦若男 张金瑶 吴家俊 于东立 黄旭文 张江琪

法政系:13 人

陈　荧 孟　雨 杨慧铷 鲁秋燕 王天祺 蔡丽霞 潘柳涵 吴石梅
张　艺 李港生 柳　虎 汪　钰 戈　弋

数理系:12 人

吴绍华 时　钟 周凌峰 廖成城 陈　媛 张　伟 丁志新 刘祖权
赵　炜 常怡东 段　杰 殷亚茹

英语系:5 人

蔡　笑 刘　婷 刘　珂 王　杰 孙文裕

国际教育学院:6 人

习智超 郑蕴华 陈玉婷 钱旭东 王泽坤 欧阳宇佳

五、社会工作优秀奖学金:345 人

电力工程系:73 人

张亚辉 徐　硕 葛平富 祁　浩 周　翔 仇敬宜 柴　骅 匡　生
李　铖 郑豪东 陈冰研 沈伟余 董维盾 胡璐娜 张　津 李　昕
麻　强 姚云飞 陈奕汝 蒋　雨 沈超伦 李杭蔚 陈洁昕 许自强
赵高杰 胡　杰 刘宏杨 丁　楠 王付金 刘哲夫 郑　悦 周立超
王资博 白　洋 陈　烨 刘翔宇 徐培东 陈丽芹 杨　帆 陈煜文

姜　訸	李林蔚	董搏靖	郭梦曦	马　刚	王晨雪	严敬汝	鲍超凡
赵虹博	陈欣恺	王志宏	魏安安	安　东	韩啼啼	魏石磊	刘　佳
王博闻	郭佳熠	宋长颀	王凯强	王　源	章钧恺	浦国琛	周博建
邓森勇	邢法财	赵慧聪	邹　福	陈星彤	张韵秋	侯　佳	汪　源
司徒绮琳							

电子与通信工程系:21 人

曹　哲	宋广磊	顾梦琪	张　昊	张　晓	王亚楼	刘　阳	丁正沣
孙靳伟	杨军伟	梁运丰	张　爽	金　烁	黄云巍	王三名	万福海
刘　欢	于文超	胡大帅	杨　森	胡旭欣			

动力工程系:48 人

张子龙	朱胤熙	吴丽菊	丁　伟	孙雁宇	王飞飞	吴　优	包　帅
彭　程	邱丽红	赵俊妍	第青川	蔺小龙	宋晓玮	陈飞雄	张宏强
冯文永	韩　林	曹振斌	周　沛	贾国晖	杨官煌	李子毅	石　炟
高海琴	王鹏乾	马文静	于　淇	吴晓文	吴英才	关东焱	陈亚华
张　旭	朱　瑞	宦宣州	孟　滔	陈允驰	李静艳	李宪蔚	左　露
仲照阳	刘克东	张长宇	李嘉华	王海鹏	张鲲鹏	李　勤	高　超

机械工程系:46 人

林　海	陆　璐	黄庄雯	李赛赛	沈佳伟	吴效东	宋　杰	李　浩
左珂菲	史建芬	周　静	解承萱	尹文良	张　超	王朋民	陈虎山
张　凯	马路宽	徐文岐	武祥吉	李卓庭	徐振磊	罗　乐	梁　成
田　东	袁　葶	黄素洁	宋雪嵩	于彦秋	尹　涛	张贵军	陈颖晖
陈泽帆	李伟东	王英瑞	邱于里	王海阳	张　冕	张啸宇	乔宇航
曲　睿	韩桐桐	辛春梅	毕胜男	秦楚宣	王一帆		

自动化系:32 人

栗　鑫	刘越月	刘　昭	梁琦祥	张　婕	窦金辉	蒋铁成	范征宇
高　鸣	张　琨	胡东阳	刘胜男	李金阳	李振宇	寇　晨	江爱晶
阚志凯	谢　松	周新星	王栋立	黄锦燕	周旭飞	谢涵羽	张　强
靳　鑫	刘　诚	包　晗	谢工力	彭福祥	翟文培	郭俊霖	贾　岩

计算机系:33 人

蔡江洋	杜　丹	彭晓凡	林　炜	王艳彬	于　猛	李元斌	沈亮印
宋　波	周子杰	崔　璨	魏建国	韩　宁	张　开	徐京京	韩　文
刘　洋	王丹蓉	薛　奕	罗晨曦	邱日轩	王　喆	杨　泽	马占军
张昕楠	唐　帅	宣兆贝	任中杰	吉晓琼	李二超	王　乐	梁　妍
于润涛							

经济管理系:30 人

江垚华	张凌玮	黄继杰	赵泽延	邹家齐	白　雪	李文静	赵疆亘
薛兆奥	戎元元	杨伟炯	张汝佳	刘　颖	杨　硕	宋飞云	何晓博
张洪秩	周舒静	王好雷	高　越	张梦瑄	闫双倩	苗峻玮	李　潇
丁振华	范衍铖	李　倩	李美琳	白莹洁	黄立君		

环境科学与工程学院:24 人

绳文亚	郝青林	孙中豪	温　君	钟启航	陈周越	李晓宇	戴　维

黎　伟	吴国栋	许　鹏	黄斐鹏	王生起	李鹏贺	孙智滨	叶文智
虞　婧	祝富杰	闫　利	刘海韬	王春鑫	陈嘉浩	曾韵洁	于　梦

法政系:13 人

魏溢男	倪状状	王铁权	李泉怡	曹梦芸	吴　燕	李　晴	刘延旭
陈家慧	杜雅轩	李　响	杨　星	宋筱楠			

数理系:12 人

侯佳奇	郭　凯	程　罡	刘　祥	周　帅	赵玥琦	付　豪	潘　睿
张诏议	蔡健栋	马　超	张　晨				

英语系:5 人

李子安	陈　卓	袁彤彤	李健杰	张　鹤

国际教育学院:9 人

宫祥龙	宋毅杨	方振宇	尹　程	王　琪	孙家豪	洪燕柔	李飞逸

六、文化活动优秀奖学金:344 人

电力工程系:73 人

李　忍	杜　赫	孟　刚	周　翔	郭烨烨	彭籽萱	柴　骅	张国应
郜学思	曲东哲	王灵安	华天琪	马　跃	姜宇轩	张义仁	邢希君
陈　烨	刘翔宇	任鹏辉	平江波	任　杰	伍　娟	吴达鑫	李林蔚
黄弘钢	张　恒	张　佳	刘　波	鲍超凡	朵吉明	李　婧	贾学栋
潘祉名	裴俊亦	薛宇石	袁　琳	潘俊诚	苏至哲	杨晨旭	张　引
毛欣月	王博闻	杨　柳	刘舒靓	刘一萌	郭佳熠	刘奕坤	宋长颀
王凯强	冯雨霏	高雯曼	高志超	许　东	刘士骏	郑力勇	王　玉
曹　昂	戴军君	李国杰	罗力佳	马华兴	邓森勇	邢法财	尹奇兵
赵慧聪	蔡雅慧	陈星彤	纪　欣	张双悦	魏湘盈	郭文诚	侯　佳
汪　源							

电子与通信工程系:21 人

卢婉君	朱　明	孙海波	顾梦琪	闫孟洋	郭　巍	王　磊	王亚楼
刘　阳	孙依娜	刘安琪	卢妍倩	林海蔚	赵　双	农　真	沈华萍
宋　湉	杨　婷	杨毅冉	黄文婵	胡大帅			

动力工程系:48 人

刘　渊	裴继坤	陈林炜	王旭锋	李治涛	宋朝阳	毛梦婷	邱旭莹
梁小壮	吴　楠	严雪南	雷　闻	黄云璐	赵红芳	胡欣培	漆　聪
张宏强	梁东宇	刘志鹏	赵宇博	韩　林	杨光华	李玉平	曹宇坤
张思嘉	陈　野	高海琴	申正远	许　文	栗国鸿	铁成梁	刘　苗
朱茂南	陈艾林	刘　洋	曾黎明	马云飞	陆海洋	吴晓尧	樊琦明
杨子仟	刘培培	王海鹏	张鲲鹏	苏海月	艾书剑	张　瑞	肖听听

机械工程系:46 人

陆　璐	何　侃	黄庄雯	李文尚	吴效东	于学鹏	李　岩	刘东圆
许文豪	宋　杰	左珂菲	曹雨薇	李思颖	解承萱	尹文良	睢少博
蔡臣君	陈　侠	李卓庭	平璐璐	田　东	袁　葶	宋雪嵩	赵文翔
孙　泽	李未亭	贾晋鑫	李　玥	邱于里	余媛君	张　冕	冯　渝
张啸宇	解　铎	刘泽浩	张伯麟	乔宇航	曲　睿	葛冉冉	马　硕

高乙丹	辛春梅	秦楚宣	王耀福	王一帆	侯 钰

自动化系:32 人

刘越月	崔海林	潘 杜	张 婕	许茹欣	张鸿平	高 鸣	张海洋
陈丽羽	杨 帅	李金阳	李 念	李振宇	陈 思	冯 玲	寇 晨
江爱晶	吴静园	邸 帅	谷 超	周田蜜	杨德玉	吴隆佳	杜远征
王 天	刘桂箐	罗 凯	祝文翔	张小梅	李 贵	张 韬	王 茜

计算机系:32 人

李 俊	李元斌	路晓璠	孙 旭	吴浩楠	朱 龙	崔 璨	秦玉丹
高远航	韩 宁	王秀玲	王玉坤	韩 文	祁雄雄	高 晶	王丹蓉
邱日轩	陶梦琪	王 喆	窦宗杰	谷玉虎	郭 放	苏晓宇	张毅民
钟 渝	罗 鑫	吉晓琼	满 意	余 烨	胡梓民	李 雪	梁 妍

经济管理系:30 人

胡万平	张凌玮	肖 瑶	陈尚司	刘 欣	白 雪	吴学斌	陈忠霞
祝 君	毛佳欢	苟 丹	周天琪	安常乐	宋飞云	张 舒	张洪秩
孙升驰	赵元隆	李少龙	胡 月	梁 婕	张梦瑄	文心怡	任 静
邹 冲	范衍铖	陈 倩	李美琳	白莹洁	黄立君		

环境科学与工程学院:24 人

杨肇鹏	张 迅	温 君	钟启航	庞海艳	晏雅婧	雷 媛	黎 伟
尹明霞	毛星舟	许 鹏	张理杰	黄斐鹏	姚杭东	徐 朋	王佳英
陈桂文	李虹锐	徐开依	李诺男	姜义健	杨钧晗	陈孝妍	曾韵洁

法政系:13 人

王肖伊	刘帅志	王天祺	张 玮	张 悦	么冬霞	周 涛	贾 帆
惠 珺	鞠德全	李 晴	葛晶晶	戈 弋			

数理系:12 人

侯佳奇	李 芮	邓超语	陈 媛	陆珏蓁	韦星宁	俞倩倩	孙新宇
周佛佑	罗粒菡	兰雪娇	杨效民				

英语系:5 人

李 瑜	刘 典	赵妍妍	王 杰	薛 娜

国际教育学院:8 人

李傲雪	方振宇	郑晨露	关奇菲	刘安琪	洪燕柔	姜宇杭	刘馨雅

七、体育活动优秀奖学金:347 人

电力工程系:73 人

徐 健	蒋易展	刘志波	唐 潇	冯世佳	张文甜	赵 超	朱益之
周 翔	郭烨烨	刘 慧	佟 欣	柴 骅	李国栋	张婷婷	王 杰
于明洋	曾 瑶	董维盾	李 雯	李 昕	张国应	陈奕汝	李长春
张凯元	程黄新	王一飞	丁 楠	赵雅婷	辛建江	张义仁	黄 涛
刘哲夫	周立超	陈丽芹	伍 娟	彭忠源	秦兴邦	张良星	安振国
马建忠	黄弘钢	张 恒	陆 峥	魏 遥	吴耕纬	赵虹博	郑子洵
叶建芳	洪 泽	潘祉名	马艳军	张智敏	韩啼啼	孙立鹏	刘 可
刘 佳	杨 柳	刘舒靓	张郃博	李茂茗	韦世盛	高志超	郑力勇
田瑞雨	王 玉	裴智琦	李庆杰	马圣明	朱广博	乔嗣欢	王 晗

司徒绮琳

电子与通信工程系:21 人

张桐建	宋广磊	宋 玉	张 晓	刘 野	王亚楼	孙依娜	孙靳伟
温营坤	王玉琳	任思诚	万福海	赵 双	农 真	陈贵昌	宋 湉
杨 婷	黄文婵	苏珍香	彭 飞	杨 淼			

动力工程系:48 人

肖艳红	徐 亮	毛鹏飞	高亚驰	赵玉良	郭世超	王 沐	邱丽红
奚晗涛	车文聪	肖一鸣	陈飞雄	杨凯杰	刘东洋	赵 明	曹振斌
杨光华	周 沛	杨一波	石 烜	叶闻杰	吾 兰	刘 阳	钱家林
马立伟	吴英才	林 崑	关东焱	国继志	孙凡杰	王国栋	张 凯
齐波波	李振浩	袁 鸣	杜亦航	焦玉婷	朱 静	吉崠东	王 振
孟 岩	刘 畅	陈宝新	张 瑞	黄立志	卢亚开	高 超	尚 飞

机械工程系:46 人

贾 斌	林 海	崔耀文	李文尚	沈佳伟	于学鹏	刘东圆	宋 杰
汪俊宇	左利博	韦 玮	梁 雄	罗超龙	南 凯	姚渊博	袁增辉
王朋民	陈虎山	张 凯	马路宽	吴慧锋	李文辉	郑显亚	罗 乐
平璐璐	黄素洁	谢小元	宋雪嵩	张贵军	周子杰	代 贺	丁 鹏
李 玥	余媛君	郝金鹦	解 铎	刘泽浩	曾柳盛	周雀林	李仕玉
刘世云	韩子洁	韩桐桐	毕胜男	王耀福	孙承艳		

自动化系:32 人

刘 昭	钟羽劲	崔海林	潘 杜	张 婕	黎瑞斌	张鸿平	杨国栋
李 帅	韦国珍	张海洋	董易闻	时治青	刘振通	邸 帅	谢 松
张 宇	宋显億	黄锦燕	周旭飞	潘宇遥	于 笑	张 萧	夏乐乐
李洪阳	武志勇	祝文翔	刘 诚	邹 奔	赵凯旋	翟文培	汪森依泉

计算机系:32 人

李建华	孟 勐	彭晓凡	武志磊	王 鹏	于 猛	路晓璠	王纬韬
朱翔宇	宋利利	谢 君	曹增禄	胡龙基	王 倩	王秀玲	王玉坤
冯甲军	孙昊翔	韩 文	李俊鹏	张庆耀	杨 泽	唐 帅	安 慷
李明洁	刘汉彤	罗 鑫	鄢光伟	陈宏宇	冯明明	李 杰	尹国卓

经济管理系:30 人

叶 茂	胡万平	陈尚司	田宗毅	张在兴	梁宸语	刘 随	戴雨欢
戎元元	李庆阳	李天朔	杨 硕	王昱勋	郑坚松	张洪秩	黄 丹
赵惠珍	刘 梦	赵元隆	丘艺婕	符广润	闫双倩	文心怡	高 祺
杨 丽	周庆伟	姚 伟	陈 倩	杨 帆	王华卿		

环境科学与工程学院:24 人

王元刚	郝青林	陈小豹	李玉凯	王莉莉	戴 维	吴国栋	李 鑫
严伟平	毛星舟	王 彬	黄斐鹏	曾祥超	刘伟彬	叶文智	赵维杰
何东雳	杨钧晗	祝富杰	李志刚	解鸿天	刘 闯	候 博	于东立

法政系:13 人

魏溢男	张 玮	孙天留	么冬霞	贾 帆	顾馨怡	鞠德全	李港生
刘昱初	许永艳	张伊倬	宋筱楠	宗 舟			

数理系:12 人

李芮	邓超语	周帅	陆珏萦	许敬秀	付豪	洪添杰	邱智韬
金彬斌	潘睿	段杰	晏国杰				

英语系:5 人

贺娟	蒋银丹	肖菲	韩敏	黄海燕

国际教育学院:11 人

杨鑫和	陈聪哲	李美林	罗梦青	王雪婷	董林啸	吴恒	刘安琪
王乐秋	刘晋维	陈纪桥					

八、思想道德表现优秀奖学金:336 人

电力工程系:72 人

蒋易展	葛平富	赵斌	鲁泽洲	仇敬宜	李爱祖	董维盾	陈奕汝
荀漪	郜学思	李杭蔚	童煜栋	季一宁	苏宇	胡杰	邓睿
王雪松	马跃	卫凯	曹昕	卢鹏翔	马炜	张贺	何伶俐
马伟	陈烨	刘翔宇	任鹏辉	徐培东	任杰	伍娟	杨帆
赵晓丽	侯爽	姜訸	陈志恒	严敬汝	李柏江	赵虹博	纳瑜
李晓东	马艳军	魏安安	李家壮	李杰	齐杨	王涛	米师农
苏至哲	刘可	刘佳	刘鑫宇	王博闻	苗志敏	张郃博	郭佳熠
刘奕坤	王源	赵铮	刘士骏	浦国琛	王溯堜	曹昂	李国杰
尹奇兵	赵慧聪	蔡雅慧	陈星彤	张韵秋	周光奇	侯佳	司徒绮琳

电子与通信工程系:21 人

张桐建	唐圆	闫孟洋	张昊	郭巍	张静	杨军伟	梁运丰
任思诚	万福海	柳叶	唐年吉	杨婷	杨毅冉	姜越	于文超
苏珍香	马生青	胡大帅	杨淼	胡旭欣			

动力工程系:41 人

万永清	姜京东	陈坤	王慧	张婷婷	吴优	郭世超	包帅
熊保全	罗迪	赵红芳	肖一鸣	王宇航	王建东	杨博	周沛
贾国晖	石炟	刘杨	王鹏乾	时斌	于淇	马立伟	周航
张丽洁	关东焱	陈志宇	陈德义	孙恩慧	齐波波	陈允驰	杨埔
孙衍谦	李静艳	刘建征	石瑞	刘亚南	宣凌燕	朱莉林	吴晓尧
赖一杰							

机械工程系:46 人

贾斌	林海	陆璐	周凯	吴效东	李岩	张维	刘东圆
许文豪	左珂菲	史建芬	曹雨薇	李思颖	睢少博	陈虎山	蔡臣君
徐文岐	武祥吉	罗乐	袁葶	李翔	黄素洁	尹涛	张贵军
黄鹏	付可可	周子杰	郭曦煜	李宇倩	刘智	朱惠成	朱松阳
贾晋鑫	李玥	余媛君	张冕	冯渝	解铎	刘泽浩	易浩杰
李仕玉	刘世云	乔宇航	韩桐桐	王耀福	董浩		

自动化系:32 人

栗鑫	刘越月	潘杜	张婕	许茹欣	张鸿平	窦金辉	杨国栋
李帅	张琨	胡东阳	陆新月	陈丽羽	丁磊	李金阳	李振宇
寇晨	王亚楠	吴静园	周田蜜	黄锦燕	蒋莹莹	孙博	杜远征

于 笑	刘桂箐	胡沛涛	韩 庚	靳 鑫	刘 诚	张 韬	翟文培

计算机系:33 人

蔡江洋	孟 勐	林 炜	李鑫山	武志磊	李 俊	朱翔宇	敖 然
魏建国	胡龙基	王玉坤	刘 凯	徐京京	刘 洋	王丹蓉	薛 奕
赵瑞祥	李 磊	陶梦琪	李微微	郭 放	蒋天一	黄丹妮	唐 帅
任中杰	王 凤	刘汉彤	吉晓琼	李忠明	王 乐	余 烨	李 雪
梁 妍							

经济管理系:28 人

江垚华	黄继杰	赵泽延	陈尚司	李登卫	王九吉	张在兴	杨志玲
刘 随	苟 丹	李天朔	周天琪	杨 霞	田 野	王 睿	苟瑞欣
李金强	胡 月	符广润	韩冰莹	周玉洁	张梦瑄	苗峻玮	李 潇
周庆伟	蔡晓玉	李美琳	白莹洁				

环境科学与工程学院:24 人

何欣恬	李 鑫	许 鹏	徐 朋	罗天楠	高 妍	虞 婧	祝富杰
柳 杨	闫 利	赵兴安	赵 剑	何轶杰	李志刚	解鸿天	刘 闯
候 博	王玉龙	王春鑫	向亚军	陈嘉浩	田相峰	曾韵洁	于 梦

法政系:13 人

王肖伊	魏溢男	刘帅志	倪状状	王铁权	张 悦	万娇娇	李泉怡
曹梦芸	罗 阳	胡 蝶	李 响	周静漪			

数理系:11 人

侯佳奇	邓超语	班 灿	廖成城	周 帅	付 豪	王冰洋	俞倩倩
王 琪	殷亚茹	罗粒菡					

英语系:5 人

陈 卓	陈 红	李健杰	张 鹤	黄海燕

国际教育学院:10 人

习智超	宫祥龙	方振宇	祝子绚	刘 沁	郑晨露	王乐秋	洪燕柔
刘晋维	陈纪桥						

九、科技创新能力优秀奖学金:254 人

电力工程系:30 人

李 忍	赵碧凝	鲁振威	朱益之	周 翔	郭烨烨	吴招辉	刘柯岳
郑豪东	姚 露	董煜泽	张 帆	曹梦馨	贾 菲	许自强	苏 宇
邓 睿	王雪松	姜宇轩	庞 曼	王资博	白 洋	孙朝阳	汤玉龙
臧泽洲	李 颖	吴碧优	王志扬	许 东	邓森勇		

电子与通信工程系:21 人

孙凯杰	温 彪	张桐建	胡江波	唐 圆	张 昊	郭 巍	刘 野
张 静	孙靳伟	杨军伟	阮 尧	温营坤	黄成杰	种 飞	陈天成
郭鑫民	赵彤彤	李苑媛	胡大帅	彭 飞			

动力工程系:52 人

杨 雪	宋晓玮	陈飞雄	王鹏乾	李 昭	时 斌	于 淇	王宗武
关东焱	安 鹏	陈亚华	张睿懿	张 旭	朱 瑞	宦宣州	刘 洋
孙恩慧	齐波波	李振浩	曾黎明	张 鹰	李静艳	刘建征	刘亚南

宣凌燕	马云飞	李宪蔚	王朋飞	朱莉林	吴晓尧	吴 琮	樊琦明
焦玉婷	朱 静	吉暕东	肖炜刚	孟 岩	刘培培	刘 畅	李嘉华
焦同帅	王海鹏	刘镇喻	张鲲鹏	苏海月	陈宝新	张 瑞	李 勤
黄立志	卢亚开	高 超	尚 飞				

机械工程系:46 人

贾 斌	崔耀文	何 侃	李文尚	沈佳伟	于学鹏	张 维	许文豪
左珂菲	史建芬	周 静	曹雨薇	左利博	解承萱	韦 玮	蔡国辉
睢少博	张 超	罗超龙	南 凯	姚渊博	袁增辉	葛志鹏	王朋民
蔡臣君	张 凯	马路宽	徐文岐	吴慧锋	武祥吉	李文辉	陈 侠
李卓庭	郑显亚	徐振磊	李 翔	赵圣林	杨修齐	李 踪	李侣明
于彦秋	张 灏	尹 涛	林明杰	刘世云	曲 睿		

自动化系:21 人

栗 鑫	刘越月	袁思远	张 婕	张鸿平	郑文栋	唐 玲	丁 磊
江爱晶	刘振通	吴静园	阚志凯	吴隆佳	杜远征	潘宇遥	陈潇一
罗语婷	李小鹏	陆 帅	王 林	王 茜			

计算机系:27 人

蔡江洋	孟 勐	彭晓凡	武志磊	王 鹏	于 猛	李 俊	孙 旭
王纬韬	魏 松	吴浩楠	朱 龙	朱翔宇	宋利利	崔 璨	高远航
韩 宁	王玉坤	魏子辉	张齐齐	朱航江	王松雁	王 助	黄先宇
邱日轩	张庆耀	梁 妍					

经济管理系:30 人

张兆明	陈尚司	吴晓萌	畅重周	张文丰	张在兴	王 欢	刘默涵
陈忠霞	毛佳欢	李庆阳	杨伟炯	安常乐	王时瑶	殷 婧	何晓博
胡显立	赵元隆	胡 月	张 倩	张照远	周玉洁	王婧怡	苗峻玮
丁振华	王明辉	徐明阳	杨 帆	孙 泽	王华卿		

环境科学与工程学院:19 人

温 君	李晓宇	吴国栋	王 伟	高凯楠	王 彬	张理杰	姚杭东
邢佳蕾	李虹锐	罗天楠	孙智滨	赵维杰	高 妍	柳 杨	闫 利
赵 炎	龚奂彰	李志刚					

法政系:7 人

陈 荧	张 玮	罗 阳	张 营	刘延旭	汪 钰	张冰华

英语系:1 人

葛 新

华北电力大学 2012—2013 学年度研究生专项奖学金获奖学生名单

一、四方股份奖学金(38 人)

北京校部:28 人

博士研究生

李秋硕	杨 阳	马 爽

硕士研究生

张学龙	仇国兵	张兆阳	张潇澜	农慧云	程 成	范钰波	杨 凯

王立国	贺鸿鹏	韩晓男	丁　魁	陈佩璐	牛　帅	程世军	侯　冲
吕玉贤	白　翔	李振通	李振通	李　君	马明娟	刘欣明	张　倩
王　磊							

保定校区:10 人

硕士研究生

慕宗江	杨　光	李崇瞻	胡　岳	李新颖	李恒凡	陈　沫	张倩倩
卢海松	李菲菲						

二、南瑞继保奖学金(28 人)

北京校部:8 人

博士研究生

李　探	但扬清	胡　勇

硕士研究生

何　梦	马　伟	王建波	张晓涵	殷秀迪

保定校区:20 人

硕士研究生

孙凯航	胡　婷	杨世旺	范林涛	闫少波	岑添云	李艳艳	苏志明
杜　新	纪　巍	申　路	贾自杭	闫　康	孔令号	吴丽娜	姜　凯
郝慧敏	李　晶	蒋玉柱	徐楠楠				

三、魏德米勒奖学金(18 人)

北京校部:18 人

硕士研究生

丁秀香	朱逸超	许雯旸	徐　凯	秦晓培	孙　海	年　越	吴俊杰
蔡林峰	董焕焕	袁　凯	任朝旭	王　蓓	徐　月	孝　瑞	贾玉斌
唐艳梅	孟　佳						

四、思源电气奖学金(22 人)

保定校区:22 人

硕士研究生

邵　龙	郑文书	王　栋	杨　帆	佘　凯	申　雪	杨　漾	王　倩
张富春	王明雨	檀晓林	卢　云	杨立红	辛红汪	黄潇潇	耿庆忠
王　伟	裘　实	武志伟	任　欢	李宁彩	刘利鹏		

五、泰科奖助金(20 人)

北京校部:10 人

硕士研究生

李治艳	侯建兰	高　媛	刘　刚	景海伟	高　芬	董　哲	陈　茜
李嘉迪	白坚实						

保定校区:10 人

硕士研究生

王国强	张晓欣	杨娜娜	魏俊姣	李世延	褚华宇	张　洁	刘　星
原亚宁	王　续						

六、毅格奖学金(8 人)

北京校部:4 人

硕士研究生

刘　超	宁子森	李　珏	杨德龙

保定校区:4 人
硕士研究生

邓盛翔	白　桦	杨红叶	李英敏

（保定校区）

电力系:2 人

李　瑞	陈　亮(硕士)

经管系:1 人

田月怡

自动化系:1 人

马　林

华北电力大学 2012—2013 学年度企业专项奖学金获奖名单

1. 浙能奖学金:170 人
北京校部:90 人
一等奖:20 人

赵洪伟	贾玉改	赵　鑫	叶加良	苏晨博	任　艺	张晓涛	孙　聪
孙微子	赵悦含	徐　真	卢　航	李绣雯	包喜春	秦亥琦	许爱威
周瑜智	唐一品	陈一丹	马　麟				

二等奖:30 人

李芳漪	陈　杰	唐振程	黄吉光	刘潇波	孙伟娜	忻　达	熊　飞
刘利亚	张瀚驰	段旭辉	胡　倩	刘　静	徐　娜	叶人杰	钱晨昊
刘宜杰	马赛男	罗智凌	韩　彬	陈　航	张　薇	张晓露	郭莹莹
韦倩茹	谭粤元	王雪奇	吉柯宇	牟康辉	顾欣媛		

三等奖:40 人

宋子斌	赵英鹏	张东杰	黄晨雨	王　鹏	吴亚楠	张　浩	许彦斌
谭　鸿	撒浩浩	袁之康	杨林满	刘禹含	贾丰全	向柯霓	徐椤赟
晁　鹏	芦　玉	陈文超	杨　倩	王菲菲	赵小雪	初文婷	宋　歌
龚一莼	吴云召	李　航	姚　远	韩　梅	蒋敏敏	洪　潇	林韩清
丁聪瑾	王　欣	张向荣	王单单	张嘉玉	郝永康	雷崇鸽	林　楠

保定校区:80 人
一等奖:20 人

王梓博	杨宏宇	钱凌寒	马启超	肖卿宇	王　曦	黄家荣	陈怡帆
孙　嫱	阮潇男	邱红萍	王佳伟	尤祖寰	逄　飞	王康成	姜　莹
冯　雪	朱　琴	陈　蕊	张　策				

二等奖:20 人

赵　铮	陈　耀	朱　洁	戴岸珏	张　夏	于　洋	穆　斌	方超文
唐　畅	耿婉娇	周昉昉	黄沈海	周奥军	钟汕林	陈煜琦	徐　朋
孙盼盼	王　章	张雪原	蔡　笑				

三等奖:40 人

蔡　莹	胡一丹	龚宇佳	赵　远	程云帆	江宇轩	王一飞	王　冬

蒋 璇	肖艳红	章丽婷	黄思杰	黄 雄	刘万宇	许丽朦	黄 铃
林立乾	汤善发	严兴霞	刘 畅	张胜男	张少聪	张 婷	王皓月
余泽远	国 赫	周建伟	王鹤橦	戎润雨	韩 露	刘 欣	陈煜茜
刘向阳	李紫怡	李碧霄	王艺雯	韩明宇	王 昕	蒋思琪	吴颖婕

2. 中电加美奖学金:50 人

一等奖:14 人

王秋璨	吴嘉杰	曲映溪	钟 馨	马易君	陈 颖	刘芳琪	杨晓茹
苏逸峰	章岱超	韩瑞午	张庭祎	徐鸿飞	陆高锋		

二等奖:20 人

张天翔	高 颖	韩德鹏	刘沛轩	李宁宁	吴明明	张欣丽	王东旭
张润禾	郭春悦	张昭亮	段琳琳	韩 强	李 创	周 强	蔡 黎
马小琨	李兆豪	张一迪	孙 莹				

三等奖:16 人

韩晓光	晋若男	郭欣欣	叶 超	田富宽	黎 力	胡雍胜	张雨檬
熊 超	徐建鹏	吴 佳	王雪波	刘彦达	贺海鹏	赵 朦	李瑞华

3. 四方股份奖学金:30 人

北京校部:20 人

曹 凯	韩 毅	陈 林	包吉强	刘 阳	陈紫薇	王京琦	尉怡青
路 达	孙泽宇	邸小慧	姜 珂	徐天娇	柳丽莎	王鹏凯	龙 宇
王婧超	仲旭雯	顾培根	东野忠昊				

保定校区:10 人

张朋宇	程华新	凌 霞	李得第	刘雨濛	张钰淇	殷子沛	王建林
杨 翠	李紫君						

4. 中国风电奖学金:36 人

一等奖:6 人

黄 娟	孙晓丹	尹宜夫	李博文	张文霞	李 欣

二等奖:10 人

刘祥瑞	赵亚男	白恒敬	马远驰	苗 辰	张浩然	余 璐	许璞轩
蒋涵颖	汤卓凡						

三等奖:20 人

吴 骥	章 迪	于 鹏	孙 莹	孙 杨	崔岩松	刘凤魁	高 洋
龙 颖	包文奇	闫肖蒙	温 源	李翔宇	刘华兵	王江天	周福文
张凌岳	郭泓村	李嘉楠	毛 未				

5. 博纳之星奖学金:40 人

一等奖:10 人

王玥琪	王海枫	李 玮	蒲志斌	张松涛	李宗洋	白俊维	吴鑫莹
邱 月	阿不都外力·阿不力米提						

二等奖:30 人

汪东飞	张慧娟	詹芳蕾	王笑凯	周子青	张 钰	翁 馨	徐 航
贺子清	李紫瑶	浩 琦	蒋倩赟	高信腾	金乘成	崔靖涵	庄思璇
许 康	唐思邈	国潇丹	夏慧聪	戴舒羽	范婷婷	张 喆	熊锦慧

王艳红	冯 乐	游臻俊	李 威	徐 然	李明杰

6. 安徽省电力公司奖学金:50 人

付鹏宇	陈金涛	夏 鹏	宋正坤	成敏杨	徐国旺	申雅茹	曲照言
苏子娟	金 莉	权 超	郑 雄	谢呵呵	王晨玺	王宏梅	吴佳丽
秦正鹏	孙 熙	魏 霜	刘誉臻	陈真真	张义林	任 硕	蒋桂武
兰 贝	黄雅莉	李 冉	刘 勤	李 真	倪润年	江林森	秦鹏飞
张 涛	文 凤	王东霞	唐亚平	张 欢	谢国超	宁中正	王 刚
唐 昊	李彦龙	董 伟	余晓辉	解娜娜	李吉喆	于学成	吴 萍
马 爽	赵 强						

7. 毅格奖助学金:37 人

北京校部:18 人

翟伟杰	王 萌	任 赟	粟华林	孙启梦	刘力行	钱一堃	韩陆超
陈世宏	陈文伟	陆元超	韩 璐	贺艳华	邓小龙	王 超	孙宁姚
张 靖	刘 昱						

保定校区:19 人

连天碧	王 蓉	赵 爽	苏莉娜	田雨婷	王雪霏	傅慧华	赵 轩
崔 鹏	王 悦	曹 哲	陈姮纹	张振华	张 爽	陈湧东	任思诚
种 飞	马静茹	廖杨春子					

8. 节能奖学金:20 人

张 琦	田镜石	王艺璇	张 梅	宋 佳	李殊一	徐郑晨	柏 韩
任碧瑶	黄及娟	陈 好	李雯乐	林智宇	斯 瑶	李 亚	吴梓川
陈 桦	李杨江	詹新媛	邱 颖				

9. 南瑞继保奖学金:15 人

北京校部:5 人

苏国贇	袁之康	王笑凯	张立凡	罗 亚

保定校区:10 人

李 瑞	刘席洋	刘 栋	李 浪	黄淳驿	周立栋	李晓冰	祝 凯
朱思丞	王训哲						

10. 电力电子新春奖助金:30 人

保定校区:30 人

奖学金:10 人

崔笑菲	范文杰	邓莉荣	郭学成	陈群杰	黄世龙	陈 垒	靳伟佳
闫书畅	陈晓琳						

助学金:20 人

徐 硕	孙朝阳	史 凯	王景峰	王华胜	张宏强	刘培波	赵星驰
张桐建	黄少帅	刘少伟	王 汉	余玉琴	韩丽丽	张正义	王 凤
陈桂兰	雷 雨	付双乐	刘玲玲				

11. 中国风电科技创新奖学金:22 人

吴嘉杰	徐 真	郭宇耀	刘 慧	孙 杨	黄 娟	王艳宁	林彦楷
谢 剑	马晓林	赵裕童	胡 森	刘 慧	李 玮	詹森国	黄 娟
韩芳健	刘世冬	方雨康	李 鹏	熊元武	陈杰威		

华北电力大学2012—2013学年度本科生先进集体和先进个人名单

（北京校部）

一、先进班集体获奖名单

（一）十佳示范性优秀班集体

电气与电子工程学院

电气1107 | 电气1203

能源动力与机械工程学院

热能1208 | 实践动1101

经济与管理学院

经济1101 | 经济1103

控制与计算机工程学院

计算1102 | 自动1103

外国语学院

英语1103

国际教育学院

电气GJ1207

（二）示范性优秀班集体

电气与电子工程学院

电气1106

能源动力与机械工程学院

热能1110

经济与管理学院

经济1203

控制与计算机工程学院

自动1203

人文与社会科学学院

公共1201 | 行管1102

数理学院

计科1101

可再生能源学院

水文1101 | 水电1201

核科学与工程学院

核电1104

二、优秀宿舍获奖名单

（一）校级十佳优秀宿舍

电气与电子工程学院

12#445 | 11#616

能源动力与机械工程学院

7B#305

经济与管理学院

1#4 - 303	7B#404

控制与计算机工程学院

11#224	1#5 - 106	1#5 - 205

人文与社会科学学院

12#122

数理学院

8A#107

核科学与工程学院

7A#605

(二)校级优秀宿舍

电气与电子工程学院

10#117

能源动力与机械工程学院

3#5 - 302	9#515

人文与社会科学学院

7B#625

外国语学院

11#131

可再生能源学院

8A#225	8A#212

国际教育学院

11#114

三、先进个人获奖名单

(一)三好学生获奖名单

1. 校级三好学生标兵:87 人

电气与电子工程学院:22 人

晋宏杨	梁少林	牛淑娅	邱　扬	粟子明	田彦鹏	余笑东	朱佳佳
包吉强	任　艺	张立凡	张雨薇	卢东祁	张蒙晰	林　童	任瀚文
肖　伊	吴　丹	汪宜航	刘利亚	赵小博	郭晓茜		

能源动力与机械工程学院:14 人

顾令东	夏单成	徐士猛	杨　菲	国旭涛	王　野	叶加良	常乔磊
董　伟	金　武	曾文伟	沈云超	冯家欢	宁中正		

经济与管理学院:14 人

白俊维	国潇丹	韦倩茹	陈康婷	田鹂声	周瑜智	柳丽莎	谭粤元
夏慧聪	张嘉玉	唐一品	徐天娇	倪润年	戴舒羽		

控制与计算机工程学院:12 人

王斯莹	刘　岚	包喜春	侯　杰	王家兴	高信腾	燕卫政	陈　溪
孙泽宇	李　航	周光东	郭　斌				

人文与社会科学学院:5 人

王　迪	谢益桂	黄陈辰	胡枭峰	鲍志超

外国语学院:2 人

徐　娜	黄诗音

数理学院:2 人

杨家莉	吴梓川

可再生能源学院:7 人

刘　慧	邱　鹏	董晓晨	羊冰清	赵裕童	胡　莎	徐小雪

核科学与工程学院:4 人

张　亮	田　俊	马泽华	罗思民

国际教育学院:5 人

王历晔	曹孟珽	李　昊	刘思颖	刘　梦

2. 校级三好学生:522 人

电气与电子工程学院:131 人

艾　博	陈鹏伟	崔　姗	杜梦楠	樊　玮	付鹏宇	郭裕群	郝悦辰
何　艺	何子亨	赫嘉楠	黄涵颖	李　飞	李　敏	李庆庆	李英姿
李玉容	李　卓	李子昂	刘敬诚	刘思华	刘　洋	陆格野	明　捷
任　赟	任哲锋	司　梦	苏晨博	孙　雪	涂　京	王光波	王　进
王　萌	王　桐	王笑凯	夏　鹏	徐　斌	杨彦宝	叶一达	尹毅然
于　钊	袁之康	张姝贝	张宇琨	赵　灿	周冬升	周黄山	王　宇
孟繁星	周　喆	肖凤女	华笑延	杨佳艺	龙日尚	吕思琦	刘　阳
汪执雅	关　睿	陈紫薇	杨　帆	陈子君	朱　晨	蔡　博	成敏杨
代　航	周　正	马安安	徐国旺	傅　笛	刘启智	万凯遥	王方雨
顾炜杰	周子青	李先锋	司新雨	金东亚	吴晨曦	付　强	林雅芸
潘　英	金　莉	杨艳敏	刘飞飞	孙启梦	纪中豪	张　浩	苗晓晓
栗华林	王京琦	王　烨	张宇熙	尉怡青	李欣蔚	权　超	姜　涵
邹海涵	郑　雄	曾梓鹏	姚川东	康文博	熊雯婷	张　敏	郑凯元
薛　腾	黄瀚燕	何承瑜	武昭原	李　盈	郭　虎	李　娟	郑淑婷
蔡昆仑	井　皓	代　悦	王停娟	郭双娟	宋　原	李　慧	郭旭升
贾丰全	宫　琦	彭　丽	沈雅琦	赵禹辰	吴俊奇	段华麟	程　灏
张　璐	韩陆超	东野忠昊					

能源动力与机械工程学院:83 人

王　胜	张雨檬	周　强	龙　宇	丁泽宇	孙旭鸿	鲁敬妮	王　帅
何晗玮	王　刚	王婧超	唐　昊	宋　涛	李雅丽	王恺琪	胡雍胜
仲旭雯	刘潇波	陈　桦	蔡　黎	贾润强	田富宽	李明杰	张　雪
熊　超	章岱超	孙　依	朱胜森	王　琦	彭　波	郑炯智	李　钞
张　军	陈登高	李彦龙	李兆豪	朱天青	黄　畅	孙　莹	孙伟娜
张一迪	刘　兴	马小琨	余晓辉	徐　璋	徐鸿飞	梁　朋	谭　鸿
张　优	刘　涛	黄显威	赵一凡	冯俞楷	尤晓菲	李瑞华	赵　朦
马　莹	韩晓光	项晓强	姜义虎	谢国超	朱　月	杨金垚	陈姝宇
吴　杰	张　欢	时　华	刘芳琪	徐　尚	王斌辉	冯书勤	赵天宇
杨晓茹	杨永明	袁金斗	周陈颖	黄吉光	孙雯雯	胡楚云	李汉卿
王　炼	龚彦豪	余裕璞					

经济与管理学院:84 人

王单单 徐思琪 许　克 纵翔宇 刘　凯 胡远芬 韩　佳 王文晶
张向荣 范耀文 张骁铂 郑书誉 刘子涵 兰　贝 蒋桂武 孔维彬
覃泓皓 郑枫婷 黄雅莉 宋建威 郭　潇 宋杰瑛 钟雅珊 肖　昕
姚蒙蒙 张吉祥 贺宇云 赵　迪 徐方秋 张弘扬 韩晓宇 刘龙泽
杨蕙嘉 胡　勇 李　真 全恒禛 刘梦琦 李　冉 张天硕 王艺歌
巢方毅 刘　勤 周世洁 钦秋萍 王义峰 郝凌岳 韩梦文 李雯乐
张栩蓓 张晓楠 卜银河 宾　凤 赵英琦 邓凤娟 赵　玲 林　卫
李依莎 祝雨歆 胡诗仪 江林森 李勉芝 潘哲煜 张　墨 曾怡平
徐丹蕾 张一凡 孟诗语 郝永康 顾欣媛 王　梦 朱心慈 喻麓彤
赵欣宇 王佳旭 秦鹏飞 王　慧 张　妍 袁程浩 殷商莹 李　健
刘　敏 胡　强 谷　莹 李玲闻樱

控制与计算机工程学院:73 人

郑可轲 黄　蕙 韩　博 张　怡 蒋敏敏 王子怡 张　维 杨　卓
朱东阳 解昊晗 周琬婷 何　雨 柏　韩 朱越凡 王　斌 汪细勖
姜　珂 李　林 颜世增 罗　丹 管晨晖 崔靖涵 王亚男 韩　梅
孙建建 杨　阳 简一帆 李晨星 高一鸣 吴锦莹 王　娟 杨国伟
孟格思 余圆圆 徐郑晨 汪鼎民 李秀雯 张雅坤 李佳佳 金乘成
杨雅兰 邸小慧 付胜国 陈丽雪 姚　远 王婉君 牟　犇 王旭阳
王其玉 王　睿 杨娜云 郑艳秋 郑　捷 柳　娜 李艳军 张松涛
韩　彬 刘建波 刘献强 周　卓 尹丽娟 邱森波 李君宜 支冬梅
张怡冰 张栗楠 胡赟昀 曹　杰 罗智凌 江爱兵 谭传玉 张婧怡
刘杨中华

人文与社会科学学院:30 人

李　莉 林思佳 张　涛 贾阳春 侯洁林 陈一丹 雷崇鸽 张　静
叶武鑫 李彤彤 李雪松 王若谷 李　娉 陈晓旭 靳子乐 赵奕凯
吴　琼 周洪坤 姜佳婷 曾留馨 赵英鹏 邢　瑶 王雪奇 朱玉红
张国峰 李梦妤 马　麟 杨倩茹 谢向荣 陈　义

外国语学院:10 人

臧紫一 周　瑶 赵小雪 薛晶晶 朱　悦 孙微子 王海枫 李殊一
陈文超 黄秀丽

数理学院:11 人

李　亚 赵洪伟 贾玉改 冯　乐 李芳漪 徐雅惠 吴鑫莹 游臻俊
周　林 马佳宁 陈　杰

可再生能源学院:46 人

黄　娟 郭宇耀 方雨康 孙晓丹 郑　凡 徐　真 陈杰威 李　玮
王艳宁 汪东飞 朱　颖 李春辉 姜佳慧 盛　慧 尹宜夫 李博文
张慧娟 尹智斌 吴嘉杰 鲁俊良 李　伟 曲映溪 裘丛民 段喻琳
詹芳蕾 李　欣 张文霞 罗莹莹 陈梦圆 韦永江 许璞轩 祁荷音
陈　颖 汤卓凡 蒋华婷 马赛男 马　爽 王东旭 张　帅 周　正
马远驰 吴　骥 吴志强 胡　斌 吴帅锦 谢　玄

核科学与工程学院:23 人

李宗洋	师田田	李华贵	秦亥琦	刘晗	曾晓佳	张义林	许爱威
汪喆	张薇	任婧雯	许康	洪潇	衣聪慧	吕红梅	葛良军
陈凯平	李楠	彭珊	范思远	唐思邈	魏岑	张晓露	

国际教育学院:31 人

李晓霞	李晓婷	李兰瑛	杨叶昕	岑梦佳	杨振宇	何畏	徐梦恬
刘高远	马骏鹏	张海华	雒磊	林瑶琦	高可君	贾曦萌	孙聪
刘岳	孙广增	邢颖	褚忠达	康孟佳	方铎	翟星宇	胡丹蕾
黄菁	潘奕宇	宋沂邈	毛梦婕	申静怡	卢舢	韦祎凡	

3. 院系级三好学生:695 人

电气与电子工程学院:174 人

安佰鹏	曹彬	曹凯	陈金涛	崔仪	单晓东	董航	范琳芳
冯云	郭蓓	郭培林	郭子炘	黄丹	黄瑞特	黄震希	赖志超
李洁	李磊	李玟萱	李尚远	李婷婷	李颖	林一峰	林奕夫
刘海钢	刘阳	刘艺	刘志林	马天佚	庞家杰	乔训龙	全靓
石心	史米娜	宋亮	宋一凡	宋正坤	孙雅旻	王多万	王丽
王美丽	王英瑞	王泽斌	魏敏	温静孜	吴素我	谢瀚阳	徐慧婷
闫然	杨项君	叶晓琪	于普瑶	余沸颖	袁艺嘉	翟伟杰	赵志斌
赵紫君	周宏扬	周楠	周志宇	邹兰青	张嘉慧	王媛	李雨薇
朱俊俊	王洁聪	韩通	崔岩	樊威	刘烁洁	张润峰	赵天宇
张红颖	石城	徐歌	王舒	黄婷	刘译聪	祝培鑫	张逸楠
赵天扬	王志远	孟东东	陆琪	杨涛	周信星	仇楠媖	张莎
田镜石	林雯瑜	蔡煜	郑嘉炜	林长盛	王昊月	代丽娟	陈林
张理	孙冰莹	刘恬	王婧	李志民	田浩	沈海媛	徐东旭
王蒙	石文浩	张雪垠	王超	朱雨蕙	罗亚	赵振华	曲照言
邓小龙	韩璐	武超	贺艳华	王震	彭文昊	顾玮	王子倓
姚春晓	张传云	李铁凡	杨志超	刘鑫滢	林温歆	吴雨	何兴
陈昊	全璐瑶	林依青	潘科宇	杜诗悦	黄均剑	张景煜	郭宇程
宋雪莹	常文杰	邹涵宇	李斌	郑晓星	吕捷	李一铮	王凌飞
罗晨曦	沙伊杰	张逸科	黄梦欢	邵天赐	樊林禛	刘洋	肖祥辉
尚雨薇	张佩文	马洪宇	李艺	刘力行	许苏迪	黄瑜璜	汪坤
任桐萱	黄绍哲	李淑贤	邓雅文	郝阳	石墨	刘林	呼海林
王美兰	谢文强	吴杨	陈欣	周浩	吴方舟		

能源动力与机械工程学院:110 人

黎力	陈作	白雪亮	冯沛飞	高清鑫	李明	胡贺超	李百航
柯明	张海东	王婷	冯云聪	崔欣莹	张倩	马立群	曹俊杰
黄应红	蒋阳	王德富	许彦斌	云飞	赵鑫	郑磊	伦雨晴
孙伟博	邓玲	李超	申鹏	黄木和	莫诗	郭瑞军	王博
白丽梅	肖龙	谢灵彬	何鑫	徐萍	吴瑞鹏	饶承彪	解娜娜
邱月	邓颖	陆高峰	付俊华	海美旭	贺海鹏	李常明	许佳
谭天宇	徐建鹏	李翔	王雪波	陈袁	吴佳	马向追	段栋伟
郭无双	刘丽丽	旷雅唯	李超	王步云	尚天坤	梁莹	王玉伟

朱　严	黄平瑞	杨文飞	蒋　婷	孙诗梦	徐龙发	姜　越	于扬洋
刘彦达	帅志昂	闫丽萍	陈一萱	郭欣欣	韩　强	张昭亮	李　猛
蒋　雯	程露莹	楼雪青	陆紫君	刘翔宇	曹　茜	李佳容	刘璐昕
汪晓秋	韩　璐	熊贻芳	王　迪	王鹏凯	刘皓文	宋文浩	肖　瑶
苏逸峰	陈龙平	张英杰	郑逸飞	段　贺	胡　琳	马　莉	龚　燕
罗　耿	黄元媛	吴永超	李　威	代　超	朱茂川		

经济与管理学院:113 人

李　阳	蔡泓忻	蔡萧容	韩雅丽	张　垚	王宇晗	刘　玉	周　雨
廖露露	赵家瑶	吴小旭	李　丹	潘照旺	李雅然	张雅坤	王　娅
郭万望	韩江磊	林智明	韩培培	蒋雨晗	王俊龙	蒋文琦	贠佩宏
施雷诺	张永月	汪若兰	杜　潇	冯　雪	苏　娟	朱　枫	陈晓璐
刘素蔚	刘芷彤	计丽妍	尉晓飞	朱紫祎	潘文君	黄　昊	马　可
张玉琢	沈晨姝	李　婷	高成军	杜善重	张黛妮	朱国栋	舒　晗
李　敏	王　杨	刘舒琪	吴　磊	潘张益	李欣民	汤　力	肖　琳
张敏琳	郭　飘	孙润波	韩　菲	刘雨薇	单媛君	崔钟月	赵小菡
刘珏伊	徐幼珍	赵安飒	李　玥	闵　操	赵　爽	杨　沫	潘　格
王　栋	李　敏	王林炎	李孟原	闫　博	廖　露	宁湘忠	赵伟博
储　瀚	李诗琪	钟宇淇	孙　爽	王传胜	王路佳	王盛煜	王　璟
陈蓉珺	冯启琨	杨蘅益	胡梦淇	章　菁	蒋舒婷	郭小菱	方　靖
韩玉钦	何　晶	叶陈丹	李　菲	王文艳	陆　昊	朱瑜皓	陈文培
陈慧敏	秦　磊	魏　震	张　媛	朱宇佳	徐尔丰	陈晓仪	陈希瑞
刘　洋							

控制与计算机工程学院:97 人

何宇婷	时　扬	韩　挺	陈真真	叶　琪	陶海富	杜　斌	宋茹雪
王英男	范　昌	洪　烽	张婉莹	陈　祺	杨旼才	杨　玉	宋倩怡
郭凯旋	姚　琦	王云翔	席亚娟	黄一洋	陈　航	韩国龙	陈祖歌
孟春雷	刘誉臻	林　浩	黄博文	葛　倩	陈思桥	王雪梅	王　刚
周磊月	姜　婷	季雨欣	陈　睿	刘梦欣	魏家辉	王晓鹏	孙　楠
李　响	罗雪静	陈于堃	于　朋	叶　奇	敖　鑫	秦正鹏	孙单勋
王兆光	支宸啸	赵林春	谢伟戈	苏　晴	张　旭	邓志光	莫欣睿
席明湘	陈丽娟	杜　欢	申　思	孙绮蔚	杨　洋	李凯军	张继业
秦　靖	付　果	梁兴仑	杜　蕙	尹凌霄	马乐乐	张博洋	张伯安
胡　悦	唐　骞	牛新祥	曾　婧	宋　礼	张　涛	楚　畅	孙　玥
甘伟冲	吴诗彤	高宇豆	周　宇	于松源	刘祥璐	董承园	郭玉威
崔世能	熊　英	王宏梅	王志玺	郭　琦	赵晋川	严国栋	陆铮涛
谢永靖							

人文与社会科学学院:40 人

梁泳丝	王冉冉	韩江雪	王　俊	文　凤	丁　芳	蒲志斌	从　丹
周蔚然	邓少芳	张天羽	马天威	尚碧依	胡　爽	斯　瑶	连乃嫣
卢晓文	林智宇	朱　旭	方若云	郝甜莉	王东霞	杜　琳	李　卉
潘韵竹	熊锦慧	李敏哲	孔　蕊	崔淑雅	陈　恩	梁子琦	柴嘉炜
殷静静	赵　钱	黄蕾宇	邓毓灵	杨雪琦	杨柠榕	胡小曼	吉柯宇

外国语学院:13 人

蒋倩赟	柳　阳	何　可	陈　琳	杨　倩	赵悦含	王晨玺	赖雅文
黄　靖	王慧智	王雅楠	宋　丹	吕滨汐			

数理学院:14 人

王艳红	张东杰	俞永增	唐亚平	赵胜霞	黄晨雨	李一霖	梁　秋
段　波	王　鹏	王明宇	金凯琪	羊　静	唐振程		

可再生能源学院:62 人

刘祥瑞	赵亚男	白恒敬	延　平	王加慧	章　迪	李　蒙	钱晨昊
王雪玲	刘世冬	何丰廷	胡晓琦	董世德	钟　馨	王秋璨	林常枫
刘宜杰	胡逸帆	惠林博	龚一莼	陈　俊	苗　辰	余　璐	张浩然
庞辉庆	龙　颖	赵泽湖	高　洋	徐　轩	杨　熠	于学成	金胜利
侯晓娟	万子裴	马　晨	李建昌	李宁宁	吴明明	韩德鹏	张镇西
刘沛轩	李思敏	黄康丰	张润禾	何文栋	蒋涵颖	毛　未	王江天
张凌岳	周福文	李　宁	周舒琦	顾培根	杨馥源	林　楠	马易君
吴志毅	陆　明	白格格	卢　航	吴云召	李　添		

核科学与工程学院:30 人

徐　辉	张星永	朱倩雯	张小康	庄思璇	来银山	何建军	程万鹏
林韩清	王　欣	任碧瑶	张希颖	曹　英	鲍娜娜	田　聪	马亚栋
丁　涛	黄及娟	任　硕	郭莹莹	丁聪瑾	杨安霞	张　雷	罗　飞
欧阳斌	储宇奇	薛冬林	薛　冰	冯　潇	张　杰		

国际教育学院:42 人

王启明	王智晖	钟丽莎	吴昱江	于芳竹	董颖章	汪　贝	孙世宁
唐利渊	刘明川	林　圣	班墨涵	程宇頔	鄢鸿婧	王东方	余心仪
李菡月	黄浩珏	曾一惠	侯翔宇	芦　玉	刘一帆	何　璇	曾希哲
陈杏林	叶飞宇	黄振庭	林松涛	陈米兰	丁一芙	刘国兵	沈　钰
吕　霜	樊　华	王子馨	全甜甜	商唯琳	齐媛媛	马寅星	张　潇
许凡婧	王飞宇						

(二)优秀学生干部获奖名单

1. 校级优秀学生干部标兵:19 人

电气与电子工程学院:4 人

李吉鹏	周黄山	崔　婧	韩陆超

能源动力与机械工程学院:3 人

沈　新	王永久	李振禹

经济与管理学院:3 人

李小鹏	刘梦琦	付静雯

控制与计算机工程学院:3 人

魏郁宜	王文亚	金乘成

人文与社会科学学院:1 人

邱　晨

外国语学院:1 人

蒋倩赟

数理学院:1 人

俞永增

可再生能源学院:1 人

李　晨

核科学与工程学院:1 人

秦亥琦

国际教育学院:1 人

徐椤赟

2. 校级优秀学生干部:112 人

电气与电子工程学院:31 人

韩　毅　周泽昊　潘　玥　任清一　王　睿　王正光　许宏智　陈　林
兰小东　刘吉昀　忻　达　王吉亚　杨林满　朱毓凝　路　达　邵茹冰
邹孟秋　郭　付　赵丽娜　张　钰　孙宁姚　李　颖　李　航　郭　毅
孙　雪　黄洪兴　孙嘉辰　刘诗怡　黄绍哲　陈雪瑶　马木雨石

能源动力与机械工程学院:16 人

高　远　李　创　唐三力　韩瑞午　张庭祎　李　响　谢昂均　付俊华
周黎冰　高　妍　苏逸峰　张　浩　李　威　万智超　董永星　李　静

经济与管理学院:16 人

吴西萌　纪　宇　贾鑫亮　负佩宏　李弘洋　厚杭希　黄　果　许小峰
陈妙机　郑　强　范吉成　支明远　闫嘉程　刘　洋　王　曦　冼新洲

控制与计算机工程学院:15 人

宋智超　邹丹贵　李　川　杨雅兰　徐郑晨　郑伟敬　杨　元　王华斌
陆文坤　林弘杨　张婧怡　张伯安　张雨濛　张继业　魏　霜

人文与社会科学学院:9 人

张　静　林　楠　范婷婷　胡枭峰　牟康辉　冯泽宙　秦　雯　张紫薇
陈　昱

外国语学院:2 人

孙微子　王海枫

数理学院:2 人

黄晨雨　张　冲

可再生能源学院:10 人

王　超　黄心浩　陈俊天　刘　慧　卢　航　李栋栋　孙建威　孟庆春
陈植强　麻艺炜

核科学与工程学院:5 人

庄思璇　温祥林　范德灵　邱　斌　吕思宇

国际教育学院:6 人

李一鸣　冒晓舟　王玥琪　徐　航　曹诗云　马俊鹏

3. 院系级优秀学生干部:229 人

电气与电子工程学院:62 人

安　君　陈　洋　甘　荣　郭　蓓　蒋基利　李鹏飞　李　韵　穆姜林

潘国熙	宋庆东	苏洪玉	陶泓锐	徐铭泽	张博越	赵晗磔	陈一凡
郭得扬	林长盛	刘禹含	郝晨耕	史金鑫	苏　伟	苏文静	王昊月
王佳振	王天翔	王　震	颜世杰	于致远	周企慧	董　芃	曹晓薇
殷子寒	于寒霄	王方圆	刘培杰	段仁伟	孙赫成	章沈泉	张博宁
程新洋	赵　昶	王　琍	李祥宁	熊　飞	王新宇	韩金越	张逸楠
田　硕	郭子炘	古浩声	周　潮	郑伟栋	王俊生	马　楠	王　乾
万雪婷	吴生歆	张艳辉	李忠禹	舒劲流	吕　良		

能源动力与机械工程学院:35 人

徐　然	祝雅馨	李倩倩	秦　彤	杨　臻	远洪亮	刘　健	贾小伟
陈　宇	吴瑞鹏	王雪枫	邱　月	王泽锋	黄靖磊	缑军锋	孙艺涵
孙伟立	龙籍宾	陈龙平	谭　晖	翟小倩	杨晓茹	古　钰	彭　越
杨宪鹏	宋文蛰	王　伟	郭欣欣	王洪亮	郝　炜	傅思伟	薛小军
武　越	吴　昊	王　仲					

经济与管理学院:44 人

聂明谏	郑枫婷	纵翔宇	宋健威	刘金珠	王　越	计丽妍	张　严
张嘉玉	郭　涛	郑　楠	李　芳	柳丽莎	李晓璇	刘雨薇	赵浩然
左　艺	聂　丹	杨环宇	金　玮	张　茜	马振炎	丁　华	胡　阳
张逸飞	魏　然	于英姿	姜明璇	蓝　梦	徐　博	杨　沫	崔平平
张天硕	秦和珂	闫　博	范　磊	马　艳	魏佳榕	黄　瑾	程　茵
吴美琼	代思晨	祁　卉	潘哲煜				

控制与计算机工程学院:29 人

尹有林	王海娜	王伟岩	黄一洋	毕　韬	杨书凯	姚　远	刘明达
张雅坤	佟雪菲	简一帆	柯海山	张　纲	吴璐玲	唐　骞	周靖沅
韩　彬	罗智凌	刘　帅	刘　婉	熊　智	杨　翔	朱　赟	庄子扬
杨继园	陈茹君	李婷婷	刘梦欣	黄杰峰			

人文与社会科学学院:12 人

叶武鑫	杨彦平	丛　丹	张　涛	张　喆	黄陈辰	关欣怡	宋子斌
张　敏	王　欢	林思佳	杨志伟				

外国语学院:4 人

黄诗音	王晨玺	王菲菲	李殊一

数理学院:6 人

张鹏飞	葛　强	陈　杰	游臻俊	张又中	刘子涛

可再生能源学院:16 人

王鹏琪	刘珠慧	郑　凡	陈杰威	廖云城	郭浩强	邱　颖	詹芳蕾
李　娜	谢江兵	孙学晶	谢　玄	陆　明	王安泽	朱红彬	王若愚

核科学与工程学院:9 人

徐秋冬	康峥嵘	夏　科	肖　景	张　苨	马路遥	王　达	赵　阳
洪　潇							

国际教育学院:12 人

张　曼	翁　馨	晁　鹏	王　萌	徐润生	高一程	孙中岳	韩　硕
袁佳莉	王　文	昌国际	张晓涛				

（保定校区）

一、先进班集体获奖名单

电力工程系

电气化 1007	电气化 1009	农电 1002	电气化 1101	电气化 1108	电气化 1109
电气化 1201	电气化 1204	电气化 1210	农电 1202		

电子与通信工程系

通信 1002	通信 1101	通信 1202

动力工程系

动力 1003	建环 1002	动力 1106	动力 1101	建环 1102	动力 1204
建环 1202					

机械工程系

机械 1103	机械 1108	机械 1109	机械 1003	机械 1005	机械 1202
机械 1204					

自动化系

测控 1003	测控 1101	测控 1201	自动化 1204

计算机系

网络 1002	软件 1002	计科 1102	计科 1103	信安 1201

经济管理系

造价 1002	工商 1101	造价 1201	造价 1202

环境科学与工程学院

应化 1002	环工 1102	应化 1201

法政系

公管 1101	公管 1201

数理系

信息 1202	信息 1002

英语系

英语 1201

国际教育学院

电力英 1202

二、先进学生个人获奖名单

（一）三好学生获奖名单

1. 三好学生标兵:70 人

电力工程系:15 人

由　强	李　瑞	郭学成	陈群杰	王梓博	杨宏宇	陈　垒	靳伟佳
项佳宇	林　荧	贾孟硕	邢佳妮	崔笑菲	范文杰	邓莉荣	

电子与通信工程系:4 人

王奕腾	岳彩昭	黄世亮	吴林艳

动力工程系:10 人

方　远 | 张尧康 | 胡皓玮 | 李帅帅 | 顾君苹 | 何　伟 | 梁新宇 | 王　倩
章　康 | 杨晓强

机械工程系:9 人

赵金鹏 | 绳菲菲 | 张　磊 | 周仲强 | 杨智超 | 张贻娜 | 王　勇 | 马一丹
高玉洁

自动化系:6 人

宋凯兵 | 韦冬梅 | 马　林 | 王卫宁 | 刘　霜 | 袁一丁

计算机系:7 人

周　雪 | 马娟娟 | 马重申 | 张雅涛 | 冯旖旎 | 时欣悦 | 吉瑞芳

经济管理系:6 人

徐燕锋 | 田月怡 | 叶凯文 | 孙静怡 | 刘弦弦 | 魏　昕

环境科学与工程学院:5 人

徐冰漪 | 熊远南 | 陈　晨 | 陈国庆 | 李江鹏

法政系:3 人

汤爱学 | 高　敏 | 赵英丽

数理系:2 人

贾　广 | 顾　杰

英语系:1 人

张　怡

国际教育学院:2 人

陈　蕊 | 吴　越

2. 校级三好学生:995 人

电力工程系:213 人

吕子遇 | 於慧敏 | 甄自竞 | 程华新 | 何家欣 | 刘　栋 | 王雪峰 | 焦　昊
姬煜轲 | 张天翼 | 何元明 | 郑　洁 | 王聪慧 | 刘　帅 | 马慧娟 | 郑伟烁
牛佳乐 | 刘席洋 | 焦　洁 | 程云帆 | 韩佳灏 | 计会鹏 | 卢　叶 | 王　帅
孙玉晶 | 岳贤龙 | 胡恩德 | 刘丹丹 | 加鹤萍 | 孔庆峰 | 许菲菲 | 王纯洁
苏祥弼 | 董沛毅 | 王　欢 | 杨妍璨 | 张仕文 | 许士锦 | 杨雅薇 | 王雪莹
王小飞 | 顾　硕 | 韩　然 | 肖　燕 | 蒋晨阳 | 徐樊浩 | 朱　洁 | 崔　凯
李俊烨 | 于立杰 | 殷天锋 | 余盛达 | 翟俊义 | 黄世龙 | 张邓出 | 李　川
冯杰成 | 胡　阳 | 张心怡 | 李酒林 | 宋士蛟 | 苏夏一 | 郭　帅 | 李　浪
梁　宵 | 路田月 | 张文扬 | 肖志恒 | 张　宁 | 江宇轩 | 李伟峰 | 刘思宇
任海鹏 | 袁　贺 | 胡彦斐 | 辛立胜 | 何静波 | 张佳怡 | 陈吉红 | 丁梦瑛
刘海航 | 马一菱 | 钱亚辰 | 何　璇 | 刘　洵 | 马婧怡 | 沈　丽 | 田诗雯
徐　豪 | 尹恒阳 | 杨智伟 | 李力行 | 李康平 | 王　琛 | 黄　通 | 彭　柳
殷加玦 | 李　林 | 陈　轩 | 蒋　乐 | 曹文斌 | 黄淳驿 | 潘俊宇 | 杨　行
张晓春 | 张振法 | 陈　烨 | 姜　涛 | 刘蓓蓓 | 马彩娟 | 刘　畅 | 严思齐
张　怡 | 祝晋尧 | 郭　恒 | 杨晓言 | 李　梦 | 汤　钰 | 祝　凯 | 范心一
李大勇 | 梁涵卿 | 孟金棒 | 周　晨 | 陆文娇 | 任　洁 | 王梦琳 | 杨　林
苏　浩 | 黄玲玉 | 钟　平 | 陈芳宇 | 陈章妍 | 杭晗晶 | 李颜丽 | 张朕搏
赵浩舟 | 占梦瑶 | 朱雪雯 | 王　强 | 尹　唱 | 张经纬 | 赵　宝 | 李　冬

谭程凯	张雨濛	宋子浩	佟彦磊	张锴	马玉龙	陈搏威	曹亚钊
富雨晴	李立周	周晓峰	王怡聪	曹澄沙	马静	周雁南	周立栋
陈文博	徐靖雯	林西阔	杨旭	于思超	张祎慧	朱思丞	崔泽宇
吴若冰	李森	孙昭	谭亚萍	杨雪	刘婧妍	王江伟	王亚琦
许斌	许英强	张思景	刘力铭	李东旭	彭远会	高亚鉴	高怡擘
高章鹏	李艺雄	张冬雪	耿玉珠	谭阳琛	吴夏洁	张朋宇	常芳源
施凯伦	张国豪	安宁	蔡莹	邓忻依	黄湘云	龚宇佳	马春伟
吴光敏	杨丹	张占喜	赵泽锋	崔笑笑	黄馨仪	蒋畅	李洪文
郭伟	王一珺	周钰童	乔林思杭	刘杨嘉佳			

电子与通信工程系:49 人

阮潇男	张悦	郑小丹	王建林	阳佑敏	杨蕗平	耿婉娇	郑永濠
刘伟华	陆春风	王凌峰	连天碧	杨翠	张恩杰	王蓉	夏文达
王雪霏	赵爽	苏莉娜	张羽松	王明	李梁	王畅	周方舟
钱佳宁	王扶文	傅慧华	赵新竹	张惠茹	赵轩	崔鹏	梁敏
刘华淼	田雨婷	仵姣	袁胜兰	王钊	王祯	蒋舒婷	罗曼丹
苑文	牛天尧	赵夏瑶	苗佳琦	于艺海	赵国瑾	何知遥	詹佳彬
张宁							

动力工程系:167 人

王睿豪	吕梦妮	虞熠鹏	李鹏飞	王盖安	甘汶艳	李允	袁博
李得第	张夏	许勉	刘树培	韩炜	郭殿奎	李瑾	李林洪
王浩	赖华盛	牛佳玉	左浩宇	梁雪琪	杨灿	马玉峰	曹枭虓
丁云花	于榕榕	吴涛	张亚亚	谢玮霞	周安鹂	米行	王丹阳
刘翊希	游嵘臻	于洋	路菲	吴清	章丽婷	熊照雪	孟令彬
朱浩涛	王曦	许佳欢	乐梦雅	周正	武丽蓉	陈巍巍	王悦
佘岳峰	孙立超	李樟强	杜霞	郑展鹏	司桐	张波	赵若丞
谢海萍	李国良	田巍	李晓楠	郑灿	胡振波	缪佳静	班潇文
权琛	程槐号	舒冠鑫	和鹏	王润曦	王新赫	王青会	廖金龙
杨雪	穆斌	高建树	刘万宇	韩腾飞	莫荣杰	杨广	祁昊
顾思菁	吴文韬	马梦祥	闫鑫	张超炜	于洋	祁超	张玉波
吕媛	王鹏乾	洪有耀	黄雄	张戈	朱锋杰	雷泽	夏宏伟
仝浩杰	王玢滢	何靓	贾曦	杨诗繁	刘林茹	邹潺	白子为
付晓俊	张家祥	李祥	石宇	林哲伦	王路松	宋道润	戴宇晴
李昊燃	汪振飞	保佳伟	屈柯楠	李秋菊	李晴	张仁杰	石悦
李原	孙恩慧	杨鹏	杨光	徐搏超	陈梦之	刘明瑞	陈允驰
薛全喜	郭永成	陈雨帆	肖坤玉	林岩	田东旭	陈圆圆	赵少祥
何培成	李永毅	李永康	周俊	庞永超	张硕	鲁琦	海云龙
李鹏	梁杏茹	王岩	陈建阳	张卿	吉鸿斌	陈志民	张翎
张宇	何东	李新号	王光宇	杨颖	杨贺	张飞	王思达
赖小垚	邵立欣	胡璠	党元君	汪波	周博滔	杨耀宗	

机械工程系:129 人

丁晓萌	郭晓华	李红梅	李盼	王天一	张倩	丁弘	付芮
金满山	刘培波	孙明耀	杨浩楠	贾淑惠	刘旭	段明浩	蒙玉超

罗先洪	梁昌桥	刘　洋	段广鹏	高雪媛	游太稳	莫兰兰	张艺腾
佟锦皓	纪丽静	刘冬雨	汪立立	孙红波	尤亚男	赵常红	杨婧君
范忠岳	王　坤	郭福瑞	郭志伟	寇海强	钟骐骏	张克青	王　凯
赵良辉	卢晨朝	卢思瑶	梁介众	罗　龙	韩立明	周志杰	陈家炜
马文东	张仲杰	罗政刚	祁复功	贾　斌	高鹏飞	潘孝伟	赵金健
任　璐	李军平	邱梦媛	安洁恒	韦家奇	李冠军	赵晓迪	廉　涛
范宏伟	韩永强	崔　凡	马伟涛	贾祎蔓	伍世良	宋松涛	程　龙
马丛科	马　硕	谭　健	张泰然	黄彬浩	解友兴	方超文	梁华清
邹小红	何志华	赵　晴	李学斌	刘　琰	黄　铃	张秋爽	赵纪彦
刘　佳	闫友瑧	姚军军	张艺伟	毕董丹	曹　硕	刘　晗	刘　雄
施　文	汪新康	黄天超	米家奇	欧阳玲	孙　嫱	吴　炅	傅家伟
林立乾	庞圣养	汤善发	赵　策	李洪文	殷子沛	李海超	赵　剑
李明强	乔　茜	崔月瑶	卢文博	马晓萌	杨　力	陈怡帆	王婷婷
于　凡	张钰淇	刘学敬	毛惠志	曲名燕	王君怡	刘　鹏	秦一宁
张国英							

自动化系:94 人

何宗源	康莹莹	刘昭麟	余　健	丁　洁	孔祥宇	刘　娜	潘　杜
王　琳	李志鑫	王　迪	王艳飞	夏丹丹	张之涵	葛　瑞	韩　露
靳昊凡	刘　葵	闵　琪	牟景艳	许　鑫	赖　咪	梁莎莎	盛碧霞
杨　磊	陶　琳	田德阳	张木柳	赵珈靓	池浩湉	韩宜轩	王　磊
杨新宇	边会淳	门向阳	钱嘉琦	黄碧漪	王润芳	赵泽辉	贾晓霞
李　昕	王鹤橦	翟晨曦	张天航	周建伟	李东萍	李　阳	刘陆阳
赵　伟	李林芸	王凯宸	王　桐	魏旭辉	吴家佳	阎嘉璘	郑亚男
白　雪	蒋巧玲	马许珩	李　硕	王钦惠	张晓伟	杜远征	靳朝阳
刘欣悦	于　笑	詹文超	张　皓	张　晓	陈明渊	顾　瑾	祁俊雄
苏　畅	王康成	徐定康	韩思麒	邹竟成	逄　飞	庄文秀	张凤南
宋　超	林一帆	吴　科	李　蕾	孔　润	田昕怡	徐珮宸	钟汕林
陈煜琦	吴延群	谢碧霞	徐　楠	张丽温	周丽娟		

计算机系:87 人

陈　磊	李　瑶	潘振福	黄　峰	苏　航	李秋娅	张幸芝	程晓佳
苏艳娇	韩龙美	许鹏程	杨宏宇	朱广贞	尹晓阳	陈君华	李　晨
梁静娟	王　月	翟加雷	龚冬颖	姜苏洋	郝姜伟	李紫君	胡柏吉
罗能强	林　楠	程　启	李玉伟	张　鹏	李　晶	杨明晓	周昉昉
高新星	梁文斌	王伟涛	朱章南	艾　静	单　琳	李丹平	覃智补
王兴兰	程　龙	李　丽	李廷峰	闵　丹	庞红伟	谭佳瑶	金强强
杨佩茹	张胜男	白若林	王　棋	吴辉贤	谢玉婷	张淑真	金　津
刘　策	邱红萍	王艳艳	郭　雯	李　青	庆亚敏	张杰双	刘莉菲
马利洁	郭鹤旋	徐　莹	王国庆	崔亚男	韩金新	谢铠羽	朱晓琳
孟令虎	姚滕俊	何　日	袁　野	张宇潇	赵梦晴	韦　笑	王艳阳
刘洪歧	俞嘉成	袁夕岚	戎润雨	杨伟海	戚　鹏	王炜涛	

经济管理系:70 人

王　丽	李　芳	李佳轩	赵耀东	孙华瑞	张　娜	姜　媛	唐竞雄

刘媛媛	蒋　烨	窦洪杰	王君剑	黄沈海	张云欢	党　捷	赵文圆
王璐琪	叶民权	裴　颖	邱　楠	聂　婧	刘进杰	樊爱玲	张梓原
郭苗苗	陆爰羽	王伟伟	许　艳	熊建武	王　鑫	段　铭	黄权恒
谢　念	李　昂	严　斐	娄方元	张星宇	郑　策	黄丽君	曾　利
卢晓娟	关　心	张红豆	苏　蕾	史玉芳	张天翊	毛舜杰	王　凯
仝　琳	王雨晴	陈凯玲	李　夕	张　婷	张　岩	梁　艺	李燕兰
李　威	姜鹏程	牛晶磊	解玲玲	朱露莎	付亚男	牟晓梦	厉进月
彭小珂	宋志鹏	常玛丽	王皓月	张冠群	张　然		

环境科学与工程学院:81 人

杨春燕	李若琳	陈芳迪	程　琦	陈雅倩	宋小卫	袁　博	于伟静
王丽媛	王　璐	李宏轩	王添颢	祝　涛	火　灿	高雪濛	袁晓东
黄国庆	李　颖	王一宁	谢佳林	沈　甜	张天泉	曹　倩	王弯弯
沈　璐	于　婧	刘成龙	林良伟	刘　欣	陈煜茜	蒋　帅	刘　娟
马万里	石　瑶	张诏生	许田广	姜　莹	龚靖雯	郗　萌	李郑娜
王严燕	解姣姣	高　然	朱继鹏	宋　健	许国松	陈　康	孙景建
孙盼盼	曾显清	张立东	赵婕玲	朱丽萍	陈玉强	郭佳翌	张　蕊
雷　雨	陈　灯	冯　雪	张　琦	王冠华	何德瑞	李　威	李峥嵘
王丽丽	张　蕾	范珊珊	冯育宁	蒋　达	曲聆瑞	李　通	黄靖云
王炳然	胡　璇	张　婕	别　璇	黄　凯	余斯娴	赵　兵	董佳晨
李　琳							

法政系:33 人

任建慧	张　锐	孔智璐	甘青锋	梁浩冉	李碧霄	于雅馨	武秀丽
王斌斌	何　一	孙兆辉	李　岩	程霞燕	王艺雯	张春明	黄子娟
王娇娇	李　悦	乐玉熳	王　章	刘　巍	王海潮	李珍峰	孙雅楠
王文思	吕丹娜	李佳怿	郭少云	林子琳	叶　玲	刘天骄	蒋利亚
郝丽姣							

数理系:30 人

韩　博	代家丞	国　赫	何　琦	尹　旭	李文乔	安　晟	叶文平
袁　月	余泽远	臧晓玲	郑　辰	周奥军	李生虎	杨　冕	朱姗姗
龚之珂	吕天成	苏　娇	杨丽敏	李亚滨	王艳玲	詹石岩	张正义
朱以顺	陈志华	董伟星	高金宇	贾　涵	尤祖寰		

英语系:7 人

文佳玮	向星蓉	李　琛	张　策	侯　钰	陈婉诗	吴颖婕

国际教育学院:35 人

冯　健	郭安琪	韩明宇	杨宇轩	余　铮	张丁丁	高玉雅	连城星
孙宇笛	许梦娇	杨艺宁	陈弘毅	程　睿	于　天	张雪原	邹潇骏
李明儒	吴楚风	俞秦博	张凌岳	王　昕	卫婧菲	蔡　昊	李瑾蓉
周怡冰	洪　雯	吴思宇	纪又予	陈安琪	白　杨	石砺瑄	罗钦波
范名琳	傅　婧	刘安琪					

3. 院系级三好学生:1346 人

电力工程系:268 人

张亚辉	郝　毅	赵碧凝	杜　哲	王　洋	于　淼	鲁振威	崔倩雯

杜 赫	梁 浩	刘志博	周 兵	张申前	邹 丹	秦 婧	孙超凡
葛平富	毛骏怡	秦 红	曾炀炀	赵 斌	朱益之	鲁泽洲	杨 帅
袁志鹏	周 翔	黄 馗	仇敬宜	苟吉伟	郭烨烨	李爱祖	程祥群
郭文红	黄 河	纪文玉	毛晓翼	张婷婷	陈 源	郑 蓓	郑豪东
潘泯均	伍玉婧	宋佳微	陈冰研	刘 梦	易 琛	曾 瑶	赵俊凯
吴 凌	林振望	郑大巧	李 凯	王 皓	胡璐娜	张 凯	庄朋成
夏 曼	贺卫忠	李 昕	张国应	张文文	彭 依	陈奕汝	黑 阳
苟 漪	部学思	高 函	李杭蔚	许自强	蔡华泉	曹 璐	杨明明
童煜栋	孟天骄	董文凯	毛宇晗	刘宏杨	王雪松	卫 凯	张伟波
姜宇轩	曹 昕	陈 铭	丁 楠	王付金	杨瑞环	赵文亨	赵雅婷
孙 聪	王刘利	凌 霞	马 炜	石小琛	王 卉	辛建江	张 贺
樊 舒	陈光勇	何伶俐	黄 涛	刘哲夫	马 伟	王资博	闫书畅
白 洋	陈 烨	范 航	焦 杰	李晨曦	刘 敏	刘翔宇	刘娅菲
雒 震	魏 佳	徐培东	张美娜	陈丽芹	曹大卫	平江波	任 杰
伍 娟	杨丽思	赵晓丽	潘文文	陈星灿	郝嘉诚	王乐笛	闫人滏
郭美若	侯 爽	张 该	安振国	马鸿义	周清飞	何小平	薛伏申
杨 帆	胡 香	陆 峥	王晨雪	袁少雄	樊 涛	王 冬	戴岸珏
陈晓琳	王 烁	何嘉兴	刘士嘉	张旭超	朱紫薇	黄健林	张 锐
席明潇	薛明志	朵吉明	李柏江	钱凌寒	汪倩羽	汪 洋	吴耕纬
赵虹博	李 昱	卢方正	鲁 虹	马启超	马卓黎	么 丹	纳 瑜
王琳媛	方晓曦	李晓东	潘祉名	赵靓玮	马艳军	裴 鑫	魏安安
李家壮	齐 杨	王 涛	米师农	安 东	韩啼啼	金基伟	林子健
任俊霏	孙立鹏	张 希	丁晟辉	丁亚雄	张柳芳	周梦璇	陈贵滨
戴 明	李宗哲	刘 佳	刘佳昊	刘鑫宇	王博闻	王 炎	杨 柳
赵明曦	胡 江	蒋文权	李演达	刘一萌	吕飞扬	苗志敏	王斯好
魏宇宁	叶梓明	张郃博	张婷婷	郭佳熠	黄泰荣	焦维亮	李茂茗
李 雪	刘奕坤	任晋伟	宋长颀	王 源	杨晓舟	赵 铮	冯雨霏
高雯曼	郭天宇	何 帅	胡志伟	李永光	许 东	刘士骏	贺宜恒
刘欣悦	胡一丹	田瑞雨	王 玉	张 斌	王溯塽	曹晟哲	刘玉珩
申津京	索 琈	何仪颖	罗力佳	赵篷阳	周 璇	马子岳	赵慧聪
邹培根	左琼莲	谢 鸿	邹 福	陈星彤	袁秋宁	赵 宸	李 燕
周光奇	赵晨晨	蔡雪瑄	成明仪	侯 佳	李 泽	刘 通	王 迪
王训哲	谢翔杰	田园沐雪	司徒绮琳				

电子与通信工程系:88 人

孟 颖	张程炜	张桐建	庄振夏	高 倩	胡江波	李海坤	林陈伟
倪 远	彭尚飞	孙海波	陈姮纹	陈 玲	顾梦琪	黄日辉	李 颖
刘 畅	唐 圆	王文莉	闫孟洋	张 晓	郭 巍	孙 权	严兴霞
曾业卿	张 静	周生平	宋春晓	王亚楼	王 悦	文春燕	徐国智
臧 胜	张慧敏	陈莉佳	柴琦琪	苏 樾	胡启杨	刘 阳	孙依娜
丁正沣	熊 昊	侍剑峰	刘 薇	杨军伟	卢妍倩	温营坤	高祖慧
王 荀	刘佳敏	常 秋	陈 琳	李京涛	胡燕灼	张振华	张 爽
金 烁	孟灵丽	任思诚	黄云巍	古珊珊	冯妍妍	徐 想	许 密

连　策	夏　露	万福海	赵　双	陈贵昌	陈　文	胡韵婷	宋　湉
唐年吉	文　鸣	吴　鹏	杨　婷	黄文婵	薛婷婷	于文超	王文韬
周宇航	张　艳	苏珍香	马生青	汪梦闪	江通政	杨　淼	胡旭欣

动力工程系:182 人

王文杰	王之龙	裴继坤	梁岂源	刘腾克	黄　振	夏　鑫	肖艳红
王　娅	韩晓敏	李　军	陆永健	徐　亮	葛　臣	卢　阳	钱　辉
赵　霖	汪佳敏	黄宝敬	徐　瑞	于华健	赖建山	李庆浩	胡连福
陈诗怡	马　帅	陈萍萍	万永清	姜京东	陈　坤	王　慧	邱旭莹
王飞飞	高亚驰	张婷婷	梁小壮	童格格	高　建	王华胜	彭　程
胡娟娟	丁伟婧	李　锐	朴梦然	周安琪	邱丽红	熊保全	赵俊妍
黄云璐	罗　迪	奚晗涛	赵红芳	徐巧变	黄思杰	蒋慧卿	王洪跃
胡晓天	王兰昱	冀瑞云	甘　力	李子杰	张宏强	梁东宇	康志雄
高　昂	冯文永	李丽华	张伊黎	韩　林	王宇航	王建东	杨　博
曹振斌	郭　源	杨光华	李玉平	周　沛	贾国晖	李宏林	李子毅
朱恺雯	崔　吉	卢　阳	马增志	张思嘉	石　炟	叶闻杰	王昱翔
陈　野	史学桐	谷　尧	杨国晟	刘　杨	高海琴	刘文涛	吾　兰
黄家荣	吕凯文	许　静	吴　韬	李　昭	李亚臻	马文静	申正远
刘　阳	祁　超	钱家林	岑　涛	李　杨	高海松	郭良丹	刘雨濛
余文进	刘洋伶	伍　健	殷雪娇	马立伟	周　航	吴晓文	尹　丹
朱钦琛	吴英才	栗国鸿	林　崑	张丽洁	赵　天	陈亚华	刘　苗
国继志	朱茂南	陈德义	王文杰	包亚璞	李金超	朱　瑞	宦宣州
陈艾林	刘　洋	孙凡杰	朱　楼	杨晓刚	张　凯	孟　滔	齐波波
张伟勇	李振浩	杨　埔	孙衍谦	孙继轶	王　鹏	曾黎明	张　鹰
李静艳	刘建征	石　瑞	宣凌燕	马云飞	陆海洋	仲照阳	郝晓路
王佳音	田　昊	林晓波	林一航	樊琦明	黄文甲	肖炜刚	孟　岩
刘培培	刘　畅	李嘉华	茅天智	刘国富	赖一杰	张鲲鹏	陈宝新
艾书剑	肖听听	李　勤	黄立志	卢亚开	马思博		

机械工程系:175 人

胡峻玮	贾　斌	林　海	刘　亚	陆　璐	张　轶	封　冉	何　侃
黄庄雯	李文尚	刘　欣	张钰阳	耿雨潇	洪　庆	李赛赛	李永刚
汪文秀	宋学成	吴艳梅	张　科	周　凯	周巧云	黄　成	李立振
吴效东	李　岩	刘会阳	伍君实	张海峰	陈荣添	刘耀强	罗　艺
张　维	汪斌川	刘　欢	刘东圆	解宁宁	郭俊华	李　浩	左珂菲
史建芬	左利博	莫俊冰	杨俊玲	尹文良	睢少博	唐之尧	黄　凯
杨　静	姚渊博	秦晓明	王朋民	陈虎山	邓玮琪	马　越	苏　驰
蔡臣君	迟书强	徐文岐	吴慧锋	刘文师	党　炎	李　畅	李卓庭
李　强	徐振磊	罗　乐	梁　成	王成文	邢玉杰	平璐璐	孙盼玉
田　东	徐惠杰	韩春雨	江隆昌	李　翔	杜敬敬	赵圣林	王　凯
邵志龙	黄素洁	纪卓含	聂　博	王　盼	李　宁	黄东杰	谢小元
蔡慧颖	李科慧	许丽朦	李　雪	张贵军	李　阳	陈柳桥	陈泽帆
黄　鹄	蒋奎振	金　龙	吕　鑫	向星雨	许　朋	陈雪飞	程子硕
汪　田	王志昊	吴威华	肖溢鹏	曹应平	王欣彤	王亚祝	张晨浩

余帮节	张　煜	陈丽敏	杜梦娇	强刚刚	王高举	闫　欢	张　瑞
赵星驰	周子杰	曹倩倩	郭曦煜	贺新年	冷张圆	李宇倩	刘　智
杨留胜	朱松阳	陈湘阳	贾晋鑫	李　玥	邱于里	余媛君	张　冕
郑庆浩	丁林山	董　强	郝金鹦	贾宏伟	江　辉	王　珂	解　铎
蓝小辉	刘　豆	陈　磊	程子玮	董敏敏	李春芳	李梦珊	卢南君
贾少雄	刘世云	乔宇航	王晓萌	宗朝阳	赵　熠	闫　洁	高　洁
葛冉冉	韩子洁	高　擎	高乙丹	韩桐桐	毕胜男	秦楚宣	唐　畅
王耀福	陈　曦	董　浩	方静怡	高　媛	孙承艳	王　岚	

自动化系:122 人

栗　鑫	刘越月	马金龙	商丹丹	王雨秋	钟羽劲	崔海林	梁琦祥
袁思远	李　珂	张　婕	侯学刚	张华丽	狄　锐	黎瑞斌	许茹欣
张鸿平	郑文栋	窦金辉	蒋铁成	刘　静	潘安琼	杨国栋	杨星星
张　蕾	周雪菲	范征宇	李　帅	宋岩泽	韦国珍	张海洋	张　琨
陈　瑞	陈　宇	侯美玲	李　静	徐宗强	陈丽羽	董易闻	黄镇东
康美娜	聂　源	吴梦莹	杨　帅	白　婕	陈天翔	郭玉青	李金阳
李　念	李振宇	卫丹靖	吴国昊	杨玲玲	冯　玲	胡　艳	寇　晨
李　洋	宋秉宸	王　涵	陈园艺	李　晴	刘振通	吴静园	邸　帅
谷　超	潘颖娣	张　帆	张　宇	张振超	崔业婷	董超群	段贵金
冯　丽	李梦楠	孟庆鹏	曾华清	黄锦燕	蒋莹莹	李外强	李昱蓉
王书扬	吴隆佳	周旭飞	王　天	陈潇一	郭利轩	刘桂箐	欧燕森
谢　天	张　萧	曹　巍	董圣孝	李亚玲	张培阳	张　帆	师昭蓉
夏乐乐	吴宏旺	李洪阳	彭　浩	韩　庚	靳　鑫	李　迎	周新丽
任国俊	牛　瑾	陈　肖	李宛容	周　芸	乔依林	徐海洲	梁夏风
周梦璐	张广廷	张　韬	曾泽宇	郭俊霖	贾　岩	李小鹏	王　林
肖庆芳	张树浩						

计算机系:131 人

陈建军	杨辰涛	刘亚珍	牛　锐	吉文靓	钟彩金	杨广辉	王永刚
刘　松	骆　慧	江　浩	许海橹	李翔宇	王海威	陈　谢	陈续行
王　艳	武志磊	石凯文	郝　振	胡　亮	王　琰	王艳彬	许一航
于　猛	刘佳敏	林心昊	李　俊	张玉坤	游　朗	李　森	李元斌
黄琬今	宋　波	王纬韬	魏　松	肖　晋	周子杰	朱　龙	官　静
宋利利	程雅儷	常　欢	柯钰铭	吕　进	魏建国	曹增禄	李楚璇
李明辉	刘　凯	王秀玲	夏跃萍	靳晓妹	沈哲吉	魏子辉	赵　云
朱航江	董冬阳	冯甲军	雷天宇	刘少伟	王松雁	徐京京	张桉童
韩　文	霍春美	姜方正	钟　岳	高　晶	郭　辉	柯行思	刘　洋
苏继鹏	陶　韬	王　贝	边建彪	王志男	薛　奕	张　颖	陈　茜
陈　颖	蓝　玻	李　磊	邱日轩	王鑫鑫	王佳鹏	李微微	宋强强
付佳良	蒋天一	杨春兰	于佳文	张少聪	黄丹妮	李新军	廖婉莹
苏晓宇	王炜康	杨江平	钟　渝	董浩圆	宋旭鹤	李　贺	林　俊
任中杰	陶　冀	侯建康	王　凤	崔　迪	刘汉彤	綦人杰	袁　彤
安子浩	吉晓琼	靳亚康	鞠佃军	李　杰	施少龙	施　翼	唐刘健
李二超	刘文昌	丘舒婷	王　乐	文　飞	赵圣楠	孙　聪	解力也

涂豫平	尹国卓	于润涛

经济管理系:123 人

袁　静	黄丽娟	彭道鑫	张晓明	魏思伟	范锐博	叶　茂	江垚华
郑晓雨	黄继杰	宁慧娜	秦秋月	高忆秋	刘　欣	许昭源	尹伊娜
李玉婷	李江涛	张春成	白　雪	李登卫	王九吉	孙　涛	王丽芳
白佳奇	宋明烨	梁宸语	樊倩男	王龄苒	李　荣	洪芳菲	赵疆亘
薛兆奥	刘　随	戴雨欢	李　丹	李庆阳	王丽娟	杨伟炯	荀　丹
朱庭萱	邵鹏程	李天朔	刘　颖	苏　妮	常晓辉	刘　浩	王佳伟
李　璇	吴　松	丁玉乐	贾玉婷	王小燕	杨　霞	张一枫	徐雪莲
田　野	徐志鹏	何晓博	郑坚松	张婷婷	李庆梅	俞佳轲	高树彬
王　睿	单　双	陈　欣	赵元隆	马　敏	耿晓伶	乔　乔	郑焕海
李金强	丘艺婕	胡　月	高　越	何雪燕	李慧娟	张知秋	刘显玲
郭玲玲	郭志明	梁　婕	符广润	姚　景	倪　宁	周　浩	吕来城
刘仕鹏	韩冰莹	祝邑尧	王婕妤	裴胜丽	张思行	池子扬	张梦瑄
陈　莹	张峻恺	王彩飞	李　畅	苗峻玮	李　潇	张　普	陈静波
祝欣豪	马　坤	刘立果	沈　磊	张雪婷	杜　磊	丁振华	范衍铖
蔡蓉蓉	李　桐	韩丽丽	杨　玥	于　航	钱　程	张俊健	曹　丽
胡林敏	王华卿	白莹洁					

环境科学与工程学院:94 人

何欣恬	王元刚	绳文亚	汪剑桥	李培正	付丽丽	王华君	温　君
史春霞	郭亚南	李玉凯	陈周越	邓宝玉	马英钊	杨　芳	黎　伟
吴国栋	尹明霞	李　鑫	严伟平	高凯楠	李春辉	毛星舟	赵天奇
张修武	王孟鸾	杨　浩	黄斐鹏	王生起	邢佳蕾	陶子晨	李鹏贺
王佳英	刘伟彬	罗天楠	孙智滨	许　聪	王美琪	李小燕	马超群
周歆雄	黄帅斌	卢　娜	李诺男	张　兴	李　妍	高　妍	姜义健
刘向阳	牛贝贝	曲默丰	魏学志	张　菀	张　屹	祝富杰	刘　强
柳　杨	闫　利	杨　康	张伊甸	邓雨辰	洪森权	许旭斌	赵　炎
龚奂彰	李紫怡	何铁杰	杨莫愁	牛俊蓉	秦若男	王爱德	郑　浩
刘　媛	徐　芳	解鸿天	候　博	孙　杰	崔　悦	金文华	林文伟
王贺梅	吴家俊	向亚军	于东立	陈嘉浩	陈士磊	陈　兴	黄旭文
林铭巧	孙晨馨	田相峰	曾韵洁	于　梦	张江琪		

法政系:58 人

陈　荧	黄晓燕	王肖伊	魏溢男	刘帅志	李　殊	吴　珊	贾　芹
韩兆凯	王天祺	孙于睿	张　玮	梁一景	蔡丽霞	潘柳涵	吴石梅
苏晨晨	张　艺	张　悦	万娇娇	李泉怡	杨泽坤	王秋云	顾馨怡
惠　珺	鞠德全	朱　琴	孔静怡	侯　佳	李安慧	苏春晓	何超然
卢颖琴	罗　阳	田　风	温若帆	徐　慧	耿世璇	李港生	刘昱初
陈家慧	胡　蝶	何　娟	周　晨	付双乐	刘玉黔	申佳健	汪　钰
焦凤琪	张　澜	杨　倩	杜雅轩	戈　弋	杨　星	周静漪	张冰华
黄思博雅	万紫千红						

数理系:43 人

吴昊滢	王秀芬	李浩森	刘彤彤	曹　治	章柳吟	王伟华	鲜浩波

林志勇	邓超语	廖成城	陈　媛	周　帅	徐承毅	付　豪	刘久炜
王　磊	韦星宁	张　莉	丁志新	黄桂琳	邱智韬	杨　姗	杨晓冰
赵文静	李　博	陆豪强	潘　睿	孙翠萍	汤　潘	王　琪	温春艳
常怡东	段　杰	郭馨璐	殷亚茹	吕正则	罗粒菡	范春燕	兰雪娇
杨效民	袁大显	赵志杰					

英语系:20 人

李姗姗	罗小娜	陈　卓	金　戈	曹红柳	宋颜萌	许嘉韵	刘玲玲
王颖靓	李健杰	阴雪莹	王小凤	杜焙焙	潘蓉蓉	蒋思琪	汪美芳
李　婕	焦文月	康亚讷	雷　也				

国际教育学院:42 人

蒋子龙	李锦钰	奚博闻	习智超	杨鑫和	于　骏	曾传瀚	张　蕾
赵段杰	郑蕴华	陈聪哲	宫祥龙	纪　晨	李傲雪	李源锟	罗梦青
王雪婷	方振宇	梁睿智	刘海洋	欧文琦	钱旭东	董林啸	邓骏鹏
刘　沁	田润泽	王若麟	王　希	王泽坤	吴　恒	郑晨露	周事好
康露予	关奇菲	王　妍	商开航	毛亚鹏	刘芳峤	刘云涛	樊宏宇
盖　琳	欧阳宇佳						

(二)优秀学生干部获奖名单

1. 学生干部标兵:18 人

电力工程系:5 人

焦　昊	祝晋尧	苏　浩	尹　唱	邓忻依

电子与通信工程系:1 人

耿婉娇

动力工程系:1 人

李　鹏

机械工程系:3 人

武祥吉	卢文博	马一丹

自动化系:1 人

葛　瑞

计算机系:1 人

王　月

经济管理系:2 人

邱　楠	陆爱羽

环境科学与工程学院:1 人

刘　欣

法政系:1 人

何　一

数理系:1 人

高金宇

英语系:1 人

张　怡

2. 校级优秀学生干部:52 人

电力工程系:9 人

张天翼	李　铖	冯杰成	郭　帅	胡璐娜	李　昕	田诗雯	尹恒阳
王资博							

电子与通信工程系:4 人

张桐建	顾梦琪	王文莉	周方舟

动力工程系:7 人

李樟强	田　巍	马文静	张　戈	祁　超	周　俊	杨耀宗

机械工程系:6 人

佟锦皓	范忠岳	李卓庭	王卫东	乔宇航	王　勇

自动化系:5 人

马金龙	宋凯兵	张之涵	周新星	谢　天

计算机系:6 人

刘亚珍	王艳彬	杨宏宇	董冬阳	李廷峰	王艳艳

经济管理系:8 人

胡万平	刘　欣	裴　颖	刘　随	张星宇	杨　硕	张红豆	张　然

环境科学与工程学院:2 人

陈雅倩	曹　倩

法政系:2 人

吴　燕	罗　阳

数理系:1 人

詹石岩

英语系:1 人

宋颜萌

国际教育学院:1 人

宫祥龙

3. 院系级优秀学生干部:139 人

电力工程系:29 人

王雪峰	秦　红	袁志鹏	周　翔	卢　叶	匡　生	张仕文	郑　蓓
宋士蛟	刘思宇	张文文	胡彦斐	马一菱	钱亚辰	刘　洵	沈　丽
李力行	黄淳驿	刘翔宇	李大勇	王梦琳	张　锴	徐靖雯	张祎慧
安　东	刘婧妍	赵明曦	李演达	王斯妤			

电子与通信工程系:8 人

庄振夏	林陈伟	黄日辉	李　颖	唐　圆	郭　巍	王凌峰	臧　胜

动力工程系:19 人

张　夏	许　勉	梁雪琪	马玉峰	谢玮霞	孟令彬	乐梦雅	曹振斌
周　沛	石　烜	王鹏乾	付晓俊	王　倩	宦宣州	齐波波	李静艳
李永康	张　宇	张鲲鹏					

机械工程系:19 人

丁晓萌	李红梅	孙明耀	梁昌桥	绳菲菲	尤亚男	王　坤	罗政刚
赵金健	邱梦媛	马　硕	赵　晴	李学斌	张艺伟	欧阳玲	庞圣养

汤善发	殷子沛	赵　剑					

自动化系:13 人

刘越月	梁琦祥	张　婕	韩　露	盛碧霞	张　明	韩宜轩	张　琨
李振宇	寇　晨	韩思麒	吴宏旺	陈煜琦			

计算机系:13 人

潘振福	马娟娟	李　俊	张雅涛	郝姜伟	杨明晓	王兴兰	刘　洋
张胜男	刘　策	庆亚敏	戚　鹏	谢铠羽			

经济管理系:12 人

江垚华	黄继杰	薛兆奥	郑坚松	俞佳轲	高树彬	耿晓伶	郑焕海
李金强	姜鹏程	苗峻玮	彭小珂				

环境科学与工程学院:10 人

林良伟	黎　伟	刘　娟	黄斐鹏	张立东	赵婕玲	冯　雪	祝富杰
闫　利	孙　杰						

法政系:5 人

李碧霄	张春明	李　悦	李珍峰	杨　星

数理系:5 人

韩　博	袁　月	王　琪	朱以顺	尤祖寰

英语系:2 人

陈　卓	金　戈

国际教育学院:4 人

张丁丁	许梦娇	王若麟	王　昕

(三)单项荣誉获奖名单

1. 业务素质优秀奖:185 人

电力工程系:35 人

常　宁	刘志波	唐　潇	赵　群	王　杰	梁　倩	麻　强	沈超伦
洪冬欢	王一飞	孙永健	高圣达	聂齐齐	陈煜文	李晓冰	王灵超
刘瑞颖	魏　遥	叶建芳	薛宇石	张智敏	张瑞雪	段国强	魏石磊
徐继霆	李梦宇	庞帅杰	葛厚磊	唐炜皓	邢法财	陈　晨	陈其其
柯明东	魏湘盈	陈　耀					

电子与通信工程系:19 人

郭　权	卢　谊	吴云鹏	赖远鹏	王三名	姜轶涵	孙佳安	许乐然
胡　灿	寇博绰	刘　欢	宋金薇	陆　迪	聂　志	张雪菲	姚源斌
马天烁	陈　涛	周广权					

动力工程系:20 人

刘　渊	肖卿宇	陈林炜	王旭锋	蒋　璇	赵崇邦	苏孟翔	毛鹏飞
李治涛	王　沐	杨　雪	刘智远	周　阳	庄英乐	周广钦	吴　琼
焦玉婷	朱　静	杨子仟	吉暕东				

机械工程系:25 人

卢亮宇	汪俊宇	蔡国辉	梁　雄	张　超	罗超龙	袁增辉	陈　侠
郑显亚	林剑峰	张　灏	谭珺泽	吴芝浩	殷　超	尹孟然	陈煜兴

刘文政　符博　孙岑　王海阳　祝志磊　赵思思　张开元　张丽娟
周泽辰

自动化系:17 人

李玲　刘林清　杨朔　唐玲　黄伟强　王子奇　刘婉莹　谢松
闫萧　俞人楠　包婷婷　林惠建　李晓　李美华　武志勇　赵凯旋
舒向前

计算机系:19 人

李建华　杨慧娴　王倩　姚鹏　张开　张藤予　张晓妍　仇文博
朱静慈　成军超　杨泽　晋志明　沈一鸣　叶靖　张馨月　陈宏宇
王榆圣　应慧婧　朱原兴

经济管理系:19 人

徐亚　金鑫　肖瑶　何敏　高雨薇　刘默涵　刘巧　田虹辰
匡载淋　余玉琴　周舒静　吴婷婷　罗乔丹　张延伍　高祺　邹冲
高婧瑶　杨帆　孙泽

环境科学与工程学院:6 人

覃玉环　许微微　徐朋　曾祥超　张金瑶　郝树豪

法政系:5 人

孟雨　杨慧枷　鲁秋燕　王家琨　柳虎

数理系:10 人

吴绍华　时钟　韩新杰　张靖　周凌峰　程罡　张伟　刘祖权
张正昌　赵炜

英语系:9 人

蔡笑　刘婷　刘珂　王平　李婷　高彤　王杰　孙文裕
杨璐

国际教育学院:1 人

陈玉婷

2. 社会工作优秀奖:294 人

电力工程系:45 人

徐健　祁浩　陈新阳　李俊阳　陈旭帆　葛鸿声　柴骅　匡生
李铖　武鑫　李文丹　张庚涛　张晓静　刘阳　沈伟余　董维盾
姚云飞　蒋雨　王赫男　陈洁昕　曲东哲　赵高杰　胡杰　华天琪
邓睿　蓝峥　李晓航　周立超　杨帆　姜訸　董搏靖　曹宇豪
郭梦曦　严敬汝　鲍超凡　王彤　陈欣恺　王志宏　魏奕　浦国琛
李超然　邓森勇　杨宇　尹奇兵　张韵秋

电子与通信工程系:17 人

曹哲　闫旭　宋广磊　李建华　张昊　符怡　李来杰　宋新海
孙靳伟　冯誉　陈一鸣　梁运丰　王玉琳　黄成杰　王三名　刘欢
胡大帅

动力工程系:46 人

张子龙　孙雁宇　许童　范旭东　吴优　曹煜轩　包帅　徐一鸿

曹志旭	王学欣	张亚萌	蔺小龙	肖一鸣	漆　聪	陈飞雄	崔荣涛
张　皓	郄江浩	杨官煌	庄馥瑜	狄元权	许　文	时　斌	于　淇
白枫道	铁成梁	关东焱	陈志宇	张　旭	刘克龙	李治珉	李宪蔚
左　露	王朋飞	侯博文	冯澎湃	黄泽文	高文宣	吴晓尧	黄　璞
刘克东	张长宇	焦同帅	王海鹏	高　超	尚　飞		

机械工程系:34 人

李　乐	黄楚文	宋　杰	王新波	周　静	温　凯	葛志鹏	张　凯
武祥吉	宋敬良	段泽龙	高飞杰	袁　葶	张　鑫	茹增田	张钦嘉
王卫东	王世华	宋雪嵩	杨彭城	于彦秋	于剑桥	尹　涛	赵文翔
易莹鑫	陈颖晖	李伟东	李未亭	王英瑞	王　康	乔清华	曲　睿
辛春梅	王一帆						

自动化系:28 人

刘　昭	胡建业	高　鸣	胡东阳	刘胜男	丁　磊	朱家锋	李俊杰
常鹏鹏	江爱晶	李海珍	孙旭鹏	王亚楠	阚志凯	谢　松	杨　伟
周田蜜	周新星	王栋立	宋　达	谢涵羽	王立国	张　强	刘　诚
包　晗	谢工力	彭福祥	翟文培				

计算机系:25 人

蔡江洋	杜　丹	彭晓凡	林　炜	吕东红	李忠强	沈亮印	刘　晨
肖继峰	朱翔宇	崔　璨	韩　宁	王玉坤	张　开	王丹蓉	崔刚弋
赵瑞祥	罗晨曦	王　喆	杨　泽	马占军	张昕楠	唐　帅	宣兆贝
梁　妍							

经济管理系:29 人

胡万平	张凌玮	王路平	赵泽延	金秀燕	田宗毅	李昌家	李善祥
李　锐	崔建峰	刘　媛	张汝佳	杨　硕	安常乐	王时瑶	宋飞云
张　舒	张洪秩	胡显立	周舒静	孙升驰	聂麟鹏	田　旭	王好雷
罗乔丹	张　倩	丁启钊	周庆伟	李美琳			

环境科学与工程学院:17 人

郝青林	孙中豪	邢　锐	钟启航	李晓宇	曹　阳	戴　维	杩蒙蒙
朱思洁	朱雪峰	许　鹏	夏　磊	叶文智	杨钧晗	虞　婧	刘海韬
王春鑫							

法政系:18 人

倪状状	徐申初	王铁权	马　瑞	高海悦	曹梦芸	吴　燕	李　晴
王　旭	张　营	刘延旭	冯宇浩	田婉莹	周保权	李延宇	李　响
宋筱楠	宗　舟						

数理系:17 人

侯佳奇	郭　凯	张　进	刘　祥	班　灿	赵玥琦	李东野	俞倩倩
石　乐	孙新宇	赵泽睿	张诏议	蔡健栋	刘幼航	马　超	胥海成
张　晨							

英语系:12 人

李子安	胡　睿	韩　丽	于晓游	袁彤彤	赵旭宇	史鸿翔	刘　典
陈　红	刘文文	兰淑丹	张　鹤				

国际教育学院:6 人

宋毅杨	韩　森	尹　程	孙家豪	洪燕柔	李飞逸

3. 文化活动优秀奖:122 人

电力工程系:25 人

李　忍	孟　刚	陈旭帆	彭籽萱	柴　骅	左加伟	曲东哲	王灵安
华天琪	马　跃	王欣欣	邢希君	吴达鑫	张　佳	鲍超凡	王　彤
潘俊诚	苏至哲	张　引	王凯强	曹　昂	谢佩瑀	邓森勇	尹奇兵
蔡雅慧							

电子与通信工程系:4 人

符　怡	王赵冬	刘安琪	农　真

动力工程系:15 人

吴　楠	严雪南	徐玉刚	周润泽	崔荣涛	孙　铁	铁成梁	柏　锋
杨　超	陈星旭	吴晓尧	罗玉华	王海鹏	苏海月	张　瑞	

机械工程系:12 人

黄楚文	于学鹏	宋　杰	解承萱	袁　葶	孙　泽	李琳鑫	李未亭
张啸宇	刘泽浩	张伯麟	侯　钰				

自动化系:12 人

韦　杭	张一鸣	高　鸣	谢佳锟	陈　思	孙旭鹏	杨德玉	罗　凯
祝文翔	吴　冰	李　贵	李　翔				

计算机系:16 人

吕东红	路晓璠	孙　旭	吴浩楠	崔　璨	凌　鑫	秦玉丹	高远航
陶梦琪	王　喆	谷玉虎	郭　放	满　意	余　烨	胡梓民	梁　妍

经济管理系:16 人

胡万平	张凌玮	肖　瑶	陈尚司	李昌家	陈忠霞	贾智杰	周天琪
宋飞云	张　舒	张洪秩	孙升驰	秦宇航	邹　冲	陈　倩	李美琳

环境科学与工程学院:3 人

钟启航	杨钧晗	陈孝妍

法政系:9 人

高海悦	么冬霞	李雪丽	吴雅琪	邵博文	邱小玲	高　航	葛晶晶
李　响							

数理系:6 人

侯佳奇	李　芮	陆珏萦	俞倩倩	孙新宇	周佛佑

英语系:4 人

胡　睿	李　瑜	刘　典	王　杰

4. 体育活动优秀奖:233 人

电力工程系:49 人

徐　健	蒋易展	汤涵清	唐　潇	杨美媛	张文甜	赵　超	刘　慧
陈旭帆	柴　骅	胡家骐	张晓静	杨　鑫	于明洋	董维盾	李　雯
熊　坚	王赫男	程黄新	王一飞	李佳月	陆梅莉	马　跃	庞东泽
蓝　峥	李卓桁	孙永健	周立超	彭忠源	秦兴邦	张良星	马建忠

黄弘钢	张 恒	高静博	陈欣恺	洪 泽	张智敏	刘 可	刘舒靓
高志超	赵周武	郑力勇	李超然	裴智琦	马圣明	朱广博	乔嗣欢
王 晗							

电子与通信工程系:14 人

曹 哲	王成玮	温 彪	宋广磊	宋 玉	张 昊	李来杰	刘 野
宋新海	孙靳伟	王玉琳	农 真	杨毅冉	彭 飞		

动力工程系:26 人

毛鹏飞	赵玉良	郭世超	周一洲	贺亦杉	杨 凯	王 沐	车文聪
肖一鸣	陈飞雄	李强辉	周 玲	张泊宁	王国栋	刘克龙	柏 锋
袁 鸣	杜亦航	兰 天	朱莉林	杨 莉	张 程	吉暕东	王 振
常 浩	张 瑞						

机械工程系:30 人

李 湛	崔耀文	李 乐	黄楚文	沈佳伟	于学鹏	王 达	汪俊宇
高洪尧	韦 玮	罗超龙	南 凯	宋 琪	林清泉	李文辉	王 成
黄政星	罗 云	张钦嘉	付兴旺	易莹鑫	邓伟建	代 贺	丁 鹏
刘泽浩	曾柳盛	周雀林	李仕玉	郭宝春	达娃央金		

自动化系:22 人

刘 昭	韦 杭	郭丹丹	吴俊锐	时治青	谢佳锟	杨 伟	宋显億
王栋立	潘宇遥	俱 帅	张沛尧	朱 杰	武志勇	祝文翔	刘 诚
曾文珺	邹 奔	彭福祥	赵凯旋	翟文培	汪森依泉		

计算机系:27 人

胡鹏博	孙韶阳	罗雅丹	孟 勐	李亚鹏	王 鹏	刘雨晨	朱翔宇
王建强	韦骁骏	胡龙基	王 倩	王玉坤	刘 凯	李俊鹏	刘鹓翔
张庆耀	杨 泽	孙鹏宇	唐 帅	安 慷	李明洁	罗 鑫	鄢光伟
陈宏宇	冯明明	李 杰					

经济管理系:25 人

胡万平	陈尚司	朱鹏飞	毛梦迪	田宗毅	张在兴	李善祥	檀 阳
戎元元	陆嘉雯	杨 硕	王昱勋	张洪秩	黄 丹	聂麟鹏	田 旭
赵德斌	于晨阳	崔 薰	高 祺	周庆伟	姚 伟	陈 倩	鲍辰雨
杨 帆							

环境科学与工程学院:6 人

郝青林	邢 锐	刘晓朋	王宇锟	李志刚	刘 闯

法政系:11 人

解天文	孙天留	贾 帆	卢 涛	张 营	冯宇浩	徐媛媛	邱小玲
许永艳	王晓斌	宋筱楠					

数理系:6 人

李 芮	许敬秀	洪添杰	金彬斌	李义青	晏国杰

英语系:10 人

李 影	贺 娟	蒋银丹	王 平	王爱迪	赵旭宇	石 昕	韩 敏
刘 琦	保林波						

国际教育学院:7 人

李美林	韩　森	马　璐	王乐秋	刘晋维	陈纪桥	高书垚

5. 思想道德表现优秀奖:186 人

电力工程系:34 人

蒋易展	陈紫薇	贺丰婕	李　康	张晓静	董维盾	胡国瑞	王赫男
苏　宇	胡　杰	邓　睿	马　跃	庞东泽	卢鹏翔	任鹏辉	杨　帆
姜　訸	陈志恒	严敬汝	王　彤	王志宏	洪　泽	苏至哲	刘　可
陆志文	浦国琛	马　冲	李超然	曹　昂	李国杰	刘　祥	尹奇兵
蔡雅慧	张韵秋						

电子与通信工程系:10 人

闫　旭	李玲颖	张　昊	梁运丰	柳　叶	杨毅冉	姜　越	李秀丽
王　涛	胡大帅						

动力工程系:21 人

肖卿宇	吴　优	郭世超	包　帅	郑雁冰	刘　玥	肖一鸣	李强辉
崔荣涛	狄元权	王　浩	时　斌	于　淇	关东燚	安　鹏	陈志宇
刘亚南	周广钦	朱莉林	吴晓尧	黄　璞			

机械工程系:21 人

李　攀	许文豪	王新波	曹雨薇	温　凯	武祥吉	段泽龙	肖发扬
袁　葶	赵英遵	尹　涛	易莹鑫	余定纯	黄　鹏	付可可	朱惠成
冯　渝	刘泽浩	王　康	易浩杰	李仕玉			

自动化系:17 人

郭丹丹	胡东阳	陆新月	丁　磊	谢佳锟	倪　盈	孙旭鹏	王亚楠
周田蜜	孙　博	胡沛涛	王柯燚	吴　冰	刘　诚	刘业鹏	彭福祥
翟文培							

计算机系:27 人

蔡江洋	史　诗	罗雅丹	张钊华	孟　勐	林　炜	李鑫山	张培华
李忠强	贾士迪	孙　旭	朱翔宇	敖　然	胡龙基	王玉坤	刘　凯
王丹蓉	赵瑞祥	陶梦琪	郭　放	孙鹏宇	唐　帅	李忠明	余　烨
李　雪	梁　妍	仝卜匀					

经济管理系:17 人

王路平	赵泽延	陈尚司	朱鹏飞	张在兴	李昌家	杨志玲	李善祥
周天琪	蒋丽雅	田　旭	苟瑞欣	周玉洁	周庆伟	李　锐	蔡晓玉
李美琳							

环境科学与工程学院:10 人

邢　锐	戴　维	徐　朋	虞　婧	赵兴安	赵　剑	李志刚	刘　闯
王玉龙	王春鑫						

法政系:8 人

倪状状	王铁权	马　瑞	高海悦	曹梦芸	张　营	王家琨	李　响

数理系:6 人

韩新杰	侯佳奇	班　灿	王冰洋	俞倩倩	张兴隆

英语系:10 人

胡　睿	王苏鑫	王爱迪	袁彤彤	郑舒文	赵旭宇	石　昕	陈　红

张　鹤 | 黄海燕

国际教育学院:5 人

韩　森 | 祝子绚 | 洪燕柔 | 刘晋维 | 许紫涵

6. 科技创新能力优秀奖:57 人

电力工程系:7 人

李　忍 | 吴招辉 | 邓　睿 | 孙朝阳 | 汤玉龙 | 王志扬 | 邓森勇

电子与通信工程系:4 人

孙凯杰 | 温　彪 | 刘　野 | 苏俊源

动力工程系:9 人

安　鹏 | 张睿懿 | 刘亚南 | 汪　灏 | 黄　璞 | 焦同帅 | 陈　曦 | 张　瑞
程许谟

机械工程系:12 人

于学鹏 | 许文豪 | 马路宽 | 唐　瑞 | 武祥吉 | 段泽龙 | 高飞杰 | 袁建新
李金龙 | 尹　涛 | 曲　睿 | 达娃央金

自动化系:5 人

高国明 | 丁　磊 | 陆　帅 | 王　茜 | 王　舜

计算机系:5 人

张培华 | 韦骁骏 | 贾　硕 | 侯增起 | 王玉坤

经济管理系:7 人

陈尚司 | 张在兴 | 蒋丽雅 | 张　倩 | 秦宇航 | 王婧怡 | 杨　帆

环境科学与工程学院:4 人

刘德庆 | 朱思洁 | 李祥健 | 王　伟

法政系:1 人

李延宇

英语系:3 人

葛　新 | 郑舒文 | 史鸿翔

华北电力大学 2012—2013 学年度研究生先进集体和先进个人获奖名单

(北京校部)

一、优秀班集体(19 个)

研电 1205 班 | 研电 1206 班 | 研电 1208 班 | 研电 1209 班 | 研电 1107 班
研动 1227 班 | 研经管 1114 班 | 研英 1222 班 | 研动 1132 班 | 研动 1128 班
研经管 1212 班 | 研经管 1213 班 | 研控计 1120 班 | 研控计 1218 班 | 研控计 1219 班
研人文 1125 班 | 研数理 1221 班 | 研可再生 1230 班 | 研核 1231 班

二、优秀研究生标兵(26 人)

博士:4 人

郑　宽 | 许建中 | 王天虎 | 薛　松

硕士:22 人

姜　喆 | 于　洪 | 崔振南 | 苏靖棋 | 周恩泽 | 李　珏 | 赖程鹏 | 吴令男

杨洋	温静雅	任丽霞	朱琳	高敏	王以良	岳丹	熊晶
程博昊	陈溪	姜妍文	吕朋丽	牛志愿	段军		

三、优秀研究生(421 人)

电气与电子工程学院(146 人)

博士:30 人

李探	张旭	但扬清	何东欣	李学宝	苏小玲	申洪明	季洪鑫
赵晓林	郭鹏	刘忠义	江军	杨阳	李丰	朱雷	朱星阳
蒋程	马爽	刘阳	郑一博	王博	陈炜	张自力	程述一
李秋硕	尚海昆	金鹏	陈征	曾博	张剑		

硕士:116 人

曹松伟	段春明	王治宇	张学龙	贾鹏飞	路保辉	刘建寅	李文志
杨小彬	王鹏伍	赵伟杰	向宇	龚群	冯楠	何倩	李盈枝
王小明	魏娟	张磊	刘文静	季节	罗麟	张兆阳	仇国兵
王立国	贺鸿鹏	陈佩璐	牛帅	李治艳	刘刚	张小珍	程世军
李路遥	张冰	熊岑	陈煦斌	张非	刘超	齐京亮	陈媛媛
李敏	孙晓达	王朝亮	郭宁辉	乔真	程雪婷	张峰	宁子森
张清鑫	范钰波	陈伟丽	韩晓男	丁魁	杨浩亮	陈婧华	蒋金
熊超	李丹	张小梅	沈敏轩	孙海	孙小燕	贾利虎	侯鹏鑫
曹文彬	何梦	任必兴	肖成东	史晓宁	应力	梅南	杨德龙
张潇龑	郭津瑞	朱逸超	俞隽亚	彭茂兰	孙鹏	徐凯	秦晓培
王建波	苏斌	马伟	蔡万通	李芝娟	许雯榕	鹿伟	景海伟
费彬	高芬	陈芬芬	丁秀香	董哲	陈茜	翁文婷	刘慧娟
崔灿	张荣	袁飞	薛文婷	许雯旸	张惠汐	刘向宁	皇甫羽飞
刘杰	张晓涵	俞露杰	白坚实	刘聪	侯建兰	王梦	冯君淑
任晓朦	李嘉迪	毕经天	何颖				

能源动力与机械工程学院(101 人)

博士:34 人

田永兰	杨佳霖	姜龙	阎洁	胡文超	葛翔宇	周璐瑶	关彦军
卢可	蒋东方	王伟龙	邓飞跃	李晓丹	郝润龙	曾雪婷	陶君
王兵兵	许诚	姜永健	汪涛	张琛	解玉磊	姬昆鹏	胡阳
李精精	付殿峥	王继选	史飞	吕锡锋	祝颖	韩京成	李飞
王利刚	左薇						

硕士:67 人

丁捷	赵磊强	刘圣冠	吴影	翟代龙	刘京	朱竞男	王能
田龙	吕玉贤	宋冠禹	张兴文	杨姣	李美宝	苏子威	曹为华
于洋	刘强	吴迪	谭巍	孟洁	陈颖	王兰	刘洋
王大洲	孟冲	李振通	刘兵兵	周亚男	王德俊	宋娜	张晨旭
周会霞	徐婧	谢典	袁凯	徐超	汪洋	刘姝女	付丽
安广然	孙超杰	王雪皎	许晓春	尹琪东	蔡林峰	张睐	苏烨
熊万能	仲雅娟	徐文进	顾颜	汪全	徐威	任朝旭	刘超
苏超	张伟霖	赵立林	侯冲	王泽森	李青青	董焕焕	王春晓
周钊	乔鹏	王晓					

经济与管理学院(56 人)

博士:8 人

周 婷	杨益晟	稽 灵	魏亚楠	许儒航	张 鲲	朱益平	徐 燕

硕士:48 人

姚 鑫	康姣丽	王 聪	祖丕娥	龚 璇	李 杨	王 青	王亚娟
石秀云	陈晓婷	马明娟	范磊磊	王致杰	王 冰	刘欣明	金 爽
王 蕾	张 倩	王 卓	钱婷婷	佟 彤	万宇婷	刘 彤	李若纯
李旭垚	霍慧娟	张 慧	武亚琴	黄锦鸿	刘慧辉	李欣芸	张金颖
罗茜亚	刁惠悦	韩 颖	鞠立伟	李娜娜	周玲芳	闫 微	宋 炎
祁 晨	田 娜	冉 曦	姚 阳	何淼雅	杜 乾	陆桂琴	付雨峰

控制与计算机工程学院(71 人)

博士:15 人

张金营	吕 游	王仁书	任燕燕	孟庆伟	任密蜂	孔小兵	叶世超
胡 勇	安思成	周 欢	李小明	何 芳	赵小鹏	李 艺	

硕士:56 人

宋自立	罗 晗	赵长松	张 倩	钟振芳	吕美敬	李 淳	周澎洋
陈 伟	农慧云	甘 密	高 萌	王玉龙	王梦月	蒋 薇	刘明亮
徐奕昕	许呈嫣	姜飞飞	陈跃燕	张 浩	张潇澜	金健宇	程 成
陈盼娣	姜 蔓	刘 欢	宋志新	徐 月	曹 颖	孟 佳	王 蓓
吴金水	王艳萍	楚胜楠	尹靖辉	马 莉	孝 瑞	于 潇	黄琳华
蒋 军	刘宏艳	赵祎迪	刘 婧	贾玉斌	王海东	王 倩	白 旭
席 珂	郭雪娇	于 慧	郭 淼	马一凡	王雪茹	张 晔	唐艳梅

人文与社会科学学院(8 人)

杨 帅	颜行志	王 超	公培璐	马阿美	王 艳	刘婧一	李希喆

外国语学院(9 人)

朱红静	郑艳萍	兰金萍	林 靖	王 淼	田 娟	卫宏燕	蒋凌斐
金 悦							

数理学院(6 人)

陈 晶	张 敏	姜成飞	张 帆	刘晶晶	陆洪涛

可再生能源学院(16 人)

夏忠喜	刘 岩	王太伟	王 磊	廖航涛	李良杰	欧海庆	徐 琦
曹 桢	高小力	高 征	刘 吉	辛雅焜	赵博华	额尔顿	张 宇

核科学与工程学院(8 人)

程万旭	张 鹤	马 娟	陈蒙腾	蔡骏驰	刘 亮	林达平	朱国正

四、优秀研究生干部(210 人)

电气与电子工程学院(78 人)

宁子森	熊 岑	王 卓	陶晓龙	姜 喆	周恩泽	曹松伟	李文志
王立国	程世军	李路遥	龚 群	王朝亮	张 峰	陈伟丽	何 梦
肖成东	郭津瑞	俞隽亚	徐 凯	秦晓培	马 伟	李芝娟	许雯榕
鹿 伟	景海伟	陈 茜	刘慧娟	许雯旸	刘向宁	侯建兰	王 梦
任晓朦	李嘉迪	白坚实	杨德龙	但扬清	李 丰	胡亚楠	扆 博

杨　凯	王　帆	杨晓霞	陈珂睿	刘晨龙	万　琳	董仲星	徐继凯
束兰兰	符金伟	黄　婷	刘　玉	史　巍	李源源	刘景延	杨琪羽
李伟迪	逯　遥	刘宗烨	代志强	陈雪薇	王　灿	李雅菲	申　昭
章　超	高小林	李梦渔	王　琮	宋晓旭	高　媛	董希杰	夏　澍
徐　鹏	汤庆峰	高艳丰	许　伟	赵先超	李　丹		

能源动力与机械工程学院(45 人)

宋　磊	冯　蕾	李　状	褚东亮	金铁铮	左　薇	吴　恺	吕玉贤
刘汉源	吴　迪	张嘉琪	吴　腾	俎海东	汪　洋	刘　莹	于　洋
张琪琛	丁　捷	高润华	于国巍	朱竞男	田　龙	张婷婷	宋冠禹
杨　姣	郝振达	梁丽萍	刘觉晓	谢　典	侯　冲	胡文杰	崔继宪
李佳佳	孙晓伟	苏子威	蔡林峰	胡　亮	陈亚威	李晓磊	刘伟龙
张茂龙	邢丽婧	张秋佳	蓝　翔	任朝旭			

经济与管理学院(30 人)

嵇　灵	刘君力	王美云	戚浩桢	李泽众	孙光政	甘景双	熊　威
刘珊珊	周晓伟	李　瑞	陈灵青	傅渝洁	汪　鹏	谢弘艺	陈致宏
成　欢	王思佳	江远彬	刘　姣	李锦贤	林丽琼	邢　通	张　慧
姚　阳	刘力溶	周　群	杨　晶	戴欣桐	潘振东		

控制与计算机工程学院(25 人)

王丽娟	李　艺	李志宏	王振伟	张　攀	党芳芳	殷秀迪	尹昌洁
宋洁琼	王春媛	赵倩男	张江昆	冯　晨	程博昊	王艳艳	胡　鑫
韩　霜	赵祎迪	王　楠	王　倩	郭　淼	田吉华	贾玉斌	刘　婧
任李懋							

人文与社会科学学院(6 人)

马阿美	陈　溪	刘婧一	公培璐	杨　帅	高尚宇

外国语学院(7 人)

翁秀琴	李艳达	杨　旸	董　娜	王姝凡	李　丽	黄　丹

数理学院(4 人)

陆洪涛	陈　晶	迟广元	李婉璐

可再生能源学院(12 人)

向腾飞	黄洁亭	牛志愿	孟　航	田敬云	辛雅焜	高小力	叶小宁
额尔顿	岳　潇	陈　平	刘　健				

核科学与工程学院(3 人)

田英男	陈蒙腾	杨　晔

(保定校区)

一、优秀班集体(10 个)

硕电力 112 班	硕电力 121 班	硕电力 125 班	硕电子 112 班	硕动力 122 班
硕环工 121 班	硕机械 111 班	硕经管 121 班	硕数理班	硕自动化 111 班

二、优秀研究生标兵(17 人)

王飞龙	陈　亮	林　鹏	李岩松	沈丹凤	裴建军	陈顺青	陈　焘

宋卉卉	王晓龙	赵　硕	马天男	高　艳	李海平	申珍珍	王　松
张会超							

三、优秀研究生(222 人)

电力工程系(61 人)

赵　亮	孙景文	孙凯航	邵　龙	胡　婷	杨世旺	范林涛	王　续
张富春	杨立红	岑添云	郑文书	李艳艳	张　佩	江明亮	黄潇潇
王　栋	苏志明	张军强	寇　薇	杜　新	杨　帆	李云霄	纪　巍
李　涛	佘　凯	申　路	贾自杭	闫　康	李少岩	原亚宁	周一辰
申　雪	杨娜娜	魏俊姣	丁晓哲	孙晓霞	王旭斌	王　扬	孔令号
应璐曼	吴丽娜	马　龙	杨　漾	赵　坤	蒲　杰	李双双	于海波
刘贺晨	李世延	张晓红	王春梅	褚华宇	李雪珠	邵　玲	黄国林
李芷筠	王　倩	范环宇	张　洁	刘　星			

电子与通信工程系(20 人)

于　洋	胡　岳	白　桦	孔凤颖	翟丽娜	刘　玮	邓盛翔	罗　蕾
王　乐	杨红叶	曹明静	卢云朋	李英敏	王　雪	刘丽沙	张　永
王慧芳	万彩红	范炜琳	谢思哲				

动力工程系(33 人)

李　蕾	彭文平	李新颖	李恒凡	曹晓威	胡晨星	高　沛	鲁光武
刘锦廉	宋小龙	刘倩倩	彭英欣	于鑫玮	王　佳	姜　凯	武　生
张志才	钟　俊	许加庆	杜　燕	吴伟铭	李晋达	王思思	郎进花
张圣陶	陆泳宇	李明磊	郝晓飞	王　丰	顾兴鹏	李　畅	林　卿
张佳宝							

机械工程系(14 人)

耿超凡	庞尔军	马真宇	崔　伟	倪守龙	蒋　金	詹长庚	侯兰兰
陈　沫	郝　龙	李　晶	杨光甫	豆龙江	孙　冉		

自动化系(27 人)

梁尚超	高志元	刘鑫沛	郭　放	李菲菲	卢海松	张永波	霍秋宝
黄金山	张君颖	侯晓宁	徐楠楠	刘　照	姚欣彤	李境达	邓　菲
胡绍宇	韩亚莉	张秋实	谢泽坤	韩月姣	陈文雯	杨育刚	付　娜
王瀛洲	张立鹤	朱　波					

计算机系(20 人)

张膣英	许燕超	朱　维	李　强	明　镜	甘玉芳	冯理达	王笑雅
钟至智	董禹辛	张　晔	蒋玉柱	张倩倩	岳黎明	曹利蒲	王子明
刘　惠	赵保涛	张　凡	葛　亮				

经济管理系(25 人)

梁宇婷	冯　攀	全　芸	裴乐萍	李孝宇	田　鹏	张　艺	王艳春
郭明芳	范玉凤	周　靓	杨晓叶	孟翔宇	王浩楠	李苏玉	李璐桐
王　超	董　莎	肖艳利	薄　涛	黎　特	皮　薇	陈皓立	魏智超
贺　彬							

数理系(3 人)

杨京云	孟庆敏	胡　濛

法政系(含政教部)(1人)

李宝林

英语系(4人)

张艳苓　王婧　李娜　吴洁

环境科学与工程学院(14人)

郝思琪　藏斌　郝慧敏　孟月　秦利光　魏琳　江万平　刘枫
崔帅　钱新凤　王莉　刘佳　王涵　石荣雪

四、优秀研究生干部(146人)

电力工程系(38人)

梁泽慧　杨世旺　李嘉俊　熊吉　王辉云　闫少波　黄华　李云霄
李涛　田晓倩　李少岩　申雪　王扬　孔令号　吴丽娜　杨漾
王剑　李世延　王彬彬　王倩　刘星　原亚宁　杨玉倩　王达飞
范环宇　赵彤　张洁　李岩松　涂筱莹　李云威　孙晓霞　眭欢然
刘大正　李芷筠　李雪珠　耿茜　韩凉　常迪

电子与通信工程系(18人)

董芬芬　卢丹　姚杰　尹亚南　王跃　张书晨　王蒙蒙　张虎
杨林慧　翟丽娜　李梦婵　陈阳　支九英　王明雨　安婷　李金洁
马超　王凯

动力工程系(25人)

秦洪飞　袁天昊　薛楠楠　李海新　张志才　陈波　王丰　许加庆
张辉彬　李晋达　程文煜　陈顺青　韩悦　陈袆　林卿　蔡志成
李洋　冯涛　孙明倩　谷凯娜　王佩　任雯　刘倩倩　刘慧敏
郎进花

机械工程系(6人)

王雪　高林涛　赵炎　李广杰　刘一操　孙冉

自动化系(17人)

刘世雄　李菲菲　卢海松　王鹍鹏　郭姗姗　胡绍宇　徐楠楠　李境达
杨育刚　冯旭阳　陈筑　韩升晖　刘海涛　陈文雯　王瀛洲　王松
张君颖

计算机系(12人)

张膡英　李强　杨大伟　王晓月　王立玮　孙好杰　王泽　张倩倩
董禹辛　王娅端　刘嵘　许艳超

经济管理系(10人)

张文俊　张丽　周靓　陈通　李苏玉　王超　贾春燕　冯磊
王浩楠　杨磊

数理系(1人)

刘正

法政系(含政教部)(3人)

陈焘　张羽　崔津泉

英语系(3人)

赵波　申珍珍　李娜

环境科学与工程学院(13 人)

陈　雨	高　扬	崔　帅	王　莉	钱新凤	王晨龙	刘　枫	蒯继玺
刘　佳	藏　斌	于水新	王明明	邹单单			

华北电力大学2012—2013学年度优秀本科班主任名单

(北京校部)

一、十佳优秀班主任

马卫华	王玉昭	牛玉广	孙明涛	毕天姝	刘春颖	吴晓霞	周　东
赵　强	谭占鳌						

二、优秀班主任

电气与电子工程学院

毕天姝	李庚银	葛　超

能源动力与工程学院

牛玉广	李　斌	刘广建	李元媛	任　华	杜广微	宋玉旺	吴万凯
张永生	张　志	郭永权	胡刚刚	贾瑞宣			

经济与管理学院

王　怡	龙成凤	史海松	孙晶琪	刘元欣	余恩海	张　凯	何平林
张素芳	周　东	赵　凡	唐平舟	简建辉	潘　立		

控制与计算机工程学院

王素琴	孙华昕	刘海青	吕跃刚	杨国田	杨婷婷	杨锡运	周长玉
赵　强	贾静平	徐琳茜	韩晓娟	彭　文			

人文与社会科学学院

马卫华	王　伟	李　涛	陈　波	杨建成	胡光宇	胡　建	徐保云

外国语学院

马铁川	刘朝晖	刘　辉	任虎林	吴晓霞	孟　亮	高晓薇	戴忠信

数理学院

王玉昭	杨晓忠	雍学林

可再生能源学院

申　艳	李继红	谭占鳌

核科学与工程学院

玉　宇	孙明涛	刘　洋	吴　军

国际教育学院

刘春颖	周继泉	姜良杰

（保定校区）

一、标兵班主任

王子建	苑东伟	武玉才	赵冬鸣	陈火欣	高正阳	范大志	靳光亚
花广如	贺运政	张　超	王秀梅	程利敏	苏　杰	王秀荣	王建文
王晓辉	赵　鹏	郭天祥	史会峰	史胜安	安国平	赵　乔	

二、优秀班主任

电力工程系

牛胜锁	刘　欣	苏海锋	李慧奇	汪佛池	胡宏伟	胡永强	胡立峰
马燕峰	陈立伟	彭忠军	李　慧				

电子与工程系

贾慧斌	韩冬升	李兰涛	尚秋峰

动力系

李慧君	刘春涛	李加护	高　鹏	王韶坡	杨红月	刘彦丰	张春旺
张旭涛							

机械系

慈铁军	范孝良	高　艳	于海龙	温新林	李　娜	贾　军	郄力博

经管系

刘志彬	白海宁	刘树良	范利国	李　林

自动化系

孙建平	王　栋	仇必鳌	韩亮亮	韦根原

计算机系

张丽静	胡朝举	梅华威	申珍珍	李　梅	李丽芬

环境科学与工程学院

王保生	李志勇	齐立强	李艳坤

数理系

贾俊菊	苏　岩

法政系

石兵营	刘志军

英语系

孙淑婷

国家关系与教育学院

张大超

华北电力大学2012—2013学年度优秀研究生班主任名单

北京校部（28人）

林　俐	唐良瑞	刘春磊	王　璁	刘春颖	孙明涛	刘　晋	王玲玲

卞 双	丁文俊	李惊涛	李 薇	刘 彤	许云燕	张立辉	陈文君
郭晓鹏	张 剑	张建华	魏振华	葛 红	谢桂庆	韩晓娟	贾江华
廖 麦	孙淑珍	耿 晔	刘 滨				

保定校区（19 人）

李红梅	强玉尊	谢红玲	刘 艳	梁 英	尼俊红	张铁峰	戴 民
韩中合	陈传敏	安利强	宋 雨	郑顾平	黄元生	严 立	阎占元
史玮璇	马 平	田 沛					

华北电力大学 2012—2013 学年度教学优秀奖获奖名单

（北京校部）

一、教学优秀特等奖（6 名）（按姓氏笔画排序）

张一工	张 志	杨世关	杨淑霞	陈 雷	夏 宏

二、教学优秀奖（52 名）（按姓氏笔画排序）

戈志华	王 华	王志成	王雁凌	邓 英	付星球	卢斌先	白一鸣
石 敏	石玉英	任虎林	刘吉成	刘崇茹	吕亮球	孙 冬	孙 平
孙淑艳	朱 岩	吴 英	张立辉	张金珊	李 斌	李红枫	李海燕
李继清	李新利	杨春红	肖仕武	苏林萍	邱 天	陈 涛	陈建国
周 涛	庞 涛	房 方	苑 静	赵红涛	侯居跃	唐平舟	徐衍会
袁家海	贾瑞宣	高青风	曹运华	梁红燕	阎光伟	黄 伟	曾雅云
董 雷	董玉亮	熊敏鹏	濮擎红				

（保定校区）

一、教学优秀特等奖（5 名）（按姓氏笔画排序）

孔英会	刘 洋	杨玉华	盛四清	鲁 斌

二、教学优秀奖（45 名）（按姓氏笔画排序）

丁巧林	王 涛	王泽霖	王晓辉	王淑勤	刘 立	刘 渊	刘兴杰
刘敬刚	刘童娜	刘鑫屏	吕玉坤	孙 芳	孙丽玲	朱晓光	许佩瑶
张 颖	张少敏	张学镭	张贵银	张重远	张晓龙	张彩庆	张淑娥
张隆阁	张锋奇	时国华	李 伟	李 整	李加护	李泽红	李慧君
李慧奇	沈 茜	花广如	武 艳	金秀章	赵 征	夏 珑	高 冲
康 辉	曹春梅	梁海峰	曾 芳	甄增水			

华北电力大学2012—2013学年度研究生专项奖学金获奖学生名单

一、四方股份奖学金(38人)

北京校部:28人

博士研究生

李秋硕	杨 阳	马 爽

硕士研究生

张学龙	仇国兵	张兆阳	张潇澜	农慧云	程 成	范钰波	杨 凯
王立国	贺鸿鹏	韩晓男	丁 魁	陈佩璐	牛 帅	程世军	侯 冲
吕玉贤	白 翔	李振通	李振通	李 君	马明娟	刘欣明	张 倩
王 磊							

保定校区:10人

硕士研究生

慕宗江	杨 光	李崇瞻	胡 岳	李新颖	李恒凡	陈 沫	张倩倩
卢海松	李菲菲						

二、南瑞继保奖学金(28人)

北京校部:8人

博士研究生

李 探	但扬清	胡 勇

硕士研究生

何 梦	马 伟	王建波	张晓涵	殷秀迪

保定校区:20人

硕士研究生

孙凯航	胡 婷	杨世旺	范林涛	闫少波	岑添云	李艳艳	苏志明
杜 新	纪 巍	申 路	贾自杭	闫 康	孔令号	吴丽娜	姜 凯
郝慧敏	李 晶	蒋玉柱	徐楠楠				

三、魏德米勒奖学金(18人)

北京校部:18人

硕士研究生

丁秀香	朱逸超	许雯旸	徐 凯	秦晓培	孙 海	年 越	吴俊杰
蔡林峰	董焕焕	袁 凯	任朝旭	王 蓓	徐 月	孝 瑞	贾玉斌
唐艳梅	孟 佳						

四、思源电气奖学金(22人)

保定校区:22人

硕士研究生

邵 龙	郑文书	王 栋	杨 帆	佘 凯	申 雪	杨 漾	王 倩
张富春	王明雨	檀晓林	卢 云	杨立红	辛红汪	黄潇潇	耿庆忠
王 伟	裘 实	武志伟	任 欢	李宁彩	刘利鹏		

五、泰科奖助金(20人)

北京校部:10人

硕士研究生

李治艳	侯建兰	高　媛	刘　刚	景海伟	高　芬	董　哲	陈　茜
李嘉迪	白坚实						

保定校区:10 人
硕士研究生

王国强	张晓欣	杨娜娜	魏俊姣	李世延	褚华宇	张　洁	刘　星
原亚宁	王　续						

六、毅格奖学金(8 人)
北京校部:4 人
硕士研究生

刘　超	宁子森	李　珏	杨德龙

保定校区:4 人
硕士研究生

邓盛翔	白　桦	杨红叶	李英敏

华北电力大学 2012—2013 学年度教职工年度考核优秀名单

(北京校部)

电气与电子工程学院(22 人)

齐　磊	焦重庆	齐　郑	李岩松	王莉丽	刘崇茹	林　俐	刘文颖
郝建红	屠幼萍	李卫国	郑书生	韩民晓	赵国鹏	牛印锁	刘文霞
刘　念	刘自发	陶　顺	郭春林	王玲玲	刘春磊		

能源与动力工程学院(20 人)

段立强	付忠广	何　青	雷　兢	李宝让	刘宗德	吕玉珍	宋光雄
宋玉旺	孙保民	王晓东	魏高升	武　鑫	徐　钢	杨立军	张永生
刘翔翔	胡刚刚	侯步蟾	田思达				

可再生能源学院(11 人)

杨　旸	常青云	杨世关	高　攀	张尚弘	许桂生	李芬花	宋丹丹
孙东亮	龙　凯	古丽米娜					

核科学与工程学院(4 人)

马续波	李向宾	吴　英	张　科

经济与管理学院(18 人)

郭晓鹏	罗国亮	李泓泽	董福贵	刘晓彦	叶陈云	乌云娜	沈　巍
张素芳	李　涛	袁家海	刘　琳	曾　鸣	董　军	赵洱岽	郝险峰
马同涛	张灿飞						

人文与社会科学学院(8 人)

周凤翱	王学棉	赵旭光	胡光宇	姚建平	郑　路	陈　玲	吴颖梅

控制与计算机工程学院(17 人)

李国栋	张建华	谭　文	徐教辉	刘春阳	梁　庚	高明明	阎光伟
李元诚	马应龙	肖运启	马苗苗	黄从智	王竹晓	费　翔	杨　静

钱殿伟

外国语学院(10 人)

皇甫伟	姜 雪	孙 利	廖 麦	宁圃玉	吴学惠	刘 辉	任虎林
孟 亮	卜叶蕾						

数理学院(13 人)

苑 静	张学梅	徐英凯	陈 雷	黄 海	穆青霞	彭慧春	孙淑珍
黄晔辉	雍雪林	王 雷	张化永	李晓伟			

思想政治理论课教学部(4 人)

刘 娟	樊良树	孙 平	张 艳

体育教学部(4 人)

张慧智	奚彩莲	罗 琳	刘桂玲

新能源电力系统国家重点实验室(16 人)

李 琳	张卫东	马国明	齐 波	李成榕	马 静	薛安成	肖湘宁
袁 敞	张 鹏	彭跃辉	田 德	王 玮	王 毅	田 亮	王晓东

机关党总支(13 人)

高 洁	祁学飞	黄国胜	田赞梅	葛 超	朱周斌	田 里	刘亚勤
刘瑞伶	薛海利	李晶晶	刘振增	彭 伟			

教科研党总支(11 人)

刘献伟	何 健	齐宏景	翟亚军	李 薇	李延峰	任莜梅	魏力文
姚敬伟	铁战鹰	杜红琴					

国际教育学院(2 人)

郑 凯	郑 乐

继续教育学院(2 人)

刘海燕	黄曙林

图书馆、网络与信息中心(8 人)

刘彩平	马 捷	范建平	方燕虹	赵 静	陈 普	荆振宇	张晓华

校医院(3 人)

孙 晶	姜 江	张立彪

后勤管理处、后勤服务集团(9 人)

朱世琨	闫建民	赵兰凤	韩广才	茹 斌	石翠玲	朱青峰	耿 洁
刘贵臣							

(保定校区)

电力工程系(16 人)

刘 欣	董 清	李永刚	孙丽玲	赵洪山	赵小军	刘兴杰	王 雪
李 鹏	张建成	徐志钮	梁志瑞	牛胜锁	崔桂彦	耿江海	马立敏

动力工程系(11 人)

谷俊杰	时国华	杨薛明	张学镭	李慧君	王春波	陈鸿伟	阎维平
靳光亚	杨红月	李永华(男)					

自动化系(9 人)

付 萍 | 王秀霞 | 曾 新 | 程海燕 | 田 亮 | 林永君 | 田 沛 | 马 进
刘卫亮

计算机系(8 人)

朱永利 | 张少敏 | 赵惠兰 | 黄建才 | 王德文 | 赵文清 | 潘德峰 | 曹英如

电子与通信工程系(9 人)

靳 松 | 张 珂 | 李新叶 | 张智娟 | 陈智雄 | 贾惠彬 | 赵丽娟 | 张 宁
马 焕

机械工程系(10 人)

刘 渊 | 戴庆辉 | 温新林 | 石 玉 | 郑海明 | 向 玲 | 何玉灵 | 万书亭
丁海民 | 张新春

环境科学与工程学院(8 人)

齐立强 | 吕建燚 | 马双忱 | 张胜寒 | 苑春刚 | 王淑勤 | 陈传敏 | 宋立民

经济管理系(10 人)

孙 薇 | 李金颖 | 任 峰 | 刘树良 | 孔 峰 | 李泽红 | 孟 明 | 张 谦
刘志彬 | 赵吉鹏

英语系(9 人)

郭 喆 | 祖 林 | 郭孟媛 | 张秋爽 | 任俊红 | 周 霞 | 魏月红 | 安国平
王 家

数理系(11 人)

曹春梅 | 李松涛 | 尹增谦 | 张贵银 | 张亚刚 | 张隆阁 | 杨玉华 | 石彤菊
张国立 | 蒋艳杰 | 张 彤

法政系(4 人)

胡宏伟 | 陈 奎 | 刘宇晖 | 史胜安

思想政治理论课教学部(2 人)

魏彤儒 | 孙 芳

体育教学部(4 人)

张晓龙 | 王泽霖 | 侯东雷 | 闫 旭

信息与网络管理中心(5 人)

秦金磊 | 高 伟 | 孟丽敏 | 尹斐斐 | 库文颖

继续教育学院(2 人)

高慧颖 | 方 林

教科党总支(13 人)

孙中伟 | 辛 玲 | 张国艳 | 顾声权 | 康恩婷 | 王克强 | 邵艳霞 | 贾 丽
徐 扬 | 申金波 | 赵鹏程 | 陈海燕 | 韩 翔

机关党总支(12 人)

水志国 | 牛泽钊 | 冯满春 | 张继红 | 刘长青 | 彭建章 | 陈光清 | 郭 静
秦黔粒 | 高婷婷 | 赵建彤 | 石 峥

离退办党总支(1 人)

马同军

国际合作处、国际教育学院(1 人)

张　超

工程训练中心(4 人)

崔伟清	翟改华	陈　丽	霍文胜

校医院(4 人)

杨彦平	李欣欣	郑会芹	韩　旭

校产党总支(5 人)

李睦邻	胡　静	崔　斌	崔　凝	彭　峰

后勤与基建管理处(24 人)

臧燕光	赵国利	徐　凌	杜明惠	刘银茂	李维斌	王建苹	麦　玮
冯志强	魏志刚	王宗敏	王　伟	杨福堂	王利平	杨兴成	赵丽芬
李春暖	胡瑞红	申增录	孙冬梅	张敬文	付红雨	潘朝红	郑建华

科技学院优秀人员名单(11 人)

赵敏丽	高维英	庞兰辉	王　飞	杨丽娟	李　冰	郭丰娟	周福成
石金玮	赵　洁	吕　佳					

教育教学

华北电力大学2013年本科专业设置一览表

	北京校部			保定校区	
工学	电气信息类	电气工程及其自动化	工学	电气信息类	电气工程及其自动化
		电力工程与管理		电子信息类	通信工程
		电子信息工程			电子信息科学与技术
		通信工程		机械类	机械工程及其自动化
		智能电网信息工程			机械工程(输电线路工程)
		电子科学与技术			机械电子工程
		计算机科学与技术			过程装备与控制工程
		软件工程		能源动力类	热能与动力工程
		自动化		农业工程类	农业电气化
	机械类	机械工程及其自动化		土木类	建筑环境与能源应用工程
	能源动力类	核工程与核技术		仪器类	测控技术与仪器
		核反应堆工程		自动化类	自动化
		风能与动力工程		环境科学与工程类	环境工程
		能源工程及自动化		化学类	应用化学
		热能与动力工程		化工与制药类	能源化学工程
	水利类	水文与水资源工程		计算机类	计算机科学与技术
		水利水电工程			软件工程
	土建类	建筑环境与设备工程			网络工程
	仪器仪表类	测控技术与仪器			信息安全
	材料类	新能源材料与器件			
		新能源科学与工程			
	化学类	材料科学与工程			
	电子信息科学类	信息安全			
管理学	管理科学与工程类	信息管理与信息系统	管理学	工商管理类	会计学
		工程管理			工商管理
	工商管理类	人力资源管理		公共管理类	公共事业管理
		工商管理		管理科学与工程类	信息管理与信息系统
		会计学			工程造价
		市场营销		工业工程类	工业工程
		电子商务			
		财务管理			
		物流管理			
	公共管理类	劳动与社会保障			
		行政管理			
		公共事业管理			

续表

	北京校部			保定校区	
经济学	经济学类	经济学	经济学	经济学类	经济学
	金融学类	金融学			
	经济与贸易类	国际经济与贸易			
理学	化学类	应用化学	理学	数学类	信息与计算科学
	电子信息科学类	信息安全			应用物理学
	数学类	信息与计算科学		环境科学类	环境科学
	物理学类	应用物理学	法学	社会学类	社会工作
法学	法学类	法学		法学类	法学
文学	新闻传播学类	广告学	文学	外国语言文学类	英语
	中国语言文学类	汉语言文学	艺术学	社会学类	产品设计
	外国语言文学类	英语			

华北电力大学2013年第二学位学科设置一览表

	北京校部			保定校区	
工学	电气信息类	电气工程及其自动化	工学	电气信息类	电气工程及其自动化
管理学	工商管理类	人力资源管理			

华北电力大学2013年本科课程设置一览表

北京校部2012—2013学年第二学期

Delphi 程序设计	管理文秘	视听语言解读
DSP 技术及应用	管理心理学	寿险精算学
HRM 英语阅读	管理信息系统	数据仓库与数据挖掘
HVAC 课程设计	管理信息系统设计	数据结构
J2EE 开发平台级程序设计	管理学原理	数据结构课程设计
Matlab 及其在通信中的应用	管理学原理(英语)	数据结构与算法
Matlab 语言	管理运筹学	数据结构与算法课程设计
Oracle 数据库系统应用	光电薄膜与器件	数据库应用
VB 程序设计	光纤通信原理	数据库应用实践
Vc + + 程序设计	光学显微分析	数理方程
VI 设计	广告摄影(2)	数理方程及特殊函数
Web 开发技术	广告史	数学分析(2)
Web 开发技术实践	广告项目设计	数学建模
XML 和企业电子商务信息集成	锅炉及锅炉房设备	数学建模课程设计(1)
办公自动化	锅炉原理	数学建模课程设计(2)
半导体集成电路	国际货币金融法	数学建模提高课
半导体集成电路版图设计	国际结算	数学建模与数学实验
半导体器件	国际金融学(英文)	数学试验
保险学	国际经济法	数学物理方程 A

续表

报刊杂志阅读	国际经济法概论	数字电子技术基础 B
北京魅力	国际经济技术合作(双语)	数字电子技术基础实验 A
比较政治制度	国际经贸理论动态与实践	数字通信原理
毕业教育	国际贸易法律实务	水电站建筑物
毕业论文	国际贸易实务	水工建筑物
毕业设计	国际贸易实务模拟	水工建筑物课程设计
毕业实习	国际贸易与国际金融	水工模型试验及检测
簿记训练	国际商务保险	水环境规划与管理
材料科学基础(1)	国际市场营销学	水环境规划与管理课程设计
材料力学	国际投资法律实务	水环境化学
材料力学 B	国际信贷	水力学(1)
材料力学性能	国外政府监管体制	水力学 B(1)
材料物理性能	过程参数检测及仪表 A	水利工程经济学课程设计
材料性能综合实习	过程参数检测及仪表 B	水利水电工程概论
财务成本会计模拟实验	过程参数检测技术课程设计	水利水电工程施工课程设计
财务管理	过程控制技术与系统	水能资源开发利用
财务管理理论动态与实践	过程控制技术与系统课程设计	水能资源开发利用课程设计
财务会计(英文)	焊接技术	水文学原理
财务会计报告分析	合同实务	水文学原理课程设计
财务会计学(下)	河流动力学	水资源规划及利用
财政学	核电厂材料、结构力学与水化学	水资源优化配置
操作系统 A	核电厂运行与维护	水资源优化配置课程设计
操作系统安全技术	核电站参数检测与控制(研讨型)	税法
操作系统课程设计	核反应堆理论基础	顺序控制
测控技术与仪器概论	核反应堆热工分析	思想道德修养与法律基础
测量实习	核反应堆热工分析课程设计	速录训练与会议管理
测量学	核反应堆物理分析	随机水文学
产业经济学 A	核反应堆物理分析课程设计	跆拳道
常微分方程	核反应堆仪表	太阳电池材料
超导应用基础	核辐射探测与辐射防护	太阳电池设计及工艺
成本与管理会计(英语)	核辐射探测与辐射防护课程设计	太阳能 - 建筑一体化技术与应用
初级德语	核环境与核应急	太阳能利用技术
初级法语	红楼梦导读	太阳能热电厂
初级韩语	宏观经济学	陶瓷工艺学
初级日语	化工原理	体适能
传播学概论	化工原理课程设计	体育舞蹈
传递过程原理	化学反应工程	通信电子电路
传感与检测技术	环境法	通信技术综合实验
传热学 B	环境科学导论	通信网理论基础
传统能源转化过程概论	环境与健康	通信专业英语阅读
创新物理实验	汇编语言程序设计	统计学
创造、创新、创业导论	汇编语言课程设计	图书馆与文献检索

续表

大型数据库应用	会计理论动态及实践	图形处理与CAD
大学俄语2级	会计实务(2)	外国民商法
大学美育	会计学	外贸英语函电
大学生KAB创业基础	会计学概论	外语实习(1)
大学生创业经营模拟仿真实验	婚姻家庭继承法	外语实习(3)
大学生健康教育	火电厂运行仿真实践	网络广告
大学生交往心理	货币银行学	网络技术基础
大学生生涯规划与择业	货币银行学(英)	网络信息实用检索
大学生心理健康	机械工程材料	网络营销
大学物理(1)	机械设计基础A	网络与通信技术
大学物理(1)(英文)	机械设计基础课程设计	网球
大学物理J(1)	机械原理	微机原理与汇编语言程序设计
大学英语2级	机械原理课程设计	微机原理与接口技术A
大学英语4级	机械制造技术基础	微纳加工技术
大学英语6级	积分变换	文学概论
大学语文	基础法语2	无机材料科学基础
单片机与嵌入式系统	基础法语4	无损检测
单片机与嵌入式系统课程设计	基础口译	武术
单片机原理及应用	基础生态学	舞蹈欣赏
弹性力学	基础写作	舞蹈形体
地理信息系统及应用	基金管理	物理化学A(2)
地下水文学	绩效管理实践	物理化学实验
地质实习	计算方法	物理前沿专题
第二外语(英)(俄)(1)	计算机辅助设计(CAD)	物理实验(1)
第二外语(英)(法)(1)	计算机辅助专门用途英语翻译	物流管理
第二外语(英)(法)(3)	计算机控制技术与分散控制系统	物流管理(双语)
第二外语(英)(日)(1)	计算机控制技术与系统	物流管理方案设计
第二外语(英)(日)(3)	计算机控制技术与系统课程设计	物流管理专题
典型案例分析	计算机控制系统B	物流系统规划与设计
电厂仿真综合实验	计算机认识实习	物流系统规划与设计课程设计
电厂高温金属	计算机软件技术基础	物流信息技术
电厂化学课程设计	计算机实践(2)	物流信息系统
电厂热力设备及运行	计算机体系结构	物流专业英语阅读
电厂认识实习	计算机网络及安全	物权法
电磁测量	计算机网络实验	西方公共事业
电磁场与电磁波	家庭法的经济分析	西方经济学
电磁场与微波技术	检测新技术(研讨型)	西方文论
电磁学	建设法规	西方行政思想史
电动力学	建筑概论	现代电子技术
电工产品学	建筑设备施工安装技术	现代汉语(2)
电工技术基础	健美操	现代交换技术
电工实践	毽球	现代交换技术综合实验

续表

电机实验	接口与通信技术	现代控制理论
电机学(1)	接口与通信技术综合实验	现代控制理论 A
电机学 B	节水理论与技术	现代控制理论 A(双语)
电力产业绩效分析	解析几何	现代物理
电力法	金工实习	线性代数
电力负荷预测	金融工程学	线性代数 B(英)
电力负荷预测课程设计	金融理论动态与实践	线性代数 J
电力工程 B	金融市场学(双语)	项目管理软件应用
电力工程造价概论	金融文献阅读实践	消费行为学
电力工程造价实操案例分析	金融资产定价模型的估计与分析	消费者行为学
电力规划	金属材料学	新能源材料
电力经济学基础(2)	经典影视广告欣赏	新能源发电
电力企业计算机财务管理实验	经济法	新能源发电技术
电力企业市场营销	经济法概论	新闻采访
电力生产技术概论	经济法学	新闻采访和写作
电力市场概论	经济谈判	新闻写作
电力统计分析与预测	经济学理论动态及实践	新制度经济学
电力系统基础	经济学专业文献阅读(1)	信号与系统
电力系统继电保护与高电压技术	经济学专业英语阅读	信息安全基础
电力系统继电保护原理	经贸文献阅读实践	信息安全综合实验
电力系统远程监控原理	经贸英语阅读(1)	信息对抗技术
电力系统暂态分析	科技英语翻译▲	信息管理理论动态与实践
电力系统暂态上机计算	可编程控制器应用系统和组态环境编程训练	信息管理专业实践与调研
电力系统综合实验 A	可编程逻辑器件原理与应用	信息技术实践
电力信息化	可编程序控制器及应用	信息理论基础
电力营销	可靠性工程	信息系统分析与设计
电力营销课程设计	课程论文	刑法总论
电路理论 A(2)	课题调研	行政法学
电路理论 B(1)	控制系统数字仿真与参数优化	行政法与行政诉讼法
电路理论 B(2)	控制装置与系统	形势与政策(2)
电路实验(1)	控制装置与系统课程设计	形势与政策(4)
电路实验(2)	控制装置与仪表	形态构成
电能计量	跨国公司与跨国经营	形体
电气工程概论(报告形式分散进行)	篮球	旋转机械振动与动平衡
电气工程前沿技术专题	劳动关系与劳动合同管理	学年论文
电气工程综合实验	离散数学 A(2)	学年论文(1)
电网与变电站课程设计	离网光伏系统设计	雅思口语
电网运行技术	理论力学	雅思听力
电影音乐赏析	量子力学	岩石力学
电子薄膜与器件	领导与领导力	液压与气压传动
电子电路计算机辅助分析与设计	流体力学 B	以案说《消费者权益保护法》

续表

电子电路综合设计与应用	律师实务	音乐鉴赏
电子技术基础 B	轮滑	音乐营销
电子技术综合实验	马克思主义原理	应用文写作
电子商务	毛泽东思想和中国特色社会主义理论体系概论	应用心理学
电子商务安全与支付	美国情景喜剧语言与文化	英汉翻译
电子商务理论与动态实践	美国文学史及选读	英美概况
电子商务系统分析与设计	美术鉴赏	英文电影欣赏
电子商务系统设计与实践	面向对象的程序设计 A	英文写作
电子商务专业实践与调研	民法概论	英译汉
动力工程 A	民歌欣赏	英语短篇小说欣赏
动力工程 B	民事诉讼法	英语泛读(2)
对外汉语教学语法专题	民事庭审见习	英语泛读(4)
多媒体技术及应用	模糊数学	英语会话(2)
多媒体通信技术	模拟电子技术基础	英语会话(4)
多媒体应用基础	模拟电子技术基础实验 A	英语精读(2)
多媒体应用基础(信管)	内部审计学	英语精读(4)
发电厂电气部分	纳税筹划	英语口语
发电厂电气部分课程设计	纳税会计	英语口语(2)
发电厂经济运行课程设计	能源与环境	英语口语(4)
发电厂经济运行与管理	碾压砼技术	英语名诗欣赏
法国社会面面观	暖通空调	英语听力
法经济学	排球	英语听力(2)
法理学	配电网运行与管理	英语听力(4)
法律文书写作	配电自动化	英语写作
房地产法	片上系统设计	营销策划
房屋建筑学	乒乓球	营销理论动态与实践
仿真综合实验	普拉提	营销专业英语阅读
分子模拟及量化计算	企业集团财务管理	影视广告制片
风电场电气工程	企业内部控制与风险管理	影视鉴赏
风电机组设计与制造	企业沙盘对抗模拟	硬件技术基础
风电机组设计与制造课程设计	企业沙盘模拟	有机化学
风资源测量与评估	企业实习培训(校外工程实践基地)	有机化学实验
辐射剂量学	企业战略管理	瑜伽
复变函数	汽轮机原理 B	语言与文化
复变函数论	汽轮机运行	运筹学
复变函数与积分变换	清洁发展机制与能源审计	运筹学 A
概率论与数理统计	全面预算管理	运输规划方法
概率论与数理统计 A(1)	燃料电池基础	造价员电力工程概论
概率论与数理统计 B	热工过程可视化监测(双语、研讨)	债权法
钢筋砼结构	热工控制系统 A	证据法
钢筋砼结构课程设计	热工控制系统 B	证券投资学

续表

高等代数(2)	热工控制系统课程设计	政府经济学
高等数学 B(2)	热工系统建模	知识产权法
高等数学 B(2)(英)	热力发电厂	知识产权法 A
高等数学 C(2)	热质交换原理课程设计	直流输电技术
高等数学 J(2)	热质交换原理与设备	职业生涯管理
高电压技术	人力资源管理诊断	职业素养综合训练
高电压技术课程设计	人身权及其损害赔偿	制造工程学
高电压绝缘	人员测评与招聘	智能科学
高级财务管理	人员培训与开发	中国当代文学
高级听力(2)	人员招聘模拟	中国当代文学作品选读
高级学术英语(2)	认识实习	中国公务员制度
高级英语(2)	软件工程课程设计	中国古代文学(2)
高级英语精读(2)	软件技术基础	中国古代文学作品选读(4)
高级语言程序设计(C)	软件人机界面设计	中国近代爱国诗词选讲
高级语言程序设计(C)课程设计	软件项目管理	中国近代史纲要
格林童话研究	散打	中国民俗文化研究
工程材料学	商法概论	中国书法史与书法欣赏
工程测量学	商务智能	中国政治思想
工程测量学实习	商务专业英语阅读	中级财务管理
工程地质	设计与创新	中级财务管理(英文)
工程电磁场	社保专业英语阅读	中级财务会计(上)
工程管理理论动态与实践	社会保障学	中级法语
工程光学	社会保障专题社会调查	中级韩语
工程化学	社会调查	中级宏观经济学
工程经济学	社会实践	中级微观经济学
工程力学 A(2)	社会问题与社会政策	中外广告法规
工程流体力学 A	社会学	中外新闻传播史
工程热力学 B	社交礼仪	专题辩论
工程设计拓展训练	社区管理	专业实践与调研
工程图学 A(2)	摄影后期制作	专业实践与调研 A
工程图学 B(2)	审计模拟实验	专业英语阅读
工程图学 B(水电)(2)	生产实习	专业英语阅读(法学)(1)
工程项目质量管理	生态学的非线性数学基础	专业英语阅读(风电)
工程制图	生态学与复杂性	专业英语阅读(工管)
工程制图(建筑)	生物质发电技术	专业英语阅读(公共)(1)
工程制图(英)	生物质热化学转换技术	专业英语阅读(广告)(1)
工业产品营销	声乐艺术鉴赏	专业英语阅读(机械)
工业微生物学	圣经与西方文化	专业英语阅读(计科)
工业微生物学实验	施工技术	专业英语阅读(计算机)
工作分析与劳动定额	施工组织	专业英语阅读(建环)
公共关系学	施工组织课程设计	专业英语阅读(软件)
公共关系原理与实务	实变函数与泛函分析	专业英语阅读(水文与水资源)

续表

公共行政学	实践与创新	专业英语阅读(信息)
公共组织学	实践与调研	专业英语阅读(信息安全)
公司法	实验经济学模拟	专业英语阅读(行管)
公司金融学(双语)	实用摄影	专业英语阅读(应用化学)
公务员制度概论	世界非物质文化遗产概说	专业英语阅读(自动化)
公益劳动	世界贸易组织法	字体设计
功能材料	世界图形史	自动化专业概论
供热工程	世界文学名著赏析	自动控制理论 B
古代汉语(2)	世界现代设计史	自然地理与水文地质
股票模拟交易	世界艺术设计鉴赏	自然地理与水文地质学实习
固体物理	市场调查与分析	足球
管理会计(英)	市场调研	组织行为学
管理理论动态与实践	市场营销模拟实验	组织行为学(双语)
管理软件应用	市场营销学	
管理软件应用实践	视唱与合唱	

北京校部 2013—2014 学年第一学期

. NET 程序设计	公司金融学(双语)	社会调查
《论语》导读	公益劳动	社会科学研究方法
220V 声控电灯的安装与调试	供电企业常用电力系统分析软件应用	社会企业家培育与长夜的理论与实践
C 语言课程设计	供电企业营销实习	社会实践
IPO 上市模拟操作	供应链管理	社会学
IT 市场调研	沟通策略	社区管理实习
JAVA 程序设计实践	股票模拟交易	审计学
JAVA 语言程序设计	固体废弃物处理处置技术	生产实习
LINUX 体系及编程	固体废物处理与利用	生产与运作管理
Matlab 语言	固体物理	生态学与复杂性
MIS 软件开发 A	管理定量分析	生物化学
MIS 软件开发实践	管理沟通	生物化学基础实验
POP 设计	管理软件应用	生物能源工程
UNIX/LINUX 编程课程设计	管理软件应用实践	生物质发电技术及应用
UNIX/LINUX 系统及编程	管理信息系统	生物质液体燃料
Vc + + 程序设计	管理信息系统与决策支持系统	声乐艺术鉴赏
VC + + 程序设计	管理学原理	圣经与西方文化
VHDL 与数字系统设计	管理运筹学	时间序列分析
Visual C + + 课程设计	管制经济学	实验参量与控制
Web 技术及应用	光电子技术	实用美术与广告设计(2)
办公自动化课程设计	光伏电站设计、运行与控制	实用摄影
办公自动化课程设计高级	光伏组件拆装实习	世界文学
半导体物理	光纤通信技术	世界艺术设计鉴赏
保险学	光纤通信课程设计	市场信息分析实践

续表

北京魅力	光学	市场信息分析实务
泵与阀门	广告策划与创意	市场营销学
泵与风机	广告经营与管理学	市政学
泵与风机节能技术	广告媒体研究	视唱与合唱
泵与风机综合实验	广告摄影(1)	书籍设计
编译技术	广告文案写作	数据分析
编译技术课程设计	广告效果研究与方法	数据结构(计算机)
变电站仿真综合实验	广告心理学	数据库基础
表面工程	广告学	数据库应用
冰蓄冷与低温送风	广告作品设计	数据库应用课程设计
并网光伏系统设计	锅炉燃烧试验与测试技术	数据库应用实践
材料测试分析	锅炉设备与运行(双语)	数据库原理
材料成型技术基础	锅炉原理	数理方程
材料处理与表征实习	锅炉原理课程设计	数理方程及特殊函数
材料分析方法(双语)	锅炉运行	数学分析(1)
材料固体理论基础	国际法	数学分析(3)
材料科学基础(2)	国际犯罪与国际刑法	数学建模
材料科学基础 B	国际会计学(英文)	数学试验
材料科学与工程导论	国际货币金融法	数学物理方法
材料力学性能	国际金融	数值分析 A
材料研究方法	国际经济法概论	数字电子技术基础 A
财会信息系统	国际贸易	数字电子技术基础 B
财务分析	国际贸易理论与实务	数字电子技术基础实验 A
财务管理	国际贸易理论与实务(双语)	数字电子技术基础实验 A(2)
财务管理 B	国际贸易与国际金融	数字图像处理
财务管理案例分析	国际商法	数字系统设计自动化
财务管理基础	国际商务	数字信号处理
财务管理模拟实践	国际市场营销学	数字信号处理课程设计
财务会计报告分析	国际私法	数字信号处理课程实验
财务会计学(上)	国际物流学	水电站建筑课程设计
财政学	国学经典选讲	水电站水库调度及其自动化系统
彩灯控制器的设计	过程参数检测及仪表 A	水电站水库调度及其自动化系统课程设计
仓储与配送管理	过程参数检测及仪表 B	水工建筑物安全监测
测控专题	过程参数检测及仪表课程设计	水环境影响评价
测试技术	过程控制技术与系统	水力学(2)
测试技术综合实验	过程控制技术与系统课程设计	水力学 B(2)
拆装实习	汉译英 ▲	水利工程经济学
成本管理会计(英文)	焊接检验	水利科学技术史
成本会计	合同法	水利水电工程管理
程序设计模式	合同法概论	水利水电工程施工

续表

抽水蓄能技术	合同实务	水轮机
初级法语	核电厂仿真综合实验	水文测验实习
初级韩语	核电厂系统与设备	水文地理信息系统应用
初级日语	核电专业英语	水文水利计算
初级实习	核反应堆安全分析	水文水利计算课程设计
传感器原理与应用	核反应堆控制与保护	水文信息采集与处理
传感器综合实验	核反应堆物理分析	水文预报
传热学	核辐射物理与防护	水文预报课程设计
创新基础实践	核辐射物理与防护实验	水资源评价与管理
创新教育与综合实验	核工程与核技术概论	水资源评价与管理课程设计
创造、创新、创业导论	核工程与核技术前沿	水资源优化原理与方法
大型电机运行与故障诊断	核燃料循环与废物处置	税法学
大学俄语 3 级	核数据获取与处理	顺序控制
大学化学	核物理基础	思想道德修养与法律基础
大学美育	红楼梦导读	算法设计与分析
大学日语 1 级	互换性与技术测量	跆拳道
大学生 KAB 创业基础	环境法	太阳电池材料测试分析
大学生安全教育	环境放射性物质取样与监测	太阳电池物理
大学生创业经营模拟仿真实验	环境工程导论	太阳能储存原理与技术
大学生健康教育	环境科学导论	太阳能发电技术及其应用
大学生交往心理	汇编语言课程设计	太阳能工程
大学生生涯规划与择业	会计实务(1)	太阳能资源测量
大学生心理健康	会计学概论	体适能
大学生研究训练计划	会计职业道德	体育舞蹈
大学物理(2)	会计专题	通信导论
大学物理(2)(英文)	婚姻家庭继承法	通信电子电路
大学物理 J(2)	火电厂计算机仿真	通信电子电路综合实验
大学英语 1 级	火电厂自动化专题	通信网络与信息安全
大学英语 3 级	机电系统控制	通信系统原理
大学英语 4 级	机炉运行课程设计	通信新技术专题讲座
大学语文	机械工程材料	通信原理实验
大学语文 J(1)	机械工程专业概论	统计学
单片机原理及应用	机械故障诊断技术	投资银行学
单元机组程控与保护	机械设计	图书馆与文献检索
单元机组集控运行	机械设计基础 B	图形创意
单元机组控制系统	机械设计基础课程设计	土力学
单元机组协调控制	机械设计课程设计	土力学与地基基础
单元机组运行原理	机械制造概论	土木工程概论
弹塑性力学基础	机械制造装备课程设计	外国法制史
当代中国政治制度	机械制造装备设计	外语实习(2)
地方政府学	基础法语 3	外语实习(4)
地理信息系统及应用	基础法语(1)	网络技术基础

续表

第二外语(法)(4)	基础会计	网络市场调研
第二外语(日)(4)	基础会计(英文)	网络信息实用检索
第二外语(英)(俄)(2)	基于经济理论的单方程回归建模	网络应用基础
第二外语(英)(法)(2)	绩效管理	网络应用实践
第二外语(英)(日)(2)	集成电路设计	网络营销
电厂化学	计量测试技术	网络与通信技术
电厂金属监督	计量经济模型应用实践	网球
电厂热力设备及运行	计量经济学	网页设计制作
电厂认识实习	计算方法	网站建设与管理
电厂认知实习	计算机导论	网站建设与管理实践
电厂应用化学 A	计算机辅助工程	微分方程数值解
电磁场数值计算	计算机辅助设计(CAD)	微观经济学
电磁场与电磁波	计算机辅助设计课程设计	微机原理及应用课程设计
电磁兼容技术	计算机辅助设计与制造	微机原理与接口技术 A
电工产品学	计算机辅助专门用途英语翻译	微机原理与应用
电工技术基础	计算机控制	无机化学
电机实验	计算机密码学	无机化学实验
电机学(2)	计算机密码学综合实验	无线传感器网络
电机学 C	计算机软件技术基础	无线通信技术
电价学	计算机实践	无线网络综合实验(原名:网络技术综合)
电力采购与招投标管理	计算机实践(1)	无线遥控电灯的安装调试
电力产品交易模拟实验	计算机实践(3)	武术
电力电子仿真实验	计算机实践(4)	舞蹈欣赏
电力电子技术	计算机图形学	舞蹈形体
电力电子技术(英)	计算机组成与结构	物理化学
电力电子技术课程设计	计算机组成原理	物理化学 A(1)
电力电子技术应用	技术经济学	物理前沿
电力电子技术综合实验	继电保护定值计算	物理实验(2)
电力法	继电保护与自动化综合实验	物理实验 A(2)
电力负荷预测	家庭法的经济分析	物流案例与实践
电力负荷预测课程设计	检测新技术(研讨型)	物流成本管理
电力工程概预算实务	建筑材料	物流管理软件操作
电力工程与经济拓展研究	建筑环境测试技术	物流综合实验
电力经济学基础(1)	建筑环境学 A	物质的低温性质
电力经济与管理前沿	建筑节能	误差理论与数据处理
电力经济综合实验	建筑结构	西方经济学
电力企业法律实务	建筑结构课程设计	西方文化
电力企业会计	健美操	西方政治思想
电力企业会计电算化模拟实验	毽球	系统工程导论
电力企业市场营销	节能原理	现代光技术基础
电力企业市场营销模拟	洁净煤发电技术	现代设计方法
电力企业物流管理	结构力学	现代信息网与下一代网络技术

续表

电力生产技术概论	结构陶瓷材料	线性代数
电力市场概论	金工实习	宪法学
电力市场技术支持系统	金工实习 A	项目管理软件应用
电力市场技术支持系统课程设计	金融企业会计	项目融资学
电力市场交易模拟实验	金融市场学	小波分析及其应用
电力系统潮流上机计算	金融文献阅读实践	小球赏析——乒乓球
电力系统分析基础	金融英文文献阅读与翻译实践	心理・生活・人生
电力系统规划与可靠性	金融英语	新能源材料概论
电力系统过电压	金融英语阅读	新能源发电系统控制
电力系统过电压上机计算	金属腐蚀与保护	新能源概论
电力系统基础	金属热处理	新生专业研讨
电力系统课程设计	近海风力发电	薪酬管理
电力系统通信	经典影视广告鉴赏	薪酬管理实践
电力系统微机保护	经济博弈论	信号分析与处理
电力系统主设备保护	经济法	信号分析与处理(自)
电力系统自动化	经济法概论	信号分析与处理课程设计
电力系统综合仿真	经济管理建模	信息安全工程与管理
电力系统综合实验 B	经济理论前沿	信息管理概论
电力项目可行性研究模拟	经济谈判	信息技术基础
电力英语翻译	经济学方法论	信息技术基础 B
电力英语阅读	经济学说史	信息经济学
电路理论 A(1)	经济学专业文献阅读(2)	信息论与编码
电路理论 A(2)	经贸英语翻译	信息论与编码 B
电路理论 B	经贸英语阅读(2)	信息系统安全与保密
电路理论 B(1)	决策支持系统与专家系统	信息系统分析与设计
电路理论 B(2)	科研方法与论文写作	信息学概论
电路实验	科研训练	刑法分论
电路实验(1)	可编程逻辑器件原理与应用	刑事诉讼法学
电路实验(2)	可再生能源概论	刑事庭审见习
电脑图文设计(1)	客户关系管理	形式逻辑
电脑图文设计(2)	空调与制冷工程	形势与政策
电能质量概论	控制电机	形势与政策(1)
电气测量技术	控制工程	形势与政策(3)
电气工程综合实验	控制系统综合实验	形体
电气工程综合训练	库存管理	虚拟仪器技术(研讨型)
电气设备在线监测与故障诊断	跨国公司财务管理(英文)	旋转机械振动与动平衡
电气新生研讨课	宽带数字网技术	学年论文
电视广告设计与制作	篮球	学年论文(2)
电影音乐赏析	劳动法与社会保障法	循环流化床锅炉设备与运行
电子技术基础 B	劳动合同设计	压水堆核电厂系统与设备
电子技术综合实验	劳动经济学	冶金概论
电子商务	劳动政策与法规	仪表可靠性基础

续表

电子商务物流与配送	离散数学 A(1)	仪器分析
电子商务应用软件技术	离散数学 B	仪器仪表实训(电装实习)
电子商务专题	理论力学	移动商务应用
电子陶瓷材料	理论力学 A	音乐鉴赏
电子政务	力学	应用化学基础
动力工程 A	量子力学	应用统计学
动力工程 B	领导科学	应用文写作
多媒体技术及应用	流动与热传递	英国文学史及选读
多媒体信息安全保密技术	流体力学 B	英汉翻译
多媒体应用基础	流体输配管网	英美概况
多媒体应用基础(信管)	流体输配管网课程设计	英文写作
发电厂电气部分课程设计	律师实务	英语词汇学
发电厂运行技术	轮滑	英语短篇小说欣赏
发电市场仿真实验	论文写作训练	英语泛读(1)
发展经济学	马克思主义原理	英语泛读(3)
法国社会面面观	毛泽东思想和中国特色社会主义理论体系概论	英语会话(1)
法律逻辑学	美国情景喜剧语言与文化	英语会话(3)
法律诊所	美术基础	英语精读(1)
法律咨询	美术鉴赏	英语精读(3)
法学导论	蒙特卡罗方法及应用	英语口语
翻译名篇欣赏	民法概论	英语口语(1)
反应工程	民法总论	英语口语(3)
反应工程课程设计	模糊数学	英语名诗欣赏
房地产法	模拟电子技术基础	英语听力
房地产金融	模拟电子技术基础实验 A	英语听力(1)
房地产开发	内燃机原理	英语听力(3)
房屋建筑学课程设计	纳米材料与纳米技术	英语小说欣赏▲
放射化学基础	纳税会计	英语语法
非盈利组织管理	能源经济学	英语语言学概论
分散控制系统	暖通空调新技术	英语语音入门
分散控制系统课程设计	排球	营销策略
风电场仿真实验	乒乓球	营销风险管理
风电机组监测与控制	普拉提	营销决策模拟
风电机组监测与控制课程设计	期货贸易(双语)	影视摄像与编辑
风电机组设计与制造	企业 Java 电子商务实践	影视中的司法
风力发电场	企业 Java 与电子商务	硬件技术基础
风力发电场课程设计	企业策划	硬件综合实验
风力发电机组设计软件	企业管理概论	用电营销与管理
风力发电原理	企业竞争模拟	瑜伽
风力机空气动力学	企业认识实习	语言学概论
风力机空气动力学课程设计	企业物流管理实习	语音信号处理

续表

风险分析与管理	企业物流认识实习	原子物理学
风险管理	企业信息化专题	运筹学
服务市场营销学	气象与气候学	运动控制
复变函数	汽轮机设备故障诊断	运营管理
复变函数与积分变换	汽轮机原理	运营管理课程设计
复合材料	汽轮机原理课程设计	怎样打官司
概率论与数理统计 A(2)	嵌入式系统	展示设计
概率论与数理统计 B	嵌入式系统 A	证券投资模拟
钢结构	嵌入式系统设计与实现	证券投资学
钢结构课程设计	清洁能源概论	政治经济学
高等代数(1)	全光网络技术概论	政治学原理
高等数学 B(1)	全面预算管理	知识产权法
高等数学 B(1)(英)	燃气供应	制冷技术
高等数学 C(1)	燃气轮机结构与强度	智能计算方法与应用
高等数学 J(1)	燃气轮机联合循环控制与保护	智能控制
高电压试验技术	燃气蒸汽联合循环电厂	智能仪器设计
高电压综合试验	燃烧理论基础	中国法制史 A
高分子化学与物理	热动研讨课 1	中国公务员制度
高级会计学	热动研讨课 2	中国古代文学(3)
高级口译	热工理论基础 B	中国近代史纲要
高级听力(1)	热力发电厂课程设计	中国书法史与书法欣赏
高级学术英语(1)	热力学和统计物理学	中国现代文学作品选读
高级英语精读(1)	热能与动力工程概论	中级财务会计(下)
高级语言程序设计(C)	热学	中级法语
高级语言程序设计(C)课程设计	人工智能及应用	中级法语 1
高级语言程序设计 A(C)	人力资源管理	中级韩语
工程估价	人力资源管理 A	仲裁法
工程估价课程设计	人力资源管理导论	专业技能实习
工程建设合同管理	人力资源统计	专业文献阅读与写作
工程力学	人身权及其损害赔偿	专业英语阅读
工程力学 B	认识实习	专业英语阅读(材料)
工程力学 A	入学教育及军训	专业英语阅读(财务)
工程力学 A(1)	软件测试	专业英语阅读(电气)
工程流体力学 B	软件测试综合实验	专业英语阅读(核电)(1)
工程热力学	软件工程	专业英语阅读(热能)
工程水文及水利计算	软件工程概论	专业英语阅读(文学)
工程水文及水利计算课程设计	软件工具与环境	专业英语阅读(信管)
工程图学 A(1)	软件技术基础	专业英语阅读(仪表)
工程图学 B(1)	软件体系结构	专业指导
工程图学 B(水电)(1)	软件体系结构课程设计	专用集成电路设计
工程项目管理	三相六拍步进电机的脉冲分配器的设计	资本运营

续表

工程运筹学	散打	资产评估
工程制图	色彩构成	自动化新生研讨课
公差与金属材料	商法	自动控制理论 A
公共关系学	商法概论	自动控制理论 B
公共管理案例分析	商检与海关	自动控制理论课程设计
公共管理改革	商务英语视听说	自然资源与环境保护法
公共管理学	商务英语谈判	自适应与预测控制
公共事业管理	商务英语写作	足球
公共政策分析	商业银行经营学	最优化方法
公关策划学	社会保障与社会福利	

保定校区 2012—2013 学年第二学期

C + +程序设计及应用	管理文秘	审计模拟实验
DSP 系统课程设计	管理心理学	生产实习
DSP 系统设计	管理信息系统	生产实习(电自)
ERP 原理及应用	管理学	生产实习(机电)
ERP 原理与应用	管理学原理(英语)	生产实习(设计)
FIDIC 合同条件	光电子技术基础	生产实习(物料)
Flash 应用	光纤通信原理	生产实习(线路)
IT 审计	锅炉燃烧与污染	生产实习(制造)
IT 项目管理	锅炉原理 A	生产实习与毕业实习
JSP 实用技术	锅炉原理 B	生产与运作管理
MATLAB 程序设计	国防与军事科学	施工组织与设计
Oracle 数据库系统应用	国际法	实变函数与泛函分析
Pro/E 工程软件应用	国际会计	实习(2)
SOPC 技术	国际经济法	世界贸易组织法
TCP/IP 协议原理	国际贸易法律实务	市场营销课程设计
VB 程序设计	国际贸易模拟实验	市场营销学
VC + +程序设计	国际贸易实务	视听英语
Web 技术及应用	国际贸易与国际金融	书法鉴赏
Web 开发技术课程设计	国际私法	输变电系统及其保护与控制
WINDOWS 体系及编程	过程参数检测及仪表 A	输电线路施工机械
WTO 法律规则	过程参数检测及仪表 A 课程设计	输灰控制及自动化
办公自动化	过程参数检测及仪表 B	数据仓库与数据挖掘
办公自动化训练	过程控制	数据分析与实验优化设计
毕业论文	行政法学 B	数据结构
毕业设计	合唱与指挥	数据结构课程设计
毕业设计(电力)	核电厂系统与设备	数据库系统原理课程设计
毕业设计(电力电子)	核电站水质工程	数据库应用
毕业设计(电自)	核辐射探测学	数据库原理
毕业设计(高压)	核物理与辐射防护	数据库原理及应用

续表

毕业设计(机电)	宏观经济学	数据库原理课程设计
毕业设计(设计)	化工原理	数据通信
毕业设计(实验班)	化工原理课程设计	数理方程
毕业设计(物料)	化工制图与 CAD	数理方程及特殊函数
毕业设计(线路)	化工制图与 CAD(A)	数理经济学
毕业设计(制造)	化工制图与 CAD 上机实习	数学分析(2)
毕业实习	化学与社会	数学建模与数学实验
变电站电气工程	环工专业外语(1)	数学实验
变电站仿真实习	环境地学基础	数学物理方程
簿记训练	环境毒理学概论	数学物理方法
材料基础实验	环境工程施工	数值计算方法 T
材料力学 B	环境规划	数字电子技术基础 A
材料力学 T	环境规划课程设计	数字电子技术基础 B
材料与工艺	环境监测	数字电子技术基础实验 A
财务成本会计模拟	环境科学与工程基础	数字电子技术基础实验 B
财务管理(英语)	环境生物学	数字逻辑
财务管理 B	环境统计	数字逻辑与数字系统设计
财务管理学	环境与发展课题调研	数字通信原理
操作系统	环科专业外语(1)	数字信号处理基础
测控技术与仪器专业概论	会计模拟实验	水污染控制工程
产品结构	会计实务(1)	水污染控制工程课程设计
产品设计(2)	会计实务(2)	水资源与水环境学
产品设计课程设计(1)	会计学	税法
产业经济学	婚姻家庭继承法	思想道德修养与法律基础
常微分方程	火电厂动力工程	算法与数据结构
成本会计	火电厂水务管理	算法与数据结构实验
成本与管理会计(英语)	火电厂运行仿真实践	探索宇宙奥妙的数学
程序设计实习	火力发电过程认识实习	碳一化学
传感器原理与应用	货币银行学(英语)	特种加工
传感器综合实验	机电一体化系统设计	体育(1)
传热学	机械电子工程概论	体育(2)
传热学 C	机械工程专业概论	体育(3)
创新思维与方法	机械基础实验	体育(4)
大学俄语(4)	机械设计	铁塔 CAD 技术
大学日语(2)	机械设计课程设计	通信专业英语阅读
大学生创业创新教育	机械设计学	统计学
大学生就业能力培养	机械系统设计	透平机械调节与强度
大学生心理健康	机械优化设计	透平机械原理
大学生职业生涯发展与规划	机械制造装备设计	图形处理与 CAD
大学物理(1)	机械专业外语(机电)(1)	图形设计
大学物理 T(1)	机械专业外语(设计)(1)	外国法制史
大学写作	机械专业外语(物料)(1)	外国民商法

续表

大学英语(2)	机械专业外语(线路)(1)	网络攻防系统实验
大学英语(3)	机械专业外语(制造)(1)	网络管理
大学英语(4)	集控运行综合实验	网络技术基础
大学英语(6)	计算机控制技术与系统	网络通信实验与设计
大学英语6级	计算机控制技术与系统课程设计	网络系统工程
大学语文A	计算机软件设计技术	网络系统工程课程设计
单片机与嵌入式系统A	计算机图形学	网络信息安全
单片机与嵌入式系统A课程设计	计算机网络	网络与电子商务法
单片机与嵌入式系统B	计算机网络课程设计	网络综合实验
单片机与嵌入式原理与应用	计算机系统结构	网页设计
单片微机原理	计算机专业英语阅读(2)	网站建设与管理
当代中国社会问题	技术经济学	微波工程
地方政府学	技术经济学课程设计	微观经济学
第二外国语(2)	继电保护定值计算	微机继电保护综合实验
第二外国语(4)	架空输电线路设计	微机原理及应用课程设计
电厂概论	建环专业英语	微机原理与接口技术A
电厂高温金属材料	建筑电气	微机原理与接口技术B
电厂热力设备及运行	建筑概论与制图	微机原理与接口技术实验
电厂热力设备及运行A(1)	建筑给排水	微计算机原理与嵌入式系统
电除尘器供电技术	建筑设备施工技术	文献检索实训
电磁测量	交直流调速控制系统	文献信息检索实习
电磁场与微波技术	接口与通信技术	无机化学A
电磁兼容基础	金工实习A	无机化学B
电磁学	金工实习B	无机化学实验A
电工技术基础	金融市场	无机化学实验B
电工实践	经济法	无线网络
电机实验(1)	经济法A	舞蹈鉴赏
电机学(1)	经济法B	物理实验(1)
电机学B(2)	经济计量学	物理专业英语
电机学T(1)	经济学原理	物料系统设备
电力传动综合实验	精密加工	物料系统设计
电力电子技术B	科技信息检索	物料系统自动控制
电力电子技术应用	科技英语	物流管理
电力电子技术应用课程设计	科技英语翻译	物流综合实验
电力负荷预测模拟实验	科研实践与学年论文	物权法
电力工程B	可行性研究与评估综合性设计	物业管理
电力工程测量技术	可靠性设计	西方法律思想史
电力工程设计	空调制冷技术	西方政治思想
电力工程项目造价案例分析	控制电机	吸收式制冷
电力工程造价	控制系统数字仿真与参数优化	现代工程控制理论
电力机械	控制装置与仪表A	现代汉语
电力建设项目管理	控制装置与仪表A课程设计	现代交换技术

续表

电力企业成本核算与分析	控制装置与仪表 B	现代交换技术综合实验
电力企业内部控制	控制装置与仪表 B 课程设计	现代经济学
电力生产认识实习	劳动法与社会保障法	现代控制理论
电力市场概论	劳动经济学	现代设计方法概论
电力系统负荷预测	乐理基础	线性代数
电力系统故障分析	离散数学	线性代数 T
电力系统过电压上机	理论力学	项目采购与合同管理
电力系统继电保护原理 A	量子力学	项目成本预测技术和方法
电力系统继电保护原理 B	领导科学	项目风险管理
电力系统继电保护原理 T	流体力学	信管专业外语
电力系统课程设计	流体力学 B	信号分析与处理 B
电力系统课程设计 T	流体力学 C	信号与系统
电力系统认识实习	流体力学 T	信息安全工程与管理
电力系统远动	伦理学	信息安全基础
电力系统暂态分析	旅游英语	信息安全实验课程
电力系统自动化 B	律师实务	信息安全专业英语阅读(1)
电力系统综合实验 A	马克思主义基本原理	信息产业法律法规
电力线载波通信	毛泽东思想和中国特色社会主义理论体系概论	信息管理学概论
电力项目后评价	煤化工	信息经济学
电力需求侧管理	美国文学	信息论与编码
电力英语阅读	面向对象程序设计(JAVA)	信息系统课程设计
电力营销与客户服务	面向对象程序设计综合实验(VC++,Java)(2)	信息系统与数据库
电路理论(1)	面向对象程序设计综合实验(VC++,Java)(4)	信息隐藏技术
电路理论(2)A	面向对象技术与 UML	刑法总论
电路理论 T(1)	面向对象技术与 UML 课程设计	刑事诉讼法学
电路实验(1)	模拟电子技术基础 A	刑事庭审见习
电路实验 T(1)	模拟电子技术基础 B	学科论文实践
电气设备高压试验	模拟电子技术基础 T	学年论文
电网生产技术概论	模拟电子技术基础实验 A	学年论文(1)
电子测量与仪器	模拟电子技术基础实验 B	学年论文(2)
电子测量与仪器综合实验	纳税会计	学术英语写作
电子工艺实践	能源概论	雅思听说(1)
电子工艺实验	能源经济学	烟尘测试理论与技术
电子技术基础	能源转化	养老保险
电子技术基础实验	农村电网规划	艺术导论
电子技术基础实验 T(1)	暖通空调	英文写作
电子商务	暖通空调工程制图	英语词汇学
电子商务综合实验	配电自动化	英语词汇学 B

续表

电子设计讲座	平面构成	英语泛读(2)
电子设计竞赛训练	平面设计(2)	英语精读(2)
电子设计自动化	平面设计课程设计	英语精读(4)
电子线路设计(1)	普通语言学(2)	英语精读(6)
电子线路设计(2)	期货交易理论与实务	英语口语
电子专业外语(2)	企业管理概论	英语口语(2)
多媒体技术	企业决策理论和方法	英语口语(4)
俄语入门	企业沙盘模拟	英语听力(2)
发电厂电气部分 A	企业战略管理	英语听力(4)
发电厂电气部分 B	企业诊断	英语听说 2
发电厂电气部分课程设计	汽轮机原理 A	英语文体与修辞
发电厂电气设备及运行	汽轮机原理 B	英语写作(1)
发电厂动力部分	嵌入式系统	英语写作(2)
发电厂生产过程	嵌入式系统课程设计	英语演讲与辩论
发展经济学	青年心理学	应用电化学
法律逻辑学	热工控制系统 A	应用化学专业外语(1)
法学前沿(专题2)	热工系统建模	应用统计学
翻译理论与实践(2)	热交换器计算及设计	硬件设计与实践
翻译名篇欣赏	热力发电厂给水处理	用电技术
房地产法	热力发电厂给水处理课程设计	优秀传统文化与伦理道德
房地产开发与经营	热力设备腐蚀与防护	有害气体控制工程
风力发电原理	热力学统计物理	有害气体控制工程课程设计
复变函数	热能与动力工程专业英语	有机化学 A
复变函数与积分变换	热能与动力工程专业英语(制冷)	有机化学 B
概率论与数理统计(2)	热学	有机化学实验 A
概率论与数理统计 A	热源动力设备原理及运行	有机化学实验 B
概率论与数理统计 B	人工智能及应用	运筹学
杆塔结构设计	人机工程学	运筹学(1)
钢筋混凝土	人口社会学	债权法
高等代数(2)	人力资源管理	展示设计
高等数学 A(2)	认识实习	证券投资模拟实验
高等数学 B(2)	日语入门	证券投资学
高等数学 C(2)	软件测试	知识产权法 B
高等数学 J(2)	软件程序设计训练	直流输电与 FACTS 技术
高电压技术	软件工程	制冷校内基地实践
高电压技术 T	软件工程课程设计	制冷压缩机
高电压绝缘	软件界面设计与欣赏	制冷与低温装置结构及循环特性
高电压综合实验	软件体系结构	制冷装置设计
高级会计学	色彩基础	制造工程基础
高级英语视听说(2)	商法	质量工程学
高级语言程序设计(C++)	商务管理英语会话	中国公共政策分析
高阶英语选修 2	商务谈判	中国公务员制度

续表

工程电磁场	商务英语视听说	中国古近代思想史
工程电磁场 T	设计表现技法	中国近现代史纲要
工程光学	设计方法学	中级财务管理(英语)
工程计量学	设计管理	中级财务会计(英语)
工程技术及工程预算	设计考察	中英文翻译
工程经济学	设计色彩	仲裁法
工程热力学 C	设计思维	专业基础实验(1)
工程图学 A(2)	设计素描(3)	专业基础综合实验
工程图学 B(2)	设计系统课程设计	专业认识实习
工程项目管理	设计制造综合实验	专业认识实习(制冷)
工程项目投资管理	社会福利思想	专业实践
工程项目造价案例分析	社会工作概论	专业实习(1)
工程造价管理	社会工作行政	专业外语(1)
工程制图	社会工作师综合能力专题	专业外语(2)
工科数学分析(2)	社会实践	专业外语阅读(农电)
工业催化	社会实践实训	专业外语阅读(自动化)
公差与技术测量	社会实践与学年论文	专业英语
公共事业管理	社会调查研究方法	装饰雕塑
公共政策	社会调查与统计分析	资产评估
公管专业英语(1)	社会统计学	自动化制造系统
公司理财	社会问题专题调研	自动化专业概论
供电技术	社会心理学	自动控制理论 B
供电设计	社会学	自动控制原理 B
供热工程	社会政策概论	综合设计:智能汽车设计(1)
供热及锅炉房课程设计	社区工作	组织设计与管理
故障分析上机计算	涉外知识	组织社会学
管理定量分析	审计理论与实务(2)	最优化算法
管理实践		

保定校区 2013—2014 学年第一学期

3DMAX 应用	管理软件应用	社会研究方法
EDA 课程设计	管理文献翻译训练	社区文化与社区管理
ERP 沙盘对抗模拟试验	管理心理学	摄影技术
GIS 装置与绝缘技术	管理信息系统	审计理论与实务(1)
J2EE 开发平台及程序设计	管理信息系统课程设计	生产实习
JAVA 程序设计	管理信息系统与决策支持系统	生产实习(电力)
Matlab 基础与应用	管理学	生产实习(高压)
Oracle 数据库系统应用	管理学原理	生产系统课程设计
PCB 电磁兼容设计	管理学原理(英语)	生产系统设计与管理
PKI 系统设计综合实验	管理运筹学	生态学

续表

Pro/E 工程软件应用	管制经济学	生物化学
UG 工程软件应用	光机电检测技术	声学基础
UNIX/LINUX 体系及编程	光学	实体建模技术及其应用
VB. NET 程序设计	锅炉及锅炉房设备	实习(1)
VB 程序设计	锅炉原理课程设计	市政学
VC + +面向对象程序设计	国际法	书籍装帧设计
Visual Basic	国际结算	输电线路课程设计
Web 开发技术	国际金融实务(双语)	输电线路设计基础
WINDOWS 体系及编程	国际经济学	输电线路运行与检修
安全工程学	国际贸易实务	输灰工程
办公自动化概论	过程参数检测及仪表	数据仓库与数据挖掘课程设计
包装设计	过程参数检测及仪表 B	数据分析
泵与风机	过程参数检测及仪表 B 课程设计	数据结构
编译技术	过程控制	数据结构与算法
编译技术课程设计 A	过程控制课程设计	数据库系统原理
编译技术课程设计 B	过程控制装置与系统	数据库与网络技术导论
变电站二次技术	行政法与行政诉讼法	数据库原理及应用
变电站综合自动化	合同法	数据整理与统计分析
博弈论	合同法分论	数控原理与编程
簿记训练	核电厂系统与设备	数学分析(1)
材料成型技术基础	核电站参数检测与控制(研讨型)	数学分析(3)
材料基础实验	核电站概论	数学建模
材料力学	核电站水化学	数学建模课程设计
财会信息系统	宏观经济学	数学软件 matlab
财会专业外语	宏观经济学(双语)	数值分析
财务成本模拟	户外写生与考察	数值计算方法
财务分析及财务软件应用	化工测量与仪表	数字电子技术基础 A
财政学	环工专业外语(2)	数字电子技术基础 B
操作系统	环境保护与可持续性发展 B	数字电子技术基础 T
操作系统综合实验	环境工程 CAD 及上机实习	数字电子技术基础实验 A
测控技术与仪器专业概论	环境工程仿真控制上机实习	数字电子技术基础实验 B
测试技术	环境工程仿真设计上机实习	数字信号处理
产品设计(1)	环境工程施工	数字信号处理基础
产品设计(3)	环境工程微生物学	数字信号处理课程设计
产品设计课程设计(2)	环境工程学	税法
常用数学软件实验(Matlab,Mathematica)	环境工程学课程设计	税收理论与实务
超高压电网继电保护专题	环境工程综合实验	顺序控制
超临界燃煤发电机组	环境管理与法规	思想道德修养与法律基础
成本控制	环境管理与环境法	算法设计与分析
程序设计模式	环境化学	体育(1)
除尘技术	环境科学信息检索	体育(2)
除尘技术课程设计	环境模型程序设计及应用上机实习	体育(3)

续表

传热学	环境生态行为综合实验	体育(4)
传热学 T	环境质量评价	通信导论
创新思维与方法	环境质量评价课程设计	通信电子电路
创业策划	环艺设计	通信电子电路综合实验
大型发电机与变压器运行	环艺设计课程设计	通信技术综合实验
大学俄语(1)	汇编语言程序设计	通信网概论
大学计算机基础	汇编语言程序设计综合实验	通信系统仿真
大学日语(1)	会计实务(1)	通信系统原理
大学日语(3)	会计实务(2)	通信新技术专题讲座
大学生就业指导	会计学(英语)	通信原理实验
大学生社会心理特征调查	会计职业道德	统计软件应用
大学物理(2)	火电厂机务造价实务	统计学
大学物理 T(2)	火电厂自动化专题	投入产出分析
大学写作	火电机组启停及运行	透视与速写
大学学习指导	货币金融学	土建工程施工图预算实务
大学英语(1)	货币银行学	团体工作
大学英语(2)	机电传动控制	网络技术与数据库
大学英语(3)	机电控制系统仿真	网络软件程序设计
大学英语(4)	机电综合实验	网络软件程序设计课程设计
大学英语(5)	机械故障诊断技术	网络数据库应用
大学英语(6)	机械基础实验	网络信息安全综合实验
大学英语 4 级	机械设计基础	网络应用基础
大学语文 B	机械设计基础 B	网络与通信技术
单片机原理与接口	机械设计基础课程设计	网络与通信技术 T
单片微机原理	机械设计课程设计	网站建设与管理课程设计
单元机组程控与保护	机械原理	微处理器系统课程设计
单元机组控制系统	机械原理课程设计	微观经济学
单元机组协调控制	机械噪声测试与控制	微机保护原理
单元机组运行原理	机械制造技术基础	微机电系统技术基础
单元机组运行原理课程设计	机械专业外语(机电)(2)	微机控制技术
当代世界经济与政治	机械专业外语(设计)(2)	微机原理及应用
当代中国政治制度	机械专业外语(物料)(2)	微机原理及应用课程设计
第二外国语(1)	机械专业外语(线路)(2)	微机原理与汇编语言程序设计
第二外国语(3)	机械专业外语(制造)(2)	微机原理与汇编语言程序设计课程设计
电厂高温金属材料	基础会计	微机原理与接口技术 A
电厂化学	基础心理学	微机原理与接口技术 B
电厂化学仪表与程控	计量测试技术	微机原理与接口技术实验
电厂热力设备及运行	计量经济学	卫星通信
电厂热力设备及运行 A(2)	计量经济学模拟实验	文秘英语
电厂应用化学	计算方法	无机化学 A
电厂运行仿真	计算机病毒防治	无机化学 B
电磁兼容技术	计算机操作系统	无机化学实验 A

续表

电动力学	计算机辅助工业设计	无机化学实验 B
电工电子技术基础	计算机辅助平面设计	无线通信
电工电子实习	计算机辅助设计	物理化学 A
电工技术基础	计算机基础及程序设计	物理化学 B
电工实践	计算机控制技术	物理化学实验 A
电机实验(2)	计算机密码学	物理化学实验 B
电机学(2)	计算机软件技术基础	物理实验(2)
电机学 B(1)	计算机网络	物理性污染控制工程
电机学 T(2)	计算机网络课程设计	物理性污染控制工程课程设计
电机与电力拖动	计算机网络体系结构	物联网技术与应用
电缆运行与故障诊断	计算机专业英语阅读(1)	物流工程学
电力电缆	计算机专业英语阅读(3)	物流管理概论
电力电子技术 A	计算机组成与结构	误差理论与数据处理
电力电子技术 T	计算机组成原理	西方行政思想史
电力法	计算机组成原理综合实验	西方经济学
电力负荷预测	计算智能	西方社会学理论
电力负荷预测模拟实验	继电保护与自动化综合实验	西方文化入门
电力工程 B	继电保护综合实验	戏剧鉴赏
电力工程基础	检测新技术(研讨型)	系统工程导论
电力工程造价	建设法规	系统工程学
电力机械	建筑法规案例分析	先进制造技术
电力企业成本核算与分析	建筑概论	先进制造系统
电力实验经济学	建筑概论与制图	现代管理学
电力市场概论	建筑环境测量	现代信息技术(专题)
电力市场基础	建筑环境学	现代仪器分析
电力统计	建筑环境与能源应用工程概论	线路金具
电力系统潮流上机计算	建筑设备安装工程	线性代数
电力系统潮流上机计算 T	建筑设备自动化	宪法学
电力系统仿真实习	建筑水暖电课程设计	项目成本预测技术和方法
电力系统分析基础	洁净煤发电技术	项目风险管理
电力系统分析基础 T	解析几何	项目管理
电力系统规划与可靠性	金工实习 B	项目管理课程设计
电力系统过电压	金融法	小波分析及其应用
电力系统认识实习	金融工程	校内基地实践
电力系统稳定	金融工程模拟实验	新能源发电技术
电力系统谐波与无功补偿	金融企业会计	新能源发电系统控制
电力系统自动化 A	经济法	新能源概论
电力系统自动化 B	经济学前沿(教授讲坛)	新闻英语
电力系统综合实验 A	经济学说史	薪酬理论与实务
电力系统综合实验 B	精确农业	信号处理算法综合实验
电力项目后评价	决策支持系统与专家系统	信号分析与处理

续表

电力新生研讨课	军事理论教育及实践	信号分析与处理 A
电力信息化与信息安全	科技发展史	信号分析与处理 A 课程设计
电力英语阅读	科技英语阅读与写作	信息安全综合实验
电力用油	可编程控制器应用	信息管理学概论
电路理论(1)	可行性研究与评估综合性设计	信息技术基础与计算机导论
电路理论(2)A	可再生能源	信息论与编码
电路理论(2)B	空气调节	信息通信网络基础
电路理论 T(2)	空调制冷课程设计	信息系统安全与保密
电路实验(2)	控制工程基础	信息资源规划
电路实验 T(2)	控制论基础	刑法分论
电能质量概论	控制系统综合实验	刑法总论
电气工程概论	跨文化商务交际	虚拟样机技术及应用
电气工程新技术(报告形式)	快速原形制造技术	虚拟仪器技术(研讨型)
电气设备在线监测与故障诊断	宽带数字网技术	雅思听说(2)
电网生产技术概论	冷冻与冷藏	雅思英语
电子技术基础	离散数学	演讲与口才
电子技术基础实验	理论力学	液压与气压传动
电子技术基础实验 T(2)	理论力学 B	仪表可靠性基础
电子技术综合实验	理论力学 T	仪器分析
电子技术综合实验 T	力学	仪器仪表实训(电装实习)
电子设计自动化	力学基础实验	艺术设计赏析
电子线路设计(3)	立体构成	英国文学
电子线路设计(4)	领导科学	英汉口译
电子政务	流体机械	英美概况
电子专业外语(1)	流体力学	英美文化
动力新生研讨课	流体力学 C	英文写作
多工况空气处理过程模拟实验	流体输配管网	英语泛读(1)
多媒体技术及应用	逻辑学	英语泛读(3)
多媒体应用基础	马克思主义基本原理	英语精读(1)
发电厂仿真实习	毛泽东思想和中国特色社会主义理论体系概论	英语精读(3)
发电厂经济运行管理	煤化工综合设计	英语精读(5)
发电厂生产过程	美术鉴赏	英语口语
法理学	密码学趣谈	英语口语(1)
法律文书写作	面向对象程序设计综合实验(VC++,Java)(1)	英语口语(3)
法律英语	面向对象程序设计综合实验(VC++,Java)(3)	英语名诗欣赏
法律诊所	民法总论	英语社会实践
法学导论	民事案例与诉讼	英语听力(1)
法学前沿(专题1)	民事法律实务	英语听力(3)

续表

法学原理	民事诉讼法	英语听说 1
翻译理论与实践(1)	民事庭审见习	英语写作(1)
房地产开发与经营	模糊数学	英语写作(2)
非营利组织管理	模拟电子技术基础 A	英语演讲与辩论
分散控制系统	模拟电子技术基础 B	英语语法
分散控制系统课程设计	模拟电子技术基础实验 A	英语语音入门
分析化学 A	模拟电子技术基础实验 B	影视鉴赏
分析化学 B	模型制作与塑造	应用化学专业外语(2)
分析化学实验 A	能源法律与政策	有限元方法
分析化学实验 B	能源环境化学	原子物理学
风险投资 B	能源与动力工程概论	运筹学
复变函数论	暖通空调系统分析与设计	运筹学(2)
复变函数与积分变换	排水工程	运动控制
概率论	票据法	证据学
概率论与数理统计(1)	平面构成	政府与非营利组织会计
概率论与数理统计 B	平面设计(1)	政务礼仪
钢筋混凝土	普通物理实验(1)	政治经济学
高等代数(1)	普通语言学(1)	知识产权法 A
高等数学 A(1)	企业创业策划	知识经济学
高等数学 B(1)	企业决策理论和方法	直流输电与 FACTS 技术
高等数学 C(1)	企业沙盘模拟对抗	制冷控制系统课程设计
高等数学 E(1)	企业税收理论与实务	制冷与低温原理
高等数学 J(1)	企业战略管理	制冷与空调工程课程设计
高电压技术课程设计	企业诊断	制冷与空调系统调试及运行
高电压技术在非电力系统中的应用	汽轮机设备故障诊断	制冷自动化与测试技术
高电压试验技术	汽轮机原理课程设计	制造技术课程设计
高级英语视听说(1)	嵌入式系统	智能机器人概论
高级英语选读	清洁生产	智能控制
高级语言程序设计(1)	区域经济学	智能仪表课程设计
高级语言程序设计(C++)	燃料化学	智能仪器设计
高阶英语 1	燃烧理论与技术	中国法制史
高阶英语选修 1	热泵技术	中国公务员制度
高压电器	热工控制系统 A	中国近现代史纲要
个案工作	热工控制系统课程设计	中国政治思想
工程材料	热工理论基础	中外名曲欣赏
工程电磁场导论	热工与流体机械基础	中西文化与哲学
工程定额管理	热交换器设计	中英文翻译
工程定额原理	热力发电厂 A	专题辩论
工程计量学	热力发电厂 B	专业概述
工程技术及工程预算	热力发电厂课程设计	专业基础实验(2)
工程进度与控制	热力发电厂生产过程	专业基础综合实验

续表

工程经济学	热力设备水汽理化过程	专业课程设计(机电)
工程力学 C	热力系统工程	专业课程设计(设计)
工程流体力学 A	热质交换原理与设备	专业课程设计(物料)
工程热力学	人工智能基础	专业课程设计(线路)
工程热力学 C	人工智能及应用	专业课程设计(制造)
工程热力学 T	人力资源管理	专业认识实习(建环)
工程图学 A(1)	人力资源管理 B	专业实习(2)
工程图学 B(1)	人力资源管理案例分析	专业外语(1)
工程图学 C	人因工程学	专业外语(2)
工程图学 D(1)	认识实习	专业外语阅读(电力)
工程项目管理	认识实习(机电)	专业外语阅读(电自)
工程项目投资管理	认识实习(设计)	专业外语阅读(高压)
工程造价管理	认识实习(物料)	专业英语阅读(测控)
工程造价管理案例分析	认识实习(线路)	专业应用软件编制上机实习
工程造价软件	认识实习(制造)	专业综合实践(机电)
工程招投标管理	认知实习	专业综合实践(设计)
工程招投标课程设计	日语入门	专业综合实践(物料)
工程制图	软件工程	专业综合实践(线路)
工程制图 B	软件设计与实践	专业综合实践(制造)
工科数学分析(1)	软件项目管理	专业综合实验
工业工程导论	色彩构成	专业综合实验(机电)
工业工程学	商法	专业综合实验(设计)
工业工程综合实验	商业实习	专业综合实验(物料)
工业机器人技术基础	设计基础	专业综合实验(线路)
工业设计史	设计软件应用	专业综合实验(制造)
工作设计综合实验	设计软件综合实验	装饰基础
公共财政	设计素描	资源与环境经济学
公共关系	设计与消费心理	自动化专业概论
公共关系学 A	社会保障概论	自动控制理论 A
公共管理学 A	社会保障概论 B	自动控制理论 B
公管专业英语(2)	社会工作的价值与伦理	自动控制理论课程设计
公司理财	社会工作及相关专题研究	自动控制原理 C
供暖系统安装、调试及运行	社会工作专业英语	自然资源与环境保护法
供用电管理	社会调查	自适应与预测控制
固体废物处理与处置	社会问题调查与社会实践(1)	综合设计:智能汽车设计(2)
固体物理	社会学	综合实验
管理会计	社会学概论	组织行为学
管理经济学概论		

华北电力大学2013年研究生课程设置一览表

2013—2014 第一学期研究生课程表

课程编号	课程名称	教研室	任课教师
50130010	电网络分析理论	电网与调度研究所	宗伟
50130010	电网络分析理论	电网与调度研究所	宗伟
50130010	电网络分析理论	电网与调度研究所	宗伟
50130010	电网络分析理论	电网与调度研究所	宗伟
50130020	高等电力系统分析	-现代电子技术研究所	艾欣
50130020	高等电力系统分析	-现代电子技术研究所	艾欣
50130020	高等电力系统分析	-现代电子技术研究所	艾欣
50130020	高等电力系统分析	-现代电子技术研究所	艾欣
50130020	高等电力系统分析	-现代电子技术研究所	艾欣
50130021	现代电力电子技术	-现代电子技术研究所	张一工
50130030	电力市场理论与技术	电力市场研究所	周明
50130030	电力市场理论与技术	电力市场研究所	周明
50130030	电力市场理论与技术	电力市场研究所	王雁凌
50130031	电网络分析理论	电网与调度研究所	宗伟
50130041	电力市场理论与技术	电力市场研究所	周明
50130050	电气设备状态监测与故障诊断	输配电系统研究所	李庆民
50130050	电气设备状态监测与故障诊断	输配电系统研究所	李庆民
50130050	电气设备状态监测与故障诊断	输配电系统研究所	王伟
50130050	电气设备状态监测与故障诊断	输配电系统研究所	李庆民
50130060	数字信号处理	通信技术研究所	许刚
50130060	数字信号处理	通信技术研究所	吴启宏
50130060	数字信号处理	通信技术研究所	许刚
50130060	数字信号处理	通信技术研究所	许刚
50130070	电气工程新技术专题	-四方研究所*	艾欣
50130070	电气工程新技术专题	-四方研究所*	艾欣
50130070	电气工程新技术专题	-四方研究所*	艾欣
50130070	电气工程新技术专题	-四方研究所*	艾欣
50130070	电气工程新技术专题	-四方研究所*	刘宗歧
50130071	电能质量分析与控制	新能源电网研究所	李庚银
50130080	智能电网技术专题	电子信息技术研究所	张建华
50130090	电力系统规划与可靠性	电网与调度研究所	黄伟
50130090	电力系统规划与可靠性	电网与调度研究所	黄伟
50130090	电力系统规划与可靠性	电网与调度研究所	黄伟
50130100	微机继电保护	四方研究所*	王增平
50130100	微机继电保护	四方研究所*	王增平
50130100	微机继电保护	四方研究所*	王增平
50130141	数字图像处理	四方研究所*	孙中伟

续表

课程编号	课程名称	教研室	任课教师
50620781	人力资源管理与沟通	人力资源教研室	余恩海
50620871	中级计量经济学	经济学教研室	马　昕
50620901	技术创新管理	电力经济管理教研室	祝金荣
50620941	中级宏观经济学	经济学教研室	刘喜梅
50620951	电力资产评估实务与案例分析	财务管理教研室	刘崇明
50620961	中外资产评估准则	财务管理教研室	陈兆江
50620971	专业英语(技术经济及管理、工业工程)	电力经济管理教研室	李星梅
50620981	专业英语(管理科学与工程、工程管理、项目管理)	工程管理教研室	刘　睿
50620991	专业英语(企业管理、物流工程)	市场营销教研室	王　怡
50621001	专业英语(会计学、会计硕士、资产评估)	会计教研室	张莉萍
50621011	专业英语(产业经济学、数量经济学)	经济学教研室	李春杰
50621021	财务报表编制与分析	财务管理教研室	龙成凤
50621031	职业道德教育	财务管理教研室	刘崇明
50720021	政府监管体制	公共管理教研室	刘向晖
50720041	能源政策研究	公共管理教研室	赵　军
50720061	领导科学与艺术	公共管理教研室	朱常宝
50720081	公共行政学前沿	公共管理教研室	张绪刚
50720101	高等教育管理专题	公共管理教研室	荀振芳
50720121	社会科学研究方法	公共管理教研室	姚建平
50720141	比较政府与政治	公共管理教研室	李玲玲
50720151	公共事业管理专题研究	公共管理教研室	卢海燕
50720161	政治学、行政学经典著作选读	公共管理教研室	李玲玲
50720201	专业英语(公共管理)	公共管理教研室	陈建国
50720231	行政诉讼法研究	法律科学教研室	李红枫
50720241	专业英语(法学)	法律科学教研室	沈　磊
50720291	比较刑事诉讼法专题	法律科学教研室	赵旭光
50720301	比较民事诉讼法专题	法律科学教研室	王学棉
50720381	市场经济安全与政府监管专题	法律科学教研室	杜　波
50720431	国际经济法前沿问题研究	法律科学教研室	李　英
50720481	法律实务专题	法律科学教研室	方仲炳
50720521	比较环境法研究	法律科学教研室	陈维春
50720531	WTO 法专题	法律科学教研室	付　荣
50720561	外国能源法	法律科学教研室	周凤翱
50720581	能源监管法	法律科学教研室	赵保庆
50720631	法学经典文献选读	法律科学教研室	曹治国
50820021	翻译理论	研究生外语教研室	赵玉闪
50820081	第二语言习得	研究生外语教研室	金朋荪
50820111	文体与翻译	研究生外语教研室	李　新
52720461	专业英语(软件工程、计算机技术)	信息安全教研室	滕　婧
52720481	仪表智能化技术	测控技术与仪器教研室	吕跃刚

续表

课程编号	课程名称	教研室	任课教师
52720511	多传感器信息融合	测控技术与仪器教研室	韩晓娟
52720521	分散控制系统与现场总线控制	控制装置与系统教研室	梁　庚
52720531	复杂系统分析	控制装置与系统教研室	黄　仙
52720561	现代控制理论	控制理论与系统教研室	袁桂丽
52720571	变结构控制理论与应用	控制理论与系统教研室	钱殿伟
52720601	虚拟仪器与软测量技术	测控技术与仪器教研室	杨锡运
52720621	多变量系统分析	控制理论与系统教研室	禹　梅
52720651	现代电厂控制与优化	控制理论与系统教研室	房　方
52720661	仪表可靠性技术	测控技术与仪器教研室	段泉圣
52720681	火力发电过程自动化	控制装置与系统教研室	刘　禾
52720711	计算机视觉	控制装置与系统教研室	王震宇
52720721	图像处理与分析	控制装置与系统教研室	王震宇
52720731	火电机组负荷控制系统设计与实现	控制理论与系统教研室	房　方　侯国莲
52720741	控制系统计算机辅助设计与仿真	控制理论与系统教研室	侯国莲
52720751	模糊控制	控制理论与系统教研室	侯国莲
52720761	J2EE 开发平台及程序设计	软件工程教研室	赵　强
52720771	故障诊断与容错控制	控制理论与系统教研室	张建华
52720781	预测控制	控制理论与系统教研室	刘向杰
52720791	专业英语(控制理论与控制工程)	控制理论与系统教研室	刘向杰
52720811	火电机组燃烧控制系统设计	控制理论与系统教研室	钱殿伟
52720831	鲁棒控制	控制理论与系统教研室	谭　文
52810011	中国马克思主义与当代	研究生政治理论公共课教研室	周作芳等
52820011	比较德育	研究生政治理论公共课教研室	何秋敏
52820021	中国特色社会主义理论与实践研究	研究生政治理论公共课教研室	郭正秋
52820021	中国特色社会主义理论与实践研究	研究生政治理论公共课教研室	张月想
52820021	中国特色社会主义理论与实践研究	研究生政治理论公共课教研室	周作芳
52820021	中国特色社会主义理论与实践研究	研究生政治理论公共课教研室	蔡利民
52820021	中国特色社会主义理论与实践研究	研究生政治理论公共课教研室	王建永
52820021	中国特色社会主义理论与实践研究	研究生政治理论公共课教研室	白冶钢
52820031	马克思主义与社会科学方法论	研究生政治理论公共课教研室	崔　凡
52820061	思想政治教育学原理	研究生政治理论公共课教研室	张　艳
52820071	自然辩证法概论	研究生政治理论公共课教研室	马临真
52820071	自然辩证法概论	研究生政治理论公共课教研室	马临真
52820071	自然辩证法概论	研究生政治理论公共课教研室	刘　娟
52820071	自然辩证法概论	研究生政治理论公共课教研室	刘　娟
52820071	自然辩证法概论	研究生政治理论公共课教研室	周小华
52820071	自然辩证法概论	研究生政治理论公共课教研室	周小华
50820121	英国小说	英语专业教研室	陈惠良
50820131	语篇分析	英语专业教研室	马铁川
50820141	英语教学实践	研究生外语教研室	牛跃辉

续表

课程编号	课程名称	教研室	任课教师
50820151	西方文化导论	研究生外语教研室	李　新
50820171	应用语言学研究方法与论文写作	英语专业教研室	马铁川
50820181	文学翻译	英语专业教研室	任虎林
50820201	美国小说	英语专业教研室	刘　辉
50820221	社会语言学	英语专业教研室	李占芳
50820271	电力翻译	大学英语第一教研室	吴嘉平
50820281	经贸翻译	英语专业教研室	郑　晶
50820331	科技笔译工作坊(汉译英)	英语专业教研室	孙　利
50820341	科技笔译工作坊(英译汉)	英语专业教研室	国　防
50820401	第一外国语－国际会议交流	研究生外语教研室	尹　宇
50820401	第一外国语－国际会议交流	研究生外语教研室	尹　宇
50820401	第一外国语－国际会议交流	研究生外语教研室	尹　宇
50820401	第一外国语－国际会议交流	研究生外语教研室	刘　辉
50820401	第一外国语－国际会议交流	研究生外语教研室	刘　辉
50820401	第一外国语－国际会议交流	研究生外语教研室	刘　辉
50820401	第一外国语－国际会议交流	研究生外语教研室	李　新
50820401	第一外国语－国际会议交流	研究生外语教研室	李　新
50820401	第一外国语－国际会议交流	研究生外语教研室	冯俊宝
50820401	第一外国语－国际会议交流	研究生外语教研室	冯俊宝
50820401	第一外国语－国际会议交流	研究生外语教研室	廖　麦
50820411	第一外国语－科技英语写作	研究生外语教研室	张　帆
50820411	第一外国语－科技英语写作	研究生外语教研室	张　帆
50820411	第一外国语－科技英语写作	研究生外语教研室	张　帆
50820421	第一外国语－科技英语翻译	研究生外语教研室	刘　阳
50820421	第一外国语－科技英语翻译	研究生外语教研室	刘　阳
50820421	第一外国语－科技英语翻译	研究生外语教研室	刘　阳
50820421	第一外国语－科技英语翻译	研究生外语教研室	张　湛
50820421	第一外国语－科技英语翻译	研究生外语教研室	张　湛
50820421	第一外国语－科技英语翻译	研究生外语教研室	张　湛
50820421	第一外国语－科技英语翻译	研究生外语教研室	郭晓军
50820421	第一外国语－科技英语翻译	研究生外语教研室	郭晓军
50820421	第一外国语－科技英语翻译	研究生外语教研室	郭晓军
50820421	第一外国语－科技英语翻译	研究生外语教研室	刘　军
50820421	第一外国语－科技英语翻译	研究生外语教研室	刘　军
50820421	第一外国语－科技英语翻译	研究生外语教研室	刘　军
50820421	第一外国语－科技英语翻译	研究生外语教研室	廖　麦
50220291	热力系统辅助设备特性分析	热能动力工程教研室	梁双印
50220301	气液两相流和沸腾传热	热能动力工程教研室	庞力平
50220311	振动工程理论及应用	热能动力工程教研室	何成兵
50220321	燃烧理论与技术	热能动力工程教研室	孙保民

续表

课程编号	课程名称	教研室	任课教师
50220331	离心叶轮内流理论基础	工程热物理教研室	康　顺
50220341	大型汽轮机运行特性	热能动力工程教研室	付忠广
50220351	机械工程应用专题	机械研究室	夏延秋
50220361	转子动力学	热能动力工程教研室	付忠广
50220371	电站锅炉运行特性	热能动力工程教研室	刘　彤
50220381	设备状态监测与故障诊断技术	热能动力工程教研室	顾煜炯
50220421	生物质能利用技术	工程热物理教研室	郭民臣
50220431	火电厂热力系统性能分析	工程热物理教研室	郭民臣
50220441	二氧化碳捕集与封存(CCS)技术	工程热物理教研室	徐　钢
50220451	风力机空气动力学	工程热物理教研室	康　顺
50220461	高等空气动力学	工程热物理教研室	康　顺
50220481	动力工程热经济学	工程热物理教研室	张晓东
50220511	数值传热学	工程热物理教研室	杨立军
50220521	燃气－蒸汽联合循环	工程热物理教研室	段立强
50220541	太阳能热利用技术	工程热物理教研室	侯宏娟
50220561	制冷系统热动力学	建筑环境与设备工程教研室	周国兵
50220571	现代制冷与低温技术	建筑环境与设备工程教研室	张金珊
50220581	专业英语(动力工程及工程热物理)	热能动力工程教研室	周乐平
50220581	专业英语(动力工程及工程热物理)	热能动力工程教研室	王宁玲
50220591	数据挖掘技术及其应用	热能动力工程教研室	靳　涛
50220601	数值计算软件在动力工程中的应用	材料教研室	徐　鸿
50220611	计算流体力学	工程热物理教研室	戴丽萍
50220631	供热空调新技术	建筑环境与设备工程教研室	程金明
50220651	洁净煤发电技术	热能动力工程教研室	康志忠
50220681	专业英语(材料学)	材料教研室	刘东雨
50220691	建筑热模拟	建筑环境与设备工程教研室	周国兵
50220711	燃烧室数学模型	热能动力工程教研室	李文艳
50620011	工程项目管理案例	工程管理教研室	黄文杰
50620021	多目标决策理论	工程管理教研室	庞南生
50620031	房地产估价理论与方法	工程管理教研室	陈文君
50620041	项目计划与控制	工程管理教研室	庞南生
50620051	工程经济学	工程管理教研室	赵会茹
50620061	工程项目管理理论与应用	工程管理教研室	侯学良
50620071	机电设备评估	工程管理教研室	李金超
51120391	太阳电池光伏发电及其应用	能源工程及自动化教研室	姚建曦
51120401	专业外语(水利工程)	水文水资源教研室	门宝辉
51220021	核电厂设备与部件	核反应堆工程教研室	陆道纲　吕雪峰
51220031	核辐射物理基础	核辐射防护与环境保护教研室	吴　英
51220041	高等核反应堆物理分析	核反应堆工程教研室	陈义学　马续波
51220051	高等核反应堆热工分析	核反应堆工程教研室	李向宾

续表

课程编号	课程名称	教研室	任课教师
51220061	原子核物理	核辐射防护与环境保护教研室	程晓磊
51220071	高等核反应堆安全分析	核反应堆工程教研室	周　涛
51220081	核电厂结构设计与有限元分析方法	核反应堆工程教研室	黄　美
51220091	可靠性工程与核电站概率安全分析	核反应堆工程教研室	玉　宇
51220141	Monte – Carlo 方法在核科学技术中应用	核辐射防护与环境保护教研室	陈义学　刘洋
51220151	AP1000 核电站	核反应堆工程教研室	牛风雷
51220161	专业英语(核电)	核辐射防护与环境保护教研室	刘　滨
52720011	人工智能与知识工程	计算机应用教研室	魏振华
52720031	高级计算机网络	计算机应用教研室	吴克河
52720051	高级操作系统	计算机科学与技术教研室	李　为
52720061	人工神经网络	计算机应用教研室	魏振华
52720081	高级软件工程	软件工程教研室	马素霞
52720101	数据仓库与数据挖掘	软件工程教研室	郑　玲
52720131	工业控制计算机网络	控制装置与系统教研室	陆会明
52720151	系统建模	控制装置与系统教研室	罗　毅
52720161	专业英语(系统结构、应用技术、软件与理论)	信息安全教研室	徐　磊
52720181	检测理论与应用	测控技术与仪器教研室	杨婷婷
52720191	误差分析与数据处理	测控技术与仪器教研室	邱　天
52720201	系统决策与分析	控制装置与系统教研室	师瑞峰
52720231	智能控制	控制装置与系统教研室	黄从智
52720241	专业英语(检测技术与自动化装置)	测控技术与仪器教研室	韩晓娟
52720251	专业英语(模式识别与智能系统)	控制装置与系统教研室	梁　庚
52720261	专业英语(系统工程)	控制装置与系统教研室	黄　仙
52720271	Linux 应用程序开发	计算机公共基础教研室	徐琳茜
52720311	图与网络	软件工程教研室	马应龙
52720331	算法分析与复杂性理论	信息安全教研室	李元诚
52720341	高级计算机系统结构	计算机科学与技术教研室	夏　宏
52720351	图像理解	软件工程教研室	程文刚
52720411	Oracle 原理及应用	软件工程教研室	郑　玲
52720421	软件体系结构	信息安全教研室	赵　强　王竹晓
52720431	软件工程管理	软件工程教研室	周　景　彭文
52720441	物联网技术及应用	计算机应用教研室	夏　宏　李国栋
52720451	云计算	计算机科学与技术教研室	胡　祥
50120621	新能源发电与并网技术	电网与调度研究所	林　俐　刘其辉
50120641	智能配电技术	输配电系统研究所	黄　伟
50120651	专业英语(电力电子与电力传动)	柔性电力技术研究所	朱永强
50120661	专业英语(电气工程)	输配电系统研究所	黄　伟
50120661	专业英语(电气工程)	输配电系统研究所	刘自发
50120711	专业英语(电子与通信工程)	电子信息技术研究所	陈晓梅
50120721	电磁场数值计算	电磁与超导电工研究所	王泽忠

续表

课程编号	课程名称	教研室	任课教师
50120741	现代电磁测量技术	电磁与超导电工研究所	卢斌先
50120761	多导体传输线理论	电磁与超导电工研究所	齐　磊
50120791	智能电网信息物理融合系统	电子信息技术研究所	孙中伟
50120801	瞬态电磁场分析与测试	电磁与超导电工研究所	李　琳　张卫东
50120811	专业英语(信号与信息处理)	电子信息技术研究所	孙中伟
50120821	信息处理技术应用专题	电子信息技术研究所	陆　俊
50120831	专业英语(电工理论与新技术)	电磁与超导电工研究所	刘宏伟
50120841	专业英语(电力系统及其自动化)	电网与调度研究所	周　明
50120841	专业英语(电力系统及其自动化)	电网与调度研究所	曹　昉
50120841	专业英语(电力系统及其自动化)	电网与调度研究所	刘崇茹
50120881	电气工程新技术专题	电网与调度研究所	李庚银　艾　欣 崔　翔　毕天姝
50120891	电力系统应用软件技术	电网与调度研究所	张东英　姜　彤
50220011	振动分析与动态测试	材料教研室	何　青
50220021	检测技术	材料教研室	何　青
50220041	功能材料	材料教研室	李宝让
50220061	材料腐蚀与防护	材料教研室	王永田　刘宗德
50220091	材料凝固与连接	材料教研室	薛志勇
50220101	陶瓷材料学	材料教研室	陈克丕
50220121	现代表面工程	材料教研室	张东博
50220181	机械工程前沿	机械研究室	柳亦兵　夏延秋　芮晓明
50220191	先进制造技术	机械研究室	芮晓明　高清风
50220201	节能原理	工程热物理教研室	周少祥
50220211	工业检测技术	机械研究室	芮晓明
50220221	现代设备工程学	机械研究室	张照煌
50220231	摩擦与磨损	机械研究室	夏延秋
50220241	液压伺服系统	机械研究室	刘衍平　武鑫
50220251	结构设计与数值软件应用	机械研究室	马志勇
50220261	专业英语(机械设计及理论)	机械研究室	芮晓明
50220271	专业英语(机械电子工程)	机械研究室	武　鑫　刘衍平
50220281	专业英语(机械制造及其自动化)	机械研究室	柳亦兵
50620081	工程项目管理前沿	工程管理教研室	赵振宇
50620091	电力负荷预测方法	电力经济管理教研室	张福伟
50620101	电力规划理论与实务	电力经济管理教研室	谢传胜
50620111	电力生产管理	电力经济管理教研室	李金超
50620121	电力市场理论与实务	电力经济管理教研室	曾　鸣
50620131	风险管理理论及方法	电力经济管理教研室	韩金山
50620141	工业工程案例	电力经济管理教研室	董　军
50620151	公司治理	电力经济管理教研室	李彦斌
50620161	技术经济评价理论与方法	电力经济管理教研室	张兴平

续表

课程编号	课程名称	教研室	任课教师
50620171	能源规划与系统分析	电力经济管理教研室	董　军
50620181	人因工程	电力经济管理教研室	董　军　王永利
50620191	网络计划优化方法	电力经济管理教研室	乞建勋
50620211	管理与沟通	电力经济管理教研室	赵洱岽
50620241	现代企业战略管理	电力经济管理教研室	谭忠富
50620251	综合评价方法	电力经济管理教研室	何永秀
50620311	企业财务管理案例分析	财务管理教研室	颜苏莉
50620341	企业纳税筹划	财务管理教研室	沈剑飞
50620351	企业内部控制理论与实务	财务管理教研室	张　颖
50620371	经济管理软件应用	信息管理教研室	刘　谊
50620381	无形资产评估	财务管理教研室	颜苏莉
50620451	管制经济学	经济学教研室	马　昕
50620461	投资学	国际金融与贸易教研室	郭红珍
50620471	高级财务会计理论与实务	会计教研室	王　婧
50620481	商务智能应用	信息管理教研室	刘吉成
50620541	建设项目信息管理	信息管理教研室	李存斌
50620551	货币金融学	国际金融与贸易教研室	孙　冬
50620561	企业预算管理理论与实务	会计教研室	王志成
50620581	金融衍生产品定价理论	国际金融与贸易教研室	高建伟
50620601	项目管理软件及应用	信息管理教研室	董福贵
50620631	金融市场	国际金融与贸易教研室	沈　巍
50620651	博弈论	经济学教研室	李春杰
50620661	采购与合同管理	市场营销教研室	李晓宇
50620671	电力企业物流管理	市场营销教研室	刘　杰
50620681	产业经济学前沿问题	经济学教研室	李春杰
50620691	集团公司人力资源管控	人力资源教研室	袁家海
50620721	劳动关系研究	人力资源教研室	赵长红
50620731	能源发展与政策专题	国际金融与贸易教研室	赵晓丽
50620741	物流系统建模与仿真	市场营销教研室	郭晓鹏
50620771	现代能源经济学	经济学教研室	张晓春
50820421	第一外国语－科技英语翻译	研究生外语教研室	廖　麦
50820441	科技翻译	大学英语第二教研室	吕亮球
50820471	文学翻译(专业学位)	英语专业教研室	任虎林
50820481	应用语言学研究方法与论文写作(专业学位)	英语专业教研室	马铁川
50820491	语篇分析(专业学位)	英语专业教研室	马铁川
50920011	逼近论及其应用	数学教研室	张希荣
50920021	不确定规划	数学教研室	高　欣
50920031	测度论	数学教研室	张金平
50920041	多元统计分析	数学教研室	朱勇华
50920071	非线性发展方程	数学教研室	王玉昭

续表

课程编号	课程名称	教研室	任课教师
50920101	偏微分方程数值解法	数学教研室	杨晓忠
50920111	常用数学软件选讲	数学教研室	雍雪林
50920121	生物数学	数学教研室	张　娟
50920131	时间序列分析	数学教研室	朱勇华
50920161	微分方程稳定性方法	数学教研室	张娟
50920171	现代偏微分方程概论	数学教研室	赵引川
50920221	超导物理	物理教研室	黄　海
50920311	高等半导体物理学	物理教研室	邓加军
50920431	激光物理学	物理教研室	刘纪彩
50920481	量子光学	物理教研室	王文杰
50920591	专业英语(数学)	数学教研室	石玉英
50920701	专业英语(物理)	物理教研室	陈　雷
51120031	高等水工结构	水利水电工程教研室	许桂生
51120091	河流动力学	水文水资源教研室	张　成
51120111	洪水灾害与减灾策略分析	水文水资源教研室	李继清
51120121	计算水动力学	文水资源教研室	张尚弘
51120151	结构数值模拟分析(1)	水利水电工程教研室	李芬花
51120161	结构数值模拟分析(2)	水利水电工程教研室	王俊奇
51120181	数字流域理论方法新进展	水文水资源教研室	张尚弘
51120201	水电站建筑物结构分析	水利水电工程教研室	申　艳
51120211	水环境分析及预测	水文水资源教研室	张　成
51120221	水库调度自动化系统	水文水资源教研室	纪昌明
51120231	水库移民安置研究	水利水电工程教研室	姚凯文
51120251	水文随机分析	水文水资源教研室	门宝辉
51120261	水资源环境经济学	水文水资源教研室	王丽萍
51120281	水资源领域理论方法新进展	水文水资源教研室	纪昌明
51120291	水资源系统风险分析	水文水资源教研室	纪昌明
51120371	有限单元法及程序开发	水利水电工程教研室	董福品
51120381	薄膜技术与薄膜材料	能源工程及自动化教研室	谭占鳌

2013—2014 第二学期研究生课程表

课程号	课程名称	开课教研室	任课教师
40120011	科技信息检索与论文写作专题讲座	科技信息与自动化部	薛敬
40120011	科技信息检索与论文写作专题讲座	科技信息与自动化部	薛敬
50110011	交流电机动态理论及分析	电机运行控制与节能技术研究所	李和明　王红宇
50110021	现代数字信号分析与处理	电子信息技术研究所	许　刚
50110031	现代电气工程的电磁基础	电磁与超导电工研究所	崔　翔　詹花茂　王银顺 韩榕生　林　俊　李美成
50110041	动态电力系统理论与方法	电网与调度研究所	李庚银　黄少锋　马　进
50110051	现代通信技术与计算机网络	通信技术研究所	孙凤杰

续表

课程号	课程名称	开课教研室	任课教师
50120011	检测与估值理论	通信技术研究所	卢文冰
50120021	宽带数据通信网	通信技术研究所	祁　兵
50120031	通信网络运营支撑技术	通信技术研究所	仇英辉
50120051	无线通信原理及应用	通信技术研究所	翟明岳
50120061	现代光纤通信技术	通信技术研究所	仇英辉
50120081	现代通信理论	通信技术研究所	孙凤杰
50120121	信息论及编码	通信技术研究所	唐良瑞
50120131	现代通信网理论	通信技术研究所	翟明岳
50120161	电介质放电理论及其应用	高电压与绝缘技术研究所	郑　重
50120171	过电压分析与防护	高电压与绝缘技术研究所	屠幼萍
50120191	交流电机及其系统分析	电机运行控制与节能技术研究所	刘晓芳
50120231	现代电路理论及分析	现代电子技术研究所	范杰清
50120311	数字信号处理	电力系统研究所	鲍　海
50120361	量子理论	现代电子技术研究所	郝建红
50120401	微波技术基础	现代电子技术研究所	浦　实
50120411	高等电力系统分析	电力系统研究所	姜　彤　张海波　刘宝柱　孙英云
50120411	高等电力系统分析	电力系统研究所	姜　彤　张海波　刘宝柱　孙英云
50120441	现代电子器件物理	现代电子技术研究所	孙建平
50120511	电网络分析理论	电工电子教学实验中心	王雁凌
50120511	电网络分析理论	电工电子教学实验中心	全玉生
50120591	现代电力电子技术	柔性电力技术研究所	张一工
50120671	专业英语(电机与电器)	电机运行控制与节能技术研究所	崔学深
50120691	电磁场选论	电磁与超导电工研究所	王泽忠
50120701	现代电子系统设计与测试	电子信息技术研究所	陈晓梅
50120731	现代传感与检测技术	电子信息技术研究所	赵莲清
50120751	网络与信息安全	电子信息技术研究所	孙中伟
50120781	电磁兼容基础	电磁与超导电工研究所	崔　翔　齐　磊　张卫东
50120861	智能技术及其在电力系统中的应用	电网与调度研究所	赵冬梅
50210011	高等热学理论	工程热物理教研室	周少祥
50210021	材料性能学	材料教研室	刘宗德　徐　鸿
50210031	粘性流体动力学	工程热物理教研室	康　顺
50210041	高等燃烧学	热能动力工程教研室	孙保民
50210051	高等转子动力学	热能动力工程教研室	付忠广
50220031	材料结构基础	材料教研室	郭永权
50220051	材料分析方法	材料教研室	刘东雨
50220071	高等材料力学	材料教研室	李　斌
50220081	合金热力学	材料教研室	王东辉
50220131	工程测试与信号处理	机械研究室	柳亦兵

续表

课程号	课程名称	开课教研室	任课教师
50220141	机电系统工程学	机械研究室	柳亦兵　滕　伟
50220151	机械系统动力学	机械研究室	柳亦兵　周　超
50220161	现代设计理论与方法	机械研究室	刘衍平　高青风
50220171	工程优化方法	机械研究室	李　林
50220401	高等传热学	工程热物理教研室	杜小泽
50220411	高等工程热力学	工程热物理教研室	郭民臣
50220491	高等工程流体力学	工程热物理教研室	张晓东
50220501	场协同理论及强化传热技术	工程热物理教研室	杨立军
50220621	热能动力工程前沿	工程热物理教研室	杜小泽
50220661	循环流化床锅炉原理	热能动力工程教研室	董长青
50610011	预测与计划评价理论	电力经济管理教研室	牛东晓　刘敦楠
50610021	企业经营管理理论与方法	市场营销教研室	杨淑霞
50610031	风险管理理论与信息化	信息管理教研室	李存斌
50610041	高级经济学	经济学教研室	闫庆友
50610051	会计理论与方法研究	财务管理教研室	李　涛
50610061	工程与项目管理方法论	工程管理教研室	侯学良
50610071	高级管理学	电力经济管理教研室	谭忠富
50610081	现代人力资源管理理论与方法	人力资源教研室	余顺坤
50610091	财务管理专题研究	财务管理教研室	刘崇明
50620201	网络流理论及其管理应用	电力经济管理教研室	张立辉
50620221	现代工业工程概论	电力经济管理教研室	董　军
50620231	现代管理理论	电力经济管理教研室	李彦斌
50620261	电力系统经济运行及管理	电力经济管理教研室	刘敦楠
50620271	管理运筹学(二)	电力经济管理教研室	施应玲
50620281	财务会计报告分析	财务管理教研室	龙成凤
50620291	高级财务管理理论与实务	财务管理教研室	任　静
50620301	会计理论	财务管理教研室	李　涛
50620321	企业价值评估	财务管理教研室	简建辉
50620331	大型数据库及网络软件开发	信息管理教研室	王　辉　董福贵
50620401	资本运营理论与实务	财务管理教研室	刘崇明
50620421	资产评估理论与方法	财务管理教研室	陈兆江
50620501	高级管理会计理论与实务	会计教研室	张　戈
50620511	信息系统分析与设计	信息管理教研室	瞿　斌
50620531	高级审计理论与实务	会计教研室	赵宝柱
50620591	商业伦理与会计职业道德	会计教研室	李艳玲
50620611	能源金融	国际金融与贸易教研室	孙　冬
50620621	信息管理与决策支持	信息管理教研室	李存斌　陈永权
50620641	工作分析与岗位评价	人力资源教研室	刘　琳
50620701	产业组织经济学	经济学教研室	李春杰
50620711	供应链管理	市场营销教研室	王　怡

续表

课程号	课程名称	开课教研室	任课教师
50620751	现代物流工程概论	市场营销教研室	王　怡
50620761	物流系统规划与设计	市场营销教研室	刘　达
50620791	项目投融资方法与实务	经济学教研室	赵会茹
50620801	现代营销学	市场营销教研室	李　翔
50620831	人力资源管理体系设计	人力资源教研室	余顺坤
50620841	运营管理	市场营销教研室	李星梅
50620851	应用统计学	经济学教研室	马　昕
50620861	薪酬与绩效管理	人力资源教研室	熊敏鹏　郭京生
50620881	中级微观经济学	经济学教研室	李泓泽
50620911	数据、模型与决策	经济学教研室	闫庆友
50620921	系统工程学	电力经济管理教研室	施应玲
50720011	政治学理论与方法	公共管理教研室	张绪刚
50720071	公共政策基本理论与方法	公共管理教研室	李玲玲
50720131	非政府组织研究专题	公共管理教研室	姚建平
50720171	政府经济学	公共管理教研室	赵　军
50720181	公共管理学	公共管理教研室	朱晓红
50720221	证据法学	法律科学教研室	李红枫
50720251	刑事诉讼法专题	法律科学教研室	赵旭光
50720261	刑法专题	法律科学教研室	方仲炳
50720281	知识产权及电力相关法律知识	法律科学教研室	王书生
50720331	民事诉讼法专题	法律科学教研室	王学棉
50720341	民商法专题	法律科学教研室	刘玉红
50720351	劳动与社会保障法专题	法律科学教研室	杜　波
50720371	环境法总论	法律科学教研室	陈维春
50720391	国际投资与金融法专题	法律科学教研室	杨卫东
50720411	国际贸易法专题	法律科学教研室	李　英
50720421	国际经济争端解决研究	法律科学教研室	付　荣
50720451	国际法专题	法律科学教研室	李　英
50720541	资源保护法	法律科学教研室	曹治国
50720551	中国能源法	法律科学教研室	周凤翱
50720591	国际能源法	法律科学教研室	周凤翱
50720661	高等教育学原理	公共管理教研室	荀振芳
50720681	行政法专题	法律科学教研室	赵保庆
50810011	第一外国语(博士英语)	研究生外语教研室	金朋荪　马铁川
50810011	第一外国语(博士英语)	研究生外语教研室	金朋荪　马铁川
50810011	第一外国语(博士英语)	研究生外语教研室	金朋荪　赵玉闪
50820011	功能语法	研究生外语教研室	金朋荪
50820031	文学理论	英语专业教研室	刘　辉
50820041	外语教学理论	研究生外语教研室	牛跃辉
50820051	文学批评	英语专业教研室	陈惠良

续表

课程号	课程名称	开课教研室	任课教师
50820061	英汉比较与翻译	大学英语第二教研室	吕亮球
50820071	跨文化交际学	研究生外语教研室	李　新
50820461	跨文化交际学	研究生外语教研室	李　新
50820101	中西翻译史	研究生外语教研室	赵玉闪
50820161	英美诗歌	英语专业教研室	杨春红
50820211	心理语言学	英语专业教研室	任虎林
50820231	认知心理学	英语专业教研室	戴忠信
50820241	英语学习策略研究	英语专业教研室	戴忠信
50820301	第二外国语(日语)	研究生外语教研室	葛一鹏
50820291	第二外国语(日语)	研究生外语教研室	葛一鹏
50820311	第二外国语(法语)	研究生外语教研室	裴光宇
50820501	第二外国语(法语)	研究生外语教研室	裴光宇
50820361	基础笔译	研究生外语教研室	赵玉闪
50820371	基础口译	大学英语第二教研室	康建刚
50820381	翻译概论	英语专业教研室	宁圃玉
50820391	第一外国语－综合英语	研究生外语教研室	廖　麦
50820391	第一外国语－综合英语	研究生外语教研室	廖　麦
50820391	第一外国语－综合英语	研究生外语教研室	刘　军
50820391	第一外国语－综合英语	研究生外语教研室	刘　军
50820391	第一外国语－综合英语	研究生外语教研室	张　湛
50820391	第一外国语－综合英语	研究生外语教研室	张　湛
50820391	第一外国语－综合英语	研究生外语教研室	郭晓军
50820391	第一外国语－综合英语	研究生外语教研室	郭晓军
50820391	第一外国语－综合英语	研究生外语教研室	刘　阳
50820391	第一外国语－综合英语	研究生外语教研室	刘　阳
50820391	第一外国语－综合英语	研究生外语教研室	尹　宇
50820391	第一外国语－综合英语	研究生外语教研室	尹　宇
50820391	第一外国语－综合英语	研究生外语教研室	张　帆
50820391	第一外国语－综合英语	研究生外语教研室	张　帆
50820391	第一外国语－综合英语	研究生外语教研室	刘　辉
50820391	第一外国语－综合英语	研究生外语教研室	刘　辉
50820391	第一外国语－综合英语	研究生外语教研室	李　新
50820391	第一外国语－综合英语	研究生外语教研室	李　新
50820391	第一外国语－综合英语	研究生外语教研室	李丽君
50820391	第一外国语－综合英语	研究生外语教研室	李丽君
50820391	第一外国语－综合英语	研究生外语教研室	王　华
50820391	第一外国语－综合英语	研究生外语教研室	冯俊宝
50820391	第一外国语－综合英语	研究生外语教研室	刘　岩
50820391	第一外国语－综合英语	研究生外语教研室	李占芳
50820391	第一外国语－综合英语	研究生外语教研室	李海燕

续表

课程号	课程名称	开课教研室	任课教师
50820391	第一外国语－综合英语	研究生外语教研室	李一坤
50820391	第一外国语－综合英语	研究生外语教研室	高晓薇
50820391	第一外国语－综合英语	研究生外语教研室	孟　亮
50820431	第一外国语－高级英语	研究生外语教研室	孟　亮
50910011	现代数学基础与方法	数学教研室	李忠艳
50910021	高等泛函分析	数学教研室	罗振东
50920051	泛函分析及其应用	数学教研室	罗振东
50920081	非线性数值分析	数学教研室	杨晓忠
50920711	随机过程(数学专业)	数学教研室	何凤霞
50920141	随机过程	数学教研室	何凤霞
50920151	微分方程定性理论	数学教研室	张　娟
50920181	小波分析及其应用	数学教研室	李忠艳
50920191	最优化理论与方法	数学教研室	邱启荣
50920321	高等量子力学	物理教研室	韩榕生
50920351	固体理论	物理教研室	黄　海
50920531	群论	物理教研室	张　昭
50920721	模糊数学(数学专业)	数学教研室	谷云东
50920631	模糊数学	数学教研室	谷云东
50920641	矩阵论	数学教研室	孙淑珍
50920641	矩阵论	数学教研室	马德香
50920641	矩阵论	数学教研室	邱启荣
50920641	矩阵论	数学教研室	徐英凯
50920641	矩阵论	数学教研室	韩励佳
50920651	组合数学	数学教研室	陈学刚
50920661	泛函分析	数学教研室	罗振东
50920671	应用数理统计	数学教研室	朱勇华
50920681	规划数学	数学教研室	吕　蓬
50920681	规划数学	数学教研室	叶振军
50920691	数值分析	数学教研室	彭武安
50920691	数值分析	数学教研室	曹艳华
50920691	数值分析	数学教研室	刘　勇
50920731	理论生态学	数学教研室	张化永
51120011	水资源系统规划与管理	水文水资源教研室	纪昌明
51120021	3S 技术及其应用	水文水资源教研室	张尚弘
51120041	高等水力学	水利水电工程教研室	张　华
51120121	计算水动力学	水文水资源教研室	张尚弘
51120131	结构动力学	水利水电工程教研室	孙万泉
51120171	近代水文学	水文水资源教研室	李继清
51120271	水资源经济学	水文水资源教研室	王丽萍
51120301	水资源学	水文水资源教研室	门宝辉

续表

课程号	课程名称	开课教研室	任课教师
51120411	高等恢复生态学	水文水资源教研室	张化永
51120311	塑性力学	水利水电工程教研室	吕爱钟
51220011	近代物理导论	核反应堆工程教研室	蔡　军
52710011	科研方法论	测控技术与仪器教研室	闫　勇
52710031	智能控制理论及应用	控制装置与系统教研室	白　焰
52710041	现代工程控制理论	控制理论与系统教研室	韩　璞
52710051	非线性系统理论	控制理论与系统教研室	刘向杰
52720021	Java 程序设计	信息安全教研室	祖向荣　马素霞
52720041	智能机器人技术	计算机应用教研室	柳长安
52720091	离散数学(三)	软件工程教研室	胡海涛
52720111	模式识别	控制装置与系统教研室	刘　禾
52720121	系统工程方法论	控制装置与系统教研室	师瑞峰
52720141	系统工程导论	控制装置与系统教研室	罗　毅
52720211	现代传感技术	测控技术与仪器教研室	段泉圣
52720221	优化理论与最优控制	控制装置与系统教研室	黄　仙
52720281	软件智能化技术	计算机应用教研室	吴克河
52720301	面向 SOC 的高级嵌入系统设计技术	计算机应用教研室	邵作之
52720321	网络信息安全	信息安全教研室	李元诚
52720361	ERP 原理与实践	计算机公共基础教研室	姜力争
52720371	电力工业信息化案例	信息安全教研室	徐茹枝　吴克河　曾德良
52720391	网络集成技术及应用	计算机科学与技术教研室	齐林海
52720381	计算机工程技术前沿	计算机科学与技术教研室	夏　宏　吴克河　柳长安 徐　磊　马应龙　程文刚
52720401	面向对象系统设计与实现	软件工程教研室	马素霞
52720471	风力发电机组的控制技术	测控技术与仪器教研室	吕跃刚
52720541	自适应控制	控制理论与系统教研室	田　涛
52720581	人工智能	测控技术与仪器教研室	郭　鹏
52720591	信号处理	测控技术与仪器教研室	杨锡运
52720641	线性系统理论	控制理论与系统教研室	马苗苗
52720671	新能源转换及发电控制技术	测控技术与仪器教研室	肖运启
52720801	非线性系统分析与控制	控制理论与系统教研室	张建华
52720851	决策支持系统	信息安全教研室	申晓留
52820041	哲学导论	研究生政治理论公共课教研室	马临真　郑洪晓
52820051	思想政治教育心理学	研究生政治理论公共课教研室	苑英科
52820121	马克思主义经典著作选读	研究生政治理论公共课教研室	刘　娟
52820131	马克思主义基本原理专题研究	研究生政治理论公共课教研室	王建永
60220041	高等环境工程	能源与环境研究中心	李　薇
60220061	环境不确定性优化研究案例	能源与环境研究中心	陈　冰
60220071	环境监测质量控制技术	能源与环境研究中心	李　鱼
60220111	生态水文学与分布式水文模型	能源与环境研究中心	王盛萍
60220191	水资源管理	能源与环境研究中心	李永平

华北电力大学2013年硕士学位授权点一览表

学科门类及代码	一级学科		二级学科		类别
	学科名称	学科代码	学科名称	学科代码	
经济学02	应用经济学(一级学科)	0202	金融学(含:保险学)	020204	硕士
			产业经济学	020205	硕士
			统计学	020208	硕士
			数量经济学	020209	硕士
法学03	法学(一级学科)	0301	诉讼法学	030106	硕士
			环境与资源保护法学	030108	硕士
			国际法学(含:国际公法、国际私法、国际经济法)	030109	硕士
	马克思主义理论(一级学科)	0305	思想政治教育	030505	硕士
文学05	外国语言文学(一级学科)	0502	英语语言文学	050201	硕士
			外国语言学及应用语言学	050211	硕士
理学07	数学(一级学科)	0701	计算数学	070102	硕士
			应用数学	070104	硕士
			运筹学与控制论	070105	硕士
	物理学(一级学科)	0702	理论物理	070201	硕士
			凝聚态物理	070205	硕士
			光学	070207	硕士
工学08	机械工程(一级学科)	0802	机械制造及其自动化	080201	硕士
			机械电子工程	080202	硕士
			机械设计及理论	080203	硕士
			车辆工程	080204	硕士
	材料科学与工程(一级学科)	0805	材料学	080502	
	动力工程及工程热物理(一级学科)	0807	工程热物理	080701	博士、硕士
			热能工程	080702	博士、硕士
			动力机械及工程	080703	博士、硕士
			流体机械及工程	080704	博士、硕士
			制冷及低温工程	080705	博士、硕士
			化工过程机械	080706	博士、硕士
	电气工程(一级学科)	0808	电机与电器	080801	博士、硕士
			电力系统及其自动化	080802	博士、硕士
			高电压与绝缘技术	080803	博士、硕士
			电力电子与电力传动	080804	博士、硕士
			电工理论与新技术	080805	博士、硕士
	电子科学与技术(可授工学、理学学位)(一级学科)	0809	电路与系统	080902	硕士
			电磁场与微波技术	080904	硕士
	信息与通信工程(一级学科)	0810	通信与信息系统	081001	硕士
			信号与信息处理	081002	硕士

续表

学科门类及代码	一级学科		二级学科		类别
	学科名称	学科代码	学科名称	学科代码	
	控制科学与工程(一级学科)	0811	控制理论与控制工程	081101	博士、硕士
			检测技术与自动化装置	081102	博士、硕士
			系统工程	081103	
			模式识别与智能系统	081104	博士、硕士
	计算机科学与技术(可授工学、理学学位)(一级学科)	0812	计算机系统结构	081201	硕士
			计算机软件与理论	081202	硕士
			计算机应用技术	081203	硕士
	土木工程(一级学科)	0814	供热、供燃气、通风及空调工程	081404	硕士
	水利工程(一级学科)	0815	水文学及水资源	081501	硕士
			水工结构工程	081503	硕士
			水利水电工程	081504	硕士
	化学工程与技术(一级学科)	0817	化学工程	081701	硕士
			应用化学	081704	硕士
			工业催化	081705	硕士
	核科学与技术(一级学科)	0827	核能科学与工程	082701	硕士
			辐射防护及环境保护	082704	硕士
	农业工程	0828	农业电气化与自动化	082804	硕士
	环境科学与工程(一级学科)	0830	环境科学	083001	硕士
			环境工程	083002	硕士
	软件工程(一级学科)	0835			硕士
管理学 12	管理科学与工程(一级学科)	1201	可授管理学、工学学位[注: 本一级学科不分设二级学科(学科、专业)]		博士、硕士
	工商管理(一级学科)	1202	会计学	120201	博士、硕士
			企业管理(含:财务管理、市场营销、人力资源管理)	120202	博士、硕士
			技术经济及管理	120204	博士、硕士
	公共管理(一级学科)	1204	行政管理	120401	
			教育经济与管理(可授管理学、教育学学位)	120403	硕士
			社会保障	120404	硕士

华北电力大学2013年博士学位授权点一览表

学科门类及代码	一级学科		二级学科		类别
	学科名称	学科代码	学科名称	学科代码	
工学08	动力工程及工程热物理（一级学科）	0807	工程热物理	080701	目录内
			热能工程	080702	目录内
			动力机械及工程	080703	目录内
			流体机械及工程	080704	目录内
			制冷及低温工程	080705	目录内
			化工过程机械	080706	目录内
			能源环境工程	0807Z1	目录外自设
			核电与动力工程	0807Z2	目录外自设
	电气工程（一级学科）	0808	可再生能源与清洁能源	99J1	交叉学科
			电机与电器	080801	目录内
			电力系统及其自动化	080802	目录内
			高电压与绝缘技术	080803	目录内
			电力电子与电力传动	080804	目录内
			电工理论与新技术	080805	目录内
			电气信息技术	0808Z1	目录外自设
	控制科学与工程（一级学科）	0811	控制理论与控制工程	081101	目录内
			检测技术与自动化装置	081102	目录内自设
			模式识别与智能系统	081104	目录内自设
			信息安全	0811Z1	目录外自设
			系统分析、运筹与控制	0811Z2	目录外自设
管理学12	管理科学与工程（一级学科）	1201	本一级学科不分设目录内二级学科		目录内
			工程与项目管理	1201Z1	目录外自设
			信息管理工程	1201Z2	目录外自设
	工商管理（一级学科）	1202	会计学	120201	目录内自设
			企业管理	120202	目录内自设
			技术经济及管理	120204	目录内
			能源管理	1202Z1	目录外自设

华北电力大学2013年博士后流动站一览表

序号	设站学科	批准文号	审批时间(年.月.日)
1	电气工程	人发〔2001〕28号	2001.3.26
2	工商管理	国人部发〔2003〕38号	2003.10.23
3	动力工程及工程热物理	国人部发〔2007〕110号	2007.8.14
4	管理科学与工程	人社部发〔2009〕107号	2009.9.4
5	控制科学与工程	人社部发〔2012〕48号	2012.8.29

华北电力大学2013年学生学科竞赛获奖情况一览表

（北京校部）

获奖项目	获奖等级	获奖队数	姓名	班级	姓名	班级	姓名	班级	指导教师
全国大学生数学建模与计算机应用竞赛	国家二等奖	6	吕红梅	核电1103	梁秋	计科1101	周宇聪	电气1101	潘志
			金东亚	电网1101	吕勃翰	电气1109	吴晨曦	电网1101	谷云东
			刘双龙	机械1101	董永星	机械1101	黄焕彬	电气1103	曹艳华
			杨杰栋	创新动1101	冯沛飞	热能1108	刘琪	创新动1101	潘志
			张驻西	计科1102	张又中	计科1101	张鹏飞	计科1102	雍雪林
			冯乐	计科1102	贾玉改	计科1102	焦宁宁	电管1102	高欣
	北京一等奖	5	朱俊谕	电气1106	房国俊	电气1106	古浩声	信息1102	谷云东
			张明智	电气1106	何国佩	电气1106	邓铭薇	电气1108	谷云东
			王方雨	电气1108	赵裕童	风能1101	付胜国	测控1101	谷云东
			龙日尚	电气1108	沈新	机械1101	詹森国	水文1101	高欣
			缪晓春	信安1102	罗莹莹	风能1102	林楠	水电1101	雍雪林
	北京二等奖	16	李晨星	自动1104	孙熙	自动1103	杜欢	自动1103	谷云东
			周正	电气1105	仇楠娱	电气1109	韩瑞午	热能1104	何凤霞
			刘洪涛	热能1106	国旭涛	热能1105	刘涵子	热能1106	何凤霞
			韩通	电气1103	代丽娟	电气1103	蔡博	电气1103	谷云东
			马泽华	核电1104	林韩清	核电1104	张红颖	电气1104	谷云东
			韩璐	通信1103	黄婷	电气1110	马许	信安1102	高欣
			黄晓宇	创新动1101	何春龙	创新动1101	张强	创新动1101	高欣
			黄晨雨	计科1102	赵亚男	计科1101	张雨薇	电气1103	曹艳华
			汤卓凡	风能1101	蒋涵颖	风能1101	蒋华婷	水电1102	曹艳华
			杨帆	电气1103	王康睿	电气1104	朱震东	软件1102	潘志
			李瀛澜	创新电1201	王子倓	创新电1201	王京琦	创新电1201	潘志
			顾令东	创新动1101	祝培鑫	创新动1101	夏单城	热能1102	何凤霞
			王媛	创新电1101	王宇	创新电1101	任艺	创新电1101	雍雪林
			余仁辉	电气1111	胡莎	能材1101	马宇飞	电气1111	曹艳华
			李孟军	创新电1101	包吉强	创新电1101	胡海洋	创新电1101	雍雪林
			卢泽华	实践电1101	代航	电气1107	滕岳桓	实践电1101	潘志
美国大学生数学建模竞赛	一等奖	22	孙吕祎	实验电10	涂京	电气1009	武录	实验电10	潘志
			李子昂	电管1001	张一迪	热能1009	何艺	电气1011	潘志
			韩江磊	信管1001	李玉容	电气1002	邱扬	电气1008	潘志
			宋亮	电子1001	袁艺嘉	电气1007	梁少林	电子1001	潘志
			时欢	计算1002	王文晶	会计1002	王艳红	计科1001	潘志
			叶一达	实验电10	沈致远	实验电10	王进	实验电10	潘志
			余晓辉	热能1011	贾时轮	热能1012	王昊	电气1005	曹艳华
			国潇丹	物流1001	徐方秋	信管1001	陆高锋	建环1001	谷云东
			方晓璐	核电1001	徐真	水电1002	付玉	核电1001	谷云东

续表

获奖项目	获奖等级	获奖队数	姓名	班级	姓名	班级	姓名	班级	指导教师
美国大学生数学建模竞赛	一等奖	22	李创	实动 1101	史文华	电气 1108	远洪亮	热能 1107	谷云东
			田彦鹏	电管 1001	郭培林	电管 1001	郝悦辰	电管 1002	谷云东
			章迪	风能 1003	唐亚平	计科 1002	郭宇耀	风能 1003	谷云东
			赵迪	经济 1002	李柯洁	实验自 10	张景胤	实验动 10	钱殿伟
			崔靖涵	实验自 10	刘玉奇	实验自 10	张琦	实验自 10	师瑞峰
			周冬升	电气 1015	黄博文	信安 1002	朱梦鸽	电气 1015	师瑞峰
			秦彤	热能 1107	王博	创新动 1101	顾令东	创新动 1101	雍雪林
			黄晨雨	计科 1102	刘杨中华	自动 1105	韩雨辰	创动 1101	雍雪林
			叶加良	材料 1001	王野	热能 1008	郑书誉	商务 1001	雍雪林
			金武	实验动 10	姜越	实验动 10	董伟	热能 1009	雍雪林
			韩博	测控 1003	郑秉睿	测控 1003	朱睿	测控 1003	杨国田
			杨卓	自动 1004	朱东阳	自动 1003	陈思乔	自动 1003	王震宇
			孙建建	创新自 1101	钟立飞	软件 1001	燕卫政	测控 1102	赵红涛
美国大学生数学建模竞赛	二等奖	46	张维	自动 1001	陈祺	自动 1001	金锐	实验动 10	刘向杰
			张姝贝	电气 1012	宋倩怡	自动 1002	姚琦	自动 1002	师瑞峰
			王艳宁	能源 1001	夏若洲	能源 1001	何丰廷	能源 1001	邱启荣
			张嘉慧	创新电 1101	孟繁星	创新电 1101	孙润波	信管 1101	谷云东
			马晓宇	自动 1004	杨玉	自动 1004	郭凯旋	自动 1004	谷云东
			付鹏宇	电气 1011	李雄	电气 1005	张亮	核电 1003	谷云东
			李亚	计科 1001	赫嘉楠	电气 1010	余笑东	电气 1011	谷云东
			宋一凡	实验电 10	覃泓皓	信管 1001	夏鹏	电气 1003	谷云东
			刘诗怡	电气 1108	杨沫	工商 1101	赵爽	工商 1101	谷云东
			孙章才	计科 1002	甘荣	电气 1004	朱天青	热能 1001	雍雪林
			刘岚	信安 1001	陈祖歌	软件 1002	朱越凡	信安 1002	雍雪林
			徐斌	电气 1011	王桐	电气 1011	杨挺	电气 1011	雍雪林
			李芳漪	计科 1101	芦曦	创新电 1101	温豪	创新电 1101	雍雪林
			郑可轲	测控 1001	吕骏腾	计科 1002	游德鼎	测控 1001	雍雪林
			司新雨	电管 1101	林童	电管 1101	周子青	电管 1101	雍雪林
			杜梦楠	电子 1001	周子豪	电子 1001	张立涛	电子 1002	雍雪林
			赵灿	电气 1014	陆格野	电气 1014	林奕夫	电气 1015	朱永强
			黄呈宇	自动 1003	范昌	自动 1003	刘志林	电气 1001	潘志
			任艺	创新电 1101	于致远	电气 1103	郭得扬	创新电 1101	潘志
			王俊龙	营销 1002	陈子君	电气 1108	徐国旺	电气 1108	谷云东
			范耀文	经济 1001	刘素蔚	经济 1001	郭万望	经济 1001	谷云东
			王子豪	电气 1101	张立凡	实践电 11	周喆	实践电 11	谷云东
			杨家莉	计科 1001	赵洪伟	计科 1001	孙莹	热能 1010	潘志
			赵亚男	风能 1002	方雨康	风能 1003	刘慧	水电 1002	石玉英
			卢东祁	电气 1101	吴梓川	计科 1101	王超	电网 1102	赵红涛
			何国佩	电气 1106	邓铭薇	电气 1108	张明智	电气 1106	潘志

续表

获奖项目	获奖等级	获奖队数	姓名	班级	姓名	班级	姓名	班级	指导教师
美国大学生数学建模竞赛	二等奖	46	郭裕群	电气 1013	李庆庆	电气 1013	邹兰青	电气 1013	潘志
			张宇琨	电气 1004	林彦凯	能源 1001	杨伟	通信 1002	潘志
			李玟萱	电气 1009	牛淑娅	电气 1002	王怡	软件 1002	邱启荣
			陈佳紫	电气 1015	李毅	电气 1015	刘鹏	通信 1102	邱启荣
			周黄山	电气 1001	张尧	电气 1001	卢承楠	电气 1007	雍雪林
			常牧	核电 1001	李卓	电子 1002	田俊	核电 1003	雍雪林
			于梦琪	实验电 10	李志	实验电 10	李慧勇	实验电 10	雍雪林
			肖童心	通信 1102	马泽华	核电 1104	林健雄	电气 1104	雍雪林
			王笑凯	电气 1007	于钊	电气 1007	袁之康	电气 1002	雍雪林
			徐鸿飞	实验动 10	张婳	测控 1002	王杰玉	自动化 1004	谷云东
			卢泽华	实电 1101	苏思旭	实电 1101	滕岳桓	实电 1101	谷云东
			任哲锋	电气 1012	潘照旺	物流 1001	赵相政	电气 1015	谷云东
			李英姿	电气 1011	常乔磊	建环 1001	徐璋	热能 1010	谷云东
			黄娟	风能 1003	李翔	热能 1007	孙晓丹	风能 1002	谷云东
			杨国伟	自动 1102	万凯遥	电气 1106	游宏宇	创电 1101	谷云东
			王雅晶	电气 1001	粟子明	通信 1003	韩毅	电气 1001	高欣
			段栋伟	热能 1005	黄畅	热能 1006	赵一凡	热能 1006	高欣
			汪执雅	电气 1111	龙日尚	电气 1108	刘译聪	电气 1111	高欣
			张皓	创新自 1101	庄登祥	创新自 1101	谢伟戈	创新自 1101	吴华
			周强	热能 1110	孙筑华	热能 1110	张庭一	热能 1110	潘志
全国大学生电子设计竞赛	全国一等奖	1	曾华荣	电子 1002	李卓	电子 1002	陈世宏	电子 1001	梁光胜
	全国二等奖	1	黄吉畴	电子 1001	张恒友	电子 1101	李婷婷	电子 1002	梁光胜
	北京市二等奖	1	杜梦楠	电子 1001	周子豪	电子 1001	刘春旭	电子 1001	梁光胜
	北京市三等奖	9	孙雅旻	电气 1003	陈鹏伟	电气 1003	李飞	电气 1003	孙淑艳 柳　赟 赵　东 文亚凤 刘向军 王　赟 李月乔 王莉丽 梁光胜
			马骏鹏	电气 1113	李青青	自动 1103	徐特	测控 1102	
			宋亮	电子 1001	王光波	电子 1002	王正光	电子 1002	
			杨志鑫	测控 1103	李柳耘	测控 1102	刘小波	测控 1104	孙淑艳 柳　赟 赵　东 文亚凤 刘向军 王　赟 李月乔 王莉丽
			马亮	自动 1103	庄登祥	创新自 1101	杨扬	创新自 1101	
			支宸啸	测控 1104	谭梅梅	测控 1102	陈丽娟	自动 1103	
			黄乔莎	电气 1105	陆琪	电气 1105	张莎	电气 1104	
			张雪根	电网 1101	杨佳艺	电气 1111	吴涛	自动 1102	
			李永基	电网 1101	张理	电气 1109	曾梓鹏	创新电 1201	
第六届全国大学生节能减排社会实践与科技竞赛	全国特等奖	1	罗薇	热能 1102	陈子丹	建环 1101	夏单城	实践动 1101	宋玉旺
			王婧超	热能 1104	李常明	热能 1003	王睿	电气 1001	

续表

获奖项目	获奖等级	获奖队数	姓名	班级	姓名	班级	姓名	班级	指导教师
第六届全国大学生节能减排社会实践与科技竞赛	全国二等奖	3	徐璋	热能 1010	唐三力	热能 1101	李英姿	电气 1011	刘衍平
			王艺歌	财务 1101	周志宇	实验电 10	白俊维	财务 1101	
			柏韩	自动 1003					
	全国二等奖		饶承彪	材料 1001	李阳	资源 1001	马龙	材料 1001	戈志华
			马向追	热能 1001	徐鸿飞	实验动 10	彭波	材料 1001	
			孙铃智	材料 1001					
	全国二等奖		刘慧	水电 1002 班	卢航	能自 1101 班	张军	热能 1007 班	李美成
			陈杰威	水电 1002 班	羊冰清	能自 1101 班	周子力	热能 1007 班	
			王婷	热能 1007 班					
	全国三等奖	5	袁之康	电气 1002 班	张超群	自实验 10	刘思华	电气 1002 班	王昊
			李少雄	电气 1005 班	王亚男	自实验 10	卢陈越	信息安全 1001 班	
			李韵	电气 1005 班					
			张宏元	实验动 10	叶一达	实验电 10	李飞	电气 1004	陈海平
			李兆豪	热能 1010	陈博	电气 1107	帅志昂	实验动 10	
			刘敬诚	实验电 10					
			祝培鑫	电气 1102	桂波	创新动 1101	张良	热能 1012	陈海平
			顾令东	创新动 1101	李明杰	创新动 1101	彭浩	热能 1001	
			周正	电气 1105					
			赵裕童	风能 1101	孙长乐	电气 1105	杨宇晨	行管 1101	田德
			王方雨	电气 1108	孙立东	电气 1111	李嘉楠	风能 1101	
			王磊鑫	热能 1109					
			王能	研动 1128	魏心怡	法学 1202	崔淑雅	法学 1202	李惊涛
			陈新明	研动 1128	梁嘉贤	法学 1202	蒙彦钧	法学 1202	
			黄帆	实验动 09					
第八届全国大学生“飞思卡尔”杯智能汽车竞赛	二等奖	1	李永基	电网 1101	曾梓鹏	电气 1207	张理	电气 1109	程晓磊
	三等奖	1	梁少林	电子 1001	曾华荣	电子 1002	宋亮	电子 1001	
ACM－国际大学生程序竞赛	亚洲区域赛银牌（南京站）	1	孟春雷	软件 1002	白宇宁	电气 1105	朱震东	软件 1102	马　炜 贾静平
北京市大学生第六届物理实验竞赛	北京市二等奖	1	张瑜	创新电 1201	孙鹏	创新电 1201	张传云	创新电 1201	陈雷
	北京市三等奖	2	徐雅惠	电气 1201	薄文武	电气 1204	陈小辉	电气 1204	邓加军
			李一铮	电气 1203	王昊月	电气 1106	吕委伦	电气 1203	黄霞
第五届大学生广告设计大赛	北京市二等奖	6	李彤彤	广告 1001	李梦妤	广告 1201	王晶晶	广告 1201	陈　波 陈　玲 庞　涛
			王广涵	广告 1201	袁婷	广告 1201	起嘉妍	广告 1201	
	北京市三等奖	2	林思佳	广告 1001	尚碧依	广告 1001	林思佳	广告 1001	
第四届北京市大学生模拟法庭竞赛	北京市三等奖	1	朱旭	法学 1101	李雪松	法学 1101	高瑞笛	法学 1101	方仲炳 王学棉 王春波 赵旭光 王书生 蔡　恒
			杨柯	法学 1102	黄陈辰	法学 1102	任嘉宁	法学 1102	

续表

获奖项目	获奖等级	获奖队数	姓名	班级	姓名	班级	姓名	班级	指导教师
全国大学生英语竞赛	特等奖	1	吴嘉杰	水文 1201					王欣、王华、皇甫伟、宁圃玉、司微、姜雪、施健
	一等奖	6	晋宏杨	实验电 10	唐三力	热能 1101	李庆庆	电气 1013	
			李玟萱	电气 1009	刘勤	会计 1101	张骁铂	经济 1002	
	二等奖	17	孙聪	GJ 电气 1204	张维	自动化 1001	肖可	GJ 会计 1101	
			柳丽莎	营销 1101	周喆	实践电 1101	张宇熙	电气 1206	
			毛世琦	电子 1001	贾曦萌	GJ 电气 1201	周奕瑶	创电 1201	
			李慧勇	实验电 10	康孟佳	GJ 电气 1204	陈米兰	GJ 电气 1201	
			武录	实验电 10	何璇	GJ 电气 1207	杨帆	电气 1103	
			肖伊	电气 1205	朱东阳	自动化 1003			
	三等奖	35	江肖玮	行管 1202	徐思琪	财务 1002	吕思琦	电气 1102	
			胡远芬	会计 1001	张怡	测控 1001	王历晔	GJ 电气 1105	
			曾怡平	经济 1203	赵志斌	电气 1014	李昊	GJ 电气 1206	
			王英沛	实验电 10	汪鼎民	软件 1101	崔姗	电气 1006	
			刘思华	电气 1002	杨旭	能材 1201	郭潇	资源 1001	
			施雷诺	经济 1001	洪金宁	营销 0901	孙杨	风能 1002	
			何凌云	实验电 10	邱扬	电气 1008	黄瀚燕	电气 1208	
			沈雅琦	通信 1201	叶秋子	GJ 电气 1205	韩梅	实验自 10	
			徐天娇	财务 1201	马小琨	热能 1009	李洁	电气 1010	
			刘思颖	GJ 电气 1202	程宇頔	GJ 电气 1105	刘歌	电气 1009	
			董颖章	GJ 电气 1105	白丽梅	创新动 1101	林瑶琦	GJ 电气 1204	
			唐一品	经济 1203	李玥	电气 1108			
北京市大学生英语演讲比赛	北京三等奖	1	许彦斌	热能 1111					牛跃辉
全国大学生数学竞赛	一等奖	6	曾文伟	创新动 1201	张璐路	创新电 1201	杨卓	测控 1003	彭武安
			张传云	创新电 1201	孟繁星	创新电 1101	郭晓茜	创新电 1201	
	二等奖	4	王京琦	创新电 1201	黎晓	电气 1210	谭天宇	创新动 1201	
			邱淼波	计算 1201					
	三等奖	4	王子倓	创新电 1201	李瀛澜	创新电 1201	李轶凡	实践电 1201	
			廖露	经济 1201					
第五届“尖峰时刻”全国模拟大赛	全国一等奖	1	陈康婷	营销 1002	蔡泓忻	营销 1002	张吉祥	物流 1001	张琪、杨淑霞
			张超	经济 1001					
	全国二等奖	1	宋建威	财务 1002	韩佳	会计 1002	李明雅	财务 1001	张琪
			肖昕	财务 1001					
	全国三等奖	3	皮成武	物流 1001	潘照旺	物流 1001	刘旭	物流 1001	
			曾涛	物流 1001	赵松	物流 1001			
			黄雅莉	营销 1002	宋杰瑛	营销 1002	罗健瑜	营销 1002	
第八届全国信息技术应用水平大赛	全国一等奖	1	赖程鹏	研电 1202	熊雪艳	研电 1302			梁光胜
	全国二等奖	5	李珅	电子 1101	金莉	电子 1101	苗晓晓	信息 1101	梁光胜
			崔超	研控计 1302	苏荣强	研控计 1322	燕卫政	测控 1102	杨国田
			王晓鹏	软件 1102	彭浩	热能 1101			刘春阳
			张雪垠	电网 1101	杨佳艺	电气 1111	李永基	电网 1101	赵东
			高一鸣	自动 1105	陈丽娟	自动 1103	靳子乐	公共 1101	罗毅

续表

获奖项目	获奖等级	获奖队数	姓名	班级	姓名	班级	姓名	班级	指导教师
第八届全国信息技术应用水平大赛	全国三等奖	5	马亮	自动 1103	张继业	自动 1103	刘鑫	计算 1102	杨国田
			李露	研控计 1302	王洋	研控计 1322	王家兴	自动 1105	朱耀春
			毕贵龙	电网 1102	赵炳强	电网 1101	崔婧	电网 1101	赵莲清
			刘娟	商务 1201	李诗琪	商务 1201	宋秋琴	商务 1201	王钇
			蔡凌霄	软件 1101	牛文静	软件 1101	姜婷	计算 1102	王素琴
第 30 届全国部分地区大学生物理竞赛	一等奖	3	邱森波	自动 1202	葛良军	电气 1207	郑凯元	实践电 1201	黄 霞 陈 雷 崔晓华 韩榕生 付星球 胡 冰 李瑞洁
	二等奖	4	李欣蔚	实践电 1201	李雲建	创新电 1201	刘献强	软件 1202	
			薛腾	电气 1212					
	三等奖	9	殷子寒	电气 1212	王烨	创新电 1201	张栗楠	电气 1206	
			王克	创新动 1201	钟荣兴	通信 1203	朱颖	电气 1212	
			黄瀚燕	实践电 1201	刘翔宇	实践动 1201	罗耿	创新动 1201	
第四届“蓝桥杯”全国软件专业人才设计与创业大赛	一等奖	3	朱震东	软件 1102	马许	信安 1102	付昱玮	实践电 1101	马 炜 贾静平
	二等奖	3	白宇宁	电气 1105	于洋	计算 1202	陈海粟	计算 1101	
全国大学生计算机博弈大赛	二等奖	3	姚鹏	计算 1002	李林	软件 1101			刘春阳
			钟立飞	软件 1001	刘鑫	计算 1102	李绣雯	软件 1102	
			王斌	信安 1001					
			武书舟	软件 1001	李建龙	软件 1001	汪细勖	软件 1001	
	三等奖	2	蔡凌霄	软件 1101	牛文静	软件 1101			
			张加其	软件 1202	钟立飞	软件 1001	王斌	信安 1001	
2013 年全国大学生管理决策模拟大赛	总决赛一等奖	1	陈康婷	营销 1002	蔡泓忻	营销 1002	张吉祥	物流 1001	张琪
北京市人文知识竞赛	北京三等奖	1	田聪	核电 1103	黄蕾宇	中文 1201	贺旭光	实践电 1101	马 冬 郑 路
			商雅菲	财务 1101	杜善重	财务 1101			
第四届全国高校电子信息创新作品大赛	全国一等奖	2	张恒友	电子 1101	赵振华	电子 1101	杨林满	电子 1101	梁光胜
			董宇楠	电子 1101	邓文玉	测控 1102	王 倩	电子 1101	
	全国二等奖	1	曾华荣	电子 1002	潘 英	电子 1101	李彦凝	电气 GJ1203	
	全国三等奖	3	黄吉畴	电子 1001	李 珅	电子 1101	王科敏	电子 1101	
			陈世宏	电子 1001	罗 亚	电子 1101	司 梦	电气 1005	
			金 莉	电子 1101	赵 钰	电子 1101	朱春燕	电子 1101	

华北电力大学 2013 年学科创新竞赛获奖情况一览表

竞赛名称	获奖级别	获奖等级	获奖队数
全国大学生英语竞赛	国家级	特等奖	6
		一等奖	10
		二等奖	38
		三等奖	75
美国国际大学生数学建模竞赛	国际级	一等奖	11
		二等奖	8

续表

<table>
<tr><th>竞赛名称</th><th>获奖级别</th><th>获奖等级</th><th>获奖队数</th></tr>
<tr><td rowspan="3">第六届全国节能减排社会实践与科技竞赛</td><td rowspan="3">国家级</td><td>一等奖</td><td>2</td></tr>
<tr><td>二等奖</td><td>1</td></tr>
<tr><td>三等奖</td><td>8</td></tr>
<tr><td rowspan="2">全国大学生数学建模大赛</td><td rowspan="2">国家级</td><td>一等奖</td><td>5</td></tr>
<tr><td>二等奖</td><td>8</td></tr>
<tr><td rowspan="2">全国大学生数学建模大赛河北赛区</td><td rowspan="2">省部级</td><td>一等奖</td><td>13</td></tr>
<tr><td>二等奖</td><td>8</td></tr>
<tr><td>2013 全国大学生电子设计竞赛</td><td>国家级</td><td>二等奖</td><td>2</td></tr>
<tr><td rowspan="2">2013 全国大学生电子设计竞赛河北赛区</td><td>省部级</td><td>一等奖</td><td>2</td></tr>
<tr><td>省部级</td><td>二等奖</td><td>2</td></tr>
<tr><td>第三届全国大学生工程训练综合能力竞赛</td><td>国家级</td><td>一等奖</td><td>1</td></tr>
<tr><td rowspan="2">第二届河北省大学生工程训练综合能力竞赛暨第三届全国大学生工程训练综合能力竞赛(河北赛区)预赛</td><td rowspan="2">省部级</td><td>一等奖</td><td>3</td></tr>
<tr><td>二等奖</td><td>1</td></tr>
<tr><td rowspan="2">第十三届“挑战杯”全国大学生课外学术科技作品竞赛</td><td rowspan="2">国家级</td><td>二等奖</td><td>2</td></tr>
<tr><td>三等奖</td><td>4</td></tr>
<tr><td rowspan="4">第十三届“挑战杯”全国大学生课外学术科技作品竞赛河北赛区</td><td rowspan="4">省部级</td><td>特等奖</td><td>4</td></tr>
<tr><td>一等奖</td><td>8</td></tr>
<tr><td>二等奖</td><td>11</td></tr>
<tr><td>三等奖</td><td>1</td></tr>
<tr><td rowspan="2">2013 中国机器人大赛暨 Robocup 公开赛</td><td rowspan="2">国家级</td><td>一等奖</td><td>4</td></tr>
<tr><td>二等奖</td><td>1</td></tr>
<tr><td rowspan="2">第八届“飞思卡尔”全国大学生智能汽车竞赛</td><td rowspan="2">省部级</td><td>二等奖</td><td>2</td></tr>
<tr><td>三等奖</td><td>3</td></tr>
<tr><td>第九届“周培源”全国大学生力学竞赛</td><td>国家级</td><td>三等奖</td><td>6</td></tr>
<tr><td rowspan="4">第九届“周培源”全国大学生力学竞赛河北赛区</td><td rowspan="4">省部级</td><td>特等奖</td><td>2</td></tr>
<tr><td>一等奖</td><td>10</td></tr>
<tr><td>二等奖</td><td>17</td></tr>
<tr><td>三等奖</td><td>12</td></tr>
<tr><td>2013 年“挑战杯”中国大学生创业计划竞赛“网络虚拟运营”专项竞赛</td><td>省部级</td><td>二等奖</td><td>1</td></tr>
<tr><td rowspan="3">2013 年第四届全国高校环保科技创意设计大赛</td><td rowspan="3">省部级</td><td>一等奖</td><td>1</td></tr>
<tr><td>二等奖</td><td>1</td></tr>
<tr><td>三等奖</td><td>2</td></tr>
<tr><td>2013 年全国 MBA 培养院校企业竞争模拟大赛</td><td>省部级</td><td>一等奖</td><td>1</td></tr>
<tr><td>2013 年全国高等院校企业竞争模拟大赛</td><td>省部级</td><td>三等奖</td><td>1</td></tr>
<tr><td>第十七届“外研社杯”全国英语辩论赛</td><td>国家级</td><td>三等奖</td><td>1</td></tr>
<tr><td>第十七届“外研社杯”全国英语辩论赛华北赛区</td><td>省部级</td><td>二等奖</td><td>1</td></tr>
<tr><td rowspan="3">第五届全国大学生数学竞赛河北赛区</td><td rowspan="3">省部级</td><td>一等奖</td><td>36</td></tr>
<tr><td>二等奖</td><td>32</td></tr>
<tr><td>三等奖</td><td>16</td></tr>
<tr><td>2013 河北省大学生人文知识竞赛</td><td>省部级</td><td>三等奖</td><td>2</td></tr>
</table>

续表

竞赛名称	获奖级别	获奖等级	获奖队数
第十四届“世纪之星”英语演讲大赛	省部级	一等奖	3
		二等奖	2
		三等奖	1
“天翼华为杯”2013 年华北五省(市、自治区)及港澳台计算机应用大赛	省部级	二等奖	3
		三等奖	2
2013 河北省高等学校第一届英语写作大赛	省部级	一等奖	2
		二等奖	3

华北电力大学2013年本科各省市招生执行情况表

（北京校部）

		北京	天津	河北	山西	内蒙古	辽宁	吉林	黑龙江	江苏	浙江	安徽	福建	江西	山东	河南	湖北
理工类	当地重点线	550	521	538	493	482	538	535	527	338	617	490	501	517	554	505	527
	录取最高分	685	643	642	591	627	661	654	646	381	719	590	624	621	664	599	615
	录取最低分	612	598	613	556	571	629	585	612	341	661	573	591	584	635	568	578
	录取平均分	632	609	622	567	592	638	627	619	362	674	580	602	594	645	578	587
	最低分高出重点线	62	77	75	63	89	91	50	85	3	44	83	90	67	81	63	51
	平均分高出重点线	82	88	84	74	110	100	92	92	24	57	90	101	77	91	73	60
文史类	当地重点线	549	533	561	507	474	554	510	504	328	619	540	513	532	570	519	531
	录取最高分	612	590	619	551	548	614	564	585	357	664	589	577	574	634	566	580
	录取最低分	580	576	605	541	517	587	552	549	333	626	566	558	561	606	552	554
	录取平均分	596	584	610	546	535	598	559	558	340	649	580	568	565	615	557	559
	最低分高出重点线	31	43	44	34	43	33	42	45	5	7	26	45	29	36	33	23
	平均分高出重点线	47	51	49	39	61	44	49	54	12	30	40	55	33	45	38	28

		湖南	广东	海南	广西	上海	四川	贵州	云南	陕西	甘肃	青海	宁夏	新疆	西藏汉	西藏藏	重庆
理工类	当地重点线	495	574	608	510	405	562	449	495	485	489	383	455	443	470	290	520
	录取最高分	611	640	770	634	450	664	614	643	628	604	589	618	592	594	434	625
	录取最低分	559	576	611	510	423	589	453	520	567	489	385	551	533	527	344	557
	录取平均分	574	610	710	572	431	608	534	600	586	564	507	585	558	557	368	578
	最低分高出重点线	64	2	3	0	18	27	4	25	82	0	2	96	90	57	54	37
	平均分高出重点线	79	36	102	62	26	46	85	105	101	75	124	130	115	87	78	58
文史类	当地重点线	557	594	667	541	448	567	522	520	540	503	435	484	460	480	310	556
	录取最高分	601	627	739	597	471	596	602	602	599	552	524	552	559	563	348	604
	录取最低分	592	598	667	572	451	586	548	559	554	506	475	539	509	516	336	560
	录取平均分	595	608	692	585	460	591	575	577	577	526	498	546	532	540	341	581
	最低分高出重点线	35	4	0	31	3	19	26	39	14	3	40	55	49	36	26	4
	平均分高出重点线	38	14	25	44	12	24	53	57	37	23	63	62	72	60	31	25

（保定校区）

		北京	天津	河北	山西	内蒙古	辽宁	吉林	黑龙江	江苏	浙江	安徽	福建	江西	山东	河南	湖北
理工类	当地重点线	550	521	538	493	482	538	535	527	338	617	490	501	517	554	505	527
	录取最高分	663	621	635	573	601	653	643	631	373	692	586	627	602	667	590	606
	录取最低分	583	588	599	543	543	611	584	591	340	655	524	542	572	616	557	564
	录取平均分	614	599	608	551	571	623	606	601	355	670	550	574	584	626	567	573
	最低分高出重点线	33	67	61	50	59	73	49	64	2	38	34	41	55	62	52	37
	平均分高出重点线	64	78	70	58	89	85	71	74	17	53	60	73	67	72	62	46
文史类	当地重点线	549	533	561	507	474	554	510	504	328	619	540	513	532	570	519	531
	录取最高分	598	582	609	539	537	601	551	555	337	642	578	565	565	604	555	556
	录取最低分	550	570	593	532	509	584	540	535	330	636	567	542	554	595	540	535
	录取平均分	572	575	598	535	517	589	545	544	334	639	572	556	559	601	544	543
	最低分高出重点线	1	37	32	25	35	30	30	31	2	17	27	29	22	25	21	4
	平均分高出重点线	23	42	37	28	43	35	35	40	6	20	32	43	27	31	25	12

		湖南	广东	海南	广西	上海	四川	贵州	云南	陕西	甘肃	青海	宁夏	新疆	西藏汉	西藏藏	重庆
理工类	当地重点线	495	574	608	510	405	562	449	495	485	489	383	455	443	470	290	520
	录取最高分	586	634	752	613	441	643	587	621	605	593	559	592	584	504	342	609
	录取最低分	551	584	716	511	405	577	455	581	545	490	390	537	522	492	322	523
	录取平均分	562	603	729	561	421	591	548	599	569	559	465	551	535	500	332	558
	最低分高出重点线	56	10	108	1	0	15	6	86	60	1	7	82	79	22	32	3
	平均分高出重点线	67	29	121	51	16	29	99	104	84	70	82	96	92	30	42	38
文史类	当地重点线	557	594		541		567	522	520	540	503	435	484	460			556
	录取最高分	582	602		581		579	579	582	581	537	446	554	505			590
	录取最低分	576	597		556		574	557	549	562	524	444	505	500			585
	录取平均分	579	600		565		576	571	568	569	532	445	528	502			587
	最低分高出重点线	19	3		15		7	35	29	22	21	9	21	40			29
	平均分高出重点线	22	6		24		9	49	48	29	29	10	44	42			31

华北电力大学2013年英语四级一次性通过率院系情况一览表

（北京校部）

序号	院　系	学生人数	通过人数	通过率（%）
1	电气与电子工程学院	814	753	92.51
2	能源动力与机械工程学院	443	395	89.16
3	控制与计算机工程学院	391	336	85.93
4	经济与管理学院	487	418	85.83
5	可再生能源学院	278	235	84.53
6	核科学与工程学院	136	118	86.76
7	数理系	50	43	86.00
8	人文与社会科学学院	165	139	84.24
9	英语系	43	39	90.70
10	国际教育学院	122	122	100.00
总　计		2929	2598	88.70

（保定校区）

序号	院　系	学生人数	通过人数	通过率*（%）
1	国际教育学院	131	129	98.47
2	法政系	81	79	97.53
3	电力工程系	504	479	95.04
4	经济管理系	192	178	92.71
5	电子与通信工程系	143	132	92.31
6	计算机系	218	200	91.74
7	自动化系	220	200	90.91
8	动力工程系	324	290	89.51
9	机械工程系	265	229	86.42
10	环境科学与工程学院	162	137	84.57
11	数理系	85	70	82.35
总　计		2325	2123	91.31

注：不含特招生，不含艺术类招生学生。

*为便于表述，我们延用了“通过率”这一提法，“通过”在这里是指按照710分为满分的计分体制，将考试成绩在425分（相当于百分制的60分）及以上者视为通过。（下同）

教职工及师资情况

华北电力大学2013年教职工情况表

		教职工数									聘请校外教师	离退休人员	附属中小学幼儿园教职工	集体所有制人员
		合计	校本部教职工					科研机构人员	校办企业职工	其他附设机构人员				
			计	专任教师	行政人员	教辅人员	工勤人员							
总　计		2952	2907	1806	484	386	231		45		275	992		
其中:女		1196	1187	725	193	209	60		9		30	459		
正高级		400	399	378	10	11			1		134	218		*
副高级		837	816	554	142	120			21		104	261		*
中　级		1241	1224	786	249	189			17		20	*	*	*
初　级		152	148	49	46	51	2		4		13	*	*	*
未定职级		322	320	39	37	15	229		2		4	*	*	*
其中聘任制	小计										*	*	*	*
	其中:女										*	*	*	*
	正高级										*	*	*	*
	副高级										*	*	*	*
	中级										*	*	*	*
	初级										*	*	*	*
	未定职级										*	*	*	*

华北电力大学2013年专任教师聘请校外教师岗位分类情况表

	本学年授课专任教师				本学年授课聘请校外教师				本学年不授课专任教师				
	合计	公共课基础课	专业课		合计	公共课基础课	专业课		合计	进修	科研	病休	其他
			计	其中:双师型			计	其中:双师型					
总　计	1519	404	1115		275	32	243		287	47	140	3	97
其中:女	613	213	400		30	20	10		112	18	48	3	43
正高级	352	65	287		134	2	132		26	2	17		7
副高级	503	128	375		104	3	101		51	12	21	2	16
中　级	644	201	443		20	10	10		142	29	84		29
初　级	18	9	9	*	13	13		*	31	4	18	1	8
未定职级	2	1	1	*	4	4		*	37				37

华北电力大学2013年专任教师聘请校外教师学历(位)情况表

	编号	合计			博士研究生			硕士研究生			本科			专科及以下		
		计	其中:获学位		计	其中:获学位		计	其中:获学位		计	其中:获学位		计	其中:获学位	
			博士	硕士		博士	硕士		博士	硕士		博士	硕士		博士	硕士
甲	乙	1	2	3	4	5	6	7	8	9	10	11	12	13	14	15
1.专任教师	1	1806	896	750	896	895	1	647		641	255		107	8	1	1
其中:女	2	725	273	376	273	272	1	331		329	117		45	4	1	1
正高级	3	378	254	79	254	254		70		66	52		13	2		
副高级	4	554	317	158	317	316	1	108		106	123		50	6	1	1
中　级	5	786	284	467	284	284		424		424	78		43			
初　级	6	49	6	42	6	6		41		41	2		1			
未定职级	7	39	35	4	35	35		4		4						
2.聘请校外教师	8	275	198	49	196	195	1	49	3	46	30		2			
其中:女	9	30	7	20	7	7		20		20	3					
外籍教师	10	30	25	2	25	25		2		2	3					
其他高校教师	11	59	46	8	43	43		9	3	6	7		2			
正高级	12	134	108	12	107	107		12	1	11	15		1			
副高级	13	104	80	14	79	78	1	14	2	12	11		1			
中　级	14	20	10	9	10	10		9		9	1					
初　级	15	13		13				13		13						
未定职级	16	4		1				1		1	3					

华北电力大学2013年专任教师年龄情况表

		编号	合计	29岁及以下	30～34岁	35～39岁	40～44岁	45～49岁	50～54岁	55～59岁	60～64岁	65岁及以上
甲		乙	1	2	3	4	5	6	7	8	9	10
总计		1	1806	65	468	400	331	266	191	76	8	1
其中:女		2	725	29	187	183	138	108	65	14	1	
获博士学位		3	896	35	213	217	190	135	84	19	2	1
获硕士学位		4	750	30	242	175	125	102	52	20	4	
按专业技术职务分	正高级	5	378		3	12	54	123	114	63	8	1
	副高级	6	554	2	41	134	175	117	73	12		
	中级	7	786	22	385	247	102	26	3	1		
	初级	8	49	24	22	3						
	未定职级	9	39	17	17	4			1			
按学历（学位)分	博士研究生	10	896	35	213	217	191	135	83	19	2	1
	其中获博士学位	11	895	35	213	217	190	135	83	19	2	1
	获硕士学位	12	1				1					
	硕士研究生	13	647	29	220	161	96	73	46	18	4	
	其中获博士学位	14										
	获硕士学位	15	641	29	220	161	96	73	41	17	4	
	本科	16	255	1	35	22	44	56	60	35	2	
	其中获博士学位	17										
	获硕士学位	18	107	1	22	14	28	28	11	3		
	专科及以下	19	8					2	2	4		
	其中获博士学位	20	1						1			
	获硕士学位	21	1					1				

华北电力大学2013年分学科专任教师数

	合计	正高级	副高级	中级	初级	未定职级
总　　计	1797	377	551	782	48	39
其中:女	725	94	237	353	23	18
哲学	1					1
经济学	56	13	22	20		1
法学	67	13	26	27	1	
教育学	160	13	34	88	24	1
其中:体育	53	6	20	25	2	
文　　学	154	14	46	89	4	1
其中:外语	132	12	38	79	2	1
其中:艺术(已经升为学科门类)						
历史学						
理　　学	176	34	49	86	3	4
工　　学	1032	261	315	413	15	28
其中:计算机	120	22	33	65		
农　　学						
其中:林学						
医　　学						
管理学	151	29	59	59	1	3

华北电力大学2013年专任教师变动情况表

	共产党员	共青团员	民主党派	华侨	港澳台	少数民族
教 职 工	1 778	213	38	1		114
其中:女	670	107	20			54
专 任 教 师	1 153	131	28	1		63
其中:女	437	70	16			30

华北电力大学2013年研究生指导教师情况表

		合计	29岁及以下	30－34岁	35－39岁	40－44岁	45－49岁	50－54岁	55－59岁	60－64岁	65岁及以上
总　　计		931	8	110	176	190	244	113	67	15	8
其中:女		251	1	24	37	62	81	27	18	1	
按专业技术职务分	正高级	378		24	24	17	147	94	50	14	8
	副高级	434	1	25	109	166	96	19	17	1	
	中级	119	7	61	43	7	1				
按指导关系分	博士导师										
	其中:女										
	硕士导师	784	8	109	164	172	195	80	44	10	2
	其中:女	238	1	24	36	61	76	25	14	1	
	博士、硕士导师	147		1	12	18	49	33	23	5	6
	其中:女	13			1	1	5	2	4		

华北电力大学2013年人才接收与引进表

北京校部(75人)

序号	姓名	部门	性别	出生日期	年龄	编制标志	学历	学位	毕业学校	所学专业
1	牛辰昊	财务处	男	1988-12-16	26	教辅	大学毕业	学士	美国犹他州立大学	经济学
2	孙翠亭	党委宣传部(新闻中心)	女	1988-04-25	26	行政	研究生毕业	硕士	中国人民大学	比较文学与世界文学
3	徐　定	党委组织部、党委统战部	男	1988-11-19	26	行政	研究生毕业	硕士	北京林业大学	森林经济学
4	陈艳波	电气与电子工程学院	男	1982-09-20	32	教学	研究生毕业	博士	清华大学	电气工程
5	王　欢	电气与电子工程学院	男	1978-10-13	36	教学	研究生毕业	博士	哈尔滨工程大学	通信与信息系统
6	古　博	电气与电子工程学院	男	1983-09-08	31	教学	研究生毕业	博士	日本早稻田大学	国际信息通信
7	姜庆国	电气与电子工程学院	男	1980-12-27	34	教学	研究生毕业	博士	北京交通大学	管理科学与工程
8	王　琪	电气与电子工程学院	男	1985-07-09	29	教学	研究生毕业	博士	英国南安普顿大学	电气工程
9	王海风	电气与电子工程学院	男	1960-04-01	54	教学	研究生毕业	博士	东南大学	电力系统自动化
10	黄永章	电气与电子工程学院	男	1962-12-03	52	教学	研究生毕业	博士	中国科学院	自由电子激光
11	赵　东	电气与电子工程学院	男	1987-04-02	27	实验	研究生毕业	硕士	华北电力大学	信号与信息处理
12	盖　姝	电气与电子工程学院	女	1986-05-27	28	辅导员	研究生毕业	硕士	华北电力大学	企业管理
13	张满红	电气与电子工程学院	男	1969-09-01	45	教学	研究生毕业	博士	美国德州大学奥斯丁分校	固态电子学
14	贾　科	电气与电子工程学院	男	1986-12-02	28	教学	研究生毕业	博士	英国诺丁汉大学	电气工程
15	葛丹丹	电气与电子工程学院	女	1987-01-10	27	实验	研究生毕业	硕士	华北电力大学	电力系统及其自动化
16	杜文娟	电气与电子工程学院	女	1979-02-06	35	教学	研究生毕业	博士	英国巴斯大学	电力系统
17	李懿然	国际合作处	女	1988-07-17	26	行政	研究生毕业	硕士	首都师范大学	外国语言学及应用语言学
18	胡金光	国际教育学院	男	1986-11-20	28	行政	研究生毕业	硕士	中国政法大学	政治学理论
19	周　爽	国际教育学院	女	1989-08-12	25	辅导员	研究生毕业	硕士	中央财经大学	媒体经济
20	隋丹婷	核科学与工程学院	女	1984-10-04	30	教学	研究生毕业	博士	华北电力大学	热能工程
21	臧启勇	核科学与工程学院	男	1988-10-27	26	实验	研究生毕业	硕士	华北电力大学	可再生能源与清洁能源
22	李　玲	核科学与工程学院	女	1977-08-25	37	行政	研究生毕业	硕士	西安交通大学	艺术学
23	陈　娟	核科学与工程学院	女	1985-10-09	29	教学	研究生毕业	博士	华北电力大学	动力机械及工程
24	张竞宇	核科学与工程学院	男	1984-08-02	30	教学	研究生毕业	博士	清华大学	核能科学与工程

续表

序号	姓名	部门	性别	出生日期	年龄	编制标志	学历	学位	毕业学校	所学专业
25	唐　成	纪检监察审计处	男	1989-04-23	25	教辅	研究生毕业	硕士	华北电力大学(保定)	会计学
26	梁玉超	教育基金会	男	1986-05-31	28	行政	研究生毕业	硕士	华北电力大学	环境工程
27	李伯远	经济与管理学院	男	1987-02-24	27	辅导员	研究生毕业	硕士	首都师范大学	思想政治教育
28	刘金朋	经济与管理学院	男	1987-11-10	27	教学	研究生毕业	博士	华北电力大学	技术经济及管理
29	吴礼宁	科学技术研究院	男	1987-11-04	27	行政	研究生毕业	硕士	华北电力大学	机械电子工程
30	杜　欢	科学技术研究院	男	1988-06-10	26	行政	研究生毕业	硕士	华北电力大学	诉讼法学
31	花之蕾	科学技术研究院	女	1988-01-19	26	行政	研究生毕业	硕士	中国人民大学	汉语国际教育
32	褚立华	可再生能源学院	女	1984-07-01	30	教学	研究生毕业	博士	北京航空航天大学	凝聚态物理
33	戴松元	可再生能源学院	男	1967-01-15	47	教学	研究生毕业	博士	中科学院合肥物质科学研究院	物理学类其他专业
34	葛铭纬	可再生能源学院	男	1983-11-08	31	教学	研究生毕业	博士	清华大学	力学
35	戴美林	可再生能源学院	女	1985-10-08	29	教学	研究生毕业	博士	日本国立名古屋大学	结晶材料工程
36	曲作鹏	可再生能源学院	男	1980-02-17	34	教学	研究生毕业	博士	荷兰代尔夫特理工大学	过程与能源工程
37	张亦楠	可再生能源学院	女	1989-03-15	25	行政	研究生毕业	硕士	北京科技大学	技术经济及管理
38	王　虎	控制与计算机工程学院	男	1973-12-03	41	教学	研究生毕业	博士	华北电力大学	热能工程
39	张　露	控制与计算机工程学院	女	1982-04-10	32	教学	研究生毕业	博士	英国格拉摩根大学	信号处理等
40	赵　翔	控制与计算机工程学院	男	1978-11-16	36	教学	研究生毕业	博士	北京交通大学	计算机软件与理论
41	张世平	控制与计算机工程学院	男	1983-01-06	31	教学	研究生毕业	博士	华北电力大学	热能工程
42	单田雨	控制与计算机工程学院	男	1988-02-02	26	行政	研究生毕业	硕士	华北电力大学	控制工程
43	钱相臣	控制与计算机工程学院	男	1982-01-09	32	教学	研究生毕业	博士	英国肯特大学	电子工程
44	卢伟甫	控制与计算机工程学院	女	1983-05-25	31	教学	研究生毕业	博士	华北电力大学	电机与电器
45	刘素梅	控制与计算机工程学院	女	1981-12-20	33	教学	研究生毕业	博士	华北电力大学	电力系统及其自动化
46	齐娜娜	能源动力与机械工程学院	女	1984-08-18	30	教学	研究生毕业	博士	中国石油大学(北京)	化学工程与技术
47	巨　星	能源动力与机械工程学院	男	1982-11-03	32	教学	研究生毕业	博士	中国科学院大学	电气工程
48	李文瀚	能源动力与机械工程学院	男	1984-01-12	30	教学	研究生毕业	博士	日本国立名古屋大学	材料控制工程
49	刘　洋	能源动力与机械工程学院	男	1977-03-05	37	教学	研究生毕业	博士	清华大学	热能工程
50	王　敏	能源动力与机械工程学院	男	1988-07-22	26	实验	研究生毕业	硕士	华北电力大学	动力机械及工程
51	王家伟	能源动力与机械工程学院	男	1987-04-28	27	实验	研究生毕业	硕士	华北电力大学	动力工程
52	吴　浩	能源动力与机械工程学院	女	1987-02-28	27	实验	研究生毕业	硕士	华北电力大学	机械电子工程

续表

序号	姓名	部门	性别	出生日期	年龄	编制标志	学历	学位	毕业学校	所学专业
53	马美倩	能源动力与机械工程学院	女	1987-06-11	27	行政	研究生毕业	硕士	华北电力大学	热能工程
54	徐　超	能源动力与机械工程学院	男	1980-05-01	34	教学	研究生毕业	博士	香港科技大学	机械工程
55	刘　欢	能源动力与机械工程学院	男	1988-01-22	26	实验	研究生毕业	硕士	华北电力大学	控制理论与控制工程
56	年中华	人才工作办公室	男	1988-11-23	26	行政	研究生毕业	硕士	华北电力大学	控制理论与控制工程
57	路雨欣	人才工作办公室	女	1989-03-08	25	行政	研究生毕业	硕士	复旦大学	英语翻译
58	胡　映	人事处	女	1967-12-07	47	行政	大学毕业	学士	安徽医科大学	临床医学
59	李喜蕊	人文与社会科学学院	女	1975-12-27	39	教学	研究生毕业	博士	中国人民大学	法制史
60	邢新欣	人文与社会科学学院	女	1981-12-11	33	教学	研究生毕业	博士	中国社会科学院	专门史
61	戎　珂	人文与社会科学学院	男	1984-07-16	30	教学	研究生毕业	博士	剑桥大学	工程学制造业管理
62	陈中山	数理系	男	1989-02-13	25	实验	研究生毕业	硕士	华北电力大学	环境工程
63	丁迅雷	数理系	男	1980-09-11	34	教学	研究生毕业	博士	中国科学技术大学	化学物理
64	艾玥洁	数理系	女	1982-03-14	32	教学	研究生毕业	博士	瑞典皇家工学院	生物技术
65	肖　智	数理系	男	1983-01-02	31	教学	研究生毕业	博士	北京大学	理论物理
66	李　敏	数理系	女	1985-07-11	29	教学	研究生毕业	博士	北京邮电大学	电子科学与技术
67	任威宇	团委、艺教中心	男	1988-01-02	26	行政	研究生毕业	硕士	华北电力大学	动力机械及工程
68	石　华	校医院	女	1981-04-20	33	教辅	大学毕业	学士	北京中医药大学	护理
69	于雁鸿	校医院	男	1987-10-14	27	教辅	研究生毕业	硕士	北京中医药大学	中医学
70	马新科	信息化建设与管理办公室	男	1987-07-26	27	行政	研究生毕业	硕士	华北电力大学	计算机应用技术
71	律方成	学科建设办公室	男	1963-08-18	51	双肩挑	研究生毕业	博士	华北电力大学	电力系统及其自动化
72	孙清磊	学生工作处(部)	男	1987-01-01	27	行政	研究生毕业	硕士	中国矿业大学(北京)	企业管理
73	肖媛媛	英语系	女	1984-01-30	30	行政	研究生毕业	硕士	英国肯特大学	精算
74	杨莉伟	英语系	女	1981-01-22	33	行政	研究生毕业	硕士	解放军外国语学院	俄语语言文学
75	杜　异	英语系	女	1983-06-01	31	教学	研究生毕业	博士	英国爱丁堡大学	应用语言研究

保定校区(24 人)

序号	姓名	部门	性别	出生日期	年龄	编制标志	学历	学位	毕业学校	所学专业
1	董　帅	动力工程系	男	1982－10－07	32	教师	博士研究生毕业	博士	东北大学	热能工程
2	雷　鸣	动力工程系	男	1984－07－06	30	教师	博士研究生毕业	博士	华北电力大学	热能工程
3	郑焕坤	电力工程系	男	1980－08－30	34	教师	博士研究生毕业	博士	华北电力大学	电力系统及其自动化
4	李　刚	电力工程系	男	1980－07－18	34	教师	博士研究生毕业	博士	华北电力学	电力系统及其自动化
5	李晓静	动力工程系	女	1982－09－14	31	教师	博士研究生毕业	博士	西安交通大学	动力工程及工程热物理
6	梁可心	环境学院	女	1981－05－24	33	专技(实验室)	博士研究生毕业	博士	华北电力大学	能源动力与机械工程
7	崔伟春	法政系	女	1985－04－17	29	管理(行政)	硕士研究生毕业	硕士	华北电力大学	热能工程
8	宋一辰	学生处	女	1988－04－12	26	教师(学生处心理咨询中心)	硕士研究生毕业	硕士	美国纽约州立大学	心理学
9	张蓓蓓	团委	女	1987－12－07	27	管理(行政)	硕士研究生毕业	硕士	华北电力大学	诉讼法学专业
10	冼学辉	网管中心	男	1987－02－02	27	专技	硕士研究生毕业	硕士	华北电力大学	计算机软件与理论
11	田永超	图书馆	男	1987－04－20	27	专技	硕士研究生毕业	硕士	华北电力大学	计算机技术
12	戎　瑞	动力工程系	男	1988－07－18	26	专技(实验室)	硕士研究生毕业	硕士	华北电力大学	动力工程
13	董静兰	动力工程系	女	1984－10－02	30	教师	博士研究生毕业	博士	华北电力大学	热能工程
14	王　彪	自动化系	男	1987－10－09	27	专技(实验室)	硕士研究生毕业	硕士	华北电力大学	控制工程
15	李　慧	电力工程系	女	1985－05－09	29	教师(辅导员)	硕士研究生毕业	硕士	华北电力大学	机械设计及理论
16	赵　萱	机械工程系	女	1987－11－27	27	教师(辅导员)	硕士研究生毕业	硕士	华北电力大学	思想政治教育
17	张　健	学生处	男	1986－05－17	28	管理(行政)	硕士研究生毕业	硕士	华北电力大学	思想政治教育
18	李浩浩	财务与资产管理处	男	1991－01－10	23	专技(财务会计)	大学毕业	学士	华北电力大学	会计学
19	韩明明	医院	女	1986－02－07	28	专技	硕士研究生毕业	硕士	天津中医药大学	中药学
20	高　韬	自动化系	男	1981－08－06	33	教师	博士研究生毕业	博士	天津大学	检测技术与自动化装置
21	马　凯	动力工程系	男	1984－09－03	30	教师	博士研究生毕业	博士	华北电力大学	热能工程
22	汪伟建	数理系	男	1985－09－15	29	教师	博士研究生毕业	博士	浙江大学	理论物理
23	张　骞	电力工程系	男	1986－10－08	28	教师(辅导员)	硕士研究生毕业	硕士	北京大学	科学技术史
24	张祥宇	电力工程系	男	1984－11－18	30	教师	博士研究生毕业	博士	华北电力大学	电机与电器

华北电力大学2013年教职工其他情况表

	共产党员	共青团员	民主党派	华侨	港澳台	少数民族
教　职　工	1 778	213	38	1		114
其中:女	670	107	20			54
专任教师	1 153	131	28	1		63
其中:女	437	70	16			30

科研产业与校企合作情况

华北电力大学2013年度中央高校基本科研业务费立项一览表

（北京校部）

（单位：万元）

序号	项目编号	项目名称	申请人	所在单位	资助类别	申请领域	资助金额
1	13ZP01	多源互补、协调优化混合仿真平台及分布式状态估计研究	彭跃辉	国家重点实验室	重点平台项目	工程技术类	136
2	13ZP02	磁性固体磷酸催化热解生物质多联产的研究	陆强	国家工程实验室	重点平台项目	工程技术类	105
3	13ZP03	现代电站生产安全体系建设与评估	席新铭	国家工程技术研究中心	重点平台项目	工程技术类	50
4	13ZP04	多尺度非线性热质输运耦合分析方法研究	李莉	教育部重点实验室	重点平台项目	工程技术类	39
5	13ZP05	能源与环境系统的综合评价与规划	李薇	教育部重点实验室	重点平台项目	工程技术类	22
6	13ZP06	空间电荷对油纸绝缘沿面爬电过程的影响	齐波	北京市重点实验室	重点平台项目	工程技术类	15
7	13ZP07	低品位能源利用中的相变传热强化原理与技术	张永哲	北京市重点实验室	重点平台项目	工程技术类	15
8	13ZP08	基于分布式协调控制的多元能源负荷优化调度	张文广	北京市重点实验室	重点平台项目	工程技术类	23
9	13ZP09	低品位能源多相流动与传热研究	苗政	北京市重点实验室	重点平台项目	工程技术类	18
10	13ZP010	面向智能电网的自治愈一体化平台研究	王竹晓	北京市高校工程研究中心	重点平台项目	工程技术类	15
11	13ZP011	北京市促进新能源投资的政策与立法保障研究	沈磊	北京市能源发展研究基地	重点平台项目	工程技术类	15
12	13TD01	分布式能源发展理论、政策与立法保障研究	陈建国	人文与社会科学学院	团队项目	人文社科类	40
13	13TD02	反应堆中微子流强计算及误差分析	马续波	核科学与工程学院	团队项目	工程技术类	11
14	13TD03	低维量子磁体体系以及二硫族超导体之研究	黄海	数理学院	团队项目	工程技术类	40
15	13TD04	智能电网中的微网的电力需求侧管理研究	王永利	经济管理学院	团队项目	经济管理类	23
16	13ZD01	大功率电力电子器件规模化成组的动态电磁特性研究	赵志斌	电气与电子工程学院	重点项目	工程技术类	25

续表

序号	项目编号	项目名称	申请人	所在单位	资助类别	申请领域	资助金额
17	13ZD02	高温相变材料热物性及其强化研究	魏高升	能动与机械工程学院	重点项目	工程技术类	25
18	13ZD03	MCFC 捕集燃机排放二氧化碳新方法与单电池实验研究	段立强	能动与机械工程学院	重点项目	工程技术类	25
19	13ZD04	火电厂烟气多种重金属污染物联合控制研究	张永生	能动与机械工程学院	重点项目	工程技术类	25
20	13ZD05	GaInP/GaInAs/Ge 聚光太阳电池关键问题研究	白一鸣	可再生能源学院	重点项目	工程技术类	25
21	13ZD06	直接甲醇燃料电池用新型聚磷腈质子交换膜	林俊	可再生能源学院	重点项目	工程技术类	25
22	13ZD07	互补型公共建筑供能系统的优化调度与协同控制	房方	控制与计算机工程学院	重点项目	工程技术类	25
23	13ZD08	我国重大基础设施建设项目调度理论与方法	张立辉	经济与管理学院	重点项目	经济管理类	15
24	13ZD09	我国碳排放动态时空演变机制及减排路径研究	张兴平	经济与管理学院	重点项目★	经济管理类	10
25	13ZD10	含多种能源的复杂的交直流混合系统的运行和控制	刘崇茹	电气与电子工程学院	重点项目★	工程技术类	25
26	13ZD11	醇溶性金属复合物修饰的高效聚合物太阳电池	谭占鳌	可再生能源学院	重点项目★	工程技术类	25
27	13ZD12	高性能 TiAl/Ti 合金“粉固连接”工艺及机理研究	薛志勇	能动与机械工程学院	重点项目★	工程技术类	25
28	13ZD13	高校科研创新平台建设	杜欢	控制与计算机工程学院	重点项目	工程技术类	59
29	13MS01	复杂大电网下基于业务风险的 ICS 可靠性研究	吴润泽	电气与电子工程学院	面上项目	工程技术类	8
30	13MS02	聚合物动态介电特性的分子动力学模型研究	郑重	电气与电子工程学院	面上项目	工程技术类	8
31	13MS03	微网系统内在坚强性设计与评估关键技术研究	陈晓梅	电气与电子工程学院	面上项目	工程技术类	8
32	13MS04	基于 GPU 的大规模电网多尺度仿真研究	姚蜀军	电气与电子工程学院	面上项目	工程技术类	8
33	13MS05	大型风电场机组协调控制策略研究	刘晋	电气与电子工程学院	面上项目	工程技术类	8
34	13MS06	多时空尺度风电出力特性的研究及其应用	刘燕华	电气与电子工程学院	面上项目	工程技术类	8
35	13MS07	催化剂对不同碳源火焰合成碳纳米管的影响	郭永红	能源动力与机械工程学院	面上项目	工程技术类	8
36	13MS08	复杂条件下汽轮机组低频振动故障识别研究	宋光雄	能源动力与机械工程学院	面上项目	工程技术类	8

续表

序号	项目编号	项目名称	申请人	所在单位	资助类别	申请领域	资助金额
37	13MS09	煤粉燃烧低比重分煤中黏土矿物热反应机理	田思达	能源动力与机械工程学院	面上项目	工程技术类	8
38	13MS10	太阳能熔盐吸热器复杂非稳态传热机理研究	李惊涛	能源动力与机械工程学院	面上项目	工程技术类	8
39	13MS11	页岩气动态运移规律的电容层析成像测量研究	雷兢	能源动力与机械工程学院	面上项目	工程技术类	8
40	13MS12	中速磨直吹式制粉系统能耗分析及节能策略	李季	能源动力与机械工程学院	面上项目	工程技术类	8
41	13MS13	气固两相流流动参数调整及均衡分配关键技术研究	黄孝彬	控制与计算机工程学院	面上项目	工程技术类	8
42	13MS14	社会化网络中的图像语义理解研究	程文刚	控制与计算机工程学院	面上项目	工程技术类	8
43	13MS15	600MW 超临界循环流化床锅炉燃烧状态监测研究	高明明	控制与计算机工程学院	面上项目	工程技术类	8
44	13MS16	多特征自主学习的多模多摄像头跟踪技术研究	贾静平	控制与计算机工程学院	面上项目	工程技术类	8
45	13MS17	Internet 环境下遥控操作机器人系统的网络优化研究	李国栋	控制与计算机工程学院	面上项目	工程技术类	8
46	13MS18	基于多重约束的无拉伸服装动画方法	石敏	控制与计算机工程学院	面上项目	工程技术类	8
47	13MS19	基于多能互补的电动汽车充电设施规划方法研究	师瑞峰	控制与计算机工程学院	面上项目	工程技术类	8
48	13MS20	一类典型工业过程的自抗扰控制器结构和参数优化方法研究	刘玉燕	控制与计算机工程学院	面上项目	工程技术类	8
49	13MS21	基于火焰自由基的燃烧污染物预测及燃料种类识别研究	李新利	控制与计算机工程学院	面上项目	工程技术类	8
50	13MS22	智能电网知识形式化描述的研究与应用	李延顺	控制与计算机工程学院	面上项目	工程技术类	8
51	13MS23	城市能源强度传导机制及差异规划研究	周长玉	控制与计算机工程学院	面上项目	经济管理类	5
52	13MS24	工业无线传感器网络高可靠性数据传输技术研究	朱耀春	控制与计算机工程学院	面上项目	工程技术类	8
53	13MS25	基于支持向量机的光伏功率组合预测技术研究	杨锡运	控制与计算机工程学院	面上项目	工程技术类	8
54	13MS26	流域水库群水沙多目标联调与多属性风险决策	彭杨	可再生能源学院	面上项目	工程技术类	8
55	13MS27	涡发生器对风力机叶片流动控制机理研究	张惠	可再生能源学院	面上项目	工程技术类	8
56	13MS28	核电厂数字化仪控系统安全性与安保性统一评价方法研究	周世梁	核科学与工程学院	面上项目	工程技术类	8

续表

序号	项目编号	项目名称	申请人	所在单位	资助类别	申请领域	资助金额
57	13MS29	施行可再生能源配额交易制度的经济效应研究	刘元欣	经济与管理学院	面上项目	经济管理类	5
58	13MS30	政府投资项目代建人信用评价体系及信息化系统	陈文君	经济与管理学院	面上项目	经济管理类	5
59	13MS31	价值导向型电力企业三维财务管理研究	李艳玲	经济与管理学院	面上项目	经济管理类	5
60	13MS32	基于信息融合技术的短期能源需求预测	刘达	经济与管理学院	面上项目	经济管理类	5
61	13MS33	新能源风电人才规划预测与成长机制研究	刘琳	经济与管理学院	面上项目	经济管理类	5
62	13MS34	非常规突发事件敏捷动员供应网络构建研究,	唐平舟	经济管理学院	面上项目	经济管理类	5
63	13MS35	响应变量缺失数据的变量选择	王小英	数理学院	面上项目	理学类	4
64	13MS36	基于玻璃衬底的一维纳米材料低温原位生长和场发射研究	李社强	数理学院	面上项目	理学类	4
65	13MS37	无序系统奇异电子运输现象的研究	李宁	数理学院	面上项目	理学类	4
66	13MS38	图设计及其大集问题研究	赵红涛	数理学院	面上项目	理学类	4
67	13MS39	一类半线性椭圆方程解的定性研究	刘勇	数理学院	面上项目	理学类	4
68	13MS40	环首都地区能源贫困与社会发展研究	姚建平	人文与社会科学学院	面上项目	人文社科类	4
69	13MS41	基于竞争力提升视角下的小微企业品牌形象设计研究	庞涛	人文与社会科学学院	面上项目	人文社科类	4
70	13MS42	创意产业发展下的高校公共艺术教育研究	陈玲	人文与社会科学学院	面上项目	人文社科类	4
71	13MS43	国际风能发展政策及其比较研究	王伟	人文与社会科学学院	面上项目	人文社科类	4
72	13MS44	新时期中国能源安全管理的观念、体制、机制研究	杨建成	人文与社会科学学院	面上项目	人文社科类	4
73	13MS45	科技论文摘要翻译补偿研究	吴嘉平	外国语学院	面上项目	人文社科类	4
74	13MS46	语料库检索和预制语块教学与英语写作质量研究	李海燕	外国语学院	面上项目	人文社科类	4
75	13MS47	基于双语语料库的计算机辅助专门用途英语翻译	皇甫伟	外国语学院	面上项目	人文社科类	4
76	13MS48	基于建构主义学习理论的电子英语复句学习规律及发展模式研究	东刚	外国语学院	面上项目	人文社科类	4
77	13MS49	电力院校公共英语课程“i＋1”理论下的分级教学模式探究	金英	外国语学院	面上项目	人文社科类	4

续表

序号	项目编号	项目名称	申请人	所在单位	资助类别	申请领域	资助金额
78	13MS50	认知心理学视角下的翻译过程研究	吕亮球	外国语学院	面上项目	人文社科类	4
79	13MS51	隐喻与图式理论在词义拓展中的认知实践研究	李丽君	外国语学院	面上项目	人文社科类	4
80	13MS52	美国剧作家贝利·施大为及其作品研究	王欣	外国语学院	面上项目	人文社科类	4
81	13MS53	建构主义视域下英语语言教学实践研究	姜雪	外国语学院	面上项目	人文社科类	4
82	13MS54	跨文化商务英语教学理论与实践研究	郑晶	外国语学院	面上项目	人文社科类	4
83	13MS55	北京市医患语言交流现状调查及社会语用分析	国防	外国语学院	面上项目	人文社科类	4
84	13MS56	《圣经》的叙事学新解及其对西方文学的影响	彭霞媚	外国语学院	面上项目	人文社科类	4
85	13MS57	济慈诗歌与新历史主义批评	杨春红	外国语学院	面上项目	人文社科类	4
86	13MS58	中国哲学研究方法考察——以《庄子》研究为例	王威威	思想政治理论课教学部	面上项目	人文社科类	4
87	13MS59	大学科技成果转化模式的国际比较研究	张娟	高等教育研究所	面上项目	人文社科类	4
88	13MS125	高校信息采集系统研究与开发	马新科	信息化建设与管理	面上项目	工程技术类	5
89	13QN01	随机噪声雷达目标检测与成像技术研究	武昕	电气与电子工程学院	青年项目	工程技术类	3
90	13QN02	直驱式永磁风力发电机多物理场联合仿真研究	张健	电气与电子工程学院	青年项目	工程技术类	3
91	13QN03	混合双馈入直流输电系统的协调控制方法研究	郭春义	电气与电子工程学院	青年项目	工程技术类	3
92	13QN04	高压直流输电线路电晕效应抑制技术研究	甄永赞	电气与电子工程学院	青年项目	工程技术类	3
93	13QN05	基于高级量测体系的智能用电在线管理平台	刘松	电气与电子工程学院	青年项目	工程技术类	3
94	13QN06	激光通信大气湍流干扰抑制技术研究	刘鹏	电气与电子工程学院	青年项目	工程技术类	3
95	13QN07	热质耦合传递的蒸发冷却过程基础及应用研究	陈林	能动与机械工程学院	青年项目	工程技术类	3
96	13QN08	末端调节模式下供热系统动态特性研究	徐宝萍	能动与机械工程学院	青年项目	工程技术类	3
97	13QN09	粉末冶金钛铝合金与钛合金的扩散连接及高温力学性能研究	唐晋	能动与机械工程学院	青年项目	工程技术类	3

续表

序号	项目编号	项目名称	申请人	所在单位	资助类别	申请领域	资助金额
98	13QN10	基于稀疏配点的高维不确定性 CFD 方法研究	王晓东	能动与机械工程学院	青年项目	工程技术类	3
99	13QN11	火电厂除尘协同脱砷及飞灰－砷相互作用机制	张凯华	能动与机械工程学院	青年项目	工程技术类	3
100	13QN12	二氧化碳低排放的太阳能与化石能源互补系统研究	李元媛	能动与机械工程学院	青年项目	工程技术类	3
101	13QN13	电网运行状态可视化智能管理平台研究	王晓辉	控制与计算机工程学院	青年项目	工程技术类	3
102	13QN14	压缩传感问题的 DNA 计算模型的研究	杨静	控制与计算机工程学院	青年项目	工程技术类	3
103	13QN15	基于历史数据的电站锅炉燃烧特性建模与优化	杨婷婷	控制与计算机工程学院	青年项目	工程技术类	3
104	13QN16	基于静电感应的转速检查机理与方法研究	胡永辉	控制与计算机工程学院	青年项目	工程技术类	3
105	13QN17	气送生物质和煤粉的在线测量和动态特性研究	钱相臣	控制与计算机工程学院	青年项目	工程技术类	3
106	13QN18	面向复杂热力系统的数据建模规则和方法研究	陈菲	控制与计算机工程学院	青年项目	工程技术类	3
107	13QN19	传输线切换的校正策略在新能源电网中的应用	李明杨	控制与计算机工程学院	青年项目	工程技术类	3
108	13QN20	功能梯度混凝土厚壁圆筒承载性能研究	张宁	可再生能源学院	青年项目	工程技术类	3
109	13QN21	高灵敏度石墨烯基光电探测器研究	张永哲	可再生能源学院	青年项目	工程技术类	3
110	13QN22	水库群调度多维风险评估方法及应用研究	张验科	可再生能源学院	青年项目	工程技术类	3
111	13QN23	有机工质郎肯循环与热源耦合机理研究	苗政	可再生能源学院	青年项目	工程技术类	3
112	13QN24	热分层核级管道换热机理及多宗量导热反问题研究	曹琼	核科学与工程学院	青年项目	工程技术类	3
113	13QN25	核反应堆三维确定论屏蔽计算方法研究	张斌	核科学与工程学院	青年项目	工程技术类	3
114	13QN26	基于模拟和优化技术的区域大气综合管理系统研究	许野	资源与环境研究院	青年项目	工程技术类	3
115	13QN27	POPS 污染土壤地下水原位处理技术	张一梅	资源与环境研究院	青年项目	工程技术类	3
116	13QN28	形变可积方程的求解及其在几何中的应用	黄晔辉	数理学院	青年项目	理学类	3
117	13QN29	多壁输碳流纳米管的动力学特性研究	甄亚欣	数理学院	青年项目	理学类	3

续表

序号	项目编号	项目名称	申请人	所在单位	资助类别	申请领域	资助金额
118	13QN30	若干期权定价模型的并行差分数值方法研究	吴立飞	数理学院	青年项目	理学类	3
119	13QN31	基于低碳发展的电力能源结构优化和政策研究	赵洱岽	经济与管理学院	青年项目	经济管理类	3
120	13QN32	发电行业燃料采样风险管理方法的研究	王辉	经济与管理学院	青年项目	经济管理类	3
121	13QN33	风电并网“能力—效率—效益”协同模型研究	陈新辉	经济与管理学院	青年项目	经济管理类	3
122	13QN34	Sickness of the Spirit: A Comaparative Study of Lu Xun and James Joyce	孟亮	外国语学院	青年项目	人文社科类	3
123	13QN35	当代欧洲公民教育研究	侯丹娟	思想政治理论课教学部	青年项目	人文社科类	3
124	13QN36	石龙坝水电站与近代昆明社会变迁研究	樊良树	思想政治理论课教学部	青年项目	人文社科类	3
125	13QN37	北京市业余乒乓球赛事管理的调查与研究	那铎	体育教学部	青年项目	人文社科类	3
126	13XS01	纹理图像智能修补关键技术研究	马爽	电气与电子工程学院	博士生项目	工程技术类	1
127	13XS02	大规模风电场故障下功率控制的研究	张旭	电气与电子工程学院	博士生项目	工程技术类	1
128	13XS03	35kV电缆振荡波测试系统中高压固体开关的研究	江军	电气与电子工程学院	博士生项目	工程技术类	1
129	13XS04	智能电网环境下电力系统安全评估方法研究	朱星阳	电气与电子工程学院	博士生项目	工程技术类	1
130	13XS05	光伏接入直流配网的系统特性及建模方法研究	葛小宁	电气与电子工程学院	博士生项目	工程技术类	1
131	13XS06	基于模型预测控制的感应电机电源软切换研究	张自力	电气与电子工程学院	博士生项目	工程技术类	1
132	13XS07	交直流导线电晕放电产生的可听噪声特性试验研究	李学宝	电气与电子工程学院	博士生项目	工程技术类	1
133	13XS08	太阳能蓄热系统和蒸汽发生系统的研究和优化	任婷	能动与机械工程学院	博士生项目	工程技术类	1
134	13XS09	富氢燃气轮机燃烧技术的基础研究	卢可	能动与机械工程学院	博士生项目	工程技术类	1
135	13XS10	移动分布式功能系统故障诊断与热力系统优化	边技超	能动与机械工程学院	博士生项目	工程技术类	1
136	13XS11	基于分功率传动调速的无变频器风电系统研究	苏睿	能动与机械工程学院	博士生项目	工程技术类	1
137	13XS12	复杂热力系统能耗敏感性分析研究	齐敏芳	能动与机械工程学院	博士生项目	工程技术类	1

续表

序号	项目编号	项目名称	申请人	所在单位	资助类别	申请领域	资助金额
138	13XS13	压电发电机电容调频技术研究	毛新华	能动与机械工程学院	博士生项目	工程技术类	1
139	13XS14	面向风力发电过程控制的非线性系统理论研究及应用	胡阳	能动与机械工程学院	博士生项目	工程技术类	1
140	13XS15	非线性预测控制在新能源电力系统中的应用	孔小兵	控制与计算机工程学院	博士生项目	工程技术类	1
141	13XS16	预测控制在烟气余热利用过程中的应用	林明明	控制与计算机工程学院	博士生项目	工程技术类	1
142	13XS17	非高斯随机系统的无模型控制理论及应用	任密蜂	控制与计算机工程学院	博士生项目	工程技术类	1
143	13XS18	氧化锌/银复合三维结构薄膜太阳能电池研究	李晓丹	可再生能源学院	博士生项目	工程技术类	1
144	13XS19	相分离多相流动结构强化换热机理研究	陈奇成	可再生能源学院	博士生项目	工程技术类	1
145	13XS20	基于水量水质联合调控的流域水资源管理研究	解玉磊	资源与环境研究所	博士生项目	工程技术类	1
146	13XS21	基于量子化学和 QSAR 模型的 PBDEs 毒性控制研究	姜龙	资源与环境研究所	博士生项目	工程技术类	1
147	13XS22	基于分层并行算法的水库群多目标调度研究	吴昊	经济与管理学院	博士生项目	经济管理类	1
148	13XS23	梯级水电站水库群短期调度水流滞时问题研究	蒋志强	经济与管理学院	博士生项目	经济管理类	1
149	13XS24	水库群汛期运行水位动态控制风险分析	孙平	经济与管理学院	博士生项目	经济管理类	1
150	13XS25	智能电网下电网侧运营管理风向传递研究	李鹏	经济与管理学院	博士生项目	经济管理类	1
151	13XS26	数据包络模型理论的改进与应用研究	陶杰	经济与管理学院	博士生项目	经济管理类	1

（保定校区）

（单位:万元）

项目编号	项目名称	申请人	所在单位	资助类别	申请领域	资助金额
13ZP12	光纤数字化变电站电气设备绝缘智能监测系统研究	刘云鹏	河北省重点实验室	重点平台项目	工程技术类	47
13ZP13	外接控制器在流化床机组优化控制中的应用	张悦	河北省工程技术研究中心	重点平台项目	工程技术类	30
13ZD14	变电站一次设备智能化关键技术研究	王子建	电气与电子工程学院	重点项目	工程技术类	25
13ZD15	虚拟现实发电厂的设计与开发	王晓燕	控制与计算机工程学院	重点项目	工程技术类	25

续表

项目编号	项目名称	申请人	所在单位	资助类别	申请领域	资助金额
13ZD16	CO_2 – 醇胺 – 离子液体体系黏度和界面性质研究	付东	环境科学与工程学院	重点项目	工程技术类	25
13ZD17	电晕电场中燃煤烟气多种污染物的协同脱除机制	齐立强	环境科学与工程学院	重点项目	工程技术类	25
13ZD18	石墨烯催化脱除烟气多污染物的应用基础研究	韩颖慧	数理学院	重点项目	工程技术类	25
13ZD19	反向 HK 不等式及其应用的进一步研究	田景峰	科技学院	重点项目	理学类	15
13ZD20	中国司法改革与民众司法需求的冲突与协调	刘宇晖	人文与社会科学学院	重点项目	人文社科类	15
13ZD21	能源经济发展战略研究	白海宁	经济与管理学院	重点项目	经济管理类	15
13ZD22	亚硫酸盐多相催化氧化理论研究	汪黎东	环境科学与工程学院	重点项目★	工程技术类	25
13ZD23	超材料异质结结构光子晶体的研究	任芝	数理学院	重点项目★	工程技术类	25
13MS60	一体化多基站协作 MIMO 联合资源调配技术研究	韩东升	电气与电子工程学院	面上项目	工程技术类	8
13MS61	基于光纤布里渊传感技术的电缆监测方法研究	赵丽娟	电气与电子工程学院	面上项目	工程技术类	8
13MS62	基于 BOTDR 的海缆应变/温度测量与故障报警方法研究	吕安强	电气与电子工程学院	面上项目	工程技术类	8
13MS63	特高压变电站二次设备电磁兼容问题研究	马海杰	电气与电子工程学院	面上项目	工程技术类	8
13MS64	基于安全风险评估的电力通信网链路优化研究	何玉钧	电气与电子工程学院	面上项目	工程技术类	8
13MS65	光纤光栅振动传感理论与实验研究	姚国珍	电气与电子工程学院	面上项目	工程技术类	8
13MS66	资源优化的无线协作电力线中继通信研究	陈智雄	电气与电子工程学院	面上项目	工程技术类	8
13MS67	物联网控制安全关键技术研究	刘涛	电气与电子工程学院	面上项目	工程技术类	8
13MS68	基于图论的配电网行波故障定位方法研究	贾惠彬	电气与电子工程学院	面上项目	工程技术类	8
13MS69	基于局部放电识别的变压器智能诊断方法	王瑜	电气与电子工程学院	面上项目	工程技术类	8
13MS70	基于 MMC 的 UPQC 运行控制技术研究	杨用春	电气与电子工程学院	面上项目	工程技术类	8
13MS71	基于空间电荷分析的硅橡胶老化及闪络性能研究	汪佛池	电气与电子工程学院	面上项目	工程技术类	8
13MS72	大停电后分区恢复策略研究	梁海平	电气与电子工程学院	面上项目	工程技术类	8
13MS73	变压器与智能化用传感器融合设计技术研究	王永强	电气与电子工程学院	面上项目	工程技术类	8
13MS74	多源联合的分布式新能源发电实时仿真系统研究	付超	电气与电子工程学院	面上项目	工程技术类	8
13MS75	柔性直流换流阀系统宽频建模及其应用的研究	孙海峰	电气与电子工程学院	面上项目	工程技术类	8

续表

项目编号	项目名称	申请人	所在单位	资助类别	申请领域	资助金额
13MS76	高效小型并网风力发电系统的研究	王慧	电气与电子工程学院	面上项目	工程技术类	8
13MS77	两步微波法合成聚天冬氨酸的机理研究	张玉玲	环境科学与工程学院	面上项目	工程技术类	8
13MS78	新型二氧化碳吸附剂的开发与研究	李旭	环境科学与工程学院	面上项目	工程技术类	8
13MS79	石化基地多氯联苯气粒和气土	李志勇	环境科学与工程学院	面上项目	工程技术类	8
13MS80	贵金属掺杂 TiO_2 纳米管染料敏化太阳电池研究	檀玉	环境科学与工程学院	面上项目	工程技术类	8
13MS81	可再生能源接入电网能力及市场消纳研究	范利国	经济与管理学院	面上项目	工程技术类	8
13MS82	大型风力机叶片弯扭耦合特性研究	周邢银	科技学院	面上项目	工程技术类	8
13MS83	无刷双馈风力发电机在电网故障下控制策略研究	李冰	科技学院	面上项目	工程技术类	8
13MS84	智能电网下的实时电价理论与模型研究	石金玮	科技学院	面上项目	工程技术类	8
13MS85	基于 EIS 的汽轮机转子热脆化检测方法研究	吕亚玲	科技学院	面上项目	工程技术类	8
13MS86	基于光纤和无线传感技术的电力监测诊断研究	李天	控制与计算机工程学院	面上项目	工程技术类	8
13MS87	面向虚拟化环境的虚拟机内存资源动态管理	刘海坤	控制与计算机工程学院	面上项目	工程技术类	8
13MS88	支持高效更新的智能电网状态监测数据存储研究	宋亚奇	控制与计算机工程学院	面上项目	工程技术类	8
13MS89	热工动态过程特征参数预测与故障诊断方法研究	王晓霞	控制与计算机工程学院	面上项目	工程技术类	8
13MS90	单元制发电机组的一体化性能分析及协同调控	魏乐	控制与计算机工程学院	面上项目	工程技术类	8
13MS91	基于工业无线传感器网络的设备状态监测和故障诊断的研究	侯立群	控制与计算机工程学院	面上项目	工程技术类	8
13MS92	煤粉/生物质混燃及 NOx 生成特性研究	王春波	能动与机械工程学院	面上项目	工程技术类	8
13MS93	微波谐振腔测量蒸汽湿度的关键技术研究	钱江波	能动与机械工程学院	面上项目	工程技术类	8
13MS94	助燃剂对煤灰迁移过程影响的机理分析	李钧	能动与机械工程学院	面上项目	工程技术类	8
13MS95	可再生分布式供能与建筑用能一体化系统研究	王江江	能动与机械工程学院	面上项目	工程技术类	8
13MS96	风力机三维动态失速模型研究	杜亚荣	能动与机械工程学院	面上项目	工程技术类	8
13MS97	含表面活性剂变黏度受热液膜流动稳定性研究	李春曦	能动与机械工程学院	面上项目	工程技术类	8
13MS98	动叶可调轴流风机异常工况的内流及运行特征	叶学民	能动与机械工程学院	面上项目	工程技术类	8

续表

项目编号	项目名称	申请人	所在单位	资助类别	申请领域	资助金额
13MS99	城市集中供热管网泄漏诊断及定位的研究	杨先亮	能动与机械工程学院	面上项目	工程技术类	8
13MS100	离散制造系统车间生产调度方法研究	王进峰	能动与机械工程学院	面上项目	工程技术类	8
13MS101	特高压拉线塔非线性静动态特性研究	杨文刚	能动与机械工程学院	面上项目	工程技术类	8
13MS102	基于云平台的风电机组故障诊断技术研究	罗贤缙	信息与网络管理中心	面上项目	工程技术类	8
13MS103	风电机组传动系统测点优化及故障预测	王桂兰	信息与网络管理中心	面上项目	工程技术类	8
13MS104	一种基于新型材料的整体柱的开发与利用	李保会	环境科学与工程学院	面上项目	理学类	5
13MS105	受限流体热力学性质的统计理论研究	孙宗利	科技学院	面上项目	理学类	5
13MS106	铁酸铋基薄膜的物性及光对其物性的影响	彭增伟	科技学院	面上项目	理学类	5
13MS107	图像秘密共享方法性能优化及评价研究	李鹏	数理学院	面上项目	理学类	5
13MS108	电力系统连锁故障的预警方法研究	王涛	数理学院	面上项目	理学类	5
13MS109	不动点存在定理及迭代算法研究	王胜华	数理学院	面上项目	理学类	5
13MS110	中国经济增长中的碳排放特征及政策研究	赵巧芝	经济与管理学院	面上项目	经济管理类	5
13MS111	分布式发电系统经济运行优化研究	陈娟	经济与管理学院	面上项目	经济管理类	5
13MS112	微网高渗透率接入下电力市场竞价、预测与控制	高冲	经济与管理学院	面上项目	经济管理类	5
13MS113	复杂网络理论视角下的河北省产业集群建模与仿真	王立军	经济与管理学院	面上项目	经济管理类	5
13MS114	循环经济视角下企业环境成本控制内生化研究	闫丽萍	经济与管理学院	面上项目	经济管理类	5
13MS115	基于云计算的电子商务外包模式研究	于海泳	经济与管理学院	面上项目	经济管理类	5
13MS116	基于语料库的大学英语自主写作模式研究	黄耀华	科技学院	面上项目	人文社科类	4
13MS117	认知语言学视阈下的大学英语词汇教学研究	高英	科技学院	面上项目	人文社科类	4
13MS118	社会法弱势群体保护存在问题及对策研究	苗春刚	人文与社会科学学院	面上项目	人文社科类	4
13MS119	信访与多元化纠纷解决机制关系研究	李雷	人文与社会科学学院	面上项目	人文社科类	4
13MS120	刑事司法的法律效应与社会效应的统一	霍文良	人文与社会科学学院	面上项目	人文社科类	4

续表

项目编号	项目名称	申请人	所在单位	资助类别	申请领域	资助金额
13MS121	畅通司法救济权利的路径研究	李庆保	人文与社会科学学院	面上项目	人文社科类	4
13MS122	毛泽东与中国革命转型期的道德重构	孙芳	思想政治理论课教学部	面上项目	人文社科类	4
13MS123	英语教学的“跨文化疲软”现象及可行性对策研究	刘洋	外国语学院	面上项目	人文社科类	4
13MS124	理雅各与庞德《诗经》翻译研究——对等原则视角	张昊	外国语学院	面上项目	人文社科类	4
13QN38	计及全寿命风险效能成本的配电系统规划研究	苏海锋	电气与电子工程学院	青年项目	工程技术类	3
13QN39	换流变压器在不同工况下的极性反转电场研究	刘刚	电气与电子工程学院	青年项目	工程技术类	3
13QN40	基于认知与机会路由的无线多跳网络性能研究	李保罡	电气与电子工程学院	青年项目	工程技术类	3
13QN41	高阶多天线系统小区间干扰抑制方法研究	赵伟	电气与电子工程学院	青年项目	工程技术类	3
13QN42	适应多址接入信道的低密度校验阵码的研究	张京席	电气与电子工程学院	青年项目	工程技术类	3
13QN43	基于四叉树直方图的细节空间关系描述研究	张珂	电气与电子工程学院	青年项目	工程技术类	3
13QN44	等离子体协同光催化降解 VOCs 的实验研究	李晶欣	环境科学与工程学院	青年项目	工程技术类	3
13QN45	异构多机器人协调协作机制研究	姜丽梅	控制与计算机工程学院	青年项目	工程技术类	3
13QN46	输电铁塔的整体非线性分析与设计方法研究	江文强	能源动力与机械工程学院	青年项目	工程技术类	3
13QN47	大型汽轮机组分布——融合故障诊断方法研究	张超	能源动力与机械工程学院	青年项目	工程技术类	3
13QN48	移动机器人运动控制研究	朱晓光	能源动力与机械工程学院	青年项目	工程技术类	3
13QN49	基于多向振动特征的发电机早期复合故障识别	何玉灵	能源动力与机械工程学院	青年项目	工程技术类	3
13QN50	张量力效应对原子核结构的影响	于国梁	数理学院	青年项目	理学类	3
13QN51	美国新近科幻作品中的生态理念	王珊	外国语学院	青年项目	人文社科类	3
13QN52	创新社会管理视域下本土行业协会培育研究	孟亚男	人文与社会科学学院	青年项目	人文社科类	3
13QN53	整体治理视角下的政府与社会组织关系模式创新研究	曹丽媛	人文与社会科学学院	青年项目	人文社科类	3
13QN54	大学英语教师自主性研究	韩立刚	外国语学院	青年项目	人文社科类	3
13XS27	储能型风电场功率协调控制技术研究	刘力卿	电气与电子工程学院	博士生项目	工程技术类	1

续表

项目编号	项目名称	申请人	所在单位	资助类别	申请领域	资助金额
13XS28	汽轮发电机转子匝间短路故障下的多态应力分析	周国伟	电气与电子工程学院	博士生项目	工程技术类	1
13XS29	基于广域信息的电力系统暂态稳定评估研究	李扬	电气与电子工程学院	博士生项目	工程技术类	1
13XS30	多目标分时步电网恢复过程中系统状态的分析	王大江	电气与电子工程学院	博士生项目	工程技术类	1
13XS31	机组分层恢复及后续网架重构优化研究	刘文轩	电气与电子工程学院	博士生项目	工程技术类	1
13XS32	基于多信息融合的通信告警关联模型研究	李英敏	电气与电子工程学院	博士生项目	工程技术类	1
13XS33	电力变压器局部放电信号消噪及模式识别方法研究	尚海昆	电气与电子工程学院	博士生项目	工程技术类	1
13XS34	电力监控视频的本地智能化处理方法研究	杨秀芳	电气与电子工程学院	博士生项目	工程技术类	1
13XS35	基于非下采样 Contourlet 变换的绝缘子图像分割研究	王乐	电气与电子工程学院	博士生项目	工程技术类	1
13XS36	输电线路航拍图像超分辨率重建研究	闫亚静	电气与电子工程学院	博士生项目	工程技术类	1
13XS37	局部放电脉冲波形时频联合特征提取及降维研究	李莉	控制与计算机工程学院	博士生项目	工程技术类	1
13XS38	太阳能辅助燃煤电厂污染物减排的热力性能分析	王继选	能源动力与机械工程学院	博士生项目	工程技术类	1
13XS39	转型时期民众司法需求实证研究	陈焘	人文与社会科学学院	博士生项目	人文社科类	1
13XS40	西藏基层法院“车载流动法庭”问题研究	曾庆伟	人文与社会科学学院	博士生项目	人文社科类	1
13XS41	新时期高校大学生婚恋问题教育管理研究	张健	思想政治理论课教学部	博士生项目	人文社科类	1

华北电力大学2013年纵向科研项目立项情况一览表

序号	项目名称	经费（万元）	负责人	项目来源
1	随机不动点理论中的半序方法及其应用研究	1.00	张学梅	国家自然科学基金地区科学基金（合作）
2	译者翻译过程及翻译策略研究	1.50	赵玉闪	全国高校外语教学科研项目
3	采用流形调控原理强化竖直管内流动沸腾换热的研究	14.00	张伟	北京自然基金项目
4	具有半互穿网络结构的新型拉伸型质子交换膜的制备及其构效关系研究	14.00	林俊	北京自然基金项目

续表

序号	项目名称	经费（万元）	负责人	项目来源
5	基于复合知识挖掘的北京市人口膨胀趋势预测方法研究	12.00	沈巍	北京自然基金项目
6	融合数值天气预报信息的支持向量机光伏功率组合预测技术研究	14.00	杨锡运	北京自然基金项目
7	非线性鲁棒模型预测控制方法与应用研究	5.00	马苗苗	北京自然基金项目
8	高压直流输电系统次同步振荡机理与控制研究	14.00	何成兵	北京自然基金项目
9	生物质与煤混燃的一体化 $Hg/SO_2/NO_X$ 控制基础研究	14.00	程伟良	北京自然基金项目
10	重大办——2012 年度油气板块工作支撑	10.00	刘吉成	北京市科技专项课题
11	“十二五”深化电力体制改革方案实施的关键问题研究	25.00	张粒子 张　洪	国家能源局
12	北京市民办非企业单位 2012 年度检查白皮书	5.00	朱晓红	北京市社会团体管理办公室
13	行业协会发展和管理国际比较研究	4.80	朱晓红	民政部委托课题
14	承接政府购买服务的社会组织资质条件与目录的中外比较及启示	4.20	朱晓红	民政部委托课题
15	基于视频的无框架空间标定技术的三维运动解析系统的开发与应用(子课题:专项运动技术数据库的建立)	8.00	胡秀娟	国家体育总局体育科学研究所基本科研业务费资助项目
16	智能电网假数据注入攻击的防范研究	3.00	李元成	留学回国人员科研启动基金
17	利用低于电离阈值的高次谐波产生获得高能经 X 射线光子辐射	3.00	刘纪彩	留学回国人员科研启动基金
18	一类带粘弹耗散结构的偏微分方程(组)的研究	3.00	刘永琴	留学回国人员科研启动基金
19	非能动安全壳内混合与热分层的基础研究	4.00	牛风雷	留学回国人员科研启动基金
20	重复性项目计划与调度方法研究	1.00	张立辉	留学回国人员科研启动基金
21	核电厂数字化仪控系统动态可靠性评价方法研究	3.00	周世梁	留学回国人员科研启动基金
22	中关村社会组织 2012 年度检查分析报告	5.00	朱晓红	北京市社会团体管理办公室
23	北京市市级社会团体评估	2.20	朱晓红	北京市社会团体管理办公室
24	废有机溶剂和废矿物油污染特征与污染风险控制研究	73.00	唐阵武	环保公益性行业科研专项经费
25	乌鲁木齐经济圈生态环境安全阈值与空间管制分区研究	56.00	何理	环保公益性行业科研专项经费
26	电力行业 MTI 人才培养模式的研究	0.50	宁圃玉	全国翻译专业学位研究生教育指导委员会
27	促进风电有效开发的定价机制与政策——基于消费和投资行为的研究	10.00	吴忠群	教育部人文社会科学基金规划项目
28	风电接入导致辅助服务成本分摊模型及机制研究	10.00	胡军峰	教育部人文社会科学基金青年项目

续表

序号	项目名称	经费（万元）	负责人	项目来源
29	中国学生英语复句加工能力研究	10.00	任虎林	教育部人文社会科学基金规划项目
30	火电项目碳排放量——成本——效益相关性研究	10.00	刘睿	教育部人文社会科学基金规划项目
31	金沙江下游梯级电站防洪调度的气候变化影响及适应性对策研究	40.00	林千果	美国 TNC 协会项目
32	气候变化条件下长江中下游防洪管理模式的风险评估	50.00	林千果	美国 TNC 协会项目
33	关于基金委项目“流域水资源管理”的国际交流及合作	4.00	李永平	国家自然科学基金国际（地区）合作与交流项目
34	关于基金委重点项目“变化环境下水利工程设计风险评估”的国际交流及合作	4.00	黄国和	国家自然科学基金国际（地区）合作与交流项目
35	首都智能电网中微网系统的优化集成与发展机制研究	3.00	王永利	北京市哲学社会科学规划项目
36	基于节能减排的北京市电动汽车充电模式研究	5.00	张兴平	北京市哲学社会科学规划项目
37	复杂英语二语句子加工的句法和语义界面关系研究	5.00	任虎林	北京市哲学社会科学规划项目
38	基于用电量分析的北京经济行业波动传导和监测预警模型研究	3.00	刘 达	北京市哲学社会科学规划研究基地项目
39	支持北京市新能源产业发展的绿色金融法规体系研究	3.00	沈磊	北京市哲学社会科学规划项目
40	北京市居民生活用电量的历史特征及发展趋势研究	5.00	张福伟	北京市哲学社会科学规划项目
41	北京城乡居民家庭能源消费结构与问题研究	8.00	姚建平	北京市哲学社会科学规划项目
42	面向生态的流域水资源优化配置研究	10.00	门宝辉	国家重点实验室开放基金
43	池式快堆系统分析中非能动余热排出系统计算模型开发	3.70	隋丹婷	国际原子能机构
44	基于循环经济理念的额尔齐斯河供水区域水资源可持续利用研究	5.00	李继清	新疆维吾尔自治区科技计划项目
45	省级学位与研究生教育管理研究——基于评估的视角	1.00	翟亚军	中国学位与研究生教育学会项目
46	使用非相变填充颗粒和相变填充颗粒的熔融盐斜温层混合储热系统传热特性研究	3.00	徐超	留学回国人员科研启动基金
47	分布式能源系统发展模式研究	20.00	杨勇平	国家能源局
48	我国市场化电价体系研究	6.00	张粒子	国家能源局
49	广义平均曲率方程中的非线性分析研究	22.00	张学梅	国家自然科学基金项目
50	形变可积系统的怪波解及几何结构	22.00	黄晔辉	国家自然科学基金项目
51	多元非自治系统中的高阶矢量半有理多怪波的动力学性质及怪波管理	22.00	王雷	国家自然科学基金项目
52	碘在处置库条件下的化学形态变化及对迁移的影响研究	28.00	陈涛	国家自然科学基金项目

续表

序号	项目名称	经费（万元）	负责人	项目来源
53	非线性 Black – Scholes 方程有限差分并行计算的新方法研究	55.00	杨晓忠	国家自然科学基金项目
54	超高温陶瓷颗粒增强难熔金属基复合材料的高温力学性能及其强韧化机理研究	96.00	刘宗德	国家自然科学基金项目
55	膜环境中捕光天线蛋白的构型稳定性对仿生光电器件性能影响的理论模拟研究	26.00	张兵	国家自然科学基金项目
56	铌酸钾钠基无铅压电材料的缺陷化学	75.00	陈克丕	国家自然科学基金项目
57	地磁暴侵害高铁电气系统的电路模型与算法	75.00	宗伟	国家自然科学基金项目
58	沉淀合金中反位缺陷演化的微观相场模拟	25.00	张建军	国家自然科学基金项目
59	高灵敏度宽谱响应石墨烯光电探测器研究	25.00	张永哲	国家自然科学基金项目
60	改善高压电场环境下硅橡胶复合材料服役性能的基础研究	25.00	何少剑	国家自然科学基金项目
61	过渡金属氧化物等离激元增强型高效聚合物太阳电池的研究	25.00	王福芝	国家自然科学基金项目
62	风电机组关键部件故障趋势预测方法研究	23.00	滕伟	国家自然科学基金项目
63	耦合传递与转换过程模型的有机朗肯循环热力学研究	25.00	苗政	国家自然科学基金项目
64	能的梯级转化与燃机变工况特性的耦合机理研究	25.00	张国强	国家自然科学基金项目
65	复杂多变边界下燃煤机组全工况能耗基准状态的诊断与优化	24.00	王宁玲	国家自然科学基金项目
66	基于背压连续可调的燃煤发电机组变负荷控制方法研究	25.00	王玮	国家自然科学基金项目
67	利用飞灰中的磁珠和富钙灰联合控制烟气中砷、汞的研究	25.00	张凯华	国家自然科学基金项目
68	玉米秆中低温选择性快速热解制备 4 – 乙烯基苯酚的基础研究	25.00	王体朋	国家自然科学基金项目
69	微波辐照高硅生物质焦制备导热活性炭及其性能调控的机理研究	26.00	王孝强	国家自然科学基金项目
70	大气边界湍流场对风力机尾流特性影响的试验研究	24.00	张惠	国家自然科学基金项目
71	减排导向下区域能源 – 环境复合系统不确定性规划模型研究	25.00	李恭臣	国家自然科学基金项目
72	AP1000 安全壳内氢气风险缓解措施研究	25.00	吕雪峰	国家自然科学基金项目
73	大扰动下同步发电机非线性模型和参数的研究	26.00	康锦萍	国家自然科学基金项目
74	电能质量多项偏差共存时电动机能耗理论及节能新途径研究	26.00	赵海森	国家自然科学基金项目
75	动态 p – cycle 在电网广域系统中的共享风险保护	24.00	李彬	国家自然科学基金项目

续表

序号	项目名称	经费（万元）	负责人	项目来源
76	绝缘子表面盐分对光纤布喇格光栅波长变化的抑制机理研究	25.00	马国明	国家自然科学基金项目
77	老化对纤维素与矿物油间水分平衡影响的规律及机制	25.00	王伟	国家自然科学基金项目
78	分布式电源系统中储能设备功率配置与控制特性研究	26.00	赵国鹏	国家自然科学基金项目
79	材料电磁屏蔽效能测试的屏蔽室法的尺寸效应、位置效应及本征特性	26.00	焦重庆	国家自然科学基金项目
80	离子流场模型中高压直流导线表面几何形态的表征方法研究	26.00	甄永赞	国家自然科学基金项目
81	不确定条件下水质水量优化配置与风险决策方法研究	25.00	朱华	国家自然科学基金项目
82	短链有机酸对多环芳烃在水体沉积物中迁移转化的影响研究	25.00	安春江	国家自然科学基金项目
83	考虑降雨和地形的长江上游非点源污染时空演变模拟研究	25.00	丁晓雯	国家自然科学基金项目
84	纳米粒子对变压器油纸绝缘中电荷传输的影响机理	325.00	李成榕	国家自然科学基金项目重点项目
85	基于双层复合光阳极的高效染料敏化太阳能电池研究	80.00	李美成	国家自然科学基金项目
86	基于旋节分相结构的染料敏化太阳电池阳极薄膜研究	80.00	姚建曦	国家自然科学基金项目
87	机械设备运行速度和振动的静电检测机理与方法研究	80.00	闫勇	国家自然科学基金项目
88	基于热力学第二定律的能源利用评价体系	80.00	周少祥	国家自然科学基金项目
89	纳米尺度受限空间内气体分子热质传递规律研究	80.00	魏高升	国家自然科学基金项目
90	基于铝元素酸溶性的煤粉燃烧黏土矿物反应产物聚合度差异表征及其形成机理	80.00	田思达	国家自然科学基金项目
91	风电机组尾流干涉机理研究	80.00	刘永前	国家自然科学基金项目
92	周期性脉冲电热效应下环氧树脂绝缘材料的老化机理与寿命评估	80.00	唐志国	国家自然科学基金项目
93	大规模风电集群接入对电力系统自组织临界态影响机理及其辨识方法研究	74.00	刘文颖	国家自然科学基金项目
94	面向复杂数据环境的电网故障诊断	74.00	赵冬梅	国家自然科学基金项目
95	GIS 隔离开关高频电弧物理特性与特快速暂态模型研究	84.00	詹花茂	国家自然科学基金项目
96	XLPE 电缆在电热老化过程中交流空间电荷特性的试验研究	87.00	王伟	国家自然科学基金项目

续表

序号	项目名称	经费（万元）	负责人	项目来源
97	考虑残余电荷分布非均匀性 VFTO 建模方法及其在电缆上耦合响应测量方法研究	81.00	卢斌先	国家自然科学基金项目
98	寒旱区流域冰雪径流的动态过程分析	80.00	李永平	国家自然科学基金项目
99	土地利用变化的流域水沙产输变异及其生态响应	82.00	张尚弘	国家自然科学基金项目
100	逼真稳定的服装动画方法研究	20.00	石敏	国家自然科学基金项目
101	面向智能电网基础设施 Cyber - Physical 安全的自治愈基础理论研究	23.00	王竹晓	国家自然科学基金项目
102	网络化串级控制系统的线性自抗扰控制与性能优化	24.00	黄从智	国家自然科学基金项目
103	网络资源的语义标识与分布式定位方法研究	25.00	张莹	国家自然科学基金项目
104	DNA 纳米颗粒密码计算模型的研究	79.00	杨静	国家自然科学基金项目
105	基于微电子系统的高功率微波效应研究	83.00	郝建红	国家自然科学基金项目
106	M2M MIMO 宽带无线信道模型及其传播特性和机理研究	82.00	赵雄文	国家自然科学基金项目
107	面向智能电网的语义驱动复杂事件处理研究	76.00	马应龙	国家自然科学基金项目
108	太阳能槽式集热器聚焦能流矢量空间分布检测及数据反演	70.00	宋记锋	国家自然科学基金项目
109	基于梯度场的计算成像和恢复技术	76.00	周登文	国家自然科学基金项目
110	基于随机分布控制理论的锅炉低温烟气余热利用过程控制	78.00	张建华	国家自然科学基金项目
111	随机环境下卡尔曼滤波器动态特性	81.00	谢力	国家自然科学基金项目
112	核电厂大规模数字化仪控系统动态可靠性评价方法研究	23.00	周世梁	国家自然科学基金项目
113	复杂环境下中国国际工程承包业协同进化及动态能力成长模型研究	57.50	赵振宇	国家自然科学基金项目
114	电力普遍服务社会福利漏损及其补偿机制研究	56.00	赵会茹	国家自然科学基金项目
115	考虑农户和农村组织行为的生物质发电供应链优化及协同机制研究	58.00	檀勤良	国家自然科学基金项目
116	发电产业环境外部成本非市场评估及节能减排政策模型	57.00	赵晓丽	国家自然科学基金项目
117	乏燃料嬗变系统中液态金属的固态氧控与纯化的实验研究	90.00	牛风雷	国家自然科学基金项目
118	厌氧干发酵对秸秆压缩成型的促进作用机理与调控机制研究	15.00	李继红	国家自然科学基金项目
119	复杂环境下基于三维地理信息的空间源网协调规划	15.00	舒隽	国家自然科学基金项目
120	燃煤发电机组余热梯级释放与海水淡化的过程集成及优化	60.00	杜小泽	国家自然科学基金项目

续表

序号	项目名称	经费（万元）	负责人	项目来源
121	聚合物固体介质空间电荷和陷阱能态密度测试仪器研制	70.00	屠幼萍	国家自然科学基金项目[科学仪器基础研究专款(合作)]
122	铜族与稀土二元金属氧化物团簇低温催化一氧化碳的研究(转)	57.00	丁迅雷	国家自然科学基金项目
123	我国高校创业型工程人才培养方式研究——基于实践知识的视角	3.00	白逸仙	北京市教育规划项目
124	超临界水自然循环流动换热特性研究	25.00	周涛	国家重点实验室开放基金
125	海洋能源促进山东蓝色经济发展的战略研究及对策	10.00	胡光宇	山东省蓝黄两区重大课题研究项目
126	发展中国气候友好型定价形成机制的研究	10.00	赵洱岽	国家气候战略中心
127	可再生能源发电的制度障碍	109.00	赵晓丽	美国能源基金项目
128	入湖污染物排放通量追溯与污染负荷减排优化模型	20.00	张尚弘	中科院重点部署项目
129	基于功率分汇流传动的变速恒频风电系统原理与试验研究	12.00	芮晓明	教育部博士点基金-博导类
130	叠层染料敏化太阳能电池新型高效光阴极研究	12.00	李美成	教育部博士点基金-博导类
131	基于醇溶性金属复合物电极界面材料的稳定高效聚合物太阳电池的研究	12.00	谭占鳌	教育部博士点基金-博导类
132	基于变分贝叶斯方法的无线传感器网络信息融合处理用于输电线路的在线监测研究	4.00	滕婧	教育部博士点基金-新教师类
133	新型混合多馈入直流输电系统的运行机理研究	4.00	郭春义	教育部博士点基金-新教师类
134	高效、高精度求解梯度折射率介质内非灰气体辐射换热的谱方法研究	4.00	孙亚松	教育部博士点基金-新教师类
135	企业的碳信息披露及影响因素研究:理论框架与实证检验	4.00	张妍	教育部博士点基金-新教师类
136	内源治理与面源控制、水生态系统保护、饮用水水源地保护、重点流域综合治理	87.01	李鱼	吉林省水资源保护规划
137	新型微纳结构硅基柔性太阳能电池研究	91.00	李美成	国家自然科学基金项目
138	高精度反应堆中微子能谱研究	272.00	马续波	国家自然科学基金项目
139	含大规模分布式储能的新能源电力系统稳定分析与控制	300.00	刘吉臻	国家自然科学基金项目
140	中关村国家自主创新示范区海归人才创业服务机构开展专项服务活动项目	10.00	檀勤良	中关村管委会人才处
141	北京市大学科技园及科技企业孵化器支持资金项目	30.00	檀勤良	北京市科委
142	中关村国家自主创新示范区大学科技园及科技企业孵化器发展支持资金项目	60.00	檀勤良	中关村管委会创业处
143	创新创业孵化及产业基地对接项目	30.00	檀勤良	北京市科委
144	北京市昌平区大学科技园支持资金	100.00	檀勤良	昌平区科委

续表

序号	项目名称	经费（万元）	负责人	项目来源
145	中关村国家自主创新示范区创业服务机构发展支持资金	60.00	檀勤良	中关村管委会创业处
146	北京市小企业创业基地奖励资金	200.00	檀勤良	北京市经信委
147	工程热物理学科人才培养战略研究	10.00	杨勇平	国家自然科学基金项目专项
148	梯级水库运行期汛限水位动态设计与调控理论及方法研究	20.00	李继清	国家自然科学基金项目专项
149	含大型光伏电站的多种能源发电联合运行控制关键技术研究及示范	77.44	马静	国家科技支撑子课题
150	规模化小水电群与风光气发电联合运行控制关键技术研究与示范	200.00	刘文霞	国家科技支撑子课题
151	柔性直流供电关键技术研究	400.00	赵成勇	“863”计划课题
152	燃煤烟气中多种重金属污染物的联合控制技术与示范	267.00	张锴	“863”计划课题
153	烟气排放重金属污染快速检测技术和便携式仪器研发	225.00	徐鸿	“863”计划课题
154	太阳光伏/光热(PV/T)综合利用关键技术研究	66.00	陈海平	“863”项目子课题
155	嬗变靶件芯体材料研究与靶件件研制	60.00	刘滨	“863”项目子课题
156	地铁用模块化半导体照明关键技术研发与示范	10.00	纪献兵	“863”项目子课题
157	大规模围填海活动时空演进和湿地生态格局	50.00	林千果	“973”项目子课题
158	滨海湿地生态系统综合调控模式研究	25.00	许野	“973”项目子课题
159	聚变堆活化腐蚀产物产生与行为机理研究及数据库建设	500.00	陈义学	国家磁约束核聚变能发展研究专项(ITER)项目
160	多功能生物质高效热化学转化平台环境建设	50.00	檀勤良	国家火炬计划项目1项

华北电力大学2013年度科研项目完成情况一览表

序号	项目名称	立项时间	负责人	项目来源
1	公共服务型政府能源监管职能研究	2007年	王伟	国家社科基金项目
2	基于生态协同发展的区域水资源系统安全阈值分析理论与应用研究	2009年	李继清	国家自然科学基金项目
3	复杂大电网区域间低频振荡统一协调控制策略的研究	2009年	马静	国家自然科学基金项目
4	交流电压下沿面放电所引起油纸绝缘劣化规律的研究	2009年	程养春	国家自然科学基金项目
5	广域同步测量系统动态行为评估及其轨迹精度提升方法研究	2009年	毕天姝	国家自然科学基金项目
6	铁基载氧体作用下一氧化碳和甲烷化学链式燃烧机理研究	2009年	董长青	国家自然科学基金项目
7	窄矩形通道内自然循环ONB点发生机理研究	2009年	周涛	国家自然科学基金项目

续表

序号	项目名称	立项时间	负责人	项目来源
8	以重现故障过程为目标的电网故障诊断的研究	2009 年	张东英	国家自然科学基金项目
9	聚合物绝缘材料在油中高温高压双因子作用下的绝缘特性试验研究	2009 年	王伟(大)	国家自然科学基金项目
10	宽带电力线通信信道非线性动力学行为及其应用研究	2009 年	翟明岳	国家自然科学基金项目
11	大规模风电接入情况下互联电网有功/频率控制研究	2009 年	孙英云	国家自然科学基金项目
12	一种新型结构复合超导导体的动态稳定性研究	2009 年	王银顺	教育部高等学校博士点基金项目
13	基于低碳的农村能源供应和消费需求研究	2010 年	罗国亮	全国统计科学研究计划项目
14	大型超临界火电单元机组智能优化控制理论和应用技术的研究	2010 年	侯国莲	教育部留学回国科研启动基金
15	NiAl 应用在甲烷蒸汽重整制氢中的初步研究	2010 年	马雁	教育部留学回国科研启动基金
16	高校自主招生考生择校因素分析	2010 年	汪庆华	全国教育考试“十一五”科研规划重点课题
17	流化床内二元颗粒体系流动特性的 CFD 模拟与介观尺度固体黏性作用机制研究	2010 年	张锴	国家自然科学基金项目
18	生物质燃气焦油的高效催化转化机理研	2010 年	董长青	北京市自然科学基金项目
19	纳米颗粒及多孔层影响池沸腾临界热流密度机理研究	2010 年	周乐平	北京市自然科学基金项目
20	地下水石油类污染修复的生物表面活性剂技术及过程控制	2010 年	李建兵	北京市自然科学基金项目
21	基于消费与投资波动的北京能源供应动态管理研究	2010 年	吴忠群	北京市自然科学基金项目
22	中心体结构及性质研究	2010 年	韩榕生	教育部留学回国科研启动基金
23	高维小波乘子的刻画及其应用研究	2010 年	李忠艳	教育部留学回国科研启动基金
24	促进风电并网发电的监管措施研究——以东北电网公司为例	2010 年	赵晓丽	美国能源基金会项目
25	北京市全要素能源效率演变机理与效率优化研究	2010 年	张兴平	北京市哲学社会科学“十一五”规划项目
26	物流配送干扰管理中基于行为的决策模型研究	2010 年	黄敏芳	教育部高等学校博士点新教师基金项目
27	中国工业低碳和绿色增长	2010 年	牛东晓	国务院发展研究中心产业经济研究部课题
28	聚合物光伏材料的交联结构对本体异质结复合膜微结构与器件稳定性的影响	2010 年	谭占鳌	教育部高等学校博士点新教师基金项目
29	质子交换膜燃料电池催化层黏合剂的玻璃化转变温度与其性能的关系研究	2010 年	林俊	教育部高等学校博士点新教师基金项目
30	全源积分人工边界法及特高压直流输电复杂开域电场的计算模型	2010 年	王泽忠	教育部高等学校博士点基金项目
31	风电机组关键轴承的失效机理与可靠性设计方法研究	2010 年	芮晓明	教育部高等学校博士点基金项目

续表

序号	项目名称	立项时间	负责人	项目来源
32	中国低碳经济能源环境政策研究	2011 年	袁家海	教育部人文社会科学研究一般项目
33	水资源系统的模糊——随机规划与多判据决策分析	2011 年	李永平	国家自然科学基金项目
34	一类色散波方程(组)解的适应性和极限行为	2011 年	韩励佳	国家自然科学基金项目
35	后现代理论视野下的戏仿作品研究	2011 年	刘辉	教育部人文社会科学研究一般项目
36	基于 DNA 链置换检测技术的分子密码系统	2012 年	杨　静	国家自然科学基金项目主任基金

华北电力大学 2013 年科研成果及奖项情况一览表

序号	时间	获奖项目	所获奖项	获奖等级	级别	获奖人
1	2012 年	风电场发电功率预测系统	河北省科学技术奖	二等奖	省级	米增强 1　刘兴杰 2 梅华威 3　孙　浩 4 杜　平 5　钱　健 6 余　洋 7
2	2012 年	基于 IEC 61850 和 MMS 的网络化电力远动通信系统	河北省科学技术奖	二等奖	省级	朱永利 1　王德文 2 翟学明 3　邸　剑 4 李　源 5　黄建才 6 董　涛 7
3	2012 年	风力发电运行数据挖掘与特性分析系统	河北省科学技术奖	三等奖	省级	李永刚 1　王　毅 2 李志远 3　万书亭 4 付　超 5
4	2013 年	燃煤机组调频调峰性能优化关键技术研究	中国电力科学技术奖	三等奖	部级	李建强 11
5	2013 年	低碳经济下河北省能源效率及对策研究	第八届河北省社会科学基金项目优秀成果奖	一等奖	省级	王喜平 1　黄元生 2 何永贵 3　李　伟 4 齐　玮 5　李艳红 6
6	2013 年	基于河北省电力企业战略绩效评价体系的构建与实证研究	第八届河北省社会科学基金项目优秀成果奖	三等奖	省级	田金玉 1　牛东晓 2 李永臣 4　刘志彬 5 崔和瑞 6　吴伶伶 7
7	2013 年	依法治校视域中大学章程的功能及其实现 - 基于河北高校的实证研究	第八届河北省社会科学基金项目优秀成果奖	二等奖	省级	张金辉 1　梁　平 2 陈　焘 3　张蓓蓓 4 黄新颖 5　李庆宝 6 陈　奎 7　刘宇晖 8 尚晓丽 9　王　楠 10 王知春 11

华北电力大学2013年科研工作各院系贡献情况一览表

单位	成果获奖			成果鉴定	专利			学术论文和学术著作				
	合计	市区级	省部级		发明	实用新型	合计	SCI	EI	ISTP	著作	合计
电力工程系		2	2	1	15	27	42	11	88	4	1	104
电子与通信工程系					6	12	18	5	9			14
动力工程系	1	1	2		14	38	52	10	24	1		35
机械工程系				1	3	15	18	7	17		1	25
自动化系	1		1		5	4	9	1	15			16
计算机系	1	1	2		1	2	3	3	22	4		29
经济管理系		2	2			1	1	3	28	3	1	35
环境科学与工程学院	1		1	1	14	1	15	28	1	2		31
数理系					11	13	24	29	6			35
法政系		1	1								2	2
政教部											1	1
英语系										1	1	2
信息与网络管理中心									3			3
其他						1	1	7	2	2	1	12
小计	4	7	11	3	69	114	183	104	215	17	8	344

华北电力大学2012年度出版著作情况一览表

序号	著作名称	作者	类别	出版社	出版时间	ISBN号	全书字数（千字）
1	金融危机的信用机制研究	王建红	专著	新华出版社	2012.01	978-7-5166-0171-6	300
2	基于声誉的国有企业经营者激励、监督与考核机制研究	孔　峰　刘鸿雁	专著	中国质检出版社	2012.01	978-7-5026-3684-5	340
3	机器人创新设计与制作	李　琦　谢胜利　房　静　万书亭	专著	中国农业出版社	2012.01	978-7-5655-0622-2	138
4	工商保险条例配套解读	陈　雷　苏　玉　栗燕杰　江海霞	编著	法律出版社	2012.02	978-7-5118-3042-5	420
5	风之能源——小型风电系统实用指南	孟　明	译著	机械工业出版社	2012.03	978-7-111-36668-3	316
6	灵动	康　辉	专著	河北大学出版社	2012.08	978-7-5666-0222-8	/
7	多维视角下的英语口语教学研究理论与实践	张　莉　魏月红	专著	河北人民出版社	2012.09	978-7-202-06835-9/G.2704	200
8	劳务派遣法律规制研究	苗春刚　沈长月	专著	河北大学出版社	2012.11	978-7-5666-0263-3	220

华北电力大学2012年度科技论文检索情况一览表

序号	检索类别	作者	论文题目	论文出处
1	CSSCI	贾正源	可拓评价模型在因素计点法岗位评价中的应用研究	华东经济管理
2	CSSCI	孔　峰	基于固定工资和声誉的国企经理行为动态分析	系统管理学报
3	CSSCI	胡宏伟	城镇居民医疗保险对卫生服务利用的影响——政策效应与稳健性检验	中南财经政法大学学报
4	CSSCI	胡宏伟	城镇居民医疗保险对国民健康的影响效应与机制	南方经济
5	CSSCI	胡宏伟	社会福利刚性低水平管制的变动趋势研究——基于中国省级面板数据的考察	中国地质大学学报（社会科学版）
6	CSSCI	梁　平	我国法院职能转型过程中的法理探究	河北大学学报（哲学社会科学版）
7	CSSCI	栾文敬	社会保险与养老方式选择：参保是否会影响农民养老方式	西北人口
8	CSSCI	孔令章	民事间接强制执行制度比较研究	重庆大学学报（社会科学版）
9	CSSCI	刘宇晖	我国知识产权临时禁令的价值反思与类别分化——以唯冠公司申请临时禁售 Ipad 被驳为例	知识产权
10	CSSCI	孟祥林	HH 公司的薪酬改革措施	中国人力资源开发
11	CSSCI	史会峰	基于贝叶斯神经网络短期负荷预测模型	中国管理科学
12	CSSCI	侯东雷	我国高水平排球运动员运动动机研究	体育文化导刊
13	CSSCI	甄增水	The Separatiou of Good Faith and Integrity	司法研究
14	CSSCI	李　瑾	大学毕业生低收入聚居群体的困境及出路	河北大学学报
15	CSSCI	张金辉	高校学生申诉制度的实证分析与对策研究	中国青年研究
16	CSSCI	胡宏伟	公共服务均等化视角下中国养老保障方式与路径选择	华东经济管理
17	CSSCI	齐　玮	基于 CMS 模型的中印纺织品服装出口分析	国际贸易问题
18	CSSCI	谢　红	基于 VB 的图书馆阅览座位管理系统的开发及应用	图书馆论坛
19	CSSCI	魏豫洲	基于认识思维表述外化的客观知识探源	图书情报工作
20	CSSCI	胡宏伟	挤入还是挤出：社会保障对子女经济供养老人的影响——关于医疗保障与家庭经济供养行为	人口研究
21	CSSCI	李双辰	健全高校党风廉政工作机制的路径分析	中国高等教育
22	CSSCI	崔和瑞	秸秆发电燃料供应市场的联盟博弈	北京理工大学学报（社会科学版）
23	CSSCI	康　辉	论 TRIZ 理论的发明原理——支撑技术的应用	河北学刊
24	CSSCI	夏　珑	论电力市场管理规则的重建	学术论坛
25	CSSCI	梁　平	媒体与司法良性互动的构建	福建论坛
26	CSSCI	胡宏伟	社会医疗保险对老年人卫生服务利用的影响研究——基于倾向得分匹配的反事实估计	中国人口科学

续表

序号	检索类别	作者	论文题目	论文出处
27	CSSCI	胡宏伟	受教育水平对新生代农民工收支均衡的影响	经济经纬
28	CSSCI	谢海洋	我国档案垂直网站的发展现状及其在档案信息传播中的作用分析	档案学通讯
29	CSSCI	栾文敬	我国老年人心理健康自评及其影响因素分析	西北大学学报
30	CSSCI	胡宏伟	心理压力、城市适应、倾诉渠道与性别差异	中国青年研究
31	EI 核心	张伟霞	Study on Partial Discharge Detection of 10kV Power Cable	Telkomnika
32	EI 核心	李　钧	The Analysis of Thermal Calculation for Air Stove Drying System	Telkomnika
33	EI 核心	陈智雄	LDPC Code – Aided Frame Synchronization Algorithms Based on LLR Value from Decoder	International Review on Computer and Software (IRECOS)
34	EI 核心	慈铁军	The Competitiveness Analysis of The Power Enterprises Based on the Entropy Matter – element Model	信息与服务科学前沿(AISS)
35	EI 核心	杜必强	Industrial Robot Calibration Using a Virtual Linear Constraint	International Journal on Smart Sensing and Intelligent Systems
36	EI 核心	杨化动	Numerical Simulation of Flow in Ffouled Axial Flow Compressor	Energy Education Science and Technology Part A: Energy Science and Research
37	EI 核心	戴庆辉	The Application and Research on Urban Earthquake Risk Evaluation System	Energy Education Science and Technology Part A: Energy Science and Research
38	EI 核心	李艳梅	Analysis of Load Factors Based on Interpretive Structural Model	Journal of Computers
39	EI 核心	李泽红	Study on Evaluation of Enterprise Financial Position Based on ANP	International Journal of Advancements in Computing Technology
40	EI 核心	李艳梅	Application of WBS – RBS Method to Dynamic Risk Management of Energy Performance Contracting Project	Journal of Convergence Information Technology
41	EI 核心	孔　峰	Research on Comprehensive Evaluation Method for Simulation Practical Teaching Quality Based on Matte	Journal of Convergence Information Technology
42	EI 核心	温　磊	Statistic Characteristics Analysis of Directed Supply Chain Complex Network	International Journal of Advancements in Computing Technology
43	EI 核心	王敬敏	Research on Comprehensive Energy Saving Evaluation of Substation Construction Projects Based on FAHP and TOPSIS	Advances in Information Sciences and Service Sciences
44	EI 核心	王敬敏	Research on Design and Implementation of Software Unit Test: a Software Testing Case of a ATM Simulation System for Bank of China	International Journal of Advancements if Computing Technology
45	EI 核心	王敬敏	High Efficiency Evaluation of Regional Smart Grid Based on Support Vector Machine Method	Advances in Information Sciences and Service Sciences

续表

序号	检索类别	作者	论文题目	论文出处
46	EI 核心	王敬敏	Research on Carbon Emission Statistical Index System in Rural China	Advances in Information Sciences and Service Sciences
47	EI 核心	刘志彬	A Hybrid Optimization Algorithm to Evaluate the CC-WPE Based on DEA Sampled by FCE	Journal of Computers
48	EI 核心	周建国	Variable Weight Combination Forecast of Thermal Power Industry NOx Emissions Based on DGM And TDNN in thermal power industry	中国电机工程学报
49	EI 核心	孙　薇	BP Neural Network for Power Supply Enterprise Credit Evaluation Based on Genetic Algorithm Optimization	Journal of Information and Computational Science
50	EI 核心	刘志彬	An Improved Study on Wind Energy Resource Assessment Method With a Special Focus on Wind Speed Forecasting	Energy Education Science and Technology Part A：Energy Science and Research
51	EI 核心	崔和瑞	Improved Short－term Load Forecasting Model Based on Data Mining Technology	Energy Education Science and Technology Part A：Energy Science and Research
52	EI 核心	周建国	Sulfur Dioxide Emission Combination Prediction Model of China Thermal Power Industry	Telkomnika
53	EI 核心	赵文清	The Application of Support Vector Machine in Load Forecasting	Journal of Computers
54	EI 核心	鲁　斌	SPA Comprehensive Evaluation Model and its Application in the Risk Assessment of Electric Power Information Network	Journal of Networks
55	EI 核心	张亚刚	Electric Power System Fault Detection Based on Posterior Probability	ICIC Express Letters
56	EI 核心	王东风	Multi－Step Forecasting of Wind Speed Using IOWA Operator	International Journal of Advancements in Computing Technology
57	EI 核心	高　芳	Computational Intelligence in Low NOx Emission Combustion for Coal－Fired Power Plants	International Journal of Advancements in Computing Technology
58	EI 核心	韩　璞	Combustion Modeling for Utility Boiler Based on Multi－Output Least Squares Support Vector Machine	International Journal of Advancements in Computing Technology
59	EI 核心	焦嵩鸣	An Approach to Parameter Identification Using Linear Graphs and Improved Particle Swarm Optimization	International Journal of Modelling and Simulation
60	EI 核心	董　泽	Research on a Modified Smith Predictive Control Scheme of Main Steam Temperature of Circulating Fluidized bed	Research Journal of Applied Sciences，Engineering&Technology
61	EI 核心	孟　磊	Research on Twice Optimizaton Control of 300MW CFB Bed TeMperature	International Journal of Advancements in Computing Technology
62	EI 核心	张金营	Synchronization of Discrete Chaotic Systems Based on Uuncertainty Compensated by LS－SVR	Journal of Theoretical and Applied Information，Nov.，2012，45（1）：335～341

续表

序号	检索类别	作者	论文题目	论文出处
63	EI 核心	张丽静	Research on Web – based Real – time Monitoring System on SVG and Comet	TELKOMNIKA Indonesian Journal of Electrical Engineering
64	EI 核心	谢　庆	基于多平台测向及全局搜索的局部放电超声阵列定位方法研究	电工技术学报
65	EI 核心	谢　庆	信号子空间转换与快速子空间测向算法相结合的局部放电超声阵列信号测向方法	电网技术
66	EI 核心	郑焕坤	高精度 A 稳定隐式调谐 Taylor 级数法在电力系统中的应用	电工技术学报
67	EI 核心	李先妹	数字化变电站继电保护测试技术的分析研究	电力系统保护与控制
68	EI 核心	赵海霞	基于一体化整定计算应用的辐射网供电方案分析	电力自动化设备
69	EI 核心	赵书强	运行方式变化对密集型固有振模电力系统的影响分析	电力自动化设备
70	EI 核心	王　雪	变压器绕组参数在线计算方法	电力自动化设备
71	EI 核心	王　雪	可调度型单相光伏并网逆变器控制策略研究	电力系统保护与控制
72	EI 核心	孙丽玲	基于旋转不变信号参数估计技术与模式搜索算法的异步电动机转子故障检测新方法	机械工程学报
73	EI 核心	李　游	考虑馈线自动布局和联络接线费用的配电网智能规划	电力系统自动化
74	EI 核心	牛胜锁	基于广义岭估计的电力系统谐波状态估计	电力自动化设备
75	EI 核心	栗　然	双馈风电场新型无功补偿与电压控制方案	中国电机工程学报
76	EI 核心	马燕峰	基于在线辨识和区域极点配置法的电力系统低频振荡协调阻尼控制	电工技术学报
77	EI 核心	王　雪	基于 Park 矢量模频率特征的变压器励磁涌流识别方法	电力系统保护与控制
78	EI 核心	王　雪	变压器励磁涌流特征空间综合识别方法	电力自动化设备
79	EI 核心	王　雪	基于广义基波功率的新型变压器主保护方案	电工技术学报
80	EI 核心	梁海平	计及节点恢复成功率的黑启动分区恢复方案优化	电工技术学报
81	EI 核心	徐志钮	鲁棒的轴对称液滴边缘形状分析算法及其在超疏水材料憎水性检测中的应用	高电压技术
82	EI 核心	周国伟	转子绕组短路故障时发电机转子不平衡电磁力分析	电工技术学报
83	EI 核心	李　虹	基于 WAMS/SCADA 混合量测的电力系统强跟踪滤波动态状态估计	电力自动化设备
84	EI 核心	董　清	电网中强迫共振型低频振荡源的自动确定方法	中国电机工程学报
85	EI 核心	董　清	低频振荡扰动源机组的自动定位方法	电网技术
86	EI 核心	赵洪山	基于统计过程控制的风机齿轮箱故障预测	电力系统保护与控制
87	EI 核心	孟　明	基于缺陷扣分发和三角模糊数层次分析法的智能电能表全生命周期质量评价	电力系统保护与控制
88	EI 核心	程述一	一种直线型超声阵列信号测向方法及其应用	中国电机工程学报
89	EI 核心	王　毅	永磁直驱风电机组对系统功率振荡的阻尼控制	电工技术学报
90	EI 核心	孙丽玲	基于 MUSIC 与 SAA 的笼型异步电动机转子断条故障检测	电工技术学报
91	EI 核心	牛胜锁	基于四项余弦窗三谱线插值 FFT 的谐波检测方法	仪器仪表学报
92	EI 核心	苏海锋	基于全寿命周期成本的配电网变电站选址定容优化规划	电力系统自动化

续表

序号	检索类别	作者	论文题目	论文出处
93	EI 核心	刘建涛	基于储能系统的用户光伏并网发电系统经济性分析	太阳能学报
94	EI 核心	刘云鹏	沙尘条件下导线电晕特性的模拟试验系统设计	高电压技术
95	EI 核心	刘云鹏	特高压输电线路宽频带电晕损失测量系统	高电压技术
96	EI 核心	李 刚	基于图论分区与改进 BFS 算法搜索安全约束集的防联锁过载控制策略	电工技术学报
97	EI 核心	李 莎	基于有功增加因子的潮流转移快速搜索	电网技术
98	EI 核心	盛四清	光伏电站接入孤立电网的动态建模与稳定性分析	电力系统保护与控制
99	EI 核心	王春波	富氧燃烧循环流化床锅炉炉内传热特性	中国电机工程学报
100	EI 核心	韩中合	考虑三维旋转效应风力机叶片气动性能数值研究	太阳能学报
101	EI 核心	荆有印	太阳能冷热电供热系统的多目标优化设计和运行策略分析	中国电机工程学报
102	EI 核心	张学镭	环境风影响下直接空冷机组排汽压力的计算模型	中国电机工程学报
103	EI 核心	李 斌	流化床炉内颗粒混合的离散单元法数值模拟	中国电机工程学报
104	EI 核心	陈鸿伟	蒸汽活化钙基吸收剂联合脱碳脱硫特性	化工学报
105	EI 核心	陈鸿伟	鼓泡流化床风帽压力波动特性分析	中国电机工程学报
106	EI 核心	王春波	煤在增压富氧燃烧条件下 NOx 排放特性实验研究	中国电机工程学报
107	EI 核心	王春波	煤粉的增压富氧燃烧特性及煤灰矿物演变	燃料化学学报
108	EI 核心	叶学民	滑移边界对含表面活性剂超薄液膜去湿特性的影响	化工学报
109	EI 核心	钱江波	谐振腔微扰技术测量湿蒸汽两相流的理论分析	中国电机工程学报
110	EI 核心	王松岭	煤粉热解特性对富氧燃烧中 NO 生成规律的影响	燃烧科学与技术
111	EI 核心	高正阳	不同煤燃烧过程颗粒汞生成特性的实验研究	燃料化学学报
112	EI 核心	叶学民	混合发电系统热经济性分析的通用矩阵模型	中国电机工程学报
113	EI 核心	李春曦	单动叶安装角深度异常对轴流风机性能及噪声影响的数值模拟	中国电机工程学报
114	EI 核心	谢志远	10KV 电力线载波通信自动组网算法	电力系统自动化
115	EI 核心	赵振兵	基于 NSCT 的航拍绝缘子图像边缘提取方法	仪器仪表学报
116	EI 核心	贾惠彬	一种配电网单相接地故障行波定位方法	电力系统保护控制
117	EI 核心	张新春	密度梯度蜂窝材料动力学性能研究	工程力学
118	EI 核心	万书亭	转子绕组匝间短路对发电机转子电磁转矩影响分析	电机与控制学报
119	EI 核心	王进峰	基于 RFID 的焊接机器人在车身焊接混装线的应用	上海交通大学学报
120	EI 核心	王进峰	蚁群算法在工艺规划与车间调度集成优化中的应用	东南大学学报（自然科学版）
121	EI 核心	张新春	缺陷对金属蜂窝材料面内冲击性能的影响	高压物理学报
122	EI 核心	张新春	具有负泊松比效应蜂窝材料的面内冲击动力学性能	爆炸与冲击
123	EI 核心	何玉灵	基于定子振动特性的汽轮发电机气隙偏心故障程度鉴定方法研究	振动与冲击
124	EI 核心	马双忱	活性炭吸附/微波解吸脱除烟气中 SO_2 的实验研究	中国电机工程学报
125	EI 核心	黄建才	采用小波变换的绝缘子泄漏电流去噪	高电压技术
126	EI 核心	张少敏	基于 REST 和 IEC61970 的智能电网数据集成方法研究	电力自动化设备
127	EI 核心	张少敏	一种用于智能电网的数据完整性定量评估模型	电力系统保护与控制

续表

序号	检索类别	作者	论文题目	论文出处
128	EI 核心	李　整	一种用于机组组合问题的改进双重粒子群算法	中国电机工程学报
129	EI 核心	王德文	输变电状态监测系统的分布式数据交换方法	电力系统自动化
130	EI 核心	王德文	变电站状态监测通信网关中 Modbus 与 IEC 61850 的映射方法	电力系统自动化
131	EI 核心	范新桥	基于多点电流测量的输电线路行波故障定位新方法	电力自动化设备
132	EI 核心	黄建才	绝缘子泄漏电流去噪研究	电力系统保护与控制
133	EI 核心	王刘旺	基于加汉宁窗的 FFT 高精度谐波检测改进算法	电力系统保护与控制
134	EI 核心	韩颖慧	高分子过氧酸改性钙基添加剂烟气同时脱硫脱硝实验研究	中国电机工程学报
135	EI 核心	李大中	垃圾与煤、秸秆混燃锅炉污染物排放优化	农业机械学报
136	EI 核心	秦金磊	电站设备可靠性问题的威布尔模型求解优化方法	中国电机工程学报
137	EI 核心	王　飞	基于神经网络与关联数据的光伏电站发电功率预测方法	太阳能学报
138	EI 核心	王春波	300MW 煤粉/高炉煤气混燃锅炉燃烧特性数值模拟	中国电机工程学报
139	EI 核心	杨淑英	500kv 中性点经小电抗接地自耦变压器后备保护整定计算的研究	电力系统保护欲控制
140	EI 核心	王喜平	A hybrid neural network and ARIMA model for energy consumption forecasting	Journal of Computers
141	EI 核心	刘志彬	A Novel Hybrid Stochastic Searching Algorithm Based on ACO and PSO：A Case Study of LDR Optimal Design	Journal of Software
142	EI 核心	张亚刚	A Statistical Evaluation of Power Grid Fault Detection	ICIC Express Letters – Applications
143	EI 核心	崔和瑞	A Study on Biomass Fuel Supply Chain based on Dynamic Feedback Theory	Advances in Information Sciences and Service Sciences
144	EI 核心	向　玲	Comparison of methods for different time – frequency analysis of vibration signal	软件期刊（Journal of software）
145	EI 核心	李　伟	Engineering cost forecasting of electric power construction projects based on grey model optimized by genetic algorithm	Journal of Information &Computational Science
146	EI 核心	孔　峰	Middle – Long Power Load forecasting based on Dynamic grey prediction and support vector machine	International Journal of Advancements in Computing Technology
147	EI 核心	李　钧	Numerical Analysis of the Factors About Combustion Stability on Boiler	Telkomnika
148	EI 核心	李　伟	Research of Grey Model Improved by the Phased Weighted Operator in Power System Load Forecast	International Journal of Advancements in Computing Technology
149	EI 核心	杨少梅	Research on Application of Power System Reliability Model Based on Principal – agent Mechanism	Journal of Software
150	EI 核心	李　伟	Research on Evaluation of Power Supply Companies External Service Quality Based on Improved Grey Interrelated Analysis Method	Journal of Computers

续表

序号	检索类别	作者	论文题目	论文出处
151	EI 核心	刘　青	SSSC 串补线路双端暂态保护的研究	电力系统保护与控制
152	EI 核心	杨少梅	The Comprehensive Evaluation of New Energy Industry Developing Capability Based on Wavelet Neural Network Model	Journal of Computers
153	EI 核心	李艳梅	The Load Forecasting Model Based on Bayes - GRNN	Journal of Software
154	EI 核心	杨少梅	The Simulated Annealing Algorithm and Its Application on Resource - saving Society Construction	Journal of Software
155	EI 核心	王德文	变电站状态监测 IED 的 IEC 61850 信息建模与实现	电力系统自动化
156	EI 核心	王　雪	变压器励磁涌流变权综合识别方法研究	电力系统保护与控制
157	EI 核心	刘云鹏	不同海拔下电晕笼分裂导线起晕电压的计算分析	中国电机工程学报
158	EI 核心	朱永利	采用电流分布式测量和相位比较方式的输电线路故障定位	高电压技术
159	EI 核心	谢志远	传输线电气参数测试方法研究及应用	电力系统保护与控制
160	EI 核心	董　清	大规模电网中低频振荡扰动源的定位方法	中国电机工程学报
161	EI 核心	王春波	大同烟煤增压富氧燃烧的热重实验研究	中国电机工程学报
162	EI 核心	王保义	电力调度自动化系统中基于可信度的访问控制模型	电力系统自动化
163	EI 核心	张重远	电压互感器的高频无源电路模型	电工技术学报
164	EI 核心	律方成	电晕笼交流单根导线电晕损失的计算分析	中国电机工程学报
165	EI 核心	常鲜戎	非线性原 - 对偶内点法无功优化中的修正方程降维方法	电网技术
166	EI 核心	栗　然	风电场容量比对无功补偿容量的影响研究	电力系统保护与控制
167	EI 核心	常鲜戎	高精度 A 稳定隐式调谐 Taylor 级数法在电力系统中的应用	电工技术学报
168	EI 核心	徐志钮	混合编程法及其在绝缘子电场和电位分析中的应用	电网技术
169	EI 核心	马　平	火电厂自动电压控制（AVC）系统方案设计	电力系统保护与控制
170	EI 核心	翟永杰	基于 ADE - SVM 和模糊理论的电力系统中期负荷预测	电力系统保护与控制
171	EI 核心	朱永利	基于 EMD - TEO 的输电线路行波故障定位	电力系统保护与控制
172	EI 核心	苏海锋	基于 GIS 空间分析与改进粒子群算法的变电站全寿命周期成本规划	中国电机工程学报
173	EI 核心	顾雪平	基于 IEC61850 的电网故障诊断完全解析化建模	电力系统自动化
174	EI 核心	韩中合	基于 K - L 散度的 EMD 虚假分量识别方法研究	中国电机工程学报
175	EI 核心	任建文	基于背离路径的输电断面搜索新算法	电网技术
176	EI 核心	王　涛	基于边韧性度的电力系统关键线路筛选	电力系统保护与控制
177	EI 核心	王　雪	基于波形时域分布特征的变压器励磁涌流识别	电工技术学报
178	EI 核心	刘　涛	基于不同非共线结构的光参量放大器的宽带特性	中国激光
179	EI 核心	张重远	基于电磁式电压互感器传输特性的过电压在线监测方法	中国电机工程学报
180	EI 核心	卢锦玲	基于电压自动控制的智能电网自愈策略	电网技术
181	EI 核心	贾惠彬	基于多端行波的配电网单相接地故障定位方法	电力系统自动化
182	EI 核心	牛胜锁	基于多时段同步测量信息的 T 接线路参数在线测量	电工技术学报
183	EI 核心	许伯强	基于多重信号分类与模式搜索算法的笼型异步电动机转子断条故障检测新方法	中国电机工程学报

续表

序号	检索类别	作者	论文题目	论文出处
184	EI 核心	陈智雄	基于多重置换阵的满秩结构化 LDPC 码构造方法	电子学报
185	EI 核心	李燕青	基于改进 FastDOA 算法的变压器局部放电超声阵列信号测向	电力自动化设备
186	EI 核心	苏海锋	基于改进均值聚类随机粒子群算法的变电站 LCC 规划	电工技术学报
187	EI 核心	牛胜锁	基于广域测量和抗差最小二乘法的电力系统谐波状态估计	电力系统保护与控制
188	EI 核心	胡爱军	基于集成经验模态分解和峭度准则的滚动轴承故障特征提取方法	中国电机工程学报
189	EI 核心	常鲜戎	基于扩展功率方程的网损微增率算法	电网技术
190	EI 核心	王　雪	基于模型的新型变压器主保护判据分析	电力系统保护与控制
191	EI 核心	王璋奇	基于区间有限元的吊梁非概率可靠性研究及敏感性分析	中南大学学报（自然科学版）
192	EI 核心	朱永利	基于三点电流测量的输电线路行波故障定位新方法	电工技术学报
193	EI 核心	牛胜锁	基于三谱线插值 FFT 的电力谐波分析算法	中国电机工程学报
194	EI 核心	贾正源	基于属性测度区间理论的变电站优质工程评价体系	电力自动化设备
195	EI 核心	任建文	基于通用电网框架模型的电力系统图形自动绘制实现	电力系统保护与控制
196	EI 核心	冉　鹏	基于图论的火电机组热经济性定量分析方法	中国电机工程学报
197	EI 核心	任建文	基于网络重构的电网智能调度操作票系统开发研究	电力系统保护与控制
198	EI 核心	王德文	基于云计算的电力数据中心基础架构及其关键技术	电力系统自动化
199	EI 核心	律方成	基于暂态对地电压和超声阵列信号的变压器局放定位方法	电工技术学报
200	EI 核心	朱永利	基于主成分分析和基因表达式程序设计的变压器故障诊断	电力系统保护与控制
201	EI 核心	律方成	基于紫外成像图像信息的绝缘子表面放电量化方法	电工技术学报
202	EI 核心	粟　然	基于自适应变异粒子群算法的双馈风电机组等值建模	电力系统自动化
203	EI 核心	李　伟	基于组合函数和遗传算法最优化离散灰色模型的电力负荷预测	电力自动化设备
204	EI 核心	徐玉琴	计及光伏电站随机出力的配电网无功优化	电力系统保护与控制
205	EI 核心	戴志辉	阶段式保护原理性失效风险的概率评估方法	电工技术学报
206	EI 核心	常鲜戎	考虑地理因素的改进量子粒子群算法在多目标电网规划中的应用	电网技术
207	EI 核心	任　惠	考虑离散约束条件的电力系统电压——无功集中控制算法研究	电力系统保护与控制
208	EI 核心	马新顺	考虑输电容量约束的发电公司竞价策略的不确定规划方法	电工技术学报
209	EI 核心	高红艳	可灵活配置整定原则的继电保护整定计算软件的研究	电力系统保护与控制
210	EI 核心	谢　庆	快速独立分量分析算法在局放超声阵列信号去噪中的应用	中国电机工程学报
211	EI 核心	张　磊	离心风机旋转失速状态下的流体动力学特征	中国电机工程学报
212	EI 核心	段　巍	利用响应面方法的汽轮机叶片振动可靠性分析	振动、测试与诊断

续表

序号	检索类别	作者	论文题目	论文出处
213	EI 核心	石新春	粒子群优化算法在光伏阵列多峰最大功率点跟踪中的应用	中国电机工程学报
214	EI 核心	戴志辉	零序电流保护运行风险评估模型	电力系统保护与控制
215	EI 核心	王春波	煤粉热解特性对其富氧气氛下着火机理的影响	燃烧科学与技术
216	EI 核心	顾雪平	面向 SCADA 系统的电网故障诊断信息的获取	电网技术
217	EI 核心	李大中	木块气化工艺过程焦油联合脱除工况优化	农业机械学报
218	EI 核心	李大中	木屑、稻壳与煤混合型煤压缩成型过程建模及工况优化	农业机械学报
219	EI 核心	郑顾平	配网自动化系统中小电流基地故障区段定位方法	中国电机工程学报
220	EI 核心	李俊卿	汽轮发电机水路堵塞时定子流体场和温度场的数值仿真	高电压技术
221	EI 核心	贾秀芳	牵引变电所地返回电流及接地网电位抬升研究	电力系统控制与保护
222	EI 核心	常鲜戎	圈定保护启动范围的变电站继电保护仿真模型的开发	电力系统保护与控制
223	EI 核心	谢志远	三相架空电力线上载波信号的传输规律	电力系统自动化
224	EI 核心	徐志钮	室温硫化和高温硫化硅橡胶在交流电晕下憎水性特性的比较	高电压技术
225	EI 核心	朱晓荣	双馈感应风力发电机组复合频率控制策略研究	电力系统保护与控制
226	EI 核心	栗　然	双馈式风电场改进恒电压控制策略	电力系统保护与控制
227	EI 核心	朱永利	图形化输电线路故障定位系统的研制	电力系统保护与控制
228	EI 核心	郑顾平	小电流单相接地故障在线定位装置研究与实现	电力系统保护与控制
229	EI 核心	张少敏	一种改进的多目标粒子群算法在购电风险评估中的应用研究	电力系统保护与控制
230	EI 核心	焦彦军	一种基于傅立叶算法的高精度测频方法	电力系统保护与控制
231	EI 核心	梁志瑞	一种耦合传输线参数在线测量方法	电力系统保护与控制
232	EI 核心	李永华（男）	一种燃煤发电节能减排综合评价指数	中国电机工程学报
233	EI 核心	张立峰	一种新的电容层析成像电极组合激励测量模式	化工学报
234	EI 核心	徐志钮	影响硅橡胶静态接触角测量结果的相关因素分析	高电压技术
235	EI 核心	张重远	应用电站设备宽频特性的过电压在线监测装置	高电压技术
236	EI 核心	王进峰	应用遗传算法解决柔性作业车间调度问题	高级计算技术（IJACT）
237	EI 核心	马燕峰	用改进的 Hilbert - Huang 变换辨识电力系统低频振荡	高电压技术
238	EI 核心	徐志钮	憎水性材料接触角算法的选择及在硅橡胶憎水性检测中的应用	高电压技术
239	EI 核心	胡爱军	振动信号处理中数学形态滤波器频率响应特性研究	机械工程学报
240	EI 核心	王艾萌	On - line Parameter Estimation Method For IPMSM Based on Decoupling Control	World Electric Vehicle Journal
241	EI 会议	贾惠彬	A Fault Location Method in Distribution Network With Use of Wavelet - based Traveling - wave	2012 International Conference on Wavelet Analysis and Pattem Recognition
242	EI 会议	赵洪山	A Hybrid Predictive Control Strategy for the Coordinated Voltage Control in substation	EESD 2012
243	EI 会议	李永倩	A Method for Improving BOTDR System Performance	2102 Symposium on Photonics and Optoelectronics

续表

序号	检索类别	作者	论文题目	论文出处
244	EI 会议	王德文	A Method of Constructing Electric Power Data Warehouse Based on Cloud Computing	2012 International Conference on Manufacturing Engineering and Automation
245	EI 会议	颜湘武	A Method of Rapid Detection of The Grid Voltage Sudden Change	The 3rd IEEE International Conference on Sustainable Energy Technologies
246	EI 会议	岳　燕	A Multi – Classified Method of Support Vector Machine (SVM) Based on Entropy	2012 International Conference on Measurement, Instrumentation and Automation
247	EI 会议	王艾萌	A New Flux – Weakening Control Strategy Considering Voltage Saturation for IPMSM Drives	第三十一届中国控制会议
248	EI 会议	李　鹏	A Novel Decoupling Method of Photovoltaic Grid – connected Inverter in Microgrid	2012 IEEE PES International Conference on Power Systems Technology
249	EI 会议	周　斌	A Novel Fault Ranking Method for Available Transfer Capability Calculation in AC/DC Hybrid Systems	Innovative Smart Grid Technologies – Asia (ISGT Asia), 2012 IEEE
250	EI 会议	王艾萌	A Novel Flux – weakening Strategy Study to Improve Performance of IPMSM Drives	15th International Conference on Electrical Machines and Systems
251	EI 会议	王　涛	A Power Network Partitioning Method Based on Local Similarity Measure	Advanced Materials Rresearch
252	EI 会议	戴志辉	A Probabilistic Risk Assessment Method of Transmission Line Distance Protection	IEEE PES General Meeting 2012
253	EI 会议	安　勃	A Study on Immunity of Wireless Sensor Unit in Substation	International Symposium on Electromgnetic Compatibility
254	EI 会议	王　艳	A Theory of Six – line Transmission System's Fault Phase Selection Base on Wide Area Measurement System	EESD 2012
255	EI 会议	李　虹	Abnormity Handing For Power System Adaptive Bynamic State EsTimaiton	International Conference on Advanced Power System Automation and Protection
256	EI 会议	李　聪	Active Power Control Strategy For Wind Farm Based on Wind Turbine Dynamic Classified	2012 International Conference Power System Technology
257	EI 会议	马双忱	Ammonia Escape Inhibited by in the Process of Carbon Capture	Progress in Environmental Science and Engineering
258	EI 会议	左　华	An Analysis of Solutions for Fuzzy Multi Objective Linear Programming Problem	ICMLC 2012
259	EI 会议	颜湘武	An Efficient Isolated Bi – directional Half Bridge Resonant DC/DC converter	The 3rd IEEE International Conference on Sustainable Energy Technologies
260	EI 会议	李永臣	An Empirical Study on Total Factor Energy Efficiency of China's Thermal Power Generation	Frontiers of Energy and Environmental Engineering

续表

序号	检索类别	作者	论文题目	论文出处
261	EI 会议	马良玉	An Improved Predictive Optimal Controller with Elastic Search Space for Steam temperature Control of Large – Scale Supercritical Power Unit	51st IEEE Conference on Decision and Control
262	EI 会议	苑津莎	An Improved Self – organization Antibody Network for Pattern Recognition and Its Performance Study	2012 5th Chinese Conference on Pattern Recognition
263	EI 会议	鲁　斌	An Optimized Genetic K – means Clustering Algorithm	2012 International Conference on Computer Science and Information Processing
264	EI 会议	张淑娥	Analysis and Improvement of the Frequency Sweeping Method for Resonance Characteristic Measurement	The 10th International Symposiumon Antennas Propagation and EM Theory
265	EI 会议	谢红玲	Application of Traps in Detection of Temporary Ground Wires	2012 年可持续能源与环境工程国际学术会议
266	EI 会议	李　虹	Applications of Strong Tracking Filter in Power System Dynamic State Eestimation	Proceedings of International-Conference on Sustainable Power Generation and Supply
267	EI 会议	方立军	Atomization Feature of Lliquid – column Tower	2nd International Conference on Energy, Environment and Sustainable Development
268	EI 会议	高亚静	Available Transfer Capability Calculation With Large Offshore Wind Farms Connected by VSC – HVDC	Innovative Smart Grid Technologies – Asia (ISGT Asia), 2012 IEEE
269	EI 会议	黄元生	Based on Comparable Price Energy Input – output Table of Xinjiang to Research Low Carbon Economic Development Strategy	2012 International Conference on Sustainable Energy and Environmental Engineering
270	EI 会议	张亚刚	Bayesian Fault Detection Based on WAMS/PMU Measurement System	IEEE PES General Meeting
271	EI 会议	梁海平	Black – start Subsystem Partitionping Based on Nodes Voltage	Advances in Power and Electrical Engineering
272	EI 会议	孙　正	Cardiac Motion Estimation With Coronary Appiographic Image Sequences	Green Power, Materials and Manufacturing Technology and Applications Ⅱ
273	EI 会议	方立军	CFD Simulation of The Liquid – column Flow Field of Double Contact	2nd International Conference on Energy, Environment and Sustainable Development
274	EI 会议	李保会	Chiral Separation of Non – natural Amide Amino Acid by Capillary Electrophoresis With CD as Chrial Selective Material	Advances in Chemistry Presearch Ⅱ
275	EI 会议	邸　剑	Cloud Model and Ant Colony Optimization Based Qos Routing Algorithm for Wireless Sensor Networks	2010 Third International Symposium on Intelligent Ubiquitous Computing and Education
276	EI 会议	张贵银	Competition Between Spontaneous Radiation and Ionization in the Process of Resonance Enhanced Multi – photon Ionization	Proc. of SPIE

续表

序号	检索类别	作者	论文题目	论文出处
277	EI 会议	姚秀明	Composite DOBC&H8 Control for Markovian Jump Non-linear System	Chinese Control Conference, 2012
278	EI 会议	乐 英	Computing Offsets of NURBS Curve and Surface	2012 年先进工程材料与技术国际学术会议
279	EI 会议	董淑惠	Coordinated Control for Active and Reactive Power of PMSG – based Wind Turbine to Enhance the LVRT Capability	the 15th International Conference on Electrical Machines and Systems (ICEMS 2012)
280	EI 会议	李 娜	Creep – Fatigue Interaction Life Prediction for P91 Steel Based on Improved Elman Neural Network Model	2012 第二届先进材料国际会议
281	EI 会议	郭天祥	Decomposition Characteristics of Hydrogen Peroxide in Sodium Hydrogen Solution	Advanced Materials Research
282	EI 会议	李燕青	Demand Forecast of Electric Vehicle Charging Stations Based on User Classification	2012 年可持续能源与环境工程国际学术会议 (ICSEEE 2012)
283	EI 会议	盛四清	Design and Realization of the Graphic System of Power System Based on Browser/Server Model	2012 International Conference on Computational and Information Sciences
284	EI 会议	宋 雨	Design and Realization of the Smart Grid Marketing System architecture Based on Hadoop	2012 international Conference on Control Engineering and Communication Technology
285	EI 会议	梁贵书	Design of Fractional Load Frequency Controller	2012 Int. Conf. onControl Engineering and Communication Technology
286	EI 会议	李燕青	Design of Transformer Temperature Measurement System Based on Fiber Grating	2012 年可持续能源与环境工程国际学术会议
287	EI 会议	马 凯	Design Optimization of Convective Heat Transfer Surface of Pressurized Oxy – fuel Coal – fired Boiler	Advanced Materials Research
288	EI 会议	张贵银	Detection of Atmospheric Pollutant NO With The Method of Resonant – Enhanced Multiphoton	Applied Mechanics and Materials
289	EI 会议	武玉才	Diagnosis of Turbine Generator Typical Faults by Shaft-Voltages	IAS 2012
290	EI 会议	罗广孝	Distributed Decoupling Analysis on PG Planes ofr PDN Design	International Symposium on Electromagnetic Compatibility
291	EI 会议	赵洪山	Early Fault Prediction of Wind Turbine Gearbox Based on Temperature Measurement	POWERCON 2012
292	EI 会议	任 惠	Early Warning Mechanism for Power System Large Cascading Failure	POWERCON 2012
293	EI 会议	高亚静	Economic Dispatch Containing Wind Power and Electric Vehicle Battery Swap Station	2012 IEEE/PES Transmission and Distribution Conference & Exhibition
294	EI 会议	任 惠	Economic Optimization With Environmental Cost for a Microgrid	IEEE PESGM 2012

续表

序号	检索类别	作者	论文题目	论文出处
295	EI 会议	余　萍	Electric Power Tower Inclination Angle Detection Method Based on SIFT Feature Matching	Advanced Technology for Manufacturing Systems and Industry
296	EI 会议	杨玉华	Establish of Electricity Market Model with Variable Coefficient and Analysis of Its Practical Stability	ICCASM 2012
297	EI 会议	刘鸿雁	Evaluation on Comprehensive Benefit of Wind Power Generation and Utilization Wind Energy	2012 IEEE 3rd International Conference on Software Engineering and Service Science
298	EI 会议	李永臣	Evaluation on the Efficiency of Regional Carbon Emissions Based on Non－radial DEA Model	Frontiers of Energy and Environmental Engineering
299	EI 会议	杨建蒙	Exergy Analysis of 330MW Thermal Power Unit	The 2nd International Conference on Computer－Aided Dsign, Manufacturing, Modeling, and Simulation
300	EI 会议	杨建蒙	Exergy Analysis of Hot－water Heating System Conditioning Methods	Advanseced Materials Research
301	EI 会议	付　东	Experiments on the Kinetics and Activation Mechanism of CO_2 Loaded MEA－MDEA Aqueous Solutions	Advanced Materials Research
302	EI 会议	孔英会	Face Recognition Based on DCT and Multi－Scaleε－LBP	2012 IEEE International Conference on Computer Science and Automation Engineering
303	EI 会议	孙建平	Fault Prediction Method Research of the Power Plant Fan	Mechanical Properties and Structural Materials. Taiyuan, Shanxi
304	EI 会议	任　惠	Flexible Transmission Planning Considering Growing Uncertainties for Renewable Energy Integration	POWERCON 2012
305	EI 会议	张丽荣	Hierarchical Coordinated Control of DC Microgrid with Wind Turbines	Proceeding of the 38th Annual Conference on IEEE Industrial Electronics Society (IECON)
306	EI 会议	袁和金	Human Action Recognition Algorithm Based on Key Posture	International Conference on Materials Engineering for Advanced Technologies
307	EI 会议	郑建茹	Hybrid Linear and Nonlinear Weight Particle Swarm Optimization Algorithm	ICMLC 2012
308	EI 会议	付　媛	Interconnection of Wind Farms with Grid Using a MTDC Network	Proceeding of the 38th Annual Conference on IEEE Industrial Electronics Society (IECON)
309	EI 会议	郑海明	Measurement of SO_2 Using Differential Optical Absorption Spectroscopy Based Fourier Transform Filtering	光电工程与材料研究
310	EI 会议	张重远	Modeling and Calculation for Conductive Coupling Caused by Lightning Over－voltage in Substation Based on Numerical Inverse Laplace Transform	2012 Asia－Pacific Power and Energy Engineering Conference

续表

序号	检索类别	作者	论文题目	论文出处
311	EI 会议	张铁峰	Modeling and Mapping Implementation of Substation Knowledge Ontology Based on Protege	2012 2nd International Conference on Materials Science and Information Technology
312	EI 会议	李大中	Modeling and Optimization for the Hydrothermal Gasification Process of Olive Mill Wastewater as a Biomass Source in Supercritical Water	Proceedings of the 2012 International Conferenceon Fro ntiers of Energy and Environmental Engineering, ICFEEE 2012
313	EI 会议	刘鑫屏	Modeling for Air and Flue - gas System in Thermal Power Plant	International Conference on Oxide Materials for Electronic Engineering
314	EI 会议	谷根代	Newton - Homotopy Algorithm of Ⅲ - Conditioned Load - flow	Applied Mechanics and Materials
315	EI 会议	赵洪山	Nonlinear Prediction Control of Synchronous Generator Excitation Based on Subsection Approximation	ICMSMA 2012
316	EI 会议	王松岭	Numerical Research About Drag - Reduction Characteristic of Riblet Structure on Aerofoil Blade of Centrifugal Fan	Advanced Materials Research
317	EI 会议	刘　伟	Numerical Simulation of the Elastic Field Nearby the Source and its Data Analysis	Applied Mechanics and Materials
318	EI 会议	花广如	Numerical Simulation Studies on Surface Erosion of Transmission Line in Sand and Dust Conditions	应用力学与机械工程
319	EI 会议	夏　澍	On Spinning Reserve Determination and Power Generation Dispatch Optimization for Wind Power Integration Systems	IEEE PES General Meeting 2012
320	EI 会议	许小刚	On - line Fan Monitoring System Based on Improved Intelligent Regression Algorithm	2012 International Conference on Sustainable Energy and Environmental Engineering
321	EI 会议	王新颖	Ontology - based Semantic Description for Substation Devices	Manufacturing Engineering and Automation
322	EI 会议	朱晓荣	Optimal Dispatch of Wind Farm Based on Particle Swarm Optimization Algorithm	2012 IEEE International Conference on Power System Technology POWERCON 2012
323	EI 会议	张丽静	Optimal Power Flow Using Particle Swarm Intelligence Algorithm and Non - Stationary Multi - Stage Assignment Penalty Function	2012 International Conference on Computational and Information Sciences
324	EI 会议	王艾萌	Optimal Shape Design of Rotor to Reduce Torque Ripple for IPM Motor Based on The Principle of Mutual Harmonics Exclusion	15th International Conference on Electrical Machines and Systems
325	EI 会议	纪　巍	Partial Discharge DOA Estimation Based on Ultrasonic Array Sensor and Genetic MUSIC	2nd International Conference on Energy, Environment and Sustainable
326	EI 会议	苑津莎	Pattern Recognition for UHF Partial Discharge of Power Transformer Using LS - SVM	2012 International Conference on Advances in Mechanics Engineering

续表

序号	检索类别	作者	论文题目	论文出处
327	EI 会议	张贵银	Photo – ionization Probability of 3 + 1 Resonance Enhanced Multi – photon Process	Proc. of SPIE
328	EI 会议	张亚刚	Posterior Probability Locates Faults Under the Influence of New Energy Resources	IEEE PES General Meeting
329	EI 会议	尹金良	Power Transformer Fault Diagnosis Based on Support Vector Machine With Cross Validation and Genetic Algorithm	International Conference on Advanced Power System Automation and Protection
330	EI 会议	彭　超	Practical Stability of Dynamic System with Time Delay in Terms of Two Measurements	ICCASM 2012
331	EI 会议	张　磊	Prediction Model of Centrifugal Fan Performance Based on BP Neural Network	Applied Mechanics and Materials
332	EI 会议	胡资斌	Prediction of Gases Content Dissolved in Power Transformer Oil Based on Gene Expression Programming	International Conference on Advanced Power System Automation and Protection
333	EI 会议	杨晓红	Processing and Analyzing Transmission Electron Microscope Images of Nanocrystals	第四届国际光电子探测与成像技术会议
334	EI 会议	戴志辉	Protection System Reliability Assessment Considering Competition of Failure Modes	2012 Asia – Pacific Power and Energy Engineering Conference
335	EI 会议	马　进	Reactivity Estimation of Nuclear Reactor Combined with Neural Network and Mechanism Model	2012 IEEE PES General Meeting
336	EI 会议	张丽静	Remote Monitoring System Design for Renewable Energy Connected to Power Grid System	Advanced Materials Research
337	EI 会议	李　鹏	Research of Adaptive Inverse Control Applied to Microsources Based on P – f Droop Characteristic	2012 IEEE PES International Conference on Power Systems Technology
338	EI 会议	林志宏	Research of Company Internal Control Evalution Based on Space Statistical Distance Evaluation Method	Mechatronics and Intelligent Materials Ⅱ
339	EI 会议	方立军	Research of Thermodynamic Calculation for Boiler Bended with Blast Furnace Gas	2012 International Conference on Frontiers of Energy and Environmental Engineering
340	EI 会议	刘明浩	Research on Calculation Methods of SO_2 Emission Factor in the Industrial Sector in China	Hydraulic Engineer
341	EI 会议	许佩瑶	Research on Coal Chemical Wastewater Treatment by Nano – TiO_2 Powder Photocatalytic Oxidation Process	Advances in Chemical Engineering Ⅱ Part 3
342	EI 会议	李　鹏	Research on Dynamic Voltage and Reactive Power Control System Based on Sixteen – Area Diagram Control Strategy	2012 IEEE PES International Conference on Power Systems Technology
343	EI 会议	赵洪山	Research on Early FaultPrediction of Wind Turbine Gearbox	EESD 2012
344	EI 会议	李　鹏	Research on Economic Optimal Operation of Microgrid	2012 IEEE PES International Conference on Power Systems Technology

续表

序号	检索类别	作者	论文题目	论文出处
345	EI 会议	刘观起	Research on Identification of Voltage Interruption and Voltage Dips in HHT	Advances in Energy Science and Technology
346	EI 会议	刘　建	Research on Low Voltage Ride Through Capability of Wind Farms Grid Integration Using VSC – HVDC	Innovative Smart Grid Technologies – Asia (ISGT Asia), 2012 IEEE
347	EI 会议	王敬敏	Research on Maturity of Informationization and Industrialization Integration In Enterprise Based On Fuzzy DEA	2012 International Conference on Cybernetics and Informatics
348	EI 会议	谢红玲	Research on Method for Obtaining Time Difference of Localization of Transformer PD Source	ICSEEE 2012
349	EI 会议	张　磊	Research on Numerical Computing Platform of Centrifugal fan Based on Parameterization	Advanced Materials Research
350	EI 会议	于会萍	Research on Science Competitiveness of University Based on SCI Database: A Case Study of North China Electric Power	Information Management, Innovation Management and Industrial Engineering (ICIII)
351	EI 会议	王维军	Research on the Development of the Coal – electricity Integration Manufacturing Industry	2012 International Conference on Mechatronics and Computation Mechanics
352	EI 会议	温　磊	Research on the Robustness of the Complex Supply Chain Network	Third International Conference on Digital Manufacturing and Automation
353	EI 会议	李　鹏	Research on the Wind Power Active Power Control Strategies and the Energy Storage Device Optimal Allocation	2012 IEEE PES International Conference on Power Systems Technology
354	EI 会议	高亚静	Research on Time – of – use Price Applying to Electric Vehicles Charging	Innovative Smart Grid Technologies – Asia (ISGT Asia), 2012 IEEE
355	EI 会议	郭孝锋	Research on UIG Cooperation Management Mode for Complex Large – scale Innovative Projects	International Conference on Informatics and Management Science
356	EI 会议	张伟超	Review of DC Technology in Future Smart Distribution Grid	Innovative Smart Grid Technologies – Asia (ISGT Asia), 2012 IEEE
357	EI 会议	高　静	Routing Optimization Based on Ant Colony Algorithm for Wireless Sensor Networks with Long – Chain Structure	International Workshop on Internet of Things
358	EI 会议	韩中合	Selection of Working Fluids for Low – temperature Power Generation Organic Rankine Cycles System	Advanced Materials Research
359	EI 会议	谢红玲	Separation Research of Ultrasonic Wave in Transformer-Partial Discharge Based on Improved Waveform Matching	2012 年可持续能源与环境工程国际学术会议
360	EI 会议	张重远	Simulation of Excitation Current for No – load Transformers Based on Jiles – Atherton Model	2012 Asia – Pacific Power and Energy Engineering Conference
361	EI 会议	张旭涛	Smoke Control Models in Building Fire: A Literature Review	Applied Mechanics and Materials

续表

序号	检索类别	作者	论文题目	论文出处
362	EI 会议	张隆阁	Some Synchronized Methods of a New Hyperchaotic System	Chaos – Fractals Theories and Applications
363	EI 会议	王德文	Storage and Query of Condition Monitoring Data in Smart Grid Based on Hadoop	2012 4th International Conference on Computational and Information Sciences
364	EI 会议	吕建燚	Studies on CO_2 Absorption in Simulating Flue Gas	Advanced Material Research Part 2: Advances in Chemcial Engineering
365	EI 会议	刘鸿雁	Study of Efficiency Power Plant Based on Benefit Sharing Model	International Conference on Sustainable Energy and Environmental Engineering
366	EI 会议	吕晓娟	Study of YSZ/Al2O3 Composite Coatings Produced by Electrophoretic Deposition	Advanced Materials Research
367	EI 会议	荆永明	Study on Characteristic of Fractional Master – Slave Network	2012 5th International Symposium on Computational Intelligence and Design (ISCID 2012)
368	EI 会议	赵书强	Study on Characteristics of Modes Instability in Power System with Close Modes	Advanced Materials Research
369	EI 会议	李增辉	Study on Dynamic LVRT Behavior of DFIG Considering the Influence of the Grid	2012 IEEE Intenationnal Confrenceon POwer System Technology
370	EI 会议	刘树良	Study on Factors of Business Decision in Thermal Power Enterprise Based on Principal Component Analysis	Proceedings of the 2012 International Conference on Cybernetics and Informatics
371	EI 会议	李燕青	Study on the Dynamic Benefits of Pumped Storage Power Station	2012 年可持续能源与环境工程国际学术会议 ICSEEE 2012
372	EI 会议	程述一	Study On the New Method Of Partial Discharge Locating In Transformer	2012 International Conference on High Voltage Engineering and Application
373	EI 会议	刘曼雨	SVC Voltage Regulator Based on Fractional Order PID	2012 Int. Conf. on Contron Enginering and Communication Technology
374	EI 会议	荆有印	System Optimization and Exergy Analysis of Air Conditioning System for Data Center	Advances in Energy Science and Technology
375	EI 会议	梁　英	The Development of the Three – electrode Testing System for the Volume Resistivity of Composite Insulation Materials	Asia – Pacific Power Energy and Energineering Conference
376	EI 会议	张丽静	The Query and Application of XML Data Based on Xquery	2012 International Conference on Computational and Information Sciences
377	EI 会议	荆有印	The Air Conditioning System of a Large Public Building Energy Consumption Simulation Research	Advances in Energy Science and Technology

续表

序号	检索类别	作者	论文题目	论文出处
378	EI 会议	秦志明	The Analysis and Computing of Heat Storage in Drum Boiler	2012 International Conference on Mechatronics and Control Engineering
379	EI 会议	李永臣	The Analysis of China's Regional Environmental Protection Input Efficiency Based on DEA	Frontiers of Energy and Environmental Engineering
380	EI 会议	鲁　斌	The Analysis of Comprehensive Assessment Model Based on Set Pair Analysis	2012 International Conference on Computer Science and Information Processing
381	EI 会议	李建强	The Analysis Research of the Thermal System of Coal – fired Power Plant and Examples of Applications	The 2nd International Conference on Energy, Environment and Sustainable Development
382	EI 会议	刘树良	The Application BP Neural Network Improved and Fuzzy Quality Synthetic on Thermal Power Company Simulation Decision	Proceedings of the 2012 International Conference on Cybernetics and Informatics
383	EI 会议	朵春红	The Application of Blind Signature Based on RSA Algorithm	2012 International Conference on Measurement, Instrumentation and Automation
384	EI 会议	姚万业	The Application of BP Neural Network in Coal Analysis	Machine Learning and Cybernetics
385	EI 会议	白红伟	The Application of Cloud Computing in Smart Grid Status Monitoring	Communications in Computer and Information Science
386	EI 会议	颜湘武	The Design of Full – bridge Phase – Shifting ZVS Switch Power Supply Based on Adaptive Delay Control Technology	The 3rd IEEE International Conference on Sustainable Energy Technologies
387	EI 会议	温　磊	The Driected Network Application in the Supply Chain	Third International Conference on Digital Manufacturing and Automation
388	EI 会议	杨先亮	The Energy – saving Analysis of District Heating System	Applied Mechanics and Materials
389	EI 会议	宋　雨	The Fault Diagnosis Research Based on SOM – BP Composite Neural Network Learning Algorithm	2012 控制工程与通信技术国际会议
390	EI 会议	李　鹏	The New Method of Harmonic Detection in Microgrid Electric Vehicle Charging Stations Based on the Improved HHT	2012 IEEE PES International Conference on Power Systems Technology
391	EI 会议	尼俊红	The Research and Implement of Power Communication Alarm Management System Based on MVC and Ext JS	2012 International Conference on Information Management Innovation Management and Industrial Engineering
392	EI 会议	林志宏	The Research of Internal Control Evaluation Based on Fuzzy Comprehensive Evaluation Method	The 2nd International Conference on Computer – Aided Design Manufacturing, Modeling and Simulation
393	EI 会议	鲁　斌	The Research of Learning Algorithm of Synergetic Neural Network	2012 International Conference on Computer Science and Information Processing

续表

序号	检索类别	作者	论文题目	论文出处
394	EI 会议	赵文杰	The Research of Least Square Support Vector Machine Model and its Simplified Method	2012 International Conference on Measurement, Instrumentation and Automation
395	EI 会议	王敬敏	The Research on Benefits Sharing Model of Efficiency Power Plant	Frontier of Energy and Environment
396	EI 会议	李　鹏	The Research on Photovoltaic Power flexible Grid - connected in Microgrid based on H∞ Control	2012 IEEE PES International Conference on Power Systems Technology
397	EI 会议	胡朝举	The Researth of Intelligent Optical Cable Patrol System Based on Google Maps	2011 International Conference on Computer Science and Network Technology
398	EI 会议	胡朝举	The Researth of Vehicle Information Monitoring System Based on WEBGIS	2011 International Conference on Computer Science and Network Technology
399	EI 会议	程晓荣	The risk Assessment Quantitative Research of WAMS communications network	2012 International Conference on Cybernetics and Informatics
400	EI 会议	高亚静	The Simulation of Three - phase Voltage Source PWM Rectifier	The 4th IEEE Asia - pacific Power and energy Engineering Conference
401	EI 会议	李春曦	The Stability of Evaporating Thin Liquid Film Containing Insoluble Surfactant on Heated Substrate	Advanced Materials Research
402	EI 会议	危日光	The Study on the Effect of Water Vapor for the Decarbonization Capacity of CaO	Advanced Materials Research
403	EI 会议	赵振东	The VRLA Battery Internal Resistance on - Line Measuring device	2012 International Conference on Information Management Innovation Management and Industrial Engineering
404	EI 会议	李永玲	Thermal Economy Analysis Model With Matrix Method for the Secondary Loop of PWR Nuclear Power Station	2012 2nd International Conference on Computer Application and System Modeling
405	EI 会议	刘长良	Thermal Power Plant Electrical Network Flow Calculations Based on AnySimu Platform	Applied Mechanics and Materials
406	EI 会议	董　卓	Transformer Fault Diagnosis Based on Factor Analysis and Gene Expression Programming	International Conference on Advanced Power System Automation and Protection
407	EI 会议	刘志彬	Using the Particle Swarm OptimizationModel to Evaluate the Wind Power Enterprise Development Ability under Low - Carbon Economy Environment	2012 International Conference on Energy, Environment and Sustainable Development
408	EI 会议	姜华伟	Wavelet Based Analysis of Pressure Fluctuation Signals Measured from A Wind Cap in Bubbling Fluidized Bed	2012 IEEE International Conference on Mechatronics and Automation
409	EI 会议	刘　青	Wide Area Protection Algorithm Based on Main/auxiliary Type	2012 IEEE International Conference on Power System Technology

续表

序号	检索类别	作者	论文题目	论文出处
410	EI 会议	潘卫华	Wireless Sensor Networks Based on the DV – Hop Localization Algorithm	2012 International Conference on Computational and Information Sciences
411	EI 会议	王淑勤	掺氮 TiO_2 处理废水中六价铬的研究	Advanced Materials Research
412	EI 会议	戴志辉	Protection System Reliability Assessment Considering Competition of Failure Modes	2012 Asia – Pacific Power and Energy Engineering Conference
413	EI 会议	邸　剑	Cloud Model and Ant Colony Optimization Based Qos Routing Algorithm for Wireless Sensor Networks	2010 3rd International Symposium on Intelligent Ubiquitous Computing and Education
414	EI 会议	高　静	Routing Optimization Based on Ant Colony Algorithm for Wireless Sensor Networks with Long – Chain Structure	International Workshop on Internet of Things
415	EI 会议	高亚静	Available Transfer Capability Calculation With Large offshore Wind Farms Connected by VSC – HVDC	Innovative Smart Grid Technologies – Asia (ISGT Asia), 2012 IEEE
416	EI 会议	高亚静	Economic Dispatch Containing Wind Power and Electric Vehicle Battery Swap Station	2012 IEEE/PES Transmission and Distribution Conference & Exhibition
417	EI 会议	高亚静	Research on Time – of – use Price Applying to Electric Vehicles Charging	Innovative Smart Grid Technologies – Asia (ISGT Asia), 2012 IEEE
418	EI 会议	高亚静	The Simulation of Three – phase Voltage Source PWM Rectifier	The 4th IEEE Asia – pacific Power and energy Engineering Conference
419	EI 会议	孔英会	Face Recognition Based on DCT and Multi – Scaleε – LBP	2012 IEEE International Conference on Computer Science and Automation Engineering
420	EI 会议	王淑勤	掺氮 TiO_2 处理废水中六价铬的研究	Advanced Materials Research
421	EI 会议	王　涛	A Power Network Partitioning Method Based on Local Similarity Measure	Advanced Materials Research
422	EI 会议	谢红玲	Separation Research of UltrasonicWave in Transformer Partial Discharge Based on Improved Waveform Matching	2012 年可持续能源与环境工程国际学术会议
423	EI 会议	周　斌	A Novel Fault Ranking Method for Available Transfer Capability Calculation in AC/DC Hybrid Systems	Innovative Smart Grid Technologies – Asia (ISGT Asia), 2012 IEEE
424	EI 会议	葛玉敏	“启发式教学”在《电路理论》中的实践研究	2011 3rd Pacific – Asia Conference on Circuit, Communications and System
425	EI 会议	周　明	A Binary Adaptive Differential Evolution Approach on Dynamic Economic Dispatch Considering Wind Power Penetration	IEEE Trondheim PowerTech 2011
426	EI 会议	张国立	A Comparison Study on Three Load Dispatch Models in Power System	2011 International Conference on Machine Learning and Cybernetics

续表

序号	检索类别	作者	论文题目	论文出处
427	EI 会议	梁海峰	A Deadbeat Control Method for VSC – HVDC Under AC Voltage Unbalance	IEEE PES General Meeting
428	EI 会议	李永倩	A Method for Improving BOTDR System Performance	2012 Symposium on Photonics and Optoelectronics
429	EI 会议	常鲜戎	A MST Based and New GA Supported Distribution Network Planning	2011 International Conference on Mechatronic Sciences, Electric Engineering and Computer
430	EI 会议	李燕青	A Multi – agent Immune – based Co – Taboo Search Algorithm for Distribution Network Reconfiguration	International Conference on Electrical and Control Engineering 2011 (ICECE 2011)
431	EI 会议	姚秀明	A New H8 Consensus Filtering Method for Multi – agent Systems	American Control Conference, 2012
432	EI 会议	严 凤	A New Neural Network Approach for Fault Location of Distribution Network	2011 International Conference on Mechatronic Science, Eceltric Engineering and Computer
433	EI 会议	梁海峰	A Novel Fault Ranking Method for Available Transfer Capability Calculation in AC/DC Hybrid Systems	Innovative Smart Grid Technologies – Asia (ISGT Asia), 2012 IEEE
434	EI 会议	杨丽娟	A Novel Functional Ionic Liquid for CO_2 Capture	2012 World Automation Congress
435	EI 会议	周 明	A Practical ATC Determination Approach for AC/DC Transmission Systems Considering Transient Stability	The Fourth International Conference on Electric Utility Deregulation and Restructuring and Power Technologies, DRPT 2011
436	EI 会议	张静华	A Semantic Web Based Personalized Learning Servic for Programming Coursein E – learning	2011 International Conference on Mechatronic Secience, Electric Engineering and Computer
437	EI 会议	李燕青	A Simple Analysis of the Influence on Power Quality from Grid Photovoltaic Power Generation System	2011 International Conference on Energy, Environment and Sustainable Development (ICEESD 2011)
438	EI 会议	颜湘武	A Simulated of Battery – Management – System to Test Electric Vehicles Changer	2012 IEEE International Electric Vehicle Conference, IEVC 2012
439	EI 会议	朱有产	A Study of Push – based Sequence Authorization Mechanism for Grid Security	2011 Advanced Research on Mechanical Engineering, Industry and Manufacturing Engineering
440	EI 会议	刘长良	Adaptive PID Control Strategy for Nonlinear Model Based on RBF Neural Network	2012 Inrernational Conference on Affective Computing and Intelligent Interaction

续表

序号	检索类别	作者	论文题目	论文出处
441	EI 会议	刘书刚	An architecture of Mobile Internet Base on Cloud Computing	Advanced Materials and Engineering Materials
442	EI 会议	郭天祥	An Improved Allocation Method with Environmental Constraints of Regional SO2 Emission Right	Advanced Materials Research
443	EI 会议	李　鹏	An Improved Binary Particle Swarm Optimization for Unit Commitment Problem	2011 4th International Conference on Electric Utility Deregulation and Restructuring and Power Technologies
444	EI 会议	李　斌	An on－line Fatigue Life Monitoring System for Boiler Drums Based on the Inverse Problem of Heat Conduction Method	Advanced Materals Research
445	EI 会议	周　明	An Overview on Peak Regulation of Wind Power Integrated Power Systems	The 4th International Conference on Electric Utility Deregulation and Restructuring and Power Technologies, DRPT 2011
446	EI 会议	顾雪平	Analysis and Improvement of the Analytic Model for Fault Diagnosis of Power Systems	DRPT 2011
447	EI 会议	吕玉坤	Analysis and Suggestion on Design Methods for Volute Shape of Centrifugal Fans	Advanced Materials Research
448	EI 会议	李　鹏	Analysis of Acceptable Capacity of Microgrid Connected to the Main Power Grid	2011 4th International Conference on Electric Utility Deregulation and Restructuring and Power Technologies
449	EI 会议	何永贵	Analysis of Energy Saving Potential of Power Industry in China Based on Multiple Liner Regression Model	2012 8th International Conference on Computing Technology and Information Management（NCM and ICNIT）
450	EI 会议	胡爱军	Analysis of Fault Diagnosisfor Rolling Bearing Based on EMD and Local Smoothness index	2nd International Conference on Mechatronics and Intelligent Materials 2012
451	EI 会议	孟　明	Analysis of High Frequency Transformer Leakage in Photovoltaic Inverter	MEC 2011
452	EI 会议	田　亮	Analysis on Nonlinearity of Load－pressure－water Level Dynamic Model for Coordinated Control System in Thermal Power Plant	2011 8th International Conference on Fuzzy Systems and Knowledge Discovery
453	EI 会议	焦嵩鸣	Application Effects Influenced by Credibility of Simulator Model	2nd International Conference on Mechanical Engineering and Green Manufacturing
454	EI 会议	韩庆瑶	Application of ACC/DEC Interpolation Algorithm in Steam Turbine Blade NC Machining	2011 年第二届机械自动化与控制工程国际学术会议
455	EI 会议	常鲜戎	Application of Improved Genetic Algorithm in Multi－objective Distribution Network Planning by Comsidering Reliability Evaluation	2011 2nd International Conference on Artificial Intelligence Management Science and Electronic Commerce

续表

序号	检索类别	作者	论文题目	论文出处
456	EI 会议	常鲜戎	Application of Improved Quantum Particle Swarm Optimization Algorithm in Power Network Planning	2011 International Conference on Mechatronic Sciences, Electric Engineering and Computer
457	EI 会议	黄元生	Application Of Least Square Support Vector Machine in Electronic Engineering Based on Principal Component Analysis	2012 International Conference on Mechanical and Electronic Engineering
458	EI 会议	赵文清	Application of Multi – agent in Power Term Load Forecasting	2011 International Conference on Computer Science and Network Technology
459	EI 会议	韩庆瑶	Application of NURBS Curve Interpolation Algorithm in Steem Turbine Blade NC Machining	第四届智能计算国际会议
460	EI 会议	赵文升	Application of Power Electronic Technology in Optimizing the Operation of Thermal Power Plants	Advances in Mechanical and Electronic Engineering
461	EI 会议	吕玉坤	Application of Similarity Modeling in Failure Prognostic System	Advanced Materials Research
462	EI 会议	高亚静	Available Transfer Capability Assessment with Large Wind Farms Connected by VSC – HVDC	2011 4th International Conference on Electric UtilityDeregulation and Restructuring and Power Technologies
463	EI 会议	高亚静	Available Transfer Capability Calculation With Large Offshore Wind Farms Connected by VSC – HVDC	Innovative Smart Grid Technologies – Asia (ISGT Asia), 2012 IEEE
464	EI 会议	李 鹏	Based on the Improved HHT and Its Application in the Power Quality Detection of Microgrid	2011 International Conference on Electrical Machines and Systems
465	EI 会议	向 玲	Bifurcation Characteristics of Unbalanced Roter – bearing System	2nd International Conference on Mechatronics and Intelligent Materials 2012
466	EI 会议	仝卫国	Blurred Image Processing of Aerial Image Based on Improved Wiener Filter and Wavelet Transform	2011 International Conference on Electric Information and Control Engineering
467	EI 会议	王旭光	Boiler Combustion Process Modeling and Sensitivity Analysis	2012 International Conference on Communications and Information Processing
468	EI 会议	周 明	Calculation of Wind – farm Capacity Credit Based on Probabilistic Production Simulation and Its Application	IEEE PES Innovative Smart Grid Technologies Asia
469	EI 会议	王晓君	Chinese Text Speech Recognition Derived from VQ – LBG Algorithm	2010 4th International Conference on Intelligent Information Technology Application
470	EI 会议	齐 玮	Comparative Research on Trade Competitive Capability Between China and Lndia: an Analysis Based on RSCA, ESI and BSCI	2011 2nd International Conference on Data Storage and Data Engineering
471	EI 会议	王永强	Comparison and Analyses of Sampling Value Transmission Norms 9 – 1 and 9 – 2 Based on IEC61850	International Conference on Green Building, Materials and Civil Engineering

续表

序号	检索类别	作者	论文题目	论文出处
472	EI 会议	杨薛明	Comparison of the LS – SVM Based Load Forecasting Models	Proceedings of 2011 International Conference on Electronic & Mechanical Engineering and Information Technology
473	EI 会议	孙 薇	Comprehensive Evaluation of Wind Turbine Tybe Selection Based on GA – SVR Model	3rd International Conference on Manufacturing Science and EnGineering
474	EI 会议	王 毅	Coordinated Control of MTDC – based Microgrid with Wind Turbines	Proc. of the 2012 IEEE 7th International Power Electronics and Motion Control Conference – ECCE Asia
475	EI 会议	马燕峰	Coordinated Damping Control of Power Systems Based on On – line Identification	2011 4th International Conference on Electric Utility Deregulation and Restructuring and Power Technologies
476	EI 会议	杨薛明	Daily Load Forecasting Based on Rough Sets and Relevance Vector Machine	Proceedings of 2011 International Conference on Electronic & Mechanical Engineering and Information Technology
477	EI 会议	王艾萌	Design and Analysis of a Novel Interior Permanent Magnet Machine for Hybrid electric Vehicle Traction	International Conformance on Electrical Machines and Systems 2011
478	EI 会议	刘鑫屏	Design and Experiment Software Platform of Mordern Control Algorithm For High – Order Inertial Object	2nd International Conference on Structrues and Building Materials
479	EI 会议	汤建成	Design of an Experimental System for Cryogenic Compact Exchanger	The 2nd International Conference on Mechanic Automation and Control Engineering
480	EI 会议	戚宇林	Design Of Communication System For Multiterminal Travelling Wave Fault Location Scheme In Distribution Network Based on GPRS Network	2011 2nd International Conference on Data Storage and Data Engineering
481	EI 会议	李 鹏	Detection of Power Quality Disturbances in MicroGrid Based on Generalized Morphological Filter and Backward Difference	2011 4th International Conference on Electric Utility Deregulation and Restructuring and Power Technologies
482	EI 会议	顾雪平	Determination of Optimal Unit Start – up Sequences Based on Fuzzy AHP in Power SystemRestoration	DRPT 2011
483	EI 会议	戴庆辉	Development and Application of Dangerous Point Pre – control Management System for Thermal Power Construction	2011 IEM 第五届工业工程与管理国际会议
484	EI 会议	高亚静	Economic Dispatch Containing Wind Power and Electric Vehicle Battery Swap Station	2012 IEEE/PES Transmission and Distribution Conference & Exhibition
485	EI 会议	高亚静	Economic Scheduling Based on Multi – objective Optimization Considering Wind Output	2011 4th International Conference on Electric Utility Deregulation and Restructuring and Power Technologies

续表

序号	检索类别	作者	论文题目	论文出处
486	EI 会议	陈　岚	Effect of Gas Flow Rate on Degradation of 2，4 – D With O_3 and O_3/H_2O_2	Advanced Materials Research
487	EI 会议	程友良	Effects of Topography on Diffusion of Thermal Discharge in Power Plant	2011 International Conference on Energyand Environment
488	EI 会议	李永华（男）	Emergy Analysis of Energy – saving and Emission Reduction of Coal – fired Generation	Advanced Materials Research
489	EI 会议	李大中	Engineering Optimization for Tar Removal Process in Corn Straw Gasification	2011 International Conference on Material Sceence and Engineering Technology
490	EI 会议	李　伟	Entropy – based Gray Relational Analysis in Evaluation of Power Supply Enterprise Application Security	2011 Cross Strait Quad – Regional Radio Science and Wireless Technology Conference
491	EI 会议	尹斐斐	Environment Settings in College Computer Room	2012 International Conference on Teaching and Computational Science
492	EI 会议	李　伟	Evaluation Method for Power Supply Service Quality Based on Combinatorial weighting method and Grey Relational Degree	2011 2nd internation Conference on Data Storage and Data Engineering
493	EI 会议	卢建昌	Evaluation of Enterprise Human Resources Comprehensive Abilities Based on Managerial Psychology	2011 International on Mechanic Automation and Congtrol Engineering
494	EI 会议	王淑勤	Experimental Research of Visible light – induced Photocatalytic Oxidation effects of SO_2 by N – TiO_2	Advanced Materials Research
495	EI 会议	仝卫国	Extraction and Recognition of Insulator Based on Aerial Image	2011 International Conference on Electric Information and Control Engineering
496	EI 会议	杨明玉	Fault Calculation for Distributed Systems Containing DFIG Wind Generation Farm	2012 Asia – Pacific Power and Energy Engineering Conference
497	EI 会议	赵文清	Fault Diagnosis for Reactor Based on Bayesian Network	2012 International Conference on Computer Science and Network Technology
498	EI 会议	崔和瑞	Feasibility Analysis of Biomass Power Generation in China	International Conference on Future Energy, Environment, and Materials (energy procedia)
499	EI 会议	李宝树	Feasibility Analysis of Transformer Winding DC Resistance Measuring On – line	2012 International Conference on Systems and Informatics
500	EI 会议	李　伟	Forecast on Hebei Energy Consumption Based on System Dynamics	2011 Cross Strait Quad – Regional Radio Science and Wireless Technology Conference

续表

序号	检索类别	作者	论文题目	论文出处
501	EI 会议	杨化动	Fouling Influence Factor Analysis of Axial Flow Compressor	1st International Conference on Energy and Environmental Protection
502	EI 会议	常鲜戎	Fundamental Current Detection Method Considering Zero Sequence for Three - phase Four - wire System	Proceedings of 2012 IEEE International Conference on Information Science and Technology
503	EI 会议	崔和瑞	Game Analysis on Economy Sustainable Development System of new and Traditional Energy	2012 International Conference on Affective Computing and Intelligent Interaction
504	EI 会议	赵书涛	Gas Insulated Switchgear Running State Comprehensive Evaluation Based on Analytic Hierarchy Process of Fuzzy Theory	2012 International Conference on Systems and Informatics
505	EI 会议	唐贵基	Gear Fault Diagnosis Based on Wavelettransform	2012 2rd International Conference on Frontiers of Manufacturing Science and Measuring Technology
506	EI 会议	绳晓玲	Gear Fault Diagnosis of Wind Turbine Generator System Based on Lifting Wavelet - zooming Envelope Analysis	2011 机械自动化与控制工程国际会议
507	EI 会议	王桂兰	GPU - based Aggregation of On - Line Analytical Processing	Communications and Information Processing
508	EI 会议	李 鹏	HHT Based on the LS - SVM and Its Application in the Voltage Flicker and Harmonic Detection of Microgrid	2011 4th International Conference on Electric Utility Deregulation and Restructuring and Power Technologies
509	EI 会议	李俊卿	Influence of Stator Turn - to - turn Short - circuit on Magnetic Field of DFIG	International Conference on Electrical Machines and Systems 2011
510	EI 会议	马新顺	Internet - based Visualization of Newsvendor Problem using Java Applet	The 2nd International Conference on Multimedia Technology
511	EI 会议	高正阳	Investigation on Impacts of Biomass Addition Upon Particulate - bound Mercury Formation in Flue Gas	Asia - Pacific Power and Energy Engineering Conference
512	EI 会议	齐立强	Investigation on the Characteristic of Fly Ash in Electrostatic Precipitators	2012 International Conference on Energy and Environmental Protection
513	EI 会议	权宇珩	Kinetics of Ozonation of 4 - Chloro - 2 - methyl Phenoxyacetic Acid in Aqueous Solution	2012 2nd International Conference on Remote Sensing, Environment and Transportation Engineering
514	EI 会议	李燕青	Layout Planning of Electrical Vehicle Charging Stations Based on Genetic Algorithm	2011 年电气电子学术研讨会（EEIC 2011）
515	EI 会议	荆有印	Life Cycle Cost Analysis of Liquefied Petroleum Gas Vaporization System Using Solar Energy	Advanced Material Research

续表

序号	检索类别	作者	论文题目	论文出处
516	EI 会议	刘卫亮	Load Forecasting of Coal – fired Unit Based on SVM Model	2012 International Conference on Intelligent System and Applied Material, GSAM
517	EI 会议	宋　雨	Mapping Method of SCL and CIM Model Based on the Semantic Network of Knowledge Representation	2011 International Conference on Information and Computer Networks
518	EI 会议	刘　洋	Measurement and Application of Magnetic Induction Intensity under Complicated EM Environment in Substation	2011 4th IEEE International Symposium
519	EI 会议	马　进	Mechanism Model of Pressurizer in the Pressurized Water Reactor Nuclear Power Plant Based on PSO Algorithm	2012 24th Chinese Control and Decision Conference,
520	EI 会议	李大中	Modeling and Multi – objective Optimization of Woodblock Gasification Process	2012 International Conference on Manufacturing Engineering and Process
521	EI 会议	韩庆瑶	NC Machining for Steam Turbine Blade Based on NURBS Curve ACC/DEC Interpolation Algorithm	2011 IEEE 消费电子、通信和网络国际学术会议
522	EI 会议	严　艳	Nonlinear Synchronization of New Hyperchaotic System	FCCS 2012
523	EI 会议	韩中合	Numerical Investigation on Shock Wave Interaction in a Turbine Cascade	The 2nd International Conference on Mechanic Automation and Control Engineering
524	EI 会议	程友良	Numerical Simulation and Optimization on Air – Cooled Unit with Swirl Flow	2012 年亚太能源动力工程会议论文集
525	EI 会议	胡满银	Numerical Simulation of Flow Filed in ESP Outlet with Moving Electrode Type	Advanced Research on Material Engineering and its Application
526	EI 会议	尹水娥	Numerical simulation of NO conversion in the $N_2/O_2/$ NO by dielectric barrier discharge	Applied Mechanics and Materials
527	EI 会议	吕玉坤	Numerical Simulation on Effect of Volute Width on Performance of a Centrifugal Fan	Advanced Materials Research
528	EI 会议	吕玉坤	Numerical Simulation on G4 – 73 Centrifugal Fan with Slotted Blades	Advanced Materials Research
529	EI 会议	黄　宇	Optimal Load Economic Distribution Research and Engineering Realization	2012 24th Chinese Control and Decision Conference
530	EI 会议	陈　岚	Ozone Treatment Of Soil Contaminated With Chlorinated Herbicides	2012 2nd International Conference on Remote Sensing, Environment and Transportation Engineering
531	EI 会议	赵书涛	Partial Discharge Pattern Recognition of Transformer Based on Electric Signal and Ultrasonic Comprehensive Analysis	2012 International Conference on Systems and Informatics
532	EI 会议	李燕青	Partial Discharge Pattern Recognition of XLPE Cable Connector Based on Support Vector Marchine	2011 International Conference on Electrical and Control Engineering (ICECE 2011)
533	EI 会议	韩庆瑶	Path Planning of Mobile Robot Based on Improved ant Colony Clgorithm	2011 IEEE 消费电子、通信和网络国际学术会议

续表

序号	检索类别	作者	论文题目	论文出处
534	EI 会议	何永贵	Potential Evaluation of Hydropower Development Based on the Grey Fuzzy Clustering Method	2012 8th International Conference on Computing Technology and Information Management (NCM and ICNIT)
535	EI 会议	华回春	Practical Method to Determine the Harmonic Contribution of a Specific Harmonic Lord	ICHQP 2012
536	EI 会议	谷俊杰	Primary Frequency and AGC Optimizationof 600MW Ultra – Supercritcal Coal Fired Units	proceedings of the 2012 International Conference on Computer Science and Electronic Engineering
537	EI 会议	戴志辉	Protection System Reliability Assessment Considering Competition of Failure Modes	2012 Asia – Pacific Power and Energy Engineering Conference
538	EI 会议	王东风	PSO and RBF Network – based Wiener Model and Its Application to System Identification	24th Chinese Control and Decision Conference
539	EI 会议	李永臣	Questions That the Land – use Right Belongs to the Intangibleassets	2011 IEEE 18th International Conference on Industrial Engineering and Engineering Management
540	EI 会议	张荣华	Real – time Optimization Technology and Its Application in Terrain Rendering	2011 4th International Congress on Image and Signal Processing
541	EI 会议	谢志远	Research and Application of High Frequency Characteristic of Transformers in Power Line Carrier Communication	2012 International Conference on Systems and Informatics
542	EI 会议	潘卫华	Research and Design of Chating Room System Based on Android Bluetooth	Consumer Electronics, Communications and Networks
543	EI 会议	戚宇林	Research and Implementation of PLC for Multiport Traveling Wave Fault Location in The Medium Voltage Distribution Network	2011 4th International Conference on Electric Utility Deregulation and Restructuring and Power Technologies
544	EI 会议	林志宏	Research of Company Internal Control Evalution Based on Space Statistical Distance Evaluation Method	Mechatronics and Intelligent Materials Ⅱ
545	EI 会议	卢建昌	Research of Electric Power Enterprise Knowledge Workers' Incentive Based on Fuzzy Model	2011 International on Mechanic Automation and Congtrol Engineering
546	EI 会议	张淑娥	Research of High Voltage Transmission Line Monitoring System Based on GPRS and ZIGBEE	3rd international Conference on Manufacturing Science and Engineering, ICMSE 2012
547	EI 会议	李燕青	Research on Algorithm for Ultrasonic Array Geometric Location of Partial Discharge Based on Common Perpendicular Midpoint of Direction Finding Lines	2011 年电气电子学术研讨会 (EEIC 2011)
548	EI 会议	鲁　斌	Research on Background Motion Estimation and Compensation in Image Sequences	2011 International Conference on Mechatronic Science, Electric Engineering and Computer

续表

序号	检索类别	作者	论文题目	论文出处
549	EI 会议	周建国	Research on Combined Evaluation of Collage Teachers' Teaching Ability Based on Fuzzy Information Entropy	The 2nd International Conference on Business Management and Electronic Information 2012
550	EI 会议	贾正源	Research on Consumer Credit Assessment of Power Enterprises Based on FAHP	3rd International Conference on Manufacturing Science and Engineering
551	EI 会议	甄成刚	Research on Embedded Sun – tracking Control System Based on GPS	Renewable and Sustainable Energy Ⅱ
552	EI 会议	吕玉坤	Research on Fault Diagnosis Method of Heat Pipe Network	Advanced Materials Research
553	EI 会议	梁海峰	Research on Low Voltage Ride Through Capability of Wind Farms Grid Integration Using VSC – HVDC	Innovative Smart Grid Technologies – Asia (ISGT Asia), 2012 IEEE
554	EI 会议	吕玉坤	Research on Modeling Method of Thermodynamic verifying Calculation for Heat – Supply Network	Advanced Materials Research
555	EI 会议	陈文颖	Research on MPPT of PV Systems Based on BP Neural Network	2012 International Conference on Intelligent System and Applied Material
556	EI 会议	周明	Research on Nodal Power Injection Mode in ATC Determination	IEEE Trondheim PowerTech 2011
557	EI 会议	周福成	Research on Online Monitoring of Gear Fault of Wind Power Gearbox based on Undecimated Wavelet Transformation	2010 International Conference on Electrical Engineering and Automatic Control
558	EI 会议	侯思祖	Research on Particle Swarm Optimization Algorithm in Route Selection of Power Communication	2010 IEEE International Conference on Intelligent Computing and Intelligent Systems
559	EI 会议	姜根山	Research on the Detection and Location of Sound Emission Caused by Tube Leakage in Boilers	Proceedings of 2012 Asia – Pacific Power and Energy Engineering Conference
560	EI 会议	高亚静	Research on Time – of – use Price Applying to Electric Vehicles Charging	Innovative Smart Grid Technologies – Asia (ISGT Asia), 2012 IEEE
561	EI 会议	李　刚	Research on TRL Assessment System Supporting Energy Storage in Micro Grid	1st International Conference Energy and Environmental Protection
562	EI 会议	张彩庆	Reserch on Environmental Performance Evaluation Index System of Power Generation Enterprise	The 6th International Forum on Strategic Technology
563	EI 会议	梁海峰	Review of DC Technology in Future Smart Distribution Grid	Innovative Smart Grid Technologies – Asia (ISGT Asia), 2012 IEEE
564	EI 会议	李　伟	Risk Exaluation of Wind Power Project Based on Fuzzy Weigh and SVM	2011 Cross Strait Quad – Regional Radio Science and Wireless Technology Conference

续表

序号	检索类别	作者	论文题目	论文出处
565	EI 会议	赵文清	ROI Mask Embedded SPIHT Algorithm for Image Coding	2013 International Conference on Computer Science and Network Technology
566	EI 会议	陈　岚	Sample Preparation And Analysis Of Soil Pollution	2012 2nd International Conference on Remote Sensing, Environment and Transportation Engineering
567	EI 会议	向　玲	Shaft Vibration Modal Analysis of Turbine – generating Set	2nd International Conference on Mechatronics and Intelligent Materials 2012
568	EI 会议	单树倩	Similarity Detection Method Based on Assembly Language and String Matching	Electronic Commerce, Web Application and Communication
569	EI 会议	苏　岩	Smooth Test for Uniformity on the Surface of a Unit Sphere	2011 International Conference on Machine Learning and Cybernetics
570	EI 会议	姜根山	Sound Radiation and Propagation of Leakage Jet through a Tube Array in Power Boilers	Proceedings of 2012 Asia – Pacific Power and Energy Engineering Conference
571	EI 会议	王旭光	Steady Data Judgment Algorithm and Neutral Network Robust Training in Boiler Combustion Optimization	Computer Science and Information Engineering
572	EI 会议	常鲜戎	Study and Design of Synchronized Phasor Measurement Unit	Proceedings of 2012 IEEE International Conference on Information Science and Technology
573	EI 会议	齐立强	Study of Metallurgical Industry Smoke Characteristics and the Affect to the Performance of Electrical Precipitator	ICCMME 2011
574	EI 会议	谢志远	Study on Automatic Routing Algorithm for Medium Voltage Powerline Communication	2012 International Conference on Systems and Informatics
575	EI 会议	李　伟	Study on Engineering Cost Forecasting of Electric Power Construction Based on Time Response Function Optimization Grey Model	2011 2nd Internation Conference on Data Storage and Data Engineering
576	EI 会议	胡永强	Study on Failure of PSS Caused by Instability of Close Mode Shapes	The 4th International Conference on Electric Utility Deregulation and Restructuring and Power Technologies
577	EI 会议	李　伟	Study on Financial Risk Assessment of Substation Project Based on Monte Carlo Simulation	2011 2nd Internation Conference on Data Storage and Data Engineering
578	EI 会议	张树国	Study on Fuzzy Comprehensive Evaluation of External Wall Thermal Insulation and Energy – saving Technology	International Conference on Green Building, Materials and Civil Engineering
579	EI 会议	乐　英	Study on Reconstrution for Turbine Blade Surface Using NURBS	2012 年制造科学与工程国际学术会议

续表

序号	检索类别	作者	论文题目	论文出处
580	EI 会议	王　红	Study on the Neutral Resistance Grounding Technology for Power Distribution System	International Conference on Advanced Power System Automation and Protection
581	EI 会议	高正阳	Study on the Removal of Gaseous Mercury From Coal – fired Flue Gas by Calcium Salts	Asia – Pacific Power and Energy Engineering Conference
582	EI 会议	张树国	Study on Wastewater Treatment by Integrated Plate Membrane Bioreactor	The International Conference on Remote Sensing, Environment and Transportation Engineering
583	EI 会议	马良玉	Superheated Steam Temperature Control Based on Improved Recurrent Neural Network and Simplified PSO Algorithmm	4th International Conference on Measuring Teechnology and Mechatronics
584	EI 会议	张彩庆	Synthetic Evaluation Indices System of Low – Carbon Cities and Its Application	2011 International Conference on Mechatronic Sciences, Electric Engineering and Computer
585	EI 会议	胡满银	Technical Evaluation of the Selection of Flues Gas Purifying Device of Power Plant	Advanced Research on Material Engineering and its Application
586	EI 会议	李　娜	Temperature Field Numerical Simulation Analysis of 1000MW Ultra Supercritical Boiler's Starting Water Separator	2012 第三届制造科学与工程国际会议
587	EI 会议	苏　岩	Testing Multinormality Based on Generalized Inverse	2012 EEESYM
588	EI 会议	李永臣	The Analysis of Comprehensive Income Indication Present in Income Statemet	2011 IEEE 18th International Conference on Industrial Engineering and Engineering Management
589	EI 会议	刘树良	The Analysis of Integrated Financial Capacity of the Power Plant	2nd Intrnational Conference on Structures and Building Materials
590	EI 会议	李永刚	The Application of a Multi – wavelet Denoising Method in the Diagnosis of Rotor Interturn Short – circuits	2012 IEEE 7th International Power Electronics and Motion Control Conference – ECCE Asia
591	EI 会议	郭孝锋	The Comprehensive Evaluation of UIG Regional Cooperative Innovation Effect Based on Sustainable Development	3rd International Conference on Manufacturing Science and Engineering
592	EI 会议	王艾萌	The Design and Implementation of the Digital Servo system for the Satellite Antenna	International Conformance on Electrical Machines and Systems 2011
593	EI 会议	叶　锋	The Development and Application of Geographical Information System in Rural Distribution Network	第三届制造科学与工程国际会议
594	EI 会议	程友良	The Effect of Velocity and Outlet Angle of the Thermal Discharge on Its Diffusion With Basic Flow in Power Plant	2011 International Conference on Energy and Environment

续表

序号	检索类别	作者	论文题目	论文出处
595	EI 会议	李永华（男）	The Energy – saving and Emission Reduction Generation Dispatching Based on Particle Swarm Optimization	Advanced Materials Research
596	EI 会议	杨化动	The Flow Simulation of Fouled Axial Compressor Based on Reverse Design	2012 亚太电力与能源国际会议
597	EI 会议	刘树良	The Fuzzy Evaluation of Investment Risk Decision – making of Power Plant Based on the Grey Relation	2nd Intrnational Conference on Structures and Building Materials
598	EI 会议	赵书涛	The Method of Machinery Fault Diagnosis for Circuit Breaker Based on Bispectrum andHilbert – Huang Transform	2012 International Conference on Systems and Informatics
599	EI 会议	王永强	The Potential Distribution of Icing Insulators	International conference on Green Building, Materials and Civil Engineering
600	EI 会议	朱有产	The Research of Authentication Framework Based on PKI and ID – PKI	2011 Advanced Research on Mechanical Engineering, Industry and Manufacturing Engineering
601	EI 会议	严　凤	The Research of C – type of Traveling Wave For Fault Location In Distribution Network	ICEEP 2012
602	EI 会议	鲁　斌	The Research of Moving Object Detection Based on Complex Background	2011 International Conference on Mechatronic Science, Electric Engineering and Computer
603	EI 会议	丁巧林	The Research of Spectral – line Monitoring of Transformer Vibration	International Conferenceon Measuring Technology and Mechatronics Automation
604	EI 会议	李俊卿	The Research of the Inter – turn Short Circuit of the Stator Windings in Doubly Fed Induction Generator	International Conference on Electrical Machines and Systems 2011
605	EI 会议	丁巧林	The Research of Windings Wave Process for Larger Power Transformer	2011 International Conference on Mechatronic Science, Electric Engineering and Computer
606	EI 会议	李燕青	The Research of Wind – light Complementary Based on Pumped Storage Power System	2011 InternationalConference on Energy, Environment and Sustainable Development（ICEESD 2011）
607	EI 会议	杨先亮	The Research on the Resistance Characteristic Coefficient in Heating System Based on the Improved Genetic Algorithm	Applied Mechanics and Materials
608	EI 会议	高亚静	The Simulation of Three – phase Voltage Source PWM Rectifier	The 4th IEEE Asia – pacific Power and Energy Engineering Conference
609	EI 会议	张淑娥	The Study on Amended Method for the Measurement of Humidity With Microwave Cavity Sensor	3rd international Conference onManufacturing Science and Engineering, ICMSE 2012

续表

序号	检索类别	作者	论文题目	论文出处
610	EI 会议	戚银城	The Video Monitor Wireless Transmission System Based on ARM11	2012 IEEE International Conference on Computr Science and Automation Engineering
611	EI 会议	李　鹏	To Strengthen the Construction of Smart Grid, To Enhance the Leaping Development of New Energy Power Generation	2011 International Conference on Electrical Machines and Systems
612	EI 会议	马新顺	Towards the Stochastic Farmer' s Problem and its L – shaped Algorithm With Fuzzy Probability Distribution	2011 International Conference on Machine Learning and Cybernetics
613	EI 会议	苏　杰	Transformer Fault Diagnosis Method Based on Gross Error Examination	3rd International Conference on Manufacturing Science and Engineering
614	EI 会议	周邢银	Twist – bend Coupling Analysis for 5MW Wind Turbine Blades	2012 International Conference on Machanical Engineering and Materials
615	EI 会议	曹锦纲	Using Reinforcement Learning for Agent – based Network Fault Diagnosis System	2011 IEEE International Conference on Information and Automation
616	EI 会议	唐贵基	Vibration Data Acquisition and Analysis System Based on Aximatic Design	2011 年电子与光电子学国际会议
617	EI 会议	李然	Weak Voltage Area Recovery Based on a Hybrid Strategy Algorithm	2011 4th International Conference on Electric Utility Deregulation and Restructuring and Power Technologies
618	EI 会议	石彤菊	Web – based Software Development for Cluster Analysis Experiment	The 2nd International Conference on Multimedia Technology
619	EI 会议	周　明	Wind Farm Penetration Limit Calculation Based on Evolutionary Programming Algorithm	IEEE PES Innovative Smart Grid Technologies Asia 2012
620	EI 会议	李新叶	XML Semantic Search with Natural Language Interfance	2012 IEEE International Conference on Conputer Science and Automation Engineering
621	EI 会议	马良玉	Superheater Steam TemperatureControl Based on the Expanded – Structure Neural Network Inverse Models	2010 International Colloquium on Computing, Communication, Control, and Management
622	EI 会议	许佩瑶	Modification of Nano – titanium Dioxide Ffilm and Processing Experimental Study of Tannery Waste Water	2010 International Conference on Electrical Engineering and Automatic Control
623	EI 会议	李　整	An Improved Genetic Algorithm and Its Application in the TSP Problem	2010 International Conference on Software and Computing Technology
624	EI 会议	李　整	A New Hybrid Genetic Algorithm and Its Application in the RCPSP	2010 International Conference on Software and Computing Technology

续表

序号	检索类别	作者	论文题目	论文出处
625	EI 会议	秦金磊	JMF – based Video Monitoring System for Power Station Equipments	2010 International Conference on Software and Computing Technology
626	EI 会议	秦金磊	基于 Java 和 JMF 的视频图像采集与处理的研究与实现	2010 International Conference on Software and Computing Technology
627	EI 会议	邸 剑	Cloud Model and Ant Colony Optimization Based Qos Routing Algorithm for Wireless Sensor Networks	2010 3rd International Symposium on Intelligent Ubiquitous Computing and Education
628	EI 会议	张 琦	An Energy Balanced ad Hoc Multicast Routiong Algorithm	2011 3rd International Conference on Computer Design and Applications
629	EI 会议	张 琦	An Energy Efficient Wireless Sensor Network Qos Multicast Routing Algorithms Based on Ant Colony Algorithm	2011 3rd International Conference on Information Technology and Scientific Management
630	EI 会议	刘淑平	Research of MPPT for Photovoltaic Generation Based on Cloud Model	2011 Intemational Conference on Energy and Environmental Science
631	EI 会议	鲁 斌	Overview of Handwritten Numeral Recognition Based on BP Neural Network	2011 International Conference on Computer Science and Network Technology
632	EI 会议	王蓝婧	Design of Attribute – Based Access Control Model inCollaborative Grid Environment	2011 International Conference on Energy Systems and Electrical Power
633	EI 会议	张荣华	An Efficient Real – Time Terrain Rendering Algorithm	2011 International Conference on Energy Systems and Electrical Power
634	EI 会议	陈鸿伟	The Morphology of Cao – based Sorbents After Different CO_2 Looping Cycles	2011 International Conference on Green Energy and Environmental Sustainable Development
635	EI 会议	李艳梅	A New Short – term Load Forecasting Model of Smart Distribution Grid	2011 Internationl Converence on Mangement Science & Engineering 18th Annual Confence Proceedings
636	EI 会议	王保义	Research on an Integrated Model of Information Resources Based on Ontology in the Power System	2011 International Conferenceon Electronic Engineering, Communicationand Management
637	EI 会议	王保义	Research of the Distributed Time – slot Assignment of WSN for Meter Reading System	2011 International Conferenceon Electronic Engineering, Communication and Management

续表

序号	检索类别	作者	论文题目	论文出处
638	EI 会议	樊振萍	Study of Flame Simulation Based on Dynamic Video Texture	2011 7th International Conference on Natural Computation
639	EI 会议	王新利	Genetic Neural Network Model of Forecasting Financial Distress of Listed Companies	2011 4th International Conferece on Information Management, Innovation Management and Industrial Engineering
640	EI 会议	朱有产	Cloud Security Research in Cloud Computing	2012 International Applied Mechanics, Mechatronics Automation & System Simulation Meeting
641	EI 会议	朱有产	Enterprise Data Security Research in Public Cloud Computing	2012 International Applied Mechanics, Mechatronics Automation & System Simulation Meeting
642	EI 会议	朱有产	The SQL Injection Vulnerability Detection of the Web Application	2012 International Applied Mechanics, Mechatronics Automation & System Simulation Meeting
643	EI 会议	姜根山	Research on Acoustic Source Positioning Method for Boilers Tube Leakage	20th International Congress on Acoustics
644	EI 会议	高月芬	Comparison of the Thermodynamic Performance of Direct Expansion Ground Source Heat Pump Using Hydrofluoroolefins (HFOs) Based on Theoretical Analysis	APPEEC 2012
645	EI 会议	马良玉	Power Plant Transient Fault Diagnostics Based on Two – stage Neural Networks	Asia – Pacific Power and Energy Engineering Conference
646	EI 会议	王咏梅	Design And Realization of the Supervisory Information System for Wind Plant Based on the OPC Technology	CCCM 2010
647	EI 会议	王喜平	Laspyres Decomposition of Energy Intensity in Hebei Province	Energy Procedia
648	EI 会议	马　进	Mathematical Modeling and Simulation of Pressurizer Pressure Control System	ICCASM
649	EI 会议	刘淑平	Energy Control Strategy of Photovoltaic Power Station	International Conference on Computer Science and Automation Engineering
650	EI 会议	谢英柏	The Thermodynamic Analysis and Experimental Investigation on Transcritical Carbon Dioxide Heat Pump System	International Conference on Energy Sustainability
651	EI 会议	谢英柏	Performance of Solar Driven Vuilleumier Cycle Heat Pump	International Mechanical Engineering Congress & Exposition
652	EI 会议	谢英柏	The Entropy Analysis on NH_3/CO_2 Cascade Refrigeration Cycle	International Mechanical Engineering Congress & Exposition
653	EI 会议	姚万业	The Application of BP Neural Network in Coal Analysis	Machine Learning and Cybernetics

续表

序号	检索类别	作者	论文题目	论文出处
654	EI 会议	苏　杰	Steady Data Acquiring and Robust Neutral Network Training for Boiler Combustion Optimization	Mechatronicsand Applied Mechanics
655	EI 会议	谢英柏	The Exergy Analysis of Gas Cooler in CO_2 Heat Pump System	Procedia Environmental Sciences
656	EI 会议	张丽静	Study the Method of the Optimum Path Based on GIS Features	Software Engineering and Knowledge Engineering: Theory and Practice
657	EI 会议	张丽静	Route Search Based on PgRouting	Software Engineering and Knowledge Engineering: Theory and Practice
658	EI 会议	张丽静	Research on the Improved Algorithm of Node Split	Software Engineering and Knowledge Engineering: Theory and Practice
659	EI 会议	张丽静	A Brief Analysis of Geocoding	Software Engineering and Knowledge Engineering: Theory and Practice
660	EI 会议	鲁　斌	The Research of Trusted Evaluation in the Grid Computing System	The 4th International Conference on Intelligent Information Technology Application
661	EI 会议	谢英柏	Fuzzy Comprehensive Evaluation of Performance of the Natural Gas Driven Vuilleumier Cycle Heat Pump	Uture Material Research and Industry Application
662	EI 会议	段　巍	Stress and Modal Analysis of Flat Spiral Spring in Elasitc Energy Storage Equipment	第二届制造和设计科学前沿国际会议
663	EI 会议	刘长良	The Research and Application on Parameter Identification of Hydraulic Turbine Regulating System Based on Particle Swarm Optimization and Uniform Design	第三届国际计算机科学与信息技术会议
664	EI 期刊	黄家栋	Active Power Flow Adjustment Based on Sensitivity Analysis of DC Load Flow Model	Power Engineering and Automation Conference
665	EI 期刊	王　涛	Anovel Partitioning Algorithmfor Power Gridusing Community Detection	2012 CARPI
666	EI 期刊	熊　伟	Research on Web – based Real – time Monitoring System on SVG andComet	TELKOMNIKA Indonesian Journal of Electrical Engineering
667	EI 期刊	徐志钮	亲水性时静态接触角算法及在硅橡胶憎水性检测中的应用	高电压技术
668	EI 期刊	高正阳	增压富氧燃烧锅炉对流受热面换热特性研究	中国电机工程学报
669	ISSHP	史玮璇	A Syudy Listening Autonomous Learning Mode under the Reform of Internen – based CET – 4	社会科学与社会国际会议
670	ISSHP	史玮璇	Cognitive Thory of Metaphor and English Vocabulary Teaching	2012 教育改革与管理创新国际会议
671	ISSHP	董　天	An Empirical Study on Vocabulary Cognitive Strategy Training for Non – English Majors	2012 年教育改革与管理创新国际会议

续表

序号	检索类别	作者	论文题目	论文出处
672	ISSHP	李庆保	Analysis on Special Bottlenecks in China' s Rule of Environmengtal Law	2011 International Conference on Public Administration (7th)
673	ISSHP	苗春刚	The Improvements of the Employee Dispatching by Rule of Law in China	2011 Internationl Conference on Public Administration (7th)
674	ISSHP	李庆保	Research on Innovation of Rural Disputes Governance	Proceedings of 2012 International Conference on Public Administration (8th)
675	ISSHP	杨　帆	The Study on the Willingness of the Post－90s College Students Volunteering to the West and Its InfluentialFactors	2012 International Conference on Public Administration
676	ISSHP	史胜安	The Study on the Willingness of the Post－90s College Students Volunteering to the West and Its Influential Factors	8th International Conference on Public Administration
677	ISSHP	张金辉	Challenge and Response: the Government Management of Network Mass Incidents	Proceedings of 2012 International Conference on Public Admininistration
678	ISSHP	徐　扬	Reflection and Improvement of China University Research Incentive Mechanism	Social Sciences and Society
679	ISSHP	张　莉	英语口语交际问题对策研究：中西思维差异视角	2011 年社会科学国际会议
680	ISSHP	魏月红	浅析大学英语教改中的教师关注作用	2012 年应用社会科学国际会议
681	ISSHP	张秋爽	浅析英语专业大学生自主学习能力的培养	2012 年第三届信息、通信和教育应用国际研讨会
682	ISSHP	张　莉	浅析在跨文化交际中尊重彼此的社会习俗	2012 社会科学和教育国际研讨会
683	ISSHP	董　天	原型范畴理论在英语词汇学习中的应用	2013 年社会科学与社会国际会议
684	ISSHP	刘志军	社会管理创新背景下城市社区纠纷调解机制研究	2012 2nd International Conference on Physical Education and Society Management
685	ISSHP	孔令章	司法信息网络公开的法理初探	2012 International Conference on Social Science and Education
686	ISSHP	张　军	发展我国农业合作经济组织的国际借鉴研究	Management Innovation and Public Policy
687	ISSHP	付丽新	加强城市品牌建设问题——基于保定市的研究	Management Innovation and Public Policy
688	ISSHP	段保乾	农村综合改革：背景、现状及推进	Management Innovation and Public Policy
689	ISSHP	孔令章	Category Research on the Relationship of the Litigation and Alternative Dispute Resolutions	Social Sciences and Sosiety

续表

序号	检索类别	作者	论文题目	论文出处
690	ISSHP	李 瑾	Changes and Enlightenment of American College Student Affairs Management	Proceedings of 2012 International Conference on Public Administration (8th)
691	ISSHP	金秀章	Elman Neural Network in the Soft Sensor Modelling for the Unburned Carbon in Fly ash From Utility Boilers	Proceedings of 2012 International Conference on Machine Learning and Cybernetics
692	ISSHP	甄增水	Implement of Case Law Teaching in Practice – Oriented Legal Education	国际会议
693	ISSHP	郜 庆	Legislative Study off Easiblecapacity of the Poor in the Lowest Social Security System	proceedings of the 9th international forum
694	ISSHP	夏 珑	On China's Current Electric Power Management System	2012 International Conference on Education Reform and Management Innovation
695	ISSHP	夏 珑	Reaearch on the Rapid Development of China's Wind Power and the Lack of Engineering Scientific and Technical Talents	Proceedings of 2012 International Conference on Public Administration (8th)
696	ISSHP	张乃芳	Research on Extrication's Horizons of Life – and – death in WesternCulture	2012 2nd International Conference on Social Sciences and society
697	ISSHP	尚晓丽	Research on Innovation Management in Universities	2012 International Conference on Education Reform and Management Innovation
698	ISSHP	戴立新	Study on the Method of InventoryValuation Selection Based on AHP	2012 International Conference on Social Science and Education (ICSSE 2012)
699	ISSHP	秦伟江	The Dilemma and Option in Formulation of the Concept of Public Management	2012 International Conference on Public Administration (ICPA 8th)
700	ISSHP	林志宏	The Research of Quantitative Analysison Sustainable Development Problems of Rural Financial Institutions	Social Sciences and Society
701	ISSHP	尚晓丽	The Research of the Infrastructure Constructionin China's New – Socialist Countryside	Proceedings of 2012 International Conference on Public Administration (8th)
702	ISSHP	栾文敬	The Study on the Effects off Amily Ecomonic Conditi on Sand Mother'S Education Level on Migrantlabor's Children Suffering from ADHD	2012 2nd International Conferance on Physical Education and Society Management
703	ISSHP	张 莉	可持续发展的英语听说能力培养策略研究	教育与教育管理国际会议
704	ISSHP	张秋爽	Analysis of Cooperative Learning Strategy in Cross – cultural Communication	ESE 2012
705	ISSHP	史胜安	Assessment on Corporate Social Responsibility Performance in Power Sector – a Case Study on the State Grid Corporation China	8th Euro – Asia Conference on Environment and CSR: Tourism, MICE, Hospitality Management and Education Session

续表

序号	检索类别	作者	论文题目	论文出处
706	ISSHP	史胜安	Assessment on Corporate Social Responsibility Performance in Power Sector – a Case Study on the State Grid Corporation China	The 8th Euro – Asian Conference on Corporate Social Responsibility and Environmental Management
707	ISSHP	史玮璇	Constructing Autonomous Learning Mode of College English Extended Curriculum Based on Internet	2011 年第二届信息通讯与教育应用国际研讨会
708	ISSHP	张秋爽	Impacton Non – English Major Students's Listening Constraints	ESE 2012
709	ISSHP	屈朝霞	Integration · Leading · Innovation— the Important Mission of University Culture	2012 2nd International Conference on Applied Social Science
710	ISSHP	刘志远	On Apocalypse of "Little Goodwill Movement" in Japan to Chinese Moral Education	2012 2nd International Conference on Applied Social Science
711	ISSHP	张晓龙	Research of Orienteering Construction of Physical Education in Normal Universty	2011 2nd International Conference on Education and Sport Education
712	ISSHP	夏　珑	Researching and Thingking to Promote Cotemporary College Students' Rational Political Participation	2012 2nd International Conference on Applied Social Science
713	ISSHP	张　莉	Study on the Strategy of Sustainable Development in Improving English Listening and Oral Ability	教育与教育管理国际会议
714	ISSHP	史玮璇	Syntactic Error Analysis of College English Writing—A study Based on Range – finder Corpus of CET – 4 Writing	2011 教育与教育管理学术会议
715	ISSHP	商　静	Tentative Exploration of Sustainable Task – Based College English Teaching After CET – 4	2012 第三届教育和体育教育国际学术会议
716	ISSHP	史胜安	View from the Crisis of Confidence in the Local Government Bonds	2010 International Conference on Public Administration
717	ISSHP	夏　珑	On Contemporary China's Household Registration System Impacting upon China's Modernization Process	2010 International Conference on Public Administration
718	ISSHP	刘宇晖	Protection of Intellectual Property Strategy for SMEs in China	2010 International Conference on the Development of Small and Mediun – sized Enterprises
719	ISSHP	夏　珑	Study on the Complementary Medical Insurance System in China – from the perspective of Social Policy	2011 Internation Conference on Public Administration
720	ISSHP	孔令章	Dilemma and Solution: Path Selection for the Construction of Service – oriented Government in China	2011 International Conference on Public Administration
721	ISSHP	李庆保	Analysis on Special Bottlenecks in China' s Rule of Environmengtal Law	2011 International Conference on Public Administration (7th)

续表

序号	检索类别	作者	论文题目	论文出处
722	ISSHP	刘志军	Reflection and Reconstruction: Study on the Multiplex Dispute	2011 International Conference on Public Administration (7th)
723	ISSHP	苗春刚	The Improvements of the Employee Dispatching by Rule of Law in China	2011 International Conference on Public Administration (7th)
724	ISSHP	李平菊	Village Administration——The Chinese Democracy	2011 International Conference on Public Administration (ICPA7th)
725	ISSHP	郜　庆	Governance of Law on "Cliquy－Enterprise"	2011 International Symposium
726	ISSHP	孔令章	Research on the Training Model of Quality－Aimed Education of Law from the Perspective of Technology Convergence	2011 2nd International Conference on Information, Communication and Education Application
727	ISSHP	魏月红	Analysis of Teacher Concerns in College English Teaching Reform	2012 年应用社会科学国际会议
728	ISSHP	史胜安	A Study of Returned Rural Labors Starting Self－business in the Perspective of New Rural Development in China	7th International Conference on Public Administration
729	ISSHP	李晓志	Participating Teaching Example Design of Course of Literature ReTrieval	ICPESM 2011
730	ISSHP	夏　珑	The Contradictions and Countermeasures of Chinese Electric Power Management's Centralization and Decentralization	International Conference on Engineering and Business Management
731	ISSHP	尚晓丽	Crisis Management in China	International Conference on Public Administration (ICPA 7th)
732	ISSHP	张　军	The Internationgal Reference Study on China's Agriculture Cooperative Economic Organizations Development	Management Innovation and Public Policy
733	ISSHP	徐　扬	Constrution of the Innovation of University Scientific Research Management System	Physical Education and Society Management
734	ISSHP	刘长青	From the Perspective of Political Participation on the Network Group Incidents in China	Proceed of 2011 International Conference on Public Administration
735	ISSHP	梁　平	The New Strategy of the Government's Crisis Management under the New Media Era	Proceedings of 2011 Interantaional Conference on Public Administration (7th)
736	ISSHP	梁　平	Research on Datum System of Administative Discretion in China	Proceedings of 2011 Interantaional Conference on Public Administration (7th)
737	ISSHP	石兵营	Judging the Government Behaviors from the Forced Demolition of Chinese Local Government	Proceedings of 2011 Interantaional Conference on Public Administration (7th)

续表

序号	检索类别	作者	论文题目	论文出处
738	ISTP	程友良	Action of Internal Cnoidal Wave on Pile	2011 International Conference on Energy and Environment
739	ISTP	马双忱	Experimental Study on Simultaneous Desulfurization and Denitrification over Activated Carbon Carried Catalyst under Microwave Irradiation	Advanced Materials Research
740	ISTP	武群丽	Based on Factor Analysis of Listed Power Company Financial Profit Ability Analysis	Proceedings of the International Conference on Information Engineering and Electronic Commerce
741	ISTP	汪黎东	Oxidation Rate of Sodium Sulfite in Presence of Inhibitors	International Conference on Future Energy, Environment, and Materials
742	ISTP	彭咏龙	Parameters Design of Series Resonant Inverter Circuit	International Conference on Applied Physics and Industrial Engineering
743	ISTP	王晓君	Remote Sensing Image Denoising Based on Watershed and Bayesian Estimation Threshold Wavelet Algorithm	2010 3rd International Conference on Environmental and Computer Science
744	ISTP	李亚斌	Research and Design on IGBT Induction Heating Power Supply	International Conference on Future Energy, Environment and Materials
745	ISTP	程晓荣	Research of Network Security Situational Assessment Quantization Based on Mobile Agent	International Conference on Solid State Devices and Materials Science
746	ISTP	黄家栋	Review of Impact of Distributed Generation on Distribution Network	2012 International Conference on Electronic Information and Electrical Engineering
747	ISTP	张学斌	Risk Management Model for Power Supplier based on Call Barrier Options	2011 International Conference on Aerospace Engineering and Information Technology
748	ISTP	周　明	Studies on Impact of Wind power Using Power System Probabilistic Production Simulation	2012 IEEE PES Asia-Pacific Power and Energy Engineering Conference (APPEEC)
749	ISTP	程晓荣	Study on Clustering of Wireless Sensor Network in Distribution Network Monitoring System	International Conference on Solid State Devices and Materials Science
750	ISTP	陈媛媛	The Analysis of Football Cultural Characteristics and Development from Football Movies Viewpoint	2012 计算机工程、伦理道德与法治建设国际学术会议
751	ISTP	程晓荣	The Application of Data Fusion Technology Based on Neural Network in the Dynamic Risk Assessment	International Conference on Solid State Devices and Materials Science
752	ISTP	程晓荣	The Study on the Communication Network of Wide Area Measurement System in Electricity Grid	International Conference on Solid State Devices and Materials Science

续表

序号	检索类别	作者	论文题目	论文出处
753	ISTP	张　莉	A Framework of Affective Field in English Web – based Education Environment	2010 3rd International Conference on Education Technology and Training
754	ISTP	孔　峰	Analysis of Rank Reversal in MCDM with Normaliazing Method	the 3rd International Symposium on Information Engineering and Electronic Commerce
755	SCI	许伯强	An ESPRIT – SAA – Based Detection Method for Broken Rotor Bar Fault in InductionMotors	IEEE Transactions on Energy Conversion
756	SCI	顾雪平	Optimization of Network Reconfiguration Based on a Two – layer Unit – Restarting Framework for Power System Restoration	IET Generation, Transmission, Distribution
757	SCI	赵小军	Fixed – point Harmonic – balanced Method for Dc – biasing Hysteresis Analysis Using the Neural Network and Consuming Function	IEEE Transactions on Magnetics
758	SCI	刘云鹏	Aging Effect Analysis of Long Period Operating Composite Insulators in Different Electric Field Position	Journal of Ceramic Processing Research
759	SCI	刘云鹏	500kV EHV Bundle Conductors' Corona Onset Voltage Caculation and Analysis in Corona Cage at Different Altitudes	IEEE Transactions on Power Delivery
760	SCI	元　博	Coordinated Dispatch of Power Generation and Spinning Reserve in Power Systems With High Wind Penetration	International Review of Electrical Engineering
761	SCI	张　健	Performance Calculation and Imporved Model Research of Direct – Drive Permanent Magnet Generator Based On FEM	Sci China Ser E – Tech Sci
762	SCI	荆有印	A Fuzzy Multi – criteria Decision – making Model for CCHP Systems Driven by Different Energy Sources	Energy Policy
763	SCI	杨薛明	Heat Welding of Non – orthogonal X – junction of Single – walled Carbon Nanotubes	Physica E
764	SCI	刘英光	Effect of Nano – metal Particles on the Fracture Toughness of Metal – ceramic Composite	Meterial and Design
765	SCI	杨薛明	Transformation of Non – orthogonal X – junction of Single – walled Carbon Nanotubes Into Parallel Junction by Heating	Chemical Physics Letters
766	SCI	杨薛明	Coalescence of Parallel Finite Length Single – walled Carbon Nanotubes by Heat Treatment	Journal of Physics and Chemistry of Solids
767	SCI	陈鸿伟	Novel Optimized Process for Utilization of CaO – Based Sorbent for Capturing CO_2 and SO_2 Sequentially	Energy & Fuels
768	SCI	王春波	Combustion Characteristics and Nitric Oxide Release of the Pulverized Coals under Oxy – enrich Conditions	Industrial&Engineering Chemistry Research
769	SCI	张　珂	A New Model of Spatial Directional Relation	Information – an International Interdisciplinary Journal
770	SCI	李新叶	Constructing Affinity Matrix in Spectral Clustering Based on Neighbor Propagation	NEURO COMPUTING

续表

序号	检索类别	作者	论文题目	论文出处
771	SCI	张智娟	Analysis and Design of LCCL Load Matching Circuit for High－Frequency Induction Heating Series Resonant Inverter	International Review of Electrical Engineering（IREE）
772	SCI	向　玲	New Feature Extraction Method for the Detection of Defects in Rolling Element Bearings	Journal of Engineering for Gas turbines and Power－transactions of the ASME
773	SCI	何玉灵	Effect of the Static Air－gap Eccentricity & Stator Inter－turn Short Circuit Composite Fault on the Generator Circulating Current Characteristics	国际电气工程评论
774	SCI	向　玲	Torsional Vibration Measurements on Rotating Shaft System Using Laser Doppler Vibrometer	工程中的光学和激光
775	SCI	汪黎东	Discussion on the Kinetics of Sulfite Oxidation Inhibited by Ethanol：a Reply to "Comments on 'Mechanism and Kinetics of Sulfite Oxidation in the Presence of Ethanol'".	Industrial & Enginee ring Chemistry Research
776	SCI	马双忱	Experimental Study on Removal of NO Using Adsorption of Activated Carbon/Reduction Decomposition of Microwave Heating	Environmental Technology
777	SCI	李艳坤	Determination of Diesel Cetane Number by Consensus Modeling Based on Uninformative Variable Elimination	Analytical Methods
778	SCI	赵　毅	Effect of Chemical Modification on Carbon Dioxide Adsorption Property of Mesoporous Silica	Journal of Colloid and Interface Science
779	SCI	马双忱	Experimental Study on Removals of SO_2 and NOX Using Adsorption of Activated Carbon/microwave Desorption	Journal of the Air & Waste Management Association
780	SCI	马双忱	Research on Desorption and Regeneration of Simulated Decarbonization Solution in the Process of CO_2 Capture Using Ammonia Method	Sci China Tech Sci
781	SCI	吕晓娟	Effect of Densification Distribution on the Young's Modulus of porous Coatings After Nano－indentation	Acta Metallurgica Sinica
782	SCI	赵　毅	Carbon Dioxide Adsorption on Polyacrylamide－impregnated Silica Gel and Breakthrough Modeling	Applied Surface Science
783	SCI	孟　明	Three－dimensional Decomposition Models Forcarbon Productivity	Energy
784	SCI	张　谦	A Fuzzy Group Forecasting Model Based on Least Squares Support Vector Machine（LS－SVM）for Short－Term Wind Power	Energies
785	SCI	鲁　斌	A Novel Method of Moving Object Detection Based on Global Motion Estimation in VideoImage Sequence	Information－An International Interdisciplinary Journal
786	SCI	王胜华	Strong Convergence Theorems for Variational Inequality, Equilibrium and Fixed Point Problems With Applications	Journal of Global Optimization
787	SCI	白占武	Magnetization Plateau and the Minimal Model of a Spin Interactive system	Modern Physics Letters B
788	SCI	崔英敏	Numerical Analysis on the Current－sharing Temperature of LTS/HTS Hybrid Conductor	Chinese Science Bulletin

续表

序号	检索类别	作者	论文题目	论文出处
789	SCI	王志刚	The $B_ c$ -decays $B_ c^+ \\ to J/ψπ^+π^-π^+$, $η_ c π^+π^-π^+ $	Phys. Rev. D
790	SCI	王志刚	Analysis of the Doubly Heavy Baryons in the Nuclear Matter With the QCD sum Rules	Eur. Phys. J. C
791	SCI	王志刚	Analysis of the Triply Heavy Baryon States With QCD sum Rules	Commun. Theor. Phys.
792	SCI	王志刚	Analysis of the Radiative Decays Among the Bottomonium States	Mod. Phys. Lett. A
793	SCI	张亚刚	Fault Identification Based on NLPCA in Complex Electrical Engineering	Journal of Electrical Engineering
794	SCI	张　莹	Explicit Averaging Cyclic Algorithm for Common Fixed Points of a Finite Family of Asymptotically Strictly Pseudocontractive Mappings in Q – uniformly Smooth Banach Spaces	Fixed Point Theory and Applications
795	SCI	王东风	Controlling Chaotic Systems Using Aggregated Linear Quadratic Regulator	Przeglad Elektro Techniczny (Electrical Review)
796	SCI	杨丽娟	Theoretical Studies on Task – specific Ionic Liquid of 1 – (4 – Butylamino) – 3 – Methyl Imidazolium Tetrafluoroborate for Capturing CO_2	Asian Journal of Chemistry
797	SCI	田景峰	Reversed Version of a Generalized Sharp Holder' s Inequality and Its Applications	Information Sciences
798	SCI	杨丽娟	A Task – specific Lonic Liquid of 1 – (4 – butylamino) – 3 – ethyl imidazolium Tetrafluoroborate for Capturing CO_2	Journal of The Chemical Society of Pakistan
799	SCI	田景峰	Refinements of Generalized Aczel' s Inequality and Bellman' s Inequality and Their Applications	Journal of Applied Mathematics
800	SCI	张胜寒	光电化学响应分析 Ni_2O_1 在中性溶液中形成表面钝化膜的半导体性质	金属学报
801	SCI	张胜寒	电化学阻抗谱法研究铈改性 TiO_2 纳米管阵列光电极裂解水产氢动力学	化学学报
802	SCI	关荣华	表面极化对弱锚定向列液晶盒饱和特性的影响	物理学报
803	SCI	张亚刚	An Effective Fault Identificatque for Electrical Engineering	Electronics and Electrical Engineering
804	SCI	孙　伟	Forecasting Annual Power Generation Using a Harmony Search Algorithm – Based Joint Parameters Optimization Combination Model	Energies
805	SCI	田景峰	Reversed Version of a Generalized Aczel's Inequality and its Application	Journal of Inequalities and Applications
806	SCI	张铁峰	A New Index and Classification Approach for Load Pattern Analysis of Largr Electricity Customers	IEEE Reansactions on Power Systems
807	SCI	张亚刚	A Novel Fault Identification Using WAMS/PMU	Advances in Electrical and Computer Engineering

续表

序号	检索类别	作者	论文题目	论文出处
808	SCI	赵　毅	Absorption Behavior and Removal of Gaseous Elemental Mercury by Sodium Chlorite Solutions	Journal of Environmental Ebgineering - asce
809	SCI	马双忱	Advances on Simultaneous Desulfurization and Denitrification Using Activated Carbon Irradiated by Microwaves	Environmental Technology
810	SCI	王志刚	Analysis of the $ Σ_ Q $ Baryons in the Nuclear Matter With the QCD Sum Rules	Phys. Rev. C
811	SCI	王志刚	Analysis of the Nonet Scalar Mesons as Tetraquark States with New QCD Sum Rules	Int. J. Theor. Phys.
812	SCI	王志刚	Analysis of the Radiative Decays Among the Charmonium States	Int. J. Theor. Phys.
813	SCI	赵小军	Analysis of the Saturated Electromagnetic Devices Under DC Bias Condition by the Decomposed Harmonic Balance Finite Element Method	The International Journal for Computation and Mathematics in Electrical and Electronic Engineering
814	SCI	王志刚	Analysis of the Vector Meson Transitions Among the Heavy Quarkonium States	Commun. Theor. Phys.
815	SCI	张亚刚	BDA Fault Detection in Complex Electric Power Systems	International Review of Electrical Engineering
816	SCI	赵小军	Characteristics Analysis of the Square Laminated Core Under DC - biased Magnetization by the Fixed - point Harmonic - balanced FEM	IEEE Transactions on Magnetics
817	SCI	付　东	CO_2 - 二乙醇胺吸收液表面张力研究	化学学报
818	SCI	李艳坤	Delaunay Triangulation Local Method for Analysis of Near - Infrared Spectra of Plant Sample	Asian Journal of Chemistry
819	SCI	孙宗利	Density Functional Study of the Pressure Tensor for Inhomogeneous Lennard - Jones Fluids	Chinese Physics B
820	SCI	李艳坤	Determination of Diesel Cetane Number by Consensus Modeling Based on Uninformative Variable Elimination	Analytical Methods
821	SCI	李松涛	Electronic Structure and Half - metallicity in Heusler Alloys Fe_2YB (Y = Ti, V, Mn, Cr)	J. Physica B
822	SCI	张贵银	estigation on Internal Energy Transfer and Relaxation Kinetics of NO_2 Photoacoustic and Fluorescence Emission Spectra	光谱学与光谱分析
823	SCI	付　东	Experiment and Model for the Viscosity of Carbonated MDEA - MEA Aqueous Solutions	Fluid Phase Equilibria
824	SCI	汪黎东	Experimental Study on Dissolution of Calcium Carbonate in Wet Desulfur	232th National Meeting of the American - Chemical - Society
825	SCI	付　东	Experiments and Model for the Surface Tension of Carbonated Monoethanolamine Aqueous Solutions	Science China - Chemistry
826	SCI	付　东	Experiments and Theory for the Surface Tensions of Carbonated MDEA - PZ Aqueous Solutions	Fluid Phase Equilibria

续表

序号	检索类别	作者	论文题目	论文出处
827	SCI	段　巍	Failure Analysis of Threaded Connections in Large - scale Steel Tie Rods	工程失效分析
828	SCI	刘　涛	Flat Broadband Wavelengthconversion Based on Cascaded Second - harmonic Generation and Difference Frequency Generation in Segmented Quasi - phase Matched Gratings	Journal of Modern Optics
829	SCI	尹增谦	Four Styles of Spectral Line Shape Function and Their Transformation Relation	光谱学与光谱分析
830	SCI	王胜华	Hybrid Steepest - descent Methods With a Countble Family of Nonexpansive Mappings for Variational Inequalities in Hilbert Spaces	Applicable Analysis
831	SCI	黄建才	Implicit and Explicit Iterations with Meir - keeler - type Contraction for a Finite Family of Nonexpansive Semigroups in Banach Spaces	Journal of Applied Mathematics
832	SCI	王胜华	Iterative Methods for Zero Points of Accretive Operators in Banach Spaces	Analele Stintifice Ale Universitatii Ovidius Constanta - Seria Mathematica
833	SCI	荆有印	Life Cycle Assessment of a Solar Combined Cooling Heating and Power System in Different Operation Strategies	Applied Energy
834	SCI	靳一东	Metric n - LIE Algebras	Conmmunications in Algebra
835	SCI	荆有印	Multi - objective Optimization Design and Operation Strategy Analysis of BCHP System Based on Life Cycle Assessment	Energy
836	SCI	张贵银	Numerical Simulation of the Resonance Photoionization Probability By Density - matrix Equation	Optics and Laser Technology
837	SCI	阎占元	Path Interral Solutions of RLC Mesoscopic Circuit With Source	Modern Physics Letters B
838	SCI	张贵银	Photo - acoustic Detection on Electronic Quenching Rate Constants of NO Excited States	Spectrochimica Acta
839	SCI	李丽芬	QoS Optimization for Real - time Monitoring Faced wireless Sensor Networks with Long - chain Structure	Information
840	SCI	张世辉	Revival and Decay of Entanglement in a Two - qubit System Coupled to a Kicked Top	Indian Journal of Physics
841	SCI	王　飞	Short - Term Solar Irradiance Forecasting Model Based on Artificial Neural Network Using Statistical Feature Parameters	Energies
842	SCI	赵　毅	Simultaneous Removal of SO_2 and NO From Flue Gas Using Multicomposite Active Absorbent	Industrial and Engineering Chemistry Research
843	SCI	张隆阁	State Estimators for Uncertain Linear Systems With Different Disturbance/noise Using Quadratic Boundedness	Journal of Applied Mathematics
844	SCI	刘云鹏	Study of the Effect of Ice Adhesion on Electrical Power Transmission Insulator	Journal of Adhesion Science and Technology
845	SCI	丁海民	Study of the Surface Segregation of Carbon Vacancies in TiCx	固态通讯（Solid State Communications）

续表

序号	检索类别	作者	论文题目	论文出处
846	SCI	赵　毅	Synthesis and CO_2 adsorption Properties of Molecularly Imprinted Adsorbents	Environmental Science and Techmology
847	SCI	苑春刚	Ultrasensitive Determination of Mercury in Human Saliva by Atomic Fluorescence Spectrometry Based on Solidified Floating Organic Drop Microextraction	Microchimica Acta
848	SCI	张胜寒	Zinc Addition Changes the Semiconductor Properties of Oxide Films of Alloy600 in High Temperature Water	Materials Letters
849	SCI	张胜寒	电化学阻抗谱法研究铈改性 TiO_2 纳米管阵列光电极裂解水产氢动力学	化学学报
850	SCI	丁海民	硅对铝熔体中 TiC 稳定性影响的研究	中国有色金属学报（英文版）
851	SCI	丁海民	铝熔体中利用 TiC 制备 TiB_2 的研究	材料表征
852	SCI	白占武	阻尼谐振子比热反常中热浴谱的角色	中国物理快报
853	SCI	马双忱	Experimental Study on Removal of SO_2 Using Micro – Swing Adsorption of Activated Carbon	243th National Meeting of the American – Chemical – Society
854	SCI	刘松涛	Characteritics of Mercury Emission From CFB – FGD System of a Coal Fired Boiler	Abstracts of Papers of the American Chemical Society
855	SCI	齐立强	Experimental Study for the Influence Mechanism of the Contents of Alkali Elements, Lithium, Sodium, Potassium to Electric Condution in the Fly Ash	Abstracts of Papers of the American Chemical Society
856	SCI	齐立强	Investigation of the Impact of the Surfactant to Dust Solidification Property	Abstracts of Papers of the American Chemical Society
857	SCI	荆有印	A Fuzzy Multi – criteria Decision – making Model for CCHP Systems Driven by Different Energy Sources	Energy Policy
858	SCI	刘　欣	Calculation of Lightning – Induced Overvoltages on Overhead Lines Based on DEPACT Macromodel Using Circuit Simulation Software	IEEE Transactions on Electromagnetic Compatibility
859	SSCI	孟　明	CO_2 Emissions and Economic Development: China's 12th Five – year Plan	Energy Policy
860	国外期刊	荆有印	Thermodynamic Analysis of Biomass and Natural Gas Combined Cooling Heating and Power System	Applied Mechanics and Materials
861	国外期刊	杨薛明	Molecular Dynamics Study on Formation of Carbon Nanotube X – shaped Junction by Heat Welding	Materials Processing Technology
862	国外期刊	吕玉坤	Research on Fault Diagnosis System of Heat Pipe Network	Applied Mechanics and Materials
863	国外期刊	时国华	Cost Optimal Selection of Storage Tanks in LPG Vaporization Station	Natural Resources
864	国外期刊	靳　松	Applying Multiple Input Vectors to cooptimize Aging and Leakage	Microelectronics Journal

续表

序号	检索类别	作者	论文题目	论文出处
865	国外期刊	鲍　慧	Research and Application on Energy Storage System Smart Control	Journal of Communication and Computer
866	国外期刊	高　强	The Research of Chaos - based M - ary Spreading Sequences	Telkomnika
867	国外期刊	张彩庆	Evaluation of Power Supply Service Engineering Based on Quality Function Deployment	Transaction on Engineering Sciences
868	国外期刊	孟　明	Decomposition Analysis of the Change in China's Provincial Energy Productivity Considering CO_2 Emissions	Energy Education Science and Technology Part B. Social and Educational Studies
869	国外期刊	崔和瑞	Government Responsibility and Its Implementing Modes in Promotion the Straw Power Generation Projects in China	Energy Education Science and Technology Part B. Social and Educational Studies.
870	国外期刊	王喜平	Analysis of Total - factor Energy Efficiency of Regions in China Using Slacks - based Model	Energy Education Science and Technology
871	国外期刊	王　平	SVM - Based Definition of Trust in Multi - agent System	Journal of Communication and Computer
872	国外期刊	马　林	Technology Explore for Cloud Computing and SOA Convergence	Journal of Communication and Commputer
873	国外期刊	宋　雨	Study of Smart Grid Marketing System Architecture Based on Hadoop Platform of Cloud Computing	Journal of Communication and Commputer
874	国外期刊	宋　雨	Heterogeneous Data Integration Method of Electric Power System Based on Ontology	Journal of Communication and Commputer
875	国外期刊	宋　雨	Fault Diagnosis Based on Wavelet Neural Network	Journal of Communication and Commputer
876	国外期刊	程晓荣	The Authentication of the Grid Monitoring Systemfor Wireless Sensor Networks	Przeglad Elektrotechniczny
877	国外期刊	韩苗苗	Multicut L - shaped Algorithm for Stochastic Convex Programming With Fuzzy Probability Distribution	Open journal of Applied Sciences
878	国外期刊	马增辉	A Nearest Approximation Observer for Dead - time System and Its Application	Lecture Notes in Information Technology
879	国外期刊	刘长良	Convergence of PD - type Lterative Learning Control of Nonlinear Discrete Systems and its Robustness	Advanced Materials and Processes
880	国外期刊	刘长良	An Algorithm of Lterative Learning Control Based on Vector Plots Analysis and its Robustness	Advanced Materials Research
881	国外期刊	任燕燕	PSO and Spline Function - based Hammerstein Model and its Application to System Identification	Intelligent Information Management Systems and Technologies
882	国外期刊	张丽静	Research on Web - based Real - time Monitoring System on SVG and Comet	Telkomnika Indonesian Journal of Electrical Engineering
883	国外期刊	谭　琪	公私合作制背景下中国市政公事业监管现状之检视	爱知论丛（日本）

续表

序号	检索类别	作者	论文题目	论文出处
884	国外期刊	刘志彬	A Parameter Self - adjusting Optimization Modelto Simulate and Forecast Short - term Wind Speed Based on LS - SVM Regression Algorithm and PCV Method	Advanced Science Letters
885	国外期刊	王聚芹	Bottleneck of Farmers' Quality in New Socialist Countryside Construction and Countermeasures	Asian Agricultural Research
886	国外期刊	王敬敏	Research on Third - party Reverse Logistics Provider Selection Based on Fuzzy Clustering in Perspective of Low - carbon Economy	Communications in Information Science and Management Engineering (CISME)
887	国外期刊	王敬敏	SOA Information Engineering System Based on Knowledge Grid Applications in Smart Grids	Ellectrcity
888	国外期刊	张亚刚	Statistic Characteristics in Nonlinear Dynamical Systems	
889	国外期刊	周建国	Study on Optimization of Denitration Technology Based on Gray - fuzzy Combined Comprehensive Evaluation Model	Systems Engineering Procedia
890	国外期刊	张少敏	Study on the Protection Method of Data Privacy Based on Cloud Storage	International Journal of Information and Computer Science
891	国外期刊	蒋艳杰	The Average Errors for Bernstein - Kantorovich Operators on ther - fold Integrated Wiener Space	AASRA Procedia
892	国外期刊	宋雨	The Comprehensive Evaluation of Software Quality Based on Fuzzy Theory	Journal of Communication and Commputer
893	国外期刊	崔彦彬	The Condition Based Maintenance Evaluation Model on On - post Vacuum Circuit Breaker	Systems Engineering Procedia
894	国外期刊	姜根山	The Enhancement of Pulverized - coal Combustion by Using Sound Waves	The Journal of the Acoustical Society of America
895	国外期刊	宋　雨	The key Technologies Method of Heterogeneous Data Exchange Layer in Distribution Network Based on SOA	Journal of Communication and Commputer
896	人大复印报刊资料	胡宏伟	社会医疗保险对老年人卫生服务利用的影响研究——基于倾向得分匹配的反事实估计	人大复印资料——社会保障制度
897	人大复印报刊资料	陈　静	医疗社会工作视角下和谐医护资源网络的构建	社会工作
898	人大复印报刊资料	胡宏伟	需求与制度安排：城市化战略下的居家养老服务保障定位与发展	人大复印资料——社会工作
899	人大复印报刊资料	胡宏伟	中国养老财政支出与负担研究述评	人大复印资料——财政与税务
900	一级学报	高正阳	增压富氧燃烧锅炉对流受热面换热特性研究	中国电机工程学报
901	一级学报	王春波	300MW 高炉煤气与煤粉混燃锅炉热力特性及经济性分析	动力工程学报
902	一级学报	王春波	微富氧条件下煤粉燃烧及 NO 生成特性的研究	动力工程学报
903	一级学报	周兰欣	AP1000 核电机组巨型冷却塔型体优化数值计算	动力工程学报
904	一级学报	王　智	湿蒸汽非均质高速凝结流动的数值研究	动力工程学报
905	一级学报	张学镭	基于模糊层次分析法的直接空冷凝汽器防冻性能监测	动力工程学报

续表

序号	检索类别	作者	论文题目	论文出处
906	一级学报	鲁许鳌	热解温度对生物质半焦特征的影响	动力工程学报
907	一级学报	陈鸿伟	基于石灰石的 CO_2 吸收循环特性多参数线性回归分析	动力工程学报
908	一级学报	陈鸿伟	CaO 和 Fe（NO_3）3 复合催化锦界煤焦——CO_2 气化的实验研究	动力工程学报
909	一级学报	陈鸿伟	循环流化床布风方式对颗粒循环流率的影响	动力工程学报
910	一级学报	阎维平	增压富氧燃烧与捕集 CO_2 电站的经济性分析	动力工程学报
911	一级学报	高正阳	添加钙对燃煤过程颗粒汞生成特性影响的试验研究	动力工程学报
912	一级学报	李春曦	轴流风机动叶异常对风机内熵产影响的数值模拟	动力工程学报
913	一级学报	王继选	基于高位热值的燃料化学火用模型及计算分析	动力工程学报
914	一级学报	李永倩	瑞利布里渊光时域分析系统中电光调制器的理论模型与实验研究	光子学报
915	一级学报	李永倩	一种高准度光纤光栅波长解调系统	光子学报
916	一级学报	王富强	基于混沌相空间重构与支持向量机的风速预测	太阳能学报
917	一级学报	李勤道	锅炉烟气预干燥褐煤发电系统热经济性计算分析	中国电机工程学报
918	一级学报	田　亮	基于多尺度相关和机理建模的炉膛压力分析	动力工程学报
919	一级学报	王庆五	各向异性 Chaboche 黏塑性本构方程隐式应力积分算法	航空动力学报
920	一级学报	李　娜	基于 Elman 神经网络的超超临界机组汽水分离器应力在线软测量模型	动力工程
921	一级学报	赵文清	基于词共现图的中文微博新闻话题识别	智能系统学报
922	一级学报	崔和瑞	基于三螺旋理论的低碳技术创新研究	中国管理科学
923	一级学报	李永玲	基于遗传算法的压水堆核电一回路稳压器机理建模与仿真	核科学与工程
924	一级学报	阎维平	600MW 超临界燃煤锅炉生物质气体再燃的数值研究	动力工程学报
925	一级学报	马双忱	氨水与 MEA 的 CO_2 捕集对比研究	动力工程学报
926	一级学报	韩中合	不同工质对太阳能有机朗肯循环系统性能的影响	动力工程学报
927	一级学报	阎维平	不同烟气再循环方式下富氧燃煤锅炉的经济性分析	动力工程学报
928	一级学报	田　亮	超超临界直流锅炉蓄热能力的定量分析	动力工程学报
929	一级学报	阎维平	富氧燃烧发电机组制氧设备供电方式的优化分析	动力工程学报
930	一级学报	谷俊杰	核电站蒸汽发生器水位的自抗扰多模型控制方法研究	动力工程学报
931	一级学报	陈鸿伟	浑源煤焦 CO_2 气化反应的影响因素及动力学特性分析	动力工程学报
932	一级学报	李永华（女）	火电机组热力系统火用成本分布通用矩阵方程	动力工程学报
933	一级学报	陈鸿伟	基于 LM 算法的双流化床循环流率预测模型研究	动力工程学报
934	一级学报	李慧君	基于不同有机工质的蒸汽——有机工质联合循环发电模型热经济性分析	动力工程学报
935	一级学报	高建强	基于关联维数的鼓泡流化床风帽压力波动特性研究	动力工程学报
936	一级学报	王璋奇	基于区间有限元的汽轮机叶片非概率可靠性分析	动力工程学报
937	一级学报	冉　鹏	基于数据挖掘的火电厂最经济煤种决策方法	动力工程学报
938	一级学报	阎维平	宽带关联 k 模型与离散坐标法相结合的富氧燃烧烟气辐射特性研究	动力工程学报
939	一级学报	李永华（女）	湿式冷却塔加装挡风板的数值研究	动力工程学报

续表

序号	检索类别	作者	论文题目	论文出处
940	一级学报	陈鸿伟	石灰石 CO_2 循环特性神经网络预测	动力工程学报
941	一级学报	韩中合	微波谐振腔测量蒸汽湿度非等动能取样误差分析	动力工程学报
942	一级学报	闫顺林	新型高性能弯扭动叶旋转煤粉分离器特性研究	动力工程学报
943	一级学报	王春波	增压富氧燃烧流化床炉内传热特性	动力工程学报

华北电力大学2013年度已授权专利情况一览表

编号	专利名称	申请人姓名	专利类别	申请日期	授权日期	专利号
1	考虑励磁阻抗非线性影响的单相三绕组自耦变压器模型	岳　昊　徐永海　朱永强　肖湘宁　刘颖英	发明	2009. 06. 25	2013. 03. 06	ZL200910087692. 7
2	显热潜热混合型太阳能跨季度蓄热系统	孙东亮　徐进良　杨勇平	发明	2009. 11. 02	2013. 03. 20	ZL200910236573. 3
3	一种装配永磁体的燃气灶炊具支撑装置	杨立军　杜小泽　杨勇平	发明	2009. 11. 02	2013. 01. 09	ZL200910236844. 5
4	电站锅炉“四管”泄漏声测精确定位系统	安连锁　王　鹏　姜根山　沈国清	发明	2009. 12. 10	2013. 05. 01	ZL200910242403. 6
5	一种制备生物质导电炭的方法	董长青　陶　君　杨勇平　张俊姣	发明	2009. 12. 24	2013. 06. 12	ZL200910243795. 8
6	基于区域控制偏差和机组发电偏差的调度反馈控制系统	刘敦楠　杨先勇　蔡　敏　刘　勇　邹圣权　车方毅　詹学磊　周世平　邵立政	发明	2010. 01. 05	2013. 01. 09	ZL201010033613. 7
7	最佳冷源热网加热器及其参数的确定方法	杨勇平　林振娴　何坚忍　胡学伟　翟启武	发明	2010. 01. 08	2013. 05. 01	ZL201010033687. 0
8	继电保护设备可用率和最优检修周期的计算方法	薛安成　庄　博　王　宁　黄少锋　徐　刚　杨心平	发明	2010. 01. 26	2013. 01. 09	ZL201010101222. 4
9	电压互感器二次侧输出信号远距离无损耗传输装置	李岩松　齐　郑　刘　君	发明	2010. 02. 03	2013. 05. 01	ZL201010106199. 8
10	利用烟气脱硫石膏稳定固定重金属污染沉积物中镉的方法	李　鱼　杜显元　吴桂萍　崔龙泽　刘建林　王晓丽　李鸿业	发明	2010. 02. 05	2013. 06. 05	ZL201010108770. X
11	长距离输电线路的融冰与装置	崔　翔　齐　磊　焦重庆	发明	2010. 03. 18	2013. 05. 01	ZL201010128886. X
12	双基阵数据融合电站锅炉四管泄漏被动声测定位方法	安连锁　王　鹏　姜根山　沈国清	发明	2010. 06. 04	2013. 01. 16	ZL201010198299. 8
13	温度可控的 PEA 空间电荷测试装置	屠幼萍　丁立健　王　倩　李　童	发明	2010. 06. 25	2013. 03. 20	ZL201010216866. 8

续表

编号	专利名称	申请人姓名	专利类别	申请日期	授权日期	专利号
14	基于广域测量系统的多端高压输电区域后备保护方法	马　静　王增平　林富洪 曾惠敏　叶东华	发明	2010. 07. 02	2013. 01. 09	ZL201010217048. X
15	一种固体燃料流化床近零排放制氢装置	董长青　蒋景周　陆　强 杨勇平　张俊姣	发明	2010. 08. 11	2013. 05. 01	ZL201010250870. 6
16	内置式生物质螺旋进料器	陆　强　张旭明　杨勇平 张俊姣　赵　莹	发明	2010. 08. 20	2013. 01. 16	ZL201010259031. 0
17	内置旋风筒布袋除尘器	董长青　张汉飞　陆　强 杨勇平　张俊姣　赵芳芳	发明	2010. 09. 10	2013. 03. 06	ZL201010279494. 3
18	用于工业电网的工频通信同步检测方法及装置	卢文冰　罗应立　闫　迎 王义龙　李卫国　胡　宾	发明	2010. 10. 09	2013. 10. 30	ZL201010506243. 4
19	基于时段自适应的电力线工频通信系统及方法	卢文冰　罗应立　闫　迎 王义龙　李卫国　胡　宾	发明	2010. 10. 09	2013. 10. 30	ZL201010506260. 8
20	一种制备固体氧化物燃料电池 LSM 阴极的方法	张东博　刘丽莉	发明	2010. 10. 14	2013. 04. 03	ZL201010515252. X
21	一种基于纳米流体特性的核电站严重事故缓解系统	刘　平　周　涛　张记刚 樊昱楠	发明	2010. 10. 27	2013. 01. 16	ZL201010527680. 4
22	并列结构混合励磁同步发电机及其交流励磁控制系统	刘明基　于　斌　李祥永	发明	2010. 11. 08	2013. 03. 06	ZL201010539186. X
23	电力电缆附件局部放电检测的预埋式传感器	李成榕　齐　波　陈沛云 刘延卓　张立刚　常文治	发明	2010. 11. 15	2013. 10. 16	ZL201010546445. 1
24	一种用于电压型 PWM 变换器的电流跟踪方法	刘晓博　徐永海　高　璞	发明	2010. 11. 18	2013. 12. 11	ZL201010551109. 6
25	汽轮发电机组转子振动反相矢量稳态性实时辨识方法	宋光雄	发明	2010. 11. 18	2013. 03. 06	ZL201010551133. X
26	电厂汽轮机轴承冷却水热泵供暖系统及方法	于　刚　张永生　张　光 卞　双　鞠翠玲　邢长燕	发明	2010. 11. 18	2013. 01. 16	ZL201010551122. 1

续表

编号	专利名称	申请人姓名	专利类别	申请日期	授权日期	专利号
27	汽轮发电机组低频振动突变性实时分析方法	宋光雄	发明	2010.11.24	2013.05.01	ZL201010564725.5
28	一种 CuInS2 - ZnS/ZnSe/ZnS 核壳结构半导体量子点的制备方法及其在发光器件中的应用	谭占鳌　张文庆　杨勇平	发明	2010.11.25	2013.12.04	ZL201010567111.2
29	生物质热解制备脱硫脱硝剂以及甲醇和丙酮的方法	陆　强　董长青　张旭明　张志飞　张俊姣　田慧云　杨勇平	发明	2010.12.10	2013.04.03	ZL201010598310.X
30	生物质催化热解制备轻质酚类有机混合物的方法	陆　强　董长青　张俊姣　田慧云　张志飞　杨勇平	发明	2010.12.10	2013.07.31	ZL201010598330.7
31	一种利用快速热处理工艺改性生物质燃料的成型方法	董长青　陆　强　张俊姣　杨晓初　陶　君　杨勇平	发明	2010.12.10	2013.07.31	ZL201010598319.0
32	基于视频图像处理的输电导线舞动识别计算方法	孙凤杰　范杰清　杨镇擐　田　野	发明	2010.12.16	2013.03.06	ZL201010606740.1
33	多机系统次同步谐振特征值分析模型	张　鹏　毕天姝　薛安成　肖仕武　杨奇逊	发明	2010.12.16	2013.10.09	ZL201010606730.8
34	采用冷喷涂技术制备固体氧化物燃料电池 SSC 阴极的方法	张东博	发明	2010.12.17	2013.06.12	ZL201010608727.X
35	基于光纤布拉格光栅传感器变压器故障气体监测系统	马国明　李成榕　罗颖婷	发明	2010.12.24	2013.03.20	ZL201010621154.4
36	输电线路覆冰监测用光纤布拉格光栅风速传感器及系统	李成榕　马国明	发明	2010.12.27	2013.05.01	ZL201010621828.0
37	基于贝叶斯分类算法的信息检索方法	刘　琳　李国栋　问梁军　李国粹	发明	2011.01.11	2013.06.05	ZL201110005077.4
38	一种便携式生物质气化气焦油采样装置	董长青　杨晓初　陆　强　杨勇平　张俊姣	发明	2011.01.19	2013.01.16	ZL201110021596.X
39	面向电力线巡检的飞行模拟系统	柳长安　吴　华　杨国田　刘春阳　周　磊　刘　涛　厉启鹏	发明	2011.01.27	2013.01.16	ZL201110030063.8

续表

编号	专利名称	申请人姓名	专利类别	申请日期	授权日期	专利号
40	汽轮发电机组波动型碰摩故障实时辨识方法	宋光雄	发明	2011.02.12	2013.06.12	ZL201110036869.8
41	一种网络安全态势感知方法	李元诚 井经涛	发明	2011.02.17	2013.10.16	ZL201110039742.1
42	一种线路相间故障距离保护的测距方法	马 静 曾惠敏 林富洪 王 彤 王增平 康晓娟 黄 海 吴善班 李生坤 岳 军 郑志煜 陈 灵 蔡建煜 林力辉	发明	2011.02.18	2013.05.01	ZL201110040667.0
43	一种电力系统稳定器设计方法	马 进 王皓靖 张 璞 胡扬宇 付红军 孙素琴	发明	2011.03.02	2013.06.05	ZL201110050001.3
44	变压器油纸绝缘沿面局部放电缺陷严重程度诊断方法	程养春 贺惠民 李成榕 王 伟 郑 重 薛 阳 杨 圆 盛 康 岳华山	发明	2011.03.10	2013.06.05	ZL201110058316.2
45	具有粉粒体介电系数变化测量电极的电容层析成像传感器	刘 石 李志宏 韩振兴 李惊涛 陈江涛	发明	2011.03.18	2013.05.01	ZL201110066957.2
46	一种用于研究铁芯损耗影响因素的交流电动机	赵海森 罗应立 刘晓芳 张伟华	发明	2011.03.22	2013.03.06	ZL201110068897.8
47	汽轮机组振动与过程信号异常搜索分析方法	顾煜炯 陈昆亮 邹丽洁 何成兵	发明	2011.03.24	2013.06.12	ZL201110071325.5
48	一种能够避免转子斜槽的鼠笼式异步电动机转子冲片	赵海森 罗应立 刘晓芳	发明	2011.03.25	2013.01.09	ZL201110074622.5
49	一种模块化多电平换流器直流输电损耗计算方法	赵成勇 陆 翌 杨 柳 胡 静 杨晓东 王 晶 许建中 刘军娜	发明	2011.03.25	2013.03.06	ZL201110074399.4
50	基于网络负载预测的无线竞争接入控制退避方法	唐良瑞 汪文晋 樊 冰 孙 毅 祁 兵	发明	2011.03.29	2013.07.31	ZL201110076491.4
51	一种基于逆系统的微网有功无功功率独立控制方法	李 鹏 马梦朝 李雨薇 魏 喆 刘承佳 王 阳	发明	2011.04.08	2013.04.17	ZL201110087152.6

续表

编号	专利名称	申请人姓名	专利类别	申请日期	授权日期	专利号
52	一种生物质油改质和C4烃催化裂解的组合工艺及装置	常　剑　张　锴　陈宏刚	发明	2011.05.11	2013.12.25	ZL201110121089.3
53	过渡盘形滚刀节能安装方法	张照煌　孙　飞	发明	2011.04.15	2013.07.31	ZL201110095747.6
54	盘形滚刀正刀和中心滚刀的节能安装方法	张照煌　孙　飞	发明	2011.04.15	2013.05.01	ZL201110095746.1
55	基于Backstepping的液压型主动悬架控制方法	马苗苗　陈　虹	发明	2011.04.21	2013.05.01	ZL201110101149.5
56	一种多微孔扩散器及其处理石油污染物的方法	张晓东　黄国和　邹　运　李恭臣	发明	2011.04.26	2013.01.09	ZL201110104852.1
57	介质阻挡放电结合碱液吸收的烟气脱硫脱硝系统及工艺	肖海平　杜　旭	发明	2011.04.26	2013.10.23	ZL201110105255.0
58	一种网络安全态势预测方法	李元诚　王宇飞	发明	2011.04.26	2013.06.12	ZL201110105272.4
59	一种风电功率短期预测方法	李元诚　杨瑞仙	发明	2011.04.26	2013.03.06	ZL201110105289.X
60	一种电力系统配电网的无功优化方法	李元诚　李　彬	发明	2011.04.26	2013.06.05	ZL201110105243.8
61	一种电力系统能量管理分布式动态潮流计算系统构建方法	张海波　蒋良敏	发明	2011.04.29	2013.05.01	ZL201110112297.7
62	一种CS/TiO_2－NTs复合催化剂的制备方法	黄国和　魏　佳　安春江　张晓东　赵　珊　李　晟　姚　尧　廖任飞　安　楷	发明	2011.05.06	2013.03.06	ZL201110117097.0
63	一种两阶段厨余物好氧堆肥的装置及方法	李　晟　黄国和　张晓东　安春江　魏　佳　姚　尧　赵　珊	发明	2011.05.13	2013.10.23	ZL201110124787.9
64	一种海量文本数据关键词的快速查找方法	马苗苗　刘向杰	发明	2011.05.18	2013.03.06	ZL201110129111.9
65	一种防止氢爆的缓解核电严重事故装置及缓解方法	周　涛　冉　刻　张　蕾	发明	2011.05.18	2013.06.05	ZL201110129066.7
66	基于集成学习Bagging算法的变压器故障诊断方法	徐茹枝　王宇飞　安　睿　耿啸风　周凡雅	发明	2011.05.18	2013.02.13	ZL201110129133.5
67	一种石油污染土壤的原位综合修复系统及方法	姚　尧　黄国和　张晓东　安春江　魏　佳　李晟　赵　珊	发明	2011.05.18	2013.06.12	ZL201110129619.9
68	一种汽车尾气二氧化碳分离器及其分离方法	赵　珊　黄国和　张晓东　安春江　魏　佳　姚　尧　李　晟　阴艾利	发明	2011.05.19	2013.05.01	ZL201110130869.4

续表

编号	专利名称	申请人姓名	专利类别	申请日期	授权日期	专利号
69	超声波测量锅炉管内壁氧化层厚度的校准方法	张乃强 徐 鸿 李宝让	发明	2011.05.24	2013.03.06	ZL201110136264.6
70	风力发电机组综合优化选型方法	刘瑞轩 刘永前	发明	2011.06.10	2013.03.20	ZL201110155670.7
71	基于硫酸根促进的 TiO_2 载体的 SCR 烟气脱硝催化剂及制备方法	陆 强 苏淑华 董长青 杨勇平	发明	2011.06.13	2013.05.01	ZL201110158202.5
72	基于 IiO_2-ZrO_2 复合载体的 SCR 烟气脱硝催化剂及制备方法	张俊姣 陆 强 苏淑华 杨勇平 董长青	发明	2011.06.13	2013.05.01	ZL201110158422.8
73	基于介孔 TiO_2 载体的 SCR 烟气脱硝催化剂及制备方法	陆 强 董长青 苏淑华 杨勇平	发明	2011.06.13	2013.06.05	ZL201110158203.X
74	基于模糊理论的无线传感器网络链式路由方法	唐良瑞 冯 森 陈媛媛 孙 毅 祁 兵 刘 生	发明	2011.06.15	2013.10.16	ZL201110161001.0
75	一种实现网络资源命名与定位的方法	张 莹 何 慧 滕 婧 瞿有利	发明	2011.06.21	2013.10.16	ZL201110167997.6
76	全断面隧道掘进机刀盘上盘形滚刀正刀的防崩刃安装方法	张照煌 王 磊	发明	2011.06.28	2013.07.31	ZL201110177214.2
77	一种碱金属热电转换器吸液芯组件及制作方法	陆道纲 施文博 张 勋 马文慧	发明	2011.06.29	2013.05.01	ZL201110180030.1
78	基于三相桥式逆变电路的电源裂相装置及其控制方法	朱永强 王腾飞 王治宇 段春明 齐 琳 付春鹏	发明	2010.07.04	2013.10.16	ZL201110185673.5
79	与余热驱动制冷相结合的 CO_2 压缩液化系统	段立强 陈新明 杨勇平	发明	2011.07.14	2013.10.09	ZL201110197232.7
80	一种固体废弃物联合堆肥逐步调节与控制的系统与方法	安春江 黄国和 张晓东 姚 尧 李 晟	发明	2011.07.22	2013.07.31	ZL201110207438.3
81	一种促进厨余垃圾堆肥的复合添加剂及应用	安春江 黄国和 张晓东 魏 佳 赵 姗 安 楷	发明	2011.07.22	2013.06.12	ZL201110206221.0
82	基于实测电压调制的并网逆变器 PWM 控制方法	韩民晓 林少伯	发明	2011.07.25	2013.10.09	ZL201110208231.8
83	一种基于集成学习的短期电力负荷预测方法	李元诚 陈 普	发明	2011.07.27	2013.05.01	ZL201110212852.3
84	一种内分液罩式冷凝换热管	陈宏霞 徐进良 王 伟	发明	2011.07.29	2013.03.06	ZL201110214877.7

续表

编号	专利名称	申请人姓名	专利类别	申请日期	授权日期	专利号
85	一种电网接纳风电场的计算方法	李 鹏 李晓春 李雨薇 王 伟	发明	2011.08.01	2013.08.07	ZL201110217736.0
86	基于电压谐波畸变率正反馈的孤岛检测方法	马 静 米 超 王玉慧 叶东华 许 冬 彭明法 王增平	发明	2011.08.05	2013.07.31	ZL201110224393.0
87	基于 Web Service 的信息资源访问方法	李国栋 刘 琳 李 凯 李国粹 靳鹏飞 闫梁军 罗 晗 宋自立 仇 珏	发明	2011.08.15	2013.10.09	ZL201110233244.0
88	一种受时间约束的 Web 服务流程挖掘方法	马应龙 阎光伟 张金龙	发明	2011.08.17	2013.10.30	ZL201110235664.2
89	基于负序功率正反馈的孤岛检测方法	马 静 米 超 叶东华 彭明法 许 冬 王玉慧 王增平	发明	2011.08.19	2013.07.31	ZL201110240709.5
90	一种基于金属纳米粒子催化的硅片减薄方法	李美成 白 帆 任霄峰 余 航	发明	2011.08.29	2013.07.31	ZL201110251150.6
91	用于太阳电池的多孔金字塔型硅表面陷光结构制备方法	李美成 任霄峰 白 帆	发明	2011.08.30	2013.04.03	ZL201110252280.1
92	海上风浪互补型发电系统	顾煜炯 王兵兵 陈昆亮 赵丽君 黄晶华 成 明 杜 伟 慧万馨 张原飞 代术建	发明	2011.08.30	2013.05.01	ZL201110252179.6
93	可实验运行的压水堆及其蒸汽发生器动态仿真模型	牛风雷	发明	2011.08.30	2013.07.31	ZL201110252240.7
94	海上综合能源发电系统	顾煜炯 王兵兵 陈昆亮 赵丽君 黄晶华 成 明 王向志 刘莎莎 韩 立	发明	2011.09.01	2013.07.31	ZL201110257652.X
95	一种硅表面纳米多孔减反射结构的制备方法	李美成 任霄峰 白 帆 宋丹丹 姜 冰	发明	2011.09.05	2013.10.30	ZL201110261035.7
96	一种分液式螺旋管结构的冷凝器	陈宏霞 徐进良 张 伟	发明	2011.09.05	2013.06.05	ZL201110259213.2
97	利用银镜反应制备硅表面陷光结构的方法	李美成 任霄峰 姜 冰 白 帆 宋丹丹	发明	2011.09.05	2013.11.30	ZL201110260398.9

续表

编号	专利名称	申请人姓名	专利类别	申请日期	授权日期	专利号
98	一种双子表面活性剂强化平板超滤处理含苯酚废水的方法	黄国和 张雯翔 魏 佳 郑如秉	发明	2011.09.09	2013.07.31	ZL201110266886.0
99	一种旋流燃烧器低氮氧化物低负荷稳燃装置	孙保民 肖海平 康志忠 郭永红 王世昌	发明	2011.09.09	2013.10.16	ZL201110268177.6
100	一种分裂导线离子流空间分布测量方法及装置	周象贤 崔 翔 卢铁兵	发明	2011.09.22	2013.11.06	ZL201110284190.0
101	电厂锅炉“四管”抗氧化和耐磨损的复合涂层	张东博 曹 健 崔兴华	发明	2011.09.22	2013.07.31	ZL201110284224.6
102	一种火力发电机组给水处理方法	张乃强 徐 鸿 李宝让 袁晓娜 白 杨	发明	2011.09.28	2013.07.31	ZL201110299982.5
103	一种超低温高性能润滑脂组合物	夏延秋 冯 欣	发明	2011.10.08	2013.06.05	ZL201110302154.2
104	一种自适应火焰辐射强度的测量电路	刘 石 王 宏 韩振兴 李惊涛 雷 兢 李志宏	发明	2011.10.24	2013.03.20	ZL201110324943.6
105	一种富氧点火及低负荷稳燃煤粉燃烧器	王福珍 刘 石 贾 磊 黄耀松 白 翔	发明	2011.11.07	2013.12.18	ZL201110347879.3
106	一种反向结构聚合物太阳电池及其制备方法	谭占鳌 徐 琦 张文庆 李良杰	发明	2011.10.26	2013.06.12	ZL201110329588.1
107	一种模拟风电齿轮箱的振动测试装置	滕 伟 辛卫东 柳亦兵 何 缨	实用新型	2011.11.18	2013.01.09	ZL201120459292.7
108	一种离子液稀土配合物添加剂的制备方法	夏延秋 张浩波 冯 欣	发明	2011.11.21	2013.06.12	ZL201110370617.9
109	间接空冷系统垂直布置型空冷散热器外环境风导流装置	杨立军 杜小泽 杨勇平	发明	2011.11.30	2013.07.31	ZL201110391239.2
110	一种集装箱式的干发酵系统	董长青 赵圆方 赵 莹 杨勇平	发明	2011.12.06	2013.06.05	ZL201110401793.4
111	碱金属循环流动式热电转换装置	陆道纲 张 勋 施文博 马文慧 党俊杰	实用新型	2011.12.08	2013.03.06	ZL201120506928.9
112	一种交流系统次同步谐振分析方法	刘崇茹 李海峰 王 伟 陈作伟 邓应松 林雪华 魏佛送	发明	2011.12.09	2013.07.31	ZL201110410166.7

续表

编号	专利名称	申请人姓名	专利类别	申请日期	授权日期	专利号
113	抽凝机组加装背压机的供热节能装置及其节能方法	戈志华 杨勇平 杨佳霖 杨志平 李沛峰 何坚忍 陈玉勇	发明	2011.12.21	2013.11.06	ZL201110433533.5
114	大型旋转机械复杂工况下的早期故障搜索方法	顾煜炯 宋 磊 王 敏 刘 佳 陈昆亮 王兵兵 高 崭 马 杨 徐天金 代数建	发明	2011.12.29	2013.10.16	ZL201110452994.7
115	一种计及电能质量约束的光伏并网发电系统孤岛检测方法	李 鹏 李雨薇 王 阳 薛金明 陈 超 盛银波	发明	2012.01.16	2013.10.09	ZL201210013160.0
116	用于制备高温耐磨耐蚀熔覆层的粉末材料及制备方法	刘宗德 王永田 刘再德 温 鹏 任威宇 钟成圆	发明	2012.04.26	2013.07.31	ZL201210128373.8
117	利用介孔二氧化硅空心球基催化剂制备液体燃料的方法	陆 强 董长青 张智博 杨勇平	发明	2012.04.13	2013.12.18	ZL201210110157.0
118	基于遥操作的任务执行顺序优化方法	李国栋 刘 琳 魏振华 罗 晗 李 凯 宋自立 靳鹏飞 仇 珏 宋志新 李小龙 黄琳华	发明	2012.04.28	2013.11.13	ZL201210132476.1
119	用于激光熔覆的铁镍铬钼基粉末材料及其制备方法	刘宗德 刘再德 李建平 王永田 李新芷 任威宇 钟成圆	发明	2012.08.09	2013.10.30	ZL201210283222.X
120	用于水冷壁管耐磨耐蚀防护的粉末及其制备方法	刘宗德 马忠云 李建平 王永田 李新芷 袁明明 李红川	发明	2012.08.09	2013.10.30	ZL201210283235.7
121	一种臭氧－可渗透反应墙修复系统及其修复地下水的方法	何 理 杨 琦 申 婧 李 超	发明	2012.08.14	2013.07.31	ZL201210289473.9
122	周期性加药油气液三相抽提装置及其修复石油污染土壤的方法	何 理 申 婧 杨 琦 李 超	发明	2012.11.10	2013.11.20	ZL201210449198.2
123	一种添加生物表面活性剂的电动力修复装置及方法	何 理 张嘉琪	发明	2012.12.28	2013.12.18	ZL201210585392.3

续表

编号	专利名称	申请人姓名	专利类别	申请日期	授权日期	专利号
124	一种新型教室节能供暖系统	黄从智　朱耀春　程　阳	实用新型	2012.01.11	2013.03.06	ZL201220011074.1
125	节能型热泵与热电联产耦合供热系统	于　刚　张永生　靳　涛　张　光　卞　双　鞠翠玲　邢长燕	实用新型	2012.03.14	2013.03.20	ZL201220096361.7
126	一种基于人工神经网络的 PCB 平行导线电磁干扰测量仪	高雪莲　陈彦宇　崔振南　冯　楠	实用新型	2012.03.30	2013.03.06	ZL201220130164.2
127	一种基于软件无线电接收机的数字中频模块	李守荣　李　莹　王　帆　张　潇	实用新型	2012.04.06	2013.03.06	ZL201220144054.1
128	一种新型环保便携式牙刷	芦　娟　魏　敏　高雪莲　陈彦宇　崔振南　冯　楠	实用新型	2012.04.28	2013.01.23	ZL201220189233.7
129	利用冲孔射流提高强化换热效果的涡发生器	周国兵	实用新型	2012.05.07	2013.01.09	ZL201220202053.8
130	一种水平悬挂式实验平台	高雪莲　梁光胜　赖程鹏　邵李强　张　潇　冯　楠	实用新型	2012.05.23	2013.01.09	ZL201220235840.2
131	一种保持水平的实验平台	梁光胜　高雪莲　冯　楠　邵李强　赖程鹏　张　潇　谢裕清	实用新型	2012.05.23	2013.01.09	ZL201220235460.9
132	一种无线视频检修装置	梁光胜　邓博仁　刘冰燕　黄寿华　范杰清　高雪莲	实用新型	2012.06.01	2013.01.23	ZL201220258477.6
133	非能动安全压水堆核岛主系统模拟运行仪器	牛风雷　张君南	实用新型	2012.06.04	2013.01.09	ZL201220261353.3
134	一种电加热器	段　军　周　涛　邹文重	实用新型	2012.06.04	2013.01.09	ZL201220262015.1
135	SCR 板式脱硝催化剂双模块单元组装箱体	史　飞　董长青　陆　强　杨勇平	实用新型	2012.06.08	2013.01.09	ZL201220272201.3
136	实现双侧流动传热的“O”型铅铋换热装置	周　涛　刘梦影　李精精　苏子威　邹文重　吴宜灿　柏云清	实用新型	2012.06.11	2013.01.09	ZL201220274939.3
137	利用建筑物内外环境温差的发电装置	周　涛　苏子威　邹文重　刘梦影　李精精	实用新型	2012.06.11	2013.05.01	ZL201220274843.7

续表

编号	专利名称	申请人姓名	专利类别	申请日期	授权日期	专利号
138	一种宽带无线接入实验箱	崔维新 杨春萍 龚钢军 陆 俊	实用新型	2012.06.14	2013.01.23	ZL201220284081.9
139	一种新型钍基反应堆装置	周 涛 侯周森 陈 娟 程万旭 刘梦影	实用新型	2012.06.14	2013.01.09	ZL201220281626.0
140	一种公交汽车的调度系统	王震宇 崔 超	实用新型	2012.06.21	2013.01.23	ZL201220301106.1
141	一种适用于变工况运行的电站锅炉尾部烟气余热利用装置	徐 钢 杨勇平 黄圣伟	实用新型	2012.06.27	2013.05.01	ZL201220305100.1
142	一种微型电磁式低频振动发电机	何 青 宋 博 杜冬梅	实用新型	2012.06.27	2013.01.23	ZL201220305151.4
143	一种锅炉烟气分级预热空气与汽轮机凝结水的集成装置	徐 钢 许 诚 杨勇平 黄圣伟 杨志平 尹宗齐 刘 彤	实用新型	2012.06.27	2013.01.23	ZL201220305182.X
144	一种利用单电机实现太阳能双轴跟踪的装置	林伟香 张 辉 张霖菲 马 桤 陈祖歌 雷少博 黄洁亭 许 伟 贾鹏飞	实用新型	2012.06.27	2013.01.23	ZL201220305068.7
145	深度利用电站锅炉烟气余热加热高压给水的系统	徐 钢 许 诚 杨勇平 李 君 杨志平 刘 彤 尹宗齐	实用新型	2012.06.27	2013.01.23	ZL201220305136.X
146	一种沉降式塔式电站锅炉系统	徐 钢 许 诚 杨勇平 周璐瑶 杨志平 黄圣伟 刘 彤	实用新型	2012.06.27	2013.05.01	ZL201220306602.6
147	一种测量单元或多元颗粒体系浓度分布的装置	张 锴 于邦廷 张永生 陈宏刚 常 剑 杨勇平	实用新型	2012.06.29	2013.01.23	ZL201220315591.8
148	基于光压互补充电技术的公路安全测速系统	张 志 孙 莹 席文宣	实用新型	2012.07.09	2013.01.23	ZL201220330464.5
149	一种无线消防探测器网络系统	白 焰 王仁书 赵坚钧 李秋灵	实用新型	2012.07.11	2013.01.30	ZL201220336464.6
150	一种适用于超临界水堆的 MOX 燃料组件结构	周 涛 孙灿辉 程万旭 陈 娟	实用新型	2012.07.12	2013.01.23	ZL201220338527.1
151	一种谢尔宾斯基海绵结构细颗粒物脱除装置	周 涛 汝小龙 林达平 王泽雷 樊昱南	实用新型	2012.07.12	2013.05.01	ZL201220338410.3

续表

编号	专利名称	申请人姓名	专利类别	申请日期	授权日期	专利号
152	一种便携式电力应急多模无线通信终端	龚钢军　吴利文　李志峰　陆　俊　王兴川　王丽丽	实用新型	2012.07.12	2013.01.23	ZL201220338170.7
153	一种垂直布置空冷散热器翅片管束环形排列结构	杨立军　杜小泽　杨勇平	实用新型	2012.07.13	2013.03.06	ZL201220340970.2
154	一种三铁芯柱硅钢丝变压器铁芯	王宏宇　曹　彬　谢瀚阳　李　霞	实用新型	2012.07.13	2013.01.23	ZL201220340620.6
155	一种合成气甲烷化的流向变换周期操作反应装置	陈宏刚　王腾达　张　锴　牛玉广　杨勇平	实用新型	2012.07.25	2013.03.06	ZL201220363351.5
156	一种合成气甲烷化的流向变换周期操作反应装置	陈宏刚　王腾达　张　锴　牛玉广　杨勇平	实用新型	2012.07.25	2013.04.03	ZL201220363329.0
157	一种基于4摄氏度水特性的驱动控制器	周　涛　邹文重　苏子威　刘梦影　李云博	实用新型	2012.07.25	2013.06.12	ZL201220363263.5
158	一种合成气甲烷化的流向变换周期操作反应装置	陈宏刚　王腾达　张　锴　牛玉广　杨勇平	实用新型	2012.07.25	2013.04.03	ZL201220365851.2
159	基于电力载波的电话远程控制系统	周　楠　裘日辉　黄博文　周冬升　余洁琦	实用新型	2012.07.27	2013.04.03	ZL201220369063.0
160	气力输送管道中煤粉沉积工况的实时测量装置	段泉圣　高秋生　张　帅　杨国田　王丽翠　马登昌	实用新型	2012.07.18	2013.03.06	ZL201220349710.1
161	一种平面八元阵列电站锅炉承压管泄漏定位装置	沈国清　安连锁　许伟龙　张世平	实用新型	2012.08.09	2013.03.16	ZL201220394332.9
162	一种基于声学技术的铝电解槽连续测温装置	沈国清　安连锁　吕伟为　张世平	实用新型	2012.08.15	2013.03.06	ZL201220405818.8
163	一种基于声学测温的铝包内铝水温度在线监测系统	沈国清　安连锁　高宪波　张世平	实用新型	2012.08.15	2013.03.06	ZL201220405843.6
164	基于声学原理的电站锅炉热膨胀监测系统	沈国清　安连锁　许伟龙　张世平	实用新型	2012.08.15	2013.03.06	ZL201220405900.0

续表

编号	专利名称	申请人姓名	专利类别	申请日期	授权日期	专利号
165	一种基于声学的锅炉炉膛烟气流速监测系统	沈国清 安连锁 王 博 许伟龙 张世平	实用新型	2012.08.15	2013.03.06	ZL201220405898.7
166	一种减少粉末制备输送过程中沉积的装置	周 涛 汝小龙 林达平 王泽雷 樊昱南	实用新型	2012.08.15	2013.06.05	ZL201220405920.8
167	一种钢包内钢水温度在线监测系统	沈国清 安连锁 马美倩 张世平	实用新型	2012.08.15	2013.03.06	ZL201220405834.7
168	一种用于超临界水堆余热排出的自然循环换热器	周 涛 陈 娟 侯周森 刘梦影 程万旭	实用新型	2012.08.22	2013.03.06	ZL201220419407.4
169	一种充氦气体颗粒物脱除系统	周 涛 陈 娟 樊昱楠 汝小龙 刘 亮 林达平 王泽雷	实用新型	2012.08.23	2013.03.06	ZL201220421779.0
170	一种瞬态高频磁场测量线圈	王泽忠 李世琼 王炳革 史仰伟	实用新型	2012.08.24	2013.03.06	ZL201220426391.X
171	核电站充氦加压严重事故处理系统	周 涛 林达平 樊昱楠 汝小龙 王泽雷	实用新型	2012.08.27	2013.03.06	ZL201220428855.0
172	用于并网风力发电机组传动的自适应调速机构	芮晓明 苏 睿 武 鑫 郑 辉 张穆永	实用新型	2012.08.29	2013.03.06	ZL201220435298.5
173	一种供暖安全保护系统	刘彦鹏 吴瑞鹏 陶康宁 谭 鸿 姚 成 耿 雨 李定强 吴瑞江 董兴辉 毛雪平	实用新型	2012.08.30	2013.03.06	ZL201220439067.1
174	一种探温自动加煤装置	李定强 吴瑞鹏 耿 雨 谭 鸿 陶康宁 姚 成 刘彦鹏 吴瑞江 董兴辉 毛雪平	实用新型	2012.08.30	2013.03.06	ZL201220439054.4
175	一种锅炉自动加煤装置	吴瑞鹏 李定强 陶康宁 姚 成 耿 雨 谭 鸿 刘彦鹏 袁之康 吴瑞江 董兴辉 毛雪平	实用新型	2012.08.30	2013.03.06	ZL201220438940.5

续表

编号	专利名称	申请人姓名	专利类别	申请日期	授权日期	专利号
176	利用发电厂小汽轮机排汽预热空气的节能系统	陶立强　李　冉　杨勇平　杨志平	实用新型	2012.09.05	2013.03.20	ZL201220451482.9
177	一种开放式海洋能转换试验与测试系统	刘艳章　朱永强　杨名舟　申惠琪　郑　华　罗续业　王项南　李　彦　王　鑫　路　宽	实用新型	2012.09.05	2013.12.11	ZL201220451388.3
178	110kV 以上输电线路干字型耐张塔智能视频监测装置	龚钢军　孙　毅　陆　俊　祁　兵　魏钜坛　王兴川	实用新型	2012.09.11	2013.07.31	ZL201220462792.0
179	抽拉式太阳能新型手电筒	徐延明　刘　璐　刘明浩　李美成	实用新型	2012.09.11	2013.03.20	ZL201220462755.X
180	旋转式高低两用节水马桶	薛连生　张晓龙	实用新型	2012.09.11	2013.06.12	ZL201220462791.6
181	一种适用于超临界水冷堆的水棒	周　涛　程万旭　刘　亮　陈　娟	实用新型	2012.09.12	2013.03.20	ZL201220464340.6
182	一种智能微波除冰机器人	刘宏伟　曹　彬	实用新型	2012.09.13	2013.03.20	ZL201220468587.5
183	一种采用静电传感器测量旋转体转速的装置	闫　勇　王丽娟　钱相臣	实用新型	2012.09.17	2013.06.05	ZL201220473900.4
184	连杆式自锁阻尼间隔棒	周　超　高青风　滕　伟　武　鑫　宋玉旺　刘衍平	实用新型	2012.09.17	2013.07.31	ZL201220473800.1
185	一种静电传感器阵列和数据融合的转速测量装置	闫　勇　王丽娟　钱相臣	实用新型	2012.09.17	2013.04.03	ZL201220473896.1
186	气力输送管道中大粒径颗粒在线自动检测装置	闫　勇　孙　多	实用新型	2012.09.17	2013.04.03	ZL201220473819.6
187	一种模拟风电液压变桨系统运行环境的装置	武　鑫　滕　伟　高青风　周　超　宋玉旺	实用新型	2012.09.17	2013.05.01	ZL201220473970.X
188	一种风向电测装置	钱殿伟　张博雅　刘向杰	实用新型	2012.09.17	2013.04.03	ZL201220473931.X
189	智能医疗废物处理装置	李　阳　朱永强　王语凡　饶承彪　韦倩茹	实用新型	2012.09.18	2013.03.20	ZL201220478355.8
190	多功能皮鞋杀菌养护一体机	李　阳　朱永强　王语凡　饶承彪　韦倩茹	实用新型	2012.09.18	2013.03.20	ZL201220478354.3

续表

编号	专利名称	申请人姓名	专利类别	申请日期	授权日期	专利号
191	一种盾构机锥形刀盘	张照煌 王 磊 李福田 孟 亮 孙 飞	实用新型	2012.09.19	2013.03.20	ZL201220481480.4
192	基于双 PWM 变频式双馈电机的升降机构	朱永强 邱 杨 李岩松 帅 旗 徐延明 金 颖 王治宇	实用新型	2012.09.10	2013.06.05	ZL201220458761.8
193	一种节能生物质沼气池	谭 巍 宋景慧 李 季 杨勇平	实用新型	2012.09.21	2013.05.01	ZL201220488624.9
194	一种火电厂利用沼气启、停助燃与稳燃装置	谭 巍 李 季 朱 勇 宋景慧 杨勇平	实用新型	2012.09.21	2013.05.01	ZL201220488546.2
195	改变刀盘与其回转支撑间连接半径的全断面隧道掘进机	张照煌 孟 亮 李福田 王江伟 孙 飞	实用新型	2012.09.27	2013.07.31	ZL201220497737.5
196	一种高压输电线路监测设备安装调试电源装置	孙 毅 龚钢军 陆 俊 唐胜龙 李俊峰 冯 勇 余 韵	实用新型	2012.09.26	2013.04.03	ZL201220497700.2
197	一种电力专用应急通信双模无线数据终端	龚钢军 吴利文 李志峰 田玉玲 陆 俊	实用新型	2012.09.26	2013.05.01	ZL201220509281.X
198	一种含有自动控制的低温烟气余热利用装置	钱殿伟 刘 倩 文登宇 袁桂丽 刘向杰 侯国莲	实用新型	2012.09.26	2013.03.20	ZL201220498058.X
199	一种具有无线接收功能的钥匙链	高雪莲 芦 娟 陈彦宇 崔振南 冯 楠 赵 磊 张晓宇	实用新型	2012.09.28	2013.04.03	ZL201220501332.4
200	一种可移动智能监控与分析装置	龚钢军 陆 俊 孙 毅 祁 兵 郝党科 王兴川 宋桂林 余 韵	实用新型	2012.09.28	2013.04.03	ZL201220500613.8
201	一种矩形截面管道送风流量实时检测装置	段泉圣 马佳伟 杨国田 赵 庆	实用新型	2012.09.28	2013.06.05	ZL201220505328.5
202	基于声学原理的电站锅炉炉膛积灰监测装置	安连锁 沈国清 杨祥良 张世平	实用新型	2012.09.28	2013.05.01	ZL201220504410.6

续表

编号	专利名称	申请人姓名	专利类别	申请日期	授权日期	专利号
203	一种具有磨损状态检测功能的发电机保护装置	高雪莲 赵 磊 冯 楠 崔振南 张晓宇 郝建红 范杰清	实用新型	2012.10.25	2013.10.30	ZL201220548472.7
204	接地线定位及实时监控系统	王志强 李尚远 李 欣 马 捷 李 岩 郭 磊 武生国 吴 侃 阚博文 田雪梅 田靖桐	实用新型	2012.10.22	2013.03.20	ZL201220542735.3
205	带电作业安全区域警示系统	王志强 李尚远 李 欣 马 捷 李 岩 郭 磊 武生国 吴 侃 阚博文 田雪梅 田靖桐	实用新型	2012.10.22	2013.03.20	ZL201220542012.3
206	一种刹车信号高精度采集装置	解昊晗 耿坤龙 陈鹏伟 王光波 戴 晨 涂 京 高雪莲	实用新型	2012.10.23	2013.03.20	ZL201220545587.0
207	一种电动汽车速度锁	耿坤龙 赵相政 王光波 陈鹏伟 解昊晗 刘 洋 樊 龑 高雪莲	实用新型	2012.10.23	2013.03.20	ZL201220546271.3
208	船舶内燃机高温烟气船舷温差发电装置	徐 璋 刘 涛 常乔磊 徐 萍 于扬洋 周国兵	实用新型	2012.10.20	2013.03.27	ZL201220539052.2
209	一种具有抗电磁干扰特性的发电机保护装置	高雪莲 涂 京 崔振南 冯 楠 赵 磊 张晓宇 郝建红 范杰清	实用新型	2012.10.25	2013.04.10	ZL201220548481.6
210	一种具有灭磁保护和过压保护功能的发电机保护装置	高雪莲 张晓宇 崔振南 冯 楠 赵 磊 郝建红 范杰清	实用新型	2012.10.25	2013.04.10	ZL201220548564.5
211	一种具有襟翼结构的风力机叶片控制装置	张文广 刘吉臻 谢 力 曾德良 牛玉广	实用新型	2012.10.26	2013.03.20	ZL201220557474.2
212	一种智能结构的实时微位移跟踪控制系统	张文广	实用新型	2012.10.26	2013.03.20	ZL201220556927.X

续表

编号	专利名称	申请人姓名	专利类别	申请日期	授权日期	专利号
213	基于温差传感的核电站安全注射信号装置	周　涛　苏子威　邹文重　李精精　李云博	实用新型	2012. 10. 29	2013. 05. 15	ZL201220560016. 4
214	平行发热体内空腔电吹风	徐鸿飞　郑书誉　于普瑶　王杰玉　牛玉广	实用新型	2012. 11. 02	2013. 06. 12	ZL201220574399. 0
215	厕所用直冲箱的双冲水装置	徐鸿飞　郑书誉　王　帅　金　锐　牛玉广	实用新型	2012. 11. 02	2013. 04. 03	ZL201220574382. 5
216	可同时测量陶瓷材料弹性模量与气密性的测量装置	牛风雷　赵云淦　卓卫乾　齐厚博	实用新型	2012. 11. 05	2013. 03. 20	ZL201220575208. 2
217	一种减小热分层影响的管道	周　涛　林达平　汝小龙　宋明强　陈敏娜	实用新型	2012. 11. 12	2013. 06. 05	ZL201220594962. 0
218	一种通用无线防盗设备	高雪莲	实用新型	2012. 11. 13	2013. 04. 10	ZL201220594132. 8
219	一种基于神经网络技术的微带线网络仿真分析设备	高雪莲	实用新型	2012. 11. 13	2013. 07. 24	ZL201220594121. X
220	一种基于神经网络技术的病情自诊断设备	高雪莲	实用新型	2012. 11. 14	2013. 08. 14	ZL201220596892. 2
221	夏季用空调与太阳能热水器一体化装置	王海东　师瑞峰　王江平　于　峰　付亚利　刘宇默	实用新型	2012. 10. 12	2013. 05. 22	ZL201220523779. 1
222	一种景观照明系统保护罩	弥　潇　韦倩茹　朱永强	实用新型	2012. 10. 26	2013. 03. 27	ZL201220553023. 1
223	一种太阳能绿化地灯	弥　潇　韦倩茹　朱永强	实用新型	2012. 10. 26	2013. 03. 27	ZL201220553008. 7
224	一种集喷水擦拭于一体的汽车雨刷	李　阳　饶承彪　文　武　王语凡　朱永强	实用新型	2012. 10. 26	2013. 03. 27	ZL201220553036. 9
225	一种带垃圾袋的下水管道	李　阳　饶承彪　文　武　王语凡　朱永强	实用新型	2012. 10. 26	2013. 03. 27	ZL201220553040. 5
226	基于蓝牙的智能家居系统	张宇琨　张晓晴　杨　凯　喻晓雪　王忠谋	实用新型	2012. 11. 15	2013. 04. 03	ZL201220604975. 1
227	太阳能电池板自动清洗装置	燕卫政　王斯莹　朱震东　孙建建　王晓鹏　郭　鹏	实用新型	2012. 11. 15	2013. 04. 10	ZL201220605117. 9
228	一种光触媒车内挂饰	李美成　黄　娟　郭宇耀	实用新型	2012. 11. 19	2013. 05. 15	ZL201220612560. 9

续表

编号	专利名称	申请人姓名	专利类别	申请日期	授权日期	专利号
229	一种用于立交桥下路面积水的微能源自供电无线预警系统	李美成　黄　娟　李　林　闫阳阳	实用新型	2012.11.22	2013.04.10	ZL201220623883.8
230	一种蒸汽发生装置	郝祖龙　韦映钦　邹　青　李远伦　郑明敏	实用新型	2012.11.27	2013.04.17	ZL201220637145.9
231	一种利用回路型双工质脉动热管实现直接热发电系统	徐进良　张　伟　牛志愿　武超群	实用新型	2012.11.27	2013.04.17	ZL201220636552.8
232	中子准直器气体流通装置	周　涛　李精精　邹文重　李云博	实用新型	2012.11.27	2013.06.26	ZL201220636014.9
233	一种电动汽车回馈制动能量存储装置	陈鹏伟　刘　涛　王光波　刘　洋　廖玉海　涂　京　高雪莲	实用新型	2012.10.29	2013.04.03	ZL201220564954.1
234	一种基于神经网络的温度控制器	王光波　陈鹏伟　余洁琦　刘梦琦　解昊晗　刘　涛　高雪莲	实用新型	2012.10.29	2013.04.03	ZL201220562373.4
235	阳光垂直照射角度测量装置	王治宇　孙小燕　朱永强	实用新型	2012.12.03	2013.04.24	ZL201220653118.0
236	一种可跟随波长变化的海浪发电装置	段春明　付春鹏　朱永强	实用新型	2012.12.03	2013.05.01	ZL201220652724.0
237	一种可调节风力发电机的风轮锥角装置	贾天昊　齐　琳　刘超逸　闫　然　朱永强　段春明	实用新型	2012.12.03	2013.06.05	ZL201220654051.2
238	一种基于电磁作用的仰角可调简易追光反射装置	刘超逸　段春明　闫　然　贾忱然　朱永强　贾天昊	实用新型	2012.12.03	2013.05.15	ZL201220652645.X
239	新型浴室智能供水与计费系统装置	催　仪　郑立鑫　李逍逸　李　卓　朱永强　段春明	实用新型	2012.11.30	2013.04.24	ZL201220647636.1
240	测压式海浪波长测量装置	段春明　刘　琳　朱永强　李玟萱	实用新型	2012.11.30	2013.05.15	ZL201220646011.3
241	靠岸式波浪发电装置	段春明　叶　青　朱永强　王子墨	实用新型	2012.11.30	2013.05.29	ZL201220645685.1

续表

编号	专利名称	申请人姓名	专利类别	申请日期	授权日期	专利号
242	新型蒸发器装置	黄奕珲 廖俊华 周 楠 弥 潇 朱永强 段春明	实用新型	2012.11.30	2013.06.19	ZL201220647978.3
243	船舶专用温差发电模块	徐 璋 刘 涛 常乔磊 李英姿 柏 韩 周国兵	实用新型	2012.10.20	2013.03.27	ZL201220539114.X
244	稳压蓄电手电筒	李 磊 文 武 韩 松 文 俊	实用新型	2012.12.14	2013.06.05	ZL201220688647.4
245	变频磁化电饭煲	李 磊 文 武 文 俊	实用新型	2012.12.14	2013.06.05	ZL201220688597.X
246	一种可检测反电动势的数字舵机控制器	李卫国 贾鹏飞 李 赟 张学龙 曹文彬	实用新型	2012.11.30	2013.07.03	ZL201220646653.3
247	一种相位式激光测距仪的光接收单元	李卫国 贾鹏飞 李 赟 皇甫羽飞 张学龙 郭 伟	实用新型	2012.11.30	2013.07.03	ZL201220647703.X
248	一种无速度传感器异步电机控制器	李卫国 张学龙 贾鹏飞 郭 伟 张奇林	实用新型	2012.11.30	2013.07.03	ZL201220646390.6
249	一种小型陀螺仪稳像系统	李卫国 张学龙 贾鹏飞 郭 伟	实用新型	2012.11.30	2013.07.03	ZL201220647555.1
250	一种阀门电动执行机构的检测装置	李卫国 张学龙 郭 伟 贾鹏飞 张奇林	实用新型	2012.11.29	2013.07.03	ZL201220643594.4
251	一种采用光纤通信的电场传感器	李卫国 贾鹏飞 张学龙 郭 伟 张奇林	实用新型	2012.11.29	2013.07.03	ZL201220642321.8
252	一种光伏发电智能直流供电系统	王丙强 黄吉畴 杨佳艺 关 睿 张雪垠 赵西贝 赵成勇	实用新型	2012.11.29	2013.05.22	ZL201220642799.0
253	一种测距仪用激光信号源	李卫国 贾鹏飞 李 赟 张 帅 张学龙 郭 伟	实用新型	2012.11.29	2013.07.03	ZL201220642524.7
254	一种蓄电池电量快速计量装置	李卫国 贾鹏飞 张学龙 郭 伟 张奇林	实用新型	2012.12.26	2013.07.03	ZL201220726657.2

续表

编号	专利名称	申请人姓名	专利类别	申请日期	授权日期	专利号
255	一种便携式液压、流量测量仪	李卫国 曹文彬 李 赟 高兴军	实用新型	2012.12.26	2013.07.03	ZL201220727053.X
256	一种铅铋合金中颗粒物的去除系统	周 涛 琚忠云 林达平 刘 亮 李云博	实用新型	2012.11.28	2013.04.17	ZL201220640046.6
257	压水堆核电站吊篮与压力容器管嘴的密封连接结构	陆道纲 李宗洋 夏会宁	实用新型	2012.11.29	2013.04.24	ZL201220646076.8
258	一种结合电磁波的智能除冰机器人	马 静 曹 彬 王亚涛 谢瀚阳 李 霞 崔 姗 刘 超	实用新型	2012.12.03	2013.06.19	ZL201220656860.7
259	一种防勒手助拎器	张 怡 吴瑞鹏 景鹤冲 魏 烁 高耀岿 王 野 杨婷婷	实用新型	2012.12.07	2013.05.22	ZL201220674748.6
260	导游仪	梁光胜 赖程鹏 谢裕清 魏 敏 蒋玮栋 崔文超 熊雪艳	实用新型	2012.12.10	2013.06.05	ZL201220679041.4
261	一种新型休闲式书桌	梁光胜 魏 敏 赖程鹏 谢裕清 蒋玮栋 崔文超 熊雪艳	实用新型	2012.12.11	2013.05.08	ZL201220681918.3
262	智能浇花器	梁光胜 赖程鹏 谢裕清 魏 敏 蒋玮栋 崔文超 熊雪艳	实用新型	2012.12.11	2013.05.01	ZL201220680192.1
263	一种呼吸式准直器	周 涛 刘 亮 李精精 李云博 何伦华	实用新型	2012.12.13	2013.05.15	ZL201220689678.1
264	一种海水淡化及发电综合利用装置	朱永强 周 楠 邱 杨 王 欣 段春明	实用新型	2012.12.13	2013.05.08	ZL201220689340.6
265	一种基于脉动热管的太阳能热电联产系统	牛志愿 张 伟 徐进良 吕 泽	实用新型	2012.12.14	2013.07.31	ZL201220694828.8
266	一种可视化三段式自然循环工作段	周 涛 琚忠云 林达平 刘 亮 李云博 宋明强 杨 旭	实用新型	2012.12.14	2013.05.22	ZL201220695285.1

续表

编号	专利名称	申请人姓名	专利类别	申请日期	授权日期	专利号
267	一种便携式风速测量装置	钱殿伟 张博雅	实用新型	2012.10.08	2013.05.29	ZL201220512632.2
268	一种电站机炉一体化冷端综合优化系统	徐 钢 黄圣伟 杨勇平 刘 超 张国强	实用新型	2012.12.28	2013.06.05	ZL201220742800.7
269	基于 ZigBee 的电力网络多级无线微机监控教学实验平台	王莉丽 孙英云 艾 欣 董 雷	实用新型	2012.12.18	2013.05.08	ZL201220704076.9
270	一种温度控制系统	贾静平	实用新型	2012.12.19	2013.06.05	ZL201220707015.8
271	一种 AP1000 核电厂非能动余热排出热交换器	陆道纲 夏会宁 张钰浩 梁 敏	实用新型	2012.12.21	2013.05.22	ZL201220715973.X
272	一种变入口段管道截面积水力旋流器	安连锁 杨 阳 沈国清 张世平	实用新型	2012.12.21	2013.06.05	ZL201220717000.X
273	一种跟随电网电压波动的路灯调压节能装置	李文志 崔学深 王义龙 赵 刚 牛文君 张斌斌	实用新型	2012.12.24	2013.05.29	ZL201220720007.7
274	实现气体燃料低 NOX 稳定燃烧的实验装置	张永生 田 龙 付忠广	实用新型	2012.12.26	2013.05.29	ZL201220730279.5
275	可调频微型压电发电机	何 青 闫 震 杜冬梅	实用新型	2012.12.31	2013.08.21	ZL201220747215.6
276	一种具有聚光系统的太阳池吸收式制冷装置	朱永强 段春明 闫 然 刘超逸 贾天昊	实用新型	2012.12.28	2013.06.12	ZL201220741115.2
277	勺子	宋宗耘 谭磊 任建超	外观设计	2012.04.12	2013.07.31	ZL201230106831.9
278	杯子	宋宗耘 谭 磊 远建平 李大成	外观设计	2012.04.12	2013.01.16	ZL201230106826.8
279	洗面奶包装瓶	王文晶 许 克 杨彦宝 纵翔宇 姜博雅 郭亦玮	外观设计	2012.12.31	2013.04.10	ZL201230660375.2
280	鼠标手套	许 克 杨彦宝 陶家琪 纵翔宇 王文晶 陈晓梅	外观设计	2012.12.31	2013.07.31	ZL201230661034.7
281	基于 GTEM 的局部放电特高频检测装置的标定评价系统及方法	唐志国 卢启付 许鹤林 李成榕	发明	2013.03.22	2013.07.24	ZL201310095169.5

续表

编号	专利名称	申请人姓名	专利类别	申请日期	授权日期	专利号
282	超临界 CFB 锅炉燃烧信号的监测方法及优化控制方法	高明明	发明	2013.02.07	2013.07.24	ZL201310049733.X
283	循环流化床锅炉烟气中二氧化硫的软测量及优化控制方法	高明明	发明	2013.03.04	2013.08.14	ZL201310068076.3
284	基于 PSCAD 的永磁直取风电机组仿真模型简化结构	刘其辉　杜　鹏　李治艳　王小明	发明	2013.04.09	2013.07.24	ZL201310120825.2
285	一种 GIS 设备在线测温红外温度传感器装置	丛浩熹　李庆民　李成榕　齐　波　刘有为　肖　燕	实用新型	2013.04.08	2013.11.20	ZL201320171824.6
286	基于红外温度传感器的 GIS 设备触头温度在线监测系统	丛浩熹　李庆民　李成榕　齐　波　刘有为　肖　燕	实用新型	2013.04.08	2013.11.20	ZL201320170569.3
287	一种电耗检测分析系统	刘吉臻　吴　昊　孟庆伟　房　方	实用新型	2013.01.06	2013.07.03	ZL201320004024.5
288	一种旅行箱式折叠伸缩智能小车	赵孝磊　徐东旭　周子青　田　浩　申　思　朱永强　段春明	实用新型	2013.01.10	2013.07.31	ZL201320012060.6
289	风力发电机组振动在线监测与故障诊断系统	何成兵　蒋　迪　王争明　刘　京	实用新型	2013.01.11	2013.06.12	ZL201320015861.8
290	一种输电线路防覆冰涂料带电涂装机器人	李卫国　李　赟　贾鹏飞　李　熙　李彦斌	实用新型	2013.01.11	2013.08.21	ZL201320014489.9
291	一种变电站异常声响监测与定位仪	李卫国　曹文彬　李　赟　高兴军	实用新型	2013.01.14	2013.08.21	ZL201320015602.5
292	煤粉分级预燃—热解的电站锅炉燃烧器	徐　钢　唐宝强　张昌顺　刘　超　杨勇平　刘文毅　刘　彤	实用新型	2013.02.07	2013.07.10	ZL201320071385.1
293	基于分隔烟道与多级空气预热的锅炉受热结构	徐　钢　许　诚　杨勇平　刘　超　薛志勇　王永田	实用新型	2013.01.31	2013.07.10	ZL201320056022.0
294	一种新型课堂教学考核辅助管理系统	梁光胜　李　卓　张恒友　赖程鹏　崔文哲	实用新型	2013.01.29	2013.06.26	ZL201320049138.1

续表

编号	专利名称	申请人姓名	专利类别	申请日期	授权日期	专利号
295	一种新型储水花盆	梁光胜 李 卓 崔文哲 赖程鹏 谢裕清 蒋玮栋 魏 敏 熊雪艳	实用新型	2013.01.29	2013.06.26	ZL201320050184.3
296	一种防风衣架	刘 阳 齐 心 韩 博 段春明 朱永强	实用新型	2013.01.29	2013.07.03	ZL201320047765.1
297	一种带有减震、防冲击弹簧装置的乏燃料运输容器	陆道纲 马文慧 洪 阳	实用新型	2013.01.28	2013.06.26	ZL201320046452.4
298	一种基于温升热膨胀系数突变的热敏材料的非能动停堆装置	陆道纲 马文慧 衣聪慧 李雨潇	实用新型	2013.01.28	2013.06.26	ZL201320045933.3
299	多功能毽球记分牌	李 亮 王 禹	实用新型	2013.06.28	2013.08.21	ZL201320043000.0
300	一种花瓣乒乓球台	李 亮 王 禹	实用新型	2013.01.25	2013.08.07	ZL201320044059.1
301	一种倒锥形中心棒水力旋流器装置	安连锁 杨 阳 刘春阳 沈国清	实用新型	2013.01.18	2013.06.19	ZL201320028636.8
302	一种模块化插排	朱永强	实用新型	2013.01.11	2013.07.10	ZL201320013015.2
303	一种存储器工作原理实验教学演示装置	于 磊 杨建国	实用新型	2013.03.05	2013.07.17	ZL201320099798.0
304	基于 DSP + FPGA 通用型变流控制平台	王小明 刘其辉 李志艳	实用新型	2013.03.14	2013.08.14	ZL201320116895.6
305	兼容 TMS320F28x 系列的 DSP 控制板	王小明 刘其辉 李志艳	实用新型	2013.03.14	2013.08.07	ZL201320117356.4
306	一种防弧插座	付春鹏 齐 琳 王治宇 朱永强 段春明	实用新型	2013.03.28	2013.07.31	ZL201320145360.1
307	一种用低速无刷直流电机直驱控制的自动验票闸门	赵海森	实用新型	2013.03.28	2013.10.09	ZL201320145175.2
308	一种电网采空区可视化在线监视系统	周 景 李存斌 穆昭玺 滕 婧	实用新型	2013.03.20	2013.07.24	ZL201320127072.3
309	一种变电设备在线式红外测温系统	周 景 李存斌 穆昭玺 李廷顺	实用新型	2013.03.20	2013.07.24	ZL201320126273.1
310	一种反弹式便携乒乓球练习台	李 亮 王 禹 李 岩 武 娟 王 丽 曹宇翔 任炳睿	实用新型	2013.03.20	2013.07.31	ZL201320126236.0

续表

编号	专利名称	申请人姓名	专利类别	申请日期	授权日期	专利号
311	带外部换热器的600MW超临界循环硫化床锅炉系统	高明明	实用新型	2013.03.04	2013.07.31	ZL201320097487.0
312	一种循环流化床锅炉二氧化硫排放浓度的调节控制系统	高明明	实用新型	2013.03.04	2013.08.14	ZL201320098636.5
313	单罐储热与蒸汽发生一体化装置	王冠荣 弥 潇 周 楠 邱 扬 朱永强 段春明 安昱东	实用新型	2013.04.07	2013.04.07	ZL201320167161.0
314	一种基于单片机技术的自动照明装置	杜梦楠 张立涛 文 月 刘春旭 周子豪 高雪莲	实用新型	2013.03.20	2013.09.25	ZL201320128984.2
315	一种厂级负荷和电压一体化自动控制系统	牛玉广 李晓明	实用新型	2013.03.27	2013.07.31	ZL201320145678.X
316	风速风向测量仪	钱殿伟 张博雅 刘向杰	外观设计	2013.03.07	2013.08.28	ZL201330056273.4
317	智能快递提取系统	杨国田 姚 远 徐 歌 刘 阳 华笑延 梁 平 吴凯兴	实用新型	2013.04.18	2013.08.28	ZL201320198223.43
318	手动玉米脱皮机	沈 新 杨 霏 刘双龙 陈 作 周天一 刘衍平 武 鑫	实用新型	2013.04.23	2013.08.28	ZL201320209976.0
319	一种紧急功率支援控制方法	刘崇茹 魏佛送 陈作伟 韩民晓 刘振亚	发明	2013.04.26	2013.07.24	ZL201310150859.6
320	一种智能轮椅	郝建红 范杰清 李 卓 杜梦楠 刘春旭 黄 丹	实用新型	2013.05.03	2013.09.04	ZL201320235876.5
321	发散式大功率LED散热器	冼海珍 唐小峰 杨勇平 杜小泽	实用新型	2013.05.07	2013.11.06	ZL201320241820.0
322	一种基于暂态地电波的GIS局部放电检测试验平台	郑 重 陈 敏 于 洪	实用新型	2013.05.07	2013.09.11	ZL201320240657.6
323	一种利用汽轮机抽汽的空气预热系统	杨勇平 吴令男 王利刚 董长青 徐 钢 杨志平 王 洋 高 静	实用新型	2013.05.14	2013.10.23	ZL201320261844.2
324	机端对称性故障双馈发电机阻抗电压源等效电路设计方法	郑 涛 魏占朋 刘 辉 吴林林 刘京波	发明	2013.05.14	2013.08.14	ZL201310176062.3

续表

编号	专利名称	申请人姓名	专利类别	申请日期	授权日期	专利号
325	一种褐煤预干燥—预热空气—余热利用复合燃煤发电系统	徐　钢　方亚雄　杨勇平　许　诚　杨志平	实用新型	2013.05.27	2013.10.16	ZL201320295558.8
326	包装箱(金山多功能洗车宝)	张　维　侯　杰	外观设计	2013.01.11	2013.04.24	ZL201330008058.7
327	包装盒(金栗仁)	张　维　侯　杰	外观设计	2013.01.10	2013.05.05	ZL201330006379.3
328	一种风光互补红外感测节能路灯	解昊晗　朱东阳　孙　雪　韩　挺　黄奥倩　耿坤龙	实用新型	2013.06.13	2013.12.18	ZL201320338209.X
329	刷卡机	张骁铂	外观设计	2013.04.16	2013.08.07	ZL201330152217.0
330	学生上课签到机	张骁铂	外观设计	2013.04.16	2013.08.07	ZL201330152218.5
331	一种家用电器用电量监测与控制管理系统	常太华　李　露　孟庆伟	实用新型	2013.06.26	2013.11.13	ZL201320372442.X
332	一种室内相对湿度在线监测系统	沈国清　安连锁　刘伟龙　张世平　高宪波	实用新型	2013.06.24	2013.11.06	ZL201320364695.2
333	一种三相变十五相变压器装置	段春明	实用新型	2013.07.08	2013.12.04	ZL201320400316.0
334	单片机控制的供暖温控系统	段春明	实用新型	2013.07.08	2013.12.04	ZL201320400968.4
335	无人值守变电站的多点测温设备	段春明	实用新型	2013.07.08	2013.11.27	ZL201320400727.X
336	风力发电机组半物理实时仿真平台	牛玉广　段琳凤　唐宁宁　张晴晴	实用新型	2013.07.19	2013.12.04	ZL201320434192.8
337	气动的工装加紧装置	陆格野	实用新型	2013.01.05	2013.06.19	ZL201320003435.2
338	一种气动工装的夹紧装置	陆格野	实用新型	2013.01.05	2013.06.19	ZL201320005108.0
339	接地线操作杆	司　梦　梁光胜　张体学　田壮梅　轩雪丽　李永敬　朱广星　卢红玲	实用新型	2012.12.11	2013.08.27	ZL201220679529.7
340	一种数字信号锁定型空间磁场检测系统	李岩松　齐　郑　李　砚　张　磊　范建磊　向　勇	发明	2011.12.13	2013.07.10	ZL201110413005.3
341	小电流接地故障在线定位装置	齐　郑　李岩松　李　砚	发明	2011.03.18	2013.08.21	ZL201110066090.0
342	基于光纤通信的分布式消弧线圈控制器装置	齐　郑　蔡志伟　肖思昌　李　砚　綦　博	实用新型	2012.11.30	2013.06.19	ZL201220647550.9

续表

编号	专利名称	申请人姓名	专利类别	申请日期	授权日期	专利号
343	基于抽汽预热空气的电站机炉一体化余热利用系统	徐　钢　刘　超　杨勇平 张昌顺　杨志平　黄圣伟	实用新型	2013.06.18	2013.11.20	ZL201320347793.5
344	基于多传感器融合技术的智能自主换壁机器人	吴　华　张　维　赵　俊 黄　慧　侯　杰	实用新型	2013.07.12	2013.12.04	ZL201320413937.2
345	一种旋转天体娱乐教学装置	李吉喆　艾　博　李玉容 钱晨昊　韩江磊　帅志昂 白俊维　辛立柱　王艺歌	实用新型	2012.10.26	2013.03.27	ZL201220553000.0
346	一种监控界面可组态的嵌入式光伏发电系统监控装置	朱红路	发明	2013.03.14	2013.07.24	ZL201310080104.3
347	一种通过数字电路控制的电磁式追光装置	刘超逸　闫　然　刘祥瑞 段春明　朱永强	实用新型	2013.05.03	2013.09.25	ZL201320234895.6
348	基于嵌入式主板的电缆故障定位装置	张惠汐　蔡　博　齐　郑 樊　威　朱　晨　忻　达 东野忠昊　傅　笛 王昊月	实用新型	2013.03.06	2013.03.06	ZL201320101218.7

华北电力大学2013年科研成果鉴定情况一览表

序号	成果名称	完成人	组织鉴定单位	鉴定形式	鉴定时间	鉴定结论
1	风力发电机主轴刹车片摩擦性能试验系统	胡爱军　张　超　张克霞 张　哲　向　玲　唐贵基	河北省科技成果转化服务中心	会议鉴定	2013.01.26	国际先进
2	并网型光伏电站发电功率预测技术与实验性应用系统	王　飞　梅华威　米增强	云南省科技厅	会议鉴定	2013.03.21	国内领先
3	半干法脱硫灰资源化利用研究	赵　毅　陈传敏　刘松涛 卢　林　薛长海　蒋军成 王　涛　杨艳芬　张永军	河北省科技成果转化服务中心	会议鉴定	2013.09.29	国际先进

华北电力大学2013年校企(地、校)合作情况一览表

合作单位	合作时间	合作领域
华北电力大学与济南高新区管委会	4月12日	根据协议,双方将共同设立研究机构。济南市委、市政府将全力支持华北电力大学与济南高新区管委会的合作,在政策扶持、规划管理、配套服务等层面,积极做好协助、配合等各项工作。双方将建立校企合作常态机制,进一步促进双方在技术、人才、学术交流和科研基础条件等相关领域的合作与交流,积极推进双方全方位、深层次的合作
华北电力大学与中国建行北京分行	7月5日	根据协议,双方将充分利用各自优势和资源,在金融服务、资金结算、银行卡、代理业务、咨询服务、理财等方面开展深度合作,促进互利共赢。根据协议,建行北京分行将投资学校校园一卡通建设项目,将在综合消费应用、身份认证应用、自助服务应用等方面给全校师生提供极大的便利
华北电力大学与新疆生产建设兵团	7月15日	根据协议,兵团将为华北电力大学提供项目开发、土地等方面的优惠政策,建立支持机制。华北电力大学也将充分利用自身优势,在人才培养、跨师联网工程建设、微网工程建设、新能源城市建设等方面为兵团提供人力、智力支持及外围公关服务。双方还将共建学术、科研、教学机构,建立援疆干部培养机制,实现援疆人才规模化、科研发展目标化、绿色能源现代化的发展目标
华北电力大学与保定供电公司	9月17日	根据协议,双方将共建河北省大学生校外实践教育基地。
华北电力大学与英利集团	9月25日	根据协议,双方将开展国家重点实验室、博士后工作站、研究生和本科生的订单式培训等方面的深度合作,推动光伏行业和市场的健康发展
华北电力大学与苏州太谷科技	11月27日	根据协议,学校国家大学科技园将在建立新型跨区域合作运营模式的基础之上,积极促进区域产学研合作与产业集聚
华北电力大学与英大传媒投资集团	12月17日	根据协议,双方将共建能源电力专家智库、共建传播平台、合作培养高层次人才等方面进行深入合作,设置联络机构以确保合作落到实处
华北电力大学与华电卓识测评中心	12月18日	根据协议,信息安全工程实验室将在仿真环境建设攻防演练环境安全防护方案,通信网、通信规约研究,工控终端安全性研究,嵌入式可信计算技术研究等方面开展工作

2013 年华北电力大学理事会理事单位名单

国家电网公司　中国南方电网有限责任公司　中国华能集团公司　中国大唐集团公司　中国华电集团公司　中国国电集团公司　中国电力投资集团公司　中国电力企业联合会　华北电力大学

2013 年华北电力大学校办企业名录

序号	公司名称	成立时间	地址	邮编	联系电话	主要产品
1	北京华电天德资产经营有限公司	1993.03	北京市昌平区朱辛庄北农路2号华北电力大学56#	102206	010－61772230	资产经营管理
2	北京华电之星科学技术发展有限公司	2000.08	北京市昌平区朱辛庄北农路2号	102206	010－80798589	在电力、能源、环保、机械、建筑、计算机等工程技术领域从事科技开发、设计、加工制作、产品代理、销售和咨询等业务
3	北京华电天达科技有限责任公司	2003.08	北京市昌平区朱辛庄北农路2号华北电力大学	100220	010－80116875	门禁系列产品、停车场系列产品、读卡器系列产品、消费POS机系列产品
4	北京华电能达科技有限责任公司	2002.03	北京市昌平区科技园永安路47号	100220	010－80116875	计算机及配套产品、软件开发、环保节能产品的开发、销售
5	北京四方立德保护控制设备有限公司	1999.04	北京市海淀区上地创业中路32号	100085	010－62968260	电力系统继电保护和自动化装置、变电站综合自动化系统及故障录波装置
6	北京华电天仁电力控制技术有限公司	2003.04	北京市海淀区上地东路1号盈创动力E－201	100085	010－51975570	电力辅助设备、仪器仪表、电子装置及电子标签，计算机硬件，网络安全设备、系统集成及装置等
7	北京华电卓越国际技术培训有限责任公司	2005.06	北京市昌平区朱辛庄北农路2号华北电力大学	102206	010－51976811	国际电力仪器仪表技术开发、咨询、培训、服务、交流
8	北京华电纳鑫科技有限公司	2003.09	北京市昌平区马池口镇上念头村北	102200	010－80777884－608	微纳米表面技术开发、应用、生产，新型耐磨材料技术应用、生产
9	北京华电英康科技有限公司	2000.07	北京市昌平区朱辛庄北农路2号华北电力大学	102206	010－86176375	计算机软件、外围设备、电力设备

续表

序号	公司名称	成立时间	地址	邮编	联系电话	主要产品
10	北京丹华昊博电力科技有限公司	2003.09	北京市海淀区上地信息路1号2号楼2205室	100085	010－82896582	小电流接地电网单相接地故障选线装置、10kV 主从式自动调谐消弧线圈控制装置
11	北京微肯佛莱科技有限公司	2003.12	北京市昌平区朱辛庄北农路2号华北电力大学	102206	010－80795843	电力基本建设管理系统软件、电力市场理论研究及相关技术支持系统、电力系统分析计算、电力企业 ERP、电力系统监测和计量
12	北京华电辰能科技发展有限公司	1999.12	北京市海淀区中关村东路123号1号楼1701号	100086	010－62191930	技术开发、服务、转让、咨询;销售开发后的产品、计算机软硬件及外围设备、电力发配电设备、环保节能设备
13	四方电气(集团)股份有限公司	1999.04	北京市海淀区上地信息产业基地四街9号	100085	010－62961515	变电站综合自动化系统等微机保护产品
14	北京华电天德科技园有限公司	2007.01	北京市昌平区朱辛庄华北电力大学教四楼	102206	010－61772230	技术开发、咨询、服务、电力技术培训;销售电力设备、电子设备
15	华大天元(北京)电力科技有限公司	2007.09	北京海淀区丰贤中路7号(孵化楼)4层401室	102206	010－51963393	发电企业智能管理系统;电网运行状态实时监管系统;变电站视频监控系统、企业门户及协同办公自动化系统;电力企业信息系统安全整体解决方案;数字化电网整体设计方案等
16	北京华电大通环保科技有限公司	2004.08	北京市海淀区太平路甲18号西南写字楼311室	100039	010－51953738	开发环保技术,研制、生产环保产品;提供技术咨询服务
17	北京华电杰德科技有限公司	2007.03	北京市丰台区科学城海鹰路8号2号楼405室(园区)	100070	010－63717721	火电厂仿真系统、电厂自动控制设备
18	青岛华电高压电气有限公司	2008.11.	山东省青岛市崂山区九水东路628号	266102	0532－88818462	电力检测设备、电力自动化相关设备、电力仪器、仪表软件的开发应用和销售;高压电器设备的开发制作、销售;电力行业技术的开发、咨询、销售
19	保定华电天德科技园有限公司	2008.05	保定市复兴西路118号	071000	0312－7522131	电力设备、电子设备、通信设备、太阳能及风能设备、输变电及控制设备、计算机及外部设备、仪器仪表制造销售、电力工程设计、计算机软件技术开发、技术咨询、技术服务
20	保定华电科源电气有限公司	1995.5	保定市永华北大街619号76#信箱	071003	0312－7522294	微机综合自动化系统、变电站模拟系统、电网故障信息管理系统、微机保护装置、微机故障录波器

续表

序号	公司名称	成立时间	地址	邮编	联系电话	主要产品
21	保定中力电力科技发展有限公司	2000.4	保定市高开区竞秀街677号火炬产业园	071051	0312－5903290	微机发电机—变压器保护、分布式光纤母线保护系统
22	保定市毅格通信自动化有限公司	1998.6	保定市高开区竞秀街677号火炬产业园	071051	0312－3132220	电力通信网监控管理系统、远动通道监测装置、电力企业管理与运营信息自动化、网络集成与管理等
23	保定华仿科技有限公司	1993.11	保定市高开区竞秀街677号火炬产业园	071051	0312－5907665	大型火电机组全仿真机、电网及变电站全仿真机、航天载人飞船飞行训练模拟器
24	保定华电配电设备有限公司	1986.6	保定市华电路3号华电二校内	071003	0312－7525100	高低压开关柜
25	保定锐腾电力科技有限公司	2010.4	保定市复兴西路118号	071025	0312－3187701	电网调度自动化、配电网自动化、变电站自动化、继电保护及自动化装置、仪器仪表等输变电设备，以及从二次设备到一次设备的配套产品及服务
26	保定华电辉煌科技有限公司	1994.4	保定市朝阳北大街658号发展大厦5层A座	071051	0312－3335875	应用软件开发、计算机网络系统集成、综合布线工程
27	保定华电电力设计院有限公司	1994.11	保定市高开区竞秀街677号火炬产业园	071051	0312－5907550	乙级资质范围内的发电、送变电工程设计、三级及以下等级工业与民用建筑设计
28	保定华电科技开发服务中心	1996.1	保定市永华北大街619号大3#信箱	071003	0312－7522235	科技项目管理
29	保定电谷科技园有限公司	2012.12	河北保定市高新区北二环路5699号	071051	0312－3326988	高新技术企业服务
30	北京华星电力电子新技术开发公司	1989.04	北京市大兴区兴政街3号	102600	010－69259964	小电流接地选线综合装置、微机直流接地综合选线装置及继电保护装置、变电站综合自动化系统
31	北京思达星电力自动化有限公司	1996.04	北京市大兴区兴政街3号	102600	010－69205011	小电流接地选线综合装置、直流系统绝缘在线检测装置、远程监控系统

人　　物

华北电力大学 2013 年教授名录

杨勇平
赵会茹
黄　伟
韩民晓
毕天姝
刘东雨
刘　彤
周　涛
杨国田
李存斌
余顺坤
孙晓洁
马铁川
吕　蓬
王丽萍
刘晓芳
张兴平
李美成
梁　平
程伟良
许佩瑶
陈　雷
陈诺夫
李俊卿
吴乐为
林永君
张丽静
顾雪平
李　鹏
刘力丰
梁志瑞
周兰欣
高　强
侯思祖
韩庆瑶

李成榕
刘宗歧
王　伟
徐永海
艾　欣
康　顺
孙保民
刘　禾
谭　文
董　军
熊敏鹏
张绪刚
陈惠良
张希荣
纪昌明
郭永权
郭永权
李永平
闫国强
张悦想
尹忠东
崔和瑞
赵振宇
杜冬梅
米增强
李和明
朱有产
栗　然
赵书强
王建伟
韩　璞
闫顺林
尚秋峰
李永倩
赵　毅

刘吉臻
沈剑飞
王泽忠
肖湘宁
李卫国
杜小泽
顾煜炯
罗　毅
刘向杰
何永秀
李　涛
杜　波
李　新
杨晓忠
张　华
罗振东
万书亭
何　理
房游光
黄元生
孔英会
梁双印
丁常富
阎维平
王兵树
李宝树
付　东
梁贵书
李庚银
马　平
王松岭
陈鸿伟
高会生
戚宇林
陈颖敏

安连锁
许丹娜
张建华
全玉生
姜　彤
刘　石
芮晓明
侯国莲
吴克河
谢传胜
杨淑霞
周凤翱
金朋荪
何凤霞
董福品
秦立军
屠幼萍
卢宏玮
李全化
沈长月
王志刚
火月丽
陈海平
尹成群
马永光
苑英科
周海云
颜湘武
盛四清
刘长良
杨实俊
程友良
谢志远
唐贵基
胡志光

张粒子
张一工
刘连光
张东英
唐良瑞
何　青
徐　鸿
白　焰
邵作之
乌云娜
闫庆友
汪泽青
赵玉闪
王佩琼
吕爱钟
张化永
戚银城
谭占鳌
姚凯文
李彦斌
葛永庆
汪庆华
徐进良
张金辉
于荣生
苑津莎
李永臣
卢铁兵
宋　玮
张栾英
李大中
李永华
宋　雨
张文建
原永涛

陈兆江
王银顺
杨奇逊
刘文颖
许　刚
柳亦兵
周少祥
吕跃刚
马素霞
曾　鸣
张　艳
方仲炳
朱勇华
邱启荣
田　德
李　鱼
董　玲
林　俊
祁　兵
李永华
姚万业
柳长安
赵建娜
张天兴
高建强
李　琳
李慧君
石新春
徐玉琴
王印松
杨耀全
牛玉广
程晓荣
王璋奇
尹连庆

胡三高
郝建红
孙凤杰
黄少锋
付忠广
董兴辉
李文艳
张建华
徐　磊
谭忠富
马卫华
李　英
陈德刚
曾玉华
陆道纲
李金全
陈宏刚
牛风雷
夏延秋
刘衍平
蔡　军
李　伟
朱予东
李双辰
甄成刚
张建成
周　明
李永刚
王增平
任建文
孙建平
谷俊杰
王保义
范孝良
张胜寒

赵冬梅
崔　翔
鲍　海
宗　伟
张照煌
刘宗德
郭民臣
陆会明
林碧英
郭京生
蔡利民
戴忠信
孙淑珍
朱　凯
陈义学
张　锴
黄国和
董　天
赵晓丽
魏彤儒
焦彦军
王春波
董　泽
郭孝锋
常鲜戎
王振旗
律方成
朱永利
田建设
赵成勇
韩中合
田　沛
张少敏
戴庆辉
牛东晓

张彩庆	孙　薇	王敬敏	张国立	姜根山	杨玉华	王福海	谷根代
邢　棉	马新顺	蒋艳杰	卢占会	张　莉	郭　雷	陈红平	关荣华
李　琦	尹增谦	曹春梅	张晓宏	张贵银	何永贵	孙　毅	赵莲清
程养春	文　俊	张卫东	赵书涛	许伯强	赵洪山	张重远	孙　正
李元诚	赵　强	黄　仙	王东风	郑顾平	刘　忠	庞力平	田松峰
崔彦彬	高建伟	侯学良	刘吉成	张素芳	孔　峰	周建国	王淑勤
马双忱	董长青	姚建曦	刘永前	黄　美	董　瑾	张　娟	李忠艳
白占武	史玮璇	朱晓红	郭正秋	屈朝霞	王晓东	邓　英	徐振宇
刘彦丰	马峻峰	谢　力	李庆民	赵雄文	马　进	翟明岳	赵志斌
任　惠	刘云鹏	杨立军	段立强	冼海珍	陈克丕	叶学民	魏　兵
向　玲	李　为	曾德良	郑　玲	段泉圣	苏　杰	孟建良	庞南生
吴　忠	赵新刚	温　磊	李泽红	杨少霞	苑春刚	陈传敏	陈学刚
阎占元	王学棉	王聚芹	祖　林	胡光宇			

新增教授名录

王海风	黄永章	肖惠宁	戴松元	张满红	丁迅雷	徐　超

华北电力大学2013年两院院士名单

序号	单位	姓名	性别	出生年月	职称	学历	学位	入选年度
1	电气与电子工程学院	杨奇逊	男	1937.10	教授	研究生	博士	1994
2	能源动力与机械工程学院	黄其励	男	1941.1	教授	研究生	博士	1997
3	能源动力与机械工程学院	陈蕴博	男	1935.1	教授	本科	学士	1999
4	能源动力与机械工程学院	樊明武	男	1943.7	教授	本科	学士	1999
5	电气与电子工程学院	沈国荣	男	1949.7	教授	研究生	硕士	1999

华北电力大学2013年长江学者讲座教授名单

序号	单位	姓名	性别	出生年月	职称	学历	学位	入选年度
1	经济与管理学院	牛东晓	男	1962.10	教授	研究生	博士	2011
2	能源动力与机械工程学院	徐进良	男	1966.4	教授	研究生	博士	2012

华北电力大学2013年“长江学者和创新团队发展计划”学术带头人名单

序号	单位	姓名	性别	出生年月	职称	学历	学位	入选年度
1	电气与电子工程学院	李成榕	男	1957.3	教授	研究生	博士	2005
2	能源动力与机械工程学院	刘宗德	男	1963.5	教授	研究生	博士	2007
3	控制与计算机工程学院	刘　石	男	1956.9	教授	研究生	博士	2009
4	资源与环境研究院	黄国和	男	1961.11	教授	研究生	博士	2011

华北电力大学2013年杰出青年科学基金获得者名单

序号	单位	姓名	性别	出生年月	职称	学历	学位	入选年度
1	资源与环境研究院	黄国和	男	1961. 11	教授	研究生	博士	2002
2	电气与电子工程学院	崔　翔	男	1960. 5	教授	研究生	博士	2003
3	能源动力与机械工程学院	康　顺	男	1955. 12	教授	研究生	博士	1998
4	可再生能源学院	徐进良	男	1966. 4	教授	研究生	博士	2008
5	能源动力与机械工程学院	杨勇平	男	1967. 4	教授	研究生	博士	2010
6	资源与环境研究院	李永平	女	1970. 8	教授	研究生	博士	2012

华北电力大学2013年入选国家“百千万人才工程”名单

序号	单位	姓名	性别	出生年月	职称	学历	学位	入选年度
1	电气与电子工程学院	崔　翔	男	1960. 5	教授	研究生	博士	1996
2	可再生能源学院	田　德	男	1958. 8	教授	研究生	博士	1996
3	控制与计算机工程学院	刘吉臻	男	1951. 8	教授	研究生	博士	1997
4	能源动力与机械工程学院	刘宗德	男	1963. 5	教授	研究生	博士	2004
5	电气与电子工程学院	李成榕	男	1957. 3	教授	研究生	博士	2004
6	经济与管理学院	牛东晓	男	1962. 10	教授	研究生	博士	2007
7	能源动力与机械工程学院	杨勇平	男	1967. 4	教授	研究生	博士	2009
8	能源动力与机械工程学院	徐进良	男	1966. 4	教授	研究生	博士	2013

华北电力大学2013年突出贡献专家名单

序号	单位	姓名	性别	出生年月	职称	学历	学位	入选年度
1	电气与电子工程学院	杨奇逊	男	1937. 01	教授	研究生	博士	1990
2	电气与电子工程学院	崔　翔	男	1960. 05	教授	研究生	博士	1992
3	现代电力研究院	张振华	男	1966. 02	教授	研究生	硕士	1996
4	控制科学与工程学院	王兵树	男	1950. 07	教授	研究生	硕士	1998
5	电气与电子工程学院	高中德	男	1940. 04	教授	本科	学士	1994
6	能源动力与机械工程学院	徐进良	男	1966. 04	教授	研究生	博士	2013

华北电力大学2013年入选“新世纪优秀人才支持计划”名单

序号	单位	姓名	研究方向	入选年度
1	能源动力与机械工程学院	刘宗德	微纳米表面工程	2004
2	电气与电子工程学院	朱永利	网络化电力运动系统人工智能在电力系统中的应用	2004
3	能源动力与机械工程学院	杨勇平	能源系统集成与优化	2005

续表

序号	单位	姓名	研究方向	入选年度
4	电气与电子工程学院	毕天姝	电力系统及其自动化	2005
5	电气与电子工程学院	丁立健	高电压与绝缘技术	2006
6	控制与计算机工程学院	刘向杰	复杂系统的智能控制及其工业应用	2006
7	经济与管理学院	谭忠富	电力经济	2006
8	可再生能源学院	李美成	新能源材料与器件	2006
9	环境科学与工程学院	付　东	化工热力学和分离技术	2006
10	经济与管理学院	牛东晓	经济预测	2007
11	能源动力与机械工程学院	杜小泽	传热传质学	2007
12	数理学院	王志刚	相对论束缚态和 QCD 求和规则	2007
13	能源动力与机械工程学院	顾煜炯	汽轮发电机组轴系振动量化评价和状态维修决策方法研究	2008
14	经济与管理学院	董　军	能源与电力经济	2008
15	经济与管理学院	闫庆友	创新授权理论研究	2008
16	能源动力与机械工程学院	王春波	洁净煤燃烧及污染物控制	2008
17	可再生能源学院	张　锴	洁净能源转化技术、多相流反应工程	2009
18	核科学与工程学院	牛风雷	反应堆工程与反应堆安全	2009
19	环境科学与工程学院	苑春刚	环境科学与工程	2009
20	经济与管理学院	高建伟	保险精算，投资	2010
21	资源与环境研究院	李永平	环境系统分析、模拟优化模型、水资源管理、水污染控制	2010
22	可再生能源学院	董长青	生物质的高效清洁利用	2010
23	核科学与工程学院	陈义学	核能科学与工程	2011
24	能源动力与机械工程学院	陈克丕	铁电与压电材料	2011
25	可再生能源学院	姚建曦	光电材料及器件	2011
26	可再生能源学院	王晓东	相变与界面传递现象	2011
27	控制与计算机工程学院	柳长安	智能机器人技术/人工智能及应用	2011
28	资源与环境研究院	何　理	环境工程	2011
29	经济与管理学院	侯学良	工程项目管理、工程经济	2011
30	数理学院	任　芝	信息功能材料	2012
31	能源动力与机械工程学院	周乐平	传热传质与多相流	2012
32	电气与电子工程学院	刘崇茹	电力系统分析与控制	2012
33	环境科学与工程学院	汪黎东	环境科学与工程	2012
34	可再生能源学院	谭占鳌	太阳能光伏及能源材料	2012
35	能源动力与机械工程学院	薛志勇	先进金属材料	2012
36	经济与管理学院	张兴平	技术经济评价理论与应用	2012
37	法政系（保定）	梁　平	民事诉讼法、司法制度	2013
38	资源与环境研究院	卢宏玮	水资源与水环境	2013
39	可再生能源学院	孙东亮	数值传热、强化传热、相变换热	2013
40	可再生能源学院	杨少霞	水和废水处理理论与技术	2013

华北电力大学2013年国际来访人物一览表

序号	来访时间	国家（地区）	来访人员	接待领导	来访事宜
1	1月8日至17日	美国	李克勤教授		与控计学院相关研究人员进行学术交流：1）异构分布式系统的任务调度的新技术、新挑战；2）分布式高效能计算中当前的主要研究热点、所采用的理论支撑方法以及工业应用前沿技术。为学生介绍了纽约州立大学 New Paltz 分校的硕士、博士研究生的研究方向和培养方式等
2	3月10日至26日	瑞典	Erik Dahlquist 教授		与学校特色项目“生物质热改性成型技术研究特色项目”师生开展讲学与交流活动。
3	3月	英国	David Infield 教授		计划开展“用于测试状态监测系统可靠性的风电机组仿真模型”的研究，给本科生开展了专业英语阅读（风电）课程的讲授，为新能源电力系统国家重点实验室（华北电力大学）的师生作了题为“Wind Energy Research at Strathclyde”的学术报告
4	3月17日至4月2日	英国	Meihong Wang 博士		与计算机工程学院与相关项目组进行学术交流和沟通。介绍了国际能源领域的新技术、新挑战，英国能源发展的战略及政策，二氧化碳捕捉和存储领域的主要理论和相应前沿技术。交流了University of Hull 和 Cranfield University 学校风力发电领域的研究工作；University of Hull 大学工程学院在过程控制及 CCS 博士培养的研究方向等
5	4月19日至27日	加拿大	David Malloy 教授		参加“2013 年中国农村贫困与社会发展”论坛，作了主题为“贫困有伦理内涵吗?”的演讲，并且和人文学院的师生探讨了包括贫困与精神力量、工作伦理、伦理的意义、幸福、本体论与人格等方面的问题
6	4月20日至23日	加拿大	Jngsook Clara Wren 教授		学术报告“Radiation Induced Chemistry and Materials Research for Nuclear Reactor Safety”，重点介绍了关于核辐射条件下材料腐蚀方面的研究

续表

序号	来访时间	国家（地区）	来访人员	接待领导	来访事宜
7	4 月 25 日	英国	王忠东教授		为高电压与绝缘技术研究所的全体师生做了纳米绝缘油专题研究报告，并且协助指导博士生、硕士生开展课题研究，并组织实施纳米绝缘油的研究工作
8	4 月 10 日至 12 日	瑞典	Erik Dahlquist 教授		作了生物质资源和国内外生物质资源的利用情况的相关讲座
9	4 月至 5 月	澳大利亚	苏錡教授		参与超高压电力电缆绝缘状态监测和故障严重程度判定、局部放电定位、FRA 法在线监测变压器绕组变形等科研项目的具体工作
10	4 月	挪威	Chongyu Xu 教授		在变化环境下水文研究和水文模拟的关键技术方面与资环院研究人员进行了深入探讨，并共同确立了基于随机微分方程的水文模拟技术的前沿性研究课题。开展了“变化环境下水文研究和水文模拟的几个关键问题”的主题讲座。随同资源与环境研究院项目研究人员一起赴湖北省武汉市参与了资源与环境研究院承担的国家自然科学基金委重大项目之课题的研究进展交流，赴宜昌市兴山县指导了水文气象监测平台的建立和维护工作
11	5 月	加拿大	Jinliang Liu 教授		与我校资源与环境研究院的师生进行了学术研讨，并举行了主题为“High - Resolution Regional Climate Change Modelling over Ontario and the Great Lake Basin in North American”的学术讲座。同时，双方确定在气候变化下湿地生态系统辨识、极高分辨率未来气候预估和极高分辨率未来水文过程模拟方面开展深入合作研究。此外，双方还确定了联合培养硕士、博士研究生的初步计划
12	5 月	加拿大	Jianzhong Li 教授		与我校资源与环境研究院的师生进行了学术研讨，双方确定了开展气候变化对社会经济的影响研究的前沿性研究课题。对资源与环境研究院郝振达的硕士学位论文给予了指导，对阳艾利、胡情和索梅芹的博士生预答辩给予了意见和建议

续表

序号	来访时间	国家（地区）	来访人员	接待领导	来访事宜
13	5月	加拿大	Xinhao Wang 教授		与资源与环境研究院的师生进行了学术研讨，双方计划在土地利用与水、气、土地资源的相关分析，水量水质模型开发与应用与流域规划管理方面开展深入合作与研究；为我校师生作了题为“A Scenario – Based Planning Support System（SB – PSS）for Adaptation to Climate and Socioeconomic Changes”的学术讲座；参观了我校资源与环境研究院的“区域能源系统优化”教育部重点实验室，为该实验室的建设提出了许多有价值的建议和意见
14	5月1日至8日	日本	Jianhua Ma 教授		与控制与计算机工程学院相关项目组进行了智能环境、普适计算和智慧物联网方面的新技术、新挑战方面的学术交流和沟通
15	5月15日	美国	Mary Kirisits 教授		为可再生能源学院师生做了学术报告，深入讲解了美国得克萨斯州在雨水收集技术、利用等的情况，展示了国际发达国家在解决水资源利用——雨水收集过程的相关情况
16	5月18日至25日	美国	Peter Lehman 教授		为外国语学院的师生作了三场电影欣赏方面的讲座；进入课堂，观察我校教师授课情况；另外，Peter Lehman 教授与北京世界图书出版社商谈他的著作在中国的出版
17	5月20日至6月3日	美国	PeterB. Luh 教授		就国际上有关专业领域的最新研究方向、研究热点问题相互交流，指导解决在产学研合作研究中遇到的一些难题，讨论合作研究的具体细节问题。Peter B. Luh 教授访问期间还帮助指导青年教师的学术职业生涯规划和设计，指导青年教师如何做好科研工作，如何做出高水平的研究成果
18	5月21日至27日	美国	Yalong Xu 教授 Yazan Alsmadi 教授		针对新能源电力系统国家重点实验室承担的项目“用于新能源汽车的高效宽调速永磁电机新结构机理研究”进行理论指导，对相关的技术难题和新能源实验室负责人进行了详细的探讨

续表

序号	来访时间	国家（地区）	来访人员	接待领导	来访事宜
19	5月27日至29日	美国	Yebo Li 教授		访“生物质发电成套设备国家工程实验室”，为实验室师生进行了生物沼气、微藻和生物质热解气化三方面的讲座；指导师生开展生物质基础热解实验工作以及理论计算工作，并给师生详细介绍了英文论文的撰写方法和SCI论文的投稿技巧等
20	5月30日	美国	Runwei Cheng 博士		就遗传算法应用于大规模电动汽车充电设施规划与我校研究人员进行了深入讨论
21	6月至7月	波兰	Ngoc Thanh Nguyen 教授		参加由华北电力大学承担的智能电网中分布式能源的优化集成与发展机制研究项目的工作，期间进行了广泛的学术交流、并且顺利完成了课题研究和指导工作
22	6月2日至13日	澳大利亚	Peng Shi 教授		①学术讲座：随机系统估计与控制；②指导研究生写作学术论文；③指导研究生如何在国际会议上做学术报告
23	6月8日至15日	美国	Shi – Chune Yao 教授		为能动学院进行教学和科研指导；期间，Yao 教授还介绍了美国卡内基.梅隆大学等美国学校在教学、科研方面的规则和制度，并作了学术报告“micro – channel two – phase flow and heat transfer”，与能动学院教师等进行了学术交流与探讨
24	6月9日至7月13日	美国	李伟仁教授		李伟仁教授与我校电力系统及其自动化、风力发电等方向的相关研究人员就风电与并网领域方面的研究进行了深入交流，并协助了我校“新能源技术经济研究中心”建设
25	6月21日	美国	马健副教授		学术报告：马健博士结合当前加速器驱动的次临界系统（ADS）中的LBE散裂中子靶以及铅冷快堆中的液态金属腐蚀问题，系统介绍了材料测试试验回路、热工实验、液态金属凝固与熔化循环、CFD计算模拟、系统控制、氧浓度控制、以及氧浓度传感器等方面的研究成果

续表

序号	来访时间	国家（地区）	来访人员	接待领导	来访事宜
26	6月22日至7月9日	加拿大	Yajun Pan 教授		作了“基于能量的时域被动控制及其在双边远程操作机器小车的应用”的讲座，并与学院教师和研究生就基于能量的时域被动控制理论与方法在能源电力行业的应用、高水平论文的写作及发表、研究生培养及科研项目合作等问题进行了广泛、深入的交流和探讨
27	6月26日至7月12日	英国	Hong Yue 教授		作了题为“最优实验设计及其在复杂生化网络建模中的应用”的学术报告，另外就随机系统控制、风电系统控制及风电入网的问题作了讲座和讨论，并就如何进行科研工作，如何进行科技论文写作和参加学术会议作报告对研究生进行了指导
28	6月28日至30日	日本	山川宏教授 佐藤拓朗教授		来我校进行学术交流，并代表日本早稻田大学理工学院（Faculty of Science and Engineering, Waseda University, Japan）与我校电气与电子工程学院进行了合作会谈
29	7月2日至8月1日	美国	Calton Pu 教授		来我校进行了为期30天的学术访问与交流
30	7月8日至15日	美国	Bryan Hubbard 教授		开设讲座“智能电网施工管理”，指导工程管理专业研究生和青年教授论文写作，并参观张家口风电项目
31	7月18日至8月17日	英国	Qingchang Zhong 教授		主要工作内容包括：①学术讲座：新能源接入智能电网的关键技术；②指导研究生写作学术论文；③指导研究生如何在国际会议上作学术报告
32	7月23日至31日	德国	Victor Kimberg 博士		来校进行了为期一周的学术交流
33	7月27日至8月11日	美国	Deguang Han 教授		访问期间与数理学院教师针对群框架表示乘子进行了刻画研究，并开始了小波框架乘子刻画的新的方面的研究工作
34	7月31日	墨西哥	Wen Yu 教授		就新能源电力生产过程的全局优化控制与我校控计学院研究人员进行了详细讨论，希望开展全面合作研究

续表

序号	来访时间	国家（地区）	来访人员	接待领导	来访事宜
35	8 月 5 日至 9 日	瑞典	Erik Dahalquist 教授		为“生物质发电成套设备国家工程实验室”师生进行了生物质高效热解转化方面的讲座，另外指导实验室师生开展生物质选择性热解制备高值化学品的研究工作，以及生物质选择性热解装置的研制工作
36	8 月 25 日至 9 月 6 日	加拿大	J Michael J. Monea 博士		协助资环院课题组开发改善水库水质的调度技术集成及决策支持系统，为探索三峡水库优化调度条件下水华控制技术提供技术支持
37	8 月 25 日至 9 月 6 日	加拿大	Zewei Yu 博士		协助资环院课题组顺利开展三峡水库调度条件下水生态环境系统脆弱性分析与风险评估技术研究
38	8 月 26 日至 28 日	日本	佐藤拓朗		参观智能交通、智能防灾、智能城市等多个物联网应用项目，就物联网应用、扶持政策、知识产权、市场推广、校企合作等问题与电气学院教师进行了深入探讨与交流，为今后在物联网方面开展科研合作奠定了基础
39	9 月 1 日至 24 日	以色列	Daniel L. Zelazo 副教授		作了题为“Cycles in Consensus Networks: Performance and Design”的学术报告，就多智能体领域最前沿研究方向—多智能体网络的性能和设计于控计学院的师生进行了深入交流。Daniel L. Zelazo 博士在访问期间还为硕士生开设了“多智能体系统的分析与控制”专题系列讲座
40	9 月	英国	Hong Wang 教授		来我校进行学术交流
41	9 月 4 日至 18 日	澳大利亚	Eric Jing Hua 教授		来我校进行学术交流
42	9 月 14 日至 30 日	加拿大	Adam Fenech 博士		来我校资环院进行学术交流
43	9 月 16 日至 20 日	日本	白鸟则郎教授 宫西洋太郎教授 Urano Yoshiyori 教授		进行了以下工作：①举办研究讲座，介绍绿色网络管理技术领域的最新进展及研究成果；②介绍国际学术交流的相关情况及早稻田大学的申请程序和教学、科研环境；③与华北电力大学相关科研团队合作研究，共同组织研与实验，合作撰写论
44	9 月 18 日至 26 日	澳大利亚	Peng Shi 教授		①学术讲座：随机系统估计与控制；②指导研究生写作学术论文；③指导研究生如何在国际会议上作学术报告

其　　他

华北电力大学2013年校友会理事会名单

姓名	校友会任职	工作单位	职务
史玉波	名誉理事长	国家电力监管委员会	副主席
李小鹏	名誉理事长	山西省委人民政府	常委、常务副省长
杨奇逊	名誉理事长	华北电力大学	华北电力大学教授、中国工程院院士
刘吉臻	理事长	华北电力大学	校长
李和明	常务副理事长	华北电力大学	副校长
王永干	副理事长	中国电力企业联合会	专职顾问
张成杰	副理事长	中国国电集团公司	党组成员，副总经理
舒印彪	副理事长	国家电网公司	副总经理
张丽英	副理事长	国家电网公司	总工程师
王良友	副理事长	中国南方电网有限责任公司	副总经理
王日文	副理事长	中国华电集团公司	总经济师
杨　庆	副理事长	中国大唐集团公司	副总经理
毛　迅	副理事长	神华集团有限责任公司	电力管理部总经理
袁　德	副理事长	中国电力投资集团公司	总工程师
谢　进	副理事长	中国华能集团公司技术经济研究院	院长
岳　曦	副理事长	中国人民武装武警部队水电指挥部	主任、少将，正军职
沈国荣	副理事长	南瑞继保电气有限公司	董事长、中国工程院院士
辛保安	副理事长	中国华电集团公司	副总经理
贺　禹	副理事长	中国广东核电集团有限公司	党组书记、董事长
王绪昭	副理事长	北京四方继保自动化股份有限公司	董事长
杨　昆	副理事长	国家电监会安监局	局长
魏昭峰	副理事长	中国电力企业联合会	专职副理事长
刘国跃	副理事长	华能国际股份公司	党组副书记、总经理
曹景山	副理事长	大唐国际发电股份有限公司	党组书记、总经理
石生光	常务理事	南方电网国际有限公司	总经理
吕　慧	常务理事	北方联合电力公司	董事长兼党委书记
孙正运	常务理事	河北电力公司	总经理
孙学勤	常务理事	云南省电力公司	副总工程师
孙渝江	常务理事	重庆市电力公司	副总经理
许良策	常务理事		
许金明	常务理事	东北电力设计院	院长
闫少俊	常务理事	吉林省电力公司	总经理
吴　清	常务理事	海南电网公司安全生产技术部	主任
张维荣	常务理事	中国水电建设集团甘肃能源投资有限公司	执行董事、总经理

续表

姓名	校友会任职	工作单位	职务
李文毅	常务理事	国家电网公司电网建设部	主任
杨迎建	常务理事	国网电力科学研究院	总工程师
邹宗宪	常务理事	中国能源建设集团设计事业部	副主任
陈文彬	常务理事	辽宁省电力有限公司	原副总经理
陈祖斌	常务理事	广西电网公司物资分公司	总经理
周　建	常务理事	合肥供电公司	书记
俞国勤	常务理事	上海市电力公司上海电力技术与管理学院	院长 高工
胡文森	常务理事	国电集团安全生产部	副主任
赵义亮	常务理事	上海电力公司	书记
晁　剑	常务理事	贵州省电网公司	副总经理
涂朝阳	常务理事	国电福建公司	副总经理
袁邦亮	常务理事	四川省电力公司生计部	主任
郭钛星	常务理事	山西格蒙国际能源公司	副总经理
崔继纯	常务理事	国家电网公司	副总工程师兼产业发展部主任
黄良玉	常务理事	Atomic Energy of Canada Ltd	Senior Engineer Section Head
董　璞	常务理事	青海省经济委员会	副主任
雷金娥	常务理事	西北电监局	副局长
谭永香	常务理事	江西省电力公司	副总经理
戴庆华	常务理事	湖南省电力公司	副总工程师
魏庆海	常务理事	中国电力技术装备电力公司	总经理
魏兆龙	常务理事	郑州电力高等专科学校	党委书记，教授
王　欣	理事	中国大唐集团公司总经理工作部	主任
王昕伟	理事	北京电力公司总经理工作办公室	主任
乔彦和	理事	衡水供电公司	副总经理
孙章岭	理事	邯郸供电公司	总工程师
闫晓丁	理事	保定供电公司	党委书记
余　璟	理事	深圳市能源集团有限公司生产运营部	总监
宋　畅	理事	北京国华发电有限公司	副总经理
张志忠	理事	承德供电公司	副总经理
张倓志	理事	南方电网公司国际公司	副总经理
杨会堂	理事	沧州供电公司	党委副书记兼纪检书记
杨秀歧	理事	秦皇岛发电有限公司	总经理
		华北局物资公司	总经理兼招标办主任
肖建元	理事	唐山发电总厂	原党委书记
陈保卫	理事	中国国电新能源技术研究院	副院长
周　旭	理事	国网电力科学研究院	市场部主任
尚锦山	理事	天津电力公司	常委、工会主席
胡日查	理事	中国华电集团公司	副总工程师
赵化民	理事	河北兴泰发电有限责任公司	党委书记
赵崇理	理事	张家口供电公司	副书记兼工会主席

续表

姓名	校友会任职	工作单位	职务
夏祥木	理事	台州电业局	经理
董双武	理事	河北省电力公司	纪检书记兼人力资源部主任
蒋锦峰	理事	国家电监会安监局	副局长
靳东来	理事	中国电力投资集团公司安运部	副主任
薛晓乐	理事	廊坊市农电管理局	副局长
魏锁钧	理事	石家庄供电公司	副经理
聂国欣	秘书长	华北电力大学校友工作办公室	主任

2013年媒体报道有关华北电力大学主要消息索引

序号	标题	媒体	时间
1	华北电力大学召开“强校之路座谈会”	科技日报	2013.1.9
2	依托　服务　引领　超越——对高水平行业特色大学发展定位的战略思考	《大学》（学术版）	2013年第1期
3	职工知心大姐王玲：工会也能做时尚前沿的事	劳动午报	2013.2.20
4	《强校之路》一书在京首发	中国教育报	2013.2.25
5	刘吉臻委员谈大学生就业：高就业率是相对的 应重质量	人民网	2013.3.2
6	刘吉臻委员呼吁：加快制定普通高校用地和建筑的标准	人民网	2013.3.2
7	中广之声9点新闻播报采访刘吉臻校长	中央人民广播电台	2013.3.2
8	南科大要盯紧目标卸掉压力	深圳特区报	2013.3.4
9	行业特色型大学如何不再“失色”	中国教育报	2013.3.4
10	采访刘吉臻校长：“学校运动设施不可少”	光明日报	2013.3.5
11	采访刘吉臻校长：“经济发展不应以牺牲环境为代价”	工人日报	2013.3.5
12	数据背后的隐忧	人民政协报	2013.3.6
13	强化企业创新主体地位　落实创新驱动国家战略	中国电力报	2013.3.14
14	新能源：向“左”还是向“右”？	人民政协报	2013.3.14
15	电力发展新趋势　人才培养新要求	国家电网报	2013.3.15
16	人才是电力发展第一要素	中国电力报	2013.3.16
17	曾鸣：电力改革的核心是要先改革电价形成机制	中广网	2013.3.21
18	12年，坚持为毕业生上好“最后一堂课”	科技日报	2013.4.2
19	新能源时代降临，电网建设需要新思维	国家电网报	2013.4.11
20	近50名菲律宾华裔青少年在京展开中文实践及游学	中国新闻网	2013.4.16
21	2013年“中文学习乐园——坤祥北京营”在京开营	中新网	2013.4.17
22	菲华裔来京参加“中文学习乐园”	人民网、中国日报网、中国华文教育网	2013.4.17
23	2013中文学习乐园——坤祥营营员在京庆生	中国华文教育网	2013.4.18
24	创新“学业辅导员制”——“根儿”上确保每一个学生不掉队	科技日报	2013.4.25
25	坤祥营营员参观国家重点实验室　感受高新科技	中国新闻网、中国华文教育网、新民网、新浪网、人民网、网易、中国北京侨网	2013.4.25

续表

序号	标题	媒体	时间
26	菲律宾坤祥北京营营员与中国大学生联欢	中国新闻网	2013. 4. 27
27	煤炭与新能源如何和谐共生	《经济》	2013 年第五期
28	华北电力大学“最爱地沟油”团队研究出变压器绝缘油	人民网	2013. 6. 3
29	华电研究生开展“呵护心灵健康，助力青春成长”关爱心理辅导	新农民网	2013. 6. 7
30	保定志愿者为顺平留守学生开展心理辅导活动	新华网、中国社区志愿服务网、唐尧网	2013. 6. 8
31	华北电力大学让中国航天打上保定印记	燕赵都市网	2013. 6. 11
32	高校学子进社区与居民共话中国梦同叙邻里情（图）	中国家庭网	2013. 6. 17
33	华电杰出校友畅谈“激昂青春志放飞创业梦”	新华网、唐尧网	2013. 6. 25
34	调课程　转观念——看行业特色高校如何破解就业难题	光明日报	2013. 7. 5
35	华电、英利联合开展云南无电地区送光明行动	新华网	2013. 8. 15
36	实战中锤炼学生能力和素质	中国教育报	2013. 10. 12
37	华北电力大学第十一届研究生学术交流年会开幕	中国电力新闻网	2013. 11. 5
38	关于治污排污采访我校张化永教授	央视科教频道	2013. 11. 5
39	华北电力大学图书馆举行消防疏散演习	新华网	2013. 11. 6
40	书画艺术家会聚一堂同贺华北电力大学成立 55 周年	中国电力报	2013. 11. 12
41	华北电力大学“暖流行动”传递冬日温情	保定日报	2013. 12. 15
42	冬季采暖用电还是用煤？专家给你算经济账	新华网	2013. 12. 19
43	牛东晓：“电能替代”方案值得在全国推进	人民网	2013. 12. 20

2013 年华北电力大学出版物名单

《华北电力大学学报》《华北电力大学学报（社会科学版）》《现代电力》

□索引

INDEX

主题词索引

H

J

K

L

M

N

P

Q

R

S

T

W

X

人名索引

J

K

L

M

N